CANADA • QUÉBEC

Jacques Lacoursière • Jean Provencher • Denis Vaugeois

CANADA • QUÉBEC
SYNTHÈSE HISTORIQUE
1534-2010

SEPTENTRION

Pour effectuer une recherche libre par mot-clé à l'intérieur de cet ouvrage,
rendez-vous sur notre site Internet au www.septentrion.qc.ca

Les éditions du Septentrion remercient le Conseil des Arts du Canada et la Société de développement des entreprises culturelles du Québec (SODEC) pour le soutien accordé à leur programme d'édition, ainsi que le gouvernement du Québec pour son Programme de crédit d'impôt pour l'édition de livres. Nous reconnaissons également l'aide financière du gouvernement du Canada par l'entremise du Fonds du livre du Canada (FLC) pour nos activités d'édition.

Collaborateurs à la mise à jour: Denis Vaugeois, Roch Côté, Gaston Deschênes, Simon Langlois et Anthony Deshaies.

Mise en pages: Gilles Herman et Pierre-Louis Cauchon.

Révision: Solange Deschênes.

Conception du cahier couleurs: Bleu Outremer.

Maquette de couverture: Pierre-Louis Cauchon d'après la maquette originale de Claude Bouchard.

Illustration de la quatrième: *Canoes in the fog, Lake Superior*, 1869. Huile de Frances Anne Hopkins (1838-1919). Collection du Glenbow Museum, Calgary.

Si vous désirez être tenu au courant des publications
des ÉDITIONS DU SEPTENTRION
vous pouvez nous écrire par courrier,
par courriel à sept@septentrion.qc.ca,
par télécopieur au 418 527-4978
ou consulter notre catalogue sur Internet:
www.septentrion.qc.ca

1300, av. Maguire
Québec (Québec)
G1T 1Z3

Dépôt légal:
Bibliothèque et Archives
nationales du Québec, 2011
ISBN papier: 978-2-89448-653-5
ISBN PDF: 978-2-89664-622-7

Diffusion au Canada:
Diffusion Dimedia
539, boul. Lebeau
Saint-Laurent (Québec)
H4N 1S2

Ventes en Europe:
Distribution du Nouveau Monde
30, rue Gay-Lussac
75005 Paris

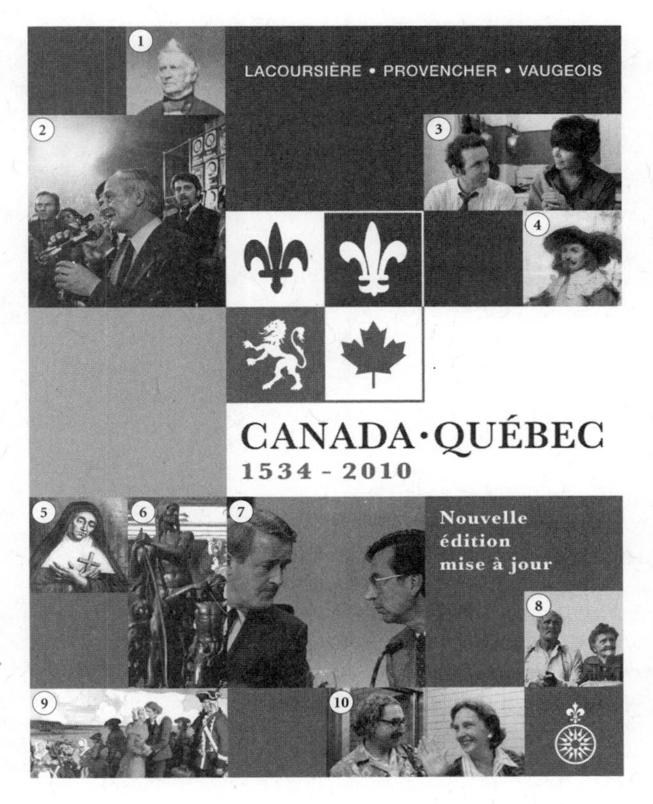

Depuis mon arrivée aux éditions du Septentrion en 1999, j'entends constamment parler de deux ouvrages: le journal historique Boréal Express *(republié en trois volumes en 2009 et 2010) et « le livre bleu-blanc-rouge », à savoir* Canada-Québec, synthèse historique.

Pour la nouvelle édition publiée en 2000, Denis Vaugeois avait proposé une couverture très soignée avec une toile de Frances Anne Hopkins représentant un canot indien piloté par un équipage canadien travaillant pour une compagnie anglaise, en route vers l'intérieur du continent. La synthèse du volume en une seule image.

Pour cette quatrième édition de la version mise à jour de Canada-Québec, *j'ai tenu à faire un clin d'œil à la couverture de la version originale publiée en 1968 aux éditions du Renouveau Pédagogique et ainsi boucler la boucle. Le « Lacoursière-Provencher-Vaugeois » a encore de beaux jours devant lui !*

GILLES HERMAN, *éditeur*

1. Louis-Joseph Papineau, c1865. Collection Jacqueline Papineau-Desbaillets.
2. René Lévesque, le soir de l'élection du 15 novembre 1976. Collection Claude Bouchard, fonds de l'éditeur, 2007-10-598.
3. Gérald Godin, écrivain et Pauline Julien, chanteuse, comédienne et auteure-compositeure. Photo de Gabor Swilasi, Bibliothèque et Archives nationales du Québec, E6,S7,SS1,D690606.
4. Samuel de Champlain. Suzor-Côté, Musée national des Beaux-Arts du Québec.
5. Marie de l'Incarnation, fondatrice du monastère des Ursulines à Québec. Fonds de l'éditeur, 2008-04-379.
6. Détail de la sculpture de Louis-Philippe Hébert *Halte dans la forêt* siégeant devant l'hôtel du Parlement à Québec. Photo de Sophie Imbeault tirée de Nicole Hannequart, *Québec en 1608 cases*, Septentrion, Sillery, 2008, p. 4.
7. Brian Mulroney et Robert Bourassa lors du Sommet de Québec en 1987. Fonds de l'éditeur, 2007-10-2-287.
8. « L'habitant, modèle de force calme et équilibrée… ». Photo d'Albert Tessier tirée de René Bouchard, *Filmographie d'Albert Tessier*, Les éditions du Boréal Express, Sillery, 1973, p. 75.
9. L'embarquement des Acadiens en 1755. Charles William Jefferys, c1925, Bibliothèque et Archives Canada, C-070232.
10. Michel et Simone Chartrand. Photo de Robert Nadon, *La Presse*.

Note de l'éditeur

Le texte de base de la présente édition est pour l'essentiel celui de la dernière édition de *Canada-Québec, synthèse historique* réalisée en 1983 par les éditions du Renouveau Pédagogique. Les notes de bas de page (références, explications ou légendes) proviennent aussi de cette édition. Les nouvelles notes sont toutes placées en marge, y compris les légendes des nouvelles illustrations.

Les ouvrages cités dans les gloses ne couvrent évidemment pas toute la production des dernières années. Des ouvrages importants ont sans doute été omis. L'éditeur accueillera avec empressement toutes informations à cet égard, tout comme il tient à s'excuser auprès des auteurs oubliés.

Certains ouvrages de base auraient pu être mentionnés à maints endroits. C'est le cas pour cette source unique et infiniment précieuse que constitue le *Dictionnaire biographique du Canada* que complètent à merveille la collection *Les régions du Québec* publiée par l'Institut québécois de recherche sur la culture (PUL) et *L'Atlas historique du Canada* (PUM). Il faut mentionner aussi deux très importantes collections : les *Cahiers du Québec* (Hurtubise HMH) dus à l'infatigable Robert Lahaise et la prestigieuse *Bibliothèque du Nouveau Monde* (PUM) où l'on trouve les textes de Jacques Cartier (Michel Bideaux), F.-X. de Charlevoix (Pierre Berthiaume), Dièreville (Normand Doiron), Lahontan (Réal Ouellet et Alain Beaulieu), Gabriel Sagard (Jack Warwick), Chrestien Leclercq (Réal Ouellet) et Mathieu Sagean (Pierre Berthiaume).

Enfin les comptes rendus de la *Revue d'histoire de l'Amérique française*, fondée en 1947 par l'historien Lionel Groulx, ont été d'une aide précieuse à la fois pour repérer les ouvrages cités et pour les présenter succinctement.

À partir de la page 480 du présent ouvrage, la matière est entièrement nouvelle, y compris la chronologie. Un cahier de 32 pages en couleurs a été ajouté avec l'intention de provoquer la réflexion ou d'évoquer des aspects négligés dans le texte de synthèse. L'index est onomastique ; il comprend les auteurs cités, ce qui est délicat (parce que certains auteurs importants paraîtront avoir été négligés) mais tout de même utile compte tenu de la nature de ce livre qui se veut un ouvrage de base autant qu'un ouvrage de référence.

PREMIÈRE PARTIE

NOUVELLE-FRANCE

I • LA RENCONTRE DE DEUX MONDES

Il y a quelque 15 000 ans, un réchauffement du climat a permis la formation de l'équivalent d'un pont au détroit de Béring et d'un couloir qui longea les Rocheuses pour mener au centre des Amériques. Il est possible également qu'une migration ait eu lieu le long de la côte du Pacifique. La domestication du maïs eut lieu voilà environ 5 000 ans. Sa culture se répandit progressivement.

Un continent coupé du reste du monde

La terre compte six principaux continents : l'Afrique, l'Amérique, l'Asie, l'Europe, l'Australie (Océanie) et l'Antarctique. L'Asie est le plus étendu et le plus peuplé. L'Amérique vient en deuxième rang pour le nombre d'habitants, suivi de l'Afrique, de l'Europe et de l'Océanie. L'Amérique touche les deux pôles, arctique et antarctique. La calotte glaciaire du nord repose sur l'eau, celle du sud, sur la terre. L'Amérique est le seul continent à être pratiquement isolé des autres. Pour l'atteindre, il fallait franchir une grande distance océanique ou passer par la Béringie (voir p. 481 ou carte ci-bas).

Pendant des milliers d'années, une population se développa dans l'ensemble des Amériques sans véritables contacts avec l'extérieur. Au moment de l'arrivée de Christophe Colomb en 1492, sa population, arrivée au compte-gouttes par la Béringie à la faveur d'un réchauffement du climat, était sans doute comparable à celle de l'Europe, soit autour de 100 000 millions d'habitants répartis depuis la Terre de Baffin jusqu'à la Terre de Feu.

L'Amérique n'est pas une partie des Indes

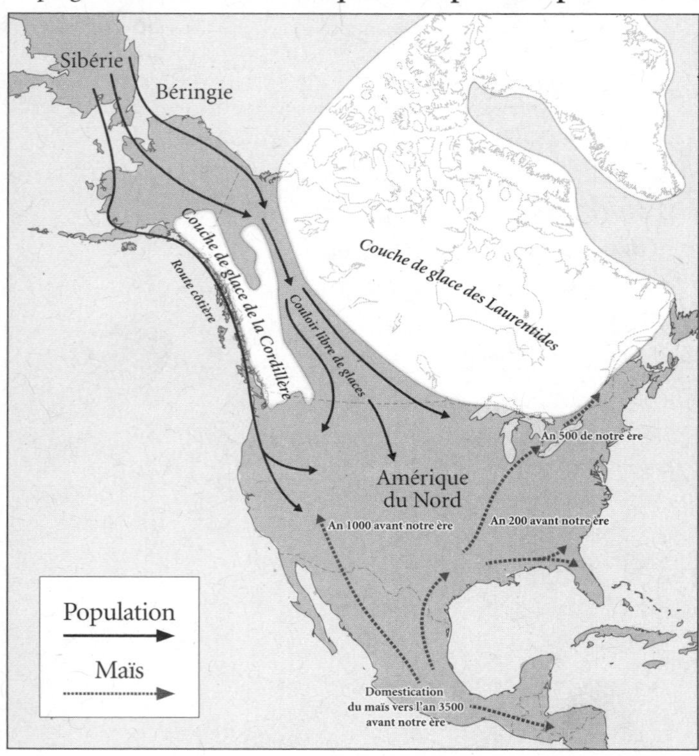

L'histoire de l'Amérique a été connue par les récits des voyageurs européens. Ils se sont d'abord crus aux Indes et ont nommé Indiens les habitants de ces territoires. Le blé qui y poussait devint du blé d'Inde ; les poules, des poules d'Inde ou dinde au côté des cochons d'Inde ; les îles à proximité furent nommées West Indies. Quand la méprise fut connue et que des explorateurs, tels Amerigo Vespucci, furent convaincus d'avoir atteint des terres inconnues jusque-là, on décréta qu'il s'agissait d'un nouveau monde. En hommage, à Vespucci, des savants proposèrent de nommer ce continent America par référence à Europa, Asia et Africa. Le Nouveau Monde devient synonyme d'Amérique.

Dès 1493, le pape s'en mêle et propose un partage entre l'Espagne et le Portugal des terres découvertes et à découvrir. Rapidement, toutes les puissances européennes sont dans la course et cherchent à s'en partager les richesses. Se considérant comme le berceau des grandes civilisations, elles se jugent investies de la mission de répandre la civilisation et de favoriser l'évangélisation des populations indigènes.

L'Amérique, un vieux monde à la rescousse d'un autre vieux monde

La réalité est bien différente. L'Amérique est en effet le lieu de vieilles civilisations. Les Espagnols ont bien tenté de tout faire disparaître des empires aztèque, maya ou inca ; ils n'ont fait que retarder le moment de vérité. Le principal legs de ces étonnantes civilisations réside dans l'agriculture. Le maïs et la pomme de terre nourrissent aujourd'hui la majeure partie des habitants du globe. La liste des produits qui proviennent de l'Amérique est longue : le manioc, l'arachide, le chocolat, la tomate, plusieurs variétés de piment, l'amarante, etc. Les premiers habitants, surtout ceux de l'Amérique centrale, avaient transformé savamment ce que la nature leur offrait. À titre d'exemple, le maïs ne pousse pas à l'état sauvage. Les épis devaient être fertilisés à la main et les Amérindiens apprirent à créer de nouvelles variétés susceptibles de s'adapter à des conditions de sol ou de climat extrêmement différentes. Il fut ainsi pour tout ce que la nature offrait, dont la pomme de terre et le manioc.

La contribution de l'Amérique et de ses habitants au progrès de l'humanité a inspiré plusieurs publications à l'occasion des 500 ans de la « découverte » de l'Amérique. La place d'honneur revient à Seeds of Change, *de Herman J. Viola et Carolyn Margolis (Smithsonian, 1991).*

Les grandes civilisations reposent sur une plante principale : le blé ou le riz. Celles d'Amérique ont pu compter sur le maïs. Sa culture était plus exigeante que le blé, mais la plante était infiniment plus généreuse et peut rendre 400 à 1200 grains pour un grain comparativement au blé qui en donne environ dix à vingt. Le maïs a soutenu sans faille, écrit l'historien Fernand Braudel, l'éclat des civilisations des Incas, des Mayas et des Aztèques. Il aurait pu ajouter que cette céréale a favorisé des fortes poussées démographiques partout sur la planète, tout comme ce fut le cas pour la pomme de terre. On sait que son arrivée en Europe a sauvé les Irlandais de la famine, mais on ignore qu'elle a aussi nourri les Allemands, les Russes et même les Chinois.

Le maïs est moulu entre deux pierres ou écrasé par un mortier. La farine obtenue sert à préparer une soupe ; les grains sont mélangés à du gibier pour donner une bouillie dite sagamité.

Que serait l'Afrique sans le manioc, l'arachide et le cacao ? Autrement dit ce qu'on appelle la « découverte du nouveau monde » a été le salut de « l'ancien monde ». L'agriculture n'est qu'un aspect, car en réalité tous les domaines ont été touchés, depuis la médecine jusqu'à l'univers des idées.

Dans ses voyages en Nouvelle-France, le baron La Hontan résumera le mode de vie observée chez les autochtones par ses mots : liberté, égalité et fraternité. Il fait rêver les Français.

Si les grandes civilisations de l'Amérique centrale étaient fortement hiérarchisées, c'était tout à fait différent au fur et à mesure que l'on gagnait les communautés vivant au sud ou au nord. Plus on s'approche des extrémités du continent, plus la vie est difficile. Pour s'en convaincre, il est intéressant de comparer les modes de vie des Hopis, des Timucuas, des Mandans, des Iroquois ou des Montagnais.

En Floride, les Français entrent en contact avec les Timucuas qui ne manquent pas de les impressionner par leur organisation et leur agriculture. Lorsque Champlain atteint la Huronie au nord de la baie Georgienne, il est également frappé par leur organisation. Au moment de raser un village tsonnontouan (iroquois), Denonville s'extasie devant l'abondance des réserves. Tous ces peuples pratiquent la culture du maïs. Leur population augmente rapidement. Confiants dans la source alimentaire que constitue le maïs, des tribus nomades se font peu à peu sédentaires, passage forcément long et lent. Cette évolution est en marche vers l'Acadie et le Bas-Saint-Laurent où les Européens rencontrent des autochtones dont le mode de vie est assez précaire. Ceux-ci vivent de chasse, de pêche et de cueillette.

Au lendemain des voyages de Cartier, les Français tenteront d'établir une colonie protestante en Floride où ils entrent en contact avec des Timucuas chez qui l'agriculture est particulièrement bien développée. Le chef Atoré a fort impressionné l'artiste LeMoyne de Morgues. Non sans raison.

Les Hopis (Arizona) sont célèbres pour leurs maisons juxtaposées en pierre. Les Mandans du Haut-Missouri ont aussi des maisons très solides.

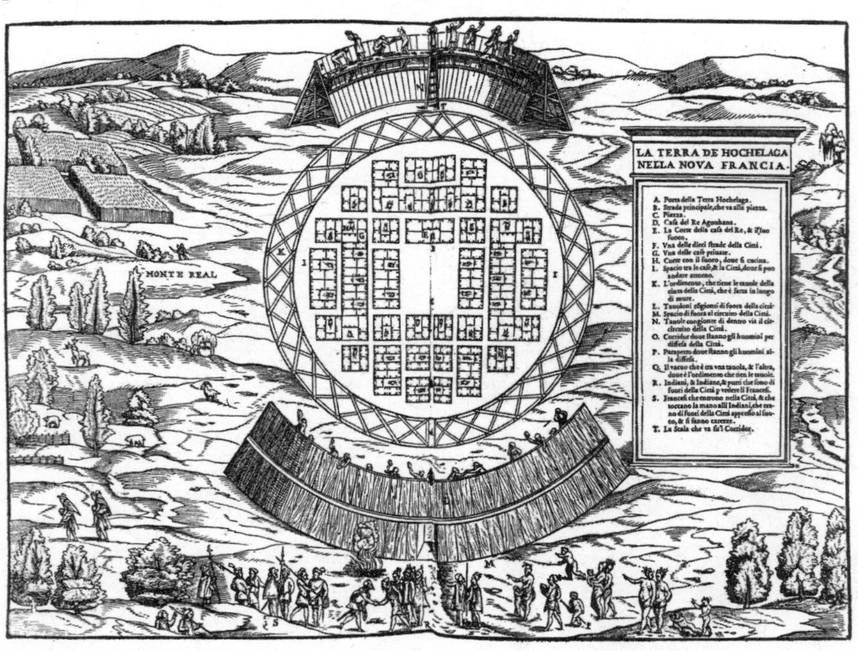

✎ Hochelaga selon Ramusio. Au premier plan, deux personnages se donnent la main. À gauche, on distingue deux hommes qui en portent un sur leur dos. Cartier avait été accueilli ainsi par un Indien robuste.

Le témoignage de Jacques Cartier (1535)

Lors de son voyage de 1535 dans le Saint-Laurent, Jacques Cartier visite la ville d'Hochelaga. Le dimanche 3 octobre il parcourt les environs et observe des « terres labourées et belles, grandes champaignes, plaine de bledz, de leur terre, qui est comme mil de Brezil, aussi groz, ou plus, que poix, duquel vivent, ainsi que nous faisons du froument ». (Cartier rencontre des terres labourées et de belles grandes campagnes pleines de blé qui est comme le mil du Brésil). Les descriptions ne laissent pas de doute, il s'agit d'une variété de « blé d'Inde » que Cartier a peut-être déjà rencontré au Brésil, car il n'est pas du tout impossible qu'il ait voyagé là-bas ou à tout le moins été en contact avec des compatriotes qui s'y étaient rendus. Si le blé d'Inde est présent à Hochelaga, il est donc en route vers le royaume du Saguenay. Une éventuelle sédentarisation des peuples de cette région annonce une poussée démographique semblable à celles qui se sont amorcées partout où s'est répandue la culture du maïs. Avec une bonne alimentation, un taux de natalité de 3 à 4 %, une population peut doubler à chaque vingt ans. C'est ainsi que quelques dizaines de chasseurs arrivés par la Béringie ont pu donner naissance à de très importantes populations.

Coïncidence malheureuse, l'arrivée du maïs survient à peu près en même temps que les premiers Européens. Les Iroquoiens disparaîtront du Saint-Laurent. Diverses explications sont possibles ; le choc microbien, expression un peu mystérieuse pour désigner les ravages des épidémies, est, de loin, la cause la plus dévastatrice. Les guerres comptent pour bien peu. L'isolement de l'Amérique avait gardé ses populations à l'abri de maladies largement répandues sur le reste de la planète. Le contact établi en 1492 mettra fin à cet isolement.

D'effroyables épidémies à la grandeur des Amériques

Un retour sur les régions qui ont donné le maïs à l'humanité montre le caractère extrêmement dramatique des maladies en provenance d'Europe. Les Tainos, peuple paisible des Antilles, vont être pratiquement condamnés à la disparition, les Aztèques ou les Incas tombent sous les coups des Espagnols dont l'allié principal se nomme variole. Cette histoire se répète à la grandeur de l'Amérique.

Des populations indigènes des Amériques ont été fauchées, dévastées, anéanties par la variole et aussi par de simples grippes et une infinité de maladies souvent banales contre lesquelles leur isolement ne les avait pas prémunies ou immunisées.

Contrairement à ce qu'on a longtemps cru, les Européens ne seront pas absents du Saint-Laurent entre Jacques Cartier et Samuel de Champlain. L'inséparable compagnon de ce dernier, François Gravé, sieur du Pont, vient régulièrement dans le Saint-Laurent à partir de 1580. Et il n'est pas le seul. Dans le Golfe du Saint-Laurent, des centaines de navires de pêche en provenance d'Europe sont également présents à la même époque. Entre 1534 et 1603, les occasions ne manquent donc pas pour répandre la contagion.

Quand on veut bien être attentif aux textes qui ont été conservés, la maladie et les épidémies apparaissent au détour de maints récits. Les missionnaires eux-mêmes en sont conscients et profondément inquiets.

On a longtemps cru que les contacts entre la France et l'Amérique avaient complètement cessé entre les voyages de Cartier et ceux de Champlain. Or, il n'en est rien. Bernard Allaire, dans Pelleteries, manchons et chapeaux de castor *(Septentrion, 1999), révèle l'importance que prit la traite des fourrures entre 1500 et 1632.*

Les premiers Européens qui visitèrent l'Amérique avaient la détestable habitude d'enlever des Autochtones. Cette femme inuite avait été ramenée comme captive par l'explorateur anglais, Martin Frobisher, en 1577. Tout comme l'Inuit en page 7, elle est vêtue de peaux de phoque. Tous deux portent de longues bottes et ont la tête recouverte d'un capuchon. Celui de la femme laisse passer la tête d'un enfant. Tous deux sont morts peu après leur arrivée à Bristol. L'artiste John White a choisi de montrer le nombril malgré l'épaisseur des vêtements sans doute sous l'influence des artistes italiens qui aimaient bien montrer les contours du corps humain.

La rencontre de deux mondes

En 1492 à Hispaniola, en 1535 à Hochelaga, en 1604 en Acadie, ce sera la même histoire. Les maladies européennes déstabilisent les sociétés indigènes. Les Européens se méprennent ; celles-ci semblent vulnérables sans doute parce que de niveau inférieur, croit-on. L'illusion de cette supériorité des Européens dominera longtemps les récits, depuis ceux des missionnaires, des voyageurs, des explorateurs jusqu'à ceux des commentateurs, des historiens et des spécialistes de toutes disciplines.

Malgré les épidémies dont l'ampleur n'échappe pas aux autochtones, les contacts se multiplient et permettent des échanges. Les indigènes étaient preneurs des produits européens, ils l'étaient tellement qu'ils cherchaient toujours à s'assurer un rôle d'intermédiaires. C'est vrai partout, pour les Sioux le long du Missouri, les Montagnais à Tadoussac, les Algonquins à l'île aux Allumettes.

Les Amérindiens ne se présentaient pas les mains vides ; ceux du nord n'avaient pas que des fourrures à offrir, ils firent don aux Européens de moyens de transport absolument géniaux. Les Européens pouvaient bien dire : « les pôvres ! Ils ne connaissaient pas la roue ! » Sur un continent sans animaux de trait et avec un réseau fluvial aussi dense, le canot d'écorce devient une des grandes découvertes de l'histoire de l'humanité. Facile à construire, à transporter en cas de portage, à réparer, il a permis aux Français de pénétrer cet immense continent depuis Québec jusqu'à La Nouvelle-Orléans. L'hiver, les Amérindiens se déplaçaient en raquette, ils ne restaient aux Français qu'à apprendre à s'en servir, sous le regard moqueur des Indiens.

Autrement dit, à la grandeur des Amériques, les populations indigènes vivaient en harmonie avec leur milieu, elles s'étaient adaptées ; les unes de façon phénoménale au point de produire des civilisations qui tiennent la comparaison avec les plus remarquables de l'histoire de l'humanité, d'autres plus modestes comme chez les nomades du nord, souvent en mode survie où l'ingéniosité et l'invention prenaient d'autres formes. Le cas le plus évident est celui des Inuits, sans doute un des peuples les plus inventifs de la planète. Nécessité oblige. Ils doivent tout inventer, depuis l'igloo jusqu'au kayac en passant par une infinité de petits outils.

La rencontre entre Amérindiens et Français se fera sous le signe de la complémentarité, de la cohabitation, du métissage génétique et surtout du métissage culturel.

Profondément déstabilisés par les épidémies, les Amérindiens cèdent l'initiative aux nouveaux venus

Si les Amérindiens n'occupent pas une place plus importante dans l'histoire que raconte cet ouvrage, cela ne tient pas à la supériorité des Européens mais bien au drame que vivent les communautés indigènes dont les effectifs seront réduits d'environ 90 % en quelque deux siècles.

✎ L'artiste Tivi Etook résume bien son milieu : un kayak, un harpon et deux phoques.

Les sceptiques pourront regarder le cas de l'Australie, continent relativement coupé du reste du monde, qui vivra le même fléau avec l'arrivée des premiers colons à partir de 1788. Ce continent ne tient pas la comparaison toutefois avec l'Amérique, lieu de grandes et vieilles civilisations.

En 1492, deux mondes qui s'ignoraient entrent en contact. Cette rencontre a permis des échanges qui ont donné naissance à un véritable nouveau monde.

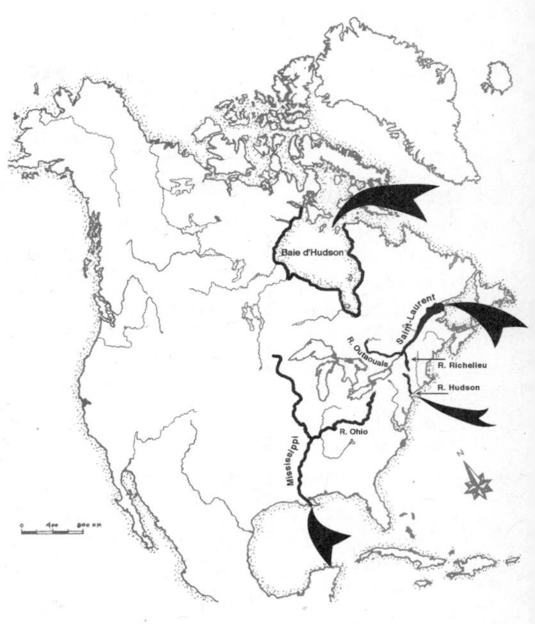

Les communications

Un des grands avantages que présente l'Amérique du Nord pour la colonisation est la facilité de ses communications. Si l'Afrique centrale est restée si longtemps fermée aux entreprises de colonisation, c'est surtout à cause de l'incommodité de ses routes fluviales sans cesse coupées de rapides infranchissables. Le Canada bénéficie d'un réseau de voies navigables unique au monde, surtout dans sa partie orientale.

À lui seul, le Saint-Laurent permet de pénétrer à 3 850 km à l'intérieur des terres. Des portages relativement courts relient le bassin du Saint-Laurent à ceux de la baie d'Hudson, de l'océan Arctique et même de l'océan Pacifique. Ils ont permis une exploration rapide de l'Ouest et l'expansion du commerce dans ces régions. Vers le sud, le bassin du Saint-Laurent est encore relié par des portages faciles à celui du Mississippi, ce qui ouvre de bonne heure la voie vers le golfe du Mexique.

Il existe quatre portes d'entrée pour pénétrer l'intérieur de l'Amérique du Nord: la baie d'Hudson, le fleuve Saint-Laurent, le fleuve Hudson et le Mississippi. Les Français en contrôleront trois pendant quelques décennies. Malgré les apparences, la baie d'Hudson est une voie particulièrement importante qui conduit au cœur du continent. Le bassin de la baie d'Hudson se forme à la fin de la période de glaciation dite du Wisconsin (Voir page 481).

Les grandes voies de pénétration du territoire sont le Saint-Laurent, le Mississippi, la baie d'Hudson et la rivière Hudson. La possession de ces dernières était d'une extrême importance pour le contrôle du territoire. La perte d'une ou de plusieurs de ces voies pouvait signifier l'asphyxie des établissements français de la vallée du Saint-Laurent.

Le climat

Le climat canadien ne possède pas de caractéristiques générales: le pays est trop vaste. Si le climat de la côte atlantique peut se comparer à celui de l'ouest de l'Europe continentale, le climat de la région du Pacifique s'apparente à celui de la côte sud-est de l'Angleterre.

Le Québec et l'Ontario reçoivent de 500 à 1 000 mm de pluie par année, alors que les provinces de l'Est ont une précipitation de 1 000 à 1 500 mm. Le Québec et le nord de l'Ontario sont couverts de neige pendant environ 4 mois.

Le climat de la région de la Cordillère est beaucoup plus varié que celui des autres provinces. Les courants provenant du Pacifique l'influencent beaucoup. La région de Vancouver, si elle subit peu la morsure de l'hiver, reçoit près de 2 500 mm de pluie par année.

La période de végétation, pour la vallée du Saint-Laurent, est d'environ 150 jours. La chaleur est insuffisante pour qu'on y prétende à l'autarcie. Le climat ne permet

Les Iroquoiens entre 1500 et 1650

Olive P. Dickason a produit un classique avec Les Premières Nations du Canada *(Septentrion, 1996). Il s'agit d'un ouvrage incontournable pour une bonne introduction aux Indiens du Canada. Pour la première fois en 400 ans, la population amérindienne est maintenant en augmentation.*

Dans un agréable petit livre fort bien illustré, l'historien Alain Beaulieu résume le parcours des communautés autochtones du Québec: échanges et emprunts, alliances et conflits, traditions et transformations. Voir Les Autochtones du Québec, *Fides et Musée de la civilisation, 1997.*

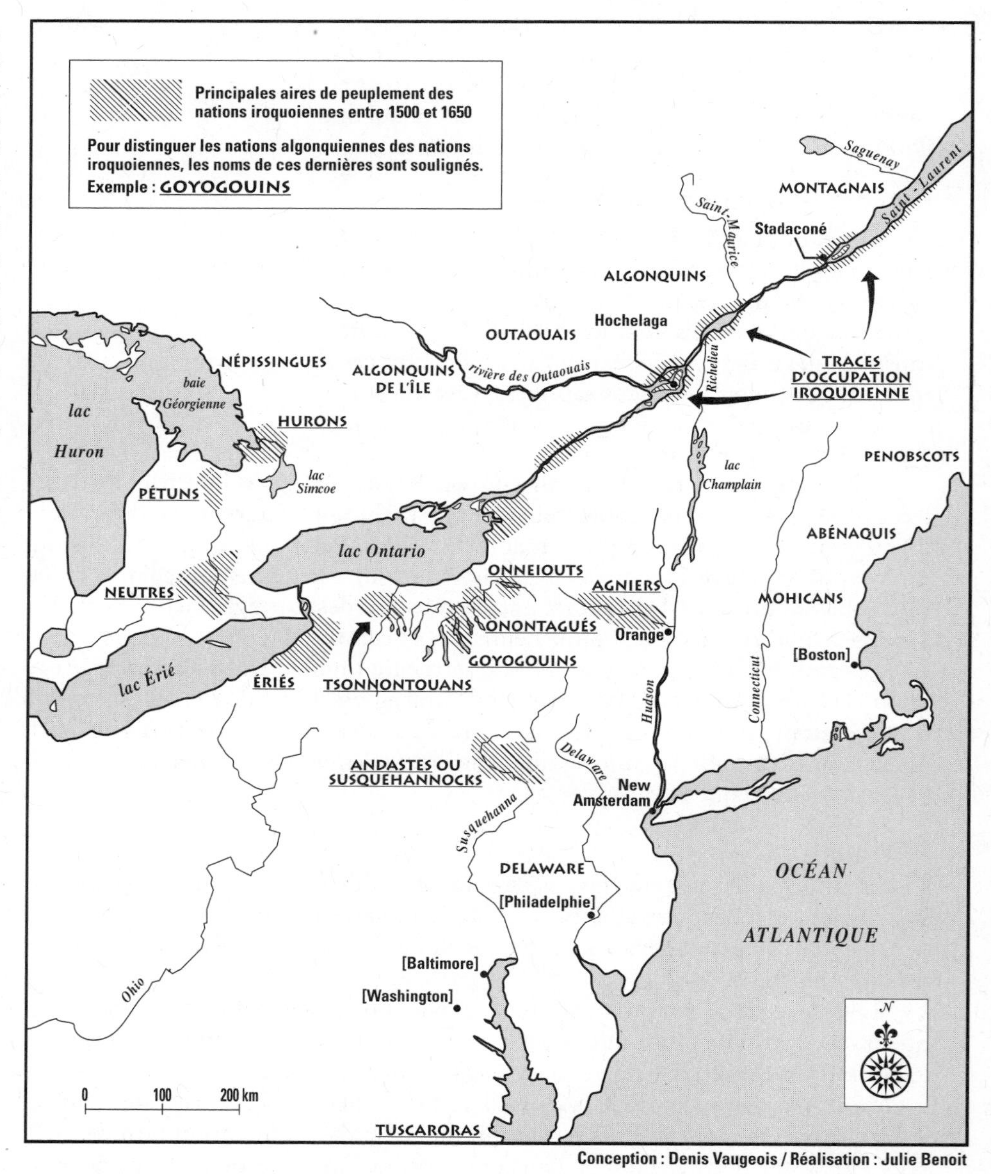

Carte tirée du tome 1 de Iroquoisie *de Léo-Paul Desrosiers (Septentrion, 1998)*

pas d'y trouver les produits tropicaux et, même dans ses régions tempérées, le froid limite la variété des produits.

Jadis, le froid hivernal interrompait la navigation fluviale sur le Saint-Laurent pendant près de 6 mois, isolant ainsi l'intérieur du pays. La brièveté de la saison de navigation sera un obstacle au développement rapide du territoire. Les navires français ne pourront faire par année qu'un seul voyage à Québec, alors qu'ils en font deux ou trois aux Antilles.

Par ailleurs, le climat est très salubre. Les jours de soleil sont plus nombreux au Canada que dans les pays situés aux mêmes latitudes en Europe.

Les ressources naturelles

Au premier abord, le Canada ne semblait pas offrir aux colonisateurs de grands avantages pour un établissement durable. Son climat rigoureux surtout paraissait devoir en faire une terre à jamais inhospitalière.

En réalité, les explorateurs se rendent vite compte de ses précieuses ressources.

Certaines régions se prêtent fort bien à la culture. Tous les produits des zones tempérées y viennent en effet sans effort et le territoire réunit les conditions requises pour l'élevage.

Dès les débuts, on peut aisément se faire une idée des richesses forestières du territoire. Les forêts couvrent environ un tiers du sol.

La traite des fourrures

Pendant plus de deux siècles et demi, la traite des fourrures sera la principale activité commerciale. Vers 1739, elle représente 70 pour cent de la valeur des exportations ❶. C'est par millions que les peaux de castor sont envoyées en Europe.

La fourrure est l'apport le plus important à l'économie de la métropole. Ceci explique l'importance des privilèges de traite qui seront accordés à diverses compagnies. Avant 1760, la principale source de conflit entre Français et Anglais est le contrôle du Centre-Ouest, réserve importante de fourrures. Les profits à tirer de la traite dépassent souvent les 1 000 pour cent.

On exporte, outre le castor, les peaux de ratons, de chevreuils, de rats musqués, de martres, de loups-cerviers, de loutres, d'ours, de renards, etc.

On pratique le troc avec les Indiens. Eau-de-vie, fusils, chaudrons, poudre à fusil, vêtements, pacotilles permettent d'obtenir les peaux.

Les pêcheries

Les eaux canadiennes abondent en poissons de toutes sortes. Depuis au moins le XVe siècle, la pêche à la morue est la plus importante. À une époque où le nombre de jours d'abstinence de jeûne religieux dépassait la centaine, le poisson était une denrée recherchée. Espagnols, Portugais, Basques, Anglais, Français, Hollandais viennent pêcher « *le bœuf de la mer* » sur les bancs. Le plus connu, le Grand Banc, est situé au sud-est de Terre-Neuve : il a une superficie de 96 000 km^2. D'autres bancs se retrouvent également au sud de la Nouvelle-Écosse et dans la région des îles de la Madeleine.

« Le castor fait toutes choses parfaitement bien, reconnaît un Montagnais dont le Père Paul Le Jeune rapporte les propos. Il nous fait des chaudières, des haches, des épées, des couteaux, du pain, bref il fait tout ». Sous le titre Le castor fait tout *(Société historique du Lac Saint-Louis, 1987), Bruce G. Trigger, Toby Morantz et Louise Dechêne présentent un choix impressionnant de communications faites à la 5e conférence nord-américaine sur la traite de la fourrure. Saviez-vous qu'au cours du XVIe siècle beaucoup plus de bateaux vinrent dans le Golfe du Saint-Laurent que dans le golfe du Mexique ou même des Caraïbes (dixit Laurier Turgeon) ? Mais pour la morue, non pour le castor qui connaîtra plus tard son heure de gloire.*

---

❶ Les ouvrages valables sur le commerce des fourrures sont souvent en langue anglaise. Voir en particulier H.A. Innis, ***The Fur Trade in Canada***. Toronto, 1956.

Selon Mark Kurlansky, la morue aurait changé le monde. Il lui a consacré un petit livre absolument magnifique dont le titre est tout simplement Cod *(Walker and Co, 1997).*

La morue est verte ou séchée. La morue verte est conservée dans le sel, alors que l'autre est étendue sur une sorte de tréteau, pour être séchée par le soleil et le vent marin [1].

Les Amérindiens, leur présence

Du nord au sud de l'Amérique, on rencontre une population indigène disséminée sur différents points du territoire. Cette population est de faible densité.

Le degré de civilisation des diverses familles est assez variable. La civilisation est plus avancée dans la partie centrale de l'Amérique et va en décroissant à mesure que l'on s'éloigne vers le nord et vers le sud. Ainsi, les civilisations inca (Pérou), aztèque (Mexique) et maya (Yucatán) sont presque aussi développées que celles des peuples européens. En certains domaines, elles sont même nettement en avance.

Les plus récentes découvertes archéologiques nous montrent que l'Est du Canada est habité depuis au moins 10 000 à 11 000 ans. On ignore la date d'arrivée des nations indigènes en Amérique. On ignore aussi leur origine. L'hypothèse la plus acceptée actuellement affirme que ces peuples auraient émigré d'Asie par le détroit de Béring « *n'emmenant avec eux qu'un seul animal domestique, le chien* ».

La grande question que plusieurs se posent : à quoi ressemblaient les Indiens lorsque Champlain fonde Québec en 1608 ? Marc Laberge et François Girard en donnent une bonne idée dans « Affichets, matachias et vermillon. Ethnographie illustrée des Algonquiens du nord-est de l'Amérique aux XVI*e*, XVII*e et* XVIII*e siècles ».* RAQ, *1999. Les illustrations sont superbes.*

Structures sociales et politiques

Les nations indigènes du Canada sont soit nomades, soit sédentaires. Les Algonquiens de l'Est suivent les migrations du caribou et de l'orignal ; de même les Cris, les Sioux et les diverses tribus de la Prairie pourchassent le bison. Les uns et les autres logent sous des tentes d'écorces ou de peaux. Leur gouvernement sera en conséquence beaucoup moins structuré que celui des sédentaires. Ils sont plus marqués du sceau de l'individualisme.

Les Iroquoiens vivaient dans des villages situés généralement sur des élévations à proximité de cours d'eau. Appelées cabanes longues, les habitations étaient multifamiliales. La maisonnée constituait l'unité sociale dont l'autorité reposait sur une femme âgée, la structure familiale étant matrilinéaire. Un clan comptait plusieurs maisonnées, la tribu ou nation occupait un territoire défini et était dotée d'un conseil de chefs.

Les Hurons et les Iroquois pratiquent un certain sédentarisme, grâce à l'arrivée du maïs, ce qui les amène à se donner une structure gouvernementale plus développée. L'unité sociale des Iroquois est la maisonnée ; un certain nombre de maisonnées forment un clan et quelques clans constituent une tribu. Cette dernière a un territoire bien précis et elle est dirigée par un conseil de chefs appelés sagamos ou *sachems*, élus par le peuple pour un temps déterminé.

Plusieurs nations peuvent s'unir pour former une confédération, telle la confédération algonquine ou abénaquise, et la célèbre ligue iroquoise des Cinq-Nations. Souvent, chacun des membres du groupement agit pour son propre compte, mais d'ordinaire, il y a unité d'action.

---

[1] Voir H.A. Innis, ***The Cod Fisheries : the History of an International Economy***. Toronto, 1954.

La famille

Dans la plupart des tribus, il existe un net partage des tâches. L'homme s'occupe de pourvoir à la subsistance des siens par la pêche et la chasse. Il prise les expéditions guerrières mais il laisse à la femme les soins domestiques et les travaux des champs.

On élève les enfants dans une grande liberté. Le défaut majeur de l'éducation indienne est bien plutôt la faiblesse et la négligence que la trop grande sévérité. Dès son bas âge, l'enfant est soumis à tous les exercices propres à en faire un excellent chasseur et un guerrier éprouvé.

Alors qu'en Europe, la jeune fille doit épouser l'élu de ses parents, chez les Amérindiens, c'est elle qui habituellement choisit son futur mari. Le mariage est facilement dissoluble. En cas de séparation les enfants demeurent avec la mère. Alors que l'homme est relativement libre, l'épouse infidèle, dans certaines tribus, peut être sévèrement punie. De façon générale, il existe une grande liberté sexuelle chez les Indiens et il n'est pas rare de voir un père offrir ses filles à des étrangers, ou un mari offrir sa femme, ou l'une de ses femmes en certains cas, à un visiteur.

Vendetta ou guerre de capture? Dans Enfants du néant et mangeurs d'âme *(Boréal, 1997), Roland Viau examine les rapports qu'entretiennent les Iroquoiens avec leurs captifs.*

La guerre

Il existe chez les Amérindiens une réelle tradition guerrière. Le but des engagements est rarement l'extension territoriale, mais plus souvent la recherche de captifs. Lorsqu'en 1603 Samuel de Champlain est invité à prendre position pour les Algonquiens, le conflit existe déjà entre Iroquois et Hurons-Algonquiens.

Certaines tribus sont presque continuellement en guerre. Tantôt ce sont de simples partis, composés plus généralement de jeunes gens qui partent en quête de chevelures. C'est la petite guerre où l'on se contente de « lever la hache ». Tantôt c'est toute la nation qui se porte contre l'ennemi et ne rentre chez elle qu'après lui avoir tué ses meilleurs guerriers ou rasé ses bourgades. C'est la grande guerre où l'on suspend « la chaudière sur le feu ».

Avant que les Européens ne fournissent des armes à feu aux Amérindiens, ces derniers combattaient avec des tomahawks, des arcs et des flèches. La preuve d'une victoire sur l'ennemi est le scalp qui n'amène pas nécessairement la mort de la victime. Après le combat, les guerriers reviennent au village, ramenant avec eux leurs prisonniers. Celles et ceux qui ont perdu un fils ou un mari au combat peuvent en adopter un, lequel devient alors un membre de la tribu. Les prisonniers sont parfois soumis au supplice et mis à mort.

Les négociations de paix sont soumises à un cérémonial bien précis. De façon générale, les membres d'une fédération restent indépendants. Ainsi la signature d'un traité de paix avec une des cinq nations iroquoises ne signifie pas que les quatre autres vont cesser leurs hostilités. Loin de là. Sous les prétextes les plus futiles, la paix peut être rompue et la guerre recommence.

La parution du Pays renversé *(Boréal, 1985), de Denys Delâge, a marqué une étape importante dans l'étude de l'histoire des Amérindiens au Québec. L'auteur y avance que la « découverte » de l'Amérique est un processus de conquête. Cet ouvrage s'inscrit dans la foulée des travaux de Francis Jennings, à qui on doit* The Invasion of America *(Norton, 1976).*

Croyances des Amérindiens

Les manifestations religieuses tiennent une grande place dans la vie des Amérindiens. Ils ne possèdent pas de clergé structuré, ni de culte bien organisé. Ils n'en adressent

À partir du contact amorcé en 1492, « les Amérindiens vivront des bouleversements profonds dans leur vie culturelle, économique et politique; les Européens y puiseront les sources d'une impulsion énorme donnée à des forces déjà en action: la formation des États-nations, la montée du capitalisme et l'impact d'idées nouvelles ». Dans Le Mythe du Sauvage *(Septentrion, 1993), Olive P. Dickason présente la genèse d'un des plus grands mythes de l'histoire occidentale qui a construit l'image du « Sauvage américain. » Elle en retrace les origines dans des sources aussi variées que le monde gréco-romain, la Bible, le folklore médiéval. Elle s'en sert pour tenter d'expliquer l'attitude des Européens envers l'Amérique.*

pas moins de fréquentes supplications à leurs divinités pour les différents besoins de l'existence.

La plupart croient en une divinité supérieure, appelée *Grand Esprit*. Pour les Algonquiens, c'est *Michabou*, le *Grand Lièvre*. Ce dieu a formé la terre et tiré l'homme du corps des animaux. Les Hurons et les Iroquois expliquent la création par la chute d'une femme nommée *Atæntsic*, tombée des espaces célestes dans la mer. Les divinités principales portent généralement le nom de *Manitous*, chez les Algonquiens, et d'*Okki*, chez les Hurons-Iroquois.

La volonté divine se manifeste expressément par les songes. On en suit les indications dans la vie pratique. Il va de soi que leur interprétation peut prêter à la fantaisie et subir l'influence des goûts personnels.

Les Amérindiens croient à l'immortalité de l'âme. Le paradis reproduit une vie quotidienne où tout est devenu facile. Le gibier et le poisson y sont très abondants et faciles à capturer. L'hiver n'existe plus, c'est un printemps continuel. On a un culte spécial pour les morts. Les Hurons célèbrent en leur honneur, tous les 10 ou 12 ans, une fête d'une grande solennité qui se termine par le festin des morts.

Le jongleur ou sorcier est l'intermédiaire entre les hommes et la divinité. Il procure la guérison des maladies attribuées à un maléfice. Il prédit l'avenir, interprète les songes et prétend indiquer les événements qui se passent en des endroits éloignés.

Vie intellectuelle des Amérindiens

Les Indiens de la Méso-Amérique connaissent une forme d'écriture. Ceux du Nord en sont dépourvus, mais ils savent s'exprimer d'une façon imagée et poétique. Le père François Du Perron dit d'eux: « *Ils ont quasi tous plus d'esprit en leurs affaires, discours, gentillesses, rencontres, souplesses et subtilités, que les plus aisés bourgeois et marchands de France* ».

Un chef doit être très éloquent, d'une éloquence « *simple et nue* ». Capitanal et Le Rat sont de célèbres orateurs [1].

Le chant occupe une place importante dans la vie des Amérindiens. Il en va de même pour la danse.

Lectures suggérées:

Côté, Louise, Louis Tardivel et Denis Vaugeois, *L'Indien généreux. Ce que le monde doit aux Amériques*. Boréal et Septentrion, 1992.

Jones, David S., *Rationalizing Epidemics. Meanings and uses of American Indian Mortality since 1600*. Harvard University Press, 2004.

Litalien, Raymonde, Jean-François Palomino et Denis Vaugeois, *La Mesure d'un continent. Atlas historique de l'Amérique du Nord, 1492-1814*. Septentrion, 2008.

Mann, Charles C., *1491. Nouvelles révélations sur les Amériques avant Colomb*. Albin Michel, 2007.

Tremblay, Roland, *Les Iroquoiens du Saint-Laurent, peuple du maïs*. Éditions de l'Homme, 2006.

Vaugeois, Denis, « Quelques considérations sur les lendemains de 1492 et 1982 » dans *Recherches amérindiennes*, vol. XXXVII, nos 2-3.

[1] Plusieurs discours prononcés par des Amérindiens ont été colligés par André Vachon, *Éloquence indienne*. Coll. Classiques canadiens. Fides, Montréal, 1968.

II • MOUVEMENTS DE DÉCOUVERTES (xe au xvie siècle)

Les Vikings

De récentes découvertes archéologiques dans la région de l'Ungava, sur les côtes du Labrador et sur l'île de Terre-Neuve montrent de toute évidence qu'il y eut, en ces endroits, des habitations humaines au début du deuxième millénaire. Des analyses scientifiques révèlent que les objets trouvés à l'Anse-aux-Meadows, à Terre-Neuve, auraient été utilisés vers l'an 1000.

Voilà à peu près mille ans, les Vikings visitaient la côte est du continent nord-américain. Les Presses de la Smithsonian Institution rappellent cet anniversaire dans un magnifique ouvrage collectif intitulé Vikings. The North Atlantic Saga *(2000). Voir aussi* Le Canada au temps des envahisseurs *de Robert McGhee (Libre Expression, 1991).*

La *Saga d'Éric le Rouge* et la *Saga des Groenlandais* contiennent le récit détaillé des voyages d'Éric le Rouge ou Eirik Thorvaldsson, de Leifr heppni Eiriksson, de Bjarni Herjolfsson et de plusieurs autres. Le décalage entre l'histoire et la légende se précise graduellement. À la venue hypothétique de moines irlandais dans la vallée du Saint-Laurent s'oppose la venue certaine des Norvégiens ou Vikings.

Vers 981, Éric le Rouge, à la suite du meurtre des fils de Thorgest, est banni d'Islande pour une période de trois ans. Il emploie son exil à explorer la côte ouest du Groenland, la *terre verte*. En 985, un groupe de colons dirigés par Éric quitte l'Islande pour le Groenland. À la fin de l'été, un marchand norvégien, Bjarni Herjolfsson, décide d'aller rejoindre son père parti avec Éric. Mais le mauvais temps l'écarte de la route tracée. Il aurait alors navigué le long des côtes de Terre-Neuve, du Labrador et de la terre de Baffin.

Vers l'an 1000, Leifr Eiriksson, le fils d'Éric le Rouge, après avoir acheté le navire de Bjarni, effectue le même voyage que ce dernier, mais à rebours. Il atteint « d'abord des terres couvertes de glaciers puis, entre ceux-ci et le rivage, ce qui semblait être une étendue de roches hautes et plates. Leifr donna à cette région le nom de HELLULAND (pays des dalles). Poussant plus loin, il arriva près d'une région plate et boisée, bordée de nombreuses grèves de sable blanc ; il la baptisa du nom de MARKLAND (pays des bois) ». Deux jours plus tard, l'expédition débarqua sur une île où abondaient le blé sauvage et la vigne. L'endroit reçut le nom de VINLAND (pays de pâturage). T.J. Oleson affirme : « Des savants ont passé un temps infini à essayer d'identifier l'emplacement géographique des régions désignées sous les noms de Helluland, de Markland et de Vinland. Les deux premières ne présentent guère de difficultés. On peut, sans hésitation, identifier le Helluland avec la terre de Baffin et le Markland avec le Labrador. Le cas du Vinland est plus difficile [...] Dans la mesure où il est possible de s'entendre au sujet du Vinland, l'emplacement le plus vraisemblable est peut-être la région du cap Cod, mais on n'en sera jamais certain, à moins que l'archéologie ne fournisse des preuves nouvelles et irréfutables. » D'autres historiens situent actuellement le Vinland sur l'île de Terre-Neuve.

Les fils d'Éric firent d'autres voyages au Vinland. Mais, sans doute, l'hostilité croissante des Skroelings, Amérindiens ou Esquimaux, de même que les faibles effectifs des Vikings vont signifier la fin des tentatives d'établissement « en territoire canadien ». Graduellement aussi, le Groenland se referme sur lui-même.

Les voyages des Vikings au Canada n'eurent pas de suite. Il faudra attendre le XVIe siècle pour que le mouvement d'exploration recommence [1].

Or et épices: motifs d'exploration

Au début des temps modernes, les États européens voient s'accroître leur population. À la fin du XVe siècle, la France compte 15 millions d'habitants, l'Espagne 7, l'Angleterre 4 et le Portugal un million à peine. La civilisation de ces pays s'étant perfectionnée, leurs besoins augmentent. Aussi les échanges tendent-ils à se développer avec les pays d'Orient qui fournissent les soieries, les pierres précieuses et les épices [2] [3].

Pour se mettre dans l'esprit de l'époque, pourquoi ne pas se laisser entraîner par Amin Maalouf dans Les Croisades vues par les Arabes *(Lattès, 1983). Les plus curieux devraient suivre Paolo Carile dans la belle édition qu'il a préparée de* Voyage autour du monde de Francesco Carletti, 1594-1606 *(Chandeigne, 1999).*

Le commerce des épices est des plus importants à cette époque. Elles servent non seulement à la cuisine, mais également à la préparation de médicaments. On importe aussi d'Orient des produits nécessaires au tannage, à la fabrication du savon, aux teintures, etc.

La prise de Constantinople par les Turcs, en 1453, ne ferme pas les routes reliant l'Orient à l'Europe occidentale, mais elle complique un peu les relations. Le point crucial n'est pas là : il réside dans une multiplication des intermédiaires, ce qui augmente considérablement le coût d'achat des produits. Espagnols et Portugais, puis Anglais et Français commencent à chercher la route maritime qui leur permettrait d'atteindre les Indes, Cathay (la Chine) et Cipangu (le Japon) le plus rapidement possible. On croit pouvoir se rendre en ces lieux lointains en contournant l'Afrique. Peut-être même, en acceptant de croire en la sphéricité de la terre, pourrait-on atteindre l'Orient par l'Occident, d'où la recherche du passage de l'Ouest. L'immensité de la mer et la longueur des parcours effraient déjà moins les navigateurs, maintenant qu'ils connaissent l'usage de la boussole et qu'un nouveau genre de vaisseau, la caravelle, rend la navigation plus rapide et plus sûre.

Dans la seconde moitié du XVe siècle, tous les pays de l'Europe occidentale n'ont pas le même degré de développement. L'Italie est riche : elle contrôle une partie de l'économie. Ses banquiers sont installés dans presque toutes les grandes villes européennes. Même si l'unité politique n'existe pas, les villes de Gênes, Florence, Venise, Milan et Rome annexent les territoires voisins. Mais l'Italie n'est tournée que vers le commerce méditerranéen.

L'Espagne et le Portugal sont mûrs pour les voyages lointains. L'Espagne, par le mariage de Ferdinand et d'Isabelle de Castille, a presque complété son unification territoriale. En 1492, les rois catholiques s'emparent du royaume de Grenade. Il ne manque que la conquête du royaume de Navarre (1512) pour que l'unité

---

[1] Voir Tryggvi J. Oleson, ***Early Voyages and Northern Approaches 1000-1632.*** The Canadian Centenary Series, McClelland and Stewart,1968. Aussi, Frederick J. Pohl, ***The Vikings Settlements of North America.*** New York, 1972. En 1971, l'éditeur britannique Paul Elek publiait un magnifique ouvrage sur le sujet, traduit en français l'année suivante sous le titre ***La découverte de l'Amérique du Nord.*** Albin Michel, Paris.

[2] Les principales épices, appelées les cinq drogues royales, sont le poivre, le gingembre, la noix de muscade, la cannelle et le clou de girofle.

[3] Sur le commerce des épices, voir Ch.-A. Julien, ***Les voyages de découverte et les premiers établissements (XVe et XVIe siècles).*** PUF, Paris, 1948 : 33-40.

soit complète. Nous avons donc là un pays bien structuré, bien organisé, à qui le commerce de la Méditerranée ne suffit plus. Quant au Portugal, longtemps isolé du reste du continent par la présence musulmane en Castille, il doit miser sur sa marine pour développer son commerce. Henri le Navigateur, prince portugais († 1460), avec l'aide des banquiers italiens, commence à organiser des voyages de découvertes.

La France et l'Angleterre doivent faire face à de graves problèmes internes. Il faudra attendre qu'une certaine tranquillité revienne pour voir ces pays se lancer dans la course aux découvertes. Les explorations ne deviendront possibles que le jour où l'autorité royale dirigera un pays unifié et désireux de développer son commerce extérieur.

La redécouverte de l'Amérique

Les Portugais cherchent la route des Indes en se dirigeant vers le sud. Bartolomeo Diaz double le cap de Bonne-Espérance en 1487 et Vasco de Gama atteint l'Inde onze ans plus tard. Les Espagnols, eux, se lancent à la recherche de la route occidentale, en contournant l'Afrique. En la cherchant, Christophe Colomb touche, sans le savoir, un nouveau continent. L'amiral est tellement convaincu qu'il a débarqué aux Indes qu'il veut rencontrer le Grand Khan ❶ et nomme *Indiens* les humains qu'il rencontre. Ceci est le point de départ d'un vaste mouvement d'explorations.

Un autre point de vue est présenté par Frank Lestringant dans Le Huguenot et le sauvage. L'Amérique et la controverse coloniale en France, au temps des Guerres de religion, 1555-1589 *(Aux amateurs de livres, 1990).*

Peu à peu, les explorations initiales s'amplifient et tout le littoral est de l'Amérique est connu. Les Espagnols font de nouveaux progrès quand, en 1513, Balboa traverse l'isthme de Panama et atteint l'océan Pacifique. Enfin, ils complètent le cycle des grandes découvertes lorsque Magellan, passant au sud de l'Amérique méridionale, réalise le rêve de Colomb et trouve la route de l'Inde par l'ouest (1520) ❷.

Une fois l'Amérique connue, les peuples d'Europe veulent en exploiter les richesses et commencent à s'y établir. L'or et l'argent américains font leur apparition sur les marchés de l'Europe occidentale. L'or qui servait de monnaie est de plus en plus réservé aux objets précieux, à la décoration, tandis que l'argent sert à frapper la monnaie. Le commerce est à la veille d'une grande révolution.

Le pape et l'Amérique

Les Espagnols ont atteint l'Amérique intertropicale. Ils en reconnaissent bientôt les richesses et les mettent largement à profit.

Désireux de conserver le monopole sur leurs découvertes, l'Espagne et le Portugal font sanctionner un premier partage du monde par le pape Alexandre VI. En 1493, la bulle *Inter cœtera II* réserve aux Espagnols toutes les terres à l'ouest du méridien passant à cent lieues (environ 550 km) au large du cap Vert, et aux Portugais toutes les terres à l'est de ce méridien. Les Portugais protestent contre la décision papale et, l'année suivante, par le traité de Tordesillas, la ligne de démarcation est reculée de 270 lieues (environ 1500 km) vers l'ouest. Ceci assure aux Portugais la possession du Brésil. Anglais et Français ne voudront reconnaître ni la décision papale ni le traité.

---

❶ Prince, chef du pays dont a parlé Marco Polo dans ses récits de voyages.
❷ Voir le ***Boréal Express (1524-1760)***: 2 et 5.

À propos du désir de certains de rétablir le nom Caboto, on lira l'article de Robert Harney dans Arrangiarsi : The Italian Immigration Experience in Canada *(Guernica, 1989). Il s'agit des actes d'un colloque tenu en Italie en 1984 et publié sous la direction de Roberto Perin et Franc Sturino. On y trouvera aussi un texte de Bruno Ramirez sur les ouvriers italiens de Montréal au début du siècle dernier et un autre de Paul-André Linteau sur la participation des immigrés italiens aux débats linguistiques.*

Dans Par monts et par vaux : les migrants canadiens-français et italiens dans l'économie nord-atlantique *(Boréal, 1991), Bruno Ramirez compare la migration de Canadiens français en Nouvelle-Angleterre avec celle d'Italiens à Montréal.*

Dès 1497, Giovanni Caboto (Cabot), un explorateur italien à la solde du roi d'Angleterre, se rend vraisemblablement à Terre-Neuve et peut-être au Cap-Breton. Il aurait pris possession du territoire au nom d'Henri VII. Lui aussi est convaincu qu'il a débarqué aux Indes. Pour la découverte d'une nouvelle île, il reçoit le titre de *Grand Amiral.* Il effectue un autre voyage l'année suivante. Bon nombre d'historiens le considèrent comme le découvreur du Canada ❶.

Quant aux Portugais, ils n'occupent en Amérique que le Brésil, découvert par Cabral en 1500. Leur empire colonial se développe principalement en Afrique et en Asie. Le voyage de Cabot à Terre-Neuve amène les Portugais à organiser quelques voyages vers ces terres qu'ils considèrent les leurs par le traité de Tordesillas. En 1500-1501, Gaspar Corte-Real longe les côtes de Terre-Neuve.

Droits de possession. — Des conflits sont à prévoir entre les pays européens qui ont reconnu à des époques rapprochées les mêmes portions de terres nouvelles. En fait, au XVIIe siècle, les mêmes territoires, en Amérique du Nord, sont réclamés par l'Angleterre, la France et l'Espagne. La « découverte » suffit-elle à fonder un droit de possession ou faut-il en plus l'occupation effective par la fondation d'un établissement ? C'est l'objet de discussions prolongées. On reconnaît comme plus ferme le droit qui joint l'occupation à la « découverte ».

France et Nova Francia

La France n'organise des expéditions de « découvertes » qu'après les autres pays d'Europe. Ce retard s'explique en partie par les guerres d'Italie qui occupent les rois de France durant près de trente ans (1492-1519). François Ier, arrivé au trône en 1515, se rend compte que les autres puissances ne doivent pas être les seules à édifier des empires en Amérique. Il donne tous ses encouragements aux entreprises maritimes.

En 1524, Giovanni de Verrazano, commandité par des banquiers italiens de Lyon, entreprend au nom du roi de France un voyage de reconnaissance sur les côtes de l'Amérique du Nord. Il cherche, lui aussi, à découvrir le passage septentrional vers la Chine. Après avoir abordé en Caroline du Nord, il remonte le littoral jusqu'à l'embouchure de la rivière Hudson et, de là, jusqu'au Cap-Breton. Il dresse un récit détaillé de ses explorations. Il est convaincu qu'il n'est ni en Asie, ni en Afrique, mais sur un autre continent. Pour la première fois, on dresse une carte précise des côtes de l'Amérique du Nord qui n'est en rien « une sorte d'appendice de l'Asie » ❷.

La recherche d'un mieux-être

Les Européens qui s'établissent en Amérique poursuivent des objectifs à la fois politiques et économiques auxquels se joint un souci de conversion des indigènes.

---

❶ Sur Cabot, voir R.A. Skelton, « Jean Cabot ». ***Dictionnaire biographique du Canada,*** I : 150-157. Le père Lucien Campeau met en doute l'authenticité du voyage à Terre-Neuve de Jean Cabot. Voir « Les Cabot et l'Amérique ». ***Revue d'histoire de l'Amérique française***, vol. XIV, n° 3 : 333-352. Marcel Trudel affirme que cette thèse est ingénieuse, mais inacceptable.

❷ Sur Verrazzano, voir Marcel Trudel, ***Histoire de la Nouvelle-France, I - Les vaines tentatives (1524-1603).*** Fides, Montréal, 1963 : 33-63. Aussi, William F. E. Morley, « *Verrazzano* ». ***Dictionnaire biographique du Canada***, I : 673-677.

Buts politiques et économiques : il y a d'abord un avantage matériel incontestable pour les États européens à s'approprier les territoires d'outre-mer. Ces pays constituent de précieuses réserves de richesses variées, pouvant suppléer à celles qui manquent dans la métropole, ou les compléter et les accroître. Par les métaux précieux, la métropole peut améliorer sa situation financière. Par les autres ressources, elle peut perfectionner sa situation industrielle, renforcer sa production agricole, développer son commerce, relever en général le niveau de son bien-être. D'autre part, les territoires colonisés deviennent autant de positions stratégiques, utiles en cas de conflits maritimes. Ainsi l'État colonisateur voit peu à peu s'accroître son prestige extérieur et sa puissance politique.

But religieux : on voit souvent apparaître dans les documents officiels de l'époque des préoccupations de conversion des *infidèles,* mais ce ne fut point le but premier des établissements. Après la bulle papale de 1493, il devenait opportun pour la France et l'Angleterre de mettre en avant des motifs religieux pour ne pas encourir les punitions ecclésiastiques. Fait à retenir, dès l'installation des Français en Nouvelle-France, le désir de convertir les Amérindiens au catholicisme s'affirme. Du même coup, on croit ainsi pouvoir gagner à la civilisation française les premiers habitants du pays.

Agréablement illustré, cet ouvrage présente un survol de l'Amérique française.
Alain Beaulieu et Yves Bergeron, Amérique française : l'aventure, Québec/Saint-Laurent, *Musée de l'Amérique française/Fides, coll. « Images de sociétés », 2002.*

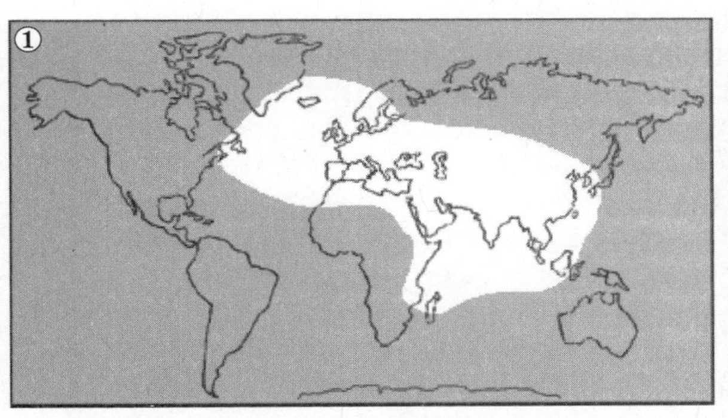

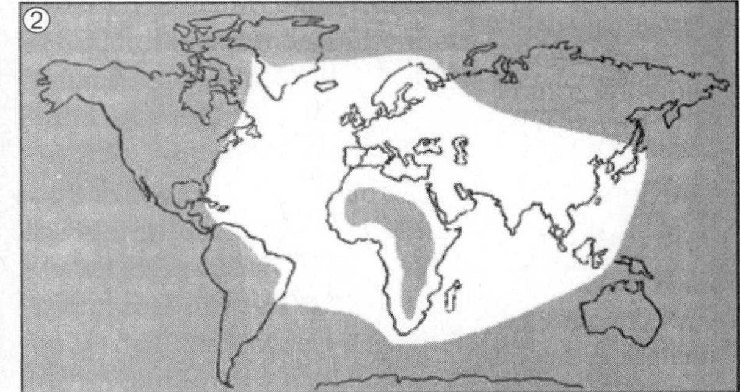

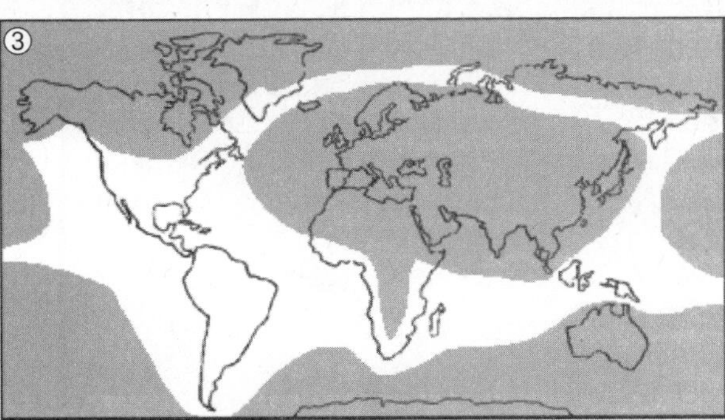

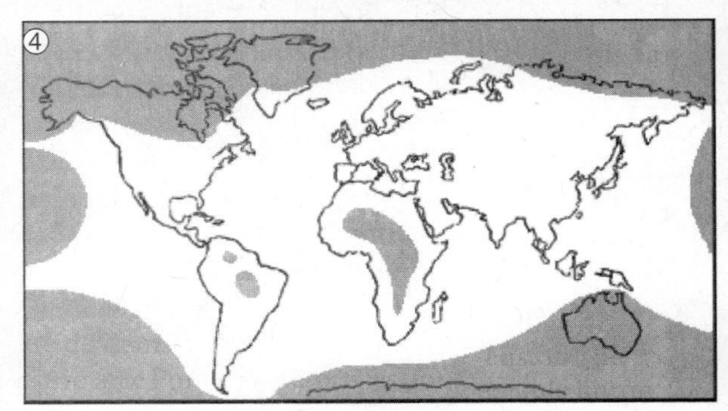

✎ 1. Le monde connu en 1300.
2. Le monde connu en 1500.
3. Le monde découvert entre 1492 et 1600.
4. Le territoire à explorer après 1600.

III • TÂTONNEMENTS FRANÇAIS ET ANGLAIS

On croit tout savoir de Jacques Cartier jusqu'au jour où on met la main sur Hommes effarables et bestes sauvaiges, *de François-Marc Gagnon et Denise Petel (Boréal, 1986).*

Cartier : l'homme

De Jacques Cartier avant 1532, nous ne connaissons que bien peu de choses. Nous savons qu'il est né à Saint-Malo en 1491. En 1520, il épouse Catherine Des Granches, fille du connétable de Saint-Malo. Durant sa jeunesse, il fait son apprentissage de marin. Il entreprend de bonne heure des voyages au long cours. Les comparaisons qu'il fait dans ses relations de voyages entre la Nouvelle-France et le Brésil laissent croire qu'il aurait visité cette dernière contrée. Il est fort probable aussi qu'il soit venu aux Terres Neuves avant 1534.

Comme l'ont montré les divers événements de sa vie, c'était un homme énergique et tenace : il poursuivit ses entreprises de découvertes tant qu'il en eut le moyen.

Découverte du Canada (1534)

Le traité de Cambrai, signé au mois d'août 1529, met fin à la guerre franco-espagnole. Bien que ses coffres soient quasi vides, François Ier songe à donner suite aux voyages de Verrazzano. En 1532, lors d'un pèlerinage du roi de France au Mont-Saint-Michel, Jean Le Veneur, le père abbé qui était en même temps évêque de Saint-Malo, présente au souverain le pilote Jacques Cartier, l'homme qui, par son expérience, pouvait « conduire des navires à la découverte de terres nouvelles dans le nouveau monde » ❶.

Un ordre du roi, daté de mars 1534, met à la disposition de Cartier la somme de 6 000 livres tournois ❷ pour pourvoir à l'avitaillement, à l'armement et à l'équipage de navires. Malgré quelques difficultés à recruter son équipage, Cartier peut quitter le port de Saint-Malo le 20 avril de la même année. Il dirige deux navires et 61 hommes. Les vents sont favorables, la traversée est rapide. En moins de trois semaines, les vaisseaux atteignent la côte est de Terre-Neuve, au cap Bonavista.

Cartier commence aussitôt à longer cette côte en se dirigeant vers le nord. Il se trouve bientôt dans le détroit de la baie des Châteaux, que les instructions royales demandent de dépasser. Près de l'endroit baptisé *Brest*, il rencontre un navire de La Rochelle qui faisait la pêche dans cette région. Il longe pendant quelques jours la côte du Labrador et trouve cette région tellement « *effroyable et mal rabotée* » qu'il dit que c'est la « *terre que Dieu donna à Caïn* ». Il redescend ensuite vers le sud, en longeant la côte ouest de Terre-Neuve.

Cartier cherche le passage vers l'Asie. Au début de juillet, il croit l'avoir trouvé lorsqu'il aperçoit l'entrée de la baie des Chaleurs. Il baptise le cap de la pointe sud du

---

❶ L'abbé Le Veneur, devenu Grand Aumônier de France, réussit à obtenir du pape Clément VII une bulle affirmant que ***Inter cœtera II*** « ne concernait que les continents connus et non les terres ultérieurement découvertes par les autres couronnes ».

❷ La livre tournois est une unité monétaire. La livre de Tour (d'où tournois) avait moins de valeur que celle de Paris, *la livre parisis*. « *Au Canada, le numéraire et le papier-monnaie portèrent l'empreinte du vieux mot livre jusqu'à la conquête, et même pendant les soixante-quinze années subséquentes, ce mot se trouvait sur les monnaies.* » (Adam Shortt) nom de cap d'Espérance. Dès le 9 juillet, il atteint le fond de la baie, ce dont les Français sont « *dolents et marris* ». Déception si l'on veut, mais Cartier est quand même entré en contact avec les Indiens de l'endroit. Le 14 du même mois, l'explorateur pénètre dans la baie de Gaspé ❶. C'est là qu'il prend officiellement possession du territoire au nom du roi. Plusieurs Iroquois assistent à la cérémonie. À Donnacona leur chef, Cartier explique que cette croix sert de balise. L'habile explorateur réussit à convaincre le chef iroquois de lui laisser emmener deux jeunes Indiens, probablement ses fils, Domagaya et Taignoagny.

Pour bien comprendre l'époque de Jacques Cartier, il faut lire plus que le récit de ses voyages. Le monde de Jacques Cartier. L'aventure au XVIe siècle, *sous la direction de l'historien français Fernand Braudel (Libre Expression et Berger-Levrault, 1984), nous introduit aux croyances, plus ou moins mythiques, à la navigation, à la faune et à la flore canadienne au XVIe siècle et à la nature au pays du Saint-Laurent.*

> *La croix de Gaspé*
>
> Le 24e jour dudit mois, nous fîmes faire une croix de trente pieds [env. 9 m] de haut, qui fut faite devant plusieurs d'eux [des Iroquois], sur la pointe de l'entrée du dit havre; sous le croisillon de laquelle nous mîmes un écusson en bosse, à trois fleurs de lys, et dessus un écriteau en bois, où il y avait: *Vive le roi de France.* Et nous plantâmes cette croix sur ladite pointe [Pénouille] devant eux, lesquels la regardaient faire et planter. Et après qu'elle fut élevée en l'air, nous nous mîmes tous à genoux, les mains jointes, en adorant la croix devant eux ; et leur fîmes signe, regardant et leur montrant le ciel, que par elle était notre rédemption.

L'expédition prend le chemin du retour, touchant Anticosti que Cartier croit être une péninsule. Il franchit de nouveau le détroit de Belle-Isle. Il est de retour à Saint-Malo le 5 septembre, après une heureuse traversée qui n'a duré, encore cette fois, qu'une vingtaine de jours. Tout le voyage s'est donc, encore une fois, accompli en moins de cinq mois.

Bilan du premier voyage: si l'on considère le but visé, le premier voyage de Cartier est un échec complet. Il n'a point trouvé d'or ni de passage permettant d'atteindre l'Asie. Par contre, la cartographie fait des progrès certains. On connaît mieux maintenant la région du Golfe. Même s'il est loin d'avoir découvert le détroit de Belle-Isle, Cartier est le premier à en avoir dressé une carte précise. Par cinq fois, Cartier a rencontré des Amérindiens. Ce qu'ils lui offrent est pour lui chose de peu de valeur. Il ne saisit pas l'importance du futur commerce des fourrures. Il insiste par contre sur l'abondance de morues. Ce premier voyage n'est que le prélude du second.

Le Saint-Laurent (1535-1536)

Les deux Amérindiens ramenés par Cartier prouvent que l'explorateur est bien allé aux Terres Neuves. Les aborigènes parlent d'un royaume où abondent l'or et le cuivre rouge. Dès le 30 octobre 1534, Cartier reçoit de l'amiral Philippe de Chabot une commission lui confiant le commandement de trois navires pour parachever « *la navigation des terres par vous déjà commencées à découvrir outre les Terres Neuves* ». Les trois vaisseaux, la *Grande Hermine*, la *Petite Hermine* et l'*Émérillon*, forment une capacité totale de 240 tonneaux (env. 700 m^3). L'expédition compte 110 hommes, parmi lesquels des gentilshommes, amis de Cartier. Les navires transportent des vivres pour 18 mois. Les deux Iroquois sont du voyage.

---

❶ Il est à remarquer que ce n'est vraisemblablement qu'en 1542 que cette baie portera le nom de Gaspé.

Le départ revêt beaucoup de solennité. Le dimanche de la Pentecôte, 16 mai, il y a confession et communion générale à l'église cathédrale de Saint-Malo où les partants reçoivent la bénédiction épiscopale. On appareille le 19 mai, fête de saint Yves, patron des marins bretons.

Après une traversée qui dure une cinquantaine de jours, on s'engage de nouveau dans le détroit de Belle-Isle, en longeant la côte du Labrador. Le 13 août, Cartier croit avoir découvert le passage qu'il cherchait. Grâce aux deux Indiens, il apprend l'existence de la *rivière de Canada* qui le conduira *au pays de Saguenay* ❶. Deux jours plus tard, il aborde à une île qu'il baptise *île de l'Assomption*, aujourd'hui Anticosti. Il remonte le cours du fleuve et reconnaît au passage l'embouchure du Saguenay. Le 7 septembre, il entre dans « *la terre et province de Canada* ». Le lendemain, il se trouve à l'île de Bacchus qu'il rebaptise l'année suivante île d'Orléans. Là, il reçoit à son bord le chef de la province de Canada ❷, Donnacona, qui l'accueille à son tour dans son propre canot. Il y a échange de civilités et de présents. Quelques jours après, soit le 14, l'expédition mouille à l'entrée de la rivière Saint-Charles, que Cartier nomme Sainte-Croix, d'après la fête du jour. Sur le cap Diamant, à l'est de la rivière, se trouve Stadaconé, la capitale de ce pays.

L'historien Marcel Trudel offre une perspective unique, car ses travaux sont basés sur l'étude de sources de première main. Son livre Les Vaines Tentatives, 1524-1603 *(Fides, 1963) en est une belle illustration.*

Pour Cartier, il est urgent de remonter le fleuve pour se rendre à Hochelaga, la ville dont lui ont parlé les deux Indiens, Domagaya et Taignoagny. Malgré les ruses de Donnacona et les pressions exercées par les habitants de Stadaconé, Cartier part, le 19 septembre, avec l'*Émerillon* et deux barques, après avoir laissé en sûreté les deux autres navires. Arrivé à un grand lac qu'il appelle *Angoulême* ❸, il laisse le bateau et continue seulement avec les barques. Le 2 octobre au soir, il se trouve à Hochelaga, tout près d'une montagne qu'il nomme *Mont-Royal*. Les Iroquois lui font une chaleureuse réception. La bourgade, comprenant une cinquantaine de maisons de bois, pouvait compter quelque 3 000 âmes. Le 3 octobre, Cartier et ses compagnons sont conduits sur la montagne. Là, les guides leur montrent une rivière (l'Outaouais) qui prend sa source au pays où on trouve l'or et l'argent.

On se remet bientôt en route vers Stadaconé. C'est seulement sur le chemin du retour que Cartier semble remarquer le paysage. À l'embouchure de la rivière Saint-Maurice, baptisée de *Fouez*, il fait ériger une croix.

L'hiver se passe au confluent des rivières Lairet et Sainte-Croix où Cartier avait fait construire un fort entouré de fossés. Le climat est très rude. Ce premier contact des Européens avec l'hiver canadien est plus que pénible. Les glaces emprisonnent les navires de la mi-novembre à la mi-avril. Le mal de terre ou scorbut fait de sérieux ravages parmi les membres de l'expédition : 25 personnes périssent.

À différentes reprises durant l'hiver, les Indiens montrent des dispositions peu rassurantes. Avec le printemps, l'hostilité devient de plus en plus forte. Le 3 mai 1536, le capitaine profite d'une circonstance favorable — l'érection solennelle d'une croix

---

❶ *Le royaume de Saguenay* désignerait la région du lac Supérieur. Le mot Saguenay viendrait d'un mot algonquin signifiant *eau qui sort* ou *débordement*.

❷ Selon Champlain, le mot *Canada* est d'origine iroquoise. Il veut dire *amas de cabanes* ou *village*. D'autres affirment qu'il signifie *lac* ou *pays où il y a de nombreux lacs*.

❸ Champlain lui donnera le nom de lac Saint-Pierre.

auprès du fort — pour s'emparer de Donnacona et de quatre autres chefs. Toute la nuit suivante, les Indiens hurlent « *comme loups* ». Mais le lendemain, Donnacona leur annonce lui-même, du haut de la palissade, qu'il a accepté d'accompagner les Français chez eux et qu'il reviendra « *dans dix ou douze lunes* ».

La bonne entente est aussitôt rétablie.

Cartier quitte le fort le 6 mai, emmenant avec lui 10 Iroquois. Il laisse à l'embouchure de la rivière Saint-Charles la *Petite Hermine* qu'il ne peut ramener, faute d'équipage. Il est de retour à Saint-Malo, le 16 juillet. Le roi fait cadeau à Cartier de la *Grande Hermine* et lui paie l'entretien des Indiens qu'il continue de garder avec lui.

Bilan du second voyage : Cartier n'a pas trouvé le passage de l'ouest. Il rapporte un peu d'or et des fourrures. Mais il perfectionne la cartographie du Golfe Saint-Laurent ; il montre qu'Anticosti est une île. Surtout, il découvre le fleuve qu'il remonte jusqu'à Montréal et en distingue les principaux affluents : le Saguenay, le Saint-Maurice, le Richelieu et l'Outaouais. Il fait un inventaire sommaire des possibilités de la vallée du Saint-Laurent. Il note que les terres sont bonnes pour la culture. Il prend un premier contact avec l'hiver canadien et se fait enseigner un remède contre le scorbut. Il établit des relations, fragiles il est vrai, avec les Indiens. Enfin, sur le chemin du retour, il découvre le détroit entre le cap Breton et Terre-Neuve, prouvant ainsi l'insularité de cette dernière.

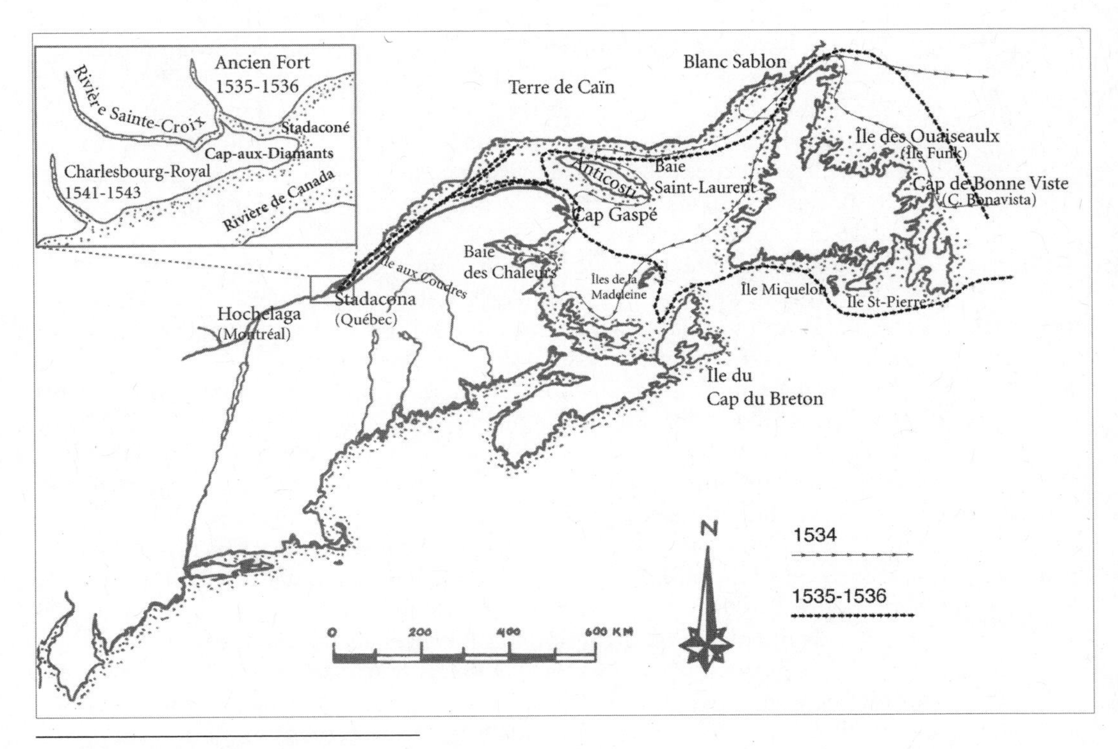

✎ Voyages de Jacques Cartier.

Cartier (1541-1542) et Roberval (1542-1543)

Dans un récent ouvrage, Alan Gordon rend compte du statut particulier de Jacques Cartier, devenu figure héroïque du passé. La force de l'ouvrage consiste à mettre en scène deux tendances historiographiques pour décliner un Jacques Cartier qui a fort bien servi l'identité nationale. Entre la mémoire sélective et l'oubli, l'auteur présente les différentes représentations de l'homme, sa place dans le regard populaire et la construction du découvreur. Alan Gordon, The Hero and the Historians. Historiography and the uses of Jacques Cartier, *Vancouver, UBC Press, 2010.*

En 1536, Cartier rentre dans une France perturbée. L'année précédente, la guerre avait repris entre François Ier et Charles Quint. La trêve de Nice, signée en juin 1538, permet au roi de France de songer à nouveau aux avantages d'un établissement au pays de Canada. Cartier et Donnacona lui ont parlé des richesses des villes du Canada où abondent or, argent et épices. Un mémoire, daté de 1538 et attribué à Cartier, expose les besoins en effectifs humains pour un établissement viable.

Il faudra attendre encore deux années avant que le roi pose un geste positif. Par lettres patentes du 17 octobre 1540, il fait Jacques Cartier « *capitaine général et maître pilote de tous les navires et autres vaisseaux de mer* ». Le Malouin a donc la main haute sur toute l'expédition. Il peut tirer des prisons de l'État jusqu'à cinquante prisonniers, sauf ceux accusés « *d'hérésie et lèse-majesté divine et humaine envers Nous et de faux-monnayeurs* ». Il peut emmener avec lui autant de sujets de bonne volonté qu'il le désire.

Charles Quint, alerté par ses espions, tente en vain de faire obstacle aux projets du roi de France. Il veut même que le pape Paul III intervienne. François Ier se contente de répondre « *Je voudrais bien voir la clause du testament d'Adam qui m'exclut du partage du monde* ».

Cartier a déjà commencé ses préparatifs quand le roi, le 15 janvier 1541, annule la commission le nommant chef de l'expédition. Il lui substitue un noble de son entourage, Jean-François de La Rocque de Roberval. Ce dernier, que l'on appelle *le petit roi de Vimeu,* est un huguenot ruiné, mais qui jouit des faveurs royales. Il est nommé lieutenant général du roi au Canada et chef suprême de l'expédition tant sur terre que sur mer. Il a tous les pouvoirs qui seront donnés plus tard aux gouverneurs. Le roi lui permet, à lui aussi, de recruter des criminels pour remplir les cadres de son expédition. Le but suprême de la mission confiée au protestant Roberval, c'est « *l'augmentation et l'accroissement de notre sainte foi chrétienne et Sainte-Mère Église catholique* » !

Cartier est déjà prêt, alors que le lieutenant général n'a presque rien organisé. Il reçoit l'ordre de partir seul. Le 23 mai 1541, il quitte le port de Saint-Malo avec 5 vaisseaux portant immigrants, marins, soldats, provisions pour deux ans et bétail: vaches, taureaux, moutons, chèvres, pourceaux, chevaux.

La traversée, qui dure trois mois, est longue et pénible. Comme on manque d'eau potable, on doit abreuver les bestiaux avec du cidre. Arrivé au pays, Cartier ne reprend pas l'ancien établissement de Sainte-Croix. Donnacona est mort en France et l'explorateur doit mentir pour expliquer l'absence des autres Iroquois qu'il avait emmenés avec lui, en 1536. Il préfère fixer sa colonie à l'embouchure de la rivière du Cap-Rouge (environ 14 km en amont). Il fait construire deux fortins communiquant entre eux, l'un sur le rivage, l'autre sur la hauteur. L'établissement est baptisé Charlesbourg-Royal, en mémoire de Charles, troisième fils du roi. Pendant que des ouvriers travaillent à la construction des forts, les agriculteurs labourent la terre et sèment des graines de légumes. Vers le même temps, on fait une découverte qui produit une vive impression sur les nouveaux colons: on recueille autour du poste des « *feuilles d'un or fin, aussi épaisses que l'ongle* » et des pierres « *que nous estimions être diamants, … polis … merveilleusement taillés … qui luisaient comme si c'étaient des étincelles de feu* ».

En attendant l'arrivée de Roberval, Cartier fait une courte exploration du côté d'Hochelaga. Il se rend jusqu'à des rapides (plus à l'ouest) dans l'espoir de recueillir le plus de renseignements possible sur la région. Mais il n'apprend rien d'autre que ce qu'il savait depuis 1535, faute d'interprètes.

L'hiver se passe sans que l'on ait à déplorer de décès à cause du scorbut, du moins semble-t-il. Les Iroquois, accueillants au début, deviennent presque des ennemis. Ils rôdent « *journellement* » dans les parages des fortins. Peut-être quelques Français furent-ils tués au cours d'engagements.

Au printemps de 1542, Cartier, se voyant toujours seul et impatient sans doute de faire l'épreuve des métaux découverts, se remet en route pour la France. À Saint-Jean de Terre-Neuve, il rencontre Roberval. Il lui soumet les échantillons de sa découverte. L'épreuve ayant paru satisfaisante, Cartier ne dit mot et cingle la nuit même vers la France. Il jette l'ancre à Saint-Malo, au début de septembre. Une amère déconvenue l'attend : le diamant n'est que mica et l'or, pyrite de fer. Un dicton a bientôt cours « *Faux comme un diamant du Canada* ».

Roberval — Roberval avait eu beaucoup de peine à organiser son corps expéditionnaire.

Pour trouver des ressources, il vend sa seigneurie de Bacouel et emploie un procédé courant à l'époque : le pillage des navires étrangers. Enfin, le 16 avril 1542, soit 11 mois après Cartier, il part emmenant 200 personnes à bord de 3 grands navires. Le célèbre *capitaine pilote du roi François Ier*, Jean Fonteneau dit Alfonse, guide l'expédition.

Après le départ furtif de Cartier, le lieutenant général se dirige quand même vers l'intérieur du continent. Il s'établit au poste laissé vacant par son prédécesseur et le rebaptise France-Roi ; le fleuve reçoit le nom de France-Prime. Les constructions existantes sont notablement améliorées. Peut-être même Roberval reconstruit-il le tout ? En septembre, il retourne deux navires en France.

Déjà, il faut rationner les vivres. L'hiver sera désastreux : une cinquantaine de personnes périssent du scorbut.

En juin 1542, Roberval tente sans succès une exploration vers l'ouest par l'Outaouais ; il s'arrête aux rapides de Lachine. Déjà, à cette époque, on avait décidé l'abandon de *France-Roi*. François Ier, à nouveau en guerre contre l'Espagne et l'Angleterre, ne se préoccupe pas d'envoyer du secours. À l'été 1543, des vaisseaux sont dépêchés de France pour rapatrier le vice-roi et ses gens.

Camille Laverdière nous offre un récit biographique sur Jean-François de LaRocque, sieur de Roberval, personnage coloré que Cartier a relégué dans l'ombre. La force du livre réside dans la mise en perspective du parcours de Roberval en lien avec Jacques Cartier et avec le roi de l'époque, François Ier. Camille Laverdière, Le Sieur de Roberval, *Chicoutimi, Les éditions JCL, 2005.*

Bilan du troisième voyage : si le second voyage de Cartier en Nouvelle-France avait été, à plusieurs points de vue, un succès, il n'en va pas de même du troisième. Aucune nouvelle découverte d'importance ; point de métal précieux. Même les relations avec les Iroquois sont devenues très tendues. La cartographie, seule, fait de légers progrès.

Bilan des découvertes

Cartier n'a pas réussi à fonder un établissement français au Canada, mais les résultats de ses voyages sont appréciables.

Il a d'abord donné à la France une avance incontestable sur des territoires inconnus des Européens. Non seulement il les a reconnus, mais il y a planté la croix aux armes de son roi, symbole officiel de la prise de possession en pays chrétien ; il a de plus pénétré à l'intérieur de ces territoires et il y a fait des séjours prolongés, ajoutant ainsi aux explorations le fait d'une certaine occupation.

Si seulement Cartier avait abordé en Floride ! Villegagnon (sic), pour sa part, a fait une tentative au Brésil. Léonce Peillard (Perrin, 1991) lui consacre une savante biographie qui nous replonge dans les terribles guerres de Religion. On ne fait pas l'histoire avec des « si », mais tout de même, si la Nouvelle-France avait été ouverte aux protestants…

En second lieu, Cartier a démontré la possibilité d'habiter le Canada. En partie grâce aux Indiens, il a triomphé de la rigueur de l'hiver deux fois de suite, établissant avec certitude que le froid ne peut être un obstacle à la colonisation.

En troisième lieu, il a ouvert des perspectives déjà très vastes sur les ressources renfermées dans ce pays : pêcheries, fourrures, richesses forestières et même culture du sol. Il a en particulier révélé l'incomparable système de communications que forment le Saint-Laurent et ses affluents.

Enfin, par sa conduite bienveillante et prudente envers les Amérindiens, il a prouvé qu'on pouvait, avec de la diplomatie, s'en faire des alliés et les amener au commerce et à l'Évangile.

Ainsi Cartier prépare Champlain et ses successeurs. C'est à juste titre qu'on peut l'appeler non seulement le « découvreur », mais aussi l'un des fondateurs du Canada. Marcel Trudel affirme « *Cartier est au point de départ de l'occupation française des trois quarts d'un continent* ».

La France en Europe

Cartier abandonne les entreprises maritimes après son troisième voyage. François Ier qui l'a soutenu, meurt bientôt (1547) et Henri II, son successeur, continue la guerre contre la Maison d'Autriche. L'explorateur vit à Saint-Malo en bon bourgeois. De son vivant, est édité à Paris, sans nom d'auteur, le récit du second voyage (le récit des deux autres n'est publié qu'après sa mort). Il meurt en 1557, à l'âge de 66 ans. Quant à Roberval, assassiné en 1560, il devient une des premières victimes des guerres de religion qui déchireront la France pendant de nombreuses années.

Jusqu'à la signature de l'Édit de Nantes en 1598, sous Henri IV, il n'est pas possible à la France de donner suite aux projets de François Ier.

Le contact avec les pays découverts est maintenu par les pêches de Terre-Neuve. Là, chaque année, marins bretons et normands viennent pêcher la morue sur les bancs et font concurrence aux Basques et aux Portugais. Pendant la seconde moitié du XVIe siècle, les pêcheries espagnoles déclinent tandis que celles des Anglais se développent.

Un important commerce de fourrures s'établit aussi avec les Amérindiens des côtes, entre autres à l'embouchure du Saguenay.

Les Français au Brésil et en Floride (1555-1565)

Pendant que les rois laissent le Canada à l'abandon, le huguenot Gaspard de Coligny, amiral de France depuis 1552, songe à établir en Amérique une colonie où les protestants pourraient trouver refuge. Son poste d'amiral lui confère toute autorité sur les expéditions maritimes.

La première expédition, sous les ordres du vice-amiral de Bretagne Nicolas Durand de Villegaignon, cherche à se fixer au Brésil. Le roi de France finance l'entreprise. Le 10 novembre 1555, les trois navires portant environ 600 personnes jettent l'ancre dans la rivière de Janvier ou rio de Janeiro. La colonie s'établit sur une des îles de la baie. Catholiques et protestants habitent le fort Coligny. Rapidement éclatent des discussions théologiques entre les colons. Villegaignon prend position pour les catholiques. Il rentre d'ailleurs en France en 1559 pour se défendre. Alertées par les Jésuites, les autorités portugaises ordonnent la destruction de la colonie française. En mars 1560, la forteresse est détruite et l'île donnée aux Jésuites. La colonie française disparaît, mais plusieurs Français demeurent au Brésil.

Coligny, malgré cet échec, maintient son idée d'une colonie protestante en Amérique. C'est en Floride, au nord des territoires espagnols, que l'on fixe le point d'arrivée des nouveaux immigrants. Jean Ribault effectue, au cours de l'été 1562, un premier voyage d'exploration. Deux ans plus tard, Laudonnière dirige un groupe de 300 personnes. La cupidité des Français qui veulent à tout prix de l'or et l'hostilité des aborigènes compromettent la sécurité des installations. En 1565, Ribault revient avec 600 personnes. Il arrive presque en même temps qu'une flotte espagnole transportant 1500 personnes.

Les Espagnols veulent eux aussi s'établir en Floride. Ils se fixent à un endroit dénommé Saint-Augustin et entendent éliminer rapidement la présence huguenote. À la suite d'engagements maritimes et terrestres, les Français qui ont survécu au massacre cherchent refuge chez les indigènes. C'en est fait de la colonisation française dans ces régions.

Les Anglais en Amérique

Le règne d'Elizabeth marque un changement dans la politique extérieure anglaise. L'Espagne est devenue l'ennemi. L'Angleterre possède maintenant une marine importante. Les navires anglais sillonnent les eaux de l'Atlantique, abandonnant la Méditerranée. La recherche du passage permettant d'avoir accès aux richesses de Cathay devient une préoccupation. Les Anglais mènent cependant leurs explorations beaucoup plus au nord que les Français.

Il existe évidemment plusieurs ouvrages sur l'immigration britannique en Amérique du Nord. Il vaut la peine de s'arrêter à cette question. Une suggestion de lecture pour approfondir ce sujet serait, entre autres, Anthony McFarlane, The British in the Americas, 1480-1815 *(Longman, 1994).*

Entre 1576 et 1578, Martin Frobisher effectue trois voyages à l'entrée des terres arctiques. Au cours du premier, l'explorateur anglais croit avoir découvert le détroit qui sépare l'Asie de l'Amérique. Il lui donne son nom. Plus tard, on se rendra compte que ce détroit est une baie (la baie de Frobisher). Le succès de l'expédition amène la fondation de la « Company of Cathay » dont le but principal est la découverte de mines d'or.

Cette compagnie se charge des préparatifs des deux autres voyages. Pour son troisième séjour en terre de Baffin, Frobisher commande 15 navires. La compagnie songe à établir une colonie au détroit de Frobisher. L'échec dans la recherche de l'or signifie, là encore, la fin de l'idée de colonisation.

En 1583, sir Humphrey Gilbert, après avoir fait le bilan des explorations européennes en Amérique septentrionale, quitte Plymouth et se rend à Saint-Jean de

Terre-Neuve. Le 5 août, au cours d'une cérémonie officielle, il prend possession du territoire au nom de la reine Elizabeth. Les pêcheurs présents se soumettent à ses exigences. On cherche toujours des métaux précieux. Au retour, le *Squirrel*, sur lequel se trouve l'amiral, sombre entraînant dans la mort l'explorateur anglais.

Entre 1585 et 1587, John Davis effectue trois voyages à la recherche du passage du Nord-Ouest. Au cours du premier, en 1585, il découvre le détroit auquel on donnera plus tard son nom et débarque sur la côte est de la terre de Baffin. L'année suivante, le second voyage n'apporte rien de neuf, mais l'explorateur rate de peu l'entrée de la baie d'Hudson. Lors du troisième, il atteint le 72e degré de latitude nord. Au début du XVIIe siècle, Hudson et Baffin viendront compléter ces découvertes.

Dans la note de la page 15, une affirmation attribuée à Laurier Turgeon n'aura pas manqué d'étonner. Voici un commentaire additionnel. « Les historiens ont toujours accordé plus d'attention aux explorateurs et aux découvreurs », souligne-t-il dans un article fort documenté intitulé « Pour redécouvrir notre 16e siècle: les pêches à Terre-Neuve d'après les archives notariales de Bordeaux » dans la Revue d'histoire de l'Amérique française, *printemps 1986. En 1578, on rapporte 350 à 380 navires dans la région de Terre-Neuve: 150 morutiers français, 100 espagnols, 50 portugais, 30 à 50 anglais et 20 à 30 baleiniers basques. Chiffres « inférieurs à la réalité » insiste Laurier Turgeon.*

La Roche et Chauvin

L'avènement du roi protestant Henri IV sur le trône de France marque une recherche de la paix, paix que l'on n'obtiendra qu'avec la signature de l'Édit de Nantes en 1598, lequel reconnaît les droits des protestants [huguenots]. Le nouveau roi songe à rendre à la France sa grandeur extérieure. Les pêcheries et le commerce des fourrures demeurent les points d'attrait de l'Amérique septentrionale. Pour développer son commerce et sa marine, le roi veut encourager l'établissement de colonies. En 1578, un gentilhomme breton, Troilus de La Roche de Mesgouez, obtient d'Henri III une commission le nommant vice-roi et gouverneur des Terres Neuves « *et pays qu'il prendra et conquerra sur lesdits barbares* ». Malheureusement, son navire tombe aux mains des Anglais. Une seconde tentative, en 1584, se termine le long des côtes françaises. Treize ans plus tard, soit en 1597, après un voyage de reconnaissance, La Roche décide de fixer sa colonie sur l'île de Sable, d'une longueur de 40 km et située à moins de 160 km de Canso, en Nouvelle-Écosse. L'année suivante, il débarque sur l'île avec une quarantaine de colons, choisis parmi un groupe de « *gueux et de mendiants* ». Le lieutenant général retourne en France. Au cours des trois années suivantes, la colonie est ravitaillée annuellement. Mais, en 1602, point de vivres ! Lorsque, l'année suivante, le capitaine Chefdhostel arrive, il ne trouve que 11 survivants. Plusieurs mois auparavant, les colons, déjà aigris par les privations, s'étaient mutinés et avaient tué leurs chefs. L'aventure La Roche se termine par le rapatriement des 11 malheureux.

La mode du chapeau de castor aidant, la traite des fourrures devient de plus en plus importante. Le nombre de personnes intéressées à la Nouvelle-France augmente considérablement. Les marchands de Normandie veulent avoir accès aux réservoirs de pelleteries. Pierre Chauvin se fait concéder par Henri IV un monopole de commerce pour la région de Tadoussac. Il agira comme un des lieutenants de La Roche. Il veut établir à l'embouchure du Saguenay une colonie de 500 habitants. Au cours de l'été 1600, il vient faire la traite et laisse à Tadoussac 16 hommes qui doivent hiverner à cet endroit. Au printemps suivant, il ne reste plus que 5 survivants qui devaient la vie à la générosité indienne. En 1603, Pont-Gravé est de retour à Tadoussac. Accompagné de Champlain, il scelle, avec le chef Anadabijou une alliance qui sera le point de départ de l'Amérique française.

IV • LES COMPAGNIES : NATURE ET OBJECTIFS

Les compagnies au secours de l'État

À l'approche du XVIIe siècle s'ouvre une ère nouvelle pour la France. La fin de l'hégémonie espagnole la délivre de sa plus puissante rivale sur terre et sur mer. L'avènement des Stuarts (catholiques) en Angleterre lui concilie l'amitié anglaise. En même temps, à l'intérieur, l'unité du royaume s'affermit grâce à l'achèvement des guerres de religion.

Initiation à la Nouvelle-France *(HRW, 1968) de Marcel Trudel est un ouvrage de base, tout comme* La Nouvelle-France. Les Français en Amérique du Nord, XVIe-XVIIIe siècles *(Belin, 1991) de Jacques Mathieu.*

Henri IV et ses successeurs comprennent qu'un élément de la grandeur de la France sera son expansion coloniale. Ils rêvent donc d'un vaste empire qui s'étendra peu à peu aux Indes, à la côte africaine, à l'Amérique du Sud, aux Antilles et à l'Amérique du Nord.

Par suite de son manque d'expérience et surtout de ressources, l'État n'entreprend pas par ses seuls moyens la colonisation de nouveaux territoires. Il fait appel aux intérêts particuliers. C'est d'ailleurs, à l'époque, le système courant. La Hollande, devenue puissance maritime de premier ordre après sa sécession d'avec l'Espagne, a eu les compagnies les plus florissantes. La première compagnie hollandaise est fondée la même année que celle du Français Aymar de Chaste ❶. Grâce à de telles entreprises, les fameuses compagnies de Plymouth et de Londres, l'Angleterre amorce la colonisation de la Nouvelle-Angleterre. Tous les autres pays marchands : Suède, Danemark, Espagne, Portugal, en ont de semblables.

En France, malgré des demi-succès et des échecs répétés, ces compagnies se perpétuent jusqu'à la Révolution. On verra cependant le gouvernement royal prendre directement à sa charge certaines colonies, notamment la Nouvelle-France.

Commerce et peuplement

Les compagnies privilégiées sont des sociétés par actions, qui ont comme but premier la mise en valeur des territoires qu'on leur concède. Il arrive qu'à cet objectif les autorités royales en accolent un autre : le peuplement. Tel sera le cas pour la Nouvelle-France.

Gervais Carpin a étudié à fond l'immigration sous le régime des compagnies : Peuplement en Nouvelle-France *(Septentrion, 2001).*

Des particuliers s'unissent pour fournir le capital d'entreprise. Ce sont généralement des armateurs, des marchands et des financiers. En France, la noblesse et le clergé, qui jusqu'à Richelieu ne pouvaient se livrer au commerce sans déroger ❷, reçoivent l'autorisation de participer à ces entreprises. Les étrangers sont admis et même invités à y souscrire. Les fonctionnaires du Trésor figurent souvent parmi les principaux actionnaires.

Enfin, l'État lui-même y contribue, et parfois très largement.

---

❶ « *Commandeur de l'ordre de Malte, gouverneur de Dieppe, il prit sur lui l'entreprise du commerce de la Nouvelle-France après la mort de Pierre Chauvin (1603). Il envoya François du Pont-Gravé avec Champlain dans le Saint-Laurent. Il mourut avant leur retour.* » (Lucien Campeau, s.j.)

❷ « *Faire une chose qui entraînerait la perte des droits et des privilèges de la noblesse. Déroger en se mettant dans le commerce. Par extension, le commerce dérogeait, il faisait que le noble qui commerçait n'était plus noble.* » (Littré)

Un bureau de direction, résidant dans la métropole, administre la compagnie. Cette dernière a ses agents dans la colonie et l'un d'eux siège au Conseil colonial.

Quoique autonome, l'administration de la compagnie reste sous le contrôle d'un commissaire royal. Le gouverneur de la colonie représente aussi le roi et défend les intérêts de l'État. Une charte d'institution réglemente l'organisation et le fonctionnement de la société.

Maître du territoire

Pierre Dugua, sieur de Monts, a ses défenseurs. Son nom est associé aux débuts de la Nouvelle-France en général et à ceux de l'Acadie en particulier. Dans son enthousiasme, Jean Liebel en fait le fondateur de Québec: Pierre Dugua sieur de Mons, fondateur de Québec *(Le Croît vif, 1999).*

Les conditions difficiles dans lesquelles travaillent les compagnies ne leur permettraient pas de subsister si l'État ne protégeait leurs intérêts économiques. C'est pourquoi elles sont pourvues de nombreux privilèges. Elles obtiennent souvent la « propriété » du sol dans la colonie. La compagnie, alors maîtresse absolue, peut disposer des terres « *à cens ou à rentes* ».

Elle possède, d'ordinaire, le monopole du commerce. Seule, à l'exclusion de tout concurrent, elle peut acheter, transporter et revendre les produits de la colonie dans la métropole, et inversement. De plus, l'État se charge encore de préserver ce monopole en faisant, dans la mesure du possible, la police des mers au profit de la compagnie.

Enfin, la compagnie jouit d'une exemption totale ou partielle des droits (taxes) sur les marchandises qu'elle fait entrer, tant dans la métropole que dans la colonie.

Compagnie et gouvernement

Les compagnies de colonisation exercent les prérogatives de la souveraineté sur le territoire qui leur est attribué. C'est une véritable délégation des pouvoirs royaux, conforme d'ailleurs aux usages de la féodalité. Le roi ne se réserve d'ordinaire que le domaine éminent, c'est-à-dire la propriété suprême du territoire et le droit de révocation de la compagnie.

En sa qualité de suzeraine, celle-ci possède des droits fiscaux (par exemple, l'établissement de certaines taxes), des droits seigneuriaux (par exemple, l'administration de la justice) et des droits proprement politiques (l'entretien des groupes).

Le gouverneur, chef suprême de la colonie, est bien le représentant du roi, mais aussi celui de la compagnie. Le roi le nomme sur présentation de la société. Les organes administratifs et judiciaires sont les conseils.

Devoirs des compagnies

Les compagnies, créées non pour elles-mêmes d'abord, mais avant tout pour l'État, ont des charges en conformité avec cette orientation. Mais la nature de ces charges varie selon le genre de colonies.

Les compagnies françaises semblent n'avoir eu des obligations de peuplement qu'en Nouvelle-France et aux Antilles. Elles doivent y attirer des colons, les y transporter, les fixer au sol et assurer leur subsistance pendant un temps donné. Elles s'engagent à en transporter un nombre déterminé chaque année ou durant une certaine période de temps.

À partir de 1627, conformément à la charte de la Compagnie des Cent-Associés, seuls les catholiques peuvent émigrer aux colonies. Les compagnies doivent alors entretenir le clergé. Elles s'engagent au nom du roi à subvenir aux frais du culte et au soutien de ses ministres.

D'autres obligations résultent de leurs attributions administratives : l'entretien des troupes, la construction des places fortes, l'administration de la justice, etc.

Échec du système

Les compagnies privilégiées ont peu de succès dans les colonies françaises. En Nouvelle-France, en particulier, aucune ne procure de réels bénéfices à ses actionnaires ; aucune non plus ne remplit toutes ses obligations envers l'État. Plusieurs font faillite et appauvrissent à la fois l'État et les particuliers.

Ces insuccès semblent dus aux modalités d'application et aux circonstances qui en empêchent le fonctionnement normal.

Le système est mal appliqué, car parfois le pouvoir royal ne contrôle pas suffisamment les agissements de la compagnie. Celle-ci recherche alors exclusivement des profits immédiats et néglige ses obligations. D'autres fois, le pouvoir royal s'ingère dans les affaires de la société et gêne son administration en lui enlevant la liberté dont elle a besoin.

Quant aux circonstances qui entravent le fonctionnement du système, ce sont surtout les guerres. Plus d'une fois, la métropole étant en guerre, les envois de la compagnie sont saisis en mer par les vaisseaux de la puissance rivale, cause de pertes souvent ruineuses. Dans la colonie même, l'hostilité des indigènes rend quelquefois impossible toute exploitation fructueuse des ressources locales ou empêche l'établissement des colons.

Le système est bon en ce qu'il permet d'allier les activités de l'État à l'initiative des particuliers. Il est d'ailleurs significatif que de grands ministres, comme le cardinal Richelieu et Jean-Baptiste Colbert, l'aient maintenu.

Principales compagnies

Henri IV établit les premières compagnies françaises de colonisation. Il en fonde pour l'Afrique, les Indes orientales, la Nouvelle-France.

Sous Louis XIII, Richelieu développe largement le système. Il crée des compagnies plus ou moins puissantes pour toutes les colonies françaises, mais surtout la *Compagnie de la Nouvelle-France* (1627), appelée aussi Compagnie des Cent-Associés, dont il réglemente minutieusement l'organisation et dont il est lui-même actionnaire.

Louis XIV et Colbert donnent encore plus d'ampleur à l'institution. Le ministre unifie puissamment toutes les compagnies existantes en les réduisant à deux : l'une pour les Indes occidentales (Nouvelle-France, Antilles, etc.), l'autre pour les Indes orientales (Afrique, Madagascar, Inde).

Sous Louis XV, la concentration est encore plus absolue. La fameuse compagnie de Law (1719-1721) couvre tout le domaine colonial de la France : Orient et Occident.

Avec une fine analyse de ses sources qui collent à un récit qui respecte la chronologie, Éric Thierry présente une histoire de la colonisation sous le roi Henri IV (1589 et 1610). Cet ouvrage est l'occasion de multiples découvertes sur la naissance de l'Amérique française.
Éric Thierry, La France de Henri IV en Amérique du Nord. De la création de l'Acadie à la fondation de Québec, *Paris, Éditions Honoré Champion, 2008.*

V • LA COLONISATION DE L'ACADIE

Intérêt pour l'Acadie

Dans L'Acadie des origines à nos jours. Essai de synthèse historique *(Québec Amérique, 1981), Michel Roy tient parole et offre un survol complet où le présent et le passé se répondent. Le ton est alarmiste, l'histoire est triste, l'avenir est sombre. Le départ avait été lent et difficile, la soumission impossible et la déportation dramatique. Il vint un moment où les Acadiens ne furent plus d'aucune utilité pour le ravitaillement des garnisons, on les expulse pour récupérer leurs terres. Cent ans plus tard, un « assemblage d'habitants » cherche à se donner des institutions mais à quel prix et de quelle nature ?*

Les échecs de La Roche à l'île de Sable et de Chauvin à Tadoussac incitent Henri IV à réviser sa politique coloniale. À la mort de Chauvin, au début de 1603, le roi désigne le chevalier de Malte, Aymar de Chaste, comme titulaire du monopole de commerce. Henri IV aurait aimé que les marchands de Rouen et de Saint-Malo s'unissent pour former une compagnie, mais les Malouins refusent. Deux navires, sous le commandement de Pont-Gravé, quittent Honfleur en mars 1603 et atteignent Tadoussac en mai. Un navigateur avantageusement connu, Samuel de Champlain, est du voyage. Pendant que l'on fait la traite des fourrures, Champlain, malgré les réticences des Montagnais, en profite pour remonter le Saguenay. Les Montagnais lui parlent de l'existence d'une « *mer qui est salée* », au nord.

À la mi-juin, Pont-Gravé et Champlain remontent le Saint-Laurent. Champlain marche sur les traces de Cartier et Roberval : il remarque et note. Le voyage s'arrête au pied du sault Saint-Louis [rapide de Lachine]. Au cours de ce voyage, les Indiens lui apprennent des détails géographiques intéressants : aux sources du Richelieu, deux lacs puis une rivière qui conduit à la mer ; en haut de l'Outaouais se trouve un lac immense que Champlain appellera plus tard lac Huron. On quitte Tadoussac avec un chargement de fourrures et de poisson. Ce voyage permet l'établissement de liens solides avec les Montagnais qui invitent les Français à venir peupler cette terre. Ils pourront à loisir faire le commerce des fourrures, mais à la condition d'épouser la cause des Amérindiens des rives du Saint-Laurent contre leurs ennemis, les Iroquois.

À leur retour à Honfleur, Pont-Gravé et Champlain apprennent la mort d'Aymar de Chaste. Sur l'initiative de Champlain, qui fait rapport à Henri IV, la commission du Chevalier de Chaste est transmise à Pierre Du Gua De Monts. Ce dernier a déjà accompagné Pierre Chauvin à Tadoussac. Jugeant le climat de l'Acadie plus propice à l'établissement d'une colonie, il décide d'aller s'y fixer. Il se fait concéder le territoire compris entre le 40e et le 46e degré de latitude nord, c'est-à-dire depuis le site actuel de Philadelphie jusqu'à mi-hauteur du Cap-Breton. De Monts réussit à former une compagnie pouvant disposer de 90 000 livres fournies par des marchands de Rouen, Saint-Malo, La Rochelle et Saint-Jean-de-Luz. La compagnie obtient un privilège de commerce pour dix ans. Elle s'engage par contre à transporter en Acadie au moins 60 colons par année. On pourra pour compléter le nombre « *prendre les vagabonds que l'on trouvera tant aux villes qu'à la campagne* ». De Monts est chargé d'implanter chez les Amérindiens « *la foi et religion chrétienne* », ce qui n'exclut pas une prédication protestante.

Pont-Gravé et Champlain font encore partie de l'expédition qui comprend, en plus, le baron de Poutrincourt, l'abbé Nicolas Aubry, un ministre calviniste et 120 hommes de métier.

Explorations et fondations (1604-1607)

Le départ pour l'Acadie a lieu en mars 1604. Au début de mai, on touche terre à La Hève, au sud de la presqu'île acadienne. En vue de trouver un site favorable, on pénètre à l'intérieur de la baie Française (Fundy), dont on longe les rives. Les Français explorent les rivières Saint-Jean et Sainte-Croix. C'est dans une île, à l'embouchure de cette dernière, que De Monts décide de s'établir, au moins pour un temps. Il y construit une habitation ❶ fortifiée, dont Champlain avait dressé les plans.

Entre-temps, Champlain poursuit l'exploration des côtes. Il reconnaît la rivière Penobscot qu'il remonte sur une longueur de 80 km.

Le premier hivernement est très dur. La neige fait son apparition en octobre et ne disparaît qu'en avril. Plus de 35 des 80 hivernants périssent du scorbut.

Le printemps suivant (1605), on explore de nouveau le littoral, à la recherche d'un meilleur site. De Monts et Champlain atteignent ainsi Cape Cod.

Caraque portugaise. Dès les années 1500, des Portugais abordèrent la côte atlantique de l'Amérique du Nord. Voir Raymonde Litalien, Les Explorateurs de l'Amérique du Nord, 1492-1795 *(Septentrion, 1993).*

Revenus à la baie Française, ils visitent de nouveau un bassin bien protégé reconnu l'automne précédent, sur la rive méridionale de la baie, et décident de s'y fixer définitivement. On construit donc une nouvelle habitation à Port-Royal, comprenant résidences, magasins, forges, etc. (automne 1605). L'hiver fait moins de victimes que celui de l'année précédente : une dizaine environ, parmi lesquels le prêtre catholique et le ministre calviniste. On enterre ces deux derniers dans une même fosse « *pour voir si morts ils demeureraient en paix, puisque vivants ils ne s'étaient pu accorder* ». Il est vrai que de leur vivant les deux religieux en étaient venus souvent aux poings pour régler leurs querelles théologiques, au grand scandale des Amérindiens.

Au printemps 1606, De Monts envoie un important renfort en hommes et des provisions abondantes. Comme il ne peut lui-même traverser, il fait de Poutrincourt son lieutenant. Parmi les arrivants se trouvent l'apothicaire Louis Hébert, cousin germain de Poutrincourt, et l'avocat Marc Lescarbot, poète et historien. Pour la troisième fois, Champlain part en exploration. Il refait simplement son parcours précédent dépassant légèrement le cap Cod.

Le troisième hiver se passe presque sans maladie. C'est peut-être dû au fait que la viande fraîche abonde sur la table. Chacun y va de son menu. La vie est joyeuse, car Champlain vient d'instituer son *Ordre de Bon Temps.* Au printemps (1607), on ensemence les environs de l'habitation et on perfectionne l'installation des métiers. Malheureusement, les marchands de quelques villes maritimes de France se plaignent du tort que leur cause le monopole de commerce de De Monts. Ils réussissent à obtenir la révocation de son privilège. La colonie ne pouvant plus subsister sans cette source de revenus, il faut repasser en France, en juillet 1607.

---

❶ « *Une petite colonie, un établissement qu'on va faire en des lieux déserts et inhabités. Ceux de Québec ont fait des habitations à Montréal et aux Trois-Rivières.* » (Dictionnaire de Trévoux, éd. 1740). Pour établir le sens exact des mots aux XVIIe et XVIIIe siècles, la consultation du dictionnaire de Trévoux est fort utile.

Poutrincourt (1610-1613)

Pendant que De Monts et Champlain se tournent vers la vallée du Saint-Laurent, Poutrincourt croit pouvoir exploiter son domaine acadien sans privilège commercial. Il obtient d'Henri IV les pouvoirs de lieutenant général pour la concession de Port-Royal, avec obligation d'établir des missionnaires.

Il ne peut revenir en Acadie avant 1610. À son arrivée à Port-Royal, malgré un abandon de trois ans, il trouve l'établissement bien conservé, grâce aux soins du vieux chef souriquois Membertou. Il amène avec lui l'abbé Fléché, Claude et Charles de Saint-Étienne de La Tour. Comme il fallait montrer au roi que la présence des Jésuites n'était point nécessaire pour l'évangélisation des Indiens, l'abbé Fléché baptise une vingtaine d'Indiens, dont Membertou et sa famille.

Les Québécois connaissent mal leur histoire et encore plus mal celle des Acadiens. Ils auront une excuse de moins avec la parution d'un essai bien réussi sur Les Acadiens de la Nouvelle-Écosse hier et aujourd'hui *(Éditions d'Acadie, 1995). Comme le suggère le titre, Sally Ross et J.-Alphonse Deveau ont divisé leur ouvrage en deux parties : avant et après la déportation. Le lent retour des Acadiens en Nouvelle-Écosse fut plein d'embûches et leur survivance le fut et le demeure. Les choix et les défis sont posés avec franchise par les auteurs.*

Un pressant besoin d'argent amène Poutrincourt à accepter une mise de fonds de la part d'Antoinette de Pons, marquise de Guercheville, épouse du gouverneur de Paris. Cette personne, très influente à la Cour, est protectrice des Jésuites. C'est grâce à elle qu'en 1611, les pères Biard et Massé traversent en Acadie. Le désaccord naît vite entre les pères jésuites et les Poutrincourt, père et fils [1]. La Cour, mise au courant du différent, se range du côté des Jésuites, qui trouvent là de puissants alliés.

Première friction avec l'Angleterre

Malgré un certain climat de dispute, l'Acadie commence à reprendre vie, quand une agression imprévue des colons de la Virginie anéantit tous ses progrès.

Le 20 avril 1606, le roi d'Angleterre Jacques Ier concède à deux compagnies le territoire côtier compris entre le 34e et le 45e degré de latitude nord, alors que le territoire concédé à De Monts commence lui-même au 40e degré pour remonter jusqu'au 46e. Le territoire se recouvre donc sur 5 degrés. La première compagnie anglaise, la « London Company », reçoit le sud de la Virginie. En 1607, elle fonde un établissement catholique à Jamestown. En moins de huit mois, de 105, le nombre des habitants s'abaisse à 32. L'un des chefs de la colonie virginienne, Samuel Argall, étant venu faire la pêche à la hauteur de l'île des Monts-Déserts, y aperçoit le poste de Saint-Sauveur, récemment établi par les Jésuites à la demande de la seigneuresse de l'Acadie, la marquise de Guercheville. Il attaque le poste qui, privé de défense, doit se rendre. Il ramène avec lui la majeure partie des habitants de Saint-Sauveur. Sir Thomas Gates ordonne à Argall de retourner en Acadie et de détruire tous les établissements français. Saint-Sauveur et Port-Royal sont donc rasés. À son retour à l'été 1614, Poutrincourt se rend compte du désastre. Son fils Biencourt et quelques colons avaient passé un hiver pénible. L'entêté colonisateur retourne en France, ramenant avec lui une partie des colons, quelques-uns ayant décidé de demeurer à Port-Royal avec Biencourt.

Les Anglais entendent tirer profit de leur victoire. En 1621, Jacques Ier concède à sir William Alexander tout le territoire au nord de la rivière Sainte-Croix. Ce territoire comprend les provinces maritimes et la Gaspésie. En 1624, par une

---

[1] « *Plainte de Jean de Biencourt contre le P. Pierre Biard.* » Voir Lucien Campeau, ***Monumenta Novæ Franciæ I - La première mission d'Acadie (1602-1616)***. PUL, Québec, 1967 : 436.

proclamation royale, Alexander, un Écossais de bonne souche, offre le titre de baronnet à quiconque s'engage à faire traverser 6 hommes et à les nourrir pendant deux ans. Il fallait de plus verser une certaine somme d'argent. De 1625 à 1631, sir Alexander crée 85 baronnies. Les résultats sont minces, mais le pays a maintenant ses armoiries et un nom : la Nouvelle-Écosse.

À la même époque est fondée, au sud de la Nouvelle-Écosse, la Nouvelle-Néerlande, fille de la Compagnie des Indes occidentales qui, en 1624, envoie trente familles wallonnes à bord du Nieu Nederlandt. *Elles remontèrent le fleuve Hudson pour fonder le Fort Orange sur l'ancien emplacement du Fort Nassau et l'actuel emplacement de la ville d'Albany. À juste titre, les auteurs de ce collectif en appellent à une relecture de l'histoire coloniale des Amériques pour faire une juste place aux Néerlandais. Bernard Cottret, Lauric Henneton, Jacques Pothier et Bertrand Van Ruymbeke, dir.,* Naissance de l'Amérique du Nord. Les actes fondateurs, 1607-1776, *Paris, Les Indes savantes, 2008.*

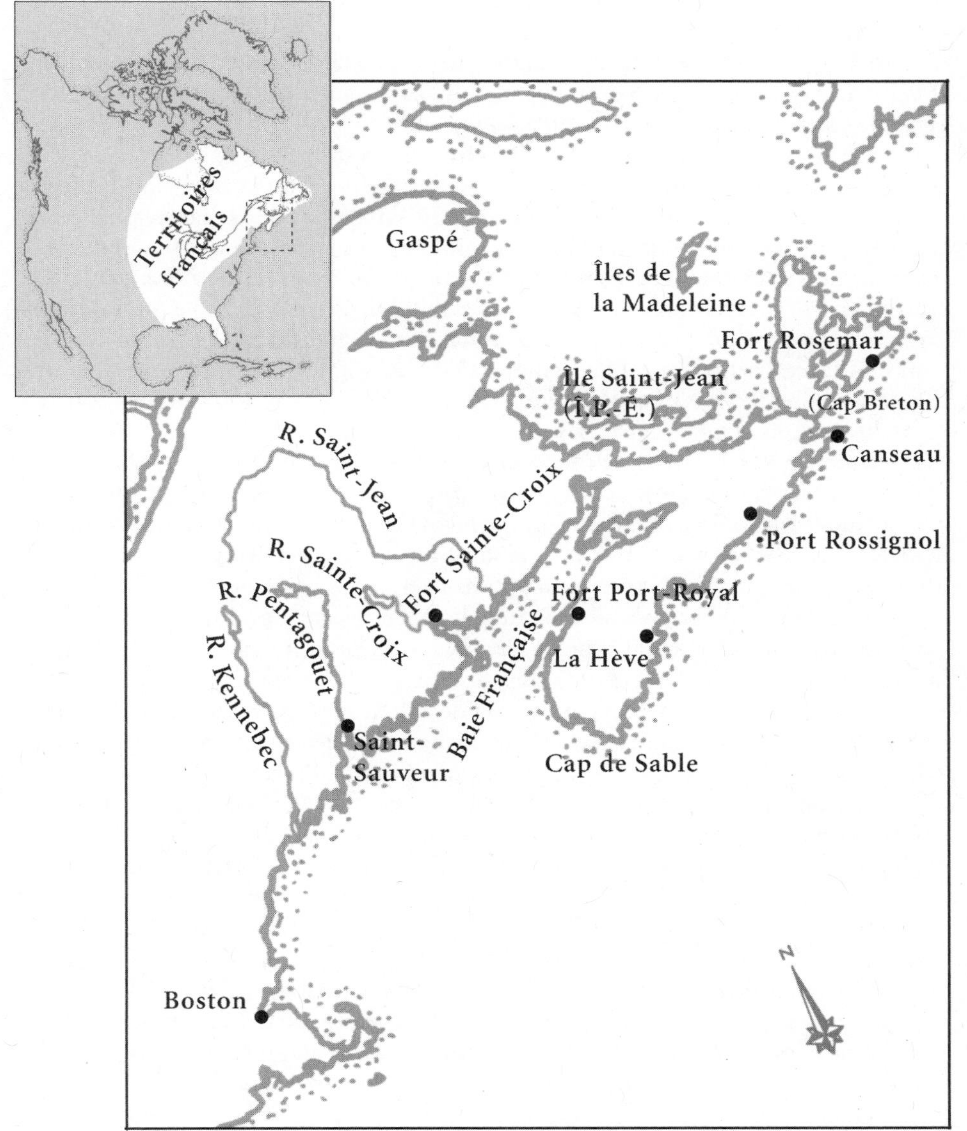

✎ L'Acadie de 1603 à 1667.

Les Cent-Associés

Malgré les revendications de l'Angleterre, la France continue de se considérer comme maîtresse de l'Acadie. Lorsqu'en 1627 Richelieu fonde la Compagnie de la Nouvelle-France, il lui attribue ce territoire en même temps que le Canada ❶.
Charles de Biencourt avait continué pendant plusieurs années à faire la traite des fourrures dans la région de Port-Royal. Et ce, même si de 1618 à 1623 la traite perd de son importance. Biencourt meurt en 1624.

En 1629, le capitaine Charles Daniel détruit un établissement anglais sur l'île du Cap-Breton. Le traité de Saint-Germain-en-Laye, signé en 1632, rend à la France l'Acadie en même temps que la Nouvelle-France.

Un homme de mérite prend la direction de la colonie recouvrée : Isaac de Razilly. Richelieu lui offre le poste de lieutenant général de la Nouvelle-France. Razilly demande à ne s'occuper que de l'Acadie, affirmant que Champlain a plus d'expérience que lui pour les affaires du Canada. Au nom des Cent-Associés, il distribue des terres. Dès 1632, il amène en Acadie 300 hommes et trois pères capucins. Délaissant Port-Royal comme capitale, il s'établit lui-même à La Hève, sur l'océan. L'endroit, croit-il, est plus propre à commander un établissement important. Il multiplie les réalisations : pêche sédentaire à Port-Rossignol, construction d'un port fortifié à Canseau. Mais il meurt prématurément en décembre 1635, l'exécution de ses vastes projets étant à peine ébauchée.

Claude de Razilly, frère du précédent, hérite des affaires d'Acadie. Charles de Menou d'Aulnay, son cousin, devient son représentant. Comme il a jugé par expérience que le poste de La Hève est moins favorable à la colonisation que celui de Port-Royal, il revient à ce dernier et y établit sa capitale. Il donne une vive impulsion au peuplement, au défrichement et à la culture.

L'Acadie, à cette époque, possède une direction bicéphale : d'Aulnay dirige les établissements de Port-Royal et de La Hève, Charles de Saint-Étienne de La Tour a la direction du Cap-de-Sable et de la rivière Saint-Jean. L'un et l'autre se partagent la moitié des bénéfices de la traite. L'un a droit de regard sur les activités commerciales de l'autre. Rapidement la discorde s'installe entre les deux. On voit d'Aulnay, en 1645, attaquer le fort de Saint-Jean. Jusqu'à sa mort survenue en 1650, il est le chef incontesté de l'Acadie. D'ailleurs, les lettres patentes de 1647 le confirmaient dans son titre de « *gouverneur dans toute l'Acadie, du Saint-Laurent à la mer, jusqu'en Virginie* ». Lui seul a le privilège de la traite des fourrures. À sa mort, l'Acadie compte environ 400 habitants.

Seconde conquête anglaise (1654-1667)

Immédiatement après la mort de d'Aulnay, La Tour se rend auprès du roi de France et recouvre ses faveurs. Il revient à Port-Royal avec le titre de gouverneur et épouse presque aussitôt la veuve de d'Aulnay, mettant fin ainsi aux réclamations de cette dernière.

---

❶ Voir Lucien Campeau, *Les Cent-Associés et le peuplement de la Nouvelle-France (1633-1663)*. Bellarmin, Montréal, 1974.

En 1652, la guerre éclate entre l'Angleterre et la Hollande. Cromwell, « protecteur » ❶ depuis 1649, charge le major Robert Sedgwick de s'emparer de la colonie hollandaise de Manhatte (New York).

Au moment où l'expédition doit quitter le port de Boston, on apprend que la paix vient d'être signée entre les deux pays (5 avril 1654). Sedgwick, profitant de la commission qui lui a été donnée, met voile vers l'Acadie pour aller en chasser les Français, rivaux de la Nouvelle-Angleterre dans les pêcheries et la traite des fourrures. Il s'empare successivement du fort de Saint-Jean, de Port-Royal et de Pentagouet. Le gendre de Sedgwick, le major John Leverett, est nommé gouverneur militaire de l'Acadie. À Londres, La Tour, qui avait été fait prisonnier à Saint-Jean, fait valoir son titre de baronnet.

En 1656, Cromwell concède le territoire acadien à Thomas Temple (qui deviendra gouverneur de l'Acadie), à William Crowne et à La Tour. La même année, moyennant une redevance, La Tour vend sa part aux deux autres et se retire au fort Saint-Louis.

Par ailleurs, la France, qui considère toujours l'Acadie comme sienne, vu qu'elle n'était point en guerre avec l'Angleterre au moment de la prise du territoire, accorde, en 1657, le titre de gouverneur de l'Acadie à Emmanuel Le Borgne, marchand de La Rochelle et principal créancier d'Aulnay et de La Tour.

Vers la même époque, Nicolas Denys, un ancien compagnon de Razilly, est nommé gouverneur du Cap-Breton, de l'île Saint-Jean et des îles de la Madeleine.

Louis XIV veut trop favoriser la colonisation pour laisser à l'Angleterre une colonie aussi importante que l'Acadie. Au traité de Breda, en 1667, il se fait remettre tout le territoire occupé par les Anglais. Il faudra toutefois attendre trois ans avant que le chevalier de Grandfontaine puisse se faire rendre l'Acadie, qui n'est guère plus peuplée qu'en 1650.

Il vaut mieux parfois une biographie romancée que point de biographie du tout ! Le jounaliste Louis-Martin Tard s'est intéressé à la vie de Marc Lescarbot. Le portrait qu'il en trace est intéressant, malgré quelques erreurs. Il souligne le rôle qu'aurait joué l'avocat parisien dans les négociations qui conduiront à la signature du traité de Vervins en 1598, traité qui ramène officiellement la paix entre la France et l'Espagne (XYZ, 1997).

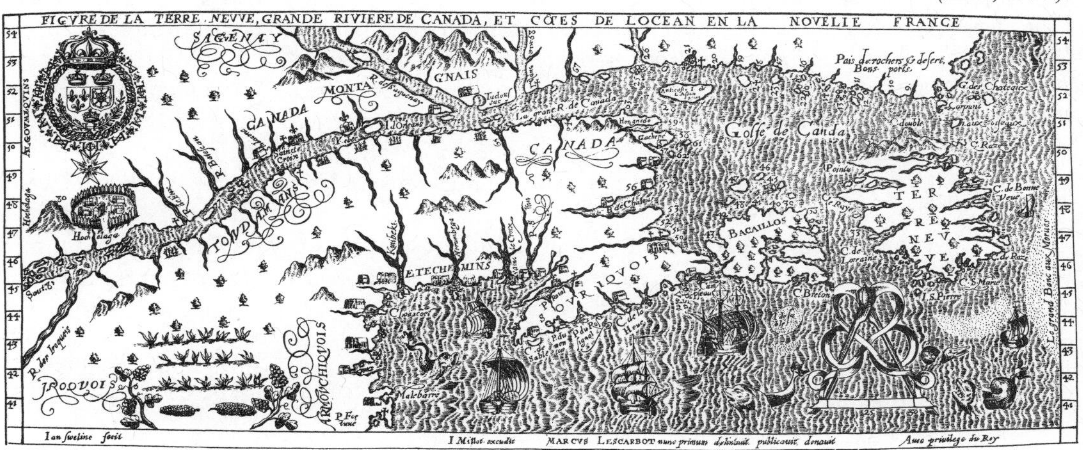

❶ C'est le titre sous lequel Cromwell a gouverné l'Angleterre. De fait, l'usurpateur fut un dictateur.

✎ Carte de Marc Lescarbot, un avocat parisien qui séjourna en Acadie en 1606-1607. On lui doit une ***Histoire de la Nouvelle-France***. Il composa, en 1606, ***Théâtre de Neptune***, considéré comme la première pièce de théâtre de la Nouvelle-France. À noter le maïs en Iroquoisie en bas à gauche.

VI • CHAMPLAIN AU CANADA (1608-1635)

Établissement à Québec (1608)

Champlain est, à notre avis, le personnage le plus complet et aussi le plus énigmatique de la Nouvelle-France. Afin de bien saisir le personnage, le mieux est de retourner à ses textes. Les Œuvres de Champlain *ont été plusieurs fois rééditées, en particulier aux éditions du Jour en 1973. Récemment (1993), Alain Beaulieu et Réal Ouellet ont réédité, dans la collection Typo,* Des Sauvages *et Éric Thierry au Septentrion ces même œuvres en 3 tomes en français moderne. Quant aux travaux de nature plus scientifique, il faut mentionner tout particulièrement ceux de Conrad Heideinreich.*

En 1607, De Monts se voit enlever le privilège commercial qu'on lui avait accordé, en 1604, pour 10 ans. Mais Champlain et Pont-Gravé continuent de croire à la possibilité d'une œuvre coloniale en Amérique septentrionale et font des démarches à la Cour. En 1608, Henri IV accepte le renouvellement du privilège, pour un an seulement. Champlain et Pont-Gravé persuadent De Monts de s'établir non plus en Acadie, mais au pays du Saint-Laurent ❶. Ils en font valoir les avantages : meilleures possibilités de traite, car l'on est au cœur des zones d'échange ; surveillance facilitée des violateurs du monopole ; possibilité accrue de trouver le passage vers l'Asie ; défense plus aisée du pays. Enfin, une présence au sein des tribus algonquines, montagnaises et huronnes assurerait le maintien de l'amitié. Par contre, ce dernier point forcera les Français à prendre immanquablement parti contre les Iroquois.

De Monts se laisse convaincre et réunit les fonds de l'entreprise, formant une société avec quelques marchands de Rouen. Il ne se rend pas lui-même au Canada. Nommé lieutenant général de la Nouvelle-France, il délègue ses pouvoirs à Champlain.

Trois navires quittent Honfleur en 1608 : le premier doit aller faire la traite en Acadie ; le second, le *Levrier*, commandé par Pont-Gravé, va faire la traite à Tadoussac ; le troisième enfin, le *Don-de-Dieu*, confié à Champlain, transporte les « choses nécessaires et propres d'une habitation ». Il n'y a à bord que le personnel strictement nécessaire à la première fondation, soit une trentaine de personnes.

On aborde à Tadoussac en juin 1608. Les vaisseaux laissés sous la garde de Pont-Gravé, Champlain, en barque, se met en route vers Québec ❷. C'est à cet endroit repéré en 1603 que le fondateur a résolu d'établir sa colonie. Le promontoire offre une excellente défense naturelle et l'étroitesse du fleuve permet de contrôler de la rive le passage de tous les navires. Le havre est également de tout premier ordre. Le groupe touche terre le 3 juillet. Champlain inspecte avec soin les environs et décide de construire ses logements au bas de la falaise, sur une pointe étroite qui s'avance dans le fleuve.

Les artisans défrichent l'espace voulu, creusent les caves et, peu à peu, élèvent les constructions.

Peu après l'arrivée, quelques hommes, soudoyés par les Basques rencontrés à Tadoussac qui en ont contre le monopole de traite, complotent contre la vie de Champlain. La machination est découverte. Le chef, le serrurier Jean Duval, est pendu.

Le 18 septembre, la traite terminée, Pont-Gravé s'embarque pour la France avec une importante cargaison de fourrures et ramène avec lui les trois complices de

---

❶ Le meilleur ouvrage sur cette période : Marcel Trudel, ***Histoire de la Nouvelle-France II-Le comptoir (1604-1627)***. Fides, Montréal, 1966. Voir aussi Rosario Bilodeau, ***Champlain***. Coll. Figures canadiennes. HMH, Montréal, 1961. Aussi Robert Le Blant et René Beaudry, ***Nouveaux documents sur Champlain et son époque, vol. I (1560-1622)***. Ottawa, 1967.

❷ Québec, mot algonquin signifiant rétrécissement de rivière.

Duval. Le premier hiver à Québec est des plus cruels. Sur 28 personnes qui hivernent, 17 périssent du scorbut ou de la dysenterie.

> *L'habitation de Québec*
>
> De l'île d'Orléans jusqu'à Québec, il y a une lieue et j'y arrivai le 3 juillet [...]. Aussitôt j'employai une partie de nos ouvriers à les [noyers] abattre pour y faire notre habitation, l'autre à scier des ais, l'autre à fouiller la cave et faire des fossés; et l'autre à aller quérir nos commodités à Tadoussac avec la barque. La première chose que nous fîmes fut le magasin pour mettre nos vivres à couvert, qui fut promptement fait par la diligence d'un chacun et le soin que j'en eus.
>
> [...] Je fis continuer notre logement qui était de trois corps de logis à deux étages. Chacun contenait trois toises de long et deux et demie de large. Le magasin six de trois de large, avec une belle cave de six pieds de haut. Tout autour de nos logements je fis faire une galerie par dehors au second étage, qui était fort commode, avec des fossés de 15 pieds de large et six de profond; et au dehors des fossés, je fis plusieurs pointes d'éperons qui enfermaient une pièce du logement, là où nous mîmes nos pièces de canons. Et devant le bâtiment, il y a une place de quatre toises de large, et six ou sept de long, qui donne sur le bord de la rivière. Autour du logement, il y a des jardins qui sont très bons, et une place du côté du Septentrion qui a quelque cent ou cent vingt pas de long, 50 ou 60 de large [1].

Alliances et guerres

Lors de son voyage de 1603, Champlain avait virtuellement contracté des alliances avec les Etchemins, les Montagnais et les Algonquins réunis à Tadoussac. Ces tribus et leurs alliés, les Hurons, viennent bientôt solliciter le renouvellement du premier pacte. Champlain y consent d'autant plus volontiers qu'il se trouve en présence d'une puissante union de tribus et que ces Indiens sont depuis longtemps les fournisseurs du commerce français. En outre, c'est au milieu d'eux qu'il va vivre, tandis que leurs ennemis, les Iroquois, habitent à l'autre bout du pays. Il faut se rappeler qu'entre les voyages de Cartier et ceux de Champlain les Iroquois avaient été refoulés, à l'occasion de guerres meurtrières [et peut-être aussi à la suite des épidémies], aux sources de la rivière Richelieu et au sud des lacs Erié et Ontario.

La neutralité est impossible pour les Français. En juillet 1609, Champlain et ses alliés partent donc pour une expédition de guerre et d'explorations. On se rend à la rivière des Iroquois (le Richelieu) dont on remonte le cours jusqu'au lac Champlain. Pour la première fois, des Européens se trouvent devant cette magnifique étendue d'eau de près de 160 km de long. Les canots, qui transportent trois Français et une soixantaine d'Indiens, ne voyagent que de nuit pour ne pas éveiller l'attention des ennemis. Le 29 juillet au soir, on aperçoit les guerriers iroquois filant en canot à la hauteur du cap de Ticonderoga. Les cris de guerre retentissent des deux côtés et les préparatifs du combat vont bon train.

Le lendemain, les deux armées se font face: d'un côté environ 200 Iroquois dirigés par trois de leurs chefs, de l'autre la soixantaine d'alliés parmi lesquels se

L'année 2008, qui marque le quatrième centenaire de la fondation de la ville de Québec, a été l'occasion de la parution de plusieurs ouvrages historiques. Sous forme de guide, Raymonde Litalien retrace l'histoire de la capitale de la Nouvelle-France, de 1608 à 1760. De l'arrivée des premiers immigrants à la guerre de la Conquête, les principaux aspects de l'histoire, non seulement de la capitale mais aussi de l'exploration et de l'occupation du territoire, sont abordés, entre autres la cohabitation avec les autochtones. Raymonde Litalien, Québec, capitale de la Nouvelle-France, 1608-1760, *Paris, Belles Lettres, 2008.*

---

[1] Voir Hubert Deschamps, ***Les voyages de Samuel de Champlain.*** PUF, Paris, 1951: 111 et 116.

dissimule Champlain. Après quelques minutes de combat, les rangs alliés s'entrouvrent, Champlain tire de l'arquebuse et tue, sur le coup, deux des trois chefs ! Plus tard, les deux autres Français, cachés dans les bois, l'imitent. La victoire est acquise. Au début du mois d'août, Champlain est de retour à Québec.

En septembre de la même année, Henry Hudson explore la rivière à laquelle il a donné son nom. Français et Anglais ont donc reconnu, en cette année 1609, une des principales voies de pénétration : l'axe Hudson-Richelieu.

Le représentant de De Monts rentre en France faire rapport de ses activités. Il rencontre Henri IV et lui remet plusieurs présents venant du pays de Canada. Même si la traite des fourrures redevient libre, De Monts décide de continuer à s'occuper de l'*Abitation* de Québec. À la fin d'avril (1610), Champlain est de retour. Il constate avec plaisir que le scorbut n'a fait aucune victime. Le chef montagnais, Batiscan, l'attend déjà pour continuer la guerre contre les Iroquois. L'engagement a lieu à l'embouchure du Richelieu. Une centaine d'Iroquois sont mis en déroute après avoir combattu avec acharnement. Champlain est d'ailleurs blessé au cours du combat. Les Français profitent de cette expédition pour faire la traite. Un jeune garçon, Étienne Brûlé, accompagne les Algonquins pour se familiariser avec leur pays et leur langue.

« Comme je les vis ébranler pour tirer sur nous, je couchai mon arquebuse en joue, et visai droit à un des chefs, & de ce coup il en tomba deux par terre, et un de leurs compagnons qui fut blessé [...]. J'avais mis quatre balles dedans mon arquebuse ». Œuvres de Champlain, *Jour, 1973, tome 1 : 343.*

Compagnie de Canada

La liberté de commerce sur le Saint-Laurent n'amène que du trouble. L'âpreté au gain des marchands français les pousse à exploiter les Indiens. Champlain doit en subir les contrecoups. La situation est telle, à la fin de l'année 1610, que De Monts se demande s'il ne vaut pas mieux fermer le poste de Québec.

Champlain se rend compte pourtant que la colonie ne peut vivre sans les profits de la traite. Il décide d'intéresser à son entreprise les *Grands* de France et d'obtenir ainsi, par leur intermédiaire, les *faveurs* dont il a besoin.

À la fin de l'année 1611, la situation est grave. De Monts, qui a perdu ses associés, devient l'unique propriétaire de l'*Abitation* de Québec. Sans ressource, il cède à des marchands de La Rochelle l'*Abitation* qui devient un entrepôt pour les marchandises

✎ De Champlain, on ne possède aucun portrait authentique. On le voit ici tel qu'il s'est représenté lui-même dans son illustration de la bataille de 1609. Il est au premier plan tirant de l'arquebuse contre les Iroquois.

de traite. Champlain, en France depuis septembre 1611, se fait recommander à un prince de la famille de Condé, Charles, comte de Soissons. Celui-ci l'accueille favorablement et lui promet sa protection. Peu de temps après, à la requête de Champlain, la régente Marie de Médicis nomme Soissons lieutenant général de la Nouvelle-France. Ce dernier obtient le monopole de traite pour la région située à l'ouest de Québec. Ce monopole est valable pour une période de 12 ans. Le 15 octobre 1612, Champlain devient lieutenant du comte de Soissons et son représentant personnel en Nouvelle-France. Les pouvoirs accordés sont considérables. Malheureusement, Soissons meurt au début de novembre de la même année. Un autre Condé, son neveu, le père du Grand Condé, le remplace presque aussitôt avec les mêmes pouvoirs, sauf qu'il a droit au titre de vice-roi. Il fait de Champlain son lieutenant.

En 1613, aucune compagnie de commerce ne se forme. Plusieurs marchands obtiennent des privilèges de traite. Cette solution ne résout rien. À la fin de l'année, Champlain, de retour en France, convainc les marchands de former une société. Moyennant une redevance annuelle de 1000 écus, le vice-roi cède à la *Compagnie de Canada*, composée de marchands de Rouen et de Saint-Malo, le monopole de traite pour la région supérieure de la vallée du Saint-Laurent, à partir de Matane, et ce, pour 11 ans. En retour, la compagnie doit payer les appointements de Champlain et transporter au pays 6 familles de colons. La nouvelle société n'entre réellement en opération qu'en 1615.

Qu'en est-il des femmes amérindiennes dans leurs relations avec les colonisateurs? Cette série d'essais éclaire leurs rôles dans les échanges commerciaux et culturels qui accompagnent la traite des fourrures. Mary-Ellen Kelm et Lorna Townsend, In the Days of Our Grandmothers. A Reader in Aboriginal Women's History in Canada, *Toronto, University of Toronto Press, 2006.*

Évangélisation (1615-1625)

L'apparente sécurité résultant de l'établissement d'une compagnie stable amène Champlain à faire des démarches pour obtenir des missionnaires. « *Il est à propos de dire, écrit Champlain, qu'ayant reconnu aux voyages précédents qu'il y avait en quelques endroits des peuples arrêtés* ❶, *et amateurs du labourage de la terre, n'ayant ni foi ni loi, vivant sans Dieu et sans religion, comme bêtes brutes. Alors, je jugeai à part moi que ce serait faire une grande faute si je ne m'employais à leur préparer quelque moyen pour les faire venir à la connaissance de Dieu. Et pour y parvenir je me suis efforcé de rechercher quelques bons religieux qui eussent le zèle et affection, à la gloire de Dieu* » ❷. Grâce à l'intervention d'un ami de Champlain, les Récollets répondent avec empressement à ses désirs. Les prélats français, réunis à Paris pour les États généraux,

❶ C'est-à-dire sédentaires.

❷ Cité par Hubert Deschamps, ***Les voyages de Samuel de Champlain***. PUF, Paris, 1951 : 176.

✎ Dès son arrivée à Québec, Champlain fait construire une habitation au pied du cap aux Diamants. Après son retour, en 1633, il doit faire reconstruire une partie des bâtiments laissés à l'abandon par les Anglais. Aquarelle de Léonce Cuvelier.

sont d'accord avec le projet et souscrivent même le montant de 1 500 livres pour subvenir aux besoins des Pères. La compagnie transportera les religieux gratuitement. Elle s'engage de plus à en transporter 6 par année et à les nourrir, tant que le besoin existera. Les pères Denis Jamet, Jean Dolbeau et Joseph Le Caron et le frère Pacifique Duplessis sont désignés pour la mission lointaine. Ces missionnaires, les premiers à Québec, arrivent le 2 juin 1615.

Dix ans plus tard, peut-être sur un appel d'aide lancé par les Récollets, les Jésuites les rejoignent. Ils avaient quitté l'Acadie en 1613 et n'avaient depuis ce temps cessé de songer à l'évangélisation de la Nouvelle-France. Les premiers religieux de cet Ordre à venir au Canada sont les PP. Charles Lalemant, supérieur, Enemond Massé, surnommé le *Père Utile*, et Jean de Brébeuf, âgé de 32 ans seulement. Deux frères les accompagnent : Gilbert Burel et François Charton.

Sur l'Outaouais et les Grands Lacs

L'emploi du mot innu pour l'époque ne sera pas la seule surprise qui attend le lecteur. Alain Beaulieu « "L'on n'a point d'ennemis plus grands que ces sauvages" : l'alliance franco-innue revisitée (1603-1653) », Revue d'histoire de l'Amérique française, *vol. 61, n*[os] *3-4, 2008. Prix André-Laurendeau.*

Le temps du fondateur de Québec se partage entre la France et le Canada. En France, il doit voir aux intérêts de sa colonie placés dans une étroite dépendance de la Cour. Il n'y fait pas moins de 12 voyages. Au Canada, il poursuit sans répit ses travaux d'explorateur et de colonisateur.

En 1613, il explore l'Outaouais jusqu'à l'île aux Allumettes. En 1615, il gagne la Huronie en suivant encore l'Outaouais, puis la Mattawa, le lac Nipissing et la rivière des Français. Il aperçoit enfin la « *mer douce* » (le lac Huron).

Là, les Hurons, en vertu des alliances précédentes, le pressent encore de se joindre à eux pour porter la guerre en territoire iroquois. Malgré ses répugnances, Champlain y consent. Sur le chemin qui le conduit au pays des Iroquois, il remarque le paysage et les voies d'eau.

Au début d'octobre, il atteint le sud du lac Ontario, face à un bourg ennemi.

Malgré les efforts déployés par les Français et la construction d'un cavalier, l'indiscipline huronne provoque la défaite. Champlain est même blessé au genou et à la jambe. Cette première victoire iroquoise est importante : elle marque le début de la domination iroquoise sur les Grands Lacs.

✎ ***Façons de guerroyer des sauvages.*** Dessin de Champlain montrant la tactique employée en 1615 lors de la guerre contre les Iroquois. Le *cavalier*, construit par les Français, permet de tirer de l'arquebuse à l'intérieur des palissades. Noter les longues cabanes servant à abriter plusieurs familles.

Les Hurons font en sorte que les Français doivent hiverner chez eux. Champlain y retrouve le père Le Caron et visite avec lui de nombreuses peuplades indigènes de la région. Vers la fin de mai, tout le monde reprend le chemin de Québec.

Historien et géographe, le professeur Joe C. W. Armstrong a consacré à Champlain un ouvrage plus nuancé que ceux de ces prédécesseurs, sauf peut-être ce qu'en dit l'historien Marcel Trudel. Armstrong s'intéresse à la langue française au XVIIe siècle, au rôle de l'oncle provençal de Champlain et au testament de ce dernier, au voyage en Espagne et aux Antilles et au sort de son astrolabe qui serait actuellement exposé au Musée canadien des civilisations (Éditions de l'Homme, 1988).

La Compagnie de Caën

À Québec, la prospérité se fait attendre. Huit ans après sa fondation, la colonie compte à peine une cinquantaine de personnes. La *Compagnie de Canada* se soucie surtout du commerce. Loin de favoriser le peuplement, qui aurait pu signifier une augmentation du nombre d'intermédiaires pour la traite, elle met plutôt des entraves à la venue des colons. Louis Hébert a peine à obtenir la subvention que la compagnie lui a promise (1617). Il traverse avec son épouse, ses trois enfants et Claude Rollet, son beau-frère. Hébert sera, pour deux ans, à l'emploi de la compagnie. Les produits qu'il pourra récolter seront la propriété de celle-ci, qui lui interdit de faire la traite. Il ne sera libre qu'à la suite des deux années.

Champlain multiplie les démarches pour améliorer la situation de la colonie. En France, les protestations contre le monopole de traite se multiplient. Les pères Biard et Jamet réclament des colons. Champlain présente un mémoire à la Chambre de Commerce où il montre les avantages commerciaux que présente la Nouvelle-France, si on s'en occupe réellement :

— pêche à la morue qui pourrait rapporter 1 000 000 de livres par an ;
— pêche au saumon, 100 000 livres par an ;
— pêche à l'esturgeon et à la truite marines, 100 000 livres par an ;
— pêche à l'anguille, sardine, hareng et autres poissons, 100 000 livres par an ;
— huile de baleines, 200 000 livres par an ;
— barbes des baleines et dents des vaches marines, 500 000 livres par an ;
— bois pour construction, 400 000 livres par an ;
— bois pour la potasse, 400 000 livres par an ;
— pins et sapins pour brai, goudron et résine, 100 000 livres par an ;
— culture du blé, maïs, fèves, pois, racines pour teinture, 400 000 livres par an ;
— culture du chanvre, 300 000 livres par an ;
— exploitation des mines, 1 000 000 de livres par an ;
— toiles, câbles, cordages et agrès, 400 000 livres par an ;
— commerce des pelleteries, 400 000 livres par an ;
— cuir, 1 000 000 de livres par an

soit un revenu annuel possible de 6 400 000 livres par année. Sans compter que l'on pourrait assez facilement trouver le passage vers l'ouest !

Champlain, peu après, présente au roi un projet de colonisation [p. 49]. Les 45 000 livres nécessaires pour administrer la colonie, pour les trois prochaines années, ne seront pas octroyées.

Les exigences du fondateur de Québec agacent les marchands de la compagnie qui pourtant songent à mener à Québec, pour l'année 1619, 80 personnes. Les associés décident d'enlever à Champlain le commandement de la colonie et de le confier à Pont-Gravé, Champlain ne devant s'occuper que d'exploration.

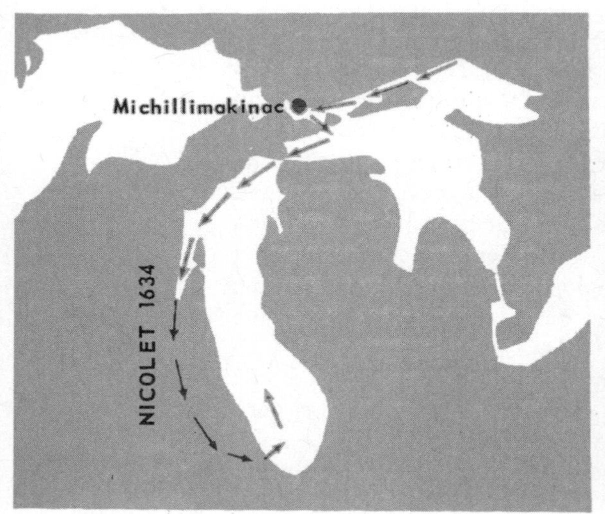

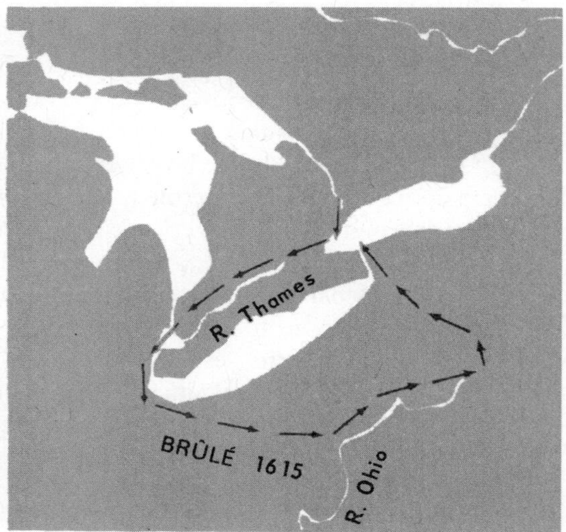

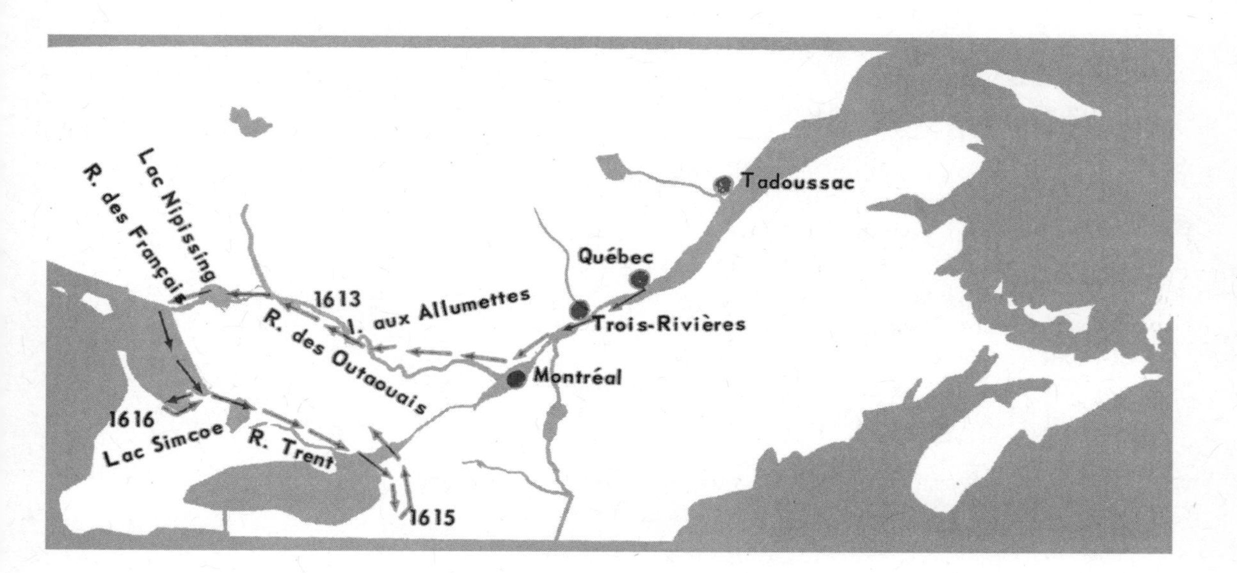

✎ Explorations de Champlain, Brûlé et Nicolet.

Heureusement, il est confirmé dans ses fonctions, en 1619, par le duc de Montmorency, le nouveau vice-roi.

Les franchises de la *Compagnie de Canada* passent à une nouvelle société, nommée *Compagnie de Caën.* Le monopole, accordé en novembre 1620, est valable pour 11 ans et ne vaut que pour la traite des fourrures, la pêche demeurant libre. Sur la question du peuplement, la compagnie ne doit traverser et installer que 6 familles, au cours de ses 11 ans. Voilà qui est bien mince ! Champlain revient à Québec avec son épouse, Hélène Boullé. Cette fois, il y restera 4 ans sans retourner en France. En 1622, les membres de l'ancienne compagnie obtiennent 5/12 des parts de la nouvelle société.

Le plan de 1618 : Extraits du mémoire de Champlain à Louis XIII.

Sire,

Vous remontre très humblement le sieur de Champlain que, depuis seize ans, il aurait travaillé avec un soin laborieux tant aux découvertures de la Nouvelle-France que de divers peuples et nations qu'il a amenés à notre connaissance, qui n'avaient jamais été connus que par lui ; lesquels lui ont donné telle et si fidèle relation des mers du nord et du sud, que l'on n'en peut douter qui serait le moyen de parvenir facilement au Royaume de la Chine et Indes orientales, d'où l'on tirerait de grandes richesses ; outre le culte divin qui s'y pourrait planter, comme le peuvent témoigner nos religieux récollets, plus l'abondance des marchandises dudit pays de la Nouvelle-France, qui se tirerait annuellement par la diligence des ouvriers qui s'y transporteraient. Que si cedit pays était délaissé et l'habitation abandonnée, faute d'y apporter le soin qui serait requis, les Anglais ou Flamands, envieux de notre bien, s'en empareraient en jouissant du fruit de nos labeurs, et empêchant par ce moyen plus de mille vaisseaux d'aller faire pêcherie de poissons secs, verts et huiles de baleine [...].

Ce que ledit sieur de Champlain dit être nécessaire pour s'établir fermement dans ledit pays de la Nouvelle-France est premièrement, afin que ce saint œuvre soit béni de Dieu, d'y mener d'abord quinze religieux récollets, lesquels seront logés en un cloître qui sera fait proche de ladite église du Rédempteur.

Secondement, y mener trois cents familles chacune composée de quatre personnes, savoir le mari et la femme, fils et fille, ou serviteur et servante, au-dessous de l'âge de vingt ans, savoir les enfants et serviteurs.

Et d'autant que tous les États qui subsistent sont appuyés politiquement sur quatre arcs-boutants, lesquels sont la force, la justice, la marchandise et le labourage, ayant parlé en premier lieu pour ce qui est de l'Église, il est nécessaire d'y porter la force, laquelle sera de trois cents bons hommes bien armés et disciplinés, et lesquels néanmoins ne laisseront de travailler à tour de rôle à ce qui sera nécessaire, n'étant besoin aux établissements de colonies d'y porter des personnes de quelque qualité que ce soit, qui ne sachent à gagner la vie [...] ❶.

Sous le titre La France d'Amérique : voyages de Samuel Champlain, 1604-1629, *l'Imprimerie nationale de France a publié un magnifique ouvrage, avec une intéressante préface de Jean Glénisson.*

En 1625, Henri de Lévy, duc de Ventadour, neveu de Montmorency, devient vice-roi à la place de son oncle. La Nouvelle-France se développe lentement.

❶ Cité par Marcel Trudel, ***Champlain***. Coll. Classiques canadiens. Fides, Montréal, 1956 : 72-77.

Richelieu et la compagnie de la Nouvelle-France

Pour le Canada comme pour la France, l'avènement de Richelieu à la direction du Conseil, en 1624, marque un renouveau de prospérité. Les colonies françaises naissantes reçoivent du ministre une vigoureuse impulsion. Il pose les bases du vaste empire colonial de la France sous l'Ancien Régime.

Champlain n'a pas de peine à faire comprendre au cardinal les besoins de la Nouvelle-France. La *Compagnie de Caën* a de nombreux ennemis à la Cour. Les pères Le Baillif et Le Caron ont multiplié les griefs contre les de Caën. Richelieu, qui projetait déjà la formation d'une puissante société de colonisation pour la Nouvelle-France, profite de ces griefs pour abolir la *Compagnie de Caën* et lui en substituer une autre, la *Compagnie de la Nouvelle-France* ou *Compagnie des Cent-Associés* (1627).

Cette société comprend une centaine d'actionnaires contribuant chacun pour 3 000 livres. En tête de liste vient Richelieu lui-même, puis le surintendant des finances du royaume; « *trente seigneurs de cour, douze gentilshommes, trente-huit marchands bourgeois, un notaire, un médecin, un imprimeur et plusieurs religieux* » ❶. Douze directeurs forment le conseil d'administration; 6 d'entre eux résident à Paris.

Les clauses de la charte donnent les devoirs et les droits de la compagnie. Les espoirs sont permis. Pour la première fois, peut-être, on sent un net désir de développer la Nouvelle-France. Le capital total de la compagnie se chiffre à 300 000 livres. C'est bien peu comparé au capital de la *Compagnie Générale des Indes Orientales* qui est de 6 1/2 millions de florins! L'éphémère *Compagnie du Morbihan* pouvait disposer d'un capital de 1 600 000 livres!

L'immigration française en terres d'Amérique est fortement tributaire des compagnies telles que les Cent-Associés et la Compagnie des Indes occidentales. Gervais Carpin, Le réseau du Canada: étude du mode migratoire de la France vers la Nouvelle-France, 1628-1662, *Sillery/Paris, Septentrion/PUPS, 2001. Prix Falardeau et Prix Lionel-Groulx.*

Charte des Cent-Associés

I — C'est à savoir, que les dits de Roquemont, Houel, Lattaignant, Dablon, Duchesne et Castillon, tant pour eux que pour les autres, faisant le nombre de cent, leurs associés, promettront de faire passer audit pays de la Nouvelle-France deux à trois cents hommes

❶ Robert-Lionel Séguin, « *Étude économique relative à la Nouvelle-France, les Cent-Associés* ». ***L'Action nationale***, vol. XLIII, n°s 7 et 8 : 556. Léon Gérin (***Aux sources de notre histoire***, Fides, Montréal, 1946 : 123) compte 38 hauts et bas fonctionnaires et 18 marchands.

✎ L'astrolabe est un instrument de navigation servant à déterminer la longitude et la latitude, en partant de l'observation des astres. Celui qui est reproduit ci-dessus est vraisemblablement l'instrument perdu par Champlain en 1613. M. E. G. Lee l'a retrouvé en 1867, dans le « township » de Ross (Ontario).

de tous métiers, dès l'année prochaine, 1628, et pendant les années suivantes, en augmenter le nombre jusqu'à quatre mille de l'un et de l'autre sexe dans les quinze ans prochainement venant et qui finiront en décembre que l'on comptera 1643. Les y loger, nourrir et entretenir de toutes choses généralement quelconques nécessaires à la vie, pendant trois ans seulement, lesquels expirés, les dits associés seront déchargés, si bon leur semble, de leur nourriture et entretien, en leur assignant la quantité de terre défrichée suffisante pour leur subvenir, avec le blé nécessaire pour les ensemencer la première fois et pour vivre jusques à la récolte prochaine, ou autrement leur pourvoir en telle sorte qu'ils puissent de leur industrie et travail subsister au pays, et s'y entretenir par eux-mêmes.

II—Sans toutefois qu'il soit loisible aux dits associés et autres faire passer aucun étranger dans lesdits lieux [Nouvelle-France], mais de peupler la colonie de naturels Français catholiques [...].

III—En chaque habitation qui sera construite par les associés, afin de vaquer à la conversion des Sauvages et consolation des Français qui seront en Nouvelle-France, il y aura trois Ecclésiastiques au moins, lesquels les Associés seront tenus loger, fournir de vivres, ornements et généralement les entretenir de toutes choses nécessaires, tant pour leur vie que fonction de leur ministère, pendant les quinze années à moins que les associés n'aiment mieux pour se décharger de la dépense, distribuer aux Ecclésiastiques des terres défrichées suffisantes pour leur entretien [...].

IV—Et pour aucunement récompenser la compagnie des grands frais et avances qu'il lui conviendra de faire pour parvenir au peuplement, entretien et conservation de celle-ci, Sa Majesté donnera à perpétuité aux cent associés leurs hoirs et ayant cause, en toute propriété, justice et seigneurie, le fort et habitation de Québec, avec tout le pays de la Nouvelle-France, dite Canada, tout le long des côtes, depuis la Floride que les rois prédécesseurs de Sa Majesté ont fait habiter, en rangeant les côtes de la mer jusqu'au Cercle Arctique pour la latitude, et de longitude depuis l'île de Terre-neuve tirant à l'Ouest jusqu'au Grand lac de la mer douce et au delà. [...] Terres, mines, minières pour jouir toutefois des mines conformément à l'ordonnance, [...] ne se réservant, Sa Majesté, que le ressort de la Foi et Hommage qui lui sera portée et à ses successeurs rois, par les associés ou l'un d'eux, avec une couronne d'or du poids de huit marcs à chaque mutation de roi, et la provision des officiers de la justice souveraine qui lui seront nommés et présentés par les associés lorsqu'il jugera à propos d'y en établir; permettant aux associés, faire fondre canons, boulets; forger toutes sortes d'armes offensives et défensives, faire poudre à canon, bâtir et fortifier places, et faire généralement dans ces lieux toutes choses nécessaires, soit pour la sûreté du pays, soit pour la conservation du commerce.

XVII—Ordonnera Sa Majesté que les descendants des Français qui s'habitueront au pays, ainsi que les Sauvages qui seront amenés à la connaissance de la foi et en feront profession, seront censés et réputés naturels Français et comme tels pourront venir habiter en France quand bon leur semblera, et y acquérir, traiter, succéder et accepter donations et légats, tout ainsi que les vrais regnicoles et originaires Français, sans être tenus de prendre aucunes lettres de déclaration ni de naturalité. [...]

Peter Moogk, fort intéressé par les compagnies à charte, soutient que plusieurs immigrants retournaient en Europe et que ceux qui restaient, les Canadiens et les Acadiens, demeuraient ancrés dans les traditions de l'Ancien Régime. Peter G. Moogk, La Nouvelle-France: The Making of French Canada. A Cultural History, *East Lansing, Michigan State University Press, 2000.*

Première conquête anglaise (1629)

L'année même où la *Compagnie de la Nouvelle-France* est établie, la guerre éclate entre la France et l'Angleterre. La mer devient peu sûre tellement les attaques sont nombreuses. Malgré l'incertitude de la situation, Richelieu exige que la compagnie commence immédiatement à pourvoir au peuplement de la Nouvelle-France.

En 1627, des marchands de Londres avaient formé une compagnie ayant pour but « *le commerce et la colonisation sur les bords du Saint-Laurent* ». C'est au nom de cette compagnie qu'agissent les frères Kirke ❶. Devant les réclamations de sir William Alexander, la compagnie de ce dernier et la précédente fusionnent pour former la « Company of Adventurers to Canada ». Son but : faire la traite sur le Saint-Laurent et établir une colonie à Tadoussac. Il faut donc chasser les Français de Québec !

Au printemps de 1628, Claude de Roquemont dirige vers Québec 4 navires portant les 400 colons que la *Compagnie de la Nouvelle-France* envoie au Canada. Malheureusement, aucun navire de guerre ne protège la petite flotte. Aux environs de Tadoussac, celle-ci est attaquée par les navires des frères Kirke. Après un engagement de près de dix heures, Roquemont se rend.

L'ennemi s'était déjà emparé des postes de Miscou et de Tadoussac. Le 10 juillet (1628), sommé par l'ennemi de se rendre, Champlain refuse, affirmant : « *La mort en combattant nous sera honorable* ». C'est pendant la période d'attente que la flotte de Roquemont est attaquée.

Le Père Brébeuf? Celui dont le cœur a été mangé par les Iroquois ? Voilà à quoi se résument les connaissances de plusieurs, lesquels le regrettent d'ailleurs. Brébeuf (et non Brébœuf) est un géant. Un mystique aussi. Il a enfin eu droit à une bonne biographie grâce au jésuite René Latourelle (Bellarmin, 1993), qui n'hésite pas à aborder la spiritualité du missionnaire. Il n'est pas nécessaire de croire pour s'y intéresser.

Durant l'hiver 1628-1629, Champlain doit faire des prodiges pour trouver la subsistance des colons (environ 80) ; il songe même à les disperser au milieu des Indiens amis pour les empêcher de mourir d'inanition. Quand les trois bâtiments anglais paraissent devant Québec, le 19 juillet 1629, Champlain comprend qu'il doit rendre la place. Un huguenot français qui avait eu maille à partir avec Champlain et le père jésuite Brébeuf, un nommé Jacques Michel, avait servi de pilote aux frères Kirke pour leur double remontée du fleuve.

Tous les *officiers d'administration* quittent la colonie, Champlain en tête. Les autres habitants peuvent rester. La plupart préfèrent rentrer en France : une vingtaine de personnes seulement demeurent au pays.

Retour à la France (1632)

Le traité de Suse, signé en avril 1629, ayant mis fin au conflit franco-anglais, la prise de Québec a donc lieu en temps de paix. Mais pour une question de dot non payée ❷, Charles Ier ne veut pas rendre les territoires conquis.

Durant les trois années suivantes, on négocie la restitution de la Nouvelle-France. Champlain lui-même passe 5 semaines à Londres, auprès de l'ambassadeur de France, pour le renseigner et stimuler son zèle. Après de nombreuses et pittoresques conférences entre ambassadeurs et ministres, Richelieu presse les pourparlers et

---

❶ Voir John S. Moir, « *Lewis Kirke* », « *Thomas Kirke* » et « *David Kirke* ». ***Dictionnaire biographique du Canada, I***: 416-420. Aussi le ***Boréal Express (1524-1760)***: 52 et 53.

❷ Henriette, la sœur de Louis XIII, avait épousé Charles Ier, roi d'Angleterre. Malheureusement, la dot n'avait pas encore été payée en 1629, bien que le mariage ait été célébré en 1625. Charles Ier exige le paiement de la dot avant de rendre la Nouvelle-France !

obtient finalement la restitution. En mars 1632, par le traité de Saint-Germain-en-Laye, le Canada et l'Acadie reviennent à la France.

Champlain n'a pas la joie de prendre tout de suite lui-même possession de la colonie recouvrée. En 1632, la *Compagnie de la Nouvelle-France* n'ayant pas les ressources financières pour organiser une expédition à Québec, Richelieu confie cette tâche à Emery de Caën qui reçoit en échange le privilège de traite pour un an. Ce dernier amène sur son vaisseau une quarantaine d'hommes pour la colonie et trois Jésuites.

L'année suivante, Richelieu confirme Champlain dans son titre de *lieutenant*. Le 22 mai, le chef de la colonie jette l'ancre devant Québec ; 200 personnes environ, en majorité des soldats, l'accompagnent. Il renoue immédiatement de bonnes relations avec les Indiens. Il reconstruit l'*Abitation* détruite par les Anglais. Pour remplir une promesse faite au moment de la cession, Champlain fait construire une petite chapelle en bois à laquelle on donne le nom de *Notre-Dame-de-la-Recouvrance*. Les Algonquins, les Montagnais et les Hurons viennent nombreux faire la traite, tant à Québec qu'aux Trois-Rivières.

Champlain est le premier Français à entrer véritablement en contact avec les autochtones. Le portrait qu'en donne Léo-Paul Desrosiers dans Iroquoisie, 1534-1652 *(Septentrion, 1998) est saisissant.*

Malgré ses forces déclinantes, Champlain s'emploie quand même avec ardeur au développement de la colonie. Il est pleinement conscient que les deux principaux ennemis de la Nouvelle-France sont l'Anglais et le Hollandais et qu'il est important de les priver tous deux du commerce avec les Iroquois. Il croit qu'avec 120 soldats et l'aide d'Indiens amis, il pourrait mater les Iroquois « qui tiennent plus de 400 lieues en sujétion ».

En juillet 1634, il envoie le sieur de La Violette établir un poste de traite à l'embouchure de la rivière Saint-Maurice. Le poste des Trois-Rivières est « *l'un des plus beaux endroits de tout ce pays* ». Il sera, pendant quelques années, le poste le plus important pour le commerce des fourrures. Tadoussac est devenu peu sûr, les violateurs du monopole de la traite y étant trop nombreux. On se rend compte de plus en plus qu'il faut se rapprocher des Indiens qui fournissent les fourrures.

La *Compagnie de la Nouvelle-France*, quasi ruinée, cherche à remplir ses obligations. Elle s'en remet à des particuliers pour voir au peuplement de la colonie. Le 15 janvier 1634, elle concède à Robert Giffard de Moncel une seigneurie d'une lieue de large sur une lieue et demie de profondeur, à Beauport. Le nouveau seigneur doit veiller lui-même au peuplement de son domaine. Les colons qu'il fera traverser « *tourneront à la décharge de la dite compagnie en diminution du nombre qu'elle doit y faire passer* ». Giffard recrute ainsi une quarantaine de colons en provenance du Perche. La même année, les Jésuites reçoivent une seigneurie dans la région des Trois-Rivières. Le mouvement de colonisation est relancé, mais bien timidement. Les Français émigrent plus facilement aux Antilles, car ce pays est plus accessible et plus accueillant que le Canada.

À l'occasion du 400e anniversaire de la fondation de Québec, dix-sept professeurs de l'Université Laval ont choisi de resituer Québec dans une perspective mondiale. Michel De Waele et Martin Pâquet, dir., Québec, Champlain, le monde, *Québec, PUL, 2008.*

Mort de Champlain

Après 32 années consacrées à la Nouvelle-France, Champlain meurt à Québec, le jour de Noël 1635. Le père Le Jeune, Jésuite, prononce son oraison funèbre.

VII • LA CROIX ET LE CASTOR (1635-1663)

Une Nouvelle-France laissée à elle-même

L'appartenance à l'Ordre des chevaliers de Malte a influencé le mandat de Montmagny. Cette importante précision est apportée par Jean-Claude Dubé dans Le chevalier de Montmagny. Premier gouverneur de la Nouvelle-France. *(Fides, 1999).*

De la mort de Champlain à la fondation de Montréal, les progrès de la colonie sont minces. Le gouvernement de la métropole semble se désintéresser du sort de la Nouvelle-France. Depuis 1618, l'Europe occidentale est troublée par une guerre interminable (la guerre de Trente Ans). Ainsi en 1635, la France déclare la guerre à l'Espagne. L'attention de Louis XIII est concentrée en Europe. Les seigneurs-colons et les communautés religieuses doivent suppléer à la carence de la métropole. Ces deux groupes voudront établir en Nouvelle-France une colonie de peuplement, alors que les structures gouvernementales et surtout l'économie favorisent une colonie d'exploitation. Le peuplement se fera donc d'une façon artificielle, car le territoire n'attire pas les colons pour lui-même. Pour les Jésuites, une immigration rapide faciliterait la conversion des Amérindiens et même le salut des colons. Cette période, qui va de 1635 à 1663, peut à juste titre être qualifiée d'*épopée mystique*.

Fondation de Ville-Marie

La Fondation Lionel-Groulx a choisi de souligner le 350e anniversaire de la fondation de Montréal en parrainant quelques ouvrages dont Pour le Christ et le Roi : la vie au temps des premiers Montréalais *(Yves Landry, dir.) et un* Atlas historique de Montréal *de Jean-Claude Robert. Deux livres magnifiques réalisés conjointement par Libre Expression et Art global (respectivement 1992 et 1994).*

Depuis 1632, les Jésuites publient régulièrement leurs ***Relations***. Ces écrits annuels ont pour but de mieux faire connaître les missions de la Nouvelle-France, d'y attirer des colons et de susciter des dons. Un fidèle lecteur des ***Relations***, Jérôme Le Royer de La Dauversière, percepteur d'impôts à La Flèche, rêve de fonder sur l'île de Montréal un établissement « *pour la conversion des Sauvages de la Nouvelle-France* ». Il partage ce désir avec le jeune abbé Jean-Jacques Olier, futur fondateur de la Compagnie de Saint-Sulpice, et le baron de Fancamp. Ils fondent, en 1639, la *Société de Notre-Dame de Montréal*. En juin 1641, la Société compte déjà 8 membres, parmi lesquels Paul de Chomedey, sieur de Maisonneuve, Jeanne Mance et Madame Angélique de Bullion. L'habile propagande menée surtout par Jeanne Mance permet le recrutement de 27 nouveaux membres. Le capital est de 200 000 livres.

À une assemblée de la Société, tenue à Notre-Dame de Paris le 27 février 1642, on décide que le nom du nouvel établissement sera *Ville-Marie*. L'île de Montréal appartenait à Jean de Lauson ❶, directeur principal de la *Compagnie des Cent-Associés*. En août 1640, le père Charles Lalemant transige l'achat de l'île au nom de la Société Notre-Dame. En décembre de la même année, la Compagnie annule la vente et reconcède la seigneurie à la Société ❷.

Les trois membres fondateurs ne peuvent traverser eux-mêmes en Nouvelle-France. Ils choisissent, sur recommandation du père C. Lalemant, un des membres

---

❶ L'orthographe des noms propres peut varier considérablement suivant les auteurs et suivant les sources. Plusieurs personnages orthographient même de façons différentes leur propre nom. Pour les personnages de l'histoire du Canada décédés avant 1700, les auteurs s'en sont remis à un ouvrage de première qualité, le ***Dictionnaire biographique du Canada***. Ainsi, on trouvera Lauson et non Lauzon. La ville de ***Lauzon*** doit son nom à Jean de Lauson.

❷ Voir Marie-Claire Daveluy. ***La société de Notre-Dame de Montréal (1639-1663). Son histoire, ses membres, son manifeste***. Fides, Montréal, 1965. Également Robert Rumilly, ***Histoire de Montréal*** (5 vol.), Fides, Montréal.

fondateurs de la Société, un gentilhomme de Champagne, chrétien fervent et soldat éprouvé, le sieur de Maisonneuve ❶. À l'été 1641, arrive à Québec le premier contingent destiné à Ville-Marie: 54 personnes, dont 4 femmes.

Les habitants de Québec, le gouverneur Montmagny en tête, essaient de dissuader Maisonneuve et son groupe d'aller s'établir dans une région menacée par les Iroquois. C'est une «*folle entreprise*», dit-on. Montmagny — en vain — offre aux nouveaux arrivés de s'établir sur l'île d'Orléans. Le représentant de la Société fait un bref séjour à Montréal au cours de l'automne 1641, mais revient passer l'hiver à Québec.

Au printemps 1642, il part pour l'île de Montréal. Le gouverneur, Madame de La Peltrie et plusieurs missionnaires accompagnent le groupe. Le 17 mai, on aborde et le 18 on choisit le lieu de l'établissement. Une cérémonie religieuse marque la prise de possession. Ville-Marie sera «*pour longtemps l'avant-poste le plus périlleux de la Nouvelle-France*». Les avantages économiques de l'endroit contrebalancent la menace iroquoise. Cette position avantageuse fera de Ville-Marie un comptoir de traite de premier ordre.

Dans L'Algonquin Tessouat et la fondation de Montréal. Diplomatie franco-indienne en Nouvelle-France *(Hexagone, 1996), Rémi Savard apporte un éclairage instructif sur la fondation de Montréal et sa signification pour les autochtones.*

Les «*véritables motifs de messieurs et dames de la Société de Notre-Dame de Montréal*» sont uniquement religieux, même si la tentation de la traite est toujours présente. Les institutions religieuses se développent rapidement sur l'île. Dès l'automne 1642, Jeanne Mance fonde l'Hôtel-Dieu de Montréal. En 1658, Marguerite Bourgeoys établit une école pour l'éducation tant des Françaises que des Indiennes. À partir de 1657, les Sulpiciens, qui remplacent les Jésuites, assurent le service religieux. Maisonneuve, qui sera gouverneur de Ville-Marie jusqu'en 1665, veille aux bonnes mœurs de l'établissement.

En mars 1663, la Société de Notre-Dame, qui a plus de 100 000 livres de dettes, cède l'île aux Sulpiciens et décide de sa dissolution. Marcel Trudel trace un bilan assez sombre des résultats immédiats de l'œuvre de la Société: «*elle n'a établi qu'une cinquantaine de familles et n'a défriché que 200 arpents (env. 70 ha) de terre*».

Guerres iroquoises: première et deuxième phases

Les Iroquois approvisionnent en fourrures les Hollandais établis à Fort-Orange (Albany). Ils voudraient aussi contrôler la traite avec les Français, mais ces derniers commercent directement avec les Algonquins et les Hurons. À partir de 1639, les Hollandais troquent des armes à feu pour des peaux de castor.

La pénétration française du continent se poursuit sans répit et devient une menace pour les ambitions iroquoises.

La guerre est inévitable: elle se fera d'abord contre les Français, puis contre les Hurons, avant de devenir une offensive globale contre tous les établissements français et l'ensemble des Indiens alliés des Français. Elle durera 25 ans (1641-1666) ❷.

Ces dernières années, anthropologues et ethnologues ont contribué largement à renouveler l'étude des rapports entre Blancs et Indiens. Bruce G. Trigger est de ceux-là avec Les Indiens, la fourrure et les Blancs. Français et Amérindiens en Amérique du Nord *(Boréal, 1990), ainsi que* Les Enfants d'Aataentsic. Histoire du peuple huron *(Libre Expression, 1991).*

❶ Voir Léo-Paul Desrosiers, ***Paul de Chomedey, sieur de Maisonneuve***. Fides, Montréal, 1967. Un ouvrage de base tant sur Montréal que sur le XVIIe siècle «canadien»: Louise Dechêne, ***Habitants et marchands de Montréal au XVIIe siècle***. Plon, Paris, 1974.

❷ Léo-Paul Desrosiers a étudié en détail chacune des guerres iroquoises. Les résultats de son immense recherche ont été publiés par les éditions du Septentrion sous le titre *Iroquoisie* en quatre tomes (1998-1999).

Avec Roland Viau, la torture cesse d'être un sujet tabou. Dans Enfants du néant et mangeurs d'âmes. Guerre, culture et société en Iroquoisie ancienne *(Boréal, 1997), le lecteur n'est pas épargné lui non plus. Le sort des captifs que faisaient les Indiens est bien étudié. Le point de vue de Viau est à comparer à celui de José Brandao,* Your Fyre Shall Burn No More: Iroquois Policy toward New France and its Native Allies to 1701 *(Nebraska, 1997).*

La gravité de cette guerre se mesure d'abord aux pertes de vies qu'elle entraînera, soit environ un dixième de la population. En outre, la guerre tiendra éloignés les nouveaux colons qui auraient pu songer à venir en Nouvelle-France. Enfin elle paralysera la colonisation en arrêtant le défrichement et la culture.

La première phase de cette guerre meurtrière va de 1641 à 1645. Trois-Rivières est le premier poste à être attaqué. Puis, c'est Ville-Marie, nouvellement fondée. Au cours de l'été 1642, le père Jogues, le frère René Goupil et Guillaume Couture tombent aux mains des ennemis. Le frère Goupil meurt sous la hache d'un Iroquois. L'année suivante, trois Français sont tués au pied même de la palissade de Ville-Marie. En 1644, 200 Iroquois entourent le petit fort. Le gouverneur et ses hommes réussissent à repousser l'attaque. Les Algonquins sont affaiblis et les Hurons, ravagés par une épidémie de petite vérole, sont incapables de soutenir la lutte.

Alors que les Iroquois ont des arquebuses en quantité, le gouverneur Montmagny, par une ordonnance en date du 9 juillet 1644, fait défense à toutes personnes « *de vendre, donner, troquer et échanger aux sauvages tant chrétiens que autres non chrétiens, des arquebuses, pistolets et autres armes à feu, poudre, plomb, vin, eau-de-vie, eaux-fortes, bières et autres boissons, sous peine de confiscations des choses qu'ils auraient vendues, de cinquante livres d'amende et de telles autres peines qu'il plaira à Monsieur le Gouverneur ordonner* ». Voilà qui met nettement les Indiens alliés sur un pied d'infériorité.

Les Iroquois se font de plus en plus exigeants avec les Hollandais. « *Les profils des traiteurs diminuent chaque jour, ceux des Iroquois augmentent.* » La lutte qu'ils mènent aux Algonquins et aux Hurons est sans merci, car selon l'expression de Léo-Paul Desrosiers, « *ils peuvent faire disparaître des ennemis, mais ils tuent en même temps la poule aux œufs d'or* ». En 1645, les Agniers signent une paix séparée avec les Français. Les quatre autres nations iroquoises continuent la guerre !

La seconde phase de la guerre (1648-1653) commence quand les Cinq-Nations [1] entreprennent la destruction systématique de la Huronie. Pendant la période de paix, le père Jogues, envoyé en ambassade chez les Iroquois, est tué. En 1647, dans leur volonté de contrôler le commerce des fourrures, les Iroquois bloquent la route de l'Outaouais. L'année suivante, ils détruisent les premières bourgades huronnes ; 700 Hurons restent prisonniers. Au printemps de 1649, deux nouvelles bourgades sont anéanties. Une autre a subi le même sort à l'automne. Entre-temps, 15 villages sont abandonnés. Le gouverneur Louis d'Ailleboust, successeur de Montmagny (1648), fait de vains efforts pour arrêter la rage iroquoise et assiste impuissant à la destruction de la Huronie et de l'œuvre des missionnaires dans cette région. On ne sait combien de Hurons trouvent la mort au cours de ces massacres. Plus de 2 000 sont transportés dans les villages iroquois où ils compensent en partie les lourdes pertes subies par les Iroquois, également victimes de graves épidémies. On évalue à 400 le nombre de ceux qui vont s'établir sur l'île d'Orléans.

Durant les années qui suivent, les Iroquois dispersent en partie les Pétuns, les Neutres et les Outaouais, si bien qu'ils sont pratiquement maîtres du nord du lac

---

[1] Les *Cinq-Cantons* et les *Cinq-Nations* ne sont pas synonymes. Le première appellation désigne le territoire et la seconde réfère à la Confédération elle-même.

Ontario et du haut Saint-Laurent. En 1652, la colonie française, se sentant de plus en plus menacée, songe à quitter Montréal. L'année précédente, le gouverneur d'Ailleboust avait tenté d'amener les Anglais des colonies voisines à faire front commun contre les Iroquois et à signer un accord commercial. Les dirigeants de la Nouvelle-Angleterre acceptent de commercer avec la Nouvelle-France mais non de porter la guerre chez l'Iroquois.

En septembre 1645, plus de 400 personnes sont réunies à Trois-Rivières pour finaliser un accord de paix. Plusieurs nations indiennes sont représentées. L'échange des présents permet aux Indiens de « donner l'assurance aux Français que s'ils se veulent marier en leur pays ils y trouveront des femmes... » La paix sera-t-elle générale ? Non. Les Français devront laisser tomber les Algonquins, du moins ceux qui ne sont pas chrétiens. Proposition jugée raisonnable par Le Crochet selon Rémi Savard dans L'Algonquin Tessouat et la fondation de Montréal *(L'Hexagone, 1996).*

Accalmie (1653) puis tentative de destruction

Fatiguées de la guerre, quatre des Cinq-Nations offrent d'elles-mêmes la paix en 1653. Il est vrai que les Iroquois devaient s'unir pour lutter contre la tribu des Chats qui venait d'attaquer les Tsonnontouans. La paix de 1653 apporte une période d'accalmie dans la colonie. Pour montrer leur bonne volonté, les Iroquois demandent l'installation d'un poste français dans leur pays. Une cinquantaine de Français, accompagnés de 6 ou 7 missionnaires, se rendent à leur demande et se fixent au bord du lac Gennentaha (1656). Établissement éphémère qui ne vivra que deux ans !

La situation se détériore à partir de 1658. La guérilla iroquoise fait de nouvelles victimes. On projette une attaque concertée contre Montréal, Trois-Rivières et Québec. On veut même s'emparer du gouverneur et dévaster tout le pays.

Au printemps de 1660, 500 Agniers s'assemblent aux îles du Richelieu. Trois cents Onontagués doivent les rejoindre en venant de l'Outaouais supérieur où ils sont allés faire la chasse. Le 15 mai, on apprend à Québec qu'une armée iroquoise se prépare à fondre sur la colonie. Il y a un moment de stupeur et d'angoisse. Mais Pierre d'Argenson, gouverneur depuis 1657, rassure les esprits et met Québec en état de défense.

Montréal est le poste de la colonie le plus directement menacé par les Iroquois. Aussi Maisonneuve travaille-t-il activement à le fortifier. La situation financière de Ville-Marie est assez précaire. En 1659, les canots chargés de fourrures ont dû emprunter une route intérieure et se rendre à Québec sans passer par Montréal. Les peaux de castor sont rares. Au début d'avril 1660, Dollard des Ormeaux, « *commandant dans la garnison du fort* », « *garçon de cœur et de famille* », demande au gouverneur la permission d'aller, avec 16 jeunes gens de Ville-Marie, faire la *petite guerre* contre les bandes iroquoises qui doivent bientôt descendre l'Outaouais. Les principaux officiers proposent d'attendre après les semailles. Mais Dollard, sans doute désireux de ne pas manquer l'occasion de faire main basse sur les ballots de fourrures, obtient l'approbation du gouverneur pour un départ immédiat.

Les 17 jeunes gens se conforment à la coutume selon laquelle ceux qui partent en voyage ou qui vont faire la traite ou la guerre loin des postes se confessent et communient. Vers la mi-avril, le petit groupe se met en route. Le 1er mai, ils atteignent, sur l'Outaouais, à l'endroit appelé Long-Sault, un reste de palissade abandonnée. L'endroit est bien choisi pour attaquer un ennemi peu nombreux, car les canots doivent passer un à un entre les deux rives. Dollard ne sait pas que les Iroquois se déplacent en un groupe de 200 à 300. Il ne sait pas non plus qu'il court à la mort. Il est même convaincu qu'il reviendra à Ville-Marie. N'a-t-il pas signé un billet qu'il promet de payer à son retour !

Pour une nouvelle lecture de l'affaire du Long-Sault, voir Patrice Groulx, Pièges de la mémoire. Dollard des Ormeaux, les Amérindiens et nous *(Vent d'Ouest, 1998).*

Le 2 mai, Dollard et ses hommes sont bloqués dans le petit fort qu'ils ont restauré à la hâte. Une quarantaine de Hurons et 6 Algonquins sont venus leur prêter main-forte. Cinq jours plus tard, les 500 guerriers du Richelieu arrivent et jettent l'effroi dans le cœur des Hurons, dont la plupart font défection. Après plusieurs jours de siège, la place tombe aux mains des Iroquois qui tuent ce qui reste des défenseurs du fort, sauf peut-être 4 ou 5 Français — et quelques Hurons, dont la plupart seront torturés jusqu'à la mort ❶.

Bruce G. Trigger a placé sa réflexion et ses recherches dans la foulée des travaux de Léo-Paul Desrosiers à une époque où ceux-ci étaient encore en bonne partie inédits. Après Les Enfants d'Aataentsic *(Libre Expression, 1992), il se livrait à une remarquable synthèse de la rencontre des Français et des Amérindiens avec* Les Indiens, la fourrure et les Blancs *(Boréal, 1990). Il tire parti des observations de Sagard, Lafitau et Charlevoix autant que des études de Garneau ou Parkman. La traite des fourrures, les épidémies ou l'action des missionnaires retiennent longuement son attention.*

Les autorités de l'époque attribuent au fait d'armes des jeunes braves du Long-Sault le salut momentané du pays. La menace iroquoise disparaît pour quelque temps et la situation financière s'améliore puisque, à la mi-août, des Groseilliers et Radisson conduisent à Montréal, en passant près du Long-Sault où ils constatent les signes de la bataille, des canots chargés de 90 000 kg de castors.

Malheureusement les Iroquois recommencent bientôt leurs attaques, surtout dans la région de Ville-Marie. En février 1662, 200 Onontagués attaquent Montréal et massacrent le major Lambert Closse et 11 de ses hommes. La situation au Canada demande un militaire compétent pour mater les Iroquois. Colbert, alors ministre, fait nommer en 1661 le baron Pierre d'Avaugour, soldat de carrière et homme de grande expérience. Après une rapide enquête, le nouveau gouverneur informe le roi des besoins du pays. Il obtient aussitôt une centaine de soldats et autant de colons. D'ailleurs, la fortune ne favorise plus les Cinq-Nations. Elles subissent des défaites tour à tour aux mains des Outaouais, des Sauteux, des Andastes, des Algonquins, des Loups et des Montagnais. La petite vérole et la famine les déciment aussi cruellement. Enfin, l'annonce de l'arrivée prochaine de troupes françaises, chargées de réprimer leur audace, vient abattre le reste de leur courage. Ils se décident à demander la paix en 1664 et 1665 ; ils l'obtiendront en 1667. Le déclin des forces iroquoises coïncide avec le début de la conquête de la Nouvelle-Hollande par les Anglais.

Les coloniaux et le commerce

En 1644, la situation est grave dans la colonie. On songe parfois à abandonner le pays. La *Compagnie des Cent-Associés* est quasi acculée à la faillite. Deux personnages de l'entourage du gouverneur Montmagny décident de former une compagnie qui se ferait concéder le monopole de traite. Les Jésuites appuient le projet qui ne pourrait que favoriser leur œuvre d'évangélisation. Pierre Le Gardeur de Repentigny et Jean-Paul Godefroy vont rencontrer les directeurs de la *Compagnie des Cent-Associés*. Les deux groupes en viennent à une entente à la mi-janvier 1645. Tous les *habitants chefs de famille* peuvent en faire partie : ce sera la Compagnie des Habitants. Pour les besoins de la cause, on les divise en trois classes : *les principaux et plus considérables*, les *médiocres* et *les communs du reste des habitants*. Les cadres sont en apparence assez démocratiques : c'est l'assemblée de tous les intéressés qui choisit le directeur de la compagnie.

---

❶ Dollard demeure un personnage controversé. Une chose certaine, Dollard a existé et il s'est battu au Long-Sault. Les archéologues ne sont toutefois pas d'accord sur la localisation exacte du fort. Voir Lionel Groulx, ***Dollard est-il un mythe ?*** Montréal, 1960. Aussi André Vachon, « *Dollard des Ormeaux* ». ***Dictionnaire biographique du Canada, I*** : 274-283 ; ***Le Boréal Express I (1524-1760)*** : 84-85.

La *Compagnie des Cent-Associés* garde la main haute sur la colonie : elle conserve la propriété du territoire et, en conséquence, continue à concéder des terres. Elle nomme toujours le gouverneur et les juges. Elle cède, pour une période de dix années, le monopole de traite sur une partie de son territoire. La *Compagnie des Habitants* a donc l'exclusivité de la traite pour la région située à l'ouest du poste de Miscou. En échange de ce privilège, la nouvelle compagnie doit pourvoir aux dépenses encourues pour l'administration de la colonie, verser annuellement 1 000 livres pesant (env. 450 kg) ❶ de castors aux Cent-Associés et transporter au pays 20 personnes par année.

Les nouveaux actionnaires sont presque tous de la région de Québec. Les habitants de Ville-Marie protestent. Le 20 janvier 1645, un accord est signé avec la Société de Notre-Dame qui permet à Ville-Marie d'avoir un magasin de traite et 8 places parmi les actionnaires. La *Compagnie des Habitants* soldera une partie des dépenses du gouvernement de Montréal : solde de la garnison, entretien des missionnaires.

Afin de protéger la nouvelle compagnie, le 6 septembre de la même année, le gouverneur Montmagny émet l'ordonnance suivante : « *Il est fait défense à toutes personnes de quelque qualité et condition qu'elles soient tant habitants que soldats, ouvriers, matelots ou autres de traiter aucun castor et autre pelleterie concernant la traite, sous peine de confiscation ou amende telle qu'il sera adjugé, et si les hivernants voulaient ou désiraient avoir quelques castors pour les habiller et couvrir, il leur sera permis et fourni au magasin à prix raisonnable* ». Seuls les Jésuites échappent à cette défense.

Dès sa première année d'activité (1645), la compagnie déclare des bénéfices de 30 à 50 pour cent. Le partage est une première source de mécontentement. La traite de 1646 entraîne des bénéfices plus considérables encore. On se rend vite compte que le népotisme ❷ règne au sein de la compagnie. La plupart des directeurs sont parents entre eux et cherchent à s'avantager. À l'automne, Maisonneuve et Robert Giffard se rendent à Paris pour protester contre les agissements de la compagnie. Les autorités décident alors d'imposer un *conseil de surveillance*.

Selon Jean Hamelin, de 1630 à 1645, « *en principe, 80 pour cent environ des bénéfices vont à une compagnie métropolitaine et 20 pour cent se répartissent dans la colonie* ». Mais, entre 1645 et 1659, tout change : « *moins de 1 pour cent des bénéfices passe directement dans la métropole, et plus de 80 pour cent se concentrent dans les mains des actionnaires de la Compagnie des Habitants* » ❸.

Cette compagnie n'a pas que des jours heureux. En 1659, par suite d'une baisse considérable des bénéfices, elle vend ses droits à la *Compagnie de Rouen*, qui fera d'énormes profits.

La *Compagnie des Habitants*, qui a repris ses droits en 1661, disparaîtra deux ans plus tard, en même temps que celle des Cent-Associés. Bien des choses avaient joué contre elle : les guerres avec les Iroquois, une France en état de guerre civile, la rivalité entre coloniaux français, la contrebande pratiquée par quelques-uns des actionnaires

Juillet 1645, Kiotseaeton dit Le Crochet, chef agnier, est accueilli chaleureusement, avec sa délégation, par Champflour à Trois-Rivières. « On leur présenta quelques petits rafraichissements, & après avoir mangé et pétuné, Kiotseaeton qui portait toujours la parole dit […] je trouve de la douceur dans vos maisons[…]. Ce capitaine me dit que je suis ici comme dans mon pays, cela est bien éloigné de la vérité […] que je suis comme dans ma maison ; c'est une espèce de menterie […], je fais ici tous les jours bonne chère ; je suis continuellement dans les festins, je ne suis donc pas ici comme dans ma maison… » Voir Rémi Savard, L'Algonquin Tessouat et la fondation de Montréal *(L'Hexagone, 1996).*

---

❶ La livre pesant est une unité de masse. Ne pas confondre avec la livre, unité monétaire.

❷ Le népotisme, selon le dictionnaire *Robert*, est un « *abus qu'un homme en place fait de son crédit, de son influence pour procurer des avantages, des emplois aux membres de sa famille, à ses amis* ».

❸ Voir Jean Hamelin, ***Économie et société en Nouvelle-France***. PUL, Québec, 1960.

À partir d'un fait divers, soit l'assassinat du fils de l'enquêteur Péronne du Mesnil, Christophe Horguelin jette un nouveau regard sur la fin du régime des compagnies: La Prétendue République. Pouvoir et société au Canada, 1645-1675 *(Septentrion, 1997).*

qui vendaient leurs fourrures directement en France. Cette compagnie qui est à l'origine d'une certaine aristocratie canadienne solde ses activités par un demi-échec.

Participation à la direction du pays

Le gouverneur de la colonie, le supérieur des Jésuites et le gouverneur de Montréal forment les cadres du premier *conseil de surveillance*. Ils sont assistés des syndics de Québec, Trois-Rivières et Montréal « *élus chaque année au scrutin* », mais ceux-ci n'ont que voix consultative. Dès l'année suivante, on ajoute deux conseillers ayant droit de vote. Ils sont élus pour trois ans après consultation avec les syndics [1].

Alors qu'en France l'absolutisme royal devient de plus en plus fort, le Canada voit se développer des cadres d'allure démocratique. En 1657, ce conseil est encore modifié. Il se composera du gouverneur, d'un représentant de la *Compagnie des Cent-Associés* nommé pour trois ans et de quatre conseillers, élus pour deux ans par le peuple. Deux représentent Québec, un Trois-Rivières et le dernier Montréal. Le pouvoir de décision du nouveau conseil est assez vaste, même si l'autorité suprême appartient toujours au gouverneur. Son activité est surtout d'ordre économique et montre bien l'interdépendance du politique et de l'économique à cette époque.

Déchéance de la Compagnie des Cent-Associés (1663)

Une nouvelle ère s'ouvre pour la Nouvelle-France avec l'avènement de Louis XIV et le choix de Colbert comme ministre (1661). Un des premiers actes du grand roi et de son célèbre conseiller est d'exiger des comptes de la compagnie qui possède le territoire depuis plus de 36 ans (1627-1663). La compagnie est aisément convaincue de n'avoir pas rempli ses obligations. Des colons qu'elle a promis, elle n'a pas envoyé la dixième partie. Ses agents ont souvent été un obstacle à la colonisation par leur avidité au gain. Le roi lui retire ses privilèges et rattache directement la colonie à la Couronne. La démission des Cent-Associés marque la fin d'un long régime, les compagnies privilégiées ayant gouverné la Nouvelle-France durant 60 ans.

Le bilan de cette période n'est pas brillant. Pourtant la colonie pourra vivre parce que les Français s'y sont acclimatés en assez bon nombre, bien résolus à y perpétuer leurs familles; parce qu'ils possèdent une organisation civile et religieuse suffisante pour se protéger et se développer; parce qu'enfin ils ont prouvé leur capacité de résistance devant l'agression de dangereux ennemis. La France, de son côté, n'a pas dit son dernier mot.

Castor tiré de l'ouvrage de Conrad Gessner, cité par Bernard Allaire dans Pelleteries, manchons et chapeaux de castor *(Septentrion, 1999).*

[1] Parmi les études sur les structures administratives de la Nouvelle-France, il existe, entre autres, la thèse de Gustave Lanctot, ***L'Administration de la Nouvelle-France. L'Administration générale.*** Paris, 1929. Voir aussi Marcel Trudel, ***Initiation à la Nouvelle-France.*** Montréal, 1968.

VIII • BILAN (1608-1663)

Situation du peuplement (1663)

La population de la Nouvelle-France s'élève, en 1663, à environ 2 500 âmes (l'Acadie, occupée par l'Angleterre, peut compter de 300 à 400 habitants). En 1641, elle était de moins de 300 personnes ❶.

La moitié de la population de 1663 provient de l'immigration ; le reste, de l'accroissement naturel. Les premiers immigrants sont des célibataires ou des hommes mariés qui ont laissé en France femmes et enfants. On calcule qu'entre 1608 et 1640, 296 Français auraient émigré au Canada. Pour la période suivante (1640-1660), 964. La totalité des immigrants représenterait moins de 420 familles dont la moitié provenait du Perche et de la Normandie.

Bon nombre des Français qui quittent leur pays traversent à titre d'engagés. Leur passage est gratuit, mais ils s'engagent à travailler 36 mois en guise de remboursement. À leur arrivée, ils passent au service d'un propriétaire qui paie aux armateurs le coût de la traversée. L'engagé est logé et nourri pour la durée de son service. Il ne peut quitter son *maître*, sans encourir des peines sévères. Sur 404 engagés qui traversent de 1644 à 1659, on compte 106 laboureurs et défricheurs, 25 maçons, 18 charpentiers, 18 soldats ou matelots, 129 de métiers inconnus, etc.

Le taux de natalité, en Nouvelle-France, est assez élevé. De la fondation de Québec à l'établissement du gouvernement royal, on compte plus de 1 000 naissances. Entre 1648 et 1660, Ville-Marie enregistre 148 naissances. Malheureusement, 26 de ces enfants meurent avant d'avoir atteint leur première année. Ce qui représente 17,6 pour cent de l'ensemble des naissances à Ville-Marie.

La Nouvelle-France se peuple peu rapidement. La Nouvelle-Angleterre passe de 50 000 habitants en 1641 à 80 000 en 1663. L'année même de la fondation des Trois-Rivières, la population de Boston était de 4 000 âmes. La France est pourtant le pays le plus peuplé d'Europe occidentale. Mais le pays est unifié et, contrairement à l'Angleterre, connaît une certaine stabilité politique et religieuse. De plus, bien des Français préfèrent les Antilles à la Nouvelle-France.

La vie quotidienne sert de cadre à ce petit essai d'histoire sociale. La femme retient tout particulièrement l'attention de l'auteur : mariage, fécondité, éducation des enfants, statut matrimonial, etc. L'ensemble est centré sur la population. Allan Greer, Brève histoire des peuples de la Nouvelle-France, *Montréal, Boréal, 1998.*

Le territoire occupé et exploité

Québec a été fondé en 1608, Trois-Rivières en 1634, Montréal en 1642. Le territoire colonisé se répartit, en 1663, autour de ces trois principaux centres. La plus populeuse des trois villes est la capitale, Québec. Avec sa banlieue et les seigneuries adjacentes, elle doit compter environ 1 600 âmes. Montréal vient en second lieu avec environ 500 habitants, puis les Trois-Rivières avec peut-être 400.

Où en est l'occupation du territoire en 1663 ? On consultera avec intérêt Le Terrier du Saint-Laurent en 1663 *de Marcel Trudel (Éditions de l'Université d'Ottawa, 1973).*

---

❶ Les principales données démographiques se retrouvent dans ***Recensements du Canada. Statistiques du Canada***. Vol. IV, Ottawa, 1876. Comme étude d'ensemble sur la question, voir Georges Langlois, ***Histoire de la population canadienne-française***. Montréal, 1935. Aussi Jacques Henripin, « *Les études démographiques* ». ***Recherches sociographiques, III***, 1-2 : 133-141. Il s'agit d'un numéro spécial intitulé ***Situation de la recherche sur le Canada français*** préparé sous la direction de Fernand Dumont et Yves Martin (PUL, 1962). Ouvrage indispensable.

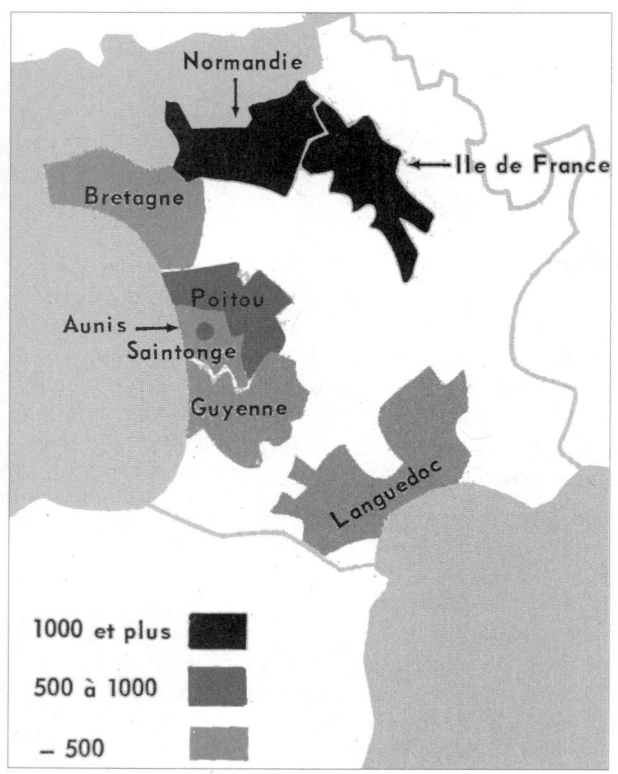

Comparer la carte ci-dessus avec la planche 45 de L'Atlas historique du Canada, *tome 1 (PUM, 1987) publié sous le direction de R. Cole Harris et Louise Dechêne. Pour le peuplement du « Canada » entre 1608 et 1759, l'Île-de-France vient en tête, suivie de la Normandie, de l'Aunis, puis du Poitou, de la Bretagne, de la Guyenne, du Perche, etc.*

Le territoire exploré est déjà immense. Samuel de Champlain reconnaît les lacs Huron et Champlain. Étienne Brûlé atteint le lac Érié ; Jean Nicolet (1634) se serait rendu jusqu'au lac Supérieur. Le désir d'évangélisation des Jésuites les amène à parcourir le pays en tous sens à la recherche d'âmes à convertir : le père Charles Raymbaut atteint le lac Supérieur (1641), le père Isaac Jogues, le lac Saint-Sacrement (1646) et le père Jean de Quen, le lac Saint-Jean (1647). Radisson et des Groseilliers « *remontent jusqu'à la frontière nord du Minnesota* » (1659-1660). En 1661, les pères Gabriel Druillettes et Claude Dablon, accompagnés de 5 Français, remontent le Saguenay, traversent le lac Saint-Jean et se rendent jusqu'à Nekouba. Les régions découvertes sont intéressantes tant sur le plan de l'évangélisation que sur celui du commerce des fourrures. La faible population et la menace iroquoise sont les obstacles majeurs à une occupation du territoire. Mais ceci n'empêche pas les gouverneurs de songer à la conquête des colonies anglaises.

Pierre Boucher et le peuplement.

Après avoir dit que le pays est bon, capable de produire toutes sortes de choses comme en France, qu'on s'y porte bien, qu'il ne manque que du monde, que le pays est extrêmement grand et qu'infailliblement il y a de grandes richesses que nous n'avons pas pu découvrir, parce que nous avons un ennemi qui nous tient resserré dans un petit coin et nous empêche de nous écarter pour faire aucune découverte. Ainsi il faudrait qu'il fut détruit, qu'il vint beaucoup de monde en ce pays-ci et puis on connaîtrait la richesse du pays. Mais pour faire cela, il faut que quelqu'un en fasse la dépense ; mais qui le fera, si ce n'est notre bon Roi ? Il a témoigné le vouloir faire : Dieu qui veuille continuer sa bonne volonté.

Les Anglais, nos voisins, ont fait d'abord de grandes dépenses pour les habitations là où ils se sont placés. Ils y ont jeté force monde et l'on y compte à présent cinquante mille hommes portant les armes. C'est merveille que de voir leur pays à présent ; l'on y trouve toutes sortes de choses comme en Europe et à la moitié meilleur marché. Ils y bâtissent quantité de vaisseaux de toutes façons. Ils y font valoir les mines de fer. Ils ont de belles villes ; il y a messageries et postes de l'une à l'autre. Ils ont des carrosses comme en France. Ceux qui ont fait les avances trouvent bien à présent leurs comptes. Ce pays-là n'est pas autre que le nôtre ce qui se fait là se peut faire ici ❶.

❶ Voir Pierre Boucher, ***Histoire véritable et naturelle...*** Société historique de Boucherville, 1964 : 143-145.

> *Monseigneur,*
>
> Ma première dépêche montre la longueur et la beauté du grand fleuve Saint-Laurent, la seconde est sur l'importance de fortifier la ville de Québec, par la troisième j'ai fait voir l'inutilité d'aider les colonies de Plaisance et Gaspé et à présent, Monseigneur, j'ose vous présenter un projet pour la conquête des bourgs habités par des Anglais et des Hollandais pour rendre le Roi maître de l'Amérique.
>
> Ces gens qui sont tous hérétiques de la religion prétendue réformée vivent dans une espèce de liberté et n'ont de gouverneur que de temps en temps.
>
> Ils sont très riches, suivant la pêche et trafiquant avec les sauvages. Si le Roi veut prendre leurs villes, il sera maître de la plus belle partie de l'Amérique, où les hivers ne sont si froids qu'en Canada. Il faudra donc dix gros vaisseaux de guerre avec quatre mille hommes et j'ose espérer que Sa Majesté m'en donnera le commandement. Je prendrai les villes de Boston et de Mannatte entre les mois de mai et de juillet, revenant par Orange, laissant des garnisons en toutes les villes pour tenir les peuples en subjugation.
>
> Telle, Monseigneur, est ma pensée et je me contenterai de vous en assurer le succès, si vous en approuvez, comme du respect avec lequel je suis, Monseigneur, votre humble et obéissant serviteur,
>
> D'Avaugour,
>
> ce 2 Sept. 1663. [1]

Pour bien des oreilles, seigneurial résonne comme féodal. Trois historiens ont voulu comprendre le fonctionnement du régime seigneurial dans ses réalités concrètes. Sylvie Dépatie a choisi d'étudier la seigneurie de l'Île-Jésus, Mario Lalancette, celle de l'Île-aux-Coudres et Christian Dessureault celle du Lac-des-Deux-Montagnes. Dans les trois cas, ils concluent à un « prélèvement sur la production paysanne ». La seigneurie leur apparaît comme « un cadre d'exploitation basé sur un ensemble de droits qui permettent au seigneur de retirer un revenu de son fief ». Voir Contributions à l'étude du régime seigneurial canadien *(HMH, 1987).*

Le régime seigneurial

L'État s'en remet à des compagnies privilégiées pour le peuplement de la Nouvelle-France. Les compagnies, à leur tour, chargent des particuliers de ce soin. Elles concéderont une terre à un seigneur avec obligation pour ce dernier de la peupler. Telle est l'origine du système seigneurial [2]. Ce système, qui s'apparente à la féodalité par ses cadres extérieurs seulement, consiste à « accorder à des entrepreneurs, qu'on appellera seigneurs, une portion plus ou moins grande de terre pour y établir des habitants, en fixant d'avance et d'une façon précise les droits et devoirs réciproques dont l'État se réserve la surveillance minutieuse ».

La seigneurie a habituellement une forme rectangulaire. Elle débouche ordinairement, par sa partie la plus étroite, sur un cours d'eau, unique voie de communication de l'époque. La superficie d'une seigneurie varie selon les circonstances. Le seigneur se réserve une étroite bande au centre et y bâtit son manoir. Le *domaine du seigneur* sera le noyau de la vie communautaire. C'est là ou dans le voisinage que l'on bâtira l'église, le presbytère et l'école.

---

[1] Cette dépêche de d'Avaugour est adressée au ministre Colbert.

[2] L'étude la plus succincte, mais toujours valable, sur le régime seigneurial demeure la brochure de Marcel Trudel, *Le régime seigneurial*. Ottawa, 1956. Voir aussi R.C. Harris, ***The Seigneurial System in Early Canada***. PUL, Québec, 1966. Également, Marcel Trudel, ***Les débuts du régime seigneurial***. Fides, Montréal, 1974, de même que Georges-É. Baillargeon, ***La survivance du régime seigneurial à Montréal. Un régime qui ne veut pas mourir***. Le Cercle du livre de France, Montréal, 1968.

Le seigneur ne peut donc garder la terre concédée pour lui seul. Il a l'obligation stricte d'octroyer à qui le demande un lopin de terre. Le fief a environ 175 m de façade par 1 100 ou 1 800 m de profondeur. Le seigneur doit tenir feu et lieu ❶. S'il veut percevoir le droit de mouture, il doit « *construire et entretenir un moulin à blé* ». Tout comme son censitaire, il est soumis aux corvées décrétées par les autorités.

Ses relations avec l'État sont, elles aussi, déterminées par contrat. En certaines occasions, il doit rendre au gouverneur *foi et hommage*. Sur demande de l'intendant, il doit produire un *aveu et dénombrement*. Il ne peut couper de chênes sans l'assentiment des charpentiers du roi. De plus, la propriété des mines et minerais lui échappe. Enfin, au moment de la vente d'une seigneurie, l'acheteur doit payer à l'État une taxe de 20 pour cent, ce que l'on appelle le droit de quint.

Si le seigneur n'avait que des devoirs, il ne serait pas intéressé à développer sa seigneurie. Heureusement, plusieurs droits font de lui un personnage honorable À l'église, le seigneur a droit à *son banc*. Il a *préséance sur le peuple*. Il peut se faire inhumer sous son banc, dans l'église même. Ses censitaires lui rendent aussi hommage lors de la plantation du mai, « *un sapin ébranché auquel on n'a laissé que le bouquet* ». Ils lui paient annuellement un impôt symbolique, le cens. Par contre, face à ces droits honorifiques, le seigneur en possède d'autres qui lui rapportent quelques biens : les rentes, le droit de lods et ventes (taxe de 8 ⅓ pour cent sur la vente d'un fief), le droit de retrait (rachat au prix demandé d'un fief vendu à rabais), le droit de mouture (le 14e minot — 1 minot = env. 36 l — des grains moulus au moulin banal), etc. Il peut aussi exiger de ses censitaires 3 ou 4 jours de travail gratuit par année.

Entre 1623 et 1663, on concède 53 seigneuries. Plusieurs d'entre elles comptent à peine quelques habitants. Talon saura utiliser les possibilités du régime seigneurial.

Dans Convertir les fils de Caïn. Jésuites et Amérindiens nomades en Nouvelle-France, 1632-1642 *(Nuit blanche, 1990), Alain Beaulieu étudie l'action des Jésuites auprès des tribus nomades de la vallée du Saint-Laurent.*

---

❶ L'expression *tenir feu et lieu* signifie que le seigneur doit posséder sur son domaine un manoir ou une simple maison où les censitaires peuvent aller payer leurs rentes. Il n'est pas nécessaire que le seigneur y habite continuellement, mais il doit, en cas d'absence, désigner un représentant.

✎ Kateri Tekakouitha est la première Indienne que l'Église catholique a déclarée vénérable. Elle mourut en 1680, à l'âge de 24 ans. Le père Claude Chauchetière a peint le portrait de cette indienne, fille d'un Agnier et d'une Algonquine.

Une Église qui s'organise

Au pays depuis 1625, les Jésuites sont, en 1663, le corps religieux le mieux structuré et le plus puissant. L'influence qu'ils exercent sur la colonie est prépondérante. Leur effort de conversion des Amérindiens a produit bien peu de fruits : les conversions sont rares. Par contre, 8 missionnaires ont connu le martyre. Tout naturellement, les pères se sont faits recruteurs de colons ; ils ont voulu développer au maximum la colonie. Ils ont favorisé l'établissement de la *Compagnie des Habitants*, ils ont siégé au Conseil pendant plus de dix ans, ils ont fait nommer un évêque de leur choix, ils se sont fait concéder plusieurs seigneuries.

Ils exercent les fonctions curiales à Québec et aux Trois-Rivières. Jusqu'à l'arrivée des Sulpiciens, ils ont charge de Ville-Marie.

Les messieurs de Saint-Sulpice desservent l'île de Montréal à partir de 1657. Six ans plus tard, ils deviennent seigneurs du territoire.

En 1663, la Nouvelle-France ne possède pas encore d'évêque. Monseigneur François de Laval est le chef de l'Église canadienne depuis 1658, avec le titre de vicaire apostolique. Il est rattaché directement au Saint-Siège. Il prône l'instauration d'un clergé séculier et, pour ce, il fonde en 1663 le Séminaire de Québec, destiné à la formation des ecclésiastiques.

À peine installé à Québec, le vicaire apostolique entre en opposition avec le gouverneur sur des questions de préséance. Il veut écraser toutes manifestations de gallicanisme. Inquiet des conséquences que présente le commerce de l'eau-de-vie pour les Indiens, il en interdit la vente sous peine d'excommunication ❶.

Communautés de femmes

En 1663, trois communautés de femmes se partagent les secteurs hospitalier et éducationnel. À Québec, les Ursulines s'occupent de l'éducation des filles françaises et huronnes. Établies au pays depuis 1639, elles ont comme supérieure une femme de grande valeur, mère Marie de l'Incarnation. Les Hospitalières de la Miséricorde de Jésus s'occupent de l'Hôtel-Dieu de Québec. Une des religieuses de l'institution, mère Marie-Catherine de Saint-Augustin, fait « *des choses extraordinaires* ». Elle est considérée, avec mère Marie de l'Incarnation, comme l'une des grandes mystiques de l'époque.

À Montréal, les Hospitalières de Saint-Joseph établissent, en 1659, un Hôtel-Dieu pour le soin des malades. Elles prennent la succession de Jeanne Mance qui, depuis la fondation de Ville-Marie, avait veillé à la *santé* des Montréalistes ❷.

L'éducation

Une année avant la fondation du Collège confessionnel de Harvard en 1636, à Boston, les Jésuites établissent un collège pour garçons à Québec. Ils commencent par dispenser l'instruction primaire et 20 ans plus tard, en 1655, ils donnent le cours

Patricia Simpson a publié deux ouvrages sur Marguerite Bourgeoys. Colleen Gray, pour sa part, s'est intéressée à la carrière des supérieures qui se sont succédées à la tête de la congrégation de Note-Dame de 1693 à 1796, dont trois en particulier : Marie Raizenne, fille de captifs faits à Deerfield, Josiah Rising et Abigail Nims. Elle examine la place des femmes dans l'Église catholique et l'autorité de ces dernières. Voir aussi les essais de Lucia Ferretti sur les Dominicaines, de Guy Laperrière sur diverses congrégations françaises, de Chantal Gauthier sur les Sœurs missionnaires de l'Immaculée-Conception et de Françoise Deroy-Pineau sur Jeanne Mance, personnage hors du commun.

---

❶ Le texte du mandement d'excommunication a été reproduit dans le ***Boréal Express (1524-1760)*:** 86.

❷ La meilleure biographie de Jeanne Mance est celle de Marie-Claire Daveluy, ***Jeanne Mance (1606-1673)***. Fides, Montréal, 1962.

Dans Les Délices de nos cœurs *(Septentrion, 1994), Claire Gourdeau s'intéresse aux échanges entre les religieuses ursulines et leurs pensionnaires indiennes au couvent de Québec entre 1639 et 1672.*

classique au complet, depuis les classes de grammaire jusqu'à celles de philosophie. Quelques-uns des professeurs ont enseigné dans des collèges de France. L'enseignement qu'ils dispensent ici n'est en rien inférieur à celui qui se donne dans la métropole.

Il n'est pas question d'enseignement classique pour les jeunes filles. Depuis 1639, les religieuses ursulines de Québec leur enseignent le catéchisme, la lecture, l'écriture, le calcul et « *tout ce que doit savoir une jeune fille* ». Mère Marie de l'Incarnation affirme que « *les filles françaises seraient de vraies brutes, sans l'éducation qu'elles reçoivent de nous et de laquelle elles ont encore plus besoin que les sauvages* ».

À Montréal, Marguerite Bourgeoys s'occupe de l'instruction des garçons et des filles. Arrivée au pays en 1653, elle doit attendre 5 ans avant d'accueillir des enfants d'âge scolaire ❶. Les Trifluviens ont confié l'éducation de leurs enfants au notaire Séverin Ameau et ce, depuis 1652. En somme, pour qui veut s'instruire, il y a possibilité. Il n'est pas question cependant de rendre l'instruction obligatoire, comme c'est le cas dans certaines colonies anglaises ❷.

Marie de l'Incarnation conserve sa « modernité ». Deux ouvrages lui ont récemment été consacrés : celui de Françoise Deroy-Pineau ainsi que celui publié sous la direction de Raymond Brodeur.

Vie de l'esprit

Malgré la menace iroquoise et les préoccupations matérielles, les premiers habitants de la colonie trouvent le temps d'assister à des représentations théâtrales. Tout comme en France, Corneille est un auteur à la mode. Par deux fois, on interprète le *Cid* (1646 et 1652). On présente aussi *Héraclius*. De plus, on joue un certain nombre de pièces *maison*. Ainsi, en 1658, la « *jeunesse du pays* » reçoit le gouverneur avec « *un petit drame en français, huron et algonquin* ». Ces distractions anodines peuvent parfois avoir des conséquences inattendues. Ainsi, à l'occasion d'une pièce présentée par les élèves du Collège des Jésuites, en février 1661, deux élèves saluent d'abord le gouverneur, avant l'évêque, déclenchant ainsi un grave incident protocolaire !

Pendant un certain temps, le ballet semble à la mode, mais soulève un peu de réticence chez les religieux.

Les Relations des Jésuites *constituent peut-être la source la plus précieuse pour l'étude des débuts de la Nouvelle-France. Marie-Christine Pioffet en examine un aspect particulier dans* La Tentation de l'épopée dans les Relations des Jésuites *(Septentrion, 1997).*

On enseigne le plain-chant au Collège des Jésuites et les cérémonies religieuses sont souvent accompagnées de violes ❸.

Malgré les arbres à abattre et l'Iroquois à surveiller, on trouve le temps de lire. Un commis de la *Compagnie des Cent-Associés*, Jean Nicolet, possède une bibliothèque qui renferme plusieurs ouvrages récents. Non seulement la « *bonne littérature* » circule au pays, mais on trouve parfois des ouvrages plutôt violents, tel « ***L'Anticoton*** », que l'on brûle sur la place publique, en 1625 ❹.

La Nouvelle-France, malgré son état critique, est prête pour de grandes réformes.

« *Messieurs, le roi !* »

---

❶ La raison est bien simple : il n'y avait pas d'enfants d'âge scolaire. Le premier enfant à naître à Montréal est Barbara Le Mounier, baptisée en novembre 1648, mais décédée le mois suivant. En 1649, naît Jean Des Roches qui deviendra un des premiers élèves de Marguerite Bourgeoys.

❷ Au Québec, l'instruction est devenue obligatoire seulement au XXe siècle. Il n'en est pas de même dans les colonies anglaises. Voir le ***Boréal Express (1524-1760)*** : 99.

❸ En 1662, on organise même des concerts de violes.

❹ *L'Anticoton* est un pamphlet très violent contre les Jésuites. Voir le ***Boréal Express (1524-1760)*** : 55.

IX • UNE COLONIE ROYALE (1663-1665)

Le roi et la colonie

Le cardinal Mazarin n'a pas continué la politique coloniale de Richelieu. Les troubles de son ministère et ses idées sur la colonisation l'en ont détourné. Il en est tout autrement dès le début du règne personnel de Louis XIV. Le jeune roi — il a 23 ans en 1661 — montre un vif intérêt pour les colonies et comprend que leur prospérité importe à la puissance du royaume. Il entreprend de relever les colonies françaises qui périclitent, tant aux Indes qu'en Afrique et en Amérique. La Nouvelle-France l'intéresse spécialement comme principale colonie de peuplement pour la France. Il emploie de fortes sommes et fait organiser d'importants envois de troupes et de colons en faveur de ses colonies d'Amérique septentrionale. Il veut contrôler personnellement tout ce qui touche la politique coloniale. Colbert avertit Tracy de suivre la filière normale pour ses demandes ou ses rapports : « *La première chose dont je dois vous entretenir est que, comme le Roi prend connaissance lui-même de*

Le père Paul Le Jeune (1591-1664) a été l'auteur des onzes premières Relations *des Jésuites de la Nouvelle-France.*

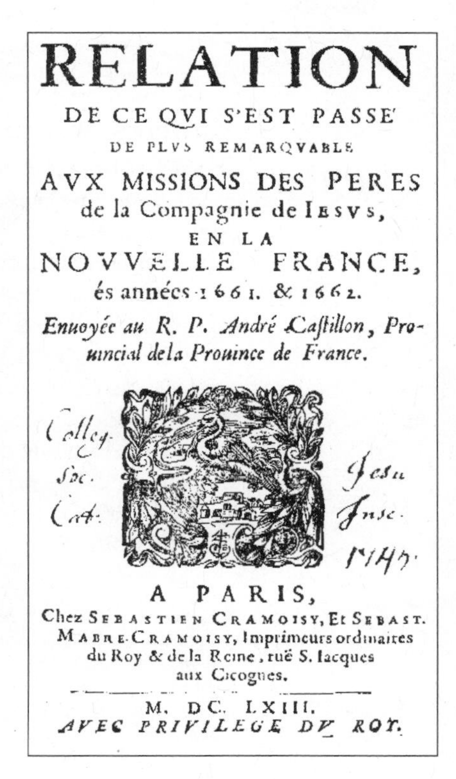

RELATION
DE CE QVI S'EST PASSÉ
DE PLVS REMARQVABLE
AVX MISSIONS DES PERES
de la Compagnie de IESVS,
EN LA
NOVVELLE FRANCE,
és années 1661. & 1662.
Enuoyée au R. P. André Castillon, Prouincial de la Prouince de France.

A PARIS,
Chez SEBASTIEN CRAMOISY, Et SEBAST.
MABRE-CRAMOISY, Imprimeurs ordinaires
du Roy & de la Reine, ruë S. Iacques
aux Cicognes.
M. DC. LXIII.
AVEC PRIVILEGE DV ROY.

✎ Frontispice de la *Relation de 1661-1662.* Les Jésuites publieront régulièrement, à partir de 1632, une relation annuelle de leurs activités en Nouvelle-France. La publication des ***Relations*** cessera en 1673.

Bibliotheca Colbertina.

HISTOIRE
VERITABLE
ET
NATVRELLE
Des Mœurs & Productions du Pays
DE LA NOVVELLE FRANCE,
Vulgairement dite
LE CANADA.

Composé par PIERRE BOVCHER, Escuyer Sieur de Gros-bois, & Gouuerneur des Trois-Riuieres, audit lieu de la Nouuelle-France.

A PARIS,
Chez FLORENTIN LAMBERT, ruë Saint Iacques, vis à vis Saint Yues, à l'Image Saint Paul.

M. DC. LXIV.
Auec Permission.

toutes ses affaires, que c'est à lui qu'il faut s'adresser directement pour lui en rendre compte et recevoir ses ordres. Il sera bon que vous l'observiez, s'il vous plaît, à l'avenir, car quoique je l'informe de toutes choses qui me sont écrites, ceux qui ont des postes de confiance comme vous ont intérêt de s'établir une maxime d'avoir leur principale relation avec Sa Majesté ».

Le roi a comme inspirateur et collaborateur, dans cette œuvre, le grand ministre que lui laisse Mazarin, Jean-Baptiste Colbert. Sa sollicitude pour les affaires des colonies lui fait surveiller leur administration jusque dans les moindres détails. Pour Colbert, le but des colonies est de fournir à la métropole certaines matières premières qui lui manquent. Tous les produits coloniaux, lorsqu'il y en a, doivent passer par la métropole ou être transportés par des vaisseaux français. La possession de colonies est importante pour développer une marine française. Sur les 26 000 vaisseaux qui font le commerce en Europe occidentale, 15 000 sont hollandais, 6 000 anglais et seulement 2 300 français. À peine 600 de ces derniers peuvent faire le commerce transatlantique.

L'économie *diversifiée* que l'on veut pratiquer en Nouvelle-France sera possible, tant que la métropole enverra les hommes capables de l'appliquer. Le danger réside dans l'aspect *artificiel* du système.

Nouvelles structures

Louis XIV organise la Nouvelle-France sur le modèle des provinces françaises. Au gouverneur qui existe déjà, il adjoint un intendant comme en possèdent les provinces depuis Richelieu. Il réforme le premier conseil institué en 1647-1648 et lui donne le nom et les attributions des conseils souverains du royaume.

Le gouverneur, nommé par le roi et révocable à volonté ❶, représente la personne du roi. Il a droit au titre de *Monseigneur*. Sa dignité est la plus haute de la colonie ; il a préséance sur tous, l'intendant ne vient qu'après. Ainsi, à l'église, le gouverneur a son prie-dieu à droite de l'autel, l'intendant à gauche. Les attributions du gouverneur sont en rapport avec cette qualité de représentant personnel du pouvoir souverain. Comme le domaine des rapports diplomatiques est celui où s'affirme davantage la souveraineté, le gouverneur y a juridiction exclusive. En tant que chef de toute la Nouvelle-France, il est le commandant suprême des troupes et des milices ❷. Toute l'administration militaire relève de lui seul. En temps de guerre, les généraux venus

---

❶ Les gouverneurs sont révocables à volonté, c'est-à-dire qu'ils ne sont pas nommés pour un terme déterminé. La durée de leur mandat dépend du bon vouloir de Sa Majesté. Le gouverneur qui régna le plus longtemps sur la Nouvelle-France est le marquis Philippe de Rigaud de Vaudreuil. Il mourut en fonction, après un gouvernement de 22 ans. D'Avaugour pour sa part est rappelé après deux ans de service. Mézy, mort lui aussi en fonction, avait exceptionnellement été nommé pour un terme de trois ans.

❷ La milice se compose de tous les hommes aptes à porter les armes. Les habitants de la colonie, âgés de 16 à 60 ans, sont astreints à un service militaire occasionnel, établi d'abord à Montréal, en 1663, puis étendu à la colonie entière en 1669.

✎ Pierre Boucher a écrit un court ouvrage de 168 pages à l'intention des Français désireux d'émigrer en Nouvelle-France et aussi pour mieux faire connaître cette dernière.

d'Europe sont sous ses ordres. Il dirige les relations pacifiques avec les autres colonies d'Amérique. Il est responsable de la politique avec les indigènes.

L'intendant, quoique inférieur en dignité, possède des fonctions administratives beaucoup plus importantes dans la pratique courante du gouvernement. Tout comme le gouverneur, il est nommé par le roi, révocable à volonté, et a droit au titre de *Monseigneur*. Sa juridiction couvre tout le territoire de la Nouvelle-France. C'est lui qui, en pratique, gouverne le pays. Il cumule les pouvoirs des ministres de la Justice, de l'intérieur et des Finances d'un État moderne.

À titre d'intendant de la justice, il doit surveiller activement toute l'administration judiciaire. Président réel du Conseil souverain, premier tribunal de la colonie, il interprète la Coutume et juge des litiges entre seigneurs et censitaires. Sa fonction d'*intendant de la police* lui réserve, à vrai dire, tout le reste de l'administration intérieure du pays, mais principalement ce qui regarde le peuplement, les terres et le commerce. Il reçoit l'acte de foi et hommage des seigneurs, nomme les notaires, les arpenteurs et s'occupe de voirie. Enfin, comme *intendant des finances*, il contrôle le trésor public ; il en est même chargé seul, suivant les termes des directives royales. Il reçoit les fonds annuels alloués par le roi et les emploie conformément aux prévisions budgétaires.

La fonction d'intendant est destinée à faire contrepoids à l'autorité du gouverneur, autorité qui pouvait être despotique plus facilement encore qu'en France, à une si grande distance du contrôle royal. Des conflits surgissent entre les deux administrateurs, parce que les matières de leur compétence ne sont pas toujours assez déterminées et parce que les caractères sont parfois fort opposés. Si le gouverneur déclare la guerre, l'intendant voit à son financement. Le premier distribue des présents aux Amérindiens et le second solde la note. D'autres pouvoirs sont conjoints : concession de seigneuries, attribution de congés de traite, etc.

Le Conseil souverain est un organisme politique et judiciaire, mais surtout judiciaire, comme d'ailleurs les conseils souverains ou parlements de France. Ses pouvoirs politiques consistent à rendre certaines ordonnances de police, à peu près dans les mêmes domaines que l'intendant. Généralement, la participation de celui-ci est requise. Le Conseil n'a la disposition des deniers publics que de 1663 à 1665 ❶. En vertu de son droit de remontrance, le Conseil peut faire des observations sur les ordonnances du roi ou des chefs de la colonie et les améliorer pour le bien commun. Les pouvoirs judiciaires du Conseil en font le tribunal le plus élevé de la Nouvelle-France, tant en matière civile que criminelle. Les parties conservent toujours un droit d'appel au roi. Le Conseil « *dispose de la traite des pelleteries avec les sauvages, ensemble de tout le trafic que les habitants peuvent faire avec les marchands de ce royaume* ». Enfin, il « *ordonne de la dépense des deniers publics* ». Au début, le Conseil souverain se compose du gouverneur, de l'évêque et de 5 conseillers nommés conjointement par le gouverneur et l'évêque ❷.

Pour connaître le contexte dans lequel est mis en place le gouvernement royal en 1663, on peut consulter Histoire populaire du Québec. Des origines à 1791 *(Septentrion, 1995), de Jacques Lacoursière.*

Benoît Grenier offre une excellente monographie sur les relations sociales amicales et conflictuelles entre voisins au sein des seigneuries. Benoît Grenier, Seigneurs campagnards de la nouvelle France : présence seigneuriale et sociabilité rurale dans la vallée du Saint-Laurent à l'époque préindustrielle, *Presses universitaires de Rennes, Rennes, 2007.*

❶ À partir de 1663, l'intendant a la responsabilité des finances. Comme le premier titulaire de ce poste, Louis Robert de Fortal, n'a jamais traversé en Nouvelle-France, le Conseil souverain dut s'occuper des finances de la colonie jusqu'à l'arrivée de Talon (1665).

❷ Les premiers conseillers furent choisis par Mgr de Laval, le gouverneur Mézy s'en étant remis à lui pour le choix.

La Compagnie des Indes occidentales (C.I.Occ.)

La *Compagnie des Cent-Associés* n'est pas sitôt dissoute et le régime des compagnies théoriquement aboli que le roi songe déjà à en fonder une nouvelle. Par un édit de mai 1664, il crée la *Compagnie des Indes Occidentales*. Il lui concède un territoire immense : le Canada, l'Acadie, Terre-Neuve, la terre ferme d'Amérique de la Virginie à la Floride, de l'Orénoque ❶ à l'Amazone, les Antilles, la côte d'Afrique du cap Vert au cap de Bonne-Espérance. La nouvelle compagnie possède ce territoire en toute propriété. Elle pourra y établir des juges et des conseils souverains. Elle désigne pour nomination royale les gouverneurs. La pêche demeure libre, mais le monopole de commerce et de navigation est cédé à la C.I.Occ. pour une durée de 40 ans. En conséquence, cette dernière exigera l'impôt du quart sur le castor et du dixième sur les peaux d'orignaux.

À des droits aussi vastes correspondent des devoirs parfois peu précis. La compagnie doit subvenir aux frais du culte et des missions. Elle doit voir aussi à la colonisation, mais le roi a jugé bon de ne pas fixer de nombre minimum ou maximum de colons à établir en Nouvelle-France.

Comme pour la *Compagnie des Cent-Associés*, les nobles peuvent faire partie de la C.I.Occ. sans déroger. Les étrangers sont aussi admis à souscrire. Le capital prévu est de 6 millions de livres, mais, en 1665, on a souscrit seulement 4 millions. Le roi s'est engagé à avancer un dixième des fonds souscrits. Cet emprunt pourra être remboursé après 4 ans, 8 ans si besoin est ou pas du tout, en cas de mauvaises affaires. La *Compagnie des Indes Orientales* (C.I.Or.) avait un capital prévu de 15 millions de livres.

Les affaires de la C.I.Occ. seront peu florissantes en Nouvelle-France. En 1665, elle affirmera ses droits à Charles Aubert de La Chesnaye. À la demande de l'intendant Talon, la liberté de commerce sera rétablie 4 ans plus tard. Enfin, le roi révoque le privilège de la compagnie, en 1674. L'organisme possédait une colonie de peuplement, alors que ses structures étaient essentiellement orientées vers le commerce.

Voir Daniel K. Richter et James H. Merrel, Beyond the Covenant Chain : the Iroquois and their Neighbors in Indian North America, 1600-1800 *(Syracuse University Press, 1987). Pour aller à la rencontre des Iroquois eux-mêmes.*

Augustin de Mézy (1663-1665)

Sur la suggestion de Mgr de Laval, le roi nomme Augustin de Saffray de Mézy gouverneur de la Nouvelle-France, en remplacement du baron d'Avaugour qui venait d'être rappelé.

Le gouvernement de Mézy n'est pas de tout repos. Les accrochages sont fréquents entre lui et le vicaire apostolique. Le point litigieux est la nomination des membres du Conseil souverain. De part et d'autre, on se laisse aller à des exagérations. La situation se détériore au point que le gouverneur se voit privé de l'absolution. Les plaintes portées en France forcent Colbert à instituer une enquête. Entre temps, le gouverneur meurt à Québec, en mai 1665, pleinement réconcilié avec Mgr de Laval.

---

❶ L'Orénoque est un fleuve d'Amérique du Sud qui prend sa source dans la région frontalière Venezuela-Brésil et qui se jette dans l'Atlantique. Diego de Ordaz fut le premier à en explorer le cours, en 1531-1532.

Le régiment de Carignan-Salières

La pacification des Iroquois constitue la mesure la plus urgente pour le relèvement de la colonie française. Le roi reconnaît qu'il faut amener ces Indiens à la paix en les « *humiliant* » d'une façon définitive. Il décide donc l'envoi d'un régiment d'élite, qui s'est distingué durant la Fronde et surtout dans la guerre contre les Turcs en 1664 : le régiment de ***Carignan-Salières***.

L'analyse la plus récente sur le rôle joué par le régiment de Carignan-Salières est celle de René Chartrand dans Le patrimoine militaire canadien. D'hier à aujourd'hui. Tome 1 : 1000-1754 *(Art global, 1993).*

Au cours de l'année 1665, arrivent dans la colonie les 24 compagnies du régiment ; elles forment un total de 1 200 à 1 300 hommes. C'est plus que la population entière de Québec et plus du tiers de la population d'origine européenne de l'ensemble de la Nouvelle-France.

L'excellente discipline et la belle tenue du régiment, non moins que le grand nombre de soldats, font la plus vive impression sur les colons et les Indiens présents à Québec. Parmi les principaux officiers se trouvent les capitaines de Contrecœur, de Saint-Ours, de Saurel, de Varennes, de Lavaltrie, futurs titulaires des seigneuries portant ces mêmes noms ❶.

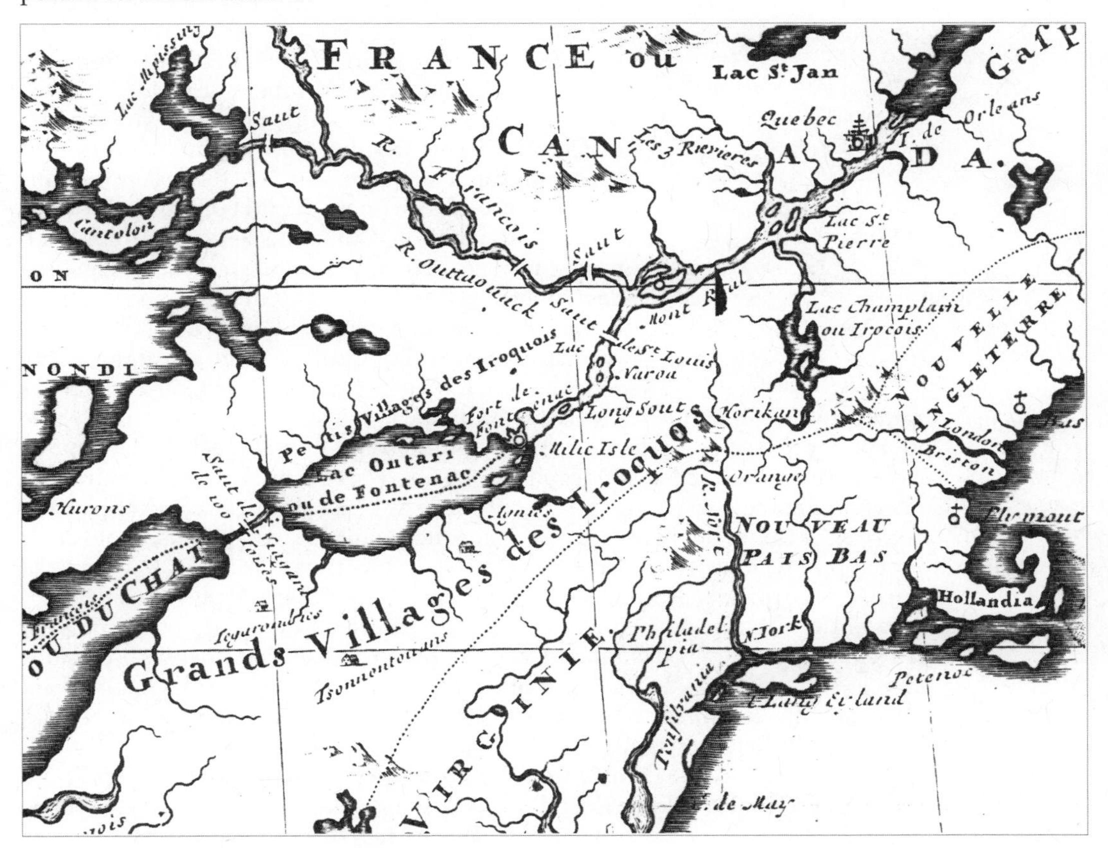

❶ Plusieurs officiers du régiment de Carignan ont laissé leur nom à des localités du Québec : Lavaltrie, Varennes, Verchères, Contrecœur, Saint-Ours, Sorel, Chambly, Berthier, La Durantaye, La Bouteillerie.

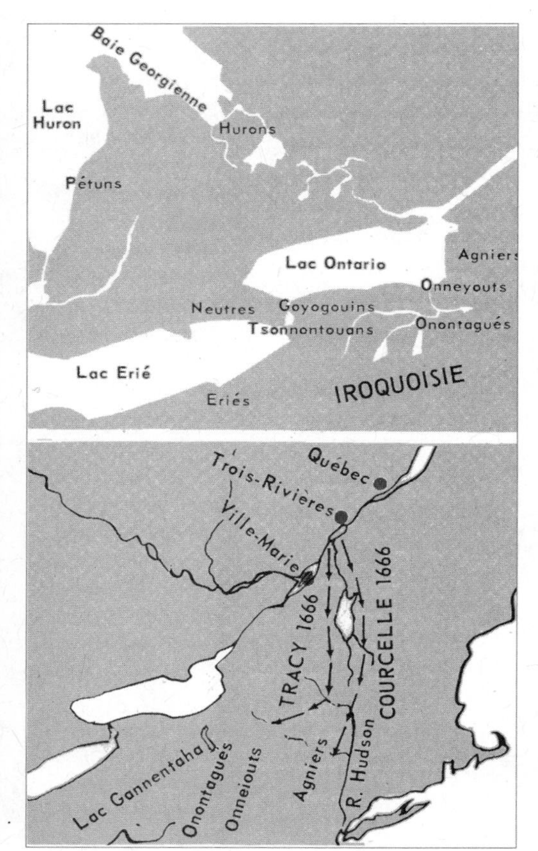

Le roi envoie en même temps, en mission spéciale, un vice-roi, délégué pour toutes les possessions d'Amérique, le marquis Alexandre de Prouville de Tracy. Celui-ci doit chasser les Hollandais de la Guyane et rétablir la paix aux Antilles. Enfin un nouveau gouverneur arrive la même année (1665), Daniel de Courcelle, militaire expérimenté, et avec lui le fameux intendant Jean Talon qui, pendant 10 ans, avait exercé cette fonction au Hainaut (Belgique) ❶.

Pacification des Iroquois (1665-1666)

De concert avec le gouverneur, chef militaire, Tracy s'occupe aussitôt de la répression des Iroquois. Il commence par fortifier les points stratégiques du pays et, en particulier, le Richelieu, dénommé rivière des Iroquois. À cette fin, dès l'année 1665, il envoie 4 compagnies de Carignan et des soldats du pays construire trois fortins en bois sur le Richelieu. Le premier, le fort Richelieu, est situé à l'embouchure de la rivière; le second, le fort Saint-Louis, se trouve aux rapides de Chambly; le troisième, le fort Sainte-Thérèse, est construit trois lieues en amont. À la fin de l'année, trois des Cinq-Nations viennent offrir la paix à Québec.

En janvier 1666, Courcelle se met le premier en route contre les deux autres nations, celles des Agniers et des Onneyouts. De 500 à 600 hommes l'accompagnent. Faute de guides algonquins, l'expédition s'égare et va échouer près de l'établissement hollandais de Schenectady. Un brusque dégel force Courcelle et ses hommes à revenir à Québec, sans avoir attaqué les villages agniers. C'est un échec qui aurait pu devenir un désastre. Tracy quitte à son tour Québec, le 14 septembre, avec de puissants effectifs: 600 réguliers, 600 miliciens et une centaine de Hurons et d'Algonquins. Le gouverneur fait encore partie de l'expédition. Le 16 octobre, on se trouve en présence des premières bourgades des Agniers. Les habitants, épouvantés par l'approche du corps d'armée, ont pris la fuite à travers les bois. À la fin de la journée, le corps expéditionnaire atteint le cinquième village, le plus considérable: une palissade, haute de 20 pieds, l'enclôt. À l'intérieur, une centaine de maisons peuvent abriter 800 à 900 familles. Tracy fait tout incendier. D'immenses provisions de maïs sont détruites. Le vice-roi fait chanter un « Te Deum » sur les lieux, prend possession du territoire et retourne à Québec. Selon le rapport du *voyageur* Nicolas Perrot, 400 Indiens périssent par suite de la famine qui s'ensuit.

La paix est conclue l'année suivante (1667), à la demande des Agniers et des Onneyouts. Enfin, la colonie jouit d'une paix stable: elle durera 17 ans et encore ne sera-t-elle rompue que par les fautes des gouverneurs subséquents.

Les guerres avec les Iroquois sont au cœur de l'œuvre de L.-P. Desrosiers. Sur l'action du régiment Carignan-Salières, il est difficile de trouver mieux que les tomes 2 et 3 de son Iroquoisie. *Dans* The Good Regiment *(McGill-Queen's, 1991), Jack Verney livre quant à lui un portrait sans complaisance du célèbre régiment.*

❶ Deux excellentes études sur Talon et son intendance: Thomas Chapais, ***Jean Talon intendant de la Nouvelle-France (1665-1672)***. Québec, 1904; Roland Lamontagne, ***L'Intendant Jean Talon***. Thèse présentée à l'Institut d'histoire de l'Université de Montréal pour l'obtention d'un Ph. D. (histoire).

✎ Campagnes de Courcelle et de Tracy.

X • TALON ET L'ESSOR DE LA NOUVELLE-FRANCE (1665-1672)

Colonisation intégrale

Avant son départ de France, Talon reçoit du roi et de Colbert des instructions détaillées pour l'administration du Canada. Dès son arrivée au pays, il s'enquiert sans retard des conditions et des besoins de la colonie. Il dresse, par la suite, un plan qui couvre tous les domaines de l'administration, insistant particulièrement sur deux points essentiels : la nécessité de peupler le pays et l'importance d'une agriculture commerciale. Ainsi, après Champlain et Richelieu, Talon fait reposer l'avenir du pays sur le recrutement d'une bonne population et sur le développement intégral du territoire. Le rétablissement de la paix par Tracy et Courcelle va permettre d'amorcer la réalisation de ce programme.

Développement de l'agriculture

Le roi demande à l'intendant de favoriser la concentration des habitations, afin de les fortifier les unes par les autres, surtout en temps de guerre. En outre, l'intendant doit préparer, chaque année, une quarantaine de lots défrichés pour recevoir les colons. Pour répondre à ce désir, Talon dresse le plan de trois villages autour de Québec. La concentration est rendue plus parfaite par la disposition des terres dans le bourg autour d'un carré central, réservé aux édifices communs, les terres s'éloignent en triangle jusqu'aux extrémités. Les maisons sont construites au sommet du triangle, près du carré.

L'intendant veille au développement de l'agriculture, non seulement pour que la Nouvelle-France puisse se suffire à elle-même, mais aussi pour qu'elle puisse exporter le surplus de sa production. En 1668, le nombre d'hectares sous culture passe à 5 350, soit 1 350 de plus que l'année précédente. Trois ans après son arrivée au pays, Talon peut déclarer un surplus de blé. Il veille à ce que la culture soit diversifiée. Il introduit celle du lin et du chanvre ; il favorise celle du houblon et de l'orge. Dans son ***Mémoire*** du 2 novembre 1671, il écrit « *On a fait épreuve de tabac qui se cultive et mûrit comme ailleurs ; si le Roi ne trouve pas d'inconvénient d'en souffrir ici la culture, à cause de ce que les Antilles en fournissent, je porterai les habitants à la faire dans les terres qui seront propres à cette plante* ». Au début du mois de juin de l'année suivante, Colbert répond : « *Sa Majesté ne veut point que l'on y sème du tabac* », car la production du

Ce serait à partir de quelque 80 chevaux introduits en Nouvelle-France à l'époque de Talon que se serait développé le cheval canadien. Résistant à l'effort et excellent trotteur, il serait venu bien près de disparaître, victime de sa popularité. Exportation et croisement. Voir Paul Bernier, Le Cheval canadien *(Septentrion, 1992).*

✎ Dessin de Louis Nicolas. L'intendant Talon fut le premier à faire transporter en Nouvelle-France des chevaux pour faciliter le travail des colons. Le premier arrivage, comprenant 12 chevaux, se fit en 1665.

Canada ne doit point nuire à celle d'une autre colonie et c'est la métropole qui seule décide dans ce cas.

Sous l'intendance de Talon, le cheptel augmente. En 1668, la colonie possède 3 400 bêtes à cornes. Elle produit assez de lard pour ne plus en importer de France et même pour en exporter aux Antilles. Elle a maintenant des chevaux en quantité, assez pour en faire le commerce.

On acquiert, au pays, une certaine aisance. On possède des instruments aratoires, comme la charrue à roues, la herse, etc. La prospérité est telle que le prix des terres cultivées augmente considérablement. La vie quotidienne est plus agréable. « *Dans les habitations françaises, affirme le père Beschefer, l'on trouve presque les mêmes douceurs qu'en Europe et les tables des personnes qui ont de l'argent à y dispenser sont aussi bonnes qu'en France* ».

Non seulement la superficie cultivée et le rendement augmentent, mais encore Talon multiplie les concessions de seigneuries. En 1672, à la veille de son départ, il en concède 46. Un certain nombre sont situées en bordure du Richelieu ou à proximité de son embouchure.

N'en déplaise à certains procureurs des Amérindiens, la vallée du Saint-Laurent n'était pas surpeuplée à l'arrivée de Champlain. D'ailleurs, ses premiers habitants avaient le sens des affaires et trouvèrent leurs intérêts dans une forme de cohabitation. Les Français optèrent pour un découpage en seigneuries. Le rang fit son apparition. Du moins une sorte de rang. Louis-Edmond Hamelin lui consacre plus de 300 pages dans Le Rang d'habitat ; le réel et l'imaginaire *(HMH, 1993).*

Peuplement

La mise en valeur des territoires concédés exige des travailleurs. Talon veut faire passer au pays le plus de colons possible, mais le roi et Colbert ne sont pas du même avis : « *Le Roi ne peut convenir de tout le raisonnement que vous faites sur les moyens de former au Canada un grand et puissant État [...]. Il ne serait pas de la prudence de dépeupler son Royaume comme il faudrait faire pour peupler le Canada* ». (Colbert, 5 janvier 1666)

Sous Talon, plus de 2 500 Français émigrent tout de même au Canada. La population de la colonie double en 7 ans : de 3 200 qu'elle était en 1666, elle passe à 6 700 en 1672 ❶.

La préférence est encore accordée au système de peuplement par les *engagés*. On fait aussi venir des familles pauvres, dont le roi paie la traversée. Quelque 770 *filles du roi* viennent chercher mari. Ce sont pour la plupart d'honnêtes filles pauvres ou orphelines, pupilles du roi, qui préfèrent épouser un colonial plutôt que d'attendre un mariage incertain dans la métropole. L'apport militaire constitue une autre source de peuplement, la plus importante. Des 24 compagnies de Carignan, le pays ne doit en garder que 4 en garnison, après la pacification des Iroquois. Le reste des soldats reçoit de France l'offre de se fixer dans la colonie. De 1668 à 1671, 762 prennent des terres ; c'est environ le cinquième de la nouvelle population établie par les soins de Talon.

Sur les filles du roi, voir Yves Landry, Orphelines en France, pionnières au Canada. Les filles du roi au XVIIe siècle *(suivi d'un répertoire biographique), Leméac, 1992. L'auteur remet les pendules à l'heure sur la contribution exceptionnelle de ce groupe d'immigrantes.*

À ceci, il faut ajouter l'accroissement naturel. Le taux de natalité atteint un niveau élevé : 63 naissances par mille habitants. Le roi accorde des allocations aux familles nombreuses, c'est-à-dire à celles qui comptent 10 enfants et plus ❷.

---

❶ Sur le recensement de 1666, voir Hubert Charbonneau et Jacques Légaré, « *La population du Canada aux recensements de 1666 et 1667* ». ***Population*** (novembre-décembre 1967) : 1031-1054.

❷ L'arrêt du conseil royal stipulait que l'on ne devait point compter parmi les enfants ceux qui étaient devenus « *prêtres, religieux ou religieuses* ». La pension pouvait être de 300 livres pour une famille de 10 enfants et de 400 pour une famille de 12.

Le peuplement est encore favorisé par les cadeaux du roi accordés aux mariages précoces ; Colbert veut faire marier les garçons à 18 ou 19 ans et les filles à 14 ou 15 ans. Talon pratique même une politique de taxation et de brimades à l'égard des célibataires endurcis.

Une nouvelle menace fait son apparition d'une façon presque alarmante : la course des bois. L'intendant doit, en juin 1672, émettre une ordonnance faisant défense de courir les bois sans un permis de l'intendant ou du gouverneur.

Beaucoup de choses ont été écrites sur les filles du roi, dont plusieurs étaient erronées, voire mesquines. Lahontan avait lancé le bal au début du XVIIIe siècle. Yves Landry fait le point dans Les Filles du roi en Nouvelle-France. Étude démographique *(Leméac, 1992).*

Industrie et commerce

Talon a l'ambition de voir le Canada se suffire à lui-même. C'est pourquoi il favorise, outre l'agriculture, certaines entreprises connexes : l'élevage fait des progrès importants ; la culture des plantes industrielles s'accroît. Il établit une brasserie à Québec. La laine sert à la fabrication des étoffes ; des fabriques de chapeaux et de souliers sont installées dans la capitale. Un tiers des chaussures sont fabriquées au pays.

Talon tente d'intéressants essais dans les industries maritimes. Le chêne canadien étant très propre à la construction des vaisseaux, il fait construire un navire de 400 tonneaux (env. 1130 m^3). Les pêcheries du fleuve et des côtes se développent. La cendre du bois mou sert à la fabrication de la potasse et du goudron.

L'intendant se tourne aussi vers la prospection minière. Il s'intéresse en particulier au charbon du Cap-Breton, au cuivre du lac Supérieur, au fer des Trois-Rivières ❶.

POPULATION DU PAYS

Endroits	Population totale	N. de familles	Hommes	Femmes
Québec	547	71	360	187
Beaupré	533	89	315	218
Beauport	185	29	117	68
Île d'Orléans	452	96	291	161
Côtes Saint-Jean Saint-François Saint-Michel	153	27	99	54
Sillery	140	23	93	47
N.-D.-des-Anges Riv. Saint-Charles Charlesbourg	112	24	67	45
Lauzon	13	3	9	4
Région des Trois-Rivières	455	69	299	156
Montréal et environs	625	107	384	241
TOTAL :	3215	538	2034	1181

❶ Voir J.-N. Fauteux, ***Essai sur l'industrie au Canada sous le régime français*** (2 vol.). Québec, 1927.

L'action de l'intendant Talon en Nouvelle-France a eu plusieurs facettes. La peuplement a entre autres retenu son attention. Dans La Population du Canada en 1666 *(Septentrion, 1995), Marcel Trudel corrige les résultats officiels du recensement de 1666, faisant passer la population de 3 173 à 4 219.*

Talon veut coloniser le pays pour mieux servir la métropole. Il est donc important de développer le commerce, car, affirme-t-il, c'est « *l'âme de l'établissement en Nouvelle-France* ». Il réussit, après de laborieuses négociations, à obtenir de Colbert la suppression des monopoles encore existants (1669). L'intendant se soucie encore de trouver des débouchés avantageux pour la vente des fourrures, du bois, etc. ; il noue, à cet effet, des relations commerciales avec Boston et organise des échanges avec les Antilles. Il jette les bases d'un commerce triangulaire : Canada-Antilles-France-Canada. Les navires transporteront aux Antilles du blé, de la bière, du bois, du

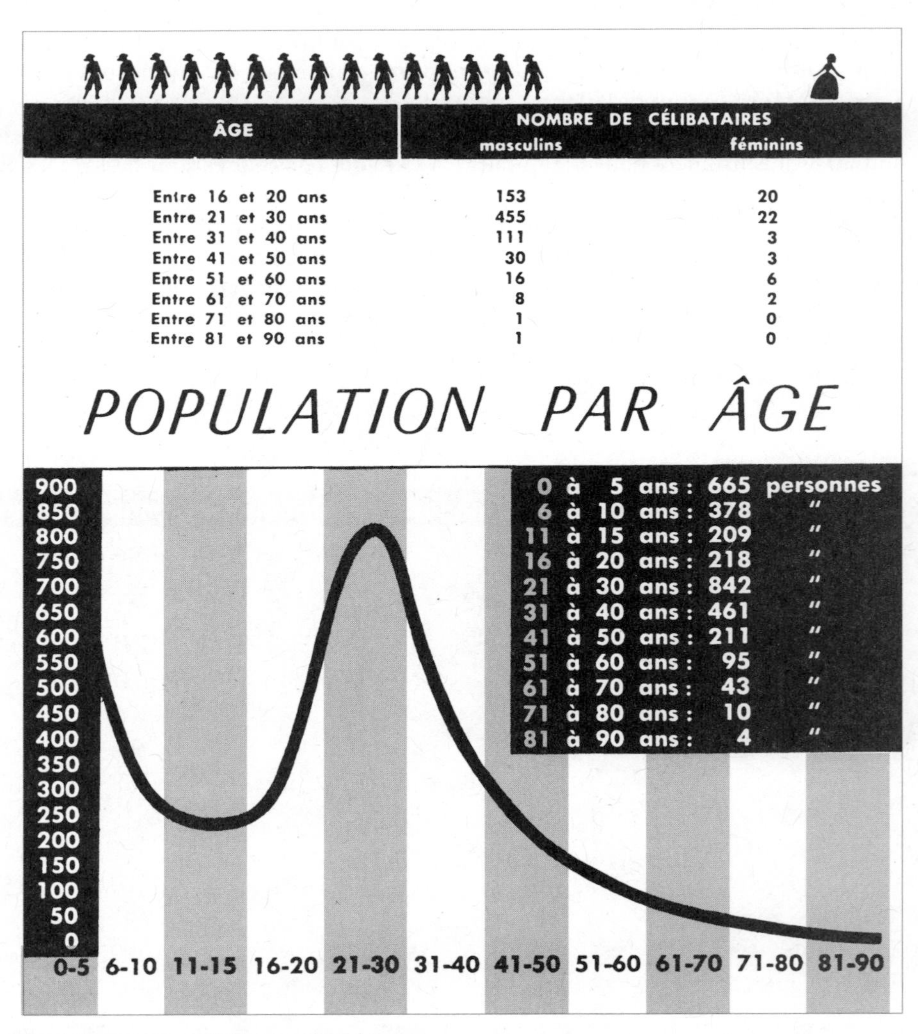

✎ Le recensement de 1666 confirme l'existence d'un problème grave : le manque de filles à marier. « Pour 719 célibataires masculins, âgés de 16 à 40 ans, le pays ne peut offrir que 45 filles célibataires du même âge ». D'où la venue des *filles du roi* qui ont joué un rôle essentiel à tous égard, dans le développement de la Nouvelle-France.

poisson, de l'huile, des viandes, etc. Les navires se chargeront alors de sucre et de tabac qu'ils débarqueront dans les ports français. Le voyage de retour au Canada se fera avec une cargaison de drap, de toile et d'étoffe, de vin et d'alcool, de sel, de produits manufacturés et de marchandises de troc. Le succès de ce système est compromis tant par la situation géographique du Canada que par la concurrence de la Nouvelle-Angleterre.

Justice et finances

Le peuplement, les terres, le commerce relèvent des vastes attributions de Talon comme intendant de police. Comme intendant de justice, il a à cœur d'améliorer l'administration judiciaire. Son principal travail consiste à rendre les procédures plus simples, afin de procurer aux habitants une justice plus prompte et moins coûteuse. Il s'applique encore à définir la juridiction des tribunaux. La justice est rendue par les juges seigneuriaux, par le Conseil souverain et l'intendant lui-même [1].

Talon met aussi de l'ordre dans les finances publiques. La recette comprend le revenu colonial, appelé *fonds du pays* et les subventions royales. Le revenu colonial (environ 50 000 livres) provient d'un droit de 25 pour cent sur les fourrures, de 10 pour cent sur l'orignal et certaines marchandises, et des profits de la traite à Tadoussac. Ce revenu doit couvrir la dépense publique ordinaire : salaire des officiers d'administration, culte, justice. Les subventions royales (environ 400 000 livres) sont remises annuellement à l'intendant d'après les prévisions budgétaires. Elles couvrent la dépense extraordinaire, c'est-à-dire les frais d'entretien des troupes (250 000 livres), les frais de transport et d'établissement des nouveaux colons, les dépenses éventuelles de guerre, etc.

Départ inopportun

Talon obtient de retourner en France, après avoir passé trois ans au Canada (1665-1668). Il sollicitait son congé depuis plus d'un an déjà pour des raisons de santé et, vraisemblablement, pour régler certaines affaires de famille. Claude de Boutroue le remplace.

À peine arrivé en France, Talon est prié par le roi et Colbert d'aller reprendre son poste au Canada. Dès 1669, il se met en route, accompagné de quelques pères récollets dont il veut réinstaller l'Ordre dans la colonie, afin de contrebalancer l'influence des Jésuites. Mais une violente tempête le jette sur les côtes du Portugal. Il rentre momentanément en France et ne parvient au Canada que l'année suivante (1670).

Maintien de la paix

Le traité de 1667 est de la part des Iroquois un engagement sérieux, mais les causes de conflits demeurent toujours. La concurrence est vive entre les diverses tribus autant qu'entre les Français et les Anglais. Courcelle doit user de beaucoup de

Alors que Thomas Chapais avait magnifié l'œuvre de l'intendant Talon, Marcel Trudel nuance beaucoup l'importance que ce dernier a joué dans le développement de la Nouvelle-France au cours de ses deux mandats. « On souhaite, on projette, on rêve et l'on est toujours sûr de réaliser, comme s'il allait survenir un coup de baguette magique. Talon entonne sans cesse des hymnes à toutes ces richesses naturelles qu'on a à portée de la main et dont l'exploitation devait faire la gloire de Colbert. » Trudel reproche à l'intendant de s'être trop rapidement emballé sur les richesses éventuelles de la Nouvelle-France. Voir Histoire de la Nouvelle-France IV. La seigneurie de la compagnie des Indes occidentales 1663-1674 *(Fides, 1997).*

[1] Sur l'administration de la justice en Nouvelle-France, voir Raymond Boyer, ***Les crimes et les châtiments au Canada français du XVIIe au XXe siècle***. Montréal, Cercle du livre de France, 1966, 542 p. Aussi André Lachance, ***Le bourreau au Canada sous le régime français***. Québec, 1966. Pour un aperçu des mœurs au sens large, Robert-Lionel Séguin, ***La vie libertine en Nouvelle-France***. Leméac, Montréal, 1973.

prudence et de fermeté pour maintenir une paix si chèrement achetée. En 1669, il fait fusiller trois Français qui ont tué un chef tsonnontouan pour lui enlever ses pelleteries. L'année suivante, un conflit est évité, grâce à la médiation du chef onontagué Garakontié. Ce dernier reçoit le baptême des mains de Mgr de Laval.

En 1671, les dispositions des Cinq-Nations paraissant peu sûres, le gouverneur se rend avec une soixantaine d'hommes aux frontières mêmes de leur pays, sur le lac Ontario. Il fait avertir les Iroquois qu'il vient chez eux, cette fois, « *pour se promener, mais qu'il pourrait bien venir pour les détruire, s'ils sortaient de leur devoir* ».

Les explorations

Sous Talon, l'exploration de l'Amérique du Nord s'intensifie. Raymonde Litalien fait une belle synthèse de cette question dans Les Explorateurs de l'Amérique du Nord, 1492-1795 *(Septentrion, 1993).*

Le 10 octobre 1670, Talon écrit : « *Depuis mon arrivée, j'ai fait partir des gens de résolution qui permettent de percer plus avant qu'on n'a jamais fait, les uns à l'ouest et au nord-ouest du Canada et les autres au sud-ouest et au sud. En tous lieux, ces aventuriers doivent faire [tenir] des journaux et répondre à leur retour aux instructions que je leur ai données par écrit. En tous lieux, ils doivent prendre possession, arborer les armes du Roi, et dresser des procès-verbaux pour servir de titres ; peut-être que Sa Majesté n'aura de leurs nouvelles que dans deux ans d'ici et lorsque je retournerai en France* ».

Par ces explorations aux 4 points cardinaux, l'intendant veut mieux connaître la géographie du pays afin d'en orienter l'économie avec plus de justesse. Il désire aussi empêcher les concurrents anglais de s'emparer du commerce des fourrures que le Canada doit exploiter d'une façon plus rationnelle. Conscient de la faiblesse d'un Canada qui peut être bloqué si l'ennemi s'empare du Golfe Saint-Laurent, conscient surtout de la nécessité d'avoir un port de mer ouvert à l'année longue, Talon essayera de trouver des routes de communication vers l'Atlantique, via l'Acadie. Il songe même, à un certain moment, soit à acheter New York, soit à s'en emparer.

En 1669, Courcelle favorise un voyage de missions entrepris par les Sulpiciens Dollier de Casson et René de Bréhant de Galinée vers les Grands Lacs. Les missionnaires se rendent jusqu'à la rive nord du lac Erié. L'année suivante (1670), le gouverneur et l'intendant députent le jeune Robert Cavelier de La Salle à la découverte du passage vers le sud. Le résultat de ce voyage n'est pas connu avec certitude.

En 1670, Talon envoie Simon-François Daumont de Saint-Lusson, officier de Carignan, reconnaître les territoires voisins du lac Supérieur. Avec le concours de l'interprète Nicolas Perrot, l'explorateur réunit à Sainte-Marie-du-Sault, en juin 1671, 14 nations indiennes et leur fait jurer fidélité au roi de France ; 4 missionnaires jésuites assistent à la cérémonie.

La même année, le père Charles Albanel et Paul Denys de Saint-Simon reçoivent mission de se rendre à la baie d'Hudson où les Anglais ont inauguré un commerce florissant. Ils reconnaissent tout le territoire jusqu'à la baie James, en passant par les lacs Saint-Jean et Mistassini.

Enfin, c'est Talon qui, avant son départ définitif pour la France, envoie Louis Jolliet à la découverte du Mississippi et de la mer du Sud.

À la fin de l'été 1671, Talon demande à Saint-Lusson de chercher le moyen le plus rapide de se rendre en Acadie par voie de terre. L'explorateur revient, en novembre, exténué par ces courses successives.

Bilan

Talon et Courcelle rentrent en France, en 1672. En peu d'années, l'intendant a réalisé une œuvre considérable. Il a imprimé à la colonie française un essor qui assurera sa prospérité future. En 1672, la Nouvelle-France peut espérer prendre une place prépondérante en Amérique.

Talon vit encore 22 ans en France, après avoir quitté le Canada. Il ne cesse de s'intéresser à la colonie, continuant à l'occasion à lui rendre service. En 1681, il songe à revenir à Québec, mais l'opposition de l'évêque et des Jésuites empêche la réalisation de son projet. Il est vrai que l'intendant, pendant son séjour au Canada, avait maintes fois divergé d'opinions avec eux, en particulier sur la question de l'eau-de-vie.

Dans un ouvrage nettement destiné au grand public, Aux commencements de l'Amérique *(Acte sud, 1999), Marie-Hélène Fraïssé fait preuve d'une large érudition qui nous entraîne des Vikings jusqu'à la fin du XVIIIe siècle.*

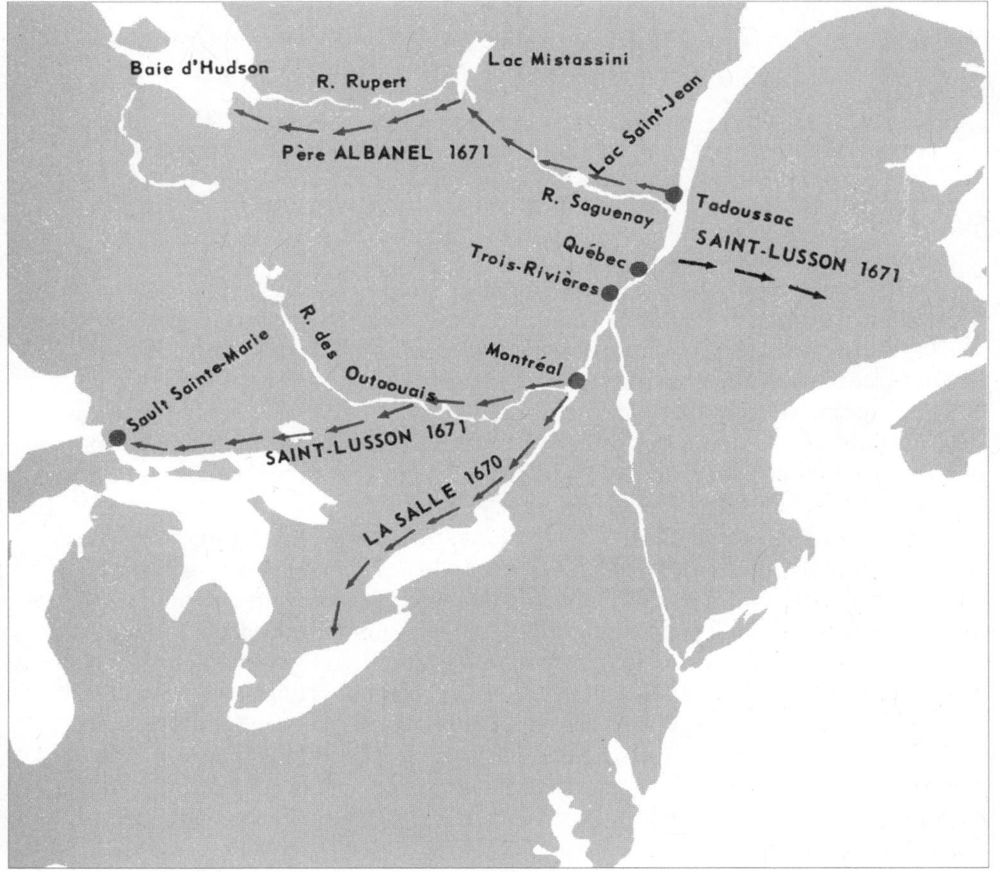

✎ Explorations d'Albanel, de Saint-Lusson et de La Salle.

Havard et Vidal sont solidement documentés ; ils ont du souffle et de la perspective. Voici une lecture agréable et enrichissante qui éclaire les grandes étapes de la colonisation de l'Amérique française. Les nouvelles structures de gouvernance au « Canada du Roi-Soleil » suivent la logique coloniale de Colbert mise au service des politiques de grandeur et de gloire de Louis XIV. Gilles Havard et Cécile Vidal, Histoire de l'Amérique française, *Paris, Flammarion, 2008.*

XI • RETOUR À L'ÉCONOMIE NATURELLE (1672-1682)

Situation générale

En Angleterre, Charles II règne depuis 1660. Un parlement fortement royaliste l'appuie. Sur le plan religieux, la situation est tendue. Les catholiques sont toujours soumis à une certaine persécution. En 1673, le roi acceptera l'établissement de la loi du Test qui éloignera de la fonction publique tout chrétien fidèle au pape.

En 1670, se fonde à Londres une compagnie qui veut contrôler le commerce des fourrures des régions nordiques. La Compagnie des Aventuriers d'Angleterre, plus connue sous le nom de « Hudson's Bay Company », se fait concéder la baie d'Hudson et les terres limitrophes qui « *ne sont pas actuellement en la possession réelle d'aucuns de nos sujets ou de sujets de tout autre prince ou État chrétien* » (Charte de la compagnie). Deux Canadiens ont travaillé à l'établissement de cette compagnie : Pierre-Esprit Radisson et Médard Chouart des Groseilliers. Le commerce des fourrures de la Nouvelle-France sera donc doublement menacé tant au nord qu'au sud !

Radisson et des Groseilliers sont deux personnages de légende et pourtant les historiens canadiens-français les ont quelque peu négligés. Ils faisaient figure de traîtres. Martin Fournier a brisé ce silence avec un premier essai intitulé Pierre-Esprit Radisson : coureur de bois et homme du monde (1625-1685) *(Nuit blanche, 1996).*

L'Angleterre semble manifester plus d'intérêt pour les Antilles que pour la Nouvelle-Angleterre. Pour la métropole, le commerce des Îles est plus intéressant, car l'économie y est davantage complémentaire. La loi de navigation, votée en Angleterre en 1651, contribuera non seulement à développer la marine anglaise, mais aussi à stimuler la construction navale aux colonies. En 1662, Bristol a une flotte commerciale de 300 vaisseaux.

En 1672, la Hollande et l'Angleterre entrent en guerre. New York (d'abord Nieuw Amsterdam), devenu possession anglaise en 1664, est repris par les Hollandais en 1673. Mais, par le traité de Westminster signé l'année suivante, la région de l'Hudson est confirmée possession anglaise.

La situation de certaines colonies laisse à désirer. Les 40 000 habitants de la Virginie subissent une dure crise par suite d'une baisse du prix du tabac. Une situation semblable existe au Maryland où une mauvaise administration et une reprise des raids indiens ajoutent encore à la gravité.

En France, le règne de Louis XIV atteint son apogée, mais à quel prix ! À l'intérieur, on applique d'une façon plus stricte l'*Édit de Nantes*. On veut débarrasser la France des protestants. Les catholiques ne présentent pas de front commun : il y a lutte entre gallicans et ultramontains. En 1673, la tension monte encore lorsque le roi décide d'administrer à son profit les évêchés vacants. Le mécontentement gronde dans les masses paysannes, à cause de la cherté de la vie et de la lourdeur des impôts. Le prestige de Colbert a baissé ; il vit dans une demi-disgrâce. Le roi n'écoute plus que son ministre de la guerre, Louvois. Ce dernier réoriente la politique française. Il rêve d'une politique de prestige et de grandeur et la veut uniquement continentale. Pour lui, les colonies comptent peu. Seule importe une armée permanente, nombreuse, équipée à la moderne.

À l'extérieur, 1672 marque les débuts de la guerre avec la Hollande, « *principal concurrent de l'industrie et du commerce français* ».

Non seulement la Nouvelle-France a déçu Louis XIV, mais ce dernier a maintenant d'autres préoccupations. L'effort tenté sous Talon est sans lendemain. On le sent d'ailleurs dans la dernière lettre que Colbert écrit à l'intendant Talon, le 4 juin 1672 : « *Sa Majesté ne peut faire cette année aucune dépense pour le Canada* ».

Frontenac et Duchesneau

Le roi donne pour successeur à Courcelle un personnage de Cour qui s'est déjà distingué par ses talents militaires et sa bravoure : son filleul, le comte Louis de Buade de Frontenac et de Palluau, alors âgé d'une cinquantaine d'années. Le nouveau gouverneur est un homme d'énergie et d'action, mais dur et autoritaire, quasi intraitable. Ami du faste, il arrive au Canada avec des idées de grandeur et de domination. Non seulement le roi voulait l'éloigner de la Cour, mais il voulait aussi lui permettre d'échapper à ses créanciers. Son épouse, la « *divine* » Anne de La Grange, demeurera en France, protégeant Frontenac par son influence à la Cour [1].

Le penchant du nouveau gouverneur à l'autoritarisme est favorisé par le fait qu'il ne reçoit de collègue à l'intendance qu'au bout de trois ans (1675). Le roi nomme alors, pour succéder à Talon, un homme probe, mais de caractère difficile aussi, Jacques Duchesneau, ancien officier de finances.

L'intendant, malgré ses protestations et les interventions de ses amis à la Cour, n'a qu'un rôle effacé. Le vrai maître, cette fois, c'est le gouverneur.

La publication de Naissance d'une population. Les Français établis au Canada au XVIIe siècle *(PUM, 1987) sous la direction d'Hubert Charbonneau a marqué une étape importante dans la connaissance du peuplement de la vallée du Saint-Laurent. Ainsi on apprend que les quelque 3000 immigrants arrivés avant 1680 formeraient la souche des deux tiers de la population québécoise francophone actuelle ; également, qu'après cette date l'immigration féminine cessa presque totalement, etc.*

Colonisation au ralenti

Les dix années de la première administration de Frontenac marquent un fléchissement. L'esprit chicanier du gouverneur et l'infériorité relative de l'intendant sont pour une part dans ce résultat. Mais la cause principale est la politique militaire de Louis XIV. La Nouvelle-France ne rapporte guère ; on est bien loin de l'or de la Nouvelle-Espagne. Ceci explique le changement de la politique royale. Finies les grandes dépenses et, partant, les vastes espoirs. Colbert défend au gouverneur « *très expressément de faire aucune dépense extraordinaire* » (1674).

La Nouvelle-France doit donc revenir à son économie naturelle : celle des fourrures. D'ailleurs, Frontenac est convaincu que l'avenir du pays réside dans le commerce des fourrures, où le gain est immédiat. Un peuplement rapide devient alors moins urgent. Le roi, qui a laissé partir 4 000 colons en 13 ans (1659-1672), n'en envoie presque plus maintenant. Les industries naissantes manquent de bras et périclitent ; la colonisation souffre du manque d'engagés ; un certain nombre de seigneurs établis par Talon doivent renoncer à défricher leur domaine.

La Nouvelle-France trouve heureusement une compensation dans la fécondité de ses familles. Grâce à l'accroissement naturel, la population passe de 6 700 âmes en 1672 à environ 10 000 en 1682. Le taux de natalité est légèrement inférieur à celui de l'époque de Talon : 60,1 par mille habitants, comparé à 63.

---

[1] Voir W.J. Eccles, ***Frontenac.*** Coll. Figures canadiennes, HMH, Montréal, 1962. Aussi Léo-Paul Desrosiers, « *Frontenac et la paix (1672-1682)* ». ***Revue d'histoire de l'Amérique française***, vol. XVI, n° 2 : 159-184.

L'agriculture fait peu de progrès. Sous Talon, le blé ne manque pas ; on en exporte même aux Antilles. Sous le gouvernement de Frontenac, il arrive qu'on ait à en importer.

Il y a ralentissement général du commerce et de l'industrie.

Pourtant, le bien-être continue de s'accroître. À mesure que l'habitant recule les limites de sa terre défrichée, son aisance augmente. L'agriculteur canadien passe déjà pour plus favorisé que le paysan de France. Le prolongement de l'état de paix dans la colonie facilite ce progrès.

Frontenac et les autres

L'épopée française en Amérique porte la marque de Louis Jolliet, du père Jacques Marquette, de Daniel Greysolon et de bien d'autres dont Robert Cavelier de La Salle, l'homme de confiance du gouverneur Frontenac. Jean-Marie Montbarbut Du Plessis, Histoire de l'Amérique française, *Montréal, Typo, coll. Essai, 2004 : 155-170.*

Sur des questions de prestige ou de rivalité commerciale, le gouverneur se brouille avec tout le monde : évêque, intendant, Conseil souverain, communautés religieuses. etc.

« *En un mot, tous les corps et les particuliers se plaignent* », lui fait savoir le roi en 1680 ❶. Il a, tout de même, ses chauds partisans, ceux qui font la traite des fourrures avec lui ; Cavelier de La Salle, Tonti, Dulhut, etc.

Ses démêlés avec l'intendant ont la durée de leur commune administration. Ils portent d'abord sur la présidence du Conseil souverain. Depuis trois ans (1672-1675), le gouverneur agit comme président effectif du Conseil, alors que, par sa charge, il doit en être seulement le président d'honneur. Duchesneau tient à demander les avis, recueillir les votes et prononcer les arrêts, comme le prescrivent les directives royales. L'affaire est soumise au roi, qui blâme sévèrement Frontenac. La querelle s'envenime par la suite au point de créer à Québec deux partis hostiles. La traite des fourrures que pratique aussi l'intendant est un autre point de discorde.

Les dissentiments avec l'évêque portent surtout sur la vente des spiritueux aux Amérindiens. Pour les mêmes motifs que Talon, le gouverneur trouve excessives les défenses du prélat (celui-ci avait prohibé la traite de l'eau-de-vie sous peine d'excommunication). Pour Frontenac, cette question est d'une extrême importance : si les Français ne fournissent pas de l'eau-de-vie aux Indiens en échange de leurs fourrures, ceux-ci iront chez les Anglais qui ne se gênent pas pour les approvisionner en rhum. La colonie ne peut risquer de perdre la traite des fourrures au profit des Anglais. Mgr de Laval ne considère que les ravages physiques et moraux causés par l'ivrognerie. Il envoie d'abord son vicaire général, l'abbé Jean Dudouyt, expliquer la situation au roi (1676), puis passe lui-même en France (1678). Il obtient que le trafic de l'eau-de-vie soit restreint aux habitations françaises.

Les Jésuites, fidèles à l'évêque, s'attirent à leur tour la malveillance de Frontenac, qui leur crée toutes sortes d'embarras. Le gouverneur est convaincu qu'ils exercent une influence indue sur les consciences. « *Ils songent autant à la conversion du castor qu'à celle des âmes, affirme le gouverneur, car la plupart de leurs missions sont de pures moqueries* » (2 novembre 1672).

Avec le Conseil souverain, Frontenac a des démêlés retentissants, causés d'ailleurs par ses difficultés avec l'intendant. Quatre conseillers, partisans de ce dernier, sont

---

❶ Voir Guy Frégault et Marcel Trudel, ***Histoire du Canada par les textes, I***, Fides, Montréal, 1963 : 53-56.

exilés par le gouverneur. Là encore, la rivalité dans la traite des fourrures est source de conflit : plusieurs conseillers font partie du groupe opposé à celui du gouverneur. Le roi profite de la querelle entre Frontenac et le Conseil souverain pour faire une réforme importante : à l'avenir, c'est le Souverain qui désignera et nommera les conseillers (1675).

L'affaire la plus grave est celle où se trouvent impliqués le gouverneur de Montréal, François Perrot, époux de la nièce de Talon, et le Sulpicien François de Salignac de La Mothe-Fénelon, frère consanguin de l'archevêque de Cambrai. Le tout commence avec la construction du fort Frontenac, qui est une menace directe pour les commerçants de Montréal. Frontenac, pour hâter la construction du fort, avait obligé des habitants de Montréal à un certain nombre de jours de corvée, sans salaire. Le gouverneur de Montréal, *grand traiteur devant l'Éternel*, est emprisonné pour avoir contrevenu à une ordonnance sur les permis de traite. Peu après, l'abbé de Fénelon prononce du haut de la chaire des paroles où il censure la conduite du gouverneur. Sur une dénonciation de Cavelier de La Salle, il est cité devant le Conseil souverain, dont il récuse la juridiction. La cause est référée au roi. Louis XIV blâme à la fois l'abbé Fénelon, Perrot et le gouverneur.

Agrandissement du territoire

Si l'administration de Frontenac est peu brillante à l'intérieur, du moins le gouverneur s'emploie-t-il avec quelque succès à l'expansion de la colonie. Son œuvre principale consiste dans une prise de possession plus effective du territoire des Grands Lacs et dans l'établissement d'un droit indéniable pour la France sur la vallée du Mississippi.

Pour suivre l'évolution territoriale de la Nouvelle-France et des colonies anglaises, voir D.W. Meinig, The Shaping of America. Volume 1 : Atlantic America, 1492-1800 *(Yale University Press, 1986).*

La fondation d'un poste aux Grands Lacs a déjà été préconisée par Talon et Courcelle. Frontenac met le projet à exécution avec une solennité qui impressionne fortement les Indiens. Sans l'assentiment de Colbert, il décide de construire un fort à l'entrée du lac Ontario pour détourner « *au profit de la colonie les pelleteries en route pour Orange* ». Il veut ainsi, dit-il, protéger la mission sulpicienne de Kenté. En s'installant sur une des grandes routes de traite, son objectif véritable est de s'assurer le contrôle des fourrures. L'année même de la construction (1673), Cavelier de La Salle est établi commandant du fort avec une petite garnison.

Frontenac, voyant une extension de sa politique dans les expéditions lointaines de Daniel Greysolon Dulhut, les encourage vivement. Ce hardi *voyageur* [1] réussit à pénétrer jusqu'à l'extrémité ouest du lac Supérieur (1679) et à conclure une alliance avec toutes les tribus voisines.

Découverte du Mississippi

Au-delà des Grands Lacs s'étend un pays qui séduit depuis longtemps les explorateurs et les missionnaires. Les Amérindiens en parlent comme d'une terre riche, très fertile, arrosée par un fleuve aussi beau que le Saint-Laurent. Ce fleuve, qu'ils appellent

---

[1] Le voyageur diffère du coureur de bois. Si ce dernier fait la traite quasi à sa guise, le premier travaille pour un traiteur officiel auquel il est lié par contrat. Il s'engage habituellement à conduire des marchandises de traite à un endroit précis et à en rapporter les fourrures. À noter que le mot *traiteur* est employé ici dans un sens particulier, propre à la traite des fourrures.

Mississippi ❶, passe pour conduire à la mer du Sud (océan Pacifique) et peut-être à la Chine.

Pour reconnaître cette contrée, Talon, avant de partir, avait retenu les services de Louis Jolliet, un Canadien de 27 ans ❷. Frontenac ratifie le projet de Talon.

Au printemps de 1673, après avoir longuement questionné les Indiens et dressé quelques cartes assez sommaires des régions au sud, Jolliet et le père Jacques Marquette, jésuite missionnaire et spécialiste en langues indiennes, quittent Michillimakinac avec quelques compagnons français. Ils traversent le lac Michigan jusqu'à la baie Verte (baie des Puants). Au fond de cette baie, ils prennent la rivière aux Renards, qui s'y jette et en remontent le cours. Aidés de deux guides mascoutens, ils descendent le Wisconsin, un affluent du Mississippi. Le 15 juin, ils arrivent devant le grand fleuve. Les canots s'y engagent et en suivent le cours sans encombre.

En histoire, le dernier mot n'est jamais dit. À preuve, une publication récente de Robert S. Weddle, Mary Christine Morkovsky et Patricia Galloway intitulée La Salle, the Mississippi and the Gulf. Three Primary Documents *(A&M University Press, 1987). Donc trois témoignages : un nommé Minet qui se brouilla avec La Salle et qui dresse une relation à partir des récits de survivants, puis qui se raconte dans son journal et l'aventure incroyable de deux jeunes frères, Pierre et Jean-Baptiste Talon, autrefois de la colonie établie par La Salle. Beau cas d'érudition.*

Soixante lieues plus bas, les découvreurs arrivent au pays des Illinois. L'accueil est cordial. La descente du Mississippi se poursuit avec la même facilité. On reconnaît successivement, au passage, l'embouchure du Missouri et de l'Ohio. Enfin, vers la mi-juillet, on arrive au pays des Arkansas (au confluent du Mississippi et de la rivière des Arkansas). L'attitude des Indiens se fait moins chaleureuse. Face à une hostilité plus grande et à une menace espagnole, Jolliet et Marquette décident de rebrousser chemin et de rejoindre le lac Michigan par la rivière Chicago.

Le père Marquette s'arrête à la mission Saint-François-Xavier, tandis que Jolliet hiverne dans *les pays d'En-Haut* pour reprendre la route de Québec au printemps de 1674. Impatient d'atteindre Montréal, il s'engage audacieusement dans les rapides du saut Saint-Louis. Un courant tumultueux l'emporte. Quatre heures durant, il s'accroche à son canot. Ses deux compagnons et tous ses documents ont été entraînés dans l'abîme.

Quelques années plus tard, Jolliet demande l'autorisation de fonder un poste aux Illinois. Colbert répond à Duchesneau : « *Sa Majesté ne veut point accorder au sieur Jolliet la permission qu'il demande de s'aller établir avec vingt hommes dans le pays des Illinois. Il faut multiplier les habitants avant de penser à d'autres terres, et c'est ce que vous devrez avoir pour maxime à l'égard des nouvelles découvertes qui sont faites* » (28 avril 1677). Et pourtant, l'année suivante, grâce à l'influence de Frontenac, La Salle obtiendra une permission identique à celle refusée à Jolliet.

La Salle en Louisiane (1679-1687)

Robert Cavelier de La Salle ❸ obtient du roi, en 1678, la permission de continuer les découvertes entreprises par Jolliet et Marquette. L'explorateur est l'homme de confiance de Frontenac, dont il a reçu de constants encouragements depuis son installation au fort Frontenac. Les terres voisines du fort lui ont été concédées et il fait du poste un important centre de commerce des fourrures.

---

❶ Mississippi, mot d'origine indienne signifiant *père des eaux*.
❷ Voir Jean Delanglez, s.j., ***Louis Jolliet, vie et voyages (1645-1700)***. Montréal, 1950.
❸ Voir Roger Viau, ***Cavelier de La Salle***. Coll. Figures canadiennes, HMH, Montréal, 1960. Aussi Céline Dupré, « Cavelier de La Salle, René Robert ». ***Dictionnaire biographique du Canada***, I : 178-190.

Un premier départ, en 1679, n'obtient aucun succès. L'explorateur se rend bien jusqu'à la rivière des Illinois, sur laquelle il bâtit un fort, mais l'épuisement des vivres l'empêche d'aller plus avant. Divers obstacles retardent encore l'expédition jusqu'en 1682.

Au printemps de cette année-là, La Salle quitte enfin Crèvecœur, le fort de la rivière des Illinois ; 22 Français et 18 Indiens l'accompagnent. Il s'engage sur le Mississippi au début de février. Deux mois plus tard, soit le 6 avril 1682, il atteint l'embouchure du fleuve. Le 9, a lieu la cérémonie de prise de possession : on plante d'abord un poteau aux armes du roi, puis une croix sous laquelle on enterre une plaque de plomb portant l'inscription « *Au nom de Louis XIV, roi de France et de Navarre, le 9 avril 1682* ». Sans s'attarder, l'expédition revient dans la colonie par

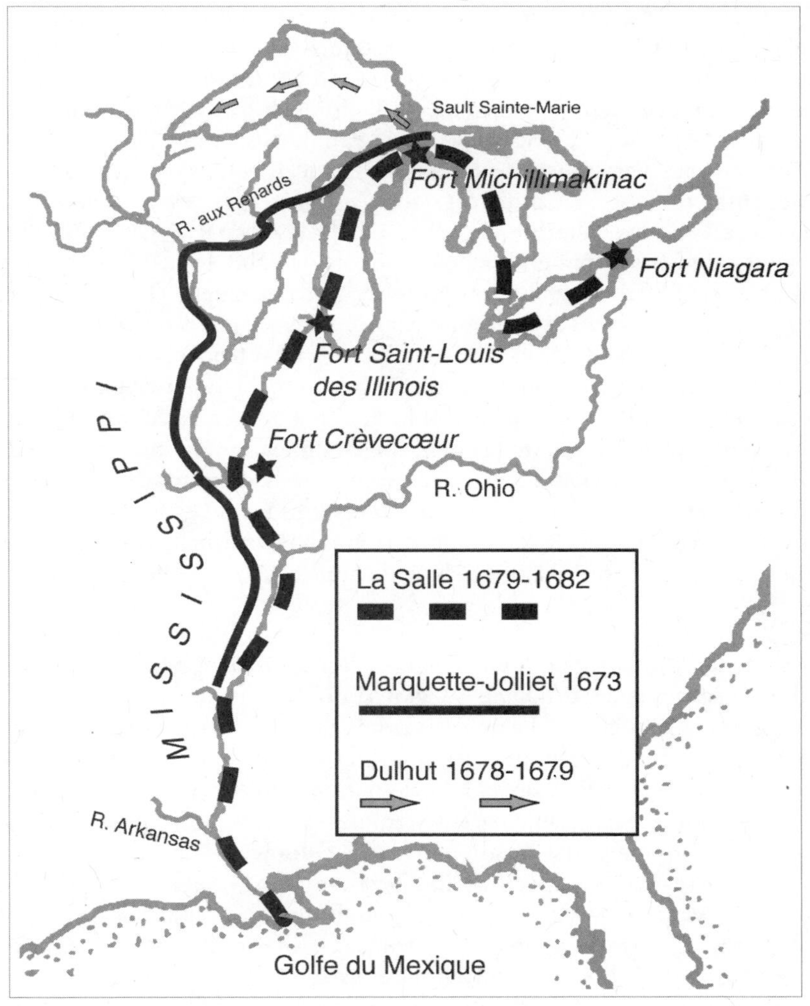

L'explorateur Cavelier de La Salle a longtemps alimenté la polémique. Comment expliquer certaines contradictions ou silences des récits d'un de ses contemporains, le père Louis Hennepin, qui connaît à l'époque un énorme succès de librairie ? Pour Catherine Broué, une relecture s'impose. Voir « En filigrane des récits du père Louis Hennepin : trous noirs de l'exploration louisianaise, 1679-1681 », RHAF, *hiver 2000 : 339-366.*

✎ Explorations de Marquette et Jolliet, Dulhut et de La Salle.

L'examen des rapports entre Français et Amérindiens est essentiel pour saisir l'expansion territoriale et économique en Nouvelle-France. Sylvain Fortin replace les relations franco-indiennes dans un contexte bien ancré dans le colonialisme de la seconde moitié du XVIIe siècle. En effet, l'auteur va au-delà des cadres formels de la négociation politique pour illustrer les moyens déployés (propagande, diplomatie et stratégies secrètes) par les Français pour établir leur puissance sur le territoire. Sylvain Fortin, Stratèges, diplomates et espions. La politique étrangère franco-indienne, 1667-1701, *Sillery, Septentrion, « Les Cahiers du Septentrion », 2002.*

le même chemin. L'immense bassin du Mississippi est acquis à la France. Pourtant le roi écrit au nouveau gouverneur La Barre : « *La découverte du sieur de La Salle est fort inutile* ».

L'année 1683 aussi sera difficile pour La Salle. La Barre vient d'ordonner la saisie des forts Frontenac et Saint-Louis-des-Illinois. Pour protester contre cette mesure qu'il trouve injuste et pour proposer au roi la fondation d'un établissement permanent à l'embouchure du Mississippi, La Salle traverse en France. Grâce aux intrigues de l'abbé de Bernou, il obtient la permission d'établir une colonie dans le golfe du Mexique, près du Nouveau-Mexique. Bien plus, le roi ordonne la restitution des forts saisis.

La Salle organise une expédition par mer. Quatre vaisseaux quittent La Rochelle à la fin de juillet 1684. Ils portent tout le personnel nécessaire à une fondation coloniale : 100 soldats, environ 150 artisans, 6 missionnaires, etc.

Le désir de La Salle de s'établir plus près du Nouveau-Mexique où il espère trouver de l'or lui fait, semble-t-il, manquer l'embouchure du Mississippi. L'entente ne règne point entre les chefs de l'expédition. Pendant des mois, Cavelier de La Salle cherchera, en vain, l'embouchure du fameux fleuve. Il perdra un à un les vaisseaux qui l'accompagnaient. Sa troupe est décimée : naufrage, désertions, Indiens en sont la cause. À la fin de l'année 1686, La Salle décide de partir, par voie de terre, à la recherche du Mississippi et d'atteindre le fort de Saint-Louis-des-Illinois pour obtenir du secours. Une vingtaine de personnes l'accompagnent. Dominique Duhaut et quelques autres doivent abandonner le groupe et veulent retourner au point de départ. Mal leur en prend, car ils s'égarent. Pierre Duhaut, qui accompagne La Salle, accusera ce dernier d'avoir causé la mort de son frère. Le 12 janvier 1687, Cavelier de La Salle et 16 compagnons quittent le fort Saint-Louis en direction de Montréal. La mésentente règne au sein du groupe. Un chef malade et épuisé, des marcheurs désespérés qui ne supportent plus les ordres, en voilà assez pour que le drame éclate. À la mi-mars, le neveu de La Salle et deux compagnons sont assassinés par Duhaut et quelques complices. Le 19, La Salle meurt, frappé d'une balle tirée par un de ses hommes. Les derniers survivants atteignent Montréal, le 13 juillet 1688.

Bilan

Sous Frontenac, l'expansion procurée par les découvertes a d'heureux résultats : les Grands Lacs sont une des principales régions pour la traite des fourrures. Plusieurs nouveaux postes sont établis. Le premier résultat est de conserver aux Français une partie du commerce des fourrures, alors que les Anglais font tout pour l'attirer de leur côté. On multiplie les alliances avec les nations indiennes, mais les résultats de la politique iroquoise de Frontenac suscitent des controverses, même de nos jours. À la fin de la première partie de son mandat, la colonie est menacée. Elle n'est pas plus en état de se défendre qu'en 1672. Elle subit même une hémorragie grave : le tiers de la population masculine adulte pratique la course *des bois*.

Un trop grand nombre de colons, des jeunes gens surtout, attirés par les bénéfices commerciaux et la vie libre, s'enfoncent dans les forêts, pour le trafic direct avec les indigènes. Ils passent là plusieurs mois de l'année, délaissant la culture des terres et s'abandonnant à tous les plaisirs de la vie nomade. Leur inconduite parmi les Indiens compromet souvent le succès des missionnaires. En 1680, ils forment une sorte de population errante de plus de 500 hommes. Le Conseil souverain et le roi prennent de nombreuses mesures pour enrayer ces abus, mais sans beaucoup de succès. Par ailleurs, les coureurs de bois rendent de précieux services en agissant comme intermédiaires entre les Français et les Indiens. Ils contribuent aussi largement à l'exploration du territoire et à la conclusion d'alliances franco-indiennes.

Le 9 mai 1682, à Versailles, le roi décide du rappel du gouverneur. « *Monsieur le comte de Frontenac,* lui écrit-il, *étant satisfait des services que vous m'avez rendus dans le commandement que je vous ai confié de mon pays de la Nouvelle-France, je vous fais cette lettre pour vous dire que vous ayez à vous rendre auprès de moi sur le premier vaisseau qui partira de Québec pour revenir en France* ». À l'automne, le gouverneur et l'intendant quittent la colonie.

Gervais Carpin a eu la bonne idée de retracer l'emploi de l'ethnonyme « Canadien » de 1535 à 1691. Dans Histoire d'un mot *(Septentrion, 1995), il nous livre une nouvelle façon de voir des Français devenir Canadiens.*

✎ Le père Louis Hennepin est l'un des premiers à décrire les chutes Niagara. La gravure a été publiée en 1697 dans ***Nouvelle découverte d'un très grand pays, situé dans l'Amérique…*** Le Récollet est considéré peu sûr dans ses affirmations. Il a affirmé, à tort, avoir découvert l'embouchure du Mississippi.

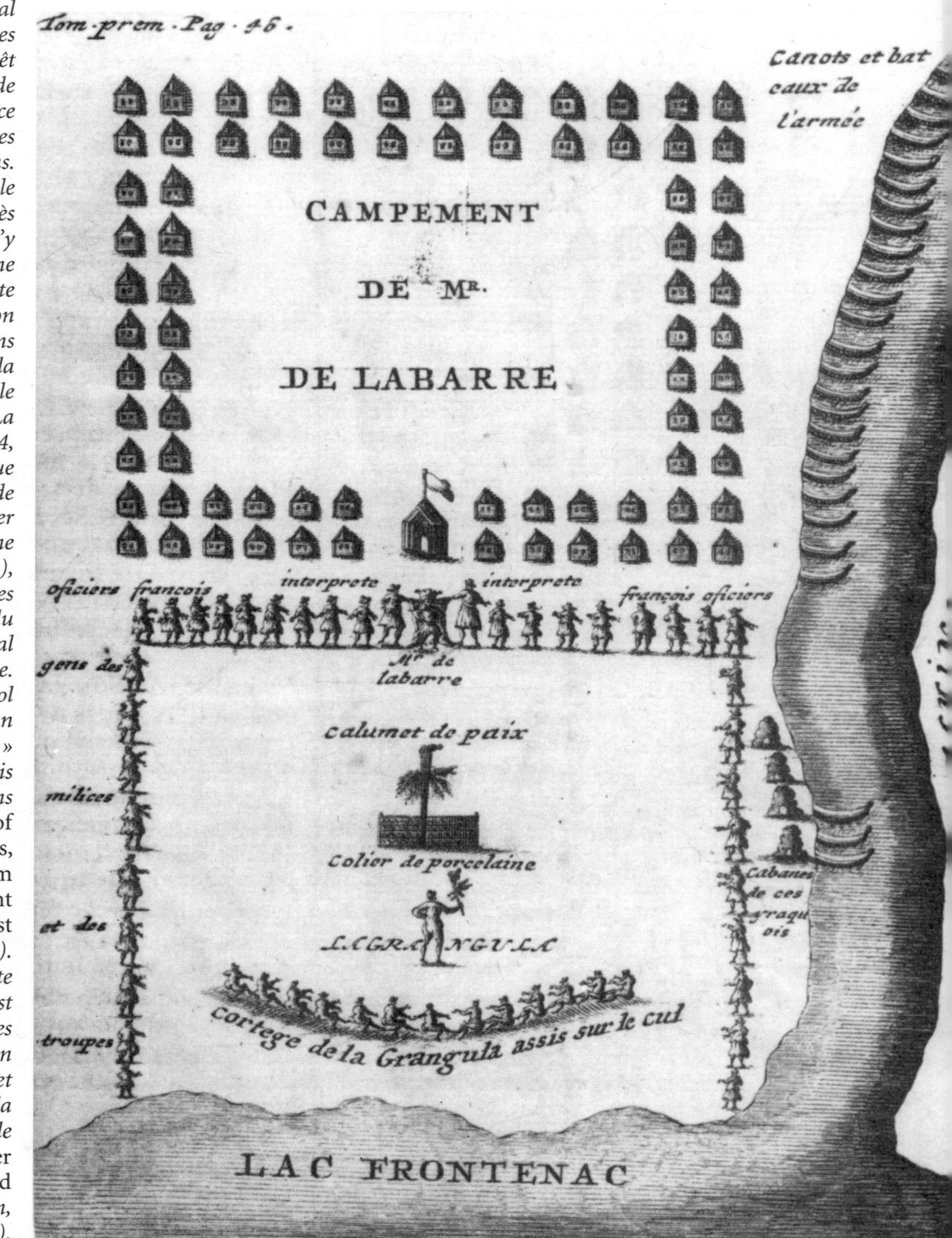

Le cérémonial entourant les pourparlers revêt une très grande importance aux yeux des Amérindiens. Les Français le comprirent très rapidement et s'y prêtèrent de bonne grâce. Sur cette représentation des négociations entre la Grangula (Otreouti) et le gouverneur La Barre en 1684, on distingue le calumet de paix et le collier de porcelaine (wampum), deux symboles dominants du cérémonial autochtone. « Treaty protocol was of Indian manufacture » écrit Francis Jennings dans The Invasion of America. Indians, Colonialism and the Cant of Conquest *(Norton, 1976). La présente illustration est tirée des œuvres de Lahontan dont Réal Ouellet a préparé la biographie sous le titre* L'Aventurier du hasard *(Septentrion, 1996).*

XII • PREMIÈRE GUERRE D'EXPANSION TERRITORIALE (1682-1701)

La Barre envenime la situation

Le successeur de Frontenac, Joseph-Antoine Le Febvre de La Barre, fut, pendant plusieurs années, gouverneur de la Guyane française. À 60 ans, il est nommé gouverneur de la Nouvelle-France. Sa femme et ses enfants l'accompagnent à Québec. Avec lui arrive aussi le nouvel intendant, Jacques Demeulle, le cousin de l'épouse du ministre Colbert.

Le premier problème auquel doivent faire face les autorités de la colonie, c'est l'agitation iroquoise. Il devient cependant de plus en plus évident que la seule vraie menace est anglaise. Désireux de mieux connaître la situation et l'avis des principaux habitants, le gouverneur convoque 20 notables. Ceux-ci croient qu'une guerre contre l'Iroquois est nécessaire pour conserver la traite des fourrures dans la région de l'Ouest. La Barre demande des renforts au roi pour aller écraser les Cinq-Nations qui font la guerre aux Illinois, une nation alliée. L'expédition envisagée revêt un aspect purement commercial. Les marchands de la Nouvelle-France, dont quelques-uns viennent de former, avec des marchands français, la *Compagnie du Nord*, se rendent compte que la concurrence anglaise devient plus forte.

La Barre, gouverneur de la Nouvelle-France, est passé à l'histoire comme l'artisan d'une « paix honteuse ». Pauline Dubé lui donne la parole en publiant ses lettres, mémoires, instructions et ordonnances sous le titre La Nouvelle-France sous Joseph-Antoine Le Febvre de la Barre, 1682-1685 *(Septentrion, 1993).*

À l'instar de Frontenac, La Barre ne peut résister à la tentation de s'enrichir en faisant la traite. Il s'allie à Aubert de La Chesnaye et à Jacques Le Ber, deux des principaux marchands de la Nouvelle-France et rivaux de Cavelier de La Salle. Il fait saisir les forts Frontenac et Saint-Louis. Le système des congés de traite est toujours en vigueur, mais la contrebande, protégée par le gouverneur, s'accroît.

La Barre accorde aux Iroquois la permission de piller les canots de ceux qui n'ont point de permis de traite. Forts de cette mission, les anciens ennemis s'emparent, en mars 1684, de 7 canots chargés de marchandises de traite, dont une partie appartient peut-être à La Barre et assiègent même le fort Saint-Louis. La Barre est furieux. Et bien que le roi désire un règlement pacifique, il organise, en juillet 1684, une expédition punitive contre les Iroquois. En tout, 900 Français et 700 Indiens accompagnent le gouverneur qui s'installe à l'anse de la Famine, au sud-est du lac Ontario, « *à quatre milles (env. 6,5 km) de la rivière Oswego* ». Le campement est tout près des villages des Tsonnontouans. Parmi les Cinq-Nations, certains sont favorables à la signature d'une paix avec les Français ; d'autres, gagnés à la cause anglaise, veulent la destruction des établissements de la vallée du Saint-Laurent. Le gouverneur du New York a fait savoir aux Iroquois qu'ils sont sujets anglais et qu'ils ne peuvent négocier de paix sans la permission des dirigeants anglais.

Les guerres font des victimes, mais ce n'est rien comparativement aux épidémies. Voir Alfred W. Crosby, The Columbian Exchange. Biological and Cultural Consequences of 1492 *(Breenwood Press, 1972). Aussi Jared Diamond,* Guns, Germs, and Steel. The Fates of Human Societies *(Norton, 1997).*

Le 3 septembre, Charles Le Moyne arrive à l'anse de la Famine accompagné de 14 *sachems.* Les Iroquois se rendent compte que la maladie a affaibli l'armée française et que celle-ci manque de vivres. Ils deviennent alors arrogants et exigent qu'à l'avenir les négociations se fassent toujours dans la région de la Famine. Ils acceptent de faire la paix avec les Miamis, mais maintiennent leur décision de continuer la guerre contre les Illinois. La Barre doit accepter toutes les conditions posées par les Iroquois. On parlera plus tard de la *paix honteuse de l'anse de la Famine* [1]. Pour répondre aux désirs des Iroquois, La Barre se replie immédiatement sur Montréal avec son armée.

L'annonce de cette nouvelle à la Cour, jointe aux reproches que l'on faisait déjà à La Barre au sujet de son attitude vis-à-vis de La Salle et de sa conduite dans la traite des fourrures, fait que le roi lui signifie son rappel, en mars 1685.

Denonville et la riposte iroquoise

DERNIERES
DECOUVERTES
DANS
L'AMERIQUE
SEPTENTRIONALE
de M. DE LA SALE;
Mifes au jour par M. le Chevalier TONTI, Gouverneur du Fort Saint Loüis, aux Iflinois.

A PARIS AU PALAIS,
Chez JEAN GUIGNARD, à l'entrée de la Grand' Salle, à l'Image faint Jean.
M. DC. LXXXXVII.
Avec Privilege du Roy.

Seignelay fait nommer un soldat éprouvé, colonel des Dragons, Jacques-René de Brisay de Denonville [2]. Il est âgé de 48 ans. Le but qu'on lui assigne est clair : soumettre les Iroquois et racheter la *paix honteuse.* Il amène avec lui 500 soldats et marins. Il se rend rapidement compte que la colonie n'est pas en état de se défendre. À peine un tiers des hommes possèdent des mousquets souvent en mauvaise condition. Le gouverneur voit à ce que les principaux centres soient fortifiés et il fait construire une poudrière à Québec.

En 1685, la Compagnie du Nord, dont la moitié environ des actionnaires sont Français, reçoit du roi un privilège de traite d'une durée de 20 ans. L'année précédente, Radisson, qui avec raison n'avait pas prisé la conduite de La Barre lorsque ce dernier avait confisqué les fourrures et les deux navires anglais dont il venait de s'emparer, avait attaqué et pris le fort Bourbon pour le compte des Anglais. La compagnie avait subi une perte assez considérable à cette occasion. Afin de protéger ses intérêts commerciaux, elle organise, conjointement avec le gouverneur, une expédition sous la direction du chevalier de Troyes. Trente soldats et 70 Canadiens, parmi lesquels se trouvent Pierre Le Moyne d'Iberville, Jacques Le Moyne de Sainte-Hélène et Paul Le Moyne de Maricourt, quittent Montréal, le 20 mars 1686. Ils s'emparent de trois forts anglais construits sur les bords de la baie de James [3]. La « Hudson's Bay Company » déclare subir une perte de 1 000 000 de livres. À Londres, les négociations entre diplomates français et anglais traînent en longueur. La contestation ne sera tranchée qu'en 1697, par le traité de Ryswick.

Dongan, le gouverneur du New York, fournit des armes aux Iroquois et les incite à attaquer les Français. L'arrogance iroquoise augmente chaque jour. Les

Les récits de voyages de Radisson ont été traduits et annotés par Berthe Fouchier-Axelsen : Les Aventures extraordinaires d'un coureur des bois *(Nota bene, 1999).*

---

[1] Voir Léo-Paul Desrosiers, « L'expédition de M. de la Barre ». *Les Cahiers des Dix*, n° 22 (1957) : 105-135.

[2] Voir Thérèse Prince-Falmagne, ***Un marquis du grand siècle, Jacques-René Brisay de Denonville, Gouverneur de la Nouvelle-France (1637-1710)***. Leméac, Montréal, 1965.

[3] Les forts Monsipi (rebaptisé Saint-Louis), Rupert (Charles) et Albany (Sainte-Anne).

✎ Frontispice de l'ouvrage du chevalier de Tonti, compagnon de Cavelier de La Salle et l'un des rares survivants du voyage d'exploration de 1685-1687. Il était surnommé la « main de fer ». Il mourut en 1704, en Louisiane.

commerçants anglais et les transfuges français vont impunément, ou presque, faire la traite à Michillimakinac. Denonville est convaincu qu'il faut ou détruire les Iroquois, ou renoncer à la traite dans l'Ouest. Il organise donc, au printemps de 1687, une expédition contre les Tsonnontouans. Quelque 800 soldats réguliers, 1 100 miliciens et 400 Indiens alliés l'accompagnent. Il se rend au fort Frontenac. Viennent le rejoindre 180 coureurs de bois et 400 autres Indiens. En juillet, il ravage le pays de la nation tsonnontouanne. Il incendie des villages et brûle les récoltes. Il renouvelle la prise de possession du territoire au nom du roi de France. Selon l'historien W.J. Eccles, « *Denonville n'était pas parvenu à écraser les Tsonnontouans, mais il avait réussi à empêcher les Anglais et les Iroquois de briser le contrôle des Français sur le commerce des fourrures de l'Ouest, et cela en soi n'était pas un mince exploit* ».

Les Iroquois n'en finissent pas d'intéresser les historiens américains. Outre les remarquables ouvrages de Francis Jennings, on retiendra The Ordeal of the Longhouse. The Peoples of the Iroquois League in the Era of European Colonization *(University of North Carolina Press, 1992) de Daniel K. Richter. Ouvrage complet : bon choix d'illustrations, cartes très bien faites, sources abondantes et claires, bonne bibliographie et index impeccable.*

Avant l'arrivée du gouverneur au fort Frontenac, l'intendant Champigny s'était emparé sournoisement de plus de 80 Onontagués, dont une quarantaine sont envoyés en France comme galériens. Ce geste, qui encourrait aujourd'hui la réprobation, parut normal à l'époque. Il n'en contribua pas moins à accroître la colère iroquoise.

Denonville et le nouveau gouverneur de Montréal, Louis-Hector Callière, se convainquent qu'il faut frapper à la tête, soit à New York, et surtout au poste d'Albany. Le gouverneur de la Nouvelle-France charge Callière de se rendre dans la métropole persuader le roi d'organiser une expédition pour s'emparer de New York. Entre temps, Denonville négocie la paix avec les Cinq-Nations.

Le débarquement de Guillaume d'Orange en Angleterre, sa victoire sur Jacques II et la fuite de celui-ci en France laissent entrevoir une guerre prochaine entre la France et l'Angleterre. Les dirigeants des colonies anglaises d'Amérique du Nord en sont bien conscients.

L'ennemi véritable : l'Anglais

… Nous avons parlé de l'ennemi déclaré de la colonie (les Iroquois) et des moyens de s'en pouvoir défaire. Il est bon de voir si l'Anglais n'est pas aussi et même plus à craindre à l'avenir, et si nous ne devons pas prendre autant de soin de nous en garantir.

La situation des postes avantageux et bons ports que les dits Anglais occupent sur la côte de la mer du Sud de ce pays est si avantageuse pour eux contre nous que, quand il n'y aurait que l'avantage de pouvoir naviguer en tout temps, ce ne serait encore que trop.

Depuis qu'ils sont en ce continent, ils ont pris un soin particulier de faire trois grosses villes qui se sont beaucoup peuplées par leur bonne conduite. Le commerce y fleurit par l'abondance des castors qu'ils tirent des Sauvages qui vont à eux avec empressement parce que leurs marchandises y sont moins chères que chez nous et par les pêches que cette nation a anticipées sur nous par notre faiblesse en Acadie dont la côte est plus poissonneuse que la leur.

Cette pêche, qui depuis longtemps leur est libre, quoique ce soit sur les terres du Roi, les a rendus fort puissants dans notre propre pays, lequel n'a plus presque d'autre commerce qu'avec eux, en ayant très peu en France et le peu de pelleteries que l'on tire de nos terres d'Acadie passent toutes chez les Anglais ❶.

❶ Denonville, ***Mémoire sur le Canada***, 12 novembre 1685.

Avant même que Québec sache que le roi d'Angleterre a déclaré la guerre à Louis XIV, en mai 1689, les Iroquois l'apprennent des autorités du New York. Le Conseil de cette colonie ordonne au maire d'Albany de présenter « *à chacune des Cinq-Nations un baril de poudre à être employée contre nos Ennemis et les leurs* ». Dans la nuit du 4 au 5 août 1689, près de 1 500 Iroquois attaquent le village de Lachine. Ils incendient les habitations et leurs dépendances, tuent environ 24 personnes et ramènent une quarantaine de prisonniers. Ce massacre est une des premières manifestations de la guerre franco-anglaise. Denonville, bien qu'il soit dans la région de Montréal, ne juge pas bon de poursuivre les Iroquois ❶.

Avant même le massacre de Lachine, le roi avait décidé du rappel du gouverneur. Frontenac le remplacera. Il revient avec les galériens iroquois qui ont survécu à leur triste mésaventure.

Malgré la détérioration des relations franco-iroquoises, la colonie fait quelques progrès. L'intendant Demeulle concède une dizaine de seigneuries. Il encourage la culture du chanvre, ce qui permet l'établissement d'une manufacture de toiles. À quelques reprises, on peut même exporter du blé en France. Des particuliers établissent une pêcherie sédentaire dans le bas du fleuve Saint-Laurent.

Par suite d'un manque de numéraire, l'intendant Demeulle crée, en 1685, la *monnaie de carte,* cartes à jouer portant la signature de l'intendant. Cette monnaie est un genre de billets promissoires. Le roi le blâmera pour cette initiative. Rappelé en 1686, Demeulle sera remplacé par Jean Bochart de Champigny, dont l'épouse est la cousine de Mgr de Laval.

Première guerre intercoloniale (1689-1697)

Sur le travail politique, diplomatique et missionnaire des Jésuites en Iroquoisie, on lira avec intérêt Pierre Millet en Iroquoisie au XVIIe siècle. Le sachem portait la soutane *(Septentrion, 1998) de Daniel St-Arnaud. Également pour ceux qui s'intéressent aux structures politiques iroquoises.*

L'année 1689 sera très pénible pour la Nouvelle-France. L'Angleterre forme, avec 5 autres nations, la ligue d'Augsbourg et entre en guerre contre la France. La puissance maritime de l'Angleterre pourra éventuellement empêcher la France d'envoyer du secours à ses colonies. D'autre part, le déséquilibre démographique entre les colonies françaises et anglaises en Amérique est frappant : les premières ne comptent que 12 000 habitants, alors que les secondes en ont 200 000. Malgré cela, la situation de la Nouvelle-France n'est pas désespérée. Elle est soumise à une seule autorité tandis que les colonies anglaises, ayant des intérêts différents, sont divisées. Seuls le New York et le Massachusetts désirent la conquête de la Nouvelle-France.

L'enjeu du conflit, en Amérique, est différent de l'enjeu européen. La rivalité commerciale éclatera en plein jour avec cette guerre : qui aura la maîtrise du commerce de l'Ouest ? La lutte pour le contrôle des pêcheries de l'Est opposera l'Acadie à la Nouvelle-Angleterre.

Devant la gravité de la situation, Frontenac apparaît comme l'homme capable de faire face tant aux Anglais qu'aux Iroquois. Le premier geste du nouveau gouverneur devait être une attaque par terre et par mer contre New York. Malheureusement, toutes sortes de retards empêchent l'expédition de s'organiser assez promptement pour avoir l'efficacité d'une surprise. L'entreprise reste à l'état de projet.

---

❶ L'on a parfois exagéré l'importance du massacre de Lachine. Desrosiers replace l'événement dans son vrai contexte. Voir « Préliminaires du massacre de Lachine ». *Les Cahiers des Dix*, n° 19 (1954) : 47-66.

Frontenac réussit quand même en peu de temps à ramener la confiance dans la colonie inquiète. Il veut convaincre les Iroquois de signer la paix, mais il est trop tard. Armés par les Anglais, ils ont déjà mené des raids contre les colons de Chambly, de Laprairie, de Boucherville et de Lachine.

« The Indians are very civil towards their captive women » (Elizabeth Hanson, 1725). « The kindness she received from them was far greater than she had expected… Nothing like insult or indecency… » (Isabella McCoy, 1747). Voir Dawnland Encounters. Indians and Europeans in Northern New England *(University Press of New England, 1991). Un très intéressant choix de textes bien présentés.*

Campagnes d'hiver (1690)

Maintenant que la guerre entre les deux métropoles est déclarée, Frontenac juge bon d'empêcher une liaison plus forte entre Anglais et Iroquois. S'il est difficile de combattre les Cinq-Nations, dont les membres fuient à l'approche des Français, il n'en est pas de même des Anglais de la Nouvelle-Angleterre. « *Cependant, je crus qu'il serait bon d'occuper de telle manière les Anglais chez eux, qu'ils le fussent plus du soin de se défendre que de celui de nous venir attaquer avec les Iroquois par plusieurs endroits, comme ils se vantaient de le faire, et que nous avions avis qu'ils en sollicitent ces derniers* ». Frontenac avait raison d'écrire ces propos à Seignelay.

Il organise, avec le concours de la *jeunesse du pays*, trois expéditions. La première, sous la direction de d'Ailleboust de Manthet et de Le Moyne de Sainte-Hélène, secondés par Le Moyne d'Iberville, attaque Corlaer, à 6 lieues d'Albany, le 18 février au soir, causant la mort d'une soixantaine d'Anglais. Le village est incendié. Un groupe de 24 Français et de 25 Indiens, dirigé par François Hertel, quitte Trois-Rivières et se rend à Salmon Falls, près de Portsmouth, au nord de Boston. Là encore, on incendie le village ; on tue 34 personnes. Un troisième groupe, dirigé par Portneuf, quitte Québec à la fin de janvier et, aidé d'une partie du groupe des Trifluviens, attaque Casco, au nord de Boston. On détruit le bourg.

Ces raids subits sèment la panique dans la région de Boston et d'Albany. Ils incitent les Anglais des colonies à s'unir et à contre-attaquer la Nouvelle-France, tant par terre que par mer. En Nouvelle-France, par contre, le succès remporté redonne confiance aux habitants. La cruauté des raids canadiens s'explique par les mœurs de l'époque. Comme le fait remarquer Guy Frégault, « *il parut bon de leur rendre [aux Anglais] la monnaie de leur pièce* ».

L'intendant Champigny reproche à Frontenac de n'avoir pas concentré toutes les forces contre un seul endroit Albany (Orange). « *Si on avait fait ce coup sur Orange, écrit-il, nous aurions vu l'Iroquois bien humilié, parce que c'est de là*

✎ La monnaie de carte, introduite en Nouvelle-France en 1685, eut cours jusqu'à la fin du Régime français. Pendant un certain temps, on se servit de cartes à jouer. Ci-dessus, une carte valant 100 livres. Elle porte la signature du gouverneur Vaudreuil et de l'intendant Bégon. Il faut 12 deniers pour faire un solde et 20 soldes pour faire une livre.

qu'il tire le secours qui lui est nécessaire étant hors de portée de Manathe et de Boston et particulièrement durant l'hiver».

La riposte anglaise : Phips à Québec

Le 1er mai 1690, les représentants du New York, du Massachusetts, de Plymouth et du Connecticut, réunis à Albany, décident d'envahir la Nouvelle-France par terre et par mer.

Au début de septembre, les habitants de Laprairie sont surpris par un groupe de miliciens d'Albany et un contingent d'Iroquois, dirigés par Peter Schuyler. Ce détachement précède l'armée principale forte d'environ 1 000 miliciens et 1 500 Indiens. Cette armée, cantonnée au lac Champlain, se retirera sans avoir livré de combats, minée par la petite vérole, les querelles et les désertions.

Jadis, deux historiennes américaines, C.-Alice Baker (en 1897) et Emma Lewis Coleman (en 1925), s'étaient longuement intéressées au sort des captifs amenés en Nouvelle-France. Marcel Fournier a réexaminé la question dans De la Nouvelle-Angleterre à la Nouvelle-France. L'histoire des captifs Anglo-Américains au Canada entre 1675 et 1760 *(Société généalogique canadienne-française, 1992).*

L'annonce de l'arrivée prochaine à Québec d'une flotte anglaise ramène brusquement Frontenac dans la capitale, le 14 octobre. Deux jours plus tard, paraissent devant Québec 34 navires montés par 2 300 hommes. La saison avancée force l'amiral William Phips à faire vite, s'il ne veut pas que ses navires soient pris dans les glaces. Un débarquement de troupes, à Beauport, est repoussé. Frontenac ne bouge pas, il attend.

À son arrivée devant Québec, l'amiral anglais avait sommé le gouverneur de la Nouvelle-France de se rendre. La réponse de Frontenac à l'envoyé de Phips est célèbre : « *Dites à votre général que je ne connais point le roi Guillaume et que le prince d'Orange est un usurpateur, qui a violé les droits les plus sacrés du sang en voulant détrôner son beau-père ; que je ne sais, en Angleterre, d'autre souverain que le roi Jacques ; que votre général n'a pas dû être surpris des hostilités qui ont été faites par les Français dans la colonie de Massachusetts, puisqu'il a dû s'attendre que le Roi, mon maître, ayant reçu sous sa protection le Roi d'Angleterre et étant prêt à le replacer sur le trône, par la force de ses armes, comme j'en ai nouvelle, Sa Majesté m'ordonnerait de porter la guerre contre ces contrées, chez les peuples qui se soient révoltés contre leur souverain légitime. [...] Non, je n'ai point de réponse à faire à votre général que par la bouche de mes canons et à coups de fusil ; qu'il apprenne que ce n'est pas de la sorte qu'on envoie sommer un homme comme moi ; qu'il fasse du mieux qu'il pourra de son côté, comme je ferai du mien* ».

Perfide et sans parole, Phips trouve grâce aux yeux de ses biographes, Emerson W. Baker et John G. Reid, le temps de ses campagnes contre Port-Royal et Québec. Voir The New England Knight : Sir William Phips, 1651-1695 *(UTP, 1998).*

Au cours de la même harangue, Frontenac avait reproché à Phips de ne pas avoir respecté sa parole à la suite de la prise de Port-Royal, en mai 1690 [1].

On se bombarde de part et d'autre. Le mauvais temps favorise les Français et, le 24 octobre, la flotte anglaise lève l'ancre. Avant le départ, on procède à un échange de prisonniers.

L'expédition anglaise de 1690 est un échec total : 600 personnes, au moins, sont mortes lors des engagements ou par suite de maladie. Du côté français : 6 pertes de vie et une vingtaine de blessés. Les habitants de la Nouvelle-Angleterre ne renonceront pas pour autant à leur projet de conquête. Ce n'est que partie remise.

---

[1] Le 20 mai 1690, Menneval doit capituler. Phips et ses hommes, malgré les engagements pris lors de la signature de la capitulation, pillent la place et incendient l'église. C'est une violation flagrante des accords qui soulève, à bon droit, l'indignation de Frontenac.

La guerre iroquoise

La guerre de la ligue d'Augsbourg ne se terminera qu'en 1697. De l'attaque de 1690 à la signature de la paix, la Nouvelle-Angleterre n'organisera point d'attaque massive. Il en va de même du côté français. Les Anglais laisseront les Iroquois poursuivre la guerre à leur place. La région comprise entre Montréal et Trois-Rivières doit faire face, à plusieurs reprises, aux raids indiens. Ainsi, en 1692, une jeune fille de 14 ans, Marie-Madeleine de Verchères, repousse, avec l'aide de deux soldats, une attaque contre le manoir paternel.

Madeleine de Verchères est un personnage de légende. Diane Gervais et Serge Lusignan examinent les actions de trois femmes guerrières dans « De Jeanne d'Arc à Madeleine de Verchères. La Femme guerrière dans la société d'ancien régime » (RHAF, automne 1999 : 171-205).

Depuis quelque temps, les coureurs de bois à la solde de l'entourage de Frontenac font la traite avec les Sioux, ennemis des Outaouais. Ces derniers tentent alors, en mesure de représailles, un rapprochement avec les Iroquois. Un accord entre les nations iroquoises et outaouaises aurait signifié pour les Français la perte de la traite avec les Outaouais. En 1696, pour parer à cette menace, Frontenac, alors âgé de 74 ans, dirige une armée de plus de 2 000 hommes contre le village des Onontagués. Callière, le gouverneur de Montréal, et Ramezay, celui des Trois-Rivières, sont les chefs effectifs de l'expédition. Au début du mois d'août, on arrive au premier village. Les Onontagués ont déjà brûlé leurs maisons. Les soldats de Frontenac incendient alors les récoltes ainsi que les villages des Onneiouts. Quinze jours plus tard, Frontenac est de retour à Montréal. Les Iroquois, épuisés par l'état quasi continuel de guerre, ne seront plus une menace pour la colonie. Il faudra toutefois attendre encore 5 ans pour qu'une paix définitive soit signée.

Conquêtes de Pierre Le Moyne d'Iberville

La guerre qui se poursuit en Europe ne se manifeste plus ici que par des projets d'envahissement et quelques attaques. Phips, passé en Angleterre, convainc Guillaume III de tenter une expédition qui, après avoir pris la Martinique, s'emparerait du Canada. Mais la flotte, organisée à grands frais, n'a pas de succès aux Antilles et perd ensuite plus de 3 000 hommes par la maladie (1693).

Frontenac était un personnage flamboyant. Il sut faire face tant aux Indiens qu'aux Anglais. L'historien Gérard Filteau raconte avec compétence l'épisode de 1690, de même que les multiples attaques dont Québec fut l'objet : Par la bouche de mes canons. La Ville de Québec face à l'ennemi *(Septentrion, 1990).*

En France, Pontchartrain (qui a succédé à Seignelay en 1690) organise en 1697 une expédition du même genre contre Boston et New York. Dix vaisseaux de guerre, commandés par le marquis de Nesmond, devaient prendre les troupes de la colonie à Pentagouet et se porter contre les villes anglaises. Des délais empêchent l'entreprise de réussir.

Pendant ce temps, le plus glorieux des soldats canadiens, Pierre Le Moyne d'Iberville, fait la conquête de l'Acadie, de Terre-Neuve et de la baie d'Hudson et en balaie littéralement les Anglais ❶.

En 1696, Iberville a 34 ans. Depuis l'âge de 23 ans, il guerroie contre les Anglais sur tous les points stratégiques du pays. En 1696, il fait partie du corps expéditionnaire dirigé par le chevalier de Troyes. Denonville lui confie alors le gouvernement des forts Monsipi, Rupert et Albany, enlevés aux Anglais à cette occasion. En 1694, il s'empare du principal établissement de la baie d'Hudson, le fort Nelson.

---

❶ Voir Guy Frégault, ***Iberville le conquérant.*** Montréal, 1944 (réédité par Fides en 1968). De tous les livres écrits par Lionel Groulx, il s'en trouve un que l'historien aimait particulièrement, ***Notre Grande Aventure***, publié en 1958. Dans ses ***Mémoires*** (tome IV : 285-291), il explique l'importance qu'il attache, avec raison d'ailleurs, à cet ouvrage merveilleux qui fait l'historique de la présence française dans l'ensemble de l'Amérique du Nord.

Bien que cet ouvrage fut publié il y a plus de quarante ans, il demeure sans contredit la référence en ce qui concerne Pierre Le Moyne d'Iberville et sa vision de l'histoire de la Nouvelle-France. Cette biographie a toutes les qualités d'une monographie incontestablement bien étoffée. Elle apparaît comme un des legs majeurs et est une des pièces maîtresses de l'œuvre de l'un des plus grands historiens québécois. Guy Frégault, Pierre Le Moyne d'Iberville, *Montréal, Fides, 1968.*

Les Anglais ont construit non loin de l'embouchure de la rivière Kennebec un solide fort en pierre : le fort Pemaquid. La place forte est en plein territoire abénaquis. Pour conserver l'amitié des Indiens et protéger la vallée du Saint-Laurent, il importe de détruire l'endroit. Pontchartrain charge Iberville de cette mission. Un mémoire, écrit en 1694, affirme : « *Si Sa Majesté veut s'assurer entièrement toute la population de l'Acadie, l'alliance et la fidélité des sauvages et empêcher les Anglais de former et d'exécuter aisément leurs desseins pour ruiner la partie méridionale du fleuve Saint-Laurent, depuis Montréal jusqu'à Québec, on estime que, dans l'état où sont les choses, on n'en peut venir à bout qu'en ruinant le fort de Pemaquid* ». Le 15 août 1696, Chubb, le commandant du fort, capitule. On rase la place et Iberville met le cap sur Terre-Neuve.

Vers la fin de septembre, Iberville jette l'ancre à Plaisance, capitale des postes français de Terre-Neuve. Le gouverneur de l'endroit, MonBeton de Brouillan, est alors parti à la conquête de Saint-Jean. Le 17 octobre, il est de retour, sans avoir atteint son but. Avec l'aide de Canadiens venus spécialement pour cette mission, et malgré ses disputes avec Brouillan, Iberville réussit à s'emparer de Saint-Jean. Au cours des mois qui suivent, il enlève aux Anglais toutes leurs places, sauf Bonavista et l'île de Carbonear. Il attend de France des renforts pour chasser complètement les Anglais de Terre-Neuve et y établir une pêche profitable. Le 18 mai 1697, il reçoit ordre de se rendre à la baie d'Hudson. Il doit alors abandonner son projet. Guy Frégault trace le bilan de cette campagne éclair : « *En additionnant les prises qu'ils [les 125 Canadiens] avaient faites seuls à celles qu'ils avaient effectuées avec le concours inutile de Brouillan, on obtient les chiffres suivants : 838 hommes capturés et 200 tués, 371 chaloupes brûlées ou remises à des pêcheurs français, 193 300 morues enlevées dans les divers entrepôts, sans compter le bétail razzié* ». Ces exploits ne pèseront toutefois pas lourd lors de la signature du traité de paix.

Les Anglais, chassés de la baie d'Hudson en 1694, reconquièrent le fort Nelson en 1696. Un seul homme peut redonner à la France ce territoire : Iberville. Sérigny, son frère, amène de France une escadre de 5 navires que le roi met à la disposition des deux officiers pour cette expédition. À la fin du mois de juillet 1697, les vaisseaux sont à l'entrée de la baie d'Hudson. Le 4 septembre, les glaces ayant séparé les navires, le *Pélican*, commandé par Iberville, se trouve seul en face du fort Nelson. Le lendemain, le chef de l'expédition aperçoit trois autres vaisseaux qu'il prend pour « *le reste de l'escadre française* ». Il se rend rapidement compte que ce sont des navires ennemis. « *Voyant que c'étaient des Anglais, je me préparai à les combattre et tâcher de les mettre hors d'état d'entrer dans la rivière et de secourir le fort* ». Malgré l'inégalité des forces, Iberville n'est point homme à refuser le combat. Après un long et violent combat au cours duquel les adversaires rivalisent d'adresse, le *Hampshire* est coulé bas. Le *Hudson's Bay* amène aussitôt pavillon, et le troisième, le *Dering*, prend la fuite. Le *Pélican* a tellement souffert que les nouvelles avaries dues à la tempête de la nuit suivante obligent son capitaine à l'abandonner. Le reste de l'escadre française arrive heureusement peu après. Bayly, le commandant du fort, capitule. Le fort Nelson et la baie d'Hudson redeviennent possession française.

Traité de Ryswick (1697)

Victoire inutile que celle d'Iberville puisque, le 20 septembre, à Ryswick, la France et l'Angleterre signent un traité de paix. Les clauses 7 et 8 ❶, relatives aux colonies, rétablissent l'état de choses existant avant la guerre. Les conquêtes effectuées de part et d'autre, depuis 1689, sont ignorées. La baie d'Hudson demeure donc française. On convient de nommer des commissaires pour étudier les droits des deux puissances « *sur les places et lieux de la baie d'Hudson* », et voir à la remise des marchandises confisquées.

Frontenac survit un an au traité. À l'automne de 1698, il tombe malade et meurt le 28 novembre.

Cet ouvrage collectif traite de diverses constructions sociales et politiques de passés constitutifs de la mémoire collective et de l'histoire. On retiendra en particulier le chapitre rédigé par Bernard Andrès qui s'intitule « D'Iberville et le mythe d'une Amérique française ». L'auteur souligne entre autres les dimensions géopolitiques des actions d'Iberville pour la consolidation de l'Amérique française. D'Iberville poursuit un projet qui dépasse les cadres de la seule protection et expansion de la Nouvelle-France. Il entend contribuer à l'expansion et au rayonnement de la métropole. Gérard Bouchard et Bernard Andrès, dir., Mythes et sociétés des Amériques, *Montréal, Québec Amérique, coll. « Dossiers et documents », 2007.*

❶ Les articles 7 et 8 du traité sont reproduits dans ***Histoire du Canada par les textes, I***: 61-62.

✎ Attaque du fort Nelson par Iberville et ses hommes. Une double palissade protégeait le fort proprement dit (gravure tirée de La Potherie).

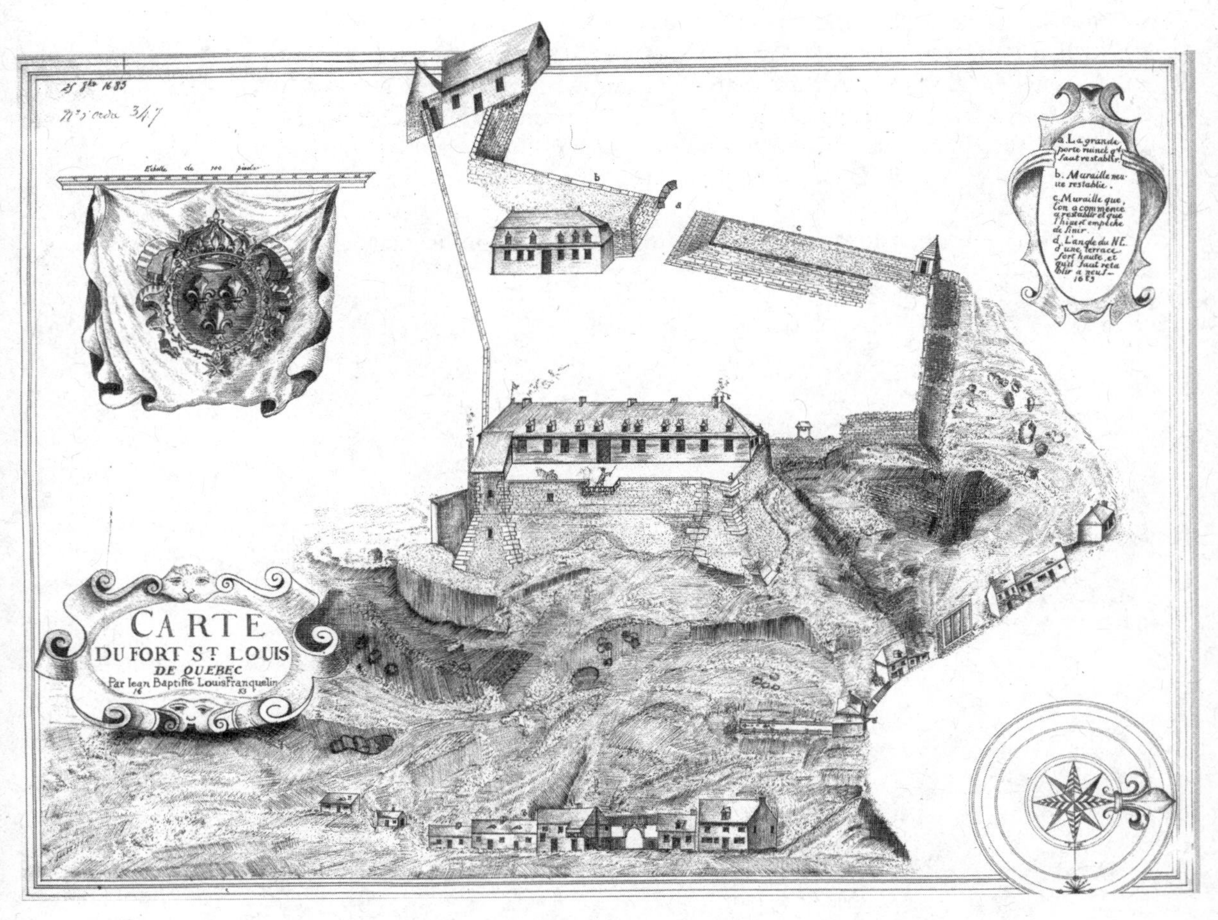

Cartographe de terrain ou de cabinet? Franquelin était de la première catégorie alors qu'un Guillaume Delisle était un cartographe de cabinet. Il n'est jamais venu en Amérique, ce qui ne l'a pas empêché de produire de superbes cartes (voir Nelson-Martin Dawson, L'Atelier Delisle, *Septentrion, 2000). Il faut dire que Delisle épluchait tous les récits de voyages qu'il pouvait attraper. Généralement, les cartographes de cabinet faisaient graver leurs cartes, d'où les multiples copies retrouvées. Les cartes de Franquelin sont uniques ou copiées à la main en quantité limitée. La carte ci-dessus est assez déroutante et il faut prendre le temps de bien l'examiner pour la comprendre. On notera que la fleur de lys pointe vers le nord.*

XIII • L'ANNONCE DU DÉSASTRE (1701-1713)

La paix de Montréal

La dernière campagne de Frontenac contre les Iroquois, sans être définitive, incita les traditionnels ennemis des Français à négocier la paix. Le traité, signé à Montréal en 1701, est l'œuvre du successeur de Frontenac, Louis-Hector de Callière, gouverneur de Montréal depuis 1684. Comme le traité de Ryswick n'a pas réglé la question iroquoise, il s'ingénie, par un mélange de fermeté et de bons procédés, à incliner les Indiens du côté français.

Les premières vraies négociations débutent en 1699. Mais il faut attendre que toutes les nations aient des représentants aux délibérations. À compter du 22 juillet 1701, chefs indiens, missionnaires, interprètes et officiers du gouvernement participent aux longs palabres qui doivent se terminer par la signature officielle du traité. Dès les premières rencontres, le chef huron Kondiaronk ou le *Rat* est pris d'une faiblesse mortelle. On lui fait des funérailles grandioses. Ces égards ont pour résultat de rendre plus serein le climat des rencontres. Le 4 août, au cours d'une cérémonie haute en couleurs, on procède à l'échange de présents destinés à cimenter l'amitié naissante. À l'avenir, tout différend entre tribus sera référé au gouverneur français. Chaque nation doit remettre en liberté tous les prisonniers de guerre. Enfin, les Iroquois s'engagent à demeurer neutres advenant une guerre franco-anglaise.

La paix de 1701, qui sera définitive, est une victoire de la diplomatie canadienne. Les premiers à souffrir de cette entente sont les marchands de la Nouvelle-Angleterre qui n'ont plus la protection iroquoise dans leurs contacts commerciaux avec l'Ouest. Les compagnies de traite de la région de New York subiront des pertes financières considérables.

À l'été 1701, une quarantaine de nations amérindiennes sont à Montréal pour arrêter les termes d'une paix générale. C'était l'aboutissement de plusieurs années de diplomatie menée par les Français et leurs alliés indiens. Malgré son importance, l'événement avait peu retenu l'attention des historiens jusqu'à ce que Gilles Havard publie La Grande Paix de Montréal de 1701. Les voies de la diplomatie franco-amérindienne *(Recherches amérindiennes, 1992).*

La Compagnie du Canada

Depuis la disparition de la *Compagnie des Indes occidentales* (1674), le privilège de la traite appartenait à la ferme du *Domaine d'Occident* [1], qui était obligée d'acheter au prix fixé toutes les peaux offertes. Au début de XVIIIe siècle, le marché du castor subit une crise grave. La guerre a été source de troubles. Par suite d'un changement de la mode, on emploie moins de castor dans la fabrication des chapeaux. De plus, la traite à outrance pratiquée sous Frontenac a saturé le marché français. En 1697, la France déclare un surplus de 850 000 peaux de castors. Le roi suggère une diminution du prix d'achat des peaux. Plutôt que d'accepter cette diminution, les marchands canadiens décident de former une compagnie qui se chargera de régler les problèmes de la traite. La *Compagnie du Canada* [2] achète, en 1700, le monopole de traite dans le domaine

---

[1] Le Domaine du Roi est un « *immense territoire interdit à la colonisation et réservé à l'État qui en afferme la traite des fourrures* ». Il va de Sept-Îles aux Éboulements. Voir Marcel Trudel, « La Nouvelle-France ». ***Cahiers de l'Académie canadienne-française***, n° 2 (1957) : 32-33.

[2] La *Compagnie du Canada* est aussi connue sous le nom de *Compagnie de la Colonie*. Elle est officiellement formée le 15 octobre 1700. Voir Guy Frégault, ***Le XVIIIe siècle canadien. Études***. HMH, Montréal, 1970 : 242-288.

de Tadoussac. Les actions ont une valeur minimum de 50 livres. Dès les débuts, 198 personnes s'inscrivent comme actionnaires. Il est d'autant plus facile de faire partie de cette nouvelle compagnie que le capital ne sera exigible « *que neuf ans plus tard* ».

Le début des activités ne laisse présager rien de bon. Il faut d'abord emprunter pour payer l'achat du droit de traite. Il faut ensuite disposer du surplus des stocks. Vers 1705, la compagnie est dans une impasse : ou elle refuse d'acheter le castor apporté par les Indiens et alors ces derniers iront le vendre aux Anglais, ou elle l'achète et alors elle augmentera son surplus et s'acheminera vers la faillite. En France, les autorités sont convaincues que tout le mal vient d'une mauvaise administration. Elles veulent faire baisser le prix d'achat des peaux. La situation financière devient telle que la compagnie, qui doit payer une partie des frais d'entretien de la colonie, ne peut subvenir à ses obligations. En 1706, la *Compagnie du Canada* cède ses droits à des métropolitains qui achèteront le castor au tiers de l'ancien prix.

Sur le document de droite, dans la rangée du centre, on peut distinguer la signature totémique de Kondiaronk, dit le Rat, un des principaux artisans de la Grande Paix de Montréal. Sur une autre copie portant la marques des « archives coloniales », cette signature est à gauche. Les copistes apportaient assez de soin à la reproduction des signatures totémiques même s'ils se permettaient d'en changer l'ordre et souvent la position de l'animal.

La colonie souffrira beaucoup de cette crise économique. Les marchands anglais seront les premiers à bénéficier de la situation. On verra des Iroquois venir traiter à Montréal des marchandises troquées à New York.

Si l'établissement de cette compagnie montre l'esprit d'initiative des Canadiens, il prouve aussi qu'il est difficile de réussir, lorsque la demande de la métropole ne rencontre pas nécessairement l'offre de sa colonie.

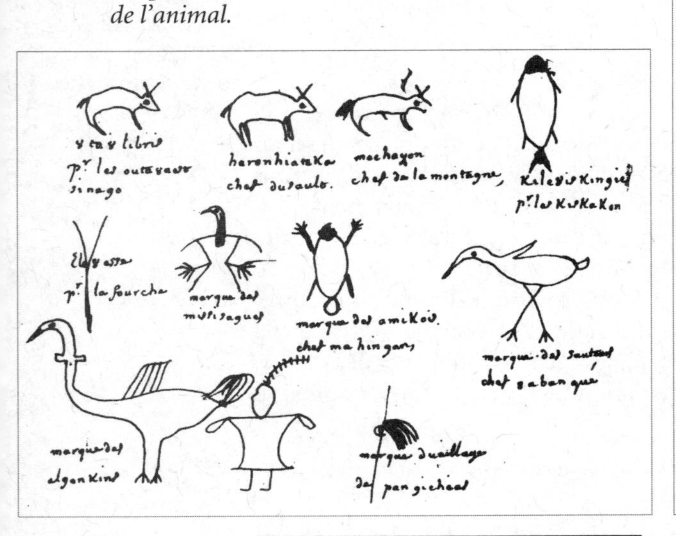

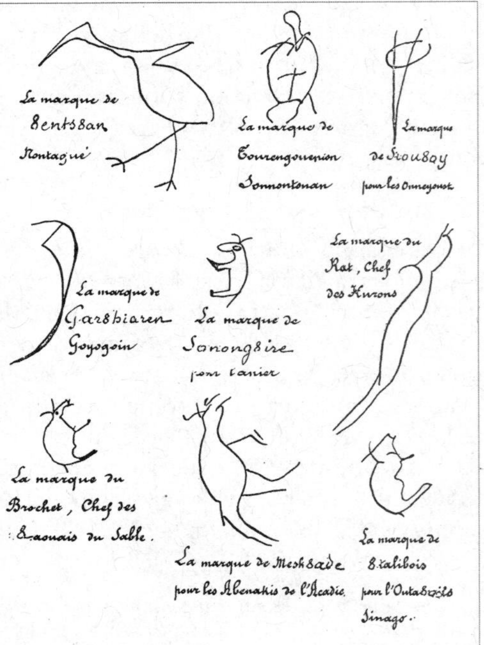

✎ Les Amérindiens ne connaissaient pas l'écriture. À la fin des négociations de paix, à Montréal en 1700-1701, ils signèrent le traité en dessinant le totem, symbole de leur nom : le Héron, le Brochet, etc.

Situation des métropoles et des colonies au début de la guerre de Succession d'Espagne

La mort du roi d'Espagne, Charles II, en 1700, sera la cause indirecte d'un nouveau conflit où se trouveront engagées les principales puissances de l'Europe occidentale. Le roi, mort sans enfant, avait, par testament, désigné son successeur le duc d'Anjou, petit-fils du roi de France. Une des clauses du testament exigeait que le futur roi d'Espagne renonce au trône de France. Louis XIV n'accepte pas cette dernière clause. L'Angleterre, l'Allemagne et les Provinces-Unies craignent, pour leur part, qu'un jour la France et l'Espagne aient le même roi. En septembre 1701, Guillaume III forme une grande alliance pour protester contre l'occupation de places fortes en Pays-Bas espagnols. C'est la guerre, une guerre qui aura de graves conséquences en Amérique.

L'Angleterre ne voulait à aucun prix que la France devienne maîtresse de l'Espagne, car cela aurait signifié le contrôle par la France du commerce de l'Amérique du Sud. Les colonies anglaises déjà menacées au nord par la Nouvelle-France, au sud-ouest par une Louisiane naissante, le seraient encore plus par une Amérique latine passée dans l'orbite française.

En Amérique, comme le fait remarquer Guy Frégault, « *la France a l'espace et l'Angleterre le nombre* ». La Nouvelle-France compte, en 1700, environ 15 000 habitants, alors que les colonies anglaises en ont près de 300 000. Cette supériorité numérique n'est guère rassurante pour elles qui se sentent menacées d'encerclement par la Nouvelle-France. Iberville est conscient de l'avantage de la France qui, si elle développe la Louisiane et la relie au Canada, peut contenir les colonies anglaises entre la mer et les Appalaches. Cette politique de la France aurait signifié pour les Anglais la perte du commerce des fourrures dans la région des Grands Lacs. Situation intolérable pour la Nouvelle-Angleterre.

> Si la France ne se saisit pas de cette partie de l'Amérique [Louisiane], qui est la plus belle, pour avoir une colonie assez forte pour résister à celle de l'Angleterre qu'elle a dans la partie de l'est depuis Pescadoué jusqu'à la Caroline, la colonie anglaise qui devient très considérable s'augmentera de manière que dans moins de cent années, elle sera assez forte pour se saisir de toute l'Amérique et en chasser toutes les autres nations. [...]

✎ ***Canadien en raquette allant à la guerre sur la neige***, d'après La Potherie. Remarquer la forme du chapeau et des raquettes, ainsi que la pipe, le mousquet, les sacs de poudre et de balles.

Si l'on veut faire un peu d'attention au pays occupé par les Anglais de ce continent et ce qu'ils ont dessein d'occuper, des forces qu'ils ont dans ces colonies, où il n'y a ni prêtres ni religieuses et où tout peuple et de ce qu'ils seront dans trente ou quarante ans, on ne doit faire nul doute qu'ils n'occupent le pays qui est entre eux et le Mississippi, qui est un des plus beaux pays du monde. Ils seront en état, joints aux Sauvages, de lever des forces suffisantes par mer et par terre pour se rendre les maîtres de toute l'Amérique, du moins de la plus grande partie du Mexique, qui ne se peuple pas comme le font les colonies anglaises, qui se trouveront en état de mettre en campagne des armées de trente et quarante mille hommes, et seront rendus où ils voudront aller avant que l'on sache en France et en Espagne, où on n'est guère informé de ce qui se passe dans les colonies. [...]

Il me paraît qu'il est absolument nécessaire de jeter une colonie dans le Mississippi, à la rivière de la Mobile et se joindre aux Indiens, qui y sont assez nombreux, par villages et nations séparées et les armer pour se soutenir contre ceux que les Anglais ont dans leur parti et faire repasser les Anglais au-delà des montagnes, ce qui est facile, à présent qu'ils ne sont pas encore assez puissants dans l'ouest d'elles, n'ayant encore à eux de nation considérable que celle des Chicachas, avec lesquels nous sommes en pourparlers de paix, et les Chouanons, dans l'espérance d'avoir plus facilement de nous toutes les denrées d'Europe et à meilleur marché qu'eux, en ce que nous les leur porterons par les rivières au lieu que les Anglais leur portent par les terres sur des chevaux. C'est ce que je leur ai fait proposer l'année dernière, et ils m'ont promis de se trouver à une assemblée de tous les chefs des nations, qui se doit faire au fort du Mississippi au printemps suivant prochain, où il sera facile de les engager à faire une paix générale entre eux et à nous remettre les Anglais interprètes qu'ils ont dans leurs villages moyennant quelque présent, et y établir aussitôt des missionnaires qui les contiendront dans nos intérêts et attireront un très grand nombre de peuples à la religion. Tout cela se peut faire avec peu de dépense, au lieu que si l'on attend plus tard, cela ne sera pas si facile les Anglais, s'y fortifiant, ou diminueront les nations qui sont dans nos intérêts, ou ils les obligeront de se mettre dans les leurs ❶.

---

❶ Extraits de mémoires, rédigés en 1699 et en 1701, par Pierre Le Moyne d'Iberville. Cités par Frégault et Trudel, ***Histoire du Canada par les textes, I***: 58-59.

✎ Indien de la nation outaouaise fumant le calumet de paix. Cet Amérindien s'est peint le visage et le corps en vue d'une cérémonie.

Les Anglais des colonies reprennent le cri de guerre de Cotton Mather : « *Il faut réduire le Canada* ». Le colonel Samuel Vetch, conscient du problème, propose à la reine Anne un plan de conquête de la Nouvelle-France, plan destiné à empêcher l'étranglement de la Nouvelle-Angleterre.

La société historique acadienne a publié en 1985 (Cahiers 16, n°s 3 et 4) une nouvelle édition préparée par Melvin Galant du récit de voyage de Dièreville, médecin et poète, sous le titre Le Sieur de Dièreville. Voyage à l'Acadie, 1699-1700. *Pour avoir une bonne idée de Port-Royal à l'époque, du mode de vie des Acadiens et des autochtones. Voir aussi l'édition savante préparée par Normand Doiron pour la Bibliothèque du Nouveau Monde.*

> Pour peu qu'ils connaissent la valeur du royaume britannique d'Amérique, aussi bien sous l'angle de la puissance que sous l'aspect du commerce, tous les esprits réfléchis ne peuvent que s'étonner de voir une nation aussi importante sur mer, aussi forte par le nombre et par ailleurs aussi sagement jalouse de son commerce souffrir avec autant de patience que des voisins gênants comme les Français s'installent en paix à côté d'elle, et surtout qu'avec une faible population dispersée, ils possèdent un territoire qui s'étend sur plus de 4 000 milles [env. 6 800 km], encerclent et refoulent entre eux-mêmes et la mer tout l'empire britannique du continent et parviennent ainsi à réduire le commerce anglais d'un bout à l'autre de l'Amérique, en attendant de le ruiner complètement, ce qui arrivera à moins qu'ils n'en soient empêchés à temps ; … ce qui rend notre attitude absolument inexcusable, c'est que la moitié de la perte qu'ils infligent en une seule année à notre économie nous suffirait, pourvu que nous dépensions cette somme à bon escient, pour les déposséder entièrement du continent et de Terre-Neuve et, par là, assurer à Sa Majesté la possession exclusive et paisible de toute l'Amérique du Nord, qui est assez vaste pour contenir quatre royaumes grands comme la Grande-Bretagne.
>
> … Par les positions qu'ils ont prises, les Français ont cerné et resserré entre eux-mêmes et la mer tous les gouvernements anglais du continent, si bien qu'avec le temps, lorsqu'ils auront complètement peuplé leur pays, comme ils projettent de le faire après la guerre, en y faisant venir (ainsi que l'actuel intendant du Canada, M. Raudot, m'a dit que c'était l'intention du roi de France) 20 000 hommes, qui préféreront gagner leur vie au bout du fusil plutôt que de labourer la terre, ils pourront sans peine forcer les Anglais à se servir de leur flotte pour se retirer ailleurs, abandonnant à leurs voisins plus forts les fruits de leurs travaux ❶.

Alors que, du côté anglais, on songe à de vastes campagnes massives, les Canadiens optent à nouveau pour la guérilla : petits raids plus meurtriers les uns que les autres. Les habitants de la Nouvelle-Angleterre veulent reconquérir l'amitié des Abénaquis qu'ils craignent et les Canadiens font des présents aux Cinq-Nations, espérant qu'ils demeureront neutres. Par contre, les Iroquois se voient jouer le rôle de médiateurs entre Français et Anglais.

Les offensives canadiennes

Vaudreuil est convaincu qu'une attaque contre la Nouvelle-France ne peut naître qu'à Boston. Il confie à Le Neuf de Beaubassin, en août 1703, la direction d'une expédition contre le littoral anglais, de Casco à Wells. Le groupe de Canadiens, accompagné d'Indiens abénaquis, « *a ravagé plus de quinze lieues [env. 60 km] de pays et pris ou tué plus de trois cents personnes* ». Le gouverneur de la Nouvelle-France visait, par ce raid, à ce que « *les Abénaquis et les Anglais soient ennemis irréconciliables* ».

---

❶ Cité par Guy Frégault, « L'empire britannique et la conquête du Canada (1700-1713) ». ***Revue d'histoire de l'Amérique française***, X, 2 (septembre 1956) : 164-165.

Le massacre de Lachine (1689) a retenu l'attention des historiens d'autrefois qui racontaient, sur un ton assez différent de celui employé aujourd'hui, les raids menés contre divers postes de la Nouvelle-Angleterre. L'attaque de Deerfield (1704) était du nombre. L'historien américain John Demos a choisi de la raconter et de s'arrêter au sort d'une victime : Eunice Williams. L'ouvrage a connu un large succès aux États-Unis et a été traduit sous le titre Une captive heureuse chez les Iroquois *(PUL, 1999).*

L'année suivante, par suite de représailles anglaises contre les Abénaquis, Hertel de Rouville effectue un raid surprise contre le village de Deerfield. Le 10 mars 1704, l'endroit est mis à sac. Dès le début de la guerre de Succession d'Espagne, en 1702, « *l'amiral John Leake ruine les emplacements de pêche de la côte française* ». Trois ans plus tard, en janvier 1705, Subercase, gouverneur français de Plaisance, après s'être emparé de quelques postes anglais, échoue devant Saint-Jean. Il faudra attendre au 1er janvier 1709 pour que la place tombe aux mains de Saint-Ovide, jeune lieutenant du roi, à la tête d'une petite armée de 170 hommes.

Pendant ce temps, les attaques anglaises se multiplient contre Port-Royal, mais elles sont repoussées.

L'offensive anglaise

Le mémoire de Vetch sur la nécessité de conquérir le Canada avait suscité beaucoup d'intérêt en Angleterre, d'autant plus que les habitants des colonies multipliaient leurs demandes de secours. En 1709, la reine Anne annonce son intention de libérer les colons anglais du « *voisinage des Français du Canada* ». L'année suivante, une partie des renforts atteint Boston. On ne se sent pas suffisamment fort pour s'emparer de Québec ; on se rabat sur Port-Royal qui capitule après un bombardement de quelques jours, le 13 octobre 1710. Aux termes de la capitulation, la ville et un territoire environnant de trois milles passent à l'ennemi. Il est stipulé de plus que « *les habitants du fort et de la province resteraient dans leurs biens avec leurs grains, bestiaux et meubles pendant deux ans, s'ils n'aimaient mieux en sortir avant ce temps. Et que ceux qui voudront y rester le pourront, en prêtant serment de fidélité à la Princesse de Danemark. [...] Que ceux qui voudront se retirer à Plaisance et en Terre-Neuve le pourront par le plus court chemin. Que les Canadiens qui voudront retourner en Canada le pourront pendant un an* ». Pendant un certain temps, on songe à la déportation de la population acadienne.

À l'été 1711, on élabore un projet de conquête du Canada : une armée doit attaquer Montréal par la voie Hudson-Richelieu. Pendant ce temps, une flotte remontera le fleuve et assiégera Québec. En juillet, l'amiral Hovenden Walker commande une flotte de 14 vaisseaux de guerre et une soixantaine de transports de troupes. À bord, 7 500 militaires et près de 5 000 marins. L'armée de terre, sous la direction du colonel Francis Nicholson, est composée de 2 300 hommes.

Dans la nuit du 2 au 3 septembre, au cours d'une tempête, 8 transports sont jetés contre les récifs de l'île aux Œufs, située à 470 km en aval de Québec. Près de 900 soldats et marins se noient ou meurent de froid. C'en est assez pour arrêter la marche des envahisseurs. À la mi-octobre, à l'annonce du désastre, Nicholson et son armée se retirent sans avoir combattu.

L'issue pénible de la tentative anglaise ne fait qu'augmenter la crainte d'une invasion de la Nouvelle-Angleterre par les Canadiens. Ces derniers se contentent de la guérilla. En mai 1712, on affirme à Piscataqua : « *Il ne se passe presque pas de jour que l'ennemi ne nous afflige quelque dégât* ».

Guerre des Outagamis (1712)

Les Iroquois qui avaient pactisé avec l'armée anglaise dirigée par Nicholson, au mépris du traité de paix de 1701, vinrent présenter leurs excuses à Vaudreuil. « *Je les ai fort grondés,* écrit le gouverneur, *de s'être laissé séduire par les Anglais, et après leur avoir de nouveau fait connaître combien il leur importait de ne prendre aucun parti entre l'Anglais et nous, je les ai renvoyés très convaincus en apparence de ce que je leur disais* ».

Plus grave fut l'attitude des Outagamis ou Renards, nation vivant à l'ouest du lac Michigan. À l'instigation des Anglais, ils attaquent le poste français de Détroit. Les Outaouais et les Illinois viennent prêter main-forte aux quelques Français qui défendent le fort. Les ennemis sont repoussés. On les attaque ensuite chez eux. Ils demandent quartier, mais les Indiens alliés refusent toute composition. Tous les guerriers Outagamis sont massacrés et le reste de la population traîné en esclavage. Les malheureux Indiens ont perdu plus de 2000 des leurs.

De façon générale, les Français ont su se concilier les nations indiennes. Les Renards font cependant exception. À ce sujet, un ouvrage de R. David Edmunds et Joseph L. Peyser se révèle fort intéressant : The Fox Wars. The Mesquakie Challenge to New France *(Oklahoma, 1993).*

Le traité d'Utrecht

Le 29 janvier 1712 s'ouvre à Utrecht un congrès destiné à mettre fin au conflit entre la France, l'Angleterre, le Portugal, la Hollande, la Savoie et la Prusse ; l'Allemagne ayant décidé d'attendre. Quinze mois plus tard, soit le 11 avril 1713, la paix est conclue. Malgré quelques victoires, la France a négocié sur un pied d'infériorité. L'Angleterre l'emporte. Elle obtient la maîtrise des mers et conserve Gibraltar. La France, de son côté, doit démolir le port de Dunkerque, tandis que le petit-fils de Louis XIV renonce à la succession au trône de France.

C'est en Amérique qu'apparaît le mieux la victoire anglaise. Londres se fait céder le détroit et la baie d'Hudson, « *tous les édifices et forts construits, tant avant que depuis que les Français s'en sont rendus maîtres* », ainsi que toute l'artillerie. La *Compagnie du Canada* et tous les sujets français pourront se retirer en emportant leurs biens. Une commission sera nommée qui, en moins d'un an, devra déterminer les frontières entre les deux puissances. Alors, « *il ne sera pas permis aux sujets des deux nations de passer les dites limites pour aller les uns aux autres, ni par mer, ni par terre* ».

L'Acadie tout entière devient possession anglaise. Il en est de même pour l'île de Terre-Neuve. Cependant, les Français conservent le droit d'y avoir « *des échafauds et cabanes nécessaires et*

James Axtell constate dans The European and the Indian *(Oxford, 1981) que « the evidence for pre-Columbian scalping takes many forms ». Pour autant, cette pratique n'est pas exclusive aux Indiens, pas plus qu'elle n'était pratiquée par toutes les tribus. Un scalp ne signifiait pas nécessairement la mort. À l'origine, un scalp avait valeur de trophée. Les primes offertes par les Européens lui donnèrent une valeur monétaire, ce qui provoqua toutes sortes d'excès.*

✎ Sauvage enlevant la chevelure à son ennemi. Il existait une technique du scalp qui variait peu. Il fallait d'abord faire une incision en suivant le contour du cuir chevelu. On enlevait ensuite le « trophée », en tirant de la nuque au sommet. Certains Amérindiens préféraient mettre le visage de l'ennemi contre terre, plutôt que d'employer la technique illustrée ci-dessus.

usitées pour sécher le poisson » ; mais ce privilège ne vaut que pour certaines régions bien précises. De plus, la France garde la propriété de l'île du Cap-Breton et de l'île de Saint-Jean (île du Prince-Édouard).

Par l'article XV, les Iroquois passent officiellement sous protectorat britannique : « *Les habitants de Canada et autres sujets de la France ne molesteront point à l'avenir les cinq nations ou cantons des Indiens soumis à la Grande-Bretagne* ». Le Centre-Ouest s'ouvre ainsi à la présence anglaise. C'est, sans conteste, l'un des articles les plus importants du traité ❶.

L'encerclement de la Nouvelle-France est engagé. L'île du Cap-Breton est « *coincée entre la Nouvelle-Écosse et Terre-Neuve* ». Les pêcheries de l'Est passent en bonne partie aux mains des Anglais tout comme les fourrures du Nord et du Centre-Ouest. Les succès des Anglais procèdent de la nature même du conflit : ils sont commerciaux.

« *Décidément, remarque le chanoine Groulx, l'avenir de la Nouvelle-France ne tient plus désormais qu'au hasard de la guerre entre les deux métropoles. Le traité d'Utrecht est bien le prélude du traité de Paris de 1763* » ❷. En fait, 1713 annonce 1763, avec la différence que pour l'instant la Nouvelle-France demeure dans l'orbite de la colonisation française.

Les gouvernants de la Nouvelle-France semblent se rendre compte de la gravité de la situation. Une application stricte des clauses du traité, particulièrement de l'article XV, qui concerne les Iroquois, signifierait l'asphyxie de la Nouvelle-France. Vaudreuil lance le mot d'ordre : « *Profiter de la paix pour fortifier le Canada* ».

Fondation de la Louisiane

Les découvertes de Jolliet et de La Salle ne furent guère exploitées jusqu'au traité de Ryswick (1697). Quelques forts subsistent dans le bassin supérieur du Mississippi, mais le cours moyen et inférieur ne compte pas encore d'établissements français.

Dès le rétablissement de la paix, Le Moyne d'Iberville décide de faire valoir les droits de la France sur ces territoires. La Cour l'autorise à rechercher par mer l'embouchure du fleuve et à y fonder un établissement permanent.

Parti de France avec deux vaisseaux et une cinquantaine d'hommes, en 1698, il trouve l'embouchure du Mississippi et, l'année suivante, il établit un premier fort sur la baie de Biloxi, entre la rivière Mobile et le fleuve (1699). Les terres étant meilleures à l'embouchure de la Mobile, on y transporte l'établissement. Enfin, en 1702, Iberville opte définitivement pour l'île Dauphine, à l'embouchure même du fleuve.

Lors de la guerre de Succession d'Espagne, Iberville fait campagne contre les Anglais dans les Antilles et s'empare de l'île de Nièves. Il projette une attaque contre les colonies du continent, mais, en 1706, âgé seulement de 45 ans, il est emporté par la fièvre jaune.

En 1713, la Louisiane compte une trentaine de familles. Il deviendra urgent de développer cette colonie et de la joindre par une chaîne de forts à la vallée du Saint-Laurent.

---

❶ Voir Guy Frégault et Marcel Trudel, ***Histoire du Canada par les textes, I*** : 63-66.
❷ Voir Lionel Groulx, ***Histoire du Canada français***. Fides, Montréal, 1962, I : 151.

XIV • « FORTIFIER LE CANADA » (1713-1744)

Situation générale

Les clauses du traité d'Utrecht indiquent bien la faiblesse de la France, à la fin de la guerre de Succession d'Espagne. Ses pertes les plus cuisantes sont en Amérique. Mais la défaite politique et militaire de Louis XIV n'empêche pas l'Europe cultivée de subir une nette influence française. La langue, la littérature et l'art français débordent les frontières. Le latin qui, jusqu'ici, avait été la langue des négociations et des traités, cède la place à la langue française.

La mort du Roi-Soleil, en 1715, marque pour les historiens français le début du XVIIIe siècle ❶. L'opposition de la noblesse, longtemps contenue, éclate. Le régent, Philippe d'Orléans, à l'encontre de Louis XIV qui s'était appuyé sur la bourgeoisie, doit faire appel à la noblesse pour l'assister dans le gouvernement du pays.

L'abbé Dubois et le cardinal Fleury seconderont habilement le nouveau souverain, Louis XV. Sous l'impulsion de ce dernier, le commerce de la France se développera grandement. Il passe de 80 millions de livres, en 1716, à 308 millions, en 1743. Les colonies profiteront plus ou moins de ces progrès.

La métropole manifeste plus d'intérêt pour les Antilles ou la Louisiane que pour le Canada. Il est vrai que cette dernière colonie cadre mal avec la politique coloniale de la France.

Les principales règles du pacte colonial se formulent ainsi : « *Toutes les productions coloniales seront exportées vers la métropole, et les colonies ne pourront acheter qu'à la métropole. Il n'y aura pas de manufactures aux colonies, mais la métropole n'achètera de produits coloniaux que dans ses colonies. La marine métropolitaine aura le privilège des transports* » ❷. Les colonies les plus intéressantes demeurent celles qui produisent ce que la métropole ne produit pas.

Les colonies florissantes peuvent contribuer à diminuer la dette royale qui se monte à 3,5 milliards de livres à la fin de la guerre, en 1713. L'Écossais John Law suggère au régent de liquider la dette au moyen du papier-monnaie émis en quantité supérieure à l'or déposé. La banque, créée par Law, devient banque royale. Le financier écossais fonde de plus, en 1717, la Compagnie d'Occident qui se fait concéder le monopole d'exploitation de la Louisiane. Deux ans plus tard, les actions de la compagnie, d'une valeur initiale de 500 livres, en valent 20 000. Un succès aussi rapide en inquiète plusieurs. En 1720, Law fait faillite. Les conséquences en sont graves, non seulement dans la métropole, mais aussi pour la Louisiane.

L'Angleterre va vivre une aventure semblable. En 1711, les actions de la Compagnie des mers du Sud passent de 100 livres à 1 000. Neuf ans plus tard, soit en 1720, cette compagnie — elle aussi engagée dans le commerce colonial — fait faillite.

Présenté principalement comme un travail de synthèse, New France 1701-1744 . Supplement to Europe *(McClelland and Stewart, 1987) de Dale Miquelon combine l'approche événementielle avec une approche structurale. Point de vue toujours très personnel en particulier à propos des relations européano-indiennes : joug français dans l'Ouest, solution finale avec les Renards, commerce plus ou moins illicite avec Albany, etc.*

---

❶ La notion de siècle est très fluide en histoire. Elle ne désigne pas nécessairement une période de 100 ans. Le siècle de Louis XIV et celui de Périclès forment chacun un tout et, pour ce, ils méritent bien leur nom de siècle. Le premier dure 55 ans (20 selon certains) ; le second, 14 ans. Pour la France, le XVIIIe siècle débute en 1715 et non en 1701.

❷ Voir Henri Blet, ***La colonisation française. Des origines à 1789.*** Paris, 1946 : 196.

Cependant la politique économique de Walpole, premier ministre de 1721 à 1742, pallie les conséquences de la faillite et l'économie anglaise se développe fortement. Il est vrai que, par le traité d'Utrecht, la Grande-Bretagne avait obtenu la maîtrise de l'Atlantique. Ses positions sur mer sont raffermies par « l'Assiento », privilège en vertu duquel elle aura le monopole de la traite des Noirs pour les Amériques du Nord et du Sud.

À la mort de la reine Anne, en 1714, George Ier, prince électeur du Hanovre, monte sur le trône. Pendant son règne (1714-1727) et celui de son successeur, George II

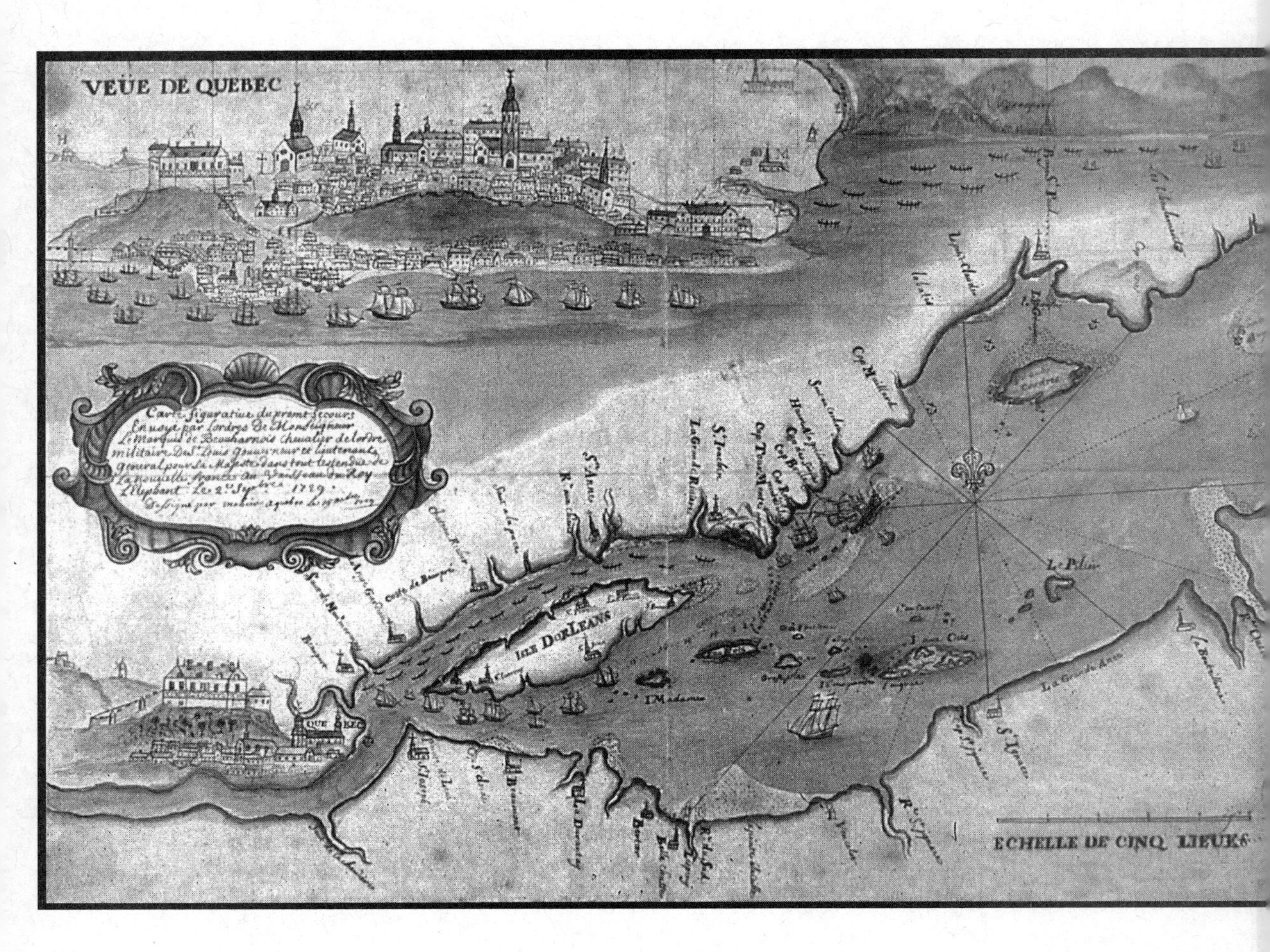

✎ Carte dessinée par Mahier, en 1729. Cette carte illustre les efforts déployés pour sauver les naufragés du vaisseau du roi, *L'Éléphant,* qui s'échoua non loin de l'île d'Orléans, à la fin du mois d'août 1729, ayant à son bord 500 à 600 personnes. À noter le nom des paroisses de la région en aval de Québec, existantes à l'époque.

(1727-1760), les Whigs, qui avaient combattu le retour au pouvoir de Jacques Stuart, gouvernent en fait le pays. L'Angleterre, pendant cette période, veille au développement de ses colonies. La population des colonies anglaises d'Amérique du Nord qui est de 434 000 habitants, en 1715, triple en moins de 40 ans. L'aire occupée s'aggrandit considérablement. De nouvelles colonies naissent : la Caroline du Sud devient colonie royale en 1721 ; la Caroline du Nord, en 1729. La Georgie est fondée en 1732 [1].

Dans les colonies anglaises, on se rend compte qu'à brève échéance Espagnols et Français seront un obstacle à leur expansion. La Caroline du Sud prise peu l'installation des Français en Louisiane. Elle construit des forts à Columbia et à Port-Royal pour s'en défendre. La Virginie, de son côté, regarde d'un mauvais œil la présence française dans la vallée de l'Ohio. Les établissements du Sud seront en guerre avec les postes espagnols de 1739 à 1742. Une attitude provocatrice de part et d'autre est à l'origine du conflit.

L'opinion s'ancre de plus en plus dans les colonies que l'Angleterre aurait dû, lors des négociations du traité d'Utrecht, se faire concéder toutes les possessions françaises en Amérique du Nord.

En 1987, sous la direction d'Hubert Charbonneau, paraissait Naissance d'une population. Les Français établis au Canada au XVIIe siècle *(PUM et PUF). Ouvrage de base, ce collectif fournit en appendice la liste de 1955 pionniers et 1425 pionnières, ainsi que le nombre de leurs descendants connus jusqu'au 31 décembre 1729. À ce même sujet, voir René Jetté,* Dictionnaire généalogique des familles du Québec, des origines à 1730 *(PUM, 1983).*

La Nouvelle-France en 1713

Les autorités de la Nouvelle-France se rendent compte qu'une application stricte des clauses du traité d'Utrecht signifierait la mort de la colonie. Pour pallier le danger d'asphyxie, il faut donc fortifier au maximum une Nouvelle-France amoindrie.

Malgré ses amputations, la colonie constitue encore un pays très vaste couvrant l'actuel territoire du Nouveau-Brunswick, du Québec, de l'Ontario, de la vallée du Mississippi et de la Louisiane. La Nouvelle-France demeure faible, tant sur le plan militaire que démographique. Elle ne compte qu'une population de 18 500 habitants ; 90 pour cent de ceux-ci habitent la vallée du Saint-Laurent. La zone défrichée se réduit à bien peu sur la rive nord, la région comprise entre Montréal et Baie-Saint-Paul ; sur la rive sud, celle entre Montréal et Rimouski. Selon le gouverneur Vaudreuil, la colonie, en 1716, ne peut opposer que 4 484 miliciens et 628 soldats réguliers aux 60 000 hommes que peuvent aligner les colonies anglaises.

Le Canada ne pourra guère compter sur l'aide de la métropole pour se fortifier. L'attitude des autorités demeure la même : maintenir la colonie, sans trop se soucier de la développer.

1713-1744 : trente ans de paix au cours desquels les colonies tant anglaises que françaises mettront en pratique l'adage ancien : « *Si tu veux la paix, prépare la guerre* ». Avec cette différence que c'est la guerre et non la paix que l'on récoltera à partir de 1744.

Fortification de l'est

La cession de l'Acadie et de Terre-Neuve à l'Angleterre oblige la France à fortifier au maximum l'île du Cap-Breton, si elle veut se maintenir sur la façade atlantique. La construction d'une place forte protégerait l'entrée du golfe contre un blocus anglais. En 1713, l'île est dépeuplée. On y transporte la majeure partie de la population de

[1] La Georgie est devenue colonie royale en 1752.

Sous l'égide du concept de lieu de mémoire, ce collectif présente la démographie, l'économie, le contexte socioculturel et le peuplement de la Nouvelle-France au XVIIe et au XVIIIe siècles. Résultant d'un colloque franco-québécois, c'est à la lumière des relations entre la France et le Québec que les différents chercheurs tentent de redéfinir l'histoire et les relations culturelles des colons et des migrants. Philippe Joutard et Thomas Wien, dir., Didier Poton collab. Mémoires de Nouvelle-France. De France en Nouvelle-France, *Rennes, Presses universitaires de Rennes, 2005.*

Plaisance. Havre-à-l'Anglais est choisi comme site de la forteresse. C'est une belle rade naturelle pouvant abriter jusqu'à 300 voiles. L'endroit, malheureusement, est sujet à de fréquents brouillards et est quasi indéfendable par voie de terre.

En 1717, on commence la construction d'une forteresse de style classique. Lors de la chute de la place, en 1745, son aménagement ne sera pas encore terminé. Le gouvernement français a déjà déboursé plus de trois millions de livres. Les avantages commerciaux de l'endroit priment son importance militaire. Rapidement son activité portuaire le classe au quatrième rang en Amérique du Nord ❶. Vers 1739, malgré une très faible population, le commerce de l'Île-Royale ❷ équivaut aux deux tiers de celui du Canada. Les navires français qui vont faire la pêche dans cette région y apportent des marchandises. Le Canada y envoie une partie de ses fourrures, du beurre, de la farine, de la viande, des céréales, des légumes, du bois. Les Antilles y expédient leur sucre, leur rhum, du café, du coton et du tabac. Louisbourg est devenu la plaque tournante du commerce extérieur du Canada. En 1717, 33 navires jettent l'ancre dans la rade de Louisbourg ; en 1726, 118.

La population de l'île croît assez rapidement. En 1715, elle se chiffre à un millier d'habitants. En 1723, à 3 250 et, en 1740, à 4 000. La force de l'île n'est qu'apparente. La *sentinelle* du Canada ne veille pas. Les officiers sont plus intéressés par le commerce et la contrebande que soucieux de veiller à l'armement de la place. Les soldats sont mécontents. Ils se mutinent à la fin de l'année 1744. La chute de la forteresse, en 1745, ne surprendra personne. Le marquis de Montcalm écrira dans son journal : « *Quelques ouvrages qu'on y fasse, la place sera prise, parce qu'on ne saurait empêcher la descente* ».

---

❶ Les trois principaux ports d'Amérique septentrionale sont, par ordre d'importance : Boston, Philadelphie et New York.

❷ Depuis 1714, on désigne l'île du Cap-Breton sous le nom d'Île-Royale. Sa population, en 1739, était 10 fois inférieure à celle du Canada.

✎ Vue de la ville de Louisbourg prise dans le port, 1731.

Le sol de l'Île-Royale est peu fertile. Pour attirer les Acadiens et pour avoir à proximité des produits agricoles, on établit une colonie à l'île Saint-Jean. Après 1720, deux centres importants se développent au sud, dans l'actuelle baie de Charlottetown, Port-Lajoie ; au nord, Havre-Saint-Pierre.

Fortification du cœur de la colonie

Pour un pays aussi vaste que la Nouvelle-France, les fortifications de Louisbourg ne sont qu'un chaînon du système défensif. Québec demeure un point menacé qu'il convient de renforcer. Le gouverneur Beauharnois écrira à Maurepas, en 1727 : « *Toute l'armée d'Angleterre pourrait venir à Québec qu'on n'en saurait rien à l'Île-Royale et quand même on le saurait en ce pays-là, que pourraient-ils faire?…* » Les travaux de fortification de la capitale commencent en 1720. Ils ne seront terminés qu'en 1749. À ce moment-là, « *Québec est devenue une ville-forteresse* ».

Advenant une guerre, Montréal est immédiatement menacé d'une attaque par suite de la proximité du Richelieu. En 1716, on commence à entourer la ville d'un mur de pierre. Les habitants des lieux circonvoisins, conscrits pour des corvées, exécutent une partie des travaux. Il faudra 25 ans pour achever l'ouvrage.

Au cours de la guerre de Succession d'Espagne, on avait procédé à la réfection du fort Chambly. En 1711, c'est un quadrilatère en pierre, « *flanqué de quatre bastions d'un développement total de 720 pieds* [env. 220 m] ». Sur la même voie de pénétration Richelieu-Hudson, Beauharnois fait construire à la Pointe-à-la-Chevelure, au sud du lac Champlain, un fort de moyenne importance baptisé Saint-Frédéric, en l'honneur du ministre de la Marine, le comte Frédéric Phélypeaux de Maurepas. À partir de 1733, l'intendant Hocquart concédera un certain nombre de seigneuries dans cette région pour y favoriser la colonisation.

La construction du fort Saint-Frédéric souleva l'indignation des habitants du New York.

Fortification de la région des Grands Lacs

Par suite du traité d'Utrecht, l'Iroquoisie se trouvait sous protectorat anglais. Le commerce devenant libre dans la région des Grands Lacs, la France risquait fort d'y perdre son influence et son emprise commerciale. Il était donc plus que nécessaire de maintenir une présence française dans le Centre-Ouest, plaque tournante du commerce des fourrures. Si l'entrée du lac Ontario est contrôlée par le fort Frontenac, son extrémité ouest n'est point protégée. Aussi songe-t-on, dès 1674, à construire un fort dans la région du Niagara. Six ans plus tard, on a élevé une cabane de bois qui sert surtout à la traite. L'établissement est à proximité du territoire iroquois. Les Anglais demandent aux Cinq-Nations de détruire le poste français. Ces derniers, désireux de jouir des faveurs des deux groupes et d'agir comme intermédiaires entre Français et Anglais, refusent. Vers 1725, Beauharnois et Bégon décident la construction d'un fort en pierre sur la rive droite de la rivière Niagara afin de protéger le portage du Niagara entre les lacs Ontario et Érié. Par cet établissement, les Français croient pouvoir contrôler le commerce des fourrures sur le lac Ontario et faire échec au petit poste de traite d'Oswego, établi par les Anglais en 1722.

Les activités des compagnies de fourrures et des coureurs des bois ne peuvent se comprendre hors des relations sociales, culturelles et économiques avec les Amérindiens. L'auteur ne laisse rien au hasard et fourni des explications sur tous les thèmes liés au milieu et à l'époque. Cet essai monumental de Gilles Havard rejoint le fameux Middle Ground *de Richard White maintenant disponible en français chez Anacharsis (2009). Gilles Havard,* Empire et métissages : Indiens et Français dans le Pays-d'en-Haut, 1660-1715, *Sillery/Paris, Septentrion/Presses de l'Université Paris-Sorbonne, 2003.*

L'ouvrage de Balvay rejette en partie la thèse de Richard White qui affirme l'existence, dans les Pays d'en Haut, d'une culture franco-amérindienne. En étudiant la société des forts, Balvay parle plutôt d'un mode de vie autochtone partagé par plusieurs cultures. L'ouvrage éclaire principalement le fonctionnement de la société de la Nouvelle-France en termes de défense et de stratégies militaires orchestrées avec les Amérindiens, au-delà des préjugés « impéralistes ». Arnaud Balvay, L'épée et la plume : Amérindiens et soldats des troupes de la Marine en Louisiane et au Pays d'en Haut (1683-1763), *Québec, PUL, 2006 (Tiré de sa thèse de doctorat parue en 2004).*

Ces derniers entendent aussi fortifier leurs positions sur le lac Ontario et convertissent le poste d'Oswego en fort. Dès le début de la guerre de Sept Ans, ce poste sera pour les Français un des premiers objectifs à détruire.

Pour des raisons peut-être plus commerciales que militaires, les autorités françaises commencent à jalonner de forts la route conduisant des Grands Lacs au Mississippi : en 1704, c'est le fort Miami, non loin du lac Érié ; en 1719, le fort Ouiataon sur la Wabash et, vers 1724, le fort Vincennes sur la Wabash inférieure.

De part et d'autre, on veut se servir des Indiens pour chasser le rival. Une attaque directe aurait signifié la guerre et les colonies ne pouvaient déclencher de conflit avant que les métropoles ne l'aient décidé. Dans le mémoire du roi aux nouveaux gouverneur et intendant, en 1726, le souverain demande d'arrêter la pénétration anglaise dans l'Ouest en lançant les Indiens alliés contre les postes anglais, en particulier contre celui d'Oswego.

Consciemment ou non, les autorités de la Nouvelle-France réalisent le plan de Le Moyne d'Iberville d'endiguer la marche anglaise en maintenant celle-ci entre la mer et les colonies françaises. Pour compléter l'encerclement, il fallait développer la Louisiane.

La Louisiane

La colonie fondée par Pierre Le Moyne d'Iberville connaîtra un certain développement pendant les trente années de paix. En 1712, un riche négociant marseillais, Antoine Crozat, reçoit un monopole de commerce valable pour 15 ans. Le nouveau *propriétaire* de la Louisiane n'est assujetti qu'à une seule servitude : faire traverser annuellement 20 garçons ou filles. La prise de possession de Crozat va signifier une diminution très rapide du commerce avec les Espagnols. Madrid, qui voit d'un mauvais œil l'établissement français, interdit tout commerce entre le Mexique et la Louisiane. Désireux de faire de rapides profits, le négociant français achète les fourrures à prix réduit et augmente considérablement le prix de vente des marchandises importées dont il a le monopole. Ceci est source de mécontentement dans la colonie naissante. Crozat aurait voulu relier la Louisiane au Canada par une chaîne de postes, mais faute de fonds il ne peut réaliser son projet. Il est même obligé, en 1717, de remettre sa démission.

Une compagnie nouvellement formée, la Compagnie d'Occident, se fait concéder le monopole du commerce pour la Louisiane pour une durée de 25 ans. Le pays des Illinois est alors rattaché à la Louisiane. L'espoir est grand. Bienville, l'année suivante, fonde, à 60 kilomètres de la mer, La Nouvelle-Orléans qui deviendra la capitale en 1722. La colonie possède maintenant des cadres politiques. Elle doit cependant faire face à un mécontentement accru. La faillite de Law, en 1720, porte un dur coup à la colonie qui passe sous la direction de la Régie des Commissaires du Conseil. Les cultures de l'époque, le tabac, le riz et l'indigo, appellent l'importation de bois d'ébène ❶. La Compagnie des Indes qui reprend la direction du pays, en 1723, en transporte une assez forte quantité.

---

❶ Les négriers désignaient sous le nom de bois d'ébène les esclaves noirs qu'ils amenaient d'Afrique.

La présence française en Louisiane tracasse les colons de la Caroline qui soudoient les Natchez. En 1729, ces Indiens attaquent les habitants de la Louisiane. Quant aux Chicachas, il est aussi difficile d'établir des relations amicales avec eux par suite de leur trop forte sympathie pour les Anglais.

À partir de 1731, la Louisiane relèvera directement de l'autorité royale. Le gouverneur, Jean-Baptiste Le Moyne de Bienville, sera l'homme clé de cette période. Il fera l'impossible pour peupler et fortifier la colonie. En 1744, la population blanche de la Louisiane atteint 4 000 habitants. On compte alors un nombre égal d'esclaves noirs.

Dans une autobiographie tout aussi instructive qu'agréable, Dumont de Montigny dépeint la vie nord-américaine du milieu du XVIII*e siècle. Ses quelques voyages en Louisiane permettent à l'auteur d'offrir une reconstruction d'une quotidienneté qui pourra sans aucun doute plonger le lecteur au cœur de la vie coloniale. Voilà une édition savante dans son meilleur sens. Dumont de Montigny,* Regard sur le monde atlantique, 1715-1747, *Sillery, Septentrion, 2008.*

Découverte des Rocheuses

La fortification du Cap-Breton visait à contrebalancer les effets de la cession de l'Acadie et de Terre-Neuve. L'édification de forts dans la région des Grands Lacs avait comme but le maintien de la présence française dans cette région. La perte de la baie d'Hudson va amener le Canada à promouvoir une poussée française dans l'Ouest.

Le déversoir normal des fourrures de l'Ouest était la baie d'Hudson. Pour empêcher les Indiens d'aller y porter leurs fourrures aux Anglais, les autorités de la Nouvelle-France vont encourager les voyages d'exploration vers l'ouest afin d'établir une nouvelle route commerciale pour drainer les fourrures vers Montréal. L'idée de découvrir la mer de l'Asie n'est pas non plus absente de ces projets.

Pierre Gaultier de La Vérendrye ❶, fils du gouverneur des Trois-Rivières, est nommé commandant du poste de Kaministiquia, sur le lac Supérieur. Deux ans après sa nomination, soit en 1730, il obtient la permission d'établir un poste sur les rives du lac Winnipeg, avec privilège de traite, moyennant un droit annuel de 3 000 livres. C'est là le point de départ de sa longue marche vers l'ouest. De 1731 à 1741, il fera construire 6 forts qui seront autant de jalons marquant la pénétration française dans ces régions. Ne pouvant financer seul l'entreprise, La Vérendrye s'allie à des marchands de Montréal.

En 1731, il atteint le lac La Pluie, où il fait ériger le fort Saint-Pierre. L'année suivante, il est au lac des Bois et c'est la construction du fort Saint-Charles. En 1734, il a déjà atteint l'embouchure de la rivière Rouge (fort Maurepas). Des problèmes financiers l'obligent à revenir à Montréal. Il en sera de même en 1737. En 1738, il construit le fort La Reine ❷, sur la rive nord de l'Assiniboine. Il envoie, l'année suivante, son fils Louis-Joseph explorer la rivière Saskatchewan. L'érection de deux autres forts, en 1741, le fort Dauphin, au lac Dauphin, et le fort Bourbon ❸, sur la rivière des Biches, complète les maillons de la chaîne des postes de l'Ouest. L'avance de La Vérendrye est marquée d'envois réguliers de fourrures à Montréal pour faire taire des créanciers aux abois. L'explorateur doit faire les frais de ses voyages.

Cette recherche de la mer du Sud sera arrêtée au début de l'année 1743 par des massifs rocheux qui forcent les fils La Vérendrye à rebrousser chemin. La Vérendrye père ne verra pas les Rocheuses. En effet, en avril 1742, il avait envoyé ses fils

❶ Voir Antoine Champagne, ***Les La Vérendrye et le poste de l'Ouest. Les Cahiers de l'Institut d'histoire*** n° 12. PUL, Québec, 1968.

❷ Aujourd'hui Portage-la-Prairie.

❸ Ne pas confondre avec le fort Bourbon, construit à la baie d'Hudson.

Louis-Joseph et Pierre continuer les explorations. Ceux-ci atteignent, le 1er janvier 1743, les contreforts des Rocheuses, peut-être les Black Hills, au Dakota. Ils prennent possession du territoire au nom du roi de France et sont de retour au fort La Reine en juillet de la même année.

Déçu, ruiné et calomnié, Pierre Gaultier de La Vérendrye demande au gouverneur d'être relevé de ses fonctions. Noyelles le remplace. En 1749, le nouveau gouverneur, Roland-Michel Barrin, marquis de La Galissonière, l'invite à reprendre ses explorations. Il lui fait obtenir du roi l'une des plus hautes décorations de l'époque, la Croix de Saint-Louis. La Vérendrye père se prépare à repartir pour l'Ouest lorsque la mort le surprend, le 5 décembre 1749.

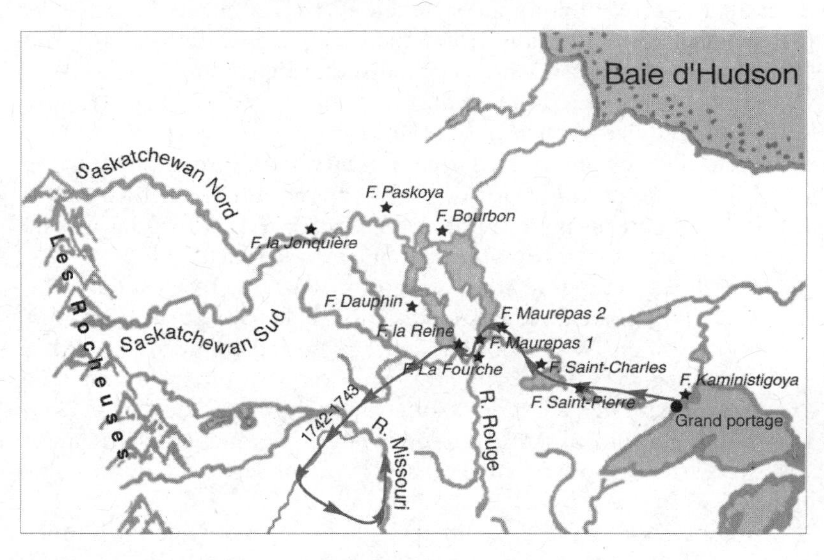

Les Acadiens sous le gouvernement anglais

Robert Sauvageau est Français. Il s'est passionné pour l'histoire des Acadiens, surtout dans une perspective militaire. Le résultat est fort intéressant: Acadie. La guerre de cent ans des Français d'Amérique aux Maritimes et en Louisiane, 1670-1769 *(Berger-Levrault, 1987).*

L'Angleterre et la France ne sont pas d'accord sur les limites du territoire cédé, en Acadie, en 1713. Une commission devait établir les frontières exactes, mais elle ne fit rien qui vaille. L'ancienne mère patrie veut inciter les Acadiens à émigrer à l'île du Cap-Breton ou, plus tard, à l'île Saint-Jean. Les missionnaires et les prêtres desservants deviendront les propagandistes de la politique française auprès des Acadiens et des Indiens, principalement les Abénaquis [1]. La population de la Nouvelle-Écosse demeurera à majorité française jusqu'aux véritables débuts de la colonisation anglaise, en 1749. Avant cette date, seulement Annapolis et Canseau ont quelque importance comme postes anglais.

Fortement minoritaire, l'élément anglais adoptera habituellement une attitude assez conciliante vis-à-vis des Acadiens qui ne veulent point prêter un serment

[1] Voir Micheline Dumont Johnson, ***Apôtres ou agitateurs. La France missionnaire en Acadie***, collection 17/60, éd. du Boréal Express, Trois-Rivières, 1970.

✎ Explorations de La Vérendrye.

d'allégeance qui ferait d'eux des sujets anglais. Les anciens sujets français ne veulent point être obligés de prendre les armes ni contre l'Angleterre, ni contre la France : ils veulent demeurer neutres.

Au début de l'occupation anglaise, des pressions sont faites pour empêcher les Acadiens de quitter leurs terres, car, selon Vetch, un tel exode « *serait la ruine de la Nouvelle-Écosse* ». En août 1720, le gouverneur Richard Philipps avertit les Acadiens qu'ils ont 4 mois pour prêter le serment d'allégeance. Ceux qui choisiront de partir ne pourront rien emporter. Les Acadiens protestent et veulent conserver leur neutralité. Les « Lords of Trade » écrivent à Philipps, en décembre de la même année « *Nous sommes d'opinion qu'il faudrait les déporter, dès que les troupes que nous nous proposons de vous expédier arriveront en Nouvelle-Écosse…, mais vous ne devez entreprendre cette déportation que sur des ordres précis à ce sujet. Dans l'entretemps, vous ferez bien de continuer à leur égard votre conduite prudente et vigilante* » ❶.

En 1730, par suite de la promesse du gouverneur de respecter la neutralité des Acadiens, certains prêtent le serment demandé. Mais le gouverneur ne fait point part aux autorités de la métropole de la restriction relative au désir de neutralité qu'il a consentie.

Au cours de la décennie suivante, la situation demeure la même. En 1740, la population acadienne dépassera les 10 000 habitants. La multiplication des établissements anglais, après 1749, viendra cependant compliquer la situation.

Paul Surette connaît bien le terrain. C'est sans trop de prétention qu'il a fait œuvre de pionnier avec son Atlas de l'établissement des Acadiens aux trois rivières du Chignectou, 1660-1755 *(Éditions d'Acadie, 1996). Voir aussi de Marguerite Maillet,* Bibliographie des publications de l'Acadie des provinces maritimes : livres et brochures *(Éd. d'Acadie, 1997).*

Peuplement et communication

Sous les gouvernements de Philippe de Rigaud de Vaudreuil (1703-1726) et de Charles de La Boische de Beauharnois (1726-1746) et les intendances de Michel Bégon (1712-1726), de Claude-Thomas Dupuy (1726-1728) ❷ et de Gilles Hocquart (1729-1748) ❸, la population canadienne passe de plus de 18 000 (1713) à 43 000 habitants (1739). L'augmentation assez considérable de la population est due surtout au fort taux de natalité, supérieur même à celui de l'époque de Talon : 631 pour 10 000 habitants contre 630. La décennie suivante (1730-1740) voit une légère diminution : 589 naissances par 10 000 habitants.

L'immigration est extrêmement faible comparée à celle des colonies anglaises. Entre 1720 et 1740, le nombre total d'émigrants venus en Nouvelle-France dépasse à peine le millier. Même si, par l'ordonnance du 20 mars 1714, les capitaines de navires doivent transporter de trois à six engagés par voyage, suivant le tonnage du navire, le système, en pratique, contribue peu à l'accroissement de la population. Plusieurs capitaines réussissent à se soustraire à la loi.

En 1722 commence une immigration pénale. La première classe d'émigrants involontaires à venir au Canada se recrute chez les fils de famille en rupture de ban

Avec Habitants et marchands de Montréal au XVIIe siècle *(Plon, 1974), Louise Dechêne a apporté une contribution d'une rare qualité à l'histoire de la population. Riche documentation, méthode rigoureuse, analyse fouillée, langue claire sont autant de qualités de cet ouvrage qui apporte un éclairage sur pratiquement tous les aspects d'une société coloniale en formation.*

---

❶ L'idée de déporter des populations n'est pas propre aux Anglais. En 1689, dans son projet de conquête de New York, Louis XIV ordonne à Frontenac et Callière de déporter ceux qui ne sont pas de foi catholique.

❷ Voir Jean-Claude Dubé, ***Claude-Thomas Dupuy, intendant de la Nouvelle-France 1678-1728***. Fides, Montréal, 1968.

❸ En 1729, Hocquart fut nommé commissaire-ordonnateur. Il ne prendra le titre d'intendant qu'en 1731.

Le cas des contrebandiers de sel, les faux-sauniers, contribue à saisir les desseins politiques métropolitains et à évaluer les résultats de cette immigration. Pour la période étudiée, 607 individus; plusieurs se marient et s'établissent. Excellent survol du type de colons envoyés au Canada. Josianne Paul, Exilés au nom du roi. Les fils de famille et les faux-sauniers en Nouvelle-France, 1723-1749, *Sillery, Septentrion, « Les Cahiers du Septentrion », 2008.*

Pour une forme de bilan très utile, on consultera L'occupation des terres dans la vallée du Saint-Laurent. Les aveux et dénombrements, 1723-1745 *(Septentrion, 1991) sous la direction de Jacques Mathieu et Alain Laberge. On y trouvera, grâce à trois précieux index, une description de près de 200 seigneuries et 7400 terres en roture.*

avec leurs parents. Près de 80 jeunes gens passent ainsi aux colonies pour expier leurs frasques ou leur libertinage. Les protestations de Mgr de Saint-Vallier incitent le roi à supprimer, du moins théoriquement, ce genre d'envois. Également, les quelques criminels reçus en 1723 provoquent assez de protestations pour que les autorités renoncent à en envoyer d'autres.

Beaucoup plus nombreux sont ceux qu'on a appelé les « repris de justice ». On en dénombre 648 pour la période allant de 1730 à 1749. La majorité de ceux-ci se sont rendus coupables d'offenses mineures: avoir fait la contrebande du sel (les faux-saulniers) ou avoir chassé sur les terres du roi ou des seigneurs (les braconniers). Ce genre de prisonniers condamnés à vivre au Canada donne satisfaction aux autorités qui, en 1730, demandent de nouveaux envois.

Au nombre des immigrants, il faut compter aussi quelques militaires, des Anglais fugitifs naturalisés français et des huguenots ❶. On doit ajouter à ceci un certain nombre d'esclaves noirs ou panis.

Il n'y a que trois villes, Québec, Montréal et Trois-Rivières, cette dernière moins populeuse que plusieurs villages. En 1721, on compte dans la vallée du Saint-Laurent 82 paroisses: 41 pour le district de Québec, 28 pour celui de Montréal et 13 pour celui des Trois-Rivières.

La colonisation fait peu de progrès pendant cette période. De 1713 à 1743, on concède environ 35 seigneuries. Plusieurs d'entre elles se situent dans la région du lac Champlain ou de la Nouvelle-Beauce. Pour lutter contre les seigneurs ou les censitaires négligents, le roi recourt aux grands moyens par ses Arrêts de Marly, en 1711. Le seigneur qui ne concède point de terres peut être dépouillé de son bien et ce, sans compensation. Le censitaire qui néglige de cultiver sa terre, en se contentant « *de faire quelques abattis de bois* », sera dépossédé de sa concession. Au début, les *Arrêts* ne sont appliqués que contre les censitaires. En 1732, Hocquart affirme avoir enlevé leurs lots à 400 censitaires. Les représailles contre les seigneurs ne commenceront que plus tard. En 1741, une vingtaine de seigneurs perdront leur domaine. Cette nouvelle politique aura pourtant de bons résultats ❷.

Dès le début du XVIIIe siècle, la nécessité de construire un chemin reliant entre elles les seigneuries de la rive nord se fait de plus en plus pressante. « *Une ère nouvelle s'ouvrait pour la voirie le 1er février 1706, lorsqu'un règlement du Conseil Supérieur de la Nouvelle-France obligea le grand-voyer de voir à la construction des grands chemins* ». Il faudra attendre encore 31 ans pour voir se terminer le chemin reliant par une voie carrossable Québec à Montréal. En 1737, il faut 4 jours environ pour couvrir avec une voiture les 320 km qui séparent les deux villes. Le *chemin du roy* a une largeur moyenne de 7,3 m. Quelques ponts enjambent les ruisseaux ou les petits cours d'eau, mais on traverse les rivières en bac. À cette époque, dans les colonies voisines, il y a déjà des lignes de « stage-coach ». Depuis 1732, il y en a une qui relie Burlington à Amboy.

---

❶ Les huguenots ne pouvaient que commercer au Canada. Ils n'avaient pas le droit d'y pratiquer leur religion.

❷ Pour le texte des ***Arrêts de Marly***, voir Guy Frégault et Marcel Trudel, ***Histoire du Canada par les textes, I***: 41-43. Aussi Roland Sanfaçon, « La construction du premier chemin Québec-Montréal et le problème des corvées (1706-1737) ». ***Revue d'histoire de l'Amérique française***, vol. XII, n° 1: 3-29.

Le secteur agricole

L'agriculture canadienne, qui occupe près des trois quarts de la population totale, pourvoit non seulement aux besoins du Canada, mais peut aussi, certaines années, produire en quantité telle que l'on exportera du blé aux Antilles et à l'Île-Royale. Le développement de Louisbourg sera une source de revenu additionnelle pour l'économie canadienne. Certaines années (1737, 1738 et 1742, par exemple), la disette se fait toutefois sentir, mais habituellement on déclare des surplus.

En 1713, on ensemence 18 200 ha : en 1739, le nombre d'hectares ensemencés atteint 64 300. Les récoltes de blé augmentent à un rythme correspondant de 282 700 boisseaux (env. 10 300 m^3), en 1721, elles passent à 634 605 (env. 24 000 m^3) en 1739.

Pour encourager la culture du chanvre, l'intendant Bégon annonce que les magasins royaux achèteront tout le chanvre que les agriculteurs voudront bien leur vendre. Par suite de l'augmentation de la production, le prix d'achat diminue, ce qui entraîne, par voie de conséquence, une diminution d'intérêt. Mais, à partir de 1732, le développement des chantiers de construction navale, à Québec, suscite une demande accrue. La récolte du lin double entre 1719 et 1734.

De nouvelles cultures apparaissent : le tabac et le ginseng. Les Canadiens décident de subvenir à leurs propres besoins et de ne plus importer de tabac en provenance surtout du Brésil. Malgré quelques échecs, dus en particulier à la rigueur du climat, on récolte, en 1721, 48 038 livres de tabac et, en 1739, 216 000 livres. Plus spectaculaires encore sont les progrès dans la culture du ginseng, plante dont la racine aurait des propriétés médicinales et qui est très recherchée par les Chinois. Le père Lafitau avait découvert l'existence de cette plante en 1715. En peu de temps, la plante se vend 25 fois plus cher. Tous veulent faire fortune, en sacrifiant la qualité. Les Chinois finissent par refuser le ginseng canadien.

Par l'étude des Aubert de Gaspé et de la seigneurie de Port-Joly, Jacques Castonguay s'emploie à décrire la vie seigneuriale de façon à faire comprendre le peuplement et le développement de l'agriculture. Jacques Castonguay, Seigneurs et seigneuresses à l'époque des Aubert de Gapsé, *Montréal, Fides, 2007.*

La famine de 38

Je ne puis vous exprimer, monseigneur, la misère causée par la disette qui se fait sentir dans toutes les campagnes. Le plus grand nombre des habitants, particulièrement de la côte sud, manquent de pain depuis longtemps et une grande partie ont erré pendant tout l'hiver dans les côtes du nord, qui ont été moins maltraitées, pour y recueillir des aumônes et quelque peu de blé pour semer. D'autres ont vécu et vivent encore d'un peu d'avoine et de blé d'Inde et de poisson. Les villes ont été remplies tout l'hiver de ces coureurs misérables qui venaient y chercher quelques secours de pain ou d'argent. Les habitants des villes, particulièrement les journaliers et les artisans, sont dans une situation aussi fâcheuse, manquant tous de travail. Ils continuent d'être à charge au public, à M. le Général et à moi, et encore plus au Roi.

J'ai été et je suis toujours dans la nécessité de faire fournir régulièrement du pain, de la viande et des légumes des magasins à ces indigents et aux pauvres infirmes. M. Michel en a usé de même par mon ordre à Montréal. Autrement, nous aurions exposé les sujets du Roi, des familles entières à périr [1].

À partir du « régime des malades à l'Hôtel-Dieu de Québec », François Rousseau dresse une sorte d'histoire de l'alimentation sous le titre L'Œuvre de chère en Nouvelle-France *(PUL, 1983).*

---

[1] Lettre de Hocquart au Ministre, le 12 mai 1738. Cité par Émile Salone, ***La colonisation de la Nouvelle-France***, réédition Boréal Express, Trois-Rivières, 1970 : 375.

Les marchands ont-ils leur place dans l'histoire? « C'est à peine si l'on connaît les noms de ces négociants et quelques détails relatifs à leur commerce », fait remarquer J.F. Bosher au début d'un article assez original: « Sept grands marchands catholiques français participant au commerce avec la Nouvelle-France, 1660-1715 » (RHAF, *été 1994). Succès commercial? Oui, aussi étonnant que cela puisse paraître pour certains.*

Finances, industrie et commerce

Le commerce et l'industrie en Nouvelle-France sont reliés directement à l'attitude de l'État. Guy Frégault insiste sur « ... *un grand fait économique: l'importance de l'État considéré comme client de l'industrie et du commerce locaux* ». Que l'État achète beaucoup et paye bien, aussitôt la prospérité se répand dans la collectivité canadienne; mais qu'il restreigne ses achats, pratique une économie rigoureuse, retarde ses paiements ou s'avise de ne pas honorer une partie de ses obligations, alors le pays éprouve du malaise, son commerce languit, et tout le monde crie misère. C'est que la balance des comptes est habituellement défavorable au commerce canadien. La colonie achète de la métropole et du reste de l'empire plus qu'elle ne leur vend; ce qu'elle vend au roi doit lui permettre de combler à peu près ce déficit ❶.

Immédiatement après la signature du traité d'Utrecht, on veut, en Nouvelle-France, assainir les finances. Un problème crucial: celui de la monnaie de carte. En 1713, il y en a pour deux millions de livres en circulation. Le trésor royal est épuisé et la métropole décide de régler à la moitié de la valeur seulement. Heureux de ne pas tout perdre, les possesseurs de cartes acceptent sans trop se plaindre. Mais cette décision fait perdre de fortes sommes aux commerçants du Canada. En 1719, on abolit le système de monnaie de carte et l'on retourne à l'usage des pièces et surtout des billets promissoires. Mais la faible circulation d'espèces sonnantes entraîne un ralentissement du commerce. En 1728, 24 négociants de la colonie présentent au gouverneur et à l'intendant une requête où ils affirment: « *Le défaut de circulation d'espèces dans la colonie est la seule source de la cessation du commerce* ». L'année suivante, on retourne à l'emploi de la monnaie de carte. Pour la seule année 1729, le gouverneur et l'intendant doivent signer plus de 75 000 cartes! Sous l'étroite surveillance d'Hocquart, les résultats seront valables.

Les intendants chercheront bien, au cours des trente ans de paix, à favoriser le développement des industries. Mais l'on est toujours en période mercantiliste et, selon Pontchartrain, seule la France peut manufacturer les produits utilisés au Canada.

Les industries canadiennes ont souvent une existence brève. Cela est dû soit au manque de capitaux, soit à l'absence de débouchés, soit à la rareté d'une main-d'œuvre spécialisée. « *Le peu d'habitants qu'il y a en Canada fait échouer toutes les entreprises par la difficulté qu'il y a d'y trouver des ouvriers et journaliers qui y sont à un prix excessif* », écrivait jadis Vaudreuil.

L'industrie du bois fait de notables progrès. Au Canada, on compte, en 1717, 10 moulins à scie. On en aura 52 en 1734. On expédie de la planche à l'Île-Royale et en France. Le développement de la construction navale, sous Hocquart, entraîne celui de plusieurs secteurs de l'économie. L'intendant Dupuy avait auparavant affirmé qu'un jour le commerce du bois serait plus important que celui de la fourrure. Entre 1731 et 1750, les chantiers de la colonie, grâce à des subventions royales, construisent un certain nombre de navires. Au cours des années 1732-1735, 41 navires seront

---

❶ Voir Guy Frégault, *Le XVIIIe siècle canadien. Étude*. Pages 289-363. Aussi Cameron Nish, ***Les Bourgeois-gentilshommes de la Nouvelle-France, 1729-1748***. Fides, Montréal, 1968.

lancés à Québec. À partir de 1742, on construira, pour le compte de la Marine française, quelques vaisseaux de guerre. Ainsi, sortira des chantiers, en 1742, la flûte *Canada* jaugeant 500 tonneaux (env. 1 400 m³) et armée de canons.

Le calfatage des navires multiplie les besoins en goudron. Le marchand Chévigny prend, en 1734, la direction de la goudronnerie de la Baie-Saint-Paul qui connaît des progrès rapides. D'autres fourneaux se construisent à Kamouraska et à Sorel.

Voir Roch Samson, Les Forges du Saint-Maurice. Les débuts de l'industrie sidérurgique au Canada, 1730-1883 *(PUL, 1998). Il s'agit d'une étude très fouillée, à haute teneur scientifique.*

Les fabriques de toiles et d'étoffes, par contre, progressent peu. Trois chapelleries existantes en 1735 suffisent aux besoins du pays. Leur production annuelle est de 1 200 à 1 500 chapeaux de feutre ou de paille. L'année suivante, la métropole interdit formellement la fabrication de chapeaux dans la colonie et ordonne même la destruction de « *tous les établis* ». La proximité des sources de castor aurait permis l'expansion rapide de cette industrie, mais le mercantilisme joue encore une fois contre la colonie.

L'expérience la plus originale dans le domaine industriel pour cette période est certes l'établissement de forges dans la seigneurie de Saint-Maurice, près des Trois-Rivières. Depuis Talon, on connaissait l'existence de minerai de fer dans la région. En

✎ La calèche est d'usage courant après l'ouverture de la route entre Québec et Montréal. À partir de 1749 une ordonnance défend le stationnement nocturne de calèches dans les rues de Montréal (d'après un dessin d'Isaac Weld).

« Habitants et marchands [...] *dépeint un Canada qui, évidemment et en tout temps, est différent de la France.* » *Dans son introduction à* Vingt ans après Habitants et marchands *(McGill-Queen's, 1998), Thomas Wien ajoute :* « *Une société se crée, rien de moins, mais pas de toutes pièces. Les structures mises en place ne sont pas nécessairement d'origine métropolitaine et, dans le comportement moderne de ses familles, par exemple, il arrive que la colonie fasse preuve de précocité* ». *Un collectif absolument remarquable signé Sylvie Dépatie, Catherine Desbarats, Danielle Gauvreau, Mario Lalancette et Thomas Wien.*

1729, un négociant de Montréal, François Poulin de Francheville, demande au roi le privilège d'exploitation du minerai pour une période de 20 ans. Il s'engageait à ouvrir les mines en dedans de deux ans. L'année suivante, Louis XV se rend aux désirs de son sujet. Les années 1731 et 1732 sont employées surtout à rechercher le moyen le plus économique et le plus efficace de produire du fer. Le forgeron Labrèche se rend en Nouvelle-Angleterre étudier sur place les procédés de fabrication. Francheville forme en janvier 1733 une compagnie avec Bricault de Valmur, secrétaire de l'intendant, François-Étienne Cugnet ❶, receveur du Domaine d'Occident, Ignace Gamelin et Pierre Poulin, marchands l'un de Montréal, l'autre de Québec. La nouvelle compagnie sera connue sous la raison sociale de Francheville et Cie. L'état de l'établissement est encore précaire, lorsque meurt Francheville, en novembre 1733. Tout est à refaire.

On fait venir de France à grands frais un maître de forges champenois, Olivier de Vézin. Ce dernier est convaincu de la rentabilité d'une forge. En avril 1737, « *un arrêt du Conseil d'État conférait officiellement* » à la nouvelle société formée, en octobre 1736, les mêmes privilèges qu'à la compagnie précédente. Les actionnaires sont Olivier de Vézin, Jacques Simonet, Ignace Gamelin, François-Étienne Cugnet et Thomas-Jacques Taschereau. L'inauguration officielle des Forges a lieu en août 1738. On produira, au cours des années suivantes, des marmites, des haches, des plaques de poêles, des clous et plusieurs menus objets.

Par suite de l'incompétence de plusieurs ouvriers et d'une mauvaise administration, l'entreprise ne se révèle point rentable. On doit faire appel à un prêt royal qui ne règle rien, puisqu'en 1741 la compagnie déclare quand même faillite.

Le roi étant le principal créancier, les Forges de Saint-Maurice sont réunies au domaine royal, par un arrêt du 1er mai 1743. Depuis la faillite, l'entreprise n'avait pas cessé de produire. Le style de production variera un peu après 1743 : on ajoutera aux produits susmentionnés des boulets de canons et des plaques en fonte servant de base aux canons. Encore ici, l'intervention de l'État a été nécessaire pour empêcher une industrie de disparaître.

Le commerce des fourrures

La perte de la baie d'Hudson a porté un dur coup à la traite des fourrures en Nouvelle-France. Il faudra percer de plus en plus vers l'ouest pour en contrebalancer les effets. Malgré tout, l'exportation des fourrures demeurera, jusqu'à la fin de la période française, le secteur le plus important du commerce extérieur.

En 1717, on établit la liberté de traite à l'intérieur de la colonie. L'année suivante, la Compagnie des Indes occidentales se charge de l'exportation du castor. Les peaux des autres animaux à fourrure peuvent être expédiées en France par qui voudra.

Le système des congés continue d'exister, mais la limite maximale de 25 est presque toujours dépassée. Les coureurs de bois demeurent les principaux intermédiaires. Ils font souvent la contrebande au profit des Anglais. Les Indiens vendent leurs produits aux plus offrants. Les Renards qui écoulent leurs fourrures à Albany font la guerre aux Indiens alliés, les empêchant de se rendre aux postes

❶ Sur Cugnet, voir les articles de Cameron Nish dans l'*Actualité économique*, avril 1965-juin 1967.

français. Une première expédition a lieu contre eux en 1716. Mais les succès remportés ne sont que temporaires. En 1728, les Renards ayant attaqué les Illinois alliés, les autorités de la colonie entreprennent contre eux une guerre d'extermination. Cette opération se terminera en 1734 par la soumission des quelques survivants.

Même si le nombre de peaux exportées chaque année augmente pendant la période de paix (d'environ 60 000 vers 1713 à près de 150 000 vers 1740), les Français perdent graduellement du terrain au profit des commerçants anglais. Ces derniers paient mieux et leurs produits, surtout leurs fameuses couvertures rouges appelées *écarlatines*, sont fort appréciées des Indiens.

En Nouvelle-France, la traite des fourrures se concentre de plus en plus entre les mains d'un petit groupe de privilégiés.

Le partage des subsistances au Canada sous le Régime français *(Boréal, 1994) de Louise Dechêne est un titre assez énigmatique. Quiconque aura la curiosité d'ouvrir cet ouvrage au hasard des pages sera comblé. À partir de la circulation des blés, farines et biscuits de mer au Canada, l'auteure nous met en présence d'une étonnante richesse d'informations.*

Le commerce extérieur

La balance du commerce est rarement favorable. La plupart du temps, la valeur des importations dépassera celle des exportations. Pour les années 1731, 1739 et 1741, l'équilibre se fait ou mieux la balance est favorable, mais de bien peu.

Le Canada exportera des fourrures, du bois, du fer, des farines, des viandes et des légumes. Occasionnellement, le chantier naval de Québec livrera les navires que la métropole a commandés.

En 1739, les fourrures représentent 70 pour cent du total des exportations ; les produits agricoles, 18 ; le poisson, 9 ; le fer, 1,3 et le bois 0,5 pour cent.

Les navires en partance de Québec déchargeront souvent leur cargaison à Louisbourg où d'autres navires s'en chargeront pour acheminer les produits vers les Antilles ou la France. Louisbourg devient ainsi le port de transit le plus important des colonies françaises d'Amérique du Nord.

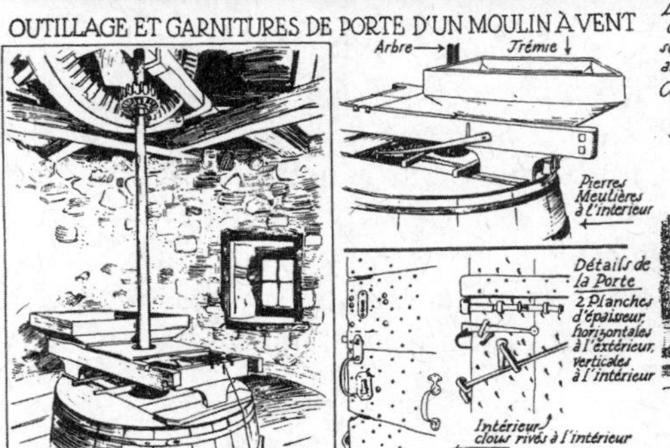

La collection de l'Imperial Oil

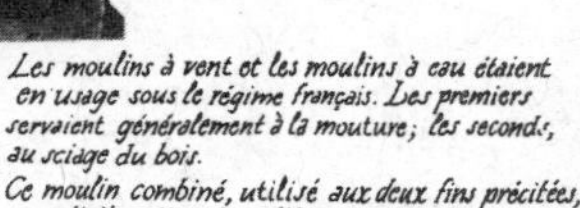

La collection de l'Imperial Oil

✎ Haut, gauche : moulin à vent situé à Saint-Antoine sur le Richelieu. La longue perche de gauche servait à tourner le chapeau du moulin afin que le vent puisse en actionner plus facilement les ailerons. Haut, droite : mécanisme d'un moulin à eau servant à scier le bois. Bas, gauche : mécanisme intérieur d'un moulin à vent. Bas, droite : moulin à eau (C.W. Jefferys).

XV • LA GUERRE ET LA PAIX (1744-1756)

La guerre de Succession d'Autriche

En 1740, une fois de plus, un problème de succession engendre une guerre à laquelle participent la France et l'Angleterre. Charles VI, empereur d'Autriche, n'a pas d'héritier mâle. Pour empêcher les contestations possibles, il avait fait signer, en 1713, par plusieurs souverains étrangers, une *Pragmatique sanction* [1] par laquelle on reconnaissait que « *tous les États autrichiens formaient un tout indivisible* ». Sa fille, Marie-Thérèse, née en 1717, est son héritière présomptive [2].

La mort de l'empereur, en octobre 1740, fait éclater les contestations. Plusieurs prétendants dénient à Marie-Thérèse le droit au trône. Frédéric II de Prusse appuie le prétendant Charles, Électeur de Bavière. Profitant de la situation, il envahit la Silésie en décembre. Marie-Thérèse fait alors appel à la France et à l'Angleterre. Louis XV préfère s'allier à la Prusse, à l'Espagne et à la Bavière. L'année suivante (1742), l'Angleterre vient prêter main-forte à l'Autriche. Des combats ont lieu sur plusieurs fronts.

Le 15 mars 1744, la France déclare formellement la guerre à l'Angleterre dont le roi « *non content de détourner la Cour de Vienne de toute idée de conciliation, et de nourrir son animosité par les conseils les plus violents, [...] n'a cherché qu'à provoquer la France, en faisant troubler partout son commerce maritime au mépris du droit des gens et des traités les plus solennels* ». La longue patience de la France face à l'attitude de l'Angleterre était due au pacifisme du cardinal Fleury. Sa mort, en 1743, laissait donc le chemin libre à la guerre.

Attaques françaises en Acadie

Il serait faux de croire que le Grand Dérangement, pour ne pas dire carrément la Déportation, s'est opéré sans résistance. James Laxer, The Acadians in Search of a Homeland, *Doubleday Canada, 2006.*

Deux mois avant Boston, Louisbourg apprend la déclaration de la guerre. Désireuse de reconquérir le territoire acadien cédé en 1713, la France passe à l'offensive la première.

Du Quesnel, le commandant de Louisbourg, ordonne au capitaine d'infanterie Joseph Dupont, sieur Duvivier, d'aller s'emparer des principaux établissements anglais de la Nouvelle-Écosse. À la tête de 374 hommes, il se dirige sur Canseau, petit fort en bois situé sur le détroit qui sépare l'Acadie de l'Île-Royale. La place, « *foyer de contrebande avec les Anglais* », offre peu de résistance, d'autant moins que les officiers anglais ignorent l'état de guerre. À la suite de la capitulation, le 21 mai 1744, on brûle le fort et on amène la population prisonnière à Louisbourg. Cette expédition de peu d'importance aura pourtant d'assez graves conséquences : le commandant de

---

[1] Une *Pragmatique sanction* est « *un édit promulgué autrefois par les souverains territoriaux en vue de régler définitivement une affaire importante* » (dictionnaire *Robert*).

[2] Héritier présomptif : nom donné à la personne qui, du vivant de quelqu'un, est désignée comme devant un jour lui succéder à un poste donné. Ainsi, le prince Charles est l'héritier présomptif d'Élisabeth II.

l'Île-Royale, après avoir fait promettre aux prisonniers anglais de ne point prendre les armes contre la France pour la durée d'un an, les expédie à Boston où ils révèlent les faiblesses de Louisbourg.

Duvivier, au cours de la même campagne, entreprend le siège du second poste anglais de la Nouvelle-Écosse, Annapolis ; contrairement aux espoirs français, la population acadienne reste neutre. Annapolis résiste et Michel de Gannes, qui vient remplacer Duvivier, abandonne le siège sans raison apparente.

Au printemps de 1745, Annapolis subira une autre attaque. Paul Marin, qui, à la fin de janvier, avait quitté Québec, en raquettes, à la tête d'une centaine de Canadiens et de 80 Indiens, tente sans succès d'investir la place. Le 1er juin, il reçoit l'ordre de se rendre de toute urgence à Louisbourg dont les Anglais ont commencé le siège.

Louisbourg succombe

Le 11 mai 1745 ❶, les habitants de Louisbourg voient leur rade envahie par une centaine de voiliers battant pavillon anglais.

Dans la métropole française, on croit la forteresse imprenable. Elle a coûté si cher… ! On croit aussi que Louisbourg est une protection efficace pour tous les coins du Golfe Saint-Laurent. Et pourtant, la réalité est tout autre. La place est de fait vulnérable. Les fortifications, encore inachevées, sont déjà en mauvais état. La garnison, mal payée, mal entretenue, dispose de peu de munitions. Elle compte au plus 1 400 hommes.

Les autorités anglaises avaient appris avec plaisir quelle était la situation réelle de la forteresse. Les révélations des prisonniers de Canseau montraient qu'il était possible de s'emparer de la place, « *refuge des corsaires français qui causaient de graves pertes aux commerçants des colonies anglaises* ».

William Shirley, gouverneur du Massachusetts, fait appel à l'Angleterre qui prête la flotte des Antilles, commandée par l'amiral Peter Warren. La direction de l'expédition est confiée à William Pepperrell. Le 30 avril, les forces anglaises commencent à arriver à Louisbourg. Les alentours sont facilement occupés. Sommé de se rendre, le gouverneur intérimaire, le commandant Du Chambon, répond : « *Le Roi de France, le nôtre, nous ayant confié la défense de la dite ville, […] nous n'avons de réponse à faire à cette demande que par la bouche de nos canons.* »

Après 47 jours de siège, Louisbourg se rend pourtant. À Londres et à Boston, les réjouissances sont grandes. À Paris, après un moment de stupeur, Maurepas ❷ commence à organiser la reprise de la forteresse.

Québec apprend, le 1er août, la capitulation de Louisbourg, survenue le 27 juin.

Desmond Morton est le grand maître de l'histoire militaire canadienne. Il nous livre sa version des « Guerres de Frontenac » dans son ouvrage de synthèse, devenu un classique. Cette intéressante monographie s'avère essentielle pour tous ceux qui veulent explorer l'histoire canadienne par les guerres et les conflits depuis le Régime français jusqu'à aujourd'hui. Desmond Morton, Histoire militaire du Canada, *Outremont, Athéna éditions, 2009, nouvelle édition revue et augmentée (2007,* A Military History of Canada, 5e *édition).*

---

❶ Entre 1582 et 1752, la France et l'Angleterre n'ont point le même calendrier. La France a adopté, dès octobre 1582, la réforme grégorienne qui, pour réajuster le calendrier « *en retard de 10 jours sur le soleil* » demanda que le lendemain du 4 octobre 1582 soit le 15. L'Angleterre anglicane bouda la réforme papale jusqu'en 1752. Le lendemain du 2 septembre de cette année-là fut le 14 pour les Anglais du Nouveau Monde comme de l'Ancien.

❷ Voir Maurice Filion, ***Maurepas, ministre de Louis XV (1715-1749).*** Leméac, Montréal, 1967. Du même auteur, ***La pensée et l'action coloniale de Maurepas vis-à-vis du Canada (1723-1749).*** Leméac, Montréal, 1972.

Les tentatives françaises (1746-1747)

La France veut frapper fort : elle organise une expédition qui a pour mission non seulement de reprendre la forteresse de Louisbourg, mais encore de s'emparer d'Annapolis et de Plaisance et « *si après ces expéditions vous vous trouviez en état de faire quelqu'invasion sur les côtes de la Nouvelle-Angleterre, ne fut-ce que pour détruire des postes ou les mettre à contribution, le Roi trouverait bon que vous y employez votre escadre* » ❶.

Le projet de conquête de la Nouvelle-Écosse amène les autorités royales à préciser leur conception de la fidélité des Acadiens. « *S'il y en a sur la fidélité desquels il* [d'Anville] *juge qu'on ne puisse pas compter, il les fera sortir de la colonie et les enverra soit à la vieille Angleterre soit dans quelqu'une des colonies de cette Nation suivant les facilités qu'il pourra avoir pour cela. Et à l'égard des habitants qui devront rester, il en prendra le serment de fidélité à Sa Majesté, ou s'il n'en a pas le temps il donnera les ordres pour le leur faire prêter entre les mains du Commandant qu'il laissera dans la colonie.* » Menace française de déportation des Acadiens !

Le cousin du ministre Maurepas, le duc d'Anville ❷, reçoit le commandement suprême de l'expédition. Il n'a cependant aucune expérience navale. Le départ de l'escadre, forte d'une cinquantaine de voiles, est retardé par suite du mauvais temps ou de l'absence de vent. D'après le projet, 1 200 Canadiens et Indiens devaient se joindre, à Chibouctou, aux 3 000 soldats de l'expédition.

La flotte quitte la côte française en juin. Le mauvais temps continue. Tantôt les navires sont calmes, tantôt battus par les vents. Pour ménager l'espace, on a réduit la ration d'eau et bien vite on en manque. La dysenterie et le scorbut font leur apparition. On compte déjà plusieurs morts. En fin de septembre, l'armada atteint la baie de Chibouctou. Peu de temps après, d'Anville meurt, emporté par la maladie. Son successeur, le vice-amiral d'Estournelles, écrasé par sa nouvelle charge, tente même de se suicider. Il remet la direction des troupes au nouveau gouverneur de la Nouvelle-France, Jacques-Pierre de Taffanel de La Jonquière, qui avait pris place sur un des navires.

Le nouveau chef essaie d'attaquer Annapolis, mais une tempête fait dériver les navires vers le cap de Sable. La Jonquière décide alors le retour en France.

L'année suivante, La Jonquière, qui a reçu la mission de reprendre Louisbourg, est fait prisonnier au cap Ortoga, sur les côtes d'Espagne. Les Anglais, mis au courant du nouveau projet français, s'étaient portés au-devant des navires français qui furent soumis à 4 heures de bombardement intensif. La Jonquière, jouant de malchance, demeurera deux ans prisonnier des Anglais. Le roi nomme alors pour le remplacer Roland-Michel Barrin de La Galissonière.

La question de la territorialité de l'Acadie aura été au cœur de la trame événementielle des conflits anglo-français en Amérique du Nord. Déjà en 1713 avec le traité d'Utrecht, l'espace géographique, où habitaient environ 2250 personnes, semblait mal défini, selon Jean-Marie Fonteneau. Le traité d'Aix-la-Chapelle divise l'Acadie, alors que la France récupère Louisbourg, le Cap-Breton et l'île Saint-Jean. Maigre consolation pour les colonies françaises d'Amérique, lorsque l'on constate le lourd impact psychologique de la chute de la place forte trois années auparavant. Jean-Marie Fonteneau, Les Acadiens. Citoyens de l'Atlantique, *Rennes, Ouest-France, 2001.*

Le traité d'Aix-la-Chapelle

À la fin d'avril 1748, les belligérants décident d'une suspension des armes. Les négociations se termineront le 28 octobre par la signature d'un traité de paix, à Aix-la-Chapelle. Les grandes puissances de l'Europe occidentale acceptent un retour au « statu quo ante bellum ». Louis XV fait preuve de mollesse. Il accepte de rendre

❶ Instructions de Maurepas au duc d'Anville (mars 1746).

❷ Jean-Baptiste-Louis Frédéric de Roye de La Rochefoucauld, duc d'Anville, était âgé de 37 ans. Frégault le surnomme « *le porphyrogénète* » !

Madras, aux Indes. Il ne veut point garder cette ville que Dupleix avait enlevée aux Anglais. La remise de Louisbourg rend les habitants des colonies anglaises furieux. Les Français et surtout les Canadiens reprochent aux autorités de ne s'être point emparées de l'Acadie. Personne n'est content, car rien n'est réglé. En France, on prendra l'habitude de dire : « *Bête comme la paix* ! »

En Amérique, la rivalité entre les colonies françaises et anglaises augmente de plus en plus. La Galissonière affirme avec raison : « *Tandis que la paix paraît avoir assoupi la jalousie des Anglais en Europe, elle éclate dans toute sa force en Amérique ; et si on n'y oppose, dès à présent, des barrières capables d'en arrêter les effets, cette nation se mettra en état d'envahir entièrement les colonies françaises au commencement de la première guerre* » ❶.

L'Acadie est la principale région contestée et on forme une nouvelle commission pour en fixer les limites. Elle se compose de deux Français et de deux Anglais. La Galissonière et Étienne de Silhouette composent la partie française. La situation des Acadiens s'aggrave continuellement. Ils sont nettement pris entre deux feux. Leur neutralité ne peut plus durer. Après la signature du traité, quelque 3 000 d'entre eux émigrent en Acadie française.

Conformément au traité, Charles des Herbiers va prendre possession de Louisbourg en juillet 1749. La ville et les fortifications sont dans un état lamentable.

Approche thématique qui permet quelques réflexions sur l'historiographie, la question de l'identité ainsi que certains aspects d'histoire socioculturelle. La chute de Louisbourg en 1745 est l'occasion de rappeler un climat de tension entre soldats et officiers français qui, en décembre 1744, mena à une mutinerie. Allan Greer, La Nouvelle-France et le Monde, *Montréal, Boréal, 2009.*

Le gouvernement de La Galissonière et de La Jonquière

La Jonquière prisonnier, La Galissonière agira comme gouverneur intérimaire de 1747 à 1749. Le nouveau général se rendra vite compte de la situation. Son esprit méthodique lui fait élaborer un plan vraiment remarquable de développement de la colonie. Il constate avec justesse que la plaque tournante de l'Amérique française est la région des Grands Lacs. La Nouvelle-France est un pays *à double poumon* : le fleuve Saint-Laurent et le Mississippi. Le territoire est formé de deux arcs énormes : de Louisbourg aux Grands Lacs ; des Grands Lacs à la Louisiane.

Les colonies françaises, remarque-t-il, sont sans doute moins peuplées que les colonies anglaises, mais elles présentent plus de cohésion. La Nouvelle-France ne possède point de mines d'or comme le Pérou ; mais par contre elle est riche en hommes, « *richesse bien plus estimable pour un grand Roi que le sucre et l'indigo ou, si l'on veut, tout l'or des Indes* ».

Comme la France a besoin du Canada pour tenir en échec les Anglais, il faut donc consolider toutes les colonies françaises d'Amérique septentrionale par la construction de forts et par un peuplement rapide.

Son plan peut se résumer en quelques points : bloquer les Anglais en Acadie ; détruire le fort Oswego situé en territoire français ; se maintenir au fort Niagara, « *une des clefs du pays* » ; coloniser de toute urgence la région de Détroit, « *seul moyen d'empêcher les Anglais de s'établir sur la belle Rivière* » ❷ ; accorder plus d'importance

❶ À Roland Lamontagne revient le mérite d'avoir fait connaître la pensée de La Galissonière, voir ***La Galissonière et le Canada***. Montréal-Paris, 1962. Aussi les articles du même auteur et sur le même personnage dans la ***Revue d'histoire de l'Amérique française***, mars et juin 1960. Voir surtout Lionel Groulx, ***Roland-Michel Barrin de La Galissonière***. PUL, Québec, 1970.

❷ La Galissonière remarque que le poste de Détroit est certes « *l'endroit le plus propre à établir une ville où se réunirait tout le commerce des lacs* ».

aux forts de l'Ouest ; empêcher les Anglais de s'établir sur l'Ohio et, enfin, reconquérir la baie d'Hudson.

Tout ceci ne peut se réaliser sans une forte population. Le gouverneur demande, en conséquence, 10 000 nouveaux colons-militaires pour les régions de l'Ohio et du Mississippi. Une autre source importante de peuplement serait les Acadiens, que l'on pourrait forcer à émigrer en Acadie continentale.

Mémoire de La Galissionère ❶ *(décembre 1750)*

De l'importance et de la nécessité de conserver le Canada et la Louisiane

Les motifs d'honneur, de gloire et de Religion ne permettent point d'abandonner une Colonie établie, de livrer à eux-mêmes ou plutôt à une Nation ennemie par goût, par éducation et par principe de Religion les françois qui y ont passé à la persuasion du Gouvernement sous l'espérance de sa protection, et qui la méritent singulièrement par leur fidélité et leur attachement, enfin de renoncer à un ouvrage aussi salutaire que celui de la conversion des infidèles qui habitent ce vaste continent.

On n'insistera pas néanmoins sur ces motifs ; et quelques grands que soient les inconvénients exposés on ne leur opposera pas non plus les produits futurs et incertains tant du Canada que de la Louisiane quoiqu'au reste ces produits soient extrêmement vraisemblables, puisqu'ils ont pour fondement un pays immense, un grand peuple, des terres fertiles, des forêts de meuriers, des mines déjà découvertes.

On se bornera icy à regarder le Canada, comme une frontière infructueuse, comme les Alpes sont au Piemont, comme le Luxembourg serait à la France et comme il est peut-être à la Reine d'Hongrie. On demande si l'on peut abandonner un pays quelque mauvais qu'il soit, et quelle que soit la dépense nécessaire pour le soutenir, lorsque par sa position il donne un grand avantage sur ses voisins.

C'est précisément le cas du Canada, on ne peut nier que cette Colonie n'ait toujours été à la charge à la France et il y a apparence qu'elle sera très longtemps sur le même pied ; mais elle est en même tems la plus forte digue que l'on puisse opposer à l'ambition des anglois.

On pourrait se dispenser d'en donner d'autre preuve que les efforts constants qu'ils ont fait depuis plus d'un siècle contre cette Colonie.

On ajoutera cependant qu'elle seule peut mettre en état de leur faire la guerre dans leurs possessions du continent de l'Amérique. Possessions qui leur sont aussi chères qu'elles sont en effet précieuses, dont la puissance augmente journellement et qui engloutiront dans peu, si on ne trouve les moyens d'y mettre obstacle, non seulement toutes les Colonies qui sont placées dans les isles voisines du Tropique ; mais encore toutes celles du continent de l'Amérique.

On sait par beaucoup d'expériences que la pluspart des établissemens des Isles du Tropique ne se soutiennent pas tant par leurs forces intrinsèques que par la dificulté d'y porter d'Europe des troupes capables de les subjuguer ou de les garder et de les y faire subsister mais si l'on n'arrête pas les progrès rapides des Colonies angloises du Continent ou ce qui revient presqu'au même, si l'on ne forme pas un contrepoids capable de les contenir dans leurs bornes et de les forcer à la défensive, ils auront dans peu de si grandes facilités pour faire dans le continent de l'Amérique des armemens formidables, et ils leur faudra si peu de tems pour transporter des forces considérables

❶ D'après le texte original.

soit à Saint-Domingue, soit dans l'isle du Cuba, soit dans nos isles du vent, qu'on ne pourra plus se flatter de les conserver avec des dépenses immenses.

C'est ce qui n'arrivera pas si l'on travaille à augmenter et fortifier le Canada et la Louisiane, avec plus d'activité et de dépense que les anglois n'en employent pour leurs Colonies ; Puisque malgré l'abandon où ont été les Colonies françoises elles ont toujours fait la guerre aux anglois du continent avec quelqu'avantage quoique ces derniers soient et ayent toujours été plus nombreux. Il est nécessaire de développer ici les causes auxquelles on en a été redevable.

La première est le grand nombre d'alliances que les françois entretiennent avec les Nations Sauvages ces gens qui ne se conduisent gueres que par instinct, nous aiment jusqu'à présent un peu plus qu'ils ne font les Anglois, et nous craignent beaucoup davantage mais leur intérêt que quelques uns d'eux commencent à entrevoir, est que les forces des anglois et celles des françois restent à peu près égales, afin de vivre indépendans par la jalousie des deux Nations et de tirer des présens de l'une et de l'autre.

La Seconde raison de la supériorité que l'on a eue sur les anglois, est le nombre de Canadiens françois qui se sont accoutumés à vivre dans les bois comme les Sauvages, et qui par là sont non seulement propres à les conduire à la guerre contre les Anglois, mais à faire la guerre à ces mêmes Sauvages lorsque la nécessité y oblige.

On voit par là que cette supériorité des françois en Amérique n'est en quelque façon qu'accidentele et que si on néglige de la maintenir, tandis que les anglois travaillent de toutes leurs forces à la détruire on la verra passer contre leurs mains. Il n'est pas douteux que cet événement serait suivi de la destruction totale de nos établissemens dans cette partie du monde.

On n'en serait pas quitte pour cette perte, quelque grande qu'elle doive paroitre elle entraineroit après elle celle de la supériorité que la France doit prétendre en Europe.

Si quelque chose en effet peut détruire la supériorité de la France en Europe, ce sont les forces maritimes des Anglois : ce sont elles seules qui ont soutenu la maison d'Autriche dans le commencement de la guerre de la Succession de l'Espagne, comme ce sont elles qui ont fait perdre à la France le fruit de la conquête entière des pays bas autrichiens dans la fin de cette dernière guerre.

On ne doit pas se flatter de pouvoir de longtems soutenir la dépense d'une marine égale à la leur : il ne reste donc que la ressource de les attaquer dans leurs possessions, cela ne peut se faire par des forces envoyées d'Europe qu'avec peu d'espérance de réussir et avec beaucoup de dépense, au lieu qu'en se fortifiant en Amérique, et en se ménageant des moyens dans les Colonies mêmes, on peut se conserver les avantages dont on est en possession, et on peut même les augmenter avec une dépense très médiocre en comparaison de celle que couteraient des armements faits en Europe.

L'utilité du Canada ne se borne pas à l'objet de conserver les colonies françoises et de faire craindre les Anglois pour les leurs ; cette Colonie n'est pas moins essentielle pour la conservation des possessions des Espagnols dans l'Amérique et surtout du Mexique.

Tant que l'on gardera bien cette barrière, que les Anglois n'y pourront pénétrer, que l'on s'appliquera à la fortifier de plus en plus, Elle servira de boulevard à La Louisiane, qui jusqu'icy ne se soutient qu'à l'ombre des forces du Canada et par les liaisons des Canadiens avec les Sauvages.

Si même quelque revolution qu'on ne peut prévoir rompoit jamais l'union intime, qui subsiste aujourd'hui entre les deux couronnes ; on seroit en état par le moyen de la Louisiane de partager avec les Espagnols le profit des riches établissements qu'ils possèdent en Amérique ; mais ce cas paroit si éloigné que l'on pense que la france pour

> son propre intérêt et pour oter toute jalousie ne doit point chercher à étendre ses établissements du coté de l'ouest, c'est à dire des Espagnols, mais qu'elle doit mettre toute son aplication à les fortifier du coté de l'est, c'est à dire des Anglois.
>
> Enfin le Canada ou la fécondité est merveilleuse, peut servir de pepinière pour entretenir les Colonies du Tropique, qui vendent bien cher leurs richesses par les hommes qu'elles consomment. Il est d'expérience qu'il meurt beaucoup moins de Canadiens que de françois Européens dans les endroits de ces Colonies reconnus pour être les plus malsains.
>
> Tout ce que l'on vient d'exposer démontre suffisament qu'il est de la dernière importance et d'une nécessité absolue de n'omettre aucun moyen et de n'épargner aucune dépense pour assurer la conservation du Canada, puisque ce n'est que par là qu'on peut parvenir à soustraire l'Amérique de l'ambition des Anglais, et que le progrés de leur empire dans cette partie du monde est ce qu'il y a de plus capable de leur donner la supériorité en Europe.

Au-delà des limites politiques de la Nouvelle-France, d'autres colonies font l'objet de disputes sociales et politiques. John G. Reid (avec la collaboration d'Emerson W. Baker) s'intéresse particulièrement à la Nouvelle-Écosse et à l'Acadie. Sans aucun doute, cet ouvrage permet de saisir l'histoire de l'Amérique du Nord dans une perspective continentale. John G. Reid, Emerson W. Baker collab., Essays on Northeastern North America, Seventeenth and Eighteenth Centuries, *Toronto, University of Toronto Press, 2008.*

Pendant son bref séjour au Canada, La Galissonière tente de réaliser une partie de son plan, malgré le manque de ressources de toutes sortes : il fait construire les forts La Présentation, à mi-chemin entre Montréal et le lac Ontario, le fort Rouillé, sur la rive ouest du lac Ontario (aujourd'hui Toronto) et enfin le fort Saint-Jean sur le Richelieu.

Son successeur, La Jonquière, voudra continuer dans la même voie. Dès le début de son gouvernement, il envoie un détachement menacer les Anglais de la Nouvelle-Écosse. En 1750, il renforce le poste de Michillimakinac et construit un fort au Sault-Sainte-Marie. Il meurt à Québec, en mars 1752.

Le développement de la région maritime

Les Français veulent bloquer les Anglais dans la presqu'île de la Nouvelle-Écosse. En 1750, ils construisent donc sur l'isthme de Chignectou les forts Gaspareau et Beauséjour. Les habitations paysannes se multiplient dans la région limitrophe.

Pour exercer sur les Acadiens des pressions plus fortes, les autorités françaises ont l'idée de les priver de leurs missionnaires et de se servir des Indiens micmacs pour semer la terreur.

La riposte anglaise ne se fait pas attendre. Le major Charles Lawrence fait construire, non loin des forts français, un fort auquel il donne son nom. Il s'est donné comme mission de régler le problème acadien. Il veut que les anciens habitants français vivant sur son territoire prêtent serment d'allégeance au souverain britannique, un serment sans restriction. Il entrevoit une façon radicale de régler la situation : une immigration anglo-saxonne massive et une déportation de la population acadienne.

La première partie de son plan commence à se réaliser en 1749 avec la fondation de la colonie de Halifax ❶, dans la baie de Chibouctou. Trois ans après ses débuts, la ville compte déjà 4 000 habitants, soit autant que Montréal et la moitié de la population de la ville de Québec, fondée 144 ans auparavant ! Le rythme de développement serait encore plus rapide sans la menace indienne et la présence acadienne.

---

❶ Sur Halifax et la Nouvelle-Écosse, voir le ***Boréal Express (1760-1810)*** : 258-259.

En Nouvelle-Écosse, le problème pour les Anglais de la présence d'une population étrangère est maintenant nettement posé. La solution ne saurait tarder.

L'atlas réalisé sous la direction de Helen Hornbeck-Tanner couvre le cœur de l'Amérique du Nord de 1600 à 1870. Les 33 cartes forment un tout qui permet de suivre autant les autochtones que les Européens. Elles sont d'une richesse étonnante. L'iconographie et les textes sont de même niveau. Voir Atlas of Great Lakes Indian History *(University of Oklahoma Press, 1987).*

Conflit sur l'Ohio

La vallée de l'Ohio, couloir naturel entre le Canada et la Louisiane, est nécessaire à l'expansion des colonies françaises. Elle est aussi importante pour les colonies anglaises, surtout pour la Virginie, car cette colonie, à l'étroit sur son propre territoire, veut se déverser sur cette région qu'elle considère comme un appendice naturel. Français et Anglais en revendiquent donc la propriété. De part et d'autre, il n'y a pas eu de prise de possession formelle.

L' « Ohio Company of Virginia », fondée en 1749, reçoit la même année une concession de 81 000 ha (810 km²) à la condition de coloniser ce territoire et d'y construire un fort. Toujours la même année, le gouverneur du Canada envoie Céloron de Blainville *reprendre* possession officielle du territoire au nom du roi de France.

Pour consolider leurs positions, les Français construisent plusieurs forts dans la région de l'Ohio. En 1753, ce sont les forts Presqu'Île, Le Bœuf et Venango. L'année suivante, on doit chasser quelques Anglais pour construire le fort Duquesne, au confluent des rivières Ohio et Monongahéla ❶. Les Virginiens ne peuvent accepter que les Français fortifient cette région dont ils revendiquent la propriété. Un jeune officier, George Washington, reçoit ordre de construire un fort non loin du fort Duquesne.

Le 18 mai 1754, Washington, accompagné d'une centaine d'hommes, rencontre Jumonville et ses 34 compagnons. L'officier canadien a reçu ordre d'expulser les

❶ Selon le père Louis Lejeune, le mot *Monongahéla* serait une déformation du nom primitif, la *Mal-Engueulée* (rivière).

✎ ***Le fort Frédéric vu du nord.*** Gravure de Thomas Davies (1758). Ce fort fut construit à l'automne de 1755, à l'endroit où se trouve aujourd'hui la ville de Saint John, Nouveau-Brunswick.

Virginiens, s'il se sent le plus fort, sinon, il doit les sommer de quitter le territoire. Les coloniaux anglais ouvrent le feu et Jumonville ainsi que 9 de ses compagnons sont tués ❶. Du côté anglais, ce ne sera qu'un simple incident de frontière ; du côté français, on crie à l'assassinat.

Un mois plus tard, le frère de Jumonville, Coulon de Villiers, reçoit la mission de « *venger l'assassinat* » de l'officier canadien. À la tête de 500 hommes, il attaque le fort Nécessité. Le commandant Washington, dont la moitié des hommes sont ivres, doit capituler. Ce combat, peu important en soi, aura de graves conséquences. « *De fait, la bataille qui vient de se dérouler dans l'Ohio s'inscrit dans un drame dont la dernière scène se situera sous les murs de Montréal, le 8 septembre 1760. Non pas que la prise du fort Nécessité soit la cause de la guerre de la Conquête. Elle marque simplement l'ouverture de sa phase capitale.* » (Frégault)

Les projets de conquête et les pertes en Acadie

Optant pour une approche qui vise à mettre en lumière l'évolution de groupes sociaux et politiques, Nicolas Landry et Nicole Lang plongent les lecteurs dans une synthèse efficace de l'histoire acadienne. L'ouvrage est découpé à la fois chronologiquement et thématiquement de sorte que la périodisation choisie se légitimise d'elle-même et forme un bloc tout à fait cohérent. Il faut ici aller voir le chapitre II sur « l'Acadie anglaise, 1713-1763 ». Nicolas Landry et Nicole Lang, Histoire de l'Acadie, *Sillery, Septentrion, 2001.*

L'incident de l'Ohio n'est qu'une manifestation de l'affrontement devenu inévitable entre les deux Amériques, française et anglaise. Les colonies sont beaucoup plus conscientes que les métropoles de l'importance de la dispute commerciale engagée en Amérique du Nord. Les deux systèmes de colonisation qui se font face sont assez semblables pour désirer et convoiter les mêmes régions, les mêmes richesses. Il s'agit en somme, comme l'a écrit Frégault, de dominer pour n'être pas dominé. De part et d'autre, on ne répugne pas à prendre les armes, si nécessaire.

En 1754, l'Angleterre, préoccupée par des problèmes internes, ne songe pas à s'emparer du Canada. Les questions européennes priment. Seule l'élite commerciale veut la disparition de la France en Amérique septentrionale. Par contre les politiciens craignent qu'une telle conquête coûte trop cher. Mais progressivement, on se convainc que l'équilibre européen s'établira en faveur de celui qui sera maître de l'Amérique.

Les colonies anglaises qui comptent 1 485 634 habitants en 1754 ne présentent pas un front commun. Chacune agit pour soi. La Nouvelle-Angleterre désire la conquête de l'Acadie et la Virginie, celle de l'Ohio. Du 19 juin au 10 juillet, des représentants de la Nouvelle-Angleterre, du New York, de la Pennsylvanie et du Maryland se réunissent en congrès à Albany. On doit discuter des clauses d'un traité d'alliance avec les Iroquois. Un des délégués de la Pennsylvanie, Benjamin Franklin, expose un projet d'union de toutes les colonies anglaises d'Amérique du Nord, à l'exception de la Nouvelle-Écosse et de la Virginie. Ce projet est rejeté et par les délégués et par la métropole. Ce rapprochement entre les colonies permet pourtant l'élaboration d'un vaste projet de conquête de la Nouvelle-France. Braddock, après une attaque du fort Duquesne, s'emparera de l'Ohio ; Shirley verra à la conquête de la région du lac Ontario ; Johnson à celle du fort Saint-Frédéric et de Montréal. Une autre armée aura comme mission la prise de l'Acadie française.

La Nouvelle-France, malgré son infériorité numérique — elle compte 85 000 habitants en tout ❷ — a des cadres militaires développés : elle dispose de presque

❶ Voir Marcel Trudel, « L'affaire Jumonville ». ***Revue d'histoire de l'Amérique française***, vol. VI, n° 3 : 331-373.

❷ Chiffre avancé par Marcel Trudel dans ***Initiation à la Nouvelle-France.***

autant de soldats que d'hommes. Mais elle ne peut résister à une attaque massive sans l'aide de la métropole. L'immensité du territoire à défendre exige un déploiement de forces considérables. À l'est, il y a la forteresse de Louisbourg ; sur l'isthme de Chignectou, deux forts : Beauséjour et Gaspareau ; ils ont pour but de protéger les communications par voie de terre entre l'Île-Royale et le Canada et d'empêcher les Anglais de la Nouvelle-Écosse de déborder en Acadie française. Au centre du territoire, les villes de Québec et de Montréal sont protégées par des murailles en pierre. Trois forts assurent la défense de la voie Richelieu-Hudson : Chambly, Saint-Jean et Saint-Frédéric. La région des Grands Lacs et celle de la vallée de l'Ohio comptent 9 forts : La Présentation, Frontenac, Niagara, Presqu'Île, Le Bœuf, Machault, Détroit, Duquesne et Venango.

La France envoie au Canada environ 3 000 réguliers, dont elle confie le commandement à Jean-Armand, baron de Dieskau. La flotte de guerre qui porte ces troupes et le convoi d'approvisionnement sont attendus à la hauteur de Terre-Neuve par l'escadre anglaise de l'amiral Edward Boscawem. Ce dernier réussit à s'emparer de deux vaisseaux d'arrière-garde, l'*Alcide* et le *Lys* (le 8 juin 1755). Au cours de la même année, les Anglais saisissent encore 300 vaisseaux français de commerce.

Charles Lawrence, commandant à Halifax, a déjà commencé l'exécution de son plan concernant les Acadiens. Le gouverneur de Boston, William Shirley, lui avait envoyé 2 000 hommes, sous les ordres du colonel Robert Monckton, pour déloger les Français de Beauséjour. Le commandant de la place, Louis Du Pont du Chambon de Vergor, capitule presque sans résistance. Le 17 juin 1755, soit le lendemain de la capitulation du fort Beauséjour, le fort Gaspareau, faible ouvrage construit à quelque distance, cède à son tour. Les Acadiens qui avaient travaillé à la défense des forts rendent leurs armes. Il est important, pour les commandants anglais, de les empêcher d'émigrer au Canada ou à l'Île-Royale et ainsi joindre les forces ennemies.

La déportation des Acadiens

Même si les deux métropoles ne se sont pas encore déclaré la guerre, le conflit est ouvert en Amérique. En Nouvelle-Écosse, le problème de la neutralité acadienne devient crucial. Shirley affirme que cette colonie anglaise est « *la clé de toute l'économie de l'est sur le continent atlantique* ». Les Acadiens constituent donc une menace au cœur même du territoire anglais. L'idée d'une déportation de la population française se précise après 1747. Shirley préconisait un nettoyage de l'isthme de Chignectou et la déportation des Acadiens de cette région dans les colonies anglaises du Sud. Il croyait que l'on pourrait rapidement noyer les autres Acadiens par une forte immigration anglaise. Vers 1750, les autorités de la colonie sont face à un dilemme : si les titres de propriété des Acadiens sont reconnus avant qu'ils prêtent serment, ils ne le prêteront pas après ; si on exige le serment avant, ils choisiront peut-être d'émigrer en Acadie française, la rendant ainsi plus forte.

En 1754, Lawrence réclame une solution à ce problème. Selon lui, les Acadiens ne sont pas devenus sujets anglais ; ils n'apportent rien aux marchés anglais, bien plus ils ravitaillent les établissements français. En outre, ils sont un obstacle à la colonisation, puisqu'ils occupent les terres les plus fertiles. Londres affirme que, sans serment d'allégeance, les Acadiens ne sont pas sujets britanniques. En 1755, alors que

Le système d'endiguement pratiqué en Acadie a bien entendu ajouté considérablement de valeur aux terres de cette belle région. Yves Cormier, ne tenant rien pour acquis, s'est intéressé dans sa thèse de maîtrise aux aboiteaux, particulièrement au rapport entre la technique et la société. Dans Les aboiteaux en Acadie hier et aujourd'hui *(Moncton, 1989), il conclut : « Il semblerait donc que ce soit la connaissance des techniques de culture du sel jointe à celle de l'exploitation des marais doux qui soit à l'origine du système d'aboiteau… » Voir aussi Ronnie-Gilles LeBlanc dir.,* Du Grand Dérangement à la Déportation. Nouvelles perspectives historiques, *Moncton, Université de Moncton, Chaire d'Études acadiennes, 2005.*

l'attention est centrée sur la vallée de l'Ohio, il est temps d'agir. Le juge Jonathan Belcher justifie juridiquement la déportation ❶.

Fort de l'approbation tacite de Londres et des arguments de Belcher, Lawrence passe à l'action en septembre 1755. La population de Grand-Pré est une des premières visées. Pour la seule année de 1755, de 6000 à 7000 Acadiens auraient été déportés. La conquête de l'île Royale et de l'île Saint-Jean, en 1758, va signifier une nouvelle phase de cette déportation qui ne se terminera qu'en 1762. Des familles seront dispersées et plusieurs mourront de misère. Ce triste épisode de l'histoire canadienne mérite bien le nom de « Grand Dérangement » ❷.

Batailles de la Monongahéla et du lac Saint-Sacrement

Le rappel de la bataille de la Monongahela permet à l'auteur d'illustrer certains aspects des méthodes guerrières des Indiens. Les cris et la peur qu'ils engendrent font partie des facteurs psychologiques. Laurent Nerich, La petite guerre et la chute de la Nouvelle-France, *Outremont, Athéna éditions, 2009.*

En 1755, le conflit est marqué par deux engagements majeurs. Le premier se situe dans la vallée de l'Ohio et le second, sur la voie Richelieu-Hudson.

Le commandant en chef des forces armées britanniques en Amérique, le major général Braddock, reçoit la mission d'aller détruire le fort Duquesne, en Ohio. Il se met en marche, le 20 avril 1755, à la tête de 1 400 soldats réguliers et de 400 miliciens commandés par Washington. À cause de l'artillerie que les soldats doivent traîner, les progrès sont lents. De plus, Contrecœur envoie Liénard de Beaujeu et un certain nombre de soldats accompagnés de plusieurs centaines d'Indiens afin de harceler l'armée ennemie et retarder sa marche.

Le 9 juillet, la rencontre a lieu à 13 km du fort Duquesne. Dès le début de l'engagement, Beaujeu est tué ; Jean-Daniel Dumas prend alors la direction des opérations. Les 850 hommes que commande Dumas emploient la stratégie nord-américaine. Les Indiens (au nombre de 637), cachés dans les buissons, tirent sur les Anglais qui ne savent pas au juste d'où partent les coups. Braddock a choisi de se battre à l'européenne. Ses soldats sont disposés en rangs, bien à découvert. Ils se couchent par terre pour laisser tirer les canons. Puis ils se relèvent et tirent à leur tour. Le généralissime se bat comme un lion. Il a 5 chevaux tués sous lui, avant d'être lui-même atteint mortellement. La fuite précipitée des Anglais permettra aux Canadiens de recueillir vivres et munitions, ainsi qu'une partie des papiers de Braddock ❸.

Peu de temps après, un autre engagement a lieu dans la région du lac Saint-Sacrement. En août, le colonel William Johnson, à la tête d'une armée anglaise, veut surprendre la garnison du fort Saint-Frédéric, mais il a l'impression que les Français sont au courant de ses projets. Il songe alors à fortifier les positions anglaises en construisant un fort au bout du lac Saint-Sacrement qu'il rebaptise lac George. Ce sera le fort William Henry. Le fort Edward est érigé à 22,5 km du lac Saint-Sacrement, sur la rivière Hudson.

Les Indiens qui accompagnent l'armée du baron de Dieskau refusent d'attaquer cette position. Le commandant français dirige donc ses forces vers le fort William

---

❶ Voir le texte du juge Belcher dans le ***Boréal Express (1524-1760)*** : 229.

❷ Sur la déportation des Acadiens et la guerre de la Conquête, il faut lire l'ouvrage de Guy Frégault, ***La guerre de la Conquête.*** Fides, Montréal, 1955.

❸ Parmi les papiers de Braddock, on trouva le plan assez détaillé d'un projet d'invasion de la Nouvelle-France.

Henry encore en chantier. En septembre, il remporte une victoire en écrasant une partie des troupes anglaises, à une lieue du camp anglais. Dieskau les poursuit jusqu'au camp, sans laisser à ses hommes le temps de se regrouper et de se reposer. La victoire se transforme alors en défaite et le commandant français est même fait prisonnier ❶.

Malgré la brillante victoire de la Monongahéla, l'année 1755 est marquée par la perte des forts Beauséjour et Gaspareau, donc de l'Acadie française. C'est aussi le début de la déportation des Acadiens. La défaite du lac Saint-Sacrement est, elle aussi, à porter à l'actif des colonies anglaises.

Au moment de la guerre de Sept Ans

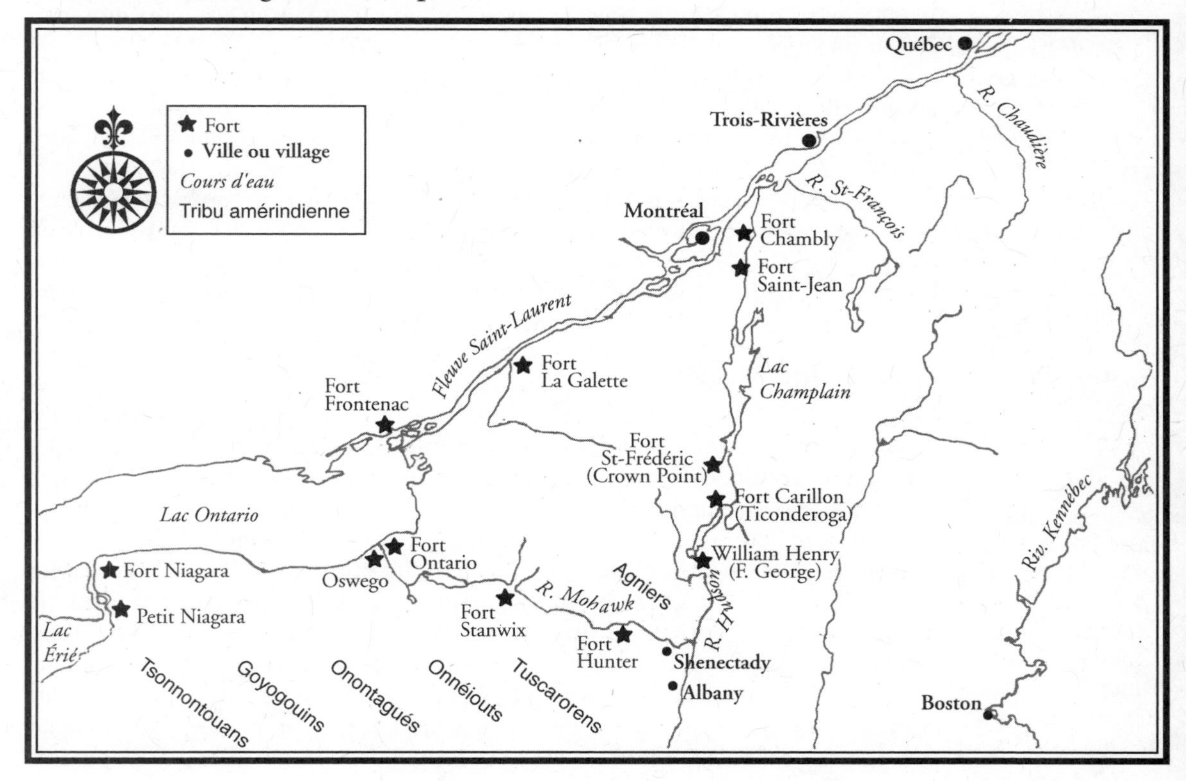

❶ On lui reprochera d'avoir employé une stratégie européenne contre Johnson qui lui s'est battu à l'américaine.

XVI • L'AFFRONTEMENT FINAL (1756-1760)

Les deux Amériques

En 2003, Septentrion a publié les principaux textes de Bougainville sous le titre Écrits sur le Canada. *Un index de noms propres et aussi de sujets, d'idées, de thèmes permet de mieux découvrir la richesse des observations et commentaires de cet auteur remarquable.*

Depuis 150 ans, deux systèmes semblables de colonisation se sont développés sur un même continent. L'Amérique anglaise, profitant d'une immigration spontanée, presque forcée, s'est peuplée rapidement. Les 200 colons du début sont passés à 28 000 dès 1640 ; à 155 000 en 1680 ; à 475 000 en 1720 ; à 1 610 000 en 1760. Bien que la métropole française ait une population double de celle de sa rivale — approximativement 20 millions par rapport à 10 millions —, elle n'a projeté en Amérique du Nord qu'un faible noyau qui représente au mieux 6 pour cent de la population totale des colonies anglaises, soit 10 000 en 1680. C'est un sommet ! À la veille de la guerre de Sept Ans, ce pourcentage est tombé à 4, c'est-à-dire environ 70 000. En somme, l'Amérique anglaise est 20 fois plus peuplée et, pourquoi pas, 20 fois plus riche que l'Amérique française !

Cette grande différence entre les deux systèmes constitue la véritable faiblesse de la Nouvelle-France. Si les colonies anglaises continuent d'avoir besoin de capitaux, de colons, d'aide de la part de leur métropole, qu'est-ce à dire de la colonie française ! Or, en 1760, la France va se soustraire à son rôle de métropole.

Nombreux sont les participants de la guerre de la Conquête qui ont laissé des récits de différents engagements. Parmi ceux-ci, l'ingénieur Pierre Pouchot, déjà mentionné, occupe une place à part. De la victoire de Carillon à la défaite des plaines d'Abraham, il décrit ce dont il a été le témoin en insistant, en particulier, sur la présence autochtone et leurs défis. En 2003, Septentrion a réédité ses Mémoires sur la dernière guerre de l'Amérique septentrionale.

Un irréductible conflit d'intérêts oppose à la fois les deux métropoles en Europe et les deux systèmes coloniaux en Amérique. À plus d'une reprise, par exemple en 1629, 1690, 1713, ils se sont affrontés. Cette fois, les deux *colonisations* se croisent ; les Anglais, établis sur la côte, veulent pénétrer à l'intérieur et briser enfin cet arc fantôme que décrit la Nouvelle-France depuis Montréal jusqu'à la Louisiane.

Les deux métropoles

La guerre de Succession d'Autriche n'avait en somme réglé aucun des problèmes opposant la France et l'Angleterre. Les années qui suivent voient se multiplier les occasions de conflit. La rivalité entre Français et Anglais dans les colonies d'Amérique du Nord ne fait qu'augmenter. Les colonies anglaises, qui ont une population plus de 20 fois supérieure à celle des colonies françaises, sont à l'étroit entre la mer et les Appalaches. Les Français disposent d'un territoire immense qu'ils sont incapables de peupler. Aux Indes, les compagnies de commerce des deux pays se font une lutte cruelle. La volonté d'expansion, incarnée par le Français Dupleix, incite l'Angleterre à prendre les moyens nécessaires pour chasser les Français de cette partie du monde.

Avant même les déclarations officielles de guerre, les deux pays avaient commencé le nettoyage de l'Atlantique. L'Angleterre, qui possède une marine supérieure à celle de la France, s'empare d'une quantité considérable de navires marchands français. Malgré tout, la France tient bon car sa flotte de guerre est peu touchée par ces razzias et les chantiers navals de Brest travaillent sans arrêt.

Le 16 janvier 1756, l'Angleterre et la Prusse signent un traité d'alliance. Le but de l'accord est clair : créer un front sur le continent pour laisser l'Angleterre libre d'agir sur mer. La France devra donc diviser ses forces : lutter contre la Prusse en Europe, contre l'Angleterre aux Indes et essayer de conserver une certaine puissance sur mer pour courir à la défense de ses colonies. Son alliance avec l'Autriche, signée le 1er mai, ne lui apporte rien qui vaille. Le 17 du même mois, l'Angleterre, pour protester contre l'envahissement de l'île de Minorque par la France, lui déclare la guerre. Cette dernière riposte le 16 juin.

L'Angleterre se doit de mener une guerre maritime. « *Notre force est sur la mer, et c'est là qu'elle doit surtout se déployer. Le commerce est notre activité naturelle, et, dans ce domaine, nos ennemis invétérés, les Français, nous font une forte concurrence. Par une guerre maritime, nous sommes à même d'augmenter notre commerce et de détruire le leur* » affirme-t-on en Angleterre à cette époque. William Pitt, qui deviendra premier ministre en décembre 1756, est convaincu que l'Angleterre doit tout miser sur l'Amérique. Certains Français ont la même conviction, mais ils sont peu nombreux.

En Amérique, la situation est tendue. Les miliciens canadiens exécutent de nombreux raids sur les villages frontaliers. Les campagnards se réfugient dans les villes. L'indignation et l'alarme se répandent en Nouvelle-Angleterre. Hardy, le gouverneur du New York, s'exclame « *... un ennemi si faible en nombre... nous jette un tel défi, à nous, pauvre million de colons divisés, en commettant au moyen de ses sauvages les cruautés les plus inouïes et en saccageant nos terres sans opposition de notre part* ».

Pour assurer la défense de sa colonie, la France envoie Louis-Joseph, marquis de Montcalm, François-Gaston, chevalier de Lévis, et François-Charles de Bourlamaque. Un renfort de 450 soldats réguliers arrive à Québec. Le gouverneur Vaudreuil avait demandé de l'artillerie lourde, mais la métropole ne lui envoie que des artilleurs, l'artillerie ne pouvant être expédiée que l'année suivante !

Le gouverneur de la Nouvelle-France est le chef suprême des opérations militaires. C'est un Canadien de naissance. Montcalm prisera peu d'être soumis à un colonial. Il pense d'abord France et Français, alors que Vaudreuil met de l'avant le Canada et les Canadiens. Il ne faut pas voir en ceci une opposition pure et simple de deux personnalités, mais bien plutôt la manifestation des différences entre deux sociétés. Le même phénomène se retrouve dans les colonies anglaises où Américains et Britanniques se disputent les victoires et s'imputent mutuellement les défaites ❶.

En 2005, chez Penguin Books, Fred Anderson a publié « A Short History of the French and Indian War » sous le titre The War that made America *qui est également le titre d'un documentaire produit par WQED Multimedia. Le livre est destiné à accompagner le film mais il est tout à fait autonome. Agréable à lire, exceptionnellement bien documenté, précis, abondamment illustré et accompagné de cartes claires et bien faites. Voir les pages 18, 65, 75, 147, 194 et 224. À notre avis, c'est un des livres les plus utiles sur la guerre de Sept Ans.*

La campagne d'Oswego (1756)

Pendant la première année de la guerre ouverte, les Français sont les seuls à prendre l'offensive. Vaudreuil veut détruire Oswego ❷ pour assurer la sécurité du lac Ontario. Montcalm n'approuve pas ce projet.

Après un bref séjour à Carillon où il laisse Lévis avec des troupes assez nombreuses, Montcalm revient à Montréal, pour apprendre que la campagne d'Oswego est déjà commencée. Rigaud de Vaudreuil, frère du gouverneur, à la tête de 550 Canadiens, a déjà entrepris de nettoyer les alentours de la place à investir. Dès l'arrivée de l'officier français, le 10 août, l'ordre du bombardement est donné. Le

❶ Guy Frégault (***La guerre de la Conquête***: 89) rapporte qu'un officier anglais fut scandalisé d'apprendre que les coloniaux devaient savoir viser juste. Car, selon le Britannique, viser avec soin, par exemple un officier, « *ce n'est plus de la guerre, c'est du meurtre !* »

❷ Le fort Oswego se composait de trois places fortes : Ontario, George et vieux Chouaguen. À noter que le fort Oswego est connu aussi sous le nom de fort Chouaguen.

Professeur d'histoire à l'université du Colorado, Fred Anderson a fait bien des jaloux avec son Crucible of War *paru chez Alfred A. Knopf en 2000. L'ouvrage était encore tout chaud que Jonathan R. Dull lui adressait une avalanche de reproches dans le numéro de décembre 2000 de* Canadian Journal of History, *le principal étant une sous-utilisation des sources françaises. Le chat est sorti du sac quelques années plus tard lorsque Dull a fait paraître* The French Navy and the Seven Year's War *aux Presses de l'Université Nebraska (2005). Malgré ses mérites, dont celui d'offrir une traduction française (Rennes, Les Perséides, 2009), l'ouvrage de Dull se classe, à nos yeux, loin derrière celui d'Anderson. Son insistance sur les questions navales et surtout sur l'importance pour la France ▶*

colonel James Mercer et ses 1 100 hommes se défendent avec acharnement. Montcalm dispose de forces deux fois supérieures. Le 14, Mercer est tué ; son successeur consulte son conseil de guerre et décide de capituler. Les prises sont nombreuses : 1 600 prisonniers, plus de 130 canons, 7 bâtiments de guerre, de la poudre et des vivres en abondance. Avant de quitter l'endroit, on rase les fortifications.

Les Anglais des colonies désirent s'emparer des forts Niagara et Saint-Frédéric ; mais peu conscients de leur force, ils se contentent de préparer une attaque du fort Saint-Frédéric. John Campbell, comte de Loudoun, chef des armées anglaises en Amérique, à l'annonce de la prise d'Oswego, prend peur et reporte l'offensive.

L'hiver donne lieu à des raids, surtout dans la région de Détroit et dans la vallée de l'Ohio. « *Les partis vont continuellement l'hiver pour lever quelques chevelures sur les Anglais qui ont aussi fait venir des Catabas, sauvages établis auprès de la Caroline. Ces sauvages ont levé quelques chevelures auprès du fort Duquesne aux Chaounous nos alliés, mais un de nos partis en a tué plusieurs.* » (Montcalm, 24 avril 1757)

La campagne de 1757

Sur mer, les Français ont remporté quelques victoires, mais les prises de part et d'autre s'équivalent ou presque. Cependant, la marine marchande française est quasi détruite. Au début de l'année 1757, Pitt veut accélérer la guerre en Amérique. Il établit que l'on doit conquérir Louisbourg, puis Québec.

Au Canada, l'optimisme règne. On oppose deux victoires (Monongahéla et Oswego) à une seule défaite (lac Saint-Sacrement). Un marchand de Québec écrit à un ami du Cap-Français, aux Antilles « Les Anglais de ce continent sont aux abois, tant nous les avons malmenés ; les pauvres diables ne savent plus à quel saint se vouer car, vous savez, ils n'en connaissent guère. On fait état que depuis l'année dernière nous leur avons tué 4 000 hommes sans compter ceux que la misère et la désertion leur enlèvent tous les jours. »

Vaudreuil projette de prendre les forts William Henry et Edward, mais Montcalm, considérant la prise du fort Edward « *impossible* », marche contre le premier. Rigaud de Vaudreuil a déjà préparé le terrain en mars, il avait détruit les approches du fort, « *brûlé 300 bateaux, 4 grandes barques, 2 galères, 2 hangars remplis de matériel, 2 entrepôts de vivres, un moulin et un pâté de maisons* ». Le 9 août, le colonel Munro se rend. La victoire de Montcalm est facile. Le lendemain, les Indiens qui accompagnent l'armée française, frustrés d'avoir été tenus à l'écart et excités par l'eau-de-vie, tuent une trentaine de prisonniers anglais. Les coloniaux anglais indignés crient alors au « *massacre* » ❶.

Pour diverses raisons, Montcalm et ses officiers refusent toujours de marcher contre le fort Edward. La prise de cet endroit aurait pourtant signifié un contrôle français des lacs Champlain et Saint-Sacrement. Déjà l'avance française fait craindre une attaque contre la ville de New York.

D'autre part, le projet anglais d'attaquer Louisbourg ne se réalise pas. Le vent se fait l'ami des Français. Les navires n'arrivent à Halifax que le 30 juin. Des renforts

❶ Cet épisode forme la base de départ du roman de F. Cooper, ***Le Dernier des Mohicans.***

français ont eu le temps d'atteindre Louisbourg. L'annonce de cette nouvelle ainsi que celle de la victoire à William Henry a amené Loudoun à déroger au plan de Pitt.

En cette fin d'année, l'Angleterre se décide à faire des efforts considérables pour remporter la victoire en Amérique. Tandis que la Nouvelle-France ne dispose que de 6 800 soldats réguliers, la Nouvelle-Angleterre en compte maintenant 23 000. Elle veut à tout prix arrêter les raids canadiens et éliminer le fort Duquesne qu'on croit devenu « *un monstrueux entrepôt de chevelures* ».

L'idée de Pitt fait son chemin : la guerre se gagnera ou se perdra en Amérique !

L'optimisme des Canadiens se maintient avec peine. La famine se fait de plus en plus sentir. Les colons-soldats ont été forcés d'abandonner la culture des champs pour prendre part à l'effort de guerre. On doit se contenter de viande de cheval ❶.

La victoire de Carillon

En Europe, le conflit commence à traîner en longueur. La victoire française de Closterseven est annulée par la défaite à Rossbach. En 1758, il n'y aura pas de batailles de cette importance. Sur le continent, l'Angleterre peut s'en remettre à l'habile stratège qu'est Frédéric de Prusse. Elle en profite pour concentrer ses énergies sur mer où sa supériorité s'affirme de plus en plus. Pitt fait augmenter considérablement le budget militaire et promet aux colonies d'Amérique de les rembourser des dépenses encourues par la guerre. L'Angleterre peut maintenir des communications régulières avec ses colonies. Quant à la France, les lourdes pertes qu'elle a subies causent une interruption partielle du ravitaillement de ses colonies.

Loudoun est tenu responsable des insuccès anglais en Amérique. Le major général James Abercromby le remplace. James Wolfe et Jeffery Amherst viennent prêter main-forte au nouveau commandant. En 1758, les colonies anglaises peuvent compter sur 12 000 soldats réguliers et 21 000 provinciaux.

Au Canada, la situation est lamentable. L'état de famine est presque généralisé. Bigot ❷ et sa *bande* contrôlent presque tout le ravitaillement de la colonie et profitent de la situation. Aux 6 800 réguliers se joignent plusieurs milliers de miliciens. De plus, on compte au maximum sur l'appui des Indiens.

Le plan anglais est simple : avec 14 600 hommes, s'emparer de Louisbourg ; avec 6 000, conquérir le fort Duquesne et, enfin, avec une armée de 20 000 provinciaux et de 9 500 réguliers, forcer Montréal à capituler. Du côté français, par ailleurs, on ne semble pas avoir de plan bien précis.

Le 6 juillet, Abercromby, avec plus de 15 000 hommes, arrive au lac Saint-Sacrement, à quelques kilomètres du fort Carillon. Depuis la mi-juin, plusieurs régiments français se sont mis en route à destination du fort. Montcalm quitte Montréal, le 24 juin. Le 6 juillet, le général reconnaît qu'il est préférable de construire non

◄ *« des pêcheries vivier de marins qualifiés et de futurs équipages » (p. 286) qui tourne en fixation sur l'avenir de la marine française (p. 290-291) finit par agacer. Il faut dire que Dull n'a négligé aucun effort pour présenter les forces navales en présence, tellement qu'il laisse passer des erreurs ici et là, particulièrement sur le siège de Québec et la bataille des plaines d'Abraham qui aurait fait « 650 morts dans le camp britannique et près de 1 500 chez les Français et les Canadiens » (p. 223). Dull sous-estime curieusement William Johnson. Dull et Anderson ont le grand mérite de ne pas craindre l'histoire événementielle pour meubler l'arrière-plan des enjeux politiques. Fred Anderson vise juste avec son sous-titre : « The Seven years' war and the fate of Empire in British North America, 1754-1766 ».*

❶ Dans une lettre au Chevalier de Lévis (Québec, 4 décembre 1757), Montcalm écrit : « *On mange chez moi du cheval de toutes façons, hors la soupe : Petits pâtés de cheval à l'espagnole, Cheval à la mode, Escalope de cheval, Filet de cheval à la broche avec une poivrade bien liée, Semelles de cheval au gratin, Langue de cheval au miroton, Frigousse de cheval, Langue de cheval boucanée, meilleure que celle d'orignal, Gâteau de cheval, comme les gâteaux de lièvre. Cet animal est fort au-dessus de l'orignal, du caribou et du castor* » (H.R. Casgrain éditeur, ***Lettres du Marquis de Montcalm au Chevalier de Lévis***. Québec, 1894 : 89).

❷ Voir Guy Frégault, ***François Bigot, administrateur français.*** (2 vol.) Montréal, 1948.

Guy Frégault, La Guerre de la Conquête, 1754-1760, *Montréal, Fides, 1955, réédité en 2009. Un livre phare pour situer et comprendre la fin de la Nouvelle-France.*

loin du fort une série de retranchements. Une fois les travaux terminés, on attend l'ennemi. Lévis commande l'aile droite avec les Canadiens ; Bourlamaque, l'aile gauche ; Montcalm, le centre. En tout, 3 500 hommes. Abercromby paraît vers midi et demi, le 8 juillet. À une heure, le combat s'engage. Toutes les attaques anglaises sont repoussées. À sept heures du soir, Abercromby abandonne la partie. Il a perdu 2 000 hommes, tués ou blessés. Les pertes françaises sont minimes : 104 tués et 273 blessés. Montcalm juge préférable de ne pas poursuivre un ennemi encore supérieur en nombre. Cette brillante victoire, la dernière d'importance, aura cependant peu de conséquence sur la suite du conflit. Elle est due non pas tant à l'habileté de Montcalm, qu'à la maladresse du général anglais. Frégault écrit : « *Contrairement à ce qu'on a cru à l'époque et répété depuis, la victoire de Carillon ne fut en aucune manière un miracle* ».

Pertes françaises

William Johnson, surintendant des Affaires indiennes, fut l'un des principaux artisans de la chute de la Nouvelle-France. Marié à l'Indienne Molly Brant, il était aussi à l'aise, sinon plus, avec les autochtones qu'avec les Européens. Longtemps négligé par les historiens canadiens, il sort aujourd'hui de l'ombre grâce aux 13 000 pages de documents connus sous le nom de Johnson Papers. James Thomas Flexner en a tiré une remarquable biographie intitulée Mohawk Baronnet *(Syracuse University Press, 1989).*

Carillon a bientôt sa contrepartie dans la perte de Louisbourg. Le plan de Pitt d'appliquer un blocus sur l'Atlantique afin de couper le ravitaillement de la Nouvelle-France se concrétise. À la fin de mai, la flotte anglaise jette l'ancre dans la baie de Gabarus, non loin de la forteresse. Le 5 juillet, le siège de la place commence. Amherst peut compter sur près de 28 000 hommes. Le gouverneur Drucourt ne dispose que de 6 000 soldats, matelots ou miliciens. Les fortifications sont encore en plus mauvais état que lors de la première prise de Louisbourg, en 1745.

Drucourt s'ingénie à retarder un désastre qu'il prévoit inévitable. Il tente une sortie, le 9 juillet, mais les soldats français sont rapidement repoussés. La femme du gouverneur fait elle-même le coup de feu. À la fin de juillet, il ne reste plus à Louisbourg aucun moyen de défense ; l'enceinte a été partout battue en brèche et les batteries sont réduites à l'impuissance. Le 26 juillet, le gouverneur capitule. Les *honneurs militaires* ❶ étant refusés à la garnison, des soldats brûlent quelques-uns de leurs drapeaux. L'Angleterre célèbre avec éclat la prise de Louisbourg. En Amérique, « *les cloches de Boston sonnent presque un jour entier* ». La route vers Québec par la mer et le fleuve est libre !

Ne croyant pas que la région des Grands Lacs courait de graves dangers, le gouverneur Vaudreuil avait ordonné le retour dans la colonie des miliciens, afin de faire les récoltes de grains, car, expliquait-il, « *l'ennemi que j'avais le plus à craindre était la continuité de la disette où la colonie est réduite depuis plus d'un an* ». Le 24 août, le colonel John Bradstreet, à la tête de 3 000 hommes, arrive devant le fort Frontenac défendu par Pierre-Jacques Payan de Noyan et 80 soldats. Les canons anglais ouvrent un des bastions. Le 27, le commandant français doit capituler. L'ennemi s'empare d'approvisionnements considérables destinés aux postes de l'Ohio et de Niagara. Vaudreuil considère la perte de ce fort comme peu importante : « *Ne fais-je consister la perte que nous faisons dans cette place que dans celle de deux de nos plus grosses barques dont les Anglais sont en possession* » ❷.

---

❶ Pour la garnison, les honneurs militaires consistaient à sortir de la place au son du tambour, l'un des soldats portant une mèche allumée.

❷ Pour le gouverneur de la Nouvelle-France, la perte des deux barques est plus importante que celle du fort Niagara.

L'avance anglaise se fait sentir aussi dans la vallée de l'Ohio. Le général John Forbes reçoit l'ordre de s'emparer du fort Duquesne. François de Ligneris, qui le défend, refoule l'avant-garde de l'armée anglaise, à la mi-septembre. Lorsqu'il apprend que Forbes n'est plus qu'à 9,5 km, l'officier français fait sauter le fort, le 24 novembre. Forbes, le lendemain, ne trouve que ruines fumantes. Il rebaptise l'endroit Pittsburgh « *en l'honneur de Pitt* ».

La campagne de 1758, malgré la victoire de Carillon, se termine au désavantage de la France. À l'ouest, il ne lui reste plus que Niagara ; à l'est, elle a éprouvé une perte importante avec la chute de Louisbourg ; au centre même (lac Champlain), l'ennemi a été arrêté dans sa marche, mais non anéanti.

À Kamouraska, dans les registres du XVIIIe siècle, il manque deux pages. Une note indique qu'elles auraient été « déchirées l'années des Anglais ». Gaston Deschênes est retourné aux sources pour reconstituer les événements de 1759, dans L'année des Anglais. La Côte-du-Sud à l'heure de la Conquête *(Septentrion, 1988). En quelques semaines, de Kamouraska à Cap-Saint-Ignace, 998 bâtiments seront incendiés, selon le major George Scott, chargé de détruire les paroisses où il rencontrerait de la résistance. En 2010, Gaston Deschênes a publié une version augmentée et enrichie d'illustrations en couleurs.*

Perte des forts Niagara, Carillon et Saint-Frédéric (1759)

Dans son *Journal*, en date du 2 janvier 1759, Montcalm écrit : « *Grande misère à Québec ; murmure du peuple que l'intendant veut mettre, du 1er janvier, au quarteron* [1] *émeute de quatre cents femmes ; l'intendant accorde la demi-livre. Adjudications fort chères pour les matériaux des fortifications projetés pour l'extérieur de Québec...* » Pendant ce temps, à Paris, à Bougainville qui réclame du secours, le nouveau ministre de la Marine, Nicolas-René Berryer, rétorque qu'on ne cherche point à sauver les écuries quand le feu est à la maison.

En Angleterre, Pitt veut que l'année 1759 soit décisive pour la guerre. Il présente son plan de conquête du Canada pour couper l'Ouest du Saint-Laurent, s'emparer de Niagara et consolider Oswego ; puis envahir la vallée du Saint-Laurent par le Richelieu et attaquer Québec en remontant le fleuve.

Dès la fin de mai, une armée anglaise, sous la conduite du général John Prideaux, se porte contre la seule place forte qui reste à la France sur les Grands Lacs, le fort Niagara. Le colonel Pierre Pouchot, qui défend le poste avec seulement 640 hommes, doit l'évacuer, le 25 juillet, après une résistance de trois semaines.

Sur le front du lac Champlain, Amherst, devenu général en chef à la place d'Abercromby, dirige 12 000 hommes contre le fort Carillon. Bourlamaque se replie sur Saint-Frédéric avec la garnison et d'Hébécourt, capitaine du régiment de La Reine, fait sauter le fort Carillon, le 26 juillet. Bourlamaque fait de même pour le fort Saint-Frédéric, le 31 juillet. Il se retranche à l'Isle-aux-Noix, à la sortie du lac Champlain. Amherst n'ose pas l'attaquer sur-le-champ. Il préfère consolider ses positions.

Le siège de Québec

Pendant que se déroulent ces opérations, l'amiral Charles Saunders dirige sur Québec une véritable armada : quelque 40 vaisseaux de guerre, 80 transports et 60 bateaux. À leur bord, 30 000 marins et 9 000 soldats. Un jeune général de 32 ans, James Wolfe, a le commandement des troupes de terre. Le 23 juin, la flotte jette l'ancre au large de l'île d'Orléans.

À cette redoutable force, Québec ne peut opposer que 5 bataillons réguliers formant un total d'environ 2 900 hommes et quelque 13 000 miliciens et Indiens alliés.

[1] Quateron : quart d'une livre.

D'autre part, l'état des fortifications laisse à désirer. La falaise en amont de Québec présentant une défense naturelle, Montcalm échelonne ses troupes en aval de la capitale, occupant lui-même le centre, tandis que Lévis se poste sur la gauche, près de la rivière Montmorency. Le gouverneur Vaudreuil s'occupe de la droite, à proximité de Québec.

Wolfe établit son propre camp sur la rive gauche de la rivière Montmorency, face au chevalier de Lévis ; un second poste se fixe à la pointe de l'île d'Orléans et on installe les batteries de siège à la pointe de Lévy ❶, juste devant Québec.

Le 12 juillet au soir, les batteries anglaises commencent à bombarder la ville. Dès les premières heures, les dommages sont considérables. Presque sans interruption, cette canonnade se poursuit durant toute la durée du siège. En une seule nuit, celle du 9 août, les bombes incendiaires détruisent environ 140 maisons ❷.

En même temps, Wolfe fait entreprendre la dévastation méthodique des campagnes avoisinantes. On ravage les villages jusqu'à environ 100 km en aval de Québec.

Wolfe compte sur les sorties des troupes françaises pour remporter quelques avantages. Mais, de tout le mois de juillet, Montcalm ne bouge pas de ses retranchements. Cédant à son impatience, le 31 juillet, le général anglais ordonne un débarquement au pied des chutes Montmorency. Montcalm et Lévis repoussent les assaillants. Les pertes anglaises sont considérables. À la marée montante du soir, Wolfe ordonne le rembarquement. Plus de 500 Anglais ont trouvé la mort au cours de l'engagement. D'autres tentatives anglaises se terminent aussi par des échecs.

Les journaux personnels et la correspondance des principaux témoins des événements qui se sont déroulés à Québec en 1759 et 1760 nous permettent de revivre ce qu'ont connu ses habitants Voir : Jacques Lacoursière et Hélène Quimper, Québec, ville assiégée, 1759-1760 : d'après les acteurs et les témoins, *Québec, Septentrion, 2009. Voir aussi Peter MacLeod* La Vérité sur la bataille des Plaines d'Abraham *(L'Homme, 2008).*

L'approche de l'automne incite Wolfe à tenter un ultime effort. Il décide de diriger ses troupes en amont de Québec. De cette manière, il espère empêcher le ravitaillement de la place et, rapidement, affamer la garnison.

Ce 13 septembre

Vers le 10 septembre, des observations minutieuses révèlent à Wolfe l'existence d'un sentier, ancien ruisseau desséché, lui permettant d'atteindre les plaines d'Abraham. Il fixe le débarquement pour la nuit du 12 au 13.

Pendant la journée du 12, le va-et-vient des navires a pour but de tromper les officiers français. La canonnade est nourrie jusque vers 19 h. Les navires en amont et en aval de Québec échangent de nombreux signaux. Dès la noirceur, il y a un grand mouvement de vaisseaux.

---

❶ La pointe de Lévy doit son nom à Lévy, duc de Vantadour, le dernier des vice-rois de la Nouvelle-France (1625-1627). L'orthographe actuel *Lévis* est d'un emploi postérieur à 1760.

❷ P. Bellivier, agent des Franks, fournisseurs des armées anglaises, fait une description de Québec en ruines. Voir Denis Vaugeois, ***Les Juifs et la Nouvelle-France***. Éditions du Boréal Express, Trois-Rivières, 1968.

✎ Caricature du général Wolfe, œuvre du marquis de Townshend. « *Quel grand homme! Notre général commence sa journée* ». Plusieurs reprochaient à Wolfe son ambition qu'ils qualifiaient de démesurée.

Le débarquement commence vers 4 h du matin. Bientôt, 4 800 soldats — la plupart des réguliers — occupent les plaines. Montcalm, qui croyait que le débarquement se ferait à Beauport, n'a pas bougé. Il croit à peine le Canadien, qui, « *à bout de souffle* », vient lui rapporter que les Anglais ont débarqué. Croyant pouvoir vaincre seul, il n'attend pas les hommes de Bougainville qui, dans quelques heures, peuvent venir le joindre. À la tête de 3 500 hommes plutôt que des 10 000 possibles, Montcalm engage le combat vers 9 h 30. Ses hommes, presque tous des miliciens, sont peu familiers avec une bataille rangée. Wolfe a adopté la stratégie européenne valable pour les grands champs de bataille. Elle lui réussit à merveille. Le combat dure à peine une demi-heure. Wolfe a été tué et Montcalm mortellement blessé. L'armée française est en déroute. Ses pertes sont toutefois « *à peine supérieure à celles des Britanniques* » selon l'historien Peter MacLeod. George Townshend rapporte 71 hommes tués, 591 blessés. Du côté français, 116 réguliers ont été tués et un nombre indéterminé de miliciens (Voir Marcel Fournier, ***Combattre pour la France***, 2010).

Wolfe avait risqué le tout pour le tout, ne se ménageant point de facilité de retraite. Montcalm a agi trop vite. Il aurait dû attendre Bougainville et prendre alors l'armée anglaise entre deux feux ❶.

Voir l'ouvrage remarquable de Jacques Mathieu et Eugen Kedl, Les Plaines d'Abraham *(Septentrion, 1993). On y trouve un récit détaillé de la bataille du 13 septembre sous la plume de Jacques Lacoursière.*

Ara Kermoyan, l'éditeur d'Art global, a su réunir une belle brochette de spécialistes dans Québec, ville militaire, 1608-2008. *Articles très instructifs de Serge Bernier, Jacques Castonguay, André Charbonneau, Yvon Desloges et Larry Ostola.*

La reddition de Québec

La défaite des plaines d'Abraham ne signifie pas la reddition de la ville de Québec et encore moins celle de la colonie. Un nouveau siège de la ville commence. Dès le 14, les Anglais sont à une portée de fusil de la capitale. Ils occupent le faubourg Saint-Roch dont ils pillent les maisons. Le 15, les canons de la ville déversent sur l'ennemi quantité de boulets. Au soir de cette journée, Claude-Roch de Ramezay réunit tous les officiers de la garnison pour délibérer. Trois jours plus tard, malgré que Bougainville et Lévis soient prêts à attaquer les forces anglaises, il rend la ville.

❶ « *Le 13 septembre devrait être connu sous le nom de la journée des Fautes. Le demi-succès de Wolfe tient à ce que Montcalm commet encore plus d'erreurs que lui.* » (Guy Frégault, ***La guerre de la Conquête*** : 343).

✎ *Le débarquement à l'anse au Foulon et la bataille des plaines d'Abraham,* artiste inconnu. À noter les traits d'imagination de l'auteur.

La capitulation comprend 11 articles. Le premier accorde à la garnison les honneurs militaires. Les articles 2 à 5 garantissent l'immunité des habitants quant à leurs biens et leurs personnes. L'article 6 assure le libre exercice de la religion jusqu'au traité définitif.

Bataille de Sainte-Foy

Lévis n'accepte pas la défaite. Il se prépare à reprendre la campagne au printemps. Espérant que la première voile à apparaître devant Québec sera française, il entend assiéger la ville et l'enlever aux Anglais. Il dispose de 7 000 hommes. James Murray, commandant anglais, décide d'aller au-devant de lui.

L'engagement a lieu à Sainte-Foy, le 28 avril. Les 3 900 Anglais prennent l'offensive. Durant plus d'une heure, ils s'acharnent contre les différents points des lignes françaises. Lévis profite de leur fatigue pour attaquer à son tour. L'armée anglaise en débandade rentre précipitamment dans les murs de Québec. L'engagement a duré deux heures. Le soir même, Lévis entreprend le siège de la ville. Mais, le 9 mai, une frégate anglaise, la *Lowestoft*, jette l'ancre devant Québec. Les troupes françaises reprennent alors le chemin de Montréal, après avoir un instant espéré voir la fortune tourner à leur avantage. Vaudreuil écrira au ministre de la Guerre : « *La vue d'un seul pavillon français aurait opéré la reddition de la ville de Québec.* »

« Tous les moyens sont utilisés pour impressionner. Les proportions des bâtiments sont exagérées et renforcées par la petite taille des personnages ; la perspective utilisée ajoute au caractère dramatique. Surtout, la gravure présente cette église démolie[…] symbole de la résistance aux envahisseurs. » Voir le commentaire sur le tableau de Richard Short ci-haut dans le numéro spécial de Cap-aux-Diamants, *n° 99, « La Guerre de la Conquête », p. 8.*

L'ultime effort

À Montréal, le… 1760.

Depuis le dénouement de la campagne dernière, Monsieur, j'ai toujours été extrêmement occupé de la situation où les malheurs de la guerre ont réduit les Canadiens du gouvernement de Québec, et vivement sensible aux menaces que le Général Murray leur a faites par tous ses manifestes, ainsi qu'aux vexations qu'il a exercées sans aucun droit ni raison légitime envers quelques-uns d'entre eux.

Le triste état de ces Canadiens, le sentiment de zèle pour le service du Roi et leur attachement à la patrie que je leur ai connu de tout temps n'ont pas pu contribuer à augmenter le désir que j'ai toujours eu de reprendre Québec, afin de leur procurer leur ancienne liberté et de les délivrer de la tyrannie.

C'est dans cette vue, Monsieur, que pour faire le siège de cette place, j'ai destiné un train considérable d'artillerie et une puissante armée de troupes, canadiens et sauvages, dont le zèle et l'ardeur promettent les plus heureux succès.

✎ L'église de Notre-Dame-des-Victoires (Dessin de R. Short).

J'ai remis le commandement en chef de cette armée à Monsieur le Chevalier de Lévis, Maréchal des camps et armée du Roi, tant parce que ma présence est essentiellement nécessaire à Montréal pour veiller à la sûreté de nos frontières des lacs Champlain et Ontario, que parce que je connais l'amour de ce général pour tout ce qui est canadien, et la confiance que ceux-ci — les troupes et les nations sauvages — ont également en lui.

Cette armée part et bientôt la ville de Québec sera investie. Mon intention est, Monsieur, que vous, vos officiers et tous les Canadiens de votre compagnie partent aussitôt la réception de cette lettre et du manifeste de Monsieur le Chevalier de Lévis pour vous rendre auprès du général avec armes et bagages. Je suis convaincu de votre empressement d'exécuter ce que je vous prescris, et que votre courage ne cédera en rien à celui des troupes et des Canadiens de l'armée. D'ailleurs je vous préviens que j'ai autorisé Monsieur le Chevalier de Lévis à vous donner ordre de le joindre sous peine de la vie.

Vous y êtes obligé par vos intérêts particuliers, par ceux de vos miliciens, de vos familles, de la religion, par l'expérience que vous avez de l'aversion des Anglais pour tout ce qui est canadien et par les tristes épreuves que vous avez faites de la sûreté de leur gouvernement. Cette dernière considération ne doit pas même vous permettre de douter que cet ennemi ne vous fit subir le plus malheureux sort si la colonie entière tombait sous sa domination.

Vous touchez au moment du triomphe sur cet ennemi. Il ne peut que succomber aux efforts de notre armée, et nous avons lieu de croire que nous ne tarderons point à recevoir de puissants secours de France. Ainsi, braves Canadiens, c'est à vous à vous signaler dans cette occasion, à tout entreprendre, à tout risquer pour conserver votre religion et sauver votre patrie. Les Canadiens de ce gouvernement et celui des Trois-Rivières, charmés de contribuer à éteindre vos malheurs, marchent avec un zèle inexprimable. Vous devez les imiter en tous points, joindre vos efforts aux leurs et même les surpasser.

J'assure des récompenses marquées par Sa Majesté à ceux d'entre vous qui donneront de véritables preuves de leur zèle ; mais aussi je ne vous dissimule point que ceux qui auront trahi ou trahiront leur patrie seront punis suivant toute la rigueur des ordonnances du Roi.

Je suis, Monsieur,
votre affectionné serviteur,

VAUDREUIL.

Dans Montréal, ville fortifiée au XVIIIe siècle *(Centre canadien d'architecture, 1992), les auteurs, Phyllis Lambert et Alan Stewart examinent l'état des fortifications sous l'angle militaire bien sûr, mais plus encore comme une forme de délimitation de l'espace urbain. Après 1740, on trouve peu de lots à bon marché dans la ville et le développement gagne les faubourgs. Les fortifications qui n'ont servi ni en 1760 ni en 1775 seront finalement démolies.*

La capitulation de Montréal

Ce qui reste de la colonie française est cerné : trois armées se donnent rendez-vous à Montréal. Murray doit remonter le Saint-Laurent. Haviland descendra le Richelieu et Amherst débouchera par le lac Ontario. En tout, 18 000 hommes.

La marche anglaise s'effectue quasi sans résistance. Haviland s'empare de Chambly, le 1er septembre ; Amherst arrive à Lachine le 6. Vaudreuil, voyant que toute résistance est inutile, capitule le 8. Cette fois-ci, ce n'est pas une ville qui se rend, c'est la Nouvelle-France.

Les articles 8, 9, 40 et 51 traitent directement ou indirectement des Indiens.

La capitulation de Montréal comprend 55 articles. Les 26 premiers concernent les troupes et le transport en France du personnel civil et militaire. Les troupes n'obtiennent pas les honneurs militaires. Les Anglais garantissent le bon comportement de leurs alliés indiens. Les articles 27 à 35 ont trait aux questions religieuses : Amherst accorde en général la liberté religieuse, mais réserve au jugement du roi la reconnaissance de la dîme, de la juridiction épiscopale et des privilèges des communautés d'hommes. L'article 36 accorde le droit de se retirer en France à « *tous les Français, Canadiens, Acadiens, commerçants et autres personnes* » qui le voudront. Les articles 37 et 38 consacrent l'immunité des biens et des personnes. Par l'article 39, les autorités s'engagent à ne déporter ni les Français ni les Canadiens présentement en Canada ; exception est faite pour les Acadiens. Vaudreuil demande aussi que les Indiens alliés des Français soient maintenus dans les terres qu'ils habitent et que les habitants du Canada ne soient pas obligés de prendre les armes contre le roi de France. Quant à ces derniers, « ils deviennent Sujets du Roi », répond Amherst. L'article 42 : « *Les Français et Canadiens continueront d'être gouvernés suivant la Coutume de Paris et les lois et usages établis pour ce pays ; et ils ne pourront être assujettis à d'autres impôts que ceux qui étaient établis sous la domination française* », ne reçoit pas l'approbation du général anglais. Sur le plan commercial, l'article 46 reconnaît aux habitants et négociants les mêmes privilèges commerciaux qu'aux sujets de Sa Majesté britannique.

Vaudreuil juge les conditions proposées par le général anglais « *avantageuses au pays* ». La capitulation n'est qu'une solution temporaire, en attendant le traité de paix.

Guerre de la Conquête pour les Canadiens, guerre de Sept Ans pour les Européens, French and Indian War pour les Américains. Comment cette guerre aux appellations multiples se termine-t-elle pour les Indiens ? Denis Vaugeois pose la question dans La Fin des alliances franco-indiennes *(Boréal, 1995). L'examen d'un sauf-conduit remis aux Hurons de Lorette par Murray mène l'auteur aux engagements pris par les Britanniques en 1760 envers les Indiens.*

La défaite

Le Canada est militairement conquis même si plusieurs forts de l'ouest et du sud restent entre les mains des Français et de leurs alliés indiens. La capitulation de Montréal marque la fin de la colonisation française en Amérique du Nord. La guerre est quasi terminée en Amérique, mais elle continue en Europe.

L'affrontement de deux civilisations, de deux systèmes de colonisation se termine. La France n'avait pas pratiqué la même politique coloniale que l'Angleterre. La métropole française se devait de défendre ses vastes frontières en Europe, soumises aux pressions de plusieurs pays. Sa politique nettement continentale explique en partie le faible développement démographique du Canada. En 1760, un Français sur 285 vit en Amérique du Nord, alors que un Anglais sur 6 vit dans les colonies anglaises voisines.

Victoire anglaise

En 1760, la vallée du Saint-Laurent est militairement occupée par les armées anglaises. La capitulation de Montréal annonce la fin de la Nouvelle-France. Le traité de Paris marque le début de la colonisation anglaise au Canada, c'est-à-dire l'inévitable formation d'un Canada anglais. L'Amérique du Nord tout entière sera donc anglaise !

Les Canadiens ne sont pourtant pas les seuls perdants. Comme l'avaient entrevu Pitt ou Maurepas, l'équilibre européen est fonction de l'équilibre nord-américain. Le professeur Maurice Séguin affirme qu'il s'agit de la plus grande défaite du monde français. « *Les défaites de Napoléon ne sont rien en comparaison. C'est, pour la civilisation française, la perte de la région la plus riche au monde : les Grands Lacs et la vallée du Saint-Laurent, c'est-à-dire l'axe Chicago-Détroit-Montréal. De fait, c'est la fin de l'hégémonie de la France au profit de l'Angleterre. C'est même plus que le triomphe de l'Angleterre ou de l'Empire britannique, c'est celui du monde anglo-saxon.* » ❶

Par l'article 8, Vaudreuil demandera que « les officiers soldats miliciens matelots, et même les sauvages détenus pour cause de leurs blessures, ou maladie » [...] jouissent « des privilèges du cartel, et des traités ». Cette préoccupation face aux Indiens dénote bien le caractère « canadien » du gouverneur de la Nouvelle-France.

Le traité de Caughnawaga est traduit et cité au complet dans l'ouvrage mentionné en *p. 144.*

❶ Mieux que Maurepas peut-être, La Galissonière avait exprimé cette réalité. Voir en particulier la conclusion de son Mémoire de 1750 : « *On ne peut les [colonies françaises d'Amérique du Nord] abandonner à leurs seules forces actuelles, sans les livrer en quelque sorte aux Anglais à qui la supériorité en Amérique et les richesses qu'ils en retireraient à l'exclusion des autres Nations donneraient certainement la supériorité en Europe* ». Cité par Roland Lamontagne, ***Aperçu structural du Canada au XVIIIe siècle***. Leméac, Montréal, 1965 : 112.

✎ L'intérieur de l'église des Récollets, devenue l'église anglicane de Québec. Les boulets anglais ont éventré le toit à plusieurs endroits (Dessin de R. Short).

XVII • BILAN DE CIVILISATION (1663-1760)

Dans Les petits innocents. L'enfance en Nouvelle-France *(IQRC, 1085), Denise Lemieux souligne que les Jésuites avaient modifié leurs idées sur l'enfance et sur l'attitude des parents à l'endroit des enfants au contact des autochtones. Elle s'intéresse aussi à la vie quotidienne des familles, de l'amour dans le mariage, de la précocité des jeunes. « Les filles en ce pays sont pour la plupart plus savantes en plusieurs matières dangereuses que celles de France », notait Marie de l'Incarnation.*

Les spécialistes ont fort bien accueilli Québec. Une ville et sa population au temps de la Nouvelle-France *(PUQ, 1991) de Danielle Gauvreau. Issu d'une thèse de doctorat, cet ouvrage ouvre une large fenêtre sur l'histoire sociale de la Nouvelle-France.*

L'Église catholique sous Mgr de Laval

Au début du gouvernement royal, la Nouvelle-France a besoin, non seulement d'un clergé missionnaire, mais aussi de pasteurs voués au service spirituel des colons. C'est pour assurer le recrutement de ce corps de prêtres que Mgr de Laval institue un grand et un petit séminaire.

Le Grand Séminaire est fondé en 1663. Un caractère spécial le distingue des fondations analogues. Il forme une sorte de corporation religieuse, qui groupe tous les prêtres séculiers du pays, sauf les Sulpiciens. Le Séminaire perçoit seul la dîme et la distribue aux curés. Il leur offre une résidence au moment de leur retraite. L'institution, le Séminaire des Missions-Étrangères de Québec, est affilié à celui de Paris, de fondation récente.

En 1668, Mgr de Laval établit le petit séminaire, sous le nom de Petit Séminaire de l'Enfant-Jésus. L'institution reçoit, dès sa première année, 8 jeunes Canadiens et 6 Hurons qu'on doit s'efforcer de franciser pour répondre aux instructions de la Cour.

Pour la subsistance du clergé, l'évêque règle la perception de la dîme. Elle est fixée d'abord au treizième des grains récoltés dans l'année, puis, par suite des protestations des habitants, au vingt-sixième. Le roi paie alors les suppléments devenus nécessaires.

En 1684, l'évêque érige le chapitre diocésain. Les 13 membres qui le composent vivent en commun et récitent ensemble les offices divins. Au début, les chanoines seront presque toujours des Français. Cependant, en 1760, 8 des 11 chanoines en fonction sont des Canadiens ❶.

Jusqu'en 1659, les fidèles ont été desservis par les missionnaires. La vie paroissiale n'est encore qu'ébauchée dans la colonie : deux églises de ville seulement, celles de Québec et de Ville-Marie (Montréal), et une église de campagne, celle de Beaupré, ont un curé. Mgr de Laval crée des districts paroissiaux dans son immense diocèse et y établit, dans la mesure du possible, des curés résidents. En 1681, on compte 25 de ces centres religieux. La plupart n'ont pas encore de presbytère et d'église ; le curé ou desservant loge chez un particulier dans la maison où il célèbre les saints offices.

Mgr de Laval, nommé vicaire apostolique du Canada en 1658, devient le premier évêque de la Nouvelle-France en 1674 ❷. Dix ans plus tard, déjà gravement affaibli par les exigences de son ministère, il veut se démettre de sa charge. Il demande pour successeur l'aumônier du roi, Jean-Baptiste de Saint-Vallier.

Sa démission ayant été acceptée en 1688, il sollicite la faveur de finir ses jours au Canada. Il y reste en effet jusqu'à sa mort en 1708, résidant au Séminaire, sauf durant les mois d'été qu'il passe à Saint-Joachim.

---

❶ Voir Marcel Trudel, ***L'Église canadienne sous le Régime militaire** (1759-1764). II - Les institutions.* PUL, Québec, 1957 : 8. Au sujet de l'architecture religieuse du Québec, il faut citer l'excellente étude de Luc Noppen, ***Notre-Dame de Québec. Son architecture et son rayonnement** (1647-1922).* Éditions du Pélican, Québec, 1974.

❷ La Nouvelle-France n'ayant pas encore été organisée en diocèse, Mgr de Laval est nommé évêque de Pétrée. Cet endroit, « *siège suffragant d'Hiéropolis* », est situé en Mésopotamie.

Épiscopat de Mgr de Saint-Vallier

Avant même de devenir évêque en titre, l'abbé de Saint-Vallier fait, en 1685, la visite du diocèse jusqu'en Acadie. Les débuts de son épiscopat sont assombris par ses querelles avec le Séminaire. Il veut rendre aux curés leur indépendance complète en supprimant leur rattachement au Séminaire au point de vue des dîmes. Son attitude est nettement à l'opposé de celle de Mgr de Laval ❶.

Une fois devenu évêque, il ne sait pas davantage maintenir la paix avec les autres corps religieux et les autorités civiles. Ses vaines querelles de préséance rappellent étrangement certaines scènes du ***Lutrin*** de Boileau. En 1694, il doit passer en France pour s'expliquer. Le roi a résolu de ne pas le renvoyer au Canada, mais Fénelon et Bossuet l'en dissuadent. À la fin, l'harmonie se rétablit.

L'Église canadienne doit d'importants développements à ce prélat zélé. Il fait fleurir comme son prédécesseur la vie paroissiale. Le nombre de paroisses est porté de 40 en 1690, à 82 en 1721. Durant les 40 années de son épiscopat, il s'est montré le digne successeur de Mgr de Laval. Il meurt à l'Hôpital Général de Québec, en 1727.

Derniers évêques du régime français

Depuis Mgr de Saint-Vallier jusqu'à sa cession, la Nouvelle-France aura 4 évêques ❷. Les trois premiers sont remarquables surtout pour leur absence de la colonie. Le capucin Louis-François Duplessis de Mornay (1728-1733), craignant la traversée

Le mariage n'est pas ordonné au plaisir des sens mais à la sainte procréation des enfants. Apparemment, Mgr de Saint-Vallier insistait beaucoup sur ce principe. Les prêtres avaient donc le devoir de bien instruire les futurs mariés. Madame Bégon raconte à ce propos une anecdote savoureuse qui éclaire l'esprit du temps. Au curé qui lui demandait « si elle savait ce que c'était que le sacrement de mariage, la future mariée répondit qu'elle n'en savait rien, mais que s'il était curieux, que dans quatre jours, elle lui en dirait des nouvelles » (Voir l'ouvrage déjà cité de D. Lemieux).

❶ Après sa retraite, Mgr de Laval fut surnommé « *Monseigneur l'Ancien* ». Voir Noël Baillargeon, ***Le Séminaire de Québec sous l'épiscopat de Mgr de Laval***. PUL, Québec, 1972.

❷ Sur les 30 années de son épiscopat, Mgr de Laval n'en passe que 18 à Québec ; Mgr de Saint-Vallier, 22 sur 39. Il est vrai que ce dernier fut pendant quelques années prisonnier des Anglais, lors de la guerre de Succession d'Espagne.

✎ Cuisine seigneuriale (XVIIIe siècle). Un chien, placé dans la cage de bois, à droite de la cheminée, actionnait un mécanisme qui faisait tourner la broche de rôtissage.

transatlantique, ne vient même pas une seule fois rendre visite à son diocèse. Il en retire quand même les revenus ! Mgr Pierre-Herman Dosquet, évêque de Québec de 1733 à 1739, vint à Québec, alors qu'il était coadjuteur ❶. Les problèmes, trop nombreux, l'accablent. Il décide de retourner en France où la succession de Mgr de Mornay lui échoit. En août 1734, il revient à Québec, mais « *ne pouvant s'accoutumer au climat* », il quitte définitivement la colonie, causant par là « *un tort notable au clergé* » ❷. Il n'a ordonné qu'un seul prêtre. Vient ensuite Mgr François-Louis Pourroy de Lauberivière (1739-1740). Arrivé au pays sur un vaisseau où s'est déclarée la peste, ce prélat montre une charité héroïque en secourant les pestiférés. Il meurt de la contagion, en accostant à Québec. Dommage, car ce prêtre possédait une personnalité forte qui aurait fait de lui un évêque de première importance.

L'étude des exclus est soudainement devenue à la mode, comme le démontre toute une gamme de publications, parmi lesquelles nous retenons plus particulièrement les deux suivantes : André Lachance, Les Marginaux, les exclus et l'autre au Canada aux XVIIe et XVIIIe siècles *(Fides, 1996) ; Gérard Bouchard, John A. Dickinson et Joseph Goy,* Les Exclus de la terre en France et au Québec, XVIIe-XXe siècles *(Septentrion, 1998).*

Le dernier évêque de la Nouvelle-France est Mgr Henri-Marie Dubreuil de Pontbriand (1741-1760). Il rappelle par plusieurs traits Mgr de Laval, en particulier par son zèle apostolique et sa charité pour les pauvres. Ses mandements, durant la guerre de Sept Ans, contribuent beaucoup au réconfort moral de la population. Le nombre de paroisses atteint 124, en 1756. Au point de vue social, l'entité paroissiale l'emporte désormais sur la seigneurie.

L'instruction

Tranquillement, s'élabore un système scolaire. L'enseignement primaire est le plus développé. Sur la fin du régime français, les enfants des villes sont bien partagés au point de vue de l'éducation. Les garçons ont trois écoles à Québec et deux à Montréal ; les filles, trois pensionnats à Québec et une école à Montréal. Les Jésuites, les prêtres du Séminaire et les Sulpiciens ont la charge de l'instruction des garçons. L'Institut des Frères hospitaliers de la Croix et de Saint-Joseph — appelés plus communément Frères Charon du nom de leur fondateur, François Charon de la Barre — s'occupe de l'instruction des garçons, tant dans la région de Montréal qu'aux Trois-Rivières. Les Ursulines, les Dames de la Congrégation et les Hospitalières s'occupent de l'éducation des filles. L'enseignement est habituellement gratuit dans les écoles urbaines ; quant à la pension, elle coûte une dizaine de livres par mois.

Dans les paroisses rurales, l'instruction n'est pas non plus négligée ; elle y est donnée par le curé, le notaire, les fils de famille, les maîtres ambulants et, en de trop rares endroits, par les congrégations enseignantes. Au dire du voyageur suédois Pehr Kalm, chaque village de la Nouvelle-France possède, en 1749, son école pour les garçons et pour les filles.

Jacques Rousseau et Guy Béthune ont traduit et annoté le Voyage de Pehr Kalm au Canada en 1749 *(Pierre Tisseyre, 1977). Ce travail absolument remarquable a été complété par Pierre Morisset.*

Dans ces écoles, on enseigne le catéchisme, la lecture, l'écriture et l'arithmétique. Comme les élèves y passent souvent à peine un an ou deux, on n'a guère le temps de leur enseigner l'histoire, la géographie et la grammaire française. En Nouvelle-France, le pourcentage d'illettrés n'est pas plus élevé qu'ailleurs. Au témoignage de J.-Edmond Roy, « *dans la classe moyenne, sur cent colons, il n'y en avait pas plus de vingt qui ignorassent l'écriture… Presque tous savaient lire et écrire* ».

---

❶ Le navire sur lequel il se trouvait fit naufrage à 20 km en aval de Québec.

❷ Voir Mgr Têtu et l'abbé C.-O. Gagnon éditeurs, ***Mandements, lettres pastorales et circulaires des évêques de Québec***. Vol. I, Québec, 1888.

Pehr [Peter] Kalm (1716-1779). Ce savant suédois visite le Canada en 1749. Il publie le récit de son voyage à Stockholm en 1753.

Au XVIIIe siècle, la seule maison d'enseignement secondaire est encore le Collège des Jésuites de Québec. On rencontre sans doute des écoles latines, soit à Saint-Joachim, près de Québec, à Montréal chez les Jésuites et chez les Sulpiciens, mais cet enseignement ne dépasse pas les classes inférieures du cours classique et les études doivent s'achever au Collège de Québec.

Chez les Jésuites, le cours classique proprement dit comprend 5 années : trois de grammaire, une d'humanités et une de rhétorique ; le latin sert de base à l'enseignement ; on y enseigne aussi le français et un peu de grec. Suivent deux années de philosophie où on utilise la méthode scolastique, avec argumentations publiques. La physique enseignée est toujours celle d'Aristote.

Le Collège des Jésuites reçoit tous les ans un peu plus d'une centaine d'élèves dont 40 ou 50 lui viennent du Petit Séminaire. Dans ce dernier établissement, les frais de pension s'élèvent à 200 ou 250 livres. Il y a des bourses et des réductions pour les enfants pauvres.

Dans la colonie, l'enseignement supérieur reste toujours à l'état embryonnaire. Les cours de théologie donnés par les Jésuites alternent avec ceux de philosophie et durent donc deux ans, ou trois au plus. On y enseigne la morale et la scolastique.

À l'École royale de mathématiques, confiée elle aussi aux Jésuites, les mathématiques, la géographie, le dessin et l'hydrographie sont les matières d'enseignement. Cette école forme des arpenteurs, des pilotes et des capitaines de vaisseaux.

Par suite d'une décision royale, il n'y a pas d'avocats en Nouvelle-France. Les notaires ne sont pas astreints à suivre des cours de droit. Ils peuvent s'instruire en devenant clercs de notaires. Il n'y a pas non plus à Québec d'école de médecine ou de chirurgie.

Cette absence de tout enseignement universitaire incite plusieurs Canadiens à se rendre en France y étudier la médecine, la chirurgie, la jurisprudence ou la théologie.

Le besoin de main-d'œuvre spécialisée fait naître deux écoles d'arts et métiers : une à Saint-Joachim et l'autre à Montréal. À partir de 1705, la ferme-école de Saint-Joachim au cap Tourmente est une véritable école d'agriculture. On y donne de plus des cours sur la peinture, la sculpture et l'architecture. À Montréal, les frères Charon enseignent la maçonnerie, la menuiserie, l'ébénisterie, la serrurerie, etc.

Louis-Philippe Audet juge ainsi l'enseignement dispensé en Nouvelle-France : « *L'enseignement dut s'adapter aux besoins et aux ressources de la colonie. Les éducateurs de cette époque lointaine firent de notables efforts pour synchroniser leurs méthodes et leurs programmes avec ce qui se faisait alors dans les meilleurs collèges de France.* » [1]

---

[1] Voir Louis-Philippe Audet, ***Le Système scolaire de la Province de Québec.*** PUL, Québec, 1951, II : 3-60.

Sciences et lettres

L'aventure coloniale française a eu jadis ses adeptes. Dans L'Aventure américaine au XVIIIe siècle : du voyage à l'écriture *(PUO, 1990), Pierre Berthiaume livre une étonnante compilation de quelque 1500 écrits. Ce sont les textologues qui ont remis à l'honneur les récits de voyage. Ils ont eu bien raison.*

On a dans la colonie un réel intérêt pour les sciences. « *Les gens de distinction*, observe Kalm, *ont ici du goût pour l'histoire naturelle et les lettres.* »

Parmi les naturalistes canadiens de l'époque, il faut citer l'intendant Dupuy, le marquis de La Galissonière, mais surtout les médecins Michel Sarrazin et François Gaultier, tous deux correspondants de l'Académie royale des Sciences de Paris. Sarrazin est en correspondance avec le savant Réaumur. Il étudie plus de 200 plantes. Il envoie des spécimens au Jardin des Plantes de Paris. Il découvre même une espèce de plante inconnue en Europe, la sarracénie. Il rédige des communications sur le castor, le rat musqué, la mouffette et le porc-épic. Il décrit longuement l'érable à sucre. Jean-François Gaultier est lui aussi un botaniste de renom ❶.

En dépit de l'absence d'imprimerie, on lit beaucoup au Canada, au XVIIIe siècle. On achète toutes les nouveautés littéraires importées de la métropole, même les travaux des Encyclopédistes. Tous les livres qui circulent ne sont pas des livres de piété. Mgr Pontbriand, dans son mandement pour le Jubilé universel accordé par Clément XIV, écrit : « *Changez vos cœurs, réformez vos mœurs ; et surtout, Nos Très Chers Frères, nous vous en conjurons par la Miséricorde de Jésus, cessez ces lectures de livres impies qui se répandent dans ce diocèse…* » D'après les calculs de Benjamin Sulte, il y aurait eu 60 000 volumes au Canada, à l'époque de la Conquête. Selon Antonio Drolet, les documents, ouvrages et travaux qu'il a consultés lui révèlent l'existence certaine d'environ 20 000 volumes. Certains particuliers, tels Cugnet et Verrier, possèdent jusqu'à 2 000 ou 3 000 volumes qu'ils prêtent libéralement à leurs amis. C'est une erreur de croire que nos ancêtres ne possédaient pas de romans et de livres de poésie dans leurs bibliothèques ❷.

Un survol original de l'histoire des Québécois est présenté par Jacques Mathieu et Jacques Lacoursière sous le titre Les Mémoires québécoises *(PUL, 1991).*

Malgré ce goût de la lecture, la production littéraire est assez restreinte au Canada. Pierre Boucher publie bien, en 1664, une *Histoire véritable et naturelle*. Le père Hennepin et le baron de La Hontan connaissent des éditions en plusieurs langues. Un militaire, Bacqueville de La Potherie, publie une *Histoire de l'Amérique septentrionale*. Un Jésuite, le père Joseph-François Lafitau, après avoir étudié le génie et les coutumes des Iroquois, publie en 1723 un ouvrage intitulé *Mœurs des Sauvages américains comparées aux mœurs des premiers temps*. Le principal auteur de cette période est le père Pierre-François-Xavier de Charlevoix qui publie, en 1744, son *Histoire et description générale de la Nouvelle-France*.

À part des ouvrages imprimés, on peut encore citer la correspondance officielle de Talon, de Frontenac, de Montcalm, de Lévis, de Bourlamaque et de Vaudreuil et les lettres privées des Canadiens qui font preuve parfois de réelles qualités d'épistoliers. La correspondance de madame Élisabeth Bégon est d'un intérêt remarquable.

Les poésies et les chansons de circonstance, à cette époque, n'ont pas un grand mérite littéraire. Les contes et les chansons de la vieille France agrémentent les

---

❶ Voir les articles de Roland Lamontagne dans la ***Revue d'histoire de l'Amérique française***, mars et juin 1960, juin et septembre 1962. Du même auteur, ***Chabert de Cogolin et l'expédition de Louisbourg***.

❷ Voir Antonio Drolet, ***Les bibliothèques canadiennes de 1604 à 1960***. Le Cercle du livre de France, Montréal, 1965 : 13-63.

longues soirées d'hiver; déjà les Canadiens ajoutent au folklore français des traits spécifiquement canadiens.

Point de chefs-d'œuvre, mais il y a là un peuple qui commence à s'affirmer par la littérature.

Les arts

Au Canada, la peinture, fortement influencée par les courants français, dans la seconde moitié du XVIIe siècle, s'affranchit doucement des influences extérieures au début du XVIIIe. Elle devient plus naïve, plus spontanée, plus à l'image du pays. L'influence religieuse sur ce que l'on peut appeler la peinture du régime français est prépondérante. Les sujets profanes sont en quasi totalité des portraits... souvent de personnages religieux.

Un élève de Nicolas Poussin, le frère Luc (Claude François), a laissé un certain nombre de tableaux de réelle valeur. Il ne vécut en Nouvelle-France que 15 mois environ mais il eut le temps de peindre une trentaine de tableaux. Pierre Le Ber, Michel Dessaillant de Richeterre et Paul Beaucourt méritent d'être cités ❶.

L'architecture, sous le régime français, est surtout utilitaire. Il faut se plier aux exigences du climat et aussi aux ressources laissées par l'emploi des matériaux de construction. Les églises sont les principales manifestations du talent des premiers architectes-maçons, tel Jean Maillou. La construction, en 1670, de la chapelle des Récollets à Québec, introduit en Nouvelle-France un nouveau style architectural: le style à la récollette. Plusieurs des églises de campagne qui subsistent encore ont été construites selon ce style, « *une seule nef, recouverte d'une fausse voûte en demi-cercle et dont l'abside est carrée* ». L'église à transept fut aussi très populaire. Son toit aigu convenait bien à l'hiver canadien. Deux tours flanquent la façade. L'église de Cap-de-la-Madeleine, celle de Cap-Santé, de Sainte-Famille de l'île d'Orléans sont de ce style.

L'architecture domiciliaire varie suivant les régions. ❷ « *La maison montréalaise, courte, massive, profonde, flanquée de cheminées robustes et de coupe-feu, construite de gros cailloux noirs ou de ton rouille noyés dans un épais mortier blanc, semblant surgir de terre comme une forteresse domestique, nous vient directement de la Bretagne. Au contraire*, continue Gérard Morisset, *la maison québécoise, longue, peu profonde, enduite de mortier d'un ton ocre clair, coiffée d'une haute toiture recouverte de bardeaux, percée de fenêtres allongées à volets, est le type même de la maison normande, plus précisément de l'habitation accueillante de la Seine-Inférieure. La première est d'une grandeur farouche. De l'autre se dégage une sorte de sérénité insouciante. Entre ces deux types nettement caractérisés, il y a place à beaucoup de variété.* »

La sculpture porte surtout sur des sujets religieux. Les principaux clients des artistes, pour ne pas dire les seuls, étaient les fabriques. Les nombreuses constructions d'églises — environ une trentaine entre 1680 et 1730 — signifient des commandes de tabernacles, de statues, de chandeliers, de retables, de chaires, de bancs d'œuvre,

Dans l'imaginaire de plusieurs, la Nouvelle-France est l'univers des coureurs des bois et de misérables colons. Il est commode d'oublier cette petite société raffinée dont le charme ne manquait pas d'étonner les visiteurs. Par son rappel du musicien Jean Girard (Septentrion, 1993), Élisabeth Gallat-Morin nous ramène, avec force détails inattendus, chez les « montréalistes » du XVIIIe siècle.

---

❶ Voir J. Russell Harper, ***La Peinture au Canada, des origines à nos jours.*** PUL, 1966, 3-30: 86.

❷ Voir le ***Boréal Express (1524-1760)***: 106-108, 212-213. Aussi Robert-Lionel Séguin, ***La Maison en Nouvelle-France.*** Ottawa, 1968. Gérard Morisset, « Québec, la Maison Rurale. », ***Canadian Geographic Journal***, décembre 1958.

À la veille de la Conquête, la Nouvelle-France comptait trois petites villes : Québec, Trois-Rivières et Montréal. Le quart de la population de la colonie y vivait. Dans quelles conditions ? C'est ce qu'examine André Lachance dans Vivre, aimer et mourir en Nouvelle-France. La vie quotidienne aux XVIIe et XVIIIe siècles *(Libre Expression, 2000).*

etc. Saint-Joachim, Trois-Rivières et Montréal ont chacun leur école de sculpteurs. Les plus célèbres sont les Le Vasseur. Il convient de citer aussi Jean Latour, Jacques Leblond, dit Latour, Gilles Boivin, Paul Jourdain.

L'orfèvrerie n'apparaîtra qu'à la fin de la période française. Elle aussi sera surtout au service de l'Église. Quelques riches personnages de la colonie se font ciseler des ustensiles d'argent.

Le théâtre aurait peut-être été populaire en Nouvelle-France, n'eussent été les foudres ecclésiastiques. L'affaire *Tartuffe* de 1694 est célèbre. Des officiers de l'entourage de Frontenac veulent jouer la comédie de Molière. Mgr de Saint-Vallier s'y oppose fortement. Il verse même au gouverneur un certain montant d'argent pour faire avorter le projet. Dans un mandement, en date du 16 janvier 1694, il écrit : « *Nous déclarons que ces sortes de spectacles et de comédies ne sont pas seulement dangereuses, mais qu'elles sont absolument mauvaises et criminelles d'elles-mêmes et qu'on ne peut y assister sans péché, et comme telles nous les condamnons et faisons défenses très expresses à toutes les personnes de notre diocèse de quelque qualité et condition qu'elles soient de s'y trouver* ». Par la suite, on se contentera de quelques pièces maison ❶.

« Les créoles du Canada »

Le Canadien de 1760 n'est plus le Français venu s'établir au Canada. Il s'est acclimaté. Il a entrepris de dompter un continent, développant de nouvelles techniques. Sa manière de penser n'est plus la même que celle du Français de la même époque. Les rivalités entre Français et Canadiens à l'intérieur des communautés religieuses, tout comme l'opposition entre Montcalm et Vaudreuil, illustrent cette différence. Les *Canadiens* ne sont pas autres que les *Américains.* Leurs intérêts sont en Amérique Ainsi que l'écrit Vaudreuil, leur patrie, c'est le Canada !

Le père Charlevoix a essayé de saisir les caractéristiques de ceux qu'il appelle « les créoles du Canada ». « La légèreté, l'aversion d'un travail assidu et réglé et l'esprit d'indépendance en ont fait sortir un grand nombre de jeunes gens et ont empêché la colonie de se peupler. Ce sont les défauts qu'on reproche le plus, et avec le plus de fondement, aux Français canadiens. C'est aussi celui des Sauvages. On dirait que l'air qu'on respire dans ce vaste continent y contribue. »

L'esprit d'indépendance et de liberté des Canadiens devra pourtant s'accommoder de la Conquête !

Guy Frégault a été un pionnier dans l'étude de la Nouvelle-France. À la fois très fouillés et agréablement écrits, ses ouvrages demeurent des références précieuses. Voir, entre autres, La Civilisation de la Nouvelle-France, 1713-1744 *(Fides, 1969).*

❶ Voir Gérard Morisset, ***Coup d'œil sur les arts en Nouvelle-France***. Québec, 1941. Aussi trois ouvrages de Michel Lessard et Huguette Marquis parus aux Éditions de l'Homme (1971, 1972 et 1975) et intitulés ***Encyclopédie des Antiquités du Québec***, ***Encyclopédie de la maison québécoise*** et ***L'Art traditionnel au Québec***. Également Georges Gauthier-Larouche, ***Évolution de la maison rurale traditionnelle dans la région de Québec***. PUL, Québec, 1974.

DEUXIÈME PARTIE

DEUX CANADAS

I • LE RÉGIME MILITAIRE (1760-1764)

Une situation économique désastreuse

« En 1760, le Canada est écrasé. L'empire français disparaît de l'Amérique ; la Nouvelle-France s'efface de la carte ». Quantité de Canadiens sont sans gîte, sans meubles et sans outils. La guerre — particulièrement le bombardement de Québec —, la réquisition du bétail au profit de l'armée ennemie, l'incendie d'un grand nombre de fermes, surtout dans le district de Québec, dans le Bas-Saint-Laurent et aux environs de Sorel, avaient ruiné les Canadiens déjà appauvris par les friponneries ❶ de l'intendant Bigot.

Les finances du pays s'écroulent par suite de la dépréciation de la monnaie de carte. Pendant la guerre, les administrateurs et les généraux ont mis en circulation près de 41 000 000 de livres en lettres de change et en divers billets. Louis XV et l'administration coloniale française se sont engagés à solder ce montant mais la situation économique de la France, aggravée par le scandaleux gaspillage de la Cour, ne permettra qu'un très faible remboursement, dont bénéficieront surtout les Anglais qui ont racheté ce papier à vil prix.

Transcription de la lettre de la page suivante : *« aux délices, 6 septembre 1762. Si je ne voulais que faire entendre ma voix, monseigneur, je me tairais dans la crise des affaires où vous êtes mais j'entends les voix de beaucoup d'étrangers, touttes disent qu'on doit vous bénir si vous faittes la paix a quelque prix que ce soit. permettez moy donc monseigneur de vous en faire mon compliment. je suis comme le public. j'aime beaucoup mieux la paix que le canada : et je crois que la france peut être heureuse sans québec. vous nous donnez précisément ce dont nous avons besoin. nous vous devons des actions de grace. recevez en attendant avec votre bonté ordinaire le profond respect de voltaire. »*

Dignité de la population

Au lendemain des capitulations de Québec et de Montréal, les Canadiens se sentent à la merci du conquérant. Ils craignent le pire. Une propagande haineuse avait accompagné le conflit ; et puis, la déportation des Acadiens est dans toutes les mémoires. Le général Amherst pourvoit à la prise de possession de la Nouvelle-France ; des soldats anglais en habits rouges se répandent dans les villes et dans les campagnes pour assurer l'ordre sans toutefois pressurer la population. Durant l'hiver de 1760, on voit même des soldats anglais participer à une campagne de charité et venir en aide à des colons en détresse. On oblige cependant les habitants à remettre leurs armes et à prêter le serment d'allégeance. L'abandon des fusils est particulièrement pénible à tous ces gens qui ont grand besoin d'instruments de chasse en pareil temps de disette ❷. Néanmoins tout se passe dans le calme.

Robert de Roquebrune décrit les Canadiens de 1760. « *Quand les Anglais arrivèrent dans ce pays, ils se trouvèrent devant un peuple : les Canadiens. Et lorsqu'on étudie les documents de cette époque, on a l'impression que la plupart de ces Britanniques éprouvèrent alors l'étonnement de leur vie. Évidemment, ils n'avaient pas prévu cela. Ces*

---

❶ Au sujet de la maison de Claverie, surnommée la *Friponne*, voir Guy Frégault, ***François Bigot, administrateur français***. Publié par l'Institut d'histoire de l'Amérique française, I : 412s. Au sujet de l'exil et de la mort de l'intendant, voir Denis Vaugeois, *« François Bigot, son exil et sa mort »*. ***Revue d'histoire de l'Amérique française***, vol. XXI, n° 4. Le mot *fripon* signifie originairement *« personne sans scrupule, rusée, fourbe et malhonnête »* ; il a donné *friponnerie*. Ce terme restera longtemps associé à l'activité de François Bigot.

❷ Les officiers de milice eurent la responsabilité d'un *« nombre fixe de fusils pour la chasse »*. Quelques seigneurs et curés obtinrent aussi la permission de garder leurs armes. Dans le gouvernement des Trois-Rivières, 7 seigneurs et 11 curés eurent ce privilège. Marcel Trudel note dans ***Le régime militaire dans le Gouvernement des Trois-Rivières*** (Le Bien Public, Trois-Rivières, 1952) que parmi les curés en question se trouvaient deux Jésuites dont le célèbre Pierre Roubaud à Saint-François. Cependant « aucun Récollet n'obtint de fusil ».

seigneurs portant l'épée et les cheveux poudrés, ces dames en robes de soie, ces gros bourgeois offrant des repas plantureux, ces habitants propriétaires de domaines et attelant de magnifiques chevaux à leurs carrioles n'étaient pas du tout la sorte de gens qu'ils s'étaient figurés. Ils avaient pensé avoir affaire à des bûcherons et ils se trouvaient au milieu d'une civilisation raffinée. Ces habitants dans leurs confortables maisons de pierre, ces curés dans leurs églises de style Louis XV, ces bourgeois dans leurs salons meublés de fauteuils en damas, ces seigneurs dans leurs manoirs à grands toits et à hautes cheminées avaient des manières exquises, un langage excellent et des mœurs charmantes. C'étaient les Canadiens: un peuple de gentilshommes.»

Murray se félicite, en 1766, d'avoir su gagner à son maître et souverain «*l'affection de ce peuple brave et courageux dont le départ du pays, si jamais il avait lieu, serait une perte irréparable pour l'Empire*».

Le dépeuplement

À l'époque de la cession du Canada à l'Angleterre, la population du pays se trouve fort réduite. Près de 10 000 hommes, et parmi les plus valides, ont succombé au cours de la guerre ou sont partis. Une bonne partie de la noblesse canadienne reste à son poste. L'exode touche surtout la noblesse *encore française*, les officiers, les administrateurs

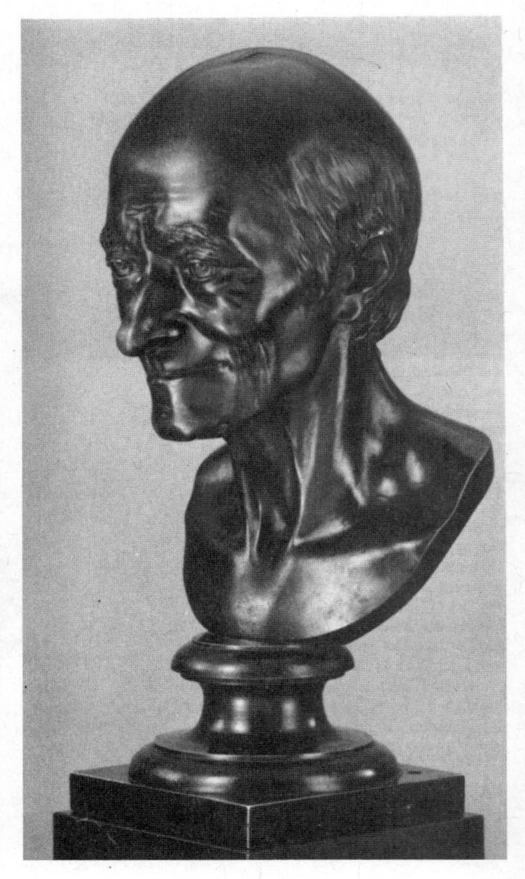

Bronze de Voltaire attribué à Jean-Antoine Houdon. Une variante de ce buste a longtemps été installée à la résidence du délégué général du Québec à Paris, avec la lettre ci-jointe bien en évidence.

aux Délices 6 Septbre 1762

Lettre inédite de Voltaire

Si je ne voulais que faire entendre ma voix monseigneur, je me tairais dans la crise des affaires où vous etes mais j'entends les voix de beaucoup d'étrangers; touttes disent qu'on doit vous bénir si vous faittes la paix a quelque prix que ce soit. permettez moy donc monseigneur de vous en faire mon compliment. je suis comme le public, j'aime beaucoup mieux la paix que le canada: et je crois que la france peut etre heureuse sans quebec. vous nous donnez précisément ce dont nous avons besoin. nous vous devons des actions de graces. recevez en attendant avec votre bonté ordinaire le profond respect de voltaire

✎ Lettre de Voltaire à Choiseul, ministre de la Marine, en date du 6 septembre 1762.

En 1763, la France cède le Canada, mais non la Louisiane. Qu'advient-il du pays des Illinois? Pour partir à la découverte de cette région, un excellent guide à l'époque aurait pu être Philippe Rastel de Rocheblave. Avec lui, on ne s'ennuie pas. Aujourd'hui, le choix est vaste. Pourquoi pas Carl J. Ekberg, auteur de French Roots in the Illinois Country: the Mississippi Frontier in Colonial Times *(Univ. of Illinois, 1998).*

coloniaux et les marchands les plus importants ❶. Ces derniers n'espèrent guère de contrats du nouveau gouvernement.

Des aventuriers anglais

Sans retard, quelques centaines d'aventuriers anglais accourent au pays pour en exploiter les ressources. Des ambitions commerciales n'ont-elles pas été à l'origine du conflit! La venue des marchands de l'Angleterre ou de la Nouvelle-Angleterre ne manque pas de compliquer l'administration. L'animosité de Murray et de son successeur, Carleton, à leur endroit leur a valu la réputation d'individus de médiocre éducation, dont l'ambition unique paraît avoir été de faire fortune par les moyens les plus rapides.

Murray, le militaire, écrira en 1764: «*Il n'a pas été facile de satisfaire une armée conquérante, un peuple conquis et une coterie de marchands qui sont accourus dans un pays où il n'y a pas d'argent, qui se croient supérieurs en rang et en fortune au soldat et au Canadien, se plaisant à considérer le premier comme un mercenaire et le second comme esclave de naissance*».

Entre les Canadiens et ces marchands décriés par Murray, quelques commerçants juifs s'installeront à Montréal, Trois-Rivières, Québec, Saint-Denis-sur-Richelieu, Yamachiche, Berthier. L'un gagnera même les Pays d'en haut où se rendent également quelques Écossais dont certains épouseront des Canadiennes.

L'administration

Avant de quitter la Nouvelle-France, Amherst nomme deux gouverneurs militaires: Burton aux Trois-Rivières et Gage à Montréal. Murray était déjà responsable de la région de Québec. Soucieux de ne pas molester la population, Amherst conserve de l'ancien

❶ On a beaucoup débattu la question de l'exode des Canadiens au lendemain de la Cession. Bibaud, Garneau et Parent ont insisté sur l'importance des départs. Baby et Chapais l'ont contestée. Michel Brunet a parlé de la «*déchéance de la bourgeoisie*». Jean Hamelin a traité cette bourgeoisie «*d'être de raison*». Robert de Roquebrune a apporté d'intéressantes précisions sur la question dans ***Les Canadiens d'autrefois***, tome II (Fides, Montréal, 1966). On considère que 4000 personnes environ ont quitté le Canada à cette époque, dont 2000 soldats. Voir Michel Brunet, ***La présence anglaise et les Canadiens*** (37-112). Aussi Jean Hamelin, ***Économie et société en Nouvelle-France*** (127-137).

✎ Montréal vu de l'île Sainte-Hélène en 1762. Œuvre du lieutenant Thomas Davies. Cette scène idyllique suggère le calme et la sérénité qui, selon l'officier d'Amherst, caractérisent le régime militaire.

régime tout ce que permettent les circonstances. Auprès des deux gouverneurs qu'il désigne, il établit un conseil militaire qui servira en même temps de cour d'appel. Aux Trois-Rivières et à Montréal, on organise des chambres de justice locales avec le secours des capitaines de milice. À Québec, les litiges ordinaires relèvent des commandants militaires. Quelques officiers constituent le tribunal d'appel. Le pays est régi, mais au civil seulement, « *d'après les lois, formes et usages de la Coutume de Paris* ».

Cette organisation entre en force par la proclamation du 22 septembre 1760. Nos premiers historiens jugèrent avec sévérité ce genre d'administration et le regardèrent comme une violation des capitulations de Québec et de Montréal. En réalité, les habitants ne subirent que l'inévitable ; et le régime militaire, en dépit de son nom, n'impose rien de vraiment odieux ❶.

Officiellement, la Conquête de 1760 a mis fin à l'immigration française au Canada. Du moins pour un siècle, croyait-on. « Nulle barrière n'est infranchissable en matière de migrations humaines » souligne Hubert Charbonneau dans son compte rendu de l'essai de Marcel Fournier intitulé Les Français au Québec, 1765-1865. Un mouvement migratoire méconnu *(Septentrion, 1995). Quinze personnes par année en moyenne dont le quart de religieux, c'est peu pour peupler un pays, et pourtant !*

Le traité de Paris (1763)

La guerre, terminée en Amérique à l'automne de 1760, ne s'achève en Europe qu'en 1762 ❷. Le traité de paix est signé, à Paris, le 10 février de l'année suivante. Il comprend 30 articles, dont 3 « *séparés* ». L'article 4 cède à l'Angleterre, l'Acadie, le Canada, Terre-Neuve, le Cap-Breton et toute la contrée qui s'étend sur la rive gauche du Mississippi. La Louisiane avait déjà été cédée secrètement aux Espagnols quelques mois auparavant. Dans l'espoir de continuer une *pêche sédentaire* sur les bancs de Terre-Neuve, la France conserve un droit de séchage sur les côtes du Labrador et de Terre-Neuve et la possession des îles Saint-Pierre et Miquelon. Le « Board of Trade », en juin 1763, ne croit pas que la France puisse en tirer grand profit.

Les habitants de la Nouvelle-France restent propriétaires de leurs biens. Ils ont 18 mois pour quitter le pays et vendre leur patrimoine et leurs biens mobiliers ; il faut cependant que ce soit à des sujets britanniques. Aucune mention n'est faite des lois, coutumes et usages du pays. Rien ne garantit les droits de la langue française ❸. Mais le traité assure aux Canadiens la liberté de « *professer le culte de leur religion selon le rite de l'Église romaine* », ajoutant toutefois cette restriction inquiétante « *en tant que le permettent les lois de la Grande-Bretagne* ».

TRAITÉ DE PARIS

Article 4

Sa Majesté Très Chretienne renonce à toutes les Pretensions, qu'Elle a formées autrefois, ou pû former, à la Nouvelle Ecosse, ou l'Acadie, en toutes ses Parties, & la garantit toute entiere, & avec toutes ses Dependances, au Roy de la Grande Bretagne. De plus, Sa Majesté Très Chretienne cede & garantit à Sa Sa dite Majesté Britannique, en toute Proprieté, le Canada avec toutes ses Dependances, ainsi que l'Isle du Cap Breton, & toutes les autres Isles, & Côtes, dans le Golphe & Fleuve St Laurent, & generalement tout

❶ Marcel Trudel est certes l'historien qui a le mieux étudié le régime militaire. Voir ***Le régime militaire dans le Gouvernement des Trois-Rivières.*** Aussi ***L'Église canadienne sous le régime militaire (1759-1764).*** Vol. I ***Les problèmes.*** Les Études de l'Institut d'histoire de l'Amérique française, 1956 ; Vol. II ***Les institutions.*** PUL, 1957.

❷ À noter cependant l'équipée fantastique du chevalier de Ternay à Terre-Neuve, en 1762. Voir le ***Boréal Express II (1760-1810)*** : 261.

❸ Sur la question de la langue, voir Guy Bouthillier et Jean Meynaud, ***Le choc des langues au Québec, 1760-1970.*** PUQ, Montréal, 1972.

ce qui depend des dits Pays, Terres, Isles, & Côtes, avec la Souveraineté, Proprieté, Possession, & tous Droits acquis par Traité, ou autrement, que le Roy Très Chretien & la Couronne de France ont eus jusqu'à present sur les dits Pays, Isles, Terres, Lieux, Côtes, & leurs Habitans, ainsi que le Roy Très Chretien cede & transporte le tout au dit Roy & à la Couronne de la Grande Bretagne, & cela de la Maniere & ds la Forme la plus ample, sans Restriction, & sans qu'il soit libre de revenir sous aucun Pretexte contre cette Cession & Garantie, ni de troubler la Grande Bretagne dans les Possessions sus-mentionnées. De son Côté Sa Majesté Britannique convient d'accorder aux Habitants du Canada la Liberté de la Religion Catholique ; En Consequence Elle donnera les Ordres les plus precis & les plus effectifs, pour que ses nouveaux Sujets Catholiques Romains puissent professer le Culte de leur Religion selon le rite de l'Eglise Romaine, en tant que le permettent les Loix de la Grande Bretagne — Sa Majesté Britannique convient en outre, que les Habitans François ou autres, qui auroient eté Sujets du Roy Très Chretien en Canada, pourront se retirer en toute Sûreté & Liberté, où bon leur semblera, & pourront vendre leurs Biens, pourvû que ce soit à des Sujets de Sa Majesté Britannique, & transporter leurs Effets, ainsi que leurs Personnes, sans être genés dans leur Emigration, sous quelque Pretexte que ce puisse être, hors celui de Dettes ou de Procés criminels ; Le Terme limité pour cette Emigration sera fixé à l'Espace de dix huit Mois, à compter du Jour de l'Echange des Ratifications du present Traité.

ARTICLE 5

Les Sujets de la France auront la Liberté de la Pêche, & de la Secherie sur une Partie des Côtes de l'Isle de Terre-Neuve, telle qu'elle est specifiée par l'Article 13. du Traité d'Utrecht lequel Article est renouvellé & confirmé par le present Traité [...]

ARTICLE 6

Le Roy de la Grande Bretagne cede les Isles de St Pierre & de Miquelon, en toute Proprieté, à Sa Majesté Très Chretienne, pour servir d'Abri aux Pêcheurs François ; Et Sa dite Majesté Très Chretienne s'oblige à ne point fortifier les dites Isles, à n'y établir que des Batimens civils pour la Commodité de la Pêche, & à n'y entretenir qu'une Garde de cinquante Hommes pour la Police [1].

L'insurrection de Pontiac a longtemps permis aux Indiens de sortir de l'ombre à un moment où seules les puissances coloniales retenaient l'attention des historiens. Aujourd'hui on s'intéresse davantage aux Pays d'en haut, grâce en particulier à de magistrales études comme The Middle Ground *(Cambridge, 1991) de Richard White. Dans un roman intitulé* Le lys rouge *(VLB, 1994), Pierre Goulet présente Pontiac comme « l'Indien qui voulait sauver la Nouvelle-France ».*

L'insurrection de Pontiac

La traite des fourrures diminue sensiblement pendant la guerre, surtout à cause des communications difficiles sur l'Atlantique où les Anglais appliquent un blocus. La paix favorise la reprise du commerce. Mais les Indiens voient d'un mauvais œil disparaître entre Anglais et Français une concurrence qui les avait si bien servis. Plusieurs tribus indiennes regrettent sincèrement le départ de leurs amis, les Français. Les habitants de la Louisiane et du Pays des Illinois ne manquent pas d'ailleurs d'exploiter cette ancienne sympathie contre le nouveau gouvernement. De leur côté, les Anglais, enfin débarrassés de la compétition française, se tournent vers les Grands Lacs et donnent aux Indiens l'impression alarmante de vouloir s'emparer de leur riche territoire. Alors les Indiens protestent et même s'insurgent, formant une fédération de plusieurs tribus que dirige le chef algonquin Pontiac. Aussitôt ils lèvent une armée ; et, au mois de mai 1763, ils s'emparèrent de la plupart des forts situés entre

[1] ***Documents relatifs à l'histoire constitutionnelle du Canada (1759-1791)*** : 60.

Michillimakinac et fort Duquesne (Pittsburgh, Penn.). Encouragés par ces premières victoires, ils continuent leur marche triomphante jusqu'à Détroit où le major Henry Gladwin les arrête. Le général Bouquet les vainc à Bushy Run (1763).

Sous le commandement de Rigaudville, 300 Canadiens s'enrôlent dans l'armée anglaise pour combattre les Indiens en révolte. Les provinces ❶ américaines se contentent de défendre leur territoire. La paix est signée en 1766.

contenües dans le dit Traité, moyennant Son Acte d'Accession.

Les presens Articles separés auront la meme Force, que s'ils etoient inserés dans le Traité.

En Foy de quoi nous Soussignés Ambassadeurs Extraordinaires et Ministres Plenipotentiaires de Leurs Majestés Britannique, Très Chretienne, et Catholique, avons Signé les presens Articles separés, et y avons fait apposer le Cachet de Nos Armes.

Fait à Paris le Dix de Fevrier Mil sept cent soixante et trois.

Bedford C. P. S. Choiseul Duc de Praslin. el marq. de Grimaldi

L'écrivain Claude Beausoleil est un féru d'histoire. Son roman Fort Sauvage *(L'Hexagone, 1994) est un vrai bijou. « On peut, lance Jean-Baptiste Cadot à l'officier anglais, céder un territoire mais pas les gens qui l'habitent ! Instinctivement, explique l'auteur, ils [les Canadiens] tiennent pour acquis que leur langue, venue de France, et leurs coutumes forgées au jour le jour depuis leur arrivée dans la colonie, sont là pour durer. » Faites-vous plaisir, allez à la rencontre de Cadot dans la région de Sault-Sainte-Marie et n'oubliez pas que Beausoleil est davantage un poète qu'un romancier.*

Voir aussi l'excellente étude de Colin G. Calloway, The Scratch of a Pen. 1763 and the transformation of North America, *Oxford University Press, 2006.*

❶ Dans le sens anglais de l'époque, il est important de noter que province signifie colonie. Ainsi on parle des provinces américaines dans le sens de colonies américaines ; de la même façon, l'expression province de Québec signifie proprement colonie de Québec.

✎ Par le traité de Paris du 10 février 1763, Louis XV, roi de France, George III, roi d'Angleterre, Charles III, roi d'Espagne, Joseph Ier, roi du Portugal, mettent fin à la guerre de Sept Ans. Les quatre souverains sont respectivement désignés comme « *leurs Majestés Très Chrétienne, Britannique, Catholique et Très Fidèle* ». Il est à noter que « cette dernière » n'a pas signé expressément ledit traité. On peut remarquer encore que le traité qui ouvre la vallée du Saint-Laurent à la colonisation anglaise a été rédigé en français seulement… Voir le ***Boréal Express II (1760-1810)*** : 260.

II • L'ORGANISATION DU GOUVERNEMENT CIVIL

Élaboration d'une première constitution

Dans un livre dédié à Québec, plusieurs historiens s'interrogent sur la place de la ville dans l'histoire mondiale. Un chapitre est particulièrement éclairant sur les structures et institutions coloniales et politiques anglaises mises en place dès 1763. Rédigé par Donald Fyson, il a l'avantage d'être très concis et accessible, tout en rappelant l'importance capitale (sic) de la ville de Québec comme épicentre politique après la Conquête. Donald Fyson, « Une ville du pouvoir impérial, 1764-1841 », dans Michel De Waele et Martin Pâquet dir., Québec, Champlain, le monde, *Québec, PUL, 2008 : 167-185.*

Le comte d'Egremont, secrétaire d'État, confie, le 5 mai 1763, au « Board of Trade » ❶ le soin d'examiner « *l'établissement d'un gouvernement civil dans les territoires cédés à la Grande-Bretagne par le traité de Paris* ». De fait, les principales questions touchent le commerce et la sécurité. Rapidement les lords du commerce se mettent au travail, insistant particulièrement sur les « *avantages les plus manifestes de la cession* » : les pêcheries, la traite des fourrures, la vente des produits européens aux Indiens. Ils terminent en soulignant les possibilités de peuplement de la Floride et de la Nouvelle-Écosse et la nécessité d'y établir des gouvernements réguliers.

À la lecture des documents échangés entre le secrétaire et les membres du « Board of Trade », on se rend vite compte que la question américaine n'est qu'une de leurs préoccupations, à laquelle d'ailleurs ils ne peuvent accorder beaucoup de réflexion. Un point est clair : la vallée du Saint-Laurent est dorénavant ouverte à la colonisation anglaise. Deux questions retiennent surtout l'attention : quelle forme de gouvernement faut-il prévoir et quelles en seront les limites ? Egremont et son successeur, Halifax, acceptent facilement l'argumentation des lords qui font valoir que l'annexion du territoire des Grands Lacs au gouvernement de Québec constituerait « *un avantage tellement grand [...] qu'il serait à craindre que cette province ne s'accaparât le contrôle de ce commerce et qu'au préjudice des autres colonies, elle ne leur en fermât l'accès* ». En somme, il s'agit de la liberté du commerce comme de celle des Indiens. Il convient de ménager aussi les susceptibilités légitimes des habitants des autres colonies. Quant à la forme de gouvernement, il faut prévoir, à leur avis, l'établissement d'une chambre d'assemblée. Toutefois dans l'immédiat, il est plus réaliste de s'en remettre à un gouverneur assisté d'un conseil.

En somme, les lords élaborent la première constitution en tenant compte des avantages commerciaux de la Grande-Bretagne, des droits des Indiens et de la présence des Américains. Ils en oublient presque les Canadiens. « *Le nombre des habitants français,* notent-ils au passage, *excédera pendant longtemps celui des sujets britanniques et des autres sujets de Votre Majesté.* » Aussi « *quelle que soit la forme nouvelle de gouvernement, établie dans ce pays, il faudra s'occuper particulièrement de conserver aux anciens habitants* ❷ *tous les titres, les droits et les privilèges qui leur ont été accordés par les traités et d'augmenter autant que possible le nombre de sujets britanniques et autres nouveaux colons protestants.* »

---

❶ Le « Board of Trade », organisme où siègent les lords du commerce, a été constitué en 1621. Il s'intéresse aux questions commerciales et conséquemment aux colonies. Il subira d'importantes transformations en 1786 pour devenir un corps de plus en plus important dont le rôle cessera d'être consultatif pour devenir exécutif.

❷ Par anciens habitants, on entend évidemment les Canadiens. Cependant, on se sert de l'expression *anciens sujets* pour désigner les Britanniques, et de *nouveaux sujets* pour les Canadiens. En effet ces derniers deviennent sujets britanniques par le traité du 10 février 1763 et leur décision de demeurer dans la colonie. Le nouveau régime débutera vraiment après le délai de 18 mois, soit le 10 août 1764. Les *Canadiens*, bien que d'anciens habitants du territoire, sont donc de nouveaux sujets britanniques. Par opposition, les Britanniques qui s'établissent peuvent justement être appelés anciens sujets.

Proclamation royale du 7 octobre 1763

Le gouvernement de Québec, sera borné sur la côte du Labrador par la rivière Saint-Jean et de là par une ligne s'étendant de la source de cette rivière à travers le lac Saint-Jean jusqu'à l'extrémité sud du lac Nipissin, traversant de ce dernier endroit, le fleuve Saint-Laurent et le lac Champlain par 45 degrés de latitude nord, pour longer les terres hautes qui séparent les rivières qui se déversent dans le dit fleuve Saint-Laurent de celles qui se jettent dans la mer, s'étendre ensuite le long de la côte nord de la baie de Chaleurs et de la côte du golfe Saint-Laurent jusqu'au cap Rozière, puis traverser de là l'embouchure du fleuve Saint-Laurent en passant par l'extrémité ouest de l'île.

Londres prépare cette proclamation lorsque le ministre responsable, Lord Egremont, décède. Le Board of Trade suggère alors une proclamation à portée provisoire. Il faut régler le plus urgent. « Pour le moment » ou « pour le présent » dira le texte qui n'en finit pas d'être scruté par les spécialistes. Voir la note de la page suivante.

Et attendu qu'il est a propos de faire connaître à Nos sujets Notre sollicitude paternelle à l'égard des libertés et des propriétés de ceux qui habitent comme de ceux qui habiteront ces nouveaux gouvernements, afin que des établissements s'y forment rapidement, Nous avons cru opportun de publier et de déclarer par Notre présente proclamation, que nous avons par les lettres patentes revêtues de notre grand sceau de la Grande-Bretagne, en vertu desquelles les dits gouvernements sont constitués, donné le pouvoir et l'autorité aux gouverneurs de nos colonies respectives, d'ordonner et de convoquer, de l'avis et du consentement de notre Conseil dans leurs gouvernements respectifs, dès que l'état et les conditions des colonies le permettront, des assemblées générales de la manière prescrite et suivie dans les colonies et les provinces d'Amérique placées sous notre gouvernement immédiat ; que Nous avons aussi accordé aux dits gouverneurs le pouvoir de faire, avec le consentement de Nos dits conseils et des représentants du peuple qui devront être convoqués tel que susmentionné, de décréter et de sanctionner des lois, des statuts et des ordonnances pour assurer la paix publique, le bon ordre ainsi que le bon gouvernement des dites colonies, de leurs populations et de leurs habitants, conformément autant que possible aux lois d'Angleterre et aux règlements et restrictions en usage dans les autres colonies. Dans l'intervalle et jusqu'à ce que ces assemhlées puissent être convoquées, tous ceux qui habitent ou qui iront habiter Nos dites colonies peuvent se confier en Notre protection royale et compter sur Nos efforts pour leur assurer les bienfaits des lois de Notre royaume d'Angleterre ; à cette fin Nous avons donné aux gouverneurs de Nos colonies sous Notre grand sceau, le pouvoir de créer et d'établir, de l'avis de Nos dits conseils, des tribunaux civils et des cours de justice publique dans Nos dites colonies pour entendre et juger toutes les causes aussi bien criminelles que civiles, suivant la loi et l'équité, conformément autant que possible aux lois anglaises. […]

Attendu que Nous désirons reconnaître et louer en toute occasion, la brave conduite des officiers et des soldats de Nos armées et leur décerner des récompenses, Nous enjoignons aux gouverneurs de Nos dites colonies et à tous les gouverneurs de Nos diverses provinces sur le continent de l'Amérique du Nord et Nous leur accordons le pouvoir de concéder gratuitement aux officiers réformés qui ont servi dans l'Amérique du Nord pendant la dernière guerre et aux soldats qui ont été ou seront licenciés en Amérique, lesquels résident actuellement dans ce pays et qui en feront personnellement la demande, les quantités de terre ci-après pour lesquelles une redevance égale si celle payée pour des terres situées dans la même province ne sera exigible qu'à l'expiration de dix années lesquelles terres seront en outre sujettes aux mêmes conditions de culture et d'amélioration que les autres dans la même province

À tous ceux qui ont obtenu le grade d'officier supérieur, 5 000 acres [env. 2 000 ha].
À chaque capitaine, 3 000 acres [env. 1 200 ha].
À chaque officier subalterne ou d'état-major, 2 000 acres [env. 800 ha].
À chaque sous-officier, 200 acres [env. 80 ha].
À chaque soldat, 50 acres [env. 20 ha]. […]

La Proclamation royale du 7 octobre, qui tient lieu de première constitution, va dans ce sens. Elle prévoit un gouvernement anglais, non pour étouffer ou assimiler le groupe canadien, mais principalement pour favoriser une colonisation anglaise.

Les instructions du roi (7 octobre)

Aux yeux de certains, la Proclamation royale de 1763 tient lieu de Magna Carta *pour les Indiens du Canada. Il s'agit d'un document complexe qu'il faut éviter de résumer en une phrase, soulignent Georges Erasmus et René Dussault dans leur rapport préliminaire intitulé* Partenaire au sein de la Confédération, *Ottawa, 1993. Voir aussi Jacqueline Beaulieu, Christiane Cantin et Maurice Ratelle, « La Proclamation royale de 1763 : le droit refait l'histoire » dans la* Revue du Barreau, *tome 49, n° 3, mai-juin 1989; Richard Boivin, « Pour en finir avec la Proclamation royale : la décision Côté » dans la* Revue générale de droit *(1994).*

Afin de promouvoir la venue de colons anglais, la Proclamation royale promet aux gens qui s'établiront dans la *Province* ❶ la convocation — dès que possible — d'une assemblée ; la promulgation de lois et la présence de tribunaux propres à assurer « *la paix publique et le bon ordre* » autant que possible conformément aux lois anglaises ; le recours au Conseil privé, des concessions de terres à des conditions intéressantes.

Les Indiens sont particulièrement avantagés. Plus précisément encore, il s'agit de « convaincre les sauvages de Notre esprit de justice, écrit Sa Majesté, et de Notre résolution bien arrêtée de faire disparaître tout sujet de mécontentement ». La Proclamation réserve aux Indiens l'usage de « *toutes les terres et de tous les territoires non compris dans les limites des trois Gouvernements [Québec, Floride orientale, Floride occidentale], ni dans les limites du territoire concédé à la Compagnie de la baie d'Hudson* ». Il est interdit à quiconque, sauf à la Couronne, d'acheter des terres dans ces régions. Ceux qui y séjournent déjà reçoivent l'ordre de « *quitter immédiatement leurs établissements* ». Par ailleurs, le commerce y devient « *ouvert et libre* ». À cet effet, des permis seront distribués gratuitement par le gouverneur. En déclarant *réserve indienne* la région de l'Ouest, le gouvernement anglais limite l'expansion des colonies anglo-américaines et frustre les habitants de la vallée du Saint-Laurent et, pire encore, ceux des Pays d'en haut d'un espace essentiel au commerce des fourrures.

L'agitation indienne dans la région des Grands Lacs avait eu plus de poids que la masse des Canadiens déjà établis à Vincennes ou Michillimakinac. Cependant, Londres n'avait pas perdu ses objectifs de colonisation anglaise et avait voulu favoriser le passage d'un surplus de population des *Treize colonies dans la Province de Québec*. L'appellation « Province of Quebec », marque du conquérant, apparaît alors pour la première fois.

Les pouvoirs du gouverneur

Dans une lettre datée du 13 août 1763, Egremont annonce, « *avec une grande satisfaction* », à James Murray, qu'on lui confie « *le gouvernement du Canada* ». Tel est le bon plaisir de Sa Majesté. La Commission officielle, ratifiée le 21 novembre, précise que Murray devient « *capitaine général et gouverneur en chef de la province de Québec, en Amérique* » ❷.

Il hérite par la même occasion de pouvoirs importants. Il possède toutes les prérogatives de la Couronne et n'est responsable que devant le secrétaire des Colonies. Chef civil du pays, il en commande aussi les forces militaires.

En son absence, le plus ancien des lieutenants-gouverneurs des trois gouvernements le remplace. La liste des pouvoirs confiés au gouverneur est

---

❶ Ne pas oublier le sens de colonie attaché au terme province.

❷ La commission nommant Murray « *capitaine général et gouverneur en chef de la Province de Québec, en Amérique* » est datée du 21 novembre 1763. Elle sera enregistrée le 28. Les pouvoirs du gouverneur sont repris sous forme d'instructions du roi en date du 7 décembre 1763.

impressionnante ❶. Il lui appartient « *de faire prêter, ou d'autoriser quelqu'un de faire prêter à toute personne résidant dans la province les serments prescrits; de garder le sceau public et d'en faire usage; de convoquer les assemblées de francs-tenanciers; de faire des lois; d'apposer son veto au Conseil ou à l'éventuelle Assemblée; d'établir, en accord avec le Conseil, des cours de justice; de nommer des commissaires de cours d'assises, des juges de paix, des shérifs et autres fonctionnaires de la justice; de pardonner le crime; de faire des nominations ecclésiastiques; de lever des troupes et de les faire marcher contre les ennemis; de proclamer la loi martiale; avec l'accord du Conseil, de faire construire des forts et forteresses, d'employer les revenus publics à l'entretien du gouvernement, de faire des concessions, d'ériger des foires, des marchés, des havres et des quais* ».

Outre ses attributions de gouverneur, Murray reçoit des ***Instructions*** qui auraient pu mettre en danger l'avenir religieux et national des Canadiens. « *Vous ne devez admettre, lui disait-on, aucune compétence étrangère dans la province confiée à votre gouvernement. Et afin de parvenir à établir l'Église d'Angleterre, tant en principe qu'en pratique, et que les dits habitants puissent être graduellement induits à embrasser la religion protestante et à élever leurs enfants dans les principes de cette religion. Nous désirons que tout l'encouragement possible doit donné à la construction d'écoles protestantes.* » ❷

Heureusement, Murray applique avec réalisme les directives reçues. Il sait respecter les justes réclamations des habitants, croyant faciliter l'assimilation éventuelle des Canadiens par des concessions temporaires.

Un conseil

Murray comprend qu'il n'est pas réaliste de convoquer — dans l'immédiat — une chambre d'assemblée où ne pourraient siéger que des représentants de l'infime minorité anglaise. D'autant plus qu'en tant que militaire, il ne tient guère à s'entourer d'une assemblée dominée par des marchands qu'il méprise.

Il optera donc pour un conseil, à la fois législatif et exécutif, composé d'hommes qui, comme lui, entendent tenir compte de la présence des Canadiens. Ceux-ci s'en trouvent cependant exclus à cause du serment anti-papiste que ses membres doivent prêter. Le premier conseil, outre les lieutenants-gouverneurs de Montréal et des Trois-Rivières, se compose du juge en chef Gregory, de P.A. Irving, H.T. Cramahé, Walter Murray, S. Holland, T. Dunn, F. Mounier et A. Mabane.

Sous l'autorité du gouverneur, le conseil jouit d'importantes prérogatives. Il ne lui manque vraiment que le pouvoir de taxation. Pendant longtemps, l'Angleterre se chargera de régler les dépenses publiques, à partir des minces revenus que procurent les revenus tirés de l'exploitation des forges de Saint-Maurice, les quais du roi, le droit de quint perçu au moment de la vente de seigneuries, etc.

Au moment de la signature du traité de Paris (1763), le roi de France s'était engagé à payer exactement tous les billets et lettres de change « d'après une liquidation faite dans un délai convenable ». Un premier enregistrement du papier-monnaie en circulation étant jugé insatisfaisant, un second fut entrepris du 5 mars au 31 mai 1764. Au total, on enregistra une somme de 15 280 567 livres tournois, somme énorme en soi, mais de beaucoup inférieure à celle de 58 738 241 enregistrée en France. André Côté s'est intéressé à la liquidation des affaires canadiennes de Cadet et par la même occasion apporte de très précieuses informations dans Joseph-Michel Cadet (1719-1781), négociant et munitionnaire du roi en Nouvelle-France *(Septentrion, 1998).*

---

❶ On peut se demander si les pouvoirs accordés au gouverneur de la province de Québec en 1763 ne sont pas, en fin de compte, plus considérables que ceux confiés au gouvernement de la même province en 1867 !

❷ La présente citation résume l'article 33 des instructions du 7 décembre 1763. Il convient de ne pas isoler ce désir « *d'encourager la religion protestante* » du respect qu'on entend avoir à l'endroit des « *nouveaux sujets catholiques romains* ». En fait, on leur laissait « *la liberté de pratiquer la religion catholique [...] selon les Rites de l'Église romaine en tant que le permettent les lois de la Grande-Bretagne...* »

Un système judiciaire

« Il n'est rien de plus aisé dans la coutume de Paris que de rendre vaine et illusoire cette prohibition de favoriser les uns plus que les autres » (Basnage, 1778). Jusqu'où va la liberté testamentaire ? Faut-il conclure à la supériorité des lois anglaises ? À la suite des intéressants travaux de Louise Dechêne et André Morel sont venus ceux de Gérard Bouchard, en particulier dans Quelques Arpents d'Amérique. Population, économie, famille au Saguenay, 1838-1971 *(Boréal, 1996 et le débat qui suivit dans* RHAF, *hiver 1997). Aussi, « Succession et cycle familial dans le comté de Verchères, 1870-1950 » de Diane Gervais (*RHAF, *été 1996).*

Par son ordonnance du 17 septembre 1764, Murray précise l'organisation générale des tribunaux. Du mieux qu'il peut, il tente un compromis provisoire : une cour supérieure avec lois anglaises et une cour inférieure pour les Canadiens avec lois françaises. Conscient qu'il s'agit d'une formule imparfaite et temporaire, il demandera de nouvelles directives à Londres tout en se défendant d'avoir admis les lois françaises et d'avoir permis aux Canadiens d'être jurés sans prêter les serments prévus.

Nouvelles instructions (7 décembre)

Tous les fonctionnaires supérieurs sont tenus de prêter le serment du Test par lequel ils nient l'autorité du pape, la transsubstantiation dans le sacrement de l'Eucharistie, le culte de la Vierge et des saints ❶. Ainsi se trouvent théoriquement exclus des charges officielles tous les Canadiens qui professent la religion catholique. De fait, on sait que Murray et Carleton passeront outre, de telle sorte qu'aucun Canadien ne prêtera ce serment.

Les autres habitants doivent prêter le serment d'allégeance qui ne contient rien d'hérétique, mais promet fidélité à la Couronne britannique et prescrit la répudiation de Charles-Édouard Stuart, alors prétendant au trône d'Angleterre.

Le nouveau gouvernement

Le nouveau gouvernement ne diffère guère de celui du régime français, si ce n'est par l'esprit et les intentions d'une nouvelle métropole. De fait, c'est toujours le gouvernement absolu. Le gouverneur anglais cumule les fonctions du gouverneur et de l'intendant d'autrefois. Le conseil demeure comme jadis un corps consultatif. La mère patrie continue ainsi à tout régir dans la colonie sans la participation directe du peuple, laissant au gouverneur le soin d'organiser, quand il jugera le moment venu, une chambre d'assemblée.

On impose ce régime sans les formalités requises par la constitution d'Angleterre. Le roi use de sa propre autorité, alors qu'il aurait dû consulter le Parlement. George III d'ailleurs désavouera, dans dix ans, ce mode de gouvernement établi par la Proclamation royale comme « *contraire à l'état et aux circonstances où se trouvait la colonie* ».

À vrai dire, la population se ressent peu du changement d'allégeance. Si elle a à souffrir et à se plaindre, c'est bien plus de certains fonctionnaires hautains et tracassiers que de la forme de gouvernement. Cependant, les gens plus cultivés et plus perspicaces ne manquent pas de regretter le régime militaire lui-même. Ils se voient frappés d'ostracisme ❷ puisqu'ils ne peuvent remplir aucune charge publique à moins de renier leur foi. Les nouvelles lois promulguées au pays leur paraissent

---

❶ Pour la formule du ***Serment du Test***, voir G. Frégault et M. Trudel, ***Histoire du Canada par les textes, I*** : 130-131.

❷ Ostracisme vient d'un mot grec signifiant coquille, c'est-à-dire — au sens littéral — *morceau de terre cuite* sur lequel les Athéniens inscrivaient leur suffrage lors des votes de bannissement. Par analogie, ce terme désigne l'action d'exclure du pouvoir et, par extension, l'action de tenir à l'écart.

justement menaçantes pour la liberté de l'Église et la survivance de la nationalité canadienne.

La naissance du Canada anglais

Aux Treize colonies anglaises d'Amérique, s'ajoutent de nouvelles colonies dont la Province de Québec. C'est maintenant l'Angleterre qui va coloniser la vallée du Saint-Laurent. L'année 1763 marque la naissance et l'organisation d'un nouveau centre de colonisation anglaise. Le gouvernement né de la Proclamation royale est anglais; il s'accompagne de promesses de lois anglaises dans le but de favoriser le peuplement anglais.

L'historien Fernand Ouellet a bien marqué « *la grande dépendance initiale des marchands du Québec à l'égard des firmes de la métropole* » ❶. De la *Gazette de Québec* de juillet 1765, il cite « *Que telle est la nature de ce commerce que les Négociants et Commerçants de Londres sont obligés de faire des crédits aux Négociants et Commerçants de la dite province* ». Ceux-ci pratiquent avec l'Angleterre le même type de relations d'affaires que les Canadiens avec la France avant 1760.

Un instant, les petits marchands canadiens-français ont espéré profiter du départ de commerçants importants pour s'emparer du commerce. Mais il leur manque la finance pour progresser et une métropole pour assurer les débouchés et les protéger sur mer.

« Le traumatisme [de la Conquête] est causé bien plus par la guerre elle-même que par la cession à la Grande-Bretagne. À Québec et dans sa région, la destruction matérielle a été immense. Ce qui n'arrange rien, la France choisit ce moment pour désavouer partiellement ses dettes, ruinant ainsi plus d'une fortune coloniale », écrit Allan Greer dans Brève histoire des peuples de la Nouvelle-France *(Boréal, 1998). La première affirmation reprend un vieux débat. Le reste du livre est moins provoquant. Aussi Donald C. Creighton,* The Commercial Empire of the St-Lawrence, 1760-1810, *Ryerson Press, 1937.*

Le roman de Frances Brooke

Québec

Québec est [comparable à] une de nos villes de Province de troisième ordre. Beaucoup de politesse, de l'hospitalité, peu de société. Une grande passion pour les cartes, de la médisance, des scandales même, de la danse & bonne chère. Tout celà est fort agréable pour faire passer à certaines gens les longues soirées d'un hyver rude…

Canadiennes

Je n'ai pas encore eu le temps de bien observer les habitans. Les Dames m'ont paru avoir la même vivacité que les Dames Françoises & m'ont semblé plus belles. En général, les habitans, comparés avec les François, dont ils descendent, paroissent d'une autre espèce, mais ce n'est ici que le premier coup d'œil.

Il y a des Dames ici qui semblent faites pour te plaire. Les Canadiennes seroient, à tes yeux, les plus aimables femmes du monde. Gaies, vives, coquettes, peut-être en aurais-je la même opinion si elles changeoient leur coquetterie en sensibilité; mais moins tendres que galantes, plus flattées de pouvoir inspirer une passion que susceptibles de la ressentir, elles sont comme leurs compatriotes d'Europe: elles préfèrent les attentions extérieures d'une admiration feinte, aux sentimens réels du cœur. Il n'y a peut-être point de femmes sur la terre qui parlent plus d'amour que les Françoises, & qui en ressentent moins. Les Angloises, au contraire, s'affectent vivement; mais elles semblent rougir du sentiment délicieux auquel elles doivent tout leur Empire.

Je vais accompagner une des plus jolies Dames Françoises qu'il y ait ici, jusqu'au Chemin de Sainte-Foy. C'est notre Hyde-park, c'est le beau Boulevard de Paris. Il n'y a point de soirée qu'on n'y voye une cinquantaine de calèches remplies de femmes charmantes.

---

❶ Voir Fernand Ouellet, ***Histoire économique et sociale du Québec (1760-1850)***. Fides, Montréal, 1966: 78.

Le roman de Frances Brooke est constituée de 235 lettres fictives, évidemment. Les extraits cités ici sont regroupés sous divers thèmes et ne sont pas dans leur ordre initial. On le voit donc, écrire pouvait être facile, mais acheminer le vrai courrier était une tout autre affaire à l'époque. Le Musée canadien de la poste a eu la bonne idée de publier, en liaison avec XYZ éditeur, Adieu pour cette année. La correspondance au Canada, 1640-1830. *Le titre dit tout…, mais l'essai signé par Jane E. Harrison ne prétend pas être une étude exhaustive de la question.*

Toutes les petites connaissances, répandues dans le Canada, sont le partage des femmes. La plupart des Seigneurs même sont comme étoient les Grands en Europe jusqu'au quinzième siècle : ils ne savent pas signer leur nom…

Les dames [de Montréal], qui semblent faire du plaisir leur unique affaire, m'ont paru belles. Je les ai presque toutes vues ce matin se promener autour de la Ville, dans des calèches, avec des Officiers Anglois. Elles ont un air de vivacité qui charme. On m'a dit qu'elles aimoient de petits bals à la campagne…

Les femmes ont beaucoup de penchant pour les Officiers Anglois. Les François du Canada ne sont pas ce que sont les François d'Europe. Ils ne se captivent pas comme eux le cœur des Dames ; ils n'ont guère de part ici à leurs faveurs.

Les Canadiens

Cette Colonie est une mine abondante qui n'est pas encore ouverte. C'est le sol le plus riche pour y cultiver le bled & y élever du bétail. Les Canadiens se trouvent à leur aise, presque sans travail. La bigotterie, la superstition, la stupidité & la paresse réunie, n'ont pas eu assez de force pour plonger les habitants dans la misère.

Les Paysans sont, en général, d'une grande taille & robustes. Leur indolence est excessive : ils aiment la guerre & détestent le travail. Alertes, braves, hardis en campagne, la paresse & la nonchalence les engourdit chez eux. La stupidité, l'ignorance dans laquelle ils sont plongés, n'altère point en eux les grands sentimens de l'honneur, & ils ne sont jamais plus heureux, quoiqu'ils servent sans paie, que lorsqu'on les appelle à la guerre.

Il n'y a, peut-être, point d'hommes plus vains. Les François leur paroissent le seul peuple civilisé qu'il y ait au monde : mais ils se regardent comme la fleur de la nation. On m'a assuré qu'ils avoient eu une aversion & un mépris extrêmes pour les troupes Françoises qui vinrent à leurs secours pendant la dernière guerre.

Il est rare de voir des paysans marcher à pied. Ce seroit même une fatigue insupportable pour eux que de monter à cheval : à l'imitation de leurs Seigneurs qui sont aussi laches & aussi paresseux, ils se penchent nonchalament, selon la saison, dans un traîneau ou dans une chaise. Ils ne se donnent pas même la peine de conduire la voiture. Un Domestique, assis sur le siège, mène le cheval.

L'hiver

Ils ont l'hyver les mains dans un gros manchon, & avec tout cet appareil, qui annonce de l'opulence, leurs femmes & leurs enfants n'ont souvent pas de pain.

L'hyver se passe parmi eux dans un mélange d'enjouement & d'inaction. Leurs momens de gaieté sont remplis par la danse & les festins. Ils fument & boivent de l'eau-de-vie auprès d'un poele bien échauffé pendant tout le reste du temps.

Le goût universel pour les amusemens dans cette saison, donne une habitude de dissipation & de fainéantise qui rend le travail plus difficile, plus fâcheux, plus incommode lorsque la belle saison reparoît.

La religion

La religion qu'ils suivent offre avec cela des obstacles qui nuisent à l'industrie & à la population. Les fêtes nombreuses les accoutument à l'oisiveté, & les Couvens enlèvent à la Société un grand nombre de sujets qui lui seroient utiles. C'est ainsi que la paresse & les abus qui se glissent dans la pratique de la Religion, s'opposent aux vœux de la Providence & rendent la bonté du Ciel inutile.

Je crois qu'il ne seroit pas difficile de réformer ces abus dans le Canada, sans porter d'atteinte ni d'altération aux Dogmes de la Foi des Habitans. Il seroit injuste, inhumain & peu sage, de les gêner dans la liberté de rendre un culte à la Divinité de la manière qu' ils croyent la meilleure.

Les Canadiens sont plutôt dévots que vertueux. Ils ont de la Religion sans morale & un sentiment de l'honneur sans avoir une exacte probité…

La Conquête

J'avoue que l'Angleterre est peuplée : mais elle ne l'est qu'en proportion de son étendue, & elle ne peut pas fournir à la population de ses colonies. Les Habitans lui sont d'ailleurs trop utiles pour qu'on en doive souffrir l'émigration.

Les Colonies sont absolument nécessaires à notre commerce. Elles sont la source la plus sûre & la plus abondante de notre opulence. C'est d'elles, principalement, que dépend l'existence de notre puissance comme Nation commerçante. Il est donc très essentiel que l'attention du Gouvernement se porte sans cesse à en accroître la population & à les rendre plus florissantes.

Mais il n'est pas moins intéressant, en même temps, que cette population ne s'augmente pas au détriment de celle de l'Angleterre. C'est ce qui rend l'acquisition que nous avons faite d'un peuple aussi nombreux que celui du Canada très précieuse. On nous auroit donné une étendue de terre déserte & inculte, encore plus grande, que nous n'en retirerions pas tant d'avantages. La portion industrieuse du peuple anglois ne passe point dans les Colonies, & l'on n'y voit arriver que des essaims de vagabonds, de libertins, & de gens livrés à la paresse & à l'oisiveté qui ne valent rien nulle part.

Frances Brooke a vécu à Québec de 1763 à 1768. Son mari était aumônier militaire. Ce portrait est attribué à Catherine Read, qui était une amie de la romancière.

Puissions-nous conserver un si grand nombre de sujets ! Il faudroit pour cela gouverner avec bonté ; les exciter à parler notre langue, leur faire connoître la douceur de nos lois & leur inspirer l'idée qu'elles sont faites pour rendre un peuple heureux. Il faudroit, en même temps, tourner leur esprit à l'industrie & au commerce. C'est l'unique moyen de leur procurer de l'aisance & d'augmenter leur nombre.

Je voudrois qu'on établit ici des Écoles gratuites pour enseigner l'Anglois aux enfants. Il faudroit que les sujets d'un même Souverain n'eussent que le même langage : c'est un lien d'affection & de fraternité, cela cimente les unions. Il ne seroit pas difficile d'exciter les Canadiens à parler notre langue, & à leur faire faire tout ce qui pourroit contribuer au plus grand bien de la Colonie. Il faudroit, peu à peu, rendre l'Anglois le langage de la Cour du Gouverneur. La Noblesse, qui ne peut obtenir de faveurs que par lui, le rendroit bientôt le langage universel…

Les Paysans ont beaucoup gagné ici en changeant de Maître. Leur propriété est plus assurée, leur indépendance est plus grande, plus affermie, leurs profits sont plus que doublés. Ils sont fort attachés à notre Gouvernement ❶.

❶ Ces textes sont tirés du premier roman canadien, ***Histoire d'Émilie Montague***, dû à la plume de Frances Brooke. L'édition anglaise date de 1769 et la version française de 1770. Voir B. Dufebvre, ***Cinq femmes et nous***. Belisle, Québec, 1950 : 33-53.

III • L'ORGANISATION RELIGIEUSE ET CIVILE : FACTEURS DE SURVIVANCE

La France et l'Église

Deux agents principaux ont contribué à la création et au développement de la jeune nation canadienne : la France et l'Église. Avec le traité de Paris, la projection et la protection ❶ françaises disparaissent, seule l'Église demeure.

André Siegfried écrit : « *L'Église tient sur les bords du Saint-Laurent une place à part ; elle a été de tout temps pour ses disciples une protection fidèle et puissante. Notre race et notre langue lui doivent peut-être leur survivance en Amérique… Sans l'appui des prêtres, nos compatriotes auraient sans doute été dispersés et absorbés. C'est le clocher de village qui leur a donné un centre* ».

Le thème de la Conquête justifiait une anthologie. Sans être exhaustive, celle-ci offre néanmoins des textes fondateurs, de contemporains et d'acteurs, sur le déroulement des événements, sur les représentations de la Conquête ainsi que sur ses conséquences. La question de la survivance est abordée et plusieurs textes invitent à poursuivre la réflexion. Charles-Philippe Courtois, La Conquête. Une anthologie, *Montréal, Éditions Typo, 2009.*

Au lendemain du régime militaire, l'Église canadienne est cependant menacée, à la fois par les méfaits de la guerre et plus encore par une interprétation rigoureuse des capitulations et du traité de Paris.

Du modèle français, il ne resterait plus au Canada que le cadre paroissial, l'indépendance paysanne et surtout un système de lois capable de soutenir encore par lui-même le tempérament, les qualités et le caractère de la nation. Avant même son arrivée dans la *Province de Québec,* Francis Maseres ❷, futur procureur général, préconisait l'abrogation des lois françaises comme un des moyens les plus efficaces de faire disparaître la langue française et de supprimer toutes relations des Canadiens avec leur ancienne mère patrie.

La question religieuse

Outre la libre possession de leurs biens, les termes de la capitulation de Montréal maintiennent la constitution et les privilèges des communautés de femmes. Les 8 communautés d'alors comptent, selon l'historien Marcel Trudel ❸, 215 religieuses.

---

❶ Ces deux termes, chers au professeur Maurice Séguin, rappellent bien l'action de la France vis-à-vis de son ancienne colonie. Jadis, la France — comme toute métropole — fournissait ou *projetait* des hommes, des capitaux, des techniques et *protégeait*, par la force si nécessaire, le fruit de cette *projection*. L'action d'une métropole colonisatrice est à deux facettes principales : projection et protection.

❷ Né à Londres en 1731, admis au barreau en 1758, Francis Maseres fut nommé procureur général de la Province de Québec en mars 1766. Trois ans plus tard, il obtenait un congé et rentrait en Angleterre pour ne plus revenir. Malgré ce bref séjour, il a laissé d'intéressants écrits relatifs à la colonisation anglaise de la vallée du Saint-Laurent. Il tenait de ses origines huguenotes une certaine prévention contre l'Église catholique. L'un des premiers, il a préconisé la « *fusion des races* ». Voir le ***Boréal Express II (1760-1810)*** : 276.

❸ Voir Marcel Trudel, ***L'Église canadienne sous le régime militaire (1759-1764)***. Également, ***Initiation à la Nouvelle-France*** : 261.

✎ Coq en tôle provenant du clocher d'une église de la région de Montréal (XVIIIe siècle).

« Les communautés de femmes sont devenues tout à fait canadiennes », note-t-il. En effet, aucune *Française de France* ne se trouve du nombre. À la fin de l'année 1764, soit 5 ans plus tard, il en reste 190. Peu de recrues et quelques décès expliquent cette baisse. Trois communautés ont particulièrement souffert de la guerre. Tellement qu'on songera à fermer l'Hôtel-Dieu de Montréal, l'Hôtel-Dieu de Québec et surtout l'Hôpital Général de Québec.

La situation est pire encore pour les communautés d'hommes. Les Jésuites, tous originaires d'Europe — ils sont 25 en 1760 — appartiennent à un corps déjà fort discuté dans les nations officiellement catholiques. À la fin de 1764, dans la Province de Québec, ils ne sont plus que 16 prêtres et 5 frères. Ils ont perdu en 5 ans le tiers de leurs effectifs.

Les Récollets, dont la majorité des membres sont canadiens, ont la sympathie générale. Pourtant, Londres décide la dissolution de l'Ordre, sans que l'on sache très bien pourquoi. À la fin de 1764, des 22 Récollets qui restent, 11 vivent ici et là dans des cures.

Le Chapitre de Québec, à la fin de 1760, compte 11 chanoines. Il se trouve dans une situation précaire. La cathédrale de Québec a été détruite ; le presbytère et le séminaire durement touchés. Les revenus provenant et du roi et de l'abbaye de Maubec disparaissent. Cinq de ses membres qui se trouvent en France décident d'y rester ; trois de ces derniers sont *canadiens*. Mgr Briand les qualifiera de déserteurs. L'abbé L'Isle-Dieu, dans une lettre adressée à Rome, regrette leur décision. Lacorne, Cugnet et Collet ont sans doute trouvé, écrit-il, « *plus commode, plus agréable et moins pénible de vivre en France* ». Il ajoute que « *cette espèce de désertion fait d'autant plus de tort* » que l'Angleterre ne permettra pas le passage de prêtres français en Canada. Pendant plusieurs années, ce commentaire s'avéra tout à fait juste.

L'avenir des Sulpiciens — ils sont 27 en 1764 — reste incertain. Bien que tous Français de naissance, ils se séparent officiellement de leurs confrères de Paris. Ils deviennent les *Sulpiciens de Montréal.*

En somme, le sort fait aux communautés d'hommes accroît l'importance du clergé séculier. Pour un siècle à venir, il constitue « *toute l'Église canadienne* ». Cent ans pendant lesquels il n'existera qu'une classe organisée, qu'un corps intermédiaire pour représenter les Canadiens : le clergé séculier.

Avec la disparition du Collège des Jésuites, unique *collège classique* de la Nouvelle-France, devenu entrepôt de l'armée anglaise, le Séminaire de Québec, bien qu'à demi restauré, prend, à partir de 1765, la relève et entreprend de préparer les jeunes aussi bien aux professions libérales qu'à la prêtrise.

« *C'est seulement à partir de la Conquête, conclut Marcel Trudel, que les prêtres peuvent, sur le plan social, aller au-delà de leur rôle religieux et c'est à cause de cette nouvelle situation qu'ils pourront, par exemple, prendre l'initiative de diriger l'effort du peuple contre l'assimilation anglaise…* »

Le drame épiscopal

Mgr de Pontbriand, sixième et dernier évêque de la Nouvelle-France, meurt le 8 juin 1760 sans avoir désigné de successeur. Au lendemain du traité de Paris, le chanoine Lacorne, passé en France depuis plusieurs années, fait quelques démarches en

Les différents textes de cet ouvrage collectif contribueront certainement à une meilleure compréhension de la place de l'Église dans la société de la Nouvelle-France, du Bas-Canada, ▶

► puis du Québec. Intimement liés au pouvoir politique, les Sulpiciens sont dépeints sous tous les angles de leur influence au sein de la vie sociale, culturelle et politique. Dans un chapitre intitulé « Les Sulpiciens au Canada », John A. Dickinson montre comment, après la Conquête, le haut clergé catholique s'est organisé. Les relations avec l'autorité coloniale « sont empreintes de méfiance réciproque mais aussi de concessions », souligne-t-il. Les sujets de friction étaient multiples ce qui n'empêcha pas Étienne Montgolfier, supérieur des Sulpiciens, de composer avec le conquérant. Dominique Deslandes, John A. Dickinson et Ollivier Hubert dir., Les Sulpiciens de Montréal. Une histoire de pouvoir et de discrétion, 1657-2007, *Montréal, Fides, 2007.*

Angleterre pour y plaider la cause de l'Église canadienne. Il répugne au roi d'Angleterre de désigner un évêque catholique, et encore plus d'autoriser Rome ou Versailles à le faire. L'élection d'un évêque par le Chapitre de Québec apparaît comme la meilleure solution. Le 15 septembre 1763, M. de Montgolfier, supérieur des Sulpiciens, est désigné à l'unanimité des cinq voix. Murray, qui a déjà prévu ce choix, proteste aussitôt, tandis que Rome conteste au Chapitre le droit d'élire le futur évêque. Le Saint-Siège propose d'ignorer l'élection et de nommer de sa propre autorité l'abbé de Montgolfier ❶.

Désireux de respecter l'opinion du gouverneur même s'il juge ses préventions « *nullement fondées* », Halifax, secrétaire d'État, repousse la candidature du Sulpicien. Le 11 septembre suivant, le Chapitre, soucieux de plaire à Murray, désigne Jean-Olivier Briand, faisant acte d'élection ou de présentation, selon la volonté de Rome. Il appartiendra à l'élu de se réclamer de la meilleure formule, le moment venu. Passé en Angleterre, dès novembre 1764, Briand doit attendre plus d'un an avant de recevoir les permissions nécessaires. Sacré à Suresnes, le 16 mars 1766, il revient à Québec le 28 juin, alors que son protecteur vient lui-même de s'embarquer pour aller se défendre d'attaques portées contre son gouvernement. Briand rentre avec les pouvoirs épiscopaux, et le titre de *surintendant de l'Église romaine*.

Le rôle joué par Murray ne reste pas sans lendemain. Pendant 75 ans, les gouverneurs interviendront à la fois dans les nominations épiscopales et curiales. En plus de passer sous la tutelle d'un roi protestant, l'Église canadienne passe sous l'autorité directe d'un gouverneur protestant bien déterminé à en contrôler les destinées.

La guerre, la Conquête, une vacance épiscopale de six ans, autant de facteurs qui ont gravement réduit les effectifs du clergé. De 1759 à 1764, le nombre de prêtres passe de 196 à 137.

Cependant, l'organisation religieuse est sauve. Les démarches successives de Lacorne, Montgolfier, Charest et Briand n'ont pas été vaines. Les Canadiens ont combattu, non sans raison, pour son maintien. Malgré certaines réserves, ils ont obtenu l'essentiel. En gardant l'Église, les Canadiens sauvaient les cadres de l'organisation supérieure de l'éducation, les collèges qui pendant deux siècles éduqueront leurs principaux leaders politiques.

> [...] Le 18 septembre 1763, les marguilliers de Québec se réunirent donc et après s'être communiqué mutuellement leurs pensées au sujet de l'état de la religion catholique dans le pays, considérant qu'elle ne pouvait subsister longtemps sans qu'il y eût un évêque pour y ordonner de nouveaux prêtres, et des séminaires et un collège pour les instruire et les former, ils arrêtèrent les résolutions suivantes : [...]
>
> 5° Il est indispensable d'envoyer un député à Londres pour présenter à Sa Majesté les vœux de toute la colonie. L'assemblée ne croit mieux faire que de proposer M. Charest l'aîné, présent à l'assemblée, qui est prié d'accepter cette députation par le zèle qu'on lui connaît pour sa religion et sa patrie. Il agira de concert avec les deux grands vicaires qui se trouveront à Londres au nom du clergé.

❶ Voir le ***Boréal Express II (1760-1810)***: 263, 266 et 278. Voir également Herman Plante, ***L'Église catholique au Canada***. Éd. du Bien Public, Trois-Rivières, 1970.

Étienne Charest arriva à Londres vers le milieu de décembre. Il y rencontra M. de Montgolfier qui avait pris les devants et M. de la Corne, doyen du chapitre de Québec, qui résidait à Paris depuis quatorze ans. Pendant que les chanoines présentaient la supplique rédigée par le chapitre, Charest adressait au comte d'Halifax, secrétaire d'État, le mémoire suivant

> [...] Premièremant, on ne demande de l'Episcopat que ce qui est nécessaire à la conservation et au libre exercisse de la religion Romaine, un évêque de Québec à qui l'on conserverait pour tout bien la possession de la maison Episcopalle sans aucun revenu fixe et sans éclat extérieur, vivant simplemant parmi les prêtres de ses séminaires, où il trouverait sa subsistence et son entretien comme l'un d'entre eux lorsqu'il lui plairoit d'y demeurer.
>
> Secondemant, point d'autre chapitre que les prêtres même des séminaires tels qu'ils sont aujourd'huy en Canada chargés du soin des peuples de la ville et de l'instruction de la jeunesse sans autre multiplication des prêtres, ny augmentation de revenus, mais seulemant la conservation de ceux dont ils sont déjà en possession, soit à Québec, soit à Montréal.
>
> Troisièmemant, les vœux du peuple seraient encore, la conservation du College de Quebec pour l'instruction de leurs enfans, et la conservation des communautés religieuses qui sont dans chaque ville touttes occupées au service des pauvres et des malades dans différens hopitaux dont elles ont l'administration ou à l'instruction des jeunes personnes de leur sexe. Le bien que retirent les peuples de ces différens établissemans ; l'intérêt que châque citoyen prend à la conservation de maisons où ils ont presque tous des filles, des sœurs, des tentes, des nièces ou autres parents, et la ressource dy pouvoir placer dans la suite comme par le passé ceux de leurs enfans qui y seroient apellés sont tout autant de motifs de leurs humbles demandes, et les fondemans sur lesquels ils esperent qu'on voudra bien les ecoutter.
>
> J'ai l'honneur d'être avec Respect, de Votre Excellence Milord,
> Le très humble et très hobeissant serviteur Charest, deputé de Canada ❶.

Avec un découpage chronologique et thématique, l'auteur nous plonge dans l'expérience collective et individuelle des protestants de langue française sur le territoire du Québec. Jean-Louis Lalonde, Des loups dans la bergerie. Les protestants de langue française au Québec, *1534-2000, Montréal, Fides, 2002.*

La revanche des huguenots ❷

La charte remise à la *Compagnie des Cent-Associés* en 1627 n'autorisait que l'établissement de Français catholiques en Nouvelle-France. Si les Juifs s'en trouvent totalement exclus, les protestants jouissent d'une certaine tolérance, surtout au début du XVIIIe siècle. Ils sont cependant empêchés d'occuper des charges publiques par suite de l'acte *d'information de vie et de mœurs* imposé aux futurs fonctionnaires, en quelque sorte un *serment du Test* avant la lettre. Ainsi, il se trouve quelques huguenots engagés dans le commerce en Nouvelle-France à la veille de la guerre de Sept Ans.

La conquête de la colonie catholique par un souverain protestant renverse la situation. Le Canada devient officiellement colonie protestante. On ne peut trouver de meilleurs intermédiaires entre les anciens sujets, anglais protestants, et

Geoffrey Adams ne s'est pas intéressé de façon particulière aux huguenots en relation avec le Canada, mais ses travaux permettent tout de même de mieux les comprendre. Voir The Huguenots and French Opinion, 1685-1787 *(Canadian Corporation for Studies in Religion, 1991).*

❶ Voir J.-Edmond Roy, ***Histoire de la seigneurie de Lauzon.*** Lévis, 1898, II : 360s.

❷ L'expression est de Marcel Trudel. Voir ***L'Église canadienne sous le régime militaire (1759-1764).*** I : 189-193 et II : 428-129. Le terme *huguenot* est d'origine obscure. On affirme généralement qu'il provient de *eignot*, déformation du mot allemand « Eidgenossen » *(confédéré)*. Au XVIe siècle, les calvinistes français reçoivent ce sobriquet. Par extension, le terme sert à désigner les *protestants de langue française.*

Dans The Imperial Challenge. Quebec and Britain in the Age of the American Revolution *(McGill-Queen's, 1989), Philip Lawson traite de façon intéressante de la mission de Cramahé à Londres. Auparavant, l'auteur avait tenté de démystifier une fois pour toutes la controverse autour de la Guadeloupe versus le Canada. Pourtant les planteurs britanniques amenèrent le Parlement à se prononcer en faveur du retour des îles à la France par un vote de 319 voix contre 65. C'était un échec personnel pour Pitt à qui les Britanniques devaient tant. Voilà une question que l'auteur n'a certes pas réglé.*

les nouveaux sujets, français catholiques, que les protestants français déjà établis ! Le conquérant le comprend facilement. Dès le régime militaire, plusieurs huguenots prennent la vedette. Dans chacun des trois gouvernements, le secrétaire est de langue française : H.T. Cramahé avec Gage à Montréal, J. Bruyères avec Burton aux Trois-Rivières, G. Maturin avec Murray à Québec. Cramahé sera aussi membre du premier conseil avec François Mounier, marchand. Avant de devenir gouverneur de Québec en 1777, Haldimand sera en poste aux Trois-Rivières de mai 1762 à août 1764. Conrad Gugy, lui aussi Suisse de langue française, deviendra le second secrétaire du gouvernement des Trois-Rivières, avant la suppression de celui-ci par l'Ordonnance du 17 septembre 1764. Un autre de leurs compatriotes, Louis de Mestral, y est désigné comme major de la ville à partir de 1762.

Diverses tâches sont confiées à d'autres protestants de langue française : Jean Marteilhe obtient de Murray le contrat de réparation de la chapelle des Récollets de Québec ; François Lévesque devient le dépositaire de ce qui est conservé aux Forges de Saint-Maurice, Pierre du Calvet est chargé de mission à Restigouche.

D'autre part, l'Église catholique doit s'engager à respecter leur foi — en particulier lorsqu'ils sont hospitalisés — de même qu'à leur ouvrir ses cimetières. Ainsi Joseph Senilh sera le premier protestant français à recevoir une sépulture en terre *chrétienne* (août 1764). Les protestants anglais obtiennent évidemment le même privilège et ce, dès 1759, alors que Mgr de Pontbriand écrit : « *En ce qui regarde le cimetière, je dispense là-dessus, de la loi ecclésiastique* ». La même année, l'évêque doit tolérer la présence de l'ex-Récollet Potentien qui, sous le nom de Michel Houdin, devient le premier ministre protestant à exercer ses fonctions dans la vallée du Saint-Laurent ❶.

Le Jury d'Accusation

À l'article 42 de la capitulation de Montréal qui proposait que « *Français et Canadiens continuent d'être gouvernés suivant la Coutume de Paris, et les lois et usages établis pour ce pays* », Amherst avait répondu : « *Ils deviennent sujets du Roi* ».

Avec la Proclamation royale du 7 octobre, les lois françaises sont menacées. Dorénavant, la justice sera rendue « *suivant la loi et l'équité, et autant que faire se pourra, conformément aux lois d'Angleterre* ». Le 17 septembre 1764, le gouverneur Murray et son Conseil émettent une « *ordonnance établissant des cours civiles* » qui tolère cependant le recours aux lois françaises, tout au moins à la cour des plaidoyers communs. Avocats et procureurs des cours inférieures pourront être canadiens. De plus, tous les sujets de Sa Majesté peuvent être appelés sans distinction à remplir la charge de jurés. On comprend qu'en de tels cas le serment du Test ne sera pas exigé.

Malheureusement, la modération de Murray qui s'écarte des directives reçues sera une occasion de confusion. Les Canadiens se plaindront à maintes reprises de l'incompétence des juges qui passent de façon désinvolte des lois anglaises aux lois françaises… « *quand ils n'en créent pas tout simplement de nouvelles !* »

Les Anglais dénonceront l'esprit de tolérance (ou de réalisme) de Murray qui devra se défendre : « *Peu, très peu suffira à contenter les nouveaux sujets, mais rien ne*

---

❶ Marcel Trudel note trois cas de huguenots qui deviendront catholiques au cours du régime militaire. L'un d'entre eux, Alexandre Dumas, se convertit — l'espace de quelques mois — le temps d'épouser, à l'église catholique, Marie-Josephte Laroche, veuve de Jean Requiem (sic).

pourra satisfaire les fanatiques déréglés qui font le commerce, hormis l'expulsion des Canadiens qui constituent la race la plus brave et la meilleure du globe peut-être, et qui, encouragés par quelques privilèges que les lois anglaises refusent aux catholiques romains en Angleterre, ne manqueraient de vaincre leur antipathie nationale à l'égard de leurs conquérants et deviendraient les sujets les plus fidèles et les plus utiles de cet empire américain. [...] En outre je suis convaincu que si les Canadiens ne sont pas admis à faire partie des jurés et s'il ne leur est pas accordé des juges et des avocats comprenant leur langue, Sa Majesté perdra la plus grande partie de cette utile population » (29 octobre 1764).

Le *Jury d'Accusation* de Québec, dit le grand jury, entreprend, le 16 octobre 1764, de « *censurer l'action du gouverneur* ». D'un commun accord, les 21 Grands jurés ❶ font certaines représentations concernant surtout « *le grand nombre de cours inférieures* », cependant que les membres anglais préparent seuls un document dénonçant la participation de « *personnes pratiquant la religion de l'Église de Rome, reconnaissant la suprématie et la juridiction du pape* ». Ils ajoutent : « *Par le traité définitif, la religion catholique n'a été que tolérée dans la province de Québec en tant que le permettent les lois de la Grande-Bretagne ; il a été et il reste décrété par le 3e Jacques I, chap. 5, parag. 8, qu'aucun papiste reconnu non conformiste, ne pourra remplir la charge de conseiller, de greffier, d'avocat ou de procureur dans les questions relevant du droit coutumier ou n'agira en qualité d'avocat ou de procureur dans celles relevant du droit civil ; qu'il ne pourra non plus pratiquer la physique, ni devenir apothicaire, ni juge, ni fonctionnaire, ni greffier d'aucune cour, ni régistraire ou secrétaire du conseil municipal, ni fonctionnaire ou officier dans aucune cour ; qu'il ne remplira ni les devoirs ni les fonctions de capitaine, de lieutenant, de sergent, de caporal, de porte-étendards de compagnies de soldats, ou de capitaine, de maître d'équipage, de gouverneur ni aucune charge sur un navire, dans un château ou dans une forteresse ; qu'il sera absolument exclu des charges ci-dessus et que toute personne enfreignant ce décret sera passible d'une amende de cent livres, dont une moitié ira au roi et l'autre à la personne qui aura intenté la poursuite. Nous croyons donc que l'admission parmi les jurés, de personnes appartenant à la religion romaine et qui reconnaissent l'autorité, la suprématie et la juridiction de l'Église de Rome, constitue une violation manifeste de nos lois et de nos libertés les plus sacrées, conduit à la destruction de la religion protestante, et menace le pouvoir, l'autorité et les droits de Sa Majesté, dans la province où nous vivons.* »

Thomas Chapais qui cite ce texte ❷ conclut : « *Ce document mémorable méritait bien de passer à la postérité, comme un monument d'intolérance !* »

Loin de céder aux protestations de ces pétitionnaires, Murray dénonce « *ces fanatiques déréglés qui font le commerce* », disant d'eux qu'ils constituent « *la plus immorale collection d'individus* ». La colère continue de monter de part et d'autre et les pétitions les plus contradictoires s'accumulent sur les bureaux des ministres

Une première controverse politique et judiciaire après la Conquête donne l'occasion au Grand Jury de formuler des recommandations politiques. Plusieurs souhaitaient voir les « nouveaux sujets », les Canadiens, écartés de cette institution. Pourtant, plusieurs membres de l'élite francophone, comme Chartier de Lotbinière, y ont siégé. Certains grands jurys furent même composés de francophones et d'anglophones en nombre égal. Cet équilibre était crucial, puisque le Grand Jury avait des fonctions qui dépassaient la justice : c'était un véritable organe politique. Donald Fyson, « The Canadiens and the British Institutions of Local Gouvernance in Quebec from the Conquest to the Rebellions », dans Nancy Christie ed., Transatlantic Subjects. Ideas…, *McGill-Queen's University Press, 2008 : 45-82.*

---

❶ Le grand jury ou jury d'accusation compte 21 membres dont 13 Anglais, 7 Canadiens et le huguenot Alexandre Dumas. Ce dernier s'associe aux Anglais pour la seconde partie du mémoire. Il est à noter que les jurés canadiens protesteront de la manœuvre sournoise de leurs collègues. Voir les ***Documents concernant l'histoire constitutionnelle du Canada (1759-1791)***. Ottawa, 1911 : 134-136.

❷ Voir Thomas Chapais. ***Cours d'histoire du Canada***. Réédité par le Boréal Express, 1972, I : 79-80.

« L'auteur examine le système de justice criminelle et l'application de cette justice telle qu'elle est vécue par ceux qui y participent ». Bien que partial, le système de justice est assez souple pour permettre aux citoyens ordinaires d'y participer. Autrement dit, contrairement à une idée assez largement répandue, la population n'était pas ni ne pouvait être totalement exclue du processus légal. Les Britanniques devaient cependant réguler la vie sociale, économique et politique en imposant des lois. C'est à partir de plusieurs sources institutionnelles, comme les juges de paix et la police, que l'auteur trace un aperçu du quotidien judiciaire au lendemain de la Conquête britannique. Donald Fyson, Magistrats, police et société. La justice criminelle ordinaire au Québec et au Bas-Canada (1764-1837), *Montréal, Hurtubise, 2010.*

londoniens. Murray doit finalement passer les mers au printemps de 1766 pour aller se justifier devant le roi, laissant l'administration à Aemilius Irving. Il se défend par un éloquent rapport dans lequel il démontre les injustes prétentions des Anglais du Canada et la nécessité de ménager les Canadiens.

En somme, Murray a pratiqué une politique réaliste, fondée sur le nombre et marquée d'un souci de justice. Dans le même esprit, il a évité de convoquer une assemblée qui eut été dominée par la minorité anglaise.

Débats sous Carleton

Irving choisit de ne pas ennuyer les gens avec les lois anglaises et préfère favoriser l'établissement progressif de celles qui « *respectent la liberté* ».

Murray fut remplacé, à l'automne 1766, par sir Guy Carleton, ancien officier de Wolfe, qui devait aussi se montrer fort sympathique aux Canadiens. La situation demeure trouble. En Angleterre, le gouvernement, embarrassé et perplexe, sollicite l'avis des juristes. Charles Yorke et William De Grey établissent dans un rapport que le désordre provient de deux causes : changement trop brusque des lois du pays et incertitude face aux lois en vigueur. Ainsi les Canadiens se trouvent exclus des charges et soumis à des juges qui ne comprennent même pas la langue française. De fait, la Proclamation royale reste fort difficile à interpréter et cause partout de vives appréhensions. Les deux experts hésitent à trancher la question du commerce : ils proposent cependant le maintien des lois civiles françaises et l'établissement des lois criminelles anglaises.

Maseres combat vigoureusement leurs conclusions. Il veut « *maintenir dans la paix et l'harmonie et fusionner pour ainsi dire en une seule, deux races qui pratiquent actuellement des religions différentes, parlent des langues qui leur sont réciproquement étrangères et sont par leurs instincts portées à préférer des lois différentes* ». Évaluant à 90 000 le nombre de Français ou de Canadiens établis dans la colonie et à quelque 600 les Britanniques, il n'en conclut pas moins que, si la colonie est bien administrée, les Anglais deviendront de plus en plus nombreux au point que leur nombre pourra devenir « *égal et même supérieur à celui de la population française* ». Les Canadiens sont « *fanatiquement attachés à la religion du Pape et regardent tous les protestants avec un œil de haine* » ; ils demandent le droit d'accès à tous les postes. Pourtant les statuts de la Grande-Bretagne rendent le catholicisme illicite. Il conviendrait de l'abolir dans la Province de Québec ; mais le maintien de l'ordre exige qu'on le tolère. Le Parlement britannique a seul le pouvoir de légiférer sur la question religieuse comme sur la question des lois. Il lui appartient alors de trancher le débat.

En 1766, une nouvelle équipe ❶ constituée — outre Maseres — de Hey et Carleton affirme son intention de rétablir l'ordre. Ce qui ne veut pas dire que l'accord règne sur les moyens à prendre. En effet, pour Carleton, « *tandis que la rigueur du climat et la pauvreté de la contrée découragent tout le monde, à l'exception des natifs,*

❶ Francis Maseres remplace George Suckling comme procureur général ; William Hey succède au juge en chef William Gregory. Carleton, pour sa part, sera d'abord lieutenant-gouverneur et ne deviendra gouverneur général qu'en janvier 1768.

la salubrité ici est telle que ces derniers se multiplient chaque jour ; en sorte que s'il ne survient aucune catastrophe qu'on ne saurait prévoir sans regret, la race canadienne dont les racines sont déjà si vigoureuses et si fécondes, finira par peupler ce pays à un tel point que tout élément nouveau qu'on transplanterait au Canada s'y trouverait entièrement débordé et effacé, sauf dans les villes de Québec et de Montréal ». Il demande donc un système de gouvernement propre à satisfaire les Canadiens, de manière à les attacher à l'Angleterre « *par le cœur plutôt que par la force* ». Il est dans l'intérêt, croit-il, de Sa Majesté de faire disparaître toute cause de mécontentement. Il propose ou bien un *code canadien* ou bien le retour entier aux lois françaises.

L'opposition entre Maseres et Carleton préfigure déjà deux des principales politiques qui ne cesseront de se combattre : l'une voulant l'assimilation pure et simple des Canadiens, l'autre préférant les maintenir en état de subordination et de soumission par le respect et l'esprit de conciliation.

La noblesse canadienne pouvait retourner en France à la suite de la Conquête. Cependant, plusieurs ont décidé de demeurer dans la nouvelle colonie britannique. Le cas des de Lanaudière est frappant : la guerre de la Conquête soldée en 1763 n'affecte pas trop le statut de cette famille noble. Quelques-uns de ses membres occuperont des postes clés dans la nouvelle administration coloniale. Sophie Imbeault, Les Tarieu de Lanaudière. Une famille noble après la Conquête, 1760-1791, *Sillery, Septentrion, 2004.*

Discussions en Angleterre

Malgré l'abondante documentation qu'il reçoit du Canada, le Parlement britannique n'ose résoudre la difficulté, et les choses traînent en longueur. La principale cause provient de la faiblesse et de l'instabilité des ministères qui se succèdent rapidement sans avoir le temps de régler quoi que ce soit. D'ailleurs le paupérisme suscite des troubles populaires qui absorbent toute l'attention. L'agitation de la Nouvelle-Angleterre ne manque pas non plus de distraire du Canada le gouvernement et le peuple anglais.

Carleton, impatient d'avoir une réponse définitive, passe en Angleterre à l'automne de 1770. Ses instances provoquent de nouveaux rapports. Le premier, de Marriott, préconise un système mixte de lois françaises et de lois anglaises ; le second, de Wedderburn, s'oppose à la religion catholique, mais se montre favorable aux lois françaises ; le troisième, de Thurlow, propose nettement le respect des lois et de la religion des nouveaux sujets. Francois-Joseph Cugnet défend habilement ses compatriotes dans ses ***Observations sur le plan d'Acte du Parlement dressé par Francis Maseres.***

Inévitable survivance

Le maintien d'une organisation religieuse et civile et la lenteur de la colonisation anglaise augmentèrent considérablement les chances de survivance des Canadiens français. Les quelque 60 000 *Canadiens* groupés le long du Saint-Laurent, depuis Québec jusqu'à Montréal, forment un groupe assez dense pour l'époque, dont l'accroissement sera favorisé par le repliement agricole et des conditions de vie simples.

Bien que le Canada français entre dans le monde anglo-saxon à l'aube de la révolution industrielle, il profitera d'un isolement géographique pour affermir des racines plus que centenaires. Cet îlot humain fortement majoritaire dans la vallée du Saint-Laurent en oublie pour plusieurs générations qu'il est « *sous Londres et à proximité de New York* ». Nul esprit de démission ne se manifeste chez les Canadiens de l'époque. Bien au contraire, ils s'attendent à ce que les nouveaux venus s'assimilent à eux.

IV • L'ACTE DE QUÉBEC

À Londres, deux attitudes

Les uns, surtout des hommes de loi, considèrent que le Canada est une « *ancienne et grande colonie depuis longtemps peuplée et cultivée surtout par des sujets français* ». Pour ces légistes, la poignée d'Anglais momentanément de passage dans la Province de Québec doit se soumettre aux lois du territoire sur lequel s'exerce leur commerce.

Les autres, principalement des marchands, tout en étant d'accord pour une application libérale de la Proclamation de 1763, mettent l'accent sur le Canada anglais en formation. Ils concentrent leur action sur l'établissement d'une chambre d'assemblée — à majorité anglaise — comme moyen de promouvoir leurs intérêts ❶.

L'agitation dans les *Treize colonies* donne plus de poids aux arguments du premier groupe auquel se joint d'ailleurs Carleton. Celui-ci croit en effet très important de gagner la sympathie des *Canadiens*. À son avis, la vallée du Saint-Laurent peut constituer un excellent poste stratégique d'où une armée de 10 000 hommes pourrait surveiller les *Américains*. De toute façon, Carleton ne veut pas d'une chambre d'assemblée et lui préfère un conseil élargi où pourraient siéger quelques *Canadiens*. Il entend aussi favoriser le rétablissement des lois civiles françaises et accorder pleine liberté à l'Église catholique.

Le vote de l'Acte de Québec

Le Parlement d'Angleterre, conscient de ce que le système administratif de la *Province de Québec* ne donne satisfaction à personne et inquiet de la révolte qui gronde en Nouvelle-Angleterre, écoute l'habile plaidoyer de Carleton passé dans la métropole pour y défendre ses idées.

Sous le patronage de lord North, premier ministre, lord Dartmouth, secrétaire d'État aux Colonies, propose un bill destiné à modifier le gouvernement de la *Province de Québec*. Le Parlement de Londres possède alors d'éminents orateurs qui donnent au débat une particulière élévation. Il faut l'habileté consommée de lord North pour faire agréer l'Acte de Québec malgré l'opposition de Charles Fox et surtout de lord Chatham ❷, défenseur attitré de la Nouvelle-Angleterre. Les adversaires invoquent la considération que méritent les lois anglaises et les droits des

---

❶ L'Acte de Québec a donné lieu à de longs et très intéressants débats. À partir des écrits de Carleton, Thurlow, Maseres, Marriott et Wedderburn, l'équipe du Boréal Express a reconstitué ce que nous appellerions aujourd'hui une *table ronde*. Chacune des interventions rapportées en page 292 du journal est rigoureusement fondée sur des textes d'époque. Voir le ***Boréal Express II (1760-1810)***. Thomas Chapais insiste beaucoup dans son ***Cours d'histoire du Canada*** (I : 169s) sur le rôle joué par les juristes anglais de l'époque.

❷ Lord Chatham, mieux connu sous le nom de William Pitt, fut élu aux Communes de Londres en 1735. Il mena l'Angleterre à la victoire de 1763, par laquelle l'Amérique du Nord devenait anglaise. Il mourut cependant avant le triomphe du séparatisme des Américains, c'est-à-dire avant le schisme anglo-saxon de 1783. Son fils, porteur du même nom — dit le second Pitt — se fera le parrain de l'Acte constitutionnel. Il fut l'âme des principales coalitions dirigées contre la France jusqu'à sa mort survenue en 1806.

citoyens anglais établis dans la vallée du Saint-Laurent ; mais ils sont mus peut-être davantage par la crainte de voir la Nouvelle-Angleterre, déjà menaçante, prendre ombrage des faveurs accordées aux *Canadiens*.

Nouvelle délimitation territoriale

Bien que divisés sur le plan constitutionnel, les Canadiens et les marchands anglais sont d'accord pour réclamer que la région des Grands Lacs soit placée sous la compétence du *Gouvernement de Québec*. Toujours associés au commerce des fourrures, bien que de plus en plus en tant que subalternes, les Canadiens y retrouvent aussi leurs intérêts. La nouvelle *Province de Québec*, issue de la constitution de 1774, s'étend depuis le 45e degré de latitude nord jusqu'au territoire de la Compagnie de la baie d'Hudson. On lui rattache, à l'est, la côte du Labrador et les îles du Golfe, à l'ouest, la région des Grands Lacs et une partie de la vallée de l'Ohio. On prétend d'un côté assurer une administration plus efficace des territoires de l'Ouest, pour maintenir de bonnes relations avec les Indiens et bien régler la traite des fourrures, et de l'autre mieux contrôler l'exploitation des pêcheries dans le Golfe du Saint-Laurent.

L'histoire de la colonisation française du pays des Illinois est mal connue. En 1763, la Proclamation royale le rattache au « territoire indien ». Vincennes, Cahokia, Fort de Chartres, etc., se sont alors retrouvés sans gouvernement. L'Acte de Québec de 1774 devait incorporer cette région dans une nouvelle province de Québec. En 1783, les Américains réclament et obtiennent la rive gauche du Mississippi. Bien des Canadiens gagnent alors l'autre rive et passent en territoire espagnol. A.P. Nasatir, sous les auspices de la St. Louis Historical Documents Foundation, a publié en 1952 (en deux tomes) un ouvrage extraordinaire intitulé Before Lewis and Clark: Documents Illustrating the History of the Missouri, 1785-1804.

Transformations mineures

La nouvelle constitution maintient à peu près les mêmes rouages administratifs qu'auparavant : un gouverneur qui garde ses pouvoirs discrétionnaires et un conseil législatif composé de 17 à 23 membres [1]. Point de chambre d'assemblée, parce que l'Angleterre craint de rencontrer au Canada les mêmes difficultés que dans les colonies *américaines*, et aussi parce que Carleton, pas plus que les *Canadiens*, ne paraît y tenir, du moins pour l'instant, dans le cas de ces derniers. Le Conseil peut « *rendre des ordonnances pour la paix, le bien-être et le bon gouvernement de la province* ». Cependant, il n'a le pouvoir d'imposer d'autres taxes ou contributions que celles qui sont requises pour l'entretien des chemins et des édifices publics. Toute décision doit être soumise à l'approbation de Sa Majesté qui a faculté de la suspendre ou de la rejeter.

Meilleur statut pour l'Église

Les Canadiens jouissent « *du libre exercice de la religion de l'Église de Rome sous la suprématie du Roi* ». Cette dernière restriction, plus souple que celle du traité de 1763, a paru nécessaire au ministère anglais pour faire accepter la loi. En fait, elle reste à peu près lettre morte, quoique nombre de fonctionnaires soient tentés de l'exploiter en vue de restreindre la liberté religieuse.

Le texte de la loi ne parle pas de l'évêque ; mais le problème épiscopal semble résolu indirectement à cause du mot « *religion* », remplaçant le mot « *culte* » du traité de Paris. Les curés sont autorisés à percevoir la dîme des sujets catholiques. Le serment du Test est supprimé. On n'exige plus que le serment d'allégeance ou de fidélité au roi.

---

[1] Thomas Chapais a corrigé et complété la liste présentée dans les ***Instructions*** à Carlelon en date du 3 janvier 1775, francisant en particulier Francis Les Vesques. Les 8 Canadiens membres du conseil sont François Lévesque, Pécaudy de Contrecœur, Roch de Saint-Ours, Charles-François de Lanaudière, Saint-Luc de Lacorne, Joseph Chaussegros de Léry, Picoté de Belestre et Des Bergères de Rigauville.

En somme, l'Angleterre reconnaît le fait épiscopal, et les catholiques ont désormais libre accès aux charges publiques.

Une restriction affecte cependant les communautés religieuses qui gardent la jouissance de leurs biens, jusqu'à ce qu'on « *soit mieux renseigné sur leur véritable état et qu'on sache jusqu'à quel point elles sont nécessaires au libre exercice de la religion de Rome* ». Les Sulpiciens devront attendre jusqu'en 1839 pour se voir confirmés dans leurs propriétés foncières. Mais, en fait, c'est un progrès très important sur le plan religieux. La politique de « *conciliation* » triomphe.

Les lois civiles françaises

Est-il exact que les lois criminelles anglaises étaient plus libérales ? Qu'en est-il des lois civiles françaises ? Bien des spécialistes ont cherché à expliquer par les traditions juridiques les différences de comportement chez les anglophones et les francophones. Evelyn Kolish aborde certaines de ces questions et bien d'autres dans Nationalisme et conflits de droits : le débat du droit privé au Québec, 1760-1840 *(HMH, 1994).*

L'Acte de Québec maintient les lois criminelles anglaises, d'ailleurs plus libérales que le droit français, mais rétablit les lois civiles françaises. Ainsi, les Canadiens sont assurés de la possession de leurs propriétés avec les coutumes et les usages qui les régissaient sous le régime français, de même que tous leurs autres droits civils.

L'accueil fait à la loi de 1774

L'Acte de Québec sera diversement accueilli par les Britanniques de la Province. Évidemment, les membres du « French Party » ❶, Mabane et Carleton en tête, triomphent ; tandis que d'autres administrateurs coloniaux, tels Hey et Maseres, se rangent du côté des colons-marchands pour protester. La nouvelle constitution les choque profondément. On leur refuse une chambre d'assemblée ; on leur impose les lois civiles françaises ; ils s'imaginent même avoir perdu l'*habeas corpus* ❷. Il ne leur reste, pour se consoler, que l'extension des frontières. C'est trop peu. De nombreuses pétitions sont adressées au roi, au « Board of Trade » et aux Communes pour demander le rappel de la loi.

Pour les Américains, l'Acte de Québec est une nouvelle occasion de se plaindre. Ils reprochent à Londres — en même temps que la fermeture du port de Boston et la dure répression exercée au Massachusetts — les concessions faites aux catholiques de la *Province de Québec*. En fait, on sent par leurs mémoires que le poids de la *dive Albion* ❸ se fait de plus en plus lourd.

Du côté *canadien*, on a maintes raisons de se réjouir. Le clergé et les seigneurs accueillent avec joie la nouvelle constitution qui leur apporte, comprennent-ils, la garantie de leurs libertés essentielles. L'application du plan de Carleton, bien que favorable à leur nationalité, n'élimine toutefois pas la réalité de la colonisation anglaise. Le peuple, pour sa part, l'accueille avec réalisme. Ne maintient-elle pas les taxes payées au seigneur et les lois criminelles anglaises. Pour cette masse, à 85 ou 90 pour cent rurale, les bonnes récoltes des années 1772-1773 sont beaucoup plus importantes. Une honnête prospérité paysanne rend sereins les « *lendemains de conquête* ».

---

❶ Les Britanniques qui s'installent dans la province de Québec connaissent déjà les structures parlementaires et le régime des partis politiques. Il n'est donc pas étonnant de voir apparaître l'expression « French party » pour désigner ceux (Canadiens ou Britanniques) qui se montrent favorables à la majorité canadienne. Par opposition, semble-t-il, on réserve aux partisans d'une intense colonisation anglaise dans la vallée du Saint-Laurent l'étiquette de « British party ».

❷ De fait, l'Acte de Québec ne traite pas de l'« habeas corpus ». Les Instructions de janvier 1775 insistent sur les droits des individus, mais elles sont imprécises et d'ailleurs demeurent secrètes. Cette question ne sera réglée qu'à la veille de 1791.

❸ Albion, du latin albus, blanc. Nom celtique parfois donné à la Grande-Bretagne à cause de ses falaises blanches. Par ironie, on dira la perfide ou la dive Albion.

V • LA RÉVOLUTION AMÉRICAINE ET SES RÉPERCUSSIONS (1774-1783)

Les causes lointaines

À la fin de la guerre de Sept Ans, plus d'un homme politique anglais avait recommandé de laisser le Canada à la France, « *afin de maintenir les colonies [américaines] dans la dépendance de la mère patrie* ». En effet, le besoin qu'elles avaient de la métropole pour tenir tête à la Nouvelle-France constituait pour les colonies un frein efficace à leur ambition de liberté. Débarrassés du rival français « *qui ne laissait pas un moment de repos* » (Franklin), les colons américains, soucieux de protéger leurs intérêts commerciaux et de jouir pleinement des libertés déjà acquises, refusent l'intervention métropolitaine.

La plupart des immigrants venus d'Angleterre sont des mécontents : les puritains ont cherché un refuge durant le règne des Stuarts ; les catholiques ont voulu se protéger de Cromwell et de ses lois iniques. Tous ces gens ne sont guère attachés à la mère patrie qui, de son côté, s'est peu occupée des colonies pendant ces décennies de troubles politiques et religieux. Aussi, chacune des *Treize colonies*, dirigée par ses propres représentants, s'est-elle organisée par elle-même. La guerre contre le Canada a entraîné les milices *américaines* et leur a donné confiance en leur propre valeur. Bref, l'agitation, d'abord *loyale* ❶, apparaît comme un phénomène naturel d'autonomie.

Dans un ouvrage qui établit la genèse de la Révolution américaine jusqu'à la Constitution, Bernard Cottret expose les éléments socioculturels, économiques et politiques qui menèrent à l'Indépendance. Bernard Cottret, La Révolution américaine. La quête du bonheur, *Paris, Perrin, 2003.*

❶ Jusqu'à la proclamation de l'indépendance en juillet 1776, l'agitation des Treize colonies peut être qualifiée de *loyale*. Ce loyalisme est bien exprimé par le *Grand Union* — l'ancêtre de *l'Union Jack* — qu'on retrouve sur le drapeau des rebelles.

✎ Incident sanglant survenu à Boston le 5 mars 1770 et connu comme « le massacre de Boston ». La présente gravure est l'œuvre de l'orfèvre Paul Revere. Les troupes auraient ouvert le feu sur la foule, tuant 3 personnes sur-le-champ, tandis que 2 autres étaient blessées mortellement.

Thomas Paine fut l'un des grands théoriciens des Révolution américaine et française. Jean-Pierre Boyer nous fait redécouvrir ce philosophe qui marqua profondément les mentalités de ses contemporains. Deux petits trésors de livres à découvrir: Le Sens commun *et* Les Droits de l'Homme *(Septentrion, 1995 et 1998).*

Au moment où la métropole anglaise entend réorganiser son empire nord-américain, voire même restreindre certaines libertés, les Américains protestent. Ils protestent d'autant plus facilement que la France a quitté l'Amérique!

L'occasion prochaine

Pour conquérir le Canada et assurer par là la sécurité de la Nouvelle-Angleterre, la métropole avait déboursé beaucoup d'argent; elle s'était même endettée. Il lui semble normal que les colonies contribuent à défrayer les dépenses faites à leur bénéfice. À cet effet, Londres décide de leur imposer quelques taxes. Lord Bute propose de remettre en vigueur les anciennes lois de commerce et de navigation: commerce exclusif de la Nouvelle-Angleterre avec la Grande-Bretagne, défense aux navires américains d'accoster dans d'autres ports que les ports anglais, etc.

Au début de l'année 1765, l'Angleterre impose donc à toutes ses colonies la *loi du Timbre*, rendant obligatoire l'usage du papier timbré pour tous les actes officiels incluant les journaux. Sept États de la Nouvelle-Angleterre réunis à New York protestent contre cette loi au nom de l'adage britannique: « *Pas d'imposition sans représentation* » ❶. Lord North, devant cette opposition inquiétante, renonce à la *loi du Timbre* (1766). L'année suivante, de nouveaux impôts, les « Townshend Duties » ❷, déclenchent une résistance encore plus violente. Londres doit faire occuper Boston par l'armée.

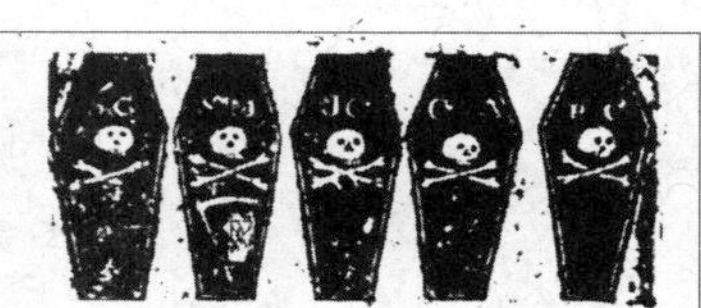

❶ Lord Cambden conteste au Parlement britannique le droit de taxer les colonies. « *Taxation et représentation, explique-t-il, sont jointes de façon inséparable. C'est Dieu qui les a unies; il n'y a pas de Parlement anglais qui puisse les séparer* ».

❷ Provoqué par l'opposition, Charles Townshend, chancelier de l'Échiquier, propose des taxes peu importantes « *sur le verre à vitre, le papier, les couleurs et le thé* ». Plusieurs Américains dénoncent l'aspect inconstitutionnel de la politique métropolitaine et expriment leur volonté de ne point la respecter. Ils invitent la population du Massachusetts à prélever elle-même ses taxes, à former sa propre armée et à boycotter les produits anglais.

✎ Le rappel du massacre de Boston fut largement exploité par les « révolutionnaires ». Pour sa part, Franklin avait publié, dès 1754, dans son journal, la *Pennsylvania Gazette*, le dessin intitulé « Join or die » par lequel il invitait les colonies à s'unir contre la Grande-Bretagne. Il peut être intéressant d'identifier chacune des parties du serpent.

En 1770, devant l'intensité de la résistance, le Parlement anglais rappelle la loi de 1767 et ne maintient — pour le principe — que l'impôt sur le thé. Les coloniaux aussi ont des principes. Le 16 décembre 1773, une vingtaine de Bostonnais, déguisés en Indiens, précipitent à la mer une cargaison de thé en provenance d'Angleterre.

Guerre et république

Du 5 septembre au 26 octobre 1774, les députés des colonies américaines, à l'exception de la Georgie, tiennent un premier Congrès à Philadelphie et adressent au roi George III l'expression de leurs griefs. Un deuxième Congrès a lieu en mai 1775. On y reconnaît l'état de guerre ; George Washington se voit confier le commandement de l'armée *continentale.* Le 4 juillet 1776, le Congrès approuve une déclaration d'indépendance. On affirme l'égalité originelle des hommes et certains droits absolus des citoyens, tel le droit à la vie, à la liberté, aux moyens d'acquérir et de conserver la propriété, comme aussi de rechercher le bonheur et la sécurité ; tout pouvoir dérive du peuple ; les magistrats ne sont que des mandataires et des serviteurs, etc.

Lors du premier Congrès, les Américains adressent aux Canadiens une lettre officielle dans laquelle ils les pressent de s'unir à eux. Ils veulent, disent-ils, « *éclairer leur ignorance et leur apprendre les bienfaits de la liberté* ». Ils s'apitoient sur le peuple « *non seulement lésé mais outragé* » ; ils dénoncent l'Acte de Québec comme « *un leurre et une perfidie* ».

Neutralité des Canadiens

Carleton éprouve une profonde déception en constatant le peu de ferveur britannique des *Canadiens* en face de la menace *américaine.* Il se plaint de trouver les esprits « *bouleversés par la cabale et l'intrigue* ». Cramahé écrit : « *On a recours sans succès à tous les moyens pour amener le paysan canadien au sentiment de son devoir* ». De fait, la masse du peuple reste neutre. Elle n'oppose à toutes les sollicitations des Américains que la force de l'inertie. Quelques centaines de Canadiens — sans doute influencés par les émissaires du Congrès ou particulièrement marqués du souvenir de 1760 — gagnent tout de même les rangs des *rebelles.*

Carleton et surtout son successeur, Haldimand, donnent l'ordre d'arrêter tout suspect. Quelques-uns demeureront en prison jusqu'à la fin de la guerre en 1783. Les plus célèbres des prisonniers politiques de l'époque sont des Français, Pierre de Sales de La Terrière, successeur de Pélissier aux Forges de Saint-Maurice, Valentin Jautard et Fleury Mesplet, fondateurs de la *Gazette littéraire de Montréal.* À ce groupe il faut ajouter Pierre du Calvet, ce marchand français, emprisonné par Haldimand [1], et qui devint le champion des libertés démocratiques.

Il ne se trouve cependant guère de Canadiens, d'un certain rang social, pour sympathiser vraiment avec les Américains et prendre la tête des quelques centaines

Jean-Paul de Lagrave s'est passionné pour Fleury Mesplet. À travers cet imprimeur français arrivé dans la « province de Québec » en 1776, il nous fait redécouvrir d'autres Français dont Pierre du Calvet à qui on doit un vibrant plaidoyer en faveur d'institutions parlementaires. « Un corps législatif, réunissant dans son sein tous vos représentants, pourrait devenir défavorable à vos intérêts ?, demande-t-il. [...] Vous craignez le poids des impôts ? [...] Mais si la taxe était statuée par une Assemblée formée de vos représentants, ce serait vous alors, qui auriez le plaisir et la gloire d'être en personne vos propres taxateurs ». Voir Fleury Mesplet (1734-1794) : diffuseur des Lumières au Québec *(Patenaude, 1985).*

---

[1] Suisse germanique, Haldimand était aussi à l'aise en français qu'en anglais. L'idée lui vint de créer une bibliothèque publique mi-française mi-anglaise, dans le but de contribuer au rapprochement des deux groupes ethniques de la vallée du Saint-Laurent par une meilleure connaissance réciproque. En 1785, cette bibliothèque compte environ un millier de volumes français et quelque 800 anglais. Premier effort de biculturalisme !

À l'occasion du bicentenaire de la mort du journaliste Valentin Jautard (1736-1787), Jean-Paul de Lagrave et Jacques G. Ruelland ont entrepris de lui consacrer un ouvrage assez original qui nous introduit à l'œuvre journalistique après un aperçu de la vie de l'homme et des jugements portés sur lui. Originaire de Bordeaux, il est venu à Montréal à partir de Cahokia du pays des Illinois. Voir Valentin Jautard, premier journaliste de langue française au Canada *(Le Griffon d'argile, 1989). Finalement, la publication de l'ouvrage coïncida avec le bicentenaire de la Révolution française, ce que ne manqua pas de signaler Jean-Louis Gagnon dans sa préface.*

de Canadiens désireux de joindre les rangs des rebelles. En fait, plusieurs seigneurs s'enrôlent dans la milice anglaise. Le clergé y va du poids de son influence. Monseigneur Briand lance un mandement contre ceux qui manqueront à leur serment d'allégeance.

> ***Mandement de Mgr Briand (1775).***
>
> JEAN-OLIVIER BRIAND, par la miséricorde de Dieu et la grâce du Saint-Siège, Évêque de Québec, etc., etc., etc.
>
> A tous les Peuples de cette Colonie, Salut et Bénédiction.
>
> Une troupe de sujets révoltés contre leur légitime Souverain, qui est en même temps le nôtre, vient de faire une irruption dans cette Province, moins dans l'espérance de s'y pouvoir soutenir que dans la vue de vous entraîner dans leur révolte, ou au moins de vous engager à ne pas vous opposer à leur pernicieux dessein. La bonté singulière et la douceur avec laquelle nous avons été gouvernés de la part de Sa Très Gracieuse Majesté le Roi George III, depuis que, par le sort des armes, nous avons été soumis à son empire, les faveurs récentes dont il vient de nous combler, en nous rendant l'usage de nos lois, le libre exercice de notre Religion, et en nous faisant participer à tous les privilèges et avantages des sujets Britanniques, suffiraient sans doute pour exciter votre reconnaissance et votre zèle à soutenir les intérêts de la couronne de la Grande-Bretagne. Mais des motifs encore plus pressants doivent parler à votre cœur dans le moment présent. Vos serments, votre religion, vous imposent une obligation indispensable de défendre de tout votre pouvoir votre patrie et votre Roi. Fermez donc, Chers Canadiens, les oreilles, et n'écoutez pas les séditieux qui cherchent à vous rendre malheureux, et à étouffer dans vos cœurs les sentiments de soumission à vos légitimes supérieurs, que l'éducation et la religion y avaient gravés. Portez-vous avec joie à tout ce qui vous sera commandé de la part d'un Gouverneur bienfaisant, qui n'a d'autres vues que vos intérêts et votre bonheur. Il ne s'agit pas de porter la guerre dans les provinces éloignées : on vous demande seulement un coup de main pour repousser l'ennemi, et empêcher l'invasion dont cette Province est menacée. La voix de la religion et celle de vos intérêts se trouvent ici réunies, et nous assurent de votre zèle à défendre nos frontières et nos possessions.
>
> Donné à Québec, sous notre seing, le sceau de nos armes et la signature de notre Secrétaire, le 22 mai 1775.
>
> J.Ol., Évêque de Québec.
> Par Monseigneur,
> F. Perrault, Ptre. Secrétaire.

En fait, l'élite canadienne, comblée par l'Acte de Québec, marque sa reconnaissance à Carleton en repoussant ces *Américains* qui entendent, encore en 1775, soit au moment de l'invasion du Canada, demeurer britanniques.

Les Britanniques de la Province de Québec

Comme celle des Canadiens, mais dans un sens tout à fait opposé, l'attitude des Britanniques de *la 14e colonie* ❶ sera *conditionnée* par l'Acte de Québec qui les a plutôt

❶ Si l'on tient compte de la Nouvelle-Écosse, il serait plus juste de parler de la *quinzième colonie.* De toute façon, ce qui est important ici c'est l'idée exprimée. Quant aux *Treize colonies* elles-mêmes, il convient peut-être de signaler qu'elles ne furent pas bien longtemps au nombre de 13 !

déçus. Ils ont des raisons particulières d'en vouloir tant à l'autorité métropolitaine qu'à l'autorité coloniale. Pour des mobiles d'ordre politique, ils sont de cœur avec les révoltés des 13 autres colonies britanniques. Des intérêts commerciaux les empêchent pourtant de s'intégrer dans ce vaste mouvement protestataire, séparatiste à partir de 1776. Il leur serait bien difficile de rompre si tôt avec les sources de capitaux et les débouchés que représente la métropole britannique. De plus, grâce à sa marine et à l'arrivée de milliers de mercenaires allemands, en 1776, la Grande-Bretagne est à même de bien contrôler la vallée du Saint-Laurent et la péninsule de la Nouvelle-Écosse.

Voir André Charbonneau, Les Fortifications de l'île aux Noix : reflets de la stratégie défensive sur la frontière du Haut-Richelieu aux XVIIIe et XIXe siècles *(Parcs Canada, 1994).*

Les Britanniques de la *Province de Québec* expriment donc une autre forme de séparatisme, celui-là à l'égard de leurs compatriotes des autres colonies britanniques du Sud. Cette attitude leur permettra d'éliminer du grand commerce des fourrures la dangereuse concurrence américaine dans la région des Grands Lacs.

L'invasion de la Province de Québec

Tandis que l'opinion canadienne est divisée, l'armée américaine envahit la province par le lac Champlain et la rivière Chaudière. Elle s'avance avec la détermination d'en faire « *une quatorzième colonie dans l'Union américaine* ». Le 10 mai 1775, Ethan Allen dirige une troupe de 83 hommes, parmi lesquels Benedict Arnold, contre le fort Ticonderoga. Les 42 soldats en garnison, surpris par l'attaque, se rendent « *au nom de Jehovah et du Congrès américain* ». Deux jours plus tard, la troupe occupe Crown Point et, le 16, elle s'installe à Saint-Jean. L'importante voie Hudson-Richelieu est ouverte, mais les Britanniques sont en route et dès le 18 Allen abandonnait le fort Saint-Jean ❶.

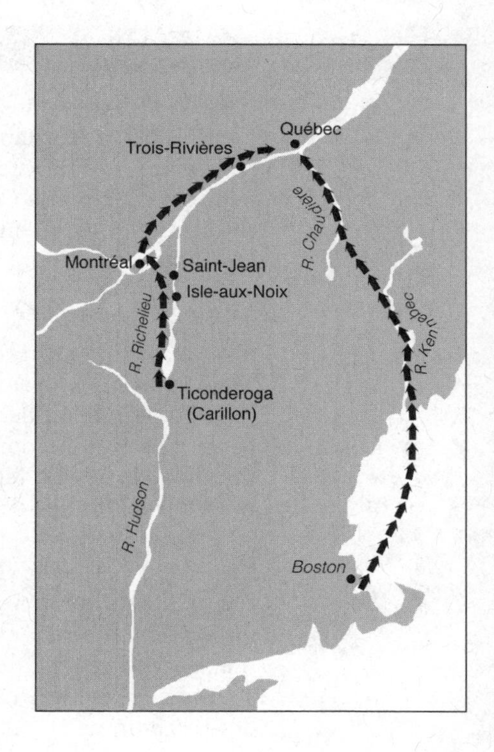

À la fin de l'été, Montgomery marche sur Montréal et Arnold sur Québec. Cette fois, Saint-Jean est en état de résister. Il faudra 45 jours aux Américains pour en venir à bout. Avec des forces insuffisantes, Carleton juge qu'il ne peut défendre Montréal. Rapidement enveloppé par Montgomery qui envahit la ville et s'en rend maître, Carleton ne peut s'échapper qu'à la faveur des ténèbres. Près de Sorel, le gouverneur, déguisé en paysan, et monté sur une embarcation légère conduite par quelques Canadiens, réussit à déjouer la surveillance des Américains qui gardent les deux rives du fleuve. En arrivant à Québec, Carleton ordonne une levée en masse et peut réunir

❶ Voir ***L'Acte de Québec. La Révolution américaine.*** Dossier d'histoire du Canada (n° 3), réalisé par l'équipe du Boréal Express et édité par Fides. Aussi George F.G. Stanley. ***L'Invasion du Canada (1775-1776).*** La Société historique de Québec, 1975 et Jacques Castonguay. ***Les Défis du fort Saint-Jean, l'invasion raté des Américains en 1775.*** Éditions du Richelieu, 1975.

✎ Invasion de la *province de Québec* (1775-1776).

*Outre des émissaires envoyés à Montréal dont Benjamin Franklin en avril 1776 et des lettres adressées aux Canadiens, les Américains cherchèrent aussi à gagner à leur cause les Indiens. La publication mystérieuse de l'*Apocalypse de Chiokoyhikoy* (1777) est sans doute un geste en ce sens. Denis Vaugeois s'interroge sur l'origine de ce livre en introduction à la réédition (avec traduction et commentaires) préparée par Robert Griffin et Donald Grinde, Jr (PUL, 1997).*

environ 2 000 hommes, dont quelque 900 Canadiens. Les seigneurs tentent en vain d'enrôler leurs censitaires. Dans la région de Sorel, des habitants vont au-devant des troupes d'Arnold, accueillant joyeusement les militaires, portant même leurs bagages. Pendant ce temps, à Québec, Carleton ordonne à plusieurs de ses compatriotes réfractaires à l'enrôlement de quitter la ville. Ces Britanniques trouvent refuge à l'île d'Orléans.

Le siège de Québec

À la fin de décembre 1775, Québec subit une attaque concertée d'Arnold et de Montgomery. Ce dernier a juré de « *prendre son diner du jour de l'an à Québec ou chez Hadès* ». Le 31 décembre ❶, à la faveur de la nuit et d'une violente tempête, l'armée américaine, dont plusieurs soldats portent sur leur casque l'inscription : « La liberté ou la mort », tente un vigoureux assaut. Arnold est blessé et Montgomery meurt, frappé d'une balle en pleine poitrine

Malgré ce revers, l'armée américaine continue le siège jusqu'au printemps. Éprouvée par la petite vérole, mais aussi inquiétée par l'attitude de plus en plus hostile des habitants qui ne veulent plus supporter l'arrogance et la conduite licencieuse des soldats américains ❷, elle est sur le point de se retirer, quand, au début de mai, paraît devant Québec la *Surprise*, solide frégate qui précède la flotte anglaise commandée par le général Burgoyne. Le 1er juin, Carleton est à la tête d'une armée de 5 000 hommes. Les Américains sont en fuite : Carleton les poursuit et leur reprend

❶ Il semble que plusieurs engagements de miliciens, surtout dans les troupes d'Arnold, se terminaient le 31 décembre. Raison de plus d'attaquer avant la fin de l'année.

❷ Des ordres très sévères avaient pourtant été donnés aux soldats américains pour qu'ils respectent les Canadiens, leurs biens, leur religion. Toute infraction à cet ordre devait être aussitôt punie. « *Si dans un village, on vous accueille mal, retirez-vous plutôt que de froisser la population* ».

✎ Vue de Saint-Jean où les Américains furent bloqués par un petit contingent dirigé par quelques seigneurs dont Le Moyne de Longueuil et Picoté de Belestre.

plusieurs postes. Devant la débâcle des troupes américaines, les délégués du Congrès à Montréal ont jugé plus prudent de repasser la frontière dès le mois de mai, une dizaine de jours après son arrivée ; la mission dirigée par Benjamin Franklin a été bien inutile. Le jésuite John Carroll qui l'accompagne a d'ailleurs été très froidement reçu par l'abbé de Montgolfier ; tandis qu'à quelques jours de Pâques, Mgr Briand annonce son intention de refuser les sacrements aux Canadiens pro-rebelles.

La victoire de Saratoga

Sous prétexte que Carleton aurait négligé de poursuivre l'ennemi en déroute, lord Germain, secrétaire d'État aux Colonies, lui retire le commandement militaire pour le confier à Burgoyne. Déjà en froid avec son supérieur, Carleton ne sait contenir sa colère ❶. Il est rappelé.

Au printemps de 1777, le nouveau général, à la tête d'une armée de près de 8 000 hommes, composée de soldats britanniques, de mercenaires allemands, de Canadiens et d'Indiens, entreprend une campagne du côté de la Nouvelle-Angleterre. Après quelques succès, il rencontre de nombreuses difficultés de ravitaillement, tandis que les férocités commises par les Indiens qui l'accompagnent tournent contre lui tout ce que la région de l'Hudson compte de militaires américains.

Au début d'octobre, désespérant de faire la jonction avec des troupes britanniques devant venir de New York et harcelé de plus en plus par les troupes coloniales, Burgoyne se réfugie à Saratoga. Le 13 du même mois, assailli par des troupes trois fois supérieures aux siennes, il est forcé de se rendre à discrétion avec les quelque 5 700 hommes qu'il lui reste. Ceux-ci sont conduits par marche forcée, à Boston où on les embarque pour l'Angleterre avec avertissement de ne plus revenir. La cuisante défaite de Burgoyne constitue la première victoire d'importance remportée par les Américains. Elle marque le point tournant de la Révolution.

Plutôt que d'opérer la jonction avec les troupes de Burgoyne, Howe s'embarquait à New York, le 23 juillet, avec ses 15 000 hommes à destination de la baie de Chesapeake. En août, il entreprend de marcher sur Philadelphie qu'il occupe le 26 septembre. Alors que leurs troupes remportent l'importante victoire de Saratoga, les membres du Congrès sont forcés de quitter Philadelphie pour gagner successivement Lancaster et York. Les Britanniques occuperont Philadelphie jusqu'en juin 1778.

Haldimand gouverneur

En août 1777, Haldimand, alors en service aux Indes occidentales, est invité à revenir au Canada en tant que gouverneur. Il ne peut se rendre à Québec avant le 27 juin 1778 et Carleton reste à son poste jusqu'à cette date. Au lendemain de l'invasion américaine, il aura à triompher de sérieuses difficultés dues à l'état des esprits et à la

La résistance de Saint-Jean a été bien étudiée par Jacques Castonguay dans Les Défis du Fort-Jean. L'invasion ratée des Américains en 1775 *(Richelieu, 1975). L'événement a été lourd de conséquences. Sur le plan militaire, il a fait toute la différence. Il a laissé le temps à Carleton d'organiser la résistance. Les Britanniques du temps en ont compris l'importance et n'ont pas oublié les vaillants défenseurs de Saint-Jean. Dans* Québec 1792. Les acteurs, les institutions et les frontières *(Fides, 1992), Denis Vaugeois souligne leur carrière au lendemain de leur emprisonnement aux États-Unis. Plusieurs sont nommés aux deux conseils créés en 1791. Des pages mal connues qui appartiennent pourtant à la grande histoire !*

---

❶ Pierre Benoît, dans sa biographie de ***Lord Dorchester*** (Carleton), avance l'hypothèse que ce dernier souhaitait en quelque sorte son rappel. Voir cet ouvrage paru dans la collection « Figures canadiennes » aux éditions HMH (1961) : 112 s. Le ton des lettres de Carleton devient à ce point acrimonieux que le roi lui-même s'en plaint à lord North. Shortt et Doughty, dans leur sélection de ***Documents relatifs à l'histoire constitutionnelle du Canada***, croient préférable de ne point citer cette partie de la correspondance échangée entre Carleton et lord Germain (1776-1777).

propagande des révolutionnaires. Les circonstances lui commandent d'être vigilant. Du Calvet lui reprochera d'avoir fait « *regorger les prisons d'innocentes victimes* ».

L'historien Mason Wade affirme qu'Haldimand procéda en tout et partout à 19 arrestations politiques. Haldimand libérera les derniers prisonniers en mai 1783.

Il possède des vues justes sur la constitution qu'il importe d'appliquer au Canada. Il a grandement contribué à maintenir l'Acte de Québec. On lui doit encore des ordonnances pourvoyant les tribunaux de règles de procédure, et l'ouverture de la première bibliothèque publique sous le régime anglais.

À l'automne de 1784, il passe en Angleterre. Henry Hamilton le remplace. Pour la première fois depuis la Conquête, les Britanniques de la *province de Québec* sont sous l'autorité d'un administrateur qui leur est favorable. Hamilton encourt en effet les foudres d'Haldimand lui-même et la réprobation d'Henry Hope qui lui succède — après un an seulement — en proposant « *l'introduction au Canada des institutions britanniques* ».

La baronne de Riedesel et les « mœurs » des Canadiens (1774-1776).

La campagne que j'ai traversée est très pittoresque. Chaque habitant a une bonne maison qu'il prend grand soin de chauler chaque année. Comme les fils et aussi les gendres, dès que mariés, se construisent près de leurs parents, de très jolies paroisses croissent rapidement autour d'eux, et voilà pourquoi ces gens se donnent le nom d'habitants plutôt que de paysans… Ces maisons sont entourées d'une étable, d'un verger et d'un pâturage et sont toutes en bordure du Saint-Laurent. On trouve aussi, près de chacune de ces maisons, une glacière qui peut être installée le plus facilement du monde. Par exemple, on creuse un trou dans le sol et on le remplit aux trois-quarts de glace et puis d'eau qui, en se congelant, bouche toutes les fissures. On place par-dessus une planche bien propre, sur laquelle on dépose les aliments à conserver… Ces glacières sont indispensables, car chaque habitant fait boucherie lui-même et il ne pourrait conserver la viande fraîche pendant l'été, alors que la chaleur est grande.

Au commencement de novembre, chaque foyer prépare ses provisions d'hiver. Je fus très surprise quand on vint me demander combien de volailles et, particulièrement, quelle quantité de poisson je désirais emmagasiner pour l'hiver. Je demandai où je pourrais bien garder le poisson, n'ayant pas de vivier. « *Dans le grenier, me répondit-on, où il se conservera mieux que dans la cave* ». Je fis donc provision de trois ou quatre cents poissons, qui se conservèrent frais. Tout ce qu'il y avait à faire, quand nous avions besoin de quelque chose pour la table, tel que viande, poisson, œufs, pommes ou citrons, était de les placer dans l'eau froide le jour précédent. De cette façon, le froid s'en retirait et la viande, tout comme le poisson, redevenaient tendres et juteux. Quant aux poules et au gibier à plume on les enveloppe de neige qui forme autour une telle croûte de glace qu'on doit se servir d'une hachette pour les en débarrasser. Ils ont un fruit, au Canada, qu'on nomme « attocas ». Il pousse dans l'eau, il est rouge et de la grosseur d'une petite cerise, mais sans noyau. On en fait de bonnes conserves, surtout s'il a été cueilli après les premières grosses gelées. Les autres fruits sont rares ; et ce n'est qu'à Montréal qu'on peut trouver de bonnes, oui, d'excellentes pommes telles que les reinettes et une variété de grosses pommes rouges d'une saveur délicieuse, qu'on nomme « bourrassas ». Les Canadiens les mettent en barils qu'on doit laisser debout et recouvrir d'un papier, qu'on colle sur le couvercle, et elles se conservent ainsi indéfiniment…

Dans la foulée des travaux de l'Américaine Virginia DeMarce, Jean-Pierre Wilhelmy a beaucoup contribué à faire connaître l'histoire des mercenaires allemands. Sa passionnante étude, d'abord publiée en 1984, a été rééditée en 1997 par les éditions du Septentrion sous le titre Les mercenaires allemands au Québec, 1776-1783. *À noter que le mari de la baronne de Riedesel commandait les troupes de Brunswick.*

> Ces maisons sont très confortables et on y trouve de bons lits très propres. Les parents ont des lits à rideaux. Comme les cuisines sont très grandes, c'est là qu'on place d'habitude les lits. Il y a aussi un grand four où l'on fait la cuisine. Les soupes sont très substantielles et sont préparées, la plupart du temps, avec du bacon, de la viande fraîche et des légumes ; tout cela mijote dans un chaudron et est servi en même temps que les entremets…
>
> Les habitants sont hospitaliers et d'humeur gaie ; ils chantent et fument à journée longue. Les femmes ont souvent le goître. À part cela, les gens jouissent d'une bonne santé et vivent jusqu'à un âge avancé ❶.

Le rôle joué par la France dans la guerre de l'indépendance des États-Unis vaut d'être mieux connu. Susan Mary Alsop y contribue dans Les Américains à la cour de Louis XVI *(J. C. Lattès, 1983). Ce n'est pas un livre savant, mais on y apprend énormément et on ne s'ennuie jamais en compagnie de Benjamin Franklin.*

L'appui de la France

Grâce à ses *espions*, la France connaît très tôt le mécontentement des Américains. Elle s'y intéresse aussitôt et entreprend avec la complicité de l'Espagne et de la Hollande — autres nations rivales de l'Angleterre — de fournir des armes aux *rebelles.* Ainsi, au cours des années 1776-1777, elle remet aux Américains près de 80 pour cent de leur réserve de poudre. Par le truchement de l'agent secret Pierre de Beaumarchais, Louis XVI compte fournir pour plus d'un million de livres de munitions.

Rapidement, la Grande-Bretagne a vent de la complicité française et proteste. À la fin de l'année 1777, la France informe les émissaires américains, Franklin et Deane, qu'elle vient de décider de reconnaître l'indépendance des États-Unis, proclamée l'année précédente. Franklin, qui avait su gagner la sympathie de tous par sa bonhommie et sa simplicité, « *quand il parut dans les salons de Paris avec ses gros souliers et son habit de vulgaire étoffe brune* », avait bien travaillé.

De fait, la France, informée des démarches de lord North ❷, craint une réconciliation entre les *rebelles* et la métropole. En février 1778, elle conclut un accord avec le Congrès. Par ce traité, les États-Unis ont la voie libre pour la conquête de la vallée du Saint-Laurent tandis que la France peut convoiter à loisir les Antilles ❸.

---

❶ Voir B. Dufebvre, ***Cinq femmes et nous***. Belisle, Québec, 1950 : 59ss.

❷ À la suite de la défaite de Burgoyne, lord North propose la paix aux Américains et leur offre en gage de réconciliation la région des Grands Lacs.

❸ Il est à noter que la France y a dejà d'importantes colonies dont « *les Isles de la Guadeloupe, de Mariegalante, de la Martinique, & de Belle-isle* » (article 8 du traité de Paris, 1763. Voir la politique de Vergennes dans ***Histoire du Canada par les textes*** : 176.

✎ Vue d'une scierie, à proximité du fort Anne capturé par le général Burgoyne en 1777 à l'occasion de sa campagne contre les Américains.

Les rumeurs entourant la participation française dans la lutte pour l'Indépendance américaine, en particulier à l'occasion d'une invasion de la Province of Quebec, *a certainement eu un réel impact dans l'imaginaire colonial britannique et, du même coup, dans les stratégies à employer. Pour les textes de La Fayette et du comte d'Estaing, ainsi que pour d'autres textes autour de la Révolution américaine que Marcel Trudel conservait précieusement depuis le début de sa carrière, voir* La tentation américaine, 1774-1783. Textes commentés, *Sillery, Septention, 2006. Avant de devenir l'historien de la Nouvelle-France, Trudel s'était beaucoup intéressé à la période 1774-1789.*

En Espagne, Charles III, assez étonné de l'attitude ouverte de la France, tente pour sa part d'obtenir la Floride, voulant par là limiter l'expansion des États-Unis et éviter d'en faire une trop grande puissance.

En 1780, la Russie prend ombrage du blocus britannique dirigé contre la France et gagne à son mouvement de protestation le Danemark, la Suède, la Hollande, la Prusse, le Portugal, etc.

Dès 1777, La Fayette équipe à ses frais un vaisseau de guerre et vient à Philadelphie offrir ses services désintéressés. Le comte d'Estaing essaie d'obtenir l'adhésion des *Canadiens* à la cause américaine en lançant un chaleureux appel à la fierté nationale. En juillet 1780, le comte de Rochambeau gagne Newport (R.I.) avec une armée de 5 000 hommes. À l'été suivant, De Grasse laisse les Antilles pour venir prêter main-forte à de Rochambeau et Washington. À la fin de l'année 1782, les troupes françaises, plus de 8 000 hommes, quittent le sol américain, une partie à destination des Antilles, l'autre pour la France ❶.

Convaincu qu'on pourrait rallier les Canadiens, La Fayette propose à Washington d'envahir la *province de Québec* sous les auspices de la France ; mais Washington, qui craint de redonner à la jeune république américaine un voisin gênant, n'acquiesce pas au projet.

Frédéric de Prusse à son ambassadeur à Paris.

On se trompe fort en admettant qu'il est de la politique de la France de ne point se mêler de la guerre des colonies. Son premier intérêt demande toujours d'affaiblir la puissance britannique partout où elle peut, et rien n'y saurait contribuer plus promptement que de lui faire perdre ses colonies en Amérique. Peut-être même serait-ce le moment de reconquérir le Canada. L'occasion est si favorable qu'elle n'a été ni le sera peut-être dans trois siècles.

... à son ambassadeur à Londres.

C'est un grand bonheur pour l'Angleterre que sa rivale la France soit si entichée de ses dispositions pacifiques qu'elle laisse échapper la meilleure occasion qui s'est présentée peut-être depuis quelques siècles pour prendre l'ascendant sur elle et reconquérir les provinces qu'elle lui a arrachées dans le Nouveau Monde ❷.

Versailles (1783)

En avril 1782, les négociations de paix débutent à Paris ❸. Un an plus tard, l'Angleterre reconnaît l'indépendance des États-Unis. La frontière entre les nouveaux États et la *province de Québec* suit le sud des lacs Ontario, Érié, Huron et Supérieur.

---

❶ L'effort militaire de la France a été plus grand pour aider les États-Unis à conquérir leur indépendance que pour permettre au Canada de demeurer français.

❷ Lettres en date du 8 septembre 1777 reproduites dans ***Le Monde*** du 9 novembre 1967.

❸ Voir G. Frégault et M. Trudel, ***Histoire du Canada par les textes, I*** : 154-155. On trouvera aux pages 152 et 153 de ce même ouvrage des informations sur la politique assez complexe de la France au moment de la guerre de l'indépendance américaine. Aussi Marcel Trudel, ***La révolution américaine. Pourquoi la France refuse le Canada (1775-1783).*** Boréal Express, Sillery, 1976.

La vallée de l'Ohio reste acquise aux Américains. L'*Amérique du Nord britannique* perd ainsi ses meilleurs postes de traite et une partie de sa population passe à la république voisine.

Pourtant c'était un acte de sagesse que de céder ce territoire — l'un des plus riches du monde — car tôt ou tard les Américains seraient revenus à la charge. Le Canada britannique s'en trouve amoindri, mais sa survivance est facilitée. Avec 1783, le Canada devient le centre d'un système « *national* », avec une vie politique et économique « *séparée* ».

La survivance canadienne-française, déjà favorisée par la lenteur du peuplement anglais dans la *province de Québec*, est de nouveau consacrée par ce schisme anglo-saxon, c'est-à-dire par la division de l'immense Amérique anglaise en deux systèmes rivaux. Deux systèmes issus d'une même métropole : l'Angleterre.

Forte organisation des États-Unis

La liberté collective devenait le fait d'un petit peuple de 3 000 000 d'habitants qui, avec succès, avait affirmé son indépendance vis-à-vis de l'Angleterre, première puissance de l'époque. L'année 1783 s'inscrit parmi les dates importantes de l'histoire universelle. Des hommes y ont trouvé la mesure de l'héroïsme. La France de 1789 y puisera une partie de son inspiration, de même que les colonies d'Amérique du Sud au début du XIXe siècle.

Les *États-Unis*, déjà liés par la Confédération de 1777, accepteront de renoncer à une partie considérable de leur autonomie locale pour fondre treize indépendances en une seule. L'union fédérale de 1787 donne naissance à un État central puissant qui, plutôt que de rompre avec la rivale d'hier, accélère et organise l'afflux de colons et de capitaux anglais. L'indépendance — l'autonomie de l'agir — permet à la nouvelle nation des bonds prodigieux dans son peuplement et dans son développement économique. Au temps de la colonisation française, les *Treize colonies* avaient exercé de fortes pressions sur la Nouvelle-France, au point même d'en provoquer l'arrêt. Désormais libres et indépendants, plus peuplés, plus riches, maîtres du cœur du continent nord-américain, les États-Unis continueront d'être le principal facteur de l'évolution de l'ensemble de *l'Amérique du Nord* dont les Canadas anglais et français qui cohabitent au nord, dans le futur British North America.

La guerre qui opposait Américains et Britanniques était lourde de conséquence pour les Indiens. Voir Colin G. Calloway, The American Revolution in Indian Country. Crisis and Diversity in Native American Communities *(Cambridge University Press, 1995).*

La traite des fourrures

L'enjeu principal de la rivalité anglo-américaine en Amérique du Nord avait toujours été le Centre-Ouest. Une fois le territoire passé sous domination anglaise, la traite qui s'y pratiquait change progressivement de propriétaires, mais les coureurs de bois continuent leurs randonnées. Dès la fonte des glaces, des groupes de chasseurs apparaissent avec leurs cargaisons de pelleteries. Diverses réjouissances marquent leur arrivée : une salve de coups de fusils les annonce ; le canon du fort répond ; après les salutations d'usage, les discours de bienvenue, les libations de rhum et de whisky, on

✎ Avant la déclaration d'indépendance, la partie étoilée était occupée par le « *Grand Union* », symbole de fidélité à la Grande-Bretagne. Les 13 bandes de même que les 13 étoiles représentent les 13 colonies.

entame les pourparlers relatifs au commerce. Le prix de vente se marque par le nombre de coches faites sur un bâton ou sur une flèche. L'unité monétaire est la peau de castor. Ainsi, quand un Indien demande : « *Combien ce fusil?* » le marchand répond : « *Huit, dix castors.* » Pour payer les fourrures, on se sert d'armes, de haches, de couteaux ou d'autres outils ; on offre aussi des vivres comme du thé, du sucre, de la farine et de la graisse.

Scène de deux trafiquants tirée d'une carte du Canada de 1777.

Barry M. Gough. a édité The Journal of Alexander Henry the Younger, 1799-1814. Vol.1 : Red River and the Journey to the Missouri *(Champlain Society, 1988). Il ne faut pas confondre ce Mackenzie avec celui qui a atteint le Pacifique. Celui-ci se rendra pour sa part chez les Mandans et les Hidatsa.*

Fusion de compagnies rivales

En 1760, la *Compagnie des Indes* est éliminée. La *Compagnie de la baie d'Hudson,* qui existe depuis 1670, prend rapidement de l'expansion. Elle construit de nouveaux postes pour favoriser son commerce. Cependant, des marchands anglais, venus à Montréal et à Québec, ne tardent pas à lui faire une rude concurrence. Un groupe de jeunes Écossais font des échanges avec les Indiens, achètent d'eux des fourrures en abondance et les expédient en Europe ; cette rivalité commerciale dégénère, à la fin, en luttes féroces, voire même en assassinats. D'abord avantagés et rassurés par les nouvelles frontières fixées par l'Acte de Québec qui favorisent Montréal au détriment d'Albany, ils en viennent vite à craindre les conséquences de l'indépendance américaine. En 1783, ils forment officiellement une société sous le nom de *Compagnie du Nord-Ouest*. Des rivalités internes assombrissent les débuts de l'entreprise. Elle se réorganise en 1787 et finance plusieurs voyages d exploration, dont ceux d'Alexander Mackenzie et de David Thompson ❶.

❶ Grâce au travail de George Simpson, les deux compagnies, *du Nord-Ouest* et *de la baie d'Hudson*, fusionnent en 1821, contribuant à rallier l'Est et l'Ouest et à favoriser l'unité de ce vaste territoire.

VI • LES LOYALISTES ET LE BRITISH NORTH AMERICA (B.N.A.)

Les loyalistes

L'idée d'indépendance ne se répandit que progressivement dans les *Treize colonies.* Au moment de la *loi du Timbre* en 1765, l'agitation demeurait *loyale* et bien peu osaient parler de séparation d'avec la métropole. Lorsque la guerre éclate, vers 1774, les Américains continuent d'arborer le ***Grand Union*** ❶, symbole de leur loyalisme. Ils se battent pour le maintien de libertés acquises, non pour l'indépendance.

La dure campagne du Canada et le discours de Patrick Henry, en mars 1775, marquent une évolution rapide des idées. En juillet 1776, le Congrès proclame la République. Pour près du tiers de la population *américaine*, c'est aller trop loin. Les protestations pleuvent; l'attitude du Congrès est dénoncée. Tellement que celui-ci doit édicter des lois sévères contre tout citoyen dont l'action risque de compromettre le succès de la guerre entreprise contre la Grande-Bretagne. La révolution prend l'allure d'une véritable guerre civile.

Tous ceux qui s'obstinent à combattre les ordres du nouveau gouvernement perdent leurs droits de citoyen; ils sont même chassés de leurs maisons, poursuivis comme des traîtres, insultés et bafoués. Faut-il souligner que les loyalistes se font provocants, ne se gênant pas pour favoriser les progrès des troupes britanniques et dénoncer les *rebelles.* Pendant plusieurs années, la Nouvelle-Angleterre est témoin d'une lutte acharnée entre *républicains* et *loyalistes.* La fin du conflit entraîne l'exode d'environ 100 000 personnes. Malgré ses efforts, l'Angleterre se voit incapable de protéger efficacement les loyalistes. Tout au plus peut-elle s'occuper d'organiser leur exil.

Dans The Loyalists: Revolution, Exile, Settlement *(Macmilland, 1984), Christopher Moore examine d'abord l'opposition à l'indépendance, le rôle joué par les loyalistes puis leur établissement, entre 1783 et 1810, en Nouvelle-Écosse, au Nouveau-Brunswick et dans le Haut-Canada. Curieusement, l'auteur choisit d'ignorer leur venue dans la province de Québec et leur influence sur l'évolution des institutions de même que sur la formation des deux Canadas.*

Leur immigration

Les loyalistes se distribuent presque également entre la Grande-Bretagne, les Antilles et l'Amérique du Nord britannique. Quelque 30 000 d'entre eux — des citadins surtout — sont évacués par mer à destination des *provinces maritimes* ❷.

Leur arrivée précipite la division de la Nouvelle-Écosse (1784). Le Nouveau-Brunswick se forme avec un gouvernement distinct. Déjà l'Île-du-Prince-Édouard et l'Île-du-Cap-Breton s'étaient séparées de la Nouvelle-Écosse. Comme cette dernière possède une chambre d'assemblée (depuis 1758), les *nouvelles colonies* n'ont guère de difficultés à obtenir leur propre Chambre, sauf l'Île-du-Cap-Breton.

---

❶ On affrme souvent que les Américains ont gardé *l'Union Jack* sur leur drapeau jusqu'au moment de leur déclaration d'indépendance. Par exemple, la jaquette de l'ouvrage de G. Lanctot sur ***Le Canada et la révolution américaine (1774-1783)*** porte en parallèle le drapeau des *révolutionnaires* (après juillet 1776) et *l'Union Jack.* En fait, *l'Union Jack* n'apparaît qu'en 1801 et « *symbolise le Royaume-Uni d'Angleterre et d'Irlande* ». La croix de Saint-Patrice, croix rouge sur fond blanc, n'a été ajoutée au ***Grand Union*** qu'en 1801. Voir le ***Boréal Express II (1760-1810)***: 391.

❷ Voir le numéro de 1784 du ***Boréal Express*** ou encore le dossier spécial sur les loyalistes publié par la *Compagnie Imperial Oil.*

Sous forme de courts articles, cet ouvrage est facile à consulter. Chaque sujet fait l'objet d'une introduction, d'une discussion et d'une présentation de documents d'époque. En ce qui concerne les Loyalistes, les auteurs rappellent qu'ils n'étaient pas nécessairement des anti-républicains et même qu'ils n'avaient pas de facto *les idées de la Révolution américaine en aversion. Le « mélange loyaliste » est davantage complexe. Ainsi, on aurait tort de faire des Loyalistes un bloc homogène. Thomas Thorner et Thor Frohn-Nielsen ed.,* A few Acres of Snow. Documents in Pre-Confederation Canada History, *Toronto, University of Toronto Press, 3e édition, 2009.*

La *Province de Québec* reçoit pour sa part environ 6 000 loyalistes en provenance des divers établissements de frontières. Pour la plupart « *bûcherons illettrés* », les nouveaux venus sont d'abord invités à gagner eux aussi les *Maritimes.* En effet, Haldimand craint de les laisser s'établir dans la région frontalière des *Cantons de l'Est*, soit qu'ils puissent provoquer d'inutiles incidents de frontière, soit qu'ils en viennent à regretter leur départ et à pactiser avec les *républicains.* Finalement, Haldimand, qui a ordonné des travaux d'arpentage dans la région de Cataracoui pour y fixer une réserve indienne, y dirige, en désespoir de cause, la presque totalité de ces 6 000 loyalistes.

✎ Le schisme anglo-saxon de 1783.

« The Great Settlement » (1784)

Installés à la limite de la zone seigneuriale, ces nouveaux venus forment le noyau initial d'une colonisation agricole anglaise dans la vallée du Saint-Laurent. John Graves Simcoe, fortement éprouvé par la séparation de la Nouvelle-Angleterre, ce qu'il considère comme « *l'un des pires maux arrivés à la mère patrie* », prend la tête du groupe avec l'idée de faire oublier la perte subie.

Grand admirateur de l'Angleterre, il rêve de constituer un gouvernement qui serait « *une parfaite image et une copie exacte du gouvernement et de la constitution britanniques* ». Il entend organiser une colonie militaire avec prédominance d'une aristocratie à laquelle il concède pour l'enrichir d'immenses étendues de terre.

Son organisation, qualifiée de « *camp armé* », ne rencontrera pas les vues du gouverneur Dorchester, pas plus que celles du secrétaire aux Colonies. Simcoe en est tellement affecté qu'il se retire en 1795. Idéaliste et profondément attaché au service du roi, il n'a pas su s'adapter aux conditions d'une colonie commençante. Cependant, son rêve « *d'un large empire uni par un commun attachement à la Couronne et aux institutions britanniques* » ne cessera pas de trouver de fidèles partisans.

Ému par l'attachement et la fidélité des loyalistes, en même temps que conscient de leur extrême misère, le gouvernement britannique entreprend de les secourir par de généreuses indemnités. Dès 1785, il leur concède les plus belles terres et leur fournit de l'argent pour se construire des maisons, des granges, etc. Avec enthousiasme, le Parlement de Londres leur vote 19 millions de livres dont 16 sont employés sans retard à leur établissement. Les loyalistes se trouvent ainsi non seulement tirés de la misère, mais presque sur la voie de la prospérité. Naturellement, quelques autres, de ceux-là mêmes qui avaient pris les armes contre l'Angleterre, s'ajoutent aux premiers pour profiter de l'aubaine. Au total, environ 5 800 loyalistes et 800 soldats réguliers s'établiront dans le Haut-Saint-Laurent, semant le germe d'un autre séparatisme : celui-là qui fera éclater la *Province de Québec* en 1791.

L'arrivée des loyalistes dans la « province de Québec » a eu des répercussions considérables. Ce n'est pas vraiment le propos de Ronald Rudin dans The Forgotten Quebecers : a History of English-Speaking Quebec, 1759-1980 *(IQRC, 1985), mais son ouvrage a le mérite d'attirer l'attention sur les anglophones du Québec unis en somme que par la langue. En 1981, seulement 60 % des Anglo-Québécois se considèrent d'origine britannique et 20 % sont d'origine française. Si Rudin insiste peu sur l'arrivée des loyalistes, il s'intéresse par ailleurs au départ du Québec de quelque 100 000 anglophones dans la décennie 1970. Surtout pour des raisons économiques, croit-il.*

Les loyalistes exigent un district séparé

Venus dans une colonie britannique, du moins de nom, les loyalistes établis au nord du lac Ontario se trouvent en présence d'une tenure seigneuriale « *étrangère* » et de lois civiles françaises. Dès 1785, ils demandent d'en être débarrassés.

Ils exigent la tenure et les lois anglaises. Ils réclament la création d'un district distinct, tel l'Île-du-Cap-Breton qui demeure nominalement rattachée à la Nouvelle-Écosse avec toutefois un lieutenant-gouverneur et un conseil propres.

Leurs demandes préparent l'Acte constitutionnel de 1791 ; elles annoncent la formation du Haut-Canada, future province d'Ontario.

La première réaction des *Canadiens* est assez violente. Ils s'opposent en effet à toute tentative de créer des distinctions en faveur des nouveaux venus. En 1785, l'agitation politique devient si grande que Sydney rappelle Hamilton, laissant temporairement le gouvernement entre les mains de Hope.

La grande enquête de 1787

En 1786, Carleton, élevé à la pairie avec le titre de lord Dorchester, revient au Canada comme gouverneur. Il retrouve le pays troublé par la question constitutionnelle et

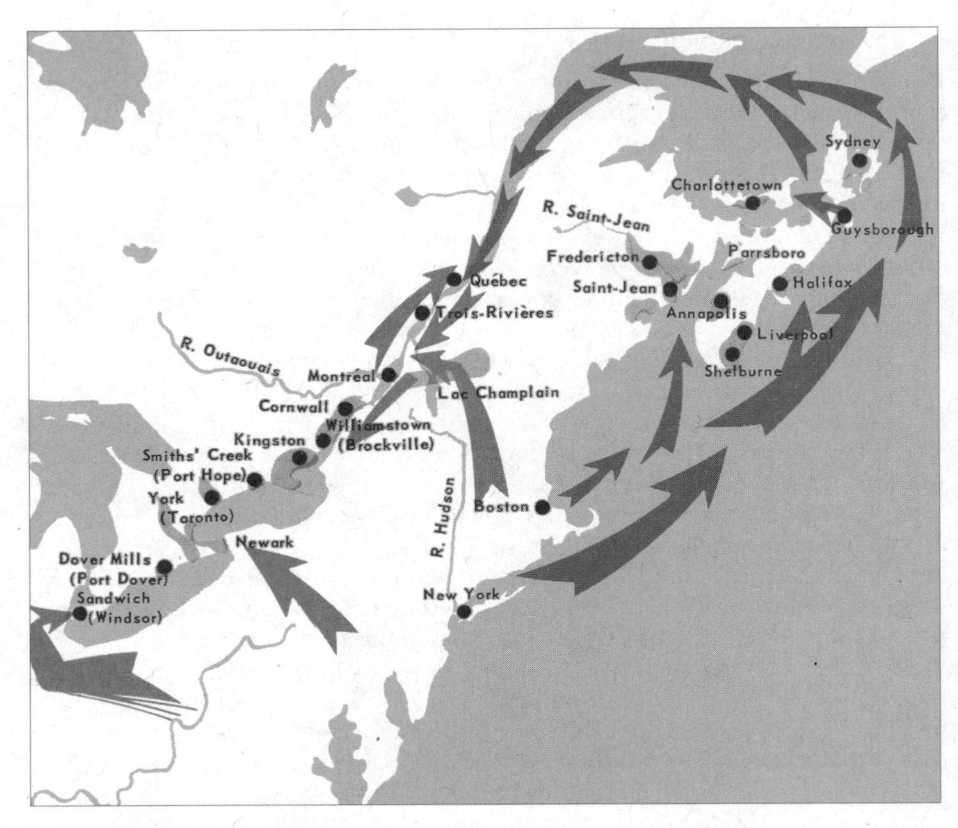

plus spécialement par la question juridique. L'Acte de Québec avait statué que toutes les causes seraient « *jugées conformément aux lois et coutumes du Canada jusqu'à ce que celles-ci soient changées ou modifiées* ». Cependant, le juge Smith, lui-même loyaliste, dans le but de satisfaire aux demandes des siens qui réclament à tout prix les lois anglaises, entend recourir au code britannique pour rendre son jugement dans une cause opposant deux Anglais. Il propose qu'à l'avenir on utilise les lois françaises ou anglaises selon la nationalité des plaideurs. Adam Mabane, membre du Conseil, conteste une telle manière de faire et soutient qu'il faut recourir aux lois françaises.

Devant l'âpreté des débats et l'opposition violente des parties, le Conseil amorce, en 1787, une vaste enquête. Les *Canadiens* et les membres du « French Party » dominent la plupart des comités formés.

Le comité du Conseil relatif à l'administration de la justice admet qu'il convient d'avoir certains égards pour les loyalistes, mais qu'en « *adoptant les lois pour cette province il faut plutôt tenir compte des opinions de 113 000 natifs plutôt que de l'opinion de 6 000 étrangers* ». Le comité va même jusqu'à se demander pourquoi les loyalistes ne s'installent pas tous dans les *provinces maritimes* où la marine britannique pourrait facilement les protéger. Tandis que la *Province de Québec*, région frontalière entre

✎ Immigration et établissement des loyalistes.

l'Amérique républicaine et l'Amérique royaliste, est « *heureusement* » habitée par des gens dont la religion, la langue, les lois en font le groupe de sujets le moins enclin à se coaliser ou à s'unir éventuellement avec les États républicains. De plus, l'augmentation rapide de la population laisse prévoir que, dans 30 ans, il ne manquera pas d'hommes pour faire le commerce et cultiver les terres.

C'est aussi la position fondamentale des Canadiens. Ils protestent contre l'agitation des marchands et des loyalistes qui demandent les lois et la tenure anglaises. « *Nous sommes 120 000 habitants*, rappellent-ils, *nous formons les 19/20e de la population. Nos lois nous ont été garanties par la capitulation et confirmées par l'Acte de Québec* ». Ils dénoncent les demandes des Britanniques comme des « exigences injustes et outrées », inadmissibles dans un pays où les Canadiens par le droit, le nombre, la fortune et les propriétés doivent « *emporter la balance* ». Ils oublient que déjà en 1787 les Anglais se sont rendus maîtres de 90 pour cent du commerce et de l'économie.

Opposés sur la question des lois et sur la forme de tenure, *Canadiens* et *Britanniques* se rejoignent en partie au sujet d'une chambre d'assemblée. En 1787, de plus en plus de *Canadiens* souhaitent l'établissement d'un système représentatif.

Dorchester, débordé par le flot de pétitions et les tendances les plus diverses qu'elles véhiculent, admet l'urgence d'offrir la « *tenure anglaise pour les agriculteurs loyalistes* », mais hésite sur la question de la Chambre. Il ne parvient pas à exprimer clairement au gouvernement de Londres les dangers que représenterait une Chambre à majorité canadienne-française pour la colonisation britannique.

Londres et Dorchester

Sydney, secrétaire aux Colonies, dégoûté par tant de disputes, dénonce « *ces querelles déshonorantes* ». Il désapprouve le procureur général Monk dans sa façon de défendre les intérêts de la minorité anglaise et le fait rappeler. Avec à propos, Maurice Séguin fait observer : « *Après Maseres, après Hey, après Livius, après Allsopp, après Hamilton, Monk est la sixième victime d'un zèle pro-britannique dans une colonie britannique* ».

En 1788, les marchands délèguent à Londres A. Lymburner pour défendre leurs intérêts. Pour sa part, Sydney en vient à croire que « *toutes les querelles paraissent favoriser la division de la province en deux colonies distinctes* ».

Son successeur, lord Grenville, abonde dans le même sens. De plus en plus, Londres considère que le remède aux profondes et violentes dissensions, manifestées entre les deux nationalités, réside dans la séparation de la province en deux districts ayant chacun sa législature propre.

Ainsi les conclusions du débat de 1789 se précisent. Londres envisage froidement de diviser « *les forces anglaises de la vallée du Saint-Laurent* », de mettre sciemment les *Canadiens français* en majorité dans un état distinct, de les rendre maîtres incontestés d'une chambre d'assemblée, source d'un pouvoir qui peut conduire, on le sait, à l'indépendance.

Pour retarder cette indépendance éventuelle, inévitable selon plusieurs — tant dans la partie française que dans la partie anglaise — on convient de contrebalancer l'influence démocratique de la chambre d'assemblée par la présence d'un gouverneur tout-puissant, assisté d'un conseil exécutif et d'un conseil législatif, tous deux dépendants de la Couronne.

Tandis que Londres s'apprête à achever le morcellement de l'Amérique du Nord britannique, lord Dorchester, avec l'aide de son fidèle ami, le juge en chef Smith, élabore un plan de gouvernement général ou fédéral pour toutes les colonies du « British North America ». L'autorité du nouveau gouvernement central déborderait celle des *provinces*, avec ceci de particulier que l'« *assemblée législative centrale* » serait composée de représentants nommés par la majorité des députés de chaque assemblée locale.

Un tel régime aurait eu pour conséquence de placer les *Canadiens français* en état de minorité dans un gouvernement central dès 1791.

Londres préfère pourtant demeurer fidèle à la politique de *diviser pour régner*, se souvenant des conséquences de l'*Union* qui s'est établie jadis entre les *Treize colonies*.

✎ Cette aquarelle de Thomas Davies montre Château-Richer et, en arrière-plan, le cap Tourmente. La précision de l'artiste permet de reconnaître plusieurs détails de vie quotidienne depuis les installations des pêcheurs jusqu'à la bergerie à l'extrémité du premier bâtiment.

VII • PREMIÈRES ANNÉES DU PARLEMENTARISME

Londres et la loi de 1791

Le Parlement d'Angleterre est depuis longtemps bouleversé par des crises ministérielles, lorsqu'arrive au pouvoir, en 1784, un tout jeune homme capable de s'y maintenir longtemps, William Pitt, fils de lord Chatham, premier ministre à l'époque de la guerre de Sept Ans. Tory imbu d'idées libérales, il sait faire avancer l'Angleterre et ses colonies dans la voie de l'organisation démocratique.

Depuis 1791, le Québec a gardé sensiblement les mêmes voisins même si ses frontières ont été plus ou moins modifiées. C'est l'évolution de ce territoire qui retient l'attention de Claude Boudreau, Serge Courville et Normand Séguin dans Atlas historique du Québec, tome 3 : Le territoire *(PUL, 1997). Frontières, organisation, urbanisation, exploitation et aménagement font l'objet d'une description résolument neutre quant au ton, mais d'une présentation extrêmement séduisante.*

Pitt défend personnellement l'Acte constitutionnel. Lymburner, l'envoyé des marchands, a tenté de convaincre les hommes politiques britanniques de ne pas diviser les forces anglaises de la vallée du Saint-Laurent et de maintenir une représentation avantageuse pour l'élément anglais. Sur un total de 50 députés, il demande un mode de distribution des sièges susceptible d'amener en Chambre au moins 25 *colons-marchands*, suggérant d'accorder aux villes où résident les Anglais une plus forte représentation. On ne peut douter de l'attachement et de la fidélité des marchands, précise-t-il, tandis que les *Canadiens* peuvent se révéler de « *dangereux républicains* ». Voyez ce qui arrive en France !

Le premier ministre explique lui-même le sens de la nouvelle loi. « *Nous divisons*, explique-t-il, *pour satisfaire les deux groupes qui se trouvent dans la vallée du Saint-Laurent. La Province sera divisée en deux sections : le Haut-Canada pour les colons anglais ou américains, le Bas-Canada pour les Canadiens* ». Ainsi, « *les causes actuelles de controverse disparaîtront, et, autant que les circonstances le permettent, les habitants de cette colonie jouiront de tous les bienfaits de la constitution britannique* ». C.J. Fox répliquera : « *Ne faudrait-il pas souhaiter plutôt une union, une fusion en un seul corps des Canadiens et des Britanniques de telle façon que les distinctions nationales puissent disparaître à jamais ?* » W. Pitt admet qu'il « *est extrêmement désirable que les habitants soient unis et induits à préférer les lois et la constitution anglaises* » ; il lui apparaît toutefois que « *la division de la province est probablement le meilleur moyen d'atteindre cet objet* ». Il est à ce point fier des institutions britanniques qu'il peut ajouter : « *Ce sera l'expérience qui devra leur enseigner que les lois anglaises sont les meilleures* » ❶.

Grenville, secrétaire aux Colonies, appuiera son chef en faisant l'apologie du nationalisme canadien-français : « *Attachement fondé non seulement sur la raison, mais plus encore, expression des meilleurs sentiments du cœur humain* ».

Lymburner tente des efforts désespérés pour faire obstacle à la loi. En vain. Le 10 juin 1791, elle reçoit la sanction royale. Quant aux pressions des marchands, Dundas, successeur de Grenville, ordonne de tracer la carte des comtés objectivement, sans céder à leurs « *demandes injustes* » ❷.

---

❶ Voir Thomas Chapais, *Cours d'histoire du Canada*, II : 20s.

❷ Voir le numéro spécial du Boréal Express de 1792. On y trouvera en particulier une carte des comtés du Haut et du Bas-Canada, une présentation des députés élus, un aperçu de la première session, etc. Aussi Henri Brun, ***La formation des institutions parlementaires québécoises, 1791-1838***. Coll. « Droit et science politique », n° 1, PUL, Québec, 1970.

L'administration

Alured Clarke, en l'absence de lord Dorchester, proclame l'entrée en vigueur de la nouvelle constitution, le 26 décembre 1791. L'Acte constitutionnel divise la colonie en deux provinces : le Bas-Canada (Québec) et le Haut-Canada (Ontario). Ce système doit permettre aux deux grandes « *races* » qui habitent le pays de se développer chacune selon ses aspirations et de se gouverner par des lois appropriées à son caractère. Un gouverneur général préside à l'administration, aidé pour chaque province d'un lieutenant-gouverneur, d'un conseil législatif nommé par le roi et d'une chambre d'assemblée élue par le peuple. Par une Instruction royale, le 16 septembre 1792, George III donnera l'ordre d'ajouter un conseil exécutif pour assister le gouverneur. Le roi se réserve le droit de veto, soit pour lui-même, soit pour le gouverneur. De plus, il peut désavouer n'importe quelle loi dans les deux ans qui en suivent le vote.

Réactions anglaises

Les marchands anglais prennent du temps à se convaincre que le *bill* a vraiment été voté. Depuis 30 ans, ils vont, sur le plan politique, de déboires en déboires. Après s'être plaints de Murray, ils ont reçu Carleton, père de l'Acte de Québec. Ils dénoncent cette deuxième constitution et voilà l'Acte constitutionnel !

D'autres consolations les attendent pourtant. La guerre entre la France et l'Angleterre provoque dans les deux Canadas un grand essor économique. Grâce surtout aux tarifs préférentiels de la Grande-Bretagne, le commerce du bois va se développer à un rythme accéléré. Cette fois, le gouvernement saura les avantager par de vastes concessions forestières qui les rendront aptes à satisfaire les demandes des marchés britanniques.

Dorchester, de son côté, tente d'interpréter la loi de 1791 dans le sens de son projet de fédération en cherchant à garder sous son autorité les lieutenants-gouverneurs des autres *colonies.* Ceux-ci l'ignorent et Londres lui signale enfin le rejet définitif de son projet. Déçu, il démissionne en 1796.

Difficultés politiques

La loi de 1791 n'abroge pas l'Acte de Québec, mais l'amende seulement. L'essentiel demeure. Outre quelques changements dans le conseil législatif, il y a la création d'un conseil exécutif et surtout d'une chambre d'assemblée qui rend le gouvernement représentatif. Les *Canadiens* gardent le libre exercice de leur religion ainsi que les lois civiles francaises. William Pitt a eu l'ambition de rendre justice à tous.

Cependant, cette constitution conserve au gouverneur un pouvoir arbitraire, attendu qu'il peut, avec l'Exécutif et le Conseil législatif dont les membres sont nommés à vie, faire indéfiniment échec à la Chambre d'Assemblée. Au Bas-Canada, le Conseil législatif, composé d'une majorité d'Anglais, se posera en défenseur attitré des intérêts britanniques. Par suite de ce « *vice fondamental* » et de circonstances diverses, la constitution ne donnera pas les résultats qu'on en attendait : les *Canadiens* se sentiront toujours victimes de l'oligarchie anglaise ; les Anglais, de leur côté, se plaindront de ce que les lois sont faites à leur détriment, c'est-à-dire plutôt en faveur de l'agriculture que du commerce ; il leur est difficile de supporter la majorité canadienne-française ❶.

Les réserves du clergé protestant

L'Angleterre croit que les colonies américaines se sont séparées parce qu'elles étaient devenues trop attachées au régime démocratique. Elle veut préserver les Canadas du même danger en maintenant l'autorité du gouverneur et des deux conseils, en instituant des titres de noblesse en faveur des membres du conseil législatif, et en assurant la survivance et la perpétuité d'une *Église établie*, c'est-à-dire d'une Église d'État. En fait, les titres de noblesse concédés aux conseillers législatifs ne deviendront jamais héréditaires ; mais la subsistance de *l'Église d'Angleterre* établie au Canada est assurée par un système de réserves. Quand le gouvernement concède une série de lots, chaque septième lot constitue une réserve pour le clergé anglican. Les rentes ou profits éventuels provenant de ces terrains doivent être affectés à la même fin. Le gouvernement, qui garantit ainsi la vie des ministres du culte, a le droit de présenter les titulaires aux différentes cures.

Les groupes en présence

L'Amérique anglaise est ainsi irrémédiablement divisée en deux systèmes, l'un républicain, l'autre royaliste.

Le premier — les États-Unis — compte alors environ 4 000 000 d'habitants groupés en une seule nation sous un gouvernement fédéral assez centralisé. Le second — l'Amérique du Nord britannique — divisé en une demi-douzaine de petites colonies, est un amalgame résiduaire et marginal dont le seul dénominateur commun paraît être la fidélité à la Couronne. Avec un total de 70 000 Anglais (2 pour cent de la population américaine) répartis dans l'ensemble de l'Amérique du Nord britannique et 140 000 Canadiens français groupés dans le Bas-Canada, le futur Canada représente donc environ 5 pour cent de la population des États-Unis. De son côté, la masse canadienne-française représente environ 3 pour cent de l'ensemble de la population anglaise de l'Amérique du Nord.

Enfin, 20 000 *Canadiens anglais* (ou « British Americans ») sont établis dans la vallée du Saint-Laurent et distribués à peu près également dans le Haut et le Bas-Canada ❷.

---

❶ Le chanoine Groulx a parlé de « *parlementarisme truqué* ». Voir son ***Histoire du Canada français.*** Fides, Montréal, 1962 : 11, 99-103. Les Canadiens en viendront très bientôt à réclamer la responsabilité ministérielle ; ils se plaignent en novembre 1814 « *d'être le jouet d'une contradiction étrange, comme si d'un côté une Constitution leur eût été donnée sans doute pour en jouir, et que de l'autre, il eut été placé un Gouvernement exprès pour les en empêcher...* » Durham, pour sa part, parlera de « *gouvernement représentatif et irresponsahle* » et s'étonnera que des hommes d'État anglais aient pu le mettre en place en 1791. Voir Denis Vaugeois, ***L'union des deux Canadas (1791-1840)*** : 49-62 et 167s.

❷ Le « British North America » (B.N.A.) est alors divisé en plusieurs petites colonies : Haut-Canada, Bas-Canada, Nouveau-Brunswick, Nouvelle-Écosse, Île-du-Prince-Édouard et Terre-Neuve. Au total, il compte environ 210 000 habitants, soit 5,2 pour cent de la population du « Republican North America » (R.N.A.). Quant aux 140 000 Canadiens francais, ils vivent presque tous dans le Bas-Canada où ils représentent 93 pour cent de la population. Par rapport à l'ensemble de la population anglaise d'Amérique du Nord, ils sont un peu plus de 3 pour cent. En 1871, ils sont 930 000 sur 40 millions, soit 2,3 pour cent ; en 1961, 4,25 millions sur 194 millions, soit 2,2 pour cent.

Élections et premier Parlement

Pour la représentation à la Chambre d'Assemblée, les deux provinces sont divisées en comtés. À l'été 1792, ont lieu les premières élections. Quoique la population anglaise ne compte guère dans le Bas-Canada que le quinzième de la population totale, les électeurs élisent 35 députés de langue française (dont un protestant) et 15 de langue anglaise (dont un catholique).

Les *Canadiens* ne paraissent pas avoir beaucoup convoité le mandat de député. Ils étaient pauvres, et les élus, obligés de négliger leurs affaires au profit de la politique, ne reçoivent aucune indemnité parlementaire [1].

Les mœurs politiques de l'époque

Les conditions requises pour être électeur et éligible ressemblent à celles d'aujourd'hui. La loi ne fait aucune distinction de sexes ou de religion. Sont exclus de la Chambre, les membres du Conseil législatif, les ministres du culte et les personnes chargées de l'éducation.

Sauf dans les villes, on ne tient pas d'assemblées publiques, et il ne paraît pas de bon ton de solliciter le vote des électeurs, si ce n'est par la publication de manifestes dans la *Gazette* et par des circulaires. La distribution de cocardes permettant aux partisans du même parti de se reconnaître semble même une espèce de corruption. Le scrutateur, nommé par le gouvernement, fixe la date et le lieu de la votation ; celle-ci se fait oralement et en public. Elle peut durer plusieurs jours. Elle se termine lorsqu'il s'est écoulé une heure sans que se présente un électeur. Les organisateurs d'élection sauront tirer parti de cette disposition des règlements.

Les élus remercient les électeurs par une lettre publique et parfois accordent des gratifications aux pauvres. Aux jours de session, ils se rendent à Québec, louent une chambre dans une maison privée et, le plus souvent, se nourrissent avec les aliments qu'ils ont apportés : lard salé, porc frais rôti, pommes de terre, pain de ménage, mélasse, etc. L'économie s'impose à ces hommes peu fortunés qui déjà consentent au lourd sacrifice de leur temps pour la chose publique.

L'élection du premier président

La première session du Parlement du Bas-Canada s'ouvre à Québec dans l'ancien palais épiscopal, le 17 décembre 1792. Le lendemain, les députés procèdent au choix du Président, ce qui occasionne une discussion entre la minorité anglaise et la majorité française. Les *Canadiens* sur une proposition de Louis Dunière, appuyée par P.A. De Bonne, proposent Jean-Antoine Panet. Le député James McGill, appuyé par le *Français* François Dambourgès, propose William Grant.

Le débat ne manque pas d'une certaine acrimonie. Pierre-Louis Panet, cousin du précédent, ose prendre fait et cause pour les Anglais, en soutenant que *l'Orateur* [2] de

---

[1] Les députés du Haut-Canada seront les premiers à se voter une indemnité parlementaire. Voir ***Documents relatifs à l'histoire constitutionnelle du Canada, 1791-1818***, l'article 30, p. 100 et la note de la page 101.

[2] On dit aujourd'hui le *président* de la Chambre. Le mot *orateur* est une traduction servile du terme anglais « speaker » et est impropre à rendre la fonction en cause. Celui qu'on a désigné comme l'orateur est justement celui qui doit l'être le moins, car il préside les délibérations. L'introduction du parlementarisme britannique en 1791 n'a pas été sans poser un sérieux problème de vocabulaire.

la Chambre doit parler la langue du Souverain, et en proclamant « *la nécessité absolue pour les Canadiens d'adopter avec le temps la langue anglaise* ». De nouvelles propositions mettent en lice James McGill et Jacob Jordan. Finalement le vote favorise J.-Antoine Panet, élu par 28 voix contre 18.

Détail de la toile de Charles Huot intitulée Le débat sur les langues.

Le statut du français

À cette époque, la langue française n'a pas encore de statut légal au Canada. On sait qu'aucun document constitutionnel n'en garantit l'usage. Pourtant les documents officiels ont toujours été publiés dans les deux langues, et les deux langues ont libre cours devant les tribunaux. La loi de 1791 n'a rien stipulé à ce sujet. Il appartient donc aux députés de régler cette question.

À la reprise de la première session, en janvier 1793, on discute pour savoir en quelle langue doit être rédigé le texte officiel des lois. Les *Canadiens* envisagent un moment la possibilité de décréter le français, seule langue officielle. Le député Richardson propose d'accepter le texte anglais comme officiel avec traduction obligatoire en français. Les *Canadiens* se rabattent sur le bilinguisme. Le débat dure trois jours. De nombreux orateurs, dont Joseph Papineau et Pierre Bédard, prennent la vedette. On semble s'entendre pour que les deux langues soient officielles. Le français prévaudrait cependant en ce qui concerne les lois civiles, selon le vote majoritaire des *Canadiens*. Les Britanniques se disent prêts à accepter l'usage des deux langues, en ne reconnaissant toutefois que l'anglais comme langue officielle « *afin de préserver l'unité de langue légale dans l'Empire* ».

Lord Dorchester, revenu à Québec le 24 septembre 1793, reçoit du ministre de l'Intérieur, Henry Dundas, une communication exprimant l'avis qu'il « *importe que les lois de la province soient édictées en langue anglaise* ». Il ne formule aucune objection cependant à ce que tout bill « *soit introduit avec une traduction française, pourvu qu'il soit passé en anglais* ». La langue officielle du Bas-Canada sera donc l'anglais. Le français est admis comme « *langue de traduction* ».

Le traité de Jay

Tandis que les députés du Bas comme du Haut-Canada s'initient à leur nouveau métier, la tension monte de façon dangereuse dans le Centre-Ouest. Au début de l'année 1794, la guerre semble imminente. Des navires américains sont saisis, leurs équipages emprisonnés. En effet, la Grande-Bretagne n'a pas respecté le traité de 1783 et a continué d'occuper ses postes des Pays d'En-Haut, intervenant auprès des Indiens et brisant la neutralité commerciale.

En novembre 1794, John Jay, au nom du gouvernement des États-Unis, et lord Grenville, pour la Grande-Bretagne, parviennent à établir les termes d'un accord. Le délégué américain s'acquitte fort bien de sa mission en écartant la possibilité avancée par les Britanniques de maintenir une réserve indienne ouverte aux deux Puissances, en niant aux Britanniques tout droit à la navigation sur le Mississippi (malgré l'article 8 du traité de Versailles) et en obtenant l'évacuation des postes prévue par l'article 2 du même traité.

Femme Ishutski de la côte du Pacifique. « Menues et racées, elles avaient de beaux traits réguliers qu'elles défiguraient souvent par des tatouages et une ornementation très poussée. » À la fin du XVIIIe siècle, Russes et Espagnols se rencontrèrent dans leur mouvement d'expansion respectif, bientôt rejoints par le Britannique Alexander Mackenzie et les fameux Américains Lewis et Clark.

L'accord reporte à plus tard la question des Indiens, les réclamations des loyalistes et les compensations dues à certains propriétaires d'esclaves [1]. L'absence d'un règlement sur ces questions soulève de nombreuses oppositions chez les Américains. Fort de l'appui de George Washington, le traité est pourtant ratifié par le Sénat et la Chambre des représentants, en 1795.

Le 3 octobre 1796, les Anglais quittent Michillimakinac, leur dernier poste dans le Centre-Ouest américain (Nord-Ouest pour les Américains). Les Canadiens des pays d'en haut ou du pays des Illinois ont gagné en grand nombre la rive ouest du Mississippi. Plusieurs sont installés à Sainte-Geneviève, Saint-Louis, Saint-Charles et Charette.

Premiers Parlements

De 1792 à 1804, les trois premiers Parlements, au cours de 13 sessions, votent 115 lois dont voici les principales:

A) Loi de la judicature (1794). — La Chambre décide de réorganiser les cours de justice, et, pour la première fois, fournit au pays un système complet de judicature. Elle divise la province en trois districts: Québec, Montréal et Trois-Rivières. Dans les deux premiers, elle établit une cour du Banc du Roi, et, dans la troisième, elle nomme un juge provincial. Cette cour a juridiction sur toutes les affaires civiles et criminelles, excepté celles de l'Amirauté. Une cour de circuit, appelée par le peuple *cour de tournée*, juge les causes de moindre importance. Le gouverneur, assisté de l'Exécutif et de quelques adjoints, constitue la cour d'appel. Ce régime durera 50 ans.

B) Loi des finances. — Depuis la Conquête, l'Angleterre a payé presque toutes les dépenses nécessaires à l'administration du Canada, et n'a reçu en retour que quelques droits imposés sur certains articles. Dès la première session, la Chambre d'Assemblée décide de créer des revenus en vue de défrayer les dépenses des officiers civils.

Les lois fiscales suscitent alors des disputes entre les deux provinces au sujet de la perception des douanes, parce que le Bas-Canada perçoit seul les droits sur toutes les marchandises entrant au pays par le Saint-Laurent et ce, au préjudice du Haut-

---

[1] Voir Richard B. Morris, ***Encyclopedia of American History.*** Harper & Row, New York, 1961 : 126-127. Aussi Samuel E. Morison et Henry S. Commager, ***The Growth of the American Republic.*** Oxford University Press, New York, 1962, 1 : 348. Dans ce second ouvrage, on passe sous silence la question des esclaves enlevés par des Britanniques.

Canada. Après quelques pourparlers, on en vient à une entente provisoire en 1795, qui est reprise en 1797 ; désormais, le revenu des douanes sera distribué au *prorata* des importations destinées à chacune des provinces.

C) Loi de la milice. — En 1794, lord Dorchester, inquiété par les relations tendues entre les États-Unis et l'Angleterre et aussi par l'attitude hostile de la France, pourvoit à la réorganisation de la milice en faisant voter par la Chambre une loi de service militaire. Tous les hommes valides de 18 à 60 ans devront s'enrôler en cas de besoin. Deux fois par année, en juin et en octobre, ont lieu des exercices militaires. Sont exempts du service le clergé, les juges et les autres personnes indispensables à la vie civile.

D) Loi de la voirie. — Le gouverneur propose, en 1794, une loi pour l'amélioration des chemins et l'ouverture de nouvelles routes. La loi, remaniée en 1796, pourvoit à la construction des ponts, à l'entretien des cours d'eau, etc. Elle crée un organisme ayant la faculté d'imposer des cotisations, des corvées et même des pénalités contre ceux qui contreviennent au règlement. Cette mesure, excellente et nécessaire, heurte malheureusement la routine et les préjugés du peuple qui l'accueille de fort mauvaise grâce. La loi de voirie, comme la loi de milice, suscite des mécon-tentements et même des émeutes en certains endroits, surtout dans la région de Québec ❶. Des groupes politiques manifestent avec violence et rudoient les agents du gouvernement. Des arrestations ont lieu.

Heureux d'exploiter la colère de la population, quantité d'émissaires français, passant par les États-Unis, viennent au Canada avec l'intention de provoquer un retour à l'allégeance française.

Extrait d'un pamphlet qui circule dans le Bas-Canada en janvier 1794

Il commence ainsi : « Les Français libres à leurs frères les Canadiens ». Il a pour but d'inviter les Canadiens à…

> Imiter les exemples des peuples de l'Amérique et de la France. Rompez donc avec un gouvernement qui dégénère de jour en jour et qui est devenu le plus cruel ennemi de la liberté des peuples. Partout on retrouve des traces du despotisme, de l'avidité, des cruautés du roi d'Angleterre. Il est temps de renverser un trône où s'est trop longtemps assise l'hypocrisie & l'imposture. Ne craignez rien de George III, de ses soldats en trop petit nombre pour s'opposer avec succès à votre valeur. Le moment est favorable, et l'insurrection est pour vous le plus saint des devoirs.
>
> Rappelez-vous qu'étant nés Français, vous serez toujours enviés, persécutés par les rois anglais, et que ce titre sera plus que jamais aujourd'hui un motif d'exclusion de tous les emplois.
>
> Aussi quels avantages avez-vous retirés de la constitution qui vous a été donnée depuis que vos représentants sont assemblés, vous ont-ils fait présent d'une bonne loi ? Ont-ils corrigé un abus ? Ont-ils eu le pouvoir d'affranchir votre commerce de ses entraves ? Non ! et pourquoi ? Parce que tous les moyens de corruption sont employés secrètement et publiquement dans vos élections pour faire pencher la balance en faveur des Anglais.

« Trop de choses unissaient le Québec à la France pour que la Révolution française passe inaperçue sur les rives du Saint-Laurent ». En 1989 comme il se doit, Michel Grenon dirigeait un collectif publié sous le titre L'image de la Révolution française au Québec, 1789-1989 *(HMH). Force est de reconnaître que la Conquête ne fut pas qu'un « bienfait providentiel »… Mais laissons reposer en paix Mgr Plessis !*

❶ À Charlesbourg, 300 Canadiens, touchés par la propagande américaine et enthousiasmés par la Révolution française, se révoltent. Dorchester, inquiet, lève une armée de 2 000 hommes.

On a osé vous imposer un odieux véto, que le roi d'Angleterre ne s'est réservé, que pour empêcher la destruction des abus, et pour paralyser tous vos mouvements voilà le présent que les vils stipendiés ont osé vous présenter comme un monument de bienfaisance du gouvernement anglais.

Canadiens, armez-vous, appelez à votre secours vos amis les Indiens. Comptez sur l'appui de vos voisins, et sur celui des Français.

Resumé des avantages que les Canadiens peuvent obtenir en se délivrant de la domination anglaise.

1° Le Canada sera un état libre et indépendant.

2° Il pourra former des alliances avec la France et les États-Unis.

3° Les Canadiens se choisiront un gouvernement ; ils nommeront eux-mêmes les membres du corps législatif, et du pouvoir exécutif.

4° Le véto sera aboli.

5° Toutes les personnes qui auront obtenu le droit de citoyen du Canada pourront être nommées à toutes les places.

6° Les corvées seront abolies.

7° Le commerce jouira de la liberté la plus étendue.

8° Il n'y aura plus de compagnie privilégiée pour le commerce des fourrures ; le nouveau gouvernement l'encouragera.

9° Les droits seigneuriaux seront abolis, les lods et ventes, droits de moulins, de péage, réserves de bois, travaux pour le service du seigneur, etc., etc., seront également abolis.

10° Seront également abolis les titres héréditaires. Il n'existera plus, ni lords, ni seigneurs, ni nobles.

11° Tous les cultes seront libres. Les Prêtres Catholiques nommés par le peuple comme dans la primitive église jouiront d'un traitement analogue à leur utilité.

12° Il sera établi des écoles dans les paroisses et dans les villes ; il y aura des imprimeries ; des institutions pour les hautes sciences, la médecine, les mathématiques ; il sera formé des interprètes, qui ayant été reconnus de bonnes mœurs seront encouragés à civiliser les nations sauvages et à étendre par ce moyen le commerce avec elles ❶.

❶ La distribution de ce pamphlet dans le Bas-Canada serait l'œuvre du citoyen Edmond-Charles Genet, représentant de la République française aux États-Unis.

✎ *Vue de Québec* (T. Davies). Aujourd'hui, une fontaine érigée à la mémoire des premiers Récollets se trouve au centre de « *la place d'armes* ». L'été, le nombre de calèches qui y stationnent est plus considérable qu'à l'époque…, les touristes aussi.

Mais le clergé veille. En 1796, Mgr Hubert invite ses curés à la fidélité. Son successeur Mgr Denault n'en fera pas moins, assisté de son très « *loyal* » coadjuteur, Mgr Plessis.

Manifeste à la population

« Les soussignés ont regardé avec une peine infinie les efforts que les ennemis de notre mère patrie ont pratiqués pour créer le mécontentement et provoquer, par le mensonge, à l'infidélité des sujets redevables de leur bonheur à un empire généreux et bienfaisant. Lorsque nous considérons notre situation heureuse, la jouissance d'une constitution libre et libérale, et que nous sommes supportés par une nation grande et généreuse…, lorsque nous comparons ces avantages avec l'état de ces pays qui voudraient par la séduction nous entraîner dans leurs misères, et se servir de nos propres forces pour se relever de leur détresse, ce contraste nous fait vivement ressentir la nécessité de nos efforts individuels et réunis contre toute tentative de troubler la paix et la tranquillité. Nous regardons avec la plus grande horreur les attentats séditieux dernièrement faits par les personnes méchantes et malintentionnées en faisant circuler des écrits faux et inflammatoires, en excitant par de fausses nouvelles les craintes et les doutes de nos compatriotes contre les lois et le pouvoir du gouvernement… Conjointement et séparément nous ferons tous nos efforts pour soutenir notre présente constitution, pour donner au gouvernement exécutif un support vigoureux et efficace, pour anéantir les efforts des séditieux, pour les découvrir et amener à une punition légale et exemplaire, pour arrêter dans ses principes tous tumultes et tentatives, sous quelque prétexte que ce soit, tendant à troubler la tranquillité publique ».

Ce manifeste est signé par Mgr Jean-François Hubert, évêque de Québec ; Robert Gravé, vicaire général ; Thomas Bédard, supérieur du séminaire de Québec ; Joseph-Octave Plessis, curé de Québec ;

Jean-Antoine Panet, orateur de l'assemblée, Pierre Bédard, Juchereau-Duchesnay, François Baby, C. de Lanaudière, Lecomte Dupré, J.-F. Cugnet, J.-C. de Léry, Pascal Taché, De Salaberry, L. Deschenaux, etc. ❶.

Dans une veine semblable, Mgr Plessis, devenu évêque de Québec, vante l'Acte constitutionnel et l'administration en place en exposant les avantages notoires des institutions britanniques pour les Canadiens. Il récrimine en outre contre toutes ces idées émanant des Lumières. Le texte, datant de 1799, est disponible intégralement dans Bernard Andrès dir., La conquête des lettres au Québec (1759-1799). Anthologie, *Québec, PUL, 2007.*

Prescott, gouverneur (1796-1807)

Sir Robert Prescott succède à lord Dorchester en 1796, après avoir administré le pays pendant un an comme lieutenant-gouverneur. Il doit subir les troubles qu'occasionne la loi des chemins. Mais les démêlés qu'il doit soutenir contre le juge en chef Osgoode et les conseillers exécutifs lui causent de plus pénibles ennuis. Pour encourager la colonisation, le gouvernement distribue des terres. Des abus ne tardent pas à se produire. Certains fonctionnaires sollicitent des concessions pour eux et pour leurs amis au point qu'il en résulte un conflit. Le duc de Portland, ministre des Colonies, circonvenu par les fonctionnaires, rappelle, en 1799, sir Robert Prescott qui, tout en gardant son titre de gouverneur, est suppléé successivement par le lieutenant-gouverneur Robert Shore Milnes et l'honorable Thomas Dunn ❷.

---

❶ Voir Thomas Chapais, ***Cours d'histoire du Canada.*** Boréal Express, II : 115s.

❷ Voir Jean-Pierre Wallot, ***Intrigues françaises et américaines au Canada (1800-1802).*** Leméac, Montréal, 1965. Du même auteur, voir également ***Un Québec qui bougeait. Trame sociopolitique au tournant du XIXe siècle.*** coll. 17/60, éd. du Boréal Express, 1973.

Shore Milnes et la colonisation anglaise

Contrairement à son prédécesseur, R. S. Milnes ferme les yeux sur la spéculation dans les « townships ». Sur l'essentiel, elle rencontre ses vues d'administrateur anglais.

En effet, dès son arrivée, Milnes est « *extrêmement frappé de la condition incertaine des intérêts du Gouvernement* ». Il attribue la faiblesse « *du pouvoir et de l'aristocratie* » au régime seigneurial, à l'indépendance de l'Église et à l'absence de milice.

Afin d'augmenter l'influence de la Couronne et de fortifier les mains du pouvoir exécutif, Milnes propose, en premier lieu, de distribuer des terres d'après la tenure anglaise ❶. Ces concessions auront pour effet d'implanter avec le temps dans cette province une population appartenant à la religion protestante et qui se sentira plus étroitement liée au gouvernement britannique. Son point de vue rejoint celui de son ami Sewell qui envisage aussi l'abolition du régime seigneurial tout en préconisant la formation d'une aristocratie terrienne (anglaise et française).

En second lieu, Milnes soulignant « *les excellents sentiments de l'évêque actuel à l'égard du Gouvernement et son désir de voir augmenter sa rente* » propose de « *s'attacher plus étroitement l'évêque* », d'accroître par le fait même l'estime des prêtres et indirectement celle des Canadiens pour la Couronne.

Enfin, il juge bon qu'on songe à des « *récompenses honorifiques et pécuniaires pour les capitaines de milice* ».

Distribuer des terres, augmenter le traitement de l'évêque, mieux considérer les capitaines de milice, autant de façons de renforcer l'autorité du gouvernement. Milnes reconnaît que les dépenses vont augmenter. Mais c'est le prix qu'il faut payer pour « *maintenir la colonie* ».

Il souligne qu'il vaut mieux que Londres continue de combler le déficit dans le Bas-Canada, c'est-à-dire « *que les revenus demeurent inférieurs aux dépenses* ». Car si la Chambre devait taxer, elle en gagnerait encore plus d'influence.

Portland recevra avec sympathie les recommandations de son subalterne qui doit quitter le pays en raison de sa santé, en 1805.

Première crise parlementaire (1805-1806)

Un mémoire présenté à la Chambre, en février 1805, par de Salaberry, expose l'état lamentable des prisons. Les députés, saisis du problème, proposent la construction de deux prisons, l'une à Québec, l'autre à Montréal.

Les *Canadiens* veulent taxer le commerce, les marchands — pour la plupart des membres de la « North West Company » — suggèrent de taxer la propriété terrienne.

L'affaire, banale en soi, oppose profondément *Canadiens* et *Anglais*. Le vote favorise évidemment les *Canadiens* qui font jouer leur majorité en Chambre.

Dans les Parlements des diverses colonies britanniques de l'Amérique du Nord, on voit normalement se former un parti populaire en opposition à un parti oligarchique qui veille au maintien des privilèges et des intérêts de ceux qui contrôlent l'administration. John Hare, dans Le développement des partis politiques à l'Assemblée législative du Bas-Canada, 1792-1814 *(Fontenay, 1997), insiste sur un clivage ethnique qui caractériserait plutôt le Parlement du Bas-Canada.*

Selon Michel Ducharme, les mouvements « réformistes », dont Pierre Bédard et son Canadien *ont été les porte-parole, ne remettent pas « en cause la légitimité de l'État basée sur la liberté moderne », mais plutôt un fonctionnement* ▶

❶ La tenure anglaise, dite *en franc et commun socage*, ne comprend ni droits ni redevances. La terre est franche : un propriétaire peut spéculer à sa guise. L'Acte constitutionnel (article 42) introduisait dans le Haut-Canada un nouveau régime foncier. « *Les terres à concéder le seront désormais en franc et commun socage* »... comme en Angleterre. De plus, il pouvait en être de même dans le Bas-Canada au-delà de la zone seigneuriale. Pour en connaître les conditions ainsi que le plan de Shore Milnes, voir I. Caron, ***La colonisation de la Province de Québec (1791-1815)*** : 20ss. Aussi les articles du frère Marcel-Joseph dans la ***Revue d'histoire de l'Amérique française***, vol. VII.

Le Conseil législatif, écoutant l'avis de Sewell, vote le projet de loi, tandis que le gouverneur Milnes entend le sanctionner, considérant que le commerce peut supporter une telle taxe.

Les marchands continuent de protester vigoureusement. Ils font paraître des articles dans la *Montreal Gazette* et dans le *Quebec Mercury*.

Les *Canadiens*, incapables de faire connaître leur point de vue dans ces deux journaux, décident de fonder leur propre journal, *Le Canadien*.

C'est dans ce contexte d'agitation et de querelles qu'un ancien député anglais, John Black, proposera « *d'unir les provinces du Haut et du Bas-Canada* » comme meilleur moyen de remédier aux défectuosités du système parlementaire de 1791 ❶.

◄ *différent au sein même du système britannique. Michel Ducharme,* Le concept de liberté au Canada à l'époque des Révolutions atlantiques, 1776-1838, *McGill-Queen's, 2010.*

❶ Voir le ***Boréal Express II (1760-1810)***: 410.

✎ Les Canadiens, de l'avis des voyageurs de l'époque, aiment beaucoup la danse. Le menuet, représenté ici par George Heriot, est fort populaire. À noter la variété des costumes... et l'enthousiasme des musiciens, particulièrement du jeune Noir.

VIII • PROSPÉRITÉ ÉCONOMIQUE ET CRISES POLITIQUES (1807-1811)

Le contexte international

Les Britanniques du Bas-Canada ont longtemps craint un retour de la France. Ils étaient convaincus que les Canadiens n'attendaient qu'une occasion pour tendre les bras à l'ancienne mère patrie. Les crimes liés à la haute trahison faisaient l'objet d'une extrême sévérité. F. Murray Greenwood analyse en détails le procès du pauvre David McLane dans Legacies of Fear. Law and Politics in Quebec in the Era of the French Revolution *(Osgoode Society, 1993).*

Au moment où James Henry Craig arrive dans la colonie, en octobre 1807, l'empereur Napoléon touche au sommet de la gloire. Pour peu de temps cependant.

En 1808, les armées espagnoles et portugaises se révoltent contre l'occupant français et entreprennent une nouvelle « reconquista », aidées par les Anglais qui débarquent dans la péninsule ibérique. En même temps, Napoléon s'engage dans une nouvelle guerre avec l'Autriche et provoque bien inutilement les catholiques en se saisissant de la personne du pape Pie VII. Il encourra d'ailleurs l'excommunication.

L'Angleterre croit le moment venu de porter le coup fatal à la puissance napoléonienne en intensifiant son blocus maritime. Napoléon riposte en durcissant ses propres positions.

Pris entre leurs alliés d'hier ❶, les Français, et leurs *cousins* les Anglais, les Américains hésitent. Jefferson, acerbe, avait proclamé la neutralité et proposé de laisser les « *deux bandits se quereller* ». Aux États-Unis, tout rapport commercial est interdit aussi bien avec la France qu'avec l'Angleterre, ce qui n'empêche pas maints Américains de continuer leurs activités commerciales surtout avec les colonies de l'Amérique du Nord britannique. Une énorme contrebande s'organise ; les marchands d'Halifax, de Saint-Jean (Nouveau-Brunswick), de la région du Richelieu et de la vallée du Saint-Laurent font des affaires d'or.

Position privilégiée du « British North America »

Le pacte colonial qui lie la Grande-Bretagne à l'Amérique du Nord britannique va grandement profiter aux habitants des deux Canadas. En 1795, l'Angleterre avait déjà voté des tarifs préférentiels pour ses colonies nord-américaines. Une taxe de 10 shillings est imposée par *charge* de bois en provenance de la Baltique. Étant donné l'épuisement progressif des ressources de la métropole elle-même, ce geste s'interprète comme un rapprochement avec les colonies.

Inquiète des nouvelles coalitions de Napoléon et de l'altitude équivoque d'Alexandre Ier, l'Angleterre, en 1805, impose de nouvelles taxes sur les bois en provenance de la Baltique. Ces taxes sur les bois de l'Europe du Nord passent à 34 shillings 8 deniers la charge, tandis que tout droit d'entrée disparaît sur le bois des colonies.

---

❶ À la fin de la guerre de Sept Ans, la France avait cédé secrètement la Louisiane à l'Espagne. En 1801, le ministre Godoy, cherchant à plaire à Napoléon, avait rétrocédé ce vaste territoire à la France. Les Américains, et particulièrement le président d'alors, Jefferson — cet enfant de la frontière — convoitaient ardemment cette riche région. James Monroe fut chargé d'en négocier l'achat. Le 2 mai 1803, Napoléon cédait pour 60 millions de francs (approximativement 15 millions de dollars) toute la région située entre le Mississippi et les Rocheuses, depuis le golfe du Mexique jusqu'aux confins du « British North America ». En 1804, Lewis et Clark, avec l'aide de guides et d'interprètes canadiens, traversent le continent, de Saint-Louis, Missouri, jusqu'à l'embouchure du Columbia.

✎ La rue Notre-Dame s'étend du faubourg de Québec à celui des Récollets ; elle mesure 1 228 m de longueur et environ 9 m de largeur. Elle est, sans conteste, la voie la plus élégante de la ville en raison du grand nombre d'édifices publics qui la bordent. La disparition de la vieille église, construite si malencontreusement qu'elle barrait complètement la rue à la place d'Armes, améliorera grandement la circulation. (Aquarelle de R.A. Sproule)

Cette nouvelle politique de l'Angleterre et une application plus stricte du blocus continental augmentent de façon très considérable les exportations en provenance de Québec ❶ et intensifient la contrebande du *bois du Vermont*.

Les capitaux britanniques affluent dans les deux Canadas qui y trouvent une source de prospérité.

Après la fourrure, le bois

Le commerce des fourrures est tout à fait relégué au second plan. La montée du commerce du bois est spectaculaire. De 1800 à 1820, les exportations de l'Amérique du Nord britannique passent de 10 000 à 200 000 *charges*. Les 2/3 des exportations concernent les produits de la forêt et le 1/4 de la marine marchande britannique est engagé dans ce commerce qui dominera l'économie de la vallée du Saint-Laurent pour près d'un demi-siècle.

Pour illustrer cette reprise économique, le professeur Maurice Séguin rappelle l'activité commerciale du port de Québec : en 1805, 170 navires quittent Québec ; en 1807, 239 ; en 1808, 334 ; en 1809, 434 ; en 1810, 661 ❷.

Jadis, Haldimand avait laissé entendre que le pays ne valait même pas le risque d'une guerre. Pour Craig, la situation est tout autre et c'est avec enthousiasme qu'il proclame : « *Ce pays vaut la peine d'être défendu !* »

Outre l'activité particulière dans le commerce du bois, la contrebande américaine laisse croire, ou du moins fait souhaiter, que les États du Nord puissent prendre l'habitude d'exporter leurs denrées par la vallée du Saint-Laurent.

Un fait est certain : les marchands anglais, après s'être rendus maîtres du commerce des fourrures et du blé, se mettent en position pour contrôler le commerce lucratif du bois. Plus que jamais, ils ont raison de vouloir tenir dans la vallée du Saint-Laurent. Londres les soutiendra. D'engagés du commerce de la fourrure au service de la « North West Co », les Canadiens français deviendront les travailleurs de la forêt.

Débardeurs ou bûcherons

Présentant cette croissance rapide du commerce du bois, l'historien Fernand Ouellet déplore « *le retard manifeste de l'exploitant agricole* » et le peu de dynamisme des « *commerçants canadiens-français* » qui, écrit-il, « *préfèrent plutôt consacrer leur avoir à l'achat de terres, ce qui leur procure en plus la façade aristocratique, ou à l'établissement de petits commerces de détail* ». Son collègue, Maurice Séguin, croit plutôt que la concurrence était inégale. « *Les Canadiens français*, à son avis, *ne pourront que continuer à être des subordonnés. Cette grande exploitation de la forêt sera l'œuvre des Britanniques ; non pas parce que les Canadiens francais manquent de science et ignorent les profits à retirer de la vente du bois ou tout simplement que faire*

---

❶ Voir Fernand Ouellet, ***Histoire économique et sociale du Québec (1760-1850)*** : 188-191.

❷ Joseph Bouchette calcule que les exportations de bois de toutes espèces se sont accrues, de 1806 à 1814, d'environ 283 000 à près de 1 000 000 m^3, dont la moitié environ était expédiée du seul port de Québec. À noter que 9 navires sur 10 quittent Québec chargés de produits de la forêt. Voir Ivanhoë Caron, ***La colonisation de la Province de Québec (1791-1815)*** : 245s. L'histoire de la famille Molson fournit un bel exemple des possibilités commerciales de l'époque. Voir Merrill Denison, ***Au pied du courant***. Montréal, 1955.

fortune ne les intéresse pas! Mais parce que ce commerce est le fruit d'une demande sur les marchés de Grande-Bretagne; que les capitalistes de Grande-Bretagne ou du "British North America" aidés par des gouvernements coloniaux britanniques qui leur consentent de vastes concessions forestières et appuyés par la marine marchande britannique sont beaucoup mieux placés que les paysans canadiens-français ou la très minime bourgeoisie canadienne-française».

Si les deux historiens ne s'entendent guère sur les causes de l'attitude des Canadiens français, leurs constatations se rejoignent et ils sont d'accord pour en souligner les tristes conséquences.

Pour Maurice Séguin, «*les Canadiens ne pourront être que les bûcherons, les scieurs de bois, les charretiers, les débardeurs*». Ce nouveau prolétariat du bois continue celui des *engagés* du commerce des fourrures au service de la «*North West Company*». Fernand Ouellet, de son côté écrit: «*Le commerce du bois provoque le développement d'une classe de débardeurs. [...] Il a non seulement attiré les capitaux et déterminé d'importants investissements mais il est devenu la principale source de bénéfices susceptibles d'être réinvestis dans le developpement de la colonie. À ce titre, il fait figure d'entreprise essentiellement anglo-canadienne...*» Ailleurs, il insiste: «*Il s'agit d'un tournant capital pour la société canadienne-française*».

Est-ce à cause de cette prospérité? Peut-être. Toujours est-il que les marchands anglais défendront comme jamais auparavant les intérêts britanniques de la vallée du Saint-Laurent.

Ils auront l'oreille de Craig et de ses principaux acolytes: son secrétaire Herman Witsius Ryland, l'évêque anglican Jacob Mountain, le juge Jonathan Sewell.

Assez curieusement, cette période de prospérité coïncidera avec de graves crises politiques. Le gouvernement de Craig, surnommé le *règne de la terreur*, donnera lieu à de farouches oppositions ❶.

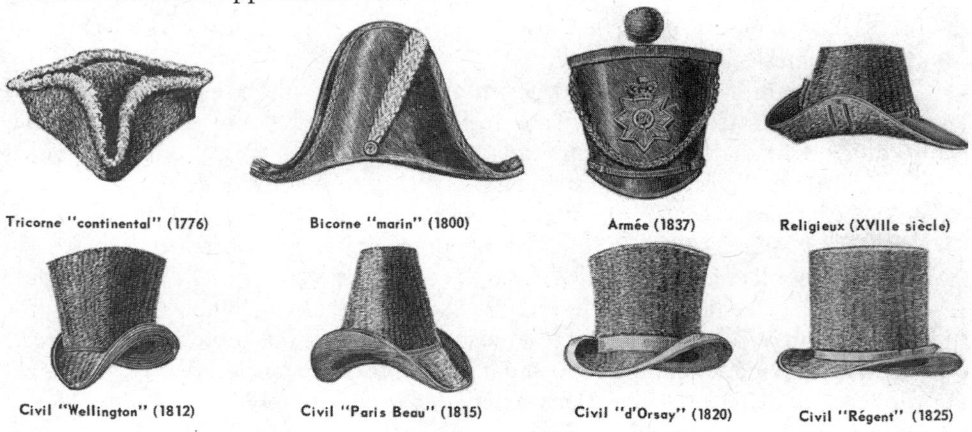

---

❶ Voir Gilles Paquet et Jean-Pierre Wallot, ***Patronage et pouvoir au Bas-Canada (1794-1812). Un essai d'économie historique.*** PUQ, Montréal, 1973.

✎ Certains types de chapeaux de castor. L'apparition du chapeau de soie porta un dur coup à la traite dans le «British North America». Voir François-Marc Gagnon, ***Images du castor canadien XVIe-XVIIIe siècles.*** Septentrion, Sillery, 1994.

Deux partis

Avant le régime parlementaire de 1791, des tendances opposées avaient donné naissance à des groupes politiques distincts. Les Britanniques, à qui le système des partis n'était pas étranger, prirent assez tôt l'habitude d'utiliser les expressions « French Party » et « British Party » pour désigner respectivement les sympathisants pro-canadiens et les tenants d'une intense colonisation anglaise ❶.

Avec la formation d'une chambre d'assemblée, les tendances et les positions se précisèrent : d'une part, le parti *tory*, comprenant le gouverneur, la plupart des fonctionnaires et les marchands anglais soutenus par la Compagnie du Nord-Ouest, d'autre part le parti *canadien*, fortement majoritaire en Chambre et groupant la presque totalité des députés canadiens-français ❷.

Trois élections en trois ans

À l'occasion d'élections complémentaires, en 1807, les Trifluviens élisent le premier député juif, non seulement du Bas-Canada, mais de l'Empire britannique : Ezekiel Hart. Malheureusement, il se présente — au début de 1808 — dans une Assemblée où la tension monte et les discussions s'enveniment. On lui conteste le droit de siéger.

Malgré une supériorité numérique, le parti canadien se trouve sans cesse menacé par suite de l'absentéisme de plusieurs de ses membres. Conscient des problèmes financiers des députés canadiens, particulièrement de ceux qui habitent des centres éloignés, le parti canadien présente un projet de loi devant assurer une indemnité parlementaire aux députés des circonscriptions les plus distantes de la capitale. Le juge De Bonne combat cette proposition. En contre-attaque, le parti canadien soulève la question de l'éligibilité des juges. À la session de 1808, le député Bourdages présente avec succès un bill visant à les rendre inéligibles à la Chambre. Cependant, le Conseil législatif bloque le projet de loi sous prétexte d' « *arrêter les usurpations* » de l'Assemblée. C'est dans ce contexte de tension et d'affrontement que sont déclenchées les élections générales de l'automne 1808.

En 1985, Allan Greer avait marqué une étape importante dans l'historiographie québécoise avec l'étude de « la rencontre du capital marchand et de la paysannerie » canadienne-française de la basse vallée du Richelieu dans Peasant, Lord and Merchant: Rural Society in Three Quebec Parishes 1740-1840 *(UTP).*

❶ Les *Canadiens* designent souvent les membres du parti anglais du surnom de *gens à place* par allusion au favoritisme qu'ils pratiquent. Voir Denis Vaugeois, ***L'Union des deux Canadas (1797-1840)***. Trois-Rivières, 1962 : 53-55.

❷ Il y eut aussi les *Constitutionnalistes*, favorables à la création d'un Parlement.

✎ Costumes de divers types de Canadiens tels que les représente John Lambert. ***Travels through Canada and the United States of North America in the years 1806, 1807 and 1808***. 2 vol., Londres, 1813. Voir pages 213 et 214.

Le journal *Le Canadien* entreprend une violente campagne contre le parti anglais, dénonçant sa collusion avec le gouverneur et la politique du gouvernement qui concède à des Américains des terres dans les « Townships ». En juin 1808, le gouverneur Craig destitue, à cause de leurs liens avec *Le Canadien*, plusieurs fonctionnaires et officiers de milice : Pierre Bédard, Jean-Antoine Panet, Jean-Thomas Taschereau, Joseph Le Vasseur Borgia, François Blanchet et Joseph Planté ❶.

Pour justifier cette mesure, Ryland précise que le gouverneur « *ne peut reposer aucune confiance en des hommes qu'il a raison de considérer comme les propriétaires d'une publication libelleuse et séditieuse, disséminée activement à travers la province et ayant expressément pour objet d'avilir le gouvernement de Sa Majesté, de créer un esprit de mécontentement parmi ses sujets, aussi bien que de désunion et d'animosité entre les deux éléments dont ils se composent* ».

Dans « Stratégie foncière de l'habitant : Québec, 1790-1835 » (RHAF, *printemps 1986), Gilles Paquet et Jean-Pierre Wallot s'insurgent contre la représentation de l'habitant « ignorant, conservateur, traditionnel et peu sensible aux signaux du marché ».*

Les *Canadiens* ne s'en laissent pas imposer et mènent rondement la campagne électorale, remportant haut la main la victoire. Cependant, Hart et De Bonne sont aussi réélus. De nouveau la Chambre vote l'expulsion du député anglophone de Trois-Rivières, sous prétexte qu'il est juif, et ramène le bill concernant l'inéligibilité des juges, afin de pouvoir exclure aussi De Bonne.

Craig, en colère, proroge les Chambres et annonce de nouvelles élections.

En octobre 1809, le parti canadien revient en Chambre avec une confortable majorité. Hart s'est retiré, mais De Bonne est toujours là. Cette fois cependant, le gouverneur — et conséquemment le Conseil législatif — est disposé à laisser voter le bill décrétant l'inéligibilité des juges. Londres avait donné raison au parti canadien à la fois sur la question des juges et sur celle des Juifs, invitant sèchement le gouverneur « *à ne censurer aucun acte particulier de l'assemblée provinciale qui ne soit clairement inconstitutionnel et illégal* ».

Impatients d'avoir raison de De Bonne, les députés canadiens exigent l'application immédiate du bill concernant l'inéligibilité des juges.

De nouveau Craig intervient et annonce la dissolution de la Chambre. Il entreprend personnellement une tournée de la province, ordonne à l'évêque de se mettre au service de l'État et — solution de désespoir — fait envahir les bureaux du *Canadien*, saisir les presses et emprisonner l'imprimeur, Charles Le François.

---

❶ Voir le ***Boréal Express II (1760-1810)***: 412.

Un mandat de l'Exécutif permet l'arrestation d'une vingtaine de personnes — parmi les principaux propriétaires et distributeurs du journal — pour « *pratiques traîtresses* ».

Les efforts de Craig sont vains. En 1810, le parti canadien remporte sa plus éclatante victoire. Seulement 12 Britanniques sont élus, soit le plus petit nombre depuis les premières élections de 1792. François Blanchet et Pierre Bédard, nonobstant leur incarcération, sont réélus.

Malgré le gouverneur et ses bureaucrates, malgré le clergé et son *loyalisme*, malgré quelques transfuges canadiens-français, la volonté du peuple était demeurée inébranlable. Le parti canadien était invincible. Il fallait renoncer à mettre les Canadiens en minorité dans le contexte créé par 1791.

Le plan de Sewell et de Craig

Le plan de Sewell

Avec l'appui de quelques hauts fonctionnaires, Sewell prépare, à l'intention du gouverneur, un plan pour corriger la constitution de 1791, et par le fait même mettre un terme aux humiliations subies par le parti anglais.

Sewell proclame la nécessité de regrouper les forces anglaises et préconise l'union des deux Canadas. Afin d'assurer immédiatement une majorité au parti anglais, il propose de fausser la représentation tout en favorisant l'immigration anglaise.

D'une part, « the medieval, rural, Catholic way of life » des habitants, de l'autre « the hurly-burly of the English man of business », bien entendu un « dynamic Calvinist commercial » selon l'expression de A.R.M. Lower. Voir l'article cité en page précédente.

Le plan de Craig

Plus ou moins convaincu de la justesse ou de l'efficacité du plan de Sewell, Craig, appuyé fortement par les marchands, insiste sur la nécessité d'assimiler les Canadiens français. Comme mesure d'urgence, il suggère la suppression de la Chambre d'Assemblée prenant prétexte de la grave tension entre les États-Unis et la Grande-Bretagne ❶.

La mission de Ryland

Herman W. Ryland est envoyé à Londres pour présenter le mémoire de Sewell et défendre le point de vue du gouverneur.

L'envoyé de Craig se trouve devant des ministres déjà débordés de problèmes et peu désireux de provoquer un débat sur la *question canadienne.* Peel, sous-secrétaire d'État, admet pourtant la justesse des vues de Sewell. Liverpool, ministre des

❶ Voir Denis Vaugeois, ***L'Union des deux Canadas (1791-1840)***. Trois-Rivières, 1962.

Colonies, écrit à Craig: « *Il est regrettable que la constitution établie pour la province du Bas-Canada par l'Acte de 1791 du Parlement britannique semble avoir trompé si entièrement l'attente de ceux qui l'ont introduite et que la conduite de l'Assemblée donne si fortement raison de conclure que la constitution était, non seulement incompatible avec les habitudes et les préjugés des Canadiens, mais impropre aussi à procurer aux colons anglais les avantages que ceux-ci s'attendaient d'en retirer* ». Pourtant il n'est nullement question d'avoir recours à une intervention du parlement impérial « *à moins d'y être poussé par une implacable nécessité* ».

Comme en 1774, l'état de guerre, plus précisément la menace américaine, obligera Londres à chercher les moyens d'amadouer les Canadiens. Encore une fois, ceux-ci profitent d'agitations extérieures.

Une pierre d'achoppement

À la session de 1810, la Chambre s'offre à payer toutes les dépenses de l'administration ❶. Sur ce point, la position de Londres est ferme. « *Si l'on tient compte des dispositions actuelles de l'Assemblée, écrit Liverpool, il n'est pas douteux que cette offre a pour objet d'augmenter les pouvoirs de la Chambre qui assumerait de la sorte le contrôle des crédits et des dépenses publiques* ». Il n'est donc pas question de permettre au parti canadien d'exercer cet important pouvoir.

Le débat n'est pas clos pour autant. Il s'envenimera au point de devenir le principal élément de conflit. Le contrôle des dépenses — passé à l'histoire sous l'expression question des subsides — sera l'un des fils conducteurs de la crise qui trouvera son aboutissement dans la révolte de 1837. Les députés voudraient bien voter les subsides nécessaires à l'équilibre des budgets mais à la condition de contrôler les dépenses dont, bien entendu, les salaires des hauts fonctionnaires.

Accalmie

Une dernière session a lieu avant le départ de Craig. Elle se déroule dans le calme. Les deux Chambres votent un bill déclarant les juges inhabiles à siéger comme députés. Une loi se rapportant au cas d'emprisonnement de Bédard et de Blanchet est d'abord présentée, puis retirée. Les deux députés se trouvent d'ailleurs libérés. Bédard l'a été malgré son refus de se reconnaître coupable, *même involontaire.* En prorogeant les Chambres, Craig adresse à la députation des paroles de paix et lance un appel à la concorde.

Mgr Plessis, évêque de Québec

En même temps que cette crise politique, le pays connaît une crise religieuse. On sait que, d'après la constitution britannique, il ne peut y avoir au Canada une hiérarchie religieuse relevant d'une puissance étrangère, c'est-à-dire autre que de l'Angleterre. Londres avait déjà donné des « *Instructions* » pour maintenir l'Église catholique

---

❶ À ce sujet, Craig écrit: « *La Chambre s'est imaginé qu'en se chargeant elle-même du paiement des dépenses, elle n'accorderait le crédit à cette fin que d'année en année et que [de la sorte] elle jouirait en même temps d'un contrôle absolu sur le paiement des salaires des fonctionnaires. [...] Le but de la Chambre d'Assemblée est de placer les hauts fonctionnaires sous sa dépendance afin d'exercer par ce moyen un ascendant complet sur le pays* ».

sous la suprématie du roi. Néanmoins, le « Lord Bishop » Mountain proteste contre l'influence du chef de l'Église catholique au Canada. « *Si on ne réprime pas cet abus*, dit-il, *il y aura l'évêque du Pape au-dessus de l'évêque du Roi* ».

Un incident à propos d'une division de paroisse porte la difficulté devant le tribunal civil. L'autorité judiciaire paraît toute disposée à refuser à l'Église le droit de nommer aux cures. Le juge Sewell est un juriste régalien ❶, imbu de gallicanisme ❷ parlementaire ; le secrétaire d'État Ryland avoue son ambition « *de saper graduellement l'influence et l'autorité des prêtres catholiques romains* ». L'offensive du trio Sewell-Ryland-Mountain est non seulement politique, mais aussi religieuse. Craig lui-même tente de convaincre Mgr Plessis de céder « *avant que le gouvernement n'agisse d'une façon peut-être moins avantageuse pour l'Église* ». « *Choisissez bien vos prêtres, d'accord*, lui dit-il, *mais pour la place, le Roi peut faire aussi bien que le Pape* ». Ce à quoi l'évêque catholique aurait répondu : « *Notre religion répugne à ce qui ne répugne pas toujours à la vôtre* ». Reprenant l'argumentation du parti canadien, il aurait fait valoir que « *le gouvernement de Londres ne pouvait manquer de se souvenir que les 19/20e de la population sont de foi catholique* ».

Pierre Bédard, chef du parti canadien, esquisse, à l'époque, le principe de la responsabilité ministérielle. Voir Gilles Gallichan, « Pierre Bédard. Le Canadien et la notion de responsabilité ministérielle » dans Bulletin d'histoire politique, *vol. 6, n° 3 : 26-32.*

Tandis que Ryland est à Londres pour y discuter les problèmes politico-religieux du Bas-Canada, Mgr Plessis publie une lettre pastorale dans laquelle il s'intitule « *par la grâce du Saint-Siège, Évêque de Québec* ». Aussitôt, Craig et Mountain l'accusent d'un crime d'État et font parvenir à Londres le document compromettant. Lord Liverpool prépare un document de nature à satisfaire les opinions de Ryland : mais lord Eldon, chancelier d'Angleterre, émet des objections à ce sujet, et l'affaire ne va pas plus loin. Le ministère britannique ne désire pas plus un débat sur la question religieuse que sur le problème politique.

La mission de Ryland se solde par un double échec. Il n'est d'ailleurs pas au bout de ses peines. En effet, George Prevost ❸, successeur de Craig, transmettra à Londres les doléances de l'évêque au sujet de ses revenus et fera porter ceux-ci de 200 à 1 000 livres. Prevost invitera même Ryland à signer un document où Mgr Plessis est dit « *Évêque de Québec* » (1813). En 1817, ce titre lui sera officiellement reconnu.

---

❶ La régale, de « regalis » (royal), désigne tout droit considéré comme inhérent à la monarchie. Un juriste régalien est donc celui qui affirme la suprématie du roi.

❷ Le gallicanisme est une doctrine politico-religieuse contestant la suprématie du pape au bénéfice des conciles généraux dans l'Église et des souverains dans leurs États, tout en restant sincèrement attaché aux dogmes catholiques.

❸ Prevost était aussi d'origine huguenote. Il est à remarquer le *jeu de balançoire* depuis Shore Milnes. Les gouverneurs sont alternativement favorables aux ANGLAIS ou aux Canadiens : MILNES, Dunn, CRAIG, Prevost, DRUMMOND, Sherbrooke, RICHMOND, etc.

IX • LA GUERRE DE 1812 ET SES RÉPERCUSSIONS

Les causes

Au début des guerres napoléoniennes, les États-Unis tentent de rester en dehors du conflit. Le double blocus pratiqué par la France et l'Angleterre rend cependant difficile leur neutralité.

En juin 1807, un navire anglais, le ***Leopard***, attaque une frégate américaine, le ***Chesapeake***, sous prétexte de s'emparer de 4 déserteurs anglais. L'incident, qui coûte la vie à trois matelots américains, soulève l'opinion publique aux États-Unis. Jefferson fait voter un embargo sévère visant le commerce avec l'extérieur ❶.

En 1810, les États-Unis proposent de modifier leur « Non Importation Act » à la condition que l'Angleterre et la France lèvent leur blocus. La France cède, mais la Grande-Bretagne fait mine de résister. Mal lui en prend. En effet, les élections américaines au Congrès de 1811 amènent une nouvelle équipe d'hommes animés de forts sentiments nationalistes. Les gens du Sud désirent l'annexion de la Floride occidentale, possession des Espagnols, alliés des Britanniques ; les gens du Nord et de l'Ouest, aigris par la résistance indienne dirigée par le grand chef Tecumseh et convaincus de la complicité britannique, entendent reculer leurs frontières ; les populations du Centre, surtout les agriculteurs, se plaignent des difficultés d'exportation ; le New York, centre nerveux de la nouvelle république, ne peut manquer d'être attiré par le Saint-Laurent, voie de commerce plus intéressante encore que le Mississippi, acquis par les États-Unis, en 1803, avec l'achat de la Louisiane. En somme, un nouveau nationalisme anime les Américains et une ferme volonté d'expansion se fait jour aux quatre coins des États-Unis.

À Madison, qui exige le rappel des décrets de Berlin et de Milan, lord Castlereagh, contrairement à Napoléon, oppose un refus (10 avril) que les Américains croient définitif. En fait, le 16 juin, Londres cède, mais trop tard. Le 1er juin 1812, le président Madison réclamait du Congrès une déclaration de guerre alléguant comme motifs principaux : l'enrôlement forcé de marins américains par la Grande-Bretagne, la visite de navires marchands le long du littoral américain par des croiseurs britanniques, la violation de la neutralité américaine par la Grande-Bretagne et le

Victorieux sur le continent, Napoléon avait plus de difficultés sur mer. La défaite navale de Trafalgar (1805) l'amena à décréter un blocus contre l'Angleterre. Dans L'Économie britannique et le Blocus continental *(Economica, 1987), François Crouzet examine savamment la question. La campagne de Russie en 1812 amena l'historien Georges Lefebvre à affirmer que c'est l'hiver russe qui a sauvé l'Angleterre. Quant aux répercussions sur le Canada, il faudra les chercher ailleurs.*

---

❶ Sous prétexte d'aider les Américains à faire respecter cet interdit ou tout simplement se référant à cet embargo, Napoléon (avril 1808) ordonne la saisie de tout navire soi-disant américain. En effet, affirmait-il, il ne saurait s'agir que de faux navires américains ! On affirme que les Français s'empareront ainsi pour une valeur de 10 millions de dollars de marchandises.

✎ Mode de transport en hiver. À noter les attelages de chiens. Aquarelle d'Essex Vidal (c. 1815) représentant son voyage le long de la rivière Saint-Jean (N.-B.).

refus de Londres de mettre un terme au blocus des côtes européennes. La Chambre des représentants l'approuve par 79 voix contre 49 (4 juin) et le Sénat par 19 contre 13 (17 et 18 juin). Le vote des États du Nord et de l'Ouest a été décisif. Le 19 juin, la guerre est déclarée à la Grande-Bretagne ❶.

Les forces en présence

Vers 1812, les États-Unis comptent environ 7 500 000 habitants. Théoriquement, ils peuvent mobiliser plus de 100 000 soldats. En réalité, l'armée américaine a été fort négligée depuis la guerre de l'Indépendance et peut réunir environ 12 000 hommes, d'ailleurs fort mal entraînés.

L'Amérique du Nord britannique atteint à peine le demi-million d'habitants ❷. Comme la Grande-Bretagne est occupée en Europe, les troupes pour assurer la défense de ses colonies dépassent à peine 5 000 soldats réguliers.

Sur mer, les forces britanniques sont supérieures, mais momentanément retenues en Europe. En somme, ni la Grande-Bretagne ni les États-Unis ne sont prêts à engager une guerre décisive en Amérique du Nord. De part et d'autre, on s'y lance sans trop d'ardeur. Les Américains en particulier l'engagent de façon fort malhabile.

❶ Voir le ***Boréal Express***, numéro de 1814, pour le texte de la déclaration de guerre.

❷ John Lambert estime, en 1808, la population du Bas-Canada à 200 000 âmes et celle du Haut-Canada à 60 000. Dans le Bas-Canada, le dixième de la population serait d'origine britannique ou américaine. Joseph Bouchette, pour sa part, évalue généreusement la population du Bas-Canada à 335 000, dont 275 000 Canadiens, en 1814. En fait, la population du « British North America » en 1812 se répartissait probablement comme suit : 300 000 dans le Bas-Canada, 80 000 dans le Haut-Canada et 120 000 dans les Maritimes.

✎ La bataille de Queenston, le 13 octobre 1812. Van Rensselaer l'emporta sur le général Brock qui fut tué au cours du combat. Aquarelle attribuée au major Dennis.

Les premières campagnes sont de retentissants échecs et deux des principaux officiers américains, William Hull et Alexander Smyth, seront sévèrement blâmés pour leur piètre conduite. En fait, les Américains tentent de s'improviser une armée, mal équipée, peu disciplinée et sans ressources financières. On croit si peu à la guerre que, dès la fin de 1812, un armistice est envisagé au grand désespoir des Indiens pour lesquels ce conflit offre l'occasion de bloquer l'expansion des Américains.

La guerre

En 1812, les Américains, plutôt que d'attaquer Montréal, portent leur offensive contre le Haut-Canada, croyant y être mieux accueillis. À Détroit, le général Hull, à la tête d'une troupe de 2 200 hommes, se rend bêtement au lieutenant-gouverneur Isaac Brock, qui l'attaque avec des troupes légèrement inférieures. Hull expliquera qu'il a voulu protéger la population contre les massacres possibles de la part des Indiens accompagnant les Britanniques.

Van Rensselaer, pour sa part, s'empare de Queenston mais devant l'absence de renforts il cède son poste au général Alexander Smyth qui se trouve incapable de prendre quelque décision et coupe court à la campagne. En apprenant cette nouvelle, le général Dearborn, qui entendait opérer la jonction pour marcher contre Montréal, bat en retraite. Les Américains doivent se consoler avec quelques victoires navales sans importance.

La campagne de 1813 est aussi terne. Les Américains s'emparent de Toronto (York), incendient une partie de la ville, dont le parlement, et livrent quelques engagements contre les troupes britanniques ❶. Une attaque contre Montréal est envisagée, mais trop tard. L'année se termine par deux défaites américaines ; l'une à Châteauguay, l'autre à Chrysler's Farm. Les écoliers du Québec et de l'Ontario y trouveront leurs héros respectifs : Charles de Salaberry et J.W. Morrison.

De nouveau l'année se terminera sur des pourparlers de paix qui sont retardés, par suite de l'opposition de lord Castlereagh à l'intervention du tsar Alexandre Ier. Le ministre britannique préfère plutôt prendre directement contact avec le président des États-Unis. Les plénipotentiaires des deux pays se donnent rendez-vous à Gand aux Pays-Bas. Cependant la guerre se poursuit, avec des effectifs accrus de part et d'autre.

En juillet 1814, un autre engagement a lieu près de Niagara, au village de Lundy's Lane. Cinq heures de combat acharné ne permettent pas d'établir un vainqueur. Les Américains se retirent emmenant 42 prisonniers. Ils ont deux fois plus de tués, mais au total les pertes s'équivalent.

Cependant la défaite de Napoléon en avril 1814 permet aux Britanniques d'envoyer en Amérique 14 000 hommes. La Grande-Bretagne passe à l'offensive, dirigeant des troupes vers le lac Champlain, la baie de Chesapeake et la Nouvelle-Orléans.

La campagne du lac Champlain sera un échec cuisant pour Prevost qui doit rentrer avec une armée en déroute laissant à l'ennemi d'abondantes provisions. Les Britanniques sont cependant plus chanceux à la baie de Chesapeake. Ils marchent

« On dépense chaque année de fortes sommes en présents, que les indiens reçoivent plus comme un dû que comme une faveur, écrivait John Lambert en 1810. Ils savent très bien que le gouvernement leur remet ces objets dans le seul but de s'assurer de leurs services en cas de guerre avec les États-Unis ». Une fois passée l'alerte de 1812-1813, la distribution annuelle des présents sera sérieusement remise en question. Londres s'interroge même sur la nécessité d'un département des Affaires indiennes. L'époque des commissions d'enquête s'ouvrait. C'est le sujet de L'impasse amérindienne *de Michel Lavoie et Denis Vaugeois, Septentrion, 2010. Sur le grand chef Tecumseh, voir la biographie préparée par Herbert C.W. Goltz jr, dans le* Dictionnaire biographique du Canada, *tome V, pages 876 à 882.*

❶ Le célèbre Tecumseh est tué à la balaille de Moraviantown (Thames) alors que le major général Henry Procter prenait la fuite avec ses hommes, laissant quelque 500 Indiens en face d'environ 3000 Américains.

d'abord sur Washington qu'ils incendient en partie, brûlant la plupart des édifices gouvernementaux ❶. Une violente tempête les force à se retirer et ils continuent leur marche vers Baltimore où les Américains leur tiennent tête, les obligeant même à se rembarquer.

En janvier 1815, un dernier engagement a lieu à La Nouvelle-Orléans et marque la principale victoire américaine. Victoire vaine puisque les deux pays ont arrêté les termes d'un traité de paix deux semaines auparavant ❷.

En 1791, paraissait, à Londres, Voyages and travels of an Indian interpreter and trader…, 1768-1787 *signé d'un certain John Long. On ne sait rien d'autre de l'auteur. Le mystère reste entier malgré les nombreuses rééditions et traductions qui font généralement l'objet d'une présentation. Celle de William Camus ne manque pas d'humour. Voir* John Long, trafiquant et interprète de langues indiennes *(A.M. Métailié, 1980). La ferme de la page voisine aurait appartenu à un monsieur Long, selon Joseph Bouchette qui précise que « le propriétaire a lui-même une grande famille, et ses fils sont les bateliers du Lac ». Est-il possible que le fermier soit l'ancien voyageur ?*

De Gand à Rush-Bagot

À Gand, l'accord porte presque uniquement sur un arrêt des hostilités. De part et d'autre, des pressions s'exercent pour favoriser la conciliation. Les territoires conquis sont rendus ; l'étude des principaux problèmes, reportée à plus tard.

En avril 1817, Charles Bagot, au nom de la Grande-Bretagne et Richard Rush, pour les États-Unis, signent un accord intervenu grâce au travail de lord Castlereagh et de James Monroe. On y prévoit la démilitarisation progressive de la région des Grands Lacs ❸.

L'année suivante (1818) de nouvelles ententes interviennent entre les deux pays fixant la frontière entre l'Amérique britannique et l'Amérique républicaine au 49e parallèle depuis le lac des Bois jusqu'aux Rocheuses. Quant à la côte du Pacifique, la question reste en suspens, les deux pays l'occupant conjointement. De même, on établit certaines ententes relatives au droit de pêche des Américains. À l'est, les frontières du Maine demeurent imprécises. Dans le Centre-Ouest, la région des Grands Lacs demeure propriété des États-Unis ; Niagara, Détroit et Michillimakinac sont confirmés possessions américaines.

Selon le mot célèbre de l'historien Maurice Séguin, « *l'Amérique du Nord britannique gagnait à la suite de la guerre de 1812 tout simplement le droit de demeurer britannique* ». C'était beaucoup. Le séparatisme du Canada anglais face aux États-Unis triomphait une seconde fois. En 1812-1814, le « British North America » avait évité la provincialisation, l'annexion.

Conséquences du conflit

Si les *provinces maritimes* ont été tout à fait épargnées, il n'en va pas de même pour les deux Canadas. Trois années de guerre, bien qu'aussi mal conduite d'un côté que de l'autre, avaient donné à réfléchir.

Les Britanniques des deux Canadas se sentent plus près que jamais auparavant des Canadiens. Ils commencent à se considérer eux-mêmes Canadiens et souffriront de moins en moins de se faire traiter d'étrangers. Ils ont eu peur et ils en concluent à la nécessité de s'unir, de fédérer le « British North America ». Grouper les forces de l'Amérique du Nord britannique, c'est compter sur tous les éléments non républicains. Les Canadiens français en sont. On revient aux idées de Murray,

---

❶ Avec l'intention, semble-t-il, de se venger de l'incendie du parlement de Toronto.
❷ Le traité de Gand (en Belgique) est signé le 24 décembre. La lenteur des communications de l'époque a empêché la nouvelle d'arriver assez tôt pour empêcher la bataille de La Nouvelle-Orléans, le 8 janvier. Elle a tout de même permis à Andrew Jackson de devenir un héros.
❸ Cette démilitarisation deviendra réelle surtout avec le traité de Washington (1871).

Carleton et Haldimand : entretenir, préserver et utiliser le particularisme canadien-français. Sewell lui-même révisera ses positions de 1810. En 1824, il en viendra à formuler un intéressant projet d'union de tous les « *anti-américains* » ❶.

Bien entendu, cette évolution de la pensée politique des Canadiens anglais n'écarte pas la nécessité pour eux de s'assurer une majorité. Pour Sewell, elle sera soit naturelle, c'est-à-dire rendue possible grâce à une colonisation anglaise accrue, soit artificielle, c'est-à-dire par une représentation faussée à l'Assemblée.

Les Canadiens français, pour leur part, comprennent mieux la différence entre une appartenance à l'empire britannique et l'annexion aux États-Unis. Les uns, conscients de la protection que leur assure la Grande-Bretagne, jurent sur leur vie qu'ils sont les plus loyaux des plus loyaux sujets de Sa Majesté. Ils acceptent donc le drapeau britannique, mais demandent à jouir de leur majorité dans le Bas-Canada.

D'autres, peu nombreux il est vrai, souhaitent un rapprochement avec les autres *provinces* pour mieux lutter contre les États-Unis.

La guerre de 1812, aussi ridicule fut-elle, a donné une conscience nouvelle aux Canadiens anglais : on a même affirmé qu'elle leur avait donné une âme !

Au lendemain de 1814, une crise extrêmement complexe se développe dans le Haut-Canada. Sur le plan politique, la Chambre d'Assemblée — tout comme celle du Bas-Canada — souffre d'être tenue en échec par une oligarchie imposée

William Camus termine sa présentation par une anecdote sur les Chippewyas du Minnesota jadis visités par John Long. « C'est au début de ces beaux jours qu'arrivent généralement l'armée des savants blancs. Ils viennent observer les Chippewyas pendant deux semaines, parfois un mois, jamais plus.[...] Les Indiens répondent poliment, sérieusement, sans rire. Il faut dire que ces savants ne sont pas là pour s'amuser. [...] Ils repartent, ils écrivent un livre.[...] Les Chippewyas l'achètent, le lisent... Alors ils apprennent qui ils sont.[...] Et c'est le fou rire général ! » Morale : il vaut mieux lire John Long.

❶ Ce projet, préparé en collaboration avec John Beverly Robinson, prévoit l'union législative des 5 provinces de l'Amérique du Nord britannique, une chambre d'assemblée et 5 conseils exécutifs.

✎ Ferme de M. Long sise à l'extrémité du célèbre portage de Témiscouata. Aquarelle de Joseph Bouchette reproduite dans ***Description topographique de la Province du Bas-Canada.*** Londres, 1815. *« À la ferme de Long, le voyageur jouit d'une vue agréable et pittoresque du lac Témiscouata, de 22 milles de longueur sur une largeur moyenne de trois quarts de mille [...]. La ferme consiste en une chaumière, une grange et deux ou trois petits appentis, entourés de quelques champs cultivés et d'un jardin. »* (p. 559-560).

de Londres, laquelle contrôle l'administration. Sur le plan économique et social, les colons se plaignent de la spéculation des grands propriétaires et de la cherté des terres. En face du groupe loyaliste original, se multiplient des petits groupes d'immigrants qui veulent se faire entendre. De la même façon, l'Église anglicane — la « High Church » — est dénoncée à cause de ses privilèges, principalement par les méthodistes.

Rappel de Prevost

Aussi longtemps que dure le conflit de 1812, la sympathie de Prevost pour les Canadiens est tolérable. Les événements justifient en effet un retour à la politique du « French Party ».

Pierre Bédard, principal adversaire de Craig, est nommé juge par le gouverneur. Prevost exhorte les Canadiens à lutter pour défendre leur patrie, pour conserver leur religion, leur langue et leurs lois.

Cependant, lorsqu'en 1815 Jean-Antoine Panet est appelé au Conseil législatif, la situation n'est plus la même. Et Prevost se trouve bientôt coincé entre les Anglais qui dénoncent sa politique et les Canadiens qui réclament un agent à Londres, afin, disent-ils, d'être directement représentés, c'est-à-dire plus fidèlement.

Prevost n'aura pas à trancher la question : Londres le rappellera, le blâmant de sa piètre campagne de 1814.

Drummond, favorable au parti anglais, lui succède, mais pour peu de temps.

Tandis que Sewell est passé à Londres pour se défendre des attaques portées contre lui par l'Assemblée et proposer son plan de colonisation anglaise, Drummond se sent impuissant face à l'Assemblée et trouve très difficile de favoriser l'établissement de colons anglais dans la vallée du Saint-Laurent.

Mémoire des « Canadiens » (nov. 1814) ❶

Lorsque cette constitution nous a été donnée, les anciens sujets (dénommés Anglais dans le pays, de quelques nations qu'ils soient) étaient en possession des places du gouvernement. Si quelques Canadiens y étaient admis, c'était sur leur recommandation, et ils étaient choisis du nombre de ceux qui leur étaient dévoués.

Depuis la constitution [1791], les choses ont continué sur le même pied, les anciens sujets ont continué d'être en possession des places, et sont devenus le parti du gouvernement ; le canal des recommandations est continué de même, et il n'a été admis aux places, comme auparavant, que quelques Canadiens dont le dévouement était connu.

Comme les Canadiens composent la masse du peuple, la majorité de la Chambre d'Assemblée s'est trouvée composée de Canadiens, et les Anglais, avec quelques Canadiens dévoués, ont formé la minorité ; et comme les Canadiens de la majorité, librement élus par le peuple, ne se trouvaient pas avoir le dévouement nécessaire, ils n'ont pu avoir part aux places. Les membres qui ont été faits Conseillers Exécutifs ont été pris dans la minorité ; le parti du gouvernement s'est trouvé lié avec la minorité de la Chambre d'Assemblée, et la majorité, c'est-à-dire la Chambre d'Assemblée elle-même, à laquelle est attachée la masse du peuple, regardée comme un corps étranger, à peine reconnu du gouvernement et des autres branches de la législature, a été laissée

❶ Voir Denis Vaugeois, *L'Union des deux Canadas (1791-1840)* : 50 ss.

> dans l'opposition comme destinée à être menée par la force ; et effectivement les gens du parti anglais, qui avaient manqué de succès dans les efforts qu'ils avaient faits pour que la constitution leur fut donnée à eux seuls, et que les Canadiens n'y eussent aucune part, se trouvèrent, étant devenus le parti du gouvernement, avec un moyen d'empêcher les Canadiens d'en jouir autrement qu'ils ne le voulaient eux-mêmes. [...]
>
> À chaque fois que les Canadiens, *encouragés par l'idée de leur constitution*, ont essayé d'en jouir, ils ont été terrassés, comme opposés au gouvernement ; ils ont encore le cœur brisé des traitements qu'ils ont éprouvés sous l'administration du gouvernement précédent. Il leur semble être les jouets d'une contradiction étrange, comme si d'un côté une constitution leur eut été donnée, sans doute pour en jouir, et que de l'autre il eut été placé un gouvernement exprès pour les en empêcher, ou au moins pour empêcher qu'ils ne puissent le faire, sans paraître mauvais sujets. [...]

De Sherbrooke à Dalhousie

En quatre ans, le Bas-Canada connaîtra 4 admistrateurs différents. En septembre 1816, lord Sherbrooke succédera à Drummond. Profitant de la liberté que lui laisse lord Bathurst, il pratique une politique de douceur, s'attache Papineau en lui payant une indemnité de 1 000 livres et réussit même à faire retirer les plaintes portées contre Sewell et Monk. Mgr Plessis est reconnu « Bishop of Quebec ». Bien que ce titre soit personnel, et que ses successeurs soient soumis à l'approbation gouvernementale, le fait est important. On l'invitera même à siéger au Conseil législatif [1].

En 1818, Sherbrooke obtient que la Chambre d'Assemblée vote les subsides devant permettre de régler les dépenses de la colonie. Son habileté a empêché que s'engage immédiatement la *querelle des subsides.* Malade, il doit cependant rentrer en Angleterre.

Son successeur, Richmond, affronte la Chambre et entreprend de repenser les problèmes de la colonisation anglaise. Il note avec justesse que « *les immigrants anglais arrivent par Québec et Montréal, mais refusent de s'établir au milieu des Canadiens français et gagnent aussitôt le Haut-Canada ou les États-Unis* ». Il meurt à la fin de l'été 1819.

Monk, contre qui les Canadiens avaient multiplié les dénonciations, assure l'intérim. Sans raison, ce dernier dissout la Chambre et provoque une élection. Cependant lord Dalhousie, qui était alors lieutenant-gouverneur de la Nouvelle-Écosse, est nommé gouverneur général et, à ce titre, est affecté à Québec. En attendant son arrivée, seulement à l'été 1820, Maitland, lieutenant-gouverneur du Haut-Canada, le remplace.

C'est sous Dalhousie que se posera avec acuité le problème du partage des douanes et la question des subsides. De nouveau, l'union des deux Canadas sera proposée comme solution.

Selon Serge Courville, le Bas-Canada de la première moitié du XIXe siècle se présente comme une société normale dans le cadre nord-américain. Le village qui connaît un essor à partir des années 1815 est un « lieu d'apprentissage du travail et de la vie urbaine », de la modernité aussi. Voir Entre ville et campagne. L'essor du village dans les seigneuries du Bas-Canada *(PUL, 1990).*

---

[1] On sait que le Dr Jacob Mountain fait déjà partie de ce conseil, de même que du Conseil exécutif. Mgr Plessis s'adresse à Rome pour savoir s'il doit accepter l'invitation. Il n'attendra cependant pas la réponse — positive d'ailleurs — qui ne viendra que 7 ans plus tard (sept.-oct. 1825). Il s'est présenté au conseil le 2 février 1818. Voir Lucien Lemieux, ***L'établissement de la première province ecclésiastique au Canada (1783-1844)***. Fides, Montréal, 1968 : 82-86.

X • FACE AU DÉFI AMÉRICAIN (1818-1828)

La question des subsides

Avant l'établissement d'une législature locale en 1791, la colonie est taxée directement par Londres qui assume les frais d'administration de la justice et du gouvernement civil.

Les revenus de la Couronne proviennent de diverses sources : le droit de quint, les droits de lods et ventes, les profits tirés de l'exploitation des Forges de Saint-Maurice, les quais du roi, les postes ; et, après 1774, le droit de douanes sur les *eaux-de-vie*, les rhums, la mélasse et le sirop ; les amendes ; les permis de taverne ou d'auberge, etc.

La Chambre d'Assemblée entreprend, dès 1793, par un droit sur les vins, d'utiliser son pouvoir de taxation. Deux ans plus tard, l'Assemblée consent à céder, à même ses revenus, une certaine somme à la Couronne qui ne réussit plus — particulièrement à partir de 1810 — à faire face aux frais généraux de l'administration. Finalement, les députés proposent de combler le déficit, grâce à leurs surplus, à la condition de contrôler les dépenses de la colonie. On connaît la réponse de Londres : elle fut négative.

Il fallait tout de même faire face au déficit annuel et le Conseil exécutif prit la curieuse habitude d'utiliser les *Extraordinaires de l'armée et les surplus de l'Assemblée* ❶. En 1817, on réalise que les sommes ainsi *empruntées* par le Conseil exécutif atteignent les 120 000 livres. Comme ces sommes ont été prélevées sans l'accord de l'Assemblée, on tente de faire oublier la dette contractée et on songe à inviter les députés à voter en bloc chaque année les *subsides* ❷ nécessaires à l'équilibre du budget.

L'Assemblée entend y mettre certaines conditions, souhaitant en particulier vérifier la liste civile et contrôler le budget, et ce annuellement. L'importance de la « liste civile » peut varier comme on le verra en 1831 avec les propositions du secrétaire aux Colonies qui la fait passer de 19 000 louis à 5 900.

Permettre à la Chambre d'Assemblée de procéder ainsi, c'est courir le risque de la voir exercer une trop grande influence sur le pouvoir exécutif. Cependant au lendemain des guerres napoléoniennes, devant une dette de guerre jugée colossale, Londres entend amener ses colonies à régler elles-mêmes les frais de leur administration civile, sans leur laisser pour autant la direction des affaires intérieures.

La question des subsides est un problème de taille.

---

❶ Les *Extraordinaires de l'armée* représentent le fonds destiné à l'entretien des troupes dans la colonie. Quant aux *surplus de l'Assemblée*, ils sont constitués des excédents du revenu provincial sur les dépenses auxquelles on l'affecte. Voir Ivanhoë Caron, ***La colonisation de la Province de Québec (1791-1815)***: 253-264.

❷ Par subsides, on entend les sommes que les députés acceptent d'accorder au Conseil exécutif pour permettre d'équilibrer le budget. Cet argent provenait des revenus mêmes de l'Assemblée. « *Régulièrement*, écrit Caron, *l'exécutif ne pouvait toucher cet argent sans un vote de crédit des Chambres* ». Ce qu'il fit tout de même sous Craig. Prevost demanda d'effectuer à même les *Extraordinaires de l'armée* la restitution des sommes *empruntées*. Le problème n'est pas réglé pour autant, puisque la Chambre exige un contrôle du budget pour consentir à voter les subsides nécessaires pour faire face à l'ensemble des dépenses. Voir le ***Boréal Express III (1810-1841)***: 429, 432, 433.

L'évolution de la question

Sherbrooke empêcha le problème de se poser en 1818, mais avec Richmond le vote du budget, dans le Bas-Canada, est l'occasion d'une grave crise qui oppose la Chambre d'Assemblée à majorité canadienne-française et le Conseil législatif à majorité anglaise.

À la session de 1820, Dalhousie propose l'étude du budget non pas en bloc, mais par chapitre. La Chambre d'Assemblée accepte ce procédé, mais le Conseil législatif le refuse. Alors les députés reviennent à leurs premières exigences et signifient au gouverneur qu'ils ne voteront que par article. Peu après, on découvre le péculat de Caldwell (1823). L'examen des comptes de la province indique qu'il manque dans la caisse 96 000 livres, soit le double des revenus annuels. John Caldwell, procureur général, avait soustrait cette somme dont il s'était servi pour des spéculations personnelles. Le commissaire du Trésor — pour avoir omis de vérifier les comptes — était aussi gravement responsable. Quoi qu'il en soit, cette scandaleuse affaire justifiait les exigences de l'Assemblée.

En 1823, Dalhousie divise le budget en deux parties : liste civile et budget annuel. L'année suivante, la Chambre permet à l'Exécutif de combler le déficit de la liste civile à même ses surplus, mais commet l'impertinence de diminuer d'un quart le traitement des fonctionnaires. En 1825, le lieutenant-gouverneur, sir Francis Burton, en l'absence de Dalhousie passé en Europe, tente un compromis, mais il est blâmé par lord Bathurst. Au retour du gouverneur, la lutte recommence. Au départ de Dalhousie, en 1828, aucun progrès n'a été marqué.

Le partage des douanes

Tandis que naît et se développe la crise des subsides, un autre problème majeur surgit : le partage des douanes entre le Haut et le Bas-Canada.

Situé à l'intérieur du continent, le Haut-Canada ne possède aucun port de mer. Comme les droits de douanes constituent alors la principale source de revenus d'une colonie, le Haut-Canada se trouve à la merci du Bas-Canada. En 1797, on avait établi que la province inférieure remettrait la part des droits perçus selon sa réglementation en proportion de la

✎ Écluse, de type primitif, du canal Rideau à Smith Falls, Ontario. Actionnée à la main, cette écluse représente un type très répandu à l'époque des premiers canaux ; on le retrouve en particulier à Lockport (canal Érié).

Pour la seule année 1847, 98 649 personnes se sont embarquées à destination de Québec. Sur ce nombre, 18 % sont mort avant leur arrivée. Voir André Charbonneau et André Sévigny, 1847 : Grosse-Île au fil des jours. *Québec, 1997.*

quantité de marchandises entrées à Coteau-du-Lac. En 1817, la question est rediscutée : on convient de remettre au Haut-Canada le cinquième des droits perçus dans le Bas-Canada. Cependant, la crise qui se développe sous Richmond en 1819 empêche l'étude du partage et le Haut-Canada se trouve privé de sa quote-part. Il s'en trouve pour signaler que « *les finances publiques du Haut-Canada dépendent de la politique du Bas-Canada, colonie à majorite canadienne-française* ».

Face au dynamisme des « Yankees » ❶ qui sont en train de damer le pion aux colonies britanniques par les grands travaux du canal Érié, la division de la vallée du Saint-Laurent en deux colonies distinctes se révèle de plus en plus néfaste. On sent la nécessité d'une législation unique pour la vallée du Saint-Laurent. Si les Britanniques appuyés par leur métropole veulent peupler et équiper la vallée du Saint-Laurent, il leur faut déjouer, neutraliser ou contourner la majorité canadienne-française. Engagée dans une lutte — nation contre nation — cette majorité canadienne-française montre peu d'empressement à encourager l'immigration britannique ou à consentir des déboursés pour entreprendre des travaux qui favoriseraient en fin de compte l'enracinement des forces anglaises.

La question des subsides et le partage des douanes ne sont que deux des multiples aspects d'une crise de plus en plus profonde.

La paralysie qui résulte de l'existence de deux États coloniaux complètement séparés couvrant une région économique qui exige l'unité de gouvernement devant l'expansion américaine ramène le vieux projet d'unir les deux Canadas.

Les groupes en présence

En 1820, la population des États-Unis atteint les 9 637 000 ; celle du B.N.A. dépasse les 3/4 de million. Le Bas-Canada demeure la partie la plus peuplée avec 420 000 habitants dont 80 000 Britanniques. Le Haut-Canada en compte 125 000 et les Maritimes plus de 200 000. Au total, les Britanniques du « British North America » dépassent donc en nombre le groupe canadien-français. Et cette majorité anglaise va rapidement s'amplifier. En effet, de 1820 à 1850, environ 3 000 000 de personnes quitteront les îles britanniques à destination de l'Amérique. De ce nombre, le tiers environ se fixera dans l'Amérique britannique. De 1810 à 1850, la population de ce territoire passera de 500 000 à 2 500 000. Après de lents débuts, la colonisation anglaise s'affirme de plus en plus dans la vallée du Saint-Laurent.

Cette augmentation de la population pose divers problèmes dont la rareté des terres n'est pas le moindre. Dans les deux Canadas, la terre est chère. Les Canadiens français en réclament au même prix et aux mêmes conditions que sous le régime français. Ils répugnent à s'établir dans les « Townships » où la tenure et les lois sont anglaises ❷. Les chefs canadiens-français auraient pourtant voulu réserver cette région à leurs compatriotes, considérant qu'il vaut mieux pour les Anglais de s'établir à l'extérieur du Bas-Canada.

---

❶ Le terme « *yankee* » est d'origine inconnue. On a prétendu qu'il était une déformation d'« english » que les Hollandais et les Indiens de la région de New York avaient peine à prononcer correctement. De nos jours on désigne par « Yankees » les habitants des États-Unis, particulièrement les Américains, d'origine « white-anglo-saxon-protestant » (wasp).

❷ Sur ce sujet, voir Maurice Séguin, ***La « nation canadienne » et l'agriculure (1760-1850), essai d'histoire économique***. Collection 17/60, éd. du Boréal Express, Trois-Rivières, 1970.

C'est à cette époque aussi que le commerce des fourrures est détourné de Montréal à la suite de l'absorption de la Compagnie du Nord-Ouest par la Compagnie de la baie d'Hudson.

Le commerce du bois continue d'être intéressant, bien que les navires répondent mal à ses exigences, comme ils sont d'ailleurs inadéquats au transport des immigrants.

Enfin, l'année 1820 marque la fin du long règne de George III ❶ et fournit l'occasion à Papineau de dire son bonheur de vivre en régime britannique ❷. Ce dernier est alors bien loin de se douter que les marchands de Montréal préparent une nouvelle tentative pour corriger la constitution de 1791, c'est-à-dire pour se soustraire à la majorité canadienne-française.

Comment se comporte le monde des affaires ? Quelles sont les filiations commerciales, industrielles et financières des marchands de l'époque ? George Bervin a étudié ceux de Québec au début du XIXe *siècle dans* Québec au XIXe siècle. L'activité des grands marchands *(Septentrion, 1991).*

Un nouveau projet d'union

Pour les Britanniques de Montréal, l'union des forces anglaises des deux Canadas constitue le seul espoir de devenir les chefs d'une majorité qui leur permettrait de développer sans entraves les possibilités commerciales de la vallée du Saint-Laurent et de relever ainsi le défi américain.

Ils prendront prétexte de la crise administrative pour démontrer la faillite de la constitution de 1791 et inviter leurs correspondants en Grande-Bretagne à intervenir auprès du Parlement. Ils travaillent si bien qu'en 1822 un projet de loi est présenté aux Communes de Londres. Le nouveau projet d'union prévoit que chaque « section » serait représentée dans la nouvelle et unique législature par 60 députés au maximum. Comme on croit possible de faire élire une vingtaine de députés anglais dans le Bas-Canada, on espère ainsi que les 200 000 Britanniques des deux Canadas réunis pourront être représentés par 80 députés, comparativement à 40 pour les 300 000 Canadiens français.

❶ George III a régné 60 ans. Seule Victoria a régné plus longtemps, soit 64 ans.

❷ Voir Fernand Ouellet, *Papineau.* PUL, 1958 : 21-22.

✎ Vue de Kingston Mills. Œuvre de William Clegg (c. 1830). Le dénivellement est nettement représenté.

Comme en 1810, ce projet d'union conserve un certain caractère fédéral. En effet, les lois du Bas-Canada sont maintenues et deux exécutifs distincts prévus. Par contre, on y proclame la primauté de la langue anglaise. Les écrits seraient dorénavant en langue anglaise seulement ; il en sera de même dans 15 ans pour les débats.

En présentant ce projet de loi, on insiste pour un vote rapide afin d'éviter un flot inutile de protestations. L'opposition refuse cependant de collaborer et le projet est retiré. Au mois de septembre, la nouvelle de cette manœuvre parvient au Canada. Aussitôt des réunions sont tenues et des pétitions commencent à circuler.

Les réactions

Les Britanniques du Bas-Canada sont à peu près tous en faveur de l'union. Deux intéressantes pétitions permettent de bien saisir leur position : celle des Britanniques de Montréal et celle des Britanniques des « townships ».

En résumé, ils affirment que les faits prouvent qu'une Assemblée à majorité canadienne-française ne favorise ni l'immigration anglaise ni le développement commercial de la vallée du Saint-Laurent. Bien au contraire, plusieurs « *démagogues canadiens affirment que les Canadiens d'extraction française doivent demeurer un peuple distinct, et qu'ils ont droit d'être regardés comme une nation* ». Les Britanniques croient par ailleurs « *qu'avec plus de protection, ils pourraient rapidement avoir la majorité et démentir cette opinion abusive qu'ont les Canadiens français de vouloir rester un peuple distinct* ». Ils résument en fait leur position dans une phrase toute simple mais combien significative : « *Faire du pays une colonie britannique par le fait comme il l'est de nom* ».

> […] La situation des habitants des « Townships » diffère de celle des habitants de toute autre partie de l'empire britannique, et il est probable qu'elle sera désastreuse pour eux-mêmes et leur postérité, si dans la terre de leurs ancêtres on ne leur vient en aide par une législation favorable. La province du Bas-Canada, dans les présentes conditions, peut être divisée en deux parties, savoir premièrement, les Seigneuries ou le Bas-Canada français, qui comprennent une étroite lisière de terres de chaque côté du fleuve Saint-Laurent, variant de 10 à 40 milles [16 à 64 km] en largeur, et, secondement, les « Townships » ou le Bas-Canada anglais, qui comprennent le reste de la province, sont d'une plus grande étendue et capables de contenir une beaucoup plus forte population que les Seigneuries ou le Bas-Canada français. La partie seigneuriale du Bas-Canada, dont la population peut être considérée comme à moitié au complet, est principalement habitée par des Canadiens, dont l'origine et la langue sont françaises, mais contient en outre environ 40 000 habitants d'origine britannique. Les « Townships » ou le Bas-Canada anglais, sont totalement peuplés par des gens d'origine ou de descendance britannique et des loyalistes américains, présentement au nombre d'environ 40 000, qui n'ont d'autre langue que celle de leurs ancêtres britanniques, qui habitent des terres qu'ils tiennent dans les formes de la loi britannique, qui ont un clergé protestant au profit duquel une partie de ces terres sont réservées, et qui sont, nonobstant, assujétis à des lois françaises (la coutume de Paris) dont ils ne connaissent rien, et compilées dans une langue qu'ils ne savent pas. […]
>
> Mais en dépit des obstacles du passé, à moins qu'on les perpétue encore, les émigrés de l'avenir et leurs descendants, joints à ceux déjà établis ici, pourront finir par former une grande majorité des habitants et faire en réalité du pays ce qu'il est de nom une

colonie britannique, et cet heureux résultat peut s'atteindre sans préjudice aux justes droits des autres ; leurs préjugés même ne sauraient en souffrir, excepté les illusions mises en cours et avivées par des démagogues, que « *les Canadiens d'extraction française doivent rester un peuple distinct* », qu'ils « *ont droit à être considérés comme une nation* », préjugés d'où il doit suivre, comme conséquence naturelle, que la province du Bas-Canada (dont un sixième n'est pas encore établi) doit être considérée comme leur territoire national, où ne saurait pouvoir s'établir quiconque n'est pas disposé à devenir français, préjugés, qui, tout absurdes qu'ils puissent paraître, vont gagner en force, en influence s'ils ne sont promptement et complètement déracinés, et deviendront non seulement incompatibles avec les devoirs et allégeances du colon, mais encore dangereux pour la sécurité future des colonies voisines, et subversifs des droits de tous les habitants des « Townships », de même que de tous les Anglais établis dans le Canada seigneurial, par les mains desquels se fait tout le commerce avec la mère patrie.

Vos pétitionnaires sont d'opinion et ils espèrent qu'ils ne peuvent en cela qu'éveiller de la sympathie dans les cœurs de leurs compatriotes et des compatriotes de leurs ancêtres dans la Grande-Bretagne, que la connaissance de leur langue anglaise devrait être suffisante pour leur permettre de connaître leurs droits et d'accomplir leurs devoirs de fidèles sujets, tandis qu'ils résident et occupent le sol selon les tenures britanniques dans un pays qui est au moins de nom une colonie britannique. Ils sont d'avis qu'un des grands et glorieux objets en vue pour une nation qui colonise, doit être l'établissement d'un peuple capable de perpétuer dans les âges à venir la ressemblance respectée de la mère patrie ; et il leur semble qu'il ne saurait être de la dignité ni de l'intérêt de la Grande-Bretagne, d'élever une colonie qui, par sa langue et par ses lois, devra représenter la France, tandis que la France n'a pas à supporter les frais de sa protection. Ils considèrent que les « townships » du Bas-Canada, aujourd'hui habités uniquement par les colons de naissance et d'origine britanniques, ne parlant que l'anglais [...] possèdent des titres sacrés à la protection du gouvernement britannique contre la perspective pénible et humiliante que leur postérité soit condamnée à acquérir la langue et prendre les manières et le caractère d'un peuple étranger...

Vos pétitionnaires limiteraient volontiers leurs sollicitations à un objet, savoir le privilège d'être représentés dans le parlement provincial d'une façon proportionnée à l'importance croissante des régions étendues qu'ils habitent, si la contemplation de leur avenir pouvait leur permettre de s'en tenir là. Mais il est possible que même ce privilège sacré et inestimable pourrait être dépouillé de beaucoup de ses avantages et de son efficacité pour l'établissement des terres incultes par les émigrés de la Grande-Bretagne, en conséquence de l'influence de la majorité des Canadiens français qu'on trouverait encore dans l'Assemblée du Bas-Canada, et qui tout en faisant profession d'attachement à la métropole, cherchent à se conserver en peuple séparé et distinct. Pour assurer à la colonie et à la mère patrie tout le bénéfice qui pourrait résulter de l'établissement de principes de nature à produire une assimilation graduelle du sentiment britannique parmi tous les habitants de quelque origine qu'ils soient, une union législative entre les provinces du Haut et du Bas-Canada serait essentiellement nécessaire.

Pour découvrir avec certitude quels sont les véritables sentiments qui inspirent l'opposition à l'union (quelle que soit la diversité des prétextes allégués), il suffirait de se demander si, dans le cas où la population serait toute de même origine dans des provinces situées comme le sont les Canadas relativement l'un à l'autre, on objecterait à pareille mesure. La réponse est évidente : Non. Et, qu'ils soient avoués ouvertement ou spécieusement déguisés, si les motifs réels de l'opposition de la part de nos co-sujets franco-canadiens, naissent de l'intention de rester ou de constituer un peuple distinct

> perpétuant parmi nous de désastreuses distinctions nationales, ces motifs constituent les plus fortes raisons possibles en faveur de l'union. Vos pétitionnaires [...] sont humblement d'avis que l'honneur en même temps que l'humanité de la mère patrie demandent qu'elle se fasse, tandis qu'elle est encore facilement praticable, avant que la population ait pris des proportions formidables et avant que des irritations constamment réitérées aient rendu l'animosité amère et héréditaire (*R.A.C.*, 1897 : 29-32) ❶.

Les habitants du Haut-Canada, assez curieusement, montrent moins d'enthousiasme pour l'union. Certains semblent craindre cette *masse canadienne.* D'autres, par ailleurs, sont favorables, considérant que, par la situation créée en 1791, le Haut-Canada — en raison de sa position géographique — est à la merci « *de la province sœur pour obtenir un canal pour l'importation et l'exportation des différents articles de son commerce* ». Ceux qui s'y opposent rappellent la majorité canadienne-française : 340 000, disent-ils, par rapport à leurs 125 000. Ils en concluent que pour leur assurer une majorité il faudrait fausser la représentation, ce qui est une injustice, ou bien n'en rien faire et alors ils seraient en minorité, ce qu'ils craignent par-dessus tout.

La différence de langue, de religion et de lois a retenu l'attention de Serge Gagnon sous un angle assez particulier dans Plaisir d'amour et crainte de Dieu. Sexualité et confession au Bas-Canada *(PUL, 1990). « L'histoire de la sexualité en terre catholique, note l'auteur, est celle du sentiment de culpabilité exprimé dans le sacrement des aveux. La confession sacramentelle, ajoute-t-il, est l'une des grandes originalités du catholicisme ». Cette fois, ce n'est pas la Chambre... d'Assemblée qui intéresse l'historien.*

Les Canadiens, sauf de rares exceptions, sont contre l'union, sous prétexte qu'elle « *ferait renaître ces dissensions résultant de la différence de langage, de religion, de lois et d'intérêts locaux qui agitèrent la Province de Québec [de 1763 à 1791], et que sa division en deux gouvernements séparés si heureusement a fait cesser* ».

Papineau, alors leader indiscuté des Canadiens français, affirme qu'une « *minorité sans importance désire un changement et veut gouverner contre tout principe de justice, en détruisant ce qu'on appelle l'influence canadienne...* ». « *La Grande-Bretagne*, ajoute-t-il, *n'a pas besoin d'autre anglicisation de cette colonie que celle qu'elle trouvera dans la loyauté et l'affection de ses habitants, ni d'autre race britannique que ses co-sujets-nés loyaux et affectionnés* ».

Les Canadiens ont des droits naturels. Ils sont nés au Canada, ils sont sujets britanniques, ils sont la majorité dans le Bas-Canada et la division de 1791 a été faite expressément pour leur donner cette majorité.

Papineau et Neilson passent à Londres pour présenter aux ministres britanniques les revendications des Canadiens : ils sont porteurs d'une pétition de 60 000 signatures. La Chambre d'Assemblée, pour sa part, vote sur la question et rejette tout projet d'union par 31 voix contre 3. Les membres du Conseil législatif, songeant sans doute davantage à leurs privilèges qu'aux intérêts de la colonisation anglaise, votent dans le même sens que les députés.

À Londres, les ministres écoutent les divers plaidoyers, dont celui de Dalhousie qui est rentré pour un bref séjour, et conviennent finalement de rejeter ce projet de loi. Dalhousie n'y renonce pas pour autant et continue de croire que l'union des deux Canadas est absolument nécessaire aux intérêts de la colonisation britannique. Il ajoute cependant : « *L'union n'a pas pour but d'enlever aux Canadiens français leur langue et leur religion qui sont d'excellents remparts contre les influences américaines* ».

---

❶ Pour une présentation des diverses pétitions et du projet lui-même, voir Denis Vaugeois, ***L'Union des deux Canadas (1791-1840)***. 1962 ; 70ss. Voir également le ***Boréal Express III (1810-1841)*** : 460, 467-469.

L'évolution de la crise

Sir Francis Burton, qui assure l'intérim en l'absence de Dalhousie, réussit à faire voter les subsides, mais encourt la réprobation de Bathurst. « *Comme le bill est limité à une année*, lui écrit ce dernier en 1825, *je ne crois pas nécessaire de recommander à Sa Majesté de le désapprouver, mais j'enjoindrai au représentant de Sa Majesté de ne sanctionner aucune mesure d'une nature semblable* ».

Informée par Dalhousie de la politique de Bathurst, la Chambre — devenue très agressive à la suite de la manœuvre de 1822 et de la concussion de Caldwell — se cabre. Dans une série de résolutions, elle affirme de nouveau « *son droit de contrôle sur l'affectation et la distribution de tout le revenu public* ». Nonobstant le point de vue de Bathurst, elle vote les subsides de la même façon qu'en 1825, c'est-à-dire sans distinguer la liste civile des dépenses générales.

Comme le Conseil législatif refuse de suivre l'Assemblée, en 1826 et 1827, le vote des subsides n'a pas lieu. Papineau et 6 collègues répondent par un manifeste contre Dalhousie. Au mois de juillet 1827, le gouverneur dissout prématurément le Parlement après avoir refusé de ratifier l'élection de Papineau comme Orateur (élu par 35 voix contre 5).

Importante pétition contre Dalhousie

La mesure est comble ; les Canadiens répondent par une pétition groupant 87 000 noms ❶. Ils dénoncent « *la mauvaise composition du Conseil législatif et sa dépendance de l'Exécutif* ». De fait, parmi les 27 conseillers législatifs, 18 sont ou bien fonctionnaires ou bien pensionnés de l'État. Bien plus, 7 cumulent en outre la charge de conseiller exécutif. L'étroite dépendance de l'Exécutif dans laquelle se trouvent les conseillers législatifs — les deux tiers d'entre eux — est évidente.

On dénonce de plus le cumul de fonctions et le salaire exagéré de plusieurs favoris de l'oligarchie en place.

Les pétitionnaires protestent en outre contre le faible rendement de l'*Institution royale* qui coûte bien cher et instruit bien peu d'enfants, critiquent l'administration des terres où le favoritisme et la spéculation durent toujours et gênent de plus en plus les Canadiens, accusent les autorités de négligence grave dans les malversations du receveur général et enfin protestent contre la tentative sournoise de 1822.

Le comité qui est chargé d'étudier cette pétition donne raison aux Canadiens sur plusieurs points et insiste sur des corrections à apporter.

Comme le rapport de ce comité coïncide avec le rappel de Dalhousie, on pourrait croire à une victoire du parti canadien. En réalité il n'en est rien. Les réformes proposées se feront attendre. Lorsqu'elles viendront enfin ce sera trop peu et trop tard !

---

❶ On a souvent prétendu que cette pétition comptait 78 000 noms où un X tenait lieu de signature. L'insistance mise à en déduire un faible degré d'instruction chez les Canadiens est assez curieuse. Il est évident que l'éloignement, beaucoup plus que l'ignorance, est en cause. Il ne pouvait être question à l'époque de rejoindre et de rencontrer personnellement 87 000 personnes dans les délais fixés. Par suite de cette pétition, les Canadiens se sont valu le titre de ***Chevaliers de la Croix***.

XI • LIBÉRALISME ET INDÉPENDANTISME (1828-1837)

L'indépendance : issue prévisible et normale

Vers 1830, les hommes politiques de Grande-Bretagne ne peuvent s'empêcher de réfléchir sur l'avenir des colonies demeurées loyales ❶.

Après avoir ouvert l'Amérique du Nord tout entière à l'action de la colonisation anglaise en 1763, ils ont assisté à la séparation douloureuse de 1783. Malgré une rivalité évidente et des souvenirs pénibles, imputables en bonne partie à la prise d'armes, les États-Unis n'en continuent pas moins le fait anglais et se nourrissent toujours d'hommes et de capitaux britanniques. L'incident de 1812-1814 est oublié et les rapports entre les deux *mondes* anglo-saxons sont imprégnés de cette communauté d'origine.

Quel doit être l'avenir de l'Amérique du Nord britannique ? La question, on se la pose dès 1783, et de nouveau en 1790, à la veille de réorganiser l'administration de la vallée du Saint-Laurent. On prévoit qu'un jour ces colonies acquerront assez de puissance pour s'affranchir de la métropole et proclamer leur indépendance.

❶ À l'occasion de leur célèbre voyage en Amérique, Alexis de Tocqueville et son inséparable ami, Gustave de Beaumont, profitent d'un détour par Montréal et Québec pour « découvrir » les Bas-Canadiens et s'interroger sur leur avenir. Ils ont tous deux laissé des textes remarquables. Voir le ***Boréal Express, III (1810-1841)***: 565. Aussi Jacques Vallée, **Tocqueville au *Bas-Canada***. Éditions du Jour, Montréal, 1973, et G. de Beaumont, ***Lettres d'Amérique***. PUF, 1973.

✎ L'activité sur les quais de Montréal au milieu du XIXe siècle. Lithographie de J. Duncan.

Au lendemain du triomphe des mouvements d'émancipation en Amérique latine, cette idée ne peut manquer d'assaillir les plus lucides. De 1807 à 1824, les Britanniques ont assisté — beaucoup plus qu'en spectateurs d'ailleurs — à la séparation successive des différentes provinces d'Amérique latine. La Grande-Bretagne n'a pas ménagé son appui aux leaders séparatistes latino-américains : Bolivar, San Martin, Sucre et Iturbide. Elle a même tendu la main aux Américains pour empêcher la Sainte-Alliance d'intervenir en faveur de l'Espagne et du Portugal.

En 1828, il se trouve donc plus d'un homme politique anglais pour « *entrevoir l'indépendance comme un aboutissement* » pour une entreprise coloniale. M. W. Huskisson, partisan du libre-échange, affirme cependant que le moment n'est pas venu « *de céder devant une agitation qui affaiblirait l'Empire britannique* ». James Stephen, attaché au département des Colonies, considère pour sa part que « *la domination de la Grande-Bretagne repose à la fois sur des habitudes de soumission, des sentiments d'attachement et les intérêts directs des coloniaux* ». « *Le droit de rejeter une domination européenne*, ajoute-t-il, *a été si souvent revendiqué dans les deux Amériques que la révolte peut à peine y être estimée comme un geste honteux et déshonorant* ». Le fonctionnaire conclut « *Le* "British North America" *ne peut considérer comme une distinction enviable le fait de demeurer, au Nouveau Monde, la seule partie dépendante d'une métropole européenne. La fierté nationale et un sentiment d'importance ne jouent pas en faveur de la Grande-Bretagne* ».

D'ailleurs la situation politique en Grande-Bretagne évolue rapidement. Les catholiques irlandais sont admis à la Chambre des Communes et O'Connell ❶ réclame un gouvernement provincial. Tandis que les Français vivent les *Trois Glorieuses* ❷, les whigs prennent le pouvoir en Angleterre et amorcent une politique de libéralisme et de réformes.

Les Réformistes du Haut-Canada

L'autorité étonnante du « Family Compact » résulte de son influence prépondérante dans les deux conseils. Conscients de la position privilégiée de cette oligarchie soutenue de l'extérieur, les réformistes qui s'appuient sur le peuple ❸ avancent deux solutions principales. William Lyon Mackenzie propose de rendre le conseil législatif électif, d'assurer ainsi à l'oligarchie naturelle le contrôle des deux chambres de façon à faire échec à « *l'oligarchie artificielle du conseil exécutif* ». Robert Baldwin croit préférable de rendre le conseil exécutif responsable envers la législature. En janvier 1829, il reprend l'idée de *responsabilité ministérielle* déjà formulée par les Canadiens en 1809 et 1814. Il insiste sur « *la présence d'un ministère (provincial ou colonial)*

---

❶ Daniel O'Connell, homme politique irlandais, s'employa devant le Parlement anglais à défendre les droits de son pays. On surnomma parfois Louis-Joseph Papineau l'*O'Connell canadien*.

❷ Le 25 juillet 1830, Charles X publia 4 ***Ordonnances*** sans consulter les Chambres. La mesure était comble. Le peuple exigea le départ des Bourbons. Ouvriers, étudiants, polytechniciens, boutiquiers descendirent dans la rue, brandissant le tricolore, symbole de la Révolution. En trois journées, surnommées les *Trois Glorieuses*, les 27, 28, 29 juillet, ils chassèrent de Paris les troupes royales. Le roi abdiqua.

❸ Une oligarchie peut tenir sa puissance de l'intérieur, en prenant appui sur le peuple : elle sera dite naturelle ; ou de l'extérieur, grâce à un monarque ou un gouvernement étranger : elle sera dite artificielle. Dans les deux Canadas de l'époque, on assiste à l'affrontement de deux oligarchies, l'une naturelle (les réformistes), l'autre artificielle (les bureaucrates).

Pour comprendre l'évolution de la pensée politique qui contribue à alimenter le discours anticolonialiste et indépendantiste, Louis-Georges Harvey propose une monographie ancrée dans les idées politiques issues du monde atlantique. Ainsi, il fait intervenir l'influence américaine dans la formation intellectuelle et politique de l'Amérique française depuis le début du XIXe *siècle jusqu'aux Rébellions de 1837. Son étude poursuit l'idée que le discours politique des élites politiques bas-canadiennes s'inscrivait dans l'idée plus large « d'un projet de société pour l'Amérique française qui visait à préparer, dans un avenir plus ou moins rapproché, la mutation de la colonie en un État. » Louis-Georges Harvey,* Le Printemps de l'Amérique française. Américanité, anticolonialisme et républicanisme dans le discours politique québécois, 1805-1837, *Montréal, Boréal, 2005.*

Joseph Howe, ancien tribun de la Nouvelle-Écosse, est passé à l'histoire comme un des champions de la responsabilité ministérielle. On sait aussi que, comme bien d'autres, il a d'abord été opposé à la Confédération. Était-il un parfait opportuniste ? Ce n'est certes pas ce que suggère J. Murray Beck dans sa biographie en deux tomes (vol. 1 : Conservative Reformer, 1804-1848*; vol. 2 :* The Briton Becomes Canadian, 1848-1873*) publiée chez McGill-Queen's en 1982 et 1983. Howe, apprend-on, « generally adhered to a few basic principles », aussi « his career was freer from serious contradictions than was the conduct of most politicians of his day ».*

responsable envers le Parlement du Haut-Canada. Ministère qui serait révocable selon la volonté du représentant du Roi, surtout si ce ministère perdait la confiance du peuple telle qu'elle se manifeste par la voix des députés à l'Assemblée ». Baldwin précise bien que cette liberté locale ou intérieure ne devra en rien menacer l'Empire.

Joseph Howe, en Nouvelle-Écosse, formule les même idées et réclame le « self-government » en matière intérieure.

Positions des Canadiens

Sur le plan politique, les Canadiens du Bas-Canada partagent l'objectif final de Baldwin, Mackenzie ou Howe : l'autonomie intérieure.

Après avoir réclamé que « *les conseillers exécutifs soient choisis parmi les chefs de l'Assemblée* » (1814), les Canadiens — sans doute très influencés par la rivalité constante qui les oppose au Conseil législatif — réclament, à l'instar de Mackenzie, deux chambres à majorité populaire. Autrement dit, ils réclament un conseil législatif électif. « *C'est au moyen d'un conseil législatif dont les membres sont nommés par la Couronne que la minorité est parvenue à faire échouer ou à retarder nombre de mesures demandées par la majorité,* affirment-ils. *C'est par l'identité et la communauté d'intérêts des deux conseils que l'administration s'est toujours moquée des plaintes du peuple et de ses représentants* ». « *Si les deux chambres* [l'Assemblée et le Conseil législatif] *avaient une existence découlant du suffrage populaire, l'exécutif et ses employés n'auraient plus la force de résister aux justes demandes du peuple et aux exigences du temps.* »

Le parti canadien demande une « *législature composée de manière à ce qu'une fraction d'intérêts ne puisse mettre un veto aux vœux et aux intérêts de la masse du peuple. Qu'on adopte un mode d'élection quelconque [...] et cette fraction bien connue que nous désignons sous le nom de bureaucratie [...] ne pourra jamais s'assurer qu'une très mince minorité dans le Conseil législatif, parce qu'elle ne pourra nommer qu'un nombre proportionné à sa force numérique et à ses richesses réelles. Alors le gouvernement marcherait sans obstacle vers le but de tout bon gouvernement qui est le bonheur du plus grand nombre* ».

Devant les protestations du *Quebec Mercury*, Étienne Parent s'exclame : « *Pauvres gens [...], ils ne voient pas que leur raisonnement comporte l'aveu formel que leur importance politique n'est que factice...* » Selon le journaliste, « *c'est le sort du peuple canadien d'avoir non seulement à conserver la liberté civile, mais aussi d'avoir à lutter pour son existence comme peuple* ». « *Il n'y aura jamais de paix, ni d'affection*, lit-on dans *Le Canadien, tant que la métropole n'imitera pas le bon père de famille qui diminue son autorité à mesure que son enfant avance en âge. Nous sommes maintenant assez avancés en civilisation pour conduire nos affaires seuls. [...] Point de milieu si nous ne gouvernons pas, nous serons gouvernés* ».

Pourtant, ce désir d'autonomie que décrit Parent n'implique pas la séparation. La présence des États-Unis fait réfléchir. « *Le voisinage d'une nation puissante et entreprenante* » rend nécessaire la protection de la Grande-Bretagne.

Les Canadiens préfèrent rester partie dépendante d'un empire européen plutôt que de courir le risque de devenir Américains. Ils considèrent cependant que l'indépendance pourra se faire un jour « *dans 50 ou 100 ans* » et qu'il est « *de l'intérêt de l'Angleterre de les laisser se préparer à cet événement, afin de ne pas entrer novices dans*

ce nouvel ordre de choses et de ne pas devenir la proie d'une puissance déjà rivale de la mère patrie».

À ceux qui se scandalisent d'une telle perspective de séparation, qui proclament leur loyalisme et parlent de «*soumission perpétuelle*», *Le Canadien* réplique: «*Le génie de l'Amérique a déjà proclamé une morale politique toute différente depuis la Terre de Feu jusqu'au 45*e *parallèle nord*». Il n'est pas question «*d'adopter une politique contraire au reste du continent*».

«*Mais le but ultime*, résume Maurice Séguin, *reporté à plus tard est de prendre place parmi les nations et de devenir un État souverain allié utile de la Grande-Bretagne. Les Canadiens aspirent à de plus hautes destinées que d'être à la remorque d'une puissance étrangère. Ils se croient appelés à couronner le nord de l'Amérique de l'auréole d'une civilisation et d'une puissance canadiennes.*» ❶

---

❶ Maurice Séguin, ***L'idée d'indépendance au Québec, genèse et historique***. Collection 17/60, éd. du Boréal Express, Trois-Rivières, 1968: 22. Aussi, voir le ***Boréal Express III (1810-1841)***: 506. Sous le titre ***Du Canada français au Québec libre*** (Paris, 1975), Jean-Claude Robert présente une «histoire du mouvement indépendantiste» au Québec.

✎ La place du marché de la haute-ville à Québec «vue de la caserne de la Fabrique». Tout à fait à gauche, on distingue les installations des bouchers, puis la vieille église des Jésuites reconstruite en 1807. Dépassant les toits à droite, le clocher de l'église anglicane. Aquarelle de R. A. Sproule, 1830.

Ce désir d'émancipation politique s'accompagne de réelles préoccupations économiques. Quelques marchands canadiens-français de Montréal songent à grouper les énergies des leurs pour provoquer un redressement économique et sortir les Canadiens de leur torpeur. Ils proposent « *de se lancer dans le commerce extérieur de façon à réunir des fonds nécessaires à la formation d'une marine marchande canadienne-française. De la même façon, les Canadiens français pourraient enfin avoir leur propre banque, leurs propres compagnies d'assurances* ». Ils passent à l'action : ils fondent la *Banque du Peuple*, créent une compagnie de navigation et réclament « *l'établissement d'une maison de commerce à Londres ou à Liverpool* ».

L'Assemblée législative, de son côté, envisage « *de restreindre l'expansion des grandes affaires britanniques dans le Bas-Canada et de limiter les profits des capitalistes étrangers* » ❶.

Cet effort d'émancipation économique est voulu pour favoriser l'affirmation politique : *le gain matériel* n'est pas seul en cause. Les Canadiens cherchent, comme ils le disent, une nouvelle force politique. Les Britanniques ne tirent-ils pas leur puissance de leurs richesses ?

Les Britanniques du Bas-Canada

Les Britanniques du Bas-Canada sont dans une situation délicate. Comme leurs compatriotes du Haut-Canada, ils protestent contre l'oligarchie artificielle soutenue par Londres. Les marchands anglais sympathisent peu avec la *Clique du Château*, même s'ils sont forcés de rechercher cet appui en face de la majorité canadienne-française.

À leur avis, la vraie solution se trouve dans une union (de caractère législatif ou fédéral) des éléments britanniques du « British North America » et ils continuent d'en rêver. La *Montreal Gazette* et le *Montreal Herald* espèrent toujours l'union des deux Canadas.

À défaut de réussir celle-ci, les Britanniques envisagent l'annexion de la ville de Montréal au Haut-Canada, au grand scandale des Canadiens qui protestent, complètement indignés.

Enfin, les Britanniques entendent tout au moins favoriser une colonisation anglaise intense et bien organisée. Vers 1830, la poussée démographique des Canadiens français marque un arrêt tandis que le flot d'immigrants est plus soutenu et plus fort que jamais. « *Vos braves compatriotes,* proclament les "Montrealers" en s'adressant à tous les Britanniques du Bas-Canada, *ont acheté le Canada des Français par la victoire des plaines d'Abraham et vos pères en ont payé le prix de leur propre sang. Le roi de France en nous cédant le pays a confirmé la conquête. Le Canada est donc à Vous, Britanniques, pour être par vous colonisé selon Vos inrérêts…* »

Les événements de 1828 à 1834

En 1828, Kempt amorce une politique de conciliation. Son supérieur, sir George Murray, l'invite à la pondération et au compromis. Il prévient les députés que les

---

❶ Le terme capitaliste date de 1759. Pour plus de précisions sur les diverses manœuvres des Canadiens français, voir Fernand Ouellet, ***Histoire économique et sociale du Québec (1760-1850)*** : 375-383. À noter l'influence de Papineau.

ministres de Sa Majesté étudient les moyens à prendre pour protéger les prérogatives de la Couronne et les privilèges de la Législature sur la question des subsides.

À deux reprises ❶, sir James Kempt réussit à faire voter les subsides par les députés qui n'en proclament pas moins « *leur droit d'affecter tout le revenu* ».

Cette trêve sur la question des subsides s'accompagne de mesures constructives. L'Assemblée vote en effet des crédits pour les quais de Montréal, les routes et les canaux. Sur le plan scolaire, c'est le vote du *bill des Fabriques* qui crée des écoles, dites de l'Assemblée. Les Juifs obtiennent le droit de tenir leur registre et acquièrent par une nouvelle loi votée en 1831 l'accès à toute charge ou fonction. On procède aussi à une révision de la carte électorale. On prévoit 44 comtés pour un total de 84 députés ❷. De ce nombre, 8 représentent les Cantons de l'Est. La zone seigneuriale, pour sa part, compte 26 députés de plus. Aux élections suivantes, 22 députés seront de langue anglaise, soit le quart de la députation.

Lord Goderich, en 1831, annonce la décision du gouvernement impérial d'abandonner à la législature le contrôle des revenus publics, moyennant une liste civile de 19 500 louis, votée pour la vie du roi. Devant le refus de la Chambre, Goderich réduit la liste protégée à 5 900 louis, somme comprenant les salaires du gouverneur, de son secrétaire, du secrétaire de la province, du procureur général et du solliciteur général. Aylmer, le nouveau gouverneur qui formule ces propositions, recoit de nouveau un refus. « *Trop peu et trop tard* », tel est le sentiment exprimé par les députés ❸.

Outre cette proposition fort raisonnable, Aylmer tente de montrer sa bonne foi en invitant au Conseil exécutif les deux leaders du parti canadien. Papineau et Neilson refusent, alléguant les règlements de la Chambre. Bien déterminé à rétablir la situation, Aylmer se tourne vers le Conseil législatif qu'il réforme de façon à pouvoir y désigner 12 nouveaux membres dont 8 Canadiens que leurs compatriotes s'empressent de traiter de vendus.

L'élection partielle de 1832 à Montréal donne lieu à de violentes manifestations. Les troupes chargent la foule et tuent 3 Canadiens. Arrêtés, les deux officiers responsables sont dégagés de toute accusation. Aylmer acquiesce à cette décision du juge, mais *Le Canadien* proteste violemment. « *Ce n'était pas assez d'avoir insulté à un peuple généreux, il fallait encore que le représentant de notre souverain confirmât l'assassinat des sujets qui lui sont confiés par son auguste maître et qu'il en complimentât les meurtriers du ton le plus outrageant et le plus dérisoire pour le peuple canadien* ».

À la reprise de la session, un vote de censure est pris contre le gouverneur, tandis que Dominique Mondelet, fraîchement nommé au Conseil exécutif, est expulsé de la Chambre.

La tentative de conciliation était un échec. Pour ajouter à la tension déjà grande, une épidémie de choléra tourne la population contre le gouvernement. Déjà les

Le journal de bord d'un capitaine de navire chargé de relevés hydrographiques sur le fleuve et le Golfe du Saint-Laurent n'annonce pas nécessairement une lecture très palpitante. Pourtant on doit à Henry Wolsey Bayfield de multiples cartes qui serviront, entre autres, au choix de la Grosse-Île comme lieu de quarantaine. Voir Ruth McKenzie, The St.Lawrence Survey Journals of Captain Henry Wolsey Bayfield, 1829-1853 *(Champlain Society, 1984).*

---

❶ En 1828-1829 et en 1829-1830.

❷ Le nombre total de députés variera. Selon Joseph Desjardins, il est de 84 députés de 1830 à 1832 : de 88, de 1832 à 1836 ; de 90, de 1836 à 1838. Voir ***Guide parlementaire historique de la Province de Québec (1792-1902)***. Québec, 1902 : 145. Voir également le ***Boréal Express III (1810-1841)*** : 504-505. Le 1/6 de la population du Bas-Canada est alors de langue anglaise.

❸ L'Assemblée n'était pas loin d'exiger plus de pouvoirs que les Communes de Londres d'alors.

immigrants, de plus en plus nombreux depuis 1825, et dont le nombre dépasse 50 000, tant en 1831 qu'en 1832, posent de sérieux problèmes à la population canadienne qui doit héberger et nourrir ces malheureux qui arrivent d'Europe, épuisés, démunis et le plus souvent malades ❶.

La rupture était totale et, dans tous les domaines, la lutte contre le gouverneur s'aggravait.

La session de 1832-33 ramène les vieux débats autour de l'éligibilité des conseillers législatifs et du vote des subsides. La prorogation des Chambres laisse « *les affaires du pays dans un état pire qu'elles ne l'ont jamais été à aucune époque* ».

À Londres, lord Stanley remplace Goderich. Dans le Bas-Canada, Aylmer, qui n'attend plus rien de l'Assemblée, étudie la situation et songe à faire établir environ 600 000 Britanniques dans les « Townships » et dans la région de l'Outaouais.

« Vers 1826, le choléra asiatique frappa les Indes et, vers 1831, l'épidémie atteignit Moscou d'où elle gagna bientôt l'Europe », rappelle Marianna O'Gallagher dans Grosse Île, porte d'entrée du Canada 1832-1937 *(Carraig Books, 1987). En 1831, 60 000 immigrants arrivaient à Québec, une ville de 30 000 habitants. Le choléra traverserait-il l'océan ? À l'automne 1831 et durant tout l'hiver, on s'y prépara. En février 1832, le gouvernement créa la station de quarantaine de la Grosse-Île. Les marguilliers de la paroisse Notre-Dame achetèrent un terrain en bordure de la ville pour y aménager un cimetière.*

Les 92 Résolutions

La session de 1834 s'annonce dramatique. Après quelques débats orageux qui durent du 7 janvier au 17 février, Elzéar Bédard présente une longue série de résolutions qui veulent résumer les griefs et les demandes de l'Assemblée.

Le parti *patriote* insiste principalement sur la réforme du Conseil législatif qu'il cherche depuis plusieurs années à rendre électif. Il demande aussi un exécutif responsable, mais avec beaucoup moins d'insistance.

Tout y passe : les droits et pouvoirs de l'Assemblée, le contrôle des subsides, le problème des terres, l'administration de la justice, le loyalisme, la fidélité, etc. ❷. Mais le Conseil législatif est certes le point central. Les résolutions 9 à 40 le concernent. On dénonce sa prétention d'avoir la mission de veiller à la sécurité d'une classe particulière, c'est-à-dire de la minorité britannique du Bas-Canada. « *Cette prétention est de nature à perpétuer entre les diverses classes des habitants de la province des méfiances des distinctions et des animosités nationales* ». La résolution 52 est une affirmation claire du fait français au Bas-Canada, « devenu un prétexte d'exclusion, d'infériorité politique et des séparations de droits et d'intérêts ».

---

❶ Il faut avoir parcouru les documents d'époque pour avoir une idée de la gravité de l'épidémie. Dans toutes leurs lettres, les gens commencent par faire le bilan des progrès de la maladie parmi leurs proches. En 1832, dans la seule ville de Québec, il y aurait eu plus de 3 000 morts. Garneau écrit : « *Le choléra asiatique, qui éclata cette année [1832] pour la première fois en Canada, et qui enleva rien qu'à Québec trois mille trois cents personnes, en quatre mois…* » Au total, on évalue à 10 000 le nombre de décès dus au choléra. Certains accusèrent l'Angleterre d'être responsable des ravages du choléra, parce qu'elle avait envoyé dans le pays une immense émigration qui portait en elle les germes du fléau : environ 52 000 émigrants avaient débarqué à Québec dans le cours de l'année. Voir F.-X. Garneau, ***Histoire du Canada.*** 8e éd., VIII : 164. Aussi Antonio Drolet, ***La ville de Québec. II. Régime anglais jusqu'à l'incorporation (1759-1833).*** La société historique de Québec, 1965 : 66ss. L'auteur précise que, de juin à novembre, il y eut 3 851 morts.

❷ Il y aurait beaucoup à dire sur la « *British American Land Company* » fondée en 1833 dont Alexander Galt, l'un des pères de la Confédération, sera le commissaire en chef. Cette compagnie a pour objet le développement des Cantons de l'Est. Alors même que la terre manque aux Canadiens, il leur sera difficile de se fixer dans cette région contrôlée par la compagnie. À la session de 1835, les députés canadiens-francais dénonceront ce monopole et refuseront de voter les subsides. On peut lire sur cette question la conférence prononcée par Mgr Maurice O'Bready devant les membres de ***l'Institut d'Histoire de l'Amérique française*** en mai 1961 et qui a été reproduite dans la ***Revue***, vol. XV, n° 2 : 230-255. Malgré le titre « ***The Eastern Townships contemplated as a British Stronghold*** », l'article est en français.

Les résolutions suivantes abordent la question des terres, des finances, de la sous-représentation de l'élément canadien-français au sein de la fonction publique. À elle seule, la 84e comprend seize griefs différents et la suivante met durement en accusation le gouverneur Aylmer lui-même.

En cas d'acceptation de leurs demandes, les Canadiens promettent à l'Angleterre que « *les relations avec le Bas-Canada demeureraient amicales tant que durera le lien colonial et que si la suite des temps amenait des relations nouvelles, cette province demeurerait une alliée* ».

Par leur désir de dominer, en tant que majorité, les deux conseils dans un Bas-Canada issu de la constitution de 1791, les Canadiens demandent ni plus ni moins que l'accès éventuel à la souveraineté politique.

Les divisions qui menacent déjà le parti canadien prennent une dimension nouvelle avec les ***92 Résolutions***. L'allié de Papineau, Neilson, admet qu'il y a beaucoup à faire, mais qu'« *en demandant l'impossible on n'obtiendra pas grand-chose* ». Quesnel, pour sa part, juge prématurée une telle attitude, et s'oppose sans se désolidariser du groupe de Papineau. Gugy se montre beaucoup plus direct dans ses attaques. Il accuse volontiers Papineau de « *vouloir déloger l'Angleterre pour occuper sa place* ». Il entrevoit un avenir sombre et pressent en quelque sorte la rébellion,

Chemin à péage au Bas-Canada. Un homme s'avance vers les voyageurs pour collecter le droit de passage (BAC).

craignant que le règne de la terreur ne succède à celui de la liberté. Malgré ces oppositions et quelques autres, le vote favorise le groupe de Papineau par 56 voix contre 24. Pour terminer, les députés décideront de ne plus voter le budget aussi longtemps que Londres n'aura pas accédé à leurs demandes.

Réactions aux 92 Résolutions

En 1834, une nouvelle épidémie de choléra se déclara. Elle fit 2 900 victimes dans la seule ville de Québec, frappant dans toutes les couches de la société. C'est dans ce contexte que furent préparées les 92 résolutions. Les docteurs George M. et James W. Douglas, deux frères, s'illustreront particulièment dans la lutte contre la maladie dont on savait fort peu de chose, ni comment elle se transmettait ni comment la combattre.

Les Britanniques cachent mal leur inquiétude sous le sarcasme : « *Notre colonie, nos rivages, nos terres, notre armée, notre flotte, notre trésor, nos* « townships », *notre Saint-Laurent, nos canots [...], notre n'importe quoi excepté le bon sens et la gratitude* ». « *Cette colonie est britannique,* rappellent-ils, *et il est normal qu'elle se peuple de Britanniques* ». « *L'erreur fatale des soi-disant patriotes canadiens-français a été de considérer les Canadiens non pas comme une petite portion d'une grande nation mais comme le tout d'une minuscule nation [...]. La nation canadienne n'est qu'un nain rabougri qui a dépassé la fleur de l'âge et est sur le point de sombrer dans le néant [...]. Très peu de temps s'écoulera avant que nous n'entendions sonner le glas de cette prétendue nation* ».

Les élections de l'automne 1834 favorisent le groupe de Papineau et lui permettent de remporter une éclatante victoire avec environ 95 pour cent des voix et 77 députés élus sur 88. Les *modérés* Neilson, Quesnel, Cuvillier et Duval n'ont pas voulu se représenter. À la reprise de la session, Papineau est élu Orateur par 70 voix contre 6.

La campagne électorale a donné lieu à de nombreux actes de violence. Les Britanniques constatent l'ampleur du mouvement. Ils comprennent que les Canadiens visent le vrai pouvoir. « *Le cœur des colonies britanniques, le* « British Montreal », *ne veut pas se retrouver dans une république française* », affirment les « Montrealers », dans un appel lancé à leurs compatriotes des Maritimes et du Haut-Canada. « *Engagés dans un conflit dont le résultat doit se faire sentir à travers toutes les colonies du* "British North America" *et liés par une commune origine, par une communauté de sentiments, par un intérêt commun, nous, vos co-citoyens opprimés de Montréal nous sollicitons votre appui [...]. Nous sommes prêts à résister jusqu'à la dernière extrémité aux efforts des Canadiens français qui — sous le spécieux déguisement de promouvoir des institutions libérales démocratiques et populaires — nous feraient tomber dans une servitude intolérable* ».

La réponse au danger qui menace les « Montrealers » se trouve de toute évidence dans une union des Britanniques du « British North America » ou tout au moins des deux Canadas. Ils insistent bien pour qu'on ne se méprenne pas. Ils sont aussi progressistes que les Canadiens français et le mot *république* ne les effraie pas ; mais il n'est pas question d'être gouverné « *par des étrangers, des vaincus...* » Comme ils doutent de l'efficacité de la Grande-Bretagne pour régler le problème, ils décident de s'organiser eux-mêmes !

De fait, la situation politique est assez troublée en Angleterre. Melbourne perd momentanément le pouvoir aux mains de Peel. Aberdeen, Russell et Glenelg se succèdent au « Colonial Office ».

En général, les hommes politiques de Grande-Bretagne sont d'accord pour donner satisfaction aux Canadiens français, sans pour autant cesser d'être les maîtres de la vallée du Saint-Laurent.

En 1835, Aylmer est remplacé par Gosford, à titre de gouverneur général et de Haut Commissaire. Il est chargé, avec Grey et Gipps, d'étudier la situation dénoncée par les ***92 Résolutions*** ➊. Les directives de Londres sont pleines de bonnes intentions. Gosford est prévenu qu'il « *ne se rend pas dans le Bas-Canada pour n'appuyer que des intérêts britanniques* ». On lui demande de « *maintenir la paix et l'intégrité de l'empire et d'agir comme médiateur entre les partis* ». On voudrait pouvoir contenter à la fois la majorité canadienne-française et la minorité canadienne-anglaise.

On désire une politique de conciliation qui, sans provoquer des réformes des deux conseils, pourrait par exemple y amener plus de Canadiens français (même une majorité), mais des modérés, des gens de compromis, prêts en particulier à accepter la présence et l'accroissement de la population anglaise dans le Bas-Canada.

Sous Gosford

Comme ses prédécesseurs, Kempt et Aylmer, Gosford arrive tout à fait bien disposé. Il s'empresse de prendre contact avec les chefs canadiens-français. On organise maintes réceptions. Plusieurs se laissent gagner. Surtout à Québec, où Elzéar Bédard, l'un des pères des ***92 Résolutions***, et son épouse sont tout à fait séduits. Bédard prend la tête des *modérés*. Le groupe de Montréal, rallié autour de Papineau et La Fontaine, résiste. Mackenzie vient à leur secours en leur transmettant les instructions secrètes de Gosford et Head qui révèlent que Londres a rejeté les principales demandes de 1834.

Gosford, qui avait réussi à briser une troupe mobilisée par des Britanniques de Montréal et qui avait ouvert la session de 1835 par des appels émouvants à la concorde, se trouve en fâcheuse position.

Papineau réussit à entraîner la majorité des députés et fait voter les subsides pour 6 mois seulement (par 42 voix contre 31). En mars 1836, dans un contexte de nouvelle agitation, Gosford proroge l'Assemblée. Profitant de la démission du vieux Sewell, il propose un nouveau Conseil exécutif où siégerait une majorité de Canadiens français (5 Canadiens français pour 3 anglophones). De même, il recommande au Conseil législatif 10 nouveaux membres, parmi lesquels seulement 3 anglophones.

En somme, Londres qui, soit dit en passant, prendra un peu de temps à ratifier ces nominations, tente de satisfaire aux demandes des Canadiens, mais évite de désigner des partisans de Papineau. La division chez les Canadiens s'en trouve accrue.

Derniers efforts

Malgré l'état de crise qui demeure, Glenelg reste optimiste et considère qu'il urge de clarifier certains malentendus. Il invite le gouverneur Gosford à faire connaître ses instructions en entier.

En septembre 1836, le gouverneur convoque une session spéciale. Les Canadiens se plaignent : « *Des mots là où il faudrait des actes* ». Un bill pour rendre le Conseil exécutif électif est présenté et voté par 51 voix contre 12.

➊ Les 92 Résolutions : on peut distinguer en réalité 84 « *Attendu que* » et 8 résolutions proprement dites, suivies d'une dernière résolution qui prévoit ni plus ni moins que la grève parlementaire. En effet, une « 93e *résolution* » annonce la décision de l'Assemblée de ne plus voter le budget aussi longtemps que des réformes réelles n'auront pas été apportées. Voir le ***Boréal Express III (1810-1841)*** : 520-522.

Un groupe de jeunes patriotes répondront au « Doric Club » en formant l'Association des Fils de la Liberté.*

Les Britanniques, rendus furieux par les concessions de Gosford, songent à prendre les armes et se groupent dans un organisme militaire, le « Doric Club » ❶. Les *Anti-Gallic Letters* publiées en 1836 excitent les esprits. Adam Thom s'y fait plus mordant que jamais. La *Montreal Gazette* véhicule des positions aussi extrémistes. « *Le temps d'indécision est passé*, peut-on y lire. *Les Britanniques doivent ou écraser leurs oppresseurs ou se soumettre tranquillement au joug qui leur est préparé* ». Ils sont prêts à verser leur sang.

À Gosford qui exige la dissolution immédiate du régiment formé, la ***Montreal Gazette*** déclare que les Britanniques entendent se protéger eux-mêmes de cet « *esclavage honni* » de cette menace de « *tomber sous la suprématie d'une république française* ».

Gosford, débordé, doit s'en remettre à Londres. Railleur, Étienne Parent écrit : « *Les Britanniques veulent singer les Américains. Ils ont un embryon d'armée, bientôt ils auront un Congrès. Il ne leur manque plus qu'un peuple !* »

Tandis que la tension monte, les trois commissaires (Gosford, Grey et Gipps) remettent leur rapport. Grey propose de nouvelles structures pour le Bas-Canada, une nouvelle division et une espèce de fédération. Gosford et Gipps sont d'avis que

❶ L'origine de cette appellation est inconnue des auteurs. André Lefebvre, *La* **Montreal Gazette** *et le nationalisme canadien, 1835-1842.* Guérin, Montréal, 1971.

✎ La coupe de la glace à l'embouchure de la rivière Saint-Charles (Québec). Aquarelle de J.P. Cockburn (c.1830).

la crise est trop aiguë et qu'elle ne laissera pas le temps nécessaire à l'application de la proposition de leur collègue. Ils voudraient que la constitution du Bas-Canada soit suspendue.

Mackenzie et le Haut-Canada

En 1828, les réformistes du Haut-Canada avaient obtenu la majorité à l'Assemblée. Après l'avoir perdue en 1830, ils la recouvrent en 1834. Les demandes en faveur des réformes politiques se font de plus en plus pressantes. Tandis que Gosford vient au Bas-Canada, Head gagne le Haut-Canada. Avec un semblable esprit de conciliation, ce dernier offre à Robert Baldwin de passer avec deux de ses amis au Conseil exécutif. Le leader réformiste entend appliquer les principes du gouvernement responsable, mais le lieutenant-gouverneur résiste. Mécontents, les réformistes, à l'instar de leurs collègues du Bas-Canada, refusent de voter les subsides. Head dissout l'Assemblée et Baldwin se rend à Londres pour réclamer la responsabilité ministérielle, demandant un cabinet « *comme il y en a un à Londres* ». Cette demande est jugée trop dangereuse. Ne trace-t-elle pas la voie de l'indépendance ? Baldwin a beau insister : « *Donnez-nous la liberté, si vous voulez nous garder dans l'Empire* ». Les ministres veulent bien se montrer *libéraux*, mais les coloniaux veulent s'administrer eux-mêmes. Ils exigent beaucoup. Accéder à leur désir engage trop !

Moins patient que Baldwin, Mackenzie songe à la révolte et caresse le projet de s'emparer de Toronto.

Le Journal d'un fils de la Liberté, 1838-1855 *(Septentrion, 1998) de Louis-Joseph Amédée Papineau a été édité intégralement par Georges Aubin. Le fils aîné du « grand homme » raconte ce qu'il a vu et vécu. Personnage pittoresque, il s'intéresse à tout même si la politique occupe une place importante. Il dit les choses comme il les voit ou les pense. Ainsi, pour lui, l'insurrection était non préméditée. Ce fut, avoue-t-il, « une folie impardonnable ». Ses convictions n'en sont pas modifiées pour autant.*

Dans un contexte de crise économique

Désireux de ne pas accroître la force des Britanniques, les Canadiens ont provoqué des retards formidables dans le développement du Bas-Canada. Leur attitude compromet les structures économiques de leur province et accule à la banqueroute le Haut-Canada. En effet, malgré la situation trouble, on y a pratiqué une audacieuse politique de canalisation. De très coûteux travaux y ont été entrepris pour tenter de relever le défi posé par la construction de canaux et de chemins de fer aux États-Unis [1].

L'Angleterre, pour sa part, peut difficilement intervenir sur le plan économique aussi longtemps que la double crise politique et nationale n'est pas réglée.

Les années 1833-1836 sont particulièrement pénibles. Les terres rendent mal ; les récoltes sont ravagées. Il faut même importer du blé. La détresse règne. La crise ne touche pas seulement le Canadien agriculteur ; les marchands britanniques subissent en même temps le contrecoup d'un krach grave qui paralyse les opérations financières aux États-Unis. En mai 1837, les banques américaines cessent leurs paiements en espèces. Toute l'Amérique du Nord est touchée. La Grande-Bretagne, elle-même aux prises avec de graves problèmes, est impuissante à relever l'économie du « British North America ». Plusieurs travaux publics sont arrêtés ; le chômage se généralise. La crise qui atteint un sommet en 1837 rendra sans doute les Canadiens plus sensibles aux problèmes politiques. Les *Résolutions Russell* de mai 1837 seront reçues comme une véritable provocation.

---

[1] On peut constater par exemple l'importance du défi posé par le canal Érié en consultant la carte des canaux de l'époque. Voir p. 249.

XII • L'UNION : LA SEULE SOLUTION (1837-1841)

La réponse de Russell

Les 10 résolutions de lord Russell, en mars 1837, constituent une réponse aux ***92 Résolutions*** de février 1834. Londres y réaffirme son désir d'améliorer la composition des deux conseils, mais se refuse à transformer le Conseil législatif en corps électif et à rendre le Conseil exécutif responsable devant la Chambre d'Assemblée.

La 8e résolution fait bondir les Canadiens. Advenant la poursuite de leur grève parlementaire, Russell propose au gouverneur de puiser dans le Trésor public avec ou sans l'autorisation de la Chambre. Les autres résolutions confirment le titre légal de la « British American Land Company », invitent les législatures du Haut-Canada et du Bas-Canada à « *régler leurs intérêts communs* », etc.

Cependant ces résolutions n'ont pas encore force de loi et Gosford, en août, convoque l'Assemblée dans une ultime tentative d'amener les députés à un compromis. Dans son discours à la Chambre, il explique qu'il a voulu leur fournir une dernière occasion de reconsidérer leur position « *avant que la résolution qui a rapport au paiement des arrérages maintenant dûs [...] ait pris la forme d'une loi qui oblige* ».

Au Québec, la chasse transcende le politique. Le fusil est aussi répandu que le cheval, ce qui n'est pas peu dire. Il n'est pas objet de rébellion, mais instrument de passion que nous fait partager Paul-Louis Martin avec son merveilleux livre consacré à La Chasse au Québec *(Boréal, 1990). Au moment du boycottage des produits importés, la chasse a-t-elle joué un rôle de subsistance ? Pour les uns, ce fut toujours le cas, pour d'autres la chasse est avant tout loisir. Dans un cas comme dans l'autre, l'influence amérindienne est omniprésente.*

Après une semaine de discussions, les députés font connaître leur position dans une *adresse au gouverneur* qui est votée par 46 voix contre 31. Nettement déçu, Gosford renvoie les députés, disant regretter de les voir « *persister dans leur détermination de priver le pays des bienfaits d'une législation domestique* ». « *Cet abandon volontaire et réitéré de vos fonctions comme branche de la Législature*, précise-t-il, *[...] est une annihilation de la Constitution dont cette Législature tire son existence* ». La Chambre d'Assemblée du Bas-Canada venait de siéger pour la dernière fois.

Les assemblées populaires

Par contre, les assemblées populaires prennent de plus en plus d'importance. Provoquées par les ***Résolutions Russell***, ces réunions donnent lieu à de vastes mouvements de protestation. Chaque comté de la région de Montréal se flatte d'organiser sa propre assemblée. Celles de Saint-Ours (7 mai) et de Saint-Laurent (15 mai) sont restées célèbres. Chacune donne lieu à une série de résolutions qui dénoncent le gouverneur et préconisent le *boycottage économique* ❶.

Le 15 juin, Gosford intervient et interdit les assemblées populaires. Mgr Lartigue le seconde, profitant du banquet à l'occasion du sacre de Mgr Bourget (25 juillet 1837) pour rappeler à son auditoire qu'il n'est « *jamais permis de trangresser des lois ou de se révolter contre l'autorité légitime sous laquelle on a le bonheur de vivre* » ❷.

Les *patriotes* n'en continuent pas moins leur série d'assemblées dont le couronnement a lieu à Saint-Charles, avec l'*Assemblée des Six Comtés* à laquelle assistent, selon Thomas Chapais, 5 000 personnes. Papineau — contrairement à certains orateurs — répugne à la révolte armée. À son avis « *le meilleur moyen de*

---

❶ Voir ***Les Troubles de 1837-38. Dossiers d'histoire du Canada***, nos 1 et 2, préparés par l'équipe du Boréal Express et édités par Fides, Montréal, 1969.

❷ Voir Lucien Lemieux, ***L'établissement de la première province ecclésiastique du Canada (1783-1844)***: 437.

combattre l'Angleterre c'est de ne rien acheter d'elle ». Le chef patriote en reste à la tentative de boycottage économique qui a amené les députés à se présenter — à la session d'août — « *vêtus d'étoffe du pays* ».

Une double révolte

Troublés par cette agitation populaire, alarmés par les concessions proposées par Gosford, les Britanniques de Montréal décident de protéger eux-mêmes leurs intérêts. Cette fois, ils recherchent la lutte armée afin de précipiter les événements et d'empêcher la réussite de toute *politique de conciliation*. On fournit des armes à la population anglaise de Montréal ❶.

4,000 Piastres de
Recompense !

Province du Bas-Canada.

GOSFORD.

Par son Excellence le Très-Honorable ARCHIBALD, COMTE DE GOSFORD, Baron Worlingham de Beccles, au Comté de Suffolk, Capitaine Géneral et Gouverneur en Chef dans et pour les Provinces du Bas-Canada et du Haut-Canada, Vice-Amiral d'icelles, et Conseiller de Sa Majesté en son Très-Honorable Conseil privé, &c. &c. &c.

PROCLAMATION.

ATTENDU que, par information sous serment, il appert que,

LOUIS JOSEPH PAPINEAU,

de la cité de Montréal, Ecuyer, est accusé du crime de Haute Trahison ; Et attendu que le dit Louis Joseph Papineau s'est retiré du lieu de sa résidence ordinaire, et qu'il y a raison de croire qu'il a fui la justice ; et attendu qu'il est expédient et nécessaire à la due administration de la justice et à la sécurité du Gouvernement de Sa Majesté, en cette Province, qu'un si grand crime ne reste pas impuni. A ces causes, sachez que je, le dit Archibald, Comte de Gosford, de l'avis du Conseil Exécutif de Sa Majesté pour cette Province, ai jugé à propos de faire sortir cette Proclamation, et par icelle je requiers tous sujets affectionnés de Sa Majesté en cette Province, et leur commande de découvrir, prendre et appréhender le dit Louis Joseph Papineau, en quelque lieu qu'il se trouve en icelle, et de l'amener devant un juge désigné pour conserver la paix, ou Magistrat Principal, dans l'une ou l'autre des cités de Québec ou de Montréal susdit ; Et pour encourager toutes personnes à être diligentes à s'efforcer de découvrir et d'appréhender le dit Louis Joseph Papineau, et á l'amener devant tel Juge désigné pour conserver la Paix ou Magistrat comme susdit, j'offre par les présentes une

RECOMPENSE DE

MILLE LIVRES,

du cours de cette Province, à quiconque appréhendera ainsi le dit Louis Joseph Papineau et le livrera entre les mains de la Justice.

Donné sous mon Seing et le Sceau des mes Armes, au Château St. Louis, dans la cité de Québec, le premièr jour de Decembre dans l'année de Notre Seigneur mil huit cent trente sept, et dans la première année du règne de Sa Majesté.

Par Ordre de Son Excellence,

(Signe,) **D. DALY,**
Secrétaire de la Province.

Imprimée par JOHN CHARLTON FISHER, et WILLIAM KEMBLE, Imprimeur de Sa Majesté.

Évidemment, tous ne sont pas d'accord sur cette stratégie. Plusieurs conseillent de patienter jusqu'au jour où l'ensemble du Bas-Canada aura une population majoritairement anglaise, d'autres croient toujours à la solution qu'offre l'union, d'autres enfin songent à l'annexion aux États-Unis, considérant préférable d'être partie d'un vaste ensemble anglais plutôt que d'être l'appendice d'une république française.

En réponse au « Doric Club », un groupe de jeunes patriotes forment, en septembre, l'*Association des Fils de la Liberté*. L'organisme possède deux sections : l'une civile, l'autre militaire. Des exercices et des parades sont organisés.

Le 6 novembre, des membres du « Doric Club » attaquent les Fils de la Liberté au sortir d'une de leurs réunions. Une violente bagarre s'engage, rue Saint-Jacques. Les Anglais l'emportent et profitent de leur supériorité pour saccager l'imprimerie du ***Vindicator***, journal du docteur O'Callaghan, et menacer la résidence de Papineau.

Le gouverneur se devait d'intervenir. Il demande à Londres l'autorisation de suspendre l'*habeas corpus* et de proclamer la loi martiale. Des renforts sont appelés des Maritimes et du Haut-Canada et placés sous le commandement de John Colborne, partisan avoué d'une répression par la force. Dix jours plus tard, le 16,

❶ Les anglophones se trouvent en majorité à Montréal à cette époque.

✎ Le 1er décembre 1837, la tête de Papineau est mise à prix 4 000 piastres ou 1 000 livres. Dès le 20 juin, il en avait été de même pour plusieurs patriotes ; le 25 octobre, 26 mandats d'arrestation étaient lancés. L'arrestation de Davignon et Desmarais provoque un affrontement armé à Chambly le 17 novembre.

L'essai de Jacques Laplante, Prison et ordre social au Québec *(PUO, 1989), porte sur toutes les formes d'enfermement et non seulement sur la prison. Il couvre de façon magistrale de 1608 à nos jours.*

Gosford émet des mandats d'arrêt contre 26 des principaux chefs patriotes qu'on accuse de trahison. Les uns, tel André Ouimet, président des Fils de la Liberté, sont aussitôt jetés en prison, tandis que d'autres, tels Papineau, O'Callaghan, T.S. Brown et Ovide Perrault, prennent la fuite.

Le jour même, un détachement de la « Montreal Volunteer Cavalry » tombe dans une embuscade dressée par Bonaventure Viger et le docteur Kimber, entre Chambly et Longueuil.

La rébellion est déclenchée : la chasse aux rebelles commence.

Gosford commande à Gore et à Wetherall de quitter l'un Sorel, l'autre Chambly pour opérer une jonction à Saint-Charles. Un groupe de patriotes, sous la conduite de Wolfred Nelson, décide d'arrêter Gore à Saint-Denis. Après 6 heures de combat, les Anglais doivent retraiter vers Sorel. Le soir plus de 100 militaires manquent à l'appel : plusieurs sont blessés, 6 ont été tués. L'un d'entre eux fait prisonnier avant le combat, le lieutenant George Weir, a été abattu alors qu'il tentait de s'évader. Les Anglais crieront à l'assassinat et mèneront la répression au cri de « Remember Weir » ❶.

❶ Le lieutenant Weir a eu droit à son monument, rue Papineau, à Montréal. Il porte l'inscription suivante « *Beneath this stone are deposited the remains of George Weir Esqr of Kames in Berwickshire, Scotland, late Lieutenant in her Majesty's 32nd, or Cornwall Regiment, aged 29 years, who was barbarously murdered at St. Denis Lower Canada on the 23rd november 1837.* » Voir ***Premier rapport de la Commission des Monuments historiques de la Province de Québec (1922-23)***. Québec, 1923.

✎ Saint-Eustache. Les canons sont pointés sur l'église où sont embusqués une soixantaine de patriotes. D'autres sont retranchés dans le presbytère, le couvent et quelques maisons des environs. En tout quelque 350 hommes — dont la moitié ont des fusils — sont encerclés par les troupes britanniques qui comptent plus de 6 000 soldats.

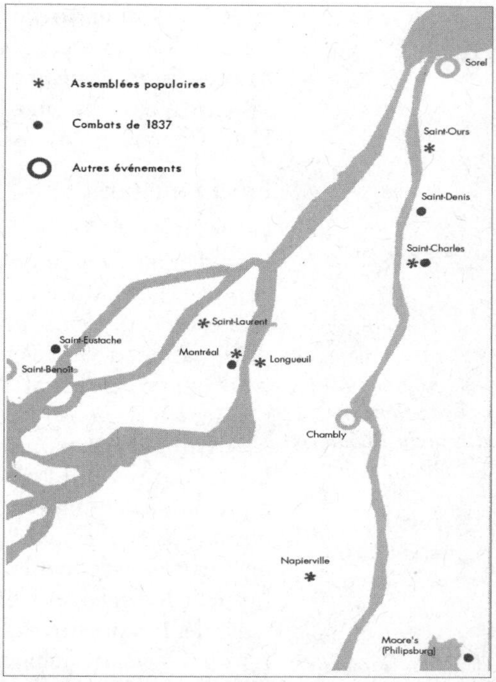

À Saint-Charles, les patriotes, mal dirigés par T.S. Brown, doivent céder devant Wetherall. Le vainqueur met le feu au village. D'autres engagements de diverse importance ont lieu dans les jours qui suivent.

À Saint-Eustache, plusieurs patriotes organisent la résistance. Près d'un millier d'entre eux s'y rendent. Mais ils sont sans armes. Prévenu, Colborne groupe une forte armée de 1 200 hommes, composée à la fois de volontaires et de réguliers. Le docteur Jean-Olivier Chénier, croyant avoir affaire à une troupe moins importante, se met à la tête de quelque 200 hommes et décide d'affronter Colborne.

Retranchés dans l'église, le couvent et le presbytère, les patriotes succombent rapidement devant des forces bien armées et plusieurs fois supérieures.

Les Anglais mettent le feu partout et forcent les rebelles à se rendre. Le combat finit en carnage. Chénier, de même que la plupart de ses compagnons, est tué. La population est molestée. Les femmes et les enfants sont jetés hors de leurs demeures et livrés aux rigueurs de l'hiver.

Le lendemain, les Anglais répètent leurs exploits à Saint-Benoît où aucune résistance n'a pourtant été offerte. Colborne, victorieux, continue sa tournée de représailles, semant la terreur partout. En février, Gosford lui laisse l'administration du pays et rentre en Angleterre. Quelques semaines plus tard, la constitution de 1791 est suspendue et un conseil spécial est formé.

L'insurrection dans le Haut-Canada

Vaincu sur le terrain constitutionnel, Mackenzie [1] organise la lutte à main armée. Profitant de l'envoi des troupes régulières au Bas-Canada pour y maintenir l'ordre, il tente de renverser le gouvernement du Haut-Canada par un coup de force et de s'emparer du pouvoir. Son groupe est peu organisé et il doit faire face à une population loyale qui a tôt fait, au début de décembre 1837, de disperser les révolutionnaires. Après avoir échoué dans leur tentative de s'emparer de l'hôtel de ville de York (Toronto), ils sont vite mis en déroute. Mackenzie s'enfuit à Buffalo. Là, avec le secours de quelques Américains, il parvient à réunir une troupe d'aventuriers

Pour Colin Read et Ronald J. Stagg, l'insurrection dans le Haut-Canada a été « directement provoquée par un homme, William Lyon Mackenzie ». Voir The Rebellion of 1837 in Upper Canada *(Champlain Society, 1985).*

---

[1] William Lyon Mackenzie, journaliste et homme politique du Haut-Canada, est l'aïeul de l'ancien premier ministre canadien, William Lyon Mackenzie King. En 1849, il profita de la loi d'amnistie pour rentrer au Canada où il est réélu député de 1851 à 1858. Il existe diverses biographies du personnage. L'une, préparée par W.D. LeSueur, ne put être diffusée par suite d'une injonction obtenue par les descendants de Mackenzie. Norah Story affirme que ceux-ci, craignant un manque d'objectivité de la part de l'auteur reconnu pour ses sympathies envers les tories, reprochèrent à LeSueur d'avoir utilisé sans autorisation des papiers leur appartenant. Coïncidence curieuse, un incident semblable est survenu au Québec pour interdire une biographie de l'épouse de Louis-Joseph Papineau. Plus d'un point ont rapproché Mackenzie et Papineau durant leur vie…

✎ Les troubles de 1837.

et se fait donner un vaisseau de guerre, la *Caroline*. Le capitaine Drew capture le vaisseau sur la rivière Niagara, y met le feu et le laisse s'engager tout en flammes au bas des chutes. L'insurrection est matée. Vingt rebelles seront exécutés. Mackenzie se retire aux États-Unis. Malgré le grand nombre d'exécutions, le soulèvement du Haut-Canada eut moins d'ampleur que celui du Bas-Canada.

Lord Durham

Le 10 février 1838, le Parlement britannique a suspendu la constitution du Bas-Canada. Les événements récents dans les deux Canadas appellent une nouvelle enquête. Lord Durham en est chargé. Il n'en est pas à sa première insurrection, ayant déjà eu l'occasion d'étudier celle des Polonais lors d'une récente mission diplomatique à Saint-Petersbourg. Cet homme d'État a la réputation d'être un libéral, voire même un radical. Son intégrité fait l'admiration des Canadiens et plusieurs se réjouissent de le voir se pencher sur leurs problèmes coloniaux.

Nationalisme ethnique, territorial ou civique ? À lire l'excellent survol d'Antoine Robitaille dans Québec 2000 *(Fides, 1999). Mais la question n'est pas neuve et longtemps on a classé les manifestations nationalistes d'autrefois comme ethniques. Par exemple, les rébellions de 1837-1838 ! Ce n'est pas le moindre mérite d'Allan Greer de clarifier la question dans* Habitants et Patriotes *(Boréal, 1997). Il y compare les propos du journal* Le Libéral *avec ceux du* Canadien, *note l'ouverture faite au bilinguisme, souligne l'idéal révolutionnaire issu de la Révolution française, etc. Rafraîchissant.*

Avant même son départ, Durham se plonge dans l'étude de la situation. Les mémoires et les pétitions s'entassent au « Colonial Office ». Il rencontre des marchands de Londres qui lui racontent « *le drame de leurs collègues de Montréal menacés de tomber sous l'autorité d'une république canadienne-française* ». Cette masse de documents le met en présence des deux nations et de leurs aspirations. Elle lui rappelle les diverses solutions déjà proposées, dont l'union législative et l'union fédérale. Il rencontre John Arthur Roebuck qui a déjà habité le Bas-Canada et qui fut un adversaire acharné du nationalisme canadien-français et Edward Ellice, le célèbre marchand qui en 1822 a appuyé le projet d'union. Tous deux ont cependant évolué vers une formule fédéraliste pour mater les Canadiens français et sauvegarder les intérêts supérieurs d'une majorité britannique.

Deux envoyés des Britanniques de Montréal, George Moffat et William Badgley, plaident plutôt la cause d'une union législative. Quant au point de vue des Canadiens français, Durham peut se délecter des lettres de l'ex-lieutenant de Papineau, La Fontaine. Considérant l'espoir des Canadiens « *de conserver un Bas-Canada séparé* », Maurice Séguin écrit : « *Après avoir acculé à la banqueroute le Haut-Canada et paralysé la colonisation britannique dans le Bas-Canada, les Canadiens français espèrent que Durham viendra confirmer leur séparatisme en confiant le Bas-Canada à une administration canadienne-française libérale… qui traiterait bien la minorité !* »

La commission de Durham est datée du 30 mars ; il s'embarque le 24 avril à bord du navire de guerre, le *Hastings* qui, après une mauvaise traversée, mouille devant Québec le 27 mai. Durham attend deux jours cependant avant de mettre pied à terre.

Une cérémonie fastueuse est organisée pour célébrer son arrivée. C'est au milieu d'un déploiement considérable que lord Durham, comte de Lambton, entre dans Québec. La comtesse et ses enfants l'accompagnent, de même que six aides de camp et une nombreuse suite parmi laquelle se trouvent Charles Buller et Thomas Turton, secrétaire de la Commission que préside le nouveau gouverneur, de même que William Kennedy et Edward Gibbon Wakefield, deux experts, l'un en administration municipale, l'autre en affaires coloniales.

Deux jours plus tard, Durham suspend le conseil spécial de Colborne. Le 28 juin, il en forme un autre composé de membres de son entourage à qui il demande de décréter une amnistie générale. Huit des principaux prisonniers qui s'étaient « *déclarés prêts à plaider coupables* » sont exilés aux Bermudes ❶. La même ordonnance force à l'exil — jusqu'à ce qu'une autorisation contraire soit donnée — quelques fugitifs importants: Louis-Joseph Papineau, Cyrille-Hector-Octave Côté, Edmund Burke O'Callaghan, Édouard-Étienne Rodier, tous membres de l'ancienne assemblée législative; MM. Thomas Storrow Brown, Ludger Duvernay, Étienne Chartier, prêtre, George-Étienne Cartier, John Ryan père et fils, Louis Perrault, Paul Demaray, Joseph-François Davignon et Louis Gauthier.

Dans Les Rébellions de 1837-1838 *(Boréal, 1983), Jean-Paul Bernard donne une liste de 2 100 noms de patriotes avec profession, âge et comté. Lui-même grand spécialiste des rébellions, il présente les points de vue de plusieurs de ses collègues.*

Le même jour, une proclamation de Durham « *accordait une amnistie complète à tous les autres détenus et fugitifs, à la seule condition de donner des cautions* ».

Assez bien accueillie par les Canadiens, l'attitude de Durham l'est moins à Londres où ses adversaires dénoncent son attitude « *autoritaire et despotique* ». En septembre, un journal américain apprend à Durham que son ordonnance du 28 juin a été désavouée et sa politique générale blâmée. Humilié et choqué, Durham prend immédiatement les mesures nécessaires pour son retour.

Sans attendre son congé, il s'embarque le 3 novembre 1838. Charles Buller reste pour terminer le travail de la commission d'enquête.

Pourtant, 5 mois ont suffi à Durham pour saisir l'essentiel de la situation. Déjà dans une dépêche datée du 9 août, il a posé les idées fondamentales de son futur rapport. Le *Times* de Londres en a la primeur dans son numéro du 8 février 1839, avant même qu'il soit officiellement présenté au Parlement. Le rapport est largement diffusé, par Francis Hincks dans le Haut-Canada, Étienne Parent dans le Bas-Canada et Joseph Howe ❷ en Nouvelle-Écosse. Les espoirs des Canadiens, qui ont déjà été troublés par les propos de Durham la veille de son départ, reçoivent leur coup de grâce.

Déclaration d'indépendance

Dégoûtés par la barbarie de la répression de Colborne, plusieurs patriotes réfugiés aux États-Unis songent à reprendre la lutte. Robert Nelson se met à la tête d'une troupe de 300 hommes et, le 28 février 1838, dans la région de Noyan, il proclame la République du Bas-Canada. Dès le lendemain, la petite troupe retourne au Vermont. Des efforts sont faits pour grossir les rangs des rebelles et les volontaires américains sont invités à appuyer ce *mouvement révolutionnaire.*

Leur travail est pourtant compromis par l'avertissement sévère donné par Van Buren, président des États-Unis, en janvier 1838, à l'effet que « *tous ceux qui compromettront la neutralité du Gouvernement [...] s'exposeront à être arrérés et punis [...] et qu'ils ne devront attendre aucune assistance ni protection s'ils se trouvent en difficulté avec quelque nation voisine et armée* ».

Une association secrète est formée, les *Frères Chasseurs.* Ils se recrutent dans plusieurs États américains et préparent une épreuve de force contre le gouvernement du Bas-Canada. Un plan est arrêté. Le jour prévu, tous les Frères Chasseurs du

---

❶ Voir Thomas Chapais, ***Cours d'histoire du Canada IV***: 248-250.

❷ Joseph Howe, journaliste et homme politique de la Nouvelle-Écosse, engage la lutte pour obtenir la responsabilité ministérielle à partir des années 1830. C'est l'une des figures les plus attachantes de l'histoire canadienne.

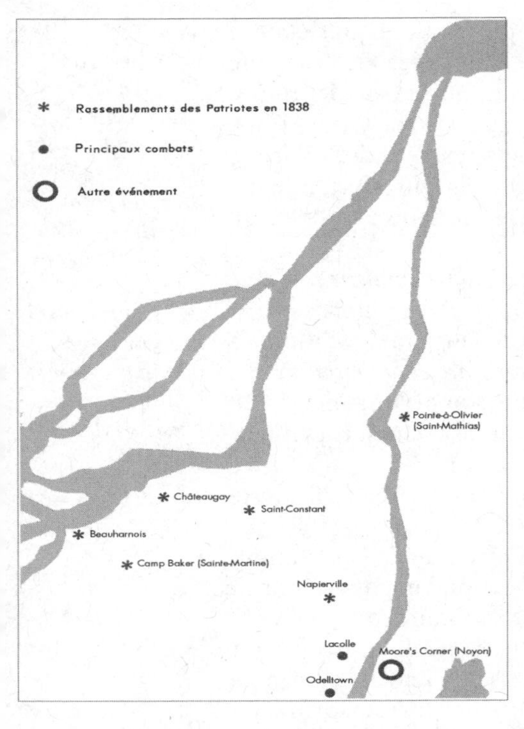

Bas-Canada se soulèveront alors que ceux des États-Unis passeront la frontière avec des armes en abondance. Dans la nuit du 3 au 4 novembre, des rassemblements ont lieu et des camps sont aménagés, principalement à Beauharnois, Châteauguay, Sainte-Martine (camp Baker), Pointe-Olivier (Saint-Mathias), Rivière-à-la-Tortue (Saint-Constant) et Napierville. Le 7 et le 9 novembre, des engagements ont lieu à Lacolle et à Odelltown. Les *Frères Chasseurs* sont tenus en échec. L'approche de troupes régulières est annoncée et ce renfort achève de disperser rapidement les rebelles. Plusieurs d'entre eux sont capturés, tandis que les autres réussissent à se cacher ou à repasser la frontière.

La seconde répression de Colborne est plus barbare encore. Des villages sont mis à sac et à feu. Près d'un millier de personnes sont jetées en prison, soit deux fois plus qu'en 1837. En tout 108 seront traduites en cour. De ce nombre, 99 sont condamnées à mort. Cette fois, Durham n'y est pas pour amnistier les condamnés. Les uns seront tout de même libérés sous caution, les autres, une soixantaine, seront déportés et douze seront exécutés. Quel est leur crime ? Les tribunaux ne l'ont pas clairement établi. Mais il fallait « *faire des exemples* » ! Adam Thom, du ***Montreal Herald*** avait déjà réclamé des exécutions, désirant voir « *le spectacle de la veuve et de l'orphelin* ». « *Il serait ridicule d'engraisser cela tout l'hiver pour le conduire plus tard à la potence* ». Colborne cède aux pressions et confie au bourreau 12 victimes. L'histoire a retenu leurs noms ❶ :

On parle beaucoup des patriotes, mais on les a peu étudiés. Outre l'ouvrage de Gérard Filteau qui n'a pas été vraiment dépassé, il y a une étude de L.O. David et le dictionnaire de A. Fauteux. Pour suivre la trame événementielle, tout en acceptant un parti pris, il y a Les Habits rouges et les Patriotes *(VLB, 1997), d'Elinor Kyte Senior.*

Joseph-Narcisse Cardinal, notaire, 30 ans, marié, 5 enfants.
Joseph Duquette, étudiant en droit, célibataire, 23 ans.
Pierre-Théophile Decoigne, notaire, 30 ans, marié, 3 enfants.
François-Xavier Hamelin, cultivateur, lieutenant de Milice, 21 ans, célibataire.
Joseph Robert, cultivateur, capitaine de Milice, 58 ans, marié, 5 enfants.
Ambroise et Charles Sanguinet, les deux frères, cultivateurs, respectivement âgés de 39 et 38 ans, mariés, le premier père de 5 enfants, le second de 2.
François-Marie-Thomas Chevalier de Lorimier, notaire, 35 ans, marié, 3 enfants.
Pierre-Rémi Narbonne, peintre-huissier, 30 ans, veuf, 3 enfants.
François Nicolas, instituteur, 44 ans, célibataire.
Amable Daunais, cultivateur, 23 ans, célibataire.
Charles Hindenlang, de nationalité française, militaire, 29 ans, célibataire.

---

❶ Le numéro de la revue ***Liberté*** de janvier-avril 1965 a été consacré aux troubles de 1837-1838. Voir aussi Fernand Ouellet, « *Les Insurrections de 1837-38. Un phénomène social* ». ***Histoire sociale***, n° 2 (nov. 1968) : 54-82. Également les numéros spéciaux de 1838 et de 1839 du journal ***Boréal Express*** pour des informations détaillées et un bilan des troubles. ***Boréal Express, tome III (1810-1841)***: 529-568. Bien qu'inachevé, l'ouvrage d'Ægidius Fauteux sur les ***Patriotes de 1837-38*** (Éditions des Dix, Montréal, 1950) reste le principal ouvrage de référence. Cependant, l'état actuel des recherches ne permet pas d'établir avec précision l'âge et parfois le nombre d'enfants de chacune des victimes de la répression de 1838-1839.

✎ Les troubles de 1838.

gieux et ceux à mes compatriotes. Pour eux, je meurs sur le gibet de la mort infame du meurtrier, pour eux je me sépare de mes jeunes enfants, de mon épouse, sans autre appui que mon industrie et pour eux je meurs en m'écriant — Vive la Liberté, Vive l'Indépendance.

Chevalier de Lorimier.

Le rapport Durham

Influencé par les milieux libéraux, particulièrement par Wakefield, Durham ridiculise la constitution de 1791 qui accordait un gouvernement représentatif, sans admettre la responsabilité ministérielle. Il donne ainsi raison aux réformistes du Haut-Canada et des Maritimes et aux Canadiens français du Bas-Canada. Il suffira, laisse-t-il entendre, de donner ordre au gouverneur de s'entourer d'un Conseil exécutif jouissant de la confiance de la Chambre. Cette autonomie *provinciale*, il la veut pour consolider le lien impérial. N'est-ce pas Wakefield qui affirmait que plus les colonies auront de libertés, plus l'Empire sera consolidé ! Il entrevoyait alors une association de nations indépendantes issues de la Grande-Bretagne. Dans cette perspective, Durham reste donc un impérialiste qui veut éviter les conflits inutiles et accroître la vénération des Britanniques pour leur pays d'origine.

« Clivage ethnique » selon John Hare, « les funestes dissensions d'origine » constate Durham ; « le problème de l'origine pose directement celui de l'allégeance » affirme Richard LaRue dans « Allégeance et origine : contribution à l'analyse de la crise politique au Bas-Canada » (RHAF, printemps 1991).

Avec l'établissement d'une fédération du « British North America », il prévoit la marche vers l'indépendance, à la fois intérieure et extérieure, mais dans un « Commonwealth » britannique. Pendant plusieurs pages, Durham traite de l'énorme pression des États-Unis et conclut à la nécessité d'élever le « British North America » au rang de nation, par la réunion de petites collectivités trop faibles par elles-mêmes pour résister ou tout simplement pour faire preuve de dynamisme et de fierté ❶. Pour accélérer le développement du « British North America », il se rallie à Wakefield et préconise une colonisation systématique appuyée sur une immigration soutenue et planifiée.

Le cas canadien-français le fait réfléchir et l'amène à écarter temporairement son projet de fédération au profit d'un projet d'union des deux Canadas.

Il reconnaît que les Canadiens, à cause de leur nombre dans le Bas-Canada, compte tenu de leur origine, ont eu raison de faire certaines représentations. Il explique le nationalisme canadien-français, mais regrette tout de même qu'on s'engage, en ce siècle de la Grande-Bretagne, dans des luttes de petites nationalités. Faut-il céder à leur demande ? Qu'adviendrait-il alors ? Le Bas-Canada deviendrait une république française à l'avenir très incertain. Sur le plan politique, il serait rapidement annexé aux États-Unis — tel le Texas — ou bien deviendrait une province

❶ Un projet de fédération est même discuté à Québec où des représentants des Maritimes ont été invités. La question des chemins de fer fait échouer les pourparlers.

✎ Extrait de la lettre de Chevalier de Lorimier écrite dans la prison de Montréal, la veille de sa pendaison. Le texte complet de son « testament politique » a été reproduit dans le ***Rapport de l'archiviste du Québec,*** 1924-25, fac-similé, p. 1.

Trop souvent, on a laissé entendre que les patriotes de 1837-1838 étaient des paysans mal armés et peu instruits. Pourtant, les professions libérales ont fourni plusieurs personnes qui ont participé aux soulèvements. Voir Julien Mackay, Notaires et patriotes, 1837-1838, *Québec, Septentrion, 2006. Aussi Marcel Rheault et Georges Aubin,* Médecins et patriotes, 1837-1838, *Québec, Septentrion, 2006. Des notes biographiques plus brèves se retrouvent dans le* Dictionnaire encyclopédique et historique des Patriotes, 1837-1838 *d'Alain Messier, Montréal, Guérin, 2002.*

dans l'Empire britannique, ou encore ferait rapidement partie d'une république indépendante de l'Europe. De toute façon, le Bas-Canada est destiné à être raccroché à une autre puissance.

Sur le plan économique, l'industrialisation forcera les Canadiens, dont les terres sont épuisées et surpeuplées, à émigrer aux États-Unis ou à s'établir dans les villes où ils travailleront sous les ordres des Anglo-Saxons.

Sur le plan culturel, Durham juge que les Canadiens ne se sont pas encore affranchis de la France. « *Leurs journalistes de talent sont des Français. C'est un peuple sans histoire ni littérature…* » affirme-t-il.

Pour bien des raisons, mais entre autres afin que la crise sociale ne dégénère pas en crise raciale et parce que l'infériorité des Canadiens français est sans espoir, il conclut à la nécessité de les subordonner aux intérêts supérieurs du « British North America ».

La politique à suivre avec les Canadiens français s'établit selon les étapes suivantes : les mettre en minorité, c'est-à-dire les subordonner politiquement ; leur laisser cependant leurs lois, leur langue, leur religion, leur accorder même une juste représentation jusqu'à ce qu'ils se fondent dans un grand tout anglais ; les laisser disparaître « by the working of natural causes » (qui peut se traduire « *par la force naturelle des choses* »), tout comme les Louisianais ont été assimilés par les Américains, c'est-à-dire progressivement, par le jeu d'une majorité, mais sans persécution.

C'est pour les tirer de cette « hopeless inferiority » (de cette infériorité sans espoir) que Durham désire l'assimilation des Canadiens. « *Je le désire pour l'avantage des classes instruites… pour qui les professions les plus élevées sont fermées. […] Je désire plus encore*, précise-t-il, *l'assimilation pour l'avantage des classes inférieures. […] S'ils essaient d'améliorer leur condition, en rayonnant aux alentours, ces gens se trouveront nécessairement de plus en plus mêlés à une population anglaise ; s'ils préfèrent demeurer sur place, la plupart devront servir d'hommes de peine aux industriels anglais. Dans l'un et l'autre cas, il semblerait que les Canadiens français sont destinés, en quelque sorte, à occuper une position inférieure et à dépendre des Anglais pour se procurer un emploi* ».

La solution qui s'impose dans l'immédiat n'est pas nouvelle : c'est l'union des deux Canadas. Plus tard, lorsque les Canadiens auront été assimilés — car il serait dangereux de leur donner une province où ils seraient immédiament en majorité — on pourra peut-être revenir à l'idée de fédérer toutes les colonies britanniques de l'Amérique du Nord. Comme le Haut-Canada compte maintenant 400 000 Britanniques et le Bas-Canada 150 000, ces deux groupes réunis constitueront une force numérique supérieure aux 450 000 Canadiens français du Bas-Canada. Il n'est donc plus nécessaire, comme en 1810 ou en 1822, de songer à fausser la représentation. Durham veut une représentation *juste*.

Au problème politique, Durham répond par la responsabilité ministérielle ; au problème national, par l'union des deux Canadas, soit la mise en subordination politique des Canadiens français et leur assimilation éventuelle.

Réactions

À Londres, le gouvernement libéral de Melbourne accepte le projet ❶ d'unir les deux Canadas, d'autant plus facilement que cette idée avait été presque acceptée avant même la mission de Durham.

On est plus hésitant quant à la responsabilité ministérielle. Russell avance l'idée d'un gouverneur qui jouerait le rôle d'un premier ministre s'entourant de conseillers recrutés dans tous les partis et capables de commander le respect de la Chambre. Avec l'aide de ces conseillers, le gouverneur pourrait faire voter toutes les mesures désirées.

En septembre 1839, Poulett Thomson devient le nouveau gouverneur. Les instructions qu'il reçoit de Russell sont précises : « *L'union des Canadas dépend de l'appui des provinces elles-mêmes, et le plus important de vos devoirs sera d'obtenir leur coopération* ».

Dans le Bas-Canada, on organise tant bien que mal — en l'absence des principaux chefs canadiens-français — une résistance au projet d'union. Le clergé — par la bouche de Mgr Signay et de Mgr Lartigue — s'oppose fermement. Thomson réunit le Conseil spécial constitué jadis par Colborne et fait approuver le projet en novembre 1839.

Dans le Haut-Canada, Thomson rencontre plus de difficultés. Plusieurs exigent une représentation supérieure pour leur province, la généralisation de la tenure en franc et commun socage et la reconnaissance d'une seule langue officielle, l'anglais. Le gouverneur leur rappelle l'énorme dette du Haut-Canada et la solution qu'il offre à leurs problèmes financiers. Il leur démontre que le Bas-Canada est la clé de la prospérité de la vallée du Saint-Laurent, conséquemment du Haut-Canada. Au Conseil législatif, 14 seront favorables à l'union, 8 contre ; à l'Assemblée, 47 pour et 6 contre. L'égalité de représentation — alors que certains voulaient la majorité — est votée par 33 contre 20. Enfin, l'Assemblée accepte à l'unanimité de fondre les dettes des deux Canadas. Thomson a donc réussi à faire voter un projet d'union basé sur des principes de *justice égale* envers tous les sujets du roi. Le 10 février 1839, il proroge la Législature du Haut-Canada. Il peut écrire à son supérieur : mission accomplie. En mars, un projet de loi est soumis aux Communes de Londres. Cette fois, la manœuvre va réussir. Le 23 juillet 1840, la reine Victoria sanctionne l'*Acte d'Union* qui doit entrer en vigueur le 10 février 1841.

Poulett Thomson a bien travaillé ; il a bien mérité d'être élevé à la pairie. Dorénavant, il sera lord Sydenham.

L'Acte d'Union

Le projet d'union que Poulett Thomson expédie en Angleterre est l'œuvre de James Stuart, un des Britanniques qui depuis une trentaine d'années s'intéressent aux problèmes des deux Canadas. Stuart entend subordonner les Canadiens, mais non les assimiler.

---

❶ Le projet est approuvé par 12 voix contre 3. Le Conseil est alors composé d'un nombre égal de Canadiens français et anglais. Un seul Canadien français s'oppose : Quesnel.

Dorénavant, les deux Canadas existeront sous le nom de *Province du Canada* ou encore parlera-t-on du *Canada-Uni*. À sa tête, un gouverneur qui est le chef véritable du gouvernement ; un Conseil exécutif qui n'est toujours pas responsable devant la Chambre ; un Conseil législatif ❶, dont les membres continuent d'être nommés par le roi et une chambre d'assemblée où siégeront 42 représentants de chacun des deux Canadas, bien que le Bas-Canada compte 200 000 habitants de plus que le Haut-Canada (soit 650 000 pour 450 000 environ). Les revenus comme les dettes des deux provinces sont consolidés en un seul fonds. Une liste civile de l'ordre de 75 000 livres est établie pour la vie du roi et soustraite au vote de l'Assemblée. Enfin, le Bas-Canada conserve son système de lois, mais la langue française, tolérée dans les débats, est exclue pour les textes écrits.

Les historiens ont beaucoup insisté sur ces diverses *injustices* de l'Acte d'Union dont la conséquence la plus pernicieuse devait être de provoquer l'assimilation des Canadiens français. En fait, l'idée qui domine derrière les projets de 1810 ou de 1822, idée qui est à l'esprit de James Stuart et même de Durham, n'est pas l'assimilation mais la subordination politique susceptible d'accroître l'infériorité économique et la médiocrité culturelle déja signalées par Durham.

« *L'union*, selon Maurice Séguin, *est la seule solution logique à l'époque. Elle s'impose par la force des choses commandée par les intérêts supérieurs de la colonisation anglaise. Elle n'est pas un caprice du vainqueur ou un châtiment pour une faute temporaire de déloyauté. Elle n'est pas non plus l'effet d'une politique momentanée de persécution.*

Étienne Parent et le bilinguisme

Si les partisans de l'Union dans le Bas-Canada n'étaient aveuglés par les plus grossiers préjugés, loin de vouloir proscrire la langue française, cette langue dont la connaissance est si avantageuse sous tous les rapports, ils chercheraient au contraire à en étendre et encourager l'étude ; ils féliciteraient le Canada de posséder le double foyer des deux premières langues du monde moderne, qui sont devenues les premiers interprètes des sciences et des arts, et des droits de l'homme ; ils verraient en outre les immenses avantages futurs que retirerait le Canada de deux langues parlées usuelles, de deux langues qui peuvent tant faciliter nos rapports commerciaux et autres non seulement avec les deux plus grandes nations de l'Europe, mais de plus avec toutes les parties du monde. Mais non ; de misérables jalousies et préjugés nationaux ont étouffé chez nos adversaires non seulement le sentiment de la justice, mais même la perception d'avantages présents et futurs de la plus haute importance pour eux et leur pays. Dans leur aveuglement, ils ne voient même pas qu'ils travaillent à se mettre eux et leur race dans une position d'infériorité vis-à-vis de l'autre race. La langue française a pris de telles racines dans le Bas-Canada, que rien au monde ne saurait l'en extirper. La proscription dont on veut la rendre l'objet ne pourra guère, comme toutes les intolérances et les persécutions, avoir d'autre effet que d'y faire tenir le peuple avec plus d'opiniâtreté que jamais ; d'un attachement naturel, on va faire une religion, un fanatisme. Le plus qui puisse arriver c'est que les hommes intelligents parmi la population française, les classes industrielles et professionnelles, les têtes ardentes et ambitieuses s'attacheront à se rendre parfaitement familiers avec la langue anglaise, et se trouveront ainsi avec deux moyens d'avancement, deux instruments de prospérité,

❶ La représentation des deux Canadas est égale dans les deux Conseils, exécutif et législatif.

et deux sources de jouissances tandis que les hommes de l'autre race n'auront qu'un de ces moyens, qu'un de ces instruments, qu'une de ces sources. C'est ainsi que, dans l'ordre immuable de la providence, l'injustice tourne toujours contre ses auteurs. [...]

Nous demandons que la majorité Anglaise qui va se trouver dans la législature unie traite la langue Française, comme la majorité française qui se trouvait dans la Chambre d'Assemblée du Bas-Canada, sous l'ancienne constitution, traita la langue Anglaise. (***Le Canadien***, le 30 décembre 1840)

L'union législative qui comporte des concessions de caractère fédéral envers la minorité canadienne-française fonctionnera spontanément comme une fédération — une union fédérale. Depuis ce jour, les Canadiens français survivent annexés, provincialisés dans un grand "British Canada". [...]

La capitulation de Vaudreuil avait amené inévitablement à la capitulation inconsciente de La Fontaine ❶ *— capitulation nécessaire, explicable même mais qui n'en demeure pas moins une capitulation, c'est-à-dire la reddition, une reddition devant des forces supérieures. Tout un peuple est forcé de vivre et accepte de vivre en minorité sous une majorité étrangère, sans pouvoir mesurer toute la gravité de la situation.* »

Documents annexes de Durham, Parent, Papineau, Sabrevois de Bleury

Le rapport Durham ❷

Les institutions de la France durant la période de colonisation du Canada étaient, peut-être, plus que celles d'aucune autre nation européenne propres à réprimer l'intelligence et la liberté de la grande masse du peuple.

Ces institutions suivirent le colon canadien au-delà de l'Atlantique. Le même despotisme central, mal organisé, stationnaire et répressif l'opprima.

Non seulement on ne lui accorda aucune voix dans le Gouvernement de sa province ou dans le choix de ses gouvernants, mais il ne lui était même pas permis de s'associer à ses voisins pour la régie de ces affaires municipales que l'autorité centrale négligeait sous prétexte de les diriger.

Il obtenait ses terres d'après une tenure remarquablement calculée pour augmenter son bien-être immédiat et pour entraver son désir d'améliorer sa condition ; il fut placé à la fois dans une vie de travail constant et uniforme, d'un grand confort matériel, et de dépendance féodale.

L'autorité ecclésiastique à laquelle il avait été habitué établit ses institutions chez lui ; et le prêtre continua à exercer sur lui son ancienne influence.

Aucune disposition générale ne fut prise en faveur de l'instruction ; et comme la nécessité n'en était pas appréciée, le colon ne fit aucun effort pour réparer la négligence de son Gouvernement.

Cela ne doit pas nous surprendre que, dans de telles circonstances, une race d'hommes habitués aux travaux incessants d'une rude et rudimentaire agriculture, et

---

❶ Avant même la passation de l'Acte d'Union, Hincks et La Fontaine se mettent en communication l'un avec l'autre et envisagent déjà d'unir les forces réformistes des deux Canadas. Opposés sur l'Union, les réformistes des deux Canadas se rejoignent cependant sur la question de la responsabilité ministérielle. En 1842, la majorité des Canadiens français, influencés par La Fontaine et Parent, acceptent de se soumettre à l'Union et de participer comme minorité, dans la britannique « Province of Canada ».

❷ Les présents extraits du rapport Durham sont tirés d'une nouvelle traduction préparée par le professeur M. Séguin.

Indépendamment des opinions de lord Durham, le Bas-Canada compte son lot de démunis. Huguette Lapointe-Roy s'est arrêtée à la situation de Montréal entre 1831 et 1871 dans Charité bien ordonnée. Le premier réseau de lutte contre la pauvreté à Montréal au 19e siècle *(Boréal, 1987). Trois types de services apparaissent (ou se développent) vers 1830 : les visites à domicile qui permettent de vérifier les besoins et de réconforter, les dépôts des pauvres où l'on amasse vêtements, bois de chauffage, etc., et l'œuvre de la soupe. Voir aussi Bettina Bradbury,* Familles ouvrières à Montréal : âge, genre et survie quotidienne pendant la phase d'industrialisation *(Boréal, 1995).*

habituellement enclins aux réjouissances de la société, rassemblés dans des communautés rurales, occupant des portions d'un sol entièrement disponible et suffisant pour pourvoir chaque famille de biens matériels bien au-delà de leurs anciens moyens, ou presque de leurs conceptions qu'ils n'avancèrent guère au-delà des premiers progrès d'une aisance forcément imposée par la fertilité du sol,— qu'ils demeurèrent, sous les mêmes institutions, le même peuple ignorant, inactif et stationnaire. [...]

Ils n'étaient pas non plus dépourvus des vertus d'une vie simple et industrieuse, ni de celles que, d'un commun accord, on attribue à la nation dont ils sont issus.

Les tentations qui dans les autres états de société conduisent aux délits contre la propriété et les passions qui incitent à la violence étaient peu connues parmi eux.

Ils sont doux et bienveillants, frugaux, industrieux et honnêtes, très sociables, gais et hospitaliers et se distinguent par une courtoisie et une vraie politesse qui pénètrent toutes les classes de la société.

La conquête les a très peu changés. Les classes plus élevées et les habitants des villes ont adopté quelques coutumes et quelques sentiments anglais ; mais la négligence constante du Gouvernement britannique laissa la masse du peuple sans aucune des institutions qui l'auraient élevée à la liberté et à la civilisation.

Il les a laissés sans l'instruction et sans les institutions de self-government local qui auraient assimilé leur caractère et leurs habitudes, de la manière la plus facile et la meilleure, à ceux de l'empire dont ils devinrent partie.

Ils demeurent une société vieillie et stationnaire dans un monde nouveau et progressif. Essentiellement, ils sont encore Français, mais des Français différents sous tous aspects de ceux de la France actuelle. Ils ressemblent plutôt aux Français des provinces sous l'ancien régime. [...]

Ce fut peu de temps après la conquête qu'une autre classe plus nombreuse de colons anglais commença à pénétrer dans la Province.

Le capital anglais était attiré au Canada par la vaste quantité et la nature précieuse des produits d'exportation du pays et les grandes facilités de commerce que procurent les moyens naturels des communications intérieures.

L'ancien commerce du pays fut conduit sur une échelle plus grande et plus profitable et de nouvelles sources d'industries furent exploitées.

Les habitudes régulières et actives des capitalistes anglais éliminèrent de toutes les branches les plus profitables de l'industrie leurs concurrents inertes et insouciants de race française ; mais en ce qui concerne la plus grande partie (presque la totalité) du commerce et des manufactures du pays, on ne peut pas dire que les Anglais aient empiété sur les Français ; car en fait, ils ont créé des emplois et des profits qui n'avaient jamais existé auparavant.

Quelques-uns de l'ancienne race ont souffert de la perte occasionnée par le succès de la concurrence anglaise ; mais tous ont ressenti encore plus vivement l'accroissement d'une classe d'étrangers entre les mains desquels la richesse du pays paraissait se concentrer et dont le faste et l'influence éclipsaient ceux de la classe qui avait auparavant occupé le premier rang du pays.

L'intrusion des Anglais ne s'est pas limitée, non plus, aux entreprises commerciales.

Petit à petit, ils ont occupé de grandes étendues de terre ; ils ne se sont pas bornés à la région inculte et éloignée des townships.

Le riche capitaliste a investi son argent dans l'achat de propriétés seigneuriales ; et l'on estime aujourd'hui qu'une bonne moitié des meilleures seigneuries appartiennent actuellement à des propriétaires anglais. [...]

Ils ont développé les ressources du pays ; ils ont construit ou amélioré les moyens de communication ; ils ont créé le commerce intérieur et extérieur.

Tout le commerce en gros et une grande partie du commerce de détail de la Province, ainsi que les fermes les plus profitables et les plus florissantes, sont maintenant dans les mains de cette minorité numérique de la population. [...]

La grande masse de la population ouvrière est française et à l'emploi des capitalistes anglais. [...]

Les deux races, ainsi distinctes, ont été amenées à former la même société dans des circonstances qui inévitablement faisaient de leurs contacts une occasion d'affrontement.

La différence de langue d'abord les tenait séparés.

Ce n'est nulle part une vertu de la race anglaise de tolérer toutes manières, coutumes ou lois qui lui apparaissent étrangères ; accoutumés à se former une haute opinion de leur propre supériorité, les Anglais ne prennent pas la peine de cacher aux autres leur mépris et leur aversion pour leurs usages.

Ils ont trouvé chez les Canadiens français une somme égale de fierté nationale ; fierté ombrageuse mais inactive qui porte ce peuple non pas à s'offenser des insultes, mais plutôt à se garder à l'écart de ceux qui voudraient le tenir dans l'abaissement.

Les Français ne pouvaient que reconnaître la supériorité de l'esprit d'entreprise des Anglais ; ils ne pouvaient ignorer les succès remportés par les Anglais dans toutes les entreprises qu'ils touchaient ni la constante supériorité qu'ils acquéraient.

Ils regardèrent leurs rivaux avec alarme, jalousie et enfin avec haine. Les Anglais le leur rendirent par une morgue qui bientôt aussi revêtit la même forme de haine.

Les Français se plaignaient de l'arrogance et de l'injustice des Anglais ; les Anglais reprochaient aux Français les vices d'un peuple faible et conquis et les accusaient de bassesse et de perfidie.

À Montréal et à Québec il y a des écoles anglaises et des écoles françaises ; les enfants de ces écoles sont habitués à se battre nation contre nation, et les querelles de rue entre garçons présentent souvent une division entre Anglais d'un côté et Français de l'autre.

Ils sont instruits séparément, et leurs études sont distinctes. La littérature familière aux uns et aux autres est celle de leur langue respective ; et toutes les idées que les hommes puisent dans les livres leur viennent de sources totalement différentes.

La différence de langue produit à cet égard d'autres effets que ceux qu'elle a dans le simple rapport des deux races. Ceux qui ont réfléchi sur la puissante influence de la langue sur la pensée s'apercevront combien des hommes qui parlent une langue différente sont enclins à penser différemment ; et ceux qui sont familiers avec la littérature française savent que la même opinion sera exprimée par un auteur anglais et un auteur français contemporain non seulement dans des termes dissemblables mais dans un style tellement différent qu'il indiquera des habitudes de penser totalement étrangères. [...]

Les funestes dissensions d'origine, qui sont la cause des maux les plus importants, seraient aggravées au moment présent par tout changement qui donnerait à la majorité plus de pouvoir qu'elle n'en a jusqu'ici possédé.

Le plan par lequel on se proposerait d'assurer la tranquillité du gouvernement du Bas-Canada doit renfermer en lui-même les moyens de mettre fin à l'agitation des querelles nationales à la législature, en déterminant une fois pour toutes le caractère national de la Province.

Je n'entretiens aucun doute au sujet de ce caractère national qui doit être donné au Bas-Canada ; ce doit être celui de l'Empire britannique ; celui de la majorité de la population de l'Amérique britannique, celui de la grande race qui doit, dans un laps de temps de courte durée, être prédominante sur tout le continent nord-américain.

Sans opérer le changement ni trop rapidement ni trop rudement pour ne pas froisser les sentiments et ne pas sacrifier le bien-être de la génération actuelle, ce doit être désormais la première et ferme intention du Gouvernement britannique d'établir une population anglaise, avec les lois et la langue anglaises, dans cette Province, et de ne confier son gouvernement qu'à une Législature décidément anglaise.

On peut dire que c'est une mesure sévère pour un peuple conquis ; que les Français étaient originairement la totalité et sont encore la masse de la population du Bas-Canada ; que les Anglais sont de nouveaux venus qui n'ont pas le droit de réclamer la disparition de la nationalité d'un peuple au milieu duquel les a attirés leur esprit d'entreprise commerciale.

On peut dire que si les Français ne sont pas une race aussi civilisée, aussi énergique, aussi avide de gain financier que celle qui les environne, ils sont un peuple aimable, vertueux et satisfait, possédant tout l'essentiel du confort matériel et qu'ils ne doivent pas être méprisés ou maltraités parce qu'ils cherchent à jouir de ce qu'ils ont sans imiter l'esprit d'accumulation qui influence leurs voisins.

Leur nationalité est, après tout, un héritage ; et ils ne doivent pas être trop sévèrement punis parce qu'ils ont rêvé de maintenir sur les rives lointaines du Saint-Laurent et de transmettre à leur postérité la langue, les usages et les institutions de cette grande nation qui pendant deux siècles donna le ton de la pensée au continent européen.

Si les querelles des deux races sont irréconciliables, on peut rétorquer que la justice exige que la minorité soit forcée de reconnaître la suprématie des anciens et plus nombreux occupants de la Province, et qu'elle ne prétende pas imposer ses propres institutions et coutumes à la majorité.

Mais avant de décider laquelle des deux nations doit maintenant être placée en état de suprématie, il n'est que prudent de se demander laquelle des deux doit en fin de compte prévaloir ; car il n'est pas sage d'établir aujourd'hui ce qui, après une dure lutte, doit être renversé demain. [...]

Je ne dois pas cependant présumer qu'il est possible que le Gouvernement anglais adopte la politique de placer ou de tolérer un frein quelconque à l'affluence des immigrants anglais dans le Bas-Canada, ou un obstacle quelconque à l'emploi profitable des capitaux anglais qui y sont déjà investis.

Les Anglais détiennent déjà la majorité des plus grandes propriétés du pays ; ils ont pour eux une incontestable supériorité d'intelligence ; ils ont la certitude que la colonisation doit augmenter leur nombre jusqu'à devenir une majorité ; et ils appartiennent à la race qui détient le Gouvernement impérial et qui domine sur le continent américain.

Si nous les laissons maintenant en minorité, ils n'abandonneront jamais l'assurance de devenir une majorité par la suite et ne cesseront jamais de poursuivre le conflit actuel avec toute la fureur avec laquelle il fait rage en ce moment.

Dans un pareil conflit, ils compteront sur la sympathie de leurs compatriotes d'Angleterre ; et si elle leur est refusée, ils sont très confiants d'être capables d'éveiller celle de leurs voisins de même origine.

Ils ont conscience que si le Gouvernement britannique entend maintenir son emprise sur les Canadas, il ne peut compter que sur la seule population anglaise ; que s'il abandonne ses possessions coloniales, ils devront devenir une partie de la grande Union qui lancera promptement ses essaims de colons et qui, par la force du nombre et de l'activité, maîtrisera rapidement toute autre race.

Les Canadiens français, d'autre part, ne sont que les restes d'une ancienne colonisation, et sont et devront toujours être isolés au milieu d'un monde anglo-saxon.

Quoi qu'il puisse arriver, que le gouvernement qui sera établi au-dessus d'eux soit britannique ou américain, ils ne peuvent entrevoir aucune espérance pour leur nationalité.

Ils peuvent se séparer de l'Empire britannique ou attendre que quelque cause commune de mécontentement les en détache ainsi que les colonies voisines pour former une confédération anglaise ; ou bien, s'ils en sont capables, effectuer seuls la séparation pour ainsi se fondre dans l'Union américaine ou maintenir pendant quelques années un misérable semblant d'une médiocre indépendance, ce qui les exposerait plus que jamais à l'intrusion de la population environnante.

Loin de moi le désir d'encourager aveuglément ces prétentions à la supériorité chez aucune race en particulier ; mais tant que la plus grande partie de chaque région du continent américain sera encore indéfrichée et inoccupée et tant que les Anglais montreront une activité si constante et si marquée pour la colonisation, il sera vain de s'imaginer qu'il existe une partie quelconque de ce continent où cette race ne pénétrera pas et où, quand elle y aura pénétré, elle ne prédominera pas.

Ce n'est qu'une question de temps et de mode ; il ne s'agit que de décider si le petit nombre de Français qui habitent présentement le Bas-Canada seront anglicisés sous un Gouvernement qui peut les protéger ; ou si l'opération sera retardée jusqu'à ce qu'un plus grand nombre ait à subir, sous la violence de ses rivaux sans frein, l'extinction d'une nationalité renforcée et aigrie par une existence prolongée.

Et cette nationalité canadienne-française, en est-elle une que, pour le simple avantage de ce peuple, nous devrions chercher à perpétuer, même si c'était possible ?

Je ne connais pas de distinction nationale marquant et continuant une infériorité plus désespérée.

La langue, les lois et le caractère du continent nord-américain sont anglais ; et toute autre race que la race anglaise (j'applique ce mot à tous ceux qui parlent la langue anglaise) y apparaît dans un état d'infériorité.

C'est pour les tirer de cette infériorité que je désire donner aux Canadiens notre caractère anglais.

Je le désire dans l'intérêt des classes instruites que les distinctions de langue et de manières tiennent séparées du grand Empire auquel elles appartiennent.

Au mieux, le sort du colon instruit et ambitieux présente actuellement peu d'espoir et peu de champ d'activité ; mais le Canadien français est rejeté encore plus loin dans l'ombre par une langue et des habitudes étrangères à celles du Gouvernement impérial.

Un esprit d'exclusion a interdit l'accès des professions les plus élevées aux classes instruites chez les Canadiens français, plus peut-être qu'il n'était absolument nécessaire ; mais il est impossible, avec la plus grande libéralité de la part du Gouvernement britannique, de donner une position égale, dans la concurrence générale de son immense population, à ceux qui parlent une langue étrangère.

Je désire la fusion encore plus dans l'intérêt des classes inférieures.

Leur situation actuelle dans une aisance rudimentaire et égale se détériore rapidement sous la poussée de la population à l'intérieur des étroites limites dans lesquelles ces classes sont confinées.

Si ces gens essaient d'améliorer leur condition, en s'étendant sur le pays environnant, ils se trouveront nécessairement de plus en plus mêlés à une population anglaise ; s'ils préfèrent rester sur place, la plupart d'entre eux deviendront des manœuvres à l'emploi des capitalistes anglais.

Dans l'un ou l'autre cas, il semblerait que la grande masse des Canadiens français soit condamnée, jusqu'à un certain point, à occuper une position inférieure et à dépendre des Anglais pour l'emploi.

Les maux de la pauvreté et de la dépendance seraient tout bonnement aggravés ou décuplés par les sentiments d'une nationalité jalouse et rancunière qui sépareraient la classe ouvrière de la société des possesseurs de la richesse et des employeurs de main-d'œuvre. [...]

On ne peut guère concevoir de nationalité plus dépourvue de tout ce qui peut vivifier et élever un peuple que celle que présentent les descendants des Français dans le Bas-Canada, du fait qu'ils ont conservé leur langue et leurs coutumes particulières.

Ils sont un peuple sans histoire et sans littérature. [...]

Il doit s'écouler, comme de raison, beaucoup de temps avant que le changement de langue puisse s'étendre à tout un peuple ; et la justice comme la saine politique demandent également que, tant que le peuple continuera à faire usage de la langue française, son Gouvernement ne prenne pas, pour lui imposer la langue anglaise, des moyens qui, de fait, priveraient la grande masse de la société de la protection des lois.

Mais, je répète que le changement du caractère de la Province doit être immédiatement entrepris et poursuivi avec fermeté quoique avec ménagement ; que dans tout plan susceptible d'être adopté pour l'administration future du Bas-Canada le premier objectif doit être d'en faire une Province anglaise ; et que, avec cette fin en vue, l'influence dominante ne soit jamais de nouveau placée en d'autres mains que celles d'une population anglaise. [...]

Le Bas-Canada doit être gouverné maintenant, comme il doit l'être à l'avenir, par une population anglaise ; et ainsi la politique que les exigences du moment nous imposent est conforme à celle que suggère une vue d'ensemble du progrès éventuel et durable de la Province. [...]

Je crois qu'on ne peut rétablir la tranquillité qu'en assujettissant la Province à la domination vigoureuse d'une majorité anglaise et que le seul gouvernement efficace serait celui qui serait formé par une union législative.

Si la population du Haut-Canada est exactement estimée à 400 000, les habitants anglais du Bas-Canada à 150 000 et les Français à 450 000, l'union des deux Provinces ne donnerait pas seulement une majorité anglaise absolue mais une majorité qui s'accroîtrait chaque année sous l'influence de l'émigration anglaise ; et je ne doute guère que les Français, une fois placés en minorité par le cours légitime des événements et par le fonctionnement de causes naturelles, abandonneraient leurs vaines espérances de nationalité.

Étienne Parent et l'union des deux Canadas ❶

Nous inviterons nos compatriotes à faire de nécessité vertu, à ne point lutter follement contre le cours inflexible des événements, dans l'espérance que les peuples voisins ne

---

❶ Dans ce texte du 13 mai, Étienne Parent répond en fait à la ***Gazette de Québec*** qui lui a reproché d'accepter l'« *extinction de la célèbre nationalité canadienne* » en échange du gouvernement responsable « *non encore essayé* ». « *Nous serons franc avec la* ***Gazette de Québec*** », écrit Parent.

rendront ni trop durs ni trop précipités les sacrifices que nous aurons à faire dans le cas d'une Union avec eux ou aucun d'eux. Nous avons toujours considéré que notre « nationalité » ne pouvait se maintenir qu'avec la tolérance sincère, sinon l'assistance active de la Grande-Bretagne ; mais voici qu'on nous annonce que bien loin de nous aider à conserver notre nationalité, on va travailler ouvertement à l'extirper de ce pays. Situés comme le sont les Canadiens français, il ne leur reste d'autre alternative que celle de se résigner avec la meilleure grâce possible. Résister à ce décret de la politique britannique, serait semer des germes funestes de discorde et de division entre eux et les populations anglo-saxonnes ou celtiques, de ce continent, et auxquelles ils devront lier leur destinée du moment que l'Angleterre aura brisé l'œuvre de Pitt, cette œuvre d'un grand homme d'État, qui deux fois conserva le Canada à l'Angleterre et qui pouvait le lui conserver encore. Remarquons-le bien, l'œuvre de Pitt isolait la population canadienne-française des autres populations de ce continent et la liait à la Métropole par les liens de l'intérêt, de l'honneur et de la reconnaissance. [...]

Sans doute qu'il nous eût été bien doux de vivre et de mourir avec l'espoir de maintenir sur les bords du St-Laurent la nationalité de nos pères, de ceux qui y ont jeté les fondements de la civilisation européenne ; nationalité que l'Angleterre a paru vouloir favoriser d'abord, par politique probablement plus que par justice, et que par politique elle va proscrire parce qu'elle pense qu'elle n'en a plus besoin pour se maintenir sur le continent américain. Elle nous sacrifie à la population anglaise des deux Canadas, sans penser que cette population, n'ayant rien à perdre dans une séparation, aura beaucoup moins de motifs que nous d'endurer les maux et les inconvénients nécessairement attachés à l'état colonial. Mais c'est son affaire ; et la nôtre, à nous Canadiens français, que l'Angleterre immole aux exigences d'une minorité favorisée, au mépris d'actes et de garanties, qui équivalaient à un contrat social juré, c'est de montrer comme une des parties du mariage politique qu'on nous impose, que nous sommes disposés à apporter dans l'Union proposée toute la bonne disposition nécessaire pour rendre l'alliance aussi profitable, aussi heureuse que possible, nous attendant à réciprocité de la part de la partie conjointe.

On se rappellera qu'en nous résignant au plan de lord Durham, ce qui ne veut pas dire que nous l'acceptions comme une mesure de justice et de saine politique, nous entendons qu'on la suivra dans toutes ses parties favorables. Il [Durham] cite l'exemple de la Louisiane ; nous nous attendons par conséquent à ce qu'on ne nous fera pas un sort pire que celui de nos anciens compatriotes de la Louisiane ; nous comptons sur l'égalité dans la représentation ; sur la révision, non sur la destruction de nos lois ; sur l'usage libre de notre langue à la tribune et au barreau, et dans les actes législatifs et judiciaires, jusqu'à ce que la langue anglaise soit devenue familière parmi le peuple ; enfin sur la conservation de nos institutions religieuses. Ainsi ce que nous entendons abandonner, c'est l'espoir de voir une nationalité purement française, et nullement « nos institutions, notre langue et nos lois », en tant qu'elles pourront se co-ordonner avec le nouvel état d'existence politique qu'on se propose de nous imposer. Et nous nous flattons que ces vues rencontreront celles des réformistes du Haut-Canada, qui, s'ils sont fidèles aux principes de leur école politique, ne peuvent exiger du peuple du Bas-Canada des sacrifices qui le laisseraient pendant un temps dans un état d'infériorité et d'incapacité politique vis-à-vis de l'autre population. L'assimilation, sous le nouvel état de choses, se fera graduellement et sans secousse, et sera d'autant plus prompte qu'on la laissera à son cours naturel, et que les Canadiens français y seront conduits par leur propre intérêt, sans que leur amour-propre en soit trop blessé. (*Le Canadien*, 13 mai 1839)

Papineau et le rapport Durham

... Voulant prouver que sa race favorite, la race saxonne, est seule digne du commandement, lord Durham l'a mensongèrement peinte en beau, et il a assombri par les plus noires couleurs le faux portrait qu'il a tracé des Canadiens français. Mais malgré cette avilissante partialité, je renvoie avec confiance les lecteurs équitables à cet étrange rapport, bien convaincu qu'ils en tireront cette conclusion, que les Canadiens n'ont aucune justice à espérer de l'Angleterre, que pour eux, la soumission serait une flétrissure et un arrêt de mort, l'indépendance, au contraire, un principe de résurrection et de vie. Ce serait plus encore, ce serait une réhabilitation du nom français terriblement compromis en Amérique par la honte du traité de Paris de 1763, par la proscription en masse de plus de vingt mille Acadiens chassés de leurs foyers, enfin le sort de six cent mille Canadiens gouvernés depuis quatre-vingts ans avec une injustice incessante, aujourd'hui décimés, demain condamnés à l'infériorité politique, en haine de leur origine française.

✎ La pendaison de cinq patriotes devant la prison de Montréal, au Pied-du-Courant. À l'époque, les exécutions étaient publiques. Dessin d'Henri Julien.

XIII • ASPECTS CULTUREL ET SOCIAL (1760-1840)

L'instruction publique de 1760 à 1801

Les instructions royales, datées du 7 décembre 1763, invitent le gouverneur, « *afin de parvenir à établir l'Église anglicane tant en principe qu'en pratique* », à donner « *tout l'encouragement possible à la construction d'écoles protestantes* ».

Il est à remarquer, par ailleurs, qu'au moment de la Conquête, la langue française ne fait l'objet d'aucune mesure restrictive. Considérant le respect dont elle jouit alors sur le plan international, Louis-Philippe Audet explique : « *Il n'est pas venu à l'idée des Anglais de 1760 de forcer ou d'induire les Canadiens à abandonner leur langue ; on espéra toutefois que ceux-ci feraient les efforts nécessaires pour apprendre la langue anglaise* ».

Au niveau primaire, une trentaine de *petites écoles* poursuivent leur travail. Au secondaire, le Séminaire de Québec doit s'improviser collège classique (1765) afin de combler le vide laissé par la fermeture du Collège des Jésuites. En 1767, les Sulpiciens ouvrent à Montréal le Collège Saint-Raphaël qui deviendra, en 1806, le Collège de Montréal.

« *Vers 1790,* affirme encore Audet, *la population protestante du Bas-Canada compte au moins 17 écoles pour 10 000 habitants ; les Canadiens français en ont une quarantaine pour 160 000* ».

La première génération de Canadiens après la Conquête souffre gravement de l'absence d'instruction.

En 1787, lord Dorchester amorce une grande enquête qui aboutit, deux ans plus tard, à de sérieuses tentatives d'établir des structures scolaires centralisées et complètes. Un projet d'université est même mis de l'avant. Mgr Jean-François Hubert et son coadjuteur, Mgr Charles-François Bailly de Messein, s'affrontent violemment sur cette question. Les Sulpiciens avancent pour leur part un timide projet de collège-université (à Montréal). Toute suggestion de ce genre est finalement écartée jusqu'à l'ouverture du Collège McGill en 1821, devenu université en 1829. Les Canadiens français attendront jusqu'en 1852 l'ouverture de leur première université (Laval) à Québec.

La dernière décennie du XVIIIe siècle et les premières du siècle suivant sont témoins de profondes modifications de la vie quotidienne au Bas-Canada. Jean-Pierre Hardy analyse ces changements dans La vie quotidienne dans la vallée du Saint-Laurent 1790-1835, *Éditions du Septentrion et Musée canadien des civilisations, 2001.*

Au cours de ce siècle, les jeunes gens désireux de se préparer à une profession libérale entrent au service d'un professionnel et se forment sous sa direction. Aussi, pour ceux qui n'ont pas la chance d'aller aux États-Unis ou en Europe, la formation laisse souvent à désirer. Plusieurs, à l'époque, déplorent la facilité avec laquelle on devient médecin ou avocat, « *cause de l'encombrement des professions libérales...* »

La législation scolaire de 1801 à 1836

En 1799 et 1800, le gouverneur Robert Shore Milnes et Jacob Mountain, premier évêque anglican de Québec, s'inquiètent du problème de l'instruction publique, et particulièrement de celle de la masse canadienne. Dans une lettre au gouverneur, le prélat déplore l'ignorance des Canadiens qui ne font aucun progrès « *dans la connaissance de la langue du pays sous le gouvernement duquel ils ont le bonheur de vivre* ». Grâce à ses efforts soutenus, Mountain obtient, en 1799, l'approbation du Conseil exécutif « *en faveur d'un projet d'écoles gratuites avec des instituteurs anglais payés par le gouvernement* » ❶. Dans son esprit, l'établissement d'un tel système devait assurer la formation d'une « *nouvelle race d'hommes… formée au pays* », moyen le plus sûr et le plus pacifique de « *supprimer l'ignorance, stimuler l'industrie et confirmer la loyauté du peuple par l'introduction graduelle des idées, coutumes et sentiments anglais. Le nuage épais de bigoterie et de préjugés qui couvre le pays serait dissipé et le mur qui sépare Canadiens et Anglais serait abattu* ».

Trop souvent, on porte des jugements hâtifs sur l'analphabétisme de la population canadienne-française au cours des XVIIIe *et XIX*[e] *siècles. Michel Verrette s'est intéressé à cette question qui a fait l'objet de sa recherche doctorale. Il démontre que le taux d'alphabétisation dans la vallée du Saint-Laurent est comparable aux taux de plusieurs pays européens. Son ouvrage* L'alphabétisation au Québec 1660-1900. En marche vers la modernité culturelle *(Sillery, Septentrion, 2002) comble un vide.*

De son côté, Milnes fait savoir à Portland, en novembre 1800 : « *Les habitants sont je le crois réellement un peuple industrieux, paisible et amical ; mais ils sont par suite de leur manque d'instruction et de leur extrême simplicité susceptibles d'être trompés par des hommes intrigants et rusés, et s'ils étaient induits à prendre pleinement conscience de leur indépendance, les pires conséquences pourraient s'ensuivre* ».

En 1801, le discours du trône invite l'Assemblée à voter le projet de loi issu du plan de Mountain et connu sous le nom de « Royal Institution for the Advancement of Learning ».

Joseph-François Perrault propose un projet de loi rival du précédent, mais sans succès. La majorité *canadienne* se contente, au moyen d'amendements, d'assurer l'indépendance des écoles confessionnelles et privées et « *d'assujettir la création des écoles de l'Institution royale dans toute paroisse à la volonté de la majorité* ».

Bien que la loi soit votée en 1801, il faudra attendre 17 ans la nomination des membres du premier Bureau. Comme la loi annonçait des moyens d'angliciser et de protestantiser les Canadiens, le clergé catholique lutte, surtout à partir de 1821, pour l'établissement de deux Institutions royales, ou tout au moins de deux comités distincts. L'adoption de la *loi des écoles de fabriques* en 1824 et des *écoles de syndics* en 1829 et 1832 met fin à ces tractations ❷.

Le bilan de l'*Institution royale* est modeste : il existe 35 écoles en 1818, 84 en 1829, 61 en 1833, 3 en 1837. La dernière ferme ses portes en 1846.

Avec la loi de 1824, les fabriques — sous la direction du curé et des marguilliers — sont autorisées à utiliser, pour le financement d'écoles primaires, un quart des revenus paroissiaux de l'année. En 1829, une nouvelle loi autorise des écoles administrées par une commission de syndics ❸. Plusieurs amendements successifs seront apportés, jusqu'en 1836, alors que le Conseil législatif refuse de suivre l'Assemblée.

---

❶ Cité par Mason Wade, ***Les Canadiens français de 1760 à nos jours***. I : 121-122.

❷ La loi de 1832 introduit « *un véritable code scolaire* ». L'année scolaire compte 190 jours. Vingt élèves sont nécessaires pour justifier un octroi. Un certificat de compétence et de moralité est exigé du professeur. À partir de 1831, on instaure un contrôle confié à des députés-inspecteurs. Ces derniers, selon Filteau et Allard, eurent fort à faire pour trouver des remplaçants aux professeurs incapables de satisfaire aux nouvelles exigences de la loi et surtout pour inciter les parents à envoyer leurs enfants à l'école. « *En 1836, il y avait 1202 écoles rurales fréquentées par 38 377 élèves* ». Voir Gérard Filteau et Lionel Allard, ***Un siècle au service de l'éducation (1851-1951). L'inspection des écoles dans la Province de Québec***. I : 8 et 10. Au sujet de la formation professionnelle, voir Louis-Philippe Audet et Armand Gauthier, ***Le système scolaire du Québec*** : 25-26.

❸ Cette législation donne enfin des résultats : 1829, 262 écoles et 14 755 élèves ; 1830, 752 et 38 216 ; 1831, 1074 et 42 000.

La loi *des écoles normales*, sanctionnée par le gouverneur du Bas-Canada en mars 1836, donne de bien piètres résultats et reste à peine 5 ans en vigueur.

Cependant, à côté des diverses tentatives plus ou moins fructueuses du gouvernement bas-canadien, on voit naître, à partir de 1803, une quinzaine de collèges qui, tout en optant pour « *la diffusion des humanités gréco-latines* », organisent un enseignement commercial, industriel et agricole.

« L'imprimeur cumule les métiers de l'imprimé ; c'est lui qui vit d'abord du journal et qui subsidiairement joint les autres métiers du livre à son primum vivere *: publier une gazette », constate Yvan Lamonde dans* La librairie et l'édition à Montréal, 1776-1920 *(BNQ, 1991). Cette situation dure jusqu'au début du XIXe siècle. Progressivement, les rôles respectifs de l'imprimeur et du libraire se préciseront à partir des années 1820. En 1832, l'écrivain obtient la reconnaissance de ses droits bien que les demandes de droits d'auteurs, relevées à partir de 1841, montrent que « l'imprimeur est plus souvent propriétaire des droits que l'auteur ». Quant au métier d'éditeur, il faut aller au-delà de la période couverte.*

Le journalisme

La presse, plus que les livres, a d'abord exprimé la vie canadienne. William Brown fonde en 1764 le second journal au Canada, la ***Gazette de Québec*** ❶. Fleury Mesplet, premier imprimeur français à s'établir au Canada, commence à publier, en juin 1778, la ***Gazette de commerce et littéraire*** qui devient, trois mois plus tard, la ***Gazette littéraire.*** En juin 1779, Mesplet et Valentin Jautard, respectivement imprimeur et rédacteur en chef, sont jetés en prison par Haldimand en raison de leur sympathie à l'endroit des rebelles américains.

Des fonctionnaires anglais lancent, en janvier 1805, le ***Quebec Mercury***. Quelques mois plus tard, 4 députés *canadiens* ❷ fondent ***Le Canadien.*** Supprimé par Craig en 1810, ce journal reparaît de 1817 à 1819, de 1820 à 1825 et de nouveau en 1831 grâce à l'initiative de J.-B. Fréchette et d'Étienne Parent. Ce dernier connaît une riche carrière de journaliste. Sans posséder le talent d'un grand écrivain, il n'en réussit pas moins des tournures heureuses et, surtout, il exprime avec lucidité les problèmes de son temps. L'étude de ses écrits est extrêmement révélatrice. Sa pensée qu'on a associée à celle de La Fontaine est à l'origine d'une longue tradition de *fédéralisme optimiste*.

Bien que modéré, Étienne Parent passe 5 mois en prison au début de 1838. À sa sortie, il poursuit son travail au *Canadien* et entreprend la traduction des rapports de Durham. Après avoir été farouchement anti-unioniste, il opte pour tirer le meilleur parti possible de l'Union. L'habile Bagot se l'attachera en le faisant nommer haut fonctionnaire au Parlement du Canada-Uni.

Folklore et chansons populaires

Deux genres plus légers conservent la gaieté et l'esprit français chez le peuple : les contes et les chansons populaires. C'est la *littérature du cœur.* Dans les veillées de famille, on écoute les vieux récits dans lesquels jouent un grand rôle la sorcellerie et les enchantements. La crédulité populaire s'émeut en écoutant des histoires de loups-garous (êtres humains changés en bêtes sous l'influence d'un maléfice), de feux follets (âmes envoyées par Dieu sur terre pour y faire pénitence), de chasse-galerie (canots voyageant dans les airs conduits par des diables), etc.

Entre deux danses exécutées au son entraînant du violon, les habitants reprennent avec entrain les chansons à répondre dont plusieurs viennent de France ***À Saint-Malo, beau port de mer, C'est la belle Françoise, À la claire fontaine.*** D'autres

---

❶ ***The Halifax Gazette*** fut fondé en 1752. Voir le ***Boréal Express (1760-1810)*** : 276, 281.
❷ Il s'agit de Pierre Bédard, Jean-Thomas Taschereau, Joseph Le Vasseur Borgia et François Blanchet.

sont composées au pays, parfois par des poètes illettrés. À la suite des guerres de 1775 et de 1812, il y a toute une floraison de chansons militaires, souvent plus remarquables par leur malice gauloise que par leur valeur poétique. Les complaintes sont aussi fort nombreuses, rappelant à leur façon quelque grand malheur.

Les arts

Les causes du retard littéraire valent aussi pour expliquer le lent développement des beaux-arts.

La maison canadienne se présente comme un monument modeste, mais aux lignes harmonieuses. Rares sont les architectes et les artistes. Quelques-uns viennent de l'étranger, comme James O'Donnell qui trace les plans de Notre-Dame de Montréal. Il faut particulièrement signaler, parmi les Canadiens, Louis Quevillon, qui organise une *maîtrise d'art* et fonde une association professionnelle. Avec ses élèves, il provoque, dans la région de Montréal, une véritable renaissance de la sculpture et de l'architecture. S'inspirant du style *jésuite* en vogue sous Louis XV et Louis XVI, l'école de Quevillon inspire la construction de nombreuses églises. Dans la région de Québec, les deux Baillairgé, fidèles au style classique, dessinent les plans de plusieurs églises et exécutent des sculptures.

Dans Libéralisme sans liberté *(Lanctôt, 1997), Robert Lahaise donne la parole aux chansonniers, poètes et romanciers, depuis 1760 jusqu'à 1860. « Une histoire du Québec par la littérature et une histoire de la littérature par l'histoire du Québec » (Éric Chalifoux).*

Le clergé : son recrutement, son influence

Après 1760, les effectifs du clergé diminuent progressivement. Cependant, le travail de Mgr Jean-François de la Marche, évêque de Saint-Pol-de-Léon et chef de file du clergé français émigré en Angleterre [1], et la bienveillance de Dorchester permettent à Mgr Hubert de recruter, entre 1793 et 1796, 30 prêtres français dont 14 Sulpiciens.

Par la suite, soit jusqu'en 1802, seuls 4 autres prêtres gagnent le Bas-Canada. Cet arrêt s'explique à la fois par l'accueil assez froid réservé aux nouveaux venus par certains curés *canadiens* et aussi par l'attitude de Prescott, successeur de Dorchester.

Exception faite de ces 34 prêtres connus, aucun autre renfort ne vient de France au lendemain de 1760. La dispersion des séminaristes lors du siège de Québec en 1759 et l'interruption des études pendant plusieurs années ajoutent aux conséquences de cette absence de recrutement en provenance de France et contribuent à diminuer progressivement les effectifs du clergé. Trente ans après la Conquête, il ne reste plus que 146 prêtres pour desservir 150 000 fidèles dispersés sur un immense territoire.

Malgré ces maigres effectifs, le clergé demeure un phare important de la collectivité canadienne. Les curés surent grouper les habitants autour de l'église paroissiale. Un grand nombre de prêtres se firent éducateurs dans leur presbytère. Dans son rapport, lord Durham rend au clergé ce témoignage : « Dans l'absence générale des institutions permanentes du gouvernement civil, l'Église catholique seule présente des caractères de stabilité et d'organisation et elle seule a été le soutien de la Civilisation et de l'ordre ».

---

[1] « *Dans la seule année 1793, huit mille [prêtres français] traversèrent en Angleterre* ». Voir Lucien Lemieux, ***L'Établissement de la première province ecclésiastique au Canada (1783-1844)*** : 33s.

La Loi des Fabriques (1831)

En 1660, Mgr de Laval avait établi un mode pour l'élection des marguilliers. Ils devaient être nommés « *par les anciens et nouveaux marguilliers* » et c'est à eux que le conseil de fabrique devait rendre ses comptes. Le plus souvent donc, leur élection de même que la reddition des comptes se faisaient en l'absence des francs-tenanciers. En 1830, il se fait un mouvement pour faire admettre les notables aux assemblées de fabrique. « *Des pétitions furent adressées à la Chambre en 1831 par des paroissiens de Sainte-Marie-de-Monnoir, de Saint-Jean-Baptiste de Rouville, de Saint-Hilaire et de Saint-Louis de Lotbinière* »

Un comité de la Chambre est chargé de les étudier. Finalement, Louis Bourdages, le doyen de la Chambre, présente un projet de loi déclarant que « *les propriétaires ont droit d'intervenir pour tous les règlements du gouvernement temporel de l'Église* ». La session se termine avant qu'on puisse procéder à l'étude du projet de loi. Inquiétés et alarmés, plusieurs curés entreprennent de défendre leurs prérogatives. Une contre-requête est présentée par le clergé.

À la reprise de la session, Bourdages ramène son projet de loi qui vise « *tous les règlements du gouvernement temporel de l'Église* ». Malgré des discussions assez vives, la loi est votée par 30 voix contre 19. Il n'en est cependant pas de même au Conseil législatif où le bill est rejeté. Car, désespéré, le clergé s'était tourné vers le Conseil exécutif présidé par Jonathan Sewell. Ce dernier, aussi membre du Conseil législatif, se charge de porter le coup de grâce à la loi dans l'autre Chambre de la législature. Farley-Lamarche expliquait jadis : « *Chose curieuse, ce fut le juge Sewell qui la combattit avec le plus d'ardeur, parce qu'il la regardait comme contraire au traité de Paris et à l'Acte de Québec. A la vérité, Sewell en voulait peut-être davantage aux allures trop démocratiques de cette loi. Plus tard les marguilliers seront élus par tous les paroissiens « tenant feu et lieu* ».

Pour un honnête survol de l'histoire de l'Église catholique au Québec, il faut se tourner vers la collection dirigée par Nive Voisine, Histoire du catholicisme québécois *(Boréal). La période (1760-1839) a été couverte par Lucien Lemieux, celle qui va de 1840 à 1898 par Philippe Sylvain et Nive Voisine, la suivante (1898-1940) par Jean Hamelin et Nicole Gagnon et enfin le dernier tome qui va jusqu'à 1984, année de la publication, par Jean Hamelin.*

Expansion de l'Église

Au fur et à mesure qu'ils se libèrent des contraintes tantôt *personnelles*, tantôt juridiques de l'autorité gouvernementale, les évêques de Québec se préoccupent de l'expansion de l'Église. Des obstacles de tout ordre retardent longtemps la division du vaste diocèse de Québec. En 1819, l'évêque titulaire de Québec reçoit le titre honorifique d'archevêque. Pour des raisons politiques, on s'abstient cependant de constituer une véritable province ecclésiastique. L'évêque s'entoure tout de même de 4 vicaires généraux, évêques auxiliaires et coadjuteurs. Mgr Jean-Jacques Lartigue, sacré évêque en 1821, remplit cette fonction à Montréal, érigé canoniquement en évêché en 1836.

En 1803, le Haut-Canada reçoit un groupe de « Highlanders » catholiques fuyant l'Écosse, conduits par l'abbé Alexander Macdonell. D'abord nommé vicaire général, puis évêque auxiliaire, celui-ci devient évêque de Kingston en 1826. La population catholique, en provenance d'Irlande surtout, passe de 5 000 en 1817 à 52 000 en 1834. En 1841, on crée le diocèse de Toronto.

Les fidèles des *provinces maritimes* avaient reçu aussi l'attention des évêques de Québec, en particulier de Mgr Pierre Denaut et de Mgr Joseph-Octave Plessis. Ceux-ci envoient des prêtres séculiers, comme missionnaires. L'abbé James Jones se dévoue longtemps comme vicaire général du territoire. En 1817, la Nouvelle-Écosse se forme en vicariat apostolique sur les instances de l'abbé Edmund Burke qui d'ailleurs est placé à sa tête. Un an plus tard, Mgr Angus B. MacEachern devient évêque auxiliaire de l'Île-du-Prince-Édouard et du Nouveau-Brunswick.

Quant à l'Ouest *canadien* où la traite des fourrures continue à se pratiquer, il s'est peuplé progressivement par suite des nombreux mariages entre coureurs de bois et Indiennes. Un groupe de Métis s'est formé et le besoin de prêtres se fait sentir. Au terme d'une course de 1 800 milles qui lui a permis de prévenir Selkirk de certains dangers, Jean-Baptiste Lajimonière aurait demandé en guise de récompense : « *Envoyez-nous des prêtres* » ❶. Avec l'aide du comte Selkirk, grand responsable de la colonisation du Centre-Ouest, le capitaine Miles Macdonell, gouverneur de l'Assiniboine, tente, mais en vain, d'obtenir des prêtres irlandais. Il s'adresse alors à Mgr Plessis qui lui envoie les abbés Dumoulin et Provencher. Ceux-ci s'installent dans le Manitoba d'aujourd'hui et de là rayonnent dans tout l'Ouest canadien. Ils s'occupent du ministère des âmes et voient aussi à la fondation d'écoles. Plusieurs autres prêtres du Bas-Canada iront les rejoindre.

Mgr Plessis

Sans céder tout à fait aux pressions de Craig, Mgr Plessis lance de vibrants appels au loyalisme des Canadiens et en temps opportun — pour le gouverneur — il s'emploie à rappeler à ses ouailles que « *l'autorité vient de Dieu* » ! Face aux défaites napoléoniennes, il invite les Canadiens à se réjouir des victoires du bien sur le mal et rend de surprenants hommages au gouvernement britannique « *qui a la modération en partage* », tellement que la Conquête de 1760 lui apparaît comme un bienfait providentiel. Son loyalisme se manifeste particulièrement lors des tentatives d'invasion de 1812-1814, tellement qu'il ne faut pas s'étonner des interventions de Prevost et Sherbrooke pour lui faire reconnaître le titre *d'évêque catholique romain de Québec* » ❷. Cette reconnaissance *civile* du titre de Mgr Plessis lui est accordée à l'occasion de sa nomination au Conseil législatif. Dès 1818, l'évêque se présente au dit conseil. Il faudra cependant 8 ans avant que Rome n'approuve cette nomination.

Il est à noter que les successeurs de Mgr Plessis auront à être agréés pour porter le titre d'évêque de Québec ; en pratique, il ne s'élèvera plus de contestations sérieuses sur cette question. Cependant, par suite de l'opposition de plus en plus violente entre le Conseil législatif et l'Assemblée, les successeurs de Mgr Plessis éviteront de siéger au Conseil. Ainsi on verra Mgr Lartigue déconseiller fortement à Mgr Joseph Signay de s'y présenter.

---

❶ Voir Mgr Albert Tessier, ***Canadiennes.*** Fides, Montréal, 1962 : 120. Lajimonière quitte la rivière Rouge le 1er novembre 1815. Il atteint Montréal deux mois plus tard et livre son message à Selkirk « *au cours de la soirée du premier de l'an* ».

❷ Voir Lucien Lemieux, ***L'établissement de la première province ecclésiastique au Canada (1783-1844)*** : 84. Le Dr Mountain fut fort peiné d'avoir à partager le titre de « Bishop of Quebec ».

Les protestants

Dès le début du régime anglais, l'Angleterre s'efforce d'assurer le développement de l'Église anglicane. Elle encourage la venue de pasteurs protestants et leur assure de généreuses subventions. Outre les *réserves du clergé*, ces derniers bénéficient de l'aide directe des autorités impériales qui facilitent souvent leur ministère en les faisant profiter des dépouilles des communautés d'hommes.

Par suite de l'arrivée des loyalistes, les anglicans progressent en nombre. Québec est érigé en évêché anglican en 1789, mais demeure sous l'administration du Dr Charles Inglis, évêque anglican de la Nouvelle-Écosse, jusqu'à l'arrivée du Dr Jacob Mountain, en 1793. Au mois de mai de l'année suivante (1794), celui-ci reçoit ses papiers officiels lui accordant le titre de « Lord Bishop of Quebec » et l'autorisant à siéger au Conseil législatif de l'une et l'autre des deux provinces. Vers 1830, une société de propagande forme le projet de gagner progressivement au protestantisme tous les *nouveaux sujets*. À cet effet, elle engage des pasteurs de langue française, Suisses pour la plupart [1]. Ignorés des Canadiens (à l'époque ce terme désigne les Canadiens français) autant que des Anglais, ces pasteurs n'ont guère de succès.

Les presbytériens viennent d'Écosse en 1795 et s'établissent surtout dans la Nouvelle-Écosse. Les méthodistes, immigrés dans les *provinces maritimes* et le Haut-Canada, vivent pour leur part sous la tutelle de pasteurs américains jusqu'en 1821.

Les Juifs

Interdits en Nouvelle-France, les Juifs pénètrent dans la vallée du Saint-Laurent à la faveur de la Conquête anglaise. Durant la guerre de Sept Ans, ils jouent un rôle important comme fournisseurs des troupes. L'ingéniosité et l'efficacité des Franks [2] rendent possible la progression victorieuse des Britanniques.

D'autres Juifs, plus modestes, s'attachent aux armées d'invasion. Dès 1758, Samuel Jacobs est dans le sillage des Anglais, depuis le fort Cumberland jusqu'à Québec. Aaron Hart et quelques-uns de ses coreligionnaires accompagnent Amherst en 1760.

Après le traité de Paris, quelques Juifs qui faisaient le commerce dans les *Pays d'en-Haut* gagnent Montréal, de telle sorte que la présence juive devient assez importante dans la nouvelle colonie anglaise.

Ils ne tardent pas à s'organiser une vie collective convenable. En 1768, la communauté juive de Montréal se donne une première synagogue, la seule au Canada pendant près d'un siècle. Aux Trois-Rivières, Aaron Hart préside aux destinées des quelques Juifs de la région, pour la plupart ses parents, tels les Judah et les Joseph, et leur procure les éléments nécessaires à leur vie communautaire.

Bien que les Juifs doivent attendre 1832 pour obtenir l'autorisation de tenir leurs propres registres civils et jouir de droits égaux, ils ne sont, en pratique, l'objet d'aucune discrimination particulière. Leur principale difficulté réside dans la formule

Irving Abella a publié, en 1990, La tunique aux couleurs multiples. Deux siècles de présence juive au Canada *(Ottawa, 1990), ouvrage destiné à compléter une exposition présentée au Musée canadien des civilisations. L'exposition consistait surtout en une présentation d'objets de grande valeur tandis que l'ouvrage insiste sur les manifestations d'antisémitisme tant au Québec que dans le reste du Canada. Denis Vaugeois, pour sa part, a choisi de présenter le premier siècle de présence juive dominée par la famille Hart dans* Les Premiers Juifs d'Amérique, 1760-1860, *Québec, Septentrion, 2011.*

---

[1] Il en vint de 12 à 15. Ils appartenaient à l'Église réformée (Calvin). Le gouvernement les aida peu.

[2] Il n'est nullement question d'affirmer que les Franks — ou les Juifs — sont les artisans de la Conquête, mais leur action comme fournisseurs des troupes anglaises a vraiment permis la bonne marche des opérations militaires des envahisseurs. Voir Denis Vaugeois, ***Les Juifs et la Nouvelle-France.*** Éd. du Boréal Express, 1968.

Vers la terre promise *(Maximage, 1997) est un film documentaire fort instructif d'Ina Fischman sur les rapports entre Québécois de diverses origines, plus précisément entre Juifs et Canadiens français.*

des divers serments qu'il leur faut prêter comme tout sujet de Sa Majesté. En 1768, John Franks crée un précédent important en modifiant la formule du serment qu'il prête « under the true faith of a Jew » à la place de « of a Christian ». On a souvent prétendu que cette formule de serment avait aussi empêché Ezekiel Hart d'occuper son siège à la Chambre d'Assemblée du Bas-Canada. En réalité, Hart prêta le serment d'office. Cependant, les Canadiens, désireux de maintenir leur majorité en Chambre et aigris par l'attitude du parti *anglais*, nièrent au député trifluvien le droit de siéger sous prétexte que le serment d'un Juif — lequel ne croit pas au Nouveau Testament — ne saurait être valide. Malgré l'intervention personnelle de Craig, ami de la famille, Londres leur donna raison ❶.

Arrivés avec le vainqueur de 1760, les Juifs s'identifient à ce groupe. Plusieurs prennent l'habitude d'envoyer leurs fils parfaire leurs études aux États-Unis — parfois même en Europe. Une certaine aisance et un esprit d'entraide facilitent cette pratique. Les filles, généralement, sont confiées aux bons soins des religieuses qui ne font pas de difficulté pour les accueillir.

Jusqu'à l'arrivée des immigrants juifs d'Europe centrale, au milieu du XIXe siècle, le groupe juif du début demeure assez homogène et maintient le rite séphardique ❷. L'arrivée massive des Ashkénazes brise cependant l'homogénéité de la collectivité juive et la divise profondément.

❶ Certains auteurs ont voulu voir dans cette manœuvre des relents d'antisémitisme. Il n'en est rien. D'ailleurs Ezekiel Hart n'a-t-il pas été élu par une majorité de Canadiens français aux Trois-Rivières ! L'affaire du serment n'est qu'un prétexte, comme sans doute la question de l'éligibilité des juges pour exclure De Bonne.

❷ Les premiers Juifs à pénétrer dans la vallée du Saint-Laurent appartiennent à la tradition *ashkénaze*, mais comme la communauté juive de Montréal est tournée — tout comme la nouvelle colonie anglaise elle-même — surtout vers New York et Londres, elle en retient le rite *séphardique* qui y domine.

✎ Première synagogue construite au Canada (Montréal, c. 1835). À noter le style égyptien de la façade.

XIV • VERS LE GOUVERNEMENT RESPONSABLE (1841-1849)

En quoi consiste le gouvernement responsable

En 1840, dans les diverses provinces de l'Amérique du Nord britannique, l'Exécutif, dont les membres sont nommés par la Couronne, demeure encore indépendant de la Chambre. Les réformistes canadiens réclament le droit d'exiger des ministres qu'ils rendent compte de leur administration à l'Assemblée législative. Ils veulent que le Conseil exécutif soit choisi dans le parti qui domine (il peut parfois s'agir d'une coalition) et qu'il démissionne dès qu'il ne commande plus la majorité en Chambre. C'est ce qu'on appelle le *gouvernement responsable*. Quand ainsi le Conseil exécutif d'une colonie devient un véritable *cabinet*, celle-ci jouit alors du *self-government*, c'est-à-dire de l'autonomie interne.

La notion de responsabilité ministérielle est complexe, ce qui explique peut-être le peu d'études qui lui ont été consacrées ! Voir Bulletin d'histoire politique, *printemps-été 1998, dont le thème est « Genèse et historique du gouvernement responsable au Canada ».*

Dans son rapport, Durham propose d'appliquer au Canada le principe de la responsabilité ministérielle. Il lui apparaît nécessaire que Londres relâche progressivement son autorité sur les colonies pour éviter que le « *second Empire britannique* » ne se disloque. Comme l'Union met les Canadiens français en minorité, il ne répugne plus d'établir un gouvernement colonial autonome qui ne sera pas confié à une majorité canadienne-française. Mais le gouvernement britannique repousse cette recommandation. Lord Russell, entre autres, soutient que la responsabilité ministérielle est incompatible avec l'état de colonie, puisque le gouverneur peut recevoir des *instructions impériales* qui ne concordent pas avec l'avis de son Conseil. Les réformistes engagent alors la lutte pour l'obtention du gouvernement responsable.

Les revendications en faveur d'un gouvernement responsable

Le gouverneur Sydenham s'inquiète de la composition de la première assemblée du Canada-Uni. Il déclenche des élections et descend lui-même dans l'arène politique avec l'espoir de triompher des réformistes ❶. Il réussit à faire élire 19 députés de son choix dans le Bas-Canada. Le Haut-Canada lui est assuré ❷.

Le premier Parlement se réunit à Kingston, dans un hôpital général. Sydenham remplit lui-même le rôle de premier ministre. Il tente de camoufler son pouvoir personnel derrière un conseil exécutif choisi parmi les divers groupes politiques de l'Assemblée. Mais il commet la maladresse d'en exclure les Canadiens français. Dès

---

❶ L'intervention des gouverneurs Sydenham et Metcalfe dans les élections a grandement contribué à transplanter au Canada les manœuvres frauduleuses qui pourrissaient alors le système électoral britannique : l'intimidation des électeurs par des fiers-à-bras, voire même par l'armée, l'achat des votes, le *patronage*, le « gerrymandering » c'est-à-dire le découpage des circonscriptions dans le but d'en tirer un avantage électoral. André Maurois, dans sa biographie de Disraëli, décrit assez bien le contexte politique de l'Angleterre au milieu du XIXe siècle (Gallimard, Paris,1927 : 46ss, 69ss).

❷ En évitant les discussions idéologiques, Sydenham, dont les projets de législation concernaient des sujets très pratiques comme l'organisation des municipalités, la construction et le financement des canaux, réussit dans le Haut-Canada à rallier au *parti du gouverneur* des députés de toutes tendances, même des réformistes modérés.

lors, les réformistes haut et bas-canadiens dirigés respectivement par Robert Baldwin et Louis-Hippolyte La Fontaine, bien que divisés au sujet de l'Union, commencent à se rapprocher. Les Haut-Canadiens trouvent là l'alliance dont ils ont besoin pour conquérir leur self-government, c'est-à-dire en particulier la possibilité de décider de la politique économique du Canada-Uni. Dans ce but, ils sont prêts à faire des concessions aux Canadiens français minoritaires. Pour l'élite du Canada français, c'est l'occasion de se tailler une place afin de minimiser, autant que possible, les effets du naufrage politique de 1840.

Pendant toute la première session, Sydenham réussit mal à éviter l'affrontement au sujet de la responsabilité ministérielle. Quinze jours après la prorogation de l'Assemblée, il meurt des suites d'une chute de cheval. Malgré ses qualités intellectuelles, il n'est guère regretté des *Canadiens* de l'époque qui le regardent comme « *un roué politique et un tyran* » ❶.

Sir Charles Bagot, qui lui succède en 1842, confie le ministère à La Fontaine et à Baldwin qui remplacent William Henry Draper et Charles Richard Ogden. Pour la première fois, un ministère qui ne commande pas la confiance de la Chambre est mis en demeure de se retirer. L'« Establishment » ❷ menacé s'indigne en voyant d'anciens *rebelles* entrer au Ministère. Les journaux du « Family Compact » ❸ accusent Bagot de « *livrer les sujets britanniques à la domination de la tourbe française* ». Les Canadiens français jubilent. Le « Colonial Office », d'abord surpris, finit par approuver l'attitude de Bagot.

Charles Bagot meurt en mai 1843. Le « Colonial Office » profite de la circonstance pour tâcher de regagner le terrain perdu et envoie au Canada un homme sûr, sir Charles Metcalfe. Il ne faut donc pas s'étonner de voir le nouveau gouverneur refuser d'appliquer les principes du gouvernement responsable. Le ministère démissionne. Il s'ensuit une crise qui oblige le gouverneur à dissoudre l'Assemblée. Les élections, dans lesquelles Metcalfe intervient directement, lui donnent un faible avantage de 6 sièges dans la nouvelle Chambre qui se réunit à Montréal, ville choisie comme capitale du Canada en novembre 1843. Il fait élire comme *Orateur* Allan MacNab, unilingue anglophone. L'Angleterre, pour récompenser Metcalfe de ses services, le nomme baron de Fern-Hill. Il meurt en 1846, un an après son départ du Canada.

1847 sera l'année d'une nouvelle épidémie, le typhus cette fois qui fit plus de 17 000 victimes parmi les quelque 100 000 immigrants de cette année-là. Voir le livre très original d'André Charbonneau et André Sévigny 1847 : Grosse-Île au fil des jours *(Parcs Canada, 1997).*

Nouvelle politique coloniale de l'Angleterre

En Angleterre, le parti tory conduisait depuis longtemps la politique anglaise qui avait peu changé depuis 1791. Le premier ministre Robert Peel s'imaginait que seul le contrôle des colonies par « Downing Street » ❹ saurait maintenir l'unité de l'Empire.

---

❶ Voir Antoine Gérin Lajoie, ***Dix ans au Canada de 1840 à 1850***. Québec, 1888 : 113.

❷ Les Britanniques en place, solidement installés dans l'appareil gouvernemental, le commerce, l'Église, etc.

❸ Les journaux en question : *Royal Standard (Upper Canada Gazette), The Mirror, The Patriot.*

❹ En 1731, George II offre à sir Robert Walpole la résidence sise au 10 de la rue Downing à Londres. Celui-ci décline l'offre à titre personnel, mais l'accepte un peu plus tard en tant que premier ministre. Il y vivra de 1735 à 1742. Par la suite, les premiers ministres britanniques y éliront domicile. Cette rue remémore le nom de sir George Downing qui fut responsable de la construction de ce secteur.

Les whigs, portés au pouvoir en 1846, ont des vues plus larges en ce qui regarde l'administration des colonies. Jusque-là, l'Angleterre, mercantiliste, contrôlait tout le commerce colonial ; ce qui explique en partie sa résistance à octroyer le self-government à ses colonies. Mais après la campagne de Richard Cobden, manufacturier de Manchester, la Grande-Bretagne s'oriente vers le libre-échange, ce qui signifie qu'elle cesse de protéger économiquement ses colonies. Dès lors, elle aurait mauvaise grâce à leur refuser le gouvernement responsable. De plus, les « Little Englanders » qui prônent une réduction des engagements du gouvernement impérial envers les colonies, dominent les Communes. Beaucoup d'hommes politiques anglais, convaincus que le Canada-Uni ne peut tarder à jouir de l'indépendance comme les États-Unis, montrent de moins en moins d'objections à lui concéder le gouvernement responsable.

L'obtention du gouvernement responsable

C'est dans cette nouvelle atmosphère que lord Elgin prend son poste de gouverneur général en janvier 1847. Il reçoit de l'Angleterre des instructions libérales qui reconnaissent, sans détour, au peuple le droit d'être gouverné selon ses vœux. Les élections de décembre 1847 amènent en Chambre une forte majorité de réformistes. Le nouveau gouverneur, acceptant le principe de la responsabilité ministérielle, déclare à la Chambre : « *Toujours disposé à écouter les avis du Parlement, je prendrai sans retard les mesures pour former un nouveau Conseil exécutif* ». Baldwin et La Fontaine sont invités à former le nouveau cabinet.

Gouvernement responsable signifie autonomie interne et l'action du gouverneur s'en trouve désormais fort diminuée dans la colonie ❶. D'abord, il ne nommera plus aux emplois publics : ce *patronage* ❷ appartient dorénavant aux ministres. Il

❶ Elgin avoue lui-même qu'il est un gouverneur qui ne gouverne plus.

❷ Cette pratique est aujourd'hui condamnée par la *morale publique*. Elle était autrefois admise comme quasi normale et faisait en quelque sorte partie de l'exercice du pouvoir. Les travaux publics, les concessions de terres et les nominations de fonctionnaires donnaient lieu à une forme de favoritisme politique où les amis des nouveaux élus trouvaient leur profit.

✎ Costumes d'époque. Détail d'un dessin de Cockburn.

Charles Baillairgé fut le premier architecte à l'emploi de la ville de Québec. On lui doit quelques bâtiments de l'Université Laval, la prison des plaines et surtout la terrasse Dufferin construite à partir de 1878. Voir le très beau livre de Christina Cameron, Charles Baillairgé Architect & Engineer *(McGill-Queen's, 1989).*

n'assistera plus aux réunions du cabinet. Et surtout il ne doit plus s'identifier à un parti politique, ni se mêler d'élections. Une prérogative lui reste cependant, celle d'accorder ou de refuser au premier ministre la dissolution des Chambres. Il garde théoriquement le droit de désavouer ou de suspendre certaines lois. En fait, le gouverneur usera rarement de ce privilège. Il demeure le représentant du gouvernement britannique et l'agent des relations entre la métropole et la colonie. Ces relations ne seront pas sans heurts. Il sera souvent difficile de partager entre les affaires canadiennes d'intérêt purement local et celles dans lesquelles la Grande-Bretagne voudra continuer d'intervenir au nom des intérêts généraux de l'Empire. ❶

❶ La Grande-Bretagne se réservait en particulier le commerce, les relations extérieures et intercoloniales, la défense et les amendements à la constitution du Canada-Uni.

✎ Québec au milieu du XIXe siècle. La précision des détails de cette lithographie la rend extrêmement intéressante. Outre certains points de Québec (c. 1844) que l'on distingue assez bien, il convient de remarquer les types d'embarcations, de même que les costumes des divers personnages au premier plan. La direction de la fumée qui s'échappe du vapeur indique sans doute l'autonomie du navire vis-à-vis du vent. Œuvre attribuée à B. Beaufoy.

1849

À l'ouverture du Parlement de 1849, comme l'Article 41 de l'Acte d'Union qui restreignait l'usage du français vient d'être abrogé par Londres, le gouverneur prononce le discours du trône dans les deux langues.

Pendant la session, le ministère La Fontaine-Baldwin propose de voter une indemnité à tout habitant du Bas-Canada qui en 1837-38 avait subi des dommages causés, dans la plupart des cas, lors des représailles exercées par les forces britanniques. Une telle indemnité avait déjà été votée en faveur des habitants du Haut-Canada. Les débats sont âpres et tournent presque à la violence. La Chambre du Canada-Uni vote finalement une compensation de 100 000 livres.

Pour les marchands britanniques tories de Montréal, c'en est trop ! Menacés par l'abandon du protectionnisme, affaiblis par le triomphe de la responsabilité ministérielle, ils se disent maintenant asservis à la « French Domination » dans le Canada oriental. À leurs yeux, la loi des indemnités est « *une prime à la révolte* ». Ils tentent d'en obtenir l'arrêt auprès du gouverneur. Elgin tient à se conformer à l'avis de ses ministres et signe la loi, le 25 avril.

Ce jour-là, quand le gouverneur quitte le parlement, une foule de tories et *d'orangistes* [1] en colère lapident son carrosse. Sur l'invitation de la ***Montreal Gazette***, 1 500 manifestants, représentant surtout la classe commerciale anglophone, se rassemblent au Champ-de-Mars. Ils envahissent bientôt le parlement où les députés siègent encore et saccagent tout. Le feu se déclare et se propage rapidement. Le parlement est complètement rasé et avec lui disparaissent de précieux documents. L'émeute se prolonge toute une semaine pendant laquelle les maisons de plusieurs députés réformistes sont endommagées ; le gouverneur est de nouveau attaqué. Dans d'autres villes canadiennes, les tories manifestent également, quoique moins violemment.

Que s'est-il passé pour qu'un segment important de la communauté anglo-montréalaise s'attaque subitement aux institutions les plus fondamentales du pays, au gouverneur, au premier ministre, au parlement et à sa bibliothèque ?

Frustrés, des tories de Montréal et des Cantons de l'Est se tournent vers les États-Unis. Plusieurs centaines d'entre eux signent un manifeste qui demande « *une séparation pacifique et à l'amiable d'avec la Grande-Bretagne et une union dans des conditions équitables avec la confédération nord-américaine d'États souverains* ». Les radicaux canadiens-français du *parti rouge* appuient ce mouvement, contrairement à la masse canadienne-française qui y voit une menace d'assimilation plus grande encore que celle de l'Union. L'Angleterre pour sa part s'y oppose carrément, tandis que les États-Unis ignorent le mouvement d'autant plus facilement que leur fragile équilibre nord-sud serait rompu par l'annexion de nouveaux États non esclavagistes. Finalement, la prospérité des années 50 écartera pour un temps ces visées annexionnistes.

---

[1] Les *orangistes* tirent leur nom de Guillaume III, prince d'Orange, champion du protestantisme dont le principal mérite, à leurs yeux, est d'avoir vaincu le roi catholique Jacques II. Ils se caractérisent par leur opposition aux catholiques. Au Canada, par ricochet, cette attitude les oppose aux Canadiens français, souvent par le biais de sociétés secrètes.

1849. Est-il exagéré d'affirmer qu'un vent de folie souffle sur Montréal ? C'est en tout cas l'occasion de présenter Histoire de la folie au Québec de 1600 à 1850 *(Boréal, 1991) d'André Cellard. En Nouvelle-France, les seuls fous internés étaient ceux qui pouvaient représenter un danger pour l'ordre social en raison de leur violence. Il semble que depuis les années 1980, avec la désinstitutionnalisation, « le fou est de nouveau libre ». Il rejoint la horde des sans-abri. Au milieu du XIXe siècle, les autorités britanniques avaient créé diverses institutions pour de multiples raisons économiques et sociales, dont la destruction des solidarités familiales et communautaires.*

Un témoin raconte... ❶

Montréal, 25 avril 1849

Ma chère épouse,

J'essaierai de te donner un compte rendu de ce que je fais et de ce que d'autres gens font, car il se passe de nombreux événements aujourd'hui. Je commence par te dire que je suis heureux de ce que toi et les enfants vous ne soyez pas ici, car nous sommes à l'aube d'une autre rébellion, non pas cependant d'une révolte canadienne-française, mais d'une rébellion d'un tout autre ordre. Avant de terminer, je devrai sûrement t'entretenir de loi martiale, de feu, de sang et de meurtre, mais, auparavant, je vais te parler de moi-même. [...]

Les affaires vont terriblement au ralenti et on ne parle plus que d'un gouvernement républicain. Aujourd'hui le gouverneur est venu en ville à cheval, accompagné comme à l'ordinaire d'un aide de camp et de son palefrenier. Ils rentrèrent vers trois heures et tous croyaient qu'on avait réglé les affaires courantes et que Son Excellence était allée dîner. Mais une heure plus tard environ, il revint à la ville en grand équipage, entouré de ses officiers et d'une garde plus nombreuse qu'à l'habitude. Pourquoi tout ce branle-bas ? se demandait-on. On ne pouvait supposer que c'était pour donner la sanction royale à un projet de loi quelconque, car, avant d'accorder une telle sanction, on en donne habituellement un avis public. Les soldats se déploient alors devant le parlement et saluent avec une salve de fusils. Mais, cette fois-ci, il n'y eut rien indiquant qu'on sanctionnerait une mesure quelconque. Néanmoins, la rumeur courait qu'on s'apprêtait à approuver le projet de loi visant à indemniser ceux qui avaient subi des pertes lors de la rébellion, même si les membres de la Chambre avaient déclaré auparavant qu'on en était au « New Tariff Bill ». Mais par suite des rumeurs qui se répandaient dans la ville comme une traînée de poudre, une populace s'assembla et entoura le Parlement pour voir ce qu'entendait faire Son Excellence. Et quand finalement on annonça qu'il avait déjà accordé la sanction royale au projet de loi, alors les troubles commencèrent. Au moment où Son Excellence quittait le parlement pour se diriger vers la portière de son carrosse, il fut assailli par des milliers de pierres, de bâtons, d'œufs frais et pourris. Un œuf l'atteignit même au visage, les vitres de sa voiture volèrent en éclats, etc. Mais grâce à la rapidité de ses chevaux, il réussit à s'en tirer indemne. Son carrosse et sa suite ne connurent pas le même sort. J'arrête ici car on crie présentement que le parlement est la proie des flammes et de la porte de ma boutique je vois les flammes rouges illuminant le ciel. J'y vais. Je continuerai après avoir vu ce qui se passe.

26 avril. Ce n'est que trop vrai. Hier soir, vers les 8 heures, alors que le Parlement siégeait, une populace (on ne peut l'appeler autrement, même si elle était composée de certains de nos meilleurs citoyens) a cerné l'édifice et a commencé à le saccager en brisant les fenêtres, etc. Bientôt les portes furent enfoncées et un gaillard s'élança vers la chaise de l'Orateur en s'écriant : « *Je dissous le Parlement !* ». C'était le signal, et immédiatement devant les députés et de nombreux spectateurs, on mit le feu aux conduites de gaz à une douzaine d'endroits et l'édifice devint la proie des flammes. La foule furieuse s'empara de la *masse en or* symbole sacré de la Royauté, pour l'emporter

❶ Traduction des auteurs d'après le texte anglais reproduit par Josephine Foster dans ***Canadian Historical Review***, mars 1951 : 61-65.

dans la rue en poussant des cris de dérision et de dédain. Les députés échappèrent de justesse à la mort et le splendide édifice qui contenait des peintures rares, toutes les archives de la province depuis les débuts de la colonie, toutes les lois du Parlement, cette bibliothèque qui valait à elle seule 100 000 livres sterling, fut totalement détruite. Le magnifique portrait de la reine dont tu dois te souvenir fut jeté dans la rue et mis en pièces. Tout est perdu, rien n'a pu être sauvé, ce qui reste n'est qu'un tas de ruines fumantes. La perte encourue par la ville s'élève à plus de 300 000 livres sterling. Les voitures des pompiers n'ont pas eu la permission de s'approcher de l'édifice et ce n'est qu'à l'arrivée du général Gore et d'un groupe de soldats que les pompes à incendie purent approcher pour protéger les propriétés avoisinantes. Aujourd'hui, il y a une terrible agitation en ville et les boutiques sont fermées. On a doublé le nombre de gardes à Monkland et à la prison. Aujourd'hui, on intente un procès, sans examen volontaire préalable, à 20 personnes accusées de malveillance et de sédition. On s'attend à ce que la prison soit attaquée ce soir et que ces personnes soient secourues. Il y aura sans doute des troubles. Je terminerai ma lettre demain.

27 avril. Chère épouse, il y a assurément une grande affluence. Hier l'agitation régnait. Vers 8 heures et demie, un ami entra dans le magasin et me dit : « *Seaver, vous êtes mieux de fermer boutique car la populace s'en vient* ». Je me rendis à la porte et je crus voir l'enfer déchaîné. La rue Saint-Antoine était envahie par des hommes armés de bâtons, etc. Heureusement pour moi, ils s'arrêtèrent devant la maison de pension de Madame Smith (face au carrossier Gravel) où logent de nombreux députés. Cela me

Le 25 avril 1849, l'édifice du Parlement, alors à Montréal, est saccagé puis incendié par des émeutiers. Jusqu'à la fin de l'été, l'agitation se poursuit : attentats, émeutes, incendies criminels, agressions contre les biens et les personnes. Voir Gaston Deschênes, Une capitale éphémère. Montréal et les événements tragiques de 1849 *(Septentrion, 1999).*

✎ L'incendie du parlement de Montréal en 1849.

donna le temps de fermer le magasin avant que la populace n'arrive. La maison de Madame Smith fut saccagée par des gens excités. Toutes les vitres volèrent en éclats et le mobilier fut détruit. Auparavant, les émeutiers avaient saccagé les maisons des honorables Hincks et Holmes, qu'ils vidèrent de leurs meubles. Ils attaquèrent aussi les bureaux du ***Pilot*** (journal du gouvernement) et y brisèrent les fenêtres. Alors qu'ils passaient devant ma boutique, ils se mirent à crier: « *Chez LaFontaine, chez LaFontaine !* » M. LaFontaine, tu t'en souviens, est le premier ministre. Je suivis bien sûr la foule qui se dirigeait vers sa demeure. [...] Elle était cernée de toutes parts par la populace qui froidement et délibérément mit le feu à trois ou quatre endroits. On brisa les vitres, força les portes et commença l'œuvre de destruction. La faïence, la porcelaine de Chine et les miroirs furent fracassés; la cave à vin fut ouverte; les tables, les chaises et les lits d'acajou, très dispendieux, furent projetés par les fenêtres; les lits et les matelas furent éventrés et la plume qu'ils contenaient fut répandue dans la cour. Le travail persévérant de M. Phillips et de certains gentilshommes empêcha l'incendie de la maison. Mais l'extérieur de l'édifice fut totalement brûlé. Un tel instinct de destruction, presque impensable, est horrible. Les soldats peuvent à peine vaquer à leurs occupations, car la rage est dirigée contre le gouverneur et le ministère canadien, et les émeutiers sont souvent des hommes loyaux qui luttèrent précisément en 1837 contre les hommes que le gouvernement propose maintenant d'indemniser. On viendra chercher cet argent dans les poches des sujets britanniques pour essuyer les pertes causées par suite de leur allégeance au Souverain. Tous les soldats et officiers sympathisent plutôt avec les émeutiers et, jusqu'à aujourd'hui, les militaires n'ont tenté aucun effort réel pour mettre un terme à l'agitation, sauf pour permettre aux pompes à incendie de protéger les propriétés avoisinantes. On n'a pas permis aux voitures de pompiers d'approcher de la maison de LaFontaine jusqu'à ce que les soldats arrivent et forment une garde autour de la maison. Cet après-midi, à deux heures, il y eut réunion de quelques milliers de personnes au Champ-de-Mars ce qui n'apaisa en aucune façon l'agitation. On y approuva des résolutions condamnant la conduite de lord Elgin. C'est tout ce que je puis dire. Il est maintenant 8 heures du soir et, de nouveau, j'entends des cris signifiant qu'il y a un incendie. Le général Gore et deux aides de camp viennent de passer à cheval, sabres au clair et armés jusqu'aux dents ce qui signifie qu'il se passe quelque chose que j'ignore. La rumeur veut que la maison de M. De Witt sera à tout prix saccagée et incendiée ce soir. La horde descend maintenant la rue Craig et je cours à l'extérieur pour être témoin de cette distraction, si on peut s'exprimer ainsi. Il y a un bruit infernal dans la rue et tu sais que M. De Witt est un supporteur enragé du projet de loi visant à indemniser les victimes de la rébellion. Il se pourrait bien qu'il ait à souffrir pour cela maintenant. Nous verrons et je te raconterai demain matin les événements de la soirée. [...]

28 avril. Je suis sorti hier soir, car nous devions prier en communauté à l'église. Après l'arrivée des fidèles, M. Hayne nous a demandé de retourner à la maison, car, expliqua-t-il, il y avait trop de bruit dans la rue. Chemin faisant, j'ai rencontré, sur la rue Saint-Jacques, 300 ou 400 hommes divisés en deux clans, des Canadiens et des Britanniques. Ils déambulèrent sur les rues Saint-Jacques, Notre-Dame et Craig en direction du « Government House » gardé par 300 soldats canadiens (le gouverneur n'ose plus faire confiance aux soldats britanniques). Les soldats avaient à leur tête le colonel Laclie [sic], un Canadien français, et devaient défendre la maison et contenir les troubles. [...] Le groupe d'Anglais armés uniquement de bâtons, apercevant la réception que le gouvernement canadien leur préparait, se retira. On tira seulement quelques coups de fusils, ce qui blessa légèrement deux ou trois hommes. [...] La querelle

> est une guerre de races. Les Britanniques n'acceptent pas d'être dirigés par un gouvernement *canadien* et personne n'entrevoit la fin de ces hostilités. Est-ce que ce sera l'extermination de la race *canadienne?* Dieu seul peut le dire. Nous vivons une période troublée et le sang coulera plus encore que lors de la rébellion de 1837. [...]
>
> Je dois maintenant terminer cette lettre. Je n'ai pas le temps de la relire pour la corriger, excuse-moi.
>
> Ton mari affectueux
>
> W. R . Seaver

Les Maritimes et la responsabilité ministérielle

À l'époque de l'Union, les provinces maritimes, bien que dotées depuis longtemps de Chambres d'Assemblée, attendent toujours l'octroi du gouvernement responsable, corollaire logique du gouvernement représentatif [1]. La Chambre d'Assemblée de la Nouvelle-Écosse, pour sa part, est dominée par une petite oligarchie, les « Officials » de Halifax, toute semblable au « Family Compact » du Haut-Canada. Joseph Howe, considéré à juste titre comme le champion du gouvernement responsable dans cette province, entre au ministère. Trois ans plus tard, il démissionne, convaincu de ne pas participer vraiment aux décisions importantes et de servir en réalité de caution à la clique tory. Il n'en poursuit pas moins la lutte. Enfin, aux élections de 1847, les réformistes réussissent à obtenir une majorité de 7 députés et forcent les conservateurs à démissionner.

Au Nouveau-Brunswick, les éléments réformistes ne sont pas groupés en un parti politique. En fait, la responsabilité ministérielle ne semble pas urgente depuis que l'Assemblée contrôle les terres de la couronne et les revenus territoriaux. C'est plutôt à l'exemple des autres provinces et quasi sous la pression du « Colonial Office » que cette province arrivera au self-government.

Pour ce qui est de l'Île-du-Prince-Édouard et de Terre-Neuve, la Grande-Bretagne, d'abord très réticente à accorder un ministère responsable à de si petites collectivités, finira par le leur concéder. Si bien que vers 1860, on peut dire que toutes les colonies de l'Amérique du Nord britannique en sont dotées.

Les institutions municipales

Sydenham fait adopter en 1840, par le Conseil spécial du Bas-Canada, une ordonnance qui divise la province en 22 districts municipaux sous la juridiction d'un

---

[1] Un gouvernement est dit représentatif lorsqu'il prévoit la participation d'une collectivité à l'élaboration de sa législation par l'intermédiaire de députés qu'elle élit librement. Le même gouvernement devient responsable lorsque les membres du Conseil exécutif, les ministres, sont responsables devant la Chambre dont les membres sont élus au suffrage universel ou censitaire. Ainsi, un conseil de ministres ou cabinet ne peut se maintenir au pouvoir sans l'appui de la majorité des députés. Ces deux éléments constituent généralement les conditions nécessaires à l'établissement d'un régime démocratique : suffrage universel avec liberté de vote, exécutif s'appuyant sur le ou les partis majoritaires d'une part, et respectant les partis minoritaires d'opposition d'autre part.

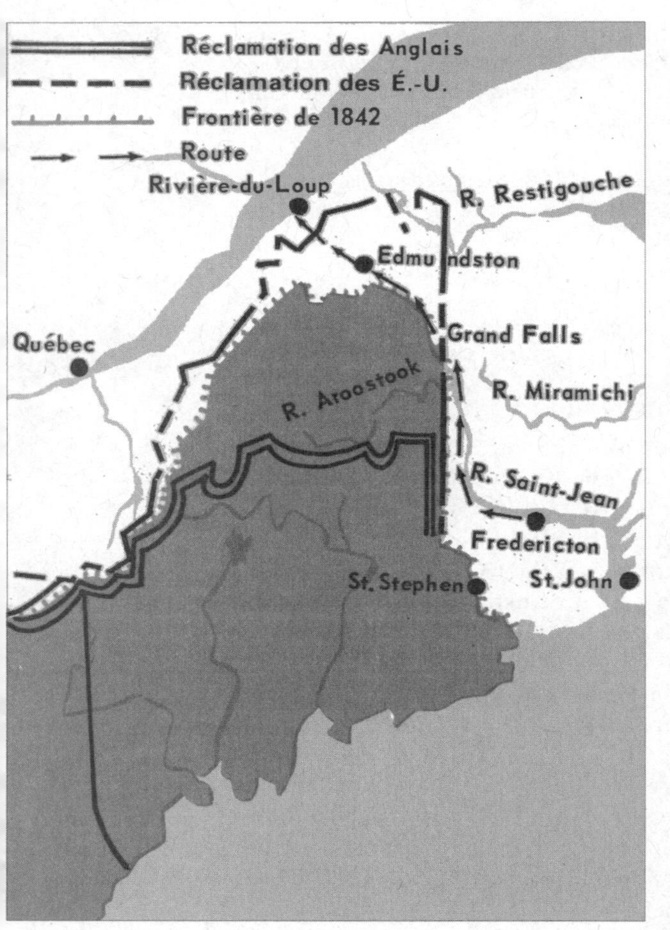

préfet nommé par le gouverneur. Cette organisation n'est guère populaire. Elle paraît faite pour servir les menées électorales du gouverneur qui conserve le pouvoir d'annuler les règlements votés par ces Conseils et même de dissoudre ces derniers.

La loi de 1845 crée un conseil municipal électif composé de 7 membres auxquels il appartient de désigner le maire. Les villes de Québec et de Montréal reçoivent des chartes spéciales. En 1849, Baldwin fera modifier considérablement le régime municipal établi par Sydenham dans le Haut-Canada.

Les frontières de l'Est

Après la guerre d'indépendance des États-Unis, le traité de Versailles (1783) avait laissé dans une imprécision dangereuse les frontières séparant l'Amérique britannique (B.N.A.) de l'Amérique républicaine (R.N.A.). À chaque contestation subséquente, les plénipotentiaires britanniques préférèrent céder en Amérique et garder la suprématie en Europe.

À l'est, le traité de 1783 avait indiqué comme frontière la rivière Sainte-Croix. Cependant cette rivière a deux branches et il reste à préciser à laquelle il faut s'en rapporter. Après un débat prolongé, l'Angleterre accepte la branche du nord, la plus longue, bien que cette solution diminue le territoire *canadien*.

Les frontières du Nouveau-Brunswick et du Maine posent un problème plus délicat et plus grave encore. Les Anglais s'en rendent compte lors de la guerre de 1812. Débarquées en hiver à Halifax, leurs troupes durent faire un long détour pour se rendre au Canada, parce que leur passage se trouvait coupé par les terres du Maine qui s'enfonçaient comme un large éperon vers le nord. En 1783, les limites avaient été désignées par le mot « Highlands », terme imprécis qu'interprètent à leur profit les avocats des deux partis. L'Angleterre et les États-Unis choisissent finalement comme arbitre le roi des Pays-Bas qui, en 1831, fixe la rivière Saint-Jean comme limite du Maine et du Nouveau-Brunswick : cette décision ne satisfait personne. Entre-temps, les embarras s'accroissent ❶, attendu que les marchands de bois de la région ne peuvent savoir à quelle juridiction ils ressortissent.

❶ Étant donné la nourriture habituelle dans les chantiers, on a donné à ces accrochages le nom de « Porc and Beans War ».

✎ Les frontières du Maine.

Pour régler ce dernier désaccord, les deux pays soumettent la contestation à l'étude de leurs représentants respectifs : Daniel Webster pour les États-Unis et lord Ashburton pour l'Angleterre ❶. Ces diplomates issus du monde des affaires en viennent à une entente où l'Angleterre se trouve à céder presque entièrement aux exigences de sa rivale. Lord Palmerston appelle ce règlement « *la capitulation d'Ashburton* ». Néanmoins, l'État du Maine se montre fort mécontent et Washington doit lui accorder une compensation de 150 000 dollars.

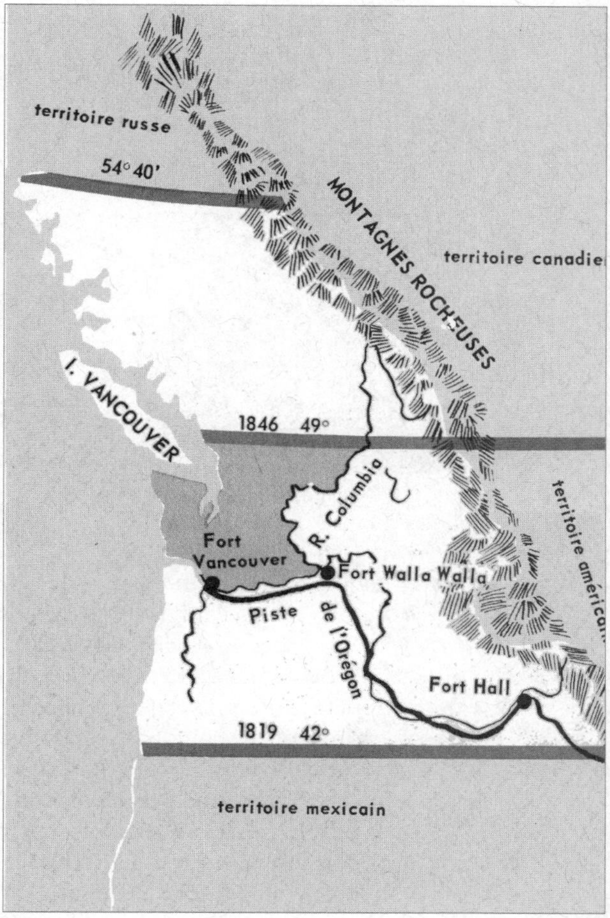

Les frontières de l'Ouest

Au Centre-Ouest, les frontières de 1783 suivent le 45e degré de longitude jusqu'à la hauteur du lac des Bois (Manitoba). Bientôt les États-Unis tentèrent de pousser plus au nord la ligne de leurs possessions. L'achat de la Louisiane (1803), vaste territoire de 820 000 milles carrés qui s'étend de la rive ouest du Mississippi jusqu'aux montagnes Rocheuses et remonte, à partir du golfe du Mexique, vers le nord en direction de la terre de Rupert, s'insère dans ce mouvement. En 1818, une convention fixe la frontière au 49e degré et la prolonge jusqu'aux montagnes Rocheuses. On stipule par la même occasion que l'Oregon sera, pour le moment, conjointement occupé.

L'Oregon s'étend de l'Alaska jusqu'au territoire espagnol (42e degré) et des montagnes Rocheuses au Pacifique. Au début des années 40, l'Angleterre et les États-Unis reprennent leur dispute au sujet de ce territoire ; celle-là s'appuie sur le droit du premier occupant, les marchands de fourrures britanniques ; ceux-ci invoquent le dynamisme de la colonisation américaine dans la région. En 1844, les États-Unis prennent une attitude plutôt agressive. Chez le peuple américain, on lance ce cri belliqueux : « Fifty Four Forty or Fight » ❷. L'affaire est soumise à l'arbitrage. Le 15 juin 1846, le traité de Washington maintient le 49e degré comme ligne de frontière des Rocheuses jusqu'au Pacifique. L'île de Vancouver sera possession anglaise.

Après plusieurs décennies d'affrontement et de négociation, la frontière canado-américaine est enfin fixée.

---

❶ Lord Ashburton dirige alors la « Baring Brothers Bank » qui vient de verser des sommes d'argent à Daniel Webster, pour avoir servi d'agent entre des investisseurs britanniques et les débiteurs américains.

❷ C'est-à-dire que les Américains exigent que la frontière soit fixée au 54e degré 40 minutes. Sinon, ils sont prêts à prendre les armes.

✎ Les frontières de l'Oregon.

XV • L'UNION : UNE IMPASSE POLITIQUE (1849-1864)

La fin de l'alliance réformiste

L'alliance réformiste de Baldwin et de La Fontaine qui dure de 1841 à 1849 ne constitue pas un parti politique proprement dit, mais plutôt une association établie entre des représentants des deux groupes ethniques dans le but principal d'obtenir un gouvernement responsable. En 1851 lorsque La Fontaine, à l'exemple de Baldwin, se retire de la politique, *le grand ministère réformiste* compte à son crédit plusieurs réalisations. Outre la responsabilité ministérielle, il convient de rappeler la création d'un véritable système municipal, le développement de nouvelles zones de colonisation, la reconnaissance officielle de certains droits pour les Canadiens français et la refonte de la loi électorale de 1825 ❶.

Baldwin et La Fontaine, qui ont personnellement souffert des interventions répétées du gouverneur, enlèvent à ce dernier le contrôle de la nomination des scrutateurs. De plus la loi de 1849 prévoit l'établissement de listes d'électeurs, limite la durée de la votation à deux jours, prévoit des amendes sévères pour toute fraude ou pression indue. Non seulement la distribution de la boisson est défendue mais la fermeture des auberges est décrétée durant la votation. Le port de la cocarde est même interdit. Par ailleurs, les femmes perdent leur droit de vote, sans doute par souci de ne point les mêler aux campagnes électorales jugées peu dignes d'elles.

Au départ des deux leaders réformistes, Hincks et Morin tentent de prendre la relève mais ils ont fort à faire avec les nombreuses critiques des divers autres groupes politiques principalement : les *rouges* et les « clear grits ». En effet, vers 1850, de nouvelles tendances politiques apparaissent au Canada-Uni, fortement influencées par la révolution française de 1848 et par la démocratie jacksonienne ❷. Les

---

❶ Voir Jean et Marcel Hamelin, ***Les mœurs électorales dans le Québec.*** Éd. du Jour, Montréal, 1962 : 59-60.

❷ On appelle ainsi le style particulier que donna à la démocratie américaine le président Jackson. Porté au pouvoir en 1828 par la masse populaire des fermiers et des petits artisans, cet « *homme de la frontière* » incarne à leurs yeux les idées généreuses de l'égalité politique. Il établit le suffrage universel, élargit la base populaire des partis politiques en faisant désigner les candidats présidentiels par des conventions plutôt que par un caucus de quelques politiciens privilégiés. Mais en même temps, la démocratie jacksonienne inaugure le favoritisme politique, le *patronage*, qu'elle érige en système soi-disant démocratique, articulé sur la machine du parti, désormais fortement structurée. Pour augmenter le nombre des bénéficiaires, le « spoil system » accroît les postes élus et raccourcit les termes d'office.

✎ Le vieux manoir des Aubert de Gaspé, à Saint-Jean-Port-Joli, détruit par le feu en avril 1909. Incendié par les Anglais en 1759, le manoir avait été reconstruit vers 1766.

réformistes les plus avancés estiment pour leur part que les véritables réformes sont à venir et qu'il est possible de les effectuer maintenant que l'assemblée contrôle le gouvernement.

Le parti rouge

Dans le Canada-Est, ces réformistes radicaux ❶ se regroupent bientôt dans le *parti rouge* ❷. Héritiers des patriotes de 1837, les *rouges* défendent des principes démocratiques et républicains : souveraineté populaire, suffrage universel, séparation de l'Église et de l'État, abolition de la tenure seigneuriale, réformes constitutionnelles et judiciaires. Au nom des intérêts des Canadiens français, ils demandent le rappel de l'Union. Ils dénoncent aussi les servitudes coloniales imposées par la Grande-Bretagne à laquelle ils s'opposent au point d'appuyer le mouvement annexionniste de 1849 ; ils font campagne contre « *la représentation suivant la population* » — principe défavorable aux Canadiens français — et s'opposent au projet de fédération.

Les *rouges* constituent une vigoureuse équipe d'intellectuels qui s'expriment dans le journal ***L'Avenir***, dont le nom même est emprunté à la publication française dirigée par Lamennais, et dans ***Le Pays***, périodique plus modéré. Ils fondent l'*Institut*

Fondé en 1818 par George Savage, ce magasin passa entre les mains de Joseph Savage en 1836, lequel s'associa à Théodore Lyman en 1851. Le magasin connu divers emplacements : rue Saint-Pierre, rue Saint-Paul, rue Saint-Gabriel, etc.

L'intérieur du magasin Savage, Lyman & Co., situé à Montréal.

❶ Le nom de radical fut d'abord donné aux « *républicains partisans de réformes absolues ou radicales dans le sens de la démocratie et de la laïcité* ». Aujourd'hui, le terme sert à désigner les gens de centre-gauche aussi bien que de centre-droite, par rapport aux communistes ou aux fascistes.

❷ *Rouge*, sans doute par analogie avec les républicains de France qui ont arboré le drapeau rouge (la gauche républicaine radicale, 1834-1848). Voir Jean-Paul Bernard, ***Les Rouges : libéralisme, nationalisme et anticléricalisme au milieu du XIXe siècle.*** PUQ, Montréal, 1971.

Les Réformistes ont-ils trahi les projets ou les rêves du parti patriote? Étaient-ils des opportunistes avides de pouvoir? Ou bien ont-ils tout simplement fait preuve de réalisme? Ont-ils su tirer le moins pire du pire et rendre vivable l'Union des deux Canadas? En quelque sorte, Éric Bédard n'a pas choisi d'étudier les Réformistes des années 1840 pour les accabler, mais pour les expliquer. Va-t-il jusqu'à justifier leurs pensées politiques? Il prend certes le temps de les examiner et de ▶

canadien, société littéraire et philosophique où ils débattent les grandes questions sociales de l'heure. Papineau avait connu pendant son exil en France, de mars 1839 à septembre 1845, le climat d'agitation sociale et la vague de libéralisme qui devait éclater dans les révolutions de 1848. Membre éminent du *parti rouge*, il laisse toutefois l'initiative à son neveu, Louis-Antoine Dessaulles, et concède le leadership à Antoine-Aimé Dorion. D'autres militants rouges seront plus tard célèbres tels Wilfrid Laurier qui sera premier ministre du Canada, Alexander Tilloch Galt qui ralliera l'équipe de Macdonald à titre d'expert financier, Luc Letellier de Saint-Just, futur lieutenant-gouverneur de la province de Québec.

Le *parti rouge* ne ralliera jamais qu'une minorité de Canadiens français. Son libéralisme et son anticléricalisme, parfois virulents, effraient le clergé catholique qui s'efforce d'en détourner le peuple. Les Canadiens français préfèrent se regrouper massivement autour d'un parti *d'union nationale* plutôt que de militer dans une faction d'allure idéologique.

Les clear grits

Dans le Canada-Ouest, l'aile radicale des réformistes, agacée par la modération d'un Baldwin, se regroupe sous l'étiquette de « clear grits ». Ardents défenseurs des principes libéraux, les « grits » s'opposent aux intérêts commerciaux urbains. Aussi, ils recrutent surtout des partisans chez les fermiers protestants de l'Ouest canadien. Ils réclament en outre des écoles non confessionnelles — parfois avec aigreur contre le catholicisme —, préconisent l'annexion de l'Ouest, font campagne pour la représentation proportionnelle et le scrutin secret. À leur avis, le gouverneur doit être élu, de même que les conseillers législatifs. Leur leader est le bouillant politicien George Brown, directeur du journal torontois le *Globe* qui, en 1855, achète le ***North American***, autre organe des « grits ». Le *gritisme* sera finalement prépondérant dans le Canada-Ouest.

✎ Le pont Victoria de type tubulaire. Il fit l'orgueil des ingénieurs qui l'avaient réalisé. Ouvert en 1856, ce pont — le premier à franchir le Saint-Laurent — appartenait à la ligne du « Grand Trunk » reliant Montréal à Portland (gravure de J.W. Watts).

Liberal Conservative Party

À partir de 1854, c'est le règne du « Liberal Conservative Party ». Ce parti réunit les réformistes modérés de Baldwin de même que des conservateurs, anciens tories résignés à la responsabilité ministérielle, dirigés par Allan MacNab ❶. Autant ses membres abhorrent les radicaux « grits » ou *rouges*, autant ils sont dévoués à l'entreprise privée et à l'Empire britannique.

On retrouve dans l'orbite de ce parti conservateur du Canada-Ouest la faction canadienne-française dirigée par Morin et Cartier. Réformistes satisfaits, ces derniers sont acculés à la défensive en même temps que désireux de retirer leur part de la prospérité économique. Détenteurs d'une bonne majorité dans le Canada-Est, ces *conservateurs* vont permettre à Macdonald de dominer la scène politique canadienne pendant une génération. Malgré leur majorité dans le Canada-Ouest, les « grits » sont donc éloignés du pouvoir par cette alliance — entre les conservateurs des deux Canadas — qui brise avec la tradition de la double majorité. Il n'en faut pas davantage pour ramener le cri de la « French Domination ❷ ». Ce gouvernement de coalition où il ne se trouve qu'une majorité (celle du Canada-Est), risque, affirme-t-on, de permettre à celle-ci de dominer la situation. Et comme cette majorité est franco-catholique, la rancœur et le dépit deviennent spontanément le lot des « grits ». Il n'est de toute façon pas possible pour les *bleus* que dirige Cartier de songer à une association avec les « grits », la masse paysanne et le clergé qui composent les principaux éléments de son parti ne le permettraient certes pas.

◀ *les résumer. À une époque où les Canadiens sont confrontés à une Union qui a été imposée, à des idées d'annexion aux États-Unis, ils optent pour un statu quo inconfortable qui les rend vulnérables pour les « gérants d'estrade ». Un ouvrage indispensable pour l'étude de cette période cruciale : Éric Bédard,* Les Réformistes. Une génération canadienne-française au milieu du XIXe siècle, *Montréal, Boréal, 2009.*

L'instabilité ministérielle

Mais les alliances sont fragiles et il n'est pas encore question à cette époque de *discipline de parti.* Aussi, de 1854 à 1864, une dizaine de ministères se succèdent, au gré des alignements électoraux et des questions débattues.

Ainsi le choix d'une nouvelle capitale sera l'occasion de la chute d'un ministère. Après avoir été temporairement à Kingston, le gouvernement s'était installé à Montréal jusqu'à l'incendie du parlement en 1849. Depuis lors, on alternait entre Toronto et Québec. La plupart des députés souhaitaient le choix fixe d'une capitale, mais on ne s'entendait guère sur un emplacement. Macdonald-Taché qui détiennent le pouvoir avec une faible majorité renoncent à fixer ce choix eux-mêmes et réfèrent la question à la reine Victoria. Celle-ci désigne, le 31 décembre 1857, Ottawa comme capitale du Canada. La réaction est vive et entraîne la chute du gouvernement Macdonald-Taché. Devant l'incapacité de Brown de reprendre de toute façon le pouvoir, c'est-à-dire de se trouver une alliance dans le Canada-Est, Macdonald reforme le nouveau gouvernement grâce cette fois à une alliance avec Cartier.

---

❶ John A. Macdonald lui succéda à la tête de ce groupe politique.

❷ En 1857, Macdonald se maintient au pouvoir grâce à son alliance avec les conservateurs du Canada-Est. Son parti, minoritaire dans le Canada-Ouest, gouverne donc en s'appuyant sur une formule politique où domine l'élément français-catholique. Les « *clear grits* » crient à la « *French Domination* ». Macdonald leur demande où est cette domination. « *Au Conseil exécutif, dans le ministère ? Nous sommes 12 dont 3 Canadiens français. Pouvez-vous croire que les 9 Britanniques sont menés par les 3 Canadiens français ? Où est-elle cette "French Domination" ? Dans la Chambre d'Assemblée ? Mais sur 130 députés, il y a 88 Britanniques et 42 Canadiens français. "Two to one". Deux pour un ! Le sang britannique domine partout !* »

Aux élections de 1856, les 130 sièges, soit 65 pour chaque section, se répartissaient comme suit: 46 *bleus*, 32 conservateurs et 22 réformistes modérés d'une part; 19 *rouges* et 11 « grits » d'autre part. Ce devait être le dernier gouvernement à bénéficier d'une double majorité. En effet la situation change à partir de 1858.

L'instabilité ministérielle qui devient chronique tient selon plusieurs au régime de l'union lui-même qui groupe deux nations sous une seule législature. Jusqu'en 1857, les administrations réussissent à se maintenir grâce au système de la double majorité, véritable tour de force selon lequel un gouvernement cherche à obtenir à la fois une majorité parmi les députés du Canada-Ouest et une majorité parmi ceux du Canada-Est. Comme aux élections générales de 1857 les « clear grits » ❶ l'emportent dans le Canada-Ouest, le système de la double majorité cesse de fonctionner. Ou bien le gouvernement est devenu *conservateur* et il est alors minoritaire dans le Canada-Ouest et majoritaire dans le Canada-Est; ou bien le gouvernement est réformiste et il devient majoritaire dans le Canada-Ouest et minoritaire dans le Canada-Est.

De plus, les problèmes d'intérêt purement local, discutés souvent avec âpreté, et les questions religieuses, toujours débattues dans une atmosphère émotive et sectaire ❷, avivent les oppositions.

Enfin, les problèmes extérieurs au Canada prennent de plus en plus d'importance et aggravent la situation. Les Britanniques du Canada-Uni en viennent à songer sérieusement à une réorganisation fondamentale des colonies de l'Amérique du Nord britannique. À cette fin, Brown, qui détient en quelque sorte la balance du pouvoir, négocie la Grande *Coalition* de 1864. Il se dit prêt à soutenir tout gouvernement disposé à transformer l'union législative de 1840 en union fédérale. Macdonald est d'accord et c'est ainsi que les libéraux et les conservateurs britanniques s'allient dans le but de refaire la constitution. Cartier, conscient des possibilités d'une telle coalition, entraîne ses *bleus* dans le sillage de Brown, Macdonald et Galt, contrairement à Dorion et ses libéraux dits radicaux qui restent à l'écart.

Rep by Pop

Contrairement à la proposition de Durham, l'Acte d'Union avait établi l'égalité de représentation pour chacune des deux sections du Canada-Uni, soit 42 députés pour le Canada-Ouest et 42 pour le Canada-Est ❸, bien qu'à cette date, la population du Bas-Canada fût supérieure à celle du Haut-Canada. Les Britanniques avaient exigé cette mesure afin de raffermir leur faible majorité de 55 pour cent, obtenue en ajoutant les anglophones du Bas-Canada à ceux du Haut-Canada.

---

❶ Sous le régime de l'union, les ministères sont toujours désignés par les noms de deux chefs politiques. Le premier est le premier ministre en titre et le second est le leader du gouvernement en Chambre. Il y en a un pour chacune des sections du Canada-Uni, c'est-à-dire un pour chaque groupe ethnique. «*Clear grit*», ou de grès pur, c'est-à-dire des hommes jeunes et sans compromission. Le sens de courage et de fermeté est associé au terme anglais «*grit*». « *We want only men of clear grits!* » avait-on proclamé.

❷ Sectaire se dit de l'attitude fanatique ou intolérante développée par une personne en matière politique, religieuse, philosophique, etc.

❸ Le nombre de députés passera à 65 pour chaque Canada à partir de 1854.

Le recensement entrepris en 1851 révèle que la population du Canada-Ouest dépasse de quelque 60 000 âmes celle du Canada-Est, que les Britanniques constituent près des deux tiers de la population du Canada-Uni et que, dans le Canada-Est, près du quart de la population est d'origine britannique. Partant, le Canada-Ouest ne veut plus se contenter d'une représentation en Chambre égale à celle du Canada-Est, laquelle joue maintenant contre leurs intérêts. Aux élections de 1857, les « grits » font campagne en faveur de la représentation proportionnelle à la population, au cri de « Rep by Pop » ❶.

Cette mesure ne passera jamais à l'Assemblée du Canada-Uni, les *bleus* s'y opposant afin de protéger les institutions canadiennes-françaises et les conservateurs anglophones… afin de conserver l'alliance des *bleus*.

Les Canadiens français vus par John A. Macdonald (1856)

[…] Vous, Canadiens britanniques du Bas-Canada, vous ne pouvez jamais oublier que déjà vous avez été les maîtres absolus et que Jean-Baptiste a été votre scieur de bois et votre porteur d'eau. Vous combattez comme les protestants irlandais en Irlande, comme les envahisseurs normands en Angleterre, non pas pour l'égalité, mais pour la suprématie. La différence entre vous et ce peuple intéressant et aimable est que vous n'avez pas l'honnêteté de l'admettre. Vous ne pouvez et ne voulez admettre le principe que la majorité doit gouverner. Les Gallicans forment sûrement les deux tiers de la

Le Carême, *huile sur toile de Cornelius Krieghoff (1848). L'artiste épouse à New York en 1840 une Canadienne française, Louise Gauthier. Il gagne par la suite Montréal, puis Québec. Ici le prêtre surprend ses paroissiens en train de faire bombance en plein carême (période de jeûne et d'abstinence précédant Pâques).*

❶ « *Representation by population* », c'est-à-dire la représentation proportionnelle à la population.

population contre un tiers composé de l'ensemble des nouveaux arrivants groupés sous l'étiquette d'Anglo-Saxons, passez-moi le mot! Actuellement, vous réunissez à peu près le tiers de la représentation. Le malheur de votre situation vient du fait que vous soyez minoritaires dans le Bas-Canada et qu'en conséquence vous ne puissiez contrôler la majorité des votes. Les seuls remèdes sont l'immigration et la copulation et ces derniers opéreront des merveilles. On applique les lois aussi équitablement à l'égard des Britanniques qu'à celui des Français. Du moins, si nous pouvons en juger d'après le nom de vos juges, il semble qu'il en soit ainsi. Au moins la moitié des juges de la cour du Banc de la Reine, de la Cour Suprême et des cours de circuit sont britanniques. Plus de la moitié des emplois du Revenu et même de tous les postes bien rémunérés sont détenus par des hommes qui ne sont pas d'origine française. Vous seriez surpris de découvrir, en feuilletant l'annuaire des fonctionnaires du Bas-Canada, la suprématie que vous détenez dans les postes importants. Prenez garde que les Français ne découvrent ces faits et ne commencent à les dénoncer. Il est vrai que de temps en temps, vous êtes victimes d'une émeute comme celle de Gavazzi; mais n'oubliez pas que vous, Anglo-Saxons, vous êtes des experts en matière d'émeutes; et que les émeutiers ne sont ni des Canadiens français, ni des Canadiens en général. Une législation adéquate en ce qui concerne les jurés, si la présente ne vous plaît pas, est tout ce que vous pouvez désirer. Mais, pour cela, vous devez être représentés dans le Cabinet. Il est de l'intérêt de chaque ministère d'obtenir des appuis. Vous devez vous montrer assez forts pour soutenir efficacement un ministère ou l'autre. Alors on vous suppliera de faire siéger votre meilleur homme dans l'équipe des conseillers ministériels. À l'heure actuelle, vous êtes un fagot de brindilles déficelé et, dans de telles conditions, essayez d'évaluer votre influence et vos chances d'obtenir un siège dans le cabinet. [...] Aucun homme sensé ne peut prévoir que ce pays pourra être gouverné, dans le siècle à venir, par un gouvernement d'où serait absent l'élément français. Si un Britannique du Bas-Canada désire la victoire, il doit « *composer pour vaincre* ». Il doit se faire des amis chez les Canadiens français; sans sacrifier le statut de sa race ou de sa lignée, il doit respecter leur nationalité. Traitez-les comme une nation et ils agiront comme un peuple libre le fait généralement, c'est-à-dire généreusement. Considérez-les comme une faction et ils deviendront factieux. Si la prépondérance britannique au Canada s'accentuait, je pense que les Français nous occasionneraient des soucis plus graves que ceux qu'ils sont supposés nous occasionner à l'heure actuelle. Présentement, ils sont en proie à la division, comme nous, et sont gouvernés par des principes d'action plus ou moins définis. S'ils deviennent moins nombreux et plus faibles, ils seront plus unis. Par un phénomène d'auto-défense, ils agiront comme un seul homme et détiendront la balance du pouvoir. Rappelez-vous, par exemple, que Pitt, dans une Chambre de 600 personnes, tint tête à Dundas grâce à l'appui du vote écossais et que O'Connell, avec sa poignée de sympathisants, gouverna l'Angleterre après le marché de la « Lichfield House ». Aussi longtemps que les Français auront 20 votes, ils détiendront un certain pouvoir dont nous devrons tenir compte. Et je doute fort que les Français perdent rapidement leur majorité numérique dans le Bas-Canada. Avec la fin de l'immigration européenne, leur expansion dans les Cantons de l'Est, l'ouverture de l'Outaouais et du Saint-Maurice et la certitude qu'ils demeureront longtemps la main-d'œuvre dans nos manufactures qui s'établissent rapidement, je crois qu'ils maintiendront leur majorité longtemps encore... ❶

❶ Traduction des auteurs. Il s'agit d'une lettre, en date du 21 janvier 1856, de John A. Macdonald à Brown Chamberlin, directeur de la ***Montreal Gazette***.

La Barrière de péage, *huile de Cornelius Krieghoff. Dans Québec même, trois barrières au moins furent installées en 1841 : chemin Sainte-Foy, chemin Saint-Louis et rue Champlain. Elles ne disparurent qu'au début du XXe siècle.*

Régime tarifaire

Alexander T. Galt devenu l'expert financier du « Liberal Conservative Party » s'inquiète, dès 1858, de la dépendance économique du Canada-Uni envers les États-Unis. En 1859, l'Assemblée du Canada-Uni hausse les droits sur les marchandises importées, y compris les produits britanniques. Ce geste d'autonomie douanière soulève les protestations des manufacturiers anglais qui tentent de faire rappeler cette mesure protectionniste. Les autorités canadiennes maintiennent leurs positions. « *Notre autonomie*, leur répond Galt, *se trouverait complètement réduite à néant si l'on adoptait les vues du gouvernement impérial plutôt que celles du peuple canadien.* »

La guerre de Sécession (1861-1865) et l'affaire du *Trent*

Coincé entre la Grande-Bretagne et les États-Unis, le Canada vit sous la menace d'une détérioration des relations entre ces deux pays. Ainsi la guerre civile qui éclate aux États-Unis en avril 1861 marque d'une façon importante le cours des événements dans les colonies de l'Amérique du Nord britannique.

Dès le début des hostilités, les Canadiens se montrent en général sympathiques à la cause anti-esclavagiste du Nord. Quelque vingt mille Noirs se sont réfugiés au Canada. De nombreux Canadiens s'enrôlent dans les armées nordistes. Mais rapidement, la tension monte entre la Grande-Bretagne et les États-Unis. Les Britanniques ne cachent pas leur plaisir d'entrevoir la faillite de l'Union américaine et manifestent leur sympathie pour les sudistes, tandis que les « Yankees » affichent leur intention de conquérir le Canada pour compenser la perte éventuelle des États du Sud.

En novembre 1861, un vaisseau de guerre nordiste arraisonne un bateau anglais, le *Trent,* qui porte du courrier et s'empare de deux commissaires sudistes qui se trouvent à bord. L'Angleterre exige la libération des prisonniers et le désaveu officiel de l'acte. De toute urgence elle fait traverser 15 000 hommes de troupes au Canada, en plein hiver, et fortifie en hâte les frontières, afin d'être prête à la guerre. Cependant les Américains s'excusent et le danger de guerre s'éloigne.

Mais l'affaire permet de ramener toute la question de la défense de l'Amérique britannique. L'Angleterre, à qui l'aventure vient de coûter 2 millions de livres pour le transport et l'entretien de ces renforts, retire en 1862 toutes ses troupes du Canada. Une bonne partie de l'opinion britannique trouve démesuré qu'une petite île doive assurer la défense de la longue frontière canado-américaine surtout contre un ennemi aussi puissant. D'autant plus que les frais militaires encourus par la métropole ne sont plus payés de retour puisque l'Angleterre n'exerce plus le monopole commercial dans ses colonies. Depuis 1859, elle est même soumise aux tarifs protectionnistes canadiens. L'Angleterre demande donc que les colonies assurent désormais leur propre défense, du moins en partie.

Pour montrer sa bonne volonté, le gouvernement Cartier-Macdonald propose à l'Assemblée, en mai 1862, par une loi de milice, l'affectation d'une somme de 1 million de dollars à l'entretien d'une force de 50 000 hommes. L'Assemblée refuse, jugeant la mesure trop coûteuse et prématurée. Les Canadiens se disent qu'après tout c'est l'Angleterre qui a provoqué les Américains et que ceux-ci ne désirent pas tant envahir le Canada que s'emparer de l'Ouest. L'échec du projet de loi militaire soulève l'indignation de Londres : on accuse les Canadiens de ne pas prendre leurs responsabilités.

Désormais, l'Angleterre se montre vivement intéressée à tous les projets de fédération parce qu'elle y voit une solution au problème de défense de ses colonies d'Amérique du Nord.

Les incursions des « Fenians » (1866)

Un groupe de patriotes irlandais exilés aux États-Unis avaient créé la Fraternité des « Fenians » pour entreprendre une action révolutionnaire en faveur de l'indépendance de l'Irlande : assassinats politiques, action terroriste contre la police en Irlande et les prisons en Angleterre, etc. Certains d'entre eux nourrissent le dessein d'affaiblir l'Angleterre en attaquant le Canada. Au lendemain de la guerre de Sécession, le projet n'est pas aussi saugrenu qu'il peut paraître aujourd'hui. En effet, la vigueur des sentiments antibritanniques et annexionnistes dans le nord des États-Unis de même que la surenchère électorale à laquelle se livrent les partis politiques pour obtenir le vote irlandais font que les autorités américaines négligent complaisamment de tuer dans l'œuf ces projets avoués d'invasion armée.

Le 1er juin 1866, après une sommation officielle, 1 600 « Fenians » passent à l'attaque ; ils franchissent la frontière à Niagara et s'emparent du fort Erié. Repoussées à peu près partout, les incursions des « Fenians » restent sans résultat ❶.

---

❶ De plus, aux États-Unis, les autorités incarcèrent quelques centaines de « Fenians ».

✎ L'expansionnisme des États-Unis après 1783. La frontière entre le Canada et les États-Unis se précise progressivement à peu près à la hauteur de la ligne de partage des eaux. Au moment de l'acquisition de la Louisiane, le président Jefferson confiait à M. Lewis et W. Clark la mission de trouver une route vers le Pacifique en remontant la rivière Missouri, déjà marquée par une présence canadienne-française. Puis l'Oregon s'ouvrira à un peuplement canadien-français, avant d'être rattaché aux États-Unis.

XVI • LA VIE ÉCONOMIQUE SOUS L'UNION

L'Union : réussite économique

Pour les Britanniques, les 25 années du régime de l'Union législative représentent le succès qu'ils escomptent depuis la Conquête. Enfin majoritaires, tant dans la population qu'au gouvernement, ils sont les maîtres du développement de la vallée du Saint-Laurent.

Depuis que la Révolution américaine a divisé l'Amérique du Nord, les hommes d'affaires britanniques caressent le rêve d'être les *agents* de l'Amérique. Ils veulent faire du Saint-Laurent la grande artère commerciale du continent. Bien canalisée, cette voie maritime acheminerait vers l'Angleterre non seulement le blé du Canada-Ouest mais aussi les produits agricoles du Nord-Ouest américain, attirés par les tarifs préférentiels de l'Empire. C'est la tâche qu'entreprennent, en 1840, les « Montrealers ».

Pendant ce temps, les Canadiens français, désormais minoritaires, toujours privés de leur métropole naturelle, ne peuvent qu'assister en spectateurs à l'édification de ce système économique. Au mieux, réussissent-ils à s'y accrocher pour engager chez eux, c'est-à-dire dans le Canada-Est où ils conservent une certaine autonomie locale, des réformes devenues urgentes : réorganisation du système d'enseignement, intensification de la colonisation agricole et abolition de la tenure seigneuriale ❶.

La colonisation et le peuplement

Pour une saisissante description d'une traversée de l'Atlantique, voir l'excellent roman de Peter Behrens, La Loi des rêves, *Bourgois, 2008.*

De 1840 à 1867, la population du Canada-Uni continue à s'accroître, mais pas avec la même rapidité que de 1830 à 1840. En effet, l'immigration diminue tandis que l'émigration vers les États-Unis s'accélère.

Pendant cette période, les colonies de l'Amérique du Nord britannique reçoivent plus de 800 000 immigrants, soit une moyenne de 30 000 par année, presque tous d'origine anglo-saxonne. En 1845 et 1846, une terrible famine sévit en Irlande, due à une maladie de la pomme de terre. Pendant la décennie des années 1840,

---

❶ Voir Jean Hamelin et Yves Roby, ***Histoire économique du Québec 1851-1896.*** Fides, Montréal, 1971. Aussi Jacques Letarte, ***Atlas d'histoire économique et sociale du Québec 1851-1896.*** Fides, Montréal, 1971.

✎ Le moulin de Vincennes (Beaumont). Ce magnifique bâtiment, aujourd'hui disparu, a été érigé par les soins de Claude-Joseph Roy au cap Saint-Claude, à l'endroit où le ruisseau Saint-Claude se jette dans le fleuve d'une hauteur de 46 m. Avant d'être détruit par le feu, ce moulin, habilement restauré par un architecte de Québec (M. Auger), avait été transformé en musée.

surnommées les « hungry forties », l'immigration des Irlandais est sans précédent. Dans la seule année 1847, 90 000 d'entre eux arrivent au Canada ❶. La condition de ces immigrants pauvres et sous-alimentés est aggravée par la pénible traversée sur des vaisseaux infects et surpeuplés. Le typhus et le choléra se déclarent parmi eux et de nouveau une épidémie se répand au Canada ❷.

La plupart des immigrants qui viennent en Amérique du Nord britannique s'installent dans le Canada-Ouest agricole où la population déjà anglophone et l'abondance des bonnes terres les attirent. Ceux, moins nombreux, qui choisissent le Canada-Est (autrefois le Bas-Canada) se fixent dans les régions anglophones de Montréal et des Cantons de l'Est ; si bien que le caractère français de la zone seigneuriale n'est pas altéré ❸.

Le taux de l'accroissement naturel des Canadiens français se maintient, cependant que leur exode rural et les départs vers les États-Unis connaissent une ampleur sans précédent. Durant cette période, 40 000 Canadiens français auraient quitté le pays. Certains, chassés par la surpopulation d'une zone seigneuriale exiguë, aux terres morcelées, souvent épuisées, sont attirés par le dynamisme de la jeune industrie américaine. D'autres tentent l'aventure dans les nouvelles mines d'or de la Californie (1849).

Pour arrêter cette hémorragie, il faut développer de nouvelles régions de colonisation, ouvrir des chemins, contourner les difficultés financières que présente l'achat de nouvelles terres déjà accaparées par de grands propriétaires britanniques,

Dans Les Franco-Américains de la Nouvelle-Angleterre, 1776-1930 *(Septentrion, 1990), Yves Roby se situe dans le contexte socio-économique de l'époque. Son exposé est clair tout comme son opinion sur les Franco-Américains qu'il refuse de voir comme « des êtres brisés, privés de ressort ou de vitalité, des gens ballottés contre leur gré par des forces aveugles… »*

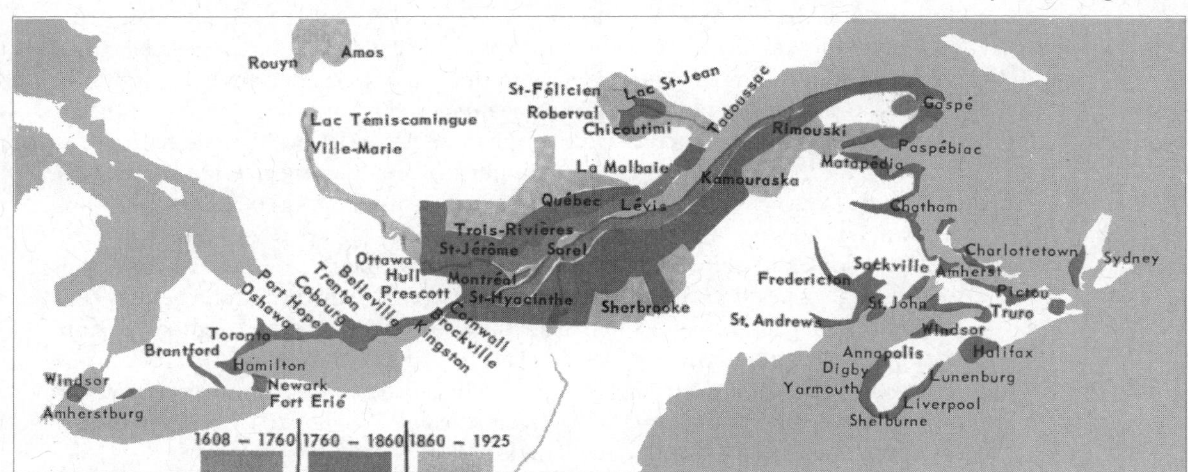

❶ L'Irlande vit alors dans une économie ancienne basée sur l'agriculture. Les trois quarts de la population se nourrissent de pommes de terre, c'est le pain du pauvre. Une crise dans cette activité provoque donc des malaises très graves. En 5 ans, près d'un million de personnes seraient mortes des suites de la famine.

❷ On avait déjà connu deux grandes épidémies en 1832 et en 1834, celle de 1832 ayant été la plus terrible. Malgré la quarantaine obligatoire pour tous les arrivants à la Grosse-Île, un peu en aval de l'île d'Orléans, on n'arrive pas à enrayer l'épidémie que véhiculent les immigrants des années 1847-1848.

❸ Environ 50 pour cent des immigrants gagnent finalement les États-Unis. Déjà le Canada apparaît comme l'antichambre de l'immigration américaine.

✎ Les progrès de l'occupation du territoire.

En Mauricie, on garde le souvenir des Forges Radnor, des Forges L'Islet, des Forges Saint-Tite, des Forges Grondin, mais on ne parle généralement que des Forges du Saint-Maurice. Ces dernières années, de jeunes historiens se sont intéressés à l'ensemble des établissements sidérurgiques de la Mauricie et des Bois-Francs, à l'incitation de René Hardy qui en a tiré une intéressante synthèse intitulée La Sidérurgie dans le monde rural : les hauts fourneaux du Québec au XIXe siècle *(PUL, 1995).*

perfectionner les techniques agricoles. Ainsi se forment des sociétés de colonisation pour le Lac-Saint-Jean, le Saguenay, la Mauricie, la vallée de l'Outaouais et les Cantons de l'Est. On crée de multiples sociétés pour diffuser l'information au sujet des nouvelles méthodes de culture. Le clergé se fait le promoteur de tous ces projets, appuyé par l'État qui ouvre des chemins de colonisation, taxe les grands propriétaires fonciers et crée, en 1852, un bureau d'Agriculture. Le mouvement d'émigration ralentit, mais ne se tarit pas.

Ainsi, l'immigration anglo-saxonne et la saignée de la population canadienne-française accroissent la faible majorité britannique obtenue par l'Union. La population anglophone passe de 55 pour cent de la population totale du Canada-Uni en 1841 à 64 en 1850 et à 66 en 1860 ❶. De plus, à partir de 1852, le Canada-Ouest (Ontario) est plus peuplé que le Canada-Est (Québec) et dans le Canada-Est (Québec), le quart de la population est d'origine britannique.

Dans les provinces maritimes, l'immigration, quoique toujours faible, est à son maximum pendant les années 40. Après 1855, elle décline et l'agriculture ne s'y développe que très lentement ❷.

Le bois, le blé et les canaux

Pendant la décennie 1840-1850, le blé et le bois sont les produits de base de l'économie canadienne. Protégé par des tarifs préférentiels, le Canada-Ouest exporte son blé dans le Canada-Est, en Grande-Bretagne et aux Antilles. Les hommes d'affaires montréalais, de leur côté, cherchent à faire passer par le Saint-Laurent la production agricole du Nord-Ouest américain qui emprunte plutôt le canal Érié parce que les frais de transport sont moins élevés par New York que par Montréal. Dans ces conditions, les tarifs préférentiels perdent de leurs avantages, d'autant plus que, depuis 1830, l'Angleterre a ouvert aux États-Unis son marché des Indes occidentales.

À partir de 1843, le blé américain, moulu au Canada, entre en Grande-Bretagne au tarif de la farine canadienne. Des minoteries s'installent un peu partout le long des cours d'eau.

Il est donc nécessaire et urgent d'améliorer le système de communications depuis les Grands Lacs jusqu'à l'Atlantique et de moderniser les canaux pour les besoins de la navigation à vapeur. Au lendemain de l'Union, le gouvernement entreprend de faire creuser à 9 pieds au moins les canaux de Lachine, Rideau et Welland. Il perce ceux de Cornwall (1843), de Beauharnois (1845) et de Williamsburg (1847). La chaîne de canaux est achevée vers 1848. Le Canada-Uni s'est endetté de 2,5 millions de livres pour réaliser ces travaux qui effectivement permettent de réduire le coût du transport ❸.

Exploitation forestière

L'exploitation forestière progresse considérablement pendant la décennie 1840-1850. Le Canada exporte en Grande-Bretagne du bois équarri, du bois d'œuvre, des

---

❶ On obtient ces pourcentages en additionnant les Britanniques du Canada-Ouest à ceux du Canada-Est (« Montrealers » et habitants des « Townships »).

❷ En Nouvelle-Écosse, la surface actuellement en culture est à peu près la même qu'en 1860.

❸ En 1851, on fera creuser le chenal du lac Saint-Pierre.

douves ❶, des planches, des madriers. Les chantiers se multiplient et le bois arrive à Québec d'aussi loin que du lac Huron. Dans le Canada-Est, la principale région d'exploitation est celle de l'Outaouais où la coupe n'est pas liée à la colonisation *(faire de la terre)* comme dans la vallée du Saint-Laurent. C'est l'époque où William Price s'installe dans le Saguenay et dans le Bas-Saint-Laurent.

Félix Albert est né en 1843 à l'île Verte où sa famille vivotait sur une petite terre. Comme tant d'autres, les États-Unis lui apparaîtront comme un pays de cocagne. Après s'être essayé au défrichement, il gagne Lowell au Massachusetts. Énergique, tenace, ambitieux, il tentera jusqu'à la fin d'échapper à la pauvreté. Il écrit son autobiographie dans un ultime espoir de succès financier. L'ouvrage vient d'être réédité, en français et en anglais, sous le titre Immigrant Odyssey: a French Canadian Habitant in New England *(University of Maine Press, 1991). Publié en français en 1909 sous le titre* L'histoire d'un enfant pauvre.

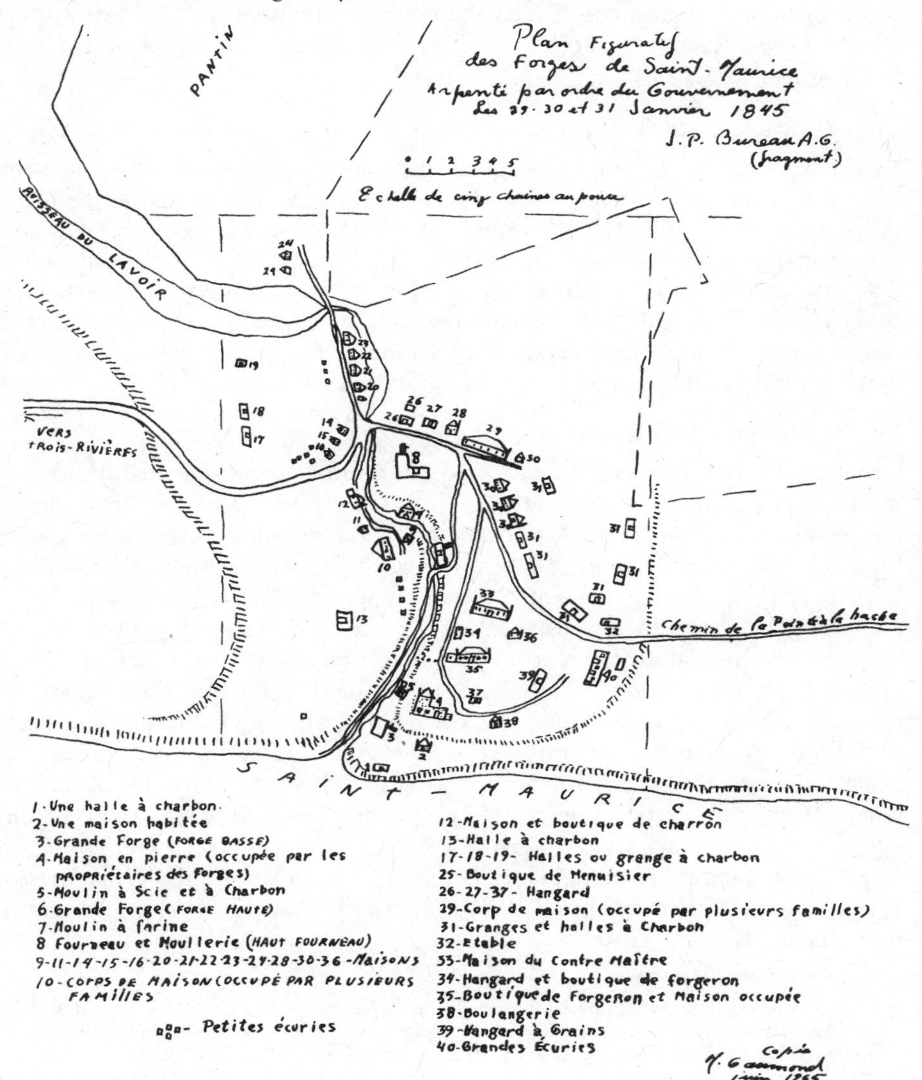

❶ Ce sont des planches de bois courbées servant à la fabrication des tonneaux. À cette époque, presque tous les produits se transportaient dans des tonneaux que l'on roulait à l'intérieur des navires. Le tonneau est la *boîte de canon* du XIXe siècle.

✎ Les fouilles menées sur l'emplacement des Forges du Saint-Maurice font considérer ce plan de 1845 comme extrêmement fidèle à ce que fut cette importante industrie au milieu du XIXe siècle.

Le commerce du bois fait surgir de nombreuses scieries (2 000 dans le Haut-Canada en 1845). La coupe du bois, le flottage sur les rivières et le sciage procurent un revenu d'appoint aux ruraux qui pendant la morte-saison deviennent « lumberjacks » ou *draveurs*. D'autre part, le transport du bois facilite le mouvement d'immigration. Les navires sont chargés de bois à l'aller ; pour le retour d'Angleterre, les armateurs recherchent une cargaison de même volume afin de diminuer les coûts de transport. C'est ainsi que les immigrants trouvent sur ces navires incommodes un passage à bon compte.

Les provinces maritimes

Quelle est la différence entre les trois classes de passagers d'une diligence au XIXe siècle ? Le conducteur crie, alors que la voiture est embourbée : « Passagers de première classe, demeurez à l'intérieur ! Ceux de deuxième classe, sortez ! Ceux de troisième classe, sortez et commencez à pousser ! » Voir Pierre Lambert, Les Anciennes diligences du Québec. Le transport en voiture publique au XIXe siècle *(Septentrion, 1998).*

L'économie des provinces de l'Atlantique repose sur le commerce maritime de même que sur les produits liés à la forêt et à la mer : bois, construction navale, pêcheries. Elles exportent du bois et du poisson séché aux Indes occidentales et en Grande-Bretagne d'où elles importent des produits alimentaires. La Nouvelle-Écosse se distingue dans la construction navale (navires en bois, à voile, puis à vapeur). Sa flotte marchande, une des plus importantes du monde, sillonne l'Atlantique, la mer des Antilles et la Méditerranée. En 1840, Samuel Cunard, de Halifax, inaugure le premier service transatlantique régulier par bateau à vapeur.

La révolution des transports

Dotés du contrôle politique de la vallée du Saint-Laurent, les Britanniques y développent depuis 1840 une économie unifiée, basée sur le bois et le blé, avantagée par les canaux et protégée de sa concurrente américaine par la politique tarifaire de l'Empire. À peine ont-ils rattrapé le temps perdu que la Grande-Bretagne abandonne le vieux système colonial mercantiliste pour adopter le libre-échange.

Dès 1842, elle réduit sérieusement les tarifs sur le bois. Les réductions de 1845 et 1846 finissent d'annuler presque tous les avantages antérieurs. L'abolition des « Corn Laws » en 1846 ❶, provoquée, on le sait, par la campagne libre-échangiste et particulièrement par la famine irlandaise, porte un coup fatal à l'économie du « British North America ». Les minoteries sont ruinées, les grains sans marché et les canaux sous-employés. Ainsi, vers 1850, le Canada-Ouest exporte 15 fois plus de blé par New York que par Montréal. Le rappel des « Navigation Laws » ❷ en 1849 aggrave encore la crise.

En même temps, le Canada n'échappe pas à la révolution des transports : la vapeur remplace la voile ; le bateau d'acier menace le navire de bois ; les chemins de fer concurrencent les canaux.

---

❶ À l'origine, en 1804, il s'agit d'un tarif protecteur sur tout le blé importé. On amenda cette loi afin de pouvoir adapter le tarif au prix du blé sur le marché intérieur. Ainsi, plus la récolte anglaise aura été bonne, plus le tarif sera élevé. Après des périodes de dépression et de famine, des ligues se forment pour protester contre ces lois qui seront rappelées par Peel en 1846. Pour le Canada qui jouissait d'exemptions de droits de douane dans la métropole, cela signifie la perte d'un marché privilégié.

❷ Ces lois (1651, 1660 et 1672) interdisaient l'entrée en Angleterre ou dans une colonie anglaise de toutes marchandises venant d'Asie, d'Afrique ou d'Amérique à moins que celles-ci ne soient transportées sur un navire appartenant à un Anglais ou à un colonial anglais. Le rappel de ces lois en 1849 permet aux navires des pays non-britanniques l'accès aux ports du « British North America ». Avant, il n'y avait pas de libre navigation sur le Saint-Laurent.

La situation économique décrite par Elgin (1848)

Mon cher Grey,

[. . .] Mais dans notre situation, sans argent ni crédit,— qu'il soit public ou privé —, il est extrêmement difficile de faire un pas dans la bonne direction. Je ne crois pas que vous soyez inconscient de la situation pénible dans laquelle le Canada se trouve actuellement, mais je doute fort que vous puissiez l'apprécier dans toute son ampleur ni saisir à quel point elle est directement liée à la législation impériale. La loi de Stanley en 1843 attira toute la production de l'Ouest vers le Saint-Laurent et orienta tout le capital disponible de la Province dans les minoteries, les entrepôts et les maisons d'expédition. La loi de Peel, en 1846, draina toute cette production vers les réseaux de communications de New York, détruisant ainsi les revenus qu'on s'attendait de retirer des droits de passage dans les canaux et ruinant aussitôt les propriétaires des moulins, les exportateurs et les marchands. En conséquence, la propriété privée est invendable au Canada et pas un sou ne peut être prélevé sur le crédit de la Province. Nous en sommes réduits à la désagréable obligation de payer tous les fonctionnaires, depuis le gouverneur général jusqu'aux employés subalternes, en billets qui ne sont pas échangeables au pair. Mais ce qui est encore plus sérieux, c'est que toute la prospérité dont le Canada est ainsi privé passe de l'autre côté de la frontière de sorte que les Canadiens sentent plus amèrement encore combien l'Angleterre est plus généreuse pour ses enfants qui l'ont abandonnée que pour ceux qui lui sont restés loyaux. Peu m'importe que vous adoptiez une politique protectionniste ou de libre-échange, c'est l'inconstance de la législation impériale, et non l'adoption d'une politique plutôt qu'une autre, qui est désastreuse pour les colonies. Je crois que la classe commerçante est actuellement convaincue de l'avantage de l'annexion. Et je dois avouer que l'atmosphère paisible qui règne actuellement dans la Province ne cesse de m'étonner.

Je ne vous dis pas cela sur un ton de reproche, mais pour que vous compreniez que la situation dans laquelle nous sommes placés et la délicatesse dont nous devons faire preuve pour ne pas aggraver des blessures qui ne peuvent être guéries qu'avec de la patience. Je préfère ne pas bousculer mes conseillers en les pressant de remettre des rapports sur l'Émigration ou d'autres sujets semblables : ils pourraient présenter des recommandations auxquelles le gouvernement impérial ne voudra pas accéder et qui deviendraient ainsi une cause additionnelle de mécontentement.

Sincèrement vôtre,
Elgin S. Kincardine
Montréal, le 16 novembre 1848 [1].

L'économie canadienne doit se réorienter. Deux solutions se présentent : trouver de nouveaux marchés et ce seront les accords de réciprocité avec les États-Unis ; revitaliser la route du Saint-Laurent et ce sera la construction de nouveaux chemins de fer.

---

[1] Traduction des auteurs. Lettre, portant la mention « *confidentielle* », tirée de la correspondance Elgin-Grey.

Le traité de réciprocité

Mise à découvert par l'abolition du régime préférentiel, l'économie canadienne se maintient pendant quelques années grâce à la modernisation des canaux, de même qu'à la reprise du commerce international vers 1851 et à la guerre de Crimée qui accroît momentanément la demande de blé. Mais, pour une solution à long terme, la nouvelle politique commerciale du Canada doit s'orienter vers les États-Unis.

Dès 1846, les hommes d'affaires « canadians » [1] songent à libéraliser les échanges commerciaux avec leurs voisins d'outre quarante-cinquième. L'Angleterre engage des pourparlers avec les États-Unis qui manifestent peu d'intérêt parce qu'en retour de concessions importantes ils ne gagneraient qu'un marché assez limité. L'Angleterre jette alors dans la balance des négociations les riches pêcheries de l'Atlantique, longtemps convoitées par les pêcheurs américains. Un traité est signé en 1854 pour une durée de 10 ans. Les accords suppriment entre les deux pays, réciproquement, les tarifs douaniers sur des produits naturels comme le charbon, le poisson, le blé et le bois ; la pêche en eaux territoriales est ouverte au nord du 36e parallèle. Les Américains sont autorisés à utiliser les canaux du Saint-Laurent en échange du droit d'accès au lac Michigan.

Le traité amène la prospérité, même dans les Maritimes qui étaient fort réticentes à échanger l'exclusivité de leurs pêcheries contre l'accès au marché américain. La croissance urbaine et industrielle des États-Unis à cette époque de même que la guerre de Sécession provoquent une demande considérable pour le bois, ce matériau universel, et pour les produits alimentaires. En 1866, les Américains refusent de renouveler le traité sans doute à cause des sympathies que l'Angleterre avait entretenues avec les États du Sud pendant la guerre et surtout parce que la réciprocité commerciale excluait les produits manufacturés. Bien plus, après avoir maté les Sudistes, les « Yankees » raniment leurs visées annexionnistes exprimées jadis par l'idée de la « Manifest Destiny » [2]. L'économie de l'Amérique du Nord britannique, hier totalement dépendante de la Grande-Bretagne et liée davantage aux États-Unis pendant la décennie du traité de réciprocité, doit maintenant trouver chez elle, à l'aide de tarifs protectionnistes, le pôle économique dont elle a besoin.

L'âge d'or des chemins de fer

Jusqu'en 1847, on n'avait construit au Canada que de courts tronçons de chemins de fer, conçus pour franchir un obstacle particulier. On les appelait des chemins de fer de *portage* parce qu'ils n'étaient qu'un complément à la navigation. Ainsi en est-il du premier chemin de fer construit en 1836 entre Laprairie et Saint-Jean pour faciliter le transport entre Montréal et New York. Ses 24 km de rails de bois couverts d'acier

---

[1] Voir Michel Brunet, ***Canadians et Canadiens*** : 17-32.

[2] C'est une expression utilisée par les Américains vers la moitié du XIXe siècle par laquelle ils justifient leurs visées expansionnistes : guerre avec le Mexique, règlement des frontières de l'Oregon et acquisition de la Californie. En 1845, ***The United States Magazine and Democratic Review*** proposait de « *répondre aux voies tracées par le destin de s'étendre sur tout le continent qui a été donné aux Américains par la Providence pour le développement de leur population qui s'accroît très rapidement* ».

menaient du Saint-Laurent au Richelieu, au-dessus des rapides de Chambly ❶. En 1850, les États-Unis possèdent 14 500 km de voies ferrées et le « British North America », 106 km.

Les hommes d'affaires canadiens projettent la construction de chemins de fer pour acheminer les produits de l'Ouest vers les ports de l'Atlantique, libres de glaces l'année durant. Mieux que les canaux, les chemins de fer traversent les montagnes, sont utilisables toute l'année et sont moins hasardeux. On entreprend d'abord de relier le Saint-Laurent à l'Atlantique, à Portland. Toujours dans l'espoir d'attirer vers

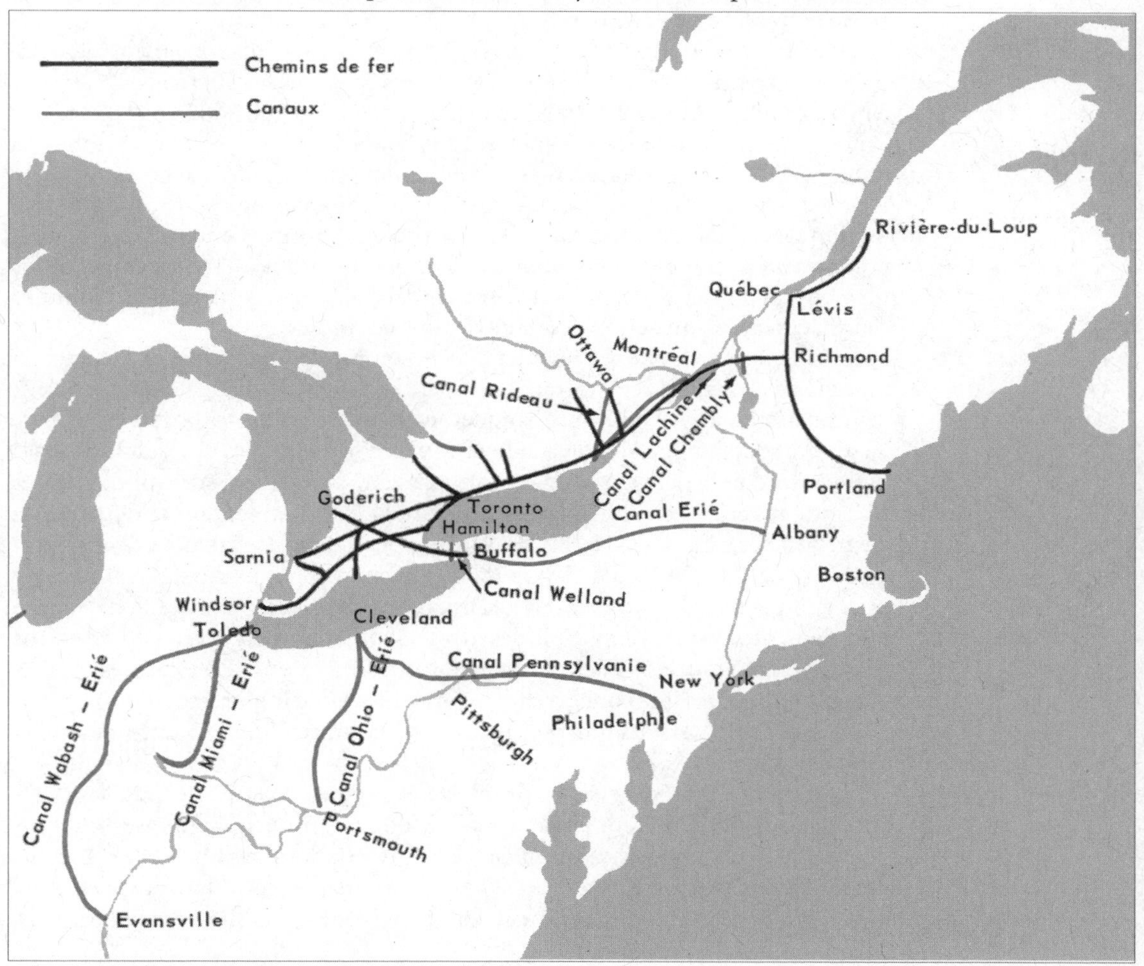

❶ Le canal de Chambly ne sera construit qu'en 1843.

✎ À noter l'importance des canaux et des chemins de fer du centre-ouest à la veille de la Confédération. Les chemins de fer en territoire américain ne sont pas indiqués. L'importance du canal Érié est à souligner. Il fut construit entre 1816 et 1825. Puis ce fut le canal Welland (1825-1829). La plus audacieuse des nombreuses entreprises de canalisation qui suivirent est sans conteste celle du canal Pennsylvanie franchissant les Alleghanys.

le Saint-Laurent le commerce américain, on construit de nombreuses lignes (« Great Western » et « Northern ») en prolongement du réseau américain. Cette façon de procéder produit cependant l'effet contraire : le commerce canadien est drainé vers les ports américains et l'axe est-ouest du Saint-Laurent s'en trouve affaibli.

De toute évidence, il faut un chemin de fer continu, entièrement en territoire canadien, qui relierait Détroit à l'Atlantique. Ainsi naît le *Grand Tronc* dont la ligne de Sarnia jusqu'à Rivière-du-Loup sera terminée en 1860. Les chemins de fer de l'Amérique du Nord britannique ont alors, au total, 3 323 km de long. De 1860 à 1867, on n'ajoutera que 343 km.

La construction de chemins de fer exige des investissements considérables, pour lesquels les entreprises sollicitent l'appui de l'État. On estime le coût total des chemins de fer construits en Amérique du Nord britannique avant 1867 à 154 694 853 $, soit une moyenne de 39 665 $ du kilomètre. La Grande-Bretagne injecte 100 millions de dollars au Canada pendant cette seule décennie (1850-1860). Ce qu'on a appelé le *boom* des chemins de fer provoque au Canada une période sans précédent de formation de capital. Financés par l'État, mais construits par l'entreprise privée — au point qu'on a pu parler de « public risk and private profit » — les chemins de fer confirment la montée de la classe des grands capitalistes « montrealers », hommes d'affaires, entrepreneurs et promoteurs de tous ces projets.

Si les chemins de fer ne se présentent guère comme des entreprises rentables, cela n'empêche pas les entrepreneurs qui les construisent et les capitalistes qui spéculent sur leur financement — entre deux banqueroutes — de réaliser des profits étonnants. Plusieurs grandes familles anglo-canadiennes y font fortune, sens des affaires ou pas !

Qui paye la note ? Hélas ! Les petits investisseurs privés, certaines municipalités et de façon générale le public payeur de taxes. Déjà passablement endetté par la construction des canaux — 18 782 565 $ vers 1850 — le gouvernement du Canada-Uni triple sa dette — 54 142 044 $ vers 1860 — avec les chemins de fer. Comme il n'y a pas à l'époque d'impôt sur le revenu, le financement de ces investissements repose principalement sur les revenus tirés des droits de douane, inclus bien entendu dans le prix des marchandises à la consommation. Tellement que la hausse des prix ne permet plus de soutenir la concurrence américaine et que le gouvernement, à partir de 1858, doit s'orienter vers une politique protectionniste dont les consommateurs font évidemment les frais.

Tout de même un réseau ferroviaire canadien est mis en place et le Canada-Ouest s'en trouve particulièrement avantagé grâce à de nombreuses lignes secondaires qui viennent favoriser l'organisation de son commerce local ❶. En fait, les objectifs envisagés au départ ne sont que partiellement atteints : le coût du transport (fret) reste plus élevé que par les canaux canadiens ou que par les chemins de fer américains,

---

❶ Le *boom* des chemins de fer qui provoque une inflation sans précédent — les prix triplent de 1852 à 1854 — s'achève dans une faillite monumentale. Les financiers des chemins de fer et les politiciens du Canada-Uni ont accepté des collusions dans lesquelles la moralité politique laissa quelques plumes. Par exemple, six membres du cabinet qui ne craignent pas de s'afficher comme directeurs du « Grand Trunk Railway of Canada » ou encore ces politiciens, agents de compagnie : Hincks, Galt, MacNab, Macdonald (J.A.) et Cartier. Ce dernier fait figure d'exception. Ce sont en effet des « Canadians » qui profiteront de l'activité économique des années 1850.

si bien que le *Grand Tronc* ne réussit pas vraiment à drainer le commerce du Centre-Ouest. Les Maritimes, pour leur part, ont été laissées en dehors du réseau.

Système monétaire et communications

Au moment de l'Union, plusieurs monnaies (devises) circulent encore dans le pays, particulièrement la livre anglaise et le dollar américain. Bien que le gouvernement britannique ait exercé des pressions pour que le Canada-Uni adopte le système des « pounds, shillings, and pence », c'est finalement une monnaie décimale qui est choisie en 1852 : le dollar, les pièces de 20, 10, 5 et 1¢. Les premières pièces de monnaie canadienne, frappées en Angleterre, n'arrivent au pays qu'en 1858. Cette année-là, on commence à tenir les comptes en employant la nouvelle dénomination. En 1852, on avait également fixé la valeur de la livre sterling à 4,86 ⅔ $.

À l'instar des chemins de fer, les lignes télégraphiques sont d'abord reliées aux lignes américaines. À partir de 1846, elles unissent Toronto et Hamilton, puis la « Montreal Telegraph Company » les prolonge jusqu'à Montréal et, en 1847, jusqu'à Québec. En 1866, un câble transatlantique relie Terre-Neuve à l'Irlande.

Jusqu'en 1848, les autorités britanniques s'étaient chargées de l'administration des Postes. Le tarif demeure très élevé et diffère d'une province à l'autre. Une convention se tient alors à Montréal afin de régulariser le système et de diminuer le port. Deux ans plus tard, les provinces commencent à gérer elles-mêmes leur service postal. En 1851, on introduit l'usage des timbres-poste. Au cours des 12 années suivantes, le nombre des bureaux de poste quadruplera.

Abolition de privilèges (1854)

Au lendemain de 1840, la bourgeoisie libérale et la masse paysanne réclament une révision du système seigneurial qu'elles jugent inadapté aux conditions nouvelles du capitalisme, imperméable à la révolution industrielle, injuste envers le censitaire, nuisible à la colonisation et à la construction des chemins de fer. À cette époque, les Britanniques détiennent les deux tiers des droits seigneuriaux ❶. Malgré quelques défenseurs « *de la foi, de la langue et des traditions* », le gouvernement fait voter, en 1854, l'abolition des droits et devoirs seigneuriaux. À cette fin, il nomme 15 juges chargés d'estimer les pertes des seigneurs. Les terres concédées sont rachetées par l'État en faveur des censitaires. Des indemnités de 3,5 millions de dollars sont votées, non sans soulever les critiques du Canada-Ouest et des Cantons de l'Est qui ne *bénéficient* pas de la mesure. Leurs protestations sont telles qu'une allocation annuelle leur est finalement consentie. Les habitants doivent compléter le rachat de leurs terres en payant la valeur des rentes, cens et autres droits, soit d'un coup, soit sous forme

Sandford Fleming fut l'un des grands artisans du chemin de fer. Il contribua à l'adoption du système des fuseaux horaires, mais auparavant il avait dessiné le premier timbre-poste du Canada (1851). Qui a choisi le castor comme emblème ? On ne le sait pas. Mais on peut se laisser entraîner à mieux connaître ce géant en compagnie de Lorne Green, auteur de Chief engineer : life of a nation-builder, Sandford Fleming *(Dundurn, 1993). Mario Creet, pour sa part, a révélé un aspect fascinant du personnage dans « Sandford Fleming and universal time »* (Scientia canadensis, *1990, nos 1-2).*

❶ Après 1760, plusieurs *anciens sujets* dont des Britanniques et quelques Juifs sont séduits par la promotion sociale que peut représenter la possession d'une seigneurie. Pour les Juifs, posséder la terre est un rare privilège. Les Hart deviendront de très importants propriétaires terriens, non seulement aux Trois-Rivières, mais dans tout le Bas-Canada, voire même dans les colonies voisines.

✎ Premier timbre d'une valeur de trois pence et représentant un castor.

Il y a toujours deux côtés à une médaille. Le régime seigneurial aurait été le fondement d'un système d'exploitation de la paysannerie par une classe de privilégiés, les seigneurs. Voilà pour une face que présentent Gérald Bernier et Daniel Salée dans Entre l'ordre et la liberté. Colonialisme, pouvoir et transition vers le capitalisme dans le Québec du XIXe siècle *(Boréal, 1995). À lire par celles et ceux qui ne craignent pas la polémique. Les historiens, pour leur part, auraient surtout présenté le régime seigneurial comme un facteur de survivance.*

de loyer annuel. Ainsi amendé, le système seigneurial ressemble assez à la tenure en franc et commun socage des cantons ❶.

Le règlement intervenu à propos de la tenure seigneuriale est à la charge du trésor public alors que la solution à propos des réserves du clergé va profiter aux municipalités. Lord Sydenham tente, dès 1840, de supprimer les différends qui se sont élevés entre protestants au sujet de ces réserves. Il fait décréter qu'un quart des revenus ira à l'Église anglicane, un quart à l'Église presbytérienne, et le reste à toutes sectes protestantes. Le gouvernement britannique déclare cette loi inconstitutionnelle. Les débats se poursuivent ; d'autres partages sont proposés. Finalement, à la session de 1854, le parti libéral-conservateur vote un bill sécularisant les réserves du clergé. On assure aux pasteurs du temps les pensions déjà existantes, mais toutes doivent s'éteindre à leur mort. Le reste des terres est attribué aux municipalités au prorata de la population. Ainsi prend fin une tradition de privilèges qui nuisaient à la colonisation et à la construction des routes.

L'Ouest et les explorations

En 1821, la Compagnie de la baie d'Hudson avait absorbé la Compagnie du Nord-Ouest. Elle avait ainsi obtenu le plein contrôle des territoires qui s'étendaient des montagnes Rocheuses à l'océan Pacifique. Toutefois, comme la question des frontières restait pendante, les directeurs de la compagnie crurent prudent d'établir leurs quartiers généraux plus au nord. Ils reçurent l'île de Vancouver pour un prix nominal, à condition d'y commencer une colonie. En 1843, James Douglas, au service de la compagnie, organise le poste de Camosun (Victoria). À partir de 1851, il cumule les fonctions de surintendant de la Compagnie de la baie d'Hudson et de gouverneur de la nouvelle colonie de Victoria.

Vers 1858, la découverte de mines d'or attire dans la région de la rivière Fraser des centaines d'aventuriers prospecteurs, hommes de métiers, commerçants. L'établissement d'un gouvernement régulier s'impose et là aussi il est confié à Douglas. Cette fois pourtant Londres exige qu'il rompe toute attache avec la compagnie. En 1866, les deux colonies seront réunies sous un même gouvernement « British Columbia » avec Victoria comme capitale ❷.

Sous l'Union, les explorations sont moins nombreuses que durant la période précédente. La disparition mystérieuse de John Franklin lui a valu une triste célébrité. Après avoir dirigé plusieurs expéditions dans les régions nordiques et avoir longuement exploré la côte arctique, il décide de se lancer, à la suite de bien d'autres, à la découverte du passage du Nord-Ouest. En 1845, il disparaît avec ses deux vaisseaux, l'***Erebus*** et le ***Terror***, montés de 138 hommes d'équipage. L'Angleterre n'enverra pas moins de 42 expéditions à leur recherche jusqu'en 1853 alors que de minces renseignements permettront d'éclairer le sort de la malheureuse expédition ❸.

---

❶ En pratique, l'agriculteur québécois possédera rarement assez d'argent pour procéder à ce rachat total. C'est la bourgeoisie d'affaires que la loi de 1854 avantage réellement. En 1935, le Parlement du Québec votera une loi abolissant la tenure seigneuriale et créant une commission chargée d'assurer aux seigneurs, avant le 11 novembre 1936, le paiement du capital que représentent les rentes à percevoir.

❷ L'Angleterre agit ainsi afin de prévenir un autre conflit semblable à celui de l'Oregon.

❸ On retrouva chez les Esquimaux des cuillères en argent et des vêtements ayant appartenu à Franklin, de même que 375 des morceaux du ***Terror*** convertis en charpentes.

XVII • ASPECTS CULTUREL ET SOCIAL (1840-1867)

Deux systèmes scolaires

Le régime de l'Union, fertile en lois scolaires, assurera la mise en place d'une organisation qui durera plus d'un siècle.

En 1777, les autorités du Séminaire de Québec décident de construire une maison de vacances, au Petit Cap, agrandie en 1869. « Le Château Bellevue est unanimement considéré comme l'une des œuvres les plus impressionnantes de la tradition classique française transplantée en Nouvelle-France », notent Paul-Louis Martin et Pierre Morisset dans Promenade dans les jardins anciens du Québec *(Boréal, 1996). Les photos de ce superbe ouvrage sont signées Janouk Murdock.*

D'abord rattachés aux conseils municipaux ➊, les commissaires d'écoles virent leurs fonctions se préciser et leur autonomie s'accroître au cours des années 1841-1846. On en vint rapidement à distinguer nettement le scolaire du municipal. L'administration et le financement des *écoles communes,* nouvellement créées, furent confiés aux commissaires groupés en des corporations distinctes. Précisées dès 1841, leurs responsabilités s'étendent depuis la construction des écoles et le financement, jusqu'à l'engagement des maîtres, l'étude des programmes et l'approbation des manuels. Quant aux minorités, la législation prévoit que, si les écoles publiques ne conviennent pas « *à un nombre quelconque des habitants* », il est loisible à ces derniers « *d'établir des écoles qui répondent à leurs besoins* ».

Ces divers progrès ne vont pas sans poser de sérieux problèmes financiers. Les nouveaux régimes de taxation prévus furent très mal accueillis par une bonne partie de la population. Des gens, qualifiés *d'éteignoirs*, entreprennent d'empêcher par la violence l'application des nouvelles lois. Dans plusieurs régions — et pendant quelques années — les autorités doivent faire face à de pénibles manifestations populaires. Conscients de la nécessité tant de l'instruction que de taxation ➋, le leader politique La Fontaine et le surintendant Jean-Baptiste Meilleur affirment courageusement leur intention d'appliquer la législation.

Ce n'est pas, hélas ! le seul problème que doit affronter le surintendant. Les interventions des politiciens dans l'octroi des subventions lui causent aussi beaucoup de souci. En 1855, Meilleur démissionne, laissant la place à Pierre-Joseph-Olivier Chauveau, futur premier ministre du Québec.

On doit à l'action de Chauveau les lois de mai et de juin 1856 ➌. La première institue le ***Journal de l'Instruction publique,*** établit un « *fonds de pension pour les instituteurs trop âgés ou trop épuisés par le travail pour continuer à se livrer à l'enseignement* » et crée un Conseil de l'Instruction publique. La loi de juin, pour sa

---

➊ Une ***Ordonnance*** de 1840 établissait dans le Canada-Est 22 districts municipaux. À chacun était rattaché ce qu'on pourrait appeler un *bureau d'Éducation.*

➋ Pour l'ensemble de la question scolaire, voir L.-P. Audet et A. Gauthier, ***Le système scolaire du Québec.*** Beauchemin, Montréal, 1967 : 15-28. Aussi Lionel Groulx, ***L'Enseignement français au Canada, I - Dans le Québec.*** Granger, Montréal, 1934.

➌ Elles font suite à une enquête menée par un comité spécial présidé par le député Louis-Victor Sicotte.

✎ La maison du petit cap Tourmente à Saint-Joachim.

part, en plus de clarifier la question des finances, prévoit l'établissement d'écoles normales. En 1857, trois ouvrent leurs portes, deux à Montréal, Jacques-Cartier et McGill, une à Québec, Laval.

Au cours de ces premières années, le nouveau Conseil, selon Audet et Gauthier, se préoccupa de 4 questions principales : « *la préparation et l'approbation des manuels scolaires, la préparation des règlements des bureaux d'examinateurs pour la certification des instituteurs, les subventions aux institutions d'enseignement supérieur et l'instauration d'exercice militaire dans les écoles normales* ».

Après avoir abordé les problèmes matériels de construction et de financement, la réforme s'étendait donc au domaine proprement pédagogique : programmes, moyens d'enseignement et formation des maîtres. Succédant aux députés-inspecteurs, de véritables inspecteurs d'écoles entreprenaient, à partir de 1851, d'étoffer ce renouveau scolaire que des institutions privées allaient compléter.

En septembre 1844, A. Egerton Ryerson devenait surintendant pour le Canada-Ouest ❶. Après avoir eu l'occasion d'étudier diverses organisations scolaires aux États-Unis et en Europe, il proposa la loi de 1846 qui est à l'origine du système public du Canada-Ouest. Comme celui de Meilleur cependant, son travail se limita surtout au niveau primaire.

L'enseignement supérieur

Dans L'institution médicale *(PUL, 1998), publié sous la direction de Normand Séguin, on trouvera des études des différentes composantes de l'institution médicale au Québec depuis le XVIIe siècle : les asiles, la pratique médicale et la recherche, le milieu hospitalier, l'hygiène publique, l'enseignement de la médecine et le Collège des médecins, etc.*

Tandis que Ryerson devenait le principal responsable de la mise en place d'un système public et unique pour le Canada-Ouest, Robert Baldwin se préoccupait de l'enseignement supérieur. Dès 1843, il proposait d'affilier à une même institution les divers collèges confessionnels existants ❷. Il souhaitait la transformation du « King's College » en une institution non confessionnelle (la future université de Toronto). L'opposition fut quasi générale. Baldwin se vit dans l'incapacité de faire voter une telle loi face à la majorité contrôlée par le gouverneur Metcalfe avec lequel il était déjà en désaccord.

En 1849, de retour au pouvoir, il profite de l'appui de La Fontaine pour faire enfin voter son projet de loi. Mécontents de voir leur institution cesser d'être confessionnelle, des anglicans fondèrent alors le « Trinity College » qui coexistera, non seulement au côté de la nouvelle université de Toronto, mais aussi avec les institutions presbytériennes et méthodistes.

Dans le Canada-Est, l'enseignement supérieur se développe de façon différente. Les anglophones, plus précisément les anglicans, fondent en 1851 le « Bishop College » à Lennoxville, lequel deviendra la seconde université anglaise du Canada-Est en 1856 (McGill, 1829).

Parallèlement, s'organise, de façon fort modeste d'ailleurs, l'enseignement supérieur chez les franco-catholiques. Des écoles de médecine et de droit

❶ Au cours des mois précédents, Ryerson avait fait campagne en faveur du gouvernement Metcalfe. Ce pasteur méthodiste, un temps sympathique aux réformistes, en était venu à s'opposer à leur politique qu'il combattait dans son journal le ***Christian Guardian***. En 1848, il fonde le ***Journal of Education***.

❷ Le « King's College » (anglican), le « Victoria College » (méthodiste) et le « Queen's College » (presbytérien). Les anglo-catholiques se donnèrent eux aussi une modeste institution de même niveau, le « College of Regiopolis ».

apparaissent vers 1850 à Québec et à Montréal. *L'Institut canadien,* pour sa part, projette de prolonger ses cours à un niveau supérieur. Redoutant de voir les laïques s'emparer de l'enseignement « *ici comme en France* » par l'établissement d'une université laïque ❶, Mgr Bourget provoque la naissance de l'Université Laval. En 1852, le Séminaire de Québec donne naissance à la première université canadienne-française et catholique. Laval reçoit alors le pouvoir d'organiser 4 facultés : théologie, droit, médecine et arts.

L'effort de l'Église se manifeste également au niveau pré-universitaire par la fondation d'un grand nombre de collèges, soit classiques, soit industriels. En 1860, on peut compter une vingtaine de ces collèges ❷ établis aux quatre coins du Canada-Est. Selon Groulx, les collèges classiques comptent 2 586 étudiants contre 2 175 dans les collèges industriels ❸.

Les collèges classiques ont formé la plupart des intellectuels québécois. Voir le remarquable essai de Claude Galarneau intitulé Les Collèges classiques au Canada français, 1620-1970 *(Fides, 1978).*

Quant au secteur public, le rapport du surintendant P.-J.-O. Chauveau de 1866 donne le tableau suivant :

Divisions	Nombre d'élèves	Nombre d'écoles	Effectif du corps enseignant
Écoles supérieures	888	10	75
secondaires	26 468	220	1 114
normales	204	3	32
spéciales	299	4	19
primaires	178 961	3 589	3 589
Total	206 820	3 826	4 829

La vie littéraire

Les troubles de 1837-1838, le ***Rapport Durham*** et l'Acte d'Union marquent profondément la vie de l'esprit dans le Canada-Est. Les ouvrages publiés pendant cette période sont souvent en réaction vive contre la situation politique. Le sentiment national évolue. On veut faire *canadien*, en traitant surtout des problèmes canadiens. Progressivement, on délaisse une imitation par trop servile des auteurs français. L'originalité des poètes canadiens-français reste bien modeste et les emprunts toujours nombreux.

Pour un peuple qui lit peu, l'éloquence devient une nourriture. L'engouement pour les discours politiques, patriotiques ou religieux est remarquable. L'on assiste en foule à toutes les manifestations. Louis-Joseph Papineau demeure l'une des

❶ Certains membres de *l'Institut canadien* avaient envisagé une affiliation à l'Université McGill. L'école de médecine et de chirurgie fondée en 1847 eut l'audace de poser un geste semblable. Après bien des mésaventures et une affiliation à l'Université Victoria du Canada-Ouest, les professeurs encoururent une peine d'excommunication. En 1888, s'ouvrait enfin une succursale de Laval à Montréal et tout rentrait dans l'ordre… du moins pour un temps.

❷ La plupart des collèges s'orienteront vers l'enseignement classique bien qu'au début certains ne touchent que des matières commerciales ou *industrielles.*

❸ Voir Lionel Groulx, ***Histoire du Canada français depuis la découverte.*** II, Fides, Montréal, 1960 : 267.

« Peuple sans histoire et sans littérature » avait décrété Lord Durham dans son célèbre rapport. François-Xavier Garneau s'employa à réfuter la première partie de cette affirmation. Restait la seconde. James Huston et plusieurs autres s'en chargèrent. Maurice Lemire nous en présente le résultat dans un brillant article publié dans la RHAF *(printemps 1994) sous le titre : « Les revues littéraires au Québec comme réseaux d'écrivains et instance de consécration littéraire, 1840-1870 ». Voir aussi Andrée Fortin,* Passage de la modernité. Les intellectuels québécois et leurs revues *(PUL, 1993).*

grandes figures. Son adversaire, Louis-H. La Fontaine, est moins grandiloquent. Avec une sobriété de gestes et d'éclats de voix, il cherche à exposer simplement ses conceptions politiques. L'éloquence de circonstance, pratiquée par P.-J.-O. Chauveau, repose sur une multitude de clichés qui la rend pompeuse. Charles Chiniquy et Jean Holmes sont les deux principaux représentants de l'éloquence religieuse. Le premier prêche surtout la tempérance et le second cherche à « *faire le point entre les positions de la science et les enseignements de l'Église* ».

La lecture de certains passages du ***Rapport Durham*** blesse profondément le fonctionnaire François-Xavier Garneau qui prend la décision de démontrer que les Canadiens français possèdent un passé qui n'est pas moins glorieux que celui des autres peuples. Entre 1845 et 1848, il publie son ***Histoire du Canada***. Ses prises de position vis-à-vis de l'Église ❶ amènent l'abbé Jean-Baptiste Ferland à étudier en profondeur le régime français. L'auteur du ***Cours d'histoire du Canada*** a conçu son ouvrage « *comme Canadien et comme catholique* ». À quelques exceptions près, les amateurs d'histoire de l'époque concentreront eux aussi leurs recherches sur la période française. L'entreprise la plus considérable est celle de l'abbé Étienne-Michel Faillon qui a consacré trois ouvrages à la période 1532-1675. Il est le premier à donner systématiquement ses sources. Sa documentation est variée et souvent originale.

L'Histoire qui se fait intéresse profondément certains journalistes de l'époque. Le plus célèbre de cette période, Étienne Parent, quitte cependant la direction du journal ***Le Canadien***, en 1842, pour le fonctionnarisme. Ses profondes prises de position sur la question nationale et les problèmes politico-économiques lui ont mérité le titre de « *Nestor de la presse canadienne* ». Napoléon Aubin, fondateur du ***Fantasque***, possède un style beaucoup plus mordant. Il sait trouver le ridicule d'une situation et l'exploiter avec plaisir. L'évolution des partis politiques amène la fondation de journaux de partis ou incite les journaux existants à préciser leur position. ***La Minerve***, fondée en 1826, devient un journal conservateur à partir de 1850. ***Le Courrier du Canada*** reflète les idées ultramontaines. Les rouges ont leur porte-parole avec ***L'Avenir*** de Dorion. Journalisme de combat, beaucoup plus que d'information, que celui de la période pré-confédérative.

Le roman est lui aussi profondément marqué par les préoccupations historiques. Les grands épisodes de l'histoire du Canada servent de fond de scène à des drames plus ou moins profonds. L'attaque de Québec par Phips inspire Joseph Marmette pour son ***François de Bienville***. La guerre de la Conquête sert de toile de fond aux ***Anciens Canadiens*** de Philippe Aubert de Gaspé. La déportation des Acadiens donne naissance au roman de Napoléon Bourassa, ***Jacques et Marie***. Pour Joseph Doutre, avec ***Les fiancés de 1812***, la guerre de 1812-1814 sert d'inspiration. Quant à Georges de Boucherville, il voudra recréer, en partie, l'atmosphère de la période des Troubles avec ***Une de perdue, deux de trouvées***. Les préoccupations contemporaines ne laissent pas indifférents certains *romanciers*. Dans son ***Charles Guérin***, Chauveau aborde les problèmes de la coexistence au Bas-Canada. Antoine Gérin-Lajoie, avocat-

---

❶ Certaines observations de Garneau seront retirées au cours des diverses éditions. Ainsi ce commentaire qu'on trouve dans l'édition originale : « *Tandis que nous érigions des monastères, le Massachusetts se faisait des vaisseaux pour commercer avec toutes les nations* » (T. 1, livre 1, chap. 11 : 145).

journaliste, est convaincu que les Canadiens français pourront régler leurs problèmes en se lançant dans la colonisation. Il montre dans ***Jean Rivard le défricheur*** et dans ***Jean Rivard économiste*** que celui qui accepte d'aller s'établir sur une terre nouvelle, peut s'enrichir, à force de travail, et même finir par occuper un certain rang social, voire même devenir maire de son village et député de son comté. Presque tous les ouvrages de cette époque ont peu de valeur littéraire, ils offrent surtout un intérêt historique ❶.

Entre 1840 et 1860, deux tendances se sont manifestées : la première, fortement influencée par le libéralisme doctrinal, réclame la liberté d'expression la plus complète et se manifeste surtout par l'intermédiaire de l'*Institut canadien* ; la seconde, marquée par l'ultramontanisme français, se cristallise surtout dans l'entourage de Mgr Bourget ❷. « *La période qui s'étend de 1860 à la fin du XIXe siècle*, affirme Pierre Savard, *n'offre pas les contrastes politiques sociaux et religieux des années 1837-38 ou de celles du début de l'Union. Les forces de cohésion semblent triompher. Un optimisme débordant envahit les dirigeants et inspire des politiques de grandeur* ».

Lord Durham et les chefs indiens. *Huile de Théophile Hamel (v. 1850). Tout au long du XIXe siècle, les Indiens multiplièrent les pétitions. En mars 1848, trois chefs montagnais sont reçus par Lord Elgin. Le titre du tableau doit donc être corrigé. Voir Dennis Reid,* Krieghoff. Image du Canada, *Musée des Beaux-Arts de l'Ontario, 1999.*

Les arts

Si, sur le plan littéraire, on cherche à faire personnel, original, il n'en va pas de même pour l'architecture. On se lance dans une mauvaise imitation de styles gothique, roman, byzantin, renaissant, etc. On voit même apparaître des églises qui sont une miniaturisation de la basilique Saint-Pierre de Rome. Cette architecture *archéologique* introduit une manie d'imitation grave : avec le bois, la tôle, le plâtre, on imite la pierre, le marbre, les bois précieux. Tout n'est que tape-à-l'œil ! On veut faire riche avec de pauvres moyens. Témoignage d'une époque où un peuple prend conscience de lui-même et veut se donner une impression de grandeur !

La sculpture est encore l'œuvre d'artisans. Les disciples de Quevillon, qui forment *l'École de Montréal*, ont décoré plusieurs églises ; mais l'apparition de l'architecture archéologique provoque un changement de style auquel doivent s'adapter les artistes canadiens. Il en est de même pour les sculpteurs de *l'École de Québec* pour la plupart des disciples de Thomas Baillairgé. L'engouement pour l'imitation des grands édifices européens incite les religieux à importer d'Europe, en particulier de France et d'Italie, des sculpteurs qui sont pénétrés du goût de l'époque. Ces derniers popularisent au Canada-Est un certain goût pour les statues de plâtre coloriées.

❶ Voir J.-C. Falardeau, « Thèmes sociaux et idéologies dans quelques romans canadiens-français du XIXe siècle », ***France et Canada français du XVIe au XXe siècle***. PUL, Québec, 1966 : 245-268.

❷ Voir Samuel Baillargeon, ***Littérature canadienne-française***. Fides, Montréal, 1962. Aussi Pierre de Grandpré, ***Histoire de la littérature française au Québec***. Beauchemin, Montréal, 1967.

Place d'Armes, Montréal, vers 1850. Les rues sont en pavés et l'éclairage est au gaz. L'élégance règne. L'artiste, John Murray, a toutefois négligé de représenter un jardin fleuri disposé autour d'une fontaine que l'on trouve dans un tableau de Krieghoff, à moins que…

À partir des environs de 1850, la publicité que l'on fait autour de la supériorité des produits européens dans le domaine de l'orfèvrerie amène une lente décadence de cet art pourtant si vivant au début du siècle.

La peinture québécoise atteint un certain sommet au cours de cette période. Les peintres, dont plusieurs ont eu l'occasion de prendre contact avec les grands maîtres européens, emploient des techniques plus raffinées. Ils sont partagés entre le classicisme et une certaine naïveté. Le genre le plus populaire demeure encore le portrait. Théophile Hamel et Antoine Plamondon en ont peint des douzaines. Le courant romantique transparaît dans l'attitude de quelques personnages. Le pittoresque de la vie canadienne, avec un certain côté caricatural, est bien illustré par Cornelius Krieghoff, peintre d'origine allemande, né en Hollande. « *Ce que fit Krieghoff*, écrira Jean Chavin, *ce n'est pas de la grande peinture, mais de l'imagerie populaire, ou encore, si l'on veut, de l'amusante peinture anecdotique* ». Au cours de la seconde moitié du XIXe siècle, la peinture canadienne se présente surtout comme un art populaire.

Essor de l'Église

Au lendemain de la Conquête, s'établit un *pacte aristocratique* entre les administrateurs britanniques, les seigneurs canadiens et le clergé catholique dont le vainqueur

s'assure la collaboration, en échange de certaines garanties. Ce nouvel équilibre, fort de la désorganisation tant politique qu'économique de la collectivité canadienne-française, permet dès lors au clergé de jouer un rôle accru. Ses effectifs sont cependant gravement réduits en 1759, un prêtre dessert 350 fidèles ; vers 1830, 1 800 et vers 1840, 1 650 ❶. Le mouvement indépendantiste de 1837-1838, qui véhicule des idées libérales, menace un moment l'Église canadienne ; mais l'échec insurrectionnel profite au clergé qui peut réorganiser le nationalisme en le jumelant à la théocratie cléricale.

Le cauchemar de l'Union passé, l'Église catholique romaine du Canada entre dans une période d'expansion remarquable et procède à des réformes ecclésiastiques. Déjà, elle avait gagné l'assentiment gouvernemental à l'érection du diocèse de Montréal en 1836, diocèse dont les biens avaient été incorporés et la succession épiscopale assurée par le pouvoir civil.

Une des figures marquantes de l'Église canadienne d'alors est Mgr Ignace Bourget qui succède à Mgr Lartigue, en 1840, à la tête du diocèse de Montréal. Il réalise la

Les temps ont bien changé. Quand on compare les statistiques sur le mariage à travers les années ou encore quand on se laisse entraîner par Serge Gagnon dans Mariage et famille au temps de Papineau *(PUL, 1993), on a du mal à croire qu'une telle évolution soit possible en si peu de temps.*

❶ Depuis la Conquête, il était interdit aux communautés d'hommes de recruter. Les Jésuites et les Récollets avaient perdu leur dernier représentant en 1800 et en 1813 respectivement. Restaient les séculiers dont les Sulpiciens canadiens. Voir Pierre Savard, « *Vie du clergé québécois au XIXe siècle* », ***Recherches sociographiques***, VIII, 3 (sept.-déc. 1967) : 259-273.

Un ouvrage demeure incontournable à propos des idéologies dans la société canadienne-française : il s'agit du magistral Idéologies au Canada français *de Fernand Dumont, Jean Hamelin et Jean-Paul Montminy (PUL, 1981). Les trois auteurs y brossent un portrait des principales idéologies qui ont prévalu entre 1850 et 1976 dans toutes les sphères de la société.*

L'ultramontanisme a bouleversé le Québec au XIXe siècle. Nive Voisine et Jean Hamelin ont publié un recueil de textes portant sur les différentes facettes de cet important courant de pensée. Le livre s'intitule simplement Les Ultramontains canadiens-français *(Boréal, 1985).*

plupart des réformes amorcées par son prédécesseur. Dès 1840, il fonde un grand séminaire et invite Mgr Forbin-Janson, évêque de Nancy, à inaugurer les retraites sacerdotales et paroissiales. Il fait venir au pays de nombreuses communautés religieuses et encourage la fondation de communautés canadiennes.

Ainsi réorganisée, l'Église canadienne des années 40 s'affirme comme « *l'institution la mieux musclée* » du Canada (Lionel Groulx), capable d'animer et de soutenir de nombreuses œuvres d'éducation ou de bien-être social, deux secteurs qu'à toutes fins pratiques le pouvoir civil lui a presque totalement abandonnés. Œuvres pieuses de la *Propagation de la Foi* ou de la *Saint-Vincent-de-Paul*, sociétés de tempérance, création de refuges pour les immigrants malades et infortunés, fondation de collèges d'enseignement, campagnes quasi mystiques en faveur de la colonisation et création de sociétés d'agriculture, rien ne rebute le zèle infatigable d'un clergé qui secourt les pauvres, instruit les élites et prêche à la masse croissante du prolétariat agricole les vertus de courage et de résignation. Les activités apostoliques se déploient aussi à l'extérieur dans l'Ouest, chez les Métis, dans le Nord-Ouest, chez les Indiens et les Esquimaux.

Libéraux et ultramontains

Au XIXe siècle, la société canadienne-française connaît, à l'instar de l'Europe catholique, la révolte des intellectuels libéraux contre l'orthodoxie rigoureuse de l'ultramontanisme. Les libéraux essaient d'accommoder le catholicisme à leur conception politique. Ils adoptent une ligne de conduite basée sur la séparation entre les affaires de l'Église et de l'État. L'ultramontanisme [1] est marqué d'un esprit réactionnaire facilement hostile au monde moderne qu'il juge « *révolutionnaire et impie* ». Les ultramontains refusent la séparation du Trône et de l'Autel et affirment par exemple que l'éducation est un droit imprescriptible de l'Église. Le conflit est violent. D'un côté, les *rouges*, membres de *l'Institut canadien*, stimulés par la vague libérale d'Europe, encouragés par la victoire de la révolution italienne, avec pour seules armes quelques journaux et la sympathie d'une minorité de Canadiens français ; de l'autre côté, Mgr Bourget qui rêve de faire de sa ville épiscopale une *petite Rome* et, avec lui, une Église canadienne bien organisée, prestigieuse, trop souvent prête à utiliser la condamnation ecclésiastique de l'excommunication, soutenue par la plupart des leaders politiques du Canada français, encouragée par l'Église de Rome dont le ***Syllabus** de 1864 condamne les « erreurs modernes »*.

Les forces sont inégales ; les ultramontains imposent l'unanimité idéologique. Il faudra attendre tout un siècle pour qu'à l'aurore d'une nouvelle décennie 60, les Canadiens français remettent sérieusement en question leur système de valeurs traditionnelles.

---

[1] Littéralement, ce qui est au-delà des montagnes (les Alpes) ; se dit des doctrines et des positions favorables à l'Église de Rome. Le contraire en est le gallicanisme, doctrine d'une Église nationale plutôt hostile à l'autorité du Saint-Siège. Vers 1883, on appellera *Castors*, les ultramontains dont le journal l'***Étendard*** arbore cet animal en page frontispice.

TROISIÈME PARTIE

QUÉBEC-CANADA

I • ACHEMINEMENT VERS LA CONFÉDÉRATION (1864-1866)

Les projets de fédération

Bien avant la naissance de la Confédération, on songea au fédéralisme pour réunir les colonies britanniques d'Amérique du Nord. Un des premiers projets fut mis de l'avant en 1764 par un juge de l'État de New York, William Smith. Par la suite, une douzaine de projets prennent forme. Un Canadien français, Joseph-Charles Taché, est à l'origine d'une solution assez concrète et rapprochée d'un véritable fédéralisme. En 1857, il publie le fruit de ses réflexions dans le ***Courrier du Canada.*** D'après lui, les pouvoirs du fédéral ne doivent s'exercer que sur les objets suivants : le commerce, les douanes, les grands travaux publics, la navigation, les postes, la milice et la justice criminelle. « *Tout le reste ayant trait aux lois civiles, à l'éducation, à la charité publique, à l'établissement des terres publiques, à l'agriculture, à la police urbaine et rurale à la voirie, enfin à tout ce qui a rapport à la vie de famille si on peut s'exprimer ainsi, de chaque province, resterait sous le contrôle exclusif des gouvernements respectifs de chacune d'elles comme de droit inhérant, les pouvoirs du gouvernement fédéral n'étant considérés que comme une cession de droits spécialement désignés.* » ❶ Mais, quels motifs poussent les contemporains à chercher une nouvelle formule politique ?

Difficultés économiques

De 1815 à 1851, le monde occidental subit l'effet d'une longue récession économique caractérisée par la sous-production et la hausse des prix ❷. Des penseurs sociaux, comme Karl Marx, apportent leurs éléments de solution. Plusieurs économistes croient détenir la clé du problème avec la mise en œuvre du libre-échange ❸. En Angleterre, l'***école de Manchester***, dirigée par Richard Cobden, fait partie de ce groupe. À partir de 1846, le libre-échange triomphe avec la suppression des tarifs préférentiels qui existaient depuis le début du siècle en faveur des colonies. Ayant perdu cet avantage, les marchands canadiens font face à une plus grande concurrence sur les marchés anglais.

Le Canada cherche alors à resserrer ses liens commerciaux avec les États-Unis. Il conclut avec ce pays, en 1854, le traité de Réciprocité qui abolit les tarifs douaniers sur certains produits. Au cours des années qui suivent, les échanges commerciaux entre les deux pays augmentent considérablement et la guerre de Sécession aux États-Unis accentue cette tendance. Mais le traité est valable pour 10 ans et en 1864 les industriels américains qui deviennent de plus en plus protectionnistes s'opposent à

---

❶ Voir Michel Brunet, ***Histoire du Canada par les textes.*** II, Fides, Montréal, 1963 : 13 et 14.

❷ Il s'agit alors d'une économie ancienne basée sur l'agriculture. Dans une économie moderne dominée par la production du fer et du charbon, par exemple, une récession se caractérise par une surproduction et une baisse des prix.

❸ Système économique dans lequel les échanges commerciaux entre divers pays sont libres, c'est-à-dire profitent de la suppression des droits de douane.

son renouvellement. Le Canada doit maintenant songer à trouver d'autres marchés pour ses produits. Une formule d'union ou de fédération des colonies du « British North America » apporterait une solution intéressante à ce problème, en facilitant entre elles les échanges commerciaux. De plus, ces quelques années qui précèdent la Confédération sont marquées par des difficultés économiques sérieuses dans les colonies. L'avènement de la vapeur dans les transports maritimes oblige l'industrie de la construction navale à se transformer. Le métal remplace peu à peu le bois pour les navires. Les importants chantiers maritimes de la ville de Québec et ceux de la Nouvelle-Écosse, qui construisent des bateaux en bois, sont victimes de cette révolution industrielle.

Dans le domaine agricole, de mauvaises récoltes avant 1867 sensibilisent les populations aux fluctuations économiques et le besoin d'une nouvelle frontière, au moins agricole, se fait sentir. Dans l'ouest du Haut-Canada, par exemple, les bonnes terres sont déjà occupées et les « clear grits » de George Brown, récament l'annexion de l'Ouest, pour en obtenir de nouvelles. Toutes ces difficultés économiques jouent en faveur des tenants d'une fédération.

Les chemins de fer

Mais comment réunir ces colonies, sinon par un chemin de fer ? En 1850, il n'y a que 65 milles de voies ferrées dans le Canada-Uni. La situation change en 1851 par l'apparition d'une compagnie privée largement subventionnée par l'État, le *Grand Tronc.* En 1860, son réseau va de Sarnia, sur le lac Huron, à Rivière-du-Loup-en-Bas. Deux autres compagnies ferroviaires d'importance apparaissent en 1860, la « Northern » et la « Great Western », toutes deux dans le Canada-Ouest. Pour le Canada-Uni, la seule voie ferroviaire d'accès aux ports de l'Atlantique passe par les États-Unis et, à partir de 1852, on songe de plus en plus à unir directement le Canada aux ports des Maritimes ouverts toute l'année. Le projet de construire un *intercolonial* est souvent discuté au cours des années 1850 et 1860. Mais il y a mésentente quant à la route à suivre. Les hommes d'affaires des colonies veulent une route directe passant par le nord du Maine. Pour des raisons stratégiques et militaires, la Grande-Bretagne ne veut pas d'un trajet empruntant le territoire américain ; elle désire une ligne construite

On a beaucoup insisté sur l'immigration des Canadiens français aux États-Unis. Mais on a presque oublié ceux qui ont participé à la Guerre de Sécession. Dans son ouvrage Les Canadiens français et la Guerre de Sécession, 1861-1865. Une autre dimension de leur migration aux États-Unis, *Jean Lamarre écrit : « Ils ont été près de 15,000 à s'enrôler dans l'armée fédérale durant les quatre années que dure le conflit, ce qui représente la plus importante participation des Canadiens français dans une guerre étrangère. » (2006) À lire aussi* Le Québec-Canada et la Guerre de Sécession américaine, 1861-1865, *Éditions Waden-Pub, 2002.*

uniquement en territoire britannique, quoique plus longue et moins rentable. On ne réussit pas à concilier ces intérêts divergents et la Grande-Bretagne abandonne le projet. Après 1864, le besoin d'un lien ferroviaire entre les diverses parties du B.N.A. se fait plus pressant. Mais aucune des colonies n'a les ressources voulues pour entreprendre seule le projet. Une union des forces, grâce à une fédération politique, en permettrait la réalisation. Le désir de voir construire *L'Intercolonial* explique sûrement en partie l'intérêt des hommes politiques des Maritimes pour la Confédération. De plus, les responsables du *Grand Tronc* favorisent cette réunion des colonies qui leur permettrait de renflouer financièrement leur compagnie.

Un moyen d'extension : les chemins de fer

Le Grand Tronc, si on considère sa longueur, l'importance de ses travaux et ses ententes avec divers associés, est beaucoup trop dispendieux et trop étendu pour le Canada actuel et, laissé dans ces conditions, il dépend surtout du développement de la population et de l'industrie sur son parcours et de l'augmentation du trafic en provenance de l'Ouest : on ne peut pas espérer d'ici plusieurs années le voir s'émanciper complètement des charges onéreuses qu'il a contractées.

Le moyen [d'en faire un réel succès dans une courte période]... selon moi dépend de l'extension des communications par chemin de fer jusqu'au Pacifique. Essayez d'imaginer, pour un moment, l'ouverture de la Chine au commerce britannique, également l'ouverture du Japon, l'accès aux nouvelles mines d'or de l'extrémité ouest de notre territoire et de Californie, la possibilité de communiquer avec l'Inde avec nos colonies australiennes...

Essayez d'imaginer... une grande ligne de chemin de fer allant directement des côtes de l'Atlantique au Pacifique. Il en résulterait pour l'Empire quelque chose de remarquable pour notre époque ; et cette réalisation ferait la fortune du Grand Tronc...

Cette entreprise ne pourrait se réaliser que par la coopération des deux gouvernements et en associant à ce projet de chemin de fer quelque grand plan de colonisation et d'immigration ❶.

Le défi américain

Une autre cause, la crainte des États-Unis, pousse les colonies à se fédérer. Entre 1860 et 1870, on craint l'invasion militaire et l'annexion américaine. Durant la guerre de Sécession, l'Angleterre avait semblé pencher en faveur du Sud qui lui fournissait du coton à bas prix. Or, le Nord, avec la première grande armée moderne, sort vainqueur de ce conflit et garde un ressentiment à l'égard de la Grande-Bretagne. Les habitants des colonies craignent que le Nord, pour se venger de l'Angleterre, n'envahisse ses colonies d'Amérique. De plus, de temps à autre, on parle dans la presse américaine et même au Congrès d'annexer le Canada-Uni. Dans le Canada-Est, George-Étienne Cartier et ses conservateurs redoutent l'annexion aux États-Unis parce qu'ils en rejettent les idées républicaines. La crainte de l'annexion est même utilisée carrément

---

❶ E.W. Watkin est un des principaux bailleurs de fonds du Grand Tronc. De 1861 à 1869, il présidera cette compagnie. Pour pouvoir compléter son chemin de fer, il a intérêt à défendre le projet d'une fédération des colonies du B.N.A. Traduction de Marcel Hamelin.

comme justification de la fédération. Ainsi ***La Minerve,*** journal conservateur de Montréal, contraint ses lecteurs, en août 1864, à une alternative : la confédération ou l'annexion.

Le problème des « Fenians » contribue aussi à alimenter cette crainte. Il s'agit d'une société irlandaise révolutionnaire qui profite de la guerre de Sécession pour se développer militairement aux États-Unis. Elle se dresse contre l'Angleterre qui, à l'époque, opprime l'Irlande. Son but est de s'emparer du Canada afin d'obtenir par marchandage la libération de l'Irlande. À l'été 1866, les colonies anglaises sont victimes de trois raids de « Fenians » facilement repoussés à Campobello au Nouveau-Brunswick, Niagara dans le Canada-Ouest et Phillipsburg dans le Canada-Est. Les « Fenians » donc, par leurs escarmouches, peuvent faire croire à la possibilité d'une véritable invasion américaine. La presse du Canada-Uni entretient cette psychose. Dans le Canada-Est, les *Rouges,* qui rêvent depuis 1849 de l'annexion aux États-Unis, contribuent indirectement à nourrir le débat, puisque les chefs politiques au pouvoir prennent la contrepartie de la position de leurs adversaires.

Les origines de la Confédération n'ont pas passionné beaucoup de chercheurs au cours des dernières années. G.E.D. Martin, de Vancouver, fait exception. Dans Britain and the Origins of Canadian Confederation *(UBC, 1995), il s'emploie à démontrer que, dès le lendemain des rébellions de 1837-1838, Londres favorise l'idée d'une union de ses colonies d'Amérique du Nord. Le facteur nord-américain le plus décisif fut, à son avis, l'augmentation de la population du Haut-Canada et la vigueur de ses dirigeants. Les questions de défense, de commerce, de construction des chemins de fer auraient tout au plus contribué à renforcer les convictions des autorités britanniques.*

Causes politiques

Certaines causes d'ordre politique précipitent les événements. La métropole, après 1860, se montre favorable à une union de ses colonies d'Amérique du Nord. En effet, l'impérialisme est en déclin en Angleterre à cette époque. La plupart des hommes politiques considèrent que les colonies sont devenues un fardeau financier pour la métropole qui doit assurer leur défense. Au Canada, une instabilité politique presque chronique amène les politiciens à chercher une formule nouvelle ❶. Enfin, il ne faudrait pas oublier le régime même de l'Union qui, au départ, devait être unitaire, mais qui par la suite s'avère un régime de dualité, exigeant une certaine dose de fédéralisme. Ainsi, pour gouverner, il est nécessaire de détenir une majorité de députés dans chacune des anciennes provinces et non pas seulement dans l'ensemble. Dans le domaine législatif, le Parlement du Canada-Uni vote trois catégories de lois : certaines s'appliquent à tout le Canada, d'autres uniquement au Canada-Est et les dernières, seulement au Canada-Ouest ❷. L'appareil administratif, pour sa part, se divise en deux sections distinctes : par exemple, il y a un procureur général pour chacune des sections. Ainsi, l'Union fonctionne comme un régime fédéral, ce qui permettra de régler assez facilement le partage des compétences, lors des discussions préliminaires à la Confédération.

Ces causes diverses et multiples font passer la Confédération de projet théorique à la réalité politique.

Le gouvernement de coalition (juin 1864)

En juin 1864, face à l'instabilité ministérielle, George Brown, leader des « clear grits », qui détient la balance du pouvoir, propose aux conservateurs un gouvernement de coalition. Il pose une seule condition : que ce gouvernement se mette à la recherche

---

❶ Entre 1861 et 1864, le Canada-Uni doit faire face à 2 élections et à 4 changements de gouvernement.

❷ Sur cette question, voir Maurice Giroux, ***La pyramide de Babel, essai politique sur la crise des Deux Nations* canadiennes.** Éd. de Sainte-Marie, Montréal, 1967.

d'une nouvelle constitution pour le pays. John A. Macdonald et George-Étienne Cartier sautent sur l'occasion et acceptent même de discuter de la possibilité d'une union fédérale ❶.

Les réactions au lendemain de la coalition ne tardent pas à se faire sentir. Les libéraux du Canada-Est se retrouvent seuls, face aux conservateurs et à leurs anciens collègues, les libéraux (« clear grits ») du Canada-Ouest. On perçoit chez les conservateurs une gêne mêlée d'hésitation. Ils ont beaucoup de difficultés à louanger George Brown qu'ils décriaient un mois auparavant. Enfin, la majorité des citoyens est dans l'attente, ignorant ce qu'il adviendra de cette coalition.

La conférence de Charlottetown (septembre 1864)

En juillet, les événements se précipitent. Lord Monck, gouverneur du Canada-Uni, apprend alors que la Nouvelle-Écosse, l'Île-du-Prince-Édouard et le Nouveau-Brunswick doivent se réunir le 1er septembre pour discuter de la possibilité d'une fédération des Maritimes. Le gouvernement canadien, par l'intermédiaire de John A. Macdonald, réussit à se faire inviter à titre d'observateur. Pour plaire aux habitants de l'Île-du-Prince-Édouard qui se croient défavorisés, Charlottetown est choisi comme lieu de rencontre. Le 1er septembre, une délégation canadienne parvient à destination ❷. Les représentants les plus en vue des Maritimes sont Charles Tupper de la Nouvelle-Écosse, Samuel L. Tilley du Nouveau-Brunswick et John H. Gray de l'Île-du-Prince-Édouard. La délégation du Canada-Uni, mieux préparée, domine dès le début. Elle réussit très tôt à faire intégrer le projet de fédération des Maritimes. Les participants discutent du principe d'une fédération des colonies britanniques de l'Amérique du Nord et du partage des pouvoirs. Enfin, on décide qu'une nouvelle réunion, à Québec le mois suivant, fera suite à cette conférence qui se termine dans l'euphorie.

La conférence de Québec (octobre 1864)

Le 10 octobre 1864, 33 représentants ❸ du Canada-Uni, du Nouveau-Brunswick, de la Nouvelle-Écosse, de l'Île-du-Prince-Édouard et de Terre-Neuve, sont réunis à Québec, pour la deuxième conférence sur le projet de fédération. Un premier accord survient sur une question de principe. Le fédéralisme rencontre les vues de la majorité. La seconde question traite du double problème de la représentation. On s'entend rapidement sur la représentation à la chambre basse : elle sera basée sur la population. Mais la question de la chambre haute vient bien près de faire avorter la conférence. Les Maritimes désirent une représentation égale des parties composantes. John A. Macdonald ne veut rien entendre de cela et réussit à faire accepter le principe de trois régions de 24 représentants chacune : le Canada-Est, le Canada-Ouest et les

Voir Stéphane Paquin, L'Invention d'un mythe. Le pacte entre deux peuples fondateurs. *(VLB, 1999).*

❶ Dans un système représentatif, lorsque le parti au pouvoir ne détient pas la majorité absolue, le groupe de députés qui lui permet de se maintenir en place, généralement un tiers parti, est considéré comme détenant la balance du pouvoir parce qu'il peut renverser le gouvernement en additionnant ses voix à celles des députés formant l'opposition.

❷ Cette délégation est formée de J.A. Macdonald, G.-É. Cartier, G. Brown, A.T. Galt, H. Langevin, T. D'Arcy McGee et W. McDougall.

❸ On les appellera plus tard les *Pères de la Confédération.*

Vue de Québec tirée du Illustrated London News *du 1er septembre 1860.*

Maritimes. C'est à cette conférence qu'on prend l'engagement de construire un chemin de fer intercolonial. Enfin, on procède à la répartition des compétences et à l'édification de la structure financière du nouvel État ❶. Finalement, après plusieurs jours d'ardents débats, la Conférence résume ses propositions dans les ***Résolutions de Québec*** ou les ***72 Résolutions.*** Ce texte, après approbation par l'Assemblée des colonies, serait soumis au gouvernement anglais en vue d'obtenir son accord. Ces résolutions constituent le premier brouillon du texte définitif de l'***Acte de l'Amérique du Nord britannique.*** Seules les parties qui portent sur les constitutions du Québec et de l'Ontario, ainsi que certaines modifications introduites lors des résolutions de Londres, sont absentes ❷.

Peu d'aspects échappent à l'attention de John Hare, Marc Lafrance et David-Thierry Ruddel dans Histoire de la ville de Québec, 1608-1871 *(Boréal, 1987). Illustré avec beaucoup de soin et de pertinence.*

Réactions dans les colonies

L'attitude des diverses colonies face aux *Résolutions de Québec* varie beaucoup. L'Île-du-Prince-Édouard et Terre-Neuve refusent tout simplement de pousser plus loin l'aventure. Le Nouveau-Brunswick et la Nouvelle-Écosse ne se soumettent pas à l'article 70 des Résolutions qui invitait les Parlements locaux à sanctionner les principes adoptés à la Conférence de Québec. Incidemment, seul le Parlement du Canada-Uni se rend à cette exigence.

❶ Pour certains, la Conférence de Québec a donné lieu à un pacte entre deux nations. De fait, tout ce qui y fut décidé devait être soumis aux divers Parlements coloniaux. À noter que la signature des résolutions n'est que l'attestation de l'authenticité du texte adopté par la majorité (non à l'unanimité).

❷ Ces deux questions seront étudiées plus à fond dans les pages subséquentes.

Dans le Canada-Ouest, l'appui à la Confédération est presque total, puisque ce projet est nettement avantageux pour cette province. D'abord, il règle la fameuse querelle de la représentation basée sur la population. Il assure également la marche du Canada vers l'Ouest et le développement de l'Ontario. Enfin, dans cette région, le projet ne rencontre d'opposition systématique d'aucun groupe, puisque « clear grits » et conservateurs font partie du gouvernement de coalition.

Dans le Canada-Est, les ***Résolutions de Québec*** sont soumises à une véritable opposition dès le début de novembre. Antoine-Aimé Dorion, chef du *parti rouge*, publie le 7 novembre 1864 un manifeste très virulent. Il dénonce ce semblant de fédéralisme qui n'accorde aux provinces aucun pouvoir réel puisque le gouvernement central peut désavouer leurs lois. Ainsi élaboré, le projet entraîne les inconvénients et du système unitaire et du système fédératif de gouvernement sans en avoir les avantages. Selon lui, la nécessité de régler la question de la représentation basée sur

Union fédérative ou Union législative

John A. Macdonald

Quant aux avantages comparatifs d'une union législative et d'une union fédérale, je n'ai jamais hésité à dire que si la chose était praticable, une union législative eut été préférable. J'ai déclaré maintes et maintes fois que si nous pouvions avoir un gouvernement et un parlement pour toutes les provinces, nous aurions eu le gouvernement le meilleur, le moins dispendieux, le plus vigoureux et le plus fort. Mais... ce système... ne saurait rencontrer l'assentiment du peuple du Bas-Canada, qui sent que, dans la position particulière où il se trouve comme minorité, parlant un langage différent, et professant une foi différente de la majorité du peuple sous la confédération, ses institutions, ses lois, ses associations nationales, qu'il estime hautement, pourraient avoir à en souffrir. C'est pourquoi il a été compris que toute proposition qui impliquerait l'absorption de l'individualité du Bas-Canada ne serait pas reçue avec faveur par le peuple de cette section.

George-Étienne Cartier

Nul autre projet n'est possible que le système fédéral. Quelques-uns ont prétendu qu'il était impossible à faire fonctionner la confédération, par suite des différences de race et de religion. Ceux qui partagent cette opinion sont dans l'erreur ; c'est tout le contraire. C'est précisément en conséquence de cette variété de races, d'intérêts locaux, que le système fédéral doit être établi et qu'il fonctionnera bien.

John A. Macdonald

La Conférence [de Québec] trouvant impraticable l'union législative pure et simple, en est venue à adopter une forme de gouvernement fédéral, qui pourra avoir toute la force d'une union législative et administrative, pendant qu'en même temps, nous conservons la liberté d'action en faveur des différentes sections. Je suis heureux de croire que nous avons trouvé un plan de gouvernement qui possède le double avantage de nous donner la puissance d'une union législative et la liberté d'une union fédérale, une protection enfin pour les intérêts locaux. Nous avons eu pour nous guider l'expérience des États-Unis... par leur constitution, ils déclarèrent que chaque État était une souveraineté par lui-même, excepté à l'égard des pouvoirs conférés au congrès général. Ici nous avons adopté un système différent ; nous avons concentré la force dans le gouvernement général. Nous avons déféré à la législature générale toutes les grandes questions de législation. Nous lui avons conféré, non seulement en les spécifiant et détaillant, tous les pouvoirs inhérents à la souveraineté et à la nationalité, mais nous avons expressément déclaré que tous les sujets d'un intérêt général, non délégués aux législatures locales, seraient du ressort du gouvernement fédéré et que les matières locales, du ressort des gouvernements locaux. Par ce moyen, nous avons donné de la force au gouvernement général, et nous avons évité cette grande source de faiblesse qui a été la cause de la rupture entre les États-Unis ❶.

---

❶ ***Débats parlementaires sur la question de la Confédération...*** Québec, 1865 : 10, 30 et 34.

la population ne vaut pas la peine de mettre sur pied la Confédération. Il dénonce le projet comme étant celui des *magnats du chemin de fer*. Il prétend de plus que l'entrée des Maritimes dans la Confédération augmentera les charges financières du Canada-Uni sans pour autant lui apporter des avantages économiques. Enfin, Dorion croit que, même si on l'acceptait, le projet ne devrait pas être réalisé sans consultation du peuple. Ces observations particulières sont à la source d'assemblées populaires qui se tiennent dans le sud de Montréal, de la fin de novembre à la mi-janvier.

Approbation du Parlement du Canada-Uni

Le 6 février 1865, John A. Macdonald présente à la Chambre le projet de fédération. Il s'ensuit une vive discussion entre le parti ministériel dirigé par Macdonald, Cartier, Galt, Brown et McGee, et l'opposition commandée par les deux Dorion [1], Holton et Sandfield Macdonald. Ces derniers critiquent vertement la conférence de Québec qui comporte, à leur avis, des décisions trop hâtives. Ils soulignent que le projet de Confédération semble être un pas vers l'indépendance. Le partage des pouvoirs entre le gouvernement provincial et le gouvernement fédéral leur paraît mal établi en ce qu'il concède au fédéral trop de puissance. Inquiets de l'avenir de leur minorité, quelques députés anglais, partisans de l'Union, appréhendent un nouvel essor du nationalisme canadien-français. D'autres demandent un plébiscite avant le vote de la loi ; mais l'apathie du peuple canadien vis-à-vis du projet de fédération et une certaine crainte de l'électorat en dissuadent les gouvernants. En fait, la Confédération ne sera pas l'œuvre d'une collaboration entre les diverses provinces, mais la réalisation d'une rêve conçu par un groupe d'hommes politiques. Les *Résolutions de Québec* sont adoptées par un vote de 91 voix contre 33 à la Chambre, et par 45 contre 15 au Conseil législatif.

Personnage controversé, George-Étienne Cartier a joué un rôle important dans la naissance de la Confédération. Comme il est lié au « Scandale du Pacifique », il a été l'objet de plusieurs accusations. L'historien Brian Young lui a consacré une biographie tout en nuances, George-Étienne Cartier, bourgeois montréalais, *Montréal, Boréal, 2004.*

Le détail du scrutin du 10 mars 1865 à la Chambre basse est révélateur. Chez les députés du Canada-Ouest, 57 sont favorables au projet et 8 le désapprouvent. Mais, dans le Canada-Est, le scrutin est plus serré et l'écart n'est que de 12 voix entre ceux qui approuvent le projet (37) et les adversaires (25). Chez les députés francophones du Canada-Est, 26 se déclarent favorables à la Confédération et 22 s'y opposent. De toute façon, après ce scrutin, il semble que les jeux soient faits. À compter de cette date, le Canada-Uni ne sera témoin que de combats d'arrière-garde sans conséquence ou presque.

Difficultés dans les Maritimes

La situation n'est pas aussi rose dans les Maritimes. Le Nouveau-Brunswick, fief du conservatisme parmi les colonies, n'accepte pas facilement le projet de fédération. En 1865, le premier ministre Tilley est battu aux élections en faisant campagne pour ce projet. Le lieutenant-gouverneur Arthur H. Gordon reçoit de Londres l'ordre de manœuvrer de telle sorte que le projet soit accepté. Il réussit à faire démissionner le gouvernement élu en 1865. De nouvelles élections en 1866 permettent à Tilley de

---

[1] Il y avait deux Dorion : Antoine-Aimé (1818-1891) et Jean-Baptiste-Éric (1826-1866). Les deux frères sont natifs de Sainte-Anne-de-la-Pérade. Membres de *l'Institut canadien* dès sa fondation, ils sont tous deux élus députés à l'Assemblée du Canada-Uni en 1854. À cause de son tempérament bouillant, Éric recevra le surnom *d'enfant terrible*.

l'emporter. L'attitude favorable du gouverneur, l'appui des sociétés de tempérance, celui de riches financiers et la crainte des « Fenians » contribuent au succès de cette élection.

La Nouvelle-Écosse, disposant d'une économie florissante et d'une hégémonie au sein des Maritimes, hésite également. Tupper, ardent défenseur du fédéralisme, fait face à une opposition sérieuse dirigée par un vieux routier de la politique, Joseph Howe. Il réussit néanmoins à faire voter une résolution permettant la nomination de délégués qui iraient à Londres pour discuter d'un projet d'union. Ce succès lui permet d'accompagner les représentants des autres colonies à Londres à la fin de 1866. Car il faut maintenant obtenir la sanction du Parlement britannique.

Les résolutions de Londres

Dans la capitale anglaise, on met la dernière main au texte de loi. Les délégués canadiens tiennent une conférence au « Westminster Palace Hotel ». On aborde le problème des écoles pour les minorités. Cette rencontre aboutit à la rédaction du paragraphe 7 de l'article 41 des **Résolutions de Londres.** Désormais, les provinces conservent la compétence exclusive en matière d'éducation, mais cela ne leur permet pas de toucher aux écoles séparées si ces dernières existent par la loi *(by the law)*. On introduit un droit d'appel au gouverneur général pour faire annuler une loi provinciale discriminatoire en éducation. On permet dans un tel cas l'adoption de lois réparatrices par le Parlement fédéral. Ces clauses s'avéreront illusoires par la suite.

On discute également du nom à donner au nouveau pays. Diverses suggestions circulent dans les journaux de l'époque : Colombie, Cabotie, Canada et Boréalie. Par ce dernier terme, on veut établir un parallèle avec l'Australie. Le nom Canada est retenu par la majorité et l'on empruntera au psaume 72 la devise du nouveau « Dominion » : « Et dominabitur a mari usque ad mare ».

Au Parlement de Londres, le projet d'une confédération canadienne ne suscite guère de passion. Gladstone considère l'éventualité de céder le Canada aux États-Unis pour en finir avec les difficultés d'Amérique. La doctrine Monroe ❶, opposée à toute intervention de l'Europe dans les affaires d'Amérique, avait été réaffirmée avec vigueur en 1865, à propos de l'intervention de la France au Mexique. Nombre de députés libéraux regardent les colonies comme « *un inutile et dangereux fardeau* ».

La loi est votée « *comme un bill privé unissant deux ou trois hameaux anglais* ». Le ministère anglais a laissé les Canadiens élaborer à leur gré la nouvelle constitution et n'y a fait aucun changement. Pour la première fois, le Canada rédige lui-même sa propre constitution, et, par là, franchit une nouvelle étape vers l'autonomie. Une proclamation royale, datée du 24 mai 1867 et devant entrer en vigueur le 1er juillet suivant, consacre l'existence du nouveau « Dominion ». En même temps, le gouvernement britannique garantit un emprunt de 3 000 000 de livres pour la construction d'un chemin de fer intercolonial.

---

❶ En décembre 1823, le président des États-Unis, James Monroe, prononce son premier discours annuel au congrès. Il promet de ne pas intervenir dans « *les querelles de l'Europe* », à la condition que les puissances d'outre-Atlantique fassent de même dans les affaires intérieures de l'Amérique. La politique extérieure des États-Unis se trouve ainsi définie pour longtemps à l'avance.

II • L'ACTE DE L'AMÉRIQUE DU NORD BRITANNIQUE

Fédéralisme

Les événements ont fait voir, pour les colonies, la nécessité d'unir leurs intérêts tout en assurant à chacune une certaine autonomie. Les provinces de Québec, d'Ontario, de la Nouvelle-Écosse et du Nouveau-Brunswick exprimèrent le désir *« d'une Constitution reposant sur les même principes que celle du Royaume-Uni »*. C'est pourquoi la Confédération se trouve modelée sur la constitution de l'Angleterre plutôt que sur celle des États-Unis.

Le Grand Sceau du Canada, 1869. Au centre, la reine Victoria, au bas In Canada sigillum *c'est-à-dire le sceau du Canada. Pendant les deux premières années de la Confédération, on utilisa un sceau temporaire représentant les armes royales de l'Angleterre.*

Ainsi, les relations fédérales-provinciales sont calquées sur le modèle existant entre la métropole anglaise et ses colonies. Par exemple, le droit de désaveu est pour la métropole le pouvoir de rejeter toute loi passée par ses colonies et qu'elle juge nocive à sa politique. Grâce à la constitution, le gouverneur général du Canada possède ce même droit vis-à-vis des lois des provinces.

Mais d'où vient cette idée d'une union fédérale ? Lors des conférences préparatoires, John A. Macdonald conçoit un Canada très centralisé, mais George-Étienne Cartier mène la bataille pour le maintien de gouvernements provinciaux. Les colonies du Nouveau-Brunswick et de la Nouvelle-Écosse appuient Cartier parce qu'elles craignent d'être noyées politiquement dans le *grand tout canadien.* Elles exigent donc la décentralisation et Macdonald doit s'incliner. Des causes géographiques militent également en faveur d'une union de type fédératif. Le Canada est un pays trop grand pour être dirigé par un seul gouvernement. Il faut donc placer des intermédiaires dans les provinces et dans les villes.

Le partage des pouvoirs

Le partage des pouvoirs est un compromis entre les forces économiques, politiques, historiques et géographiques. Au départ, on procède au partage politique et on crée deux sphères d'administration distinctes l'une de l'autre : le fédéral et le provincial. Les chefs politiques s'accordent sur le principe selon lequel le Parlement central possède la plénitude des pouvoirs à l'exception de ceux qui sont spécifiquement réservés à chaque province. On attribue ainsi au Parlement fédéral les questions d'intérêt général, octroyant aux diverses régions les domaines plus particuliers. L'expérience acquise sous l'Union semble alors guider les parlementaires. Les

Pour promouvoir le chemin de fer en construction, le C.P.R. annonce des terres ouvertes à la colonisation et, par la diffusion de photos d'Indiens, semble dire : « Venez les voir avant qu'ils ne disparaissent ! » Selon Anne-Hélène Kerbiriou, Les Indiens de l'Ouest canadien vus par les Oblats, *(Septentrion, 1996). La photo ci-dessous rappelle le célèbre cliché de E. S. Curtis, « Vanishing Race ».*

pouvoirs du Parlement central sont contenus dans l'article 91 de la constitution. En résumé, tout ce qui touche à l'économique et à la technique relève du fédéral.

La répartition des pouvoirs dans la constitution

VI - La distribution des pouvoirs législatifs

Les pouvoirs du Parlement

91. Il sera loisible à la Reine, sur l'avis et du consentement du Sénat et de la Chambre des communes de faire des lois pour la paix, l'ordre et le bon gouvernement du Canada, relativement à toutes les matières ne tombant pas dans les catégories de sujets par le présent acte exclusivement assignés aux législatures des provinces ; mais, pour plus de certitude, sans toutefois restreindre la généralité des termes plus haut employés dans le présent article, il est par les présentes déclaré que (nonobstant toute disposition du présent acte) l'autorité législative exclusive du Parlement du Canada s'étend à toutes les matières tombant dans les catégories de sujets ci-dessous énumérés, savoir :

1. La modification, de temps à autre, de la constitution du Canada, sauf en ce qui concerne les matières rentrant dans les catégories de sujets que la présente loi attribue exclusivement aux législatures des provinces, ou en ce qui concerne les droits ou privilèges accordés ou garantis, par la présente loi ou par toute autre loi constitutionnelle, à la législature ou au gouvernement d'une province, ou à quelque catégorie de personnes en matière d'écoles, ou en ce qui regarde l'emploi de l'anglais ou du français, ou les prescriptions portant que le Parlement du Canada tiendra au moins

une session chaque année et que la durée de chaque Chambre des communes sera limitée à cinq années, depuis le jour du rapport des brefs ordonnant l'élection de cette chambre ; toutefois, le Parlement du Canada peut prolonger la durée d'une Chambre des communes en temps de guerre, d'invasion ou d'insurrection, réelles ou appréhendées, si cette prolongation n'est pas l'objet d'une opposition exprimée par les votes de plus du tiers des membres de ladite chambre ;

1A. La dette publique et la propriété publique ;
2. La réglementation du trafic et du commerce ;
2A. L'assurance-chômage ;
3. Le prélèvement de deniers par tout mode ou système de taxation ;
4. L'emprunt de deniers sur le crédit public ;
5. L'administration des postes ;
6. Les recensements et la statistique ;
7. La milice, le service militaire, le service naval et la défense du pays ;
8. La fixation des traitements et des allocations des fonctionnaires, civils ou autres, du gouvernement du Canada, ainsi que les dispositions à prendre pour en assurer le paiement ;
9. Les balises, les bouées, les phares et l'île au Sable ;
10. La navigation ;
11. La quarantaine, ainsi que l'établissement et l'entretien d'hôpitaux de marine ;
12. Les pêcheries côtières et intérieures ;
13. Le transport par eau entre une province et un pays britannique ou étranger, ou entre deux provinces ;
14. Le numéraire et la frappe de la monnaie ;
15. La banque, la constitution des banques et l'émission du papier-monnaie ;
16. Les caisses d'épargne ;
17. Les poids et les mesures ;
18. Les lettres de change et les billets à ordre ;
19. L'intérêt de l'argent ;
20. Le cours légal ;
21. La faillite ;
22. Les brevets d'invention ;
23. Les droits d'auteur ;
24. Les Indiens et les terres réservées aux Indiens ;
25. La naturalisation et les aubains ;
26. Le mariage et le divorce ;
27. Le droit criminel, sauf la constitution des tribunaux de juridiction criminelle, mais y compris la procédure en matière criminelle ;
28. L'établissement, l'entretien et l'administration des pénitenciers ;
29. Les catégories des sujets expressément exceptées dans l'énumération des catégories de sujets que la présente loi attribue exclusivement aux législatures des provinces.

Le sous-article 24 de l'article 91 de la constitution de 1867 confie au gouvernement fédéral la responsabilité des Indiens et des terres qui leurs sont réservées. Cette disposition sera extrêmement lourde de conséquences.

Les pouvoirs exclusifs des législatures provinciales

92. Dans chaque province, la législature a le droit exclusif de légiférer sur les matières qui rentrent dans les catégories de sujets ci-après énumérées :
1. La modification (chaque fois qu'il y aura lieu et nonobstant toute disposition du présent acte) de la constitution de la province, sauf en ce qui concerne la fonction de lieutenant-gouverneur ;

2. Les contributions directes dans la province en vue de prélever des revenus pour des fins provinciales ;
3. L'emprunt de deniers sur le seul crédit de la province ;
4. La création et l'exercice de fonctions provinciales, ainsi que la nomination et le paiement des fonctionnaires provinciaux ;
5. L'administration et la vente des terres publiques appartenant à la province, ainsi que du bois et des forêts qui y poussent ;
6. L'établissement, l'entretien et l'administration des prisons publiques et des maisons de correction dans les limites et pour la population de la province ;
7. L'établissement, l'entretien et l'administration des hôpitaux, des asiles, des hospices et des refuges dans les limites et pour la population de la province, sauf les hôpitaux de marine ;
8. Les institutions municipales dans la province ;
9. Les licences de boutiques, de débits de boissons, de tavernes, d'encanteur et autres établies en vue de prélever des revenus pour des fins provinciales, locales ou municipales ;
10. Les travaux et les ouvrages, d'une nature locale autres que ceux qui sont énumérés dans les catégories qui suivent :
a) Les lignes de vapeurs ou autres navires, les chemins de fer, les canaux, les lignes de télégraphe et autres travaux et ouvrages reliant la province à une autre ou à d'autres, ou s'étendant au delà des frontières de la province ;
b) Les lignes de vapeurs entre la province et tout pays britannique ou étranger ;
c) Les travaux qui, bien qu'entièrement situés dans la province, seront, avant ou après leur exécution, déclarés par le parlement du Canada profiter au Canada en général ou à deux ou plusieurs provinces ;
11. La constitution des compagnies pour des objets provinciaux ;
12. La célébration des mariages dans la province ;
13. La propriété et les droits civils ;
14. L'administration de la justice dans la province, y compris la constitution, le coût et l'organisation des tribunaux provinciaux, de juridiction tant civile que criminelle ainsi que la procédure en matière civile devant ces tribunaux ;
15. L'infliction de punitions par voie d'amendes, de peines ou d'emprisonnement en vue de faire respecter toute loi provinciale établie relativement à une matière rentrant dans une des catégories de sujets énumérées dans le présent article ;
16. De façon générale, toutes les matières qui, dans la province, sont d'une nature purement locale ou privée.

L'agriculture et l'immigration

95. La législature de chaque province pourra légiférer sur l'agriculture et l'immigration dans cette province. Le Parlement du Canada pourra, chaque fois qu'il y aura lieu, légiférer sur l'agriculture et l'immigration dans toutes les provinces ou dans quelqu'une ou quelques-unes en particulier. Une loi de la législature d'une province concernant l'agriculture et l'immigration n'y aura d'effet qu'aussi longtemps et autant qu'elle ne sera pas incompatible avec une loi du Parlement du Canada ❶.

---

❶ Voir Maurice Ollivier, ***Acte de l'Amérique du Nord britannique et statuts connexes (1867-1962)***. Imprimeur de la reine, Ottawa : 87-90, 93.

L'article 92 énumère les pouvoirs des provinces. Il s'agit de matières aussi hétéroclites que le droit civil, les hôpitaux, les institutions municipales, les licences de boutiques, etc. Les provinces conservent la compétence en matière d'enseignement. Il semble que les Pères de la Confédération veuillent alors éviter les questions controversées, comme celles de la langue et des écoles. Néanmoins, Alexander T. Galt, riche député de Sherbrooke, réussit à faire insérer dans la constitution une clause à l'article 93 qui permet au fédéral, pour protéger les minorités, d'intervenir en éducation par le désaveu ou le vote d'une loi réparatrice ❶. L'article 95 confère au fédéral et aux provinces des pouvoirs concurrents en matière d'agriculture et d'immigration ; en cas de litige, le droit du fédéral prévaut. Enfin, l'article 133 traite de l'usage des langues française et anglaise. Dans les chambres du Parlement du Canada et de la Législature du Québec, les procès-verbaux et les lois doivent être tenus et imprimés dans les deux langues et l'usage de l'une ou l'autre dans les débats est, en principe, libre et facultatif ❷. Les autres provinces n'ont pas d'obligation de ce genre.

Le partage des revenus

Les hommes politiques sont pratiques : ils divisent les revenus d'après les prévisions des dépenses qu'assumera chaque niveau de gouvernement. En 1867, on prévoit que les responsabilités des provinces n'entraîneront pas de dépenses considérables. En effet, à l'époque, des domaines tels l'éducation, la santé et les services sociaux, qui sont de juridiction provinciale, relèvent de fait de l'initiative privée et l'État n'intervient que timidement pour accorder des subventions.

L'État fédéral hérite du plus gros des dépenses. La charge la plus importante est celle des chemins de fer et des canaux (30 pour cent du budget) où les gouvernements locaux ont englouti de fortes sommes depuis quelques décennies. Le gouvernement fédéral assume en outre la plus grande part de la dette publique des provinces. Enfin, il doit pourvoir aux frais de la défense, de la justice et de la fonction publique du Canada.

L'État fédéral, ayant en 1867 la plus grande part des dépenses, recevra aussi la plus grande part du revenu. À ce moment, le revenu global s'établit ainsi : les taxes indirectes ❸ (douanes, accises) fournissent environ 80 pour cent de l'ensemble des revenus, alors que les permis de coupe du bois, les licences pour les cabarets et les boutiques et la vente des terres de la Couronne en fournissent 20 pour cent. On songe donc à accorder ce 20 pour cent aux provinces et le reste au fédéral. Le texte définitif de l'AANB octroie plus que cela. Il accorde au gouvernement fédéral le droit à tout mode de taxation. Les provinces reçoivent, comme prévu, les revenus des permis,

---

❶ Si une loi provinciale porte préjudice aux droits d'une minorité, le gouvernement fédéral peut intervenir en désavouant cette loi ou en édictant une loi réparatrice à l'intention de cette minorité. Cette mesure est conçue à l'origine comme une protection supplémentaire pour les anglo-protestants du Québec.

❷ C'est là une autre des protections supplémentaires accordées à la minorité anglophone du Québec. Les minorités francophones des autres provinces n'ont aucun droit équivalent.

❸ La taxe indirecte est perçue par le gouvernement avec le concours d'un intermédiaire alors que le contribuable pose un geste de consommateur (taxes sur l'essence, le tabac, l'alcool). La taxe directe est perçue par le gouvernement, sans le concours d'un intermédiaire (impôt sur le revenu, sur le capital et les droits successoraux).

licences, etc., et le droit à la taxation directe. Les Pères estiment que les provinces n'oseront jamais imposer de taxes directes, très impopulaires à l'époque et qu'ainsi leurs revenus seront toujours assez limités. Immédiatement les représentants du Nouveau-Brunswick et de la Nouvelle-Écosse se disent convaincus qu'ils ne pourront pas boucler leur budget. Le fédéral accepte donc de verser des subventions aux provinces. On convient d'un montant fixe correspondant à 80 cents par habitant recensé en 1861. Mais le Nouveau-Brunswick n'est pas satisfait et on lui accorde une subvention spéciale de caractère temporaire ❶ limitée dans le temps. Déjà on voit le problème des disparités régionales lié à celui de l'autonomie provinciale : certaines provinces dépendent plus étroitement du fédéral pour leur subsistance, alors que d'autres, plus riches, peuvent se permettre une plus grande autonomie.

Relations impériales

L'AANB ne dit rien de la dépendance du Canada vis-à-vis de l'Angleterre. En quoi cet acte est-il une étape dans l'histoire canadienne, dans l'affranchissement du Canada de sa mère patrie ? Il a d'abord quelques caractéristiques à son actif. C'est un document formellement britannique, mais à genèse canadienne. La réunion de toutes les colonies donne au pays un statut un peu plus indépendant que celui de chacune de ses parties avant 1867. À Londres, on songe même à employer le nom « Royaume du Canada ». On s'arrête sur « Dominion » qui signifie un statut à mi-chemin entre celui d'une colonie et celui d'un royaume.

Au passif, la constitution de 1867 est une loi britannique ; aussi le Canada ne pourra pas l'amender sans l'intervention du Parlement de Londres. De plus, elle laisse subsister la loi de 1865 restreignant la validité des lois coloniales (*Colonial Laws Validity Act*) : « *Toute loi canadienne est nulle dans la mesure où elle contredit une loi impériale appliquée au Canada* ». Enfin, lorsque le texte même de l'AANB traite de la reine, il s'agit proprement de la reine d'Angleterre. La divisibilité du concept de royauté est impensable en 1867. Comme, en droit britannique, toutes les relations internationales sont centrées sur la personne royale, une déclaration de guerre de la part de l'Angleterre entraînerait immédiatement le Canada en guerre. Ce dernier ne peut ni conclure, ni signer de traités internationaux. Donc, en 1867, bien mince est le statut international du Canada.

Démocratie parlementaire

Le Parlement du Canada « *est composé de la Reine, d'une Chambre haute appelée Sénat et d'une Chambre des communes* » (art. 17). Le « gouvernement et le pouvoir exécutif » continuent d'être attribués au roi représenté par le gouverneur (art. 9). Mais, dans la pratique, rien ne sera perdu des libertés acquises et consacrées par l'obtention de la responsabilité ministérielle. Malgré certaines formes autocratiques, le système administratif sera, en réalité, démocratique. La constitution elle-même gardera une souplesse permettant au pays d'évoluer vers la plus complète autonomie.

---

❶ La Nouvelle-Écosse recevra une subvention semblable quelques années plus tard.

Le gouverneur général

Le gouverneur général représente le roi ou la reine au Canada. Il choisit les membres de l'Exécutif, convoque le Parlement et le dissout, sanctionne toutes les lois par sa signature. L'article 56 de la constitution lui réserve le droit de veto. Il peut, en théorie du moins, rejeter une loi ou la réserver à la sanction royale. Il peut encore, dans le délai d'un an, désavouer une loi votée par une législature provinciale. Toute loi, même sanctionnée par le gouverneur général, reste passible d'un désaveu royal dans les deux années qui suivent. Aujourd'hui, le gouverneur ne fait rien sans l'assentiment de ses ministres.

Le Sénat

Le Sénat est un corps législatif composé à l'origine de 72 membres ❶, nommés à vie par le gouverneur en conseil ❷. Les sénateurs doivent être âgés d'au moins 30 ans, être sujets britanniques, habiter la province qu'ils ont à représenter ❸ et posséder des biens d'une valeur non inférieure à 4 000 $. Le rôle principal du Sénat est de contrôler les lois votées par les Communes. Il vote les lois déjà approuvées par les Communes ; il peut les accepter, les amender ou les rejeter. Il peut en outre introduire de nouvelles lois sans implication financière.

La Chambre des communes

Les membres de la Chambre sont choisis par le vote populaire. Tout citoyen canadien, homme ou femme (à partir des élections de 1921), âgé de 21 ans, est éligible et électeur. La représentation est basée sur la population. À chaque décennie, le recensement rajuste la représentation de chacune des provinces. Les élections ont lieu au moins tous les cinq ans. Il doit y avoir au moins une session par année.

Le cabinet ou Conseil exécutif

Le cabinet constitue le corps le plus important et le plus actif de l'administration, quoiqu'il n'ait aucune existence légale ou officielle, du moins si l'on s'en rapporte à la constitution écrite. Il se compose du premier ministre, véritable chef du gouvernement, et des autres ministres qui, sous sa direction, dirigent les divers ministères confiés à leurs soins. Les ministres d'État font partie du conseil sans être chargés d'un ministère particulier.

Finances et budget fédéral

D'après l'AANB, la Chambre des communes a seule le droit de faire des propositions comportant des dépenses publiques, à condition toutefois que ces dépenses lui soient

---

❶ Il y a actuellement 105 membres : 24 pour le Québec, 24 pour l'Ontario, 30 pour les *provinces maritimes*, 24 pour les *provinces de l'Ouest* et 3 chacun pour le Yukon, les Territoires du Nord-Ouest et le Nunavut. Depuis 1965, les sénateurs doivent prendre leur retraite à 75 ans.

❷ L'expression « *gouverneur général en conseil* » signifie que le gouverneur général agit selon l'avis de son conseil (le cabinet). En pratique, le cabinet décide et le gouverneur général sanctionne.

❸ « *En ce qui concerne la province de Québec, le sénateur devra être domicilié, ou posséder les biens-fonds requis, dans le collège électoral dont la représentation lui est assignée* ». Un rapide coup d'œil sur la répartition des collèges électoraux montre que les régions à forte proportion anglophone en 1867 sont favorisées.

recommandées par le gouverneur général en conseil. Il appartient à l'Exécutif de prendre l'initiative quand il s'agit de proposer le budget.

Le gouvernement provincial

Le gouvernement provincial se modèle sur le gouvernement fédéral. Il est formé d'un lieutenant-gouverneur nommé par le gouverneur général en conseil, d'une Assemblée législative et, à l'époque, dans certains cas, d'un Conseil législatif ❶.

Le gouvernement provincial a droit de légiférer sur toutes les questions d'intérêt provincial.

Cette tabatière d'argent ornait jadis le bureau du secrétaire général de l'Assemblée législative.

Le Code civil du Québec

Depuis l'époque de l'*Acte de Québec*, les transformations rapides de l'état politique du pays ont amené les législateurs à modifier les lois civiles françaises. Leur dissémination dans les ***Statuts*** (recueils de lois) en rendait l'application difficile. Afin de donner à ces lois une certaine homogénéité, le Parlement du Canada, sous l'inspiration de George-Étienne Cartier, décide, en 1857, de faire codifier les lois civiles du Canada-Est. Ce travail, confié à une commission spéciale, présente en un texte ordonné les dispositions du droit en vigueur, en les calquant sur le Code Napoléon. L'œuvre, approuvée par le Parlement du Canada-Uni, entre en vigueur le 1er août 1866 ; elle demeure la base du Code civil actuel du Québec.

Organisation judiciaire

Le gouvernement fédéral nomme et paie les juges. Il est autorisé par l'article 101 à créer une cour d'appel générale. Toutes les cours des provinces peuvent en appeler à cette cour suprême du Canada, même pour les conflits entre les provinces ou entre une province et le gouvernement fédéral. Pour les causes criminelles, le jugement de cette cour est final ; pour les causes civiles, son jugement pouvait être révisé par le Conseil privé de Londres. La Cour suprême du Canada, créée en 1875, et le Conseil privé, à Londres, ont juridiction pour l'interprétation de l'*Acte de l'Amérique du Nord britannique* ❷.

---

❶ La dernière province à abolir son Conseil législatif fut le Québec en décembre 1968. Voir Edmond Orban, ***Le Conseil législatif de Québec (1867-1967)***. Bellarmin, Montréal, 1967.

❷ En 1949, les appels au Conseil privé seront abolis.

III • MISE EN ŒUVRE DU SYSTÈME FÉDÉRATIF (1867-1872)

L'Angleterre

En 1867, le monde est dans une période de prospérité économique. Un des faits marquants de l'évolution démographique du XIXe siècle est l'urbanisation provoquée surtout par la révolution industrielle. Dès 1851, 52,2 pour cent de la population anglaise vit à la ville. L'industrie de l'Angleterre victorienne, qui occupait déjà le premier rang au monde en 1850, accentue son essor grâce à un ensemble de facteurs favorables. Sur le plan financier, elle dispose d'une grande quantité de capitaux accumulés durant des siècles de commerce maritime, d'une structure bancaire excellente et d'un grand nombre de sociétés anonymes. Ses énormes quantités de charbon, facile d'extraction et indispensable en ce siècle de la vapeur, lui permettent d'obtenir une des premières places sur le plan technique. En 1870, les deux tiers de la production mondiale de charbon, soit 80 millions de tonnes, proviennent de l'Angleterre. L'expansion rapide de la métallurgie vient de la proximité des mines de fer et de charbon. Son empire colonial, le plus vaste du monde, la stimule et l'avantage sans doute sur le plan commercial. Enfin, elle dispose d'entrepreneurs énergiques et audacieux. Ces facteurs lui permettent de quadrupler sa production de fer et d'acier entre 1850 et 1875. Ses chantiers navals, ses usines et son industrie textile alimentent le monde entier. La pénurie de coton provoquée par la guerre de Sécession aux États-Unis pousse l'Angleterre à se tourner vers l'Inde, l'Égypte et la Turquie. Le voisinage de la mer et d'excellents réseaux de voies ferrées et de canaux lui permettent de tripler son commerce extérieur entre 1850 et 1875. La première partie de l'ère victorienne est marquée d'un essor industriel et commercial remarquable, donc d'une très grande prospérité.

Les États-Unis

À la même époque, aux États-Unis, la guerre de Sécession stimule l'expansion industrielle. Cette guerre ralentit l'accroissement démographique par suite des nombreuses pertes de vies. Elle freine également l'immigration, mais elle entraîne une prospérité économique. Entre 1865 et 1873, les États-Unis s'imposent comme le futur géant industriel du monde. En 1870, l'Américain moyen est encore le cultivateur, puisque 25,7 pour cent des gens habitent la ville.

L'ensemble du territoire est mis en valeur par le peuplement de l'Ouest et la construction des chemins de fer. Le pays jouit d'un marché intérieur à l'échelle continentale, bien protégé par des tarifs douaniers. L'époque est placée sous le signe de l'industrie lourde basée sur le charbon. On exploite les grands gisements de charbon des Appalaches, dans l'État de Pennsylvanie. Ce sont également les années d'essor de l'industrie. En 1870, un riche industriel, John D. Rockefeller, organise le premier trust du pétrole. De plus, des nouveautés frappantes font leur apparition. La boulangerie, la mise en conserve de la viande et la fabrication des machines à coudre et à laver passent du stade artisanal au stade industriel. Les États-Unis deviennent le pays des inventions ❶. G. Westinghouse met au point le principe du frein à air comprimé, alors que Thomas Edison invente le phonographe et la lampe électrique. Entre 1867 et 1875, on perfectionne la machine à écrire.

Mais cette croissance économique n'apporte pas de solution au problème racial qui n'a pas été réglé par la guerre de Sécession.

CANADA

« L'accord que le Québec a indirectement donné à la Confédération canadienne est pour une large part l'œuvre du clergé », affirme Marcel Bellavance dans Le Québec et la Confédération : un libre choix? *(Septentrion, 1992). En effet, l'alliance cléricale-conservatrice, souvent fragile, a tout de même réussi à se maintenir et à influencer les résultats des élections de 1867. Avec à-propos, Bellavance rappelle que, le vote n'étant pas secret, l'intervention du clergé était d'autant facilitée et efficace.*

Caractères généraux

En 1867, les colonies britanniques d'Amérique du Nord comptent environ 3,5 millions d'habitants. Les trois quarts de cette population vivent dans les provinces de Québec et d'Ontario ; 80 pour cent des gens habitent la campagne ❷. Montréal (90 323), la ville la plus populeuse, distance facilement Québec (58 319) et Toronto (50 000). Toutes les autres villes accusent une population inférieure à 30 000 âmes. En 1871, au Canada, le nombre des francophones s'élève à 1 082 940, soit 31 pour cent de la population totale. Ces derniers constituent 79 pour cent de la population du Québec, 15 pour cent de celle du Nouveau-Brunswick, 4,7 pour cent de celle d'Ontario et 1,4 pour cent de celle de la Nouvelle-Écosse.

En général, l'activité économique est centrée sur l'exploitation forestière, l'agriculture et la pêche.

Formation du premier ministère

Au Canada, la Confédération ne naît pas dans l'euphorie populaire, sauf peut-être en Ontario. Les hommes politiques se rendent compte qu'il ne s'agit pas de l'apogée, mais du début d'une grande œuvre. Le premier problème auquel doit faire face John A. Macdonald est celui de la formation de son équipe ministérielle. En 1867, le parti politique est un ensemble de factions qui s'unissent au niveau du Parlement seulement. C'est alors le seul instrument qui permet la synthèse des intérêts régionaux en tenant compte du bien national. Macdonald entend utiliser le cabinet pour réaliser cette fin. Il doit donc tenir compte d'un grand nombre de critères. Le facteur géo-graphique commande une représentation proportionnelle à la population des provinces. Ainsi, en 1867, l'Ontario compte 5 ministres, le Québec 4, le Nouveau-Brunswick et la Nouvelle-Écosse, quatre chacun. Les chefs politiques tiendront compte également du critère religieux, pour que les principales confessions soient représentées. Macdonald doit aussi tenir compte du critère ethnique. On retrouve alors dans le cabinet des francophones, des anglophones, des Irlandais, des Écossais et des loyalistes d'origine américaine. Enfin, le dernier critère veut que les groupes financiers de Montréal et de Toronto soient aussi représentés ; c'est la meilleure assurance pour un parti d'obtenir des fonds électoraux.

---

❶ L'Angleterre eut également sa part d'inventeurs dans les décennies précédentes.

❷ En Grande-Bretagne, aux États-Unis et en France, à cette époque, cette proportion est respectivement de 39, 76 et 70 pour cent environ.

John A. Macdonald choisira 13 ministres. Son astuce consiste à trouver ceux qui répondent au plus grand nombre de critères. George-Étienne Cartier est un Québécois francophone, d'allégeance conservatrice, de religion catholique et représentant la haute finance de Montréal ; il possède donc les cinq caractéristiques d'un membre idéal du cabinet. Jean-Charles Chapais et Hector-Louis Langevin ❶ répondent à peu près aux mêmes critères. Alexandre T. Galt est un Québécois anglophone, de religion protestante et représentant la minorité anglophone qui vit surtout dans les Cantons de l'Est. En Ontario, Macdonald choisit deux conservateurs et trois libéraux conformément à l'appui reçu de cette province. Au Nouveau-Brunswick, son choix s'arrête sur deux réformistes, Tilley et Mitchell. Archibald et Kenny représentent la Nouvelle-Écosse. Macdonald a donc fait la synthèse des intérêts régionaux. Le cabinet devient un bureau de courtage où les provinces populeuses sont favorisées. Cet instrument est efficace, mais fragile. Il requiert une sorte de consensus populaire, un climat de compréhension, un souci de conciliation et de modération. Aviver les passions serait remettre en cause le fonctionnement même du gouvernement.

« Les élections fédérales qui eurent lieu à Montréal-Est (1867) révélèrent à la fois le potentiel politique de la classe ouvrière et l'aptitude de l'élite à contrôler et à orienter le mécontentement populaire » juge Brian Young dans son intéressante biographie intitulée George-Étienne Cartier, bourgeois montréalais *(Boréal, 1982). Au-delà (et en deçà) de l'homme politique, on découvre un Cartier intime, aussi l'homme d'affaires, promoteur et propriétaire foncier. Un grand homme ? Certes un livre révélateur.*

Les élections de 1867

Les premières élections canadiennes se déroulent en août et en septembre 1867. Elles ne ressemblent pas du tout à nos élections modernes. La suprématie d'un seul chef à l'échelle du Canada est impensable. On avance des slogans et des programmes propres à chaque province. Ainsi, les thèmes varient beaucoup. Le vote est ouvert et les élections s'étendent sur près de 50 jours. Ce sera la seule fois, semble-t-il, que des élections fédérales et des élections provinciales se dérouleront en même temps. Un individu peut être à la fois député à la Chambre des communes et à l'Assemblée législative d'une province ❷. La campagne électorale prend un peu l'allure d'un plébiscite sur la Confédération. Les conservateurs de Macdonald et de Cartier décrochent 131 sièges sur 181 ❸. Au Québec, Dorion et ses rouges, en Ontario, Brown et ses *clear grits*, en Nouvelle-Écosse, Howe et ses néo-écossais votent contre Macdonald. Ces opposants font élire 50 députés. La défaite en Ontario d'un des Pères de la Confédération, George Brown, en surprend plusieurs. Il en va de même de celle de tous les *supporteurs* de la Confédération en Nouvelle-Écosse, à l'exception de Charles Tupper.

Une lourde tâche attend les conservateurs au sortir des élections. Il faut acquérir la terre de Ruppert et les Territoires du Nord-Ouest, gagner la sympathie des colonies réticentes à entrer dans la Confédération et construire l'Intercolonial pour joindre Halifax et le Saint-Laurent.

Le premier Parlement se réunit à Ottawa en novembre 1867. Il s'agit maintenant de mettre en marche le nouveau système administratif. La Chambre s'occupe de définir les attributions de chaque ministère. L'indemnité parlementaire est fixée à 600 $ par session.

---

❶ Voir André Désilets, ***Hector-Louis Langevin, un père de la Confédération (1826-1906)***. PUL, Québec, 1969.

❷ Cette politique du double mandat ne sera abolie pour le Québec qu'en 1874.

❸ Les résultats des élections varient souvent d'un auteur à l'autre pour diverses raisons. Nous avons choisi les chiffres qui nous paraissaient les plus véridiques.

Séparatisme de la Nouvelle-Écosse

Dès le premier jour, Joseph Howe, homme très influent de la Nouvelle-Écosse, se lève en Chambre et allègue froidement qu'il ne veut pas le boycottage de la session, mais la sécession de la Nouvelle-Écosse. Depuis les dernières élections, un malaise profond se fait sentir dans cette province. Les anti-confédérés détiennent 18 des 19 sièges au fédéral et 36 des 38 sièges au provincial. En 1868, la législature néo-écossaise vote une motion en faveur de la sécession et envoie des délégués à Londres pour clore le tout. La riposte de Macdonald est vive. Tupper est nommé pour aller défendre en Angleterre le point de vue du gouvernement central. En juin 1868, le gouvernement anglais décide que cette province sécessioniste demeurera dans les cadres de la Confédération. Howe revient au Canada en espérant trouver un compromis à la crise. Le fédéral s'engage à verser des subsides plus considérables, équivalents à ceux qu'il accorde au Nouveau-Brunswick. Le 30 janvier 1869, on annonce officiellement que les deux parties en sont venues à un accord. En guise de récompense, Howe décroche le poste de président du Conseil privé canadien. La population de la Nouvelle-Écosse ne lui pardonnera jamais cette volte-face. Quoi qu'il en soit, ce compromis crée un précédent dangereux en accordant à une province un traitement supérieur à ce qui avait été prévu dans la constitution.

L'achat de l'Ouest

Les Pères de la Confédération ont invoqué comme une des raisons de l'union fédérale le désir d'exploiter les vastes territoires de l'Ouest. Ils craignent que les États-Unis, qui viennent d'acheter l'Alaska à la Russie (1867), n'aient l'intention d'occuper ces immenses prairies, empêchant par là la réunion de la Colombie-Britannique aux quatre provinces fédérées. Déjà, en 1857, le gouvernement canadien avait envoyé en Angleterre le juge Draper pour étudier la possibilité d'un contrat avec la Compagnie de la baie d'Hudson qui possédait tous les territoires de l'Ouest. En 1868, George-Étienne Cartier et William McDougall se rendent à Londres pour reprendre les négociations. Pour 1,5 million de dollars la compagnie cède ses droits territoriaux, se réservant cependant les terrains qui avoisinent ses postes de traite. Le gouvernement canadien organise aussitôt l'administration du territoire acquis et nomme McDougall lieutenant-gouverneur du Nord-Ouest.

Le métissage est devenu un sujet à la mode. Sylvia Van Kirk a publié en 1980 Many Tender Ties. *L'ouvrage vient d'être réédité (Watson & Dwyer, 1999). Le classique sur la question reste l'ouvrage de Marcel Giraud,* Le Métis canadien *qui a été réédité en 1984 par les éditions du Blé de Saint-Boniface.*

En achetant l'Ouest canadien, le gouvernement central acquiert 6 475 000 km^2 de territoires avec une population d'environ 75 000 hommes, composée de Métis, de Blancs, d'Indiens et d'Inuits. Il doit pourvoir à l'administration de cette contrée. Malheureusement, il ne sait pas préparer le changement de juridiction et faire accepter la nouvelle politique aux habitants.

Le soulèvement des Métis

Les 10 000 Métis de la Rivière-Rouge [1] vivent comme un peuple séparé et indépendant. Ils font le commerce avec les États-Unis plutôt qu'avec le Canada.

---

[1] Située au sud du Manitoba, dans l'actuelle région de Winnipeg. Voir G.F.C. Stanley, ***Manitoba 1870. Une réalisation métisse.*** U. of Winnipeg Press, Winnipeg, 1972.

Quand ils voient leur territoire passer entre les mains des gens de l'Est, sans même qu'ils en aient reçu un avis préalable, leur orgueil national est vivement offensé. Le mécontentement se manifeste à l'arrivée des arpenteurs du gouvernement qui veulent diviser les terres en lots carrés. Les Métis ne connaissent d'autre système que celui qui se pratiquait dans la province de Québec et qui consistait à distribuer les terres en bandes profondes et étroites le long d'un cours d'eau. Au lieu de chercher à faire agréer le nouveau régime, les arpenteurs l'imposent avec arrogance se réservant, pour eux-mêmes ou pour leurs amis, les meilleures terres, et même laissant entendre que les légitimes propriétaires auront bientôt à céder leurs fermes aux Anglais qui doivent venir de l'Est. Alors, les Métis décident de se défendre et prient l'un des leurs, le jeune Louis Riel, âgé de 21 ans, de se placer à leur tête.

Il existe plusieurs ouvrages intéressants sur Louis Riel. Frits Pannekoek, pour sa part, aborde un aspect assez énigmatique dans Snug Little Flock. The Social Origins of the Riel Resistance of 1869-70 *(Watson & Dwyer, 1991). Il n'est pas facile de comprendre ce qui caractérise ou divise les Métis et les Halfbreed (sang-mêlé). L'auteur s'intéresse surtout aux Halfbreed (d'origine anglophone et autochtone) et laisse plusieurs questions sans réponses. Aussi pour quelques pistes nouvelles :* Histoire de Saint-Boniface, tome 1 : 1818-1991 *publié en 1991 par la Société historique de Saint-Boniface.*

Louis Riel est le fils d'un père métis et d'une mère canadienne-française ; dès son enfance, il est envoyé au Collège de Montréal par Mgr Alexandre-A. Taché qui espère le voir devenir prêtre. Mais il ne termine pas ses études secondaires et revient dans l'Ouest. Devant l'arrogance des Anglais, Riel accepte d'épouser la cause de ses compatriotes. Il proteste d'abord contre les opérations des arpenteurs et envoie des réclamations au Parlement fédéral. En décembre 1869, la Compagnie de la baie d'Hudson cesse d'administrer le pays, alors que le gouvernement d'Ottawa n'a pas encore pris possession de la contrée. Riel forme alors un gouvernement provisoire qui reçoit l'approbation subséquente du cabinet fédéral. Dans ce gouvernement entrent des Anglais et des Français.

Quand McDougall arrive dans l'Ouest, en octobre 1869, il est arrêté par une troupe de Métis et obligé de se retirer à Pembina. Le gouverneur de la Compagnie de la baie d'Hudson, William Mactavish, malade, ne peut intervenir, et Mgr Taché, qui jouit d'un grand prestige auprès des Métis, se trouve à Rome pour le Concile du Vatican. Entre-temps, la résistance s'organise dans la région de la Rivière-Rouge.

Un parti de Canadiens anglais s'étant retranché dans la maison du docteur John C. Schultz, à Fort Garry (Winnipeg), Riel s'empare de la place et promet la liberté aux prisonniers à la condition qu'ils se dispersent. Mais quelques-uns, parmi lesquels se trouve un jeune *orangiste* d'Ontario, Thomas Scott, sont capturés de nouveau par les officiers de Riel. Scott se laisse aller à de telles violences verbales qu'il sème la sédition chez les autres détenus. Traduit en cour martiale par les Métis, il est condamné à mort. L'Ontario ne pardonnera jamais à Riel ce geste qui servira de prétexte à une profonde division de race et de religion.

Finalement, la crise du Manitoba se résorbe. Le gouvernement, inquiété par cette agitation, sollicite l'intervention de Mgr Taché qu'il fait revenir de Rome en toute hâte. En même temps, il décide d'envoyer dans l'Ouest une expédition commandée par le colonel Garnet Wolseley. Mgr Taché se prête avec zèle au travail d'apaisement et, au nom du gouvernement qui l'y a autorisé, il promet une amnistie complète. Cependant, une fois la paix rétablie, par crainte des *orangistes* d'Ontario, le gouvernement n'ose tenir ses engagements.

En octobre 1869, les Métis font arrêter les travaux d'arpentage et forment, avec l'appui du clergé, un comité national pour assurer la défense de leurs droits.

Les exigences des Métis

Art. 1. - Que les territoires ci-devant connus sous le nom de Terre de Rupert et du Nord-Ouest n'entreront dans la Confédération de la Puissance du Canada qu'à titre de Province, qui sera connue sous le nom de Province d'Assiniboia et jouira de tous les droits et privilèges communs aux différentes provinces de la Puissance.

Art. 5. - Que toutes les propriétés, tous les droits et privilèges possédés par nous soient respectés, et que la reconnaissance et l'arrangement des coutumes, usages et privilèges soient laissés à la décision de la législature locale seulement.

Art. 6. - Que ce pays ne soit soumis d'aucune taxe directe, à l'exception de celles qui pourraient être imposées par la législature locale, pour les intérêts municipaux ou locaux.

Art. 7. - Que les écoles soient séparées et que les argents pour écoles soient divisés entre les différentes dénominations religieuses, au prorata de leurs populations respectives.

Art. 9. - Que dans ce pays, à l'exception des Indiens qui ne sont ni civilisés, ni établis, tout homme ayant atteint l'âge de vingt et un ans et tout sujet anglais étranger à cette province, mais ayant résidé trois ans dans ce pays et possédant une maison, ait le droit de voter aux élections des membres de la législature locale et au Parlement canadien, et que tout sujet étranger autre que sujet anglais ayant résidé le même temps et jouissant de la propriété d'une maison, [...] ait le droit de vote, à condition qu'il prête serment de fidélité. Il est entendu que cet article n'est sujet à amendement que de la part de la législature locale exclusivement.

Art. 10. - Que le marché de la Compagnie de la Baie d'Hudson, au sujet du transfert du gouvernement de ce pays à la Puissance du Canada, soit considéré comme nul, en autant qu'il est contraire aux droits du peuple d'Assiniboia et qu'il peut affecter nos relations futures avec le Canada.

Art. 11. - Que la législature locale de cette province ait plein contrôle sur toutes les terres de la Province et le droit d'annuler tous les arrangements faits ou commencés, au sujet des terres publiques de Rupert's Land et du Nord-Ouest appelées maintenant province d'Assiniboia.

Art. 16. - Que les langues française et anglaise soient communes dans la législature et les cours, et que tous les documents publics, ainsi que les actes de la législature soient publiés dans les deux langues.

Art. 17. - Que le lieutenant-gouverneur à nommer pour la Province du Nord-Ouest possède les deux langues française et anglaise.

Art. 18. - Que le juge de la Cour Suprême parle le français et l'anglais.

Art. 19. - Que les dettes contractées par le gouvernement provisoire du Nord-Ouest soient payées par le trésor de la Puissance du Canada, vu que ces dettes n'ont été contractées que par suite des mesures illégales et inconsidérées, adoptées par les agents canadiens pour amener la guerre civile au milieu de nous. De plus, qu'aucun des membres du gouvernement provisoire, non plus que ceux qui ont agi sous sa direction, ne puissent être inquiétés relativement au mouvement qui a déterminé les négociations actuelles [1].

[1] Voir Dom Benoit, *Vie de Mgr Taché, II:* 67-69.

Cette photo conservée à Bibliothèque et Archives Canada montre au centre, avec les mains posées sur les genoux, le secrétaire Louis Riel et, à sa droite, le président John Bruce. Debout, Ambroise Lépine est le cinquième à partir de la gauche.

La loi du Manitoba (1870)

Le gouvernement fédéral avait d'abord l'intention de donner à l'Ouest le simple statut de territoire, contrôlé par un gouverneur et un conseil nommé par Ottawa. L'intervention énergique de Riel et des Métis qui présentent au gouvernement fédéral une liste de leurs droits force ce dernier à accorder le statut de province à une portion de ce territoire, le district d'Assiniboine, qui s'étend dans la région de la Rivière-Rouge. La loi du Manitoba confère à cette province un statut semblable à celui du Québec en matière de langue et de religion. De plus, tout comme au Québec, on prévoit l'existence d'un conseil législatif. L'Assiniboine devient la province du Manitoba. Donald Smith (plus tard lord Strathcona) est chargé, en qualité de commissaire du gouvernement canadien, d'en prendre officiellement possession. Adams Archibald, un des Pères de la Confédération, organise le gouvernement provincial et devient le premier lieutenant-gouverneur.

Parce que le Manitoba entre dans la Confédération sans avoir de dette publique et qu'il doit assumer sa part de la dette fédérale, le gouvernement d'Ottawa remet à la province 5 pour cent de sa quote-part d'impôts, lui accorde des subsides de 30 000 $ par année et une allocation de 80 ¢ par tête jusqu'à ce que sa population atteigne 400 000 habitants. Contrairement à la situation qui existe dans les autres provinces, le fédéral garde pour lui la compétence sur les richesses naturelles.

La Colombie-Britannique

La Colombie-Britannique avait connu une certaine prospérité avec la ruée vers l'or sur le fleuve Fraser vers 1850. Vancouver progresse et déjà la population dispose de certains services tels que des écoles et des routes. Mais, vers 1865, avec l'épuisement des mines d'or, la colonie retombe dans le marasme. Les habitants hésitent entre l'annexion aux États-Unis ou au Canada. L'entêtement du gouverneur Frederick Seymour empêche la colonie d'adhérer immédiatement à la Confédération.

Son successeur, Anthony Musgrave, se montre plus favorable. En 1870, un groupe de délégués vient à Ottawa et règle les conditions de l'union avant 10 ans, Ottawa devra terminer un chemin de fer reliant l'océan Pacifique au système ferroviaire du Canada et le gouvernement fédéral s'engage à assumer le paiement des dettes ❶ de cette colonie. Le 20 juillet 1871, le Canada s'étend de l'Atlantique au Pacifique.

L'Île-du-Prince-Édouard

L'Île-du-Prince-Édouard est une toute petite île qui, en 1867, craint d'être noyée dans le grand tout canadien. Dès cette époque, son accroissement démographique atteint un point de saturation. En effet, elle compte alors 97 000 habitants ❷. Elle veut également continuer de commercer avec les États-Unis sans douane. Quant aux terres de la Couronne qui constituent l'essentiel des revenus des provinces, elle n'en possède pas. Dès 1867, Macdonald demande à Londres de faire pression sur l'Île pour qu'elle entre dans la Confédération. Londres obtempère, mais la petite colonie ne laisse voir aucune réaction. En 1871, le gouvernement de l'Île ordonne la mise en chantier d'un chemin de fer. Deux ans plus tard, accablée par sa dette publique et constatant qu'elle ne peut achever seule son chemin de fer, l'Île demande son entrée dans la Confédération. Le « Dominion » lui propose de financer le chemin de fer, d'amortir la dette ❸, de payer 800 000 $ pour racheter les droits des grands propriétaires dont l'absence paralyse les progrès de l'agriculture et lui offre des subsides spéciaux pour compenser le manque de terres de la Couronne. L'Île-du-Prince-Édouard saute sur l'occasion et entre dans le cadre confédératif.

En 1873, l'expansion territoriale canadienne est presque terminée. Seule manque Terre-Neuve. Cependant, l'art de vivre en commun est totalement absent. Des animosités ethniques et religieuses se font jour. La population n'a pas encore compris qu'il faut unifier sans uniformiser. Un triste exemple vient à l'esprit : la question des écoles du Nouveau-Brunswick.

Les écoles du Nouveau-Brunswick

La province du Nouveau-Brunswick est le produit de la révolution américaine. En effet, 30 000 loyalistes s'y trouvaient déjà en 1783. Cette population loyale à la Couronne anglaise se préoccupe alors beaucoup plus de l'éducation supérieure que de l'élémentaire. Pour elle, le problème des écoles primaires est résolu. Chez les catholiques, quelques missionnaires s'intéressent à la question et deux écoles

---

❶ La dette est alors énorme. Elle s'élève à 1 045 000 dollars pour 8 700 habitants.
❷ En 1961, elle en compte 105 000.
❸ En 1873, sa dette publique s'élève à 4 millions de dollars.

primaires ouvrent leurs portes en 1840. Puis, l'État entre dans la ronde et décide de donner de maigres subventions à toutes les écoles, sans tenir compte de l'aspect confessionnel. Peu à peu, un réseau d'institutions scolaires se forme à travers la province. En 1858, le gouvernement provincial désire y mettre de l'ordre. Il adopte une loi obligeant les écoles à n'inculquer que des principes chrétiens, à n'enseigner aucun dogme particulier à une religion et à ne rendre aucun exercice religieux obligatoire. En somme, la loi dit implicitement que le système scolaire doit être non confessionnel et que le soin d'enseigner la religion appartient aux parents.

Le 5 mai 1871, l'Assemblée législative approuve par 25 voix contre 10 une nouvelle loi scolaire. En vertu de cette loi, les écoles subventionnées par l'État devront être ouvertes à tous et non confessionnelles, l'assistance à la lecture de la Bible sera libre et il sera défendu d'exhiber des symboles religieux. Qu'adviendra-t-il des écoles catholiques ? Dans cette province, deux idéologies s'affrontent. Les catholiques proclament que l'éducation est dominée par l'enseignement moral et religieux et que la famille doit disposer d'écoles conformes à ses croyances. Les protestants sont convaincus que la religion relève strictement de l'Église et des parents et que l'État, demeurant neutre, doit distribuer ses subventions aux écoles qui n'enseignent pas de dogmes. Devant la perspective de la double taxation, les catholiques demandent au gouverneur du Canada de désavouer la loi. La question devient une affaire politique et les catholiques de cette province jouissent de l'appui de tous les Canadiens français. Le premier ministre du Canada, Macdonald, répond que le gouverneur peut désavouer une loi lorsqu'elle est inconstitutionnelle et lorsqu'elle va à l'encontre du bien commun. Cette loi, dit-il, n'affecte en rien l'intérêt général du pays. Macdonald ferme alors la porte aux revendications futures des minorités. Dans une seconde démarche, les catholiques du Nouveau-Brunswick invoquent l'article 93 de la constitution. On tente de prouver l'inconstitutionnalité de la loi. Cet argument est l'objet d'un long débat à la Chambre des communes et, le 15 mai 1873, à l'occasion d'un vote sur cette question, le gouvernement est mis en minorité. Macdonald, au lieu de démissionner, se gagne l'appui des conservateurs francophones et anglophones et soumet la question à Londres. Là-bas, l'affaire ne progresse aucunement et le gouvernement du Nouveau-Brunswick applique sa loi. On accorde certaines concessions aux catholiques. Ainsi, pourront-ils rassembler leurs enfants dans une école reconnue à cette fin. On accorde la permission aux religieux de porter leur costume pour enseigner et la leçon de catéchisme est permise après les heures régulières. Cette querelle des écoles du Nouveau-Brunswick consacre l'impuissance du gouvernement fédéral à régler les problèmes religieux et nationaux, et la faiblesse du Québec qui demeure divisé sur cette question à cause de l'esprit de parti. Cet esprit contribuera constamment à affaiblir la position du Québec à Ottawa. C'est également la fin d'une illusion, à savoir que la Confédération réglera tous les problèmes et que le fédéral sera le grand tribunal où viendront s'éteindre les passions ethniques et religieuses.

Le Traité de Washington

Depuis le XVIIe siècle, la pêche est une industrie fort importante en Nouvelle-Angleterre et les colonies américaines ont coutume de pêcher dans le Golfe du

Le traité de réciprocité de 1854 et le traité de Washington de 1871,« une sorte de braderie des ressources du golfe », résume Georges Massé dans un compte rendu qu'il fait du livre de Brian W. Stewart, A Life on the line. Commander Pierre-Étienne Fortin and his Times *(Carleton, 1997). Cette intéressante biographie du commandant Fortin, surnommé le « roi du golfe », rappelle celle, moins scientifique mais tout aussi instructive, de Napoléon-Alexandre Comeau sous le titre* La Côte-Nord, contre vents et marées *(Septentrion, 1998) due à la plume de Pauline L. Boileau.*

Saint-Laurent et sur les bancs de Terre-Neuve. En 1854, le traité de réciprocité accorde effectivement aux États-Unis le droit de pêcher dans les eaux territoriales canadiennes. Mais la fin du traité, en mars 1866, supprime ce droit. En fait, les Américains continuent de pêcher comme auparavant et plusieurs de leurs bateaux sont alors saisis et confisqués. Il s'ensuit une agitation qui alarme les deux gouvernements. Le problème concerne le Canada et les États-Unis, mais des pourparlers s'engagent directement entre Londres et Washington. En 1870, une commission mixte est chargée de définir les droits de chacun. Le comte de Grey dirige la délégation britannique et Hamilton Fish est le principal représentant américain. John A. Macdonald est le seul Canadien à faire partie de la délégation britannique. Il ne se sent pas pleinement admis au sein du groupe et son statut est équivoque. Les négociations sont longues et difficiles, car, très souvent, l'Angleterre donne l'impression de jouer le jeu des États-Unis. La métropole désire renforcer ses relations diplomatiques et économiques avec les Américains, relations mises à l'épreuve durant la guerre civile. Pour atteindre cet objectif, elle est prête à sacrifier les intérêts du Canada.

Le 5 mars 1871, les États-Unis proposent d'acheter le droit de pêche à perpétuité pour un million de dollars. Grey accepte. Mais Macdonald proteste. Le 9 mars, le représentant canadien repousse une nouvelle offre américaine sur l'achat du droit de pêche pour quelques années, moyennant la réciprocité sur le sel, le poisson et le charbon. Mais il est contraint d'accepter les conditions américaines et, le 8 mai, le traité est signé. Les Américains pourront désormais naviguer librement sur le fleuve Saint-Laurent et les Grands Lacs, alors que les Canadiens pourront faire de même sur trois rivières d'Alaska. Le Canada n'obtient pas de compensations pour les dégâts causés par les Fenians. On octroie également aux Américains le droit de pêcher dans les eaux territoriales canadiennes pendant 10 ans, moyennant une somme qui sera fixée plus tard à 500 000 $. Le traité est ratifié en 1873. Cette première expérience, où l'Angleterre et le Canada tentaient de définir leur rôle respectif en matière diplomatique, est nettement défavorable au Canada. Même si le premier ministre canadien prend place parmi les membres de la délégation anglaise, il signe le traité à titre de représentant anglais. Cependant, sa présence au sein de la délégation officielle marque une étape dans l'évolution du statut international du Canada. L'attitude de l'Angleterre, lors des négociations, provoque un profond ressentiment chez les Canadiens et une vive opposition au traité.

Macdonald embarrassé ❶

Washington, 21 avril 1871.

Mon cher Morris,

Je veux que vous fassiez une entente avec les journaux qui nous sont favorables, comme le *Leader*, la *Montreal Gazette*, l'*Ottawa Times and Citizen*, et les journaux des Maritimes qui appuient le gouvernement, afin qu'ils retiennent, si possible, toute expression d'opinion concernant le traité lorsqu'il sera rendu public, jusqu'à ce que *The Globe* se prononce lui-même contre le traité. Je veux faire de telle sorte que *The Globe* écrive

❶ Traduction du professeur Marcel Hamelin.

sous l'impression que j'ai acquiescé au traité. Brown va alors s'attaquer au traité et à moi en m'accusant d'avoir sacrifié les intérêts du Canada. Il s'apercevra, par la suite, lorsqu'il sera trop tard, qu'il est du même côté que moi, et sera incapable de changer d'opinion. Mon principal objectif, en agissant ainsi, est le suivant : si Brown sait que je suis opposé au traité, il va essayer de trouver des motifs pour l'appuyer. Il peut se servir du cri de loyauté et affirmer que c'est le devoir du Canada de sacrifier quelque chose dans le but d'assurer la paix de l'empire. Cette attitude le placerait dans une position avantageuse avec le Gouvernement de la mère-patrie, qui pourrait réagir d'une façon préjudiciable à notre parti. Les Français pourraient, s'ils s'apercevaient que les Grits étaient bien vus en Angleterre, continuer le flirt [coquetting] qui se poursuit à l'occasion entre eux. Il est donc d'une grande importance que Brown et *The Globe* se prononcent irrémédiablement contre le traité. Je m'occuperai moi-même du *Toronto Telegraph*.

Je n'ai pas à vous dire que celà ne s'adresse qu'à vous, excepté en autant, évidemment, qu'il le sera nécessaire pour amener nos collègues à négocier avec les journaux sur lesquels ils exercent de l'influence afin de le retenir pendant quelques jours après la promulgation du traité.

Je crois qu'il serait préférable que vous ne discutiez pas du tout de la question avec mes collègues du Québec.

Les troupes de la garnison britannique quittèrent Québec à l'automne 1871. Le départ des Royal Rifles (ou Fusiliers du Roi) eut lieu le 11 novembre. Une fanfare jouait Goodbye, Sweetheart, Goodbye, *Une « belle » époque prenait fin.*

QUÉBEC

« Le Foulon est la plus considérable des anses des environs de la ville [...]. Le commerce du bois y produit ordinairement une grande activité et, durant la saison d'été, on peut voir continuellement bon nombre de bateaux ancrés en groupe en face des établissements des divers marchands » (Joseph Bouchette, 1832).

La conjoncture économique

En 1867, le Québec compte environ 1 150 000 habitants dont 75 pour cent de langue française. Près de 80 pour cent d'entre eux vivent à la campagne. Le Québec est cependant la province la plus urbanisée. La population est fort jeune, puisqu'en 1851 le pourcentage des moins de 20 ans s'élevait à 48. La zone de peuplement s'étend surtout le long des rives du fleuve Saint-Laurent. Mais on commence à occuper les hautes terres de la rive sud et les Laurentides, soit le long de l'Outaouais, du Saint-Maurice et du Saguenay. On déborde également dans les Cantons de l'Est, considérés longtemps comme un fief anglo-saxon. La Côte-Nord, l'Abitibi et le Témiscamingue sont encore inhabités. Deux agglomérations seulement méritent le nom de ville : Montréal (90 323 h.) et Québec (58 319 h.). Hull (5 700 h.), Sorel (4 778 h.) et Trois-Rivières (6000 h.) sont à peine plus peuplées que la plupart des villages.

Au lendemain de la Confédération, le Québec, comme les autres provinces, tente d'améliorer sa condition économique. On peut déplorer, en effet, au milieu du XIXe siècle, une absence de planification en agriculture, un secteur commercial

hypertrophié, une faible industrialisation, en somme peu de débouchés pour une main-d'œuvre.

Dans le domaine agricole, entre 1850 et 1870, la culture du blé est à la baisse ; l'orge et le foin, par contre, sont très en demande et les emblavures triplent presque. La guerre civile américaine amène une très forte demande de produits agricoles québécois. Ainsi, pour l'année 1861-1862, les ventes d'avoine aux États-Unis s'élèvent à 1,5 million de boisseaux, alors qu'en 1863-1864 elles sont de 8 millions ❶. Cette guerre permet aussi au Québec d'exporter du bétail, de la farine et du beurre. Néanmoins, cette prospérité ne s'étend pas à toute la province. Certaines régions marginales, comme le Bas-du-Fleuve, vivent d'une agriculture très pauvre et doivent vendre leur bétail à prix dérisoire.

Dans le domaine industriel, le Québec peut exporter du bois, du cuir et de la potasse, mais la demande pour ces produits n'est pas très stable. En 1868 et 1869, une brève contraction économique se fait sentir. Le commerce du bois commence à décliner parce que les prix baissent considérablement en Angleterre. Les commerçants envisagent deux solutions : ils relèguent au second plan l'exportation du bois équarri pour offrir du bois de sciage à l'Angleterre et ils cherchent de nouveaux débouchés pour le bois équarri en Amérique du Sud.

L'agriculture est également en difficulté. Le prix de la farine, par exemple, baisse de 60 pour cent environ. La reprise économique ne tarde pas cependant. Entre 1870 et 1873, l'Angleterre et les États-Unis connaissent une prospérité sans précédent qui se répercute au Québec. En 1870, dans le port de Montréal, on exporte pour une

« C'est sans doute un Notman ! » Ce commentaire peut être attaché à quelque 10 000 photos de Montréal. Arrivé en 1856 à Montréal, William Notman laissa la couture pour la photographie. Stanley G. Triggs, ancien conservateur de la collection du musée McCord, a publié Le Studio de William Notman : objectif Canada/William Notman's Studio : the Canadian picture *(McGill-Queen's, 1992).*

❶ Compilations du professeur Jean Hamelin.

✎ Le triage du bois équarri à Sillery. Vers le mileu du XIXe siècle, les activités du port de Québec sont centrées sur le bois équarri. Ce matériau demeure longtemps de principal produit d'exportation ; il sert également à la construction navale.

somme de 19 millions de dollars et en 1873, pour 31 millions. Les importations passent de 31 millions de dollars en 1870 à 45,6 millions en 1872. Le port de Montréal assure définitivement sa suprématie sur celui de Québec. Ce dernier est centré sur la construction navale et sur l'exportation du bois. Il y a hausse des prix du bois durant cette période, mais il faut commencer à diminuer la production du bois équarri, parce que la construction ferroviaire tire à sa fin en Angleterre. Le port de Québec ralentit donc ses activités.

L'industrie québécoise semble profiter de l'expansion économique, puisque tous les journaux de l'époque parlent de construction de manufactures. Dans le domaine agricole, les prix augmentent de 20 à 30 pour cent entre 1870 et 1873. Mais le début des mauvaises récoltes et le manque de bonnes routes empêchent l'agriculteur québécois d'en profiter. La production du textile est pauvre parce que le Québec doit subir la concurrence des États-Unis et de l'Angleterre. Certains trouvent alors une solution dans la culture du foin, de la betterave à sucre et dans l'industrie laitière.

Les uns arrivent, les autres partent. Comment expliquer que des milliers de Canadiens français quittent alors que des milliers d'immigrants débarquent? Bruno Ramirez ne prétend pas répondre à cette question, mais il l'aborde brillammant dans Par monts et par vaux. Migrants canadiens-français et italiens dans l'économie nord-atlantique, 1860-1914 *(Boréal, 1991). On y découvrira « le double rôle de société souche et de société d'accueil » de la population du Québec. Voir aussi du même auteur, avec la collaboration d'Yves Otis,* La ruée vers le sud : migration du Canada vers les États-Unis, 1840-1930, *Montréal, Boréal, 2003.*

Démographie

Dans le monde occidental, le XIXᵉ siècle est un siècle de migration. Pour favoriser la venue d'immigrants, les gouvernements provinciaux et fédéral s'entendent en 1868 sur un partage des responsabilités en matière d'immigration, domaine de compétence concurrente selon l'article 95 de la constitution. Il est convenu qu'Ottawa organisera ses propres agences, tandis que les provinces pourront, si elles le désirent, nommer aussi des agents.

En 1871, le Québec désigne MM. Barnard et Jones qui iront, le premier surtout en France et en Belgique, le second, en Angleterre et en Écosse. De plus, on forme, à Pointe-Lévis, un service d'accueil aux immigrants. L'année suivante, d'autres agents sont envoyés dans divers pays d'Europe, et même en Nouvelle-Angleterre.

Des résultats modestes et des problèmes surtout financiers amènent cependant les deux niveaux de gouvernement à se rencontrer de nouveau en 1875 pour établir que dorénavant le pouvoir central aura « l'entière responsabilité de la propagande de l'immigration ». Les provinces acceptent d'abolir leurs propres agences et de joindre plutôt leurs efforts à ceux des agents fédéraux. Faute de moyens financiers, le Québec abandonnait donc un important champ d'activité au risque de laisser se répandre le mythe d'une terre inhospitalière et inhabitable que des agents canadiens, aux dires de James Whyte (1873), entretenaient soigneusement [1].

Malgré ces divers efforts, le Québec a reçu peu d'immigrants. Son économie accuse d'ailleurs un taux de croissance nettement inférieur à celui de l'Ontario ou de certaines régions des États-Unis. En 1861, 8,6 pour cent de la population québécoise déclare être née à l'extérieur du Québec et, en 1881, ce pourcentage tombe à 6,6.

L'émigration des Canadiens français prend l'allure d'une véritable hémorragie dans la seconde moitié du XIXᵉ siècle. Raoul Blanchard évalue à 700 000 le nombre

---

[1] Jean Hamelin, dans une étude destinée à l'***Annuaire du Québec 1967-1968***, explique que le ***Times*** de Londres, inspiré par le Grand Tronc, fait campagne contre le Québec, vers 1875, afin de réduire les possibilités de prêts à des lignes ferroviaires rivales.

de Québécois qui auraient quitté leur patrie entre 1850 et 1930 et « *il est fort possible,* dit-il, *que le chiffre soit insuffisant* » ❶. La Nouvelle-Angleterre, qui s'industrialise à vue d'œil, attire fortement les Canadiens français. L'émigration semble atteindre un sommet entre 1871 et 1891. Au moins 350 000 personnes auraient alors quitté le Québec. L'ampleur de l'émigration laisse entrevoir de très graves malaises. Durant la dernière moitié du XIXe siècle, l'agriculture québécoise atteint un état de crise des plus graves. Celle-ci n'est plus rentable et les zones habitées sont surpeuplées. L'émigration représente, pour de nombreux Québécois, une soupape à ces malaises. Ce mouvement migratoire est donc la conséquence de l'incapacité des gouvernements à résoudre ces problèmes constatés avant 1850 (pauvreté du sol, rendements très bas, techniques agricoles archaïques et absence de mise en marché).

L'exode des Canadiens français vers la Nouvelle-Angleterre est bien connu grâce aux travaux de Yves Roby et d'Armand Chartier. En fait, au milieu du XIXe siècle, plusieurs autres retrouvaient les anciennes routes de leurs ancêtres et gagnaient le Midwest américain. Jean Lamarre nous les présente dans Les Canadiens français du Michigan. Leur contribution dans le développement de la vallée de la Saginaw et de la péninsule de Keweenaw, 1840-1914 *(Septentrion, 2000).*

Le premier gouvernement du Québec

Le premier lieutenant-gouverneur du Québec, Narcisse-F. Belleau, doit désigner un premier ministre au début de juillet 1867. Son choix s'arrête sur un de ses amis, Joseph Cauchon, maire de Québec. L'antipathie des anglophones québécois l'empêche cependant de former un cabinet ❷. Belleau fait alors appel au surintendant de l'Instruction publique, Pierre-Joseph-Olivier Chauveau, et, le 15 juillet, on procède à l'assermentation du premier cabinet. Aux élections d'août et septembre, les conservateurs de Chauveau remportent une cinquantaine de sièges sur un total de 65. Ils sont reportés au pouvoir en 1871 avec 46 sièges, les libéraux en obtenant 19. Durant ce séjour au pouvoir, le parti conservateur concentre ses forces sur deux

❶ Voir Raoul Blanchard, ***Le Canada français***. Arthème Fayard, Montréal, 1960 : 95. Pour d'autres auteurs, ce chiffre peut dépasser un million. Une estimation exacte est rendue difficile par l'imprécision des sources. Il est même possible que ce nombre puisse atteindre 1,5 million.

❷ En 1865, Cauchon s'était opposé au projet de loi de Langevin qui garantissait de larges droits scolaires à la minorité anglophone du Québec. Ce *bill* fut retiré. C'est pourquoi aucun anglophone n'accepte d'entrer dans le cabinet qu'il tente de former. Il doit donc renoncer à devenir premier ministre du Québec car une entente réservait le poste de trésorier provincial à un anglophone.

✎ Marché Bonsecours et quais de Montréal en 1867.

« Dessaulles a connu son purgatoire non seulement dans l'exil, mais tout autant dans le silence fait par ses contemporains sur ses combats », écrit Yvan Lamonde dans son introduction à Louis-Antoine Dessaulles. Écrits *(PUM, 1994). Grâce à Lamonde, Dessaulles quitte peu à peu le purgatoire. Ce n'est que justice.*

L'ouvrage de Roberto Perin intitulé Rome et le Canada. La bureaucratie vaticane et la question nationale, 1870-1903 *(Boréal, 1993) complète fort bien celui de Lucia Ferretti (page suivante). Comme elle, l'auteur a un faible pour Mgr Bourget, mais on ne peut dire qu'il est indulgent pour le cardinal Taschereau. Nive Voisine qui a consulté la correspondance de ce dernier considère que le cardinal mérite mieux.*

questions : la formation d'une administration québécoise et l'ouverture de nouvelles terres à la colonisation.

À cette époque, les gouvernements provinciaux ne jouent qu'un rôle supplétif, le gouvernement central détenant effectivement la majorité des pouvoirs. N'ayant pas les moyens financiers, le Québec doit souvent laisser aux mains de l'initiative privée les quelques domaines qui sont de sa compétence. Sur le plan de la colonisation, par exemple, le gouvernement assure un cadre légal, laissant aux compagnies privées ou à l'Église le soin d'ouvrir de nouvelles régions. D'ailleurs, la situation est à peu de choses près identique dans les autres provinces.

Une initiative cependant à signaler : Chauveau considère tellement importante la question de l'éducation qu'il décide de créer un ministère pour s'en occuper. Il devient lui-même le premier titulaire du portefeuille de l'Instruction publique.

La politique économique

Malgré les commerçants de bois qui se sont toujours opposés à la concession de lots sur de belles terres boisées, tous les députés provinciaux tombent d'accord sur la nécessité d'encourager la colonisation afin d'enrayer l'émigration. Le gouvernement offre donc des terres à 62 ¢ l'hectare dans 8 régions : le Lac-Saint-Jean, l'Outaouais, le Témiscamingue, le Témiscouata, la Matapédia, Gaspé, Berthier et Saint-Jérôme. Pour favoriser la construction de chemins de fer, le gouvernement promet l'octroi de terres aux compagnies.

En 1867, les revenus de la province de Québec s'élèvent à 1 535 536 $. Les subventions fédérales (915 309 $) comptent pour 60 pour cent de ces revenus. L'octroi de permis de coupe de bois, la vente des terres de la Couronne et les droits perçus sur les concessions forestières rapportent 377 769 $. Diverses autres sources fournissent 242 458 $. Au chapitre des dépenses gouvernementales (1 183 000 $), la justice coûte 300 000 $; l'enseignement, 275 000 $; les travaux publics, l'agriculture et la colonisation, 227 000 $; l'administration générale, 213 000 $. Une somme de 168 000 $ couvre diverses autres dépenses ❶.

Ultramontanisme et rougisme

Au sein de la population québécoise, la politique est autant l'affaire de l'Église que celle des partis. L'abbé Louis-François Laflèche, futur évêque des Trois-Rivières, rappelle que l'autorité vient de Dieu et que le droit des peuples à élire un gouvernement n'est que la délégation du pouvoir divin déjà inscrit dans les Écritures saintes. Conséquemment, le prêtre n'a pas seulement le droit, mais le devoir de renseigner les fidèles sur des questions politiques pour autant qu'elles sont « *une suite d'actions morales qui, à ce titre, intéressent la conscience* ». Cette argumentation permet à une certaine partie du clergé québécois de se sentir nettement habilité à intervenir en politique et à conseiller à ses ouailles d'élire un député soucieux du respect de la doctrine de l'Église. Les adeptes de cette idéologie, qui favorisent le parti conservateur au détriment du parti libéral, sont qualifiés d'« ultramontains ». Certains libéraux radicaux, Louis-Antoine Dessaulles, Joseph Doutre et Rodolphe Laflamme,

---

❶ Ces chiffres sont tirés de Robert Rumilly, ***Histoire de la province de Québec.*** I : 113.

préconisent la séparation de l'Église et de l'État et basent leur philosophie sur le principe des nationalités. Ce principe affirme le droit des peuples à disposer d'eux-mêmes sans contrainte de l'extérieur ou de l'intérieur. L'évêque de Montréal, Mgr Ignace Bourget, juge ces thèses subversives. Aussi entreprend-il avec vigueur de contrer leur influence.

L'affaire Guibord

En 1869, Mgr Bourget frappe d'interdit les membres de l'Institut canadien de Montréal. Ce foyer intellectuel, sorte d'université populaire, avait été fondé en 1844 par Jean-Baptiste-Éric Dorion et un groupe de « rouges ». L'interdit de 1869 refuse les sacrements et la sépulture ecclésiastique à ceux qui continueront d'en faire partie. Le 18 novembre, Joseph Guibord, membre de l'Institut, meurt. Le curé de sa paroisse — Notre-Dame de Montréal — accepte de l'inhumer sans cérémonie religieuse dans la partie non bénite du cimetière. L'Institut canadien intente alors un procès à la fabrique de Notre-Dame alléguant que l'Église ne peut refuser la sépulture religieuse puisque cette dernière, selon le droit gallican, confirme la sépulture civile. Les diverses contestations entraînent la tenue de 4 procès. Finalement, en novembre 1874, un jugement rendu par le Conseil privé autorise l'inhumation de Guibord dans un cimetière catholique, ce qui sera exécuté *manu militari*.

Mgr Ignace Bourget est passé à l'histoire comme le responsable de la triste affaire Guibord. Lucia Ferretti en donne une image beaucoup plus juste dans sa Brève histoire de l'Église catholique au Québec *(Boréal, 1999). D'ailleurs, cette remarque vaut pour l'ensemble de cet ouvrage écrit avec sérénité et compétence. À lire.*

Les zouaves pontificaux

Déjà, ultramontains et libéraux s'étaient affrontés sur la question des territoires appartenant au pape. Des patriotes italiens tentaient alors de refaire l'unité de l'Italie ❶. Devant leur assaut contre les territoires détenus par le Saint-Siège, Mgr Bourget désire lever un contingent de zouaves canadiens pour aller défendre le pape. Des prêtres et des laïcs, sympathiques à cette idée, la répandent à travers le Québec. Le critère de l'enrôlement est bien plus la moralité que la valeur militaire. Les libéraux radicaux du Québec approuvent la campagne de Garibaldi, car ils s'opposent au pouvoir temporel du pape. En février 1868, 135 volontaires partent après s'être engagés à « *ne jamais déshonorer le catholicisme ou la patrie* ». La fin des hostilités les empêche de participer au combat. « *Faute de faire le départ nécessaire entre le pouvoir temporel pontifical et l'intégrité de la foi, les catholiques ne virent trop souvent dans l'unification italienne qu'une entreprise contre la papauté et l'Église. Ce qu'elle n'était pas. L'avenir allait donner raison aux libéraux qui reconnaissaient la nécessité de garantir l'indépendance du pape à l'égard de tout pouvoir temporel dans l'exercice de sa mission spirituelle mais qui niaient la nécessité de lier le pouvoir spirituel pontifical à la possession et à l'exercice effectif d'une souveraineté temporelle sur une partie plus ou moins considérable de l'Italie* » ❷.

---

❶ À la tête de ce mouvement, on retrouve Camille de Cavour et Giuseppe Garibaldi. Cavour préconise l'utilisation de moyens pacifiques et Garibaldi, l'action militaire.

❷ Voir Philippe Sylvain, « Quelques aspects de l'antagonisme libéral-ultramontain au Canada français », ***Recherches sociographiques***, vol. VIII, n° 3 : 296-297.

IV • PROBLÈMES ÉCONOMIQUES (1873-1884)

La crise économique mondiale

L'année 1873 marque le début d'une longue période de récession économique dans le monde entier. Cette crise est d'autant plus pénible qu'il y a surproduction mondiale. Tout débute en mai, à Vienne, avec la faillite du système bancaire autrichien. La crise secoue violemment l'Allemagne de Bismarck, où se sont édifiés de fragiles empires financiers. Au cours de l'été, elle gagne l'Angleterre et les États-Unis. La Banque d'Angleterre doit hausser son taux d'escompte de 3,5 pour cent à 7 et même 9 pour cent. Aux États-Unis, les compagnies de chemin de fer sont les plus durement touchées. On avait engouffré dans les premiers travaux des capitaux considérables et l'on s'aperçoit que les fonds manquent pour les terminer. Les banques ne veulent plus ou ne peuvent plus faire de crédit, car elles ont déjà immobilisé l'essentiel de leurs capitaux. On arrête les travaux, d'où chômage, fléchissement de la production, diminution des dividendes et faillites. Pour les fermiers qui ont emprunté l'argent nécessaire à leur équipement, la baisse des prix qui s'annonce signifie la catastrophe.

Partout dans l'industrie européenne et nord-américaine, les salaires sont réduits, la semaine de travail est raccourcie, le chômage s'étend, avec son cortège de souffrances et de privations. La récession se prolonge et atteint un sommet en 1877. Des émeutes graves ensanglantent alors Chicago. En 1878, le chômage ravage encore l'Angleterre. Cette crise a pour conséquence de forcer les jeunes nations à un retour au protectionnisme. En effet, les difficultés de l'agriculture et la nécessité de protéger leurs industries amènent la plupart des États à se détacher du libéralisme économique et à élever leurs droits de douane. Seules les nations essentiellement commerçantes, comme la Grande-Bretagne ou les Pays-Bas, demeurent libre-échangistes. Le protectionnisme pousse également les puissances possédant des colonies à développer leurs échanges avec celles-ci. La France et l'Angleterre s'orientent donc vers une politique d'impérialisme économique. Enfin, ces difficultés amènent les ouvriers, sous l'influence des doctrines socialistes, à se grouper en syndicats, pour obtenir de meilleures conditions de travail. Les industriels et les agriculteurs créent aussi des organisations professionnelles pour défendre leurs intérêts. Ces associations présentent des revendications pressantes et l'État commence à intervenir dans la vie économique pour maintenir un équilibre qui demeure très précaire.

CANADA

Le Transcontinental et le scandale du Pacifique

En 1873, l'expansion territoriale canadienne est presque achevée. Mais l'entrée de la Colombie-Britannique dans la Confédération est liée à la promesse de construire un chemin de fer transcontinental. Le gouvernement fédéral doit donc remplir ses obligations. En 1871, des hommes d'affaires montréalais, dirigés par Hugh Allan ❶, s'allient à des financiers américains et proposent au gouvernement de construire le transcontinental. Dans ce but, ils forment la Canada Pacific Railway Co. Mais les dirigeants du Grand Tronc et des financiers de Toronto s'opposent à ce groupe et forment une société rivale, la Interoceanic Railway Company, dirigée par D.L. Macpherson, de Toronto. Le gouvernement conservateur tente d'amener les deux groupes à s'entendre, mais sans succès. Le cabinet de Macdonald ne veut pas prendre de décision avant les élections de 1872 qui s'annoncent très contestées. En effet, la question des écoles du Nouveau-Brunswick et celle du traité de Washington suscitent de l'opposition au sein de la population canadienne. Les conservateurs craignent le succès des libéraux. George-Étienne Cartier promet à Hugh Allan, du groupe de Montréal, d'appuyer son projet de chemin de fer, s'il accorde son aide au parti. Allan verse alors 350 000 $ à la caisse électorale des conservateurs. Les élections de 1872 reportent le parti de Macdonald au pouvoir.

Le gouvernement peut maintenant s'occuper de la construction du transcontinental. Il réussit à convaincre Allan de se séparer des financiers américains et de se rapprocher du groupe de Toronto. Allan accepte et forme une nouvelle compagnie, la Canadian Pacific Railway agréée par le gouvernement. Mais le succès d'Allan est de courte durée.

Pendant la session de 1873, Lucius Seth Huntington, député libéral de Shefford, se lève tout à coup au Parlement et révèle un scandale : le gouvernement s'est laissé corrompre par la Canadian Pacific ! Aussitôt, des députés réclament une enquête. Mais Macdonald parvient à tourner la difficulté et, le 3 juillet, le Parlement est ajourné jusqu'au 13 août. Pendant cet intervalle, le *Montreal Herald* publie la correspondance entre Allan et les capitalistes américains, ainsi que les télégrammes de Macdonald et

❶ Hugh Allan est un Montréalais d'origine écossaise qui développa une liaison commerciale régulière (1855) entre l'Europe et le Canada.

✎ Pont de chemin de fer au nord du lac Supérieur (Red Sucker).

de Cartier prouvant qu'ils avaient demandé de l'argent à la compagnie. Le Parlement se réunit de nouveau dans un état d'énervement. Les députés exigent la formation d'une commission d'enquête. Alors Allan admet qu'il a fourni 350 000 $ pour les élections. Après deux semaines de débats, se voyant irrévocablement compromis, le gouvernement Macdonald donne sa démission. La crise connaît son dénouement avec les élections de 1874. Le peuple canadien retire sa confiance aux conservateurs qui ne conservent que quelque 70 sièges sur 206.

Les libéraux au pouvoir

Pour former le nouveau gouvernement, le comte Dufferin, gouverneur général, fait appel à Alexander Mackenzie, chef du parti libéral. Ce parti a été formé par l'union de deux factions : les *clear grits* de l'Ontario et le parti libéral du Québec. La plus grande faiblesse de ce parti est justement d'avoir trop peu de rayonnement en dehors du Québec et de l'Ontario. Mackenzie est un homme austère, sans magnétisme et d'une honnêteté scrupuleuse. Trois principes animent les *clear grits :* la réduction au minimum des dépenses gouvernementales, la réforme électorale et l'abolition des tarifs douaniers. L'assermentation du cabinet a lieu le 7 novembre et, au sein de cette formation, quelques figures retiennent l'attention, Edward Blake, premier ministre de l'Ontario en 1871-1872, est nommé ministre d'État È Richard Cartwright, ministre des Finances ; Antoine-Aimé Dorion, ministre de la Justice ; Luc Letellier de Saint-Just, ministre de l'Agriculture ; Télesphore Fournier, ministre du Revenu. La dissension interne, premier problème auquel doit faire face le cabinet, mine les « grits » de l'Ontario. L'éminence grise du parti, George Brown, dirige la tendance conservatrice : l'autre tendance, beaucoup plus dynamique, gravite autour d'un mouvement, le « Canada First » ❶, et d'un leader, Edward Blake. Incapable de rallier l'Ouest et de se trouver un lieutenant au Québec, Mackenzie ne réussit pas à assurer la cohésion de son parti ni à s'imposer comme chef.

Il a de plus le malheur de gouverner pendant une période de crise économique. Les États-Unis inondent le Canada de leurs marchandises et provoquent la faillite de plusieurs manufactures. La population maugrée par suite d'une série de mauvaises récoltes. En Ontario, le « Canada First » essaie de canaliser ce mécontentement. Il réclame une plus grande autonomie du Canada et des tarifs douaniers pour protéger les industries naissantes. Les chefs du groupe s'efforcent de trouver des marchés extérieurs, d'établir des relations commerciales avec les Antilles et de favoriser le développement des ressources naturelles et surtout l'exploitation forestière. Électoralement, ce mouvement s'avère peu rentable, mais il contribue à saper les forces du parti libéral et à alimenter la lutte sourde que se livrent Mackenzie et Blake.

La construction du C.P.R. pose également des problèmes au nouveau cabinet. Dès la première année, Mackenzie désire équilibrer son budget, mais les exportations canadiennes diminuent sensiblement et, conséquemment, les revenus des droits de douane. Il faut donc couper certaines dépenses et le gouvernement décide de

---

❶ Lancé à Toronto en 1871, ce mouvement regroupe des personnes intéressées à créer un sentiment proprement canadien et à rendre les partis politiques plus sensibles aux intérêts du Canada. Ce groupe ne réussit cependant pas à toucher la masse de la population. Il connaît des dissensions internes et cessera d'exister vers 1875.

construire lui-même le transcontinental à un rythme ralenti. Immédiatement, la Colombie-Britannique proteste et, encore une fois, une province parle de sécession. Malgré ces tensions très vives, Mackenzie refuse de modifier sa politique et la Colombie-Britannique doit accepter une prolongation du délai minimum.

L'administration libérale réalise tout de même une importante réforme électorale. Jusqu'à cette époque, les élections duraient plusieurs semaines ❶ et chaque citoyen votait ouvertement. En 1874, le gouvernement décide que les élections se feront en une seule journée et que le scrutin sera secret. C'est également sous l'administration de Mackenzie que sont créées la Cour suprême et la Cour de l'Échiquier.

« Like the Toad, ugly and venomous, yet wears a Precious Jewel in its Head », peut-on lire dans la bouche de Macdonald et Brown. Sur la tête du crapaud, une tiare. Au mur, une affiche intitulée « The "Programme" : No Protestant shall be elected in Quebec wich Province belongs to the Pope of Rome ».

Macdonald et la « politique nationale »

Face à la crise économique qui persiste, John A. Macdonald, chef de l'opposition, préconise en 1876 sa « National Policy » qui consiste à élever le tarif douanier, à favoriser une immigration massive et à parachever le transcontinental. Aux élections de 1878, les conservateurs assurent le triomphe de cette politique en reprenant le pouvoir. Un an plus tard, le ministre des Finances, Tilley, présente un projet de loi haussant les tarifs. Tous les articles de luxe et tous les objets ouvrés de consommation populaire sont frappés d'un droit de douane de 25 à 30 pour cent. Le tarif sur les matières industrielles partiellement ouvrées, comme le coton filé, s'élève maintenant à 15 pour cent en moyenne. Les conservateurs complé-teront ces tarifs en 1887. Des droits de douane très élevés sur le charbon, le fer et l'acier, ainsi que des primes à la production, permettront à la Nouvelle-Écosse de créer une sidérurgie. Dans l'ensemble, cette politique de nationalisme économique a pour but d'industrialiser le pays. Mais les résultats sont assez minces au début. Le Canada ne réussit pas à trouver à l'étranger, dans les années 1880, les capitaux et les hommes qui lui permettraient de se développer rapidement. Cela est dû principalement

❶ Depuis 1849, la période d'élection dans un comté dure deux jours. Mais les élections ne se tiennent pas en même temps dans tous les comtés de la province. « *Ce système avantageait le parti ministériel qui pouvait d'abord procéder aux élections dans les comtés où il était sûr de la victoire pour se jeter ensuite sur les autres circonscriptions avec le prestige des succès déjà obtenus* ». Voir Jean et Marcel Hamelin, ***Les mœurs électorales dans le Québec de 1791 à nos jours***. Éd. du Jour, Montréal, 1962 : 59 et 84.

✎ « *Comme le crapaud monstrueux et venimeux, il porte déjà un joyau précieux sur sa tête* ». Ainsi s'expriment John Macdonald et George Brown au sujet de l'ultramontanisme dans une caricature du ***Grip*** de Toronto en 1876.

à une conjoncture économique défavorable et à l'attrait qu'exerce, sur les immigrants et les investisseurs, le puissant voisin américain.

Revenu au pouvoir, Macdonald reprend son projet de transcontinental. D'ailleurs, il voit un lien logique entre la hausse des tarifs douaniers et le parachèvement de ce réseau ferroviaire. En 1880, se forme une nouvelle compagnie du nom de « Canadian Pacific Railway » ❶. George Stephen, ex-président de la Banque de Montréal, Donald Alexander Smith, commissaire en chef de la Compagnie de la baie d'Hudson et Duncan McIntyre, homme d'affaires montréalais, en sont les principaux promoteurs. Le gouvernement signe avec la compagnie un contrat qui avantage nettement cette dernière. Il donne à l'entreprise une somme de 25 000 000 $ ❷ et lui assure la possession de 10 120 000 ha de terres. Si les terres concédées au départ sont impropres à la colonisation, la compagnie peut y remédier en choisissant des terres plus fertiles. Le gouvernement permet aussi l'entrée en franchise de tous les matériaux servant « *à la construction première du chemin de fer et d'une ligne de télégraphe* ». Le chemin de fer et toutes les propriétés servant à sa construction et à son exploitation, de même que le capital-actions de la compagnie, seront exempts de taxes fédérales ou provinciales à perpétuité. Enfin, de 1880 à 1900, le gouvernement devra empêcher la construction d'une autre ligne de chemin de fer au sud de celle du « Canadian Pacific ». Smith a l'honneur de river le dernier boulon qui termine la construction du chemin de fer, dont les travaux ont été dirigés par l'ingénieur Van Horne (1885). Le premier train suit ces pionniers à une vitesse de 39 km/h.

Longtemps, Lachine fut le point de départ des expéditions vers l'Ouest. L'aménagement d'un canal, non seulement permit de franchir les rapides, mais il constitua aussi une importante source d'énergie. Les abords du long canal deviendront un des principaux sites d'implantation industrielle en Amérique du Nord. Rapidement, tous les secteurs y seront représentés. Normalement, ces centaines d'industries auraient dû absorber la main-d'œuvre canadienne-française qui quittait les campagnes. Ce ne fut pas le cas, semble-t-il.

QUÉBEC

La crise économique (1873)

La crise économique de 1873 n'atteint le Québec que l'année suivante, mais elle le frappe durement. Dans le secteur financier, toutes les banques, sauf la Banque de Montréal, cessent d'accorder des dividendes annuels. La diminution des fonds de réserve les affecte également, mais le nombre de celles qui font faillite, trois, semble peu élevé en regard de celui des autres provinces.

Sur le plan commercial, les importations, en 1875, sont réduites de 25 pour cent dans le port de Montréal. La crise n'épargne pas non plus le secteur de l'industrie. En 1874, 310 établissements québécois ferment leurs portes et ce chiffre grimpe à 678 dans la seule année 1875. Ces faillites surviennent au moment où les États-Unis accentuent leur dumping ❸ et exigent un paiement comptant à l'achat. De 1872 à 1874, les importations en provenance des États-Unis augmentent de 58 pour cent au Québec, alors que les exportations diminuent. Les pétitions pour obtenir une hausse du tarif douanier se multiplient.

---

❶ Ne pas confondre avec l'autre compagnie du même nom formée en 1872.

❷ D'autres subventions directes et indirectes ainsi que des prêts augmenteront considérablement la part du gouvernement.

❸ Procédé qui consiste à vendre un produit, sans bénéfice ou même à perte, dans le but d'écouler un surplus, de conquérir un marché ou de ruiner un concurrent.

Les problèmes sociaux

La vie urbaine est devenue intenable pour les ouvriers, car la chute du prix des matériaux entraîne une baisse des salaires. Celui des maçons, par exemple, tombe de 60 pour cent. Dans la ville de Québec, les premiers malaises sociaux sont apparus dans les années 1860. Quelque 6000 débardeurs et 1000 charpentiers de navires travaillent alors dans le port de Québec. En 1862, les débardeurs irlandais fondent la Quebec Ship Labourer's Benevolent Society. Cette société, sorte de syndicat avant le terme, s'oppose aux Canadiens français, réclame une réduction des heures de travail et oblige tous ses membres à débrayer si un ouvrier est congédié. En 1865, les débardeurs canadiens-français fondent la French Ship Labourer's Benevolent Society en réaction à ce premier mouvement. Les premiers conflits entre les deux groupes

---

✎ Élargissement du canal Lachine en 1877. Ce canal avait été inauguré en 1824.

Il n'y a pas que la politique dans la vie! C'est certainement la réflexion que se fait Majorique Marchand, curé de Drummondville (1865-1889), en tenant son journal; la politique locale ou régionale y occupe bien peu de place. Il évolue dans un milieu pluraliste qui lui convient très bien. Les protestants ne le gênent pas et il avoue bien aimer les Anglais. Jean Roy et Christine Hudon signent une belle introduction au curé Marchand, à son milieu de vie et à son époque (Septentrion, 1994). Seul regret, le journal ne couvre que dix-sept mois.

ethniques surviennent à Lauzon en 1866. La police doit intervenir pour disperser un fort groupe d'Irlandais qui veulent s'en prendre aux francophones. Les Irlandais reprochent aux Canadiens français de travailler à bas salaires et de faire fi de la durée normale d'une journée de travail. En 1867, les patrons refusent de reconnaître une nouvelle association, celle des charpentiers de navires. À l'époque, l'absence d'une commission d'arbitrage empêche les deux parties de se rencontrer à la table des négociations. En août 1869, il faut l'intervention de trois compagnies de soldats pour contenir les débardeurs du port de Québec. À noter que ces conflits sociaux surviennent au moment du déclin du commerce du bois et de la construction de navires en bois.

Les troubles les plus graves se déroulent en juin 1878. Le 3 juin, 500 ouvriers occupés à la construction de l'Hôtel du Parlement se mettent en grève pour une question de salaire. Immédiatement, les employeurs les remplacent par des ouvriers venus des Trois-Rivières. Le 5, les grévistes réussissent à convaincre leurs confrères de débrayer, ce qui porte à un millier le nombre d'ouvriers en grève. Le conflit se prolonge et les employeurs refusent de se laisser intimider. Les 11 et 12 juin, les ouvriers en grève se livrent au pillage, ce qui justifie, selon le gouvernement, l'intervention de l'armée et l'application de la loi martiale. L'affrontement entre l'armée et les grévistes se solde par 2 morts et 10 blessés. C'est ainsi que le gouvernement a raison des grévistes ❶.

Émeute à Québec

Hier matin, les grévistes partaient de la place Jacques-Cartier, le lieu du rendez-vous ordinaire pour continuer leur propagande auprès des maîtres de chantiers. Là un de leurs chefs, un Français, leur recommanda de respecter la propriété. On a vu que les conseils de cet homme ont été bien écoutés. Les grévistes se dirigèrent vers la manufacture de M. Peters, sur les bords de la rivière Saint-Charles. Ce dernier avait prévenu le maire qu'il avait lieu de craindre des violences. Toute la force de la police y fut envoyée, sous le commandement du capitaine Heigham ainsi que deux divisions de la batterie B comprenant 100 hommes environ. Les émeutiers trouvèrent la porte du bureau de M. Peters fermée, l'enfoncèrent et y firent toutes sortes de dégâts. [...] Quand la cavalerie commandée par le capitaine Short arriva sur les lieux, et voulut disperser la foule, elle fut accueillie par une grêle de pierres. Plusieurs hommes furent blessés. [...]

Vers une heure et demie, [...] les grévistes pillaient le magasin de M. J.-B. Renaud. Nous avons dit hier que ce dernier avait harangué la foule pour essayer de lui faire entendre raison. Les chefs lui dirent qu'ils avaient faim et qu'il leur fallait du pain. M. Renaud dit qu'il en était affligé, mais qu'il ne pouvait les approuver d'agir contre la loi et l'ordre public. [...]

Les pillards furent refoulés jusque dans la rue, malgré leur résistance. Le colonel Strange, guidé par le sentiment d'humanité, leur dit qu'il était inutile de vouloir résister à la force de la loi; qu'il était là pour remplir son devoir et qu'il ferait respecter la loi. Les émeutiers ne voulurent pas l'entendre et commencèrent à faire pleuvoir des pierres

---

❶ Voir Richard Desrosiers et Denis Héroux, ***Le travailleur québécois et le syndicalisme.*** 2e éd., PUQ, Montréal, 1973. Aussi Jean Hamelin, Paul Larocque et Jacques Rouillard, ***Répertoire des grèves dans la province de Québec au XIXe siècle.*** Montréal, 1970. Également Jean-Yves Gravel, ***L'armée au Québec (1868-1900). Un portrait social.*** Boréal Express, Sillery, 1974.

sur lui. Sur l'ordre qui leur en fut donné, ils refusèrent de nouveau de se disperser et continuèrent à lancer des pierres sur les troupes. Le corps de cavalerie, sous le commandement du capitaine Short, passa à travers la foule le sabre nu et s'efforçant de la disperser ! Il fut aussi accueilli par des pierres et plusieurs hommes furent blessés. Le capitaine Short lui-même reçut une pierre à la tête. Des émeutiers saisirent les chevaux à la bride mais ils reçurent des coups de sabre. Ce fut alors que le maire se décida à lire le Riot Act. [...]

Les émeutiers ne parurent pas émus le moins du monde de cette lecture dont ils ne comprenaient pas sans doute la gravité et continuèrent à lancer des pierres. Le colonel Strange donna ordre alors à la première section de faire feu. Dès que cet ordre fut donné, une partie de la foule prit la fuite dans toutes les directions. Les troupes tirèrent dans la direction de la côte au Chien d'où furent lancées le plus grand nombre de pierres. La première décharge n'obtint aucun résultat. À la deuxième, on vit tomber deux hommes dont l'un fut tué instantanément et l'autre grièvement blessé. Cette deuxième décharge eut l'effet d'opérer une panique générale, et en un clin d'œil la rue fut évacuée.

L'homme qui a été tué se nomme Beaudouard, un Français qui n'avait, dit-on, aucun rapport avec les grévistes. Il demeurait dans le voisinage et venait de quitter sa pension pour se rendre à bord d'une goélette...

Aujourd'hui, à l'heure où nous écrivons ces lignes, onze heures, les grévistes ne se sont pas montrés dans nos rues en grand nombre, comme hier. On les voit çà et là par petits groupes, examinant ce qui se passe. [...] ❶

Dans Le Québec, genèse et mutations du territoire *(PUL, 2000), Serge Courville aborde différents aspects du développement du territoire : l'industrie, la croissance urbaine, les réseaux de transport, les réformes institutionnelles, la restructuration économique, l'étalement spatial de la population. Bref, une étude des rapports qui ont construit le territoire ; une perspective géographique de l'histoire du Québec.*

La situation dans l'agriculture

Dans le domaine agricole, la situation est dramatique. Le cultivateur doit abandonner sa ferme ou changer sa production. Déjà, la guerre civile américaine (1861-1965) avait accentué le passage d'une économie de subsistance à une économie de marché. Après 1870, la concurrence de l'Ouest canadien qui essaie d'écouler ses produits au Québec pose un défi à l'agriculture traditionnelle. L'œuvre des premiers agronomes commence à se faire sentir entre 1870 et 1885. Ils affirment que les récoltes dépendent non seulement de la Providence, mais de la richesse du sol et de l'application des connaissances mises à l'épreuve en Europe. Les agronomes, par l'intermédiaire des bureaux d'agriculture, informent la population. À partir de 1857, Joseph-Xavier Perreault parle de ferme modèle, d'école d'agriculture, de crédit agricole et d'amélioration du cheptel. Le Conseil provincial d'agriculture (1869) subventionne les sociétés agricoles de comté, met sur pied des expositions agricoles et importe des bêtes de race. Une série de journaux comme ***La Gazette des Campagnes***

❶ ***Le Journal de Québec***, 13 juin 1878.

✎ Une carrière de pierres de taille sur un flanc du mont Royal en 1877.

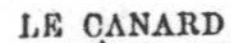

LE CANARD

LE SCRUTIN SECRET.

Vous devez voter en secret
Loin de tout regard indiscret :
Si le vote s'achète,
Eh ! bien,
Il se livre en cachette
Vous m'entendez bien.

Est-on assez sot pour offrir
De l'or sans pouvoir découvrir
Pour qui le *patriote*,
Eh ! bien,
Déposera son vote ?
Vous m'entendez bien.

Mais, c'est simple comme bonjour
Voici comment se fait le tour :
Un votant escamote,
Eh ! bien,
Un bulletin de vote
Vous m'entendez bien.

Puis il apporte ce papier
Et revient se faire payer
Par le chef de la clique,
Eh ! bien,
Qui prend cette relique
Vous m'entendez bien.

Il s'est abstenu de voter
Afin de pouvoir emporter
Ce document utile,
Eh ! bien
Qui rend l'achat facile
Vous m'entendez bien.

Il met celui qu'il a reçu
De l'autre, sans être aperçu,
Dans l'urne électorale,
Eh bien !
Puis il sort de la salle,
Vous m'entendez bien.

L'acheteur lui donne l'argent
En recevant le papier blanc,
Qu'il remet au troisième,
Eh bien !
Voilà tout le système,
Vous m'entendez bien.

Si l'on veut employer ce truc
Avec vous, dites : Bonjour, Luc !
« Passez vite la porte,
Fort bien !
« Le diable vous emporte ! »
Vous m'entendez bien.

Pour réussir dans un complot
Contre Sénécal et Chapleau,
Il faudrait leur permettre,
Eh bien !
De mieux se compromettre,
Vous m'entendez bien.

Le chef libéral est *Joly*,
Sous un *Laurier* son front pâli
Garde le diadème,
Eh bien !
De premier chef quand même,
Vous m'entendez bien.

(1861) et *Le Cultivateur* (1874) traitent de problèmes d'agriculture. En 1869, Édouard-André Barnard, journaliste agricole, s'établit sur une ferme modèle à Varennes. À son retour d'Europe en 1873, il croit pouvoir relever l'économie rurale par la culture de la betterave à sucre. Plusieurs l'imitent, mais la plupart des raffineries s'avèrent non rentables après deux ou trois ans. Pour répondre à la demande croissante des marchés anglais, l'industrie laitière s'organise. À partir de 1874, l'accent est nettement mis sur cette spécialisation. Le nombre de fromageries passe de 25 en 1870 à 140 en 1880 ❶. Une des plus importantes durant cette décennie est celle des frères Fréjeau fondée à Rougemont en 1872. L'agriculture québécoise devient pour la première fois une agriculture orientée vers les marchés locaux ou étrangers. La rationalisation de la production influence alors les secteurs primaire et secondaire de l'économie québécoise.

La situation économique (1880-1885)

De 1880 à 1882, le Québec vit une période de prospérité économique mitigée. Les financiers demeurent très prudents. Ils n'ont pas oublié la leçon des faillites de 1875. En 1880, la Banque de Montréal baisse le taux de ses dividendes et les banques, en général, cessent de prêter aux entrepreneurs aventureux. Sur le plan commercial, la valeur des exportations québécoises augmente. De plus en plus, l'Angleterre demande des produits laitiers et du bétail. La valeur des produits forestiers est à la hausse, car le prix du bois augmente. Enfin, sur le plan local, les récoltes s'avèrent bonnes, mais les prix ne sont pas très élevés. De 1883 à 1885, le monde occidental connaît une autre crise économique. Elle débute à l'automne de 1882 avec la faillite du système bancaire lyonnais en France. Puis, elle s'étend à l'Autriche, à l'Angleterre et aux États-Unis. Au Québec, cependant, le système bancaire résiste. La faillite de deux banques en 1883 est due beaucoup plus à une mauvaise administration qu'à la crise. En 1883, une loi défend l'importation en Grande-Bretagne d'animaux non inspectés ; il s'ensuit un déclin dans l'exportation du bétail québécois.

La crise de 1883 frappe moins durement le Québec ; son économie n'est pas encore pleinement intégrée à celle des grandes puissances occidentales.

---

❶ Voir Esdras Minville, *L'agriculture*. Fides, Montréal, 1944 : 513.

L'affaire des Tanneries

Bulletin de vote.

Election pour le district électoral de Kamouraska 1881.

1 GAGNON (Charles-Antoine-Ernest Gagnon, de la Rivière-Ouelle, comté de Kamouraska, Notaire.) X

2 RICHARD (George Richard, de St-Paschal, comté de Kamouraska, Cultivateur.)

La période de 1873 à 1884 se déroule sous le signe de l'instabilité ministérielle. À la session du 4 décembre 1873, le cabinet Ouimet annonce une politique de subventions à la construction ferroviaire. Il faut relier au reste du Québec les régions de la Côte-Nord et du Lac-Saint-Jean. Au moment où le gouvernement est prêt à passer à l'action, un scandale éclate, l'affaire des Tanneries. On apprend que le gouvernement conservateur de Ouimet fait le jeu de certains spéculateurs dans la région de Montréal et que des députés sont impliqués dans cette transaction frauduleuse ❶. Survenant après le scandale fédéral du Canadian Pacific, cette affaire provoque des remous au Québec et Ouimet doit démissionner. Comme les libéraux ne sont pas assez nombreux pour former le gouvernement, le lieutenant-gouverneur demande à un autre conservateur, Charles Boucher de Boucherville, d'assumer les fonctions de premier ministre. Le 22 septembre 1874, Boucherville forme son cabinet. Immédiatement, il modifie la loi électorale (scrutin secret, une seule journée d'élections). Quelques mois plus tard, il annonce que des élections se tiendront le 7 juillet 1875. Les libéraux, dirigés par Henri-Gustave Joly, sont confiants de l'emporter, à la suite du scandale des Tanneries. Mais des laïcs ultramontains, appuyés par les évêques Bourget et Laflèche, en décident autrement. Ils n'ont pas oublié les vieilles querelles entre le parti rouge et le clergé, de même que l'affaire Guibord. Ils accusent les libéraux d'être la contrepartie canadienne des communards français, qui légifèrent maintenant contre le clergé, d'être les disciples d'une doctrine condamnée par le pape. Bourget et Laflèche s'opposent nettement aux libéraux, alors que la plupart des autres évêques préfèrent demeurer neutres. Certains curés vont même jusqu'à menacer de refuser les sacrements à ceux qui voteraient pour les libéraux. Cette intervention abusive du clergé dans les élections sera désormais qualifiée « d'influence indue ». Les électeurs québécois reportent Boucherville au pouvoir. En 1877, la Cour Suprême du Canada annule l'élection complémentaire du comté de Charlevoix à cause de l'ingérence exercée par le clergé. En même temps, la Cour supérieure du Québec rend un jugement similaire au sujet d'une élection dans le comté de Bonaventure.

L'abolition du ministère de l'Instruction publique

En 1875, le premier ministre Boucher de Boucherville, qui est en même temps ministre de l'Instruction publique, entreprend une importante réforme scolaire. De tendance ultramontaine, il consulte les évêques et principalement Mgr Langevin de

---

❶ Le gouvernement du Québec a échangé un terrain situé dans la région de Montréal — connu sous le nom des *Tanneries* — contre la ferme Leduc d'une valeur marchande 25 fois moindre. On accuse certains conservateurs d'avoir reçu des pots-de-vin dans la transaction. Voir Robert Rumilly, ***La Province de Québec***, I : 276ss.

✎ Bulletin de vote des élections provinciales de 1881.

Pendant longtemps, religieuses et religieux joueront un rôle très important dans l'enseignement. Plusieurs communautés furent fondées au Canada ; la plupart vinrent cependant de France. Guy Laperrière en retrace l'histoire dans Les Congrégations religieuses. De la France au Québec, 1880-1914 *(PUL, 1996). Il s'agit d'un premier tome.*

Rimouski. Il désire assurer à l'Église le contrôle de l'éducation et surtout placer l'enseignement à l'abri des influences politiques. La loi de 1875 remplace le ministre de l'Instruction publique par un fonctionnaire, le surintendant. La loi réorganise également le Conseil de l'Instruction publique qui, en 1869, avait été divisé en deux comités, l'un catholique, l'autre protestant. Désormais le comité catholique sera formé par tous les évêques dont le diocèse est situé entièrement ou partiellement au Québec (ou par leur représentant) et par un nombre égal de laïques. Quant au comité protestant, il aura autant de représentants qu'il y a de membres laïques au comité catholique. Les membres laïcs des deux comités sont nommés par le gouvernement.

Cette loi consacre la séparation complète du système d'enseignement, selon la confessionnalité. Surtout, elle enlève à l'État l'animation de toute la politique d'éducation pour la confier à l'Église. De leur côté, les anglophones protestants pourront ériger, en toute liberté, leur propre système scolaire. Les structures établies par cette loi de 1875 resteront en place jusqu'en 1964.

Le coup d'État de Letellier de Saint-Just

En 1876, Luc Letellier de Saint-Just, ministre libéral à Ottawa, est nommé lieutenant-gouverneur à Québec. Dès le début, les relations sont tendues entre lui et Boucherville. Letellier de Saint-Just croit que le premier ministre ne veut pas l'informer des affaires courantes. De plus, il accuse Boucherville de dilapider les fonds publics et de s'arroger les droits du lieutenant-gouverneur. Le 2 mars 1878, Letellier de Saint-Just destitue le chef conservateur en lui déclarant qu'il ne peut « *le maintenir dans sa position à l'encontre des droits et privilèges de la Couronne* ». Il confie alors le soin de former un nouveau ministère à Joly, le chef de l'opposition. Le « coup d'État » de Letellier de Saint-Just est consommé. Minoritaire à l'Assemblée législative, le Parti libéral doit faire face à de nouvelles élections. Durant la campagne électorale, Adolphe Chapleau, successeur de Boucherville à la tête du parti conservateur, répète constamment que le « coup d'État » du lieutenant-gouverneur est une atteinte à la démocratie parlementaire. Joly se contente d'évoquer la mauvaise administration financière des conservateurs. Le 1er mai 1878, les deux partis se retrouvent nez à nez. C'est le vote de l'orateur qui permet à Joly de rester au pouvoir. En 1879, l'opposition du Conseil législatif et la défection de cinq députés libéraux le poussent à démissionner. Le 30 octobre, Chapleau prend les rênes du pouvoir.

RÉACTION DE LA MINERVE *AU COUP D'ÉTAT DE LETELLIER DE SAINT-JUST*

Les Canadiens ont versé leur sang pour obtenir le gouvernement responsable. Ils ont bravé les boulets, l'exil et l'échafaud pour arriver à ce régime constitutionnel qui devait nous rendre les arbitres de nos destinées. Quel est celui qui d'une parole a pu détruire tant de labeurs ? L'un des nôtres, un canadien français.

Pour lui la représentation nationale n'est rien. Le vœu du pays exprimé par la majorité des deux chambres il le foule à ses pieds et en véritable despote il déchire nos chartes et nos privilèges.

L'Angleterre avait voulu, dans sa bienveillance, nous accorder un Lt. Gouverneur qui fut l'emblème de sa puissance et de son autorité maternelle, mais le gouvernement d'Ottawa avait songé avant tout, à nous donner un officier qui fut le bras droit de ses luttes. Voilà pourquoi le substitut de notre souveraine ne représente que des idées de partisan politique et que le monarque a fait place à l'autocrate.

Le souverain anglais règne, mais ne gouverne pas; l'Hon. M. Letellier qui ne règne pas, veut gouverner. À quoi bon des élections et des Parlements si le bon plaisir d'un homme peut les contrecarrer? Nous n'étions pas pires du temps de l'oligarchie, et nous avions, du moins, la consolation de ne pas prétendre nous conduire seuls ❶.

Le gouvernement conservateur (1878-1884)

L'arrivée d'un conservateur modéré, Chapleau, aurait pu créer une certaine unanimité à Québec, mais son alliance avec un spéculateur canadien-français, Louis-Adélard Sénécal, jette du discrédit sur sa politique. En 1881, on l'accuse d'avoir accepté un pot-de-vin du Crédit foncier franco-canadien ❷. Chapleau retourne alors devant les électeurs. Le 2 décembre, il est reporté au pouvoir avec une forte majorité. Après la formation du cabinet, Joly propose aux conservateurs ultramontains mécontents une coalition pour évincer les *Sénécaleux* de la politique provinciale. Chapleau, pour sa part, espère devenir le nouveau lieutenant de John A. Macdonald au Québec. Il passe à la scène fédérale en juillet 1882 et cède son poste à Joseph-Alfred Mousseau. En janvier 1884, les conservateurs ultramontains obtiennent la tête de Mousseau et s'imposent enfin au sein du cabinet du nouveau premier ministre, John Jones Ross. En somme, de 1873 à 1884, le Québec connaît 4 élections provinciales et 9 changements de cabinet.

C'est à cette époque (1882) que le Québec nommera un représentant permanent à Paris, Hector Fabre. Très tôt, Ottawa, malgré les inquiétudes du plénipotentiaire britannique, reconnaîtra Fabre également comme son représentant. Double mandat, double salaire. Dans Mythe et reflet de la France. L'image du Canada en France, 1850-1914 *(PUO, 1987), Sylvain Simard montre bien que l'opinion française est préparée à recevoir l'image d'un Canada français traditionnel et rural, « une plus vieille province française que nature ».*

La construction ferroviaire

Sur le plan économique, l'État québécois subventionne la construction de chemins de fer entre 1870 et 1882. Il décide même de construire le Quebec-Montreal-Ottawa and Occidental Railway. Cette ligne est terminée en 1879. Elle se révèle très tôt un éléphant blanc. Maints commerçants anglais évitent de l'emprunter. En 1882, le premier ministre Chapleau la vend au prix de 7 millions de dollars, alors qu'elle avait coûté 12 millions à la province. Cette transaction mécontente une partie de la population. La Canadian Pacific Railway achète la section ouest, soit la ligne desservant Hull, Montréal et Saint-Jérôme. L.-A. Sénécal, le spéculateur ami de Chapleau, prend possession de la section est. En 1885, le C.P.R., achètera la section de Sénécal.

Cette politique d'aide aux chemins de fer — le nombre de kilomètres de voie ferrée dans le Québec passe de 900 en 1867 à 1650 en 1875 et à 5600 en 1900 — force le gouvernement du Québec à emprunter dès 1874 ❸. En 1880, le service de la dette absorbe 23 pour cent des dépenses. Le fardeau est d'autant plus lourd que les revenus n'augmentent pas. C'est pour cette raison qu'on impose, à partir de 1882, des taxes sur les sociétés. Cette dette inquiétera profondément les hommes politiques québécois et tous s'efforceront d'équilibrer le budget pour ne pas l'augmenter. Cette politique économique débute avec l'avènement de John Jones Ross comme premier ministre en janvier 1884.

---

❶ Voir *La Minerve* du 4 mars 1878.

❷ Créé sous le gouvernement Chapleau, avec le concours de la France, cet office met cinq millions de dollars à la disposition des municipalités, des commissions scolaires, des fabriques et des agriculteurs.

❸ De 1874 à 1880, le gouvernement emprunte au total 11 millions de dollars sur les marchés de Londres, New York et Paris.

V • FIN DU CONSENSUS POPULAIRE (1885-1895)

L'Angleterre

De 1885 à 1895, la longue période de récession continue dans le monde occidental. L'Angleterre, dirigée par les conservateurs (lord Salisbury), est aux prises avec de pressants problèmes économiques. La politique de libre-échange de ce pays, au premier rang des nations industrielles en 1873, s'essouffle. D'autant plus que cette crise, qui ne semble plus vouloir se terminer, touche surtout les échanges internationaux et les prix. La Commission royale de 1886, chargée d'enquêter sur les causes et les remèdes de la dépression, conclut ainsi son rapport final: « *Notre position de principale nation industrielle du monde n'est plus aussi indiscutée et des nations étrangères commencent à entrer avec succès en compétition avec nous sur de nombreux marchés, dont nous avions le monopole jusque-là.* »

Sur les marchés internationaux, il est moins coûteux d'acheter le charbon allemand que la houille anglaise qu'il faut maintenant extraire à une plus grande profondeur. De plus, les produits de l'industrie anglaise se butent au protectionnisme des autres pays. De nouveaux noms apparaissent sur la liste des pays industrialisés: les États-Unis, l'Allemagne et bientôt le Japon.

Ces difficultés entraînent une diminution des salaires et un accroissement du chômage. Le mécontentement des ouvriers permet au socialisme de gagner des adhérents. Le climat social se détériore. De nombreuses grèves éclatent: celle des dockers, en 1890, bloque le trafic dans les ports pendant 10 semaines. Les syndicats — Trade Unions — modifient sensiblement leur position et réclament maintenant l'intervention de l'État. Cessant d'être l'unique pôle d'attraction économique, l'Angleterre, inquiète, tarde à résoudre ses problèmes.

Les États-Unis

De 1865 à 1914, les États-Unis passent « *du stade de petite nation à celui de pays industriel* ». Le développement de l'industrie du Nord, l'afflux sans cesse croissant d'immigrants, la mise en valeur de l'Ouest et l'application de hauts tarifs protecteurs favorisent la croissance de la production. Mais les États-Unis n'échappent pas aux fluctuations économiques mondiales. En 1884, ils élisent à la présidence du pays le premier démocrate depuis 1867, Grover Cleveland. Des scandales politiques au sujet des chemins de fer, la crise économique et le chômage expliquent la volonté des électeurs de changer le parti au pouvoir. Un souci d'efficacité guide Cleveland dans l'administration des affaires publiques, mais il est gêné par la majorité républicaine du Sénat, adepte d'un tarif élevé. Constatant que le budget fédéral montre des surplus, le nouveau président prend sur lui de réduire le tarif en vigueur, très élevé depuis 1875. Mais cela déplaît aux industriels qui réclament le maintien du protectionnisme contre les produits anglais. Une campagne bien orchestrée de leur part amène la défaite de Cleveland aux mains du républicain Benjamin Harrison en 1888. Ce dernier hausse les droits de douane de 38 à 49,5 pour cent en moyenne et il s'ensuit une hausse des prix. Déçus, les Américains reportent au pouvoir Cleveland, en 1892, qui baisse les tarifs à 40 pour cent.

En 1893, une brusque dépression économique crée une formidable panique dans l'ensemble du pays. En quelques mois, on déplore 8 000 faillites, y compris celles de plusieurs compagnies de chemin de fer. Des grèves sanglantes éclatent, notamment à Chicago en 1894. Mais les fermiers sont les plus durement touchés. Le prix du boisseau de blé passe de 73 ¢ en 1880-1890 à 49 ¢ en 1893. Celui du coton tombe de 11 ¢ la livre en 1880-1890 à 8 ¢ en 1892. Ils organisent alors des associations de fermiers et même un parti, le parti populiste. Ils demandent la nationalisation des chemins de fer, l'établissement de l'impôt progressif sur le revenu et l'émission de dollars d'argent et de papier *(greenbacks).* Les États de l'Est, comme ceux de la Nouvelle-Angleterre, désirent au contraire une monnaie forte, basée uniquement sur l'or. La seconde présidence de Cleveland (1892-1896) est donc marquée d'une certaine agitation.

CANADA

Deuxième soulèvement des Métis

Au Canada, l'agitation des Métis reprend de plus belle en 1885. Après les événements de 1870, les Métis avaient reçu des concessions de terres. Mais ces terres acquérant de la valeur, ils les avaient vendues pour aller plus à l'ouest. Ils se regroupent sur les bords de la rivière Saskatchewan, plus précisément à Saint-Laurent, près du village de Prince-Albert, où ils reprennent leur vie de chasseurs. Là encore, ils sont rejoints par les Blancs car la construction du transcontinental ouvre ces territoires à la colonisation. Le gouvernement fédéral envoie, en 1882, des arpenteurs qui commettent la même faute qu'à la Rivière-Rouge. D'autre part, depuis 1880, le bison est disparu presque complètement. Pour affamer un chef indien rebelle, Sitting Bull,

Jacqueline Peterson et Jennifer S. H. Brown ont réuni plusieurs textes intéressants sous le titre The New Peoples: Being and Becoming Métis in North America *(The University of Manitoba Press, 1985). Qui sont les Métis? À Tanis C. Thorne qui a fait porter ses recherches un peu plus au sud, on doit* The Many Hands of My Relations. French and Indians on the Lower Missouri *(University of Missouri Press, 1996). On dira peut-être qu'il ne s'agit plus de l'histoire ni du Québec ni même du Canada. Non, mais certes de l'Amérique franco-indienne.*

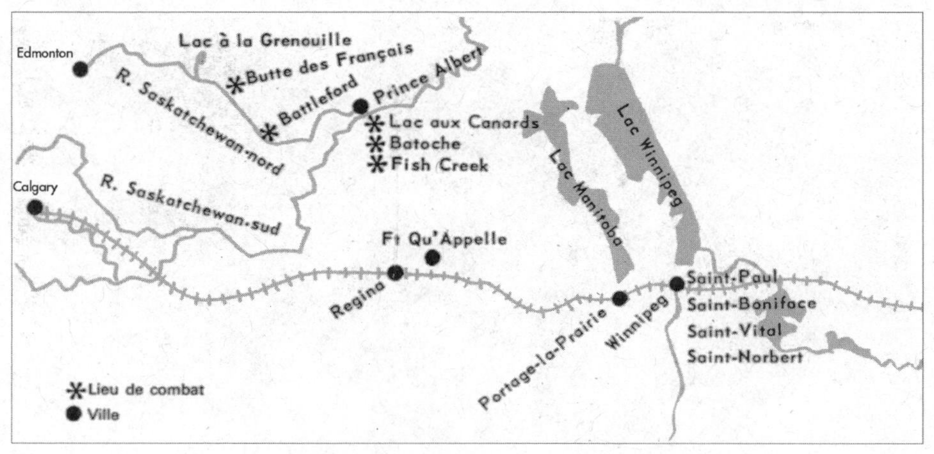

✎ Les soulèvements de 1870 et 1885.

les États-Unis avaient mis le feu aux prairies de l'Ouest en 1879, tuant par là même les bisons. Ne pouvant plus s'adonner à la chasse, les Métis sont obligés de modifier leur genre de vie. De nomades qu'ils étaient, ils doivent se sédentariser. À partir de 1880, ils envoient de nombreuses pétitions au gouvernement fédéral, mais ce dernier tarde à leur remettre des titres de propriété. Les Métis craignent de perdre leurs terres aux mains du Canadian Pacific. Devant l'apathie du gouvernement conservateur, les Métis décident d'agir.

Pour se défendre, ils ont l'idée de rappeler Louis Riel qui vit au Montana (États-Unis). Riel cède à leur invitation. Il crée une petite république dont il se fait proclamer le président. Il est convaincu que l'octroi du gouvernement responsable pour les Métis faciliterait le règlement de leurs problèmes économiques et il décide d'entreprendre une agitation pacifique pour l'obtenir. Mais la situation évolue rapidement entre septembre 1884 et janvier 1885. À ce moment, Riel se rend compte que le gouvernement fédéral ne s'intéresse pas aux Métis et que, devant cette inertie, seule une résistance armée peut apporter une solution à leurs malaises.

Deux chefs indiens, Big Bear et Poundmaker, se soulèvent à son appel. Riel établit ses quartiers généraux à Batoche et commence la guerre avec l'assistance de Gabriel Dumont. Le clergé désapprouve son attitude.

Le premier engagement a lieu près du lac aux Canards où les Anglais, sous le commandement du major Crozier, sont défaits. Mais Riel subit un échec au lac à la Grenouille. Ottawa réagit en envoyant des troupes dans l'Ouest : le général Middleton vainc Riel à Batoche ; le colonel Otter est repoussé par Poundmaker à Battleford ; le major général Strange s'avance jusqu'à Edmonton. Débordés par des troupes mieux armées et supérieures en nombre, les Métis succombent en quelques semaines. Riel se constitue prisonnier le 15 mai.

✎ Louis Riel témoigne à son procès.

La pendaison de Riel

Conduit à Régina, Riel subit son procès devant le magistrat Richardson. Ses avocats dénoncent l'incompétence du tribunal et tentent de disculper l'accusé en plaidant la folie.

Le procès n'en est pas moins une affaire politique. Les *orangistes* d'Ontario réclament la tête de Riel pour venger la mort de Scott survenue en 1870, tandis que les Canadiens français exigent son acquittement. Le résultat du procès influencera les prochaines élections fédérales. Le gouvernement conservateur risque sa majorité. Les trois avocats de la Couronne (C. Robinson, B. Osler, T.C. Casgrain) sont des conservateurs. F.-X. Lemieux et C. Fitzpatrick, deux des trois avocats de la défense, sont des libéraux. Enfin, le procès laisse un mauvais souvenir parce que la procédure n'est pas toujours très claire. Ainsi, on refuse d'émettre des sauf-conduits pour les Métis résidant aux États-Unis et d'accorder au médecin qui avait soigné Riel le temps suffisant pour se rendre sur les lieux. À noter également que les six jurés sont de langue anglaise. Le procès se déroule du 20 juillet au 1er août 1885. Le jury reconnaît Riel coupable de haute trahison, mais recommande la clémence à son égard. Le juge le condamne à mort. Le chef métis va en appel mais sans succès. John A. Macdonald refuse le pardon. Riel meurt sur l'échafaud, le 16 novembre 1885.

Y a-t-il un lien à faire entre l'émotion déclenchée par la pendaison de Louis Riel et l'épidémie de variole qui a sévi à Montréal tout au long de l'année 1885 ? En général, les historiens ignorent ce « grand fléau » et se concentrent sur l'affaire Riel, comme d'ailleurs dans le texte ci-contre. Michael Bliss a le mérite avec Montréal au temps du grand fléau : l'histoire de l'épidémie de 1885 *(Libre Expression, 1993) de nous rappeler le climat politique et social de l'époque, plus précisément l'insécurité qui règne à Montréal, les attitudes face à la santé publique, l'insalubrité des rues, les aléas de la vaccination et les 3 200 victimes de la variole.*

La réaction au Québec

Cette mort porte un dur coup à l'unité canadienne. Cet événement politique remet en cause les fondements mêmes de la Confédération. « *L'agitation dans le Québec contre l'exécution d'un Canadien français sommairement condamné par un jury et un juge anglais devint une révolution politique* » ❶. La difficile union entre les libéraux et les conservateurs ultramontains se réalise. L'opinion publique québécoise se dresse contre les ministres francophones du cabinet conservateur : sir Hector Langevin, sir Adolphe Caron et Adolphe Chapleau refusent de rompre avec leur chef. La presse d'expression française réalise une parfaite unanimité. Le 22 novembre 1885, se tient au Champ-de-Mars, à Montréal, la plus grande assemblée populaire jamais vue au Québec. Quarante à cinquante mille personnes se rassemblent pour entendre une suite ininterrompue d'orateurs. Tous expriment leur sentiment de solidarité avec Riel et attaquent violemment le gouvernement fédéral. Honoré Mercier, dans un discours célèbre débutant par les mots : « *Riel notre frère est mort…* », réclame la formation d'un parti pour unir toutes les forces de la nation. L'agitation s'étend à l'ensemble des paroisses du Québec. Plusieurs ministres fédéraux sont brûlés en effigie et on chante *La Marseillaise rielliste*. Durant l'année 1886, on dénombre une centaine d'assemblées de protestation. Honoré Mercier s'emploie à canaliser ces revendications. En janvier 1887, son parti national prend le pouvoir au Québec. Mercier succède à Ross qui avait montré peu d'empressement à défendre Riel.

---

❶ Voir Mason Wade, ***Les Canadiens français de 1760 à nos jours***. Le Cercle du livre de France, Montréal, 1963, I : 455.

La Marseillaise rielliste

1er

Enfants de la nouvelle France,
Douter de nous est plus permis !
Au gibet Riel se balance,
Victime de nos ennemis. (Bis)
Amis, pour nous, ah, quel outrage !
Quels transports il doit exciter !
Celui qu'on vient d'exécuter
Nous anime par son courage.

Refrain

Courage ! Canadiens ! Tenons bien haut nos cœurs ;
Un jour viendra (Bis) Nous serons les vainqueurs.

2e

Que veulent ces esclavagistes ?
Que veut ce ministre étrangleur ?
Pour qui ces menées orangistes,
Pour qui ces cris, cette fureur ? (Bis)
Pour nous, amis, pour nous, mes frères,
Ils voudraient nous voir au cercueil,
Ces tyrans que leur fol orgueil
Aveugle et rend sourds aux prières.
Courage ! Canadiens !, etc., etc.

3e

Honte à vous, ministres infâmes,
Qui trahissez, oh ! lâcheté !
—Vous avez donc vendu vos âmes !
Judas ! Que vous ont-ils payé ? (Bis)
Dans la campagne et dans la ville
Un jour le peuple vous dira :
Au bagne, envoyez-moi tout ça !
La corde n'est pas assez vile !
Courage ! Canadiens !, etc., etc. [1]

Mécontentement en Nouvelle-Écosse

L'affaire Riel n'est pas la seule crise politique au Canada durant cette période. La Nouvelle-Écosse, qui était entrée à contrecœur dans la Confédération, est mécontente. Après 20 ans de régime, elle constate qu'elle est bien peu influente au Parlement central. Les élections provinciales de 1886 portent sur la faillite de l'union avec le Canada. W.S. Fielding, chef du parti libéral, préconise la sécession de la Nouvelle-Écosse. Depuis l'annexion de l'Ouest, cette province doit payer les frais

---

[1] Ce texte a été communiqué par l'Institut d'histoire de l'Amérique française. Il fait partie de la collection Lionel-Groulx.

du transcontinental sans pour autant en bénéficier, puisqu'elle ne peut écouler ses produits sur le marché canadien. Le chef libéral en conclut que la Confédération ruine l'industrie néo-écossaise. Les provinces centrales semblent trop en avance sur les Maritimes. Le commerce de la Nouvelle-Écosse est centré sur la vente du bois et du poisson aux États-Unis. Conséquemment, la politique protectionniste du gouvernement Macdonald nuit à cette province. Fielding songe donc à quitter la Confédération pour créer une union des provinces maritimes ou retrouver le statut de colonie anglaise. L'élection favorise le parti libéral qui décroche 29 des 38 sièges de la législature. Est-ce le début du morcellement du Canada ? Fielding, victorieux, refuse de pousser plus loin et de consommer la sécession.

✎ La fabrication du sirop d'érable au Québec. Dessin de Henri Julien.

Mowat et l'autonomie provinciale

Oliver Mowat est un des plus farouches défenseurs de l'autonomie des provinces. Père de la Confédération, il est élu premier ministre de l'Ontario en 1872. Sa lutte autonomiste commence en 1874, lorsqu'il soumet à la législature ontarienne une loi portant sur les biens en déshérence, soit les biens d'une personne décédée sans héritier légitime. Déjà, on sait que ces biens doivent revenir à la Couronne. Mais est-ce la Couronne fédérale ou la Couronne provinciale ? Au moyen de sa loi, Mowat affirme que le procureur général de la province peut prendre possession des biens.

Le gouvernement fédéral défend ses intérêts et désavoue la loi en 1875. La cause parvient au Conseil privé qui, en 1883, donne raison aux provinces. C'est donc une grande victoire à la fois pour Mowat et pour les gouvernements provinciaux.

Le premier ministre ontarien continue sa lutte contre la centralisation et, en 1876, l'Ontario adopte la loi Crooks qui place sous compétence provinciale le contrôle du commerce des boissons alcooliques. John A. Macdonald, de retour au pouvoir, fait voter une mesure fédérale qui vise à annuler la loi ontarienne. Quelque temps après, le Conseil privé de Londres déclare quand même constitutionnelle la loi de l'Ontario *(Hodge v. the Queen).*

Un autre conflit de compétences oppose Macdonald et Mowat. Selon le premier ministre ontarien, le fédéral abuse de son droit de désaveu. Entre 1867 et 1877, il exerce son droit de réserve contre 39 lois provinciales et 29 d'entre elles sont désavouées. Le fédéral semble s'arroger le pouvoir de décider de la constitutionnalité des mesures provinciales. En 1881, l'Ontario adopte une loi pour protéger les intérêts publics sur les rivières et les cours d'eau. Immédiatement, Macdonald désavoue la loi. En 1882, l'Ontario la réadopte, mais le fédéral la désavoue encore. Il en va de même en 1883. La même année, le Conseil privé, dans la cause *Hodge v. The Queen,* donne raison à la thèse provinciale. Ce jugement de 1883 est très important parce qu'il reconnaît qu'une législature provinciale exerce un pouvoir souverain dans les sphères de sa compétence propre. Ce jugement très favorable aux provinces est le premier d'une série de décisions du Comité judiciaire du Conseil privé qui vont contribuer à ralentir la politique centralisatrice d'Ottawa et à créer un véritable fédéralisme en reconnaissant aux provinces des pouvoirs étendus. Ainsi, il limitera en 1896 « *aux sujets indiscutablement d'importance nationale et d'intérêt national* » le pouvoir du gouvernement central de légiférer pour « *la paix, l'ordre et la bonne administration* », et niera que ce pouvoir lui permet « *d'empiéter sur une catégorie quelconque de sujets que l'article 92 attribue exclusivement à l'assemblée législative des provinces* ». Ces grandes victoires sur le gouvernement central sont l'œuvre de Mowat, dont la ténacité a contribué à renforcer la position des provinces face au gouvernement fédéral.

Difficultés ouvrières

Sur le plan social, les employeurs canadiens n'ont pas encore appris à concilier un début d'industrialisation avec la dignité humaine des ouvriers. Une tension sociale très vive se fait jour à partir de 1885, tension aggravée d'ailleurs par la crise économique qui sévit. Pour apaiser l'opinion publique et le mécontentement du prolétariat, John A. Macdonald établit, en décembre 1886, la *Commission royale d'enquête sur les relations entre le capital et le travail* ❶. Les premières auditions de la commission se tiennent un an plus tard à Toronto et couvrent par la suite tout le Canada. Au Québec, la commission soulève beaucoup d'intérêt. Son rapport, présenté en avril 1889, comprend près de 4 000 pages. Il révèle des situations étonnantes prévalant dans le monde du travail. Ainsi, les amendes imposées par un employeur durant une semaine dépassent parfois le salaire de la semaine entière. Le taux d'analpha-bétisme est très élevé chez les ouvriers. Les enfants, à partir de huit ans, et les femmes sont littéralement exploités. La journée de travail est souvent de 12 à 14 h. L'enfant désobéissant risque d'échouer dans le trou noir, petit cachot se trouvant dans certaines usines. L'ouvrier ne dispose d'aucune forme de sécurité sociale et il est passible de renvoi sans préavis, au gré de l'employeur. Le prix exorbitant des loyers force souvent des familles de sept ou huit personnes à croupir dans un logement de deux pièces. Pour remédier à ces malaises sociaux, une longue liste de recommandations fait suite à cette description. Mais les commissaires se divisent en deux groupes, l'un représentant l'idéologie du patronat et l'autre, celle des ouvriers. Cette division favorise John A. Macdonald qui était déjà décidé à renvoyer ce rapport aux calendes grecques. Néanmoins, l'inertie du gouvernement central n'est pas le fait des provinces. Durant le quart de siècle qui suit, les recommandations de la commission inspireront la majeure partie de la législation sociale québécoise.

Photo tirée de The John A. Macdonald Album *(Tundra, 1974), magnifique ouvrage réalisé par Lena Newman. « Best-dressed man or Canadian dandy? »*

Les écoles du Manitoba

Après les problèmes soulevés par Riel, Fielding et Mowat, une autre question met en cause les relations fédérales-provinciales, voire l'existence même de la Confédération. Il s'agit cette fois des écoles du Manitoba.

❶ Voir R. Desrosiers et D. Héroux, ***Le travailleur québécois et le syndicalisme.*** PUQ, 2e éd., Montréal, 1973. Également Jean de Bonville, ***Jean-Baptiste Gagnepetit, les travailleurs montréalais à la fin du XIXe siècle.*** L'Aurore, Montréal, 1975. Le titre de cet ouvrage s'inspire du pseudonyme de Jules Helbronner qui tint une chronique ouvrière dans ***La Presse*** de 1884 à 1894. Il s'agit là d'un ouvrage important en même temps qu'un hommage bien mérité à l'un des premiers Juifs francophones vraiment intégrés à la collectivité québécoise.

La constitution du Manitoba de 1870 prévoit l'existence d'un système d'écoles confessionnelles. Le gouvernement en pose les bases en établissant deux bureaux d'éducation, un protestant et un catholique. Des signes avant-coureurs annoncent l'abolition du système catholique. D'abord, le peuplement du Manitoba joue contre les francophones. Ils comptaient pour la moitié de la population en 1870, alors qu'ils sont moins de dix pour cent en 1890 ❶. En 1876, l'abolition du Conseil législatif — gardien des minorités — n'est pas de bon augure. L'avènement du gouvernement libéral de Thomas Greenway en 1890 concrétise la crainte des catholiques. Greenway abolit leur système scolaire, sous prétexte qu'il est trop coûteux pour l'État. Il déclare également que, pour être équitable, il lui faudrait accorder à chaque minorité un système scolaire propre. Après la sanction de la loi, les catholiques francophones du Manitoba, appuyés fortement par ceux du Québec, tentent de se défendre. Ils réclament le désaveu de la loi en se fondant sur l'article 93 de la constitution canadienne. Macdonald refuse et conseille aux catholiques de recourir aux tribunaux.

La question est soumise à la Cour suprême, puis deux fois au Conseil privé de Londres qui déclare à la fin que la Législature du Manitoba a le droit d'adopter la loi, mais que le gouvernement fédéral peut voter une loi réparatrice.

De nouveau, le Parlement fédéral est saisi de la question. John S. Thompson, devenu entre temps premier ministre du Canada, meurt en Angleterre avant d'avoir pu apporter une solution (1894). Mackenzie Bowell, un ancien grand maître des loges orangistes, le remplace et veut rendre justice aux catholiques. Malheureusement, survient une crise au sein du cabinet et huit ministres démissionnent, rebelles à la direction plutôt qu'à la politique de leur chef. Pour sauver le parti conservateur, on mande aussitôt sir Charles Tupper, Haut-Commissaire du Canada à Londres. Tupper propose une loi réparatrice qui a l'appui de l'épiscopat canadien. Il se heurte à une obstruction systématique de la part du parti libéral qui réussit à prolonger la discussion de manière à faire dissoudre les chambres avant le vote. Les élections de 1896 portent sur la question des écoles et celle du tarif. Wilfrid Laurier promet de trouver une solution et remporte la victoire.

Instabilité

Après la mort de John A. Macdonald (1891), les dernières années du gouvernement conservateur sont caractérisées par l'instabilité ministérielle. En cinq ans, quatre premiers ministres se succèdent à la tête du gouvernement central. La National Policy de Macdonald (tarif protectionniste, construction du transcontinental et peuplement de l'Ouest), mise de l'avant entre 1878 et 1896, n'a pu mettre un terme aux affrontements et aux malaises de cette période. Toute entité politique, spécialement la fédération, repose en définitive sur un consensus populaire, sorte d'équilibre entre la dissension et l'entente. Entre 1891 et 1896, une absence de leadership et un manque de compréhension des autorités fédérales menacent dangereusement la Confédération. De plus, l'autonomisme des provinces crée une atmosphère tendue peu propice au compromis.

---

❶ La population d'origine allemande est même devenue plus nombreuse que celle de langue française. En 1871, cette dernière representait 50,4 pour cent de la population totale de l'Assiniboine (Manitoba).

QUÉBEC

La conjoncture économique

Sur le plan économique, le Québec vit entre 1885 et 1887 une période d'expansion mitigée. La politique tarifaire de Macdonald, appliquée en 1879, fait naître une industrie locale qui vend sur le marché local. On établit notamment de petites industries de textile, de cuir et de viande en conserve. Les produits laitiers constituent une grande denrée d'exportation, car la demande de l'Angleterre demeure forte. Il en va de même pour le commerce du bois avec les États-Unis.

L'année 1888 voit réapparaître une dure contraction. Dans le secteur agricole, les récoltes sont tellement mauvaises que le gouvernement provincial accorde des subsides de 50 000 $ sous forme de grains de semence. L'arrivage régulier des céréales en provenance de l'Ouest fait disparaître la variation saisonnière de l'approvisionnement et des prix. La construction d'élévateurs à grain relègue le Corn Exchange de Montréal au second plan. Désormais, la Bourse de Winnipeg contrôlera le commerce du blé. L'agriculture québécoise est définitivement orientée vers l'industrie laitière. Entre 1880 et 1890, le nombre de fromageries s'élève à 728 et, entre 1890 et 1900, à 1992. La production du fromage passe de 227 000 kg en 1871 à 36 000 000 kg en 1900.

Un nouveau courant d'échange se dessine dans le secteur du bois. La Nouvelle-Angleterre, principal débouché pour le Québec, achète maintenant son bois (pin jaune et cyprès) dans le sud des États-Unis. Ceci porte un dur coup au commerce du bois québécois, à un point tel que les exportations de bois équarri tombent à un très bas niveau en 1894 et 1895. Pour la première fois alors, on parle de la possibilité d'exporter le bois servant à la fabrication du papier journal.

Le début du syndicalisme

Peu à peu, des groupes sociaux s'organisent. Les débardeurs, les typographes, les ouvriers de la chaussure et ceux du tabac fondent leurs propres syndicats. Mais on leur fait la vie dure. À l'instigation de l'archevêque de Québec, Mgr Elzéar-Alexandre Taschereau, Rome interdit en 1885 un mouvement syndical d'origine américaine, les Chevaliers du travail, qui jouit d'une forte influence dans le Québec. Cependant, l'interdit est levé en 1887, lorsque l'archevêque de Baltimore, le cardinal Gibbons, convainc le Vatican que l'Église ne doit pas être « *l'alliée des puissants et des riches et*

✎ Annonce publiée dans ***L'Opinion publique***, novembre 1878.

Il est très agréable d'accompagner Mgr Laflèche dans son voyage de 1887 le long du Saint-Maurice. Surtout avec un guide comme l'abbé Napoléon Caron dont les Deux voyages sur le Saint-Maurice *ont été réédités en 2000 (Septentrion) avec notes, cartes, illustrations et index. Voir aussi de René Hardy et Normand Séguin,* Forêt et société en Mauricie *(Septentrion, 2011).*

l'adversaire des faibles et des pauvres ». En réaction, les employeurs québécois forment une vingtaine de monopoles à partir de 1885. On peut noter également la fondation de la Chambre de Commerce de Montréal, en décembre 1886 ❶.

La colonisation

À la fin du XIXe siècle, la plupart des régions éloignées sont ouvertes à la colonisation. Les *terres améliorées* ❷ passent ainsi de 1,4 million d'hectares en 1851 à 3,04 millions en 1901. L'effectif humain dans cette migration se chiffre à environ 45 000 personnes. Mais où vont-ils donc ? Les contemporains conçoivent ce phénomène comme un « *débordement spontané des vieilles paroisses vers les terres neuves* ». La région du Lac-Saint-Jean a été ouverte à la colonisation en 1842 et celle de la Mauricie en 1852. La mise en valeur du nord de Montréal, avec le curé Labelle, débute en 1868 et, en 1883, les Oblats de Marie Immaculée lancent un appel pour la colonisation du Témiscamingue.

Pour coloniser, le Canadien français désire la présence d'un prêtre. Ainsi, souvent, la chapelle ou le clocher précède le colon en pleine forêt. Mais il y a aussi le fait que cette activité s'inspire de l'idéologie du Bon Pasteur, doublée de patriotisme. Une nationalité doit s'enraciner sur un sol et elle ne peut s'épanouir que dans l'agriculture. Ce véritable état de vie met l'individu à l'abri des crises financières et du chômage. La ville apparaît comme un lieu de perdition. Cette conception de la nation et de la vie — appelée par l'historien Michel Brunet *agriculturisme* — inspire l'œuvre

❶ Chevaliers du travail : mouvement ouvrier à caractère plus politique que syndical qui naît aux États-Unis en 1869. Ses méthodes d'action sont l'agitation, l'éducation des travailleurs et leur organisation. En 1886, le nombre de ses membres en Amérique se serait élevé à 1,5 million. Voir Fernand Harvey, « Les Chevaliers du Travail, les États-Unis et la société québécoise », dans ***Aspects historiques du mouvement ouvrier au Québec***. Boréal Express, Montréal, 1973 : 33-118.

❷ Il s'agit de « *l'ensemble des terres en pâturages et en culture* ».

✎ Village québécois à la fin du XIXe siècle (Saint-Alban de Portneuf).

des Labelle, Hébert, Marquis, Boucher, Brassard, Paradis, etc., tous *missionnaires colonisateurs*. Matériellement, ces hommes s'appuient sur les sociétés de colonisation qui sont de deux types : de secours ou à forme coopérative. Durant tout le XIXe siècle, le rôle de l'État demeure supplétif. Il ouvre des chemins ; mais le colon a toujours devancé ces chemins. Il distribue les terres avec prudence, mais il oublie d'adopter de vigoureuses mesures contre les grands propriétaires spéculateurs.

Le travail dans les chantiers

Cependant il ne faudrait pas trop s'apitoyer sur le sort de nos pères, durant cette période, car ils ne trouvaient rien d'extraordinaire, eux, dans leur mode d'existence ; ils étaient habitués dès leur tendre enfance à travailler, à peiner, à trimer dur pour une rémunération de famine. Leur mode d'existence était une pâte bien préparée dont les employeurs tirèrent grand profit, mais trop souvent avec un peu trop d'âpreté et d'avarice.

Il y a un siècle, la journée de travail dans les chantiers était de pas moins de onze heures ; on commençait tôt le matin et on finissait tard le soir. Tous se levaient pour être prêts à déjeuner à six heures sonnant, et, la dernière bouchée à peine avalée, chacun allumait sa pipe et prenait le bord du bois encore dans la demi-obscurité. Il arrivait aussi, dans certains chantiers, que les hommes devaient partir pour l'ouvrage à six heures et parcourir trois ou quatre milles [5 ou 6 km] pour atteindre le lieu de leur travail à la pointe du jour. J'ai entendu dire par des hommes dignes de confiance que, en différentes occasions, on était obligé de faire du feu pour ne pas se faire geler avant que l'on puisse voir assez clair pour travailler.

Photo tirée de l'ouvrage de Pierre Louis Lapointe : Les Québécois de la bonne entente. Un siècle de relations ethniques et religieuses dans la région de Buckingham, 1850-1950 *(Septentrion, 1998).*

Les charretiers sur les grands chemins faisaient des journées encore plus longues. En effet, dès quatre heures du matin, ils devaient voir à leurs chevaux, leur donner leur portion d'avoine et les étriller avec soin.

Comme leur tâche était invariable et fixée d'avance à trois ou quatre voyages par jour, de la route à la jetée, la moindre anicroche pouvait les mettre en retard d'une heure et même plus. Dans ce cas, il fallait que le programme soit accompli à la lettre quand même, c'est-à-dire donner la pitance aux chevaux, les débotter et les bouchonner avec soin. De sorte que ces hommes n'étaient eux-mêmes prêts à souper qu'à huit heures en certaines occasions. Ils recevaient de plus gros salaires que les autres ouvriers, mais ils les gagnaient !

À partir de l'histoire du curé Labelle, Gabriel Dussault a dressé une étude socio-historique de la « colonisation ». Le titre est révélateur de son approche : Le Curé Labelle. Messianisme, utopie et colonisation au Québec, 1850-1900 *(Hurtubise HMH, 1983).*

> Une équipe de bûcherons se composait ordinairement de deux *bûcheux* et d'un *chatmort* (ou chamard) et d'un *civet*. Les *bûcheux* étaient taxés à tant de billots qu'ils étaient censés livrer tous les jours. Quand ils en avaient plus que le nombre réglementaire, ils les mettaient à la banque, où ils puisaient pour suppléer à l'insuffisance d'une journée déficitaire.
>
> Les *civets* et les *chamards* étaient les préposés à l'ébranchage des arbres abattus, à l'effardochage d'un chemin d'approche pour les *skiddeurs* qui, eux, sortaient les billots pour les empiler en roule sur un grand chemin en attendant leur transport à la jetée. Le *skiddage*, ou *swonpage*, s'effectuait au moyen de la chaîne et du bacul, ou encore au moyen de la chienne ou du bobsleigh.
>
> L'équipe de *skiddeurs* comprenait le conducteur de bêtes, bœufs ou chevaux, qui était astreint aux mêmes devoirs que le charretier, et d'un aide robuste, muni d'un *peevey* ou d'un *canthook*. On dit que le travail des *skiddeurs* était le plus éreintant de tout le chantier et c'est facile à croire ❶.

La deuxième moitié du XIXe siècle est pour le Québec la période de colonisation par excellence. Le succès est dû en partie à la culture du sol, mais surtout aux industries naissantes qui précèdent ou accompagnent le colon. La pauvreté des sols et les conditions climatiques expliquent les quelques échecs.

Dans Ex Uno Plures : Federal-Provincial Relations in Canada, 1867-1896 *(McGill-Queen's, 1993), Garth Stevenson entend réexaminer les principaux débats entre le Dominion et les provinces. Le sort des écoles du Manitoba aussi bien que la question des biens des Jésuites retiennent son attention. Sur ce point précis, on peut aussi consulter J.R. Miller,* Equal Rights : the Jesuits' Estate Act Controversy *(McGill-Queen's, 1979).*

Honoré Mercier premier ministre

En 1885, le Québec connaît une vague de fond nationaliste provoquée par l'affaire Riel. Honoré Mercier, chef du Parti libéral, prône alors l'idée d'un parti national qui unirait toutes les forces de la nation. À l'élection provinciale d'octobre 1886, le parti de Mercier l'emporte par une faible marge. Les conservateurs s'accrochent cependant au pouvoir. J.J. Ross tente de se maintenir puis cède sa place, en janvier 1887, à Louis-Olivier Taillon qui, après seulement quelques jours, doit démissionner parce qu'il n'a plus la majorité au Parlement. Le 29 janvier 1887, Honoré Mercier devient premier ministre et forme un cabinet *national*. Durant son mandat, il règle la question des biens des Jésuites ❷. Il donne aussi une nette impulsion à la colonisation en divisant le ministère de l'Agriculture et des Travaux publics et en créant le ministère de l'Agriculture et de la Colonisation (1888). Il occupe lui-même la direction de ce nouveau ministère et s'adjoint comme sous-ministre le curé Labelle. Pour faciliter la colonisation, il construit le chemin de fer du lac Saint-Jean, prolonge jusqu'à Saint-Gabriel de Brandon la ligne reliant Saint-Félix de Valois à Montréal et accorde une terre de 40,5 ha aux parents de 12 enfants. Il crée l'école du soir et manifeste un intérêt passionné pour l'enseignement. Le thème de l'autonomie provinciale fait également partie de son programme politique. Selon Mercier, le

---

❶ Voir Thomas Boucher, ***Mauricie d'autrefois.*** Le Bien Public, Trois-Rivières, 1952 : 77-78.

❷ À la mort du dernier Jésuite au pays, le père Casot, la Couronne s'était emparée des biens de cette communauté dont une partie devait servir à financer l'*Institution royale*. En 1867, le gouvernement fédéral les rend à la province de Québec qui se sert de leurs revenus pour aider les institutions d'enseignement. Dès leur retour au pays, en 1842, les Jésuites font valoir leurs titres. En 1888, Mercier, en échange d'une renonciation à toute revendication future, accorde à l'Église catholique une indemnité de 400 000 $. Les écoles protestantes, qui avaient déjà largement bénéficié des biens des Jésuites, se font octroyer, pour leur part, 60 000 dollars. Duplessis reprendra plus tard l'importante question des biens des Jésuites.

Québec doit s'affirmer comme nation française et catholique. Et il faut sauvegarder les éléments de cette nationalité. Aussi adopte-t-il à l'égard du gouvernement fédéral une attitude fortement autonomiste.

✎ Selon le *Grip* de Toronto, Honoré Mercier aurait rêvé d'une carte canadienne qui aurait cette allure.

La conférence interprovinciale. L'autonomie des provinces

Une autre question chère à Mercier est celle des subventions fédérales. Dès 1885, le Québec se plaint que l'augmentation de la population ne se traduit pas par une augmentation correspondante des subventions fédérales. La question est de prime importance car, avec les revenus dérivés du domaine public, cette subvention constitue la majeure partie des ressources financières de la province. D'autant plus que le service de la dette absorbe 23 pour cent des dépenses en 1880 et 33 pour cent en 1900. Honoré Mercier propose la révision décen-nale de la subvention établie d'après la population. Le gouvernement fédéral refuse la suggestion. Le premier ministre du Québec convoque alors, en octobre 1887, une conférence interprovinciale — la première depuis 1867 — pour discuter de l'autonomie provinciale et des subventions fédérales. Les délégués de cinq provinces — l'Île-du-Prince-Édouard et la Colombie-Britannique ayant décliné l'invitation — cherchent le moyen d'enrayer la montée du gouvernement central trop puissant et de remédier à l'entente financière inéquitable et insuffisante de 1867. La Conférence rédige un plan de réforme constitutionnelle et fiscale. La demande pour l'augmentation des subventions s'appuie sur le fait que les provinces sont dans le besoin et que les revenus du gouvernement central augmentent sans cesse. Malgré les excellents travaux de la Conférence, le gouvernement fédéral en ignore les recommandations et n'apporte aucun élément de solution.

Marcel Martel présente ce qui lui paraît être la fin de la solidarité des francophones à travers tout le Canada dans Le deuil d'un pays imaginé : rêves, luttes et déroute du Canada français *(PUO, 1997). Les dissensions auraient éclaté au grand jour au moment des États généraux du Canada français en 1967.*

Durant ses années de pouvoir, Mercier est reçu comme un chef d'État dans diverses capitales du monde. Il a droit aux égards des milieux financiers de New York. Un accueil royal l'attend à Paris où il reçoit la Légion d'honneur. À Rome, le pape le reçoit en audience privée. Autant d'honneurs inquiètent le Canada anglais qui craint la création d'un État québécois indépendant. Au Québec, la population appuie Mercier et ce dernier remporte une éclatante victoire aux élections de 1890. Les partis fédéraux s'inquiètent. Un comité sénatorial fait éclater un scandale dans lequel se trouve impliqué Ernest Pacaud. Ce dernier, trésorier du parti de Mercier, est accusé d'avoir encaissé une partie de la subvention versée par le gouvernement pour la construction du chemin de fer de la baie des Chaleurs. Les adversaires de Mercier jubilent. Le lieutenant-gouverneur Angers le destitue et invite Charles-E. Boucher de Boucherville, un conservateur, à lui succéder. Quelques mois plus tard, le verdict populaire ratifie cette décision.

Les ministères conservateurs

De 1892 à 1897, trois premiers ministres conservateurs dirigent tour à tour le Québec. Le premier geste de Boucherville est d'imposer de nouvelles taxes pour équilibrer le budget. Il fait construire l'École de laiterie de Saint-Hyacinthe et l'École d'agriculture d'Oka. Son antipathie pour Chapleau qui est nommé lieutenant-gouverneur (en décembre 1892) le pousse à démissionner. Chapleau appelle alors au pouvoir L.-O. Taillon, un conservateur modéré. Taillon tente surtout d'assainir les finances provinciales et de réduire les dépenses publiques. Il met l'accent sur l'expansion de l'industrie laitière et l'amélioration des chemins ruraux. En mai 1896, il opte pour la politique fédérale et Edmund James Flynn lui succède à la tête des conservateurs. Ce dernier ne reste au pouvoir qu'un an. Il fait voter une loi pour empêcher la saisie des bestiaux et des terres des colons établis dans des régions de colonisation. De plus, les commerçants devront cesser la coupe du bois sur les terres offertes aux colons.

✎ Conférence interprovinciale tenue à Québec en 1887. Assis de gauche à droite : G.A. Blair (Nouveau-Brunswick), Honoré Mercier (Québec), Oliver Mowat (Ontario), W.S. Fielding (Nouvelle-Écosse), John Norquay (Manitoba).

VI • RETOUR À LA PROSPÉRITÉ (1896-1904)

L'Angleterre

À partir de 1896, l'essor économique reprend dans le monde occidental. L'activité industrielle s'accroît et les prix se relèvent. La découverte de nouveaux gisements d'or du Transvaal, en Alaska et en Australie, ainsi que l'augmentation du pouvoir d'achat amènent cette nouvelle prospérité.

L'Angleterre cependant connaît une certaine stabilité. Son économie a atteint un plafond. La situation ne se détériore pas, mais sa croissance n'est pas pour autant sans obstacle. La rançon de sa prospérité antérieure l'oblige à faire face à des rivaux redoutables, les États-Unis et l'Allemagne, qu'elle a souvent équipés de vaisseaux et de machines. Ses exportations ne compensent plus ses importations. L'impérialisme qui retrouve une vie nouvelle avec Disraeli ❶, un fervent de la puissance navale, n'est en somme qu'une recherche de nouveaux marchés pour acheter des matières premières et écouler des produits manufacturés, doublée d'un sentiment de supériorité de la race anglaise. Le naturaliste Charles Darwin, dans son ouvrage *De l'origine des espèces par voie de sélection naturelle* (1859), élabore une doctrine scientifique des races supérieures. Confiants en ces théories, les Anglais croient fermement à la supériorité de leur race. Joseph Chamberlain, séduit par ces théories, parle avec enthousiasme de « *cette race, la plus grande des races gouvernantes que le monde ait jamais connues* ».

Les immigrants anglo-saxons qui viennent au Canada dans la dernière partie du XIXe siècle apportent quelques éléments de cet esprit racial. Les Anglais conçoivent l'idéal de « *la plus grande Angleterre* » qui serait une association de tous les pays de l'Empire en vue de la prospérité matérielle et de la défense militaire. Des ligues se fondent, pendant que le poète Rudyard Kipling redonne au peuple de l'Angleterre « *l'émotion impériale* ».

« The crisis provoked by Darwinian science and historical criticism of the Bible led religious people to attempt to salvage Christianity by transforming it into an essentially social religion » écrit Ramsay Cook dans The Regenerators: Social Criticism in Late Victorian English Canada *(UTP, 1985). De l'autonomie du temporel face au spirituel, l'auteur débouche sur l'affirmation de l'indépendance de la liberté humaine face à l'autorité divine. Cette réflexion sur l'évolution de la pensée religieuse est tout à fait pertinente.*

Les États-Unis

À la fin du XIXe siècle, les États-Unis apparaissent comme la première puissance industrielle du monde. Ils ont l'heureux avantage de pouvoir accompagner ce développement industriel d'une augmentation de la production agricole. Entre 1880 et 1890, les grands trusts américains deviennent tout-puissants. Avec la Standard Oil, John D. Rockefeller est le roi du pétrole. Dans le domaine de l'acier, Andrew Carnegie fait la pluie et le beau temps. Philo Remington maîtrise l'industrie des machines à coudre et à écrire. P.S. Du Pont de Nemours contrôle la production chimique. Ces grands industriels édifient des fortunes inouïes et dominent la vie économique américaine. Entre 1890 et 1898, la conquête de l'Ouest qui avait engendré de nombreux investissements se termine, car la frontière américaine est maintenant acculée à l'océan Pacifique.

---

❶ Premier ministre anglais de 1874 à 1880, puis ministre du Commerce (1880-1886) et des Colonies (1895-1903). Il était d'origine israélite. Son père signait d'Israeli.

Dans Maisonneuve. Comment des promoteurs fabriquent une ville, *Paul-André Linteau retrace, avec compétence, l'histoire de cette municipalité de banlieue qui aura sa petite période d'indépendance de 1893 à 1918. Ce n'est pas certain que l'histoire se répète, sauf pour les villes ! À certains égards, cette monographie rappelle l'incontournable* Histoire des Américains *(Armand Colin, 1981) de Daniel Boorstin.*

Dans les milieux financiers, on songe à poursuivre l'expansion au-delà des frontières. La reprise économique de 1896 accroît ce sentiment expansionniste. L'impérialisme financier américain s'étend d'abord à l'Amérique latine. En avril 1898, on profite d'une guerre entre Cubains et Espagnols pour intervenir à Cuba sous prétexte de servir la cause de l'humanité. Mais il se trouve que les intérêts des hommes d'affaires, qui ont des fonds (50 millions de dollars) dans les plantations de Cuba, coïncident avec les motifs soi-disant humanitaires. Cuba devient ainsi la proie du monopole sucrier américain et le restera longtemps. Dans d'autres pays latino-américains, aux régimes politiques instables, les États-Unis s'arrogent un droit de police.

Au Canada, et particulièrement au Québec, l'entrée des capitaux américains se fait beaucoup plus pacifiquement. À compter de cette époque, le Canada commence à vivre avec les États-Unis dans une dépendance économique de plus en plus grande.

CANADA

L'évolution du pays

À partir de 1896, le Canada entre dans une nouvelle phase de développement. Jusque-là, il s'était édifié péniblement ; il va désormais atteindre une certaine maturité. Mais la politique intérieure du pays va devenir plus complexe à cause du progrès rapide des provinces de l'Ouest. Le renouveau impérialiste en Angleterre aura aussi une grande influence sur la politique canadienne.

L'industrialisation et l'urbanisation de l'Europe favorisent les pays producteurs de blé, dont le Canada. Le schéma économique des Pères de la Confédération, à savoir que les céréales de l'Ouest seront exportées et que l'argent des fermiers servira à acheter les produits ouvrés de Toronto et de Montréal, se réalise. Il y a cependant une ombre au tableau : les Maritimes. Elles demeurent la grande faiblesse du système, parce qu'elles ne peuvent pas se développer au même rythme que le Centre. L'isolement et les coûts du transport les empêchent de concurrencer efficacement les autres régions industrialisées d'Amérique. Le charbon américain, par exemple, se vend beaucoup moins cher que celui de la Nouvelle-Écosse.

✎ Un train d'immigrants en route pour l'Ouest.

Wilfrid Laurier

Wilfrid Laurier profite de la crise des années précédentes, de l'absence de leadership au sein du Parti libéral et surtout du vote du Québec ❶ pour prendre le pouvoir. Né à Saint-Lin (1841), il fait ses études classiques au Collège de L'Assomption et son droit à l'Université McGill. Faible de santé, il pratique d'abord sa profession d'avocat à Arthabaska, dans les Cantons de l'Est. En 1871, il devient député à Québec ; trois ans plus tard, il passe à Ottawa. Membre du cabinet (1877) dans le gouvernement Mackenzie, il est par la suite le brillant second de Blake, et son successeur, en 1887, à la tête du parti libéral.

En 1865, Laurier appartenait à l'Institut canadien. Aussi, au Québec, le soupçonne-t-on de libéralisme doctrinal. Lui-même se défend contre cette accusation. Dans un grand discours prononcé à Québec en 1877, il déclare que son libéralisme n'a rien de commun avec le libéralisme doctrinal répandu en France, mais que sa doctrine se rapproche du libéralisme politique pratiqué en Angleterre. Wilfrid Laurier rêve toute sa vie de concorde entre les races du Canada et de leur collaboration au progrès matériel et moral du pays.

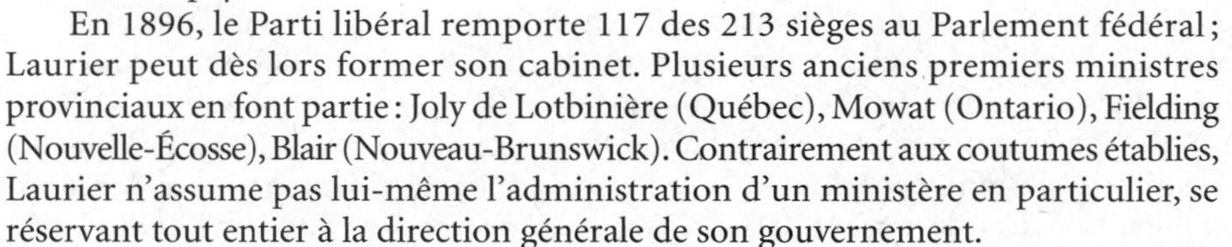

En 1896, le Parti libéral remporte 117 des 213 sièges au Parlement fédéral ; Laurier peut dès lors former son cabinet. Plusieurs anciens premiers ministres provinciaux en font partie : Joly de Lotbinière (Québec), Mowat (Ontario), Fielding (Nouvelle-Écosse), Blair (Nouveau-Brunswick). Contrairement aux coutumes établies, Laurier n'assume pas lui-même l'administration d'un ministère en particulier, se réservant tout entier à la direction générale de son gouvernement.

D'abord opposé au projet fédératif, Wilfrid Laurier se glissera entre les nationalistes impérialistes et les nationalistes canadiens-français pour devenir premier ministre du Canada. Politicien charismatique et pragmatique, il défend le Canada. Il est nationaliste canadien, c'est son idéal, son programme. Réal Bélanger a préparé pour le grand public Wilfrid Laurier. Quand la politique devient passion *(PUL, 1986).*

Le libéralisme de Laurier

... Toutes les accusations portées contre nous, toutes les objections à nos doctrines, peuvent se résumer dans les propositions suivantes : premièrement, le libéralisme est une forme nouvelle de l'erreur, une hérésie déjà virtuellement condamnée par le chef de l'Église ; deuxièmement, un catholique ne peut pas être libéral.

Voilà ce que proclament nos adversaires [...].

Je sais que le libéralisme catholique a été condamné par le chef de l'Église... Mais je sais et je dis que le libéralisme catholique n'est pas le libéralisme politique. S'il était vrai que les censures ecclésiastiques portées contre le libéralisme catholique dussent s'appliquer au libéralisme politique, ce fait constituerait pour nous, Français d'origine, catholiques de religion, un état de choses dont les conséquences seraient aussi étranges que douloureuses. [...]

Il est vrai qu'il existe en Europe, en France, en Italie et en Allemagne, une classe d'hommes qui se donnent le titre de libéraux, mais qui n'ont de libéral que le nom, et

❶ Au Québec, malgré la vive opposition de l'épiscopat, la population accorde à Laurier un appui massif, alors que, dans la plupart des autres provinces, le vote n'est pas déterminant. Le suffrage québécois lui accorde 49 sièges et les conservateurs en décrochent 16. Voir Robert Rumilly, ***Le problème national des Canadiens français.*** Fides, Montréal, 1961 : 115-118.

> qui sont les plus dangereux des hommes. Ce ne sont pas des libéraux, ce sont des révolutionnaires ; dans leurs principes ils sont tellement exaltés qu'ils n'aspirent à rien de moins qu'à la destruction de la société moderne. Avec ces hommes, nous n'avons rien de commun ; mais c'est la tactique de nos adversaires de toujours nous assimiler à eux. Ces accusations sont au-dessous de nous, et la seule réponse que nous puissions faire dignement, c'est d'affirmer nos véritables principes, et de faire de telle sorte que nos actes soient toujours conformes à nos principes ❶.

Le compromis Laurier-Greenway (1897)

Selon sa promesse, Laurier s'occupe d'abord de régler l'épineuse question des écoles du Manitoba ❷. Par opportunisme politique, il s'oppose à une loi réparatrice exigée par les catholiques francophones de cette province. Il ne veut pas s'aliéner l'Ontario et il détient la faveur populaire au Québec. Aussi peut-il se permettre de perdre quelques plumes dans le Canada français. D'autant plus que, par tempérament, il n'est pas favorable à cette loi qui serait un coup de force du fédéral contre le gouvernement d'une province. Il entend respecter l'autonomie des provinces. À la suite de négociations menées par son bras droit, Israël Tarte ❸, il réussit à faire accepter au gouvernement du Manitoba un compromis connu sous le nom de Laurier-Greenway.

Le compromis prévoit que le système scolaire demeurera neutre, que, sous certaines réserves, tout professeur pourra enseigner la religion de son choix et qu'un professeur pourra enseigner dans les deux langues dans les écoles où se trouve un nombre spécifique d'élèves francophones.

Le règlement est loin de satisfaire tout le monde. La minorité catholique du Manitoba se montre mécontente et Mgr Adélard Langevin, archevêque de Saint-Boniface, ne cesse de protester. Dans le Québec, il y a une vive agitation. À la demande de Laurier, Rome envoie au Canada un enquêteur, Mgr Merry del Val, en mission diplomatique. Se basant sur le rapport du délégué apostolique, le pape Léon XIII écrit l'encyclique ***Affari Vos***, dans laquelle il déclare la loi « *défectueuse, imparfaite, insuffisante* ». Il exhorte les parties en cause à faire preuve de « *modération* » et de « *charité fraternelle* » et conseille aux catholiques de « tirer le meilleur parti possible » des concessions gouvernementales.

Le tarif préférentiel

Alors qu'il formait l'opposition, le Parti libéral s'était déclaré partisan du libre-échange. Une fois au pouvoir, Laurier n'ose pas modifier radicalement la National Policy. Les États-Unis refusant la réciprocité douanière, il se tourne vers la Grande-Bretagne. Aussi, en 1897, Fielding, ministre des Finances, propose-t-il un nouveau

---

❶ Extraits d'un discours sur le libéralisme politique, que Laurier prononça devant le Club canadien de Québec, le 26 juin 1877. Cités par Michel Brunet, ***Histoire du Canada par les textes, II***, Fides, Montréal, 1963 : 38-39.

❷ Sur cette question, voir Lionel Groulx, ***L'enseignement français au Canada II. Les écoles des minorités***, Montréal, Granger, 1933.

❸ Journaliste et homme politique qui fut député conservateur à Québec (1877-1891) et à Ottawa (1891-1895). Il passa ensuite dans l'équipe libérale de Laurier et accepta le poste de ministre des Travaux publics (1896-1902). Il est surtout renommé pour ses talents d'organisateur électoral.

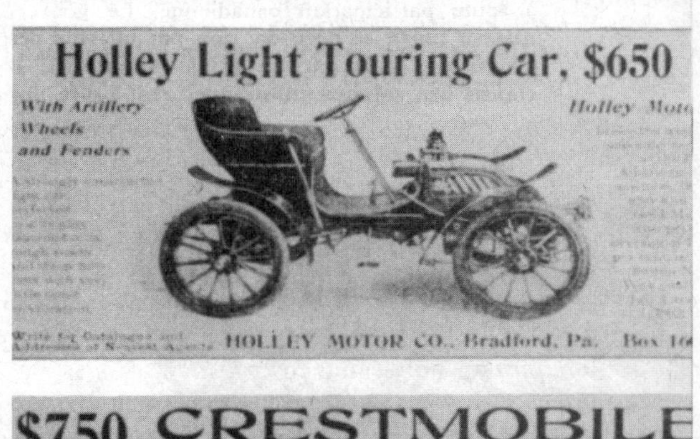

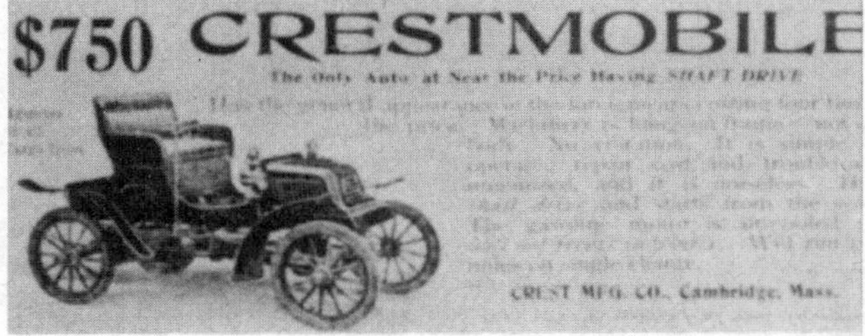

tarif réduisant les droits sur les matières importées d'Angleterre. En 1898, le gouvernement canadien concède à l'Angleterre une réduction de 25 pour cent des droits ordinaires. En juillet 1900, il fixe la réduction à 33 1/3 pour cent. Il s'ensuit une augmentation considérable des échanges entre les deux pays. Les navires qui apportent des marchandises s'en retournent avec des cargaisons de blé et de bétail.

En 1907, le Canada adopte un nouveau tarif à trois degrés : préférentiel en faveur de l'Angleterre, intermédiaire pour certains pays au moyen de traités spéciaux, et entier pour les autres.

La guerre contre les Boers

À la Conférence coloniale de 1897, Laurier avait protesté du dévouement du Canada à la Couronne britannique. Cet attachement ne tarde pas à être mis à l'épreuve. En octobre 1899, la Grande-Bretagne attaque le peuple des Boers qui habitent le Transvaal et l'État libre d'Orange, dans le Sud-Africain. Les Boers résistent aux envahisseurs. Aussitôt, des Canadiens s'offrent spontanément pour aller appuyer l'Angleterre, mais demandent au gouvernement de les équiper et de leur fournir des munitions. Lors de la guerre de Crimée et de l'expédition au Soudan, un groupe de Canadiens s'étaient ainsi enrôlés dans l'armée anglaise ❶, sans que cependant le gouvernement intervienne officiellement. Cette fois, le Canada doit-il appuyer l'Angleterre dans cette guerre ? Laurier est partagé entre les Canadiens français et les Canadiens anglais. Le Canada anglais, par solidarité anglo-saxonne, presse le premier ministre de participer à la guerre. Les Canadiens français, s'identifiant en quelque sorte à la minorité opprimée, veulent que le pays reste en dehors du conflit. Henri Bourassa rejette l'impérialisme de la Grande-Bretagne et en dénonce les implications possibles. Juridiquement, le Canada se trouve en guerre, mais on distingue entre le

---

❶ Dans le cas de l'expédition au Soudan, le groupe de Canadiens s'étaient engagés à titre de « paletteurs et de portageurs » uniquement. Il était prévu, dans leur contrat d'engagement, qu'ils n'auraient pas à prendre les armes.

✎ Annonce publiée dans le journal *La Presse,* 1904.

fait juridique de la guerre et la participation effective à celle-ci. Le problème est d'autant plus grave que l'opinion publique mondiale s'oppose à l'action injustifiée de l'Angleterre.

Goldwin Smith, journaliste très influent du Canada anglais, regarde cette guerre comme injuste. Henri Bourassa s'oppose par principe à toute participation canadienne. Le gouvernement prend sa décision, non par un vote des Chambres, mais par un arrêté ministériel. Il choisit une solution mitoyenne, c'est-à-dire une participation réelle, mais tout à fait modeste (8300 soldats et 3 millions de dollars). Ce geste constitue une forme d'engagement moral qui amènera le Canada à participer en fait aux autres guerres de l'Empire. À compter de ce moment, Bourassa deviendra l'adversaire acharné de Laurier.

Deux nouveaux transcontinentaux

La prospérité et l'habile propagande du ministre de l'Intérieur, Clifford Sifton, déclenchent un nouveau courant d'émigration vers le Canada. Plusieurs Américains passent dans l'Ouest du Canada car, aux États-Unis, le prix des terres augmente. Une plus grande population crée des besoins nouveaux. Il faut pourvoir au vêtement, fournir des instruments aratoires et d'autres produits de consommation courante. L'activité économique se trouve aussi accrue par la nécessité de transporter vers l'Est le blé abondant que commencent à produire les terres fécondes de l'Alberta et de la Saskatchewan. Le Canadian Pacific ne suffit plus. D'autre part, toutes les terres longeant la voie ferrée sont déjà occupées. La colonisation, qui s'étend au loin, souffre d'un manque de moyens de communication. C'est pourquoi, en 1903, Laurier s'entend avec la compagnie du Grand Tronc pour la construction d'un nouveau transcontinental.

Tous les immigrants n'ont pas été chassés d'Angleterre par les ravages de la famine. Bruce S. Elliott a choisi de réexaminer les dimensions socio-historiques de l'immigration irlandaise au XIXe siècle au Canada en ayant recours à la généalogie. À une époque où la terre constitue la plus importante garantie de sécurité et de survie, les offres de terre au Canada étaient fort séduisantes. Les réseaux de parenté jouent ; on est en présence de « familles en mouvements », de transplantations plutôt que de déracinements. Voir Irish Migrants in the Canadas : a New Approach *(McGill-Queen's, 1988).*

Le Grand Tronc construira, par l'intermédiaire de sa filiale la Grand Trunk Pacific Railway Co., la section ouest de la ligne, de Winnipeg à Prince Rupert sur la côte du Pacifique. De son côté, le gouvernement construira, sous le nom de National Transcontinental, la section est, de Winnipeg à Moncton (N.-B.) en passant par le nord du Québec et de l'Ontario. La construction de ce transcontinental nécessitera des investissements d'environ 300 millions de dollars. Le tronçon est sera terminé en 1913, l'autre, en 1914.

À la même époque, une compagnie privée, dirigée par William Mackenzie et Donald Mann, commence à construire un autre transcontinental. Ces deux entrepreneurs, associés depuis 1886, avaient obtenu des contrats de construction du C.P.R. Dix ans plus tard, ils achètent une première ligne de chemin de fer au Manitoba et ils forment en 1899 la Canadian Northern Railway Co. Aidé par le gouvernement du Manitoba soucieux de concurrencer le C.P.R., et ensuite par les autres provinces de l'Ouest et par le gouvernement fédéral, le Canadian Northern poursuivra et réalisera son projet d'un nouveau transcontinental, terminé en 1915.

En 1915, le Canada se retrouve donc avec 3 réseaux différents. Laurier n'a pas hésité à les construire [1]. Mais, par suite du coût de la matière première et de la main-

[1] Le Canada vit alors dans une période de très grande prospérité économique, ce qui provoque un optimisme exubérant au sein de la population. Laurier n'y échappe pas.

d'œuvre, le Canada contracte une dette qu'il cherche encore à rembourser. Entre 1917 et 1922, on nationalise le Canadian Northern et le Grand Tronc qui sont fusionnés sous le nom de Canadian National Railways. D'immenses fortunes personnelles sont consolidées. Le contribuable canadien règle la note.

La Commission des chemins de fer (1903)

Des dépenses considérables obligent les compagnies à modifier souvent leur tarif. Mais la tendance à la fusion ou à la collusion entraîne de véritables abus au préjudice des clients. D'où la nécessité d'un contrôle.

Au début de 1851, le gouvernement décrétait que les compagnies devaient soumettre à son approbation tous les règlements et surtout les modifications de tarif. Cette mesure parut bientôt insuffisante et, en 1888, on forme un Comité des chemins de fer. En 1903, apparaît la Commission des chemins de fer dont la fonction est de surveiller le tracé des nouvelles voies ferrées, d'assurer à des prix raisonnables, un bon service commercial et la sécurité du public. Le gouvernement étend la compétence de cette commission à tous les autres moyens de communication, tels que le téléphone, le télégraphe, etc.

Les frontières de l'Alaska

L'or découvert en 1896 au Yukon, dans la Bonanza, un tributaire de la rivière Klondike, attire l'attention sur un endroit désertique, jusqu'alors connu seulement des missionnaires, des trappeurs et de la R.C.M.P. ❶. Une ruée se fait vers Dawson où accourent des aventuriers de toutes sortes. Mais, pour aborder les terrains miniers, il faut entrer par le canal de Lynn au fond duquel se trouvent deux petits ports : Dyea et Skagway. Une controverse surgit entre le Canada et les États-Unis pour savoir à qui appartiennent ces deux postes. Déjà, cette même question s'était posée quand l'Alaska appartenait à la Russie. En 1825, on en était venu à une entente en prenant le 54°40' comme limite sud. La Russie avait obtenu le long de la mer une lisière territoriale de 56 km descendant jusqu'à Prince Rupert. En 1867, les États-Unis ont acheté l'Alaska de la Russie. Il importe d'établir de façon précise les limites de la lisière cédée autrefois aux Russes et le propriétaire de Dyea et de Skagway.

Les deux pays consentent à soumettre leur différend à l'arbitrage de six juristes. La Grande-Bretagne désigne deux Canadiens,

❶ « Royal Canadian Mounted Police », la Police montée.

✎ Durant l'hiver de 1897, 22 000 personnes empruntèrent le défilé de Chilkoot pour se rendre au Klondike.

Allen Aylesworth, un éminent avocat d'Ontario, et Louis-Amable Jetté, lieutenant-gouverneur de la province de Québec, et un Britannique, lord Alverstone, pour la représenter. Les États-Unis nomment aussi trois représentants. Pour rassurer le Congrès et la presse américaine, le président Theodore Roosevelt insiste sur le résultat certain de l'entente étant donné les arbitres choisis qui se sont déjà prononcés publiquement sur le litige. Le Alaska Boundary Award Tribunal se réunit à Londres, en octobre 1903. Lord Alverstone se joint aux délégués américains pour décider que le canal de Lynn appartient à l'Alaska et que la lisière de terrain sera déterminée par la chaîne de montagnes. Jetté et Aylesworth refusent de signer la décision et font connaître leur dissidence dans un rapport minoritaire. Ce règlement soulève dans tout le pays une véritable indignation. Laurier déclare que désormais le Canada devra pourvoir au règlement des affaires canadiennes.

L'impérialisme

De 1896 à 1904, le Canada fait un pas en avant vers l'acquisition d'un statut international. L'Angleterre, au moyen de conférences coloniales, tente de propager un impérialisme politique, économique et militaire.

Pour ne pas éveiller les susceptibilités des colonies, la première conférence, tenue en 1887, s'abstient de parler de fédération. Elle se contente de discuter de « *l'action commune dans les matières d'interêt commun* ». Les délégués discutent de l'organisation militaire et de l'expansion commerciale. Afin de ne paraître vouloir rien imposer aux colonies, on donne aux conférences un caractère occasionnel : elles coïncident avec les jubilés de la reine Victoria (1887 et 1897) et le couronnement d'Édouard VII, en 1902.

Mais, après 1902, les conférences coloniales deviennent un rouage nécessaire de l'Empire ; et Joseph Chamberlain, le ministre anglais des Colonies, ne cache plus son ambition de réaliser une *fédération politique*. Le grand promoteur de l'impérialisme anglais suggère un Conseil de l'Empire. Néanmoins, les colonies, et tout particulièrement le Canada, entendent s'en tenir à une *coopération volontaire*. Au sujet du conseil impérial et de la contribution navale canadienne, Laurier, par exemple, refuse tout engagement définitif, provoquant la colère de Chamberlain. Bref, le Canada résiste maintenant aux volontés de la mère patrie, attitude totalement impensable en 1867.

L'électricité est sans contredit une des principales richesses naturelles du Québec. Dans un livre abondamment illustré intitulé Québec, un siècle d'électricité, *(Libre Expression, 1984) A. Bolduc, C. Hogues et D. Latouche retracent l'histoire de l'exploitation de cette ressource depuis la création de la* Montreal Light, Heat and Power *jusqu'aux grands projets de la Baie-James.*

QUÉBEC

Développement industriel

À partir de 1896, le Québec bénéficie du retour à la prospérité. Il connaît une accélération soudaine et rapide de son rythme de croissance. De nombreux capitaux, souvent américains, envahissent la province. Le chemin de fer et le Saint-Laurent favorisent le développement de la plaine de Montréal. Des fabriques ouvrent leurs portes à Joliette, Saint-Jérôme, Valleyfield, Saint-Jean et Saint-Hyacinthe. Dans la région de Hull, la valeur de la production — surtout forestière — double. La croissance de l'industrie de la pâte de bois et du papier, de même que l'utilisation intensive des forces hydrauliques attirent la main-d'œuvre vers de nouvelles régions.

Ainsi la Mauricie se développe et Shawinigan passe d'une population dérisoire en 1898 à 10 000 habitants en 1921. Dans les Cantons de l'Est, l'implantation de firmes américaines (textile, confection, meubles) commence. La ville de Québec tente de pallier la fermeture de ses chantiers maritimes par une industrie légère (cuir, bois, mécanique et confection). Mais, en 1901, Québec, avec ses 69 000 habitants, sait qu'il ne rattrapera plus Montréal (267 000). Dans la région du Saguenay, Jonquière et Kénogami démarrent avec l'établissement de deux fabriques de pâte de bois. La Gaspésie, un peu en marge de ce développement économique étourdissant, vit principalement d'une maigre agriculture et de pêche.

Les pâtes et papiers sont à l'origine du développement de régions entières, dont la Mauricie et le Saguenay–Lac-Saint-Jean. Jean-Pierre Charland nous fait découvrir le développement de cette importante industrie du Québec au cours du siècle dernier dans l'ouvrage Les Pâtes et papiers au Québec, 1880-1980 *(IQRC, 1990). L'auteur a choisi de traiter l'évolution des techniques et de la production, les conditions de travail, les relations entre les compagnies et les municipalités où elles sont implantées, etc.*

Déjà, en 1900, Montréal joue un rôle capital dans l'économie du Québec. La valeur de la production dans cette région atteint 71 millions de dollars comparativement à 158 millions pour l'ensemble du Québec. Au début du siècle, l'industrie de la chaussure vient au premier rang, suivie de celles des produits laitiers, du bois, du vêtement et de la pâte à papier. Le secteur primaire ❶ occupe 48,3 pour cent de la population active. Le secteur secondaire englobe 25,2 pour cent des travailleurs. Les autres, soit 26,5 pour cent, appartiennent au secteur tertiaire.

Les progrès du syndicalisme

Petit à petit, la prospérité économique favorise l'industrialisation et l'urbanisation du Québec. Face à de nouveaux problèmes et à une condition sociale différente, les ouvriers sentent le besoin de faire front commun et de se syndiquer. Des travailleurs québécois adhèrent aux Chevaliers du travail dès 1886. Au début du XXe siècle, le Québec compte 151 unions locales, comparativement à 547 en Ontario. Une Fédération canadienne du travail se fonde à Kitchener (Ontario) en 1902 et, immédiatement, elle recrute le plus gros de son effectif dans le Québec. En 1904, par exemple, sur ses 10 435 membres, 9 000 sont Québécois, dont 5 000 de la Vieille Capitale. Néanmoins, le centre d'influence de cette fédération passe vite à la Nouvelle-Écosse, puis en Ontario.

Un syndicalisme typiquement québécois naît durant cette période. La grève des cordonniers de la ville de Québec en 1899 en est l'occasion. Les cordonniers appartiennent à des loges des Chevaliers du travail, ce qui déplaît aux 22 employeurs groupés en une association. Niant à leurs ouvriers le droit de s'associer professionnellement, ils ferment boutique (lock-out). Ils exigent, pour le retour au travail, que chaque individu promette de ne faire partie d'aucune association. Les travailleurs n'acceptent pas cette condition et le conflit dure plus de deux mois. On fait appel à l'autorité religieuse pour servir d'arbitre. Mgr L.-N. Bégin, archevêque de Québec, appuie ses décisions sur l'encyclique ***Rerum Novarum*** de 1891. Il reconnaît aux ouvriers le droit de s'associer selon le métier ou la profession et exige d'eux qu'ils révisent leur constitution et acceptent les conseils d'un aviseur moral. Le conflit se règle ainsi alors que naît le syndicalisme catholique au Québec.

---

❶ Le secteur primaire « *se dit des activités productrices de matières premières non transformées* ». Il groupe principalement les activités agricoles, forestières, minières… Le secteur secondaire comprend « *les activités productrices de matières transformées* ». Il groupe principalement les employés des industries. Le secteur tertiaire comprend « *toutes les activités non productrices de biens de consommation* ». On l'appelle communément le « *secteur des services* ».

Le moulin Marcoux a été construit en 1870. « Il tirait son énergie des eaux de la Jacques-Cartier qu'enjambait, juste à côté, un pont peint en rouge ». Voir Noms et lieux du Québec, *ouvrage monumental publié en 1996 par la Commission de toponymie.*

Le gouvernement Marchand

Des élections provinciales ont lieu en 1897. Les libéraux du Québec profitent de la vague de popularité déclenchée par la présence de Laurier au fédéral. Ce dernier envoie dans la mêlée son principal organisateur, Israël Tarte. Celui-ci déclare sans ambages que « *les élections ne font pas avec des prières* ». Les conservateurs subissent une importante défaite. Ils n'obtiennent que 23 sièges alors que les libéraux en décrochent 51. Le chef libéral Félix-Gabriel Marchand, qui siège à la Chambre depuis 1867, devient premier ministre le 24 mai 1897 ❶.

L'arrivée des libéraux au pouvoir va modifier considérablement la politique québécoise. Le rôle de l'État sera désormais plus déterminant. Le gouvernement Marchand adopte une vigoureuse politique de développement et d'exploitation des ressources naturelles, profitant d'ailleurs de la conjoncture économique mondiale. Ce développement apporte au gouvernement des revenus accrus (droits de coupe, vente de terres) qui permettent l'assainissement des finances provinciales.

Le gouvernement Marchand projette une nouvelle politique en matière d'éducation. Le recensement de 1891 a révélé que, sur 1 073 815 Québécois âgés de 10 ans et plus, 275 878 ne savent ni lire ni écrire. Le Québec a le triste honneur de posséder un taux d'analphabétisme ❷ bien supérieur à celui de l'Ontario ou du

---

❶ Voir Bernard Chevrier, « Le ministère de Félix-Gabriel Marchand », ***Revue d'histoire de l'Amérique française,*** vol. XXII, n° 1 (juin 1968) : 35-46.

❷ Voici quelques chiffres sur le pourcentage d'analphabétisme en 1891. Pour la population âgée de 10 à 19 ans au Québec, 17,2 ; en Ontario, 4,7 ; au Canada, 9,7. Pour la population âgée de 20 à 29 ans : au Québec, 19,9 ; en Ontario, 4,3 ; au Canada,10,1. Ces données sont tirées du ***Recensement de 1891***, t. 4 : 454-461.

✎ Un vieux « moulin à scie » actionné par l'eau (Pont-Rouge) à la fin du XIXe siècle.

Canada en général. Cette situation alarme les hommes politiques soucieux de l'avenir de la nation. Le gouvernement présente, en décembre 1897, un projet de loi visant à rétablir le ministère de l'Instruction publique et à accroître le rôle de l'État dans le domaine de l'éducation. L'évêque de Montréal, Mgr Bruchési, s'oppose avec force au projet. Il tente, mais sans succès, de rallier Rome à sa cause. Marchand, appuyé par le lieutenant-gouverneur Chapleau, résiste aux pressions épiscopales et le projet de loi est adopté par 44 voix contre 19. Cependant, le Conseil législatif, formé d'une majorité de conservateurs dirigés par Thomas Chapais ❶, se fait le porte-parole des évêques et rejette le projet de loi. Au cours des mois qui suivent, Laurier intervient discrètement. Il veut réconcilier les évêques et le parti libéral. On trouve un compromis : certaines réformes seront faites mais le projet de ministère est abandonné. On attendra 60 ans le bill 60 ! …

> Mais, M. l'Orateur, si nous voulons apporter des modifications à notre loi de l'instruction publique, qu'on le sache bien dès maintenant, nous n'entendons pas créer de révolution. Que ceux pour qui le titre de libéral, que nous portons avec fierté, a été de tout temps un titre suspect et qui ont cru que nous voulions tout bouleverser et tout détruire, que ceux-là se détrompent. Nous garderons les Crucifix aux murs de nos écoles. Nous voulons modifier notre loi de l'instruction publique, mais nous n'entendons pas toucher à celle de ces dispositions qui sont une sauvegarde pour la foi et les mœurs. Nous voulons que plus d'enfants sachent lire, nous voulons que la jeunesse soit mieux instruite ; mais nous sommes de ceux qui croient que Dieu doit être présent partout dans l'enseignement ; […] cette loi ne doit pas être une loi subversive de l'ordre. Puisqu'elle a eu l'approbation de nos amis, et celle d'hommes que nos adversaires citent comme les appuis incontestés des bons principes et des saines doctrines.

Mgr Paul Bruchési appartenait à une génération d'évêques bien décidés à défendre le pouvoir religieux. Les moyens d'action changeront après lui. C'est ce que raconte Pierre Hébert dans son essai intitulé Censure et littérature au Québec : le livre crucifié, 1625-1919 *(Fides, 1997). Il s'agit d'un ouvrage consacré à l'histoire de la censure ecclésiastique de l'imprimé au Québec auquel a collaboré Patrick Nicol.*

Dès 1868, la province d'Ontario adoptait aussi une loi par laquelle on créait un ministère de l'instruction publique. Cette loi avait été préconisée par le dernier surintendant de l'instruction publique d'Ontario, le Dr Ryerson qui, dans la lettre par laquelle il se démettait de ses fonctions, déclarait que le plus sûr moyen de faire progresser l'instruction était de la mettre sous la direction d'un ministre.

> « Pourquoi, je le demande de nouveau, faut-il que le département de l'instruction publique soit dirigé par un ministre plutôt que par un surintendant ? Pour plus d'une raison.
>
> C'est au gouvernement qu'il appartient de créer l'avenir d'une nation. C'est à lui qu'il incombe d'étudier les avantages naturels qu'offre le pays, d'y choisir les sources les plus fécondes d'enrichissement, puis d'en préparer l'exploitation.
>
> En même temps, le gouvernement doit étudier les aptitudes particulières du peuple, et harmoniser le développement de ces aptitudes avec le but à atteindre. Le développement de ces aptitudes fournira le moyen d'atteindre le but. Si le

Pour avoir une juste idée de la contribution des religieuses, voir de Danielle Juteau et Nicole Laurin : À la recherche d'un monde oublié. Les communautés religieuses de femmes au Québec de 1900 à 1970 *(Jour, 1991) et* Un métier et une vocation. Le travail des religieuses au Québec de 1901 à 1971 *(PUM, 1997).*

❶ Historien et homme politique (1858-1946) qui détint des portefeuilles dans les gouvernements de Taillon, Flynn et Duplessis. Il fut nommé au Conseil législatif en 1892 et en devint le président en 1895. En 1919, il accéda au Sénat. Il professa à l'Université Laval et publia son ***Cours d'histoire du Canada (1760-1867).***

> gouvernement est chargé de la fin, il doit pouvoir disposer des moyens. Or, c'est par l'instruction que ces aptitudes se développeront. Pour que l'instruction soit sagement divisée, n'est-il pas sage de laisser à l'exécutif la tâche d'interpréter et de faire exécuter les lois de l'instruction publique qui émanent du gouvernement lui-même ❶. »

En 1900, après la mort de Marchand, le poste de premier ministre échoit à Simon-Napoléon Parent, précédemment ministre des Terres, Forêts et Pêcheries. Reprenant une idée chère à Mercier, Parent convoque, en 1902, une autre conférence interprovinciale portant sur la question des subventions fédérales aux provinces. Les premiers ministres approuvent les recommandations de 1887 et demandent au gouvernement central l'octroi d'une subvention de 20 ¢ par habitant pour l'administration de la justice dans les provinces. Au Québec, la recherche de nouvelles sources de revenus revêt une grande importance, puisque le service de la dette absorbe en 1900 plus de 33 pour cent des dépenses. Même si la dette publique grimpe, les revenus dérivés du domaine public ❷ et de la subvention fédérale passent de 84 pour cent du revenu global en 1869 à 55 pour cent en 1900. À partir de 1897, le Québec, comme les autres provinces, cesse de contracter des engagements qui entraîneraient de nouvelles dettes.

Il existe peu de photos de Nelligan. Celle-ci est de Mgr Albert Tessier qui avait rendu visite au poète en compagnie de Mgr Irénée Lussier, lequel apparaît sur la photo originale.

Même si les libéraux dominent la scène politique à la fois aux niveaux fédéral et provincial, l'unanimité est loin d'être complète. Des leaders s'affirment au Canada français : Henri Bourassa et Armand Lavergne prêchent un nationalisme pan-canadien. Cette attitude embarrasse nettement Laurier qui doit ménager la ferveur britannique des Anglo-Saxons. La révolte de la jeunesse contre les « vieux partis » se canalise dans la Ligue nationaliste fondée en 1903 par Olivar Asselin. On exige une autonomie plus grande du Canada vis-à-vis de la Grande-Bretagne, un sort identique des provinces vis-à-vis du gouvernement central et une politique canadienne de développement économique et intellectuel. Un autre groupe de jeunes, dirigé par les abbés Lionel Groulx et Émile Chartier, respectivement de Valleyfield et de Saint-Hyacinthe, forme la même année l'Association catholique de la Jeunesse canadienne-française (A.C.J.C.) ❸. Ce mouvement, groupant surtout des jeunes des collèges classiques, adopte, à l'origine, des attitudes nationalistes basées autant sur la religion que sur la politique. Selon l'historien Mason Wade, « *l'A.C.J.C. fut le berceau du nationalisme canadien-français du vingtième siècle et le mélange de religion et de patriotisme qu'elle engendra fut porté dans tous les milieux de la vie canadienne-française par l'enseignement passionné que recevait la jeune élite qui passait par ses rangs* ».

---

❶ Joseph-Emery Robidoux, secrétaire provincial, défend en Chambre son projet de réforme scolaire. Voir Louis-Philippe Audet, ***Histoire du Conseil de l'Instruction publique***. Leméac, Montréal, 1964.

❷ Il s'agit des revenus dérivés de l'exploitation des richesses naturelles (forêts, mines, potentiel hydro-électrique).

❸ Voir Lionel Groulx, ***Mes Mémoires (1878-1920)***. Tome 1, Fides, Montréal, 1970 : 107-108.

✎ Émile Nelligan (1879-1941), poète québécois. De 1897 à 1899, il produit ses œuvres les plus remarquables.

VII • LE PEUPLEMENT DE L'OUEST (1905-1913)

L'Angleterre

De 1905 à 1913, la prospérité économique se maintient dans les principaux pays industrialisés. En Angleterre, la victoire du parti libéral en 1905 coïncide avec l'arrivée d'une nouvelle génération d'hommes politiques. Avec la mort de la reine Victoria, en 1901, la politique de libre-échange est remise en question par plusieurs. Les ouvriers, mécontents des conditions de travail et de l'embourgeoisement de leurs leaders, manifestent violemment. Ainsi, en 1911, une grève des mineurs affecte un million d'ouvriers. Les femmes, par l'entremise de la Ligue des suffragettes, réclament le droit de vote et se livrent à l'agitation. L'Irlande est divisée entre les partisans du *statu quo*, les autonomistes et les indépendantistes (Sinn Fein). Après 1906, les Lloyd George, Winston Churchill, Edward Grey et lord Haldane proposent une série de réformes *radicales* pour résoudre les nombreux problèmes. Sur le plan social, la réduction de la journée de travail dans le secteur minier, la limitation du travail des femmes et des enfants, la fixation d'un salaire minimum et la création de bureaux de placement occupent le gouvernement. Pour faire face à de nouvelles dépenses, le Parlement adopte en 1909 le principe de l'impôt progressif sur le revenu. En 1912, on croit satisfaire l'opinion publique irlandaise avec l'octroi du gouvernement provincial responsable. Mais les partisans du Sinn Fein continuent de réclamer davantage. Le problème des suffragettes n'est pas réglé ; l'agitation ne cessera qu'au début de la guerre.

Les États-Unis

Aux États-Unis, Theodore Roosevelt, un républicain, est président depuis 1901. Sous son administration, un vent de démocratie souffle sur le pays. L'élection des sénateurs au suffrage universel, une législation sociale semblable à celle de l'Angleterre, la lutte contre les puissants trusts et la réduction des tarifs de chemins de fer datent de cette époque. À l'extérieur du pays cependant, la démocratie n'est pas la même. L'afflux de capitaux américains dans les pays latino-américains et au Canada continue. Roosevelt poursuit la politique de l'impérialisme colonial et il n'hésite pas à intervenir militairement pour protéger les investissements américains. Il préconise l'emploi du gros bâton (*big stick*) pour assurer cette protection. Durant cette période, Cuba, Panama, Saint-Domingue et le Nicaragua subissent ses interventions et deviennent de véritables protectorats américains. Pour augmenter les profits, les chefs d'entreprise maintiennent délibérément les salaires au plus bas niveau et la situation sociale s'envenime dans ces pays. Le successeur de Roosevelt, William Howard Taft, élu en 1909, continue cette politique, mais avec diplomatie. Cette politique d'expansion coloniale porte fruits puisque, de 1900 à 1910, les exportations américaines passent de 1394 à 1744 millions de dollars. Durant la même période, les importations connaissent une plus forte hausse (de 829 à 1562 millions de dollars) ; il s'agit en général de matières premières et de denrées alimentaires assez diversifiées. En outre, Taft affiche une plus grande bienveillance à l'égard des trusts.

CANADA

L'Ouest

De 1900 à 1914, le phénomène dominant au Canada est celui du peuplement de l'Ouest. La prospérité économique le favorise. À compter de 1896, le prix du blé augmente. Chaque année, il y a baisse des coûts de transport, car les navires sont de plus en plus gros. Il s'ensuit une hausse des revenus du fermier. La moissonneuse à vapeur remplace beaucoup de chevaux et augmente la productivité ❶.

La progression vers l'Ouest est rendue possible grâce au chemin de fer. Souvent même, les fermiers le devancent et le chemin de fer doit passer là où ils sont établis. Grâce au réseau ferroviaire, de grandes cités se développent entre 1896 et 1920. Winnipeg, la métropole de l'Ouest, où se tient la Bourse du blé, a déjà une population de 136 000 habitants en 1911. Saskatoon et Regina voient le jour durant cette période. Calgary devient le centre du commerce des bestiaux. Deux nouvelles provinces, la Saskatchewan et l'Alberta, sont créées en 1905. Au sein de la Confédération, elles obtiennent un statut juridique identique à celui du Manitoba de l'époque, le fédéral se réservant le contrôle des ressources naturelles.

L'Ouest, une société nouvelle

Mais l'uniformité politique n'entraîne pas nécessairement l'uniformité sociale. De ce peuplement de l'Ouest émerge une société nouvelle, plus radicale que celle de l'Est. Le recensement de 1911 montre que l'Ouest diffère totalement du reste du Canada. Rares sont les natifs de cette région. La diversité des langues indique bien une diversité des ethnies. La monoculture, celle du blé, entraîne une très faible densité démographique. La population de sexe masculin dépasse de beaucoup celle de sexe féminin et la moyenne d'âge n'est que de 25 ans. La société de l'Ouest est

Le vapeur Empress of China, *construit en 1891, desservait la ligne du Pacifique pour la compagnie* Canadian Pacific. *Il transporta des milliers de passagers du Japon et de la Chine jusqu'à Vancouver. Il s'abîma dans la baie de Tokyo en 1911.*

❶ Le fermier peut cultiver une plus grande superficie, donc augmenter sa production.

essentiellement rurale, alors que le Québec et l'Ontario sont déjà aux prises avec des problèmes d'urbanisation. Il faut remarquer également une bigarrure religieuse étonnante (mennonites, doukhohors, luthériens, etc.). En somme, l'arrivée massive d'immigrants a modifié complètement le visage de l'Ouest.

La culture d'un seul produit rend le fermier dépendant de l'extérieur. Il n'est plus un pionnier isolé, mais un entrepreneur qui doit vendre son produit sur le marché. De plus, ce fermier est tout à fait étranger aux querelles politiques traditionnelles du Canada. On assiste alors, dans l'Ouest, à la naissance de nouveaux mouvements politiques. Plusieurs dénoncent la dictature des « vieux partis » et entendent mettre à la raison les monopoles du C.P.R., de « A.W. Ogilvie and Co. » et de la Hudson's Bay Company. Les taux de transport et d'entreposage sont prohibitifs et provoquent la colère des fermiers. En 1900, le gouvernement fédéral tente d'apaiser le mécontentement avec le *Manitoba Grain Act* qui pose aux *monopoles* certaines conditions d'inspection et d'entreposage. Insatisfait, Edward A. Partridge, leader socialiste, fonde et organise la Territorial Grain Growers' Association, coopérative dont seuls les fermiers font partie. Elle jouit alors d'une grande popularité dans l'Ouest. Elle achète des élévateurs à grains, vend elle-même son blé, se donne un journal, et les fermiers-membres se partagent les profits.

Bref, cette coopérative contribue à hausser le niveau de vie du fermier. En 1910, on demande l'assurance-récolte, le stockage du blé pour parer aux mauvaises récoltes, la fixation d'un prix de soutien et l'octroi de primes pour la culture mixte. Mais le gouvernement fédéral est peu intéressé à légiférer sur ces recommandations précises. Après une tournée de conférences dans l'Ouest, Laurier se déclare quand même favorable à l'abolition des droits de douane sur certains produits agricoles entre les États-Unis et le Canada pour permettre le développement économique de l'Ouest.

La vie sur les bateaux à vapeur au début du XXe siècle est un aspect méconnu de l'histoire maritime au Canada. Eric Sager nous invite à rencontrer la première femme capitaine au Canada, le survivant d'un navire coulé par un sous-marin allemand, un chef cuisinier travaillant sur les transatlantiques, et tant d'autres. Voir Ships and Memories. Merchant's Seafarers in Canada's Age of Steam *(UBC Press, 1993).*

Les écoles du Nord-Ouest

En 1905, avec l'entrée de la Saskatchewan et de l'Alberta dans la Confédération, le gouvernement fédéral doit légiférer de nouveau sur les écoles et la protection des minorités.

Les conservateurs anglophones souhaitent passer cette loi sous silence dans la charte des nouvelles provinces et leur laisser toute latitude en cette matière. Laurier propose un texte de loi faisant revivre la législation de 1875 qui accordait des écoles confessionnelles subventionnées par l'État avec un conseil spécial d'Instruction publique. Devant l'opposition des provinces anglaises, il amende sa loi et rétablit les ordonnances de 1892 et de 1901 : toutes les écoles seront sous le contrôle de l'État ; le groupe majoritaire dans une localité possédera l'école publique ; la minorité pourra se construire des écoles séparées ; partout, on aura la liberté d'enseigner le catéchisme, après la classe régulière ; l'enseignement du français sera permis, une heure par jour, à la demande des parents. Le nouveau projet de loi est voté, malgré l'opposition de quelques députés canadiens-français.

Législation ouvrière

Pour favoriser les bonnes relations entre le capital et le travail, le gouvernement fédéral adopte, le 18 juillet 1900, la loi dite « de la conciliation » (*Conciliation Act*).

À l'instar d'une loi anglaise, cette mesure vise à la prévention et au règlement des conflits de travail par le recours volontaire à la conciliation et à l'arbitrage. Le ministre des Postes, William Mulock, est chargé de faire appliquer la loi. Il s'adjoint William Lyon Mackenzie King qui deviendra en 1909 le premier titulaire du ministère du Travail.

En 1907, le Parlement vote la Loi Lemieux qui prohibe les grèves et les contre-grèves dans les services publics. Un litige doit être soumis à un conseil de conciliation et d'enquête. Le rapport de ce conseil n'engage pas les parties, mais on espère que l'opinion publique se chargera d'appuyer un des deux antagonistes. Le Conseil privé déclarera cette loi inconstitutionnelle, car elle empiète sur les droits des provinces. Mais une entente entre le gouvernement fédéral et les législatures provinciales permet de la maintenir en vigueur.

Les conférences impériales

Les conférences coloniales étaient devenues une institution permanente. À partir de 1909, elles prennent le nom de « conférences impériales ». Elles réunissent la métropole et les pays britanniques d'au-delà des mers dotés d'un gouvernement responsable et qui, dans la suite, s'appelleront tous « Dominion ». Le premier ministre de la Grande-Bretagne remplace le secrétaire d'État pour les Colonies à la présidence. On établit un secrétariat permanent au Colonial Office.

À la Conférence de 1911, Joseph Ward, premier ministre de la Nouvelle-Zélande, propose de transformer l'Empire en un État fédéral. Laurier s'oppose carrément à ce « *système indéfendable* ». « *Les gouvernements respectifs des* " Dominions ", dit-il, *ne seraient plus que des agents d'exécution muets* ». Herbert H. Asquith, premier ministre de l'Angleterre, par crainte de voir passer au second plan le Parlement du Royaume-Uni, déclare que l'Empire doit rester constitué « *par des unités dans une unité plus grande* ».

Le contexte de l'immigration chinoise est passablement différent dans l'est du Canada. Dans Les Chinois à Montréal, 1877-1951 *(IQRC, 1987), Denise Helly reconstitue les cheminements de quelque 4000 Chinois qui ont immigré au Québec pendant cette période. Ce n'est pas tout de savoir qu'ils se concentrent dans la blanchisserie et la restauration.*

Problèmes d'immigration

Les élections de 1908 donnent à Wilfrid Laurier sa quatrième victoire. Il doit faire face aux protestations de la Colombie-Britannique qui s'inquiète de la montée de l'immigration japonaise et chinoise [1].

En 1902, une commission royale d'enquête approuve les revendications de la Colombie-Britannique dans sa dénonciation du « péril jaune ». Le gouvernement canadien doit céder aux pressions et impose des restrictions à l'immigration sino-japonaise. On limite aussi l'immigration en provenance de l'Inde, pays membre de l'Empire. Les Indiens qui désirent émigrer au Canada doivent faire le voyage sans escale et disposer d'une somme de 200 $.

La loi navale

À la même époque, les relations internationales menacent de se détériorer. L'Allemagne s'efforce d'égaler la flotte anglaise et risque de compromettre le

[1] Cette population, à très forte majorité masculine, travaille à salaire réduit et ne s'assimile pas. Plusieurs Asiatiques étaient venus au Canada au moment de la construction ferroviaire pour exécuter des travaux particulièrement pénibles.

commerce de l'Empire. En 1909, l'Anglèterre convoque une conférence spéciale au sujet de la défense. C'est alors que le gouvernement Laurier croit nécessaire d'apporter sa contribution au renforcement de la flotte impériale. En 1910, il présente un projet de loi visant à créer une marine canadienne. Aussitôt après l'acceptation de la loi par la Chambre, le Canada achète de l'Angleterre deux vaisseaux avec l'intention d'en construire neuf autres. En 1911, on fonde à Halifax un collège pour l'entraînement des marins. L'opposition prétend que la loi navale est à la fois coûteuse et inefficace. Les conservateurs auraient préféré une contribution financière à la marine anglaise, alors que les nationalistes québécois s'opposent totalement à l'idée d'une participation aux guerres européennes.

Les historiens sont bien curieux et parfois ils abordent de curieux sujets. Barbara Roberts a choisi d'étudier l'expulsion, i.e. les raisons qui ont amené les autorités à retourner dans leur pays d'origine des gens établis au Canada depuis plus ou moins longtemps. Dans Whence They Came: Deportation from Canada, 1900-1935 *(PUO, 1988), elle conclut à un besoin de contrôle social.*

Mouvement nationaliste

La loi des écoles du Nord-Ouest et les problèmes de la politique impériale provoquent des fissures dans le bloc solide du Québec qui a, jusque-là, appuyé fidèlement Wilfrid Laurier. Plusieurs députés, avec à leur tête Henri Bourassa, craignent de voir le Canada entraîné dans des disputes européennes.

À partir de 1900, Bourassa est l'orateur le plus écouté par les francophones du Québec et ceux des autres provinces. Il se fait le défenseur de la langue en tant que véhicule de la foi et il conteste l'impérialisme britannique, non pas la société

✎ Un policier monte la garde devant la boutique d'un Chinois, dont les vitrines volèrent en éclats au cours d'une émeute à Vancouver en 1907.

Parmi plusieurs ouvrages importants sur la réalité canadienne-française, on notera le collectif dirigé par Joseph-Yvon Thériault, Anne Gilbert et Linda Cardinal sous le titre L'espace francophone en milieu minoritaire au Canada. Nouveaux enjeux, nouvelles mobilisations *(Fides, 2008). On n'en est plus au triste règlement XVII mais plutôt à la crise de l'hôpital de Montfort, c'est-à-dire à de nouveaux combats menés depuis l'adoption de la Charte canadienne des droits et libertés. À cet égard, Michel Bock traite de la question de la mémoire, tandis que Joseph-Yvon Thériault et Martin Meunier rappelle le discours de la nation canadienne-française. Tous les textes sont d'un remarquable intérêt et démontrent une vitalité habilement présentée par Anne Gilbert.* ▶

traditionnelle. Doué de talents oratoires exceptionnels, il marque profondément les participants au Congrès eucharistique de Montréal en 1910 où il prononce son célèbre discours à l'église Notre-Dame ❶.

À ses yeux, la guerre contre les Boers fut une erreur. Il estime que le Canada doit s'orienter vers une entière autonomie et un idéal proprement national. Enfin, il croit possible pour les francophones catholiques le maintien de leur langue et de leur foi au sein de la Confédération canadienne.

> Les Canadiens français ne repoussent pas l'idée impérialiste parce qu'ils sont Français, — c'est-à-dire, dans la pensée de beaucoup d'Anglais, des ennemis héréditaires de la Grande-Bretagne — mais à cause de leur formation ethnique et sociale et des conditions particulières que l'histoire et la géographie leur ont faites. Ils sont satisfaits de leur situation actuelle parce qu'elle leur garantit la paix, la liberté intérieure et la direction de leur gouvernement et de leurs lois. Mais si l'on veut à tout prix modifier cette situation et alourdir le poids de leur allégeance à la couronne britannique, ils préféreront dénouer les liens qui les rattachent à la Grande-Bretagne. Quant à la liberté relative dont ils jouissent aujourd'hui, ils croient la devoir à leur ténacité dans la lutte et à quelques circonstances accidentelles, beaucoup plus qu'à la générosité de l'Angleterre, de son peuple et de la majorité de ses gouvernants. En un mot, ni la loi ni la reconnaissance ne commandent aux Canadiens francais de rendre à la Grande-Bretagne et à son Empire des devoirs nouveaux ou des services gratuits ; et les intérêts véritables du Canada s'y opposent.
>
> Nos compatriotes anglais eux-mêmes nous connaissent mal. Cette ignorance tient sans doute à ce que très peu d'entre eux croient nécessaire d'étudier notre langue et notre tempérament. Aussi, jugent-ils très faussement nos aspirations nationales. Les uns pensent qu'avec le secours de quelques hommes dirigeants choisis parmi les nôtres, ils pourront sans peine nous faire accepter une union plus étroite avec la Grande-Bretagne et l'Empire. D'autres, au contraire, nous considèrent comme un rameau à peine détaché du vieux tronc français ; ils nous attribuent de vagues aspirations vers la France et des sentiments d'insubordination contre le joug bienfaisant de la Grande-Bretagne. Ils croient qu'il ne faudra rien moins que la force brutale de la majorité pour nous imposer « les responsabilités complètes de la citoyenneté impériale », suivant l'expression consacrée mais rarement définie. D'autres enfin, connaissant mieux notre état actuel que nos luttes d'autrefois, trouvent que nous avons contracté envers la Grande-Bretagne et la population anglaise du Canada une dette de gratitude tellement onéreuse que nous ne saurions hésiter à la solder par de nouveaux services à l'Empire ❷.

La réciprocité

En 1910, après avoir rencontré les fermiers de l'Ouest, Laurier entre en négociations avec le gouvernement américain et propose le libre-échange pour les fruits, les céréales, le poisson, les animaux de ferme et certains produits manufacturés. Il ne s'agit pas de signer un traité, mais plutôt de faire voter par chaque gouvernement une loi supprimant certains droits de douane. Les compagnies de chemin de fer craignent que le commerce avec le Sud ne nuise aux relations commerciales entre

---

❶ Pour des extraits de ce texte, voir Michel Brunet, ***Histoire du Canada par les textes, II*** : 69.

❷ Henri Bourassa, « Les Canadiens-français et l'Empire britannique », ***La Nouvelle-France,*** II, 1 (janvier 1903) : 5, 6 et 12.

l'Est et l'Ouest. Les industriels et les financiers, favorables au protectionnisme, soutiennent le parti conservateur.

Afin de s'assurer l'appui de l'opinion publique, le gouvernement canadien en appelle au peuple en 1911. L'opposition se lance alors dans une violente campagne dénonçant le danger prochain d'une annexion aux États-Unis. Le président Taft, dans l'intention de gagner l'adhésion de la Chambre des représentants et du peuple américain, déclare : « *La réciprocité fera du Canada une simple annexe des États-Unis* ». Les grands journaux favorables au libre-échange affichent en larges manchettes : « *La réciprocité signifie la dislocation de l'Empire britannique* ». On assiste alors à une étrange alliance des conservateurs qui s'opposent à la réciprocité et des nationalistes du Québec qui refusent la loi navale. Le 21 septembre 1911, le parti conservateur l'emporte avec une forte majorité ❶.

◄ *Pour la période antérieure, on consultera un ouvrage magistral de Fernand Ouellet,* L'Ontario français dans le Canada français avant 1911. Contribution à l'histoire sociale, *Prise de parole, 2005.*

Robert Borden

En 1900, Robert Borden avait succédé à Charles Tupper à la direction du parti conservateur. Il a 55 ans quand il devient premier ministre, en 1911. C'est un avocat cultivé et particulièrement versé dans le droit constitutionnel. Son nouveau cabinet comprend plusieurs hommes politiques connus, entre autres F.D. Monk, leader du groupe conservateur de la province de Québec. Mais la représentation canadienne-française au sein du cabinet demeure faible. Ceux qui ont été élus l'ont été en partie avec l'aide des nationalistes.

« La question de l'américanité s'avère indissociable de celle de l'européanité » (Jean Morency). L'objectif était d'aller au-delà des rapports du Québec avec les États-Unis ou même des perceptions et ambiguïtés qui ont cours. Spécifier donc le concept d'américanité, distinguer l'impérialisme étatsunien des réalités de voisinage, etc. Voir les actes d'un colloque tenu à l'Université de Montréal en 1993 et publié sous le titre Québécois et Américains. La culture québécoise aux XIXe et XXe siècles *(Fides, 1995) par Gérard Bouchard et Yvan Lamonde.*

Le problème de la marine

Le nouveau premier ministre ne se presse pas de régler la question de la marine canadienne. Au cours de l'été de 1912, il se rend en Angleterre pour conférer avec le premier ministre britannique Asquith. On lui fait savoir que toutes les colonies, sauf le Canada, travaillent à augmenter la puissance navale de l'Angleterre. Pendant son séjour, il assiste à une revue de la flotte anglaise. Plein d'admiration pour cette puissance navale, il revient au Canada avec l'ambition nouvelle de contribuer à la maintenir.

Le nouveau gouvernement ne juge pas à propos de rappeler la loi navale votée par les libéraux ; mais, poursuivant sa première idée d'une contribution en argent, il propose un don de 35 millions de dollars qui serviront à la construction de trois vaisseaux de guerre devant s'ajouter à la flotte anglaise. La loi prévoit cependant que, si le Canada décide plus tard de se pourvoir d'une marine, il pourra récupérer ces trois vaisseaux.

Au Sénat, la loi rencontre l'opposition de la majorité libérale. L'assentiment est refusé jusqu'à ce qu'un référendum ait exprimé la volonté du peuple. Les journaux conservateurs, et surtout le ***Montreal Star***, commencent une campagne pour la réforme du Sénat. Borden ne paraît pas se soucier d'aller plus loin ; et on ne parle plus d'une contribution directe pour aider la flotte impériale.

Dans les faits, le Canada réussit à avoir une politique partiellement indépendante de l'Angleterre. Une étape a été franchie vers l'acquisition d'un statut international.

---

❶ Sur Laurier et son époque, voir Joseph Schull, ***Laurier***. HMH, Montréal, 1968.

QUÉBEC

L'essor industriel

Sur le plan économique, l'entrée de capitaux américains au Québec s'accroît. Entre 1900 et 1913, le capital investi dans les manufactures québécoises triple, la valeur des récoltes double et l'activité commerciale de Montréal connaît un rapide progrès. Une expansion formidable se produit dans les entreprises hydro-électriques. La production de kilowatts passe de 61 000 en 1900 à 488 000 en 1914. Les villes de la Mauricie profitent beaucoup des aménagements hydro-électriques. Aux Trois-Rivières, par exemple, les ateliers textiles de la Wabasso Cotton Co., de même que les établissements métallurgiques des Canada Iron Foundries, ouvrent leurs portes. Il faut noter aussi la demande accrue de pâte de bois et de papier consécutive à l'abrogation du tarif américain sur le papier journal en 1913 et aux besoins croissants des États-Unis. Grâce à l'établissement de quatre grandes papeteries, Trois-Rivières devient le plus grand producteur de papier au monde. L'Ouest du Québec profite également de la prospérité économique. À compter de 1903, Hull voit s'établir une importante cimenterie et la maison de confection Woods Manufacturing ; la Eddy Co. abandonne le bois de sciage pour se consacrer aux produits des dérivés du bois. Ces circonstances permettent à Hull de hausser la valeur de sa production manufacturière de 3 182 millions de dollars en 1900 à 7 259 millions en 1910.

Une idée ayant longtemps éclipsé les autres est qu'au Québec le catholicisme est demeuré inchangé depuis son implantation en Amérique jusqu'aux années 1960. René Hardy entreprend de démolir cette certitude avec Contrôle social et mutation de la culture religieuse au Québec, 1830-1930 *(Boréal, 1999). Il observe au cours de cette période la montée de l'ultramontanisme et l'émergence de nouvelles sensibilités religieuses.*

Le développement du syndicalisme catholique

Parallèlement à cette expansion économique, le syndicalisme québécois se développe. L'abbé Eugène Lapointe fonde à Chicoutimi en 1907 la Fédération ouvrière mutuelle du Nord, le premier syndicat à affirmer son caractère confessionnel. Il groupe des ouvriers de l'industrie de la pâte de bois. Son existence est cependant éphémère, car *« les ouvriers craignent l'ingérence du clergé dans des questions qu'ils considèrent comme purement matérielles et l'amitié du fondateur pour un des principaux industriels de la région »* (Esdras Minville). À partir de 1912, les initiatives de ce genre se multiplient et, en 7 ans, on assiste à la naissance d'une douzaine d'associations. Très tôt, l'élite religieuse et bourgeoise songe à réagir contre les tendances socialistes un peu inquiétantes qui se font jour dans le Québec. Pour *catholiciser* les syndicats, deux moyens sont mis en œuvre : le cercle d'étude où on opère une certaine reconversion idéologique et les retraites fermées où on instruit les ouvriers sur la doctrine sociale catholique.

Le gouvernement de Lomer Gouin

En 1905, tout va bien pour les libéraux du Québec. Le Parti conservateur est presque éliminé [1]. Mais voilà que Lomer Gouin, député libéral montréalais, remet en cause le leadership du premier ministre, S.-N. Parent. Gouin quitte le cabinet et les radicaux du parti semblent l'appuyer. Parent n'entend pas céder à ces pressions mais, discrètement, Laurier le convainc du contraire. Gouin accède alors au poste de

[1] Aux élections de 1904, le Parti conservateur ne fait élire que 7 députés sur 74.

premier ministre. De 1905 à 1914, il jouit de majorités confortables à l'Assemblée législative et son parti n'est jamais en danger. Il doit cependant compter avec la finance montréalaise et l'Église qui pourraient saborder ses politiques. Devant les réticences du clergé, par exemple, il doit oublier son projet de réforme de l'éducation, couronné par un véritable ministère de l'Éducation. Aux élections provinciales de 1908, Gouin doit faire face aux nationalistes canadiens (Bourassa, Lavergne, Asselin et Jules Fournier). Par une entente tactique, nationalistes et conservateurs conviennent de ne pas se faire la lutte dans un même comté. Bourassa parcourt la province et galvanise les foules. Au soir du scrutin, la percée dans le château fort libéral est cependant bien mince. La victoire personnelle de Bourassa sur Gouin dans la circonscription électorale de Saint-Jacques ébranle le prestige du premier ministre. Mais, candidat dans deux circonscriptions, Gouin réussit cependant à se faire élire dans Portneuf. De plus, son parti remporte 57 sièges, les conservateurs, 14 et les nationalistes, 3.

Au début du siècle, des milliers de juifs immigrent au Canada. Quel accueil leur réservent les Québécois et plus particulièrement les Montréalais ? Israël Medresh, journaliste au Keneder Odler, *l'a raconté en yiddish. Pierre Anctil l'a traduit dans* Le Montréal juif d'autrefois *(Septentrion, 1997).*

L'économie

Sur le plan économique, Gouin est un partisan du laisser-faire. De la fin du XIXe siècle jusqu'à 1914, pendant que les autres provinces s'engagent dans de multiples entreprises, le Québec se montre prudent, n'investit pas et se limite surtout aux besoins traditionnels de l'administration. On laisse le développement économique du Québec aux mains de l'entreprise privée. Cependant, sous la pression des nationalistes, Gouin adopte certaines mesures. En 1910, il impose des restrictions à l'exportation du bois coupé sur les terres de la Couronne, ce qui entraîne l'établissement de papeteries au Québec. De même, le gouvernement cesse de vendre les pouvoirs hydrauliques ; désormais il les loue. À partir de 1912, Gouin lance une politique de bonnes routes et y consacre une somme de 20 millions de dollars.

Il est à noter qu'en 1912 le gouvernement fédéral remet au Québec, à l'Ontario et au Manitoba certains territoires septentrionaux. Ainsi, le Québec obtient l'Ungava. Cette nouvelle délimitation du territoire fixe à 4,8 km des côtes la frontière entre le Québec et Terre-Neuve dans le Labrador.

Alors que l'État n'investit pas dans le secteur économique et que la population canadienne-française est tournée vers les problèmes politiques, Errol Bouchette (1862-1912) lance le cri « Emparons-nous de l'industrie ». Il voit le salut national des Canadiens français dans une orientation industrielle. Selon lui, l'avenir des relations entre francophones et anglophones du Canada dépend de la condition économique de chacun. Les Québécois devraient viser à l'expansion industrielle, à l'indépendance économique. Aussi faut-il créer un système d'écoles techniques et même investir dans l'exploitation des richesses naturelles.

« Il n'y a de peuple et d'État viables, maîtres de leur destinée, que l'État et le peuple maîtres de leur vie économique ». Errol Bouchette était-il un précurseur ? Dans Errol Bouchette, 1862-1912 : un intellectuel *(Fides, 1997), Alain Lacombe le présente comme un intellectuel audacieux et courageux particulièrement bien informé des sciences économiques et sociales, préoccupé d'organisation et de politique favorables au développement économique.*

Emparons-nous de l'industrie

Dans le nouveau monde comme dans l'ancien, la houille est échue aux peuples de formation germanique ou anglo-saxonne ; mais le seul groupe français de l'Amérique, la population de Québec, dispose des forces hydrauliques les plus puissantes, les plus accessibles et les plus facilement utilisables. Cela devrait lui permettre, pendant le siècle qui commence, de lutter avec avantage contre le reste du continent, sur le terrain de la grande industrie et particulièrement de celle qui se rattache à l'exploitation forestière.

> Tout le monde admet et déplore que notre peuple soit si peu en mesure de recueillir ce riche héritage, lequel passera tout entier, si nous n'y prenons garde, en des mains étrangères. [...]
>
> Quant à nous, Canadiens français, nos premières étapes n'ont été qu'un combat sans cesse renouvelé. Après avoir lutté plus de cent ans pour nous implanter sur le sol du nouveau monde, nous sommes enfin arrivés au but, mais dans une mêlée sanglante ; et vainqueurs pour notre compte, nous avions à déplorer les pertes et les tristes défaillances de la mère patrie. Ainsi situés, nous n'avons pu dormir qu'une nuit sur le champ de bataille. Le lendemain, reprenant les armes, nous marchions à la conquête de la liberté constitutionnelle.
>
> À la fin de cette seconde étape, aussi glorieuse que la précédente, nous avons pu nous reposer plus longtemps, trop longtemps. Notre jeunesse étouffe dans l'inaction, elle murmure, elle s'écrie : « Pourquoi piétiner sur place ? Là-bas sur le versant des Laurentides est le royaume de l'industrie. Courons-y avant nos rivaux qui s'avancent à grands pas. En avant ! ou nous sommes perdus. [...] »
>
> C'est en adaptant aux conditions du nouveau monde le génie que nous tenons de nos pères que nous la ferons apparaître, la bienfaisante industrie. Nous ne sommes pas en présence d'une question de simple prospérité matérielle. Il ne s'agit nullement d'enrichir quelques individus pour nous glorifier stupidement des dollars qu'ils pourront amasser. Non. C'est au premier chef un problème social et moral qu'il nous faut résoudre sous peine de déchoir. [...]
>
> Errol Bouchette. ❶

Aucun homme ne doit sacrifier sa santé à son travail, affirme Alain Pontaut dans Santé et sécurité. Un bilan du régime québécois de santé et de sécurité au travail, 1885-1985 *(Boréal, 1995). Comme le dit explicitement le titre de son livre, l'auteur y présente les progrès en matière de santé et de sécurité au travail depuis l'Acte des manufactures (1885) jusqu'à la Loi sur les accidents de travail et les maladies professionnelles (1985).*

Déjà, il songe à l'investissement de capitaux gouvernementaux dans l'hydroélectricité. Les Canadiens français doivent être « les forts de notre siècle ». Le gouvernement entend son appel et commence la création d'un réseau d'enseignement technique en 1907. Édouard Montpetit, l'héritier spirituel de Bouchette, devient, à partir de 1910, professeur à l'École des hautes études commerciales de Montréal. Il y dispense son enseignement durant 35 ans et y fait figure de premier économiste canadien-français.

La législation sociale

De 1905 à 1913, le gouvernement du Québec amorce une véritable législation sociale. La loi des établissements industriels de 1907 défend à tout enfant, n'ayant pas atteint l'âge de 14 ans, de travailler même dans des établissements classés non dangereux. De plus, l'adolescent doit savoir lire et écrire avant d'entrer au service d'un employeur ❷. Cette mesure, selon Louis Guyon, inspecteur du gouvernement, place le Québec « *au niveau intellectuel des autres pays en matière de législation ouvrière* ». Un an plus tard, il avouera cependant être incapable de surveiller efficacement l'application de cette loi dans les industries. En 1909, la loi concernant la responsabilité des accidents de travail et la réparation des dommages qui en résultent

❶ Errol Bouchette, « Du goût des Canadiens français pour les arts industriels et du parti qu'on en pourrait tirer », *La Nouvelle-France,* III, 10 (octobre 1904) : 450-451 et 463. Voir aussi René Durocher et Paul-André Linteau, *Le « retard » du Québec et l'infériorité économique des Canadiens-français*. Éd. du Boréal Express, Montréal, 1971.

❷ Dans l'esprit de Gouin, cette mesure permet de contourner l'opposition du clergé à l'école obligatoire.

s'appuie sur la théorie du risque professionnel ❶. À la même époque, l'Angleterre et les États-Unis adoptent une loi similaire. L'importance de cette législation vient du fait qu'elle est l'embryon de la loi des accidents de travail qui assurera à l'ouvrier une certaine sécurité. En 1910, le Québec, pour la première fois dans le monde occidental, et six mois avant l'Angleterre, établit un système gouvernemental de bureaux de placement. Auparavant, des agences privées, échappant au contrôle de l'État, se chargeaient des intérêts des employeurs et des travailleurs. On devine alors les manigances qui survenaient au moment de l'embauche. En 1919, Montréal, Québec, Sherbrooke, Trois-Rivières et Hull auront leur bureau de placement. En 1910, sous la pression de Louis Guyon, le gouvernement provincial avait imposé la semaine de travail de 58 h au maximum dans les filatures de laine et de coton. Bref, ce début de législation sociale, semblable à celui des autres pays, tente de remédier à la prolétarisation des ouvriers. Contrairement à l'Europe, cependant, aucune loi ne garantit le salaire minimum et ne prévoit l'assurance-chômage.

Quelques ouvriers du chantier du pont de Québec en 1905 (photo tirée de l'ouvrage de Michel L'Hébreux consacré au pont de Québec, Septentrion, 2001).

❶ Il s'agit du risque découlant du travail lui-même et inhérent à l'exercice de tout métier ou de toute profession, indépendamment de la faute du patron ou de l'ouvrier.

VIII • LA PREMIÈRE GUERRE MONDIALE (1914-1918)

La présente synthèse a été rédigée en 1968 et est centrée sur le Québec. L'histoire de l'ensemble du Canada est donc rapidement esquissée et celle du reste du monde, ramenée à l'essentiel. Pour bien comprendre l'histoire du Québec depuis les deux grandes guerres, il existe depuis peu un ouvrage absolument fascinant qui s'impose comme une lecture obligatoire : Geert Mak, Voyage d'un Européen à travers le XXe siècle, *Paris, Gallimard, 2004. L'auteur est né aux Pays-Bas en 1946. Il raconte de façon simple et éclairante cette Europe qui est, plus que jamais, au cœur de l'histoire mondiale. Mak est d'une objectivité étonnante et d'une troublante vérité. À lire, à lire absolument.*

L'Angleterre

La rivalité commerciale et coloniale, la lutte pour les débouchés, la course aux armements et l'exaspération croissante née de nombreuses frictions plongent l'humanité dans une première guerre mondiale. Elle est déclenchée par l'assassinat de l'archiduc d'Autriche, le prince Ferdinand, le 28 juin 1914. Les nations de l'Europe, partagées en deux groupes, se trouvent entraînées dans un conflit mondial. D'un côté, la Triple Entente (Angleterre, France, Russie) et, de l'autre, deux des pays de la Triple Alliance (Allemagne et Autriche-Hongrie)❶. L'Angleterre, préoccupée de la question irlandaise et de ses relations commerciales avec les Dominions, souhaite la paix. Sir Edward Grey, son ministre des Affaires étrangères, intervient habilement et offre sa médiation. L'Allemagne désire ardemment que la Grande-Bretagne reste neutre. Mais, quand les armées allemandes violent la neutralité du territoire belge, le Parlement britannique, pour respecter ses engagements ❷ envers la Belgique, déclare la guerre à l'Allemagne (4 août).

Les États-Unis

Pendant ce temps, aux États-Unis, le nouveau président élu en 1912, Woodrow Wilson, s'offre comme médiateur. Son pays ne semblant pas avoir d'intérêts en jeu dans cette guerre, il croit qu'il lui incombe de restaurer une paix juste et durable par de nouvelles méthodes diplomatiques. De 1914 à 1916, son ambassadeur itinérant, le colonel Edward House, fait plusieurs voyages en Europe et offre ses bons offices à tous. L'Allemagne refuse d'accepter les propositions de paix de Wilson, car elle ne tient pas à le voir participer à la conférence de la paix. Il s'opposerait certainement aux ambitions territoriales allemandes. Aux élections de novembre 1916, Wilson promet au peuple américain de ne pas participer à la guerre. Il est élu. Mais l'Allemagne commet des actes de provocation à l'égard des États-Unis, dont le torpillage du *Lusitania,* et ceux-ci déclarent la guerre, le 6 avril 1917.

CANADA

L'entrée en guerre

Si la déclaration officielle de guerre par le roi George V a pour effet de mettre tout l'Empire britannique « en état juridique de guerre », elle ne peut imposer au Canada l'obligation constitutionnelle d'aller combattre sur les champs de bataille d'Europe.

---

❶ L'Italie, troisième membre de la Triple Alliance, n'entre pas en guerre aux côtés de l'Allemagne et de l'Autriche-Hongrie. Elle joignit les rangs des Alliés en 1915.

❷ Lors de la Conférence de Londres (1831) qui consacra l'indépendance de la Belgique, l'Angleterre avait signé une convention par laquelle elle s'engageait à faire respecter la neutralité du nouveau royaume.

Du moins, est-ce l'avis d'Henri Bourassa. Le Parlement canadien, cependant, fait fi de cette distinction juridique et croit unanimement qu'il doit soutenir la cause de l'Empire. Aussitôt, la Chambre vote un crédit de 50 millions de dollars pour l'organisation d'une armée canadienne. Le pays n'a guère, à ce moment, de troupes régulières : à peine 4000 hommes demeurent-ils en permanence sous les armes. Le gouvernement fait appel à l'enrôlement volontaire et le colonel Sam Hughes, ministre de la Milice, prend les mesures requises pour assurer l'entraînement et l'équipement des soldats. À cet effet, il installe un vaste camp militaire à Valcartier, près de Québec ❶.

Le premier bataillon traverse l'Atlantique le 3 octobre 1914. Il forme un contingent de 32 000 hommes. À la fin de l'année 1916, 424 000 hommes sont en service actif dans les armées canadiennes. Toutes proportions gardées, le nombre de Canadiens tués en sol européen, environ 60 000, est élevé. En avril 1915, à Ypres, les Canadiens résistent à l'assaut de l'armée allemande qui emploie pour la première fois les gaz toxiques. La grande victoire de Vimy en 1917 semble être le plus haut fait d'armes des Canadiens.

Les Québécois se souviennent (grâce à Jean Provencher !) des cinq morts des émeutes de 1918 à Québec et ils oublient les 1 100 soldats du 22e bataillon morts au champ d'honneur. Dans Le 22e bataillon canadien-français, 1914-1919. Études socio-militaires *(PUL, 1987), Jean-Pierre Gagnon trace le profil des 5 584 soldats de ce bataillon.*

L'économie de guerre

Dans l'immédiat, la guerre crée une prospérité artificielle. À l'invitation du gouvernement, tous les cultivateurs s'appliquent à produire davantage. Pour encourager la culture du blé, on garantit un prix minimum par boisseau. La superficie des terres en culture augmente de 80 pour cent de 1914 à 1918, alors que la valeur des exportations de viande passe de 6 à 8 millions de dollars. Ainsi, le Canada devient le grenier des armées alliées en Europe.

Mais, pour assurer le succès de ces armées, il faut également produire du matériel de guerre. On transforme nombre de manufactures en usines de munitions, et on en construit de nouvelles. Un Imperial Munitions Board, sous la direction de Joseph Flavelle, assure un

❶ Hughes mécontente une bonne partie de la population canadienne-française parce qu'il anglicise l'armée et donne la préférence aux officiers canadiens-anglais. L'instruction des soldats à Valcartier se fait dans un chaos invraisemblable. Durant le conflit, Hughes, ministre de la Milice, en vient même à se considérer comme le commandant en chef des armées.

✎ Travail des femmes en usine pendant la Première Guerre mondiale.

L'histoire de la Première Guerre mondiale au Québec se limite trop souvent à la crise de la conscription. Dans Les « Poilus » québécois de 1914-1918 : histoire des militaires canadiens-français de la Première Guerre mondiale *(Méridien, 1999), Pierre Vennat rappelle que les Canadiens français furent nombreux à s'enrôler et à combattre dans les tranchées, et pas seulement dans le Royal 22e Régiment. Voir aussi la traduction récente de l'essai d'Elizabeth H. Armstrong,* Le Québec et la crise de la conscription, 1917-1918 *(VLB, 1998).*

rendement de qualité supérieure. La valeur de la production d'obus s'élève à un milliard de dollars et celle de matériel lourd, à 100 millions. La guerre stimule également le secteur minier. La demande des métaux non ferreux augmente et la mise en valeur des mines de cuivre, de zinc et de nickel débute durant cette période.

Cette prospérité artificielle présente des inconvénients. L'inflation due à la hausse des prix force le gouvernement à exercer certains contrôles. On rationne diverses denrées alimentaires comme le sucre et le beurre, et on plafonne les prix. À cette fin, on crée le poste de contrôleur des vivres, celui de contrôleur du combustible et la Commission canadienne du blé. Cette intervention de l'État demeure plus ou moins efficace parce qu'elle est improvisée de toutes pièces.

La participation en hommes à la guerre mondiale s'accompagne d'une contribution financière. Le Canada doit payer les frais de séjour de ses soldats en Europe. La population apporte sa contribution volontaire à l'Aide au soldat. La Croix-Rouge canadienne recueille quelque 30 millions de dollars. Le gouvernement commence à imposer le revenu brut des compagnies d'assurances et celui des particuliers. Incapable de boucler le budget, même avec ces impôts, il lance successivement cinq emprunts, appelés « Bons de la Victoire ». Les Canadiens prêtent ainsi au gouvernement deux milliards de dollars.

Cabinet impérial de guerre et conférence impériale

Bien que l'organisation constitutionnelle de l'Empire ne prévoie aucunement la participation des Dominions à la direction des affaires impériales, la contribution des gouvernements coloniaux à la guerre européenne leur ouvre la voie à une certaine influence directe. Une conférence impériale débute le 20 mars 1917 et fonctionne parallèlement au cabinet de guerre. Ce dernier se préoccupe spécialement d'augmenter l'effectif de l'armée impériale. C'est alors que Borden envisage la possibilité de faire voter par la Chambre une loi de conscription.

Déjà se fait sentir la transformation profonde qui s'opère dans l'Empire britannique, sans que la constitution ne soit officiellement modifiée. La suprématie absolue de la Grande-Bretagne sur ses anciennes colonies perd du terrain, et plusieurs délégués à la conférence ne se gênent plus pour proclamer l'égalité des diverses parties de l'Empire.

Au printemps de 1918 se tient une autre conférence impériale. Comme on pressent une paix plus ou moins prochaine, on convient que les Dominions participeront aux délibérations qui doivent l'établir. Il est en même temps décidé que désormais les premiers ministres des Dominions communiqueront avec le chef du gouvernement britannique sans passer par l'intermédiaire du gouverneur général ou du secrétaire d'État pour les colonies.

La conscription

Entre-temps, Borden revient au Canada avec l'idée d'augmenter l'effectif militaire. Malgré la campagne en faveur de la guerre, l'enrôlement volontaire diminue ; les hauts salaires payés par les usines de munitions attirent et retiennent les ouvriers, sans compter que le souci de produire davantage engage les agriculteurs à demeurer sur leurs terres. Le Canada, qui a une armée régulière à entretenir en Europe, doit

Beau et plus frais.

LA PRESSE

Le plus fort tirage des journaux du Canada tout entier, plus de 140,000 copies par jour

34me ANNEE—No 126 EDITION QUOTIDIENNE—MONTREAL MARDI 2 AVRIL 1918 PRIX

CINQ CIVILS SONT TUES PAR LES SOLDATS A QUEBEC

Le sang coule la nuit dernière dans la Vieille-Capitale où un premier coup de feu provoque des rixes d'une violence inouie entre militaires et émeutiers.—De nombreux blessés.

DES ARRESTATIONS PAR CENTAINES

Les militaires font leur oeuvre de mort tandis que pierres, glaçons, briques volent de tous côtés.—La loi martiale proclamée.—Le règne de la soldatesque.

ORDRE DE FOUILLER TOUT LE MONDE

CINQ CIVILS ABATTUS PAR DES SOLDATS

L'EMEUTE DE QUEBEC

LA REVOLTE FUT FAVORISEE PAR LE BROUILLARD

La population bien pensante de Québec continue à condamner le geste des émeutiers.—Les chefs du mouvement.—Les théâtres presque vides hier soir.—Dans la Basse-Ville.

LES SONNEURS DE FAUSSES ALARMES

envoyer chaque mois un nombre de recrues égal à celui des morts. En avril 1917, le Canada perd 13 400 hommes au combat. Mais il n'a que 5 500 recrues à sa disposition. Pour résoudre ce problème, Borden songe à appliquer la conscription (tout homme de 18 à 60 ans peut être appelé sous les drapeaux). Cette solution divise le Canada en deux clans, francophones contre anglophones. La population du Québec s'oppose fortement à la conscription. Peuple pacifique ayant moins que les Anglais d'attachement sentimental à l'Angleterre, les Canadiens français répugnent à l'enrôlement forcé. Henri Bourassa répète sans cesse que la guerre européenne est due aux fautes de l'Europe et qu'Ottawa n'a pas à nous y mêler. Le refus par le gouvernement d'Ontario de laisser enseigner le français dans ses écoles ajoute encore au mécontentement de la population du Québec et contribue à raviver les animosités de races. Laurier ne croit pas qu'il faille appliquer la conscription parce qu'elle ne donnera pas plus que le volontariat. Le Canada anglais pour sa part la réclame et suggère qu'on enrôle de force les récalcitrants. En juin-juillet 1917, le gouvernement canadien fait voter une loi de service militaire appelant sous les armes tous les hommes célibataires ou veufs sans enfants de 20 à 35 ans. La Chambre des communes l'adopte par 102 voix contre 44 et le Sénat, par 54 voix contre 25. Ce vote menace de faire éclater la violence dans le Québec mécontent. Laurier lance un sévère avertissement à Borden. Il ne regarde pas cette loi comme nécessaire et la juge préjudiciable au Canada. Selon l'ancien premier ministre, la coercition allait provoquer des divisions malheureuses au sein du peuple canadien. Un Borden hésitant songe alors à la consultation populaire. Auparavant, il désire s'éviter toute déception future. Aussi s'assure-t-il des voix supplémentaires en adoptant la *Loi d'élection en temps de guerre* qui accorde le droit de vote aux femmes et aux parentes des soldats déjà sous les armes. Il raye d'autre part de la liste électorale les immigrants des pays ennemis naturalisés depuis 1902 qui appuyaient généralement les libéraux. Borden table aussi sur la désunion au sein des forces du parti libéral. Il crée donc un gouvernement *unioniste* en récupérant plusieurs libéraux comme Sifton, Rowell, Calder et Carvell, mais Laurier refuse de participer à ce gouvernement de coalition. À ce moment,

« Ce qui frappe avant tout […], ce sont ces déferlements de foule — 15 000 personnes à certains jours — sans chefs, sans organisation, sans stratégie un peu définie. Protestation qui venait du fond d'une pénible vie quotidienne, d'une rancœur entretenue au fil des ans mais jamais vraiment dites d'une servitude qu'il était impossible de traduire dans un mouvement proprement politique », écrit en préface *Fernand Dumont dans* Québec sous la loi des mesures de guerre. 1918 *(Boréal, 1971) de Jean Provencher.*

même le Parlement est divisé entre francophones et anglophones. L'élection du mois de décembre 1917 accentue cette mésentente. Le « gouvernement d'union » s'assure une majorité de 71 sièges malgré le Québec qui vote en bloc contre le gouvernement, à l'exception de trois circonscriptions anglaises de Montréal. Pour la première fois, aucun Canadien français ne fait partie du cabinet ❶. Les Québécois apprennent que le pays peut être dirigé sans eux et qu'en temps de crise ils doivent se soumettre à la volonté de la majorité.

Le Québec est isolé et les élections accroissent le ressentiment populaire. La presse anglophone songe à mettre au pas le Québec qui s'oppose à la conscription. ***L'Evening Telegram***, par exemple, dit : « *Nous devons sauver le Québec en dépit de lui-même et le replacer dans le droit chemin même s'il faut employer la force !* » En décembre 1917, Joseph-Napoléon Francœur, député libéral de Lotbinière, appuyé par Hector Laferté, propose la motion séparatiste suivante à l'Assemblée législative québécoise : « *Que cette Chambre est d'avis que la province de Québec serait disposée à accepter la rupture du pacte fédératif de 1867 si dans les autres provinces on croit qu'elle est un obstacle à l'union au progrès et au développement du Canada* ». Il défend sa motion en disant que le Canada français, depuis 50 ans, est souvent allé à l'extrême limite de la conciliation et de la concession pour réunir les deux groupes linguistiques. Il désire exprimer « *le sentiment de la majorité de la population qui est fatiguée d'être traitée de la sorte et qui pense que le temps est venu de cesser ces luttes futiles et d'accepter ses conséquences logiques* » ❷. Pendant des semaines, on se perd en de vains débats, tandis que le premier ministre Gouin réussit à convaincre Francœur de retirer sa motion, désireux d'éviter un vote sur cette question.

Cependant, la passion populaire s'apaise moins facilement que celle des législateurs. Au printemps de 1918, plusieurs personnes se sauvent dans les bois par suite de la suppression des exemptions prévues en faveur des fils d'agriculteurs. En mars, 5000 conscrits manquent à l'appel et le ministère de la Milice doit se livrer à des opérations de ratissage pour enrégimenter ces conscrits. On craint alors que la violence n'éclate à Montréal, car, déjà, en 1917, la maison du propriétaire d'un journal anglais avait été dynamitée aux cris de « *Vive la révolution* » et « *À bas Borden !* » Elle éclate plutôt à Québec, le soir du 28 mars, lorsque la police fédérale arrête un Canadien français incapable de fournir un certificat d'exemption. Le 29, plusieurs milliers de personnes s'assemblent et saccagent les bureaux du ***Chronicle*** et de ***L'Événement***. On incendie également les bureaux de la police fédérale. Le lendemain soir, on cherche à faire de même au bureau d'inscription militaire. Le gouvernement fédéral envoie alors de Toronto un bataillon de soldats anglophones. Le 31 mars, dimanche de Pâques, l'armée charge la foule, baïonnette au canon, et provoque une fureur populaire qui tourne à l'émeute. Le lendemain, alors que les soldats parcourent la ville en sommant les suspects de s'identifier, les émeutiers ouvrent le feu sur eux.

---

❶ Pierre-Édouard Blondin et Albert Sévigny, même battus, demeurent dans le cabinet un certain temps. Très tôt, Blondin accepte un poste de sénateur tout en demeurant au cabinet où il est le seul Québécois francophone. Pour sa part, Sévigny démissionne le 7 mars, « *en rendant hommage à la bonne volonté de Borden envers les Canadiens français* ». À ce sujet, voir Mason Wade, ***Les Canadiens français, de 1760 à nos jours.*** II : 164.

❷ Faute d'une version française des débats, les auteurs ont eux-mêmes traduit le texte anglais disponible.

Dix soldats tombent, blessés. La cavalerie charge alors la foule sabre au clair tandis que l'infanterie se sert de fusils et de mitrailleuses. Quatre civils sont tués, plusieurs sont blessés, 58 sont arrêtés. Finalement, l'ordre revient après quatre jours d'émeute. L'Église et la presse québécoise se dissocient des émeutiers et exigent le rétablissement de l'ordre. Elles croient que les émeutes n'expriment pas le sentiment du public en général. De toute façon, il semble qu'avec la conscription le Canada se trouve maintenant en face de la plus grave crise de son histoire. Cette mesure provoque un profond déchirement de l'unité nationale ❶. Les conservateurs fédéraux perdent pour 40 ans la faveur populaire dans le Québec. Canadiens français et Canadiens anglais s'étaient divisés lors du vote de la loi du service militaire. Laurier avait vu juste en disant que la conscription ne donnerait rien de plus que le volontariat. En 1918, sur 117 104 conscrits québécois, 115 507 demandent à être exemptés. La proportion demeure sensiblement la même en Ontario où 118 128 hommes sur 125 750 réclament la même faveur. Vraiment, le Canada avait fourni un effort de guerre assez extraordinaire. En avril 1917, 424 000 hommes sur une population totale d'environ 8 000 000 s'étaient déjà enrôlés. Parmi ces soldats, 49 pour cent étaient des Britanniques émigrés au Canada au XXe siècle, 40 pour cent étaient Canadiens anglais et 4,5 pour cent, Canadiens français. Économiquement, la rentabilité au Canada de cette première guerre mondiale est indiscutable ; mais sur le plan politique, le pays traînera longtemps le poids de la division ethnique.

QUÉBEC

Contexte général

En 1914, le début des hostilités en Europe laisse le Québec assez indifférent. Gouin et le parti libéral vont de victoire en victoire, alors que le parti conservateur provincial semble en pleine léthargie. Lorsque survient la conscription, le Québec s'alarme et développe « *un nouveau mouvement nationaliste, distinctement provincial et parfois séparatiste par son orientation* ».

LA PRESSE

BEAU ET FROID

POUR FAIRE SORTIR QUEBEC DE LA CONFEDERATION CANADIENNE

LE REFERENDUM EN AUSTRALIE

…ES ANTICONSCRIPTIONNISTES AUSTRALIENS ONT DEJA OBTENU UNE MAJORITE DE 150,000 VOIX

LA RUSSIE ET LE JAPON UNIS CONTRE LA GRANDE-BRETAGNE

LE RAPPORT DE LA COMMISSION DES TRAMWAYS

…S DEPUTES EN VACANCES

MOT D'ENCOURAGEMENT ET DE SYMPATHIE D'UN …

Sur le plan économique, l'arrivée de la guerre amène les manufacturiers à pratiquer le stockage ❷ et à diminuer les heures de travail. Les ouvriers font les frais de cette politique. Un inspecteur du gouvernement, Félix Marois, dit que le coût de la vie est sans cesse à la hausse et qu'une somme de

❶ Voir Jean Provencher, ***Québec sous la loi des mesures de guerre. 1918***. Éd. du Boréal Express, Montréal, 1971.

❷ Il s'agit de l'accumulation en magasin de marchandises, de matières premières ou de produits finis.

✎ La motion sépariste de J.-N. Francœur en décembre 1917 fait la manchette de *La Presse*.

Dans ces années-là, la guerre tuait. La tuberculose aussi. Dans Adrienne. Une saga familiale *(Boréal, 1993), Madeleine Ferron raconte avec émotion sa visite au sanatorium de Lac-Édouard où séjournèrent sa mère et sa tante. Trois de ses sœurs mourront de tuberculose. Fondé en 1904, ce sanatorium changea de vocation en 1967 avant de devenir une base de plein air appelée le Village Pâle.*

15 dollars pour une famille de 5 ou 6 membres sert à se procurer le strict nécessaire. Il appert que la majorité des familles, même certaines de plus de 10 membres, ne gagnent pas cette somme. Des malaises semblables sont ressentis en Ontario. Toutefois, la guerre stimule certaines industries et entraîne la production d'articles jusqu'alors importés. Le rapport d'un autre inspecteur, P.-J. Jobin, dit que les fabriques de pâte et papiers, d'armes et de munitions tournent à plein rendement en 1915. L'agriculture profite également beaucoup des demandes nées de la guerre. Ainsi, la superficie ensemencée inférieure à 2 millions d'hectares en 1914 atteint 3,3 millions d'hectares en 1918. La culture du blé, qui occupe au début de la guerre environ 22 250 ha, s'étend en 1918 à environ 148 000 ha. Cette culture est stimulée par la hausse du prix de vente du boisseau (env. 36 litres). Il passe de 1,35 $ en 1914 à 2,46 $ en 1917. Il retombe cependant à 2,28 $ en 1918.

Absence de politiques gouvernementales

Durant la guerre, le gouvernement québécois s'occupe moins que celui des autres provinces des changements économiques. La répartition des dépenses provinciales en 1914 démontre que la province affecte une large part de ses revenus à l'administration de la justice, à la législation et à l'administration en général. Elle dépense encore pour rembourser la dette encourue lors de la construction des chemins de fer. Cette politique économique conservatrice permet au Québec de commencer une longue série de surplus budgétaires, unique dans les annales financières canadiennes. Les dépenses relatives aux travaux publics marquent une cadence beaucoup plus accélérée que celle des autres services. La politique des bonnes routes, amorcée en 1912, permet au Québec de compter 3200 km de routes améliorées en 1917.

L'Église et les institutions privées de charité pourvoient toujours à l'assistance sociale et à l'éducation. De plus, l'État hésite encore à intervenir pour remédier aux malaises créés par l'industrialisation et l'urbanisation. La nomination d'un agent des salaires raisonnables en novembre 1915 est la seule mesure importante durant cette période. Cet agent doit dresser une échelle des salaires payés aux employés par ceux qui reçoivent des contrats publics. Les employeurs verseront des salaires considérés « *comme courants pour des travailleurs compétents du métier, dans la région où s'effectue le travail* ». Selon Louis Guyon, les travailleurs acceptent ce critère et sont enchantés de la loi.

Au sujet de l'exploitation des richesses naturelles, l'État continue sa politique du laisser-faire. Déjà, certaines compagnies américaines s'intéressent au développement du nord du Québec. Le gouvernement encourage les travaux de prospection et d'exploitation. Une lettre de Théo Denis, surintendant des Mines, datée du 14 décembre 1916 et adressée à Honoré Mercier ❶, ministre de la Colonisation, des Mines et des Pêcheries, montre bien cette philosophie du gouvernement incapable financièrement de développer ses richesses naturelles. Selon

❶ Fils de l'ancien premier ministre du Québec, Honoré Mercier, il représente la circonscription de Châteauguay à l'Assemblée législative du Québec de 1907 à 1936. Il est ministre de la Colonisation, des Mines et des Pêcheries de 1914 à 1919 et ministre des Terres et Forêts de 1919 à 1936. À noter que Lomer Gouin avait épousé la fille de l'ancien premier ministre Honoré Mercier.

Denis, il appartient à des intérêts privés puissants d'ouvrir des territoires comme celui de l'Ungava. Les colons suivront après l'ouverture de voies de communication. « *Et*, dit-il, *à moins que ces riches intérêts mettent en valeur ces régions, les richesses demeureront cachées et négligées durant longtemps, comme ce fut le cas dans le passé* ». Il termine en suggérant au ministre de retirer les permis individuels de prospection afin d'« *inciter les fortes institutions financières à s'intéresser elles-mêmes au développement du pays* ».

GRIPPE ESPAGNOLE

Mesures à prendre pour la prévenir et pour enrayer ses ravages

La Grippe Espagnole est une maladie contagieuse causée par un germe qui se rencontre surtout dans la salive et les sécrétions du nez, de la gorge et des bronches. Les conseils ci-dessous, s'ils sont suivis scrupuleusement, serviront à réduire à leur minimum les risques que vous courez de l'attraper.

1°—Ne vous alarmez pas outre mesure, mais soyez prudents ; Cherchez d'autres sujets de conversation que la Grippe et observez le mieux possible les règles élémentaires de l'hygiène.

2°—Evitez les foules, fuyez les réunions, les rassemblements, qui favorisent la contamination.

3°—Respirez l'air à pleins poumons, respirez par le nez et non par la bouche. Cherchez le soleil — il tue les germes — et rendez-vous à vos affaires à pied si possible.

4°—Tenez ouverte la fenêtre de votre chambre à coucher la nuit et celle de votre bureau le jour si possible.

5°—Choisissez une nourriture soutenante et de digestion facile et mastiquez-la convenablement.

6°—Lavez-vous toujours les mains avant les repas.

7°—Employez des gargarismes salins matin et soir. (L'Eau Purgative Riga, riche en sels est toute indiquée pour ces gargarismes), et faites aussi des vaporisations dans le nez et la gorge avec du pétroleum liquide qui contient du Camphre, du Menthol et de l'Eucalyptol.

8° -*Tenez le tube digestif et les intestins nets et sains en prenant chaque matin un verre d'EAU PURGATIVE RIGA, qui assure sans coliques, ni nausées, ni irritations, la liberté de l'intestin et, avec elle, la santé.*

L'illustre Dr. Metchnikoff a démontré que les maladies contagieuses attaquaient de préférence les constipés. Ce qu'il recommande en cas d'épidémies, c'est de libérer l'intestin, de le vider fréquemment en employant un purgatif salin comme *l'EAU PURGATIVE RIGA*. Suivez son conseil — vous vous en trouverez bien.

SOCIÉTÉ DES EAUX PURGATIVES RIGA MONTREAL

Qui n'a pas entendu parler de l'épidémie de grippe espagnole du début du XXe *siècle ? Qui pourrait en parler d'aplomb pendant quelques minutes ? On dit que plus de 500 millions de personnes en Europe et en Amérique furent atteintes. Denise Rioux a consacré son mémoire de maîtrise à l'étude de cette épidémie à Sherbrooke et dans les Cantons de l'Est. Le résultat a été publié par le département d'histoire de l'Université de Sherbrooke en 1993.*

✎ Du 15 septembre au 18 décembre 1918, au moins 530 000 Québécois furent atteints de la grippe espagnole et 13 800 en moururent, dont 3 500 à Montréal et 500 à Québec. Cette épidémie mondiale sema la panique parmi les populations dépourvues de tout remède efficace.

IX • APPARITION DE NOUVEAUX LEADERS (1919-1928)

L'Angleterre et l'Europe

Au sortir de la guerre, il faut faire le bilan des pertes matérielles et humaines et reconstruire la paix. Les chefs politiques vainqueurs s'entendent sur un découpage de la carte politique de l'Europe. Ils se rangent sans trop de conviction à l'idée du président des États-Unis, Wilson, de mettre sur pied un organisme collectif chargé de régler les conflits. Ceci conduit à la création de la Société des Nations (S.D.N.). Le traité de Versailles entre les Alliés et l'Allemagne est signé le 28 juin 1919.

Individuellement, les pays européens, même vainqueurs, trouvent la reconstruction difficile. Les dépenses de guerre ont englouti une partie énorme de la fortune nationale des divers États : 30 pour cent pour la France, 26 pour cent pour l'Italie, 22 pour cent pour l'Allemagne, etc. Les finances publiques sont désorganisées. À cela s'ajoute l'usure excessive de tout l'équipement économique (chemins de fer, rails, routes, usines, matériel agricole). De tous les pays européens engagés dans la guerre, l'Angleterre est celui qui a le moins souffert matériellement et ses pertes sont relativement légères. Mais elle doit convertir son économie de guerre en économie de paix. La « fière Albion », hantée par son passé et sa réputation de première puissance économique, n'admet guère d'être déchue de cette primauté. Elle ne conçoit surtout pas que ses structures ou ses habitudes puissent être changées, car, jadis, elles lui assuraient la première place. Aussi tente-t-elle de sauvegarder la parité de la livre. Pour ce faire, l'Angleterre pratique un conservatisme économique. Le gel des salaires et la hausse des prix provoquent des difficultés sociales et un développement extraordinaire des syndicats. Les ouvriers anglais prennent une attitude combative et déclenchent des grèves. Cette tension sociale permet au parti travailliste (Labour Party) d'accroître son prestige aux dépens des libéraux. Toutefois, de 1920 à 1929, ce sont les conservateurs qui dominent la vie politique anglaise. Leur leader, Stanley Baldwin, est assisté surtout d'Austen Chamberlain, aux Affaires étrangères, et de Winston Churchill à l'Échiquier (Finances). Tous trois reprennent discrètement la politique de Joseph Chamberlain et préparent un retour au protectionnisme pour sauver l'industrie anglaise.

Les États-Unis

Les États-Unis sortent les grands vainqueurs de la première guerre mondiale. Leur aide aux puissances européennes et leur participation à la guerre favorisent un essor économique considérable qui se prolonge jusqu'en 1929. La puissance financière et industrielle des États-Unis devient prépondérante et l'Europe emprunte à ses grandes institutions bancaires. L'accroissement de la production industrielle s'accompagne d'une grande concentration capitaliste que coiffent les puissantes banques d'affaires, comme celles des Morgan et Rockefeller. Pour écouler la production, on développe la méthode des ventes à crédit. Comme les Américains veulent conserver ce niveau de vie supérieur à celui des autres nations, on maintient un strict protectionnisme. Politiquement, les États-Unis vivent sous le règne du parti républicain, soutenu par les banques les plus importantes et les grands industriels. Ce parti conserve la présidence pendant toute cette période avec Harding, Coolidge et Hoover.

CANADA

Le retour à la paix

Aussitôt après la signature de l'armistice, le gouvernement fédéral s'occupe du retour des forces expéditionnaires. Il crée le Soldier Settlement Board chargé du rétablissement des soldats dans la vie civile. Le gouvernement pourvoit d'abord au rapatriement des militaires. Il s'efforce de les établir sur des terres dans l'Ouest canadien, mais sans grand succès : la vie des camps les a assez mal préparés à la colonisation. Les vétérans obtiennent la priorité dans les emplois du « service civil ». Les invalides et les veuves des soldats tombés au front reçoivent des pensions annuelles. Celles-ci coûtent bientôt 30 millions de dollars par année. Le corps médical qui s'est dévoué auprès des troupes continue de soigner les blessés et les malades qui sont gardés dans de vastes hôpitaux.

Mais la démobilisation n'est pas le seul problème à régler. La dette nationale dépasse maintenant deux milliards de dollars et les industries nées de la guerre doivent s'adapter à une économie de temps de paix. Il faut trouver de nouveaux débouchés pour écouler un surplus de blé. Le Québec croit qu'une majorité de francophobes tente de le mettre en tutelle. Aussi faut-il consolider l'unité canadienne ébranlée par la conscription. La prochaine décennie s'ouvre sur ces problèmes.

L'évolution du statut international

L'effort fourni par le Canada pour le succès de la guerre accroît son influence au sein de l'Empire britannique. Lors des dernières conférences, le Parlement de Londres lui a consenti une part dans la direction des affaires. Il faut maintenant à cette situation acquise une consécration juridique. Lloyd George paraît un instant l'oublier, quand il s'agit de préparer la conférence de la paix. Borden proteste immédiatement et réclame une représentation distincte pour le Canada parmi les plénipotentiaires chargés de préparer les conditions de la paix. Il obtient deux délégués pour chaque Dominion, comme en possèdent les petites nations alliées, telle la Belgique. Lors de la signature du traité de Versailles, une semblable difficulté surgit, les ministres de la

---

✎ Le passage d'une économie de guerre à une économie de paix ne se fit pas sans provoquer certains malaises. Ainsi la grève générale de Winnipeg en juin 1919 fut l'occasion de quelques émeutes.

Grande-Bretagne voulant signer seuls au nom de l'Empire. Mais encore une fois, les Dominions gagnent leur point et signent individuellement [1].

Le Canada, en signant le pacte du 14 février 1919, devient membre de la Société des Nations à titre individuel, sans préjudice pour son union avec l'Empire. Il s'agit d'une nouvelle étape vers l'égalité de statut avec la Grande-Bretagne elle-même. En 1925, le sénateur Raoul Dandurand sera élu, pour la session annuelle, à la présidence de l'Assemblée ; en 1927, la Ligue des Nations assignera au Canada un siège non permanent au Conseil.

La réorganisation des partis politiques

En 1919, la coalition des partis dans le « gouvernement unioniste » commence à se désagréger. Borden, épuisé par les soucis occasionnés par la guerre, se retire et cède la place à Arthur Meighen, jusqu'alors ministre de l'Intérieur. Dans le nouveau cabinet, il ne reste que 4 libéraux.

Un nouvel élément s'introduit au sein de la politique fédérale. Afin de promouvoir les intérêts agricoles dans les provinces des Prairies, une association s'était formée sous le nom de « Canadian Council of Agriculture ». En 1920, l'Ouest se sent toujours dominé par le Centre. Depuis l'annexion de l'Ouest au Canada, les puissances financières de Montréal et de Toronto contrôlent son économie, par l'intermédiaire des chemins de fer. Le tarif protectionniste déplaît à l'Ouest ; les douanes de plus en plus élevées rendent l'achat des machines agricoles onéreux. Enfin, la faible représentation parlementaire de l'Ouest lui laisse peu d'influence au Parlement fédéral. Les fermiers sentent alors le besoin de revendiquer au moyen d'une formation politique. Devant le refus de Borden de baisser les coûts de transport et les douanes, Thomas Crerar quitte le poste de ministre de l'Agriculture dans le « cabinet d'union » pour former le Progressive Party. Le programme du parti réclame une réforme de tout le système économique canadien, une aide plus efficace à l'agriculture, la représentation proportionnelle, la réduction du tarif et la réciprocité avec les États-Unis. L'originalité du parti vient du fait qu'il est basé sur la « *démocratie directe* ». Chaque député progressiste est libre de voter selon les intérêts de son comté, indépendamment de ceux du parti. C'est pourquoi il y a autant de groupes de fermiers qu'il y a d'intérêts différents. Néanmoins, tous s'entendent sur le leadership de Crerar.

Le chef du parti libéral, Wilfrid Laurier, meurt en février 1919, après une attaque de paralysie. Il dirigeait le parti depuis 31 ans et avait été premier ministre du Canada pendant 15 ans. Influencés par les méthodes américaines, les libéraux convoquent, pour la première fois au Canada, une « convention » (congrès) en vue d'élire leur nouveau chef. La présence de 1000 délégués permet au congrès de refaire l'unité du parti, brisée depuis la coalition de 1917. Sans doute pour plaire aux fermiers de l'Ouest, un des articles du programme libéral porte sur la réduction des tarifs douaniers. Pour recueillir les votes du Québec, le parti se déclare favorable à une plus grande autonomie du pays. Enfin, les résolutions traitant du salaire minimum

---

[1] Cette signature est purement symbolique, car elle n'était pas nécessaire. Le traité avait auparavant été signé par les cinq délégués de l'Empire qui représentaient déjà le Canada.

et de meilleures conditions de travail semblent être l'œuvre de Mackenzie King, spécialiste en relations industrielles. Au troisième tour de scrutin, ce dernier est élu chef du parti, triomphant difficilement de William Stevens Fielding.

Les élections de 1921

Arthur Meighen, qui a remplacé Borden comme premier ministre en juillet 1920, arrive au terme de son mandat l'année suivante et déclenche des élections. King, le nouveau chef libéral, se cherche des lieutenants. Au Québec, Lomer Gouin, appuyé par la finance montréalaise, ce qui justement lui enlève la faveur de l'Ouest, est un aspirant sérieux à ce titre. Mais King, pour se gagner le Québec rural et faciliter sa politique dans l'Ouest, s'adjoint plutôt Ernest Lapointe.

Aux élections de 1921 ❶, les Canadiens portent au pouvoir un gouvernement minoritaire. Les libéraux obtiennent 117 sièges, les conservateurs, 50, les progressistes, 65 et les autres, 4. La division du vote par régions est bien significative. Les libéraux raflent les 65 sièges québécois et en obtiennent 52 autres principalement en Ontario et dans les Maritimes. Les progressistes entrent en force au Parlement grâce au gain de 41 sièges dans l'Ouest et de 24 en Ontario. Les 50 députés conservateurs viennent surtout de l'Ontario, du Nouveau-Brunswick et de la Colombie-Britannique. Les élections confirment donc la division régionale, économique et ethnique qui mine le Canada. Un autre fait significatif est le succès obtenu par les progressistes. Le mécontentement de l'Ouest est plus sérieux qu'on ne l'avait soupçonné au début.

Lord Byng de Vimy, ancien commandant des troupes canadiennes qui vient de succéder au duc de Devonshire comme gouverneur général, invite Mackenzie King à former un cabinet. Le chef libéral essaie de faire accepter quelques ministères aux progressistes qui refusent, mais qui lui promettent leur appui, moyennant certaines concessions, entre autres l'achèvement du chemin de fer de la baie d'Hudson. La situation demeure précaire et le cabinet doit s'abstenir de proposer des mesures qui

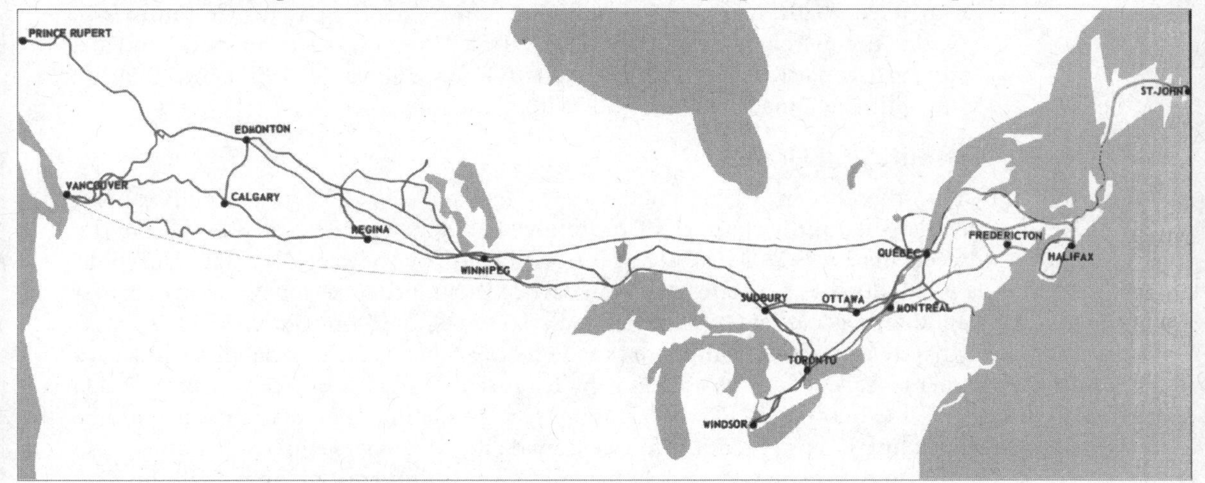

❶ Ces élections de 1921 inaugurent au Canada le suffrage universel féminin.

✎ Les chemins de fer en 1920.

pourraient lui aliéner les progressistes. En 1925, le gouvernement libéral, espérant se constituer une majorité stable, en appelle au peuple.

Les élections de 1925 et l'incident Byng

Les élections de 1925, loin d'assurer une plus forte majorité au parti libéral, réduisent ses forces de 117 à 101 sièges, alors que les conservateurs passent de 50 à 116, les progressistes ayant 24 députés. Aucun parti ne détient la majorité absolue. Meighen prétend que le ministère libéral doit démissionner, alors que King est d'avis qu'il appartient à la Chambre seule de se prononcer. La difficulté constitutionnelle sera réglée par la Chambre qui accorde sa confiance au chef du parti libéral auquel se joint le parti progressiste.

Bientôt, une enquête royale sur les douanes révèle de scandaleux abus ; les progressistes abandonnent le Parti libéral qui, voulant éviter un vote de non-confiance, décide un nouvel appel au peuple et prie Byng de dissoudre les Chambres. Le gouverneur général s'y refuse, alléguant que Meighen doit avoir la possibilité de gouverner avant de procéder à de nouvelles élections. King démissionne sans désigner son successeur.

Byng confie aussitôt à Meighen le soin de constituer un nouveau cabinet. Mais la coutume veut alors que tout député appelé à un poste ministériel rétribué ait à subir une nouvelle élection. Meighen, craignant de perdre alors sa faible majorité en Chambre, essaie de former un cabinet de ministres sans portefeuille et sans traitement, et reste seul responsable devant la Chambre. Le Parlement refuse sa confiance à cet étrange ministère. Alors, Byng accorde à Meighen — ce qu'il avait refusé précédemment à King — la permission de procéder à des élections générales. Les libéraux dénoncent cette manière d'agir comme inconstitutionnelle et en font le thème de leur campagne électorale, tandis que les conservateurs insistent sur le scandale des douanes. La représentation conservatrice tombe de 116 à 91 et Meighen lui-même est battu dans sa circonscription. Il ne reviendra pas aux Communes.

Une première « convention » conservatrice le remplace à la direction du Parti conservateur par Richard Bedford Bennett. L'année suivante (1927), lord Byng de Vimy quitte le Canada et le vicomte Willingdon lui succède.

Le traité du Flétan

Une conférence impériale a lieu en 1921, une autre en 1923 ; toutes deux tentent de mieux définir le statut des Dominions. Le Canada aide sa cause en posant des précédents. En 1923, il juge nécessaire de conclure un traité avec les États-Unis pour la protection des pêcheries du flétan dans le Pacifique. Le délégué canadien, Ernest Lapointe, négocie l'entente sans les conseils de la Grande-Bretagne. Alors, le Canada demande que ce soit le ministre canadien des Pêcheries qui soit habilité par le roi à signer le traité. Lapointe obtient gain de cause et le signe seul. Les pourparlers et la signature du traité du Flétan (Halibut Treaty) constituent un événement juridique important. Pour la première fois, le Canada négocie et signe un traité d'une façon autonome. C'est également la première fois qu'un traité n'engage qu'un seul Dominion.

Le rapport Balfour

Une autre conférence impériale en 1926 complète ce qu'avaient ébauché les précédentes. Le premier ministre d'Angleterre, Stanley Baldwin, fait appel au réalisme. Mackenzie King presse les délégués de définir la nature des relations au sein de l'Empire, de préciser les pouvoirs des Dominions, leurs relations entre eux et avec la Grande-Bretagne. Le rapport Balfour, qui résume la pensée des délégués, parle d'un « commonwealth » des nations. « *La Grande-Bretagne et les Dominions sont des groupements autonomes dans le cadre de l'Empire britannique, égaux en statut, et qui ne sont subordonnés les uns aux autres sous aucun aspect de leurs affaires intérieures ou extérieures quoique unis par une allégeance commune envers la Couronne et librement associés comme membres du Commonwealth des nations britanniques.* » Ce texte est une déclaration générale de droit constitutionnel qui n'a aucune valeur juridique. Le statut de Westminster (1931) traduira ces nouveaux principes sous forme de loi.

La croissance économique

Durant les années 1920, l'expansion économique du Canada est très spectaculaire. C'est à ce moment que le Canada cesse d'être une nation à prédominance agricole. La population urbaine dépasse maintenant la population rurale, alors que la production industrielle double en valeur la production agricole. Mais le Canada dépend largement de son industrie primaire. Il détient, en 1929, 64 pour cent du marché mondial de la pâte et du papier. Durant ces 10 années, 600 millions de dollars

✎ Mackenzie King durant la campagne électorale de 1926.

sont investis dans l'hydro-électricité. Ainsi, en 1930, malgré l'étendue du pays, 7 foyers canadiens sur 10 bénéficient de l'électricité. L'exploitation minière se développe également. Même si l'agriculture perd de l'importance, elle demeure quand même un facteur majeur de l'économie. Entre 1925 et 1928, 38 pour cent des exportations mondiales de blé viennent du Canada.

L'industrie secondaire connaît une impulsion nouvelle. Les manufactures emploient des milliers d'ouvriers et les produits de consommation se diversifient. On évalue à 6 milliards de dollars le montant des investissements dans les secteurs primaire et secondaire durant cette décennie.

Bref, à plusieurs points de vue, la société actuelle commence avec ces années. De nombreux cinémas ouvrent leurs portes. L'automobile devient une nécessité. L'avion cesse d'être une simple curiosité et des appareils de radio entrent dans plusieurs foyers.

QUÉBEC

Les malaises économiques

La Première Guerre mondiale a provoqué une relance économique majeure dans laquelle les travailleurs trouvèrent leur compte. Mais alors, pourquoi ces mouvements de révolte en pleine prospérité ? C'est ce qu'explique G. Ewen dans International Unions and the Workers' Revolt in Quebec, 1914-1925 *(York, 1998).*

Les premiers signes d'une récession économique consécutive à la fin de la guerre apparaissent au Québec en 1919. La province doit faire face à des problèmes semblables à ceux des pays occidentaux. Le chômage se généralise. Le marasme économique se poursuit jusqu'en 1922. L'année 1921 est marquée par une forte hausse du coût de la vie, alors que les salaires demeurent à peu près stationnaires. La *Gazette du Travail* rapporte que 16,6 pour cent des ouvriers syndiqués au Québec sont chômeurs. Au dire même de Louis Guyon, devenu sous-ministre du Travail, le bureau général de placement se transforme en bureau d'assistance publique. Ces malaises sociaux favorisent l'essor du syndicalisme.

La C.T.C.C.

En 1921, à Hull, se tient une réunion plénière des syndicats catholiques des différentes régions du Québec. On fonde alors la *Confédération des travailleurs catholiques du Canada* (C.T.C.C.). Il s'agit là d'une victoire pour le syndicalisme catholique au Québec qui comprend maintenant 26 000 membres comparativement à 6 325 en 1913. La C.T.C.C. est un organisme central qui aura pour fonction de représenter l'ensemble du mouvement syndical catholique au pays. Il lui appartient d'en sauvegarder et d'en promouvoir les intérêts généraux. Le mouvement se propose 1) d'établir définitivement un plan général d'après lequel devra se développer le syndicalisme catholique au Canada et d'en poursuivre l'application méthodique ; 2) d'organiser une propagande générale en sa faveur ; 3) d'élaborer la législation demandée par l'ensemble des travailleurs catholiques du Canada. Sur le plan historique, l'Église a joué un rôle primordial dans l'édification d'une série d'institutions canadiennes-françaises pour créer si possible de nouveaux cadres isolants destinés à protéger les anciennes valeurs. La fondation de la C.T.C.C. s'inscrit dans ce mouvement. Elle constitue, du moins à ses débuts, beaucoup plus un geste de protection que de revendication.

Retour à la prospérité

La prospérité économique reprend à partir de 1922. L'Europe commence à acheter sur le marché international. L'Ontario et le Québec supplantent les Prairies comme principaux exportateurs. Les impératifs économiques commandent la création d'axes nord-sud pour l'écoulement des produits. Le Québec vend son papier journal aux États-Unis. Ainsi, des régions comme la Mauricie deviennent de plus en plus dynamiques. L'économie canadienne, longtemps basée sur le blé de l'Ouest, s'en trouve modifiée.

« Je préfère importer des capitaux américains qu'exporter des Canadiens français ». Taschereau ou Duplessis ? Yves Frenette répond à sa manière dans un intéressant essai intitulé Brève histoire des Canadiens français *(Boréal, 1998).*

Entre 1920 et 1929, l'industrie du Québec se diversifie peu ; elle se spécialise plutôt dans la fabrication de quelques produits : la pâte de bois et le papier, le coton et les textiles, les cigares et les cigarettes, les chaussures, le matériel roulant de chemin de fer. De nouveaux centres naissent de l'exploitation hydro-électrique et la croissance industrielle se double d'un mouvement de concentration des populations dans certaines localités. C'est ainsi que, durant cette période, le Québec devient la province la plus urbanisée, malgré l'encouragement donné à la colonisation par l'État et l'Église.

En 1926, les pâtes et papier occupent le premier rang au Québec dans le secteur industriel. La valeur brute de leur production passe de 45 millions de dollars en 1917 à 107 millions en 1926. Au cours de la même période, les immobilisations de capitaux et la production du papier augmentent de 200 pour cent. Mais ces industries ne pourraient rien sans l'hydro-électricité qui suit la même progression. En 1926, la capacité des turbines atteint 1 400 000 kW. Elle a triplé depuis la période d'avant-guerre. Ce succès attire un fort groupe de financiers américains qui font des demandes au gouvernement du Québec pour défrayer le coût de projets hydro-électriques. D'autres qui possèdent des droits sur une partie du territoire québécois se permettent même de vendre le nord du Québec aux enchères sans consulter le gouvernement. Les mines (or, amiante, cuivre, argent) sont également mises en valeur à partir de 1920. La taxe sur les bénéfices miniers passe de 90 000 dollars en 1925 à un million en 1936. Enfin, sur le plan des investissements dans les manufactures, il

✎ Durant les années 1920, l'Ouest est moins accessible au Canadien français qu'à l'immigrant étranger. De Londres à Winnipeg, prix d'un billet pour l'étranger : 22 dollars. De Montréal à Winnipeg, prix d'un billet pour le Québécois : 43,48 dollars (***Almanach de la Langue française***).

faut noter qu'en 1901 le capital engagé est de 114 millions, alors qu'il a presque décuplé en 1929. Aux Trois-Rivières, par exemple, il passe de 3 millions en 1901 à 63 millions en 1929.

Dans Bilan du nationalisme au Québec *(L'Hexagone, 1986), Louis Balthazar tente un survol depuis les années 1800 jusqu'à nos jours. Il accorde délibérément plus d'attention à l'action qu'au discours. Homme de grande culture, l'auteur a une approche personnelle et originale. Il a sa typologie des nationalismes soumis à diverses influences, dont les préoccupations économiques.*

Les mouvements de pensées

Durant cette période, le Canada français connaît un renouveau intellectuel. Les universités de Montréal et de Québec commencent à offrir un enseignement vraiment supérieur. L'élite intellectuelle s'aperçoit que les politiciens et les partis ne sont pas seuls responsables de la situation faite aux Canadiens français. On remet en cause la viabilité même de la Confédération. À cette question, l'abbé Lionel Groulx, professeur d'histoire à l'Université de Montréal depuis 1915, tente d'apporter une réponse. Par ses études historiques, par son roman — *L'appel de la race,* publié en 1922 — et par la revue qu'il dirige — *L'Action française* — il influence fortement la clientèle habituelle du *Devoir,* le clergé enseignant et la jeunesse des collèges et des universités. Groulx entend « *faire l'histoire* » et non « *s'abandonner au courant comme des arbres morts* ». Il désire convaincre les Canadiens français de la grandeur et de l'utilité de l'épopée française sur le continent nord-américain. Il tente de secouer la torpeur de ses compatriotes en dégageant un programme propre à favoriser l'indépendance politique, sociale, économique et intellectuelle du Canada français ❶. L'influence de Lionel Groulx est telle que le père Rodrigue Villeneuve, futur cardinal-archevêque de Québec, écrira dans *L'Action française* en 1922 : « *De gré ou de force, le tronçonnement du Canada s'en vient ; nous n'aurons pas à l'opérer ; nous avons plutôt à le prévoir, à en prédisposer les cassures et l'on serait mal venu, voire injuste, de nous en incriminer* ».

La pensée sociale de l'Église s'affirme durant cette période par les *Semaines sociales,* fondées en 1920 par un Jésuite, le père Joseph-Papin Archambault. C'est une imitation fidèle du modèle français de l'époque. L'élite ecclésiastique et quelques laïcs les conçoivent comme une sorte d'université ambulante instituée pour faire connaître et appliquer les enseignements pontificaux. Ils privilégient entre autres le corporatisme ❷.

Des leaders laïques, s'inspirant des associations de fermiers dans l'Ouest, fondent en 1924 l'*Union*

❶ À ce sujet, voir le texte que Bruno Lafleur a écrit en introduction au livre du chanoine Lionel Groulx, *L'appel de la race.* Fides, Montréal, 1956 : 9 à 93.

❷ Il s'agit d'une doctrine qui préconise la réunion de tous les membres d'une même profession, d'une même industrie — patrons, techniciens et ouvriers — pour la protection de leurs intérêts respectifs et pour le bien commun. Le corporatisme s'oppose au syndicalisme et s'identifie au mouvement fasciste en Italie et en Espagne.

✎ Le triage du bois à Shawinigan.

catholiques des cultivateurs (U.C.C.). Pour la première fois, un mouvement s'appuie très fortement sur les aspirations d'un milieu social donné. Le clergé, par une série de manœuvres, transforme cette union en un mouvement d'éducation. Désormais, l'U.C.C. travaillera à maintenir les valeurs rurales traditionnelles.

Les frontières du Labrador

L'ajout de l'Ungava au territoire du Québec, en 1912, posait la question des limites entre le territoire québécois et la bande de terre appelée « Labrador » que Terre-Neuve réclamait comme sienne ❶. La chose a son importance à cause des puissantes forces hydrauliques et des richesses forestières que les deux gouvernements convoitent. En 1926, on porte le litige devant le Conseil privé de Londres. Comme Terre-Neuve est une colonie britannique et que le Labrador constitue une frontière internationale, le Canada a pour mission de défendre le Québec à Londres. Entre-temps, le trésor britannique a prêté 15 millions de dollars à une société chargée de construire une usine de pâtes et papier au Labrador. Comme l'entreprise est acculée à la faillite, le gouvernement anglais s'en remet au Conseil privé. Il se trouve que 2 des 5 lords-juges sont requérants dans cette faillite. Ils octroient donc le Labrador à Terre-Neuve, lui accordant une superficie de 288 270 km^2. Le Québec tentera par la suite de ne pas reconnaître ce jugement du Conseil privé.

---

❶ Le Québec demande que la frontière soit fixée à 1,6 km de la limite des eaux tout le long de la côte de l'Atlantique ; Terre-Neuve prétend que sa compétence s'étend à l'intérieur du Labrador et que la ligne de partage des eaux est la frontière la plus logique et la plus naturelle. Voir Henri Dorion, ***La frontière Québec–Terre-Neuve, Contribution à l'étude systématique des frontières***. PUL, Québec, 1963. Aussi, Roger J. Bédard, ***L'affaire du Labrador***. Éd. du Jour, Montréal, 1968.

✎ Bûcherons des années 1930.

L'État s'affirme

Alors que l'État-providence est remis en question, il est intéressant de revenir sur les débuts des politiques sociales. C'est ce que propose Dennis Guest dans Histoire de la sécurité sociale au Canada *(Boréal, 1993) alors qu'on avait tendance à distinguer « les pauvres méritants des non-méritants ».*

Sur le plan politique, Lomer Gouin quitte l'arène provinciale pour aller rejoindre les libéraux fédéraux en 1921. Louis-Alexandre Taschereau lui succède au poste de premier ministre. Très tôt, il doit justifier l'intervention de l'État dans le domaine du bien-être social. Diverses institutions de bienfaisance lancent un cri d'alarme. « *Des 45 000 patients reçus dans les institutions en 1919, un tiers l'était à titre gratuit. Par suite de cet état de chose une crise sérieuse se produisit dans les institutions. L'hôpital Notre-Dame de Montréal déclare que si la ville n'augmente pas sa contribution, il se verra dans la « pénible obligation de fermer l'hôpital » et il n'est pas le seul dans ce cas ; l'hôpital Sainte-Justine, l'Institut des Sourdes-Muettes de Montréal, l'hôpital du Sacré-Cœur et la Crèche à Québec ont également des difficultés.* » ❶ L'État doit donc intervenir au moyen d'une loi qui « *permet aux hôpitaux désireux de s'en prévaloir de donner les secours médicaux nécessaires aux personnes défavorisées et répartit les frais en trois parties : un tiers au gouvernement provincial, un tiers à la municipalité où réside l'indigent et un tiers à l'institution d'assistance.* » À l'annonce du projet de loi, déjà des réserves sont formulées. Dès la sanction de la loi (19 mars 1921), c'est une véritable levée de boucliers. La plupart des journaux et des périodiques rompent en visière avec le principe de la loi. Le 13 janvier 1922, dans une lettre confidentielle au premier ministre, Taschereau, les évêques de la province demandent que des modifications soient apportées. Il faudra cependant attendre trois ans avant que l'un des amendements suggérés par Mgr F.-X. Ross soit retenu, adopté par l'Assemblée législative et sanctionné par le lieutenant-gouverneur. « *Tout contrat fait à compter du 15 mars 1924, avec une communauté religieuse catholique romaine doit recevoir l'approbation de l'ordinaire du diocèse dans lequel est située ladite communauté.* » Ce n'est pas suffisant pour vaincre toutes les résistances. Dans une lettre au premier ministre du Québec, Mgr Ross affirme qu'un ultime amendement serait nécessaire pour emporter l'adhésion des cinq évêques encore irréductibles. Le gouvernement se rend aux désirs de l'évêque de Gaspé et propose au Parlement une autre modification le 3 avril 1925. « *Dans l'application de ces règlements, comme dans le fonctionnement de la présente loi, lorsqu'il s'agit de communautés religieuses catholiques, rien ne pourra préjudicier aux droits de l'évêque sur ces communautés, ni à leurs intérêts religieux, moraux et disciplinaires.* » Les autorités religieuses remercient les autorités civiles et la loi de l'Assistance publique, malgré l'intransigeance d'Henri Bourassa, peut maintenant s'appliquer à toutes les institutions hospitalières de la province ❷.

En 1921, le gouvernement du Québec prend le contrôle de la vente de l'alcool. En effet, comme la fraude et la contrebande se pratiquent sur une grande échelle et que le Trésor perd des recettes importantes, Taschereau avance l'idée d'une régie des spiritueux. Québec sera le premier gouvernement en Amérique à étatiser la vente des boissons alcooliques. Au cours des années suivantes, la plupart des provinces canadiennes vont calquer la loi québécoise. À l'origine, le projet comprend non

---

❶ Voir Pauline Godbout, ***Étude de la législation sociale de la province de Québec (1921-1939)***. Thèse de maîtrise, Faculté des Sciences sociales, Université Laval, 1954 : 6 et 7.

❷ Voir Antonin Dupont, ***Les relations entre l'Église et l'État sous Louis-Alexandre Taschereau, 1920-1936***. Guérin, Montréal, 1973.

seulement la vente des vins et des spiritueux, mais aussi celle de la bière, ce qui soulève les protestations des chefs syndicaux. Le gouvernement abandonne alors l'idée d'étatiser la vente de la bière. Il doit aussi faire face à l'opposition de certains évêques et journalistes qui croient que l'État aurait intérêt à stimuler la vente de l'alcool. Le gouvernement passe outre et fait adopter (1921) une loi créant la Commission des liqueurs. Par la suite, la vente de l'alcool rapportera à l'État d'intéressants revenus.

Sans y voir nécessairement une relation de cause à effet, nous pouvons constater que, moins d'un an plus tard, Athanase David, secrétaire provincial, se fait le parrain d'une loi (26 janvier 1922) ayant pour objet d'accorder un prix annuel de 5000 $ «*pour encourager la production d'œuvres littéraires ou scientifiques*». Il fait également adopter (26 février 1922) une «*loi autorisant l'octroi de subventions aux collèges classiques et à certaines autres écoles* ». Par cette loi, sanctionnée le 8 mars 1922, chaque collège classique reçoit 10 000 $ par année. Un autre progrès en éducation, qu'il convient de signaler, est la loi de 1922 «*créant les écoles des Beaux-Arts de Québec et de Montréal*». Dans le but de venir en aide aux œuvres sociales et culturelles, les autorités provinciales emploient plusieurs moyens. Ainsi, par une loi sanctionnée le 20 avril 1924, le secrétaire de la province est autorisé à organiser «*une loterie pour fins éducationnelles et d'assistance publique*».

Pour faire échec aux syndicats américains et protéger les croyances religieuses de l'ouvrier canadien-français, le clergé encourage la fondation d'un grand syndicat confessionnel. La loi des syndicats professionnels, sanctionnée en 1924, est la première mesure législative procédant directement de la Confédération des travailleurs catholiques du Canada, créée en 1921. En effet, lors de la deuxième session régulière de son congrès de 1923, la C.T.C.C., par l'intermédiaire de son aumônier, l'abbé Maxime Fortin, avait présenté pour la première fois un mémoire qui allait devenir le

En 1919, le Québec compte une quarantaine d'usines reliées à la fabrication de la pulpe et du papier. Plus de 14 000 personnes y travaillent. Ici, des femmes préparent des chiffons qui serviront à la préparation de pâte à papier.

texte de base de cette loi. Il s'ensuit une reconnaissance du droit d'association et la légalisation des conventions collectives négociées par les syndicats incorporés en vertu de cette loi. Toutefois, cette mesure n'apporte pas beaucoup de changement dans la situation syndicale au Québec, car la C.T.C.C., seule à se prévaloir d'une telle loi, ne groupe qu'une très faible proportion des ouvriers québécois et, même si la loi reconnaît la convention collective, la négociation demeure facultative. Ainsi, la convention prend la forme d'un contrat ordinaire basé sur la libre volonté des deux parties [1].

Parmi les problèmes scolaires que doit résoudre le gouvernement Taschereau, celui des écoles juives est le plus épineux. Devant le nombre croissant d'enfants juifs fréquentant les écoles protestantes et à la suite des récriminations du conseil scolaire protestant, une commission spéciale d'enquête est formée. Le 27 septembre 1924, elle remet son rapport. Puis, pendant cinq ans et à la demande des parties intéressées, les différentes cours de justice sont appelées à donner leur avis jusqu'à l'opinion du Conseil privé du 2 février 1928. Suite logique à tous ces atermoiements, le gouvernement, en 1929, fait voter une loi qui permet de puiser, pour un an seulement, dans les taxes de la liste neutre, la somme de 300 000 $. Le 4 avril 1930, le lieutenant-gouverneur sanctionne une loi qui autorise la création d'un conseil scolaire juif sur l'île de Montréal. Il s'attire aussitôt la réprobation des milieux ecclésiastiques et le mécontentement de la minorité juive. Après des négociations longues et laborieuses entre les autorités religieuses, les représentants juifs et le gouvernement, le secrétaire provincial présente un nouveau projet de loi le 31 mars 1931. Ayant été agréé par les différentes parties et voté par l'Assemblée législative, il reçoit la sanction royale le 4 avril de la même année. Parmi les protagonistes, plusieurs regrettaient que la question des écoles juives n'ait pas été soumise, dès le début, au Conseil de l'Instruction publique.

Dans un essai concis et clair, Histoire de la santé au Québec *(Boréal, 1996), François Guérard présente un survol très éclairant de 350 ans. L'augmentation du nombre des hôpitaux et leur diversification s'accompagnent de l'organisation de la profession médicale. Les progrès de la médecine et le prestige qui en découle permettent aux médecins d'asseoir leur force comme groupe professionnel, d'autant plus que plusieurs d'entre eux siègent au Parlement. Enfin, complexification, alourdissement et bureaucratisation amplifient, selon l'auteur, le problème du manque de ressources.*

Dans le domaine de la santé, la création, en 1922, d'un service d'hygiène publique désigné sous le nom d'« unités sanitaires » est importante. La Fondation Rockfeller, organisme philantropique américain qui était convaincu que, en matière de santé rurale, ce système était le meilleur, en avait conseillé l'adoption au Québec. D'ailleurs, en 1929, cet organisme, grâce à un don de 35 000 $, défraie à 50 pour cent le coût des unités sanitaires.

Depuis quelques années, l'industrie de la pulpe connaît un essor remarquable. En 1928, le Québec fabrique 60 pour cent de la production totale de papier journal du Canada. Au même moment, éclate la crise du papier. La guerre des prix amenant la surproduction et la baisse des actions en bourse, Louis-Alexandre Taschereau, premier ministre, doit intervenir. Dans un premier temps, il rencontre les représentants des grandes compagnies, à Montréal, le 23 novembre 1928. Mais, pour dénouer la crise, le chef du gouvernement du Québec doit se rendre à New York, le mois suivant. Cette concurrence effrénée a pour résultat d'accentuer la concentration dans l'industrie du papier et de réduire, à cinq principaux groupes seulement, les producteurs de papier, vers 1930. En cette même année, le capital placé dans les papeteries de la province passe à 718 millions, de 32 millions qu'il était en 1920.

---

[1] Voir Alfred Charpentier, ***Cinquante ans d'action ouvrière : les mémoires d'Alfred Charpentier présentés par Gérard Dion***. PUL, Québec, 1971.

X • LA CRISE ÉCONOMIQUE (1929-1938)

Le krach et ses lendemains

Malgré une prospérité apparente dans le monde entier entre 1920 et 1929, un profond malaise social et économique subsistait. La baisse des prix agricoles à partir de 1926 était consécutive à une série de bonnes récoltes et aux ventes accrues de certaines denrées (viandes, laitage). Ces dernières désorganisaient les anciens marchés agricoles basés sur les céréales. Aux États-Unis, la baisse des prix était ressentie durement par les fermiers. En effet, ils s'étaient procuré à crédit de nouvelles machines aratoires et des biens ménagers. Maintenant, ils ne pouvaient plus faire face aux échéances de leurs créanciers, les banques ou les industriels. Dès lors, ils cessent de s'endetter, donc d'acheter, et les stocks s'accumulent.

✎ Lors d'une terrible inondation à Louisville dans le Kentucky, des Noirs font la queue pour se rendre à un centre de ravitaillement.

Des questions financières, extérieures aux États-Unis, contribuaient également à détériorer la situation économique. À compter de 1925, les capitalistes européens doutaient de la solidité du dollar américain. Au même moment, le franc se raffermissait. Aussi retirèrent-ils leurs fonds (capitaux et or) des États-Unis pour les accumuler en France. La prospérité américaine, aux prises avec le resserrement du marché et les difficultés financières, fut fortement ébranlée.

Le 24 octobre 1929, le krach du jeudi noir survient. La Bourse de New York s'effondre. On y enregistre une quantité exceptionnelle de ventes d'actions. Durant toute la matinée, Wall Street ne reçoit que des ordres de vente. Le nombre en est si élevé que personne ne songe à acheter une action qui, en une heure, peut perdre jusqu'à 15 pour cent de sa valeur. Cette crise financière s'étend rapidement au monde entier, le système économique de l'Autriche s'écroule. Puis, celui de l'Allemagne. La Grande-Bretagne est atteinte en juillet 1931. La France, par suite de sa stabilité monétaire, semble épargnée ; mais ses difficultés commencent en 1932. Dans tous les pays industrialisés, les produits non vendus s'amoncellent, les usines ferment, le commerce extérieur s'arrête. Les problèmes sociaux se multiplient. Le chômage et la misère gagnent toutes les classes de la société. L'intervention de l'État devient nécessaire et, du pur capitalisme, on passe au dirigisme. Aux États-Unis, en 1932, le démocrate Franklin D. Roosevelt succède à Herbert Hoover à la présidence. Sa politique du « New Deal » procède beaucoup plus de l'empirisme que d'une doctrine bien définie. Dans le domaine monétaire et bancaire, Roosevelt stabilise le dollar, abaisse le taux d'intérêt sur les prêts et réglemente la spéculation boursière. Il tente de hausser les prix agricoles pour permettre aux fermiers de vivre décemment et leur accorde des subsides. Dans le secteur industriel, il travaille à la création de nouveaux emplois, à la réduction des heures de travail et à la hausse des salaires. Le « New Deal » est très populaire, sauf chez les patrons de l'industrie, et permet à Roosevelt d'être triomphalement réélu en 1936. Tous les problèmes ne sont pas résolus pour autant. En 1940, il reste encore 8 millions de chômeurs sur les 14 millions de 1932. Seule la Seconde Guerre mondiale réussit à résorber presque entièrement le chômage, permettant aux États-Unis de réintégrer complètement le cycle de la prospérité.

La Grande-Bretagne ne se lance pas dans un dirigisme aussi prononcé que le « New Deal » américain. L'établissement d'un tarif douanier retient surtout l'attention, parce qu'il met fin à la longue tradition du libre-échange britannique. On contrôle le marché agricole et on accroît l'étendue des terres cultivées. Le développement d'industries nouvelles, la production d'électricité et la construction immobilière atteignent des résultats spectaculaires. Enfin, on va même jusqu'à nationaliser les transports municipaux de Londres et les lignes aériennes.

CANADA

L'économie en difficulté

Le Canada est un pays très sensible à la conjoncture économique internationale car sa prospérité repose sur trois produits seulement. Le blé et ses dérivés, la pâte et le papier et les métaux non ferreux représentent plus de la moitié des exportations qui, en quatre ans, tombent au niveau de 1914. Des millions de boisseaux de blé de l'Ouest ne trouvent plus d'acquéreurs. L'Europe cultive maintenant son blé. Le « Wheat Pool », ou cartel du blé, qui fonctionnait avec succès depuis sa fondation en 1922 est au bord de la faillite. De 1,6 $ qu'il est en 1929, le prix du blé descend à 38 ¢ le boisseau en 1932. Une forte diminution dans le transport des céréales force les chemins de fer de l'État et du C.P.R. à accumuler les déficits ❶. Dans les autres secteurs de l'économie, la situation est semblable. Le marché américain, par exemple, qui absorbait 80 pour cent de la production canadienne du papier journal, n'en achète plus que 30 pour cent.

Sur le plan politique, Mackenzie King, qui n'a pas pressenti la gravité de la crise, prononce en avril 1930 des paroles malheureuses. « Je ne permettrai pas, dit-il en substance, que le fédéral verse une pièce d'un cent pour de pseudo-secours aux chômeurs. » Il perd les élections aux mains du conservateur Bennett qui remporte 137 sièges. La représentation libérale est réduite à 88 députés ❷.

Les réponses à la crise

Aussitôt au pouvoir, Bennett hausse les tarifs douaniers en vue de protéger les industries et endiguer la crise. Face au problème aigu du chômage, les provinces prient le fédéral d'adopter des mesures sociales. L'État fédéral assume alors, conjointement quelquefois avec les provinces, des charges de plus en plus lourdes : primes de vente aux cultivateurs de l'Ouest, fonds de secours au cartel des céréales (20 millions de dollars en 1931), travaux publics, allocations aux chômeurs, aide financière de toutes sortes. Une commission d'enquête sur les prix et les conditions de travail, dirigée par le ministre du Commerce dans le cabinet Bennett, Harry H. Stevens, permet de corriger certains abus qui s'étaient introduits dans les industries et les grands magasins au préjudice de la clientèle et de la main-d'œuvre ouvrière. À partir de 1933, le commerce extérieur semble reprendre vigueur et le pays s'engage dans la voie du redressement économique.

Mais le chômage sévit toujours et le malaise engendre de nouveaux partis politiques. Tous rejettent sur Bennett la responsabilité de la crise et ne voient dans ses mesures qu'une politique d'expédients. Bennett tente de calquer son action sur celle de Roosevelt aux États-Unis en lançant un « New Deal » canadien. Stevens quitte les conservateurs et fonde le « Reconstruction Party ». Il désire freiner la libre entreprise, améliorer les conditions de travail de l'ouvrier et mettre sur pied des travaux publics. James S. Woodsworth fonde en 1932 le parti C.C.F. (Cooperative Commonwealth Federation). Ce parti demande la nationalisation des services de santé, la socialisation de tout l'appareil financier, l'amélioration du sort de l'agriculteur, l'adoption d'un code du travail et une nouvelle répartition de l'impôt. Le parti du « Social Credit », fondé par un pasteur de l'Alberta, William Aberhart, prétend dénouer la crise avec une distribution de dividendes mensuels aux citoyens. Les élections fédérales de 1935 portent au pouvoir King et ses libéraux (171 sièges).

La centrale hydroélectrique de Beauharnois a longtemps été la fierté des Québécois. Encore aujourd'hui, à proximité se trouve un immense aménagement paysager représentant le drapeau du Québec. T. D. Regehr a reconstitué les efforts des promoteurs dans une remarquable étude intitulée The Beauharnois Scandal : a Story of Canadian Entrepreneurship and Politics *(UTP, 1990). En effet, les défis n'étaient pas que techniques ou financiers, ils furent aussi d'ordre politique. Des autorisations étaient nécessaires de la part du gouvernement provincial (Taschereau) et aussi du gouvernement fédéral où les choses se gâtèrent. Voir* King et son époque *(La Presse, 1982) de Bernard Saint-Aubin.*

---

❶ De 1932 à 1939, l'agriculture ne peut sortir du marasme. Les conditions climatiques, la rouille (maladie végétale) et les sauterelles entraînent plusieurs mauvaises récoltes.

❷ Sur la crise, voir Michael Horn, ***The Dirty Thirties : Canadians in the Great Depression***. Copp Clark, Toronto, 1972.

Le parti conservateur essuie une dure défaite, ne conservant que 39 sièges. Le « Social Credit » (17) et le C.C.F. (7) obtiennent certaines victoires dans l'Ouest. Le parti de Stevens ne peut faire élire qu'un député.

Arrivé au pouvoir, le gouvernement de King, désirant sans doute légitimer les empiétements du fédéral, confie à la Commission Rowell-Sirois le soin d'étudier les pouvoirs respectifs des gouvernements provinciaux et du gouvernement fédéral. Le rapport des commissaires, publié en 1940, reconnaît à Ottawa le droit exclusif de pourvoir aux besoins sociaux. S'inspirant de ce rapport, King réclame, en retour des obligations contractées par le fédéral, l'abandon par les provinces des taxes sur les successions et les corporations. La Seconde Guerre mondiale ne devait que favoriser cette politique d'empiétement.

Le statut de Westminster (1931)

En 1926, le *Rapport Balfour* avait souligné plusieurs oppositions entre le texte de lois désuètes et la situation de fait créée par le traité de Versailles. Or « *les lois de l'Empire doivent être conformes aux faits de l'Empire* ». Un sous-comité de la Conférence impériale est chargé, en 1929, de trouver des formules pour faire disparaître les dernières restrictions légales à la parfaite autonomie des Dominions. Ses suggestions sont adoptées par la Conférence impériale de 1930 et sanctionnées, l'année suivante, par le Parlement britannique, sous le nom de « Statute of Westminster ».

Désormais, aucune loi votée par le gouvernement canadien ne pourra être désavouée même si elle vient en contradiction avec une loi britannique. Le Canada acquiert pleine liberté dans le domaine international : il peut nommer ses représentants à l'étranger et faire des lois de portée extraterritoriale. De l'ancien état de choses ne demeurent que le droit d'appel au Conseil privé, droit qui sera aboli en 1949, et l'incapacité juridique d'amender la Constitution. De plus, on établit la pratique de laisser au premier ministre du Canada le soin de désigner le gouverneur général. Rien ne s'opposera à ce que ce soit un Canadien [1].

La conférence économique impériale d'Ottawa (1932)

En 1932, se tient pour la première fois en dehors du Royaume-Uni une conférence impériale. Elle s'ouvre le 21 juillet, à Ottawa. À cette conférence sont représentés le Canada, la Grande-Bretagne, l'Australie, l'Union sud-africaine, la Nouvelle-Zélande, l'État libre d'Irlande, la Rhodésie du Sud, l'Inde et Terre-Neuve. Le gouvernement canadien conclut des ententes commerciales avec l'Afrique du Sud, l'État libre d'Irlande, la Rhodésie du Sud et surtout avec le Royaume-Uni. Il ne s'agit pas de permettre aux produits du Commonwealth d'entrer en franchise au Canada, mais plutôt d'établir une préférence tarifaire réciproque. La Conférence en adopte le principe. Le Canada confie à un office le soin de modifier les droits tarifaires en vue de faciliter le commerce avec les différents pays de l'Empire.

Les traités commerciaux de 1932 procurent de grands avantages au Canada ; les exportateurs et les producteurs rivalisent de zèle afin de satisfaire les exigences

---

[1] Le premier Canadien à occuper ce poste sera Vincent Massey, en 1952, lequel se fit surtout connaître comme président de la Commission royale d'enquête sur l'avancement des arts, des lettres et des sciences au Canada. Voir Michel Brunet, ***Canadians et Canadiens***. Fides, 1954 : 47-58.

de leurs clients britanniques. Par contre, le Canada ne peut consentir de dégrèvement tarifaire aux États-Unis qui, pour contrecarrer les accords d'Ottawa, concluent des ententes commerciales avec d'autres pays étrangers.

De retour au pouvoir en 1935, King, qui s'était toujours opposé aux accords de 1932, s'empresse de conclure une convention commerciale avec les États-Unis (15 novembre). Il veut par là rétablir les relations commerciales avec les voisins du Sud sur une base plus amicale. Il ne peut toutefois conclure un véritable traité de réciprocité, étant donné le tarif préférentiel toujours en vigueur avec la Grande-Bretagne. La convention de 1935 est néanmoins une première étape vers la réduction des barrières tarifaires. Lors de la Conférence impériale de 1937, tenue à Londres du 14 mai au 15 juin, le premier ministre canadien renouvelle les accords de 1932, mais obtient quelques modifications permettant plus de liberté avec les pays étrangers. Il n'ose pas exiger davantage ; d'autant plus que l'Angleterre, tout comme la Société des Nations, voit ses positions politiques et économiques battues en brèche par l'Italie en Éthiopie, par le Japon en Extrême-Orient et par l'Allemagne qui se libère graduellement des servitudes du traité de Versailles. King ne veut pas aggraver la situation, mais, alléguant les nécessités de la politique internationale, il suggère l'élargissement des accords commerciaux unissant les pays du Commonwealth ; il propose une union commerciale Londres-Ottawa-Washington, afin de consolider le bloc des nations anglo-saxonnes. Cette entente tripartite est ratifiée le 17 novembre 1938. Le bloc économique ainsi formé représente une puissance formidable qui, dans l'esprit de chacun, constitue la meilleure garantie de paix. La Second Guerre mondiale démentira cependant ces espoirs.

En 1930, Taschereau fait voter une loi autorisant les Juifs à former leur propre commission scolaire. Ceux-ci ne s'entendent pas, la loi est abrogée. Une entente est renouvelée entre Juifs et protestants. Les mécontents opteront pour des écoles privées. Voir Arlette Corcos, Montréal, les Juifs et l'école *(Septentrion, 1997).*

QUÉBEC

Contexte de crise

En 1929, à la suite des nombreux surplus budgétaires, la situation financière du Québec est solide. La dette provinciale, insignifiante comparée à celle des autres provinces, s'élève à 84,2 millions en 1930. Le service de la dette occupe uniquement

Montréal. Pour du travail et pour du pain.

« Entre égaux, point de puissance maritale, d'autorité paternelle, de prérogatives fondées sur le sexe », osait écrire la journaliste Éva Circé-Côté… sous un nom de plume masculin (Julien Saint-Michel) ! Dans un petit livre alerte, Résistance et transgression. Étude en histoire des femmes au Québec *(Remue-ménage, 1995), Andrée Lévesque évoque la lutte des femmes à partir du discours de trois d'entre elles dont, outre celle déjà citée, Marie Lacoste-Gérin-Lajoie et Idola Saint-Jean. Leur lutte pour l'égalité des salaires et des droits civils suscite l'admiration.*

6 pour cent des dépenses. Mais la crise déséquilibre quand même le système économique du Québec. Elle frappe les exportations de bois et de papier et restreint l'activité commerciale et manufacturière des populations urbaines. De 1929 à 1930, le pourcentage du chômage chez les ouvriers syndiqués du Québec passe de 7,7 à 14. En Ontario, il va de 4,3 à 10,4. Devant ce fléau, une entente entre le fédéral et les provinces accorde aux municipalités une somme de 20 millions pour « *soulager directement les chômeurs* » ou mettre en chantier certains travaux publics. Cette mesure permet à 22 095 familles québécoises, soit 81 344 personnes, de bénéficier des secours gouvernementaux. De plus, « *Montréal a donné 178 659 couchers à des célibataires et servi 1 063 834 repas* ». Mais le taux de chômage chez les syndiqués monte à 19,3 pour cent en 1931. Celui de l'Ontario atteint alors 17,2 pour cent. Se référant au rapport des divers bureaux de placement, la *Gazette du travail* décrit la situation économique qui prévaut : « *On signale peu d'activité dans les mines. Chez les manufacturiers, on semble avoir un peu d'optimisme et on rappelle dans plusieurs industries les employés qu'on avait congédiés, ce qui semble de bon augure pour le futur quoique ne remédiant pas beaucoup à la situation présente. Il se fait très peu de construction dans la province, le gouvernement fournissant par contre de l'emploi, comme mesure d'assistance aux chômeurs. La plus grande partie de ce travail se fait sur la grande route Trans-Canada et certaines municipalités aident aussi dans leurs localités par des travaux de voirie et de construction d'égouts. Une activité raisonnable a régné dans le commerce* ». Une nouvelle législation s'impose. La loi de l'aide aux chômeurs de 1931 introduit la notion de *secours directs* qui comprend « *l'alimentation, l'habillement, le combustible et le loyer* ». Après entente, le gouvernement canadien et celui du Québec s'engagent à défrayer pour les chômeurs le coût de ces biens nécessaires. L'année suivante, le taux de chômage chez les ouvriers syndiqués du Québec monte à 26,4 pour cent. C'est là un sommet jamais atteint par la suite dans l'histoire du Québec. Pris de panique, les gouvernements ne savent où donner de la tête. Le 2 mai 1935, l'administration Taschereau vote la loi pour promouvoir la colonisation et le retour à la terre. On croit apporter ainsi une « *solution permanente et efficace* » aux problèmes nés du chômage. Mais cette solution se révèle illusoire.

La Commission Montpetit

Entre-temps, le gouvernement du Québec crée une commission chargée d'étudier un système d'assurances sociales pour la province. Cette commission doit passer en revue toutes les questions relevant de l'assistance publique, des assurances sociales et de l'hygiène industrielle. Le 2 octobre 1930, Édouard Montpetit en accepte la présidence. Gérard Tremblay, Alphonse Lessard, Georges-A. Savoy, Mgr Georges Courchesne, Fred G. Scott et John T. Foster l'assistent. Après plusieurs auditions publiques et un séjour en Europe, les membres de la *Commission d'assurances sociales de Québec* publient en 1933 un rapport qui ne manque pas de lucidité. Pour régler le problème de l'enfance, on recommande diverses solutions comme le placement, l'adoption, les orphelinats, la tutelle et les patronages. On propose aux législateurs d'adopter l'allocation aux mères nécessiteuses, l'allocation familiale, l'assurance du vieil âge, l'assurance-chômage et l'assurance-maladie-invalidité. La publication de ce rapport marque une date capitale dans l'histoire de la législation sociale québécoise, car maintes mesures subséquentes viendront en droite ligne de ses recommandations.

Les mouvements de pensées

Durant les années 1930, un vent de *révolution tranquille* souffle sur le Québec. *L'Ordre*, journal d'Olivar Asselin, fondé en 1934, exprime des besoins longtemps contenus. Il parle de la langue et de la culture canadiennes-françaises comme de réalités à vivre et affirme l'autonomie de la vie de l'esprit. Il tente d'établir une osmose avec la France contemporaine et prône des valeurs proprement démocratiques. D'autres journaux, comme *Le Clairon* (T.-D. Bouchard) et *Le Jour* (Jean-Charles Harvey), souhaitent une rénovation intellectuelle. *La Relève*, fondée en 1934, « *vit dans un climat de haute tension spirituelle et de raréfaction politique* » [1]. On y trouve Robert Charbonneau, Jean Hurtubise, Jean LeMoyne, Saint-Denys Garneau, Roger Duhamel, Jean Chapdelaine et Robert Élie. Certains collaborateurs européens sont des assidus : Daniel Rops, Jacques Maritain et Emmanuel Mounier. Cette revue travaille à un renouveau catholique au Québec. La revue *Vivre*, née à Québec en 1934, condamne nettement le capitalisme et « *plaide pour l'action radicale immédiate dans la société* ». Le mouvement *Jeune-Canada* naît en 1932 d'un *manifeste de la jeune génération* publié par l'*Association des étudiants de l'université de Montréal*. Il se caractérise surtout par un rejet des aînés sauf d'Édouard Montpetit, de Lionel Groulx et d'Esdras Minville, et par une opposition totale à la politique. Jean-Louis Gagnon, directeur de *Vivre*, a conscience de ce renouveau. Il écrit en mai 1934 : « *Depuis un an nous avons assisté dans le Québec à un certain nombre d'événements qui, isolés, ont une importance respective plus ou moins grande, mais dont l'ensemble manifeste à n'en pas douter, un large mouvement de renaissance nationale. Année d'abondance que ces derniers douze mois, la plus riche au point de vue intellectuel de toutes celles qui se sont succédé depuis la Confédération* ».

Sur le plan universitaire, des hommes comme Jacques Rousseau, Adrien Pouliot, le frère Marie-Victorin et l'abbé Alexandre Vachon sont les premiers professeurs à critiquer les insuffisances de l'enseignement secondaire traditionnel. En 1923, on avait fondé l'*Association canadienne-française pour l'avancement des sciences* (A.C.F.A.S.) qui espère grouper les sociétés savantes de langue française en Amérique.

Marie-Victorin, le poète éducateur *(Guérin, 1987) permet de mieux connaître celui qu'André Lefebvre se plaît à présenter comme un savant, un patriote et un pédagogue. La méthode suivie par l'auteur, lui-même un grand pédagogue, est personnelle et engagée ; le résultat est stimulant et enrichissant.*

[1] Voir à ce sujet Jean-Charles Falardeau, « La génération de la Relève », ***Recherches sociographiques***, t. 6, n° 2, 1965 : 123.

✎ Désœuvrement… et sérénité.

Quant à notre Confédération, nous lui disons merde, parce que c'est elle qui nous a conduits où nous sommes. Nos pères avaient des globules rouges dans les artères, nous, nous sommes supposés en avoir. Ça, les diplomates anglais ont fini par le comprendre et comme ils désespéraient de vaincre par la casse, ils nous ont offert le coquetel du bilinguisme. Perfidement, lentement, par des lois masquées, des mesures hypocrites, on a chloroformé les conducteurs de la caravane québéquoise et on a fait se désintéresser le paysan de l'instruction primaire. Si bien qu'après deux générations nos braves terriens en sont venus à concevoir de la haine pour tout ce dont ils n'aperçoivent plus la valeur immédiate. Le britannique savait que sans école il n'y a plus d'élite et sans élite plus de race.

Le temps venu on nous a IMPOSÉ l'Union, pour pouvoir après nous OFFRIR la Confédération. Voyage à Londres : on saoule les réticents, on flatte les autres, puis l'on signe. Cartier — Georges-Étienne, siré pour service rendus à l'empâââââââre — s'en va mourir en France. Ses compatriotes lui élèvent des monuments et Québec reste le cadet ignoré, le parent pauvre des provinces-sœurs. Le parent pauvre c'est une manière de s'exprimer, puisqu'à tous les ans — comme jadis pour payer les dettes de l'Ontario contractées à nos dépens — nous expédions par millions le capital acquis par notre travail, pour faire vivre les provinces de l'Ouest : provinces peuplées par les rastaquouères et les désaxés de l'Europe centrale.

Une idéologie scolaire réformiste aurait émergé au Québec dans les années 1930 entraînant une conception nouvelle de l'enseignant et de son rôle. C'est le point de départ de l'étude de M'hammed Mellouki intitulée Savoir, enseignant et idéologie réformiste. La formation des maîtres, 1930-1964 *(IQRC, 1989). Puis ce fut la réforme tout court qui a balayé enseignement classique et formation des maîtres (du moins dans les écoles normales).*

La tâche que nous avons entreprise est belle et grande, et nous voulons livrer, sinon *la guerre joyeuse*, du moins la guerre joyeusement. « Vivre c'est lutter. » Aujourd'hui nous luttons pour répandre nos idées qui ne sont pas toujours mauvaises et souvent bonnes ; demain nous lutterons pour défendre nos droits.

En attendant battons-nous, battons-nous bien.

(novembre 1935)

Nous serons les croisés du soleil.

Comme nous le disions à peu près en octobre dernier, nous avons fait le grand écart, nous irons jusqu'au bout, comme font les filles d'Arles quand elles prennent un galant. Naturellement il se trouvera des abrutis pour nous appeler défaitistes de la tradition, coupeurs de soutanes *et* coloniaux ingrats. *Mais ils peuvent venir, nous leur préparons une chaleureuse réception : surtout dans cette partie du corps « où le dos perd son nom ».*

Jamais on nous fera dire que les patriotes de '37-'38 étaient des impurs, et que les paternels de la Confédération étaient des cocos de génie. Depuis la conquête ceux qui s'appelaient les chefs de la race nous ont lâchés à qui mieux mieux. Avec une facilité et un plaisir extrême ils ont appris le jargon anglais et ont léché les pieds de ceux qui en 1760 brûlaient les manoirs et violaient les filles de ferme. Cela nous le savons, surtout nous nous en souvenons. Quant à être catholiques, nous le sommes comme furent Jehanne la bonne Lorraine, les Croisés de saint Louis et notre cher Péguy. Qu'on se le tienne pour dit, nous ne laisserons pas Pie X pour suivre… Marc Sangnier ! Enfin pour ce qui est des Saxons, nous voyons deux moyens de régler le différend :

1 — à la manière de Talleyrand.

Les Français et les Anglais doivent être unis comme le cheval et le cavalier. Qu'on nous laisse faire le cavalier et la bonne-entente ça nous ira.

2 — à la manière de Jehanne d'Arc.

Les Anglais en Angleterre voilà la paix. Dans l'occurrence l'Ontario et l'Ouest canadien nous serviront d'Angleterre.

> En ’35 la jeunesse se divise en deux classes. La première s’étiole à mener une vie petite, bornée par des horizons au ras la terre et se tourneboule les esprits à chercher des dieux morts. L’autre offre la superficie totale de son épiderme à la vie et demande une destinée. Cette destinée la jeunesse la veut à tout prix. Elle tend vers elle comme les grands nénuphars de De Curel tendaient vers le soleil. C’est une question de vie ou de mort. De mort si nous nous laissons couler dans le vide, de vie si nous nous mettons à la recherche d’une destinée, à la recherche du soleil.

La Direction. [1]
(mars 1935)

L’immigration a longtemps été perçue comme une menace à la survivance des Canadiens français. Dans Le Devoir, les Juifs et l’immigration : de Bourassa à Laurendeau *(IQRC, 1988), Pierre Anctil explique comment le thème de l’immigration dans ce quotidien a peu à peu perdu son côté angoissant. L’arrivée d’immigrants, dont les Juifs, va entraîner une redéfinition du nationalisme.*

Renouveau politique

Au niveau politique, Philippe Hamel, dentiste de Québec, lutte contre les trusts de l’électricité depuis 1929. « *Seule la nationalisation de l’électricité*, déclare-t-il, *peut mettre fin à la dictature du monopole de l’électricité et électrifier à bon marché les villes et les campagnes* ». Chiffres en mains, il tente de convaincre la population de la rentabilité d’une telle politique. Parmi les entreprises du trust qu’il dénonce, figurent la Montreal Light Heat and Power, la Shawinigan Water and Power, la Montreal Island Power, la compagnie du Pouvoir du Bas Saint-Laurent et surtout la Beauharnois Light Heat and Power. Le 18 janvier 1937, lors d’une allocution à l’école du Plateau de Montréal, Arthur Laurendeau dira de Philippe Hamel : « *Si le Québec devient un État catholique, peut-être même un État français, le docteur Hamel aura été l’un des initiateurs, l’un des fondateurs de cet État* ».

En 1933, un groupe de Jésuites de l’École sociale populaire de Montréal et un certain nombre de laïcs rédigent un *Programme de restauration sociale*. « *L’État, dont le rôle est de protéger les droits et les libertés légitimes, ceux surtout des faibles et des indigents, et de promouvoir le bien commun, doit intervenir par des mesures législatives pour mettre fin à la dictature économique et assurer une meilleure répartition des richesses.* » Ils condamnent donc les abus du capitalisme, préconisent l’adoption du corporatisme et la suspension de l’immigration. Une longue liste de réformes financières, politiques, économiques et sociales suit cette déclaration de principes. Au nombre des signataires se trouvent Esdras Minville, maître à penser des nouveaux nationalistes, Alfred Charpentier, doyen du mouvement syndical catholique, Albert Rioux, président de l’U.C.C., Philippe Hamel, René Chaloult, V.-E. Beaupré, J.-B. Prince, Anatole Vanier et Arthur Laurendeau.

« Le Québec actuel n’est pas né soudainement avec la Révolution tranquille ; les changements qui l’ont modelé plongent leurs racines loin dans le passé » soutiennent René Durocher, Paul-André Linteau, Jean-Claude Robert et François Ricard dans Le Québec depuis 1930 *(Boréal, 1986).*

> Enfin, dirigeants de ma province et de Montréal, je vous en conjure, rendez-vous à l’évidence ; apprenez à connaître la perfidie du monopole de l’électricité. Cherchez donc à répandre dans toute la province les bienfaits de l’électricité.
>
> *Modernisez notre agriculture* par l’électrification rurale intense qui ne se fait que dans les pays où l’électricité est nationalisée. Rendez la campagne plus invitante pour notre jeunesse.

---

[1] La revue *La Direction*, fondée en 1934, est dirigée par Jean-Louis Gagnon et administrée par Philippe Vaillancourt.

Attirez des industries dans nos villes en offrant de l'énergie électrique à des prix défiant toute concurrence et réduisez le chômage dans la métropole.

Favorisez le développement de la petite industrie dans nos campagnes et dans les petits centres par l'électricité à bon marché. *Permettez la hausse des salaires dans l'industrie* et dans le commerce par la baisse de certains facteurs actuellement trop dispendieux dans le prix de revient, tel le coût de l'électricité.

La hausse des salaires de famine, ne l'oublions pas, est urgente pour la sécurité sociale comme pour la reprise des affaires.

Aidez au développement de nos mines, en empêchant que le trust de l'électricité épuise injustement le trésor des petites entreprises minières.

Aidez au développement de certaines mines qui demeureront inexploitées sans l'électricité à $9. ou $10. le c.v.

Attirez près de Montréal, grâce à vos ressources hydro-électriques immenses, des usines électro-métallurgiques et électro-chimiques qui ne fonctionnent qu'avec de l'électricité vendue à un prix très bas.

Manufacturez des engrais chimiques en utilisant l'azote de l'air par des procédés électriques, comme cela se pratique aux États-Unis.

En un mot voyez à ce que nos ressources naturelles, aujourd'hui dans les mains de quelques-uns, ne nous appauvrissent pas davantage. *Sortons de notre torpeur. Bannissons* de nos rangs, par des méthodes énergiques, tous ces exploiteurs qui menacent de faire de notre pays un brasier révolutionnaire, ces exploiteurs qui préparent déjà leur fuite en des pays plus sûrs pour leur propre sécurité, sans se soucier de l'incendie qu'allume leur cupidité [1].

On l'a souvent répété : l'Action libérale nationale aurait été flouée par Duplessis ! Paul Gouin aurait été ni plus ni moins qu'une victime ! Patricia Dirks en étonnera plus d'un dans The Failure of l'Action libérale nationale *(McGill-Queen's, 1991). Pour l'auteure, Gouin se révéla un bien piètre chef, tandis que Duplessis savait ce qu'il voulait. Peu attiré par les mesures libérales réformistes, il considéra plus rentable, électoralement parlant, de guerroyer contre Ottawa et les communistes.*

Pendant ce temps, à Montréal, Paul Gouin, fils de Lomer et petit-fils d'Honoré Mercier, est fort mécontent de l'administration libérale provinciale. En avril 1934, il quitte le parti avec Calixte Cormier, Jean Martineau et Fred Monk. Trois mois plus tard, le groupe montréalais et les disciples québécois d'Hamel fondent un parti, *l'Action libérale nationale* (A.L.N.). Leur manifeste puise largement dans le *Programme de restauration sociale*. « *Le conflit de juridiction entre les pouvoirs municipal, provincial et fédéral, la confiance aveugle que certains de nos dirigeants placent encore en des formules dont la crise a démontré le danger, l'influence néfaste de la caisse électorale, l'absence de collaboration entre nos hommes politiques et nos économistes, l'inorganisation publique retardent indéfiniment l'exécution des mesures les plus importantes et nous privent du plan d'ensemble qui seul nous permettra de remédier intelligemment à la situation.* » Pour dénoncer ces lacunes, Paul Gouin parcourt la province à compter du 12 août 1934, même si on ne prévoit pas d'élections immédiates. En un an, 119 assemblées électorales sont organisées et 37 causeries, radiodiffusées. Le thème de la libération économique et sociale des Canadiens français est sur toutes les lèvres.

Le 7 novembre, Maurice Duplessis, qui a succédé à Camillien Houde à la tête du Parti conservateur québécois, s'entend avec Paul Gouin pour faire front commun contre le *régime Taschereau*. Une alliance tactique au niveau des comtés doit empêcher les deux partis de se nuire. L'A.L.N. nommera 60 candidats et le Parti conservateur, 30.

[1] Voir Philippe Hamel, ***Le trust de l'électricité, menace pour la sécurité sociale*** (Conférence prononcée le 18 janvier 1937, à l'école du Plateau). Impr. du Devoir, Montréal, s. d.

Après la victoire, Duplessis deviendrait premier ministre et Gouin choisirait lui-même les membres du cabinet ❶. Le 25 novembre, le gouvernement Taschereau est réélu avec une mince majorité de 6 sièges. Les libéraux en obtiennent 48, l'A.L.N. 26 et les conservateurs 16. L'enquête sur les comptes publics qui se tient au printemps de 1936 révèle certains abus du gouvernement et contribue à affaiblir davantage le *régime Taschereau.* Face à une opposition aussi mordante, le chef libéral remet sa démission en juin 1936 et cède son poste à Adélard Godbout qui s'empresse aussitôt de dissoudre les chambres.

Louis-Alexandre Taschereau a siégé plus de 35 ans au Parlement québécois. Il a été premier ministre de 1920 à 1936. Favorable au capital étranger, il s'opposait toutefois à l'exportation de l'électricité de façon à garder les emplois au Québec. Responsable de plusieurs lois sociales, il eut souvent maille à partir avec l'épiscopat. Pour Taschereau, le pouvoir était un moyen non une fin, selon son biographe Bernard Vigod (Septentrion, 1996).

La rupture entre Gouin et Duplessis survient en juin 1936, alors qu'on s'accuse mutuellement d'avoir violé le *pacte de l'union sacrée.* Duplessis réussit à récupérer la majeure partie des disciples de Gouin et devient une figure de plus en plus populaire. Aussi peut-il affronter avec confiance les élections du 17 août 1936. L'*Union nationale* fait élire 76 députés et le parti libéral, 14 seulement ❷. L'*Action libérale nationale* mord la poussière ; c'est Duplessis qui a récolté le fruit de son travail et de ses campagnes passées.

La population voit dans ce résultat l'amorce d'une véritable libération. Cependant, Philippe Hamel, Ernest Grégoire, maire de Québec, et René Chaloult démissionnent quelques semaines plus tard, car le nouveau premier ministre n'entend pas nationaliser les trusts de l'électricité. Comme son prédécesseur, il croit aux vertus de l'entreprise privée.

De 1936 à 1939, l'administration de l'*Union nationale* vote certaines mesures de sécurité sociale. Dès 1936, le Québec suit l'exemple de la majorité des autres provinces canadiennes en adoptant une loi des pensions de vieillesse. Il en va de même pour l'assistance aux mères nécessiteuses en 1937. Dans le domaine du travail, la loi relative aux salaires des ouvriers reconnaît l'existence des syndicats. Celle des salaires raisonnables fournit une protection aux travailleurs syndiqués, car elle permet à l'État de fixer une échelle de salaires convenable. Toutefois, l'historien Herbert F. Quinn exprime de nettes réserves. « *La seule législation ouvrière importante durant le premier terme de l'Union nationale se résume à deux mesures, les bills 19 et 20, qui furent plus bénéfiques aux employeurs qu'aux employés. Elles durent faire face à une tempête de protestation venant du monde syndical. Le premier de ces bills accorda au gouvernement le pouvoir d'abroger ou de modifier à sa guise les conventions collectives librement consenties entre employeurs et employés et ce, sans aucune consultation avec les parties intéressées. Comme les intérêts financiers jouissaient de la sympathie du gouvernement, cette mesure pouvait signifier pour les syndicats la perte d'une échelle de salaires durement négociée. L'autre créait un office des salaires raisonnables qui fixait ceux-ci à un niveau moins élevé que ce que pouvaient obtenir les syndicats au moyen*

L'entre-deux-guerres, tel que vécu par les femmes, entre la norme et le hors-norme. Une page d'histoire des femmes proposée par A. Lévesque, La Norme et les déviantes. Des femmes au Québec pendant l'entre-deux-guerres *(Remue-ménage, 1989).*

---

❶ En 1929, Camillien Houde, maire de Montréal, avait été nommé chef du Parti conservateur. Son langage imagé et ses attaques féroces contre le Parti libéral plaisaient aux masses. Aux élections de 1931, même si les libéraux obtiennent 79 sièges et les conservateurs 11, ces derniers réussissent à diminuer le pourcentage de vote libéral. Maurice Duplessis succède à C. Houde. Voir Hertel Laroque, ***Camillien Houde***. Éd. de l'Homme, Montréal, 1961.

❷ C'est une des rares fois où un parti bénéficie d'une majorité à la fois dans les milieux urbains et ruraux.

Longtemps victime de la méfiance de l'Église, le Parti libéral, héritier des rouges, avait tout ce qu'il fallait pour bénéficier de l'effondrement du pouvoir de l'Église. Voir Vincent Lemieux Le Parti libéral. Alliances, rivalités et neutralités *(PUL, 1993).*

de la convention collective. Bien plus, un grand nombre d'employeurs abaissèrent leurs salaires au niveau fixé par l'office. » ❶

En 1939, une loi sur l'arbitrage des différends entre certaines institutions de charité et leurs employés interdit désormais toute grève dans ce secteur et dans celui des hôpitaux.

À la fin de septembre 1939, Maurice Duplessis annonce la tenue d'élections provinciales pour le 25 octobre. Depuis l'entrée du Canada dans la Seconde Guerre mondiale, il est confiant de battre les libéraux, car ces derniers, croit-il, devront se résigner à appuyer la conscription. Il plaide l'autonomie provinciale et dénonce les empiétements du fédéral dans des domaines de juridiction provinciale, par le biais des mesures de guerre. Godbout, durant sa campagne, reçoit un très fort appui des ministres libéraux fédéraux du Québec ❷. L'*Action libérale nationale*, toujours dirigée par Gouin, présente 56 candidats. Gouin accuse Duplessis d'avoir freiné la libération économique et sociale. Le 25 octobre, la population québécoise accorde la victoire au parti libéral de Godbout qui remporte 70 des 86 sièges. L'*Union nationale* doit se contenter de 15 sièges.

❶ Voir Herbert Quinn, ***The Union National, A Study in Quebec Nationalism.*** University of Toronto Press, 1963 : 78. Le texte cité a été traduit par les auteurs.

❷ Les députés libéraux à Ottawa, surtout Ernest Lapointe, participent activement à la campagne. Lapointe ne laisse pas le choix à la population. Ou bien elle élit Godbout et alors les fédéraux tentent de faire respecter la promesse de ne pas imposer la conscription ; ou bien elle choisit Duplessis et les libéraux du Québec démissionnent du cabinet fédéral.

✎ La prière en famille.

XI • DEUXIÈME GUERRE MONDIALE (1939-1945) ❶

Le déclin de la Société des Nations

La crise mondiale de 1929 avait eu de graves conséquences sur la politique internationale. Un climat de suspicion s'était introduit dans les relations entre les pays alliés. Après l'échec du projet de fédération européenne, ce fut celui de la conférence sur le désarmement (1932).

Pendant ce temps, l'Allemagne se relevait lentement de la situation dans laquelle l'avait placée le traité de Versailles. Elle se déclara incapable de continuer à payer les réparations de guerre et elle accéléra son réarmement. Le 23 janvier 1933, Adolf Hitler prend le pouvoir en Allemagne. C'est la fin des traités de paix et le commencement de l'ère des violences.

En mars 1933, le Japon quitte la S.D.N. qui ose condamner sa conquête de la Mandchourie. En octobre de la même année, mécontent des discussions en cours sur le désarmement, Hitler fait de même. Puis, répudiant le traité de Versailles, il rétablit le service obligatoire en Allemagne (1935) et occupe la Rhénanie (1936), zone démilitarisée en vertu du traité. Quelques mois après, Benito Mussolini, se moquant des sanctions économiques de Genève, complète son agression en Éthiopie par la prise d'Addis-Abéba, la capitale (mai 1936). Comme on refuse de reconnaître le *nouvel empire* du *Duce*, l'Italie abandonne à son tour la S.D.N. (3 décembre 1937).

Les grandes démocraties assistent, inquiètes et désemparées, à l'effondrement progressif de la Société des Nations. Face aux menées toujours plus audacieuses des dictatures, dont le bloc se soude sur l'axe Berlin-Rome-Tokyo, elles ne manifestent pas d'attitudes énergiques et sont vite dépassées par les événements.

La déclaration de guerre (1939)

Au début de 1938, Hitler passe à l'action : il annexe l'Autriche à l'Allemagne, ainsi qu'une partie de la Tchécoslovaquie. L'année suivante, malgré les promesses de la Conférence de Munich (septembre 1938), il occupe le reste de la Tchécoslovaquie et Mussolini s'empare de l'Albanie. Au Canada, l'opinion publique commence à s'alarmer ; les gouvernants s'interrogent sur la politique à suivre, advenant un conflit européen impliquant la Grande-Bretagne. Mackenzie King déclare que la participation éventuelle à une telle guerre exigera une décision du Parlement ❷.

En fait, la guerre est inévitable. Hitler la veut, il en a même fixé les débuts au 1er septembre ; sa première victime sera la Pologne. Par ailleurs, la politique des Alliés ne parvient pas à s'affermir et demeure maladroite. La volte-face de l'U.R.S.S., qui signe un pacte de non-agression avec l'Allemagne (23 août 1939), confirme l'imminence du danger.

Le Vatican, la Belgique, les États-Unis, les Pays-Bas et le Canada tentent d'intervenir ; rien ne peut plus retenir Hitler. La Pologne, refusant la rétrocession

---

❶ La structure de ce chapitre diffère de celle des autres pour une meilleure compréhension de la matière.
❷ Voir Michel Brunet, ***Histoire du Canada par les textes, II*** : 118-121.

du *couloir* de Dantzig à l'Allemagne, le dictateur impatient lance ses armées motorisées en territoire polonais (1er septembre 1939) ❶. Le 3 septembre, l'Angleterre et la France déclarent la guerre à l'Allemagne. Le gouvernement canadien convoque le Parlement et déclare officiellement la guerre à l'Allemagne le 10 septembre ❷. Le lendemain, le Parlement canadien vote des crédits de 100 millions de dollars pour les opérations de guerre ; 10 jours plus tard, on annonce la formation d'un corps expéditionnaire.

Les préparatifs de guerre

Sur l'Atlantique, les U-Boats allemands ont répandu la terreur durant la guerre. Est-il vrai que certains se sont aventurés dans le Saint-Laurent ? Ceux qui en douteraient peuvent lire le témoignage de James W. Essex qui a servi dans le golfe en 1942. Dans Victory in the St. Lawrence. Canada's Unknown War *(Boston Mills Press, 1984), il juge inacceptable l'ignorance des Canadiens à ce sujet. Michael L. Hadley a pour sa part consulté les sources allemandes et relate « a series of very effective U-Boat sorties » dans* U-Boats against Canada. German Submarines in Canadian Waters *(McGill-Queen's, 1985).*

Cette décision d'envoyer un corps expéditionnaire en Angleterre ne surprend personne au Canada. King et ses ministres s'étaient bien déclarés dans le passé « *contre la participation à toute guerre extérieure* », mais, depuis, la situation s'est considérablement tendue en Europe ; il n'est plus question que de « *défense de la liberté* » et de « *responsabilité du Parlement* » en la matière. Le major général A.G.L. McNaughton et le brigadier H.D.G. Crerar sont chargés de l'organisation et de la direction de la première division canadienne. Le recrutement se fait alors sur une base de volontariat.

Le Canada accepte de devenir le grand centre d'aviation du Commonwealth ; il lui faut construire 74 écoles d'aviation militaire, avec aérodromes et tout le matériel nécessaire à l'entraînement de 25 000 pilotes par année. Appelés à coopérer, les Canadiens souscrivent généreusement au premier emprunt de 200 millions de dollars lancé par le gouvernement. Le 26 février 1940, la radio d'État annonce l'arrivée en Angleterre d'un premier corps d'aviateurs canadiens (429 hommes).

L'offensive hitlérienne

Par les journaux et la radio, les Canadiens peuvent suivre, presque au jour le jour, les péripéties de la guerre en Europe, compte tenu évidemment des réserves imposées par la censure. La Pologne, envahie à l'ouest par les Allemands et à l'est par les Soviétiques, subit une fois de plus le partage de son territoire. En novembre 1939, l'U.R.S.S. attaque la Finlande qui doit céder une partie de son territoire après quelques mois d'une résistance courageuse (12 mars 1940). De son côté, Hitler occupe le Danemark et la Norvège. Pendant ce temps, les Alliés tergiversent, discutent et restent sur la défensive ; les Français, le long de la ligne Maginot ❸, et les Anglais, sur leur île.

Le 10 mai, toujours sans avertissement, l'armée et l'aviation allemandes s'abattent sur les Pays-Bas et la Belgique. Français et Anglais, abandonnant subite-ment leurs positions défensives, se portent au secours de leurs amis hollandais et belges ; mais des troupes de parachutistes allemands désorganisent les communi-cations derrière leurs lignes. Les unités blindées de l'armée allemande, se frayant un chemin à travers la Belgique, enfoncent le front français à Sedan, charnière de la ligne Maginot. Secondés par une puissante aviation, les chars d'assaut culbutent tout sur leur passage

---

❶ Le 25 août, King adresse des télégrammes exprimant ses espoirs de paix à l'Italie, à la Pologne et à l'Allemagne. Cette tentative aura été la première démarche officielle du Canada en vue d'influencer la situation européenne.

❷ Voir Michel Brunet, ***Histoire du Canada par les textes, II***: 122-127.

❸ Ligne de fortifications protégeant la frontière Est de la France.

et progressent à une allure effarante. Les Alliés, débordés, désorganisés, n'ont pas le temps de se ressaisir ; l'ennemi est aux portes de Paris. Le 10 juin, l'Italie déclare la guerre à la France aux abois, et, le 14, les troupes du *Führer* font leur entrée dans la capitale. Une semaine plus tard, le maréchal Philippe Pétain demande l'armistice pendant que le général Charles de Gaulle, dans un discours mémorable au peuple français, lance de Londres son premier appel à la résistance.

Les événements qui se déroulent en France à partir de 1940 ne laissèrent pas les Québécois indifférents. Éric Amyot a consacré à la question une étude fort révélatrice, Le Québec entre Pétain et de Gaulle *(Fides, 1999).*

La bataille d'Angleterre (1940)

Les Anglais réussissent de justesse à sauver leurs troupes du désastre. Talonnées par les Allemands, elles parviennent, en dépit d'un bombardement intense, à s'embarquer à Dunkerque : 338 000 hommes gagnent ainsi l'Angleterre entre le 29 mai et le 4 juin. Quelques jours plus tard, une division britannique et une brigade d'infanterie canadienne débarquent à Brest, mais elles sont rappelées aussitôt, les armées françaises ayant abandonné la lutte.

La France mise hors de combat, la position de l'Angleterre devient critique. De toute évidence, elle sera la prochaine victime de l'Allemagne. La première division

✎ Au cours de l'été 1940, le général A.G.L. McNaughton rencontre des officiers du Royal 22e Régiment commandé par le lieutenant-colonel P.E. Poirier.

Qui aurait cru que les Canadiens débusqueraient des espions allemands, déchiffreraient des codes japonais et vichyssois, épauleraient les États-Unis et la Grande-Bretagne, pour finalement posséder une des technologies les plus sophistiquées en matière de renseignement? « This is a book of many secrets », écrit John Brynen en présentant Best-Kept Secret. Canadian Secret Intelligence in the Second World War *(Lester, 1993).*

À propos de la conscription, Jacques Castonguay parle d'un effort de guerre étonnant et souligne qu'il y eu également d'autres personnes réfractaires à la mobilisation et à l'effort de guerre dans les autres provinces. Jacques Castonguay, C'était la guerre à Québec, 1939-1945, *Montréal, Art Global, 2003.*

canadienne, « *la seule force mobile immédiatement disponible* », est transformée en brigades à mobilisation rapide destinées à briser toute tentative de débarquement ou de parachutage de troupes ennemies. Cependant, pour une raison demeurée mystérieuse, Hitler retarde l'invasion qu'il avait sûrement projetée, permettant ainsi aux forces alliées d'organiser la défense des îles britanniques. Par la suite, ses projets d'invasion seront remis à plusieurs reprises, puis finalement abandonnés. Son aviation qui, seule, peut lui permettre un débarquement, pilonne sans répit les aérodromes, les bases navales et les centres vitaux de l'industrie anglaise. Le moral du peuple tient bon et la « Royal Air Force » inflige de cuisantes défaites à la « Luftwaffe » (l'aviation allemande). C'est pour le dictateur allemand un dur échec. Il se tourne alors contre les Soviétiques dans l'espoir d'abattre ensuite plus sûrement l'Angleterre.

1941

Déjà, Hitler s'était assuré le contrôle des trois pays danubiens : la Hongrie, la Roumanie et la Bulgarie. En avril 1941, la Yougoslavie et la Grèce passent rapidement sous le joug allemand. L'U.R.S.S. n'est pas aussi facile à mater. Après des succès spectaculaires, surtout en Ukraine, les armées allemandes échouent devant Moscou. Forcés de reculer, en dépit des ordres formels du *Führer*, les Allemands connaissent le froid intense des hivers russes et les humiliations de la retraite. L'invasion de l'Angleterre ratée, la campagne de Russie mal engagée et l'entrée en guerre des États-Unis laissent prévoir la tournure des événements.

Depuis le début des hostilités, les États-Unis s'étaient tenus à l'écart du conflit. Quoique neutres, ils concluent néanmoins avec le Canada, le 17 août 1940, un pacte défensif, l'*Accord d'Ogdensburg*. Ils fournissent aussi des armes aux pays en guerre avec l'Axe. L'attaque des Japonais sur Pearl Harbor (7 décembre 1941) rallie enfin l'opinion publique américaine et permet à Roosevelt de déclarer la guerre au Japon et à ses alliés l'Allemagne et l'Italie. Les Japonais, profitant de la supériorité acquise à la suite de leur raid ❶, s'emparent de Singapour, base anglaise réputée imprenable, et de Hong-Kong, petite île au large de la côte chinoise, appartenant également à l'Angleterre.

Trois mois à peine avant l'attaque du Japon, deux bataillons canadiens avaient été envoyés à Hong-Kong en réponse à une requête de la Grande-Bretagne qui désirait y renforcer sa garnison (12 600 hommes). Le jour de Noël, après 17 jours d'un combat inégal, Hong-Kong capitule : 290 Canadiens périssent en défendant la place et 493 sont blessés.

Outre Hong-Kong et Singapour, les Japonais occupent les États malais, la Birmanie, les Indes néerlandaises, les Philippines et plusieurs îles du Pacifique, dont Attu et Kiska, à l'extrémité des Aléoutiennes. De leur côté, les Allemands et les Italiens, commandés par le général Erwin Rommel, envahissent l'Afrique du Nord et progressent dangereusement vers l'Égypte et le canal de Suez.

---

❶ Les Japonais mettent huit cuirassés hors de combat à Pearl Harbor, ce qui représente la presque totalité de la flotte américaine du Pacifique. Seul le *Colorado*, qui se trouve en réparation aux États-Unis, échappe au bombardement. Les Américains mettront 15 mois à se relever de ce désastre. Certains historiens affirment que Roosevelt avait été informé de l'attaque nippone. Cet acte d'agression lui a permis de justifier l'entrée en guerre des États-Unis et de se gagner l'opinion publique.

La conscription au Canada

À la fin de 1941, l'effectif de l'armée canadienne outre-mer atteint près de 125 000 hommes qui tous avaient signé en qualité de volontaires. Le service militaire obligatoire existait au Canada, mais pour la défense du pays seulement ❶.

L'entrée en guerre des États-Unis, l'extension du conflit à travers le monde et certains événements survenus au Canada même font prévoir des faits nouveaux dans la politique de guerre du gouvernement King. Jusqu'alors, l'opposition, que Robert J. Manion dirigeait depuis 1938, s'était montrée un assez faible adversaire. Après sa défaite aux élections de 1940 ❷, le Parti conservateur fait appel à son ancien chef, le sénateur Arthur Meighen.

À la même époque, Ernest Lapointe, bras droit de King et chef incontesté des libéraux québécois, décède le 21 novembre 1941. Il avait fait accepter aux Canadiens français la participation à la guerre en leur promettant que jamais il n'y aurait de conscription. Le 24 juin 1940, le premier ministre King réaffirme solennellement : « *Le Gouvernement que je dirige ne présentera pas de mesure de conscription des Canadiens pour le service outre-mer.* » Le bill 80, du 30 juin 1941, sanctionne ces engagements. On y lit, à l'article 3, que « *le pouvoir de mobiliser les Canadiens ne peut être exercé pour le service militaire en dehors du Canada* ».

Telle est la situation au début de l'année 1942. Richard B. Hanson, chef du Parti conservateur en Chambre, en attendant que Meighen puisse se faire élire, réclame la conscription immédiate ; la presque totalité de la presse anglophone l'appuie ; certains libéraux, dont Mitchell Hepburn, premier ministre ontarien, en font autant. Lié par ses engagements, King annonce la tenue d'un plébiscite afin de s'en libérer, si telle est la volonté populaire ❸.

Sur ces entrefaites se tiennent deux élections partielles. La question de la conscription et du plébiscite est au centre de tous les débats. Dans Québec-Est, les électeurs ont préféré le candidat de King, Louis S. Saint-Laurent, même s'il est peu connu, au nationaliste Paul Bouchard. Dans York-South, Meighen ❹, qui symbolise l'effort de guerre total, est défait par le candidat pacifiste du parti C.C.F., J.W. Noseworthy.

Deux mois plus tard, le 27 avril, se tient le plébiscite. Les Canadiens doivent répondre par OUI ou NON à la question suivante : « Consentez-vous à libérer le gouvernement de toute obligation résultant d'engagements antérieurs restreignant les méthodes de mobilisation pour le service militaire ? » Le Québec répond NON dans une proportion de 71,2 pour cent. Les huit autres provinces donnent une majorité de OUI. Résultat global : OUI, 63,7 pour cent ; NON, 36,3 pour cent. Ce fut, au dire de l'économiste François-Albert Angers, un « *vote de race* » ❺.

Le 23 juillet 1942, le bill 80 est déposé. Par un vote de 141 à 45, le gouvernement obtient sa *liberté d'action*, ce qui équivaut à un vote pour la conscription. L'affaire

Les auteurs racontent brièvement, mais avec clarté, comment des mesures coercitives se sont progressivement mises en place à partir de 1940. Ils soulèvent les dimensions culturelles et linguistiques qui expliquent la réticence des Québécois à s'engager dans l'armée : ils sont moins informés sur ce qui se passe outre-mer et l'administration militaire est essentiellement anglophone. Malgré tout, plusieurs s'enrôleront (en plus grande proportion que pendant la Grande Guerre) pour échapper au chômage persistant et par goût de l'aventure. Paul-André Linteau, René Durocher, Jean-Claude Robert et François Ricard, Histoire du Québec contemporain : le Québec depuis 1930, *Montréal, Boréal, 1989, nouvelle édition révisée : 146-149.*

❶ En vertu de la *Proclamation* du 30 juin 1941.

❷ Résultats des élections fédérales du 26 mars 1940 : 178 libéraux, 39 conservateurs, 8 C.C.F., 10 S.C. (Social Credit) et 10 de diverses factions politiques.

❸ *Discours du Trône* du 22 janvier 1942.

❹ John Bracken, premier ministre du Manitoba, est appelé à le remplacer à la tête du Parti conservateur.

❺ Voir André Laurendeau, ***La crise de la conscription***. Éd. du Jour, Montréal, 1962 : 119.

ne sera définitivement liquidée qu'en novembre-décembre 1944, lorsque King, à la suite d'un débat sur l'effort de guerre du Canada, doit envoyer 16 000 conscrits outre-mer.

Pour une histoire « vécue de l'intérieur » du débarquement de Dieppe et appréhender la Seconde Guerre mondiale à partir du regard d'un prisonnier voir : Jacques Nadeau et Martin Chaput, Dieppe, ma prison : récit de guerre de Jacques Nadeau, *Outremont, Athéna, coll. « Mémoire vive », 2008.*

À compter de juillet 1942, grâce à une entente entre Radio-Canada et un poste de radio de Boston, les Canadiens français adressent des paroles de confiance et d'espoir à la France vivant sous le joug allemand. Le 3 août, Adélard Godbout, premier ministre du Québec, demande à la France de ne pas désespérer.

Vous pouvez compter sur nous. Nous faisons joyeusement des sacrifices pour vous. Ici dans la province de Québec, terre française dans le cadre souple et flexible des bienfaisantes institutions britanniques, nous répondons avec empressement à tous les appels de l'État fédéral. Vous ne l'ignorez pas, mais j'aime à le proclamer et tiens à le répéter, c'est un régiment de chez nous qui, le premier dans notre pays, au début de la guerre, a complété son effectif. Il y a plusieurs régiments de Canadiens français, et nos frères et nos enfants sont nombreux dans les autres. Nous sommes en guerre sous le signe du recrutement volontaire. Tout récemment l'État a demandé pour l'armée 32 000 techniciens et spécialistes. Il a reçu plus de 60 000 offres de services. La région de Québec a atteint 122 % du quota fixé pour elle par les autorités militaires. Tous les Canadiens ont récemment souscrit près d'un milliard de dollars pour la victoire, quand on ne leur demandait que 600 000 000 $. Entre les deux guerres, quand votre devise monétaire atteignait sa plus haute valeur, il fallait 25 de vos francs pour acheter un dollar canadien. A ce taux, on nous a demandé 15 milliards de francs pour chasser les boches de vos villages ; les dix millions de citoyens canadiens en ont fourni près de 25 milliards. Ce n'était pas le premier emprunt qui servira à votre délivrance et il y en aura d'autres. Le nombre de nos soldats qui se sont engagés spontanément à traverser l'Atlantique, et à vous aider à vaincre les boches, équivaut à une armée française d'un million de soldats, à trois millions aux États-Unis. Et nos troupes en Angleterre brûlent du désir de traverser la Manche pour vous libérer. Pour ne pas fournir de renseignements utiles à Herr Hitler, je ne vous dirai rien de notre marine et de notre aviation. Je vous assure seulement que vous pouvez compter, pour votre délivrance, sur la valeur et l'efficacité de ces deux forces armées. Nos richesses naturelles, nos réserves économiques, nos industries, sont à la disposition de la Grande-Bretagne et de ses Alliés. Notre agriculture les ravitaille. Nous fabriquons des tanks, des canons, toutes sortes de munitions. Et nous souhaitons vivement que tous nos tanks servent bientôt à la libération de la France [1].

Desmond Morton sait écrire à la fois pour un public cultivé et pour les spécialistes. Par l'ampleur de ses travaux, il a beaucoup contribué au développement de l'histoire militaire du Canada. Dans Silent Battle. Canadian Prisoners of War in Germany, 1914-1919 *(Lister, 1992), il s'intéresse au sort de 3 842 Canadiens prisonniers des Allemands.*

Le raid de Dieppe

Le 18 août, 6100 soldats, dont les quatre cinquièmes sont Canadiens, s'embarquent à Portsmouth et à Southampton pour Dieppe, où ils doivent effectuer un raid important. Il s'agit là de la première opération d'envergure confiée aux troupes canadiennes.

L'opération, tenue secrète jusque-là, a pour but de renseigner les autorités sur l'état des défenses ennemies et sur les moyens les plus efficaces d'en triompher. Les

[1] Voir **_Le Canada parle à la France._** Service de l'information France Libre, Ottawa.

253 navires et embarcations diverses portant la petite armée d'invasion glissent silencieusement dans la nuit vers les côtes françaises. Tout va bien, lorsque, vers 3 h 47, un groupe d'embarcations donne en plein dans un convoi allemand, à quelque 10 ou 11 km des côtes. D'un côté comme de l'autre, la surprise est totale. Un violent combat s'engage entre les navires d'escorte ; on enregistre des pertes de part et d'autre.

Dieppe, 19 août 1942. Qui a autorisé ce malheureux raid ? Brian Loring Villa ne craint pas de pointer Winston Churchill et lord Louis Mountbatten. Pourquoi ? Les raisons les plus simples sont souvent les plus justes. L'auteur est sans pitié. Voir Unauthorized Action : Mountbatten and the Dieppe Raid *(Oxford University Press, 1989).*

Mais le plus grave, c'est que le raid est maintenant éventé : les défenses côtières de l'ennemi ont été alertées par le bruit du canon et la lueur des coups. Aussi, les occupants des péniches de débarquement sont-ils accueillis par les mitrailleurs allemands, lorsque, une heure plus tard, ils montent à l'assaut des falaises de Dieppe. En certains endroits, la place est littéralement balayée par le feu ennemi. Les victimes sont nombreuses. Quelques pelotons réussissent quand même à franchir la zone meurtrière ; d'autres parviennent, au prix de lourds sacrifices, à réduire au silence quelques nids de mitrailleuses.

Dans le ciel, les avions de la « Royal Air Force » sont aux prises avec ceux de la « Luftwaffe », pendant que les navires échangent des coups avec les batteries côtières. Le bruit est infernal. Les péniches, par vagues successives, continuent à déverser sur les plages hommes et matériel de guerre, aussitôt décimés par les balles et les obus ennemis. Toute la journée, les troupes tentent de réaliser les plans élaborés par les chefs militaires ; quelques objectifs seulement sont atteints.

Vers 9 h, il devient de plus en plus évident que le raid est un échec. Les chefs attendent encore deux heures, puis donnent l'ordre d'évacuer les lieux. Le rembarquement, au milieu des péniches, des canons et des chars d'assaut éventrés et renversés, s'avère une opération non moins difficile que le débarquement. De nouvelles victimes tombent. Des 4963 Canadiens embarqués la veille, 2210 seulement rentrent en Angleterre, dont 617 blessés.

Invasion de la Sicile

En dépit du raid désastreux de Dieppe, l'année 1942 marque un tournant dans la guerre. Dans le Pacifique, les Américains infligent une première défaite à la flotte japonaise, devant l'île de Midway (5 juin), et reprennent plusieurs îles, y compris Attu et Kiska dans les Aléoutiennes. Un contingent de 4800 Canadiens participe à cette dernière opération. De leur côté, les Russes réussissent à contenir les armées allemandes à Stalingrad ❶ dans ce qu'il convient d'appeler *la plus grande bataille de*

❶ Après un siège de 40 jours, la 6e armée allemande est prise au piège et doit se rendre avec ses 300 000 hommes (3 février 1943).

✎ Canadiens faits prisonniers par les Allemands lors du débarquement de Dieppe.

l'histoire. Enfin, les Américains, débarqués en Afrique le 8 novembre, s'unissent aux Anglais et aux troupes du général de Gaulle pour libérer le nord de l'Afrique. Sur tous les fronts, les Alliés sont passés à l'attaque.

Au début de l'année 1943, quelques Canadiens (environ 350 officiers et sous-officiers) participent à la campagne d'Afrique. Après trois mois de service, ils reviennent en Angleterre où toute l'armée canadienne bénéficie de leur expérience. Enfin, le 10 juillet, les Canadiens prennent part à une opération d'envergure contre l'ennemi. Ce jour-là, la plus grande flotte d'invasion encore jamais vue accoste au sud de la Sicile : 3200 navires partis, les uns d'Oran, d'Alger, de Tunis, de Bizerte ; les autres d'Angleterre et des États-Unis. Le général Dwight D. Eisenhower, commandant suprême des troupes alliées en Méditerranée, a préparé l'opération et en surveille l'exécution. Plus de 200 000 Britanniques, Américains et Canadiens débarquent en Sicile.

Bien appuyée par la marine et l'aviation, l'opération est un succès complet. Après 38 jours de lutte, toute l'île est conquise et les Alliés détiennent 200 000 prisonniers. À la fin de cette campagne, les Canadiens déplorent 2434 pertes de vie.

✎ Mackenzie King, Roosevelt et Churchill à la Conférence de Québec en août 1943.

Si on se bat sur le terrain, on s'affronte aussi dans les coulisses. Le 6 septembre 1945, un employé de l'ambassade soviétique à Ottawa (Gouzenko) révèle aux autorités canadiennes l'existence d'un vaste réseau d'espionnage. Mackenzie King panique ; Moscou s'excuse. L'affaire Gouzenko est un des nombreux événements qui permet à Denis Smith de présenter certains aspects de la guerre froide sous le titre Diplomacy of Fear – Canada and the Cold War, 1941-1948 *(UTP, 1988). Mackenzie King n'en finit pas d'étonner.*

Sous le titre L'impact de la Deuxième Guerre mondiale sur les sociétés canadienne et québécoise, *Serge Bernier du ministère de la Défense nationale a publié les actes d'un colloque tenu en novembre 1997.*

Invasion de l'Italie

La conquête de la Sicile n'est que la première phase d'une opération beaucoup plus importante : l'invasion de l'Italie. La chute de Mussolini, survenue 14 jours seulement après le débarquement en Sicile, est de bon augure. Le maréchal Pietro Badoglio, son successeur, traite secrètement avec les chefs politiques alliés, alors en conférence à Québec ❶.

Le 3 septembre, quatrième anniversaire de l'entrée en guerre de l'Angleterre, la 8e armée du général Bernard Montgomery, qui comprend toujours la première division canadienne, franchit le golfe de Messine et débarque sans encombre sur le continent. La résistance italienne est pratiquement nulle ; en certains endroits, les envahisseurs sont même accueillis à bras ouverts. Le 8 septembre, l'Italie se rend sans conditions. Mais la victoire n'est pas acquise pour autant.

Les Allemands, ayant prévu la défection de leur alliée, s'emparent de la plus grande partie du pays. Le roi Victor-Emmanuel III, le maréchal Badoglio et l'état-major italien se réfugient dans le sud, à Brindisi, pendant que Mussolini, délivré, prend la tête de l'Italie du Nord, sous la protection du *Führer* prêt à redresser le Duce à la moindre défaillance. Aussi, lorsque la 5e armée, formée de troupes britanniques et américaines, débarque non loin de Salerne (9 septembre), elle rencontre une vive opposition.

Il faut alors reconquérir lentement la péninsule, dont l'étroitesse et le relief accidenté favorisent les défenseurs. Partout, la résistance est acharnée ; lorsque l'ennemi retraite vers le nord, il défonce les routes et fait sauter les ponts. Les Canadiens livrent de durs combats à San Leonardo, à Casa Berardi et à Ortona, sur l'Adriatique. Le long de la mer Tyrrhénienne, les Alliés libèrent Naples le 1er octobre ; mais, en dépit de tous leurs efforts, ils ne peuvent atteindre Rome avant l'hiver.

Au printemps, l'avance vers le nord reprend sur toute l'étendue du front, et, le 4 juin 1944, les Alliés entrent triomphalement dans la Ville éternelle. Durant les mois qui suivent la chute de Rome, l'ennemi est refoulé jusque dans la plaine de Lombardie, au nord de la péninsule italienne. Les Canadiens sont toutefois appelés sur un autre front avant la libération complète de l'Italie.

Depuis le débarquement en Sicile, quelque 90 000 soldats et officiers de l'armée canadienne ont contribué à la victoire ; leur énergie et leur courage, souvent loués dans les dépêches, sont traduits éloquemment par le chiffre des pertes subies au cours de ces vingt mois de lutte : plus de 25 000 morts ou blessés.

Le débarquement en Normandie

Le 6 juin 1944, 2154 navires et péniches, protégés par 9000 avions, traversent la Manche et réalisent un sensationnel débarquement en Normandie. Malgré les fortifications allemandes, 250 000 hommes prennent pied en moins de 24 h. À l'œuvre depuis deux ans et éclairé par l'expérience de Dieppe, le quartier général allié a soigneusement préparé cette gigantesque opération qui aboutira, 11 mois plus tard, à la reddition de l'Allemagne.

Brillamment, Philip Morgan raconte la chute de l'Italie de Mussolini. Son ouvrage est un incontournable sur le sujet. Philip Morgan, The Fall of Mussolini Italy, the Italians, and the Second World War, *Oxford, Oxford University Press, 2007, 263 p. Lance Goddard raconte le parcours de soldats canadiens sur le difficile terrain de l'Italie. Plusieurs témoignages de soldats, quelques cartes et photographies enrichissent grandement les propos de l'auteur. Lance Goddard,* Hell and High Water Canada and the Italian Campaign, *Toronto, The Dundurn Group, 2007. Pour une vision critique et originale du débarquement de Normandie, voir : Terry Copp,* Fields of Fire : The Canadians in Normandy, *Univ. of Toronto, 2004.*

❶ King y reçoit sir Winston Churchill et le président Franklin Delano Roosevelt du 10 au 24 août 1943.

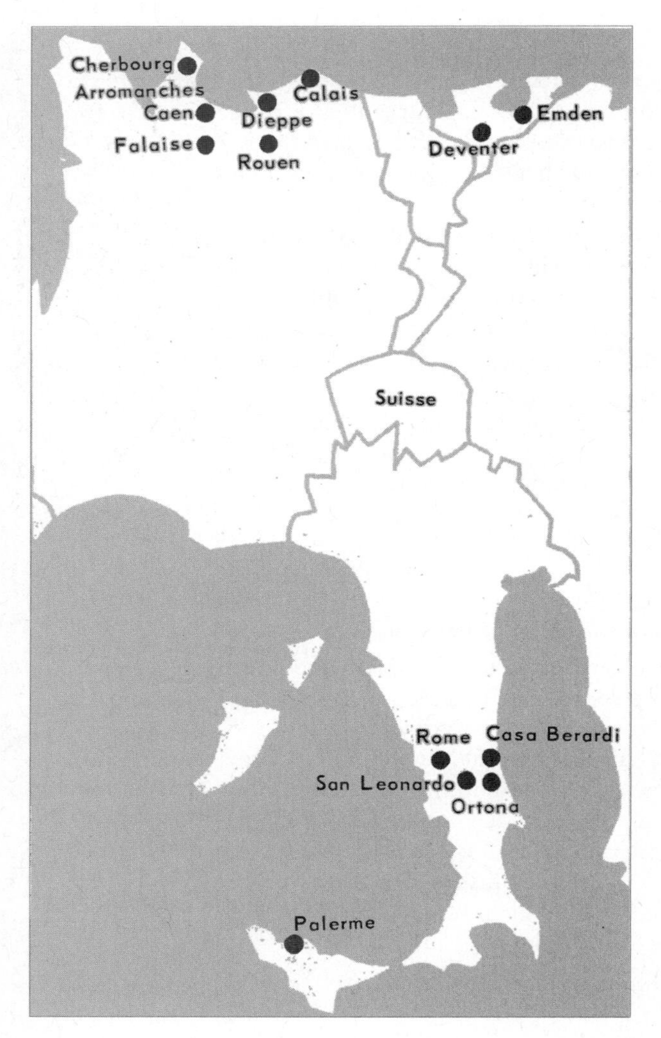

Le général Rommel, qui commande le secteur envahi, est pris par surprise. Voyant l'ampleur de la manœuvre, il réclame du secours ; mais Hitler attend un débarquement au Pas-de-Calais et refuse. Forcé d'abandonner ses défenses côtières, Rommel ordonne à ses troupes de se replier, mais les forces françaises de l'intérieur les gênent considérablement. Avec ses divisions britanniques et canadiennes, le général Montgomery les poursuit sans relâche en direction de Caen, pendant que l'armée américaine fonce vers Saint-Lô, à quelque 48 km plus à l'ouest.

Autour de Caen, la résistance ennemie se raffermit et, lorsque, finalement, les Canadiens et les Anglais réussissent à occuper la ville (9 juillet), ils la trouvent complètement dévastée.

Les Américains, de leur côté, s'emparent de Saint-Lô (18 juillet). Les Alliés occupent maintenant un espace suffisant pour accueillir de nouvelles troupes d'Angleterre et les divisions blindées nécessaires à une offensive majeure.

Le moment semble d'autant mieux choisi pour ce faire que l'ennemi éprouve des difficultés internes. Le général Rommel, blessé au cours d'un raid aérien (17 juillet), doit rentrer en Allemagne. Fortement désillusionné sur Hitler et sa façon de mener la guerre, il se laisse entraîner dans un complot qui aboutit à un attentat raté (20 juillet). Le *Führer* frappe durement les généraux suspects de complicité : Rommel est emprisonné ; beaucoup d'autres sont pendus ou fusillés.

Ses principaux stratèges éliminés, l'implacable dictateur ne peut, en dépit de tout son génie militaire, enrayer la poussée des armées alliées. Tour à tour, les pivots de la défense ennemie sont anéantis. Le 15 août, la première armée française du général Jean de Lattre de Tassigny et de nombreuses unités américaines débarquent au sud de la France et occupent Marseille et Toulon. Les Allemands, en retraite partout, tentent de regagner Dijon, la seule route d'accès qui leur reste vers l'Allemagne.

✎ Les Canadiens en Europe (1939-1945).

Au sud de Caen, les forces conjuguées des Alliés encerclent et prennent au piège les débris de quatorze divisions (près de 80 000 hommes). Un mince goulet, entre Falaise et Argentan, permet aux fantassins et aux divisions blindées ennemies de retraiter ; mais c'est pour tomber aux mains de l'armée canadienne du général Crerar. Dans les seules journées des 19, 20 et 21 août, les Canadiens font 12 000 prisonniers.

Le coup de filet de Falaise marque la fin de la bataille de Normandie. Elle a coûté aux Allemands 240 000 tués ou blessés et 210 000 prisonniers, sur environ 1 million de combattants ; sans parler de tout le matériel de guerre détruit ou abandonné. Quatre jours plus tard (le 25 août), la division française du général Leclerc entre dans Paris. Le commandant de la ville, von Choltitz, aux prises avec la Résistance, capitule immédiatement et livre la ville intacte, contrevenant ainsi aux ordres du *Führer*. Le soir même, de Gaulle est dans la capitale, où il réorganise le gouvernement ❶.

Le Canada a participé à la guerre de plusieurs façons : l'une fut d'accueillir des prisonniers de guerre allemands dans des camps dispersés sur le territoire canadien. Y. Bernard et C. Bergeron y ont consacré un livre fort bien présenté, Trop loin de Berlin *(Septentrion, 1995).*

L'effondrement de l'Allemagne

Après leur victoire en Normandie, les Alliés ont tôt fait de libérer la France et la Belgique. L'armée canadienne, à qui l'on a confié le nettoyage des ports de la Manche, occupe successivement Rouen, Dieppe, Le Havre et Calais. Les Anglais libèrent Bruxelles et Anvers. Plus à l'est, près de Dijon, les Américains opèrent leur jonction avec l'armée d'invasion venant du sud (13 sept.) et achèvent la libération du territoire français.

Les difficultés de ravitaillement retardent un moment la progression des Alliés. Les Canadiens occupent Dunkerque, Ostende et Bruges, mais l'ennemi regroupe ses forces le long de l'Escaut, à la frontière de la Hollande. Le général Montgomery lance alors des troupes aéroportées derrière les lignes ennemies. Prises entre deux feux, les positions allemandes sont finalement emportées jusqu'aux rives du Bas-Rhin, que les troupes d'élite de Hitler ont mission de défendre jusqu'au dernier homme. Une première attaque sur Arnhem échoue et le quartier général allié décide de laisser passer l'hiver avant de reprendre les hostilités. Une contre-attaque du général allemand von Rundstedt, en décembre, ne modifie pas sensiblement la ligne de bataille.

Le 8 février 1945, l'assaut final est déclenché sur toute l'étendue du front. Pendant que Roosevelt, Churchill et Staline s'entretiennent à Yalta sur le sort réservé à l'Allemagne, à l'Italie et au Japon, les armées alliées auxquelles se sont joints des

---

❶ Sur la participation des Canadiens à la Seconde Guerre mondiale, voir D.J. Goodspeed, ***Les forces armées du Canada***. Ottawa, 1967 : 111-207.

✎ Prisonnier allemand sous la garde d'un soldat canadien.

La guerre, la plus grande bêtise humaine. Deux survivants ont choisi de rompre le silence. Deux fortes personnalités. L'un fantassin, Charly Forbes et l'autre, pilote de bombardier, Gabriel Taschereau. Fantassin pour mon pays, la gloire et… des prunes *(Septentrion, 1994). Le titre donne le ton. L'autre,* Du salpêtre dans le gruau *(Septentrion, 1993) est fait de souvenirs d'escadrille. Quand on connaît la distance qui sépare l'aviation de l'infanterie…*

contingents polonais, tchèques, hollandais et autres, traversent le Rhin. Après une série d'attaques et de contre-attaques, les Canadiens réussissent finalement à occuper Arnhem, le 14 avril.

Partout, la voie est ouverte aux blindés alliés qui refoulent les armées allemandes toujours plus profondément dans leur territoire. À l'est, les Soviétiques rivalisent de vitesse avec les envahisseurs de l'ouest. Le 25 avril, ils opèrent leur jonction avec les Américains, coupant ainsi l'Allemagne en deux. Cinq jours plus tard, les premiers blindés soviétiques entrent dans Berlin. Hitler se terre dans son abri de la chancellerie pour ne plus réapparaître.

Berlin, qui n'est plus qu'un amas de décombres, capitule le 2 mai, en même temps que les villes nordiques de Hambourg et Lübeck. Le même jour, l'armée allemande d'Italie se rend aux mains du feld-maréchal Alexander. Mussolini, en tentant de s'échapper, a été capturé et exécuté par la résistance italienne quelques jours auparavant. Enfin, le 7 mai 1945, l'armistice est signé dans une école de Reims, et l'on proclame le 8 mai jour de la victoire en Europe.

En Extrême-Orient, la résistance du Japon se prolonge encore quelques mois. Chassés de la Birmanie par lord Mountbatten et des Philippines par le général américain Douglas MacArthur, battus sur terre et sur mer, les Japonais refusent néanmoins de se rendre. Le président Harry S. Truman, successeur de Roosevelt, se croit alors justifié de recourir à une arme dévastatrice que les savants et les techniciens préparent depuis des mois dans le plus grand secret. Le 6 août 1945, date fatale pour la petite ville de Hiroshima, plus de 75 000 personnes sont anéanties dans l'éclair fulgurant de la première bombe atomique. Les Soviétiques, profitant du désarroi général, déclarent la guerre au Japon et envahissent la Mandchourie. Trois jours plus tard, la ville de Nagasaki est pulvérisée par une seconde bombe atomique. Littéralement abasourdi, le Japon capitule à la mi-août et, le 2 septembre, les délégués japonais signent l'armistice à bord du cuirassé *Missouri*, ancré dans la baie de Tokyo. C'est la fin de la Deuxième Guerre mondiale qui, en 6 ans, a fait quelque 50 millions de victimes ❶.

Au cours de cette période, 1 086 771 Canadiens s'étaient enrôlés : 618 354 avaient été affectés au service d'outre-mer, dont 41 922 furent tués, 53 073 blessés, portés disparus ou non rapatriés.

CANADA

Une économie de guerre

La guerre pousse l'État à jouer un rôle de plus en plus grand dans l'économie du pays ❷. Les pouvoirs constitutionnels du gouvernement fédéral s'accroissent au détriment de ceux des provinces. Dès juin 1940, Ottawa adopte le National Resources

---

❶ Ce chiffre comprend non seulement les militaires, mais aussi les civils morts au cours des bombardements aériens ou dans les camps de concentration.

❷ Voir J.L. Granatstein, ***The Politics of Survival the Conservative Party of Canada, 1939-1945***. University of Toronto Press, Toronto, 1967.

Mobilization Act qui vise à propager l'idée d'un effort de guerre total. On crée également un ministère fédéral des Munitions et de l'Approvisionnement. On encourage l'entreprise privée à produire en vue de la guerre. À la fin de l'année 1944, le gouvernement fédéral a investi plus de 1 500 millions de dollars dans l'industrie de guerre. Durant le premier conflit mondial, la production canadienne se limitait surtout aux obus et aux armes légères. Maintenant, elle se diversifie, allant du char d'assaut aux verres optiques, du caoutchouc synthétique aux appareils de radar. Le Canada emploie 30 pour cent seulement de cette production, le reste servant aux Alliés.

Comment faire pour joindre les deux bouts en temps de crise? C'est ce que nous apprend Denyse Baillargeon dans Ménagères au temps de la Crise *(W.-Laurier, 1999).*

Le contribuable canadien, soumis à une lourde taxation, doit défrayer le coût de cet effort de guerre. Très tôt, les provinces quittent le champ de l'impôt sur le revenu des particuliers et de la taxe sur les entreprises au profit du gouvernement fédéral. Ce dernier s'engage par contre à remettre des subsides aux provinces. Après la laine, le sucre, le cuir, le bois, l'acier et l'huile, le rationnement s'étend à tous les articles de consommation courante. Les Canadiens souscrivent plus de 12 milliards de dollars pour l'achat de bons de la victoire Malgré cette contribution des citoyens, la dette fédérale à la fin de la guerre est de 13 milliards de dollars, soit 4 fois plus élevée qu'en 1939.

CALENDRIER DES COUPONS DE RATIONNEMENT DU CONSOMMATEUR

FÉVRIER

VALEUR DES COUPONS
SUCRE • 1 livre
THÉ • 2 onces
CAFÉ • ½ livre
BEURRE • ½ livre

DIM.	LUN.	MAR.	MER.	JEUDI	VEN.	SAM.
31 janvier Coupons de beurre 42, 43, 44, 45 Coupons de viande 30, 31, 32, 33, 34 Expirés		1	2	3 Coupons de sucre 25, 26 Coupons de conserves D12, D13 Coupons de beurre 48, 49 Coupons de viande 37 Valables	4	5
6	7					

CALENDRIER DES COUPONS DE RATIONNEMENT DU CONSOMMATEUR

MARS

VALEUR DES COUPONS
SUCRE • 1 livre
THÉ • 2 onces
CAFÉ • ½ livre
BEURRE • ½ livre

DIM.	LUN.	MAR.	MER.	JEUDI	VEN.	SAM.
On distribuera le carnet de rationnement no 4 au cours de la semaine du 27 mars au 1er avril.			1	2 Coupons de sucre 27, 28 Coupons de conserves D14, D15, D16 Coupons de beurre 52, 53 Coupons de viande 41 Valables	3	4
5	6	7	8	9 Coupons thé-café E3, E4 Coupons de viande 42 Valables	10	11
12	13	14	15	16 Coupons de viande 43 Valables	17	18
19	20	21	22	23 Coupon de beurre 54 Coupons de viande 44 Valables	24	25
26	27	28	29	30 Coupon de sucre 29 Coupon de beurre 55 Coupons thé-café E5, E6 Coupons de viande 45 Valables	31 Coupons de beurre 50, 51, 52, 53 Expirent Coupons de viande 39, 40, 41, 42 Expirent	

UN COUPON, DE CONSERVES EST BON POUR { 12 onces liquides de confiture, gelée, marmelade, beurre d'érable, beurre de miel, sauce d'atocas ou fruits pour bars de rafraîchissements; ou 2 liv. de sucre d'érable; ou 20 onces liquides de fruits en conserve; ou 24 onces liquides (2 liv. net) de miel extrait; ou 2 rayons réguliers ou 2 liv. (net) de miel en gâteaux; ou 15 onces liquides de sirop de maïs, sirop de canne ou sirop melangé de table; ou 40 onces liquides (1 pinte) de sirop d'érable; ou mélasse; ou ½ livre de sucre.

QUÉBEC

La Ligue pour la défense du Canada

La conscription que le Québec répudie le 27 avril 1942 provoque au Canada un malaise identique à celui de 1917. Dès 1941, le Canada anglophone impose au Québec la loi de la majorité. La *Winnipeg Free Press*, le *Globe and Mail* de Toronto et l'*Ottawa Citizen* demandent qu'on mette le Québec au pas. Les qualificatifs pleuvent. Les Canadiens français sont des lâches, des traîtres et des racistes. En février 1942, Georges Pelletier, directeur du *Devoir*, Maxime Raymond, député de Beauharnois, J.-B. Prince, André Laureaudeau, Gérard Filion et Jean Drapeau fondent la Ligue pour la défense du Canada. Les directeurs de la ligue parcourent la province incitant la population à répondre NON au plébiscite sur la conscription. Les députés qui ne veulent pas

Les études sur l'histoire des femmes ne sont pas nombreuses; celles sur leur vie quotidienne lors de la guerre sont encore plus rares. D'où l'apport exceptionnel de l'ouvrage de G. Auger et R. Lamothe, De la poêle à frire à la ligne de feu *(Boréal, 1981).*

tenir leur promesse ❶ sont qualifiés de renégats et de *suiveux* par les Canadiens français. Le 27 avril, 71,2 pour cent des Québécois votent contre la mesure et les autres provinces y sont favorables à 80 pour cent. Le 23 juillet, le gouvernement fédéral, par la révocation de l'article 3 de la loi de mobilisation, peut maintenant imposer la conscription.

La guerre et la crise de la conscription ont longtemps relégué au second plan d'importants jalons de l'État-providence posés pendant cette période : l'école gratuite et obligatoire jusqu'à l'âge de 14 ans ou jusqu'à la 7e année (Godbout, 1943) ou un régime d'allocations familiales (Mackenzie King, 1944). Dans Aux origines sociales de l'État-providence *(PUM, 1998), Dominique Marshall scrute les interventions de l'État dans les secteurs de l'éducation et du bien-être pour la période allant de 1940 à 1955. Voir également* L'Évolution des politiques sociales au Québec, 1940-1960 *(PUM, 1988) de Yves Vaillancourt.*

La Crise de la Conscription

Dans son immense majorité, le Canada anglais — j'entends le Canada d'origine britannique — a voté OUI. Dans son immense majorité, le Canada français a voté NON. Les Néo-Canadiens, en particulier ceux d'origine allemande, se sont divisés, mais chez eux le vote négatif fut important.

Dans Québec, 56 comtés sur 65 ont donné au NON une majorité presque toujours énorme. Les seuls à s'être prononcés comme le demandaient le gouvernement King et les quatre partis fédéraux, sont des comtés montréalais (1).

Dans certains comtés canadiens-français, la proportion des NON est presque gênante à enregistrer : Beauce (97 %), Kamouraska (96 %), Nicolet-Yamaska (94 %), Bellechasse, Berthier-Maskinongé et Montmagny-L'Islet (ce dernier, comté de Godbout : 93 %), Chicoutimi (91 %), Québec-Montmorency (90 %), la ville de Québec (80 %), les comtés les plus canadiens-français de Montréal (Sainte-Marie, 80 % ; Saint-Jacques, 76 % ; Hochelaga, 75 % ; Saint-Denis et Mercier. 74 %, etc. [...].

Comment résumer ces statistiques ? D'après M. Angers, « le vote canadien-français est à 85 % *NON* dans l'ensemble du Québec, et de 80 % *NON* pour tout le Canada, y compris le Québec ».

Car voici le phénomène le plus étonnant : sans presque avoir été rejointes par la propagande de la Ligue, les minorités françaises du Canada ont donné, partout où elles forment un groupe important, une majorité au NON. Cela ressemble à un réflexe instinctif.

Nous avons ainsi vécu ensemble, par-delà les frontières provinciales et sociologiques, une heure d'unanimité comme nous en avons peu connu dans notre histoire. Et cette heure, grâce au plébiciste, s'est inscrite dans les statistiques officielles. De son côté, le Canada anglais a lui aussi manifesté son unité : il avait comme point de ralliement la poursuite d'un effort de guerre totale. Mais le Canada français refusait de se laisser bousculer.

(1) Et des comtés à majorités anglophones Mont-Royal (82 % de OUI), Saint-Laurent-Saint-Georges (81 %), Cartier (71 %), Verdun (63 %), Outremont (61 %), Sainte-Anne (59 %), Saint-Antoine-Westmount (59 %), Laurier (fédéral-57 %), Jacques-Cartier (55 %). En lisant ces pourcentages, on peut deviner la proportion des Canadiens français qui habitaient ces comtés ❷.

Le Bloc populaire

Au Québec, les adversaires de la conscription ne se comptent pas vaincus pour autant. Maxime Raymond fonde, en septembre 1942, le *Bloc populaire canadien* et André Laurendeau en devient le secrétaire général en janvier de l'année suivante. Ce parti

❶ Promesse qu'il n'y aurait plus de conscription.
❷ Voir André Laurendeau, ***La Crise de la conscription***. Éd. du Jour, Montréal, 1962 : 120-121.

dispose alors de l'appui d'hommes politiques expérimentés (Philippe Hamel, René Chaloult, Paul Gouin) et de jeunes ténors (Laurendeau, Drapeau et Michel Chartrand). Mais une grave maladie de Maxime Raymond et la dissension intérieure font perdre des adhérents au parti. De plus, comme ce dernier lutte à la fois contre les libéraux et l'Union nationale, il divise l'opposition anti-libérale. En février 1944, Raymond nomme Laurendeau chef provincial du Bloc. « *Mais les mois qui suivent sont pénibles ; étrange groupement qui prétendait unir les Canadiens français et ne réussit pas à rester uni ; bloc fissuré ; divisions inexplicables, [...] nous glissons vers le néant. On parle moins de conscription, la prospérité du temps de guerre s'est installée. Les jeunes soldats outre-mer ne sont-ils pas le prix dont il faut payer ce recommencement de bonheur domestique ?* »

Le gouvernement Godbout

Au pouvoir depuis 1939, le parti libéral, dirigé par Godbout, réalise certaines mesures de gauche. Sous l'inspiration de Télesphore-Damien Bouchard, le fougueux député de Saint-Hyacinthe, il accorde le droit de vote aux femmes en 1940 et il adopte la loi de l'instruction obligatoire en 1942. La même année, une modification à la loi des pensions permet désormais d'inclure parmi les bénéficiaires les fonctionnaires du gouvernement. C'est le premier pas vers une reconnaissance de la fonction publique au Québec. À la suite d'une enquête sur les *hôpitaux d'assistance publique* et les *asiles d'aliénés*, le gouvernement institue en 1943 une commission qui aura pour tâche de préparer un plan universel d'assurance-maladie. En 1944, les libéraux étatisent la Montreal Light Heat and Power Co. et créent la Commission hydroélectrique de Québec (Hydro-Québec).

Malgré ces nombreuses réformes, le parti libéral a le malheur de gouverner en temps de guerre. Le Bloc populaire et l'Union nationale lui imputent les méfaits de la conscription et de la politique centralisatrice du gouvernement fédéral. De plus, avant de déclencher les élections provinciales de 1944, Godbout, dont le parti s'appuie sur les urbains, néglige de réformer la carte électorale qui favorise les ruraux. Avec 38 pour cent du vote populaire, l'Union nationale triomphe dans 48 circonscriptions. Godbout recueille 40 pour cent des suffrages mais ne remporte que 37 sièges. Le Bloc populaire ne fait élire que 4 de ses candidats, bien qu'il ait obtenu 14 pour cent des votes.

Le 11 août 1943, Godbout accueille Churchill à Québec. Photo tirée de la biographie que Jean-Guy Genest a consacrée à Godbout (Septentrion, 1996).

XII • MAURICE DUPLESSIS PREMIER MINISTRE (1944-1959)

Le contexte international

Le droit de vote est accordé aux femmes en France en 1944, soit 4 ans après le Québec, mais plus de 30 ans après le gouvernement fédéral canadien. Voir le survol fort intéressant de Micheline Dumont dans la revue Cap-aux-Diamants, *nº 100 : « L'Histoire des femmes n'est pas un "roman" ». Voir aussi : « Québec, 400 ans. Une histoire au féminin »,* Cap-aux-Diamants, *nº 95.*

La victoire remportée dans un effort commun a rapproché les peuples vainqueurs. La découverte des atrocités commises dans les camps de concentration nazis soulève l'indignation générale. D'un commun accord, on convient de traiter les chefs nazis comme des criminels de guerre.

Bientôt les relations se tendent au sein de l'O.N.U., l'organisme qui a remplacé la Société des Nations ❶, et les nations alliées se partagent en deux blocs : d'un côté, l'U.R.S.S. et ses satellites, Pologne, Hongrie, Tchécoslovaquie, Bulgarie, Roumanie, etc. ; de l'autre, les Occidentaux, États-Unis, Angleterre, France et les nombreux pays réfractaires à toute propagande communiste.

Chaque bloc manœuvrant pour étendre sa zone d'influence, des troubles ne peuvent manquer d'éclater. L'Indochine, la Chine et la Corée sont tour à tour le théâtre de luttes fratricides qui, dans chaque pays, compromettent l'unité nationale. Dans la ville de Berlin, que les quatre grandes puissances administrent par l'intermédiaire d'une commission de contrôle, le conflit armé est évité de justesse, mais non la scission.

Dans les années qui suivent, la guerre froide qui paralysait l'action de l'O.N.U. est atténuée par la politique de *coexistence pacifique*, surtout après la mort de Staline (1953). La formidable puissance de destruction développée par les Américains et par les Russes rend improbable une guerre atomique où chacun des belligérants serait perdant.

CANADA

La fin du gouvernement King

Avec leur nouveau chef, John Bracken, qui pendant 20 ans a dirigé la législature manitobaine, les conservateurs espèrent s'emparer du pouvoir aux élections de juin 1945. Mais, des 245 sièges à pourvoir, ils n'en obtiennent que 67 dont 48 en Ontario. Le parti C.C.F. compte 28 députés, soit plus qu'il n'en a jamais eu ; malgré tout, ce parti ne connaît pas le succès escompté. Les libéraux d'ailleurs ne se sont pas gênés pour adopter certaines mesures sociales préconisées par le C.C.F. et désamorcer ainsi les revendications de la gauche. C'est le cas par exemple de la loi des allocations familiales votée en 1944.

Les Québécois, qui ont pourtant élu Duplessis en août 1944, votent en bloc pour son rival politique, King. Ils ne sauraient accorder leur confiance au parti

---

❶ L'Organisation des Nations Unies avait été dotée d'une charte en juin 1945 lors de la Conférence de San Francisco. Cinquante et un pays, dont le Canada, avaient alors signé cette charte. En mai 2000, il y a 188 pays membres.

conservateur qui, considèrent-ils, a amené King à imposer la conscription. Le *Bloc populaire*, bien qu'il offre la possibilité de détenir la balance du pouvoir, n'obtient pas non plus la faveur des électeurs. Ce parti, même s'il a obtenu plus de 10 pour cent du suffrage québécois, ne fait élire que deux candidats : Maxime Raymond, son chef, et René Hamel. Les Québécois comptent plutôt sur Duplessis pour assurer l'autonomie provinciale contre les empiètements du fédéral.

Le parti libéral triomphe donc, mais son chef connaît la défaite dans le comté de Prince-Albert (Sask.). Moins de deux mois plus tard, King revient toutefois au Parlement comme député de Glengarry (Ont.). Fatigué par les dures années de guerre, le chef libéral — il a 71 ans — laisse de plus en plus la direction des affaires de l'État à ses deux principaux lieutenants, Louis Stephen Saint-Laurent et Clarence Decatur Howe. Trois ans plus tard, King démissionne ; il a été 29 ans chef du parti libéral et 21 ans premier ministre du Canada. Saint-Laurent est choisi pour lui succéder.

À la même époque, les conservateurs font appel à George A. Drew, premier ministre de l'Ontario, pour remplacer Bracken, démissionnaire ; c'est leur cinquième chef depuis le départ de Bennett en 1938 ❶. Drew n'a pas plus de succès que son prédécesseur ; aux élections du 27 juin 1949, les libéraux, dirigés par Saint-Laurent, s'emparent de 190 sièges, tandis que les conservateurs ne font élire que 41 des leurs.

L'élite anglo-protestante de Montréal a fait de cette ville une métropole financière de premier plan. Leur vie quotidienne ressemblait à un véritable conte de fée : bals, réceptions, loisirs… Puis, cette vie fastueuse s'est effondrée. Margaret Westley présente le portrait au jour le jour de la population anglophone aisée de Montréal et de son déclin : Grandeur et déclin : l'élite anglo-protestante de Montréal, 1900-1950 *(Libre Expression, 1990).*

Aspects financiers de la guerre

La guerre a coûté au Canada près de 21 milliards de dollars, sans compter les dons, prêts ou crédits consentis aux nations alliées pendant le conflit. Sur cette question, l'historien Michel Brunet rapporte : « *De 1939 à 1946, l'Angleterre a reçu du Canada, sous forme de dons ou en vertu du plan d'assistance mutuelle au bénéfice de nos alliés, plan adopté à la session de 1943, une aide financière et matérielle qu'on évalue à environ 4 milliards de dollars. Il faut ajouter à cette somme des prêts avantageux pour quelque 2 milliards de dollars, un prêt sans intérêt de 700 millions en 1942 et un prêt de 1,25 milliard de dollars en 1946. De plus, le Royaume-Uni a bénéficié de réductions appréciables sur le prix des vivres que le Canada lui a vendues pendant les premières années qui suivirent la fin des hostilités. Rappelons que les pays non britanniques ont reçu du Canada, grâce au plan d'assistance mutuelle, une aide évaluée à 210 millions de dollars.* » ❷

---

❶ Bennett se retire en Angleterre qu'il considère comme sa patrie ; il y devient membre de la Chambre des Lords.

❷ Cité par Michel Brunet, ***Histoire du Canada par les textes, II***: 134. Voir également M.C. Urquart, ***Historical Statistics of Canada***. Macmillan, Toronto, 1965 : 65. De son côté, Maurice Séguin affirme : « *La première grande guerre avait coûté au Dominion environ 1 milliard et demi de dollars, la deuxième grande guerre, près de 21 milliards. Depuis, la « défense nationale » coûte chaque année environ 1 milliard et demi. Certes, le Canada français est défendu, cependant être défendu par un autre, c'est une forme d'annexion. Une fraction de ces sommes colossales servent aux Canadiens français, mais le budget militaire sert avant tout au Canada anglais pour l'équiper et le développer. On touche ici à l'une des principales servitudes que subit le peuple minoritaire dans une union fédérale* ». À noter, l'unanimité récente des leaders politiques québécois pour réclamer la non-participation du Québec au budget de la *défense nationale*.

C.D. Howe, ministre de la Reconstruction

Au Canada même, la fin des hostilités suscite quelques problèmes d'ordre économique, mais dans l'ensemble la prospérité se maintient.

C.D. Howe, ministre de la *Reconstruction,* est le principal artisan du redressement de l'économie canadienne après la guerre. En qualité de ministre des Munitions, il a donné sa pleine mesure comme organisateur de la production de guerre durant les années 1940-1946. On a de nouveau recours à lui après le conflit.

Les industries qui, durant la guerre, étaient passées sous le contrôle de l'État, sont rendues à l'entreprise privée et la production reprend graduellement son cours normal. La main-d'œuvre ne manque pas, mais nombre d'ouvriers — hommes et femmes —, que les usines de guerre ont accaparés, doivent se réadapter aux exigences et aux occupations d'une économie de paix. Howe doit aussi faire face au problème du logement et de l'embauchage de tous les militaires rendus à la vie civile ❶.

Ces tâches sont menées à bonne fin, en dépit des nombreuses grèves qui paralysent temporairement certains secteurs de la production.

De 1945 à 1949, la construction de 270 000 habitations permet de réduire considérablement le nombre des chômeurs. Le Service national de placement ne peut toutefois satisfaire à toutes les demandes d'emploi et la caisse d'assurance-chômage, établie en vertu d'une loi datant de juillet 1941, doit venir en aide à plusieurs sans-travail. Howe crée aussi une Corporation des biens de guerre chargée de la liquidation d'une grande quantité de matériel, vêtements et fournitures de caserne, camions, avions, embarcations, machinerie, outillage, etc. Le système fonctionne si bien qu'il est adopté par les États-Unis.

C'est précisément au sujet des surplus de guerre que Howe est pris à partie en Chambre par les membres de l'opposition. On lui reproche d'avoir sacrifié des pièces d'équipement militaire de grande valeur à des prix dérisoires.

Un fait demeure cependant : en trois ans seulement, il a réussi à réorganiser la vie économique du Canada. Le pays occupe un rang enviable parmi les grandes puissances industrielles du monde. Nommé ministre du Commerce en janvier 1948, Howe accepte ce nouveau poste comme une récompense bien méritée.

Louis S. Saint-Laurent

Louis Saint-Laurent, le nouveau premier ministre, s'impose par sa bonhommie et son intégrité. Très tôt, on le surnomme *l'oncle Louis.* Son ascendance à la fois française et anglaise l'incite à travailler à la réalisation d'idéaux pancanadiens. Politiquement, son administration est l'héritière directe du gouvernement King ; les personnalités et les politiques ne changent pas fondamentalement. Sur le plan électoral, il adopte la stratégie du président américain Truman qui consiste à dire que la prospérité économique s'est installée au pays et que le parti libéral saura la maintenir. Il remporte ainsi de grandes victoires aux élections de 1949 et de 1953. Sous son administration, Terre-Neuve, dirigée par Joseph R. Smallwood, devient la dixième province canadienne (1949).

---

❶ Déjà, le Canada s'était occupé du rapatriement de ses troupes et de tous ses blessés de guerre. Il n'a laissé en Europe qu'une force d'occupation de 25 000 hommes.

La politique extérieure

Les années d'après-guerre amènent la *guerre froide* qui se caractérise par une sourde hostilité entre ce qui s'appelle désormais le *bloc occidental* et le *bloc communiste.* Le Canada sait alors acquérir un certain prestige au niveau international. Ainsi, le 4 avril 1949, il devient membre de l'*Organisation du traité de l'Atlantique nord* (OTAN). Ce traité pourvoit à la défense du *monde libre* sous le leadership de la France, de la Grande-Bretagne et des États-Unis. Cette participation signifie pour le Canada une nouvelle présence outremer et de lourdes obligations financières. En 1952, le ministre des Affaires extérieures, Lester Bowles Pearson, est élu président de l'assemblée générale des Nations unies. Le Canada obtient également un siège au Conseil économique et social et au Conseil de sécurité. Durant la guerre de Corée ❶, le Canada tente de mettre un terme aux hostilités. En 1955, on consacre la somme de 1,8 million de dollars au Plan Colombo. Ce programme, mis sur pied par le Commonwealth, cherche à réduire la marge entre les riches pays occidentaux et les nations orientales dépourvues. Lors de la nationalisation du canal de Suez par les Égyptiens en 1956, des troubles surviennent dans cette région. Pearson, le représentant canadien à l'O.N.U., suggère qu'on envoie sur place une force de paix pour rétablir l'ordre. Sa suggestion se révèle opportune et la tension se réduit entre Arabes et Israéliens. Il obtient en 1957 le prix Nobel de la paix.

En particulier sous l'influence de Lester B. Pearson, le Canada se fit le champion de la paix. Il contribua au maintien d'un dialogue entre l'Est et l'Ouest et atténua les divergences entre la France et les États-Unis. Voir Joseph Levitt, Pearson and Canada's Role in Nuclear Disarmament and Arms Control Negociations, 1945-1957 *(McGill-Queen's, 1993).*

❶ En juin 1950, l'armée de la Corée du Nord (communiste) franchit le 38e parallèle pour attaquer le gouvernement mis en place par les Américains en Corée du Sud. Immédiatement, les États-Unis envoient de l'aide militaire aux Coréens du Sud. Les Nations unies soutiennent l'intervention américaine et acceptent d'envoyer une *force* pour constituer une armée internationale sous commandement américain. Huit mille Canadiens se rendront ainsi en Corée. Le conflit se termine en 1954.

✎ L. B. Pearson, Louis S. Saint-Laurent et Paul Martin à la convention libérale de 1951. Voir Dale C. Thomson, Louis St-Laurent : ***Canadien, Le Cercle du livre de France,*** Montréal, 1968.

Les fonctions commerciales, la canalisation, l'évolution des transports, l'aménagement des rives, les conditions de vie des riverains sont autant de thèmes abordés par Jean-Claude Lasserre dans Le Saint-Laurent, grande porte de l'Amérique *(HMH, 1980).*

La question économique

La dépendance économique du Canada à l'égard des États-Unis s'accentue durant cette période. La prospérité se maintient. D'ailleurs, à partir de 1950, la guerre de Corée relance l'économie canadienne. À cette époque, les Américains prennent conscience de l'épuisement de leurs sources de minerai. Ils viennent donc s'approvisionner au Canada. Cette situation nouvelle permet d'atteindre un taux renversant de croissance économique qui se prolongera même après la guerre de Corée. La canalisation du Saint-Laurent qui doit permettre aux océaniques d'atteindre les Grands Lacs, hante les esprits depuis longtemps. Au Québec, ce projet a toujours suscité de sérieuses inquiétudes ; on se refuse à laisser aliéner ce qui est considéré comme un *héritage national* ❶. Cependant, au Canada en général, on y voit d'énormes avantages. En 1954, les Américains acceptent de participer à la construction de la voie maritime qui s'ouvre officiellement en 1959. Très tôt, elle connaît le succès escompté ; bien plus, le trafic sur les Grands Lacs est si dense qu'on songera en 1965 à élargir le canal Welland.

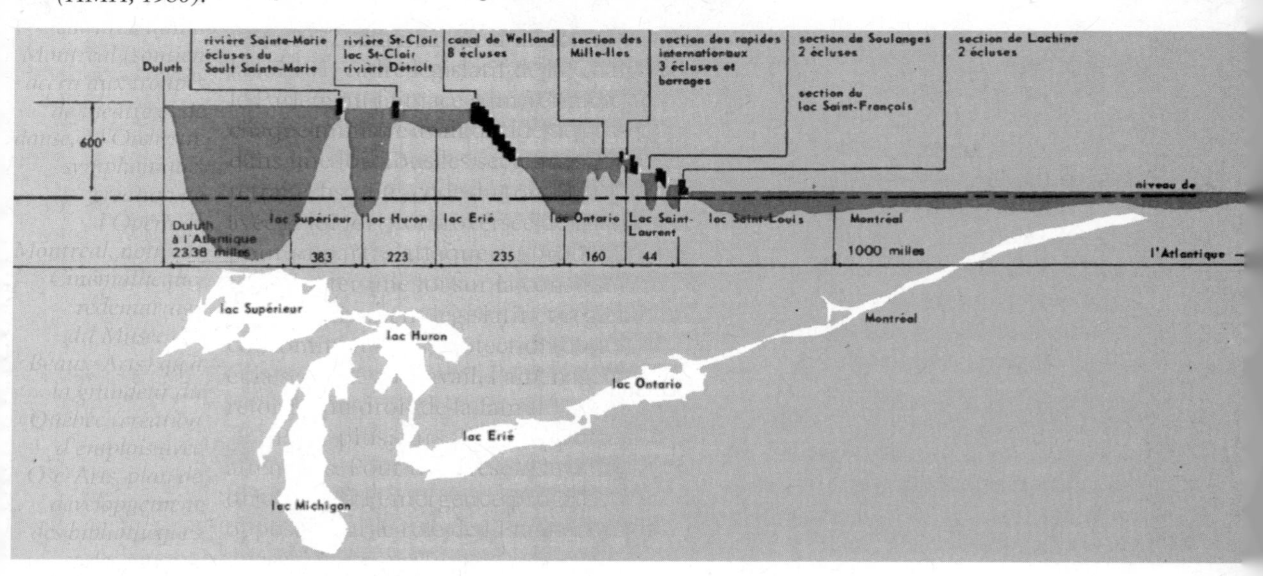

Le fleuve Saint-Laurent, le « chemin qui marche » des Indiens, est une des principales portes d'entrée du continent nord-américain.

❶ En 1928, par exemple, la Chambre de commerce de Québec s'opposait à « *tout projet visant à canaliser ou à exploiter le lit ou les eaux du Saint-Laurent… Le Fleuve est notre héritage national, le gouvernement n'a pas le droit de l'aliéner !* » (R. Rumilly, ***Histoire de la province de Québec, XXX :*** 83). Le premier ministre Taschereau, de son côté, affirme qu'il ne permettrait jamais qu'on se saisisse d'« *une seule goutte d'eau* » du Saint-Laurent… Il est à noter cependant que L.-H. La Fontaine s'exprimait fort différemment en août 1840 : « *Un développement de nos vastes ressources intérieures nécessite impérieusement l'ouverture d'une navigation facile depuis la mer jusqu'aux lacs. Le Saint-Laurent est le canal naturel d'une grande partie des produits de l'ouest. Si, pour attirer à nous cette source de richesses publiques et privées, il faut que la main de l'homme vienne en aide aux moyens que la nature nous offre, nous ne devons pas hésiter à y donner une coopération judicieuse et prudente* » (Texte communiqué par Maurice Séguin). Voir Michel Brunet, ***Histoire du Canada par les textes, II*** : 232.

✎ La voie maritime du Saint-Laurent.

La fin de l'administration libérale

Après plusieurs années de pouvoir, le gouvernement libéral a tendance à devenir arrogant. Aux yeux de plusieurs, il apparaît ainsi au cours du débat sur le pipe-line. À l'été 1956, C.D. Howe, ministre du Commerce, présente une motion prévoyant l'octroi d'une subvention à la compagnie Trans-Canada Pipe Line qui construit un pipe-line allant de l'Alberta vers l'est du pays. La mesure semble excellente mais le gouvernement est impatient de clore le débat. L'opposition, dirigée par un nouveau leader agressif, John G. Diefenbaker, saute sur l'occasion. Le public est indigné de l'action du gouvernement qui, croit-on, favorise les intérêts américains. Diefenbaker se présente comme le défenseur des droits parlementaires et fait appel à l'anti-américanisme latent de l'électorat canadien. Les élections générales de 1957 lui donnent raison et les conservateurs remportent la victoire avec 112 sièges. Cependant, ils ne disposent pas de la majorité absolue. Les libéraux arrivent en seconde place avec 105 sièges, le C.C.F. en détenant 25 et le « Social Credit », 19.

John G. Diefenbaker

À la suite de la défaite du parti libéral, Saint-Laurent se retire de la politique et Lester B. Pearson lui succède. Ce dernier, brillant diplomate, n'est pas familier avec les dures joutes oratoires de la Chambre des communes. Par contre, Diefenbaker, nouveau premier ministre, possède une connaissance approfondie de la politique et de la procédure. De plus, son style oratoire cassant plaît aux foules. Durant les premiers mois de son administration, il promet d'accélérer le développement du Canada et de favoriser les intérêts canadiens. En 1958, sentant qu'il a conquis la faveur populaire et afin d'obtenir une majorité à la Chambre, il déclenche une nouvelle élection. Les conservateurs gagnent alors 208 sièges, réduisant le nombre de libéraux à 48 et de députés C.C.F. à 8. Le « Social Credit » disparaît pour un temps de la Chambre des communes. Pour la première fois depuis Macdonald, le Québec délègue une majorité de conservateurs à Ottawa. Le programme législatif de Diefenbaker est impressionnant. Pour promouvoir la coopération entre employeurs et ouvriers, il crée un Conseil national de la productivité. Il établit un Bureau des gouverneurs de la radiodiffusion pour superviser les réseaux de télévision et de radio. Il augmente les

Tête-à-tête entre Diefenbaker et Eisenhower, 1958.

pensions de vieillesse. Il fait voter la *Déclaration canadienne des droits de l'Homme*. Enfin, de nouveaux arrangements fiscaux sont conclus entre le fédéral et les provinces.

*Le mouvement syndical naît au Québec à la fin du XIXe siècle. Les premières décennies du XXe siècle sont propices aux combats. Fernand Harvey (*Révolution industrielle et travailleurs*, Boréal, 1978) et Jacques Rouillard (*Les Syndicats nationaux au Québec*, PUL, 1979) couvrent à fond cette période mouvementée du syndicalisme québécois. En 1981, Jacques Rouillard ajoute une nouvelle pierre avec une histoire de la CSN (Boréal) et, en 1989, il couronne le tout avec une œuvre de synthèse intitulée* Histoire du syndicalisme québécois *(Boréal) où il s'arrête particulièrement au secteur public et parapublic. On y découvre les réticences de Marcel Pépin face au droit de grève dans les hôpitaux.*

QUÉBEC

Développement industriel et syndicalisme

Au Québec, l'Union nationale revient au pouvoir en 1944 obtenant 48 des 91 sièges. Aux élections subséquentes, le parti remporte des victoires écrasantes aux dépens des libéraux. Il obtient successivement 82 députés en 1948, 68 en 1952 et 72 en 1956.

Duplessis est partagé entre son désir de moderniser l'économie du Québec et son attachement aux valeurs ancestrales. Adversaire des nationalisations, il met sa foi dans l'entreprise privée pour assurer l'implantation d'une industrie québécoise. Il fait systématiquement appel aux capitaux américains plutôt qu'à ceux du Canada anglais. Les conditions ne sont pas toujours très avantageuses pour le Québec. Ainsi, au début des années 1950, il concède une mine de fer du Labrador à une entreprise américaine, moyennant une redevance de 1 ¢ par tonne de minerai extrait. On affirme qu'à la même époque Terre-Neuve reçoit 33 ¢ par tonne pour une exploitation analogue dans la même région. Le Québec devient une terre de prédilection pour les industries américaines

Duplessis met tout en œuvre pour assurer aux employeurs une administration facile. Il favorise une forme paternaliste de relations entre le capital et le travail, s'opposant par là aux chefs syndicaux. Or, de 1940 à 1960, le syndicalisme est en pleine expansion et prend conscience de sa force. Duplessis croit y déceler de l'infiltration marxiste. Aussi entend-il mettre les syndicats à la raison !

La grève de l'amiante

Le 13 février 1949, les travailleurs de la Canadian Johns-Manville Co. Ltd. débrayent à Asbestos, dans les Cantons de l'Est. Ce geste est déclaré illégal, car les ouvriers n'ont pas eu recours à l'arbitrage avant de déclencher la grève. Le syndicat n'accepte pas de se soumettre à cette décision et entend bien faire respecter les lignes de piquetage. Les dirigeants de l'entreprise à capitaux américains, pour rouvrir les portes de la mine avec une main-d'œuvre nouvelle (*scabs*), demandent la protection de la police provinciale. Le 19 février, 150 policiers entrent dans la ville d'Asbestos. Le Conseil municipal se plaint alors que certains agents commettent des actes de violence et d'indécence, souvent sous l'influence de boissons alcooliques. Le conflit traîne en longueur. La police provinciale patrouille systématiquement sur les routes environnant Asbestos. On amène à Sherbrooke un gréviste qui a oublié son permis de conduire. Là, on le somme de retourner au travail, sinon il sera condamné à une amende de 30 $. De tels gestes mécontentent les ouvriers.

À compter du 19 avril, alors que la possibilité d'un règlement est de plus en plus éloignée, la tension s'accroît. Les policiers se livrent quelquefois à des arrestations sommaires. Ainsi, au cours d'un défilé de grévistes, Gérard Pelletier, du *Devoir*, G. Charpentier et Pierre E. Trudeau sont arrêtés et sommés de quitter la ville en moins de trente minutes. « *Devant leur refus, ils furent amenés au Club Iroquois où un officier du nom de Gagné les interrogea. Quand ce dernier se rendit compte qu'il s'agissait d'un correspondant de presse et de citoyens peu intimidables, l'arrogance fit place à la politesse* ».

Le 5 mai, on apprend qu'un convoi de 25 voitures et un camion-remorque de la police provinciale partent de Sherbrooke vers Asbestos pour mettre les grévistes à la raison. Durant la journée, on arrête 180 ouvriers. « *Après leur arrestation, les grévistes étaient conduits au Club Iroquois pour être soumis à des interrogatoires. On utilisa diverses méthodes de question : coups de pied ou de garcette, coups de poing, poussées contre les murs. Plusieurs de ceux qui furent libérés avaient le visage tuméfié et portaient d'autres marques de rudesses subies. Des policiers les menacèrent d'être arrêtés à nouveau s'ils ne rentraient pas au travail le lendemain* » ❶. Ces scènes de brutalité soulèvent l'indignation de l'archevêque de Montréal, Mgr Joseph Charbonneau ❷.

À la suite de la médiation de l'archevêque de Québec, Mgr Maurice Roy, le travail reprend à Asbestos le 1er juillet. Le conflit est terminé, mais le différend n'est pas réglé. Il faudra attendre plusieurs mois la signature de la convention collective.

Dans un monde où l'Église catholique est toute puissante, même les syndicats tombent sous son autorité. La Ligue ouvrière catholique canadienne, 1938-1954, *de J.-P. Collin (Boréal, 1996) relate l'histoire du mouvement syndical confessionnel canadien.*

Les réalisations de l'Union nationale

Durant sa longue administration, l'Union nationale adopte de nombreuses mesures. La classe agricole est particulièrement choyée par le gouvernement. Duplessis, qui avait créé le Crédit agricole provincial en 1936, lui donne une impulsion nouvelle. De plus, et c'est là une des grandes réalisations de son gouvernement, il met en œuvre un vaste programme d'électrification rurale. Les pêcheurs gaspésiens, de leur côté, bénéficient de l'aide gouvernementale pour la formation de leurs coopératives.

Dans le secteur de la santé, après s'être empressé de dissoudre la commission d'assurance-maladie créée sous Godbout en 1943, Duplessis se préoccupe des hôpitaux, des hospices et des orphelinats auxquels il fait distribuer des subventions. L'État construit aussi des sanatoriums à Gaspé, Sainte-Germaine, Mont-Joli, Trois-Rivières, Rosemont et Macamic. Le gouvernement ne consacre que de faibles sommes à des mesures de bien-être social ; mais à l'occasion de désastres, Duplessis aide les sinistrés de Rimouski, Cabano, Nicolet, Saint-Urbain, Saint-Nérée, Saint-Fabien et Cap-Chat. Il développe aussi une quinzaine d'écoles de protection de la jeunesse et crée, en 1946, le ministère du Bien-être social et de la Jeunesse.

Alerte rouge ! Robert Comeau et Bernard Dionne nous éclairent sur l'échec de l'implantation de la gauche dans Les communistes au Québec, 1936-1956 *(Presses de l'Unité, 1980).*

La voirie est un secteur privilégié sous l'administration de l'Union nationale à tel point que les prévisions budgétaires pour l'année 1960 lui consacrent 112 millions de dollars, comparativement à 110 millions pour l'instruction publique et à 82 millions pour le bien-être social. La santé vient au quatrième rang avec 74 millions. Entre 1944 et 1960, l'Union nationale construit 2702 ponts et les travaux de voirie s'étendent sur 33 157 km de route. Le nombre de kilomètres de routes asphaltées passe de 7 059 en 1944 à 18 645 en 1959. Le programme du ministre de la Voirie,

---

❶ Voir à ce sujet, Pierre Elliott Trudeau (dir.), ***La grève de l'amiante***, Cité Libre, Montréal, 1956.

❷ Peu de temps après, Mgr Charbonneau doit quitter l'archevêché de Montréal. Certains observateurs attribuent ce départ forcé à sa prise de position en faveur des ouvriers ; d'autres, à certaines difficultés administratives rencontrées à l'archevêché.

Antonio Talbot, vise à « *rendre les communications plus rapides entre les grandes villes, à faciliter l'accès aux provinces voisines et aux États-Unis et surtout à rattacher à Québec et à Montréal les régions éloignées* ».

Sous l'administration Duplessis, le développement du Nouveau-Québec se fait à un rythme rapide. On voit progresser ou tout simplement surgir des villes telles Schefferville, Port-Cartier, Baie-Comeau, Hauterive et Sept-Îles. Ainsi, la population de cette dernière passe de 1866 habitants en 1951 à 14 196 en 1961.

La lutte autonomiste de Duplessis

À partir de 1944, l'Union nationale s'efforce d'empêcher le gouvernement d'Ottawa d'accaparer les pouvoirs de taxation que la constitution de 1867 reconnaît aux provinces et tente de récupérer les revenus cédés à l'occasion de la guerre. Dès 1945, Duplessis refuse de renouveler les ententes fédérales-provinciales et reprend le droit de taxer le revenu (des personnes et des entreprises), les successions et l'essence. Le Parlement du Québec taxe lui-même le revenu des entreprises en 1947. En 1954, Duplessis établit l'impôt provincial sur le revenu des particuliers et contraint le gouvernement fédéral à diminuer de 10 pour cent sa propre taxation.

À la suite des pressions exercées par René Chaloult et par l'abbé Lionel Groulx, Duplessis annonce, le mercredi 21 janvier 1948 : « *Cet avant-midi, nous avons tenu une séance du conseil des ministres. Un arrêté ministériel a été proposé [...] en vertu duquel un drapeau officiel a été donné à notre province. Ce drapeau est déjà arboré à l'heure actuelle sur la tour du Parlement* ».

John Saywell continue de rêver à un Canada fort et centralisé tel que l'auraient voulu les Pères de la Confédération. Il déplore donc que le provincialisme ait trop souvent dominé. Dans Canada: Pathways to the Present *(Stoddart, 1994), il cherche à comprendre le présent. Pessimiste, il conclut en souhaitant une révolution dans les mentalités ; il songe alors à la fin de l'État-providence.*

La commission Tremblay

La création de la *Commission royale d'enquête sur les problèmes constitutionnels* (commission Tremblay) en 1953 marque une étape importante dans l'évolution de la pensée constitutionnelle au Québec. Son rapport (4 volumes), longtemps tenu dans l'ombre, est le fruit d'un travail sérieux et considérable.

Le premier volume passe en revue les relations fédérales-provinciales depuis la Confédération. Les auteurs concluent que la formule des subventions conditionnelles du gouvernement fédéral fut la plus souvent employée et que le Québec l'a presque toujours refusée. Les Québécois sont donc taxés pour l'établissement d'un système dont ils ne retirent aucun avantage. Paradoxalement, cela confirme ce que disait le rapport Rowell-Sirois en 1940 : « *Lorsque les intérêts et les aspirations des Canadiens de langue française et ceux de langue anglaise n'étaient pas identiques, les pouvoirs fédéraux étaient à la disposition de la majorité* ».

Le second volume affronte « *le problème des cultures* », définit les notions de culture, société et nation et scrute le fédéralisme sous toutes ses faces.

Dans le troisième volume, les auteurs analysent les besoins de la société canadienne-française et soumettent aux législateurs certaines recommandations. Réitérant leur foi en un fédéralisme renouvelé, ils demandent au Québec d'inviter le gouvernement fédéral et les autres provinces à entreprendre ensemble la réadaptation du régime général de l'impôt. Ils affirment également que le Québec est le « *foyer national du Canada français* » et le « *gardien principal de l'une des deux cultures en présence au Canada* ». Diverses recommandations touchent la culture, la santé, l'immigration, la diffusion, etc. « *Le libéral est un individu qui possède la liberté en tant qu'homme et a droit au concours de la société et de l'État pour l'exercer pleinement ; le socialiste est un homme libéré, c'est-à-dire rendu apte par la société et l'État à exercer sa liberté.* » ❶ Cette phrase reflète en quelque sorte le ton du rapport de la commission Tremblay.

« L'enquête Tremblay fut pour toute la collectivité québécoise l'occasion d'un examen et d'une prise de conscience. Jamais auparavant, les Canadiens français du Québec ne s'étaient interrogés avec un tel effort de lucidité sur eux-mêmes et sur leurs problèmes collectifs. » ❷

L'affaire Roncarelli, par les passions qu'elle a soulevées, méritait une étude particulière qui éclaire aussi une page de l'époque duplessiste. M. Sarra-Bournet fait le tour de la question dans L'Affaire Roncarelli : Duplessis contre les Témoins de Jéhovah *(IQRC, 1986).*

Maurice L. Duplessis

Le parti de Duplessis poursuit la façon de gouverner de la plupart de ses prédécesseurs. Le cabinet est une sorte de chambre de compensation sociale où on tente de satisfaire les demandes de toutes les régions du Québec au moyen de subventions attribuées sans plan d'ensemble, chacun essayant d'obtenir le plus possible pour son patelin. Le curé de la paroisse de Charette voit ainsi l'œuvre du gouvernement dans les campagnes : « *Dans chaque paroisse, le gouvernement confie l'exécution de certains travaux à un homme de son choix. Ce dernier doit dépenser les argents votés avec prudence et justice, sans favoritisme, mais donnant la préférence à ceux qui sont plus pauvres. Quant à réclamer notre part des améliorations publiques, cela regarde tous les paroissiens. Et si d'autres paroisses sont mieux traitées, nous le devons*

❶ Voir Québec, Commission royale d'enquête sur les problèmes constitutionnels, ***Rapport,*** Québec, 1956, vol. 3, I : 113.

❷ Voir Michel Brunet, ***Histoire du Canada par les textes, II*** : 232.

✎ Assermentation de J.-Paul Sauvé comme ministre de la Jeunesse (janvier 1959). On distingue Maurice Duplessis, premier ministre, Antoine Rivard, solliciteur général, Jean-Jacques Bertrand, ministre des Terres et Forêts, Paul Sauvé, John S. Bourque, ministre des Finances et Onésime Gagnon, lieutenant-gouverneur.

à notre apathie. Occupons-nous davantage de nos affaires, et nous serons mieux servis » ❶.

En analyste éclairé, André Lussier nous rappelle le contexte social au Québec d'avant la Révolution tranquille. Un témoignage poignant à lire dans Les Visages de l'intolérance *(Septentrion, 1997).*

Le cabinet doit toujours tenir compte de la personnalité du chef et de ses ministres, des assises populaires et du contexte économique. Duplessis a toujours craint l'insatiabilité des gens et la multiplication des besoins. La législation sociale ne crée-t-elle pas de nouveaux besoins et n'engendre-t-elle pas la course effrénée vers l'assouvissement de ces nécessités ? Pour ses campagnes électorales, il adopte des slogans comme « *La prospérité rurale est la base de la prospérité urbaine* » ; « *Les villes ont le confort sans avoir la sécurité et les campagnes ont la sécurité sans avoir le confort* » ; « *Quand les gens de la campagne ont de l'argent, ils viennent le dépenser à la ville* ».

Un des grands thèmes de Duplessis demeure la lutte contre le communisme. Au cours de sa première administration, il fait voter la célèbre *Loi du cadenas* interdisant à toute personne d'utiliser sa maison pour propager le communisme ou le bolchevisme. Des amis se chargent de l'informer constamment de l'abondante littérature qui circule au Canada et d'entretenir chez lui la crainte réelle d'une conspiration mondiale. En diverses occasions, Duplessis fera écho au sentiment populaire sur cette question ❷.

Épris des valeurs traditionnelles, Duplessis glorifie souvent le travail, l'épargne, la famille, l'entreprise privée et les mœurs rurales. Cette philosophie politique le guidera jusqu'à la fin de son règne. En septembre 1959, il meurt au cours d'une visite dans la ville minière de Schefferville.

LA référence pour l'histoire des femmes au Québec, le Collectif Clio : L'Histoire des femmes au Québec depuis quatre siècles *(Les Quinze, 1982) et* Histoire des femmes au Québec *(Le Jour, 1992).*

Le chef de l'Union nationale demeure un personnage politique très controversé. « Pour ses ennemis, Maurice Duplessis était l'Antéchrist, aux yeux de ses amis, il faisait figure de Messie » ❸.

Dernière administration de l'Union nationale

Son successeur, Paul Sauvé, entreprend de relever les défis que pose une société moderne. En l'espace de quatre mois, il provoque un impressionnant déblocage législatif et fait adopter 66 nouvelles lois, dont plusieurs fort importantes. C'est avec stupeur et consternation que la population apprend, au matin du 2 janvier 1960, le décès subit du nouveau premier ministre. Au cours des *cent jours* de son gouvernement, il avait secoué son parti et entraîné le Québec sur la voie des réformes. Paul Sauvé apparaît nettement comme un des précurseurs de la « Révolution tranquille ».

Antonio Barrette lui succède comme premier ministre. Ce dernier entend poursuivre la lutte pour l'autonomie provinciale. Il établit un impôt de 1 pour cent sur le revenu des entreprises afin de régler le problème de financement des universités et de préserver la compétence du Québec en matière d'éducation.

Sous l'Union nationale, les droits du Québec, de simples concepts qu'ils étaient jadis, sont devenus des réalités politiques.

---

❶ Voir E.-H. Picotte, ptre, *Civisme paroissial*, Québec, 1948 : 136.
❷ Voir Robert Rumilly, ***L'infiltration gauchiste au Canada français***, Montréal, 1956.
❸ Voir Robert Rumilly, ***Maurice Duplessis et son temps*** (2 vol.), Fides, Montréal. Aussi Leslie Roberts, ***Le Chef***. Éditions du Jour, Montréal, 1963, et Pierre Laporte, ***Le vrai visage de Duplessis***, Éditions de l'Homme, Montréal,1960.

XIII • DE LA RÉVOLUTION TRANQUILLE AU RÉFÉRENDUM (1960-1980)

MONDE

Après la Deuxième Guerre mondiale, la nécessité d'une coopération paraît si évidente et surtout si avantageuse que bon nombre de pays se retrouvent au sein d'orga-nisations à vocation économique, politique ou militaire. Déjà en 1948, on met sur pied l'Organisation européenne de coopération économique (O.E.C.E.) pour voir à l'application du plan Marshall destiné « à reconstruire l'Europe grâce à l'aide américaine ». Douze ans plus tard, soit le 14 décembre 1960, une nouvelle entente intervient et l'organisme devient l'Organisation de coopération et de développement économique (O.C.D.E.). Le Canada est membre de cet organisme dont le but est de « promouvoir le bien-être économique et social dans l'ensemble des pays membres en aidant le gouvernement de ceux-ci à formuler et à coordonner leurs politiques ; contribuer à une expansion saine de l'économie mondiale, notamment en stimulant et en harmonisant les efforts de ses membres en faveur des pays en voie de développement. »

En Europe occidentale, plusieurs pays qui ont des frontières communes et des économies plus ou moins complémentaires décident de former un marché commun. Le République fédérale allemande, la France, la Belgique, l'Italie, le Luxembourg et les Pays-Bas se lient par le traité de Rome, le 25 mars 1957, pour former « l'Europe des Six ». Ce traité prévoit l'instauration d'un marché commun impliquant la suppression progressive de toutes les barrières douanières et administratives et l'adoption d'un tarif extérieur commun. La Communauté économique européenne (C.E.E.) s'engage, à partir des années 1960, à la réalisation de son rêve de créer les États-Unis d'Europe en mettant en place des politiques communes dans les domaines de l'agriculture, du commerce, de la concurrence, de l'énergie et des transports.

La Grande-Bretagne, volontairement absente de la table des négociations du groupe des Six, crée, pour tenter de faire contrepoids, le groupe des Sept (ou zone de libre-échange), puis, vers le milieu de la décennie, manifeste son désir d'adhérer au Marché commun. La C.E.E. étant déjà formée, il faut maintenant l'unanimité des Six pour l'entrée d'un nouveau membre. La Grande-Bretagne, attachée au système tarifaire du Commonwealth, très dépendante des États-Unis et en proie à de graves difficultés économiques intérieures, représente une candidature peu intéressante, particulièrement aux yeux de la France. Finalement, les difficultés s'aplanissent. En janvier 1972, la Grande-Bretagne ainsi que l'Irlande et le Danemark adhèrent au Marché commun, suivis de la Grèce en 1981.

La récession économique qui marque le début des années 1980 touche les pays membres de la C.E.E. et engendre quelques problèmes entre l'organisation et les gouvernements des États-Unis et du Japon.

D'autres regroupements de pays existent aussi en Amérique latine, en Afrique, dans le Sud-Est asiatique et dans le monde arabe. La vocation de ces regroupements est souvent à caractère culturel. Ainsi, plusieurs pays francophones s'unissent en mars 1970 pour fonder l'Agence de coopération culturelle et technique. Le but de l'organisme dont fait partie le Canada, ainsi que le Québec et le Nouveau-Brunswick (ces derniers à titre de gouvernements participants), est « la coopération dans les domaines de l'éducation, des sciences et techniques et dans tout ce qui concourt au développement des membres et au rapprochement des peuples ».

Le plan militaire n'est pas pour autant oublié et le monde se partage, en gros, en trois blocs : les pays capitalistes, les pays socialistes et les pays non alignés. Chaque groupe se donne des institutions distinctes. Créée le 4 avril 1949 par le traité de Washington, l'Organisation du traité de l'Atlantique nord (O.T.A.N.) a pour but de « sauvegarder la paix et la sécurité et de développer la stabilité et le bien-être dans la région de l'Atlantique Nord ». En plus d'assurer une défense collective, l'O.T.A.N. a établi « l'unité de commandement, la production coordonnée des armements, une infrastructure commune et un partage des charges ». Certains pays membres refuseront de participer au financement de la modernisation de l'arsenal défensif. Au début des années 1980, la décision de déployer un système d'euromissiles pour contrer une éventuelle attaque des pays communistes soulèvera l'indignation chez plusieurs et c'est par centaines de milliers que des manifestants prônent le désarmement.

La paix armée n'est pas le propre des pays capitalistes. En réponse à l'établissement de l'Organisation du traité de l'Atlantique nord, la République démocratique 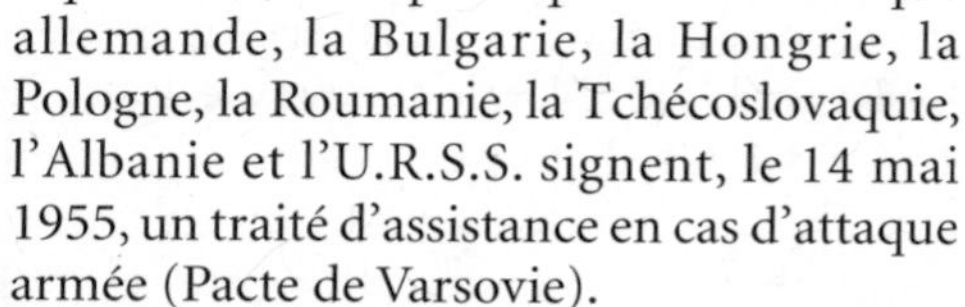allemande, la Bulgarie, la Hongrie, la Pologne, la Roumanie, la Tchécoslovaquie, l'Albanie et l'U.R.S.S. signent, le 14 mai 1955, un traité d'assistance en cas d'attaque armée (Pacte de Varsovie).

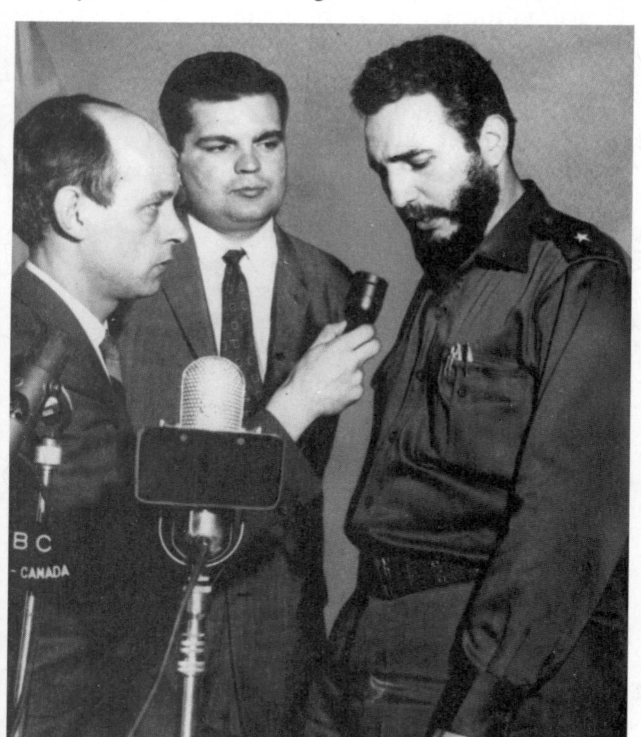

Le journaliste René Lévesque interview le nouveau président cubain, Fidel Castro, en visite à Montréal en avril 1959. Parmi les étudiants qui répondront à son invitation d'effectuer un stage à Cuba, il y a Georges Schoeters qui sera du premier réseau terroriste (1963). Cuba contribuera à dénouer la crise d'Octobre (1970) et accueillera les ravisseurs de James Cross.

Les activités de l'O.T.A.N. et du Pacte de Varsovie sont surveillées de près par les pays non alignés qui se regroupent au sein d'une formation qui tient occasionnellement des rencontres, la Conférence au sommet des pays non alignés. La première de ces conférences a lieu à Belgrade en 1961. Près d'une trentaine de pays y participent.

Au début des années 1980, gouvernements capitalistes et socialistes cherchent à faire entrer dans leurs camps les pays « non alignés ». Ce travail de séduction et parfois même de sape risque de déstabiliser l'équilibre précaire de l'Amérique latine. À cela vient s'ajouter tout le problème de l'armement nucléaire et d'une reprise économique qui tarde à venir.

Les États-Unis

Durant cette période, les États-Unis continuent d'appliquer la *doctrine Truman* qui promet de soutenir économiquement et militairement « *les nations dont la liberté serait mise en danger par le communisme* ». Ainsi, John F. Kennedy, nouveau président élu en 1960, envoie au Viêt-nam du Sud quelques centaines de conseillers militaires américains parce que, dit-il, « *les États-Unis sont déterminés à aider le Viêt-nam à préserver son indépendance, à protéger son peuple contre les assassins communistes et à construire une vie meilleure par le redressement de leur économie* » ➊. Mais les Américains ne réussissent pas à juguler la montée du Viêt-cong et, très tôt, les conseillers se transforment en soldats. Kennedy, qui incarne pour plusieurs la jeunesse, le dynamisme et l'intelligence, meurt assassiné à Dallas, le 22 novembre 1963. Conformément à la constitution américaine, le vice-président, Lyndon B. Johnson, lui succède. Le conflit piétine. Johnson double l'effectif militaire. Malgré tout, les Américains, mal à l'aise dans les marais de cette jungle où l'ennemi surgit de toutes parts, et sans doute aussi moins déterminés au combat, ne parviennent pas à maîtriser cette guérilla d'un peuple farouchement engagé dans la lutte.

En août 1964, on annonce que deux navires américains ont été attaqués délibérément pas les forces du Viêt-nam du Nord. En guise de représailles, le gouvernement américain ordonne le bombardement de cette partie du territoire ➋. L'escalade est commencée.

À l'automne de 1964, le peuple américain préfère Lyndon B. Johnson, répudiant le « radicalisme agressif et virulent » du républicain Barry Goldwater. Quatre ans plus tard, soit le 31 mars 1968, le président Johnson déclare qu'il renonce irrévocablement à la lutte pour obtenir un autre mandat présidentiel. En même temps, il ordonne l'arrêt partiel des bombardements du Viêt-nam du Nord. Un mois et demi plus tard, des pourparlers préliminaires de paix entre le Viêt-nam du Nord et les États-Unis s'ouvrent à Paris. Mais la guerre continue et il faudra attendre l'automne de 1972 pour qu'un cessez-le-feu intervienne.

Pendant cette même période, les États-Unis sont aux prises avec des difficultés intérieures très graves, inhérentes au *problème noir*. Les Noirs du Sud, héritiers de la sombre période esclavagiste, se butent toujours à une discrimination raciale intolérable, alors que ceux du Nord, parqués dans d'infects ghettos urbains, doivent faire face à de graves problèmes sociaux. En juin 1965, le président Johnson lui-même décrit ainsi la situation des 20 millions de Noirs américains : « *Il y a 100 ans, le pourcentage de chômeurs parmi les Noirs était à peu près le même que parmi les Blancs. Aujourd'hui, il est double. En 1940, la mortalité infantile chez les Noirs était supérieure de 70 pour cent à celle des Blancs ; 22 ans plus tard, elle lui est supérieure de 90 pour*

➊ En 1954, afin de mettre un terme à la guerre d'Indochine, guerre opposant les forces d'occupation françaises et les habitants de l'Indochine, dont une partie est aujourd'hui appelée le Viêt-nam, les accords de Genève avaient divisé ce pays en deux, le nord et le sud, acceptant comme ligne de démarcation le 17e parallèle.

➋ En février 1968, le sénateur démocrate Wayne Morse, se basant sur un rapport ultra-secret préparé par un comité sénatorial américain des Affaires extérieures, affirme que l'administration Johnson a trompé le peuple américain sur les événements du golfe du Tonkin (août 1964). Selon le document, les Américains auraient eux-mêmes fabriqué l'incident.

Neil Armstrong est le premier homme à marcher sur la lune, le 21 juillet 1969.

cent. Depuis 1947, le nombre de familles blanches vivant dans la pauvreté a baissé de 27 pour cent, tandis que celui des familles noires pauvres ne diminuait que de 3 pour cent.»

Pour remédier à cette situation, le gouvernement adopte, en juillet 1966, le ***Bill of rights*** visant à éliminer la ségrégation raciale dans les écoles, les endroits publics, le secteur du travail et dans le monde politique.

Au sein de la communauté noire, les groupes hésitent entre l'action pacifiste et la violence. Les militants pour le respect des droits civiques organisent des démonstrations pacifiques (marches, sit-in, boycottage). La répression policière est parfois brutale. Chez d'autres, la conscience de la pauvreté, le traumatisme collectif résultant de plusieurs siècles d'humiliation engendrent la révolte et la haine. Les émeutes des *longs étés chauds* commencent en 1964 et enflamment les ghettos noirs des grandes villes.

La violence atteint un sommet en avril 1968 lors de l'assassinat du pasteur noir Martin Luther King, prix Nobel de la paix et apôtre de la non-violence. Quelque 125 villes américaines sont secouées par des troubles. Triste bilan : 42 morts et 20 000 arrestations.

Au début de juin, Robert F. Kennedy, aux yeux de plusieurs le candidat des minorités, est assassiné quelques jours avant la tenue de la convention démocrate.

Élu une première fois en 1968, le républicain Richard Nixon l'emporte à nouveau en novembre 1972. Cependant, son second mandat qui s'ouvrait dans un climat d'optimisme par suite d'un certain règlement de la situation en Extrême-Orient, accompagné d'une ouverture sur la Chine et d'un rapprochement avec l'U.R.S.S., est soudainement assombri par un curieux scandale d'espionnage intérieur, que l'Histoire retiendra sans doute comme l'*affaire du Watergate*.

Devant l'accumulation des preuves contre lui, le président Nixon est obligé de démissionner au mois d'août 1974. Il est immédiatement remplacé par le vice-président Gerald Ford.

La politique extérieure des États-Unis se modifie légèrement. La participation à des guerres à l'étranger est remise en cause. L'expérience américaine au Viêt-nam a été douloureuse. Lorsque cette guerre se termine, à la fin du mois d'avril 1975, plus de 56 000 soldats américains ont trouvé la mort au cours des quatorze années qu'a duré le conflit et 303 622 autres ont été blessés. Cette guerre, à elle seule, a coûté au peuple américain près de 140 milliards de dollars.

Durement secoués par une crise économique mondiale, les Américains s'interrogent sur leur mode de vie et sur la valeur de leurs institutions politiques. Près de la moitié des électeurs s'abstiennent de voter à l'élection présidentielle de novembre 1976 et c'est de justesse que le démocrate Jimmy Carter l'emporte sur le républicain Gerald Ford. Sur le plan intérieur, le nouveau président s'efforce de relancer l'économie tout en s'attaquant au problème énergétique ; en politique étrangère, il cherche, non sans difficultés, à appuyer la défense des intérêts américains sur des principes plus ou moins idéalistes.

Le 25 octobre 1978, le président Carter rend public son plan de lutte contre l'inflation : non seulement il veut réduire le déficit budgétaire des États-Unis, mais il fixe à un maximum de 7 pour cent l'augmentation des salaires et à 5,75 pour cent celle des prix. L'année suivante, la crise énergétique amène le gouvernement à prendre des mesures pour assurer graduellement sa quasi-suffisance dans le domaine de l'économie. Au mois d'avril 1980, les taux d'intérêt grimpent à 20 pour cent. Le président Carter fera les frais de la crise et, lors des élections présidentielles du 4 novembre suivant, le républicain Ronald Reagan remporte la victoire. La déclaration du nouveau président à l'effet que chaque Américain a le droit de rêver des rêves héroïques ne suffit pas à résoudre la crise. Le taux de chômage, à la fin de 1981, atteint presque les 9 pour cent de la main-d'œuvre totale. Ce n'est vraiment qu'au début de 1983 que se manifestent des signes de reprise.

CANADA

Le gouvernement Diefenbaker

À compter de 1961, le gouvernement Diefenbaker, en dépit de réalisations intéressantes, semble perdre l'appui populaire. Des dissensions entre les hommes d'affaires du centre du Canada et les députés des Prairies divisent le cabinet. La récession économique et un taux élevé de chômage compliquent la situation. De plus, le premier ministre manifeste peu d'aptitude à saisir la situation particulière du Québec, engagé dans sa Révolution tranquille.

Aux élections générales de 1962, les conservateurs ne remportent que 116 sièges, les libéraux en obtiennent 100, le Nouveau Parti démocratique, 19 et le Crédit social, 30, dont 26 au Québec [1]. Au lendemain des élections, Diefenbaker s'accroche au pouvoir, mais son parti se désintègre. Trois ministres démissionnent au sujet d'un problème de défense nationale. En février 1963, le gouvernement est finalement renversé.

Les libéraux au pouvoir

Diefenbaker entre dans la campagne électorale avec un parti divisé et doit faire face à l'hostilité de plusieurs de ses anciens partisans. Pearson, affichant plus d'enthousiasme et de confiance, annonce son intention de revenir à une administration saine, de réduire le taux du chômage et de favoriser le développement économique. Pour s'assurer la faveur du Québec, il se rend à la suggestion d'André Laurendeau et promet une commission royale d'enquête sur le bilinguisme et le biculturalisme.

Les libéraux remportent la victoire avec 129 sièges et forment le troisième gouvernement minoritaire depuis six ans. L'administration libérale est rapidement prise à partie par l'opposition ; l'adoption du drapeau unifolié survient après un débat

John Diefenbaker avait du caractère. Il comprenait mal les aspirations du Québec et les Québécois le jugeaient sévèrement. Dans Léon Balcer raconte *(Septentrion, 1988), l'ancien ministre fédéral rappelle quelques anecdotes savoureuses à l'endroit de son ancien chef. Dick Spencer, qui fut l'un des principaux organisateurs des campagnes électorales du « Vieux Lion », en a aussi plusieurs à raconter. On ne s'ennuie pas avec* Trumpets and Drums. John Diefenbaker on the Campaign Trail *(Greystone, 1994).*

[1] Les conservateurs avaient obtenu 208 sièges et les libéraux, 48 aux élections de 1958. Il est à noter la transformation profonde du parti C.C.F., qui est devenu le *Nouveau Parti démocratique*. Au sujet du succès étonnant des créditistes du Québec, voir Vincent Lemieux. « Les dimensions sociologiques du vote créditiste au Québec », ***Recherches sociographiques***, PUL, vol. VI, n° 2 (mai-août 1967).

La présidente de la Voix des Femmes du Québec, Thérèse Casgrain (2e à droite), dirige une délégation qui se rend à Ottawa pour rencontrer le ministre Paul Martin. À sa gauche, madame André Laurendeau, à sa droite madame Michel Chartrand, selon La Presse *du 24 février 1965.*

Pédagogue et historienne, Micheline Dumont raconte, en toute simplicité, les luttes des femmes, leurs revendications et leurs façons de prendre leur place. Voir Le féminisme québécois raconté à Camille, *Montréal, Éditions du remue-ménage, 2008.*

long et houleux ; un programme d'assurance-maladie est plusieurs fois modifié et finalement retardé. En politique extérieure, le gouvernement libéral conclut deux accords avec les États-Unis, l'un concernant l'aménagement du fleuve Columbia, l'autre visant à réduire le coût des pièces d'automobiles.

À l'automne de 1965, le Parti libéral déclenche des élections et demande à la population de porter au pouvoir un gouvernement majoritaire. Les libéraux ont gagné l'adhésion de deux leaders intellectuels du Québec et d'un chef syndical : Gérard Pelletier, Pierre Elliott Trudeau et Jean Marchand. Le 8 novembre, le parti libéral est porté au pouvoir grâce à l'appui massif du Québec ; il n'en demeure pas moins minoritaire ❶.

Le 14 décembre 1967, Pearson annonce son intention de démissionner. Au soir du 6 avril 1968, Pierre Elliott Trudeau triomphe à la « convention » libérale. Après Laurier et Saint-Laurent, il est le troisième Canadien français à accéder au poste de chef du parti libéral canadien. Face à certains départs au sein de son parti et désireux d'augmenter sa majorité en Chambre, Trudeau annonce la tenue d'élections générales pour le 25 juin. Les libéraux mènent une campagne électorale enthousiaste centrée sur la personne de leur nouveau chef. La mode des « posters » succède au traditionnel programme. Les organisateurs agissent en maîtres ; les techniques les plus audacieuses sont utilisées. Le chef est partout.

Sur la question constitutionnelle, Trudeau est intransigeant. Il refuse un statut particulier au Québec et s'en prend avec un sang-froid calculé aux indépendantistes. Robert Stanfield, le nouveau chef conservateur, demeure prudent dans ses prises de position. Thomas C. Douglas, chef du Nouveau Parti démocratique, et Robert Cliche, son adjoint québécois, présentent un programme qui reconnaît la *thèse des deux nations*.

Le 25 juin, les libéraux triomphent avec une confortable majorité. Les deux premières années de pouvoir permettent au gouvernement Trudeau d'affirmer l'autorité d'Ottawa dans tous les domaines, même au prix d'affrontements sérieux avec le gouvernement du Québec.

En octobre 1972, le gouvernement Trudeau doit à nouveau faire face à l'électorat. Plusieurs s'attendent à une réélection facile.

Tout autres sont les résultats : les libéraux obtiennent 109 sièges et les conservateurs, 107 ❷. Plus de 83 pour cent des députés libéraux proviennent du

---

❶ En 1965, les libéraux obtiennent 131 sièges (dont 55 dans les 75 circonscriptions du Québec) ; les conservateurs, 97 et les autres partis d'opposition 37.

❷ Les 264 comtés font élire en 1972 (comparativement aux résultats de 1968) 109 libéraux (155), 107 progressistes-conservateurs (72), 31 néo-démocrates (22), 15 créditistes (14) et 2 indépendants (1).

Cette manifestation en faveur de l'avortement est de 1970.

Québec et de l'Ontario. Le gouvernement Trudeau doit compter sur l'appui des néo-démocrates pour se maintenir au pouvoir ; il renoue ainsi avec la tradition des gouvernements minoritaires.

L'auteure Louise Desmarais présente une histoire ancrée dans la chronologie des luttes pour la défense de la condition féminine, en particulier le combat en faveur de l'avortement au Québec depuis 1869. Un récit entrecroisé d'expériences personnelles et collectives qui scrute la « législation » du corps de la femme que semblent se disputer l'État, les magistrats, les médecins, les ecclésiastiques, voire les femmes et leurs maris. Louise Desmarais, Mémoires d'une bataille inachevée : la lutte pour l'avortement au Québec, 1970-1992, *Montréal, Trait d'union, 1999.*

La lutte à l'inflation

Dès l'ouverture de la session, en septembre 1973, le premier ministre Trudeau annonce que son gouvernement est décidé à prendre les mesures nécessaires pour arrêter l'accroissement trop rapide du coût de la vie, environ un pour cent par mois. Le Parti conservateur réclame un gel des prix et des salaires, mais le gouvernement Trudeau rejette une telle mesure.

Le 8 mai 1974, le ministre des Finances, John Turner, présente un budget anti-inflationniste. Deux jours plus tard, sur une motion du Nouveau Parti démocratique, le gouvernement libéral est renversé. Au cours de la campagne électorale qui suit, le thème dominant demeure l'inflation. Le 8 juillet, le Parti libéral remporte 141 des 264 sièges. Les conservateurs en obtiennent 95, les néo-démocrates, 16 et les créditistes, 11. La Chambre des communes comprendra aussi un député indépendant et un libéral travailliste. Le Québec, à lui seul, élit 60 députés libéraux sur un total possible de 74. Le Crédit social y détient onze sièges et le Parti conservateur, trois seulement.

La lutte à l'inflation demeure la préoccupation principale du gouvernement Trudeau. Le 18 octobre 1975, le premier ministre du Canada annonce la formation d'une commission de contrôle des prix et des salaires. Cette dernière verra à ce que les salaires n'augmentent pas à un rythme supérieur à dix pour cent par année, sauf dans des cas précis de rattrapage. Quant à la politique de contrôle des prix, elle est beaucoup moins précise.

L'efficacité des mesures adoptée en laisse plusieurs songeurs, puisque, en 1977, le taux de chômage dépasse les 9 pour cent, ce qui ne s'était pas vu depuis 1958. Bien plus, à partir de la mi-avril 1978, il n'y aura plus de contrôle fédéral sur les prix et les salaires. On préfère la libre concurrence à l'emprise de l'État. Et pourtant, le dollar canadien, le 24 octobre 1977, était tombé à son plus bas niveau depuis 1939 sur le marché américain.

Sociologue à l'Université de Régina, militant au NPD, John F. Conway donne sa version de l'histoire du Canada dans Des comptes à rendre. Le Canada anglais et le Québec, de la Conquête à l'Accord de Charlottetown *(VLB, 1995). Un essai provocant sur le thème de la culpabilité politique!*

Les Canadiens semblent convaincus que les conservateurs peuvent faire mieux que les libéraux ; le 22 mai 1979, lors des élections générales, ils élisent 135 députés conservateurs et seulement 115 libéraux. Joe Clark devient donc premier ministre. Mais son règne est de courte durée : le gouvernement est renversé le 13 décembre suivant, à la suite de la présentation du budget. Les libéraux reprendront le pouvoir le 18 février 1980. Sur les 147 députés libéraux élus, 126 ont été élus par les Ontariens et les Québécois. Ces derniers élisent, à eux seuls, 74 libéraux et un seul conservateur. La population du Manitoba, de la Saskatchewan, de l'Alberta et de la Colombie-Britannique boude l'équipe Trudeau, n'élisant que deux libéraux sur un total de 77 députés. Il est à noter que le contrôle que le gouvernement fédéral veut exercer sur le pétrole produit par les provinces de l'Ouest avait de quoi lui faire perdre des votes.

Au début des années 1980, la crise économique engendre un chômage dont le taux se situe autour de 13 pour cent et l'inflation atteint son point le plus élevé depuis la Grande Dépression des années 1930. Les taux d'intérêt battent eux aussi des records. Le 28 juin 1982, le gouvernement fédéral adoptera une mesure impopulaire, mais d'une certaine efficacité : le salaire des fonctionnaires n'augmentera que de 6 pour cent pour l'année courante et de 5 pour cent, l'année suivante. Le premier ministre Trudeau invitera ses homologues provinciaux à faire de même vis-à-vis de leurs fonctionnaires et il incite les dirigeants d'entreprises à ne pas accorder des augmentations de salaires plus importantes. La reprise économique qui se fait sentir aux États-Unis au cours des premiers mois de 1983 produit peu après des effets encourageants au Canada.

Les commissions

La question du bilinguisme, du biculturalisme et de l'unité canadienne prend de l'importance avec les années 1960. Pas moins de trois commissions d'enquête seront formées pour étudier les problèmes soulevés par cette question. Une première commission est instituée au lendemain des élections de 1963. Présidée conjointement par André Laurendeau et Davidson Dunton, elle remettra son rapport préliminaire au mois de février 1965. On y constate que la Confédération arrive à un tournant décisif de son histoire et que l'issue est d'autant plus douteuse qu'une bonne partie de la population anglophone n'a pas conscience de l'existence même de la crise. Le rapport paraît s'adresser davantage aux anglophones qu'aux francophones. En 1967, la commission recommande de déclarer le français langue officielle aux parlements du Canada, de l'Ontario et du Nouveau-Brunswick, ainsi que dans l'administration gouvernementale canadienne et les tribunaux fédéraux. On suggère également la création de districts bilingues là où les francophones sont en nombre suffisant et l'adoption par les diverses législatures d'une loi sur les langues officielles ❶. La conférence fédérale-provinciale qui se tient à Ottawa en février 1968 accepte en principe ces recommandations ❷.

En 1968, le général Jean V. Allard était nommé chef d'état-major des Forces armées canadiennes. Passé outre-mer dès le début de la guerre, il est rattaché à une unité blindée de l'armée britannique, puis est muté à l'infanterie et sert comme commandant-adjoint du Royal 22e Régiment en Italie. Après la guerre, on lui confie le commandement d'une division britannique au sein de l'OTAN. Il se fera tout de même le promoteur de l'autonomie de l'armée canadienne et deviendra l'un des architectes de l'unification des forces armées. Le sort des francophones dans l'armée constituera la plus dure lutte de sa carrière qu'il raconte, avec la collaboration de Serge Bernier, dans Mémoires du Général Jean V. Allard *(Mortagne, 1985).*

Rapport préliminaire Laurendeau-Dunton

Tout ce que nous avons vu et entendu nous a convaincus que le Canada traverse la période la plus critique de son histoire depuis la Confédération. Nous croyons qu'il y a crise : c'est l'heure des décisions et des vrais changements ; il en résultera soit la rupture, soit un nouvel agencement des conditions d'existence. Nous ignorons si cette crise sera longue ou brève. Nous sommes, toutefois, convaincus qu'elle existe. Les signes de danger sont nombreux et sérieux.

Aux yeux d'une partie imposante de la population, ce qui se passe au sein de grandes institutions publiques et privées est un sujet de profond mécontentement ; mais cette situation laisse la plupart des autres Canadiens d'autant plus indifférents que parfois ils n'en soupçonnent même pas l'existence.

Nos contacts avec des milliers de Canadiens français, des régions et des milieux sociaux les plus divers, nous ont montré jusqu'à quel point, pour la plupart d'entre eux, les questions de langue et de culture ne se posent pas dans l'abstrait. Elles sont enracinées dans la vie réelle : travail quotidien, réunions, rapports avec les sociétés publiques et privées, forces armées. Elles sont inséparablement reliées aux institutions sociales, économiques et politiques qui déterminent le mode d'existence d'un peuple et qui devraient répondre à ses besoins comme à ses aspirations. Les opinions que nous avons entendues reflétaient souvent des expériences individuelles et collectives : d'où notre conviction qu'on ne saurait les modifier en faisant simplement appel à des idées abstraites comme « l'unité nationale ». Il nous a semblé que le mécontentement et l'esprit de révolte étaient provoqués par certains aspects de la réalité, plutôt que par la propagation de certaines doctrines.

En même temps, il nous arrivait sans cesse de rencontrer des anglophones, dont beaucoup manifestaient de la bonne volonté, mais qui semblaient tout ignorer des expériences quotidiennes d'où surgit le mécontentement de leurs compatriotes francophones. La plupart ne comprenaient pas non plus la tendance profonde de tant de Québécois vers une autonomie accrue et leur conviction grandissante que le Québec devient une nation distincte, maîtresse de ses institutions économiques et sociales. [...]

Nous sommes convaincus qu'il est encore possible de redresser la situation. Mais une opération majeure s'impose. C'est tout le corps social qui semble atteint. La crise est rendue au point où il y a danger que la volonté ne commence à céder.

---

❶ Voir Gouvernement fédéral. Commission royale d'enquête sur le bilinguisme et le biculturalisme, ***Rapport. Les langues officielles***, Imprimeur de la Reine, Ottawa, 1967.

❷ Cette première conférence constitutionnelle, précédée en novembre 1967 d'une conférence interprovinciale convoquée par le premier ministre d'Ontario, John Robarts, portait principalement sur les droits de l'homme. Elle devait donner lieu à la formation d'un comité permanent d'étude de la constitution (mai 1968).

Le problème du bilinguisme et du biculturalisme prend une importance capitale avec l'élection du Parti québécois au Québec en 1976 et la décision du premier ministre Trudeau de faire modifier coûte que coûte la Constitution canadienne. L'unité canadienne est ébranlée à un point tel que, le 5 juillet 1977, le gouvernement fédéral crée un groupe de travail pour étudier la question. La « Commission Pépin-Robarts », du nom de ses deux présidents, Jean-Luc Pépin et John Robarts, se met immédiatement à l'ouvrage et remet son rapport le 25 janvier 1979. On y recommande, entre autres « une décentralisation du fédéralisme canadien ; la création d'une Chambre des provinces au lieu du Sénat actuel et le droit aux provinces de légiférer sur les droits linguistiques ».

Enfin, le 28 août 1980, on crée le Comité d'étude de la politique culturelle fédérale, dite « Commission Applebaum-Hébert », des noms de ses présidents, Louis Applebaum et Jacques Hébert. Trente ans après la commission Massey, le gouvernement fédéral réussit à se faire confirmer son droit d'intervention dans le domaine culturel.

Vers le rapatriement de la constitution

Depuis 1949, au moment où cesse le droit d'appel au Conseil privé de Londres, les seuls liens qui subsistent entre le Canada et la Grande-Bretagne sont le fait que le

Au centre, le premier ministre Pierre Elliott Trudeau, à sa droite Claude Ryan, à sa gauche Jean Chrétien. Le 8 mai, René Lévesque, agacé par un opposant, avait souligné que le second prénom de Trudeau était Elliott : « Il a choisi le côté anglo-saxon de son héritage ! » Six jours plus tard, au centre Paul-Sauvé (voir la photo), Trudeau sonne la charge : « Elliott était le nom de ma mère [...]. Les Elliott sont venus au Canada il y a plus de deux cents ans ! [...] On peut encore voir leurs tombes au cimetière de Saint-Gabriel-de-Brandon ». (le généalogiste Alexandre Alemann a établi qu'il ne s'agit pas des ancêtres de Trudeau). Voir Stephen Clarkson et Christina McCall, Trudeau. L'Homme, L'Utopie, L'Histoire *(Boréal, 1990).*

souverain de ce dernier pays soit aussi celui de Canada et que le Canada ne puisse amender seul sa propre constitution. En effet, le *British North America Act* étant une loi du Parlement britannique, ce dernier est la seule autorité habilitée à y apporter des modifications. Si la plupart des Canadiens sont d'accord pour « rapatrier la constitution », c'est-à-dire ramener au Canada le pouvoir de modifier ladite constitution, l'unanimité est loin d'exister sur les modalités d'amendement.

En 1964, David Fulton et Guy Favreau, à la tête d'un comité d'étude, avaient mis au point une formule de rapatriement, appelée depuis la « formule Fulton-Favreau ». « Le projet, écrit le constitutionnaliste Gil Rémillard, établissait tout d'abord le principe que le Canada était dorénavant maître de toute sa constitution. Il prévoyait ensuite un mécanisme canadien d'amendement nécessitant l'accord unanime des provinces dans certains cas et, dans d'autres, leur simple consentement majoritaire. Le processus était assez rigide, mais il prévoyait comme assouplissement, la possibilité d'une délégation législative des provinces au pouvoir central et de celui-ci aux provinces [1]. » Alors que plusieurs anglophones reprochent à la formule Fulton-Favreau d'être trop décentralisatrice, bon nombre de Québécois francophones la jugent trop favorable au pouvoir central. Aucune entente n'intervenant, il faut attendre la conférence constitutionnelle qui se tient à Victoria du 14 au 16 juin 1971.

À quoi attribuer les résultats du référendum de 1980? Le journaliste Claude-V. Marsolais suggère quelques explications dans Le référendum confisqué *(VLB, 1992): la dilution du projet souverainiste opérée par le PQ et une puissante organisation autour du premier ministre canadien. On n'insistera jamais trop sur les tactiques de peur soutenues par d'invraisemblables dépenses publicitaires. Quelques erreurs d'un côté et quelques bons coups de l'autre ont fait le reste; les promesses du premier ministre Trudeau sont du nombre.*

Aux premiers ministres des provinces réunis dans la capitale de la Colombie-Britannique, le premier ministre Trudeau présente une nouvelle formule de rapatriement et d'amendement. Ce sera la Charte de Victoria. Celle-ci tient compte du nombre de provinces et de leur population pour qu'une modification soit apportée. En fait, le Québec et l'Ontario, à cause de l'importance de leur population, obtenaient, par cette charte, un droit de veto. Toutes les provinces, sauf le Québec, se disent d'accord avec la proposition fédérale. L'opposition du gouvernement dirigé par Robert Bourassa signifie l'échec de la tentative.

L'adoption de la loi 101 sur la langue d'enseignement au Québec au mois d'août 1977 relance le débat sur la constitution. Le 2 septembre suivant, le premier ministre Trudeau offre aux neuf premiers ministres provinciaux autres que celui du Québec d'insérer dans la constitution une clause consacrant le principe du libre choix de la langue d'enseignement pour les parents. L'affaire traîne en longueur, entre autres à la suite du retour au pouvoir des conservateurs pendant quelques mois en 1979. Enfin la campagne référendaire au Québec, au mois de mai 1980, permet aux libéraux fédéraux de promettre une nouvelle constitution et surtout des « changements » advenant une victoire du Non. Ce qui sera le cas le 20 mai 1980.

Dès le 25 juin, Trudeau informe Mme Margaret Thatcher de son intention de rapatrier la constitution canadienne. En octobre, il annonce qu'il soumettra au Parlement une formule d'amendement et une charte de droits incluant une Clause dite Canada qui accordera le droit aux anglophones canadiens s'installant au Québec d'envoyer leurs enfants à l'école anglaise.

---

[1] Voir Gil Rémillard, *Le fédéralisme canadien. Éléments constitutionnels de formation et d'évolution*, Montréal, Québec-Amérique, 1980.

QUÉBEC

Les libéraux au pouvoir

Le cardinal Léger et le premier ministre J. Lesage, en août 1960.

En 1960, un Parti libéral rénové, dirigé par Jean Lesage, attaque durement l'Union nationale au pouvoir. Des abus fort semblables à ceux qui avaient entraîné la chute des libéraux en 1936 font l'objet de violentes dénonciations. En juin, centrant leur campagne électorale sur le slogan « *C'est le temps que ça change* », les libéraux promettent la réalisation d'un vaste programme de réformes sociales. Le 22 juin, le Parti libéral est porté au pouvoir avec 51 des 95 sièges. Dès lors, l'équipe libérale semble prête à entreprendre ce qu'on appellera la Révolution tranquille. Le 1er janvier 1961, l'assurance-hospitalisation gratuite entre en vigueur. La même année, on crée le *Conseil d'orientation économique* ainsi que le ministère des Affaires culturelles.

Dans Shawinigan Water and Power, 1898-1963. Formation et déclin d'un groupe industriel au Québec *(Boréal, 1994), Claude Bellavance s'intéresse à l'évolution de l'industrie hydroélectrique. Comme la technologie d'alors ne permettait pas le transport de l'électricité, l'exploitation des chutes Shawinigan a d'abord des effets locaux. Succès relatif, puis déclin. La nationalisation de 1962 sera la suite logique de plus de vingt ans d'interventions.*

La nationalisation de l'électricité

L'année 1962 sera celle de la *bataille de l'électricité.* René Lévesque, ministre des Richesses naturelles, malgré une certaine opposition ❶, entreprend de convaincre ses collègues de la nécessité de nationaliser les entreprises hydroélectriques du Québec. Comme celle-ci ne va pas sans planification, c'est l'occasion pour de nombreux spécialistes de joindre les rangs de la fonction publique québécoise. Conçue comme un premier pas vers la libération économique, la nationalisation de l'hydroélectricité ralliera les nationalistes québécois et permettra aux libéraux d'obtenir une majorité confortable aux élections de novembre 1962. Un vieux rêve se réalisait enfin.

Le 11 mars 1963, le gouvernement innove en lançant sur le marché sa première émission d'obligations d'épargne. Le 1er mai, *Hydro-Québec* prend possession des sociétés d'électricité visées par la nationalisation. En 1961, le gouvernement avait déjà entrepris l'aménagement hydroélectrique des rivières Manicouagan et aux Outardes. Globalement, les sept centrales une fois terminées produiront 5000 mégawatts. Par ses dimensions et sa puissance, Manic devient un objet de fierté nationale.

Politique économique et sociale

En 1963, Gérard Filion, directeur du journal *Le Devoir,* obtient le poste de président de la Société générale de financement (S.G.F.) qui entend fournir aux entreprises

❶ L'opposition venait principalement des financiers de la rue Saint-Jacques. Voir Jean V. Dufresne. « La bataille de l'électricité ». *Le magazine MacLean*, novembre 1962 : 19, 81, 89.

québécoises les capitaux qu'auparavant elles ne pouvaient trouver qu'à l'étranger. La S.G.F. devient ainsi majoritaire dans diverses compagnies.

En juillet, le gouvernement crée le Bureau d'aménagement de l'est du Québec (B.A.E.Q.) dont la tâche est de préparer pour 1966, au moyen d'une enquête-participation, un plan d'aménagement régional pour le Bas-du-Fleuve, la Gaspésie et les Îles-de-la-Madeleine.

La même année, il y a présentation officielle au gouvernement d'un rapport de rentabilité d'une industrie sidérurgique québécoise.

En mai 1965, le Québec vote une loi créant la Société québécoise d'exploration minière (SOQUEM). Cette entreprise d'État, à caractère commercial et industriel, permet au gouvernement de s'engager dans la découverte et l'exploitation des richesses du sous-sol. La création de la SOQUEM est consécutive à la loi des mines (février) qui « visait à mettre de l'ordre dans l'exploitation minière au Québec. » De

Terre des hommes. Une partie du site de l'Exposition internationale de Montréal, en septembre 1967. En haut, à droite, le pavillon des États-Unis.

Saint-Joachim, le 23 juillet 1967. Outre le fameux « Vive le Québec libre » lancé le lendemain à Montréal, la visite du général de Gaulle fut l'occasion de donner un élan à la coopération franco-québécoise (procès-verbal Peyrefitte-Johnson, septembre 1968). De gauche à droite, Mme Johnson, Mgr Vachon, le général, le cardinal Roy, Mme de Gaulle, et le premier ministre Johnson.

Le célèbre discours du général de Gaulle en juillet 1967 était-il tout à fait improvisé ? Absolument pas répond Marine Lefèvre dans Charles de Gaulle. Du Canada français au Québec *(Leméac, 2007) avec beaucoup de conviction. Le tout est habilement replacé dans son contexte de façon fort convaincante. Adepte de la décolonisation et désireux de faire rayonner le fait français, de Gaulle avait accepté de venir* ▶

René Lévesque, qui se fit alors l'ardent défenseur de ces lois, Claude Ryan, directeur du *Devoir* dira qu'il « est surtout connu pour ses déclarations spectaculaires, pour ses vues rigides sur la Confédération. Peu de gens savent qu'il est aussi, dans la gestion de son propre ministère, un administrateur précis et réaliste ».

Sur le plan social, le Parlement adopte, le 31 juillet 1964, le Code du travail et la loi établissant le régime des rentes. Ce système d'assurances sociales, mis en vigueur le 1er janvier 1966, permettra aux cotisants de toucher, le moment venu, une pension de retraite.

Parallèlement au régime des rentes, le gouvernement crée la Caisse de dépôt et placement du Québec. Cette caisse administre les fonds perçus par la Régie des rentes et par la Régie de l'assurance-récolte. À l'été 1969, on perçoit ainsi un million de dollars par jour ouvrable. Le gouvernement du Québec devient donc progressivement maître d'un important réservoir de capitaux susceptibles d'être réinvestis sous diverses formes et dans de multiples secteurs de l'économie.

La politique extérieure du Québec

Depuis sa naissance en 1867, le Québec a toujours maintenu des contacts directs avec l'étranger. Ce fut d'abord par l'intermédiaire de ses agents d'immigration, puis par l'action personnelle de certains de ses gouvernants — le plus souvent à la recherche d'emprunts importants — et enfin par le travail de ses agents de commerce, chargés d'ouvrir de nouveaux marchés et de faire connaître le Québec aux touristes étrangers.

Les agences commerciales ❶ ont des activités assez sporadiques jusqu'en 1961, alors qu'elles sont transformées en délégations générales. En 1967, elles passeront de l'autorité du ministère de l'Industrie et du Commerce à celle des Affaires intergouvernementales.

L'année 1961 marque un tournant dans l'évolution des relations internationales du Québec. Le gouvernement libéral, principalement par la voix de Paul Gérin-Lajoie, affirme son droit d'agir directement avec l'extérieur — sans l'intermédiaire d'Ottawa — dans les domaines de sa compétence ❷. À l'occasion d'une visite à Paris, le ministre insiste sur le désir des Québécois d'être présents au monde, particulièrement au monde francophone. Il développe avec originalité le thème de la francophonie auquel feront écho plusieurs chefs d'État francophones.

En 1964, une première entente intervient entre le ministère de l'Éducation du Québec et le président de l'Association pour l'organisation des stages en France (mieux connue sous le nom ASTEF). En février 1965, les ministres de l'Éducation des deux pays, Christian Fouchet et Paul Gérin-Lajoie, franchissent une étape importante avec la signature d'une entente de coopération en matière d'éducation. En mai, la Commission permanente franco-québécoise tient sa première réunion. Elle a pour rôle d'étudier les diverses applications de l'entente. En août, un comité interministériel chargé de coordonner les activités de la coopération avec l'extérieur est formé. Présidé par le sous-ministre des Affaires fédérales-provinciales, Claude Morin, le comité est responsable directement devant le premier ministre.

Gêné par l'entente franco-québécoise de février, Ottawa mène ses propres pourparlers avec Paris et provoque la signature d'un accord-cadre valable pour toutes les provinces (17 novembre 1965). Une semaine plus tard, la coopération franco-québécoise s'étend au domaine culturel.

Tournant de la Révolution tranquille

À partir de 1965, on voit de plus en plus de gens reprocher au gouvernement libéral de « présenter des signes de lassitude et d'hésitation, de freiner l'élan de 1960 ❸ ». Jean Lesage leur répond : « Aujourd'hui, nous continuons de progresser au même pas, au même rythme, au galop ; mais qu'est-ce que vous voulez, la population s'est habituée au rythme et cela est devenu moins une nouvelle. C'est ça

◄ au Québec avec la ferme intention de donner un solide coup de pouce au développement du Québec, quitte à faire un nouveau pied de nez au Canada, prolongement de la Grande-Bretagne en Amérique. Aussi Frédéric Bastien, Le poids de la coopération : le rapport France-Québec, *Montréal, Québec Amérique, 2006.*

La fédération libérale du Québec est née en 1955. Il lui appartenait de rajeunir le Parti libéral du Québec. Normalement, elle aurait dû être la responsable du programme du parti. On raconte qu'un soir de réunion avec les grands bonzes de son parti, Jean Lesage aurait demandé à Georges-Émile Lapalme s'il pouvait transposer en programme politique son document intitulé Pour une politique *(VLB, 1988) qui circulait alors auprès de quelques rares personnes. Deux jours plus tard, c'était chose faite.*

---

❶ En France (1882-1912), au Royaume-Uni (1908-1936), en Belgique, à New York et à Ottawa… Des délégations générales ont été ouvertes à New York et Paris (1961), à Londres (l962), à Bruxelles (1972) ; des bureaux à Milan (1965), à Boston, Dallas, Chicago et Los Angeles (1969), Düsseldorf et LaFayette (1970), Tokyo et Toronto (1973).

❷ Les accords internationaux portent de plus en plus sur la santé, la culture, l'éducation, etc. L'historien Jean Hamelin note : « De nombreux domaines des relations internationales relèvent, au Canada, des juridictions provinciales. Le Québec se doit d'agir, car le gouvernement central, par le biais de sa politique étrangère, pourrait en venir à assumer lentement des compétences de juridiction provinciale. » (*Annuaire du Québec,* 1968-1969 : 26).

❸ « Le bilan du gouvernement libéral depuis 1960 est évidemment positif, il l'est avec éclat, avec éloquence. Ce régime aura eu l'immense mérite de faire accéder la communauté québécoise au xxe siècle et de lui fournir quelques instruments décisifs de progrès et d'émancipation dans les ordres les plus divers. […] Jugés sur l'ensemble de son œuvre jusqu'à ces tout derniers temps, le gouvernement de M. Lesage est assurément l'un des meilleurs, sinon le meilleur, que le Québec a connu depuis plusieurs décennies. » Jean-Marc Léger, ***Le Devoir***, 22 mars 1965.

Construction de l'autoroute Ville-Marie, synonyme de démolition de centaines de logements et de rupture de la trame urbaine. Bref, Montréal a perdu sa lutte contre la banlieue qui a multiplié par six sa population au cours des 50 dernières années, alors que celle de Montréal stagne.

la vérité. La sidérurgie, la Société générale de financement, les divers volumes du Rapport Parent, qui apporteront une transformation complète de notre système d'enseignement, tout cela ne dure qu'une journée dans les journaux maintenant, alors qu'en 1960, on nous suivait pas à pas et que le moindre détail devenait un élément de révolution dans le Québec. »

Quoi qu'il en soit, en mars, le gouvernement publie ses prévisions budgétaires pour 1965-66. Pour la première fois, les dépenses franchissent le cap des deux milliards. Six ministères accaparent à eux seuls 83,2 pour cent du budget net des dépenses. Ce sont ceux de la Santé (408 millions), de l'Éducation (386 millions), de la Voirie (261 millions), de la Famille et du Bien-être social (223 millions) et du Revenu (122 millions).

Par contre, de grands secteurs sont oubliés. L'urbanisation se poursuit dans le désordre le plus total. La réforme scolaire, d'abord orientée vers les programmes et la formation des maîtres, verse dangereusement dans le béton et la brique. Les Affaires culturelles restent condamnées au dénuement. « Quand je vois, se plaindra son titulaire, Georges-Émile Lapalme, l'éducation absorber 500 millions alors que la culture n'a que 5 millions pour développer harmonieusement l'homme qui sera le produit de l'éducation, je dis que l'on construit une route qui ne conduit nulle part. » Plus encore, le ministre se sent en tutelle pour engager le mince budget qui lui est confié. Ce contexte pénible a finalement raison de G.-É. Lapalme. L'ancien chef qui avait tenu le fort sous Duplessis abandonne la partie et presque son parti.

La réforme scolaire

À partir de 1959, les divers gouvernements se sont attaqués résolument à une révision des systèmes scolaires existant au Québec. Dans le secteur privé franco-catholique et dans le secteur public anglo-protestant — tous deux privilégiés — les structures étaient d'ores et déjà complètes et l'enseignement de bonne qualité. Cependant le cours secondaire public, réservé à la clientèle franco-catholique, menait une très forte proportion d'élèves, sinon la majorité, dans un cul-de-sac [1].

Et avant 1960 ? Voir Micheline Dumont-Johnson et Nadia Fahmy-Eid, Les couventines. L'éducation des filles au Québec dans les congrégations religieuses, 1840-1960 *(Boréal, 1986).*

Dès la session de 1959-1960, le gouvernement Sauvé fait voter une série de lois fort importantes qui annoncent un renouveau dans le domaine scolaire.

---

[1] En 1955, Arthur Tremblay, qui sera en quelque sorte l'âme de la réforme scolaire, dresse un solide tableau de la situation scolaire au Québec dans une étude préparée à l'intention de la Commission royale d'enquête sur les problèmes constitutionnels (annexe 4). Il s'excuse lui-même dans son introduction de l'allure « par trop négative » de son exposé, de l'insistance avec laquelle il décrit « les lacunes et les insuffisances du système scolaire québécois ». Voir aussi le *Rapport du Comité d'étude sur l'enseignement technique et professionnel* (1962).

Deux semaines après la prise du pouvoir, l'équipe Lesage marque son intention ferme de poursuivre dans la voie des réformes. Le 6 juillet 1960, la responsabilité de l'éducation passe officiellement du Secrétariat de la Province au ministère de la Jeunesse, dont le nouveau titulaire, Paul Gérin-Lajoie, allait devenir l'un des principaux artisans de la réforme scolaire.

En mars 1961, une commission royale d'enquête présidée par Mgr Alphonse-Marie Parent, vice-recteur de l'Université Laval, se voit confier la tâche « *d'étudier l'organisation et le financement de l'éducation au Québec* ». Au cours de la même session, le gouvernement présente une législation qu'on se plaît à dénommer la « grande charte », dont le but premier est de « *reconnaître le droit absolu de tout enfant de recevoir l'enseignement de son choix, indépendamment de toute considération matérielle* ».

L'échangeur de l'Acadie (déjà désuet).

Toronto a remplacé Montréal comme centre économique du Canada depuis les années 1960. Dans son Histoire de Montréal depuis le Confédération *(Boréal, 1992), Paul-André Linteau l'explique bien, mettant à profit ses vastes connaissances historiques. Cette rivalité n'est cependant pas trop dramatique et Montréal reste une belle ville, davantage menacée par l'étalement urbain et le manque de vigilance à cet égard.*

La dénonciation, en décembre 1962, de la disproportion grave existant entre les bénéfices retirés par le Québec et par l'Ontario d'un plan fédéral d'aide à l'enseignement technique et professionnel provoque une réaction énergique des autorités québécoises. La question est réexaminée de façon à permettre au Québec de recevoir une juste part. Afin de profiter au maximum des crédits fédéraux, un bureau de la planification au ministère de la Jeunesse se met au travail et analyse les besoins des diverses régions.

Entre-temps, s'engage la « bataille du Bill 60 » qui prévoit la création d'un ministère de l'Éducation. Il faudra près d'un an pour acheminer ce projet de loi jusqu'à la sanction royale (19 mars 1964) [1].

Au mois de septembre suivant, le ministre de l'Éducation peut enfin lancer son « opération 55 » qui doit permettre la formation de 55 commissions scolaires régionales. Dans chaque région, des groupes d'étude sont formés. Un grand nombre d'écoles « régionales », dites plus tard « polyvalentes », sont rapidement mises en chantier. Les délais prévus par le nouvel accord avec Ottawa forcent les autorités québécoises à brûler les étapes. L'ampleur des problèmes matériels (le financement, la construction, le transport d'écoliers) fait reléguer au second plan les aspects proprement pédagogiques de la réforme. La mode est aux grosses écoles accessibles en autobus scolaire. En fait, il n'y a pas de politique de localisation ; les polyvalentes surgissent en plein champ.

La population n'est pas dupe. Lorsqu'en 1966 le premier ministre Lesage se présente devant elle, assuré de la victoire, d'une victoire toute personnelle, il reçoit

[1] Voir Paul Gérin-Lajoie. *Pourquoi le bill 60 ?* Éd. du Jour, Montréal, 1963. Aussi Léon Dion, *Le bill 60 et la société québécoise*, HMH, Montréal, 1967.

un verdict aussi imprévisible qu'étonnant. L'Union nationale, dirigée par Daniel Johnson, lui a livré une lutte comté par comté. Cette stratégie lui permet de faire élire 56 députés, sur un total de 108, avec seulement 40,9 % des votes exprimés. Jean Lesage, qui a fait une belle campagne à la grandeur du Québec, récolte 47,2 % des votes, mais ne fait élire que 50 députés.

Le premier ministre Lesage avait échoué dans une campagne basée sur son leadership. Il s'est trouvé plus d'un observateur pour établir un lien entre cette défaite et les problèmes causés par la réforme scolaire. Daniel Johnson, qui ne s'était pas privé d'attaquer durement la réforme en cours, au point de viser personnellement le premier fonctionnaire concerné, n'en décide pas moins de poursuivre dans la voie déjà tracée. Cependant, l'héritage est lourd à porter : les problèmes financiers sont multiples. Ils devaient conduire à l'année 1967-68, dite d'austérité.

En janvier 1967, l'Assemblée législative n'en commence pas moins l'étude d'un projet de loi annonçant la création des *collèges d'enseignement général et professionnel (CÉGEP)*. Le travail est mené rondement et, le 18 septembre 1967, 12 cégeps peuvent ouvrir leurs portes. En septembre 1975, on en compte 37.

Trois historiens de l'Université de Montréal ont contribué à une révision fondamentale de l'histoire des Canadas. Leur pessimisme était insupportable pour plusieurs qui refusaient d'appartenir à un peuple coincé entre deux solutions impossibles : l'assimilation ou l'indépendance. Dans un essai absolument remarquable, Le Devenir de la nation québécoise selon Maurice Séguin, Guy Frégault et Michel Brunet *(Septentrion, 1993), Jean Lamarre leur attribue une large influence.*

La réforme atteint ensuite le palier supérieur. En 1969, l'Université du Québec est créée avec campus à Montréal, à Trois-Rivières et à Chicoutimi [1]. Parallèlement, l'avenir des institutions indépendantes est assuré par une généreuse politique de subventions. Plusieurs considèrent la réforme des structures terminée. Pour justifier la mise en place d'un système complet et cohérent — mais aussi extrêmement coûteux —, il devenait essentiel de se préoccuper des contenus et de la qualité de l'enseignement. Pourtant, les débats continuent à porter sur les structures et l'équipement.

La montée indépendantiste

Un esprit de réforme et de libération caractérise la Révolution tranquille. On pose maintenant les problèmes en termes de changement, d'évolution et de devenir. On passe au crible toutes les institutions. Pour la première fois, une explosion de nationalisme se traduit sur le plan de la politique économique par la mise en place de divers instruments destinés, espère-t-on, à promouvoir la « *libération économique du Québec* ».

Mais l'idée d'œuvrer dans le cadre confédératif ne rallie pas tous les suffrages. Pour certains, ce cadre est désuet et a souvent tenu lieu de joug. De jeunes historiens de l'Université de Montréal s'emploient à le démontrer, Maurice Séguin en tête. On assiste à un foisonnement de mouvements indépendantistes. Dès janvier 1957, Raymond Barbeau lance l'*Alliance laurentienne*. À l'automne 1959, Raoul Roy fonde l'*Action socialiste pour l'indépendance du Québec*, alors que Marcel Chaput et André d'Allemagne mettent sur pied le *Rassemblement pour l'indépendance nationale*. Chaput, alors président du R.I.N., parcourt le Québec pour convaincre la population

[1] Une quatrième constituante de l'Université du Québec fut ajoutée en 1973 à Rimouski. Entre temps, l'Université du Québec a organisé différents services pédagogiques, dont la direction des études universitaires dans l'Ouest québécois (DEUOQ), l'École de technologie supérieure (ETS), l'Institut de microbiologie et d'hygiène de Montréal et la Télé-Université.

de la nécessité de l'indépendance : « En termes mathématiques, l'indépendance du Québec est au Canada ce que l'indépendance du Canada est aux États-Unis et à l'Angleterre. Toutefois, le Québec a plus de raisons que le Canada anglais d'affirmer un tel particularisme puisque, des quatre territoires, le Québec est distinct par la culture alors que le Canada anglais, les États-Unis et l'Angleterre sont identiques par la langue... Il est utopique pour un peuple de vouloir accéder à son plein épanouissement culturel et social sans posséder la maîtrise politique de ses destinées. Il faudra s'en rendre compte un jour : la condition de minorité ne peut qu'engendrer l'impuissance politique, et l'impuissance politique engendre fatalement l'insuffisance économique qui à son tour ne peut produire que la détérioration sociale et culturelle. »

Durant l'année 1962, divers incidents mécontentent une partie de la population québécoise. Plus d'un affirme que le bilinguisme dans l'administration fédérale est l'apanage des Canadiens français, puisque la langue anglaise est la seule utilisée. Le nombre de Canadiens français détenant de hauts postes au sein des divers ministères est dérisoire. En novembre, Donald Gordon, président du Canadien National, affirme qu'il ne peut trouver dans son personnel un seul Canadien français apte à occuper l'un des 28 postes supérieurs de l'entreprise. Cette déclaration éclate comme une bombe dans le contexte politique québécois et donne lieu à une flambée de manifestations dans à peu près tous les coins du Québec. Au début de décembre, *Le Devoir* révèle que l'entente fédérale-provinciale sur la formation technique et professionnelle accordera à l'Ontario 186 millions de dollars et au Québec, 13 millions. Le 17 décembre, optant définitivement pour l'action politique, Marcel Chaput et un groupe de ses partisans quittent le R.I.N. et fondent le *Parti républicain du Québec* ❶. En mars 1963, le R.I.N., réuni en congrès à Montréal sous la présidence de Guy Pouliot, se constitue également en parti politique. Au printemps de 1963, des nationalistes québécois, partisans de la violence, tentent de faire triompher la cause de l'indépendance par le terrorisme. Le 27 septembre 1964, René Jutras, médecin de Victoriaville, fonde le *Regroupement national* qui deviendra le *Ralliement national*.

La venue au Québec du président de la République française, Charles de Gaulle, précipite le cours des événements et en amène certains à prendre position. François Aquin, député libéral de Dorion, devient le premier député indépendantiste à siéger à l'Assemblée législative. En effet, le 3 août 1967, il se déclare partisan de la souveraineté totale du Québec. Au cours du congrès du Parti libéral d'octobre 67, René Lévesque, député de Laurier, quitte ce parti et opte pour la souveraineté du Québec dans une interdépendance économique avec le reste du Canada ❷. Il fonde

Contrairement à ce qu'on pense généralement, les relations entre la France et le Québec furent davantage de nature économique que culturelle. Pour s'en convaincre, on peut se laisser guider par deux artisans de la coopération, l'une dite franco-canadienne, l'autre franco-québécoise. Voir Jean Vinant, De Cartier à Péchiney : histoire de la coopération économique franco-canadienne *(Québec Amérique, 1985) et Gaston Cholette,* La coopération franco-québécoise, 1961-1997 *(PUL, 1997).*

❶ En 1964, à la suite des difficultés financières, le P.R.Q. se désintègre et Chaput rejoint les rangs du R.I.N. Divers groupements s'organisent, mais sont successivement mis en échec par les forces policières. Des perquisitions et des enquêtes de toutes sortes se multiplient ; des milliers de dossiers de suspects sont constitués ; quantités d'arrestations ont lieu ; plusieurs terroristes sont condamnés à la prison et deux à mort.

❷ En octobre 1968, la fusion des forces indépendantistes se réalise. Le Mouvement souveraineté-association, présidé par René Lévesque, et le R.N., parti de l'ex-député fédéral Gilles Grégoire, deviennent le Parti québécois. Le R.I.N. dirigé par le leader Pierre Bourgault, se dissout au profit du Parti québécois. Voir René Lévesque, *Option Québec*. Éd. de l'homme, Montréal, 1968.

La diplomatie américaine, on s'en doutait, préfère un Canada uni et fort. Si jamais l'indépendance du Québec se réalisait, elle s'en accommoderait. Les présidents Carter, Reagan, Bush ont surtout insisté sur le premier choix. F. D. Roosevelt aurait pour sa part souhaité l'assimilation des Canadiens français tandis que John F. Kennedy, sous l'influence d'un certain père Morissette, aurait entretenu une forme de sympathie pour l'idée d'indépendance. Correspondant de presse à Washington, Jean-François Lisée n'a pas perdu son temps. Dans un fort volume intitulé Dans l'œil de l'aigle : Washington face au Québec *(Boréal, 1990), il livre le fruit de ses observations et de ses recherches sur les cinquante dernières années.*

le *Mouvement souveraineté-association* et rallie temporairement François Aquin. Déjà, Lévesque avait déclaré aux élèves du collège de Lévis, le 22 décembre 1964 : « Pour ce qui est de la viabilité d'un Québec indépendant, cela ne se discute même pas. C'est sûr que le Québec est viable et il faut quelqu'un qui a vraiment perdu le sens des mots pour dire que le Québec n'est pas viable… Ce à quoi il faut arriver au Québec, c'est — aussi complète que possible — une indépendance qu'il va falloir respecter au point de vue économique » (*Le Devoir*, 23 décembre 1964).

Du 23 au 26 novembre 1967, les États généraux du Canada français tiennent leurs assises à Montréal. Ils concluent par un rejet catégorique de fédéralisme canadien, un appui généralisé en faveur des pleins pouvoirs pour le Québec et une orientation vers l'indépendance du Québec. Plusieurs des exposés soulignent l'infériorité économique des Canadiens français, ce que viendra confirmer d'ailleurs le Livre III du *Rapport de la Commission royale d'enquête sur le bilinguisme et le biculturalisme*.

L'infériorité économique des Canadiens français

[…] 12. Mesurer et analyser les inégalités actuelles entre francophones et anglophones constitue une démarche, déceler leurs causes profondes en est une autre. Il existe plusieurs explications à la présence relativement faible des francophones dans les hautes sphères du monde des affaires et de l'administration fédérale. Certains en imputent la responsabilité principalement à la population francophone elle-même, à son prétendu manque d'intérêt pour ce genre de carrières et à sa préférence pour l'agriculture, ainsi qu'à l'importance qu'elle attache à la religion et aux côtés non matériels de l'existence. Il en est qui attribuent tout à l'autre communauté, aux effets de la Conquête, à l'hégémonie que les anglophones exercent depuis dans les affaires et l'administration publique, à la discrimination infligée aux francophones et à la langue française. Certains prétendent que les francophones du Québec n'ont pas su se donner un système d'enseignement les préparant aux postes de commande dans une société industrielle ; d'autres rétorquent que les francophones n'en ont pas vu l'utilité, assurés qu'on ne leur accorderait pas de chances équitables.

15 … un esprit nouveau s'est manifesté dans la société canadienne-française, au cours des dernières années. Telles explications qui pouvaient être exactes hier, ne le sont plus au même point aujourd'hui. Les francophones manifestent maintenant la volonté de prendre la place qui leur revient dans tous les secteurs de la vie contemporaine. Ils attachent une grande importance aux sciences, à la technologie, aux innovations, ainsi qu'aux nouvelles manières de voir. […]

52 … au Québec. Que l'on y considère les unilingues anglophones ou les bilingues, ce sont toujours les Britanniques qui touchent les plus hauts revenus. Les bilingues, d'origine française ou britannique, gagnent moins que les Britanniques anglophones unilingues. Pour l'ensemble de la province, les anglophones unilingues ont un revenu moyen de $5502, les bilingues, de $4772, les francophones unilingues, de $3099. Des tests statistiques portant sur des Montréalais de toutes origines ethniques révèlent que ces différences se réduisent considérablement quand on tient compte des autres caractéristiques des bilingues (un niveau plus élevé d'instruction, par exemple). Chez ceux d'origine française, cependant, le bilinguisme contribue à hausser le revenu moyen, alors que chez les Britanniques, l'effet du bilinguisme est vraiment négligeable. […]

> 120. En fait de statut socio-économique, le Québec constitue manifestement un cas d'espèce. Eu égard au revenu, au niveau d'inscription et à la profession, la répartition selon l'origine ethnique souffre dans cette province d'une certaine distorsion, car l'écart entre les groupes britannique et français y est plus marqué que dans les autres provinces. Cela tient surtout à ce que les Canadiens d'origine britannique occupent une position beaucoup plus favorable au Québec que partout ailleurs au Canada.

L'Union nationale au pouvoir

Au pouvoir avec une équipe renouvelée, le gouvernement de l'Union nationale entend poursuivre la plupart des réformes amorcées dans les divers secteurs de sa compétence.

En fonction des pouvoirs que lui reconnaît la constitution canadienne et désireux de les exploiter au maximum, les gouvernements Johnson et Bertrand relancent Radio-Québec, forment SOQUIP — l'équivalent pour les pétroles de SOQUEM pour les mines.

Les structures de plusieurs ministères sont révisées et il en résulte la création ou la réorganisation des ministères des Affaires intergouvernementales (1967), des Institutions financières (1967), du Travail et de la Main-d'œuvre (1968), de l'Immigration (1968), de la Fonction publique (1969) et des Communications (1969).

Dans une perspective plus générale de planification, de développement et de progrès social, le gouvernement met en place à l'été 1969 l'*Office de planification et de développement du Québec* (OPDQ) et y intègre l'ODEQ au début de 1970 ❶.

Dans une volonté d'assurer à l'extérieur le prolongement de ses compétences internes, l'Union nationale cherche à développer la personnalité internationale du Québec et affiche un intérêt particulier pour la coopération avec l'extérieur.

En mai 1967, le premier ministre, Daniel Johnson, se rend à Paris où il est reçu avec les égards dus à un chef d'État. En compagnie d'experts québécois, il étudie les questions économiques et le problème des télécommunications par satellites. Il profite de son entrevue avec le président de la République française pour préciser les modalités d'une collaboration en matière technique et économique, dimension nouvelle de la coopération franco-québécoise.

La tension entre Québec et Ottawa s'accroît peu après, avec l'affaire du Gabon, alors que le Québec se rend à l'invitation reçue directement de ce pays, hôte de la conférence des ministres de l'Éducation des pays francophones (février 1968). Le gouvernement du Québec continue essentiellement d'affirmer son droit d'agir directement avec l'extérieur dans les domaines de ses compétences constitutionnelles et politiques.

À la suite de l'invitation reçue par le Québec de participer à la réunion de la francophonie à Kinshasa (janvier 1969) et à Niamey (février 1969), de nouvelles négociations ont lieu entre Québec et Ottawa : négociations difficiles qui donnent lieu à des compromis momentanés. Ainsi à Niamey, où se réunissent des

❶ L'Office de développement de l'Est du Québec (ODEQ) avait été créé le 9 avril 1968 pour veiller à l'exécution du plan quinquennal de développement prévu par le BAEQ (Bureau d'aménagement de l'Est du Québec) dans son rapport remis en 1966.

Conscient qu'on est jamais mieux servi que par soi-même, Arthur Tremblay a tenu à présenter sa vision du monde scolaire. Il a livré avec MM. Robert Blais et Marc Simard un premier tome intitulé Le ministère de l'Éducation et le Conseil supérieur. Antécédents et création, 1867-1964 *(PUL, 1989). Que pense Gérard Filion de la Révolution tranquille et de la réforme scolaire ? Dans* Fais ce que peux. En guise de mémoires *(Boréal, 1989), il ne mâche pas ses mots : « Durant pratiquement vingt ans, soit de 1960 à 1980, la société québécoise a vécu* sur la brosse, *au propre et au figuré. On réinventait la roue, on réparait ce qui n'était pas brisé, on démolissait ce qui n'était pas fini de construire.[…] Dans une société sur la* baloune, *pas surprenant que l'école se soit livré à sa part de folies ».*

Voir les deux tomes que Pierre Godin a consacré à Daniel Johnson (L'Homme, 1980).

représentants des pays de langue française dans le but d'étudier un projet d'*Agence de coopération culturelle et technique*, une délégation québécoise côtoie une délégation fédérale canadienne. En mars 1970, les gouvernements de nouveau réunis à Niamey sanctionnent les statuts de l'agence projetée ❶.

Le retour des libéraux

Lors d'un congrès à la direction de l'Union nationale, tenu en juin 1969, le nouveau premier ministre Jean-Jacques Bertrand est confirmé dans son leadership. En octobre, la présentation à l'Assemblée nationale d'un projet de loi sur la langue d'enseignement du français mécontente une bonne partie de la population et provoque même de graves remous dans les deux principaux partis. Ce *bill 63* innove en reconnaissant le droit des parents à choisir la langue d'enseignement, français et anglais, pour leurs enfants. Après plus d'un mois de débats à l'Assemblée nationale et de nombreuses manifestations dans tout le Québec, les ministériels appuyés par les libéraux adoptent le projet de loi.

Professeurs et étudiants ont le talent… d'éveiller la méfiance des autorités. Pour en avoir un exemple, voir Chronique d'une insurrection appréhendée, *d'Éric Bédard (Septentrion, 1998).*

Le 12 mars 1970, le premier ministre annonce la dissolution de l'Assemblée nationale et la tenue d'élections générales le 29 avril. La campagne électorale sera l'une des plus courtes de l'histoire du Québec et apparaît comme l'une des plus animées.

Les positions constitutionnelles des partis en lice sont nettement définies. Les libéraux, qui promettent la création de 100 000 nouveaux emplois, de même que les créditistes, adhèrent clairement au fédéralisme. L'Union nationale, pour sa part, donne quatre années au gouvernement fédéral pour achever la révision constitutionnelle, faute de quoi la population québécoise sera invitée à se prononcer par référendum sur l'indépendance du Québec. Enfin, le Parti québécois préconise la souveraineté du Québec, doublée de traités d'association économique avec le reste du Canada.

Pour un bilan de la crise d'Octobre, « Octobre 1970 : dix ans après », Criminologie, *13, 2 (1980), 116 p. Textes de José M. Rico (justice pénale), Alice Parizeau (armée) et Jean-Paul Brodeur (commissions d'enquête). Nombreuses perquisitions et 453 arrestations, dont 50 suivies d'inculpations.*

La campagne atteint son paroxysme lorsque de nombreux sondages prévoient que, pour le pourcentage des suffrages, le Parti libéral se classerait premier, suivi de près par le Parti québécois. Des députés fédéraux libéraux et certains milieux d'affaires réagissent violemment. Un esprit de panique les anime. On insiste avec éclat sur les sommes considérables versées par Ottawa, on ramène le spectre de la fuite des capitaux.

Le 29 avril, Robert Bourassa devient premier ministre du Québec. Le Parti libéral, avec 45,4 pour cent des suffrages, obtient 72 des 108 sièges de l'Assemblée nationale. L'Union nationale, avec 19,7 pour cent des voix, ne conserve que 17 des 55 sièges obtenus en 1966. Le Ralliement créditiste avec 11,2 pour cent décroche la victoire dans 12 circonscriptions. Le Parti québécois, en seconde place quant au suffrage populaire avec 23,1 pour cent des voix, ne remporte que 7 sièges. Le PQ venait de faire les frais du système uninominal à un tour et d'une carte électorale avantageant les régions rurales. C'était la deuxième élection consécutive où la carte électorale faussait gravement la représentativité des partis politiques à l'Assemblée nationale.

---

❶ Des divergences de vues entre Paris et Ottawa au sujet de la représentation du Québec au sein de l'Agence se font jour. Après 48 h de négociations, un accord de principe intervient. Tout gouvernement non souverain pourra adhérer ultérieurement à l'Agence sous réserve de l'accord de l'État souverain dont il relève. Un protocole à cet effet est arrêté entre Québec et Ottawa en octobre 1971.

✎ Le soir des élections municipales de Montréal, le 25 octobre 1970.

La violence éclate à nouveau. En octobre 1970, de jeunes terroristes enlèvent à Montréal l'attaché commercial britannique, James Richard Cross, et le ministre québécois du Travail, Pierre Laporte. Après avoir permis la lecture sur les ondes publiques du manifeste du Front de libération du Québec, le gouvernement fédéral refuse de se rendre aux autres conditions des ravisseurs, alléguant qu'« une minorité ne peut dicter ses volontés à une majorité ». Il choisit plutôt la « ligne dure », fait appel à l'armée et décrète la *Loi sur les mesures de guerre*. Cette loi, proclamée le 16 octobre, permet l'arrestation et la détention sans accusation et la perquisition sans mandat. Plus de 500 personnes sont arrêtées pour une période allant de deux jours à sept mois et plus de 6000 autres sont l'objet de perquisitions sans mandat. La presque totalité des personnes arrêtées seront relâchées sans être mises en accusation.

Le 17 octobre, lendemain de la proclamation de la *Loi sur les mesures de guerre*, Pierre Laporte est trouvé mort. James Richard Cross pour sa part est libéré le 3 décembre. On capture les ravisseurs du ministre du Travail quelques semaines plus tard, alors que ceux de l'attaché commercial britannique devront s'exiler à Cuba.

En mai 1972, les employés du gouvernement du Québec, après des mois de négociations syndicales, alors qu'ils formaient un front commun, décident de se mettre en grève. Malgré des injonctions ordonnant aux grévistes le retour au travail, les chefs syndicaux décident de défier le gouvernement Bourassa. Il s'ensuit l'emprisonnement immédiat des principaux chefs syndicaux et ceux des trois grandes centrales, la Confédération des syndicats nationaux (Marcel Pépin), la Fédération des travailleurs du Québec (Louis Laberge) et la Corporation des enseignants du

Le maire Drapeau demande par lettre, l'application de la loi des mesures guerre. Robert Bourassa de son côté accepte de signer une lettre, préparée par le cabinet de Trudeau, demandant l'application des mesures de guerre. Quelques heures plus tard, dans la nuit du 16 au 17 octobre, entrée en vigueur de l'ancienne loi des mesures de guerre (1914). Le ministre de la Justice dépose, le 2 novembre, un projet de loi portant sur des mesures d'urgences, inspiré de la loi des mesures de guerre. La loi Turner est votée le 1er décembre.

Une bonne étude de Louis Fournier sur l'histoire du Front de libération du Québec a été publiée chez Lanctôt en 1998 : FLQ : histoire d'un mouvement clandestin. *Aussi un essai fort bien documenté de Jacques Lacoursière intitulé* Alarme citoyens ! L'affaire Cross-Laporte, du connu à l'inconnu *(La Presse, 1972).*

Un pécu ou la piastre à Lévesque durant la campagne électorale de 1973.

Québec (Yvon Charbonneau). Condamnés à une année de prison, ils se pourvoiront de leur droit d'appel, mais leur requête sera rejetée. Finalement, la crise se résorbe, non sans laisser certaines cicatrices de part et d'autre.

Le 27 février 1973, la Commission d'enquête sur la situation de la langue française et sur les droits linguistiques au Québec, appelée du nom de son président la commission Gendron, dépose enfin son rapport. Le débat est loin d'être clos. Les deux premières recommandations tracent les grandes lignes de ce que devrait être la politique linguistique. « Nous recommandons que le gouvernement du Québec se donne comme objectif général de faire du français la langue commune des Québécois, c'est-à-dire une langue qui, étant connue de tous, puisse servir d'instrument de communication dans les situations de contact entre les Québécois francophones et non francophones. » La seconde recommandation demande de « proclamer dans une loi-cadre le français langue officielle du Québec, ainsi que le français et l'anglais langues nationales du Québec et de maintenir l'anglais comme langue d'enseignement dans les écoles anglo-protestantes et anglo-catholiques, et comme une des deux langues de communication des individus avec l'État ».

Le 25 septembre 1973, Robert Bourassa, affirmant que son gouvernement a rempli les principaux points du mandat qui lui avait été confié en 1970, déclenche des élections.

Le 29 octobre, le Parti libéral remporte une victoire éclatante. Il obtient 55 pour cent du vote et fait élire 102 députés sur un total possible de 110. Le Parti québécois, avec 30 pour cent des votes, obtient 6 sièges, tandis que le Parti créditiste fait élire deux députés avec 10 pour cent des votes. Quant à l'Union nationale, elle n'a plus de représentant à l'Assemblée nationale.

Après un débat des plus animés, le 30 juillet 1974, l'Assemblée nationale adopte le projet de loi n° 22, proclamant le français langue officielle du Québec. Ambiguë et difficile d'application, jugée extrémiste par les uns, trop timide par les autres, cette loi réussit à mécontenter tout autant la majorité francophone que les minorités anglophones.

Bien d'autres problèmes surgissent. Ainsi, une violence accrue sur les chantiers de construction amène le gouvernement Bourassa à former une commission d'enquête sur l'exercice de la liberté syndicale dans l'industrie de la construction. Le juge Robert Cliche est appelé à présider cette commission qui déposera son rapport à l'Assemblée nationale le 6 mai 1975. Les commissaires recommandent, entre autres, la mise en tutelle de quatre grands syndicats de la construction.

Une autre commission d'enquête, la C.E.C.O., s'attaque au crime organisé, plus particulièrement au commerce de la viande avariée, aux prêts usuraires et à la « mafia ». D'autre part, l'affaire Laporte rebondit, sans que l'on puisse vraiment faire la lumière sur cette question.

Dans un contexte de crise économique, le Québec doit également faire face à de graves problèmes financiers. Les coûts du parc olympique de Montréal s'accroissent de plus de 400 pour cent ; ceux des installations hydroélectriques à la Baie James passent de 6 à 12 milliards de dollars. À la fin de 1975, le gouvernement se voit contraint de recourir à des mesures de sauvetage : création d'une régie des installations olympiques, réduction du projet de la Baie James et coupures des dépenses dans divers secteurs, dont ceux de la santé et de l'enseignement.

Lorsque, le 18 octobre, le premier ministre Bourassa décrète prématurément la tenue d'élections, le conflit linguistique s'envenime autour des tests prévus par la loi 22 et de l'usage du français dans les communications aériennes. Le gouvernement se relève tant bien que mal du long conflit qui l'a opposé au front commun des employés du secteur public, et déjà il doit faire face à d'autres grèves qui s'annoncent aussi dures, comme celles d'Hydro-Québec et de l'U.Q.A.M. Dans ce contexte, le

Soir du 15 novembre 1976 : l'imprévisible est arrivé. Au micro, René Lévesque. Derrière lui : Pierre-Marc Johnson, Gilbert Paquette, Claude Charron et Lise Payette.

débat constitutionnel, dont Robert Bourassa veut encore une fois faire l'enjeu de la campagne, est d'autant plus facilement mis de côté que le Parti québécois s'est engagé à tenir un référendum sur la question de l'indépendance.

Sans complaisance mais avec beaucoup d'honnêteté, le journaliste Graham Fraser a raconté le premier mandat du Parti québécois *(Libre Expression, 1984). Beaucoup de lois, beaucoup d'actions concrètes en particulier dans le domaine culturel, tant à Montréal (soutien accru aux troupes de théâtre et de danse, à l'Orchestre symphonique, création de l'Opéra de Montréal, nouvelle Cinémathèque, redémarrage du Musée des Beaux-Arts) qu'à la grandeur du Québec (création d'emplois avec Ose-Arts, plan de développement des bibliothèques et des musées, nouvelle structure pour les conservatoires, multiples chantiers de rénovation d'immeubles patrimoniaux, élargissement de la politique dite du 1 % à tous les édifices publics et parapublics), etc.*

Le 15 novembre 1976

L'ampleur de la victoire péquiste du 15 novembre 1976 n'a d'égale que la déconfiture des libéraux. Avec 41 % des voix, le Parti québécois remporte 71 sièges; le Parti libéral, dont le chef est lui-même défait dans sa propre circonscription, doit se contenter de 34 % des voix et de 26 sièges. Pour sa part, l'Union nationale, dirigée par son nouveau chef Rodrigue Biron, parvient à récolter 18 % du vote populaire et à faire élire 11 députés.

Le Parti québécois s'installe au pouvoir dans un climat d'euphorie tout à fait sans précédent. L'équipe ministérielle, dirigée par René Lévesque, entend retrouver le souffle de la Révolution tranquille. Pourtant, le contexte économique est difficile et les relations avec Ottawa plus laborieuses que jamais.

En premier lieu, le gouvernement Lévesque entend régler la question linguistique. L'été 1977 sera marqué d'un long débat autour du projet de loi n° 1 qui deviendra la loi 101, cadre législatif de la Charte de la langue française. Cette étape franchie, le Parlement fait face à un véritable déferlement de lois. Tout se déroule comme si chaque ministre avait décidé de passer à l'histoire par une réforme majeure inscrite dans une loi. Tous les secteurs sont touchés: protection de la jeunesse, régime de retraite, fiscalité, code du travail. Le programme législatif de 1977 atteint un sommet avec la loi fort controversée de l'assurance-automobile. Le ministre Robert Burns, pour sa part, s'attaque au problème du financement des partis politiques, puis fait adopter une loi sur la consultation populaire. En 1978-1979, c'est à nouveau un déchaînement législatif et réglementaire: le recours collectif, la protection du consommateur, la protection du territoire agricole, la fonction publique, la santé et la sécurité au travail, l'aménagement et l'urbanisme, la fiscalité municipale, une réforme du droit de la famille, etc.

Pour plusieurs, l'État apporte ainsi des assurances nouvelles et longtemps attendues. Pour d'autres, il devient trop omniprésent. Au début des années 1980, on assiste à l'émergence progressive de deux tendances très nettes et tout à fait opposées sur le rôle de l'État dans la société. Les partis politiques sont eux-mêmes divisés sur la question.

Au printemps 1980, temps d'arrêt. Le gouvernement demande, par référendum, le mandat de négocier avec le Canada une nouvelle entente «*fondée sur le principe de l'égalité des peuples*». «*Cette entente permettrait au Québec d'acquérir le pouvoir exclusif de faire ses lois, de percevoir ses impôts et d'établir ses relations extérieures — ce qui est la Souveraineté — et en même temps de maintenir avec le Canada une association économique comportant l'utilisation de la même monnaie.*» Une lutte farouche s'engage entre partisans du oui et partisans du non, lesquels sont soutenus par une intervention massive du gouvernement d'Ottawa et, à la fin, du premier ministre Trudeau lui-même. La réponse de la population est brutale pour le gouvernement québécois. Près de 60 % des électeurs se prononcent pour le non; même le vote de l'électorat francophone se répartit de façon à peu près égale.

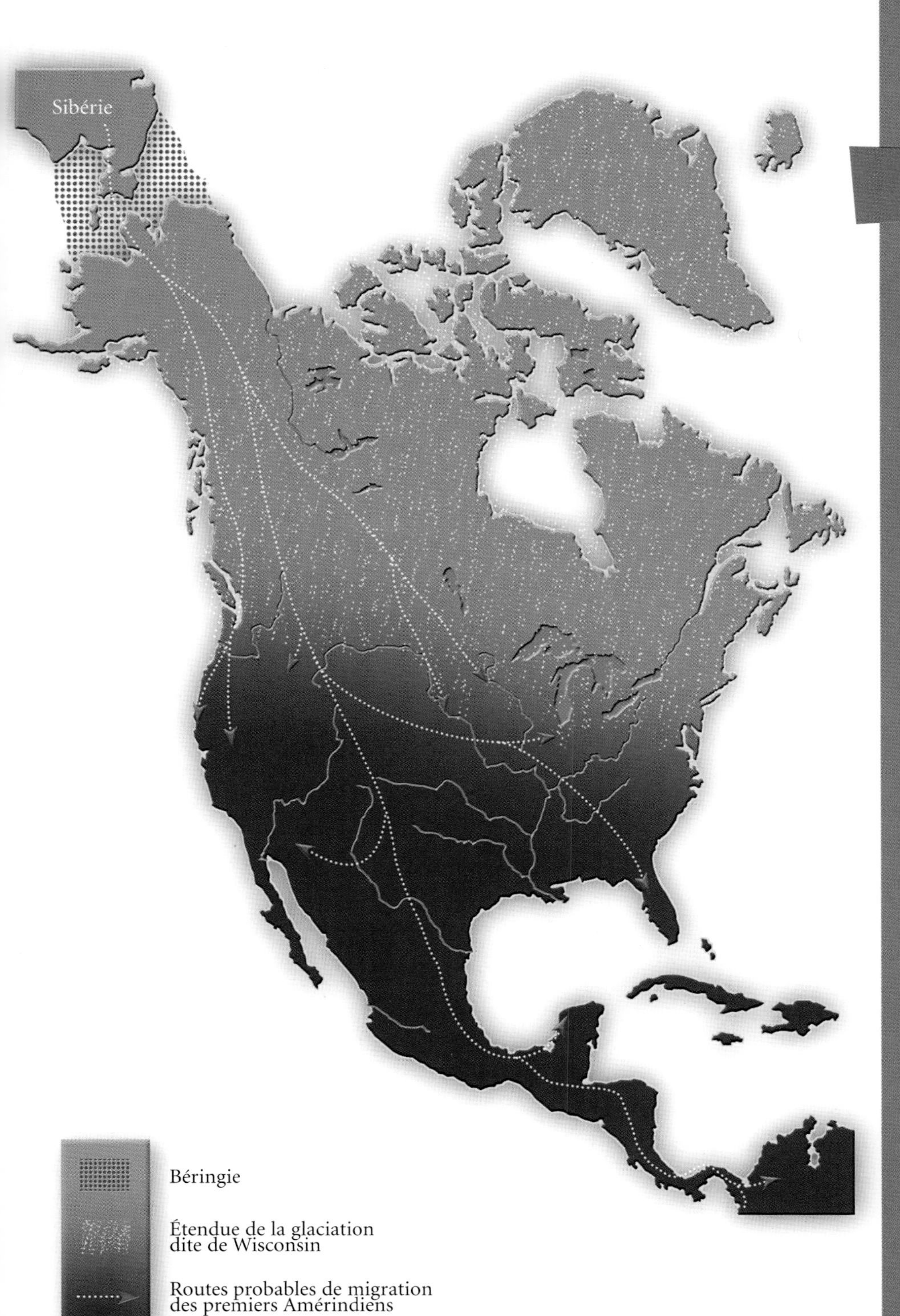

TOUS DES IMMIGRANTS

La nappe d'eau qui sépare l'Asie de l'Amérique avait l'allure d'une vaste plaine durant la dernière glaciation. Les êtres humains et les animaux s'y répandirent et gagnèrent le cœur de l'Amérique au fur et à mesure du retrait des glaciers qui ouvrit un corridor du nord au sud. Les glaces marquèrent un versant vers le Pacifique et un autre fort important vers les mers du Nord. C'est grosso modo le Canada d'aujourd'hui. L'Amérique du Nord est habitée par des humains depuis plus de 8 000 ans.

Tapisserie de Bayeux

La tapisserie de Bayeux raconte la conquête de l'Angleterre par les Normands. Les bateaux qui furent construits à cette occasion sont semblables à ceux que les Vikings utilisèrent pour visiter le Groenland, puis l'Helluland, le Markland et le Vinland. Ces mystérieux voyages sont connus par les sagas et décrits sur des cartes bien primitives.

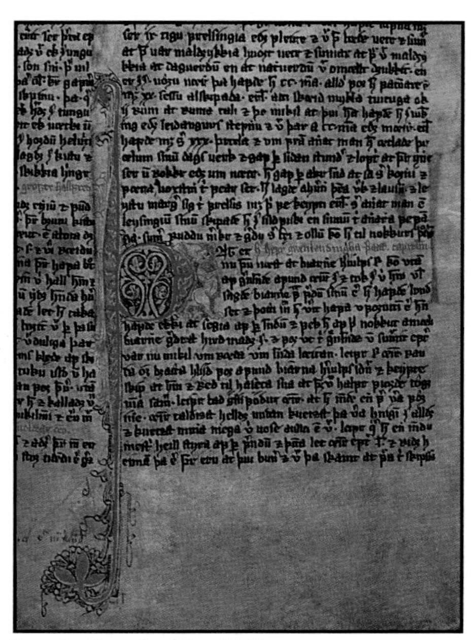

Saga des Groenlandais, c.1350

Carte de Stefansson, 1590

L'Anse-aux-Meadows, village situé à l'extrême pointe septentrionale de Terre-Neuve, est réputée avoir reçu la visite des Vikings. Les ancêtres des Béothuks s'y trouvaient. Les massacres et les épidémies entraînèrent la disparition de ce peuple dont les derniers représentants connus sont Demasduit (dite Mary March) que Lady Hamilton, la femme du gouverneur de Terre-Neuve, a peint et sa nièce, Shanawdithit, mortes respectivement en 1820 et 1829.

Demasduit (dite Mary March)

À une époque où les catholiques devaient faire maigre plus de 150 jours par année, le poisson était une ressource particulièrement importante. Les bancs de morues de l'Atlantique nord furent très fréquentés dès le début du XVIe siècle. Ces « terres neuves » bloquaient la route vers les Indes et peut-être recelaient-elles or, argent et pierres précieuses. L'or et le diamant ramassés par Jacques Cartier n'étaient que pyrite de fer et quartz.

Pyrite de fer

Quartz

Vigne sauvage

Herbe à dinde

À gauche, vigne sauvage sans doute semblable à celle de l'île de Bacchus (Bascuz) ainsi nommée par Cartier parce qu'on y trouve « force vigne » (auj., île d'Orléans). L'herbe à dinde (de poule d'Inde) a de multiples propriétés médicinales; elle s'ajoute aux innombrables plantes que l'Amérique offrira au reste du monde.

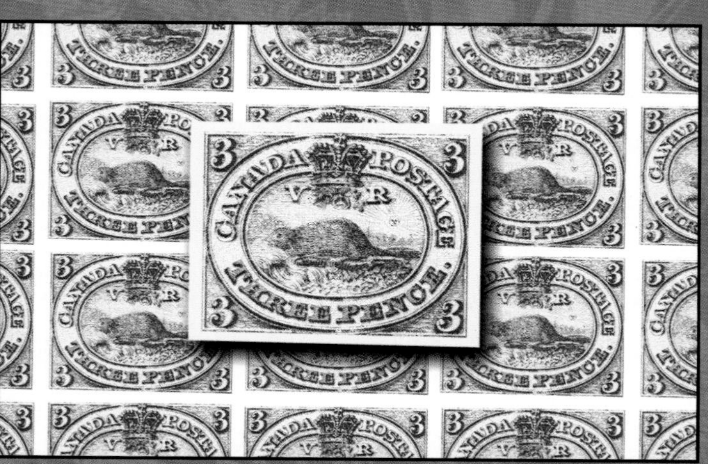

Premier timbre-poste canadien, 1851

Une mode! Qu'est-ce qui est plus fort qu'une mode? Grâce à un type de chapeau bien spécial, le castor fut à la mode… et l'Amérique française fut. Plus tard, le Canada adoptera le castor comme emblème animal.

J. White

T. de Bry

J. White

T. de Bry

Pour revendiquer une région, les puissances européennes devaient fournir la preuve que leurs voyageurs l'avaient explorée. Champlain est évidemment plus précis pour les régions qu'il a lui-même visitées, c'est-à-dire la côte atlantique (Cape Cod), la péninsule de Gaspé, le Saint-Laurent, la rivière des Outaouais, la baie Georgienne, etc. Pour le reste, il s'en remet aux informations transmises par les Indiens ou recueillies sur d'autres cartes.

LES
VOYAGES
DE LA
NOVVELLE FRANCE
OCCIDENTALE, DICTE
CANADA,
FAITS PAR LE S^r DE CHAMPLAIN
Xainctongeois, Capitaine pour le Roy en la Marine du Ponant, & toutes les Descouuertes qu'il a faites en ce païs depuis l'an 1603. iusques en l'an 1629.
Où se voit comme ce pays a esté premierement descouuert par les François, sous l'authorité de nos Roys tres-Chrestiens, iusques au regne de sa Majesté à present regnante LOVIS XIII. Roy de France & de Nauarre.
Auec vn traitté des qualitez & conditions requises à vn bon & parfaict Nauigateur pour cognoistre la diuersité des Estimes qui se font en la Nauigation. Les Marques & enseignements que la prouidence de Dieu à mises dans les Mers pour redresser les Mariniers en leur routte, sans lesquelles ils tomberoient en de grands dangers, Et la maniere de bien dresser Cartes marines auec leurs Ports, Rades, Isles, Sondes, & autre chose necessaire à la Nauigation.
Ensemble vne Carte generalle de la description dudit pays faicte en son Meridien selon la declinaison de la guide Aymant, & vn Catechisme ou Instruction traduicte du François au langage des peuples Sauuages de quelque contrée, auec ce qui s'est passé en ladite Nouuelle France en l'annee 1631.
A MONSEIGNEVR LE CARDINAL DVC DE RICHELIEV.
A PARIS.
Chez CLAVDE COLLET au Palais, en la Gallerie des Prisonniers, à l'Estoille d'Or.
M. DC. XXXII.
Auec Priuilege du Roy.

Cette carte de 1632 inspirera les cartographes pour des années à venir, à la fois pour ses informations et aussi pour sa technique innovatrice. Samuel de Champlain est en soi une énigme : depuis le lieu et la date de sa naissance jusqu'à son lieu de sépulture. Quel personnage se cache derrière Champlain, l'homme le plus extraordinaire et le plus complet de l'histoire de la Nouvelle-France ?

Les saints martyrs canadiens ont longtemps occupé toute la place. Les anthropologues ont provoqué un retour aux sources attirant davantage l'attention sur les Indiens et sur d'autres missionnaires comme Paul Le Jeune, Pierre Millet, Simon Le Moyne ou Francesco Giuseppe Bressani. Ce dernier, non seulement a survécu à la torture, mais il s'est fait propagandiste des missions de la Nouvelle-France.

Détail de la carte de Bressani, « Nova Franciae Accurata Delineatio », 1657

Aujourd'hui, on redécouvre sa relation écrite en italien et une carte très originale (1657) destinée à la formation des missionnaires. Elle donne une idée de l'univers qui les attend : chasse, pilage du maïs, poteau de torture, marche forcée (comme celle des trois femmes ici représentées), etc. Sur la côte atlantique, le missionnaire a indiqué *Virginia*, *Novum Belgium* et *Nova Anglia*, les voisins de la *Nova Francia*.

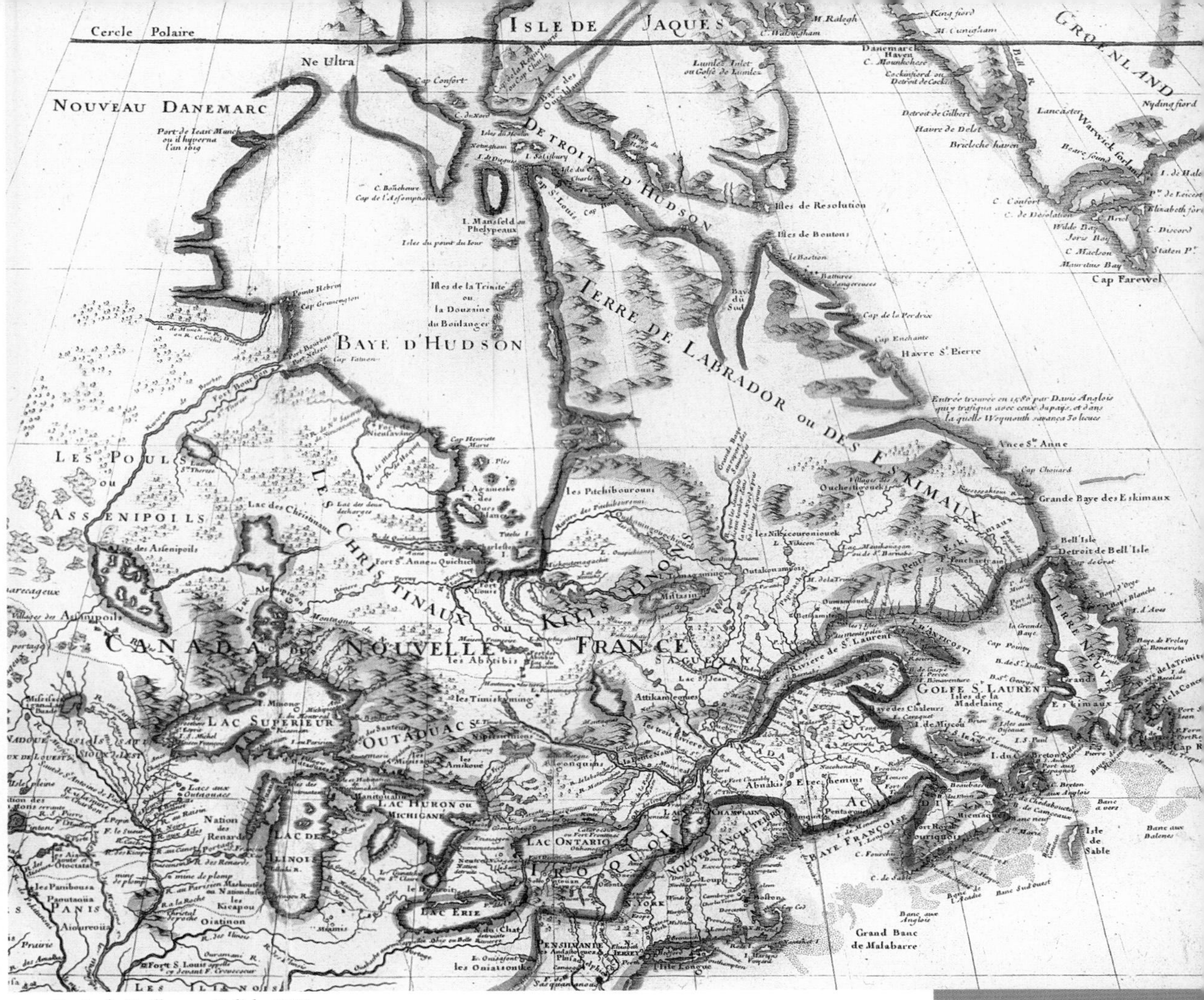

Carte de Guillaume Delisle, 1703

Delisle est particulièrement précis lorsqu'il décrit le Mississippi et ses affluents, en particulier l'Ohio et le Missouri. Malheureusement, cette partie de la carte est ici absente. De toute façon, c'est avec sa carte de 1718 intitulée *Carte de la Louisiane et du cours du Mississippi* que le géographe se surpassera. Cette année-là, il sera nommé « premier géographe du roi ». Voir *Sphæræ Mundi* (Septentrion, 2000) d'Edward H. Dahl et J.-F. Gauvin.

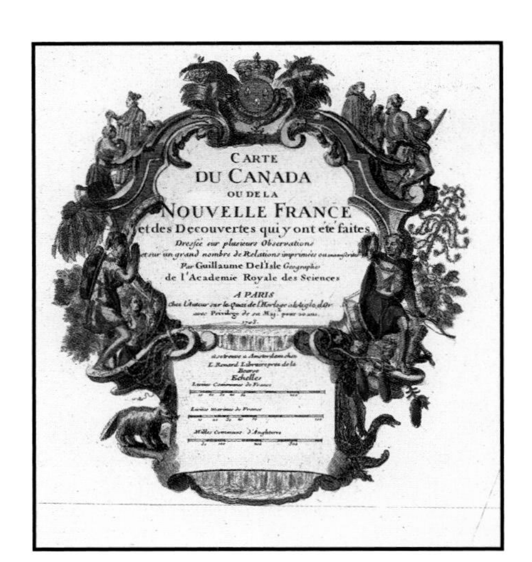

Au début du XVIIIe siècle, l'Amérique française est à son apogée. Cette carte de G. Delisle en rend bien compte. Géographe de cabinet, ce dernier ne négligeait rien pour bien se documenter. Sur cette carte de 1703, il représente fort bien le territoire connu. Elle servira de référence pendant plusieurs dizaines d'années.

y Brant n'est pas une inconnue, sauf peut-être au Québec. En 1986, imbre fut émis à sa mémoire. Comme il n'existe pas de portrait u d'elle, l'artiste Sara Tyson retint sa réputation d'intelligence et eauté. Les trois facettes renvoient à ses origines iroquoises, son tation à certaines mœurs européennes et sa fidélité à la Couronne. fut l'esprit, l'âme et l'inspiration de William Johnson, en médaillon iche ; elle était la sœur de Joseph Brant, compagnon d'armes de son , en médaillon à droite. Voir *Joseph Brant, 1743-1807. Man of two ds* (Syracuse University Press, 1984) d'Isabel Thompson Kelsay.

ntage a été réalisé par Harry M. DeBan pour The Old Fort Niagara Association Publications

La mort du général Wolfe. Benjamin West, 1770

Dix ans après l'événement, l'artiste Benjamin West a décidé de représenter la mort de Wolfe. À sa manière. La composition du tableau est pure imagination ce qui n'a nui en rien à sa grande popularité. L'Amérique face à la puissance britannique. L'Indien dans une pose digne des héros grecs face à un Wolfe mourant.

Une bataille où des techniques de guerre empruntées aux Indiens ont coûté la vie aux deux généraux. Une guerre qui se terminera par la dislocation des alliances franco-indiennes grâce au blocus de William Pitt exercé sur l'Atlantique et qui empêche les objets de traite d'arriver, grâce aussi à l'intelligence de William Johnson, l'agent des Affaires indiennes. Voir *La fin des alliances franco-indiennes. Enquête sur un sauf-conduit de 1760 devenu un traité en 1990* (Boréal, 1995) de Denis Vaugeois.

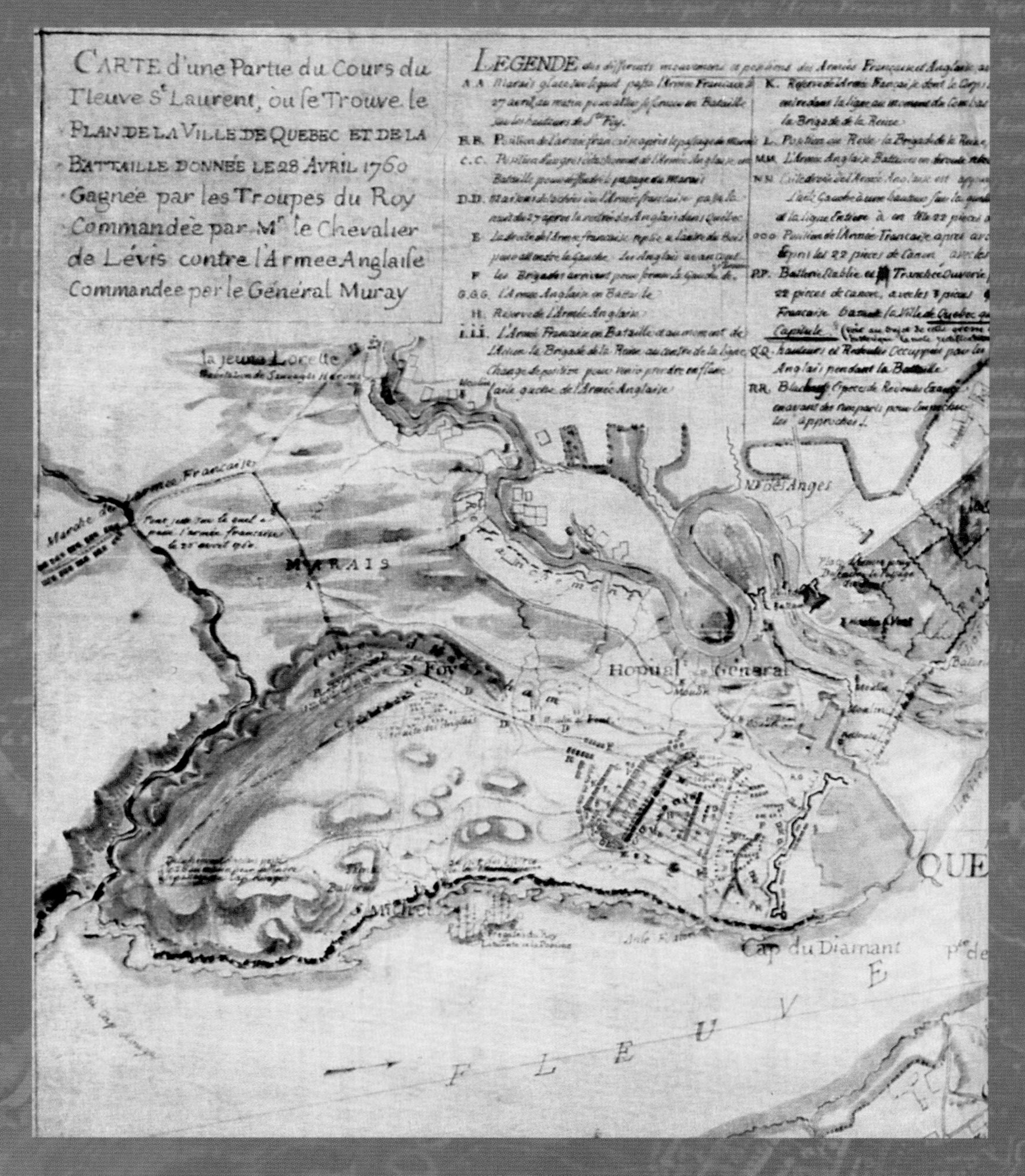

Cette sanguine représente le plan de la bataille du 28 avril 1760 qui opposa les troupes de Lévis à celles de Murray aux portes de Québec. Le 9 mai, l'arrivée d'une frégate britannique annonçait la flotte commandée par lord Colvill. En septembre, Montréal capitulera devant les forces réunies de Murray, Haviland et Amherst.

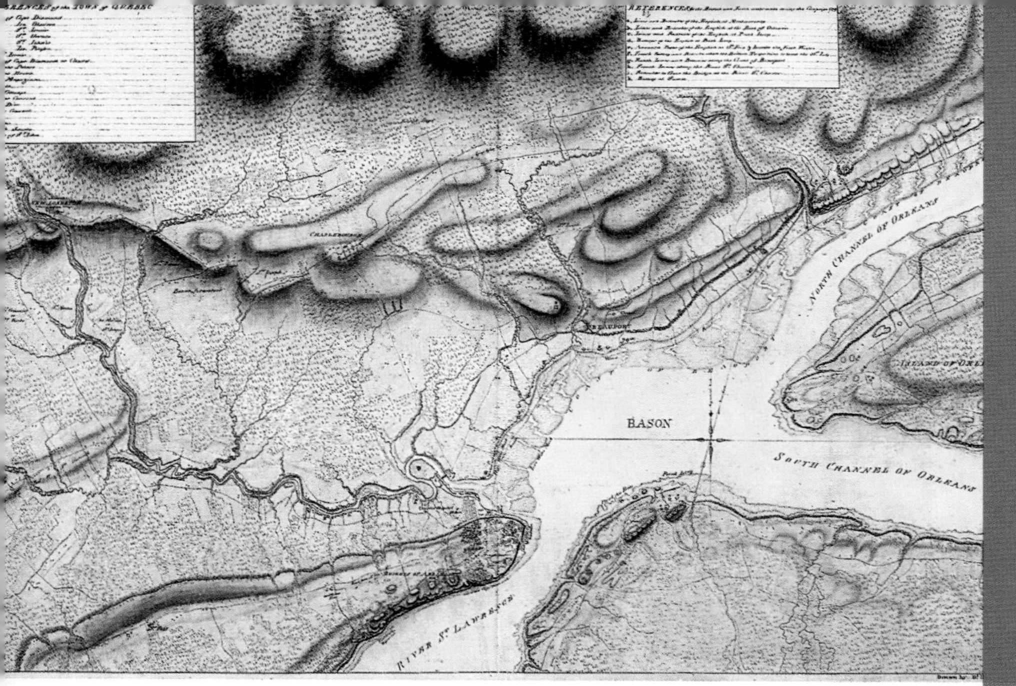

Carte de Murray, 1762

Après avoir annoncé qu'elle honorerait l'argent de papier en circulation dans son ancienne colonie nord-américaine, la France se ravisa. Plusieurs marchands s'étaient méfiés et avaient accepté l'argent de papier en-dessous de sa valeur, tandis que la population en général préférait nettement les pièces « sonnantes ». La piastre espagnole, frappée en Espagne ou en Amérique, était particulièrement appréciée et servit même d'unité de référence pour des pièces d'argent frappées en Angleterre (la couronne) ou en France (l'écu). Après 1760, elle valait généralement 120 sous. Le dollar canadien (appelé aussi piastre) instauré en 1858, se divisait en centièmes ; le quart d'un dollar était donc vingt-cinq cents et le quart de l'ancienne piastre était trente sous. D'où « changer quatre trente sous pour une piastre ». Certaines pièces anciennes de six sous, douze sous ou trente sous valant cinq, dix ou vingt-cinq cents. Voir les mots piastre, cent ou cenne et sou dans le *Dictionnaire historique du français québécois* (PUL, 1998) préparé sous la direction de Claude Poirier.

Murray n'a pas laissé son nom qu'à un « traité », il l'a aussi donné à une magnifique seigneurie (Murray Bay) et à une immense carte de la vallée du Saint-Laurent. Une des 44 sections de cette carte gigantesque représente la région de Québec ; elle mesure 62,2 cm sur 94,6 cm. Il existe des copies de divers formats de cette précieuse carte qui notait non seulement la topographie des lieux, mais aussi soulignait les traces de l'occupation humaine. Les Britanniques prenaient en effet très au sérieux leur conquête. Ils favorisèrent l'établissement de soldats et d'officiers britanniques par des concessions de terres. Murray pour sa part fit l'acquisition de cinq vastes seigneuries. Il fut bientôt rejoint par d'autres compatriotes écossais qui, pour la plupart, épouseront des Canadiennes françaises.

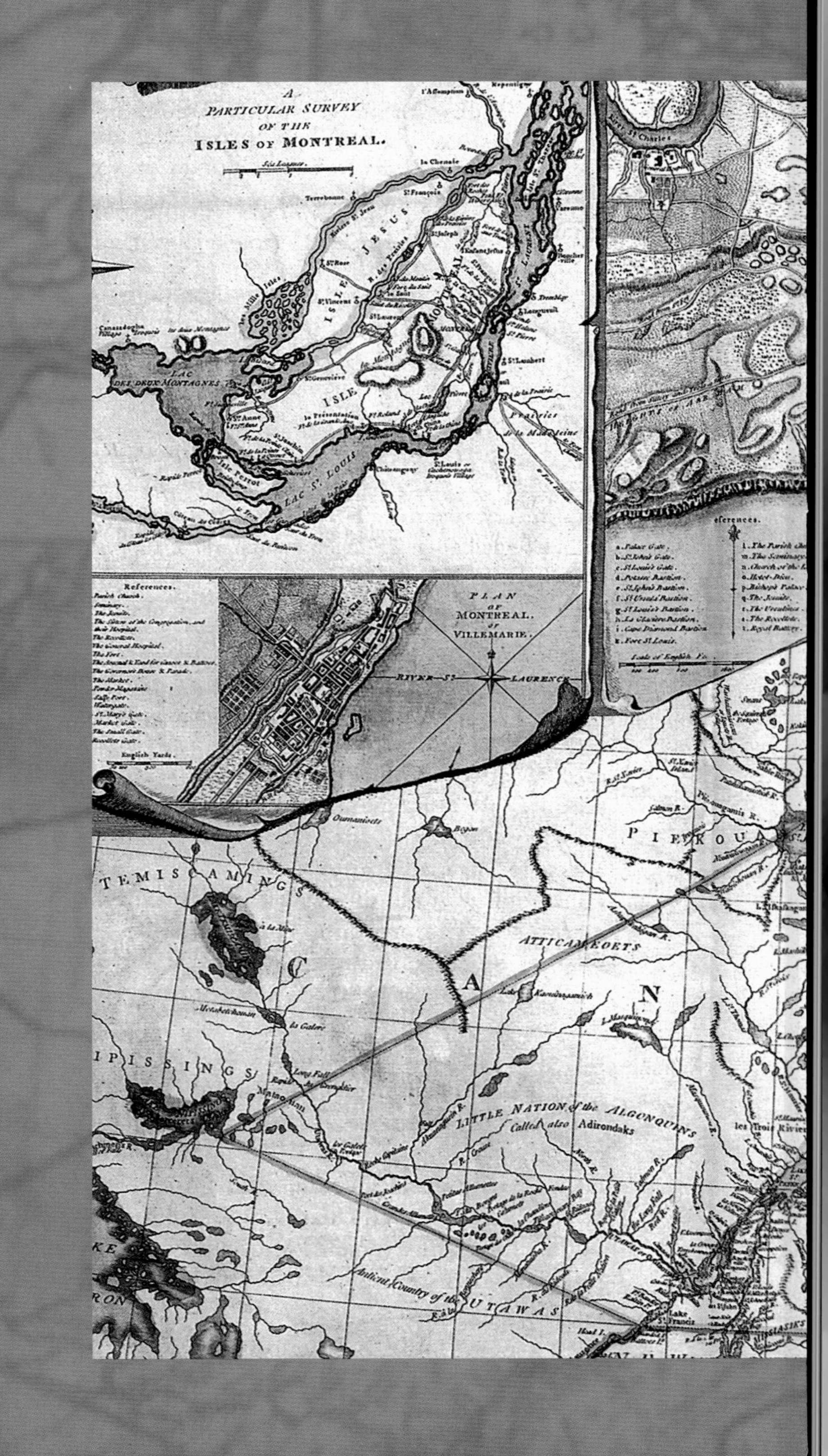

A PARTICULAR SURVEY OF THE ISLES OF MONTREAL.
LAC DES DEUX MONTAGNES
LAC ST. LOUIS
Isle Perrot
References.
English Yards
PLAN OF MONTREAL, OR VILLEMARIE.
RIVER ST. LAURENCE
TEMISCAMINGS
ATTICAMEGOETS
IPISSINGS
LITTLE NATION of the ALGONQUINS
Called also Adirondaks
Antient Country of the UTAWAS

A NEW MAP OF THE PROVINCE OF QUEBEC, according to THE ROYAL PROCLAMATION, of the 7th of October 1763. from THE FRENCH SURVEYS Connected with those made after the War, BY CAPTAIN CARVER, and Other Officers, in HIS MAJESTY'S Service.
RIVER St. LAURENCE, from la Valterie & Quebec, on a Larger Scale.
British Miles
QUEBEC.
THE LITTLE RIVER
LOWER TOWN
RIVER St. LAURENCE
LAKE St. PETER
LES TROIS RIVIERES
UNESKAPIS
LABRADOR
RIVER St. JOHN
ISLE OF ANTICOSTI
GULF OF St. LAURENCE
RIVER St. LAURENCE
GASPE
CHALEUR BAY
NOVA SCOTIA
NEW ENGLAND
PAPINACHOIS
KENEBECKIS
IRUSKGONTEKOOKS
Scales.
British Miles

En 1774,
la « Province of
uebec » récupérait
une partie de
ncienne Nouvelle-
France, soit le
Labrador, l'île
l'Anticosti, les îles
e la Madeleine, les
erritoires indiens,
direction du nord,
jusqu'aux limites
ud des terres de la
Compagnie de la
Baie d'Hudson et,
en direction du
ud-ouest, jusqu'au
nfluent de l'Ohio
et du Mississippi.

n 1783, se signe à
Paris un second
aité d'importance
ur l'Amérique du
Nord. Les Treize
olonies deviennent
les États-Unis !
Les Américains
obtiennent le sud
des Grands Lacs,
mais doivent
noncer à la rive sud
du Saint-Laurent
qu'ils convoitaient
pourtant
ardemment. Ils
n'en sont toutefois
qu'à quelques
dizaines de

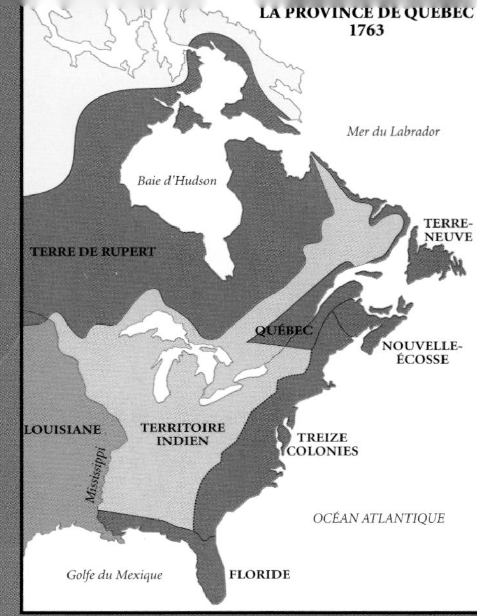

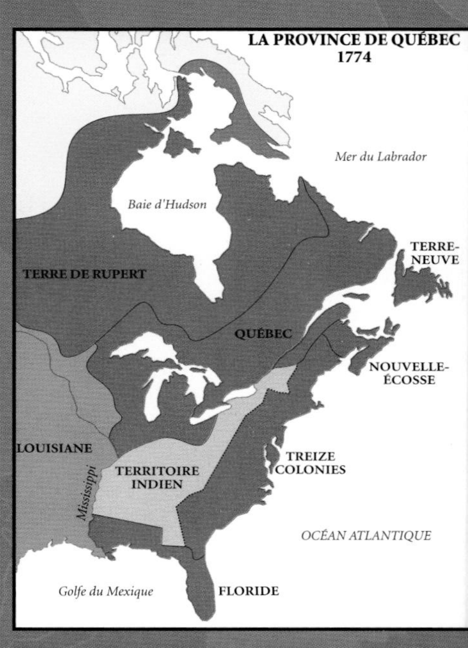

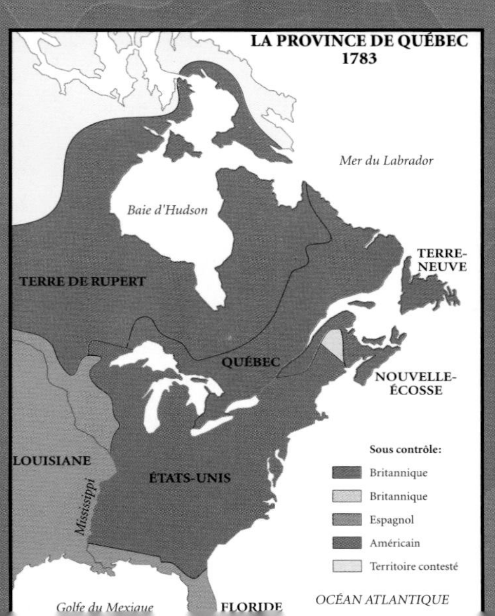

Fort Saint-Jean

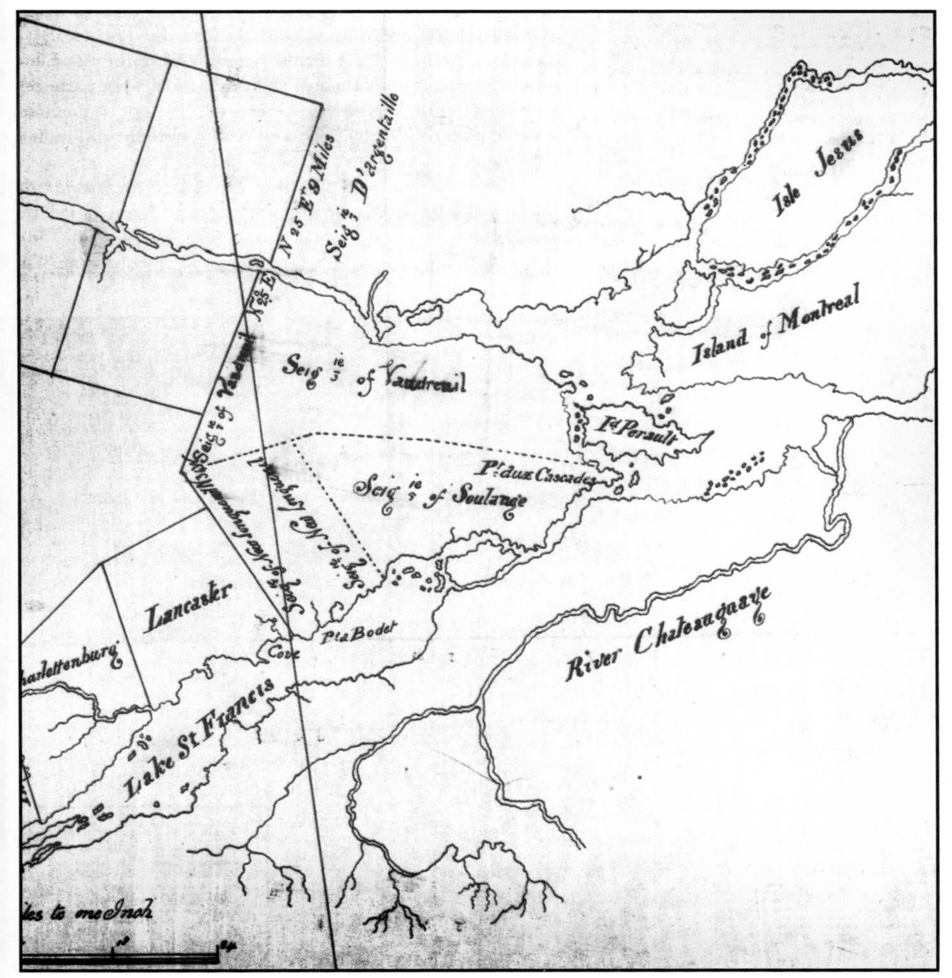

Détail du plan de 1788

Campement de loyalistes à Johnston. Aquarelle de James Peachey, 1784

la
es
es
ict
es
ns
es
ité
nt.
nt
de
es
es,
nel
de
ois
ul
re
ne
rs
ir.

Ces documents sont des extraits d'une célèbre pétition (1784) de 2400 noms contre la mise en place d'une Chambre d'Assemblée dans la Province de Québec. L'historien Pierre Tousignant a sorti de l'ombre une autre pétition, également de 1784, portant 1436 signatures de Canadiens favorables à une telle institution.

Les Indiens voteront comme en fait foi cette feuille de votation de 1834 sur laquelle on reconnaît les noms de Stanislas Coska, J.-B. Bastien, Pierre Picard, Paul Zacharie, Le Petit Étienne, etc., tous Hurons de Jeune-Lorette. C'est avec le système des réserves que les Indiens perdront leur droit de vote. Pour autant, ils se manifestent régulièrement, le plus souvent par des pétitions. Celle-ci est rédigée sur une écorce de bouleau et décorée de perles. Les Saulteux y réclament le droit de coupe sur leurs réserves.

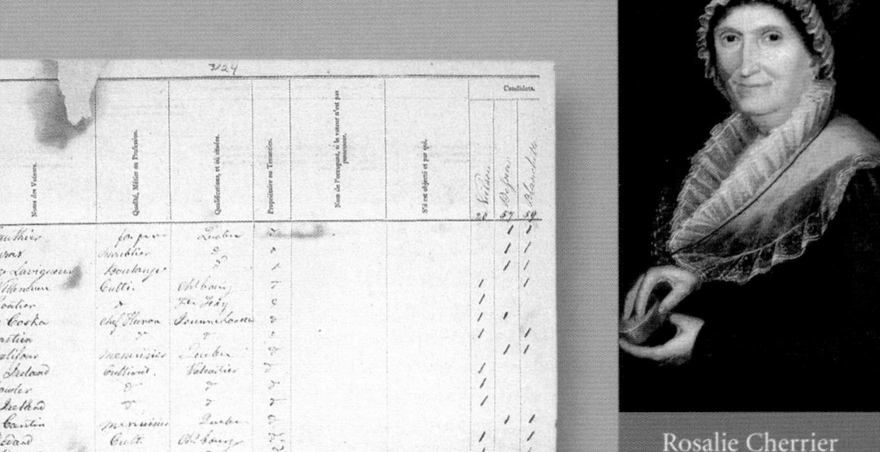

Feuille de votation, 1834

Rosalie Cherrier est la mère de Louis-Joseph Papineau. Elle a des biens personnels et elle aura donc droit de vote, tout comme les femmes dans cette situation. Et elles sont nombreuses. En fait, la constitution de 1791 accorde le droit de vote à tous les sujets britanniques qui remplissent des conditions bien minimes. Aucune ne concerne le sexe, la religion ou l'origine ethnique.

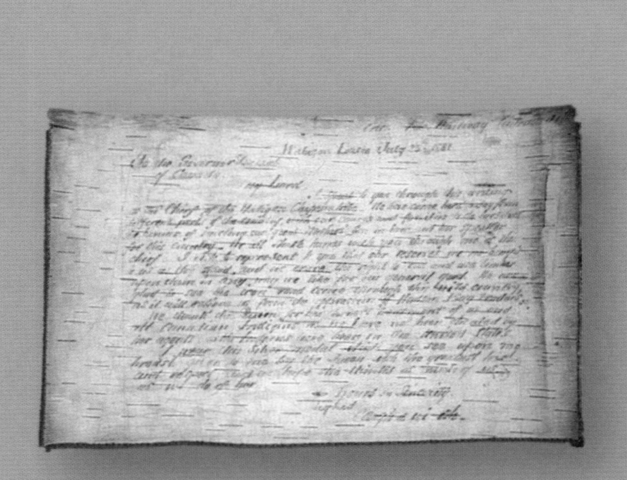

Pétition des Saulteux au gouverneur général, 1881

Pendant une trentaine d'années, les députés canadiens-français réaffirmèrent leur intention de voter les lois et de contrôler le budget. Ils entendaient profiter de leur majorité parlementaire. Pour la neutraliser, des bureaucrates anglais rêvèrent d'une union des deux Canadas ; à défaut, d'autres souhaitèrent une prise d'armes. Obtenir par la force ce qui n'était pas possible autrement. La rébellion fut-elle ainsi provoquée ?

Patriotes de Beauharnois en 1838. Aquarelle de Katherine Jane Ellice

Des soldats montent la garde à Québec à l'automne 1838. Aquarelle de James Hope

Du renfort arrive du Nouveau-Brunswick en décembre 1837. Aquarelle de Richard G.A. Levinge. Il faut rappeler que le Haut-Canada connaît également un état d'insurrection.

Les chutes de la rivière Chaudière près de Québec, 1792. Aquarelle de Thomas Davies.

Les forges Saint-Maurice près de Trois-Rivières, 1841. Aquarelle de Millicent Mary Chaplin.

Fredericton au Nouveau-Brunswick, 1840. Aquarelle d'Alexander Cavalié Mercer.

La station de quarantaine à Grosse-Île. Les navires chargés d'immigrants européens qui arrivaient dans le Saint-Laurent devaient faire escale à la Grosse-Île où une station de quarantaine avait été installée en 1832. Les malades étaient débarqués et conduits dans un hôpital, tandis que les autres, après examen, pouvaient continuer leur voyage jusqu'à Québec.

L'entrepont. Jusqu'en 1852, un navire de 500 tonnes pouvait transporter jusqu'à 300 adultes et 200 enfants. Ces règlements ne tenaient pas compte des bébés. Quatre personnes dormaient par couchette et on se restaurait d'une façon très primitive. Ce dessin montre des conditions de vie plus confortables.

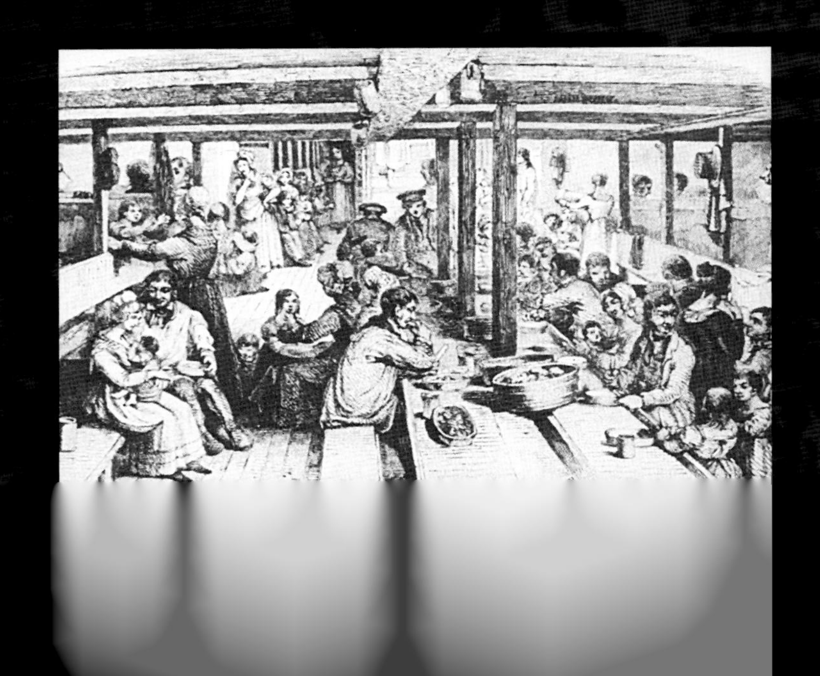

Cette rue est toujours intacte. À gauche, la maison de Gannes qui date de la période française tout comme l'église des Récollets qui se trouve en face. Celle-ci fut toutefois réquisitionnée par les Britanniques qui en firent une église anglicane. Au fond, à gauche de la maison Hertel, le monastère des Ursulines.

Un vieux coin de Trois-Rivières, 1922.
Aquarelle signée P. Nobbs

Le 25 avril 1849, l'édifice du Parlement, qui siégeait alors à Montréal, est saccagé puis incendié par des émeutiers. De façon intense dans les jours qui suivent, et sporadiquement jusqu'à la fin de l'été 1849, l'agitation se poursuit : attentats, émeutes, incendies criminels, agressions contre les biens et les personnes. Le gouverneur Elgin et le premier ministre La Fontaine sont particulièrement visés.

Au cours des années 1850, la compagnie du Grand Tronc établit des ateliers à la Pointe-Saint-Charles, près de l'extrémité nord du pont Victoria qu'on aperçoit à droite sur la gravure. La photo ci-contre montre la construction de la locomotive appelée la « Trevithick ». Près d'une grande roue, on aperçoit, de profil, Frederick Henry Trevithick, le premier surintendant des locomotives du chemin de fer du Grand Tronc et fils de Richard Trevithick qui, en 1804, a construit la première locomotive au monde.

Cette vue impressionnante de l'entrée est du canal Lachine a le mérite de donner une certaine idée de l'importance non seulement du canal lui-même, mais du site industriel qui s'y greffa. À peu près tous les secteurs industriels de l'époque s'y développèrent. On parle de 800 à 900 implantations industrielles, les unes entraînant les autres. Les écluses constituaient des sources de pouvoir hydrauliques très appréciées.

Les améliorations du canal Lachine, 1877

Montréal vu du fleuve en hiver. Tableau de J. H. Walker

Campus de l'Université McGill. Aquarelle de P. Nobbs

À première vue, cette scène pourrait se situer au Québec d'hier. La forme de l'église et sa localisation isolée ont permis d'identifier la région de Sussex au Nouveau-Brunswick. Intitulé « La saison des foins » (v. 1880), ce tableau est attribué à William G.R. Hind.

Le bateau de gauche est actionné par les chevaux qu'on aperçoit sur le pont. Ces *horse-boats* effectuaient la traversée entre Québec et Lévis avant l'apparition des navires à vapeur, appréciés pour leur régularité et leur capacité de résister au courant. Aquarelle de J.P. Cockburn.

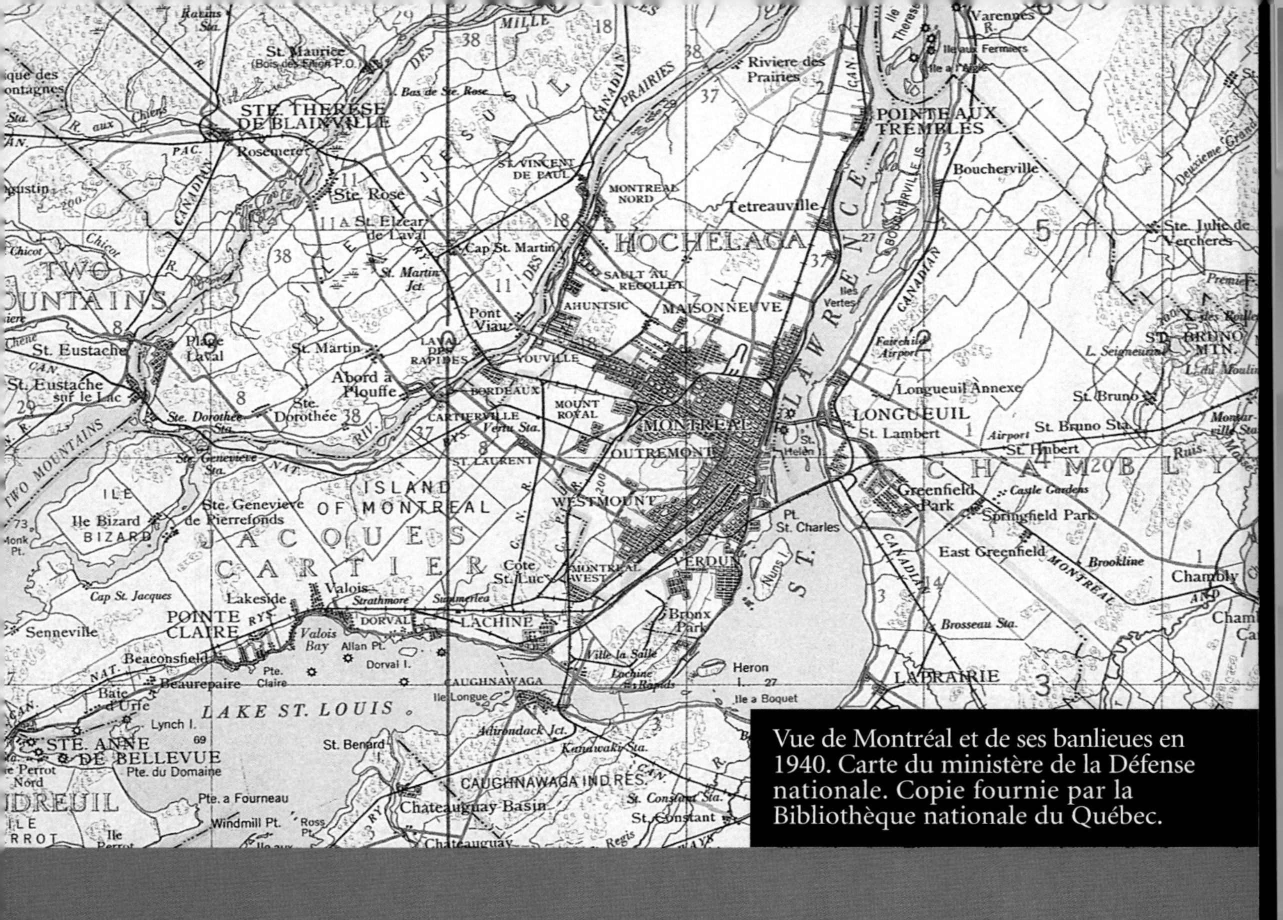

Vue de Montréal et de ses banlieues en 1940. Carte du ministère de la Défense nationale. Copie fournie par la Bibliothèque nationale du Québec.

La côte du Beaver Hall, Montréal, 1962. Huile sur toile de W. Stschepanski

Vue du satellite Landsat -5 en 1989. Photo tirée de l'*Atlas historique de Montréal* (Art global et Libre Expression, 1994) de J.-C. Robert.

À gauche, deux vues aériennes du centre-ville de Montréal prises par Pierre Lahoud, le dimanche 13 août 2000. Elles illustrent les propos du maire Pierre Bourque qui, quelques jours auparavant, se désolait des allures de «ville bombardée» que prenait sa ville dans certains secteurs. On estime que les lots vacants constituent 20 % de la superficie du centre de Montréal.

Philippe Sauvageau a signé la mise en place de plusieurs bibliothèques du réseau des BCP (bibliothèques centrales de prêts) et soutenu le plan de développement des bibliothèques publiques mis de l'avant par le ministère des Affaires culturelles en 1979. Ses plus belles réalisations sont la Bibliothèque Gabrielle-Roy à Québec de même que les bibliothèques de quartier qui la complètent et le Centre de conservation de la Bibliothèque nationale à Montréal. Le recyclage de cette ancienne fabrique de cigares est une réussite architecturale autant que financière.

Les deux photos de gauche: à l'époque de la fabrique de cigares

Les deux photos de droite: l'actuel Centre de conservation de la Bibliothèque nationale du Québec de la rue Holt à Montréal

1 % du budget total de la construction réservé à l'art

Née au début des années 1960 et d'abord confiée au ministère des Travaux publics, la politique dite du 1 % passa sous la responsabilité du ministère des Affaires culturelles en février 1981. Depuis, quelque 2 500 œuvres ont été réalisées dans le cadre d'une nouvelle politique d'intégration des arts à l'architecture et à l'environnement.

Installé au plafond d'une salle du pavillon des sciences de la gestion de l'Université du Québec à Montréal, cette œuvre de Pierre Ayot s'intitule *Permis de restauration*. En véritable trompe-l'œil, des structures de bois semblent en place sous des plafonds d'églises.

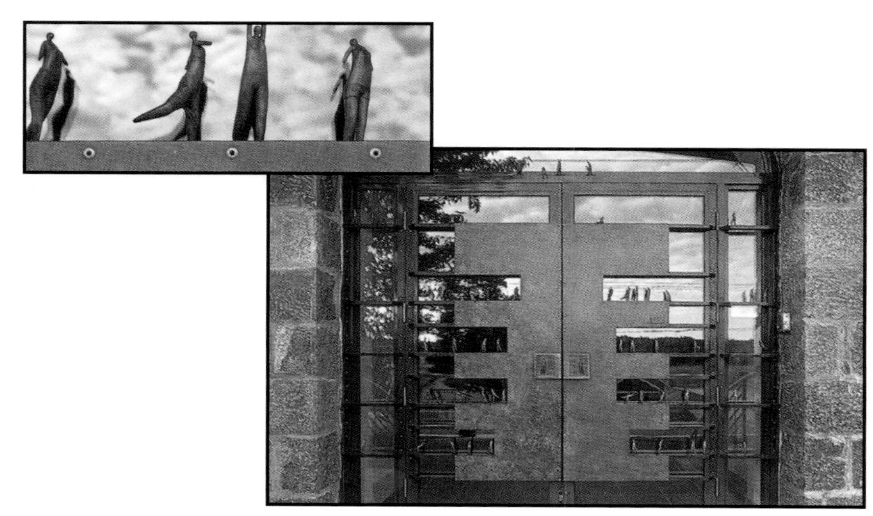

Faite de deux plaques de laiton patiné, cette œuvre de Gérard Bélanger recouvre, telle une grille, les portes de verre du Musée du bronze d'Inverness. Quarante-sept petites sculptures en bronze animent les divers supports.

Ptolémée avait évalué la circonférence terrestre à 28000 kilomètres, soit 12000 de moins que la réalité. En outre, il avait prolongé l'Asie vers l'est. Pas étonnant qu'en frappant le « mur » américain, son disciple Christophe Colomb se crut aux Indes (Indiens, Indes occidentales, blé d'Inde, dinde, etc.)

Varanasi sur le Gange. Hier ou aujourd'hui. L'Inde, un milliard d'habitants.

Vue d'une partie de Shanghai, ville ultra moderne, du haut de la Pearl Tower. La distance entre la Chine (un milliard deux cents millions d'habitants) et le Canada (environ 2,5% de la population de la Chine) se rétrécit tous les jours. Venus d'Asie par la Béringie, les Paléo-Amérindiens voient maintenant leurs descendants rejoints par des milliers de nouveaux immigrants asiatiques.

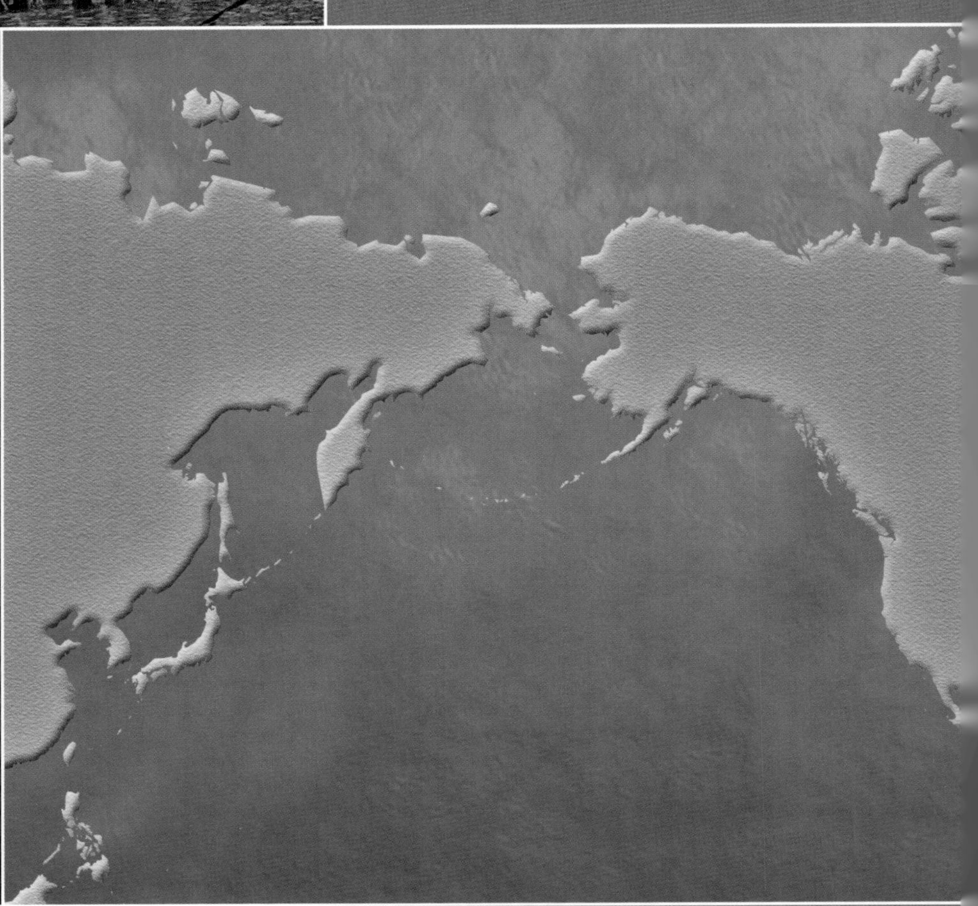

Jacques Cartier cherchait la route de l'ouest et, à sa suite, Champlain aussi bien que La Salle et combien d'autres. Il fallut pourtant attendre plus de trois siècles pour qu'une expédition traverse l'Amérique du Nord. Conduite par les Américains Lewis et Clark (1804-1805), elle fut rendue possible grâce aux capacités de Canadiens et à l'aide d'Indiens. Avec un équipage canadien, Alexander Mackenzie avait toutefois été le premier à atteindre le Pacifique.

XIV • L'IMPASSE CONSTITUTIONNELLE (1981-2000)

LE MONDE

Les vingt dernières années du xxe siècle sont le théâtre de profonds bouleversements sur la scène mondiale. La récession économique frappe durement au début des années 1980, la carte géographique de l'Europe est entièrement redessinée à la suite de l'effondrement de l'URSS, de nouvelles puissances émergent en Asie et l'Afrique est aux prises avec de graves problèmes internes. Par ailleurs, certaines frontières sont repoussées, notamment dans la conquête de l'espace ; en 1997, Pathfinder se pose sur Mars et, grâce à la sonde Sojourner, retransmet les premières images de la planète rouge prises depuis la surface. Une révolution s'opère également dans les télécommunications, alors que l'essor d'Internet abolit les frontières et permet de voyager virtuellement et de communiquer rapidement d'un bout à l'autre du globe.

Le mur tombe

En Europe, la guerre froide persiste. Une première fissure apparaît dans le rideau de fer séparant l'Europe de l'Est communiste et l'Europe de l'Ouest, en novembre 1989, avec la chute du mur de Berlin. La réunification de l'Allemagne en octobre 1990 place cette dernière au rang des grandes puissances européennes. Un à un, les pays communistes de l'Europe de l'Est s'ouvrent aux idées et aux institutions occidentales.

Qualifié de « mur de la honte », cet obstacle de béton avait été érigé en 1961, pour remplacer les barbelés coupant en deux Berlin depuis la fin de la Seconde Guerre mondiale.

Cette réorientation idéologique ébranle l'URSS. La fin du règne de Mikhaïl Gorbatchev et le début de celui de Boris Eltsine sont marqués par les revendications de la plupart des républiques, lesquelles souhaitent devenir indépendantes et même des peuples de la Grande Russie. Le démantèlement de l'URSS est entériné le 8 décembre 1991. À l'ONU, la Fédération de Russie succède à l'URSS et cherche à jouer un rôle dominant dans la Communauté des États indépendants (CEI) créée en décembre 1991. L'introduction de l'économie de marché entraîne une forte hausse des prix et l'aggravation de la pauvreté et de la corruption. De plus, une volonté d'indépendance se manifeste chez plusieurs peuples de la Fédération de Russie, dont les Tchétchènes, qui proclament une république indépendante en 1991. L'armée russe est chargée en 1994 de forcer la réintégration de la Tchétchénie dans la Fédération de Russie et, alors qu'on croyait la paix rétablie, une nouvelle offensive est lancée en 1999. Vladimir Poutine, ancien chef des services de sécurité, profite de ce contexte de guerre pour sortir vainqueur de l'élection présidentielle de mars 2000.

L'ex-Yougoslavie connaît également des jours pénibles. La proclamation d'indépendance de la Croatie et de la Slovénie, en juin 1991, donne lieu à quelques affrontements avec l'armée fédérale. Cependant, c'est l'indépendance de la Bosnie-Herzégovine, reconnue par la communauté internationale en 1992, qui cause les pires ravages. Ce nouvel État voit s'opposer dans une guerre dévastatrice Serbes, Croates et Musulmans.

À la suite de l'intervention de l'ONU, un cessez-le-feu est décrété en octobre 1995 et la Bosnie-Herzégovine demeure un État, formé de deux entités distinctes : la Fédération croato-musulmane et la République serbe de Bosnie.

Les Balkans ne sont pas au bout de leurs peines, car à la toute fin du siècle un nouveau conflit vient déchirer cette région du globe. Il oppose cette fois le Kosovo,

L'éditeur remercie Sophie Kenniff et Claude Morin pour leur collaboration à ce chapitre.

une province de la Serbie, à cette dernière. Composé en majorité d'albanophones musulmans et confronté à la montée du nationalisme serbe, le Kosovo se proclame république en 1990 et milite pour son indépendance. La Serbie, son président Slobodan Milosevic en tête, entreprend en 1998 de mater sa province rebelle et s'engage dans une politique d'épuration ethnique de la population d'origine albanaise. La communauté internationale est choquée, d'autant plus que des charniers seront découverts au Kosovo lors du retrait des troupes serbes. L'exode massif des Kosovars vers l'Albanie, la Macédoine et le Monténégro menace le fragile équilibre démographique des Balkans. Cette région demeure une véritable poudrière.

La Communauté européenne

Parallèlement à ces bouleversements géographiques et économiques, ainsi qu'à ces conflits, la Communauté économique européenne, devenue la Communauté européenne (CE) en 1992, poursuit sa consolidation.

Deux nouvelles vagues d'adhésions viennent grossir les rangs de la CE : l'Espagne et le Portugal en 1986 ; l'Autriche, la Finlande et la Suède en 1995 pour un total de 15 États.

Une étape importante de son histoire est franchie en 1993 lors de l'entrée en vigueur, le 1er novembre, du traité sur l'Union européenne (Maastricht). Cette coalition économique et monétaire aboutit à l'adoption, par certains pays, d'une monnaie unique le 1er janvier 1999, l'euro, et instaure une citoyenneté européenne.

La chute de l'URSS et des pays communistes sonne le glas d'une menace qui effrayait les pays occidentaux et capitalistes. Cependant, la fin de la guerre froide rend plus évidentes l'émergence de nouvelles puissances mondiales et aussi celle de nouvelles inquiétudes.

Deux nouvelles puissances : la Chine et l'Inde

La Chine, avec ses quelque 1,25 milliard d'habitants, une croissance économique annuelle s'approchant des 10 % depuis le début des années 1980 et une population comptant 40 % des ouvriers du globe, est sans conteste l'une de ces puissances en émergence. À la suite de la mort de Mao Zedong, en 1976, elle se retrouve écartelée entre un conservatisme teinté d'admiration pour son ancien chef d'État et la tentation d'adopter principes démocratiques et institutions occidentales.

Au début des années 1980, un vent de démocratie souffle sur la Chine, mais l'influent Deng Xiao Ping souhaite que le Parti communiste chinois en reste le régulateur : c'est l'ère de la « dictature démocratique ». Pays communiste, la Chine invente présentement l'économie de marché planifiée.

Un début d'ouverture de la Chine aux marchés occidentaux se manifeste dès 1977-1978 et fouette le milieu industriel. L'inflation frappe durement la population, dont les étudiants qui multiplient les protestations en plus de militer pour la liberté de presse et la démocratisation du système électoral. Les manifestations étudiantes atteignent leur paroxysme au printemps de 1989, à la suite du décès d'un défenseur de la démocratie : Hu Yaobang. Le mouvement est réprimé durement au début du mois de juin lorsque l'armée prend d'assaut la place Tian'anmen, où se sont regroupés les étudiants, massacrant 2500 civils.

Depuis, la Chine poursuit sa réforme, laquelle avait été grandement hypothéquée à la fin des années 1980. La corruption et les scandales financiers sont dénoncés, les derniers relents du maoïsme disparaissent, bien que la libéralisation du régime ne soit toujours pas à l'ordre du jour. Elle a dû modifier ses relations avec l'étranger, pour éviter de se retrouver complètement isolée. Elle normalise ses relations avec plusieurs pays, convient avec la Grande-Bretagne de la rétrocession en juillet 1997 de Hong Kong et avec le Portugal de Macao en décembre 1999. Malgré une certaine hésitation ou méfiance, elle développe avec les États-Unis d'importants échanges commerciaux. Enfin, la Chine a adopté des mesures concrètes en faveur de la démilitarisation, en signant des traités contre la prolifération des armes nucléaires.

Shanghai, 1999, ville de près de 15 millions d'habitants.

Un seul autre pays se compare à la Chine en termes de population : l'Inde, qui a célébré la naissance de son milliardième habitant le 11 mai 2000.

À la fin du XXe siècle, elle constitue une source d'inquiétude croissante au sein de la communauté internationale. Dans un premier temps, environ la moitié de sa population est analphabète, ce qui empêche ses dirigeants, entre autres, de sensibiliser les habitants à la nécessité de ralentir la croissance démographique. Dans un second temps, elle poursuit une escalade nucléaire avec son voisin et ennemi, le Pakistan.

Aucun des deux pays ne veut être plus faible que son voisin et ennemi au point de vue militaire. La tension a encore monté d'un cran en octobre 1999, lorsque l'armée a pris le pouvoir au Pakistan.

Depuis l'indépendance et la partition de l'Inde en 1947, le Pakistan lui dispute la possession du Cachemire. En 1998, l'Inde a défié la communauté internationale en procédant à des essais nucléaires. Le Pakistan a riposté et l'Inde, récidivé.

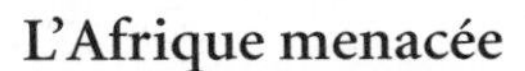

L'Afrique menacée

Quant à l'Afrique, elle est davantage une menace pour elle-même que pour la communauté internationale. Les guerres civiles qui y font rage depuis le début des années 1980 ont fait des millions de morts. Ces conflits internes ont souvent acculé des populations entières à la famine, comme en Éthiopie et en Somalie.

En 1994, c'est au tour du Rwanda d'être ravagé par une guerre civile dévastatrice opposant les Hutu aux Tutsi. À la fin de cette même année, on dénombrait déjà 500 000 victimes. La minorité tutsi a été victime d'un véritable génocide, avant que les rebelles du Front patriotique rwandais (FPR) ne massacrent à leur tour les Hutu, forçant ces derniers à se réfugier au Zaïre et menaçant d'y déplacer le conflit. Le choléra qui a sévi par la suite est venu grossir le nombre des victimes, faisant jusqu'à 1000 morts par jour. L'intervention des forces de l'ONU, qui s'est avérée nettement insuffisante, a été vertement critiquée, d'aucuns lui reprochant d'avoir abandonné le Rwanda à son sort, comme c'est le cas en Somalie où la famine a cependant été en partie jugulée.

En plus des guerres et des famines qui la déciment, l'Afrique est également victime de la pauvreté et de l'analphabétisme d'une bonne partie de sa population. Cela s'accompagne de la prolifération dramatique de nombreuses maladies contagieuses, dont le sida.

En cette fin de siècle, on évalue que 70 % des personnes contaminées par cette maladie vivent en Afrique. Ce fléau se déplace maintenant vers l'Asie, où le pire est à craindre.

En 1998, environ 200 000 personnes en Afrique subsaharienne sont décédées des suites de conflits armés, alors que 2,2 millions ont succombé au sida.

LES ÉTATS-UNIS. L'ALENA

Pour les États-Unis, les quelque vingt dernières années du XXe siècle constituent une période de reprise économique, de remise en question de certaines valeurs de société et de redéfinition de leur rôle au plan international.

Au cours des premières années du républicain Ronald Reagan à la présidence, l'économie américaine sort peu à peu de son marasme. L'inflation est modérée, oscillant entre 1,9 % et 4,3 %, alors que le taux de chômage décroît, n'étant plus que de 5,7 % en 1988. Cependant, les déficits budgétaire et commercial ne cessent d'augmenter.

Les années 1980 voient aussi la tension diminuer peu à peu entre les États-Unis et l'URSS. Un an après l'annonce, en 1983, du projet d'Initiative de défense stratégique (IDS) ou « guerre des étoiles », les Américains adoucissent leurs positions face à leur opposant soviétique. Par la suite, les rencontres au sommet se multiplient entre Reagan et Gorbatchev.

En novembre 1986 éclate l'Irangate. Un journal libanais révèle que le président Reagan a approuvé des ventes d'armes clandestines à l'Iran, en échange de la libération d'otages au Liban. De plus, une partie des fonds recueillis aurait servi à soutenir les contre-révolutionnaires (les contras) au Nicaragua.

Le mandat de Reagan est de plus marqué par des gestes d'éclat comme le congédiement massif de contrôleurs aériens, par une tentative d'assassinat et par un lot de scandales, dont le plus médiatisé est sans nul doute celui de l'Irangate.

George Bush succède à Reagan en 1988. Au cours de son mandat, il œuvre à améliorer et à intensifier les relations commerciales avec ses voisins immédiats. Ainsi, en 1989, un accord de libre-échange avec le Canada entre en vigueur. Puis, en 1992, c'est au tour de l'Accord de libre-échange nord-américain (ALENA) de voir le jour. Cet accord, qui prend effet en 1994, est entériné par le Canada, les États-Unis et le Mexique, bien que Bush ait rêvé de l'étendre à tous les pays de l'Amérique latine, comme les pays européens souhaitent le faire sur leur continent. L'ALENA, entre autres, supprime les droits de douanes sur de nombreux produits entre les trois pays ; il oblige chaque État à accorder aux investisseurs, aux produits et aux services des deux autres les mêmes traitements qu'aux siens ; il garantit l'accès des exportations canadiennes aux marchés américain et mexicain ; il protège les droits de propriété intellectuelle.

C'est aussi lors du passage de Bush à la Maison-Blanche que les relations entre les États-Unis et l'URSS entrent dans une nouvelle ère : la guerre froide prend officiellement fin en novembre 1990. À la suite du démantèlement de l'URSS, Bush et ses alliés occidentaux débloquent 24 milliards de dollars pour soutenir Boris Eltsine et la Russie. Ces deux chefs d'État entreprennent également des pourparlers pour réduire de façon radicale leurs arsenaux nucléaires respectifs.

L'ALÉNA n'enthousiasme pas l'ensemble de la population. Ainsi, cinq ans après son adoption, ses détracteurs soulignent que la pauvreté a augmenté dans les pays membres ; seule une élite commerciale semble en avoir profité.

Le début des années 1990 voit les États-Unis occuper une place fort importante sur la scène internationale, place qu'ils partageaient autrefois avec les Soviétiques. Le pays est appelé à intervenir militairement lors de l'invasion du Koweït par l'Irak, laquelle menace à la fois la paix dans le monde, le marché du pétrole et les intérêts économiques américains. Une attaque aérienne a lieu en janvier 1991 contre l'Irak. Puis, en février, c'est le déploiement des forces terrestres, baptisé l'opération *Tempête du désert*. Cette guerre-éclair de cent heures assure la victoire américaine et le retrait de l'armée irakienne du Koweït. L'année suivante, Bush décide d'envoyer des troupes en Somalie, où la guerre civile fait rage et la famine menace de décimer la population. Cependant, ces troupes seront rapatriées dès 1993, à la suite d'un incident ayant fait

16 morts et une centaine de blessés. C'est le successeur de Bush à la présidence, le démocrate Bill Clinton, qui procède au rappel des troupes. Élu en novembre 1992, Clinton avait été investi en janvier 1993.

C'est au cours du mandat de Clinton que la reprise économique se confirme, alors que le chômage atteint un taux de 5,2 % en 1996 et que l'inflation progresse à un rythme d'environ 2,7 % par année. En 1995, Clinton autorise un prêt de 20 milliards de dollars au Mexique. Une dévaluation du peso a mis le pays aux prises avec de sérieux problèmes monétaires, susceptibles de s'étendre à l'échelle internationale.

Deux des principales préoccupations du nouveau président sont la réduction des dépenses et la sécurité. Dès son élection, Clinton annonce la suppression, en quatre ans, de 250 000 postes dans la fonction publique et la réduction du personnel de la Maison-Blanche de 25 %.

Quant à la sécurité, il souhaite la renforcer. Les attentats au World Trade Center (1993), à Oklahoma City (1995), aux Jeux olympiques d'Atlanta (1996) et aux ambassades américaines du Kenya et de la Tanzanie (1998) ont semé la terreur parmi la population. Une véritable psychose du terrorisme s'est abattue sur le pays. Clinton se devait de prendre des mesures afin de rassurer les Américains. Le président est particulièrement favorable à un contrôle accru de la vente d'armes à feu. Déjà en 1993 et 1994, il fait adopter des mesures en ce sens. En outre, des modalités d'extension de la peine capitale sont établies et des programmes de prévention sont mis sur pied. La violence n'en demeure pas moins fort présente dans la société américaine, touchant des citoyens de plus en plus jeunes et suscitant une remise en question de certaines valeurs, dont le culte des armes à feu. Des tueries comme celles de Jonesboro en Arkansas (1998) et de Littleton au Colorado (1999), où des écoliers ont ouvert le feu sur leurs camarades et professeurs, ont ébranlé les Américains.

L'accès aux armes est plus que jamais remis en question aux États-Unis, alors que le puissant lobby de la National Rifle Association (NRA) continue de défendre le droit de posséder une arme à feu. Les principaux arguments de ses membres : ce droit est reconnu par la Constitution et il représente le meilleur moyen de se défendre contre une agression !

Par ailleurs, les États-Unis s'interrogent également sur le rôle qu'ils doivent jouer sur la scène mondiale. Depuis le démantèlement de l'URSS, les États-Unis sont à peu près sans opposition pour défendre leurs idéaux de liberté. Cependant, ce rôle de gendarme, de gardien de l'ordre et de la paix n'est-il pas un peu lourd pour un État ? D'autant plus que l'endettement des États-Unis les rend plus dépendants que jamais de la santé financière et du bon vouloir de ses principaux partenaires.

Les États-Unis repensent également leurs relations avec Cuba. La prise de pouvoir de Fidel Castro, l'instauration d'un régime communiste et l'installation de fusées soviétiques sur l'île au début des années 1960 avaient provoqué une crise tant aux États-Unis que sur la scène mondiale. Cependant, l'effondrement de l'URSS a isolé Cuba, qui persiste à maintenir un régime marxiste, malgré quelques concessions. La tension n'en a pas moins persisté entre l'île et les États-Unis, entre autres en raison du nombre important de Cubains ayant fui vers la Floride. Cependant, un point tournant dans les relations entre Cuba et les États-Unis a peut-être été atteint avec l'affaire Elian Gonzalez, en 2000. L'attitude respective des présidents Clinton et Castro permet d'entrevoir un début de normalisation, dont Clinton pourrait être fier, tout autant que pour ses efforts de règlement de la question palestienne.

Un petit Cubain de six ans, Elian Gonzalez, est arrivé en Floride à la suite du naufrage de l'embarcation à bord de laquelle il avait fui l'île avec sa mère, décédée lors du drame. Il y est devenu un véritable symbole politique avant d'être rendu à son père et de regagner avec lui son pays.

CANADA

Le rapatriement de la constitution

L'annonce du rapatriement inquiète les Indiens. Ils se mobilisent et se solidarisent même avec les Québécois pour influencer Londres. Autant le premier ministre Trudeau se moque de l'opposition des Québécois, autant il prend au sérieux celle des Indiens, toujours populaire devant l'opinion internationale. Jean Chrétien réussit à les rallier en promettant de faire inclure dans la Loi constitutionnelle de 1982 trois articles les concernant. Ainsi l'article 35 prévoit que les droits existants, ancestraux ou issus des traités seront reconnus et confirmés. Voir l'introduction de Denis Vaugeois dans La fin des alliances franco-indiennes *(Boréal, 1995).*

La campagne référendaire au Québec, en mai 1980, avait permis aux autorités fédérales de promettre aux Québécois une transformation du régime politique s'ils rejettaient l'idée d'indépendance. Le premier ministre Trudeau avait formulé son engagement de manière à ce que la population l'interprète dans le sens d'un renouvellement du fédéralisme qui correspondrait à ses aspirations historiques. Ayant obtenu un Non, comme il se souhaitait, il lance l'opération constitutionnelle dans les jours qui suivent le référendum : pendant l'été, plusieurs rencontres fédérales-provinciales ont lieu au niveau ministériel. En septembre, il convoque les premiers ministres provinciaux à une vaste conférence au cours de laquelle il espère obtenir une entente qui réglerait la question constitutionnelle. Cependant le projet échoue. Les provinces anglophones (sauf deux, l'Ontario et le Nouveau-Brunswick) jugent que le gouvernement fédéral cherche à profiter des circonstances pour atteindre deux objectifs : amplifier à leur détriment l'étendue de ses compétences économiques et insérer dans la constitution une charte des droits qui accroîtrait le rôle des tribunaux non élus. Le Québec partage ces objections, mais en plus, dans son cas, les propositions d'Ottawa montrent que les autorités fédérales n'ont aucune intention de donner suite à ce que les Québécois avaient compris de leur engagement référendaire.

Le 2 octobre 1980, le premier ministre Trudeau annonce que son gouvernement se passera de l'appui des provinces et procédera au rapatriement unilatéral du British North America Act. Il demandera au Parlement de Londres, où réside encore l'autorité sur cette loi d'origine britannique, de la modifier conformément aux désirs du gouvernement canadien et d'en transférer ensuite la responsabilité totale au Canada. Le droit de veto prévu pour le Québec et l'Ontario dans la charte de Victoria est disparu, tandis que la charte de droits qui est annoncée est pleine d'imprévus.

Un front commun éphémère

Les huit provinces récalcitrantes forment un front commun d'opposition au projet fédéral. Elles proposent des alternatives et, alléguant que le gouvernement central n'a pas le pouvoir de changer la constitution avec l'appui de deux provinces seulement, elles recourent aux tribunaux. Ces péripéties durent pratiquement une année. À la fin de septembre 1981, la Cour suprême détermine que la procédure choisie par Ottawa, si elle satisfait à la légalité stricte, reste illégitime faute de l'approbation d'une majorité de provinces. Pour obtenir la légitimité requise, les autorités d'Ottawa commencent alors, en octobre, à formuler diverses concessions à l'une ou l'autre des sept provinces anglophones récalcitrantes sans jamais rien proposer au Québec. Progressivement les éléments d'une entente possible se dessine. Une nouvelle conférence est convoquée pour le début de novembre 1981. Le soir du 5 novembre 1981, à l'insu de la délégation québécoise, les discussions reprennent entre le fédéral et les provinces anglophones. Le lendemain matin, en séance plénière, le Québec en est informé. On cherche à gagner son adhésion. Le midi du 6 novembre, tout est consommé. Jean Chrétien, le ministre fédéral de la Justice, a dans sa poche l'accord de neuf province, mais certes pas celui du Québec.

À Londres, au printemps de 1982, la Chambre des communes et la Chambre des Lords approuvent le « Canada Bill » puisque le gouvernement fédéral dispose de l'appui d'une majorité de provinces, soit les neuf provinces anglophones. La nouvelle Constitution canadienne, telle que modifiée selon ses souhaits, est proclamée à Ottawa par la reine Élisabeth II le 17 avril. Le Québec devient une province comme les autres.

Le gouvernement du Québec de l'époque refuse de ratifier la constitution ainsi changée, même si elle contient une clause dérogatoire (ou nonobstant) concédée par Ottawa.

En 1984, après l'élection des conservateurs fédéraux, René Lévesque soumet au gouvernement Mulroney plusieurs conditions qui, satisfaites, rendrait possible au Québec de ratifier la nouvelle constitution. Le geste n'a pas de suite.

Pour les médias, la nuit du 5 au 6 novembre est devenue « la nuit des longs couteaux ». En vérité, ils auraient pu parler du mois des longs couteaux. Voir l'analyse de ces événements et des circonstances qui les ont précédés dans Lendemains piégés *(Boréal, 1988) de Claude Morin.*

De Meech à Charlottetown

Robert Bourassa, redevenu premier ministre lors de l'élection québécoise de décembre 1985, réduit le nombre de ces conditions à cinq : reconnaissance du Québec comme société distincte, droit de veto pour le Québec, limitation du pouvoir fédéral de dépenser, accroissement des pouvoirs du Québec en immigration et participation à la nomination des juges de la Cour suprême provenant du Québec. D'abord formulées en 1986, ces cinq conditions subissent par la suite diverses atténuations qui en limitent la portée. Elles sont tout de même acceptées par les premiers ministres fédéral et provinciaux en juin 1987 : ils veulent en quelque sorte réparer le traitement fait au Québec en 1981-1982. C'est l'accord dit du lac Meech.

S'ouvre alors une période de trois ans, prévue dans l'accord, au terme de laquelle chaque gouvernement doit, par un vote des députés, confirmer officiellement son acceptation, l'accord formant un tout et exigeant l'unanimité. Au départ, l'opération semble devoir réussir : plusieurs provinces et le Parlement fédéral ratifient l'accord. Graduellement, toutefois, des opposants interviennent ici et là au Canada anglais, affirmant qu'on offre trop de concessions au Québec. Des élus regrettent l'assentiment qu'ils ont déjà donné. Deux provinces qui ne sont pas encore prononcées, Terre-Neuve et le Manitoba, deviennent les porte-parole de ces opposants. Jean Chrétien fait campagne contre la ratification de l'accord, de même que l'ancien premier ministre Trudeau.

Devant la possibilité désormais envisageable d'un échec, le premier ministre Mulroney demande à un de ses députés, Jean Charest, de présider un comité dont on attend des propositions destinées à modifier l'accord de 1987 de façon à le rendre plus acceptable aux opposants. Pour y arriver, on l'altère en limitant la portée des conditions posées par le Québec et en ajoutant à l'accord des dispositions propres à satisfaire des réclamations du Canada anglais. Un ministre conservateur fédéral, Lucien Bouchard, jugeant que ces altérations privent l'accord du lac Meech d'une bonne partie de sa substance, démissionne de son poste. Toutefois, malgré ces changements, Terre-Neuve et le Manitoba refusent leur assentiment en juin 1990

La « crise d'Oka » qui éclate à l'été 1990 provoque la publication de centaines de caricatures particulièrement méchantes à l'endroit du Québec. Réal Brisson en fait l'étude détaillée dans Oka par la caricature. Deux visions distinctes d'une même crise *(Septentrion, 2000).*

Daily News *(Todd), Halifax, 3 septembre 1990.*

au moment même où s'achève le délai de trois ans. Déception des gouvernements Mulroney et Bourassa, émotion dans l'opinion publique au Québec où, compte tenu des attentes créées, surgit le sentiment d'un rejet canadien-anglais.

Vu la crise politique qui s'ensuit, des commissions d'étude sont instituées (entre autres Beaudoin-Dobbie par Ottawa et Bélanger-Campeau par Québec), puis une nouvelle ronde de négociation constitutionnelle s'enclenche où on ne met plus l'accent sur la question québécoise à l'origine du processus, mais sur la réforme du Sénat, priorité de l'Ouest canadien, et surtout sur le sort des autochtones qui estiment avoir été oubliés dans les pourparlers antérieurs. Tout d'abord le Québec refuse de participer à ce genre de négociations, puis, se ravisant, s'y joint sur le tard. Le 28 août 1992, à Charlottetown, Ottawa, les provinces, les représentants de territoires et des autochtones, concluent un accord sur lequel la population se prononce le 26 octobre suivant, lors de deux référendums simultanés, un pancanadien, s'appliquant aux neuf provinces anglophones, et un québécois, sur la même question. Pour des raisons contraires, les électeurs du Canada anglais et du Québec rejettent l'entente de Charlottetown. Face à ce résultat et évoquant un autre échec historique, celui de Victoria en 1970, les acteurs politiques en cause conviennent à toutes fins utiles de fermer le dossier constitutionnel et avancent l'idée qu'il faudra désormais régler les problèmes du fédéralisme canadien en évitant d'emprunter une voie aussi piégée, par exemple en recourant à des arrangements administratifs. Ce qui signifie que la question du Québec reste en suspens, non résolue, ou, plus exactement, qu'elle a perdu toute urgence.

L'accord de Charlottetown est en réalité un projet inachevé. La question référendaire, conçue par Ottawa, était très brève… Elle demandait aux citoyens d'accepter ou de refuser le texte du projet d'accord distribué à travers tout le Canada et dont ils étaient censés avoir pris connaissance. Sauf que ce projet s'étendait sur une vingtaine de pages grand format et portait sur une soixantaine de sujets (dont un grand nombre concernaient les autochtones).

La démission du ministre Lucien Bouchard a des conséquences considérables. Joint peu après par d'autres députés fédéraux, il crée un nouveau parti fédéral d'allégeance souverainiste, le Bloc québécois, qui soulève immédiatement un grand intérêt au Québec.

À l'élection fédérale d'octobre 1993, où les conservateurs sont défaits et les libéraux, sous la direction de Jean Chrétien, sont élus, le Bloc québécois, aussi paradoxal que cela puisse paraître, devient l'Opposition officielle à la Chambre des communes, faisant élire ses candidats dans 54 des 75 sièges fédéraux au Québec.

Le référendum d'octobre 1995 et ses conséquences

Conformément à son programme, le gouvernement du Parti québécois, revenu au pouvoir en 1994, tient un référendum sur la souveraineté-partenariat en octobre de l'année suivante. Le PQ, le Bloc québécois et l'Alliance démocratique du Québec (ADQ) se regroupent dans le comité du Oui. Le camp fédéraliste l'emporte de justesse : 50,6 % de Non contre 49,4 % de Oui. Environ 60 % des francophones du Québec votent Oui. Inattendu, ce résultat serré crée une commotion à Ottawa et dans les autres provinces où se manifestent moins l'inquiétude que l'exaspération envers les réclamations québécoises. Certains mettent en doute l'aptitude du premier ministre Chrétien à freiner le « séparatisme » de sa province d'origine. L'atmosphère n'est pas à la conciliation. Après quelques mois d'indécision, le gouvernement fédéral, appuyé par le Canada anglais, opte pour la ligne dure (le « Plan B ») : une résolution (non contraignante) de la Chambre des communes reconnaît le caractère distinct du Québec, mais l'accent est bien davantage mis sur les moyens de freiner la poussée souverainiste québécoise confirmée par le référendum de 1995. Ottawa encourage des groupes anglophones du Québec à réclamer un découpage territorial advenant la souveraineté, stimule les autochtones du Québec dans le même sens, nie en pratique l'existence d'un peuple québécois ainsi que son droit à l'autodétermination, et, formulant ses questions dans l'espoir d'obtenir les réponses voulues, demande à la Cour suprême de se prononcer sur la légalité d'une indépendance unilatérale et sur les conditions qui devraient régir la « séparation » éventuelle du Québec.

Le Clarity Bill établit, entre autres conditions, que la future question référendaire doit porter seulement sur la « séparation », sans contenir d'allusion au partenariat Québec-Canada, pourtant prévu dans le programme du Parti québécois depuis sa fondation.

En 1998, la Cour décide que la constitution canadienne ne permet pas l'unilatéralisme, ce que tout le monde savait déjà, mais prévoit néanmoins que le Canada serait divisible si une majorité claire de Québécois, répondant à une question référendaire claire, optait pour la souveraineté. Les autorités fédérales, malgré l'opposition du gouvernement et du Bloc québécois, décident alors de légiférer pour définir d'avance ce que serait à leurs yeux une question claire (le Clarity Bill, adopté au printemps 2000), mais elles ne se prononcent pas sur la majorité qui serait requise. Le Parlement fédéral pourra plutôt, une fois connu le résultat référendaire, déterminer si la majorité obtenue par le Oui lui semble adéquate.

Malgré l'imbroglio constitutionnel, le Parti libéral est bien en selle, à l'automne 2000, et profite de l'extrême division des forces de l'opposition : Bloc québécois (Gilles Duceppe), les conservateurs (Joe Clark) et l'Alliance canadienne (Stockwell Day).

QUÉBEC

Réélection du PQ en avril 1981

Contrairement aux espoirs d'Ottawa et des libéraux de Claude Ryan, et même à ce que l'opinion avait longtemps cru, le Parti québécois est réélu pour un second mandat le 13 avril 1981. Il est sûr que l'offensive fédérale contre le Québec a contribué au résultat. Dès le début, ce second mandat se révèle très difficile. Sous l'influence de certains membres de son entourage immédiat, Lévesque bouscule plusieurs de ses ministres et prend ses distances vis-à-vis des militants souverainistes toujours sous le choc de l'échec référendaire. Un ralentissement économique et des coupes dans les transferts fédéraux aux provinces placent les finances publiques dans un piètre état, au point que le gouvernement du PQ doit contraindre sa fonction publique à des réductions salariales qui prennent par surprise sa députation et mécontentent profondément une bonne proportion de son électorat naturel.

En 1984, les conservateurs de Brian Mulroney, plus sympathiques aux aspirations québécoises, défont les libéraux alors dirigés par John Turner, successeur de Trudeau.

La loi 178 permet le bilinguisme dans l'affichage intérieur des commerces, avec prédominance du français, mais n'autorise que le français à l'extérieur. Elle est rendue nécessaire à cause d'une décision de la Cour suprême qui invalide une section de la loi 101 en se fondant, justement, sur la charte des droits à laquelle le Québec s'était opposé pendant les pourparlers constitutionnels postréférendaires de 1980-1981.

René Lévesque propose à la population ce qu'il appelle le « beau risque », en cherchant, pour plusieurs dossiers sectoriels, à s'entendre avec la nouvelle équipe fédérale. Il y réussit en partie, notamment en ce qui concerne le statut du Québec au Sommet francophone (les libéraux fédéraux avaient été intraitables à ce propos), mais n'arrive pas à faire accepter les conditions qu'il exige pour ratifier la constitution de 1982. Parce qu'il met la souveraineté temporairement en veilleuse, le « beau risque » entraîne une grave crise à Québec : plusieurs ministres en profitent pour démissionner. René Lévesque lui-même, fatigué, quitte son poste le 20 juin 1985 et est remplacé par Pierre Marc Johnson. Affaibli, le Parti québécois est défait aux élections du 2 décembre suivant.

Le retour de Bourassa en décembre 1985

Robert Bourassa ne parvient pas, lui non plus, à faire accepter par le reste du Canada les cinq conditions qu'il pose à l'adhésion du Québec à la constitution de 1982. En juin 1990, c'est l'échec de l'accord du lac Meech, dû en partie au fait qu'au Canada anglais le grand public a tendance à considérer excessives les concessions que l'accord consentirait au Québec et, en partie, à sa réaction négative devant le recours du Québec à la loi 178, geste fait en vertu de la clause dérogatoire prévue dans la charte constitutionnelle des droits. La commotion provoquée par la faillite de l'accord incite le gouvernement Bourassa à instituer, en septembre 1990, une vaste commission d'enquête sur le malaise politique québécois (commission Bélanger-Campeau), composée de représentants provenant du gouvernement, de l'opposition, d'Ottawa et de divers milieux. Après avoir consulté un grand nombre d'intervenants et munie d'études techniques, la commission conclut, en mars 1991, que le *statu quo* est inacceptable pour le Québec et que deux voies seulement s'ouvrent à lui : un fédéralisme fortement décentralisé ou la souveraineté. Elle recommande aussi au gouvernement de tenir un référendum sur la souveraineté, qu'elle considère économiquement viable, et y met même une date-butoir : le recours au peuple devrait avoir lieu avant le 26 octobre 1992. En juin 1991, l'Assemblée nationale légifère en ce sens (loi 150). L'agitation constitutionnelle consécutive à l'échec de l'accord du lac Meech a des répercussions au sein du Parti libéral du Québec où un rapport propose un vaste transfert de pouvoirs d'Ottawa vers Québec. Le Parti libéral rejette ce rapport quelques mois après sa parution, ce qui amène la démission de l'auteur, Jean Allaire, ainsi que celle de plusieurs jeunes militants, dont Mario Dumont qui deviendra chef d'un nouveau parti, l'Action démocratique du Québec.

Jean Campeau et Michel Bélanger, coprésidents de la Commission sur l'avenir politique et constitutionnel du Québec, laquelle dégageait en mars 1991 deux voies possibles : un fédéralisme fortement décentralisé ou la souveraineté. Le référendum recommandé et voté par l'Assemblée nationale n'aura jamais lieu.

En juillet 1992, devant un projet d'accord qui semble prendre forme dans le reste du Canada, Robert Bourassa juge opportun de se joindre aux pourparlers qui se termineront à Charlottetown, d'où le nom de ce nouvel accord qui fait, le 26 octobre 1992, l'objet d'un référendum pancanadien, organisé par Ottawa dans les neuf provinces anglophones, en même temps que d'un autre, au Québec, sous la responsabilité du gouvernement Bourassa. Le gouvernement du Québec modifiera à cet effet sa loi découlant des recommandations de la commission Bélanger- Campeau pour faire porter le référendum non plus sur la souveraineté mais sur l'accord de Charlottetown. Celui-ci sera rejeté tant au Québec que dans le reste du Canada. De nouveau, c'est l'impasse.

« Rarement proposition plus honnête et lucide de réforme du fédéralisme a surgi des entrailles du mandarinat fédéral », écrit Jean-François Lisée dans Le Naufrageur : Robert Bourassa et les Québécois 1991-1992 *(Boréal, 1994) à propos d'idées émises en 1991 par André Burelle et qui se retrouvent dans son essai intitulé* Le mal canadien. Essai de diagnostic et esquisse d'une thérapie *(Fides, 1995).*

Second référendum sur la souveraineté le 30 octobre 1995

La situation du Québec au sein du régime demeure inchangée et la constitution de 1982 n'a toujours pas reçu l'assentiment de l'Assemblée nationale. Dirigé par Jacques Parizeau qui a remplacé Pierre Marc Johnson, le Parti québécois revient au pouvoir en 1994. Il a promis de tenir rapidement un nouveau référendum sur la souveraineté. En décembre 1994, le gouvernement dépose un avant-projet de loi sur l'avenir du Québec, institue des commissions consultatives régionales, procède à plusieurs études sur des aspects techniques de la souveraineté et, le 30 octobre 1995, tient le référendum promis. Les premiers sondages sont peu encourageants pour les souverainistes, mais l'entrée en scène de Lucien Bouchard, chef du Bloc québécois, ainsi que l'accent mis sur le partenariat avec le Canada et l'adhésion de l'Action démocratique du Québec au projet soumis transforment la consultation en une quasi-victoire du Oui : 49,4 % (plus de 60 % des francophones). Un moment pris de panique par ce résultat bien plus serré que prévu par eux, les fédéraux optent rapidement pour la ligne dure, appuyés en cela par le Canada anglais en général. Aucune concession constitutionnelle n'est désormais envisagée pour le Québec. La stratégie sera dorénavant de le déstabiliser, de le fragiliser et de lui ôter tout espoir d'une amélioration du *statu quo* politique. D'aucuns soupçonnent même Ottawa, qui doit lutter contre son gigantesque déficit cumulatif, de faire ses coupes budgétaires en prenant soin de maximiser leur effet négatif sur les transferts fédéraux aux provinces en général et au Québec en particulier, en matière de santé par exemple. Il est aussi question du découpage territorial du Québec en cas de souveraineté. Visiblement, les stratèges fédéraux encouragent ce projet auprès des anglophones et des autochtones, en même temps qu'ils se montrent peu empressés de corriger, par

Le 30 novembre 1998, le Parti québécois est reporté au pouvoir avec 75 sièges (42,87 % des votes exprimés). Les libéraux obtiennent 48 sièges (43,55 %) et l'Action démocratique a un seul député (11,81 % du vote). Près du quart des élus sont des femmes. C'est la troisième (1944, 1966) défaite de cette nature pour les libéraux.

Jacques Parizeau et Lucien Bouchard.

l'entremise de leurs ambassades et consulats, les calomnies contre le Québec dans les médias étrangers.

L'arrivée de Jean Charest à la tête du Parti libéral du Québec n'empêche pas, à l'automne 1998, la réélection du Parti québécois désormais dirigé par Lucien Bouchard qui a succédé à Jacques Parizeau, démissionnaire peu après le référendum. Ce second mandat commence dans des conditions difficiles. Le gouvernement persévère dans sa lutte au déficit, les lourdes restrictions budgétaires qui s'ensuivent créent de l'insatisfaction, mais, au bout du compte, l'objectif est atteint un an avant l'échéance fixée : le discours du budget de l'année 2000 amorce une baisse des impôts qui doit se poursuivre sur plusieurs années. L'économie s'améliore, mais les problèmes ne manquent pas : absence de véritable politique d'aménagement (les villes-centres crient au secours), natalité en panne, suicides en hausse, revendications des autochtones, malaises dans le secteur culturel par ailleurs courtisé et choyé par Ottawa, crise dans les hôpitaux, ratés appréhendés d'une nouvelle réforme scolaire, etc.

Pour ce qui est de la question nationale, le premier ministre Bouchard réaffirme son intention déjà connue de ne pas lancer de nouveau référendum sur la souveraineté sans être sûr de le gagner.

Soudain coup de théâtre. Déjà fortement critiqué pour des décisions importantes comme la fermeture de plusieurs délégations du Québec à l'étranger, le réaménagement de la côte des Éboulements à la suite d'un accident, la construction de la ligne Hertel-des Cantons sans audiences publiques, une entreprise improvisée de fusions municipales, Lucien Bouchard doit faire face à l'affaire Michaud qu'il a provoquée. Yves Michaud, figure bien connue, est blâmé en décembre 2000 par l'Assemblée nationale pour des propos dont les députés ne connaissent pas la teneur. Le premier ministre démissionne.

Le Sommet des Amériques qui se tenait à Québec en avril 2001 portait sur la zone de libre-échange des Amériques. La rencontre a surtout marqué les esprits par l'imposant dispositif de sécurité qui a été déployé dans la ville et pour la répression brutale par les forces de l'ordre qui n'ont pas hésité à utiliser gaz lacrymogènes et balles en caoutchouc sur les manifestants. La population québécoise découvre alors le mouvement altermondialiste qui, face à la logique de la mondialisation néolibérale, fait la synthèse des valeurs sociales, démocratiques et environnementales.

XV • LA GUERRE AU TERRORISME (2001-2010)

MONDE. ÉTATS-UNIS

La première décennie du XXIe siècle est marquée par les attaques du 11 septembre 2001 contre les tours jumelles du World Trade Center et contre le Pentagone. Plus que jamais les décisions prises par les États-Unis influenceront directement la stabilité politique et économique du reste du monde.

À la suite des attentats, l'administration Bush déclare la guerre au terrorisme. En octobre 2001, les États-Unis et leurs alliés lancent les premières attaques en Afghanistan contre le régime taliban, suspecté de soutenir l'organisation terroriste Al Qaïda et son chef Oussama Ben Laden. En mars 2003, c'est au tour de l'Irak d'être envahie par une coalition menée par les États-Unis sous prétexte d'éliminer des armes de destruction massive. Plusieurs pays, dont la France, l'Allemagne et la Russie, désapprouvent l'engagement militaire. L'anti-américanisme bat son plein. L'anti-islamisme aussi. Le Moyen-Orient s'embrase en 2006 lorsqu'Israël lance une vaste offensive militaire sur le Liban en réponse à l'enlèvement de deux pilotes par le Hezbollah. Les tensions entre les différentes communautés religieuses ne sont pas pour s'apaiser.

Même si la guerre contre le terrorisme n'était pas officiellement terminée à la fin de la première décennie du XXIe siècle, l'élection de Barack Obama à la présidence américaine en novembre 2008 a marqué un changement de style et d'approche des problèmes planétaires. Au pouvoir dominateur et agressif de l'ère Bush, a succédé ce que les observateurs ont appelé le *soft power* du premier président noir. Fini la rhétorique de croisade contre « l'axe du mal » chère à George W. Bush. Le nouveau président favorise une approche diplomatique et tente de restaurer le crédit des États-Unis dans le monde. Même si les deux premières années de son mandat ont été surtout monopolisées par les problèmes intérieurs, notamment la crise financière et la réforme du système de santé, son approche a au moins réussi à détendre le climat international et à faire espérer une ère nouvelle dans les relations internationales.

Les éléments de la crise économique américaine et mondiale qui a éclaté en 2008-2009 se sont graduellement mis en place à la fin des années Bush. La déréglementation du secteur financier aux États-Unis a favorisé des aventures financières menées par des *traders* et des banques parallèles (comme la Goldman Sachs) habiles à créer du crédit — comme dans le cas des prêts hypothécaires à haut risque — et à camoufler ensuite ces mauvais crédits dans des titres financiers complexes dont les acheteurs connaissaient mal la composition. Beaucoup d'investisseurs institutionnels, comme les fonds de pension, se sont laissé séduire par ces titres qui promettaient un rendement élevé et rapide.

L'effondrement du marché hypothécaire américain a entraîné la rapide dévaluation de ces titres et précipité l'économie mondiale dans une récession. La crise a été particulièrement forte aux États-Unis. Des entreprises fragiles et endettées, comme les géants de l'automobile General Motors et Chrysler, n'ont survécu que grâce à l'intervention du gouvernement de Barack Obama. Devenue propriété de l'État, GM entamait en août 2010 un certain retour en Bourse.

La crise économique allait atteindre les pays aux prises avec des situations budgétaires précaires. Ce fut le cas de l'Islande; dont le système bancaire s'est effondré, et surtout au premier semestre de 2010, de la Grèce dont les comptes officiels avaient été magouillés avec l'aide, justement, d'une banque d'affaires de New York, la Goldman Sachs. Virtuellement en faillite, la Grèce a dû adopter un plan d'austérité draconien, condition essentielle imposée par la Commission européenne et le Fonds monétaire international (FMI) en échange d'une aide financière de 110 milliards d'euros. Cette crise allait servir de révélateur de la faiblesse de la zone euro et de ses organismes de contrôle. La monnaie européenne en est sortie affaiblie et certains remettent même en cause son avenir.

Les craintes économiques ne sont pas les seules à avoir connu une dimension mondiale à la fin de la première décennie. La menace d'une pandémie de grippe H1N1 en 2009-2010 a mobilisé les organisations sanitaires à travers le monde. Même s'il y a eu plus de peur que de mal, cette pandémie appréhendée a mobilisé les opinions publiques, provoqué des campagnes massives de vaccination et a sans doute contribué à faire prendre conscience d'une réalité qu'illustrait déjà la crise économique : celle d'une mondialisation accélérée des problèmes, des crises et de leurs solutions.

Parallèlement à ces crises économiques et militaires, les mouvements environnementalistes et altermondialistes gagnent du terrain et de la crédibilité auprès des médias et du public. Les réunions du G8 (groupe des huit plus grandes puissances économiques), bientôt élargi au G20, suscitent dans chaque pays où elles sont tenues des séries de manifestations populaires qui finissent plus souvent qu'autrement par une répression de la part des forces policières.

Le déversement d'une quantité importante de pétrole dans le golfe du Mexique, en avril 2010 à la suite de l'explosion d'une plateforme pétrolière de la compagnie British Petroleum, secoue le monde entier et replace au premier plan les besoins de s'affranchir du pétrole dont le prix ne cesse de dépasser de nouveaux sommets.

L'an 2000 a longtemps représenté le futur. Le bogue informatique mondial qui devait semer le désastre au passage du 31 décembre 1999 s'est finalement révélé inoffensif, mais il a illustré la dépendance de nos civilisations aux nouvelles technologies. L'éclatement de la bulle technologique qui a suivi a aussi montré la fragilité de ces entreprises dont le titre boursier est avant tout une affaire de spéculation. Lors d'une rare apparition conjointe en 2007, Steve Jobs, président d'Apple, et Bill Gates, président de Microsoft, deux géants de la scène technologique, ont échangé leurs points de vue sur les enjeux de cette industrie. Il semble aujourd'hui impossible d'imaginer nos vies sans téléphones intelligents ou sans l'extraordinaire explosion des réseaux sociaux et des moyens de communication.

CANADA

Fidèle à sa démarche, Jean Chrétien refuse de reconsidérer la question du Québec et se tourne plutôt vers la scène internaionale. Les problèmes de l'Afrique retiennent son attention tandis qu'il prend ses distances vis-à-vis des Américains, particulièrement au moment de leur déclaration de guerre à l'Irak. À l'automne 2003, il quitte la politique. Paul Martin lui succède et procède à un important remaniement du cabinet.

Aspirant depuis de nombreuses années à la succession, Paul Martin pouvait espérer connaître une vie politique longue et fructueuse à la tête d'un pays prospère dont les finances publiques avaient été assainies, grâce notamment à ses politiques comme ministre des Finances. Confiant en sa bonne étoile, il déclenche des élections qui doivent se tenir en juin 2004. Pour Paul Martin, au lieu du résultat attendu, ce sera le début de la fin, car il y avait dans l'héritage de Jean Chrétien le scandale des commandites.

Cette affaire avait été mise au jour quelques mois plus tôt par la vérificatrice générale, Sheila Fraser. Selon le rapport qu'elle rend public le 10 février 2004, une somme pouvant varier entre 100 et 250 millions de dollars s'est retrouvée dans les poches de firmes de publicité proches du Parti libéral à la suite de la mince victoire du « Non » au référendum québécois de 1995. Le gouvernement de Jean Chrétien avait mis sur pied, à la suite de cette presque-victoire du « Oui », un vaste programme publicitaire destiné à promouvoir l'unité canadienne auprès de la population québécoise.

Stephen Harper rend une visite surprise aux troupes canadiennes déployées en Afghanistan. L'opération militaire engagée en 2002 et à laquelle le premier ministre a mis fin en 2011 a coûté la vie à plus de 150 soldats et aurait pesé de 10 à 15 milliards de dollars dans le budget fédéral.

Paul Martin a beau avoir agi rapidement et déclenché une enquête publique dès le lendemain du rapport de Mme Fraser, « le scandale des commandites » allait plomber sa campagne au point de ruiner ses chances de former un gouvernement majoritaire. Le soir du 28 juin 2004, il se retrouve avec un gouvernement minoritaire : 135 libéraux élus sur 308 sièges à pourvoir. L'opposition compte 172 élus (99 conservateurs, 54 bloquistes, 19 néo-démocrates ainsi qu'un indépendant).

L'enquête menée par le juge de la Cour supérieure du Québec, John Gomery, allait devenir, au Québec, un véritable feuilleton télévisé captant un vaste auditoire qui voyait défiler devant le commissaire des publicitaires affectés d'étranges trous de mémoire ou incapables d'expliquer comment ils avaient dépensé l'argent reçu du programme des commandites. L'enquête a mis au jour un vaste système de gaspillage des fonds publics au profit d'amis du PLC. Le « scandale des commandites » allait coller à la peau du Parti libéral du Canada pendant encore plusieurs années et l'empêcher de regagner la faveur dont il jouissait traditionnellement au Québec. Ni le passage de Stéphane Dion aux commandes du parti ni son remplacement par Michael Ignatieff le 10 décembre 2008 n'ont pu faire fléchir la popularité du Bloc québécois dirigé par Gilles Duceppe.

Le gouvernement minoritaire de Paul Martin ne durera que 18 mois et fera place le 23 janvier 2006 à un nouveau gouvernement minoritaire conservateur cette fois. Le Canada allait ainsi connaître plusieurs années de gouvernement minoritaire dirigé par Stephen Harper. L'arrivée au pouvoir de ce conservateur albertain marque un certain nombre de virages dans la politique canadienne. Sa tendance à s'aligner sur les politiques du président George W. Bush, le peu de cas qu'il semble faire des politiques environnementales et des objectifs internationaux en ce domaine, les signes fréquents, à l'intérieur de son gouvernement, de tendances inspirées de la droite religieuse américaine ont modifié l'image du Canada dans le monde.

Le Parti conservateur échouera à former un gouvernement majoritaire lors de l'élection du 14 octobre 2008, entre autres à cause des coupes brutales dans le domaine culturel qui ont été très mal perçues par la population québécoise.

QUÉBEC

Bernard Landry succède à Lucien Bouchard. Le premier ministre tente de réparer les dégâts politiques causés par les fusions municipales. Le vent tourne momentanément en faveur de l'ADQ puis les libéraux remportent les élections du 14 avril 2003. Les premiers mois sont difficiles. Peu à peu Jean Charest affronte les syndicats. La population est divisée. Les moyens de pression choquent, plusieurs groupes de travailleurs syndiqués font figure de favorisés, mais dans l'ensemble les milieux syndicaux gardent la faveur populaire.

Jean Charest avait fait la promesse, pendant la campagne électorale de 2003, de revenir sur les fusions municipales «forcées» qui, sous les administrations de Lucien Bouchard et de son successeur Bernard Landry, avaient vu près de 200 municipalités québécoises disparaître au profit de la création de quelques très grandes villes. La grogne avait été particulièrement forte dans les villes à majorité anglophone de la région de Montréal où les fusions avaient fait disparaître 27 municipalités.

Le gouvernement Charest adopta une loi qui permit en juin 2004 la tenue de référendums de « défusion » dans les villes où un nombre suffisant de citoyens en avaient fait la demande. Des référendums furent tenus dans 30 municipalités fusionnées et c'est ainsi qu'une quinzaine de villes de l'ouest de l'île de Montréal retrouvèrent une existence autonome le 1er janvier 2006. Cette mesure mit un terme aux protestations les plus vives suscitées par les fusions forcées mais le cas du nouveau Montréal, avec ses 19 arrondissements et autant d'hôtels de ville, continue de présenter un casse-tête administratif et d'alimenter la controverse.

L'administration libérale dut faire face à une autre crise qui couvait depuis quelques années mais qui a atteint son sommet en janvier 2007 avec l'adoption par le village mauricien d'Hérouxville d'un code de conduite pour les immigrants qui stipulait, entre autres choses, que la lapidation et l'excision des femmes y étaient interdites. L'initiative fit son tour du monde et provoqua plus de moqueries que de véritables réflexions mais elle eut le mérite de placer dans l'actualité la question des accommodements raisonnables.

L'ancienne municipalité d'Outremont avait déjà été le théâtre de vifs débats à propos des demandes d'accommodements et d'exceptions issues de sa communauté juive hassidique. La décision du gouvernement Charest, en janvier 2005, de financer à 100 % des écoles privées de confession juive avait suscité une telle opposition que le premier ministre avait dû rapidement faire marche arrière.

Le 8 février 2007, le gouvernement annonçait la création d'une «commission de consultation sur les pratiques d'accommodements liées aux différences culturelles». Dirigée par le sociologue et historien Gérard Bouchard et le philosophe Charles Taylor, cette commission a parcouru le Québec pour entendre la population et dégager des consensus. Le 22 mai 2008, elle remettait au gouvernement un rapport contenant 37 recommandations axées autour d'un idéal d'«interculturalisme» qui mise sur la conciliation et une meilleure politique d'intégration et de francisation des immigrants. Elle fixait des limites au port de signes religieux par les agents de l'État et recommandait également au gouvernement de produire un Livre blanc sur la laïcité. À l'été 2008, quelques nuits d'émeutes à Montréal-Nord à la suite de la mort d'un jeune immigrant, Fredy Villanueva, abattu par la police, ont illustré de manière tragique la question de l'intégration des nouveaux arrivants.

Sur le plan économique, la première décennie du XXIe siècle a été marquée au Québec par la permanence d'une crise de l'économie forestière alimentée par le différend commercial entre le Canada et les États-Unis sur le bois d'œuvre. Un accord signé en 2006 entre les deux pays a mis fin temporairement à un conflit vieux de 25 ans, qui risque encore de ressurgir.

C'est toutefois la crise financière qui aura marqué la première décennie du siècle, avec la perte spectaculaire de 40 milliards de dollars enregistrée par la Caisse

L'aéroport de Mirabel en pleine heure d'affluence en 2007. Le premier ministre Pierre Elliott Trudeau choisit en 1969 le site de Mirabel et ordonne l'expropriation de 97 000 acres de terres arables. Le mécontentement est général, depuis la localisation de l'aéroport jusqu'à l'accès aux avions. Plusieurs compagnies aériennes désertent Montréal. Finalement, le dernier vol de passagers a lieu le 31 octobre 2004. Un total de 91 000 acres de terres seront rétrocédées tandis que l'aéroport de Dorval a dû être agrandi de façon à répondre aux besoins. Sinistre paradoxe, il a reçu en janvier 2004 le nom de Pierre Elliott Trudeau, celui-là même qui avait imposé le site de Mirabel contre la volonté du gouvernement du Québec et dans le mépris des agriculteurs expropriées massivement et à bas prix. Un toponyme peut parfois rappeler un invraisemblable abus de pouvoir.

Dévoilement du monument Louis-Hippolyte-La Fontaine, le 4 novembre 2003, sur les terrains de l'Hôtel du Parlement. De gauche à droite : Mario Dumont, chef de l'ADQ, Jean Charest, premier ministre, Michel Bissonnet, président de l'Assemblée nationale, et Bernard Landry, chef de l'opposition.

de dépôt pour l'année 2008. La Caisse avait en sa possession une forte quantité de titres financiers du type PCAA (papiers commerciaux adossés à des actifs), soit des titres créés par les banques d'affaires américaines dont la composition n'était pas très nette. Ces titres comprenaient, entre autres, des prêts hypothécaires à très haut risque (les fameux *subprime*) dont l'effondrement a été l'amorce d'une crise financière mondiale. Dans la même foulée, la vie économique québécoise a été marquée par l'éclatement de scandales financiers causés par des entreprises de gestion de fonds de placement qui ont ruiné de nombreux épargnants. Une de ces entreprises, Norbourg, a détourné 130 millions de dollars appartenant à plus de 9000 épargnants. Au Québec, comme ailleurs en Amérique du Nord, une ère de laisser-aller économique semblait toucher à sa fin en 2010.

La vie politique québécoise allait connaître de sérieux soubresauts après la démission soudaine du chef du Parti québécois, Bernard Landry, le 4 juin 2005. C'est après avoir obtenu l'appui de 76,2 % des délégués au Congrès national de son parti — pourcentage qu'il a jugé insuffisant — que M. Landry a choisi de passer la main. André Boisclair, député et ancien ministre, lui succède en novembre de la même année mais ce sera pour une courte période, car aux élections du 26 mars 2006, son parti, chose que personne n'avait prévue ni osé imaginer, se classe au troisième rang, derrière l'ADQ (Action démocratique du Québec) de Mario Dumont qui rafle 41 sièges, soit 7 de moins que le Parti libéral de Jean Charest qui formera un gouvernement minoritaire. Le Parti québécois doit se contenter du statut de deuxième opposition avec 36 élus. Ce tremblement de terre politique permettra à Pauline Marois de prendre les rênes du parti en juin 2007. La parenthèse adéquiste sera vite refermée l'année suivante, car aux élections du 8 décembre 2008, les libéraux de Jean Charest, avec 66 députés, se verront confier un mandat majoritaire par les électeurs. Fort de ses 51 élus, le Parti québécois retrouve sa place de parti d'alternance et forme l'opposition tandis que l'ADQ, doit se contenter de seulement sept députés.

Le retour au tandem classique PLQ-PQ ne semblait pas, toutefois, à la fin de la décennie 2000-2010 provoquer beaucoup d'enthousiasme auprès de la population. Les nombreuses affaires de conflits d'intérêts et de manquements à la loi de financement des partis politiques qui ont affligé le parti au pouvoir ne se traduisaient pas par un appui accru au Parti québécois, ni à une ADQ en pleine déroute, ne comptant plus que quatre députés à l'Assemblée nationale.

EN GUISE D'ÉPILOGUE

Population du Québec en nombre, en indice et en % du Canada, 1961-2010

Année	Nombre *	en % du Canada
1961	5 259 200	28,8
1966	5 780 800	28,9
1971	6 137 305	27,9
1976	6 396 761	27,3
1981	6 547 207	26,4
1986	6 708 170	25,7
1991	7 067 396	25,2
1996	7 246 897	24,5
2001	7 396 331	23,8
2006	7 631 552	23,4
2010p	7 907 375	23,2

Même si la population du Québec a augmenté régulièrement ces dernières années, on constate un net ralentissement depuis 1976, lequel est encore plus marqué depuis 1990.

Depuis 1994, le poids relatif du Québec au sein du Canada est passé en bas de 25 % et il ne cesse de diminuer de 0,1 % ou 0,2 % par année. Depuis 2000 le poids relatif du Québec est passé en bas de 24 %.

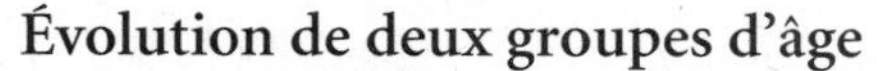

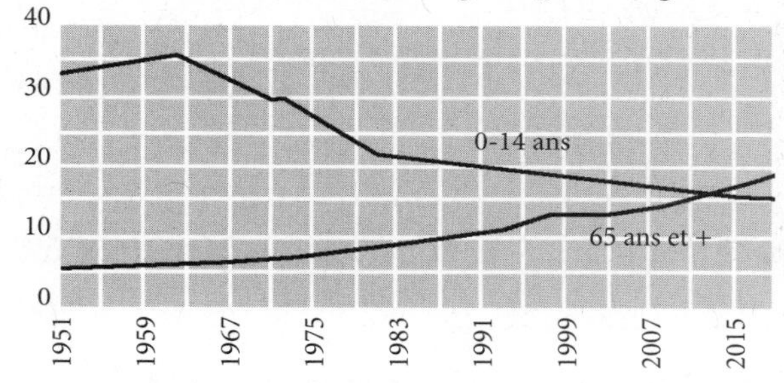

Le graphique ci-haut est à lire en regard du tableau ci-dessous. La part des jeunes entre 0 et 14 ans a diminué rapidement depuis 1963 tandis que celle des personnes âgées de 65 ans et plus augmente depuis le début des années 1960. Tout indique que cette tendance va s'accélérer.

Population du Québec (en %) selon l'âge et l'année, 1961-2010

Année	0-14 %	15-19 %	20-24 %	25-29 %	30-39 %	40-49 %	50-54 %	55-59 %	60-64 %	65 et + %	total %
1961	35,4	8,9	7,0	6,9	13,9	11,1	4,5	3,6	2,9	5,8	100
1966	33,0	9,6	8,1	6,5	12,7	11,1	6,3	3,7	3,0	6,0	100
1971	29,3	10,3	9,3	8,1	12,3	11,5	4,7	4,2	3,5	6,8	100
1976	24,9	10,7	9,6	8,9	13,6	11,3	5,2	4,3	3,8	7,7	100
1981	21,5	9,6	10,0	9,1	15,7	11,0	5,3	4,8	3,9	8,7	100
1986	20,2	7,2	9,4	9,8	17,1	12,2	5,0	4,9	4,4	9,8	100
1991	19,8	6,5	7,1	8,9	18,0	14,4	5,1	4,7	4,4	11,0	100
1996	19,0	6,9	6,5	6,9	17,8	15,7	6,2	4,8	4,3	12,0	100
2001	17,6	6,3	6,9	6,5	15,3	16,9	7,1	5,9	4,5	13,0	100
2006	16,2	6,2	6,4	7,0	13,4	16,7	7,6	6,8	5,5	14,1	100
2010p	15,6	6,3	6,3	6,8	13,4	15,0	8,0	7,1	6,2	15,3	100

✎ Ces tableaux ont été préparés avec l'aide précieuse de Simon Langlois, professeur de sociologie à l'Université Laval. Les données sont issues de l'Institut de la statistique du Québec, du Recensement du Canada, du ministère des Relations avec les citoyens et de l'Immigration et du ministère des Affaires indiennes et du Nord Canada.

Un « **r** » à côté d'une année signale des données révisées tandis qu'un « **p** » signifie des données provisoires.

Langue maternelle et langue parlée à la maison (français et anglais) et indice de continuité linguistique, selon la province, 2006

		Langue maternelle (1)	Langue parlée à la maison (2)	Transferts linguistiques (2-1)	Indice de continuité linguistique
Québec	F	5 957 865	6 146 590	188 725	1,03
	A	640 610	835 360	194 750	1,30
Ontario	F	533 045	321 555	-211 490	0,60
	A	8 398 435	9 925 175	1 526 740	1,18
Nouveau-Brunswick	F	237 570	216 120	-21 450	0,91
	A	468 225	499 500	31 275	1,07
Canada sans Québec	**F**	**1 012 540**	**631 075**	**-381 465**	**0,62**
	A	**17 591 585**	**20 266 525**	**2 674 940**	**1,15**
Canada total	**F**	**6 970 405**	**6 777 665**	**-192 740**	**0,97**
	A	**18 232 195**	**21 101 885**	**2 869 690**	**1,16**

Il n'y a qu'au Québec où le français fait des progrès. Et encore sont-ils très faibles. En effet, 188 725 personnes parlent cette langue à la maison alors qu'il ne s'agit pas de leur langue maternelle. Malgré une population beaucoup moindre, l'anglais en a gagné plus, soit 194 750 personnes pour des indices respectifs de continuité de 1,03 et 1,30. Dans l'ensemble du Canada, avec ou sans le Québec, les pertes des francophones sont importantes. En 2006, sur un million de personnes de langue maternelle française, seulement 630 000 affirment parler cette langue à la maison.

Distribution de la connaissance des langues officielles dans les différentes régions du Canada, 2006

Langues	Québec	Ontario	Canada sans Québec	Canada
Anglais	4,5	85,9	87,3	67,6
Français	53,9	0,4	0,6	13,3
Anglais et français	40,6	11,5	10,2	17,4
Ni anglais ni français	0,9	2,2	1,9	1,7
Total	**100,0**	**100,0**	**100,0**	**100,0**
Français (au total)	94,5	11,9	10,8	30,7
Anglais (au total)	45,1	97,4	97,6	85,1

En 2006, le français est une langue connue de 94,5 % des Québécois. Près de 60 % des Québécois sont unilingues, soit français soit anglais, et plus de 40 % parlent l'anglais et le français comparativement à 10 % dans le reste du Canada.

Population, variation de la population et accroissement selon les régions administratives, Québec, 1971-2010

Régions administratives	1971 %	1981 %	1991 %	2001 %	2010p %	2010p N	Variation de la population 1991-2010	Accroissement 1991-2010
	Population							
Bas-Saint-Laurent (01)	3,5	3,3	3,0	2,8	2,5	201 268	-4,1	-8 297
Saguenay–Lac-Saint-Jean (02)	4,4	4,4	4,1	3,8	3,5	272 911	-7,2	-19 568
Québec (03)	8,8	9,0	8,9	8,8	8,8	693 859	9,0	62 499
Mauricie–Bois-Francs (04)	4,1	3,9	3,7	3,5	3,3	262 401	-0,7	-1 739
Estrie (05)	4,0	4,0	3,9	3,9	3,9	309 975	11,5	35 600
Montréal (06)	32,5	27,3	25,7	25,0	24,5	1 934 082	6,1	118 842
Outaouais (07)	3,6	3,8	4,1	4,4	4,6	363 638	19,9	72 314
Abitibi-Témiscamingue (08)	2,4	2,3	2,2	2,0	1,8	145 835	-6,6	-9 610
Côte-Nord (09)	1,7	1,8	1,5	1,3	1,2	95 538	-10,6	-10 132
Nord-du-Québec (10)	0,5	0,5	0,5	0,5	0,5	42 175	11,8	4 972
Gaspésie-Iles-de-la-Madeleine (11)	1,9	1,8	1,5	1,3	1,2	93 826	-15,3	-14 364
Chaudière-Appalaches (12)	5,1	5,4	5,3	5,3	5,1	405 483	7,3	29 495
Laval (13)	3,8	4,2	4,6	4,7	5,0	398 667	19,2	76 724
Lanaudière (14)	2,9	4,0	4,8	5,4	5,9	464 467	26,0	120 646
Laurentides (15)	4,0	4,8	5,5	6,4	6,9	549 442	28,8	158 087
Montérégie (16)	13,8	16,5	17,5	17,7	18,2	1 441 423	14,4	206 988
Centre-du-Québec (17)	3,0	3,1	3,0	3,0	2,9	232 385	8,7	20 183
Total	**100,0**	**100,0**	**100,0**	**100,0**	**100,0**	**7 907 375**	**8,4**	**660 479**

Le territoire québécois est divisé de multiples façons. Ici, le tableau donne des chiffres par régions administratives qu'il ne faut pas confondre avec des régions métropolitaines de recensements. Il serait intéressant aussi de s'arrêter à l'évolution de la population des villes-centres, dont Montréal et Québec, pour saisir le caractère dramatique de l'étalement urbain, résultat d'une absence de politiques appropriées et du jeu de la spéculation. La population du Québec diminue par rapport à celle de l'ensemble canadien et, en plus, elle se disperse. Depuis 50 ans, la population de l'ancienne ville de Montréal se maintenait autour d'un million tandis que celle de sa banlieue se multipliait par six. Il faut noter en outre que la composition linguistique de Montréal s'est modifiée.

Divers indicateurs de fécondité, Québec, 1960-2010

Année	Naissances	Taux de natalité	Indice synthétique de fécondité	Année	% naissances hors mariage		
					1er enfant	2e enfant	Total*
1960	141 224	27,5	3,86	1960	—	—	3,6
1965	123 279	21,7	3,07	1965	—	—	5,2
1970	96 512	16,1	2,09	1970	—	—	8,0
1975	96 268	15,2	1,75	1975	—	—	8,8
1980	97 498	15,0	1,63	1980	20,7	8,3	13,8
1985	86 008	12,9	1,39	1985	34,5	18,0	24,7
1990	98 013	14,0	1,63	1990	48,4	31,8	38,1
1995	87 258	12,0	1,62	1995	59,8	47,1	50,6
2000	72 010	9,8	1,45	2000	65,8	54,6	58,3
2001	73 699	10,0	1,49	2001	65,8	55,0	58,5
2002	72 478	9,7	1,47	2002	66,2	55,9	59,2
2003	73 916	9,9	1,50	2003	66,1	55,2	59,0
2004	74 068	9,8	1,50	2004**	65,3	55,7	58,9
2005	76 341	10,1	1,54	2005**	65,3	56,8	59,2
2006	81 962	10,7	1,65	2006	67,5	58,9	61,3
2007	84 453	11,0	1,69	2007	68,0	59,6	61,9
2008	87 865	11,3	1,74	2008	69,2	60,7	62,9
2009r	88 600	11,3	1,73	2009p	69,9	61,0	63,4
2010p	88 300	11,2	1,70	2010p	69,2	61,4	63,1

Pour assurer le maintien de l'effectif d'une population, l'indice synthétique de fécondité, c'est-à-dire le nombre moyen d'enfants par femme, doit être au moins égal à 2,1.

* Le total comprend toutes les naissances quel que soit le rang. Indice synthétique révisé depuis 1971.
** En 2004 et en 2005, 669 et 757 bulletins d'un même hôpital dont la mère est déclarée mariée sans date de mariage sont corrigés à non mariée.

Divers indicateurs d'interruption volontaire de grossesse, Québec, 1976-2009

Le nombre d'interruptions volontaires de grossesse a connu une hausse constante jusqu'en 2000 pour tous les groupes d'âge. Il est particulièrement élevé chez les 20-24 ans et, à un degré moindre, chez les 25-29 ans. Il s'est stabilisé depuis 1993 chez les 15-19 ans, et depuis 2000 chez les 30-34 ans. À noter depuis 2000 une hausse du taux de natalité et une baisse des interruptions volontaires de grossesse.

Année	Interruptions	Rapport par 100 naissances	Âge moyen
1976	7 139	7,3	27,3
1980	14 288	14,7	26,5
1985	15 702	18,3	26,2
1990	22 219	22,7	25,8
1995	26 072	29,9	25,8
2000	28 245	39,2	25,9
2005	28 080	36,8	26,4
2009	26 494	29,9	27,1

Nombre de mariages et de divorces, en milliers, Québec, 1970-2008

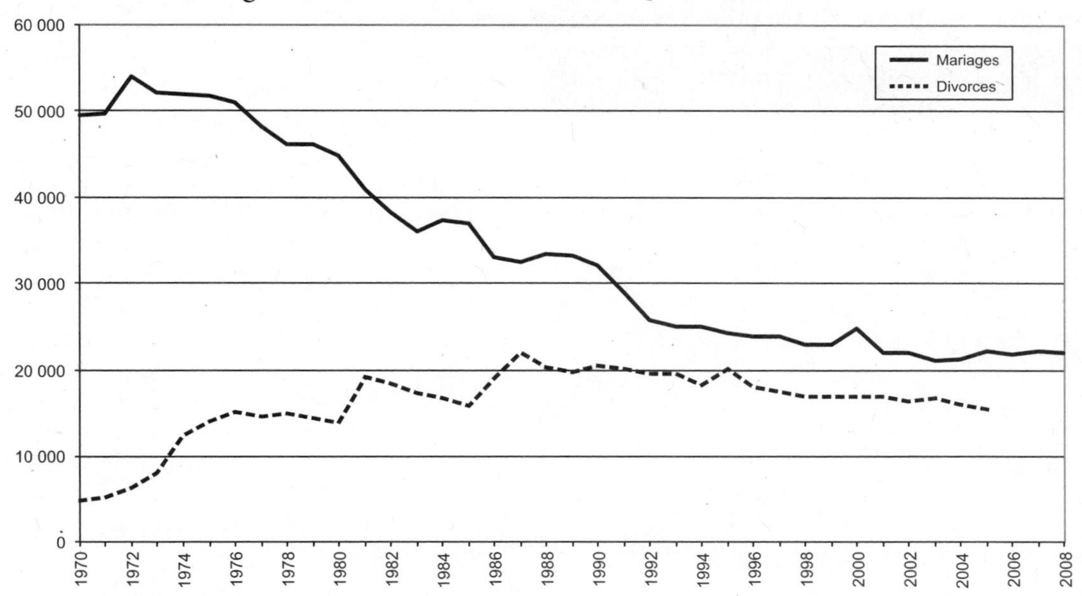

Année du mariage	Durée depuis le mariage 5 ans	10 ans	15 ans	20 ans	25 ans
1964	1,3	39,8	109,0	163,8	209,9
1970	23,9	98,6	171,9	235,0	285,0
1975	46,9	144,2	226,7	291,3	338,8
1980	60,5	172,7	256,2	316,6	363,8
1985	94,3	208,2	292,2	359,6	**409,7**
1990	125,2	249,0	339,8	**406,5**	
1991	127,4	252,0			
1992	128,5	254,8			
1993	122,0	254,0			
1994	115,3	243,0			
1995	115,1	248,1			
1996	113,1				
1997	115,1				
1998	119,4				
1999	114,4				
2000	111,7				

Proportion (‰) des mariages rompus par un divorce, à certaines durées depuis le mariage, selon l'année du mariage (1964-2000), Québec

En 1975, 47 couples (sur 1 000) avaient divorcé après 5 ans de mariage comparativement à 24 en 1970 ou à 1 en 1964. Le nombre de divorces est cumulatif d'une période à l'autre. Les chiffres en gras dans les colonnes de 20 et 25 ans sont des estimations. Ces données sont à rapprocher des naissances hors mariages et bien entendu de la diminution du nombre de mariages.

Population d'Amérindiens inscrits dans les réserves et hors réserve, Québec et Canada, 1982-2008

	En réserve (%)		Total (N)	
Année	Québec	Canada	Québec	Canada
1982	85,3	70,9	33 145	332 178
1987	77,2	64,6	41 227	415 898
1990	71,6	59,8	48 551	490 177
1995	70,9	58,7	57 223	593 050
2000	70,0	58,0	63 315	675 499
2001	69,6	57,5	64 404	690 101
2003	69,9	56,9	66 504	719 496
2005	70,2	56,4	68 735	748 371
2006	70,2	56,1	69 749	763 555
2007	70,2	55,9	70 946	778 050
2008	72,0	—	84 214	—

Le Québec compte environ 24 % de la population du Canada et moins de 9 % de l'ensemble de la population autochtone.

Comme les Français ont pratiqué la cohabitation avec les Indiens et ont multiplié les alliances, la question territoriale n'a jamais été vraiment réglée dans la vallée du Saint-Laurent, contrairement à la situation en Ontario et dans les provinces de l'Ouest où le colonisateur britannique a imposé une multitude de traités territoriaux. Une partie de la Colombie-Britannique est dans la même situation que le Québec. En fait, le problème se pose pour le territoire non compris dans les limites de la province de Québec de 1763 ou bien dans le territoire couvert par la convention de la Baie-James.

Nombre d'immigrants au Québec selon le pays de naissance, au total (en nombre et en %) pour la période 2006-2010p et rang du pays d'origine

		Total 2006-2010p	
Pays	Rang	N	%
Algérie	1	21 194	8,9
Maroc	2	20 743	8,7
France	3	18 220	7,6
Chine	4	13 565	5,7
Colombie	5	11 771	4,9
Haïti	6	10 177	4,3
Liban	7	8 882	3,7
Philippines	8	6 507	2,7
Roumanie	9	6 445	2,7
Mexique	10	5 685	2,4
Inde	11	4 898	2,1
Iran	12	4 889	2,0
Tunisie	13	4 600	1,9
Moldavie	14	4 545	1,9
Cameroun	15	4 510	1,9
Autres pays	—	91 922	38,5
Total, tous les pays		**238 553**	**100**

Pour contrer la baisse de natalité, le Québec fait, entre autres, appel à l'immigration tout en essayant de préserver son identité. On constate ainsi qu'un tiers des nouveaux arrivants proviennent de pays francophones, à savoir l'Algérie, le Maroc, la France, Haïti et le Liban. Outre l'impact linguistique, l'apport de diverses cultures et leurs pratiques religieuses ont eu tendance à créer un certain malaise. Il en est résulté la question des accommodements raisonnables.

De tout temps, le Québec a été une terre d'accueil. Sa population a été traditionnellement inclusive et la culture québécoise s'est faite d'emprunts successifs. La baisse de natalité et l'exode persistant qui frappe la population montréalaise privent toutefois la métropole d'un noyau intégrateur. Un réel risque de ghettoïsation plane sur les différentes communautés culturelles.

TABLEAUX SYNCHRONIQUES

1492-1760

France et Europe	Nouvelle-France	Colonies anglaises d'Amérique
1492 Colomb arrive en Amérique		
1494 Traité de Tordesillas		
1494-1559 Guerres d'Italie		
		1497 Explorations de Caboto
1515 François Ier, roi de France		
1517 Publication des 95 thèses de Martin Luther		
1522 L'expédition de Magellan complète le premier tour du monde	**1524** Explorations de Verrazzano	
1534 Henri VIII se proclame chef suprême de l'Église anglicane	**1534-1542** Voyages de Jacques Cartier	
	1542-1543 Voyage de Roberval	
1543 Copernic publie son hypothèse comme quoi la Terre et les autres planètes tournent autour du Soleil		
1547 Henri II, roi de France		
1555 Marie Ire Tudor rétablit le catholicisme en Angleterre –Publication des Centuries astrologiques de Nostradamus	**1555-1565** Essais de colonisation française en Floride et au Brésil	
1558 L'anglicane Élisabeth Ire, reine d'Angleterre		
1559 François II, roi de France		
1560 Charles IX, roi de France		
1562-1598 Guerres de Religion en France		
1574 Henri III, roi de France		
1576 Premier théâtre permanent et public à Londres		**1576-1578** Expéditions de Frobisher
1582 Entrée en vigueur du calendrier grégorien		**1583** Gilbert à Terre-Neuve
1588 Défaite de l'Invincible Armada		**1585-1587** Expéditions de Davis

Chronologie réalisée par Marcelle Cinq-Mars, Gaston Deschênes, Luc Gauvreau, Sophie Kenniff et Stéphane Stapinsky.

France et Europe	*Nouvelle-France*	*Colonies anglaises*
1589 Henri IV, roi de France	**1598-1603** Colonie de La Roche à l'île de Sable	**1585-1590** Essais infructueux d'établissement de Raleigh en Virginie
1595-1611 Présentation des pièces de Shakespeare à Londres **1598** Édit de Nantes		
1600 William Gilbert détermine l'existence d'un champ magnétique autour de la Terre	**1600-1601** Établissement de Chauvin à Tadoussac	
	1603 Pont-Gravé et Champlain au Saint-Laurent	
1605 Francis Bacon publie *De la valeur et de l'avancement des sciences*	**1604-1607** De Monts et Champlain en Acadie –Fondation de Port-Royal	
		1607 La Compagnie de Londres fonde Jamestown (Virginie)
	1608 Champlain en Canada –Fondation de Québec	
1609 Galilée invente la lunette astronomique		**1609** Henry Hudson remonte le fleuve du même nom
1610 Louis XIII, roi de France –Rubens peint *La Descente de la croix* pour Notre-Dame de Paris	**1610-1613** Poutrincourt en Acadie	
	1612 Champlain, lieutenant en Nouvelle-France	**1612** Des Hollandais construisent des huttes à Manhattan pour entreposer les marchandises de traite
	1613 Agression des Virginiens contre l'Acadie	**1613** Des Virginiens attaquent l'Acadie
	1615 Arrivée des Récollets	
		1617-1618 La variole décime les Indiens en Nouvelle-Angleterre
1618 Début de la guerre de Trente Ans Invention des premiers microscopes		
		1619 Les premiers Noirs arrivent en Amérique
		1620 « Mayflower Compact »
	1621-1632 Alexander en Acadie	**1621-1632** Alexander en Acadie
1624 Richelieu, ministre en France –Le Bernin réalise le baldaquin de la basilique Saint-Pierre de Rome	**1625** Arrivée des Jésuites	
		1626 Fondation de la Nouvelle Amsterdam (New York)
1627-1628 Siège de La Rochelle	**1627** Compagnie des Cent-Associés	
1628 Harvey découvre la circulation sanguine		
	1629-1632 Québec aux mains des Kirke	**1630** Fondation de Boston
1631 Gassendi observe pour la première fois le passage de Mercure devant le Soleil		
1632 Traité de Saint-Germain-en-Laye	**1632** La Nouvelle-France rendue à la France –Razilly en Acadie	
1633 Procès et condamnation de Galilée par l'Inquisition		
	1634 Fondation des Trois-Rivières	**1634** Création du Maryland, première colonie catholique
1635 Fondation de l'Académie française	**1635** Mort de Champlain –Fondation du collège des Jésuites	

France et Europe	*Nouvelle-France*	*Colonies anglaises*
1636 Introduction du thé à Paris	**1636** Montmagny, gouverneur	**1636** Ouverture du collège Harvard –Premiers permis d'établissement délivrés par les Hollandais à Long Island
1637 Descartes publie le *Discours de la Méthode*	**1639** Arrivée des Ursulines et des Hospitalières de Saint-Joseph	
1641 Mazarin est nommé cardinal par Richelieu –Fermeture des théâtres en Angleterre		
1642 Le pape Urbain VIII interdit l'usage du tabac	**1642** Fondation de Montréal	**1642** Massachusetts: première loi sur la scolarisation obligatoire
1642-1649 Guerre civile en Angleterre		**1643** Confédération de la Nouvelle-Angleterre
1643 Louis XIV, roi de France		
	1645 Communauté des Habitants	**1645** Essor du commerce des esclaves depuis Boston
		1647 Massachusetts: interdiction d'accès à la colonie aux prêtres catholiques
1648 Traités de Westphalie –Révolution en Angleterre (Cromwell)	**1648** D'Ailleboust, gouverneur –Premier Conseil de la Nouvelle-France	
1650 Début de la consommation du thé en Angleterre	**1648-1650** Les Iroquois détruisent la Huronie	**1650** Signature du traité délimitant la frontière entre la Nouvelle-Hollande et la Nouvelle-Angleterre
1651 Famine à Paris	**1651** Lauson, gouverneur	**1652** L'esclavage est banni au Rhode Island
	1654-1667 L'Acadie aux mains des Anglais	**1654** Les puritains prennent le contrôle du Maryland
	1657 Argenson, gouverneur –Arrivée des Sulpiciens	
1658 Mort de Cromwell	**1658** Mgr Laval, vicaire apostolique	
1659-1673 Présentation des pièces de Molière		
1660 Restauration de la monarchie en Angleterre –Premières actrices au théâtre en Angleterre		**1660** La Virginie impose une taxe sur le commerce des esclaves
1661 Début du gouvernement personnel de Louis XIV –Ministère de Colbert (jusqu'en 1683)	**1661** Davaugour, gouverneur	
	1663 La Nouvelle-France devient colonie royale –Création du Conseil souverain –Mézy, gouverneur	**1663** Fondation de la Caroline
		1664 Les Anglais s'emparent de la Nouvelle Amsterdam –Création du New Jersey
1665 Peste de Londres	**1665** Population: 3 215 –Courcelle, gouverneur –Tracy et le régiment de Carignan –Talon, intendant	**1665** Population des colonies anglaises: 75 000
1666 Incendie de Londres –Isaac Newton élabore le calcul différentiel		
1667 Traité de Breda	**1667** L'Acadie redevient française	**1667** La Nouvelle-Hollande passe aux mains des Anglais
1668 Publication des premières *Fables* de La Fontaine	**1668** Boutroue, intendant	

France et Europe	*Nouvelle-France*	*Colonies anglaises*
	1670 Talon, intendant	**1670** Fondation de la Compagnie de la baie d'Hudson
1672-1678 Guerre de Hollande	**1672** Frontenac, gouverneur	
	1672-1673 Jolliet et Marquette au Mississippi	**1673** Liaison postale entre Boston et New York
	1674 Mgr Laval devient évêque de Québec	
1675 Römer calcule la vitesse de la lumière	**1675** Duchesneau, intendant	
1679 Le Parlement de Londres vote l'Habeas corpus act		
	1681 Population : 9 677	**1680** John Banister compose le premier herbier des plantes indigènes en Amérique
1682 Newton découvre la loi de la gravitation universelle	**1682** La Salle descend le Mississippi jusqu'au Golfe du Mexique –La Barre, gouverneur –Demeulle, intendant	**1682** Fondation de la Pennsylvanie par le quaker William Penn
		1684 Fin de la Confédération de la Nouvelle-Angleterre
1685 Publication à Paris du Code noir –Révocation de l'édit de Nantes	**1685** Denonville, gouverneur	
	1686 Champigny, intendant	
1688 Seconde révolution en Angleterre (Guillaume d'Orange)	**1688** Mgr Saint-Vallier, second évêque de Québec	**1688** Des huguenots fondent New Rochelle
1689-1697 Guerre de la ligue d'Augsbourg	**1689** Frontenac, gouverneur (second mandat) –Massacre de Lachine	
	1689-1697 Première guerre intercoloniale	**1689-1697** « King William's War »
1690 L'Irlande est dominée par l'aristocratie anglaise	**1690** Raids canadiens dans les colonies américaines –Phips s'empare de Port-Royal et échoue devant Québec	**1690** Phips s'empare de Port-Royal et échoue devant Québec –Les Français incendient Albany
	1692 Population : 12 431	**1692** Chasse aux sorcières à Salem
1693-1694 Famine en France		**1693** Virginie : fondation du collège William and Mary
	1694-1697 Campagnes d'Iberville à la baie d'Hudson et à Terre-Neuve	
1697 Traité de Ryswick –Publication des *Contes de ma mère l'Oye* de Charles Perreault	**1697** Le traité laisse le *statu quo ante bellum* dans les colonies	**1697** Le traité rétablit le *statu quo ante bellum* dans les colonies
	1698 Callière, gouverneur	
1700-1725 Stradivarius crée ses plus beaux violons		**1700** Population des colonies anglaises : 275 000
1701-1714 Guerre de la Succession d'Espagne	**1701** Paix de Montréal	**1701** Fondation de l'Université de Yale
	1701-1713 Deuxième guerre intercoloniale	**1702-1713** « Queen Anne's War »
	1702 Iberville fonde la Louisiane –Beauharnois, intendant	**1702** Le gouverneur de la Caroline envahit la Floride

France et Europe	*Nouvelle-France*	*Colonies anglaises*
	1703 Vaudreuil, gouverneur	
1705 Edmond Halley détermine le mouvement des comètes	**1705** Raudot, père et fils, intendant et intendant adjoint	**1705** Massachusetts : les mariages entre les Blancs et les Noirs sont interdits
1707 Union de l'Angleterre et de l'Écosse	**1706** Population : 16 417	**1706** Virginie : établissement de la première douane des colonies
	1710 Prise de Port-Royal par les Anglais	**1710** Les Anglais prennent Port-Royal
1711 Jethro Tull invente le semoir	**1711** Désastre de Walker à l'île aux Œufs	**1711** Désastre de Walker à l'île aux Œufs
	1712 Bégon, intendant	**1712** Division officielle de la Caroline -Révolte d'esclaves à New York
1713 Traité d'Utrecht **1714** George Ier, roi d'Angleterre	**1713** L'Angleterre obtient Terre-Neuve, l'Acadie, la baie d'Hudson et un protectorat sur les Iroquois	**1713** L'Angleterre obtient Terre-Neuve, l'Acadie, la baie d'Hudson et un protectorat sur les Iroquois
1715 Louis XV, roi de France –Régence du duc d'Orléans		**1716** Premier phare des colonies construit à Boston
1719 Publication de Robinson Crusoé	**1718** La forteresse de Louisbourg : début de la construction –Fondation de La Nouvelle-Orléans (Louisiane)	
1720 Faillite de Law –Peste de Marseille		**1720** Population : 474 000
1721 Walpole, premier ministre d'Angleterre –Les six *Concertos brandebourgeois* de Jean-Sébastien Bach	**1722** Début de l'immigration pénale	**1721** Caroline du Sud, colonie royale **1722** Un poste de traite à Oswego
	1725 Construction du fort Niagara	**1725** Création du premier journal édité à New York : le *New York Gazette*
1726 Fleury, premier ministre en France –Publication des Voyages de Gulliver	**1726** Beauharnois, gouverneur –Dupuy, intendant –Population : 29 396	
1727 George II, roi d'Angleterre		**1727** Un fort à Oswego
	1728-1734 Guerre contre les Renards	**1728** Premier jardin botanique des colonies, à Philadelphie
1729 Bach compose la *Passion selon Saint-Mathieu*	**1729** Hocquart, commissaire-ordonnateur puis intendant (1731)	**1729** Caroline du Nord, colonie royale
	1731-1743 Explorations des La Vérendrye	
	1732 Développement de la construction navale à Québec	**1732** Fondation de la Georgie
1735 Linné publie *Systema naturae* –John Harrison fabrique le premier chronomètre de marine permettant de déterminer la longitude	**1737** Ouverture du chemin du roi de Montréal à Québec	**1733** La grippe frappe New York et Philadelphie **1737** Première célébration non religieuse de la Saint-Patrick à Boston
	1738 Début de la production aux Forges du Saint-Maurice	
	1739 Population : 42 700	**1739** Révoltes d'esclaves en Caroline du Sud
		1739-1742 « War of Jenkin's Ear »

France et Europe	*Nouvelle-France*	*Colonies anglaises*
1740-1748 Guerre de Succession d'Autriche	**1740-1748** Troisième guerre intercoloniale	**1740-1748** « King George's War »
1742 *Le Messie* de Haendel		
	1744 Raid contre Canseau	
	1745 Prise de Louisbourg	**1745** Pepperell s'empare de Louisbourg
	1747 La Galissonnière, gouverneur	
1748 Paix d'Aix-la-Chapelle –Découverte des ruines de Pompéi	**1748** Paix : retour au statu quo dans les colonies –Bigot, intendant	**1748** Paix : retour au statu quo dans les colonies
1749 Mise au point de la fabrication d'acier fondu –Buffon commence à publier son *Histoire naturelle*	**1749** La Jonquière, gouverneur	**1749** Fondation de Halifax
	1750 Construction du fort Beauséjour	**1750** Construction du fort Lawrence
1751 Publication du premier volume de l'*Encyclopédie*, de Diderot et d'Alembert		
1752 Première condamnation de l'*Encyclopédie* par le Parlement de Paris	**1752** Duquesne, gouverneur	**1752** Fondation de la *Halifax Gazette* –Benjamin Franklin découvre le paratonnerre
	1754-1760 Troisième guerre intercoloniale	**1754-1763** « French and Indian War »
	1754 Affaire Jumonville –Prise du fort Necessity –Population : 55 000	**1754** Affaire Jumonville –Washington capitule au fort Necessity –Population : 1 485 634
	1755 Vaudreuil-Cavagnial, gouverneur –Batailles de la Monongahéla et du lac Saint-Sacrement –Début de la déportation des Acadiens –Construction du fort Carillon	**1755** Batailles de la Monongahéla et du lac Saint-Sacrement –Début de la déportation des Acadiens –Première ligne régulière de transport entre l'Angleterre et ses colonies
1756-1763 Guerre de Sept Ans		
1756 Ministère Pitt	**1756** Prise du fort Oswego (Chouaguen)	**1756** Perte du fort Oswego –Ligne de diligence entre New York et Philadelphie
	1757 Prise du fort William Henry	**1757** Perte du fort William Henry
	1758 Victoire de Montcalm à Carillon –Perte de Louisbourg, du fort Frontenac et du fort Duquesne	**1758** Défaite de Carillon –Prise de Louisbourg, du fort Frontenac et du fort Duquesne
1759 Ouverture au public du British Museum –Seconde condamnation de l'*Encyclopédie* par le Parlement de Paris	**1759** Siège de Québec –Perte des forts Niagara, Carillon et Saint-Frédéric –Bataille des plaines d'Abraham –Reddition de Québec	**1759** Prise du fort Niagara –Capitulation de Québec
	1760 Victoire de Sainte-Foy –Mort de Mgr Pontbriand –Capitulation de Montréal	**1760** Tout le territoire de la Nouvelle-France est aux mains des troupes anglo-américaines

1760-1867

Canada	Angleterre et Europe	Autres colonies anglaises d'Amérique et États-Unis
1760 Établissement du régime militaire	**1760** George III, roi d'Angleterre	
	1762 Ministère Bute (Angl.)	
1763 Soulèvement de Pontiac –Proclamation royale –Murray, gouverneur	**1763** Traité de Paris –Ministère Grenville (Angl.)	**1763** Ouverture d'une synagogue à Newport –Les Jésuites sont expulsés de Louisiane et leurs biens, confisqués
1764 Fondation de la *Gazette de Québec*		
1765 Population : 69 810	**1765** Ministère Rockingham (Angl.)	**1765** Loi du Timbre
1766 Mgr Briand, sacré évêque Carleton, lieutenant-gouverneur	**1766** Ministère Chatham Grafton (Angl.)	**1766** Benjamin Franklin invente les verres correcteurs à double foyer
		1767 « Townshend Duties »
1768 Carleton, gouverneur		
	1769 Watt met au point la première machine à vapeur	
	1770 Ministère North (Angl.)	**1770** Massacre de Boston
		1773 « Boston Tea Party »
1774 Acte de Québec	**1774** Louis XVI, roi de France	**1774** Congrès à Philadelphie –Révolte d'esclaves en Georgie
1775 Invasion de la Province de Québec par les Américains		
1776 Retraite des Américains		**1776** Déclaration d'indépendance
	1777 Lavoisier réalise l'analyse et la synthèse de l'air	
1778 Haldimand, gouverneur –Fondation de la *Gazette littéraire*	**1778** La France appuie militairement les colonies américaines révoltées	**1778** Alliance franco-américaine
		1780 La Pennsylvanie abolit l'esclavage
	1781 Découverte d'Uranus	**1781** Adoption des articles de la Confédération
	1782 Ministère Rockingham –Ministère Shelburne (Angl.)	**1782** Le gouvernement obtient le monopole du service postal
1783 Perte du sud des Grands Lacs –Immigration des Loyalistes	**1783** Traité de Versailles : reconnaissance de l'indépendance des États-Unis –Ministère Portland (Angl.) –Ministère Pitt (Angl.) –Lavoisier réalise l'analyse et la synthèse de l'eau	**1783** Traité de Versailles : reconnaissance de l'indépendance des États-Unis

Canada	*Angleterre et Europe*	*États-Unis*
1784 Population : 113 012 –Le Nouveau-Brunswick et l'île du Cap-Breton séparés de la Nouvelle-Écosse –Hamilton, administrateur		**1784** Parution du premier journal quotidien
1785 Hope, administrateur	**1785** En France, scandale du Collier de la reine	**1785** État de New York : esclavage illégal –Virginie : première route à péage des États-Unis
1786 Carleton (Lord Dorchester), gouverneur		
		1787 Élaboration de la constitution américaine
	1789 Début de la Révolution française	**1789** G. Washington, président
		1790 Population : 3 929 214
1791 « L'Acte constitutionnel » –Le Canada divisé en 2 provinces	**1791** Mort prématurée de Wolfgang Amadeus Mozart	**1791** Jefferson fonde le parti républicain démocrate
1792 Premières élections –J.-A. Panet, président de la Chambre d'Assemblée du Bas-Canada	**1792** Première utilisation de la guillotine –Le chimiste anglais Murdoch met au point l'éclairage au gaz	**1792** Création de la première banque new-yorkaise, à Wall Street –Loi sur la monnaie nationale
1794 Lois de judicature, de milice et de voirie	**1794** Traité de Jay	**1794** Traité de Jay avec l'Angleterre
	1795 La France adopte le système métrique	
1796 Prescott, gouverneur	**1796** L'Anglais Jenner effectue la première vaccination contre la variole	
		1797 J. Adams, président
	1798 Échec d'une insurrection irlandaise	
1799 R.S. Milnes, administrateur	**1799** Napoléon Bonaparte prend le pouvoir en France	
	1800 Union de l'Irlande et le l'Angleterre –Volta construit la première pile électrique	**1800** Washington devient la capitale –Des Noirs libres présentent au Congrès une pétition contre l'esclavage
1801 L'Institution royale	**1801** Ministère Addington (Angl.)	**1801** T. Jefferson, président
	1803 L'Anglais Trevithick met au point la première machine à vapeur	**1803** Vente de la Louisiane aux États-Unis
	1804 Napoléon Ier, empereur –Ministère Pitt (Angl.)	**1804** Départ de l'expédition vers l'Ouest de Lewis et Clark
1805 Dunn, administrateur –Fondation du *Mercury*	**1805** Victoire de Nelson à Trafalgar	**1805** Lewis et Clark atteignent le Pacifique –Fin de la construction d'un premier pont couvert
1806 Fondation du *Canadien*	**1806** Mort de Pitt –Ministère Grenville (Angl.) –Le jeu des divers blocus favorise le commerce du bois de l'Amérique du Nord britannique	**1806** Webster publie le premier dictionnaire américain
1807 Craig, gouverneur	**1807** Ministère Portland (Angl.)	**1807** Un navire anglais tire sur un vaisseau américain –Embargo sur le commerce

Canada	*Angleterre et Europe*	*États-Unis*
1808-1810 Épreuve de force entre Craig et l'Assemblée	**1808** L'Anglais Cayley construit le premier planeur	
1809 Début de la navigation à vapeur sur le Saint-Laurent	**1809** Ministère Perceval (Angl.) –Lamarck publie une première théorie sur l'évolution des espèces animales	**1809** J. Madison, président
1810 Premier projet d'union		**1810** Population : 7 239 881
1811 Prevost, administrateur –Selkirk fonde un établissement à la Rivière-Rouge		**1811** Début de la construction de la Route nationale
1812 Guerre entre l'Angleterre et les États-Unis –Les Américains attaquent le Haut-Canada	**1812** Ministère Liverpool (Angl.) –Laplace élabore la loi des probabilités	**1812** Guerre contre l'Angleterre –Premier bateau à vapeur sur le Mississippi
1813 Victoire de Salaberry à Châteauguay		
	1814 Fin de la guerre anglo-américaine –Restauration de la monarchie en France avec le roi Louis XVIII	**1814** Traité de Gand : restitution réciproque des conquêtes –Création de l'hymne national américain
1815 Drummond, administrateur –L.-J. Papineau, président de l'Assemblée	**1815** Congrès de Vienne –Bataille de Waterloo	**1815** Virginie : découverte de gaz naturel
1816 Sherbrooke, gouverneur		
1817 Traité Rush-Bagot –Mgr Plessis reconnu officiellement comme évêque de Québec –Fondation de la Banque de Montréal		**1817** Traité Rush-Bagot –J. Munroe, président –Début de la construction du canal Érié
1818 Richmond, gouverneur	**1818** L'Anglaise Mary Shelley publie *Frankenstein*	**1818** Des Écossais introduisent le curling et le golf
1819-1820 Monk et Maitland, administrateurs		**1819** Achat de la Floride
1820 Dalhousie, gouverneur	**1820** George IV, roi d'Angleterre	**1820** Population : 9 683 453
1821 Fusion de la Compagnie du Nord-Ouest et de la Compagnie de la baie d'Hudson		
1822 Projet d'Union des deux Canadas		**1822** Des esclaves affranchis quittent les États-Unis pour fonder le Libéria
		1823 Doctrine Munroe
1824 Ouverture du canal Lachine	**1824** Charles X, roi de France –*Neuvième symphonie* de Beethoven –Invention de la moissonneuse mécanique (Angl.)	
1825 Burton, administrateur –Population : H.-C. 157 923, B.-C. 479 288		**1825** Ouverture du canal Érié –J. Q. Adams, président
1826 Fondation de Bytown (Ottawa)		**1826** Congrès de Panama –James Fenimore Cooper publie *Le Dernier des Mohicans*
	1827 Ministère Canning (Angl.) –Ministère Goderich (Angl.)	**1827** L'État de New York abolit l'esclavage

Canada	*Angleterre et Europe*	*États-Unis*
1828 Kempt, administrateur	**1828** Ministère Wellington (Angl.)	
1829 Fondation de l'Université McGill –Premier canal Welland	**1829** En Angleterre, abolition de la loi du Test et émancipation des catholiques	**1829** A. Jackson, président
1830 Aylmer, gouverneur	**1830** Guillaume IV, roi d'Angleterre –Révolution de Juillet en France –Ministère Grey (Angl.) –Louis-Philippe Ier, roi de France	**1830** Population : 12 866 020
1831 Population : H.-C. 236 702, B.-C. 553 134		
1832 Épidémie de choléra –Ouverture du canal Rideau	**1831-1832** Épidémie de choléra dans plusieurs pays d'Europe	**1831** Fondation à Boston d'un journal abolitionniste : *The Liberator*
		1832 Le choléra frappe New York
1834 Les 92 Résolutions –Ludger Duvernay fonde la Société Saint-Jean-Baptiste (Montréal)	**1834** Ministère Melbourne (Angl.) –Ministère Peel (Angl.)	**1834** Création dans l'Ouest d'un Territoire indien
1835 Gosford, gouverneur	**1835** Ministère Melbourne (Angl.)	**1835** Colt invente le revolver
1836 Inauguration du 1er chemin de fer au Canada –Mgr Lartigue, 1er évêque de Montréal –« Anti-Gallic Letters » –Fondation du « Doric Club »	**1836-1839** Crise économique en Angleterre	**1836** Défaite des Américains à Fort Alamo
1837 Résolutions Russell –Campagne d'assemblées populaires –Troubles dans le B.-C. : batailles de Saint-Denis, Saint-Charles, Saint-Eustache –Troubles dans le H.-C. : échec des réformistes à Toronto	**1837** Victoria, reine d'Angleterre	**1837** M. Van Buren, président –La petite vérole décime les Indiens sur les rives du Missouri
		1837-1838 Morse invente son télégraphe et son code
1838 Déclaration d'indépendance du Bas-Canada –Colborne, administrateur –Durham, gouverneur –Colborne, administrateur puis gouverneur (1839) –Insurrection des « Frères Chasseurs » –Pendaison de 12 patriotes à Montréal	**1838** Invention de la photographie	**1838** Les Indiens Cherokees sont expropriés et conduits en territoire indien
1839 Thomson (Sydenham) ; gouverneur	**1839** Stendhal publie *La Chartreuse de Parme*	**1839** Publication des *Histoires extraordinaires* d'Edgar Allan Poe
1840 Acte d'Union –Inauguration du premier service transatlantique régulier	**1840** Apparition du timbre-poste en Angleterre	**1840** Population : 17 069 000
1841 Organisation de l'instruction publique. Nomination d'un surintendant	**1841** Ministère Peel (Angl.)	**1841** W. Harrison, président –J. Tyler, président
1842 Bagot, gouverneur –Traité Webster-Ashburton –Population : H.-C. 487 053	**1842** Réduction de la préférence tarifaire sur le bois	**1842** Traité Webster-Ashburton
1843 Metcalfe, gouverneur		
1844 Population : B.-C. 697 084		**1844** Ligne télégraphique entre New York et Baltimore

Canada	*Angleterre et Europe*	*États-Unis*
1846-1850 Guerre des éteignoirs	**1845** Début de la grande famine irlandaise	**1845** J. Polk, président –Annexion du Texas
1846 Cathcart, gouverneur –Règlement de la question de l'Oregon –Organisation des écoles communes	**1846** Abolition des Corn Laws (Angl.) –Ministère Russell (Angl.) –Découverte de Neptune	**1846-1848** Guerre avec le Mexique **1846** Règlement de la question de l'Oregon
1847 Elgin, gouverneur –Grande immigration des Irlandais chassés par la famine –Épidémie de typhus et de choléra –Arrivée de plusieurs congrégations religieuses	**1847** Emily Brontë publie *Les Hauts de Hurlevent* –Journée de travail de 10 heures votée pour les femmes et les enfants (Angl.)	**1847** Fondation de la Smithsonian Institution
1848 Ministère Baldwin-La Fontaine –Responsabilité ministérielle	**1848** Révolutions en Europe –Deuxième République en France –Marx et Engels publient le *Manifeste du Parti communiste*	**1848** Ruée vers l'or de la Californie
1849 Loi d'indemnité aux sinistrés de 1837 –Incendie du parlement à Montréal	**1849** Abolition des lois de navigation (Angl.)	**1849** Z. Taylor, président **1850** M. Fillmore, président –Population : 23 191 000 –Création de l'État de Californie
1851 Adoption par le Canada-Uni d'une monnaie décimale (dollars et cents) –Premiers timbres-poste canadiens –Ministère Hincks-Morin –Population : H.-C. 952 004 ; B.-C. 890 261	**1851** Première Exposition universelle, à Londres	**1851** Herman Melville publie *Moby Dick*
1852 Fondation de l'Université Laval	**1852** Napoléon III, empereur en France –Ministère Aberdeen (Angl.)	**1852** Parution de *La Case de l'oncle Tom*, d'Harriet Beecher-Stowe
1853 Rowan, administrateur –Formation de la Grand Trunk Railway Co.		**1853** F. Pierce, président
1854 Head, gouverneur –Ministère MacNab-Morin –Traité de réciprocité –Abolition de la tenure seigneuriale –Sécularisation des réserves du clergé	**1854-1856** Guerre de Crimée	**1854** Traité de réciprocité
1855 Ministère MacNab-Taché	**1855** Ministère Palmerston (Angl.) –Exposition universelle à Paris	**1855** Massachusetts : la ségrégation raciale est interdite dans les écoles
1856 Ministère Taché-J. A. Macdonald –Conseil législatif électif –Organisation du Conseil de l'Instruction publique –Ruée vers l'or sur le fleuve Fraser		
1857 Ministère J. A. Macdonald-Cartier –Ottawa nouvelle capitale du pays	**1857** Baudelaire publie *Les Fleurs du mal*	**1857** J. Buchanan, président
1858 Ministère Brown-Dorion (2-6 août) –Ministère Cartier-J. A. Macdonald	**1858** Ministère Derby (Angl.)	**1858** Premier câble télégraphique transatlantique –Mason invente les bocaux de conserve

Canada	*Angleterre et Europe*	*États-Unis*
	1859 Ministère Palmerston (Angl.) –Darwin publie *De l'origine des espèces au moyen de la sélection naturelle*	
1860 Inauguration du pont Victoria à Montréal		**1860** Population : 31 443 000 –Sécession de la Caroline du Sud
1860-1861 Population : Haut-Canada 1 396 091 ; Bas-Canada 1 111 566 ; Nouveau-Brunswick 252 047 ; Nouvelle-Écosse 330 857, Île-du-Prince-Édouard 80 857 **1861** Monck, gouverneur	**1861** Invention du vélocipède, ancêtre de la bicyclette	**1861** Guerre de Sécession –A. Lincoln, président –Confédération de 11 États sécessionnistes –L'Atlantique et le Pacifique sont reliés par le télégraphe –Massachusetts : fondation du MIT
1862 Ministère J.S. Macdonald-Sicotte	**1862** Victor Hugo publie *Les Misérables*	
1863 Ministère J.S. Macdonald-Dorion	**1863** Inauguration, à Londres, de la première ligne de métro au monde	**1863** Lincoln proclame l'émancipation des esclaves –Victoire nordiste à Gettysburg
1864 Ministère Taché-Macdonald –« La Grande Coalition » –Conférences de Charlottetown et de Québec	**1864** La Comtesse de Ségur publie *Les Malheurs de Sophie*	
	1865 Ministère Russell (Angl.) –L'Autrichien Mendel énonce les lois de l'hérédité –Lewis Carroll publie *Alice au pays des merveilles*	**1865** Assassinat de Lincoln –A. Johnson, président –Début de la reconstruction –Abolition de l'esclavage –Apparition du Ku Klux Klan
1866 Raids « Fenians » –Conférence à Londres –Fin du traité de Réciprocité –Câble transatlantique (Terre-Neuve–Irlande)	**1866** Ministère Derby (Angl.)	**1866** Les Noirs sont reconnus citoyens américains –Le choléra fait des milliers de victimes au pays

1867-2010

Québec	Canada	Monde
1867 P.-J.-O. Chauveau, premier ministre (C)	**1867** 29 mars. Adoption du British North America Act au Parlement de Londres, qui crée le Dominion du Canada –1er juillet. Proclamation de l'A.A.N.B. du B.N.A.A. La Confédération naît –John A. Macdonald, premier ministre (C)	**1867** Garibaldi envahit les États pontificaux –Les États-Unis achètent l'Alaska de la Russie pour la somme de 7,2 millions de dollars en or –*Le Capital,* de Karl Marx
1868 Les Zouaves québécois partent pour Rome –Assassinat de Thomas D'Arcy McGee	**1868** La Nouvelle-Écosse demande son retrait de la Confédération	**1868** Amendement à la Constitution américaine accordant le droit de vote aux Noirs –Ulysse S. Grant, président des États-Unis
1869 L'évêque Ignace Bourget excommunie les membres de l'Institut canadien de Montréal, ce qui mène à l'affaire Guibord –Lancement du quotidien *Montreal Star*	**1869** Les Métis de la Rivière-Rouge élisent un gouvernement provisoire –Terre-Neuve vote contre son annexion au Canada –Le Canada achète les Territoires du Nord-Ouest	**1869** Inauguration du canal de Suez –L'État du Wyoming accorde le droit de vote aux femmes –Ouverture du premier train transcontinental américain
1870 Inauguration d'un chemin à traîneaux entre Québec et le Lac-Saint-Jean	**1870** Loi créant la province du Manitoba –Soulèvement des Métis de la Rivière-Rouge –En Ontario, naissance du mouvement Canada First	**1870** Guerre franco-prussienne. Chute de Napoléon III –Population des États-Unis : 39 818 000 –D. Rockfeller fonde la Standard Oil Company –Jules Verne publie *Vingt mille lieues sous les mers*
1871 Élections générales : victoire conservatrice –Parution du Programme catholique –Codification des lois municipales –Population : 1 191 515	**1871** La Colombie-Britannique entre dans la Confédération –Début de l'Affaire des écoles du Nouveau-Brunswick –Les troupes britanniques quittent le Canada, sauf à Halifax et Esquimalt –Population : 3 689 257	**1871** Traité de Washington réglant les réclamations dans l'affaire de l'*Alabama* –La Commune de Paris –Loi du « ventre libre » au Brésil –Abolition de la féodalité au Japon
1872 Loi concernant la tenue des registres de l'état civil	**1872** Élections générales : victoire conservatrice –Création des Archives publiques du Canada	**1872** Amnistie pour les Sudistes américains de la guerre de Sécession –Ouverture de la première voie ferrée au Japon
1873 Gédéon Ouimet, premier ministre (C) –Mort de George-Étienne Cartier –Fondation de l'École polytechnique de Montréal	**1873** L'Île-du-Prince-Édouard entre dans la Confédération –Scandale du Pacifique et démission de Macdonald –Alexander Mackenzie, premier ministre (L) –Adoption d'un loi constituant la Gendarmerie à cheval du Nord-Ouest –Abolition du double mandat des députés (geste imité par le Québec l'année suivante)	**1873** Début d'une crise économique occidentale –En Belgique, les institutions juridiques deviennent bilingues : français et flamand –*Une saison en enfer,* d'Arthur Rimbaud ; *Anna Karénine* de Léon Tolstoï
1874 Scandale des tanneries –Charles Boucher de Boucherville, premier ministre (C) –Fondation de la Banque d'Hochelaga	**1874** Élections générales : victoire libérale –Adoption du scrutin secret –Entrée en politique du mouvement Canada First	**1874** À Berne, fondation de l'Union postale internationale –George Eastman invente la pellicule photographique

Québec	*Canada*	*Monde*
1875 Abolition du ministère de l'Instruction publique –Élections générales : victoire conservatrice. Boucher de Boucherville, premier ministre	**1875** Création de la Cour suprême du Canada, le plus haut tribunal du pays, en dépit des protestations de députés québécois	**1875** Par un achat d'actions, la Grande-Bretagne acquiert le contrôle du canal de Suez –Aux États-Unis, début de la guerre des Sioux –*Les Aventures d'Huckelberry Finn* de Mark Twain
1876 L'Université Laval fonde une succursale à Montréal	**1876** Inauguration du chemin de fer intercolonial –Graham Bell invente le téléphone –Loi des Indiens	**1876** Aux États-Unis, fondation de la Ligue nationale de baseball
1877 Discours de Wilfrid Laurier sur le libéralisme canadien –Premier club de hockey sur glace au Canada, à Montréal –Début de la construction du parlement	**1877** Un incendie détruit plus de 1500 maisons à St. John's, Terre-Neuve –Premiers immigrants d'origine japonaise	**1877** La reine Victoria est proclamée impératrice des Indes –Rutherford B. Hayes, président des États-Unis –Thomas Edison invente le phonographe
1878 « Coup d'État » de Letellier de Saint-Just –Henri-Gustave Joly de Lotbinière, premier ministre (L) –Élections générales : Joly reste premier ministre –Première utilisation de l'éclairage électrique au Canada, à Montréal	**1878** Élections générales : victoire conservatrice –John A. Macdonald, premier ministre (C)	**1878** Début du pontificat du pape Léon XIII –Organisation de l'Armée du Salut –Edison et Swan inventent la lampe électrique à incandescence
1879 Destitution de Luc Letellier de Saint-Just, lieutenant-gouverneur –Joseph-Adolphe Chapleau, premier ministre (C) –Fin de la construction du chemin de fer Québec-Montréal-Ottawa	**1879** Adoption d'un nouveau tarif douanier –Création de la Royal Academy of Arts	**1879** Création de la république du Transvaal en Afrique du Sud –Le Français Pasteur découvre le principe des vaccins
1880 À Québec, début de la parution du journal *L'Électeur* (*Le Soleil*) –À Montréal, fondation de l'hôpital Notre-Dame –Première visite de Sarah Bernhardt	**1880** Fondation de la Canadian Pacific Railway Co. –Ouverture de la Galerie nationale, à Ottawa –Loi créant la Compagnie de téléphone Bell	**1880** Fondation de la compagnie du canal de Panama –En Afrique du Sud, début de la première guerre entre la Grande-Bretagne et les Boers –Invention de la bicyclette
1881 Élections générales : victoire conservatrice –Population : 1 359 027	**1881** Accord avec les États-Unis au sujet des pêcheries (Traité de Washington) –Population : 4 324 810	**1881** James A. Garfield, président des États-Unis, meurt assassiné –Chester A. Arthur, président des États-Unis
1882 Joseph-Alfred Mousseau, premier ministre (C) –Nomination du premier agent du Québec en France, Hector Fabre –*Œuvres complètes* du poète Octave Crémazie	**1882** Élections générales : victoire conservatrice –Fondation de la Société royale du Canada	**1882** Intervention militaire britannique en Égypte –Robert Koch découvre le bacille de la tuberculose
1883 Joseph-Gauthier-Henri Smeulders, un cistercien belge, est nommé par Rome pour enquêter sur les problèmes politico-religieux –Début de la colonisation du Témiscamingue	**1883** Selon un jugement du Conseil privé, certains pouvoirs peuvent être provinciaux sous certains aspects et fédéraux, sous d'autres	**1883** Les Français occupent l'île de Madagascar –En Russie, fondation d'un parti marxiste –Koch découvre le bacille du choléra –*Ainsi parlait Zarathoustra,* de Friedrich Nietzsche

Québec	*Canada*	*Monde*
–La future devise du Québec, « Je me souviens », apparaît sur les plans du parlement proposé par E.-É. Taché		
1884 John Jones Ross, premier ministre (C) –Inauguration du chemin de fer de Sherbrooke et Magog –Fondation du journal *La Presse*		**1884** Krach boursier à New York –Découverte de gisements d'or au Transvaal –Conférence coloniale de Berlin
1885 Mgr Elzéar-Alexandre Taschereau interdit les Chevaliers du Travail –À la suite de l'affaire Riel, Honoré Mercier fonde le Parti national –Mort de l'évêque Ignace Bourget	**1885** Soulèvement des Métis du Nord-Ouest. Pendaison de Louis Riel	**1885** Grover Cleveland, président des États-Unis –Construction de la première voiture automobile fonctionnant à l'essence –Création de l'État indépendant du Congo
1886 Élections générales : résultats incertains –Mgr Taschereau devient le premier cardinal canadien	**1886** Inauguration du chemin de fer transcontinental –Début des opérations du télégraphe du Canadien Pacifique	**1886** Ruée vers l'or au Transvaal –À New York, dévoilement de la statue de la Liberté –Création de l'American Federation of Labor –John Pemberton invente le Coca-Cola
1887 Louis-Olivier Taillon, premier ministre (C) –Honoré Mercier, premier ministre (N) –Tenue de la première conférence interprovinciale –Inauguration du chemin de fer Québec–Lac-Saint-Jean –*La légende d'un peuple,* poème épique de Louis Fréchette	**1887** Élections générales : victoire conservatrice –Wilfrid Laurier devient chef du Parti libéral –Le Canada participe à la première conférence coloniale à Londres	**1887** Invention de la linotype –Aux États-Unis, le « Dawes Act » déclare que les tribus amérindiennes ne sont plus des entités légales et permet la vente d'une partie de leurs territoires
1888 Règlement de la question des Biens des Jésuites –À Montréal, on célèbre, pour la première fois, la fête du Travail	**1888** Accord canado-américain sur les pêcheries –Le Parti libéral propose la réciprocité complète avec les États-Unis	**1888** Invention des pneumatiques pour bicyclettes –L'État de New York est le premier à adopter l'électrocution comme peine capitale
1889 Fondation du Collège canadien à Rome	**1889** Remise du rapport de la Commission royale d'enquête « sur la question du travail et ses relations avec le capital »	**1889** Benjamin Harrison, président des États-Unis –Inauguration de la tour Eiffel, à Paris –Proclamation de la République du Brésil
1890 Élections générales : victoire du Parti national : Honoré Mercier, premier ministre	**1890** Au Manitoba, abolition des écoles séparées	**1890** Population des États-Unis : 62 947 714 –Le chef amérindien Sitting Bull est capturé et tué –Bismarck est révoqué –Fondation de la North American Women's Sufferage Association
1891 Scandale de la baie des Chaleurs : Mercier est démis de son poste –Boucher de Boucherville, premier ministre (C) –Population : 1 488 535	**1891** Élections générales : victoire conservatrice –Mort de John A. Macdonald –Joseph Caldwell Abbott, premier ministre (C)	**1891** Encyclique *Rerum novarum* –À Berne, fondation du Bureau international de la Paix –Thomas Edison invente la caméra cinématographique
1892 Élections générales : victoire conservatrice	**1892** John Sparrow David Thompson, premier ministre (C)	**1892** Hendrick Antoon Lorentz découvre les électrons

Québec	*Canada*	*Monde*
–L.-O. Taillon, premier ministre (C) –Implantation de tramways électriques à Montréal	–Fondation du *Toronto Star*	–Rudolf Diesel invente le moteur diesel
1893 À Montréal, inauguration du Royal Victoria Hospital	**1893** L'Île-du-Prince-Édouard vote la prohibition –Création du Synode général de l'Église anglicane du Canada –Création du National Council of Women	**1893** Les États-Unis imposent leur protectorat aux îles Hawaii –Grover Cleveland, président des États-Unis
1894 Mort d'Honoré Mercier –À Montréal, fondation de l'École de chirurgie dentaire	**1894** Mackenzie Bowell, premier ministre (C) –Première célébration canadienne de la fête du Travail	**1894** En France, début de l'affaire Dreyfus –Guerre entre la Chine et le Japon –*Jungle Book*, de Rudyard Kipling
1895 Loi provinciale concernant les sociétés de secours mutuels –Début de l'École littéraire de Montréal, deuxième grand mouvement littéraire au Canada français	**1895** Traité commercial avec la France	**1895** Fondation du Prix Nobel de la Paix –Wilhelm Conrad Roentgen découvre les rayons X –La Confédération générale du travail est créée en France
1896 Fixation de nouvelles frontières jusqu'à la baie d'Hudson –Edmund James Flynn (C), premier ministre	**1896** Charles Tupper, premier ministre (C) –Élections générales : victoire libérale : Wilfrid Laurier, premier Canadien français à accéder au poste de premier ministre du Canada –Ruée vers l'or du Klondyke	**1896** À Athènes, tenue des premiers Jeux olympiques modernes –Aux États-Unis, décision de la Cour suprême légalisant la ségrégation –Guglielmo Marconi réalise la télégraphie sans fil
1897 Élections générales : victoire libérale –Félix-Gabriel Marchand, premier ministre (L) –À Saint-Narcisse-de-Champlain, première ligne de transmission électrique	**1897** Compromis Laurier-Greenway au sujet des écoles séparées du Manitoba –À Stoney Creek, en Ontario, fondation du premier Institut des femmes du Canada	**1897** La Crète est réunie à la Grèce –Premier congrès international sioniste à Bâle –William McKinley, président des États-Unis
1898 Mort du cardinal E.-A. Taschereau –Fondation de la première école d'infirmières canadienne-française par les Sœurs grises de l'hôpital Notre-Dame	**1898** Le Yukon devient un district distinct des Territoires du Nord-Ouest –Entrée en vigueur du tarif préférentiel pour la Grande-Bretagne	**1898** Les Américains envahissent Cuba –Institution du bilinguisme général en Belgique –Pierre et Marie Curie découvrent le radium –*J'accuse*, d'Émile Zola
1899 Ouverture du canal de Soulanges –Internement pour « folie » du poète Émile Nelligan	**1899** Envoi d'un contingent de volontaires en Afrique du Sud –Des soldats canadiens remplacent les troupes britanniques à Halifax	**1899** En Afrique du Sud, début de la guerre des Boers –À La Haye, première conférence de la paix –Révolte des Boxers en Chine
1900 Simon-Napoléon Parent, premier ministre (L) –Élections générales : victoire libérale –À Lévis, Alphonse Desjardins fonde la première caisse populaire	**1900** Élections générales : victoire libérale –Envoi d'un deuxième contingent en Afrique du Sud –Interdiction de l'immigration au Canada des pauvres, des indigents et des criminels –Début du développement industriel du nord de l'Ontario	**1900** Karl Landsteiner découvre les groupes sanguins –Ferdinand Zeppelin construit son premier dirigeable –Jeux olympiques de Paris
1901 Population : 1 648 898 h. Le taux de fécondité est d'environ 5,3 –L'espérance de vie est de 45 ans pour les hommes et de 48 ans pour les femmes	**1901** Population : 5 371 315 h. –Robert Laird Borden, élu chef du Parti conservateur	**1901** Mort de la reine Victoria et avènement d'Édouard VII –Assassinat du président McKinley –Théodore Roosevelt, président

Québec

1902 Fondation de l'Orchestre symphonique de Québec
–Fondation du Trust général, première société de fiducie canadienne-française
–Fondation de la Société du parler français au Canada

1903 Fondation de la Ligue nationaliste et de l'Association catholique de la jeunesse canadienne-française (ACJC)
–Fondation de la Bibliothèque municipale de Montréal, par Éva Circé-Côté

1904 Élections générales : victoire libérale
–Le frère André fonde l'Oratoire Saint-Joseph, sur le mont Royal

1905 Lomer Gouin, premier ministre (L)

1906 Ernest Ouimet ouvre le premier cinéma à Montréal

1907 À Montréal, fondation de l'École des hautes études commerciales
–Fondation de la Fédération nationale Saint-Jean-Baptiste, première organisation « féministe » francophone
–L'abbé Eugène Lapointe crée, à Chicoutimi, la première union ouvrière catholique

1908 Élections générales : victoire libérale
–Québec nomme un agent général à Londres
–Fondation du collège Marguerite-Bourgeoys, premier collège classique pour filles
–Justine Lacoste-Beaubien fonde l'hôpital Sainte-Justine

1909 Création de la Commission des utilités publiques
–6 décembre. Fondation du club de hockey Le Canadien. Le gérant est Jack Laviolette

1910 À Montréal, Congrès eucharistique international
–Fondation du journal *Le Devoir* et de *La Tribune* (Sherbrooke)

Canada

1902 Première découverte de pétrole en Alberta
–Premier message de télégraphie sans fil envoyé du Cap-Breton en Grande-Bretagne

1903 Signature d'une convention entre le Canada et les États-Unis concernant les frontières de l'Alaska
–Création de la Commission des chemins de fer

1904 Élections générales : victoire libérale : Wilfrid Laurier, premier ministre
1905 Création des provinces de Saskatchewan et d'Alberta

1906 Conférence interprovinciale à Ottawa
–Augmentation des subsides aux provinces
–Fondation de la maison d'édition McLelland & Stewart Ltd. à Toronto
1907 Adoption de la loi Lemieux concernant la prévention des grèves et des lock-out

1908 Élections générales : victoire libérale, Laurier premier ministre
–Lucy Maud Montgomery publie *Anne of Green Gables (La Maison aux pignons verts)*

1909 Nouvelle convention avec les États-Unis concernant les frontières
–Football canadien : première coupe Grey

1910 Signature d'accords commerciaux avec l'Allemagne, la Belgique, la Hollande et l'Italie

Monde

1902 Fin de la guerre des Boers
–Fin de la construction du chemin de fer transsibérien

1903 Mort du pape Léon XIII et avènement de Pie X
–Aux États-Unis, création des usines Ford
–Panama proclame son indépendance et cède aux États-Unis une bande de territoire pour y creuser un canal
–Orville et Wilbur Wright réalisent le premier vol aérien propulsé
–Attribution du premier Prix Goncourt

1904 La France abandonne ses droits sur le « French Shore », à Terre-Neuve
–Reprise de la construction du canal de Panama par les Américains
–L'Entente cordiale entre la France et la Grande-Bretagne
–Loi Combes en France

1905 Albert Einstein publie un mémoire sur la théorie de la relativité restreinte
–Première Révolution russe

1906 La ville de San Francisco détruite en bonne partie par un tremblement de terre
–Le Norvégien Roald Amundsen détermine la position du Nord magnétique
1907 Naissance du cubisme

1908 Ford commence à produire des automobiles de modèle T
–En France, Charles Maurras fonde l'Action française
–Jeux olympiques de Londres

1909 William H. Taft, président des États-Unis
–Louis Blériot traverse la Manche à bord d'un avion

1910 Mort du roi Édouard VII et avènement de George V
–Le Japon annexe la Corée

Québec	*Canada*	*Monde*
–Le gouvernement du Québec interdit les exportations de bois à pâte –Fort taux de mortalité infantile (15 %)	–Adoption de la loi sur le service naval canadien –En Ontario, début de l'agitation contre les écoles bilingues –Fondation du journal *Le Droit* (Ottawa)	–L'Union sud-africaine devient un dominion britannique
1911 Population : 2 002 712 h. –Ouverture à Québec et à Montréal d'écoles techniques –L'Académie de musique de Québec décerne, pour la première fois, le prix d'Europe –Marie Gérin-Lajoie, première femme bachelière au Québec	**1911** Population : 7 204 838 h. –Création d'un troisième transcontinental –Élections générales : victoire conservatrice –Robert Laird Borden, premier ministre	**1911** L'Italie annexe la Tripolitaine –Roald Amundsen atteint le Pôle Sud –Conférence impériale de Londres –Fondation de la maison d'édition Gallimard
1912 À Québec, premier Congrès de la langue française –Ouverture du Musée des Beaux-Arts de Montréal –Le Québec obtient le territoire de l'Ungava –La Montreal Suffrage Association est fondée par Carrie Derick, afin d'obtenir le vote des femmes au fédéral	**1912** Extension des frontières du Manitoba, de l'Ontario et du Québec –En Ontario, adoption du Règlement XVII limitant l'enseignement du français –Carrie Derrick, première femme professeure à l'Université McGill –*Sunshine Sketches of a Little Town* de Stephen Leacock	**1912** Début de la première guerre balkanique –Protectorat français sur le Maroc –La Chine devient une république –Naufrage du paquebot *Titanic* –Adoption du Home Rule pour l'Irlande –*Mort à Venise*, roman de Thomas Mann –Jeux olympiques de Stockholm
1913 L'Ungava prend le nom de Nouveau-Québec –Fondation de la Ligue des droits du français	**1913** Le gouvernement fédéral adopte des programmes de subventions à l'enseignement technique et agricole –Ouverture du Royal Ontario Museum et de la Galerie nationale du Canada	**1913** Woodrow Wilson, président des États-Unis –Deuxième guerre balkanique –Ford introduit la chaîne de montage –Début de *À la recherche du temps perdu* de Marcel Proust –En Afrique du Sud, premières lois d'apartheid
1914 Louis-Nazaire Bégin nommé cardinal –Création d'un département de la Voirie –Publication, à Paris, du roman de Louis Hémon, *Maria Chapdelaine* –Naufrage de l'*Empress of Ireland*	**1914** Formation de l'Association du Barreau canadien –Les femmes ont le droit de vote lors des élections municipales de Toronto –Ottawa adopte une loi sur les mesures de guerre –1024 personnes meurent dans le naufrage de l'*Empress of Ireland*	**1914** Assassinat à Sarajevo de l'archiduc autrichien François-Ferdinand. Début de la guerre en Europe –Ouverture du canal de Panama –Mort du pape Pie X et avènement de Benoît XV –Edgar Rice Burroughs publie sa première histoire de *Tarzan*
1915 Inauguration de la Bibliothèque de l'Assemblée législative et, à Montréal, de la Bibliothèque Saint-Sulpice –Le premier ministre Gouin accorde son appui aux Franco-Ontariens sur la question des écoles bilingues	**1915** Un premier contingent est envoyé en France	**1915** Premier emploi de gaz asphyxiants par les Allemands (bataille d'Ypres) –Massacre des Arméniens par les Turcs
1916 Deuxième chute du pont de Québec : voir 1907 –Élections générales : victoire libérale, Lomer Gouin réélu	**1916** Un incendie détruit les édifices du Parlement du Canada –Première intrusion du gouvernement fédéral dans le champ de l'impôt direct en taxant les profits d'affaires pour financer la guerre	**1916** Premier emploi de chars d'assaut –Service militaire obligatoire en Grande-Bretagne –Bataille de Verdun –La théorie de la relativité, d'Albert Einstein
1917 Motion Francœur sur le Québec et la Confédération –Achèvement du pont de Québec	**1917** Conférence impériale de guerre –Sanction du projet de loi sur la conscription	**1917** Entrée en guerre des États-Unis –Révolution bolchévique en Russie

Québec	*Canada*	*Monde*
	–Droit de vote accordé à certaines catégories de femmes au fédéral –Élections générales : victoire unioniste de Borden –Explosion à Halifax du *Mont Blanc,* navire français transportant des munitions : 2000 morts	–La Finlande proclame son indépendance –Déclaration Balfour sur un foyer national juif en Palestine –Sigmeud Freud publie *Introduction à la psychanalyse* –Premier disque de jazz –Création des prix Pulitzer pour le roman et le théâtre
1918 À Québec, violente manifestation contre la conscription : quatre manifestants sont tués par l'armée –Épidémie de grippe espagnole	**1918** Exemption du service militaire refusée aux fils de cultivateurs –Enregistrement obligatoire de toute personne âgée de 16 ans et plus	**1918** En Angleterre, le droit de vote est accordé aux femmes –Assassinat du tsar Nicolas II –Armistice –Révolutions en Allemagne, en Autriche et en Turquie –Naissance du dadaïsme
1919 Élections générales : victoire libérale, Gouin réélu –Ouverture officielle du pont de Québec –Fondation de l'Union des municipalités –L'autobus entre en service à Montréal	**1919** Mort de Wilfrid Laurier –Traité de Versailles. Le Canada appose, pour la première fois, sa signature en qualité de partie distincte de la Grande-Bretagne –Le Canada admis à la Société des Nations (SDN) –Grève générale à Winnipeg –William Lyon Mackenzie King élu chef du Parti libéral	**1919** Signature du traité de Versailles ; aux États-Unis, le Sénat en refusera la ratification –Création de la Société des Nations (SDN) –Aux États-Unis, ratification de l'amendement établissant la prohibition –En Inde, début de la lutte « non violente » de Gandhi
1920 Louis-Alexandre Taschereau, premier ministre (L) –Fondation de l'Université de Montréal –Établissement des Semaines sociales –Création du Bureau central des Archives du Québec dirigé par Pierre-Georges Roy	**1920** Arthur Meighen, premier ministre (Unioniste) –Le Canada devient membre de la Ligue des nations –*The Prairie Mother,* roman d'Arthur Stringer –Formation du Groupe des sept pour promouvoir une peinture canadienne	**1920** Gandhi lance une campagne de désobéissance civile en Inde –Première réunion de l'Assemblée de la Société des Nations –Vote des femmes aux États-Unis –Jeux olympiques de Anvers, Belgique
1921 Fondation de la Confédération des travailleurs catholiques du Canada (CTCC) –Contrôle gouvernemental sur la vente des alcools –Création du Royal 22e Régiment –Loi de l'assistance publique –Fondation du Comité provincial du suffrage féminin, par Marie Gérin-Lajoie et Mme Walter Lyman –Population : 2 360 510 h. ; la moitié de la population a moins de 21 ans	**1921** Élections générales : victoire libérale –W. L. Mackenzie King, premier ministre (L) –Entrée en vigueur du tarif préférentiel avec les Indes occidentales britanniques –Population : 8 787 949 h.	**1921** Les Russes envahissent la Géorgie –Warren G. Harding, président des États-Unis –Proclamation de l'État libre d'Irlande –À Washington, conférence sur la limitation des armes –Fondation du Parti communiste chinois –Création à Londres du P.E.N. international, organisation d'écrivains pour la liberté d'expression
1922 Création d'une commission pour la conservation des monuments historiques –Inauguration officielle de l'École des Beaux-Arts de Montréal –27 septembre. Entrée en ondes de CKAC, la première station française de radio en Amérique du Nord –Création du prix David, remis à un écrivain important	**1922** Conférence canado-américaine au sujet des armements sur les Grands Lacs –Frederick Grant Banting et Charles Herbert Best découvrent l'insuline	**1922** Conférence économique de Gênes –Mort du pape Benoît XV et avènement du pape Pie XI –La Russie est rebaptisée URSS –Mustapha Kémal prend le pouvoir en Turquie –Marche sur Rome des chemises noires de Mussolini –*Ulysse,* roman de James Joyce

Québec	*Canada*	*Monde*
1923 Élections générales : victoire libérale, L.-A. Taschereau premier ministre –À Trois-Rivières, inauguration d'une école de papeterie –Lettre pastorale du cardinal Bégin sur les danses modernes, les robes immodestes, la fabrication de l'alcool et le cinéma corrupteur –Fondation de l'Association canadienne-française pour l'avancement des sciences (ACFAS)	**1923** Le Canada signe avec les États-Unis le traité sur le flétan, sans l'intervention de la Grande-Bretagne	**1923** Calvin Coolidge, président des États-Unis –À Munich, Hitler tente un putsch –Joseph Staline prend la direction du parti communiste de l'URSS
1924 Fondation de l'Union catholique des cultivateurs (UCC)	**1924** Création du Département de la Défense nationale –L'Assemblée législative de la Nouvelle-Écosse rejette une résolution demandant le retrait de la Confédération	**1924** Les Amérindiens des États-Unis deviennent citoyens américains –La Grande-Bretagne reconnaît l'Union soviétique –Premiers jeux olympiques d'hiver, à Chamonix. Jeux d'été à Paris –*Manifeste du surréalisme*, d'André Breton
1925 Béatification des huit missionnaires jésuites martyrisés au XVIIe siècle –Le premier hydravion entièrement construit à Montréal est lancé aux chantiers de la Vickers	**1925** Élections générales : victoire conservatrice sans majorité absolue. King conserve le pouvoir –Le Sénat ratifie le traité pour la répression de la contrebande de boissons alcooliques entre le Canada et les États-Unis	**1925** En Italie, le fascisme devient parti unique –Signature du traité de Locarno concernant les frontières et la zone démilitarisée de la Rhénanie –Pie XI condamne L'Action française –*Mein Kampf*, d'Adolf Hitler –Sergei Eisenstein tourne le film *Le cuirassé Potemkine*
1926 Entrée en vigueur d'un nouveau système d'enregistrement des actes de l'état civil –Loi interdisant l'exportation hors du Canada de l'électricité produite sur le territoire québécois –Alfred Pellan, premier boursier en art du gouvernement du Québec, se rend à Paris	**1926** Incident Byng-King –A. Meighen, premier ministre (C) –Élections générales : victoire libérale –W. L. Mackenzie King, premier ministre (L) –Conférence impériale : le gouverneur général ne devient que le représentant personnel du souverain	**1926** Admission de l'Allemagne à la SDN –Hirohito, empereur du Japon –Création de la Bibliothèque nationale de Paris –Kodak lance le premier film 16 mm
1927 Élections générales : victoire libérale, Taschereau réélu –Raymond-Marie Rouleau devient cardinal –Le Labrador est annexé à Terre-Neuve par décision du Conseil privé de Londres –À Montréal, 77 enfants meurent dans l'incendie du théâtre Laurier-Palace	**1927** Le Canada est élu membre non permanent du conseil de la SDN –Loi fédérale sur les pensions de vieillesse –Le Canada signe, à Washington, les accords internationaux sur la radio –Idola Saint-Jean fonde l'Alliance canadienne pour le vote des femmes	**1927** Fin du contrôle militaire en Allemagne –Charles A. Lindbergh franchit l'Atlantique seul à bord d'un avion monomoteur –Walt Disney crée Mickey Mouse –Premier film parlant : *The Jazz Singer*
1928 Inauguration d'un service postal aérien entre Montréal et New York et aussi entre Rimouski, Montréal, Ottawa et Toronto. –Le docteur Wilder Graves Penfield inaugure l'Institut de neurologie de Montréal	**1928** Abolition du Conseil législatif de la Nouvelle-Écosse –Nomination du premier Haut-Commissaire britannique au Canada –Ouverture d'une délégation japonaise à Ottawa	**1928** Léon Trotski exilé par Staline –Premier plan quinquennal en URSS –Le Pacte Briand-Kellogg met la guerre hors la loi –Jeux olympiques d'été d'Amsterdam et d'hiver à Saint-Moritz –L'Opéra de Quat'Sous de Bertold Brecht –Première du *Boléro* de Maurice Ravel
1929 Partie des bénéfices de la Commission des liqueurs versée à l'Assistance publique –Camillien Houde élu chef de l'aile provinciale du Parti conservateur	**1929** Le Manitoba et l'Alberta obtiennent la propriété de leurs ressources naturelles –Le Comité judiciaire du Conseil privé de Londres décrète que le mot « personne » qualifie les représentants des deux sexes	**1929** Début de la grande crise économique –Herbert Hoover, président des États-Unis

Québec	*Canada*	*Monde*
–Création de la commission Dorion, sur les droits civils des femmes –Droit de vote aux élections municipales de Montréal accordé aux femmes		–Création de la Cité du Vatican (Accords du Latran)
1930 Inauguration du pont du Havre de Montréal (pont Jacques-Cartier) –Canonisation des Martyrs canadiens –Création de la commission Montpetit chargée d'étudier un système d'assurances sociales –Loi sur les écoles juives	**1930** Élections générales : victoire conservatrice –Richard Bedford Bennett, premier ministre –La Colombie-Britannique obtient la propriété de ses richesses naturelles, tout comme la Saskatchewan –Il y a plus de 900 salles de cinéma	**1930** La Grande-Bretagne reconnaît l'indépendance de l'Irak
1931 Élections générales : victoire libérale, Taschereau réélu –Création de la Commission de l'industrie laitière –Création du jardin zoologique de Charlesbourg –Population : 2 874 662 h.	**1931** La Cour suprême déclare la radio de juridiction fédérale –11 décembre : le Statut de Westminster consacre l'indépendance du Canada face à l'Angleterre –Un loi abolit le français dans les écoles de la Saskatchewan –Population : 10 376 786 h.	**1931** Les Japonais occupent la Mandchourie –La Grande-Bretagne abandonne l'étalon-or –L'Espagne devient une république
1932 Fondation du mouvement Jeune-Canada –Fondation, par Yvonne Maisonneuve, de l'œuvre de Notre-Dame de la Protection, devenue depuis l'association d'entraide Le Chaînon –Joseph-Armand Bombardier construit le premier modèle de motoneige	**1932** Conférence économique impériale à Ottawa –Création de la Commission canadienne de radiodiffusion, qui deviendra Radio-Canada –James S. Woodsworth fonde la Cooperative Commonwealth Federation (CCF)	**1932** Antonio de Oliveira Salazar devient président du Conseil du Portugal –La vitamine C est isolée et analysée –Jeux olympiques d'été de Los Angeles et d'hiver à Lake Placid –*Voyage au bout de la nuit,* roman de Louis-Ferdinand Céline
1933 Publication du Programme de restauration sociale –Rodrigue Villeneuve devient cardinal –Établissement d'un camp de chômeurs à Valcartier –*Un homme et son péché,* roman de Claude-Henri Grignon	**1933** À Ottawa, conférence fédérale-provinciale sur les transports	**1933** Franklin D. Roosevelt, président des États-Unis –Le Japon se retire de la SDN –Hitler devient chancelier de l'Allemagne –Aux États-Unis, législation du New Deal –*La condition humaine,* roman d'André Malraux
1934 Fondation de l'Action libérale nationale, dirigée par Paul Gouin –Fondation de la Société des concerts symphoniques de Montréal par Wilfrid Pelletier, qui deviendra plus tard l'Orchestre symphonique de Montréal –Sam Steinberg ouvre son premier magasin	**1934** À Ottawa, conférence interprovinciale sur le chômage –Création de la Banque du Canada –Naissance, à Callander (Ontario), des quintuplées Dionne	**1934** Admission de l'URSS à la SDN –Mao Zedong conduit la longue marche
1935 Élections générales : victoire libérale –Fondation de l'Union nationale, par Maurice Duplessis –Le cardinal Villeneuve condamne *Les Demi-Civilisés,* roman de Jean-Charles Harvey –Le frère Marie-Victorin publie *La Flore laurentienne* –Enquête sur les comptes publics	**1935** Victoire du Crédit social aux élections provinciales de l'Alberta –Élections générales : victoire libérale –W. L. Mackenzie King, premier ministre (L) –Marche des chômeurs sur Ottawa	**1935** L'Allemagne établit le service militaire et adopte les lois raciales de Nuremberg –L'Italie envahit l'Éthiopie

Québec	*Canada*	*Monde*
1936 Adélard Godbout, premier ministre (L) –Élections générales : victoire unioniste. Maurice Duplessis, premier ministre (UN) –Construction, par le baron Louis Empain, dans les Laurentides, du domaine de l'Estérel, premier centre commercial en Amérique du Nord et complexe hôtelier innovateur pour l'époque –Inauguration du Jardin botanique de Montréal créé par le frère Marie-Victorin	**1936** La Cour suprême déclare inconstitutionnelles les lois du « New Deal » de Bennett, adoptées l'année précédente –Adoption de la monnaie bilingue au Canada –La radio de Radio-Canada est créée –Lancement du *Globe and Mail*, quotidien de Toronto	**1936** Mort du roi George V et avènement d'Édouard VIII qui abdiquera peu après son accession au trône. George VI, roi de la Grande-Bretagne –En URSS, début des grandes purges staliniennes –L'Allemagne occupe la Rhénanie –Début de la guerre civile en Espagne –Front populaire en France –Jeux olympiques d'été de Berlin et d'hiver à Garmish-Partenkirchen
1937 Loi d'assistance aux mères nécessiteuses et loi sur les salaires raisonnables –Lois du Cadenas (contre les « communistes ») –Décès du frère André : un million de personnes à l'Oratoire Saint-Joseph –Laure Gaudreault fonde la Fédération catholique des institutrices rurales –Fondation des Compagnons de Saint-Laurent, troupe de théâtre, par le père Émile Legault –*Menaud, maître-draveur,* roman de Félix-Antoine Savard ; *Regards et jeux dans l'espace*, poèmes de Hector de Saint-Denys Garneau	**1937** Création de la commission Rowell-Sirois sur les relations entre le Dominion et les provinces –Fondation de la Compagnie TransCanada Air Lines	**1937** L'Italie quitte la SDN –Neville Chamberlain, premier ministre de la Grande-Bretagne –Le dirigeable *Hindenburgh* explose à l'arrivée aux États-Unis –Le Japon attaque la Chine –Picasso peint sa toile célèbre *Guernica* –*Des souris et des hommes,* roman de George Steinbeck –Jean-Paul Sartre publie *La Nausée*
1938 Démission suprise du cabinet Duplessis et sa renomination, sauf le ministre François Leduc –Le père Georges-Henri Lévesque fonde l'École des sciences sociales et politiques de l'Université Laval	**1938** Signature d'un traité de commerce entre le Canada et les États-Unis	**1938** Hitler annexe l'Autriche (Anschluss) –Conférence de Munich –Invention du stylo à bille
1939 Élections générales : victoire libérale –Adélard Godbout, premier ministre (L)	**1939** Loi fédérale créant l'Office national du film (ONF) –Établissement d'un service aéropostal transcanadien –La Cour suprême précise que les Inuits relèvent de la compétence du gouvernement fédéral –10 septembre. Le Canada déclare la guerre à l'Allemagne	**1939** Invasion de le Tchécoslovaquie par l'Allemagne nazie –Mort du pape Pie XI et avènement de Pie XII –Pacte de non-agression germano-soviétique –1er septembre. Début de la Deuxième Guerre mondiale ; neutralité des États-Unis
1940 Les Québécoises obtiennent le droit de vote au provincial –Loi créant un Conseil supérieur du travail au Québec –Sanction de la loi du salaire minimum –Arrestation de Camillien Houde, maire de Montréal, pour son opposition à la conscription	**1940** Élections générales : victoire libérale –Le gouvernement fédéral obtient la juridiction exclusive pour légiférer en matière d'assurance-chômage –Rapport de la commission Rowell-Sirois –Adoption de la loi établissant l'assurance-chômage –Enregistrement des Canadiens et début de l'entraînement militaire obligatoire –Arrivée en Angleterre du premier corps d'aviateurs canadiens	**1940** Invasion allemande de la Norvège, des Pays-Bas, de la Belgique et de la France –Armistice franco-allemand ; Pétain, chef de l'État français 18 juin. Appel du général de Gaulle à Londres –Winston Churchill, premier ministre de la Grande-Bretagne –Bataille aérienne de la Grande-Bretagne –Charlie Chaplin tourne *Le Dictateur* –Découverte des grottes préhistoriques de Lascaux (France)

Québec	*Canada*	*Monde*
1941 Population : 3 331 882 h. –Ouverture de l'aéroport de Montréal (Dorval) –Fondation de la revue *Relations* dirigée par les jésuites	**1941** Population : 11 506 655 h. –Mobilisation pour le service militaire au Canada seulement –Troupes canadiennes à Hong Kong –Les Canadiens d'origine japonaise sont arrêtés	**1941** Invasion de l'URSS par l'Allemagne nazie et ses alliés –Attaque japonaise de Pearl Harbor –*Citizen Kane,* film d'Orson Wells –Premier vol d'un avion à réaction
1942 Loi sur l'instruction obligatoire –Loi instituant le Conservatoire de musique et d'art dramatique –Maxime Raymond et André Laurendeau lancent le Bloc populaire pour s'opposer à la conscription	**1942** Fondation de la Ligue pour la défense du Canada –27 avril. Plébiscite sur la conscription. Le Québec dit non à 72 % –Fondation du Bloc populaire canadien –Le Canada donne un milliard de dollars à la Grande-Bretagne 18 août. Raid anglo-canadien à Dieppe	**1942** Début de la bataille de Stalingrad –Débarquement anglo-américain en Afrique du Nord –Conférence de Wansee : l'extermination des Juifs d'Europe est décidée –Construction de la route de l'Alaska –Première pile atomique, à Chicago –*L'Étranger,* roman d'Albert Camus
1943 Inauguration du nouvel édifice de l'Université de Montréal –Loi de l'instruction obligatoire –Le Conservatoire de musique et d'art dramatique ouvre à Montréal –Création de la Commission du service civil –Élection du député ouvrier-progressiste Fred Rose dans le comté d'Hochelaga –Félix Leclerc publie *Adagio*	**1943** Accord de réciprocité entre le Canada et les États-Unis au sujet du transport aérien –Norman McLaren fonde le département de l'animation de l'Office national du film	**1943** Conférence de Québec entre Winston Churchill, Mackenzie King et F.D. Roosevelt –Débarquement allié en Sicile et capitulation de l'Italie –Arrestation de Mussolini
1944 Étatisation de la Montreal Light Heat and Power et fondation de la Commission hydroélectrique (plus tard Hydro-Québec) –Élections générales : victoire unioniste. Maurice Duplessis, premier ministre (UN) –Fondation de l'Académie canadienne-française, par Victor Barbeau –Roger Lemelin publie *Au pied de la pente douce*	**1944** Envoi de 16 000 conscrits outre-mer –Création du ministère de la Santé et du Bien-Être social –Adoption de la loi des Allocations familiales	**1944** Deuxième conférence de Québec –Débarquements alliés en Normandie et en Provence –Libération de Paris. Charles de Gaulle à la tête d'un gouvernement provisoire en France –À Bretton Woods, aux États-Unis, conférence monétaire et financière
1945 Entrée en vigueur de la loi de l'électrification rurale –Montréal devient le siège du conseil provisoire de l'Aviation civile internationale –Fondation de l'Union des électeurs –*Bonheur d'occasion,* roman de Gabrielle Roy ; *Le Survenant* de Germaine Guèvremont et *Les Plouffe* de Roger Lemelin	**1945** Bilan de la participation canadienne à la guerre : 41 700 tués –Élections générales : victoire libérale –Création de la Société canadienne d'hypothèques et de logement –*Two Solitudes,* roman de Hugh MacLennan	**1945** Conférences de Yalta –Mai. Suicide de Hitler et fin de la guerre en Europe –Conférence de Potsdam –6 et 9 août. Premières bombes atomiques américaines sur Hiroshima et Nagasaki –2 septembre. Fin de la guerre avec le Japon –Mort de F.D. Roosevelt. Harry S. Truman, président des États-Unis –Procès de Nuremberg –Marcel Carné tourne le film *Les enfants du Paradis*
1946 Début de l'affaire Roncarelli au sujet des Témoins de Jéhovah –Concession pour 20 ans, à la Hollinger North Shore Exploration Co. des mines du Nouveau-Québec –Création du ministère du Bien-Être social et de la Jeunesse	**1946** Le Comité judiciaire du Conseil privé déclare que le Parlement canadien peut légiférer dans un domaine de compétence exclusivement provinciale « pour l'intérêt national » –Découverte d'un réseau d'espionnage russe à Ottawa. Affaire Gouzenko	**1946** À Londres, première assemblée générale des Nations Unies –L'Italie devient une république –Perón élu président de l'Argentine –Quatrième République en France –Création de l'Unesco, de l'Unicef et de l'Organisation internationale du travail

Québec	*Canada*	*Monde*
1947 Mort du cardinal Rodrigue Villeneuve –Début des travaux de la nouvelle cité universitaire de l'Université Laval –Création d'un impôt sur les revenus des entreprises –L'archevêque de Montréal interdit la présentation du film *Les enfants du Paradis* de Carné à l'Université de Montréal –Lancement de l'édition française du *Reader's Digest*	**1947** Le Canada est élu membre du Conseil économique et social des Nations Unies –Découverte de pétrole à Leduc, en Alberta –Loi de la citoyenneté canadienne –*Au-dessous du volcan,* roman de Malcom Lowry	**1947** Aux États-Unis, le sénateur McCarthy lance une campagne de répression contre les « activités anti-américaines » –Établissement du Plan Marshall pour la reconstruction de l'Europe –Indépendance de l'Inde, du Pakistan et de la Birmanie –Invention du transistor –Découverte des manuscrits de la mer Morte –Début de la télévision commerciale aux États-Unis –Publication du *Journal* d'Anne Frank
1948 21 janvier. Le fleurdelisé devient le drapeau officiel du Québec –Élections générales : victoire unioniste –Fondation du Théâtre du Rideau vert, premier théâtre permanent au Québec –Paul-Émile Borduas et sept autres artistes publient *Refus global,* texte qui dénonce les travers de la société québécoise de l'époque –*Prisme d'yeux,* manifeste du peintre Alfred Pellan	**1948** À Terre-Neuve, référendum sur l'annexion au Canada –Démission de Mackenzie King. Louis-S. Saint-Laurent, premier ministre (L)	**1948** Proclamation de l'État d'Israël. Première guerre israélo-arabe –Assassinat de Gandhi –Blocus de Berlin –Coup d'État communiste en Tchécoslovaquie –Indépendance de l'Indonésie –Jeux olympiques d'été de Londres et d'hiver à Saint-Moritz
1949 Grève de l'amiante –Georges Marler devient chef du Parti libéral provincial –La CTCC crée un comité d'action civique –Institution d'une Commission d'enquête sur le problème du logement –Fondation des Jeunesses musicales du Canada	**1949** Élections générales : victoire libérale, L.-S. Saint-Laurent, premier ministre –Entrée de Terre-Neuve dans la Confédération –Le Canada devient membre de l'OTAN –Abolition du droit d'appel au Conseil privé de Londres –Commission Massey-Lévesque sur l'avancement des arts, des lettres et des sciences –Fondation du Royal Winnipeg Ballet	**1949** Création de la République fédérale d'Allemagne et de la République démocratique allemande –Signature du pacte de l'Atlantique Nord (OTAN) –Mao Zedong proclame la République populaire de Chine –L'URSS fait exploser une bombe atomique –Premier vol sans arrêt autour du monde –*1984*, roman de George Orwell
1950 Pierre Elliott Trudeau et Gérard Pelletier lancent la revue *Cité libre* –Démission de Mgr Charbonneau –Georges-Émile Lapalme devient chef du Parti libéral provincial –Montréal, la première galerie d'art d'avant-garde : la galerie Agnès-Lefort	**1950** –Mort de Mackenzie King –Envoi de militaires canadiens en Corée –Inauguration du pipeline reliant Redwater à Regina et Edmonton aux Grands Lacs –*Cabbagetown,* roman de Hugh Garner	**1950** Début de la guerre de Corée –La Grande-Bretagne reconnaît la Chine populaire –Mise en place du Plan Colombo pour relever le niveau de vie des peuples d'Asie
1951 Population : 4 055 681 h. –Construction d'une centrale électrique à Manicouagan –Fondation du Théâtre du Nouveau-Monde –Création de la Régie provinciale des loyers	**1951** Population : 14 009 429 h. –Inauguration d'un service aérien régulier entre Montréal et Paris –Nouvelle entente fédérale-provinciale sur les pensions de vieillesse –Arrivée record de 100 000 nouveaux immigrants	**1951** Les États-Unis fabriquent la première bombe à hydrogène –Traité de paix entre les États-Unis et le Japon –Création de la Communauté européenne du charbon et de l'acier
1952 Élections générales : victoire unioniste, M. Duplessis, premier ministre –Mort d'Henri Bourassa –Duplessis refuse les subventions fédérales aux universités	**1952** Débuts de la télévision canadienne –Lester B. Pearson est nommé président de l'Assemblée générale de l'ONU –Vincent Massey, premier Canadien gouverneur général	**1952** Mort du roi George VI et avènement d'Élisabeth II –Eisenhower, président des États-Unis –Jeux olympiques d'été d'Helsinki et d'hiver à Oslo

Québec	*Canada*	*Monde*
–Paul-Émile Léger, cardinal	–Mise en service du pipeline Hamilton-Montréal	–*En attendant Godot,* de Samuel Beckett –*Le Vieil Homme et la mer* d'Ernest Hemingway
1953 Création de la compagnie Québécair –Création de la commission Tremblay pour étudier les problèmes constitutionnels –Fondation des éditions de l'Hexagone –Première de *Zone,* pièce de Marcel Dubé	**1953** Élections générales : victoire libérale de L.-S. Saint-Laurent –Élisabeth II, reine du Canada –Apparition sur le marché du pain blanc enrichi	**1953** Fin de la guerre de Corée –Mort de Staline. Khrouchtchev, secrétaire général du PCUS –Conquête du mont Everest –Découverte de la structure de la molécule de l'ADN –*Le Deuxième sexe,* essai de Simone de Beauvoir
1954 Établissement d'un impôt provincial sur le revenu –Jean Drapeau est élu maire de Montréal –Premier front commun des syndicats –Adoption du projet de loi créant l'Université de Sherbrooke	**1954** Inauguration, à Toronto, du premier métro canadien –Ouverture de la chaussée reliant l'île du Cap-Breton à la terre ferme –Le Canada et les États-Unis signent un projet d'entente pour la canalisation du fleuve Saint-Laurent –Création de l'Institut canadien d'affaires publiques –Premiers téléthéâtres à Radio-Canada –*Anatomie de la critique,* essai de Northrop Frye	**1954** Aux États-Unis, un jury établit l'égalité de droit des Noirs en matière d'éducation –Mise en service du *Nautilus,* le premier sous-marin atomique –Défaite française de Diên Biên Phu ; conférence du Genève : séparation du Viêt-nam en deux –Début de la guerre d'Algérie –Nasser, président de l'Égypte –*Lolita,* roman de Nabokov
1955 Émeute au Forum de Montréal à la suite de la suspension du joueur de hockey Maurice Richard –L'Affaire du Château Maisonneuve à Montréal –Guido Molinari ouvre l'Actuelle, première galerie d'art non figuratif à Montréal	**1955** L'ouverture du Parlement est télédiffusée pour la première fois –Mise au point du vaccin Salk contre la poliomyélite	**1955** Mise sur pied du Pacte de Varsovie pour s'opposer à l'OTAN –Fin de l'occupation américaine en Allemagne –Conférence afro-asiatique de Bandoung
1956 Duplessis accepte la subvention fédérale de péréquation –Remise du rapport Tremblay sur les problèmes constitutionnels –Élections générales : victoire unioniste de M. Duplessis –Fondation de la revue *Vie des Arts* –Exécution de Wilbert Coffin pour le meurtre de trois chasseurs américains –*La grève de l'amiante,* publié sous la direction de Pierre Elliott Trudeau	**1956** Naissance du Congrès du travail du Canada résultant de la fusion du Congrès des métiers et du travail du Canada et du Congrès canadien du travail –L'Affaire du Trans-Canada Pipeline –John G. Diefenbaker élu chef du Parti progressiste-conservateur –Glenn Gould enregistre les *Variations Goldberg* de Bach	**1956** Soulèvement antisoviétique en Hongrie –L'Égypte nationalise le canal de Suez. Deuxième guerre israélo-arabe –Indépendance du Ghana, de la Tunisie et du Maroc –À Cuba, début de la guerre civile –Succès d'Elvis Presley et du rock'n roll –Émeutes à Little Rock (Arkansas) au sujet de l'intégration des Noirs –Jeux olympiques d'été de Melbourne et d'hiver à Cortina d'Ampezzo –*Le docteur Jivago,* roman de Boris Pasternak
1957 Création de la Fédération des travailleurs du Québec (FTQ) –Fondation de l'Alliance laurentienne, mouvement indépendantiste, par Raymond Barbeau –La Cour d'appel accorde aux Témoins de Jéhovah le droit de fréquenter les écoles catholiques	**1957** Élections générales : gouvernement conservateur minoritaire –John G. Diefenbaker, premier ministre –Création du Conseil des Arts du Canada –Lester B. Pearson, le premier Canadien à recevoir le prix Nobel de la Paix –Adoption d'un plan national d'assurance-hospitalisation	**1957** Création du marché commun européen –L'Union soviétique lance le premier satellite, le *Spoutnik I* –Jack Kérouac publie *On the Road,* roman fondateur de la Beat Generation

Québec	*Canada*	*Monde*
1958 L'assurance-automobile devient obligatoire pour les moins de 21 ans –Jean Lesage élu chef du Parti libéral provincial –Scandale de la Corporation du gaz naturel –Première grève générale des étudiants québécois –Grève des réalisateurs de Radio-Canada –Création des pièces *Le temps des lilas et Un simple soldat* de Marcel Dubé	**1958** Lester B. Pearson, élu chef du Parti libéral du Canada –Élections générales : victoire conservatrice de Diefenbaker –En Colombie-Britannique, en Alberta, en Saskatchewan, au Manitoba et à Terre-Neuve, entrée en vigueur du régime d'assurance-hospitalisation	**1958** Les États-Unis lancent leur premier satellite, *Explorer* –Mort du pape Pie XII et avènement de Jean XXIII –Insurrection d'Alger –Retour au pouvoir du général de Gaulle. Constitution de la Ve République –La firme Texas Instrument développe le premier circuit intégré –Vente des premiers disques stéréophoniques –Leonard Berstein compose *West Side Story*
1959 Fondation de la revue *Liberté* –Mort de Maurice Duplessis –Paul Sauvé, premier ministre (UN) –Création de la Corporation du Montréal métropolitain –*Agaguk*, roman d'Yves Thériault ; *The Apprenticeship of Duddy Kravitz,* roman de Mordechai Richler	**1959** En Ontario, au Nouveau-Brunswick, en Nouvelle-Écosse et à l'Île-du-Prince-Édouard, entrée en vigueur du régime d'assurance-hospitalisation –Inauguration de la voie maritime du Saint-Laurent	**1959** Une fusée soviétique se pose sur la lune –Fidel Castro prend le pouvoir à Cuba –L'Alaska et Hawaii deviennent deux États américains –*Astérix le Gaulois,* bande dessinée de Goscinny et Uderzo
1960 Mort de Paul Sauvé. Antonio Barrette, premier ministre (UN) –22 juin. Élections générales : victoire libérale. Jean Lesage, premier ministre (L) –Fondation du RIN –La CTCC devient la CSN –Le Québec adhère au plan fédéral d'assurance-hospitalisation –Établissement des stations de télévision privées CFTM et CFCF –Publication des *Insolences du frère Untel,* par Jean-Paul Desbiens	**1960** Déclaration canadienne des droits de l'homme –Conférence fédérale-provinciale sur le rapatriement de la Constitution	**1960** Rupture des relations économiques entre les États-Unis et Cuba –Indépendance du Congo-Brazzaville –Jeux olympiques d'été de Rome et d'hiver à Squaw Valley –Federico Fellini tourne *La Dolce Vita*
1961 Population : 5 259 211 h. 35 % ont moins de 15 ans ; 5,8 % plus de 65 ans –Création de la Commission royale d'enquête sur l'enseignement, dite commission Parent –Création des ministères des Affaires culturelles, de la Famille et du Bien-Être, des Richesses naturelles et des Affaires fédérales-provinciales –Fondation du Mouvement laïque de langue française –Établissement de délégations générales du Québec à New York et Paris –Claire Kirkland-Casgrain, première femme élue à l'Assemblée législative du Québec	**1961** Population : 18 238 247 h. –Sanction de la loi fédérale de l'aménagement rural et du développement agricole (ARDA) –Congrès de fondation du Nouveau Parti démocratique (NPD)	**1961** John F. Kennedy, président des États-Unis –Les troupes américaines tentent un débarquement à Cuba : désastre de la baie des Cochons –Le Russe Youri Gagarine est le premier homme à effectuer un vol spatial autour de la Terre –Construction du mur de Berlin –Proclamation de la République d'Afrique du Sud –Échec du putsch d'Alger –Publication des *Damnés de la terre* de Franz Fanon –François Truffaut tourne *Jules et Jim,* chef-d'œuvre de la Nouvelle Vague
1962 Ouverture de la Délégation du Québec à Londres –Ouverture officielle du pont Champlain, à Montréal –Campagne en faveur de la nationalisation de l'électricité –Élections générales : victoire libérale	**1962** Adoption de chèques bilingues par le gouvernement du Canada –Inauguration de la route Trans-Canadienne –Élection générale : gouvernement conservateur minoritaire	**1962** Début du concile Vatican II –Crise des missiles de Cuba –John Glenn effectue le premier vol orbital américain –Indépendance de l'Algérie –Fondation d'Amnistie internationale par deux avocats anglais

Québec

–Fondation du Parti républicain du Québec
–À Montréal, inauguration du Musée d'art contemporain et de la Place Ville-Marie

1963 Création de la Société générale de financement (SGF)
–Apparition du Front de libération du Québec (FLQ). Premiers attentats de ce groupe
–Fondation du Bureau d'aménagement de l'Est du Québec (BAEQ)
–Dépôt du rapport de la commission Parent
–Inauguration de la Place des Arts à Montréal
–Fondation de la revue *Parti-Pris* d'orientation socialiste
–Fondation du Parti socialiste du Québec
–Pierre Perrault et Michel Brault tournent le film *Pour la suite du monde*

1964 L'âge du droit de vote est abaissé à 18 ans
–Fondation du Parti Rhinocéros par Jacques Ferron
–Création du ministère de l'Éducation et du Conseil supérieur de la famille
–Entrée en vigueur du nouveau Code du travail du Québec
–Fondation du Regroupement national (RN)
–Création du Conseil du patronat du Québec (CPQ)
–La loi 16 met fin à l'incapacité juridique de la femme mariée
–10 octobre. « Samedi de la matraque » : répression policière lors d'une manifestation d'opposition à la visite de la reine Élisabeth II
–Début de la parution du *Journal de Montréal*

1965 Entente franco-québécoise en matière d'éducation
–Constitution de la Caisse de dépôt et placement
–Loi créant la Régie des rentes du Québec
–Loi créant la Ville de Laval
–Inauguration de la ligne électrique à haute tension reliant Manicouagan à Montréal
–*Une saison dans la vie d'Emmanuel,* roman de Marie-Claire Blais ; *Prochain épisode* d'Hubert Aquin

Canada

–*The Gutenberg Galaxy,* ouvrage de Marshall McLuhan

1963 Élections générales : gouvernement libéral minoritaire
–Lester B. Pearson, premier ministre (L)
–Création de la Commission royale d'enquête sur le bilinguisme et le biculturalisme, dite commission Laurendeau-Dunton

1964 Trans-Canada Air Lines devient Air Canada
–Inauguration d'un service de télécommunications à micro-ondes reliant Montréal à Vancouver
–Adoption de l'unifolié comme drapeau officiel du Canada. La loi entre en vigueur l'année suivante

1965 Rapport préliminaire de la commission Laurendeau-Dunton
–Le premier ministre Pearson recrute les « trois colombes » (Trudeau, Marchand et Pelletier)
–Élections générales : gouvernement libéral minoritaire
–Débuts de travaux d'aménagement du fleuve Columbia
–Signature du « Pacte de l'automobile » entre le Canada et les États-Unis
–À Ottawa, conférence sur la pauvreté

Monde

1963 Mort du pape Jean XXIII et avènement de Paul VI
–Assassinat de John F. Kennedy. Lyndon B. Johnson, président des États-Unis
–Marche de Washington pour la défense des droits civiques des Noirs : 200 000 personnes guidées par Martin Luther King
–Les États-Unis, l'URSS et la Grande-Bretagne signent un traité interdisant partiellement les essais nucléaires
–Création de l'Organisation de l'unité africaine
–*Les Oiseaux* d'Alfred Hitchcock

1964 Aux États-Unis, le U.S. Civil Rights Act interdit la discrimination raciale à l'échelon fédéral dans le financement et dans l'emploi
–Premières agitations étudiantes à Berkeley
–La Chine populaire fait exploser sa première bombe atomique
–La France reconnaît la Chine populaire
–Débarquement de troupes de l'ONU sur l'île de Chypre
–Jeux olympiques d'été de Tokyo et d'hiver à Innsbruck
–En URSS, destitution de Khrouchtchev
–Intervention directe des États-Unis au Viêt-nam
–Création de l'Organisation de libération de la Palestine (OLP)
–Les Beatles passent à la télévision américaine au *Ed Sullivan Show*

1965 La Rhodésie proclame son indépendance
–Mort de Winston Churchill
–Le Russe Aleksei A. Leonov est le premier homme à marcher dans l'espace ; le deuxième est l'Américain Edward H. White
–Conférence du pape Paul VI aux Nations Unies
–Premiers bombardements américains du Nord-Viêt-nam
–Assassinat de Malcom-X, leader des Black Panthers
–En Chine, début de la « Révolution culturelle »

Québec	*Canada*	*Monde*
1966 Élections générales : victoire unioniste. Daniel Johnson, premier ministre (UN) –Accord entre Québec et Terre-Neuve pour le développement hydro-électrique de Churchill Falls au Labrador –Inauguration du métro de Montréal –Formation de la Commission royale d'enquête sur l'intégrité du territoire québécois, dite commission Dorion –*L'avalée des avalés,* roman de Réjean Ducharme	**1966** À Ottawa, première réunion du Conseil consultatif des Indiens –Inauguration d'un service aérien régulier entre Montréal et Moscou –Adoption du régime fédéral d'assurance-maladie	**1966** Les satellites *Luna 9* (russe) et *Surveyor* (américain) se posent en douceur sur le sol lunaire –Indira Gandhi est élue premier ministre de l'Inde
1967 À Montréal, inauguration du pont-tunnel Louis-Hippolyte-La Fontaine –Institution d'un régime québécois d'allocations familiales –Les États généraux du Canada français rejettent le fédéralisme canadien –Exposition universelle de Montréal –Promulgation de la loi d'assurance-récolte –Création des collèges d'enseignement général et professionnel (cégeps) –Ouverture, à Montréal, du Centre Saidye Bronfman –24 juillet. Le « Vive le Québec libre ! » du général Charles de Gaulle –Septembre. Accords « Johnson-Peyrefitte » sur la coopération franco-québécoise –Création de la Bibliothèque nationale du Québec –Octobre. René Lévesque quitte le Parti libéral et fonde le Mouvement souveraineté-association	**1967** Création de la Commission royale d'enquête sur la situation de la femme au Canada, dite commission Bird –Unification des forces armées –Création de la Commission canadienne des transports –Dépôt de la première partie du rapport de la commission Laurendeau-Dunton –Robert Stanfield, chef du Parti progressiste-conservateur –Suspension de la peine de mort pour cinq ans, sauf pour le meurtre d'un représentant de l'ordre	**1967** Signature d'un traité de l'espace par 62 pays empêchant les armes nucléaires en orbite et le droit d'accaparer des espaces célestes –Troisième guerre israélo-arabe, dite « Guerre des Six Jours » –Une junte militaire prend le pouvoir en Grèce –La population des États-Unis dépasse 200 000 000 h. –Début de la guerre du Biafra –Le docteur Christian N. Barnard réalise la première transplantation cardiaque –Début du mouvement hippie –*Cent ans de solitude,* roman du Colombien Gabriel Garcia Marquez –Assassinat de Che Guevara en Bolivie
1968 Mort de Daniel Johnson. Jean-Jacques Bertrand, premier ministre (UN) –12 octobre. Fondation du Parti québécois (PQ) –Création du ministère de l'Immigration –Adoption d'une loi instituant le mariage civil –Adoption d'une loi créant l'Université du Québec –Création de l'Office franco-québécois pour la Jeunesse –René Lévesque publie *Option Québec;* Pierre Vallières, *Les Nègres blancs d'Amérique* –*Les Belles Sœurs,* pièce de Michel Tremblay –*L'osstidcho,* spectacle de Robert Charlebois, avec Louise Forestier et Yvon Deschamps	**1968** Rupture des relations diplomatiques entre le Canada et le Gabon au sujet du Québec –Démission de Pearson et Trudeau devient premier ministre –Élections générales : victoire libérale ; Trudeau (L), premier ministre –Adoption de la loi sur le divorce	**1968** Assassinats aux États-Unis de Martin Luther King et de Robert F. Kennedy –Apollo VIII effectue le premier vol humain autour de l'orbite lunaire –En France, les « Journées de Mai » –« Printemps de Prague », suivi de l'invasion de la Tchécoslovaquie par les forces du pacte de Varsovie –Jeux olympiques d'été de Mexico et d'hiver à Grenoble –Richard M. Nixon, président des États-Unis –Deux capsules spatiales russes se rencontrent dans l'espace –*2001 : Odyssée de l'espace,* film de Stanley Kubrick
1969 Série d'attentats à la bombe du FLQ –Sainte-Scholastique, site du deuxième aéroport international (devenu Mirabel)	**1969** Création d'Information Canada –Création du ministère fédéral des Communications	**1969** Démission du général de Gaulle. Georges Pompidou, président de la France

Québec	*Canada*	*Monde*
–Nomination d'un Protecteur du citoyen –Manifestations en faveur du français à l'Université McGill et à Saint-Léonard –Création des ministères des Communications et de la Fonction publique –Adoption du projet de loi 63 qui garantit le choix de la langue d'enseignement –Inauguration du Centaur Theatre, à Montréal –Premier match des Expos	–Création de la Commission royale d'enquête sur l'usage de certaines drogues et substances à des fins non médicales, dite commission LeDain –Sanction de la loi fédérale sur les langues officielles –Création du ministère de l'Expansion économique régionale –Rétablissement des relations diplomatiques entre le Canada et le Gabon –Nomination d'un ambassadeur au Vatican	–L'Américain Neil A. Armstrong est le premier homme à marcher sur la Lune –Le brise-glace américain *SS Manhattan* est le premier navire à franchir le passage du Nord-Ouest –Premier vol de l'avion supersonique *Concorde* –Coup d'État de Kadhafi en Libye –Festival de musique de Woodstock réunissant plusieures centaines de milliers de personnes
1970 Élections générales : victoire libérale. Robert Bourassa, premier ministre (L). –Loi instaurant un régime d'assurance-maladie –Crise d'octobre : enlèvement par le FLQ de James Cross (5 oct.) et de Pierre Laporte (10 oct.). Mort de ce dernier le 17 oct. –Organisation de la Communauté urbaine de Montréal –Publication de *L'Homme rapaillé,* du poète Gaston Miron –Première Nuit de la poésie –Implantation de la câblodistribution	**1970** La limite d'âge pour voter lors des élections fédérales est abaissée à 18 ans –Établissement de relations diplomatiques entre le Canada et la Chine populaire –Entrée en vigueur de l'ancienne loi sur les mesures de guerre, celle de 1914 –Le 2 novembre, dépôt d'un projet de loi par John Turner, ministre de la Justice, portant sur des mesures d'urgence –Le 1er décembre, la loi Turner est votée par la Chambre des communes	**1970** Fin de la guerre du Biafra –Mort de Charles de Gaulle –Salvador Allende élu président du Chili –Création de l'Agence de coopération culturelle et technique des pays francophones –Greenpeace est fondée à Vancouver –La compagnie Boeing construit les premiers avions 747
1971 Le Québec rejette la Charte de Victoria –Annonce du projet hydroélectrique de la Baie James –Les femmes sont admises comme jurés –Seulement 5 % des personnes ont des diplômes universitaires –Population : 6 027 764 h. –Création des CLSC	**1971** Conférence constitutionnelle de Victoria –Population : 21 568 311 h.	**1971** Crise monétaire en Europe –Le Parlement de la Grande-Bretagne approuve l'admission du pays au sein du Marché commun –*Marriner 9* atteint la planète Mars –Admission de la Chine populaire à l'ONU –Intel et Texas Instrument créent la puce en silicone
1972 Grève illégale du Front commun syndical (CSN, FTQ, CEQ) des employés des secteurs public et parapublic. Arrestation des trois chefs syndicaux –Première célébration de la Journée internationale des femmes –Décret uniformisant les salaires des enseignants	**1972** Élections générales : gouvernement libéral minoritaire de P. E. Trudeau –Accord canado-américain au sujet de la pollution des Grands Lacs –Mort de Lester B. Pearson –À Moncton, première représentation de *La Sagouine,* d'Antonine Maillet –*Surfacing,* roman de Margaret Atwood	**1972** Indépendance du Bangladesh –Aux États-Unis, début de l'affaire du Watergate –Jeux olympiques d'été à Munich et d'hiver à Sapporo –Le président Nixon fait une visite officielle en Chine populaire –Accords de paix au Viêt-nam –Signature de l'accord SALT entre l'URSS et les États-Unis sur la limitation des armements nucléaires de longue portée –*Le Parrain,* film de Francis Ford Coppola
1973 Création de la Commission royale d'enquête sur le crime organisé (CECO) –Rapport de la commission Gendron sur les langues officielles –Élection générale : victoire libérale. Le Parti québécois devient l'opposition officielle –Création du Conseil du statut de la femme	**1973** Renouvellement de la suspension de la peine de mort –Indexation de l'impôt des particuliers –Gel des prix du pétrole –Début de la crise du pétrole	**1973** Signature à Paris d'un accord de cessez-le-feu entre les États-Unis et le Viêt-nam –Au Chili, coup d'État du général Pinochet marquant la fin du régime Allende –Quatrième guerre israélo-arabe (guerre du Yom Kippour) –Hausse marquée des prix du pétrole. Crise de l'énergie

Québec	*Canada*	*Monde*
–Henry Morgentaler, accusé d'avoir pratiqué illégalement un avortement, est acquitté –Le cinéaste Claude Jutra tourne *Kamouraska,* d'après le roman d'Anne Hébert		–Le jeu de rôle Donjons et Dragons est inventé par Gary Gigax
1974 Saccage des installations de la Baie-James –Adoption du « Bill 22 » faisant du français la langue officielle et reconnaissant l'anglais comme langue d'enseignement –Le gouvernement du Québec acquiert l'île d'Anticosti –Michel Brault réalise *Les Ordres,* film sur la crise d'Octobre	**1974** Élections générales : victoire libérale –Conférence fédérale-provinciale sur l'énergie et le pétrole –Conversion au système métrique	**1974** Démission de Richard Nixon, à la suite du scandale du Watergate. Gerald Ford devient président –En URSS, arrestation et exil de Soljenitsyne qui commence la publication de *L'Archipel du Goulag* –En Grèce, fin du régime des Colonels –« Révolution des œillets » au Portugal : fin du régime salazariste –En Éthiopie, chute de l'empereur Haïlé Sélassié –Valéry Giscard D'Estaing élu président de la France
1975 Inauguration de l'aéroport de Mirabel –Accord, dit « Convention de la Baie-James », entre le gouvernement du Québec et les Cris et les Inuits de la Baie-James –Rapport de la commission Cliche sur la liberté syndicale dans l'industrie de la construction –Adoption de la Charte des droits et libertés de la personne –Arrivée de milliers de « boat people » vietnamiens	**1975** La Cour suprême déclare constitutionnelle la loi fédérale sur les langues officielles –Le castor devient l'emblème officiel du Canada –L'Église anglicane du Canada autorise l'ordination des femmes –*World of Wonders,* roman de Robertson Davies	**1975** Rencontre historique dans l'espace des vaisseaux *Apollo* et *Soyouz* –En Espagne, mort de Franco. Juan Carlos Ier, roi d'Espagne –Signature des accords d'Helsinki, sur la sécurité en Europe –Indépendance de l'Angola : guerre civile –Début de la guerre civile au Liban –Chute de Saigon –Prise du pouvoir par les Khmers Rouges au Cambodge –La compagnie JVC lance le format vidéo VHS (« Video Home System »)
1976 Inauguration de Manic III –Les XXIe Jeux olympiques se tiennent à Montréal –Élections générales : victoire péquiste –René Lévesque, premier ministre (PQ) –Immense succès de l'opéra-rock *Starmania* de Luc Plamondon –Jean Paré lance la revue *L'actualité*	**1976** Joe Clark est élu chef du Parti progressiste-conservateur –Entente de coopération commerciale entre le Canada et le Marché commun –Adoption d'une loi abolissant la peine de mort –Le Canada étend sa zone de pêche à 200 milles marins –*Beautiful Losers* du chansonnier et poète Leonard Cohen	**1976** Jimmy Carter, président des États-Unis –Raid israélien sur Entebbe, en Ouganda –Mort de Mao Zedong –Jeux olympiques d'été de Montréal et d'hiver à Innsbruck –La sonde américaine Viking atterrit sur Mars
1977 Adoption de la loi 101, Charte de la langue française –Loi sur le financement des partis politiques –Adoption d'un programme d'assurance-automobile sans égard à la responsabilité –Début du Festival des films du monde à Montréal –Début de la Ligue nationale d'improvisation (LNI) –Monique Mercure obtient le prix d'interprétation à Cannes pour son rôle dans *J. A. Martin, photographe*	**1977** Création de la commission Pépin-Robarts sur l'unité canadienne –La Cour fédérale du Canada maintient le décret fédéral interdisant l'utilisation du français dans l'espace aérien du Canada –Création de VIA Rail Canada inc. –Première retransmission télévisée des débats de la Chambre des communes –Le taux de chômage désaisonnalisé est de 8,4 % en novembre –*The Wars,* roman de Timothy Findley	**1977** Visite historique du président égyptien Anouar El Sadate en Israël –Ouverture du pipeline Trans-Alaska –L'Orient-Express effectue son dernier voyage –L'OTAN approuve l'utilisation des armes à neutrons –Premier épisode de *La guerre des étoiles* de George Lucas –Mort d'Elvis Presley

Québec

1978 Modifications à la loi 101 pour permettre une plus grande utilisation de l'anglais dans les sièges sociaux des grandes compagnies
–Création de la Société québécoise de développement des industries culturelles
–Le 24 juin devient la fête nationale des Québécois
–Au Théâtre du Nouveau Monde, première de la pièce controversée de Denise Boucher, *Les fées ont soif*

1979 Le certificat temporaire de francisation devient obligatoire pour les entreprises de 50 employés et plus
–Entrée en vigueur de la loi sur le recours collectif
–Claude Ryan, chef du Parti libéral
–Adoption d'une loi autorisant la Société nationale de l'amiante à acquérir la Société Asbestos
–Plan de développement des bibliothèques publiques
–Mise en service de la centrale LG-2
–Loi de la Protection de la jeunesse
–Antonine Maillet obtient le prix Goncourt pour *Pélagie-la-Charrette*

1980 Référendum sur l'indépendance de la nation : victoire du Non (59,56 %)
–Floralies internationales de Montréal
–Mort de Jean Lesage
–Fondation de l'Opéra de Montréal
–L'égalité juridique des conjoints est maintenant reconnue
–Edward Locke créé la troupe de danse La La La Human Steps

1981 Élections générales : victoire péquiste
–Publication du rapport Keable sur les opérations policières en territoire québécois
–La Cour d'appel du Québec juge légale la décision d'Ottawa de rapatrier unilatéralement la Constitution québécoise
–Le Québec rejette l'accord constitutionnel entre le Canada et les autres provinces
–*Le Matou,* roman d'Yves Beauchemin
–Premiers spectacles du Cirque du Soleil

Canada

1978 Nouvelles propositions constitutionnelles
–Conférence fédérale-provinciale sur la télévision payante
–Décision de la Cour suprême accordant au Parlement du Canada la compétence exclusive de légiférer dans les secteurs de la câblodistribution et de la radio-télévision

1979 La commission Pépin-Robarts sur l'unité canadienne remet son rapport
–Élections générales en mai : gouvernement conservateur minoritaire. Joe Clark, premier ministre (C)
–Renversement du gouvernement conservateur
–La Cour suprême déclare certains articles de la loi 101 inconstitutionnels
–La Cour suprême déclare inconstitutionnelle la loi manitobaine abolissant le français comme langue officielle

1980 Élections générales en février : victoire libérale. Pierre Elliott Trudeau, premier ministre (L)
–1er juillet. *O Canada* est proclamé hymne national. Il a été chanté pour la première fois le 24 juin 1880.
–2 octobre. Trudeau annonce le rapatriement unilatéral de la Constitution
–Marathon de l'espoir de Terry Fox visant à amasser des fonds pour la lutte contre le cancer

1981 La Cour suprême du Canada déclare légale au sens strict la décision d'Ottawa de rapatrier seul la Constitution
–5 novembre. La « Nuit des longs couteaux » : compromis entre le gouvernement fédéral et ceux de neuf provinces sur le rapatriement de la Constitution ; seul le Québec s'y oppose
–Patricia Rozema gagne le prix de la Jeunesse au festival de Cannes pour *Le Chant des Sirènes*

Monde

1978 Mort du pape Paul VI et avènement de Jean-Paul Ier, qui mourra un mois plus tard. Avènement de Jean-Paul II
–Accord de Camp David entre Israël et l'Égypte
–La Chine négocie son premier accord commercial avec la Communauté économique européenne
–En Angleterre, naissance du premier bébé-éprouvette
–Restauration des institutions démocratiques en Espagne
–Suicide collectif de la secte de Jim Jones, en Guyane

1979 Établissement de relations diplomatiques régulières entre la Chine et les États-Unis
–Margaret Thatcher, premier ministre de la Grande-Bretagne
–L'ayatollah Khomeiny prend le pouvoir en Iran ; affaire des otages américains
–Élection de la première Assemblée européenne
–Accident nucléaire à Three Miles Island
–Sony lance le premier « walkman »
–*Apocalypse now,* film sur la guerre du Viêt-nam de Francis Ford Coppola
–Les Soviétiques envahissent l'Afghanistan

1980 Ronald Reagan, président des États-Unis
–Le satellite américain *Voyager I* dépasse la planète Saturne
–L'armée soviétique envahit l'Afghanistan
–En Pologne, création du syndicat Solidarité
–Début de la guerre Iran-Irak
–Jeux olympiques d'été de Moscou et d'hiver à Lake Placid
–John Lennon est assassiné

1981 Le Parti socialiste prend le pouvoir en France. François Mitterand, président
–Assassinat du président égyptien Sadate
–La Grèce est admise au sein de la Communauté économique européenne
–Lancement de la première navette spatiale, *Columbia*
–Mise en marché de l'ordinateur personnel (P.C.) par IBM
–Premiers cas attestés de sida
–Grève des contrôleurs aériens au États-Unis

Québec	*Canada*	*Monde*
1982 La Cour d'appel déclare que le Québec ne possède pas un droit de veto pour s'opposer à la modification de la Constitution –Jules Deschênes, juge en chef de la Cour supérieure, déclare inconstitutionnelle la clause Québec de la loi 101	**1982** 17 avril. Signature officielle de la nouvelle Loi constitutionnelle –Abandon du projet d'exploitation des sables bitumineux Albsands en Alberta –Limitation à 5 et 6 pour cent du taux d'augmentation des salaires dans la fonction publique –Les premiers ministres provinciaux rejettent la politique économique du gouvernement fédéral	**1982** Guerre anglo-argentine aux Malouines : défaite de l'Argentine –L'Espagne devient membre de l'OTAN –Israël envahit le Liban pour en chasser les combattants palestiniens. Massacres de Sabra et Chatila –Le Sinaï est restitué à l'Égypte par Israël –Fin de la loi martiale en Pologne. Libération de Lech Walesa
1983 Affaire du règlement à l'amiable des sommes réclamées à la suite du saccage de la Baie-James –Instauration de la Charte québécoise des droits et libertés de la personne –Robert Bourassa redevient chef du Parti libéral du Québec –La FTQ crée le Fonds de solidarité, organisme chargé d'investir dans les entreprises pour maintenir ou créer de l'emploi	**1983** Conférence constitutionnelle sur les droits des autochtones –Publication du rapport Applebaum-Hébert sur la politique culturelle –Brian Mulroney élu chef du Parti progressiste-conservateur –Le gouvernement fédéral achète les îles de Mingan –Au Manitoba, référendum sur la garantie constitutionnelle des droits des francophones de la province. Non à 76 %	**1983** Victoires conservatrices en Allemagne fédérale et en Grande-Bretagne ; les socialistes prennent le pouvoir en Espagne –Youri Andropov succède à Leonid Brejnev à la direction de l'URSS –Les Soviétiques abattent un Boeing 747 sud-coréen dans la mer du Japon –Invasion de la Grenade par des troupes américaines –Yasser Arafat est expulsé du Liban –Lancement du disque compact
1984 8 mai. Tuerie à l'Assemblée nationale : un ex-militaire, le caporal Denis Lortie, abat trois personnes et fait treize blessés –Le gouvernement de René Lévesque accepte le « beau risque » dans ses négociations avec Ottawa ; des ministres (dont Jacques Parizeau) et des députés quittent le cabinet et le caucus –Inauguration de la centrale hydro-électrique LG-4, au terme de la première phase des travaux du complexe de la Baie-James –Visite au Québec du pape Jean-Paul II –La troupe Carbone 14 crée *Le Rail*	**1984** Pierre Elliott Trudeau démissionne de son poste de premier ministre ; John Turner lui succède –Élections générales : victoire conservatrice. Brian Mulroney, premier ministre –Visite du pape Jean-Paul II au Canada –Jeanne Sauvé, première femme gouverneur général du Canada –Le premier amendement de la nouvelle constitution canadienne, accordant des droits aux autochtones, entre en vigueur –Ouverture du Northern Arts and Culture Center à Yellowknife	**1984** La compagnie Apple met sur le marché son ordinateur Macintosh –Le virus du sida est identifié –En URSS, mort de Youri Andropov. Constantin Tchernenko lui succède –En Inde, assassinat d'Indira Gandhi –Fuite de gaz toxique à Bhopal, en Inde : 2000 morts –Jeux olympiques d'été à Los Angeles et d'hiver à Sarajevo
1985 20 juin. Démission de René Lévesque de son poste de chef du Parti québécois ; Pierre Marc Johnson lui succède dans cette fonction et comme premier ministre –2 décembre. Élections générales : victoire libérale. Robert Bourassa, premier ministre	**1985** Accord atlantique sur les ressources pétrolières au large de T.-N. –La loi C-31 élimine la discrimination de genre dans la Loi sur les Indiens –Pétro-Canada acquiert Gulf Canada –La Cour suprême impose au Manitoba de traduire toutes ses lois en français	**1985** Mikhaïl Gorbatchev devient secrétaire général du Parti communiste soviétique –Sabotage du *Rainbow Warrior,* navire de Greenpeace, par des agents secrets français –Des terroristes palestiniens prennent le contrôle d'un paquebot italien, l'*Achille Lauro*
1986 La Cour d'appel déclare inconstitutionnelle l'article de la loi 101 qui fait du français la seule langue permise pour l'affichage commercial –*Le Déclin de l'Empire américain,* film de Denys Arcand –*La Trilogie des Dragons* de Robert Lepage	**1986** Creux record du dollar (0,6913$US) –Exposition internationale de Vancouver –Bombardier achète Canadair Ltée –Air Canada est la première compagnie en Amérique du Nord à offrir des vols pour non-fumeurs	**1986** L'Espagne et le Portugal adhèrent à la CEE –Accident nucléaire de Tchernobyl : les retombées radio-actives affectent toute l'Europe –Explosion en vol de la navette spatiale *Challenger*

Québec	*Canada*	*Monde*
–Québec devient la première ville canadienne à être placée sur la liste du Patrimoine mondial –Débuts du télédiffuseur Quatre-Saisons		–Ferdinand Marcos contraint à quitter le pouvoir aux Philippines –La sonde spatiale américaine *Voyager 2* atteint la planète Uranus –Duvalier quitte Haïti –Première mondiale à Londres du *Fantôme de l'opéra*
1987 1er novembre. Décès de René Lévesque –Pierre Marc Johnson démissionne de la direction du Parti québécois –Dépôt du rapport de la Commission sur les services de santé et les services sociaux (commission Rochon) –14 juillet : pluies diluviennes à Montréal, causant d'importantes inondations –Le taux de fécondité chute à 1,36, alors qu'il doit être au moins égal à 2,1 pour que le maintien de l'effectif d'une population soit assuré	**1987** 3 juin. Accord du lac Meech entre le gouvernement fédéral et ceux des provinces. L'entente reconnaît la « société distincte » et les cinq conditions minimales posées par le gouvernement québécois. Doit être ratifié par les législatures provinciales –Vote des Communes maintenant l'abolition de la peine de mort –Claire L'Heureux Dubé, première Québécoise à siéger à la Cour suprême du Canada	**1987** Krach boursier –En URSS, Gorbatchev lance les campagnes de « glastnost » et de « perestroïka » –La Syrie intervient afin de mettre un terme aux affrontements entre milices rivales à Beyrouth –En Palestine, début de l'Intifada –Scandale de l'Irangate aux États-Unis
1988 Jacques Parizeau, chef du Parti québécois –La Cour suprême invalide une partie de la loi 101 portant sur l'affichage commercial unilingue français. Adoption de la loi 178 qui précise que l'affichage doit être en français à l'extérieur des commerces mais permet le bilinguisme à l'intérieur à condition qu'il y ait prédominance du français –Démission de trois ministres : French, Marx et Lincoln	**1988** Signature d'un accord de libre-échange entre le Canada et les États-Unis –Élections générales : victoire conservatrice. Brian Mulroney réélu premier ministre –Le gouvernement fédéral présente des excuses officielles aux Canadiens d'origine japonaise internés durant la Seconde Guerre mondiale –Jeux olympiques d'hiver à Calgary –Reconnu coupable de dopage, le sprinter Ben Johnson perd sa médaille d'or du 100 mètres aux jeux olympiques de Séoul –*Family Viewing*, film d'Atom Egoyan	**1988** Fin de la guerre entre l'Iran et l'Irak –Proclamation d'un « État indépendant en Palestine » par l'OLP –Entrée en service d'un câble téléphonique transatlantique en fibre optique –Jeux olympiques d'été de Séoul et d'hiver à Calgary –Une bombe détruit un Boeing 747 de la Pan Am au dessus de Lockerby, en Écosse –Le cinéaste Krzystof Kieslowski achève *Le Décalogue* –Tremblement de terre en Arménie : plus de 50 000 morts
1989 Fondation du Parti égalité –Inauguration du Réseau des sports (RDS) –Mouvement de grève massif dans les secteurs public et parapublic –Élections générales : Le Parti libéral est reporté au pouvoir –6 décembre. Fusillade à Polytechnique, 14 femmes sont assassinées par un déséquilibré	**1989** Fusion Molson et O'Keefe –Entrée en vigueur de l'Accord de libre-échange Canada–États-Unis –Les billets de un dollar sont remplacés par une pièce de monnaie –Ouverture du Musée canadien des civilisations à Hull –Ben Johnson reconnaît avoir fait usage de drogues illégales –Clyde Wells annonce une motion annulant son approbation à l'accord du lac Meech	**1989** 9 novembre. Démolition du mur de Berlin –Fin du régime Ceausescu en Roumanie –Retrait des troupes soviétiques d'Afghanistan –En Chine, massacre de la Place Tian'anmen et écrasement du mouvement démocratique –L'armée américaine envahit le Panama et renverse le président Noriega –A. Pinochet cède le pouvoir en Argentine –L'ayatollah Khomeyni prononce une sentence de mort (fatwa) pour blasphème contre l'écrivain Salman Rushdie à cause des *Versets sataniques* –Mort de l'ayatollah Khomeyni
1990 À la suite de l'échec de la ratification de l'Accord du lac Meech, le premier ministre Bourassa annonce que les négociations constitutionnelles seront dorénavant bilatérales	**1990** 12 juin. Le député néo-démocrate manitobain Elijah Harper utilise les règles de la procédure pour empêcher la ratification de l'Accord du lac Meech –23 juin. Le premier ministre terre-neuvien Clyde Wells refuse de ratifier	**1990** Réunification de l'Allemagne –Démission de Margaret Thatcher –Abolition du rôle de dirigeant du Parti communiste en Albanie, en Bulgarie et en URSS

Québec	*Canada*	*Monde*
–Création de la commission Bélanger-Campeau chargée d'étudier l'avenir politique et constitutionnel du Québec –Crise d'Oka : la Sûreté du Québec force un barrage érigé par les Mohawks de la réserve de Kanesatake : un policier est tué. L'armée canadienne interviendra par la suite. Le siège est levé au bout de 78 jours	l'Accord, dont le délai pour la ratification par toutes les législatures provinciales expire le même jour –26 juin. Après l'échec de Meech, Lucien Bouchard, ministre conservateur, et une poignée de députés de la même formation politique à la Chambre des communes, démissionnent et fondent un nouveau parti, le Bloc québécois –Victoire surprise du NPD en Ontario ; Bob Rae, premier ministre	–Amnistie pour l'ANC en Afrique du Sud. Libération de Nelson Mandela –Les Sandinistes perdent les élections au Nicaragua –Invasion du Koweït par l'Irak. Sanctions des Nations Unies
1991 Population 7 064 735. 19,8 % ont moins de 15 ans ; 11 % ont plus de 65 ans. –27 mars. Dépôt du rapport de la commission Bélanger-Campeau : deux voies s'offrent au Québec, un fédéralisme fortement décentralisé ou la souveraineté –Suite au dépôt de ce rapport, adoption de la loi 150 qui prévoit la tenue d'un référendum sur l'avenir politique du Québec au plus tard le 26 octobre 1992 –Publication du rapport Allaire, émanant du Parti libéral du Québec et recommandant un important transfert du pouvoir vers le Québec –76,5 % des jeunes couples (moins de 25 ans) vivent en union libre	**1991** Entrée en vigueur de la TPS –Rita Johnston (C.-B.) première femme premier ministre au Canada –Mise sur pied du Comité mixte spécial sur le renouvellement du Canada (Dobbie-Castonguay et plus tard Beaudoin-Dobbie) –La commission Spicer recommande que le Canada reconnaisse au Québec le statut de province à caractère unique –Création de la Commission royale sur les peuples autochtones (Erasmus-Dussault) –Le comité Dobbie-Castonguay propose la reconnaissance du Québec comme société distincte	**1991** Scandale du sang contaminé en France : plus de 1200 personnes infectées par le virus du sida –Boris Eltsine, président de la Russie –En URSS, un coup d'État dirigé contre le président Gorbatchev échoue –Dissolution de l'URSS, du COMECON et du Pacte de Varsovie –Indépendance des pays baltes –Mort de l'ancien premier ministre indien Rajiv Gandhi à la suite d'un attentat –Opération Tempête du désert contre l'occupation du Koweït par l'Irak –Le président sud-africain de Klerk annonce l'abolition des lois sur l'apartheid –Guerre civile en Yougoslavie
1992 Bombardier prend le contrôle de Havilland –Provigo acquiert Steinberg –Première du film *Léolo* à Cannes –La loi 150 est amendée pour faire porter le référendum sur les propositions de Charlottetown –Jocelyne Gros-Louis, première femme à diriger une nation autochtone au Canada (Hurons) –Manon Rhéaume, première femme à garder le filet pour une équipe de la LNH –Privatisation de la Société nationale de l'amiante –Jean Allaire et Mario Dumont quittent le PLQ	**1992** 28 août. Accord constitutionnel de Charlottetown –26 octobre. Rejet, par deux référendums, canadien et québécois, de cet accord –Signature, par le Canada, les États-Unis et le Mexique, de l'Accord de libre-échange nord-américain (ALENA) –Moratoire sur la pêche à la morue dans l'Atlantique –Michael Ondaatje gagne le Booker Price pour son roman *Le Patient anglais* –Le Parlement réhabilite la mémoire de Louis Riel	**1992** Traité de Maastricht consacrant la naissance d'une Union européenne –Sommet de la terre à Rio de Janeiro –Exposition universelle de Séville pour célébrer le 500e anniversaire de la découverte de l'Amérique –Bill Clinton élu président des États-Unis –L'Afrique du Sud approuve des réformes donnant aux Noirs des droits égaux à ceux des Blancs –Jeux olympiques d'été à Barcelone et d'hiver à Albertville –Accord nord-américain de libre-échange entre les États-Unis, le Canada et le Mexique –Le président algérien Boudiaf est assassiné par le Front islamique du salut –Les rebelles afghans entrent à Kaboul –Émeutes raciales à Los Angeles à la suite de l'affaire Rodney King
1993 Loi 86 permettant l'anglais dans l'affichage à certaines conditions –Ouverture du Casino de Montréal –Monique Gagnon-Tremblay, première femme ministre des Finances –Démission de Robert Bourassa	**1993** Démission du premier ministre Brian Mulroney –Kim Campbell élue chef du Parti progressiste-conservateur, puis désignée comme premier ministre, la première femme à occuper ce poste au Canada –25 octobre. Élections fédérales. Jean Chrétien, chef du Parti libéral, devient	**1993** Début du marché unique en Europe –La droite défait les socialistes en France –La Slovaquie se sépare de la Tchécoslovaquie –Un siège de 51 jours à Waco s'achève dans un bain de sang –Rabin et Arafat se serrent la main à Washington

Québec

1994 Daniel Johnson (fils), premier ministre
–Élections générales : victoire péquiste. Jacques Parizeau, premier ministre (PQ)
–6 décembre. Dépôt de l'avant-projet de loi sur l'avenir du Québec et création des commissions régionales
–Pour la première fois, la population du Québec représente moins de 25 % de celle du Canada

1995 19 avril. Dépôt du rapport de la Commission nationale sur l'avenir du Québec
–12 juin. Jacques Parizeau, Lucien Bouchard et Mario Dumont s'entendent pour proposer aux Québécois par voie de référendum la souverainté associée à un partenariat politique et économique avec le Canada
–30 octobre. Référendum sur la souveraineté du Québec. Le Non l'emporte avec 50,6 % des votes
–Démission de Jacques Parizeau

1996 Lucien Bouchard, nouveau chef du Parti québécois. Il devient premier ministre
–Adoption d'une loi sur l'équité salariale
–Déluge du Saguenay
–2 octobre. Décès de Robert Bourassa
–Fermeture surprise par L. Bouchard de la plupart des bureaux et délégations du Québec à l'étranger

1997 9 octobre. La Cour suprême déclare anticonstitutionnelles certaines parties de la loi sur les consultations populaires
–Adoption de l'amendement qui abroge l'article 93 de la Constitution de 1867, ce qui rend possible la création de commissions scolaires linguistiques plutôt que religieuses
–La dette du gouvernement atteint 80 milliards de dollars
–L'espérance de vie est de 74,6 ans pour les hommes et de 81 ans pour les femmes

Canada

premier ministre. Le Bloc québécois, dirigé par Lucien Bouchard, rafle 54 sièges au Québec et forme l'Opposition officielle
–La Cour suprême se prononce contre le suicide assisté

1994 Le CRTC autorise Radio-Canada à mettre sur pied un réseau d'information continue de langue française (RDI)
–Fermeture du Collège militaire royale de Saint-Jean

1995 Accord entre l'Union européenne et le Canada qui met fin au conflit de la pêche au flétan
–Le gouvernement fédéral amorce un processus visant à mettre en place l'autonomie politique des nations autochtones
–À la suite du référendum québécois, le premier ministre fédéral promet des réformes constitutionnelles ; une motion sur la société distincte du Québec est adoptée par le Parlement

1996 Début d'une période de compressions budgétaires
–Le gouvernement fédéral demande à la Cour suprême de se prononcer sur la légalité d'une déclaration unilatérale d'indépendance du Québec
–Dépôt du rapport de la Commission Erasmus-Dussault sur les relations entre autochtones et non-autochtones au Canada

1997 Gilles Duceppe, nouveau chef du Bloc québécois
–Élections générales : victoire libérale. Le Parti réformiste, dirigé par Preston Manning, forme l'Opposition officielle
–14 septembre. Conférence constitutionnelle de Calgary (en l'absence du Québec)
–Mise en production du champ pétrolifère Hibernia au large de Terre-Neuve
–Ouverture d'un pont de 13 km pour

Monde

–Steven Spielberg réalise le film *Schindler's List*

1994 Les troupes russes tentent de mater la république de Tchétchénie, dans le sud de la Russie
–Les troupes américaines entrent en Haïti. Démission du général Raoul Cédras. Le président élu Jean-Bertrand Aristide reprend le pouvoir
–Le leader palestinien Yasser Arafat revient d'exil à Gaza
–Jeux olympiques d'hiver à Lillehammer
–Nelson Mandela est élu président de l'Afrique du Sud
–Rwanda : génocide

1995 Jacques Chirac, président de la France
–Une bombe à Oklahoma City détruit un édifice du gouvernement américain
–Les dirigeants de la Serbie, de la Croatie et de la Bosnie signent un accord de paix à Dayton, Ohio
–Israël et l'autorité palestienne concluent un accord qui procure l'autonomie aux Palestiens de la Cisjordanie et de la bande de Gaza
–Le premier ministre Rabin est assassiné par un extrémiste de droite israélien
–*Underground* d'Emir Kusturica remporte le Grand prix au Festival de Cannes

1996 Embargo européen sur les importations de bœuf anglais à cause de la maladie de la « vache folle »
–Réélection du président Clinton
–Netanyahu, chef du parti de droite Likoud, remporte les élections en Israël
–Le parti nationaliste hindou prend le pouvoir en Inde
–Jeux olympiques d'été d'Atlanta
–Les Talibans prennent le contrôle de l'Afghanistan

1997 Annonce de la naissance de la brebis Dolly, premier mammifère issu du clonage d'une cellule prélevée sur un animal adulte
–Rétrocession de Hong Kong à la Chine
–Signature du traité sur l'interdiction des mines antipersonnel
–Accord à la conférence de Kyoto sur la réduction des rejets de gaz à effet de serre
–Élection de Boutros Boutros-Ghali au poste de secrétaire général de la Francophonie

Québec	*Canada*	*Monde*
–62,8 % des premiers enfants naissent hors-mariage	relier l'Île-du-Prince-Édouard au continent	–Déclaration de l'UNESCO sur le génome humain –Au Zaïre, les forces rebelles renversent le président Mobutu
1998 Daniel Johnson quitte son poste de chef du Parti libéral. Jean Charest lui succède –30 novembre : élections générales, victoire péquiste –Plus de 20 000 employés de l'État profitent des programmes de pré-retraite –« Virage ambulatoire » et réforme Rochon du système de santé –Légalisation de la pratique des sages-femmes –Une grande partie du Québec est paralysé par le verglas jusqu'à un mois dans certains endroits –Le premier ministre Bouchard préside un sommet sur le livre. Il écarte le prix unique et annonce la construction de la Grande Bibliothèque à Montréal –Débats sur la ligne hydroélectrique Hertel-Les Cantons	**1998** Premier budget équilibré en 28 ans –Loi fédérale sur la Fondation des bourses du millénaire –Fusion de TransCanada Pipelines et NOVA Corp. –Jugement de la Cour suprême sur le droit du Québec de déclarer unilatéralement son indépendance –Mike Harris impose la fusion de Toronto et de ses banlieues	**1998** OCDE. Fortes divergences lors de la discussion de l'Accord multilatéral sur l'investissement (AMI) –Le 10 mars : conclusion d'un accord de paix en Irlande du Nord –Intervention de l'OTAN au Kosovo pour contrer la politique anti-albanaise du gouvernement serbe –Premiers jugements pour génocide au Rwanda devant le Tribunal pénal international –Olympiques d'hiver à Nagano –Aux États-Unis, les poursuites se multiplient contre les fabricants de cigarettes –*La vie est belle,* film de Roberto Benigni
1999 *L'Erreur boréale*, documentaire choc de Richard Desjardins –Excuses du Québec aux «orphelins de Duplessis» –L'équilibre budgétaire est atteint –« Printemps du Québec en France » –Juanita Westmoreland-Traore, première femme noire juge à la Cour d'appel –Création du Nunavut –Grève générale illimitée et illégale des infirmières –Ouverture du centre multimédia Ex-Centris à Montréal	**1999** Signature de l'union sociale par le fédéral et les provinces sauf le Québec –Création du Nunavut –Après plus de 100 ans, Eaton ferme ses portes –Sommet de la francophonie à Moncton –Adrienne Clarkson, gouverneur général –Jugement de la Cour fédérale d'appel sur l'équité salariale	**1999** Adoption de l'euro comme monnaie européenne –Premier tour du monde en ballon sans escale –Incendie dans le tunnel du Mont-Blanc, 39 morts –Accords de Lomé au Sierra Leone –Accord sino-américain sur l'adhésion de Pékin à l'OMC –Démission surprise du président russe Boris Eltsine –Échec du sommet de Seattle sur l'OMC –Derniers préparatifs pour éviter le bogue de l'an 2000
2000 Sommet de la jeunesse –Premier budget prévoyant des surplus budgétaires en 20 ans –Décès de Maurice Richard –Effondrement du viaduc du Souvenir à Laval –Adoption de la loi abrogeant le statut confessionnel des écoles publiques –Annonce du prolongement du métro vers Laval –Acquisition de Vidéotron par Québecor et la CDPQ, création de Quebecor Media, géant québécois du multimédia –Entrée en vigueur d'une importante réforme de l'enseignement primaire –La Nasdaq ouvre à Montréal –Adoption de la loi sur les droits fondamentaux du peuple québécois	**2000** Le Parti réformiste devient l'Alliance canadienne –Scandale de l'eau à Walkerton –Sanction du projet de loi sur la «clarté référendaire » –Accord sur la sécurité des frontières –Hollinger cède la quasi totalité de ses publications canadiennes à CanWest –Fusion du groupe de presse Thomson avec BCE, premier groupe canadien des télécommunications –Décès de P. E. Trudeau –Nortel perd le quart de sa valeur et le Toronto Stock Exchange (TSE) suspend ses activités –Margaret Atwood obtient le Booker Prize –La série *Le Canada : une histoire populaire* débute dans la tourmente	**2000** Le bogue de l'an 2000 n'a pas lieu –AOL achète Time Warner –Pinochet rentre au Chili sans accusations –Sommet de la bulle techno (NASDAQ) qui se dégonfle par la suite –Vladimir Poutine président de la Russie –Oscar pour *American Beauty* –Le Vermont légalise les mariages gais –Microsoft coupable de contrevenir à la loi anti-trust –Premier sommet intercoréen depuis 1953 –La cartographie du génome humain est quasi complète –Écrasement d'un Concorde à Paris –Jeux olympiques de Sydney –Premier équipage résident dans la Station Spatiale Internationale

Québec

–Adoption dans la controverse de la loi sur les fusions municipales
–Motion de l'Assemblée nationale contre Yves Michaud

2001 Démission surprise de Lucien Bouchard
–Bernard Landry, premier ministre
–Célébration du tricentenaire de la Grande Paix de Montréal
–Opération Printemps contre les Hells
–L'achat de Vidéotron par Quebecor est autorisé
–Sommet des Amériques à Québec ; manifestations d'activistes antimondialisation
–Télémédia cède plusieurs stations de radio à Astral Media
–Rapport de la Commission des États généraux sur la langue française
–Mises à pied chez Bombardier
–Hydro-Québec propose la Centrale du Suroît (à cycle combiné au gaz naturel)
–Mises à pied chez Quebecor World
–Entente avec les Cris pour le développement hydro (« Paix des Braves »)
–Budget hâtif dans un contexte de récession anticipée
–Fondation de l'Union paysanne
–Gérald Tremblay, premier maire de la « nouvelle » ville de Montréal étendue à toute son île : Jean-Paul L'Allier réélu à Québec
–Première politique de la ruralité
–Relance de la Gaspésia

2002 Naissance des nouvelles villes de Montréal, Québec, Lévis, Saguenay et autres
–Démission de trois ministres écartés du cabinet dévoilé le lendemain
–Affaire du lobby Oxygène 9
–Signature de la « Paix des Braves »
–Rendement négatif sans précédent de moins 5 % à la CDPQ
–Louise Harel, première femme présidente de l'Assemblée nationale
–Participation du Cirque du Soleil à la cérémonie des Oscars
–Fermeture de la fonderie de cuivre de Murdochville
–Le port du kirpan autorisé
–Fondation de l'Union des forces progressistes (UFP)
–L'ADQ remporte trois partielles
–Droit au mariage aux couples homosexuels
–Dernière automobile assemblée à l'usine de GM à Boisbriand
–Forum sur le déséquilibre fiscal

Canada

–Élections fédérales, le Parti libéral du Canada conserve sa majorité ; l'Alliance canadienne forme l'Opposition officielle

2001 Lancement du nouveau billet de 10 $ plus difficile à contrefaire
–Molson vend les Canadiens à George Gillet
–Hollinger cède Unimédia au groupe Gesca (Power Corporation)
–La marijuana autorisée pour fins médicales
–Pop. totale : 30 M ; Québec passe sous la barre de 24 % avec 7,2 M
–Conférence de Victoria : Ottawa refuse les demandes des provinces en matière de santé
–Démission du premier ministre ontarien Mike Harris
–Des aveux du terroriste Ahmed Ressam révèlent des projets d'attentats à Montréal et Outremont
–Suspendu après la publication de son *Livre noir du Canada anglais*, Normand Lester quitte Radio-Canada

2002 Creux sans précédent du dollar
–La Cour maintient l'existence de l'hôpital Montfort à Ottawa
–Adoption de la loi sur les jeunes contrevenants malgré l'opposition du Québec
–Dépôt du rapport Séguin sur le déséquilibre fiscal au Canada
–Affaire Groupaction (rapports bidon d'un cabinet de relations publiques)
–Stephen Harper, chef de l'Alliance canadienne
–Grève et lock-out à Radio-Canada
–Les É.-U. imposent un droit de 27,2 % sur le bois d'œuvre canadien
–Victoire à l'OMC dans le conflit du bois d'œuvre
–Premier décès causé par la maladie de la vache folle
–Première victime du virus du Nil
–L'action de Nortel à 0,98 $ à Toronto
–Rapport Romanow sur l'avenir des soins de santé

Monde

–Arrêt du recomptage des votes en Floride et confirmation de l'élection de Bush

2001 George W. Bush président des É.-U.
–Tremblement de terre en Inde, plus de 20 000 morts
–Lancement de Wikipedia
–Épidémie de fièvre aphteuse au Royaume-Uni
–Destruction des bouddhas de Bamiyan par les talibans
–Oscar pour *Gladiator*
–*Le Fabuleux Destin d'Amélie Poulain* par Jeunet
–Arrestation de l'ancien président serbo-yougoslave Slobodan Milosevic
–Premier touriste de l'espace, D. Tito
–Violentes protestations au sommet du G8 à Genève
–*Harry Potter à l'école des sorciers*
–Attentats terroristes de New York (World Trade Center) et Washington
–Coalition anti-terroriste, début de la guerre en Afghanistan, fin du régime des Talibans, vaine recherche de Ben Laden
–Lancement du iPod et du site iTunes
–La Chine entre à l'OMC
–Mise en marché du Xbox
–Faillite du courtier en énergie Enron
–Arrestation du terroriste Reid (« Shoebomber ») sur un vol Paris-Miami

2002 Lancement de l'euro
–Enlèvement d'Ingrid Betancourt
–Vidéo de l'exécution de Daniel Pearl à Karachi
–Halle Berry, première femme noire à remporter l'Oscar de la meilleure actrice
–Ratification du protocole de Kyoto
–*American Idol* débute sur FOX
–Début de la construction du mur entre Israël et la Cisjordanie
–Faillite record de Worldcom
–Graves inondations en Europe
–Attentat terroriste à Bali, 202 morts
–Luiz Inacio « Lula » da Silva au pouvoir au Brésil
–Démission du Cardinal Law, archevêque de Boston

Québec	*Canada*	*Monde*
–Booker Prize pour Yann Martel –Politique nationale de l'eau –Accréditation des premiers groupes de médecine familiale –Opération Scorpion sur la prostitution juvénile à Québec	–Rapport dévastateur sur l'enregistrement des armes à feu –Le Canada ratifie le Protocole de Kyoto	
2003 Le film *Séraphin* détrône *Les Boys* comme plus grand succès commercial –États généraux sur la gouvernance démocratique –Code des pesticides –Deuxième exercice négatif de suite à la CDPQ –Charest, vainqueur du débat des chefs –Élections générales : le Parti libéral est majoritaire ; Jean Charest, premier ministre –Rona acquiert Réno-Dépôt –Triomphe des *Invasions barbares*, à Cannes ; Marie-Josée Croze, meilleure actrice de soutien –Québec reporte à 2010 les deux super-hôpitaux –Premier cas d'infection par le virus du Nil –Marc Ouellet nommé cardinal –Première téléréalité (*Loft Story*) –Couche-Tard acquiert les magasins Circle K aux États-Unis –Éric Gagné, premier gagnant du Cy Young	**2003** Plan d'action canadien pour la santé –Le Canada décide de ne pas participer à la guerre en Irak –Éclosion du syndrome respiratoire aigu sévère (SRAS) –Air Canada sous la protection de la loi sur la faillite –Fermeture quasi totale de la pêche à la morue –Cas de vache folle en Alberta –Peter MacKay, chef du Parti conservateur –Le CRTC bloque l'achat de stations de radio par TVA-Quebecor –Reconnaissance de droits aux Métis –Fusion entre l'Alliance canadienne et le Parti progressiste-conservateur pour créer le Parti conservateur –Jean Chrétien se retire ; Paul Martin chef du PLC et premier ministre –Création du Conseil de la fédération et du Conseil national de la santé	**2003** La navette Columbia se désintègre en entrant dans l'atmosphère (décès des 7 astronautes) –Éclosion du syndrome respiratoire aigu sévère (SRAS) en Chine –Invasion de l'Irak, prise de Bagdad en avril –Oscar pour *Bowling for Columbine* –Séquençage du génome humain terminé –Installations secrètes d'enrichissement d'uranium découvertes en Iran –Création de Myspace.com –Vague de chaleur en Europe –Panne d'électricité gigantesque dans le nord-est de l'Amérique –Révolution des Roses en Géorgie –Perquisition policière chez Michael Jackson –Saddam Hussein capturé –Tremblement de terre en Iran, plus de 25 000 victimes –Dépôt du bilan de Parmalat (à la suite de malversations comptables)
2004 *La Grande Séduction*, premier film québécois en tête du palmarès –Crise à Kanesatake –Vague de froid, consommation record de 36 274 MW –Alcan ferme ses cuves d'Arvida –Version améliorée du Suroît –Oscar du meilleur film étranger pour *Les Invasions barbares* –Fin du premier grand procès pour gangstérisme devant jury au Canada –La Cour d'appel reconnaît la légalité des mariages gais –Arrestation du gérant d'artiste Guy Cloutier –Premier mariage gai –Jean Coutu acquiert des pharmacies Eckerd –Plan de modernisation 2004-2007 de l'État québécois –Référendums sur les défusions –Prix Diamond pour Céline Dion –Dernier match des Expos à New York –Forum des générations à Saint-Augustin –Épidémie de Clostridium difficile –Derniers passagers à Mirabel –Québec largue la centrale du Suroît	**2004** Rapport dévastateur de la vérificatrice générale sur le Programme des commandites –Louise Arbour, Haut-commissaire de l'ONU aux droits de l'homme –Jean Pelletier congédié de VIA Rail –Stephen Harper, chef du Parti conservateur –Élections générales : le Parti libéral du Canada forme un gouvernement minoritaire. Le nouveau Parti conservateur forme l'Opposition officielle –Le CRTC ne renouvelle pas la licence de la station de radio CHOI-FM –Sursis pour CHOI-FM jusqu'en mars 2005 –Début des audiences de la commission Gomery –Lock-out de la LNH –Entente fédérale-provinciale en santé –Ottawa refuse les demandes des provinces d'augmenter la péréquation –La Cour suprême reconnaît les mariages gais	**2004** Le Spirit Rover sur Mars –Naissance de Facebook –Avec 11 statuettes, *The Lord of the Rings: Return of the King*, égalise le record établi par *Ben-Hur* et *Titanic* –Attentat de l'ETA à Madrid, près de 200 morts –Le robot Opportunity (NASA) fait la preuve de la présence d'eau sur Mars –L'Union européenne passe de 15 à 25 États-membres –Légalisation du mariage gai au Massachusetts –Martha Stewart condamnée à six mois de prison pour délit d'initié –Jeux olympiques d'Athènes –L'ouragan Jeanne balaie les Caraïbes –L'amiante chrysolite exclue des produits considérés dangereux par l'ONU –Hamid Karzai remporte la première présidentielle afghane depuis le départ des Talibans –Réélection de G.W. Bush –Décès de Yasser Arafat, leader palestinien –Tremblement de terre et tsunami dans l'océan Indien, plus de 200 000 morts

Québec

–Fermeture de six usines de textile situées à Huntingdon
–Le rapport Coulombe confirme la surexploitation de la forêt

2005 Affaire du financement des des écoles juives
–Mouvement de grève qui touche 230 000 étudiants
–Jeff Fillion est retiré des ondes
–Québec décide que le CHUM sera à Saint-Luc
–Wal-Mart ferme son magasin nouvellement syndiqué de Jonquière
–Ouverture de la Grande Bibliothèque à Montréal
–Le PQ publie *Les finances d'un Québec souverain*
–Rapport de la Commission d'enquête sur le projet Gaspésia
–Wajdi Mouawad remporte un Molière
–Bernard Landry démissionne
–Graves incendies de forêt
–Perquisition chez Norbourg
–L'essence à 1,47$
–Inauguration de la phase II de l'aluminerie Alouette de Sept-Îles
–Norbourg en liquidation
–Manifeste *Pour un Québec lucide*
–André Boisclair élu chef du PQ
–La Cour d'appel recommande la destitution de la juge Andrée Ruffo
–Loi d'exception imposant les conditions de travail du secteur public

2006 Début des congés parentaux
–Fondation de Québec solidaire
–*C.R.A.Z.Y.* triomphe aux Génie et aux Jutra
–Mise en demeure du premier ministre à la députée de Taschereau
–Raymonde Saint-Germain, Protectrice du citoyen
–Pacte fiscal avec les municipalités
–Démission de la juge Ruffo
–Loi anti-tabac
–Yves Michaud débouté en appel
–Ouverture des premiers Outgames mondiaux
–Découverte du site du fort de Cap-Rouge
–Fusion Domtar-Weyerhaeuser
–Fusillade au collège Dawson
–*Bon Cop Bad Cop*, film québécois le plus payant de l'histoire
–Chute du viaduc de la Concorde
–Record Guinness pour *Broue*
–Abitibi-Consolidated et Domtar ferment chacune 4 scieries

Canada

2005 Le Canada ne participera pas au projet de bouclier antimissile des États-Unis
–Entente Québec-Ottawa sur les congés parentaux
–Discours à la nation de Paul Martin
–Le gouvernement Martin survit grâce au vote du président de la Chambre
–Jugement Chaoulli à la Cour suprême
–La Chambre des communes reconnaît les mariages gais
–Fin du lock-out dans la LNH
–Jugement de la Cour suprême défavorable pour les Micmacs
–Michaëlle Jean, gouverneur général
–Entente Québec-Ottawa sur les garderies
–Rapport de la Commission Gomery
–Le gouvernement minoritaire de Paul Martin est renversé
–La Cour suprême décide que l'échangisme est légal

2006 Élections générales: le Parti conservateur est minoritaire
–Les soldats canadiens à Kandahar
–Stephen Harper, premier ministre
–La Cour suprême autorise le port du kirpan à l'école
–Harper visite Charest, première visite officielle au Québec depuis 1984
–Paul Martin laisse la direction du PLC
–Charles Guité condamné à 42 mois
–Population du Canada: 31,6 M
–Accord Canada-É.-U. sur le bois d'œuvre
–Canadiens évacués du Liban
–Accord des Cris avec Ottawa
–Nancy Huston, prix Femina
–Les Communes reconnaissent la nation québécoise
–Stéphane Dion, chef du PLC

Monde

2005 Entrée en vigueur du Protocole de Kyoto
–Création de Youtube
–Oscars pour *Million Dollar Baby*
–Décès de Jean-Paul II, élection de Benoît XVI
–La France dit non à la Constitution européenne
–Concerts Live 8 pour faire annuler la dette des pays pauvres
–Lance Armstrong remporte son 7e tour de France
–Attentats islamistes dans les transports publics de Londres, 56 morts
–L'ouragan Katrina ravage La Nouvelle-Orléans
–Mahmoud Ahmadinejad, président de la République islamique d'Iran
–Légalisation du mariage gai en Californie
–Publication controversée des caricatures de Mahomet au Danemark
–Adoption de la Convention internationale sur la diversité culturelle

2006 La Russie coupe l'approvisionnement de l'Ukraine en gaz
–Le premier ministre israélien Ariel Sharon, victime d'un AVC, est plongé dans le coma
–Le Hamas remporte les élections palestiniennes
–Oscars pour *Brokeback Mountain*
–Lancement de Twitter
–L'Iran annonce avoir enrichi de l'uranium
–Deux dirigeants d'Enron reconnus coupables de fraude
–Nicolas Sarkozy, président de la France
–Attentats meurtriers dans des trains à Mumbai
–Guerre d'Israël contre le Hezbollah au Liban sud
–Scotland Yard déjoue un complot terroriste à Heathrow
–Coup d'État militaire en Thaïlande
–Premier essai nucléaire en Corée du Nord

Québec	*Canada*	*Monde*
–La Davie vendue à Teco –Opération Colisée contre la mafia –Mandat d'arrêt contre Myriam Bédard –La RIO considère le stade olympique payé		–Les Démocrates prennent le contrôle des deux chambres du Congrès américain –Exécution de Saddam Hussein
2007 *Normes* d'Hérouxville –Record de mémoires au BAPE pour le projet Rabaska –Affaire Lise Thibault –Création de la Commission Bouchard-Taylor –Élections générales : Le Parti libéral est minoritaire ; l'ADQ forme l'Opposition officielle –Inauguration du métro de Laval –Prix Europe pour Robert Lepage –Démission d'André Boisclair –Pauline Marois, chef du PQ –Pierre Duchesne, lieutenant-gouverneur –Premier contingent de Valcartier en Afghanistan –La Cour d'appel invalide la loi 104 –Décès d'Andrée Boucher, mairesse de Québec –Politique sur la « malbouffe » –Premières audiences de la Commission Bouchard-Taylor –Plan contre les algues bleues –Geneviève Jeanson avoue avoir pris de l'EPO (cyclisme) –Myriam Bédard condamnée –Feu vert à Rabaska –Régis Labeaume, maire de Québec –Vincent Lacroix reconnu coupable –Éric Gagné accusé de dopage (baseball) –Début des fêtes du 400e anniversaire de Québec	**2007** Excuses d'Ottawa à Maher Arar –Excuses des Communes aux Autochtones –Loi sur les élections à date fixe –Teachers paye 51,G$ pour BCE –Rio Tinto achète Alcan –Conrad Black reconnu coupable –Parité du dollar canadien avec la devise américaine pour la 1re fois en 31 ans –Le dollar à 1,0704 $ US –Affaire Mulroney-Schreiber –Entente sur le Nunavik –Fusion des bourses de Montréal et de Toronto –Conrad Black condamné à la prison	**2007** Nancy Pelosi, première femme speaker de la Chambre des représentants (É.-U.) –La grippe aviaire sème la panique –Fusillade de Virginia Tech : 32 morts –Vague de chaleur et incendies en Grèce –Le iPhone mis en marché aux É.-U. –Sortie du dernier *Harry Potter* –Premier vol commercial du Airbus A380 –Le Dow Jones ferme à un sommet record (14 164,53) –Attentat contre les bureaux de l'ONU à Alger –L'ancienne premier ministre pakistanaise, Benazir Butto, est assassinée
2008 Fondation du Parti indépendantiste –Affaire des études de l'OQLF –Record de neige à Québec (558,4 cm) –Incendie du Manège militaire à Québec –Rapport Montmarquette sur la tarification des services publics –Assassinat de Nancy Michaud –Sylvie Fréchette, première Québécoise sur l'Éverest –Rapport de la Commission Bouchard-Taylor –Collusion pour fixer le prix de l'essence –Congrès eucharistique mondial à Québec –Fin du lock-out de 14 mois au *Journal de Québec* –Paul McCartney triomphe à Québec, suivi de Céline Dion en août –Émeute de Montréal-Nord (affaire Villanueva)	**2008** Affaire Bernier-Couillard –La pétrolière Total rachète Synenco Energy engagée dans l'exploitation des sables bitumineux –Démission du ministre Maxime Bernier –L'essence à 1,49 $ le litre –Ottawa présente des excuses aux autochtones –Crise de la listériose –Élections générales : le Parti conservateur de nouveau minoritaire –Coalition des partis d'opposition pour renverser le gouvernement Harper –Stephen Harper obtient la prorogation pour éviter d'être renversé –Michael Ignatieff, chef du PLC –Chrysler menace de délocaliser la production de deux usines –Aide de 4 milliards aux constructeurs automobiles américains établis en Ontario	**2008** Le baril de pétrole dépasse les 100 $ US –Crise des *subprimes* aux É.-U. et début de l'effondrement des marchés mondiaux –Fidel Castro se retire –Le cyclone Nargis frappe le Myanmar, plus de 146 000 morts et 56 000 disparus –Dmitri Medvedev remplace Poutine comme président de la Russie –Tremblement de terre au Sichuan, plus de 68 000 morts –Libération d'Ingrid Betancourt –Guerre en Ossétie du Sud –Jeux olympiques de Pékin ; 8 médailles pour le nageur américain Phelps –Faillite de la banque Lehman Brothers, début de la crise financière –Réunion d'urgence du G7 et de l'Eurogroupe –Attentat terroriste de Mumbai, 175 morts

Québec	*Canada*	*Monde*
–Le président Sarkozy à l'Assemblée nationale –Lise Thibault comparaît au Parlement –Élections générales : le Parti libéral majoritaire ; le PQ de nouveau Opposition officielle ; un député de Québec solidaire		–Élection de Barack Obama –Plan d'aide pour l'industrie américaine automobile –Arrestation de l'escroc Bernard Madoff
2009 Henri-Paul Rousseau quitte la CDPQ –Rendement négatif de 25 % pour la CDPQ et perte de 40 G $ pour 2008 –Démission de Mario Dumont –Le budget prévoit des déficits pendant 4 ans –Opération SharQc contre les Hells Angels –Prix à Cannes pour *J'ai tué ma mère* de Xavier Dolan –Molson acquiert Le Canadien –Arrestation du conseiller financier Earl Jones –Lise Thibault accusée au criminel –Vincent Lacroix plaide coupable –Présentation du *Moulin à paroles* –Course à la direction de l'ADQ –Vaste campagne de vaccination contre la grippe A (H1N1) –Prix Médicis à Dany Laferrière pour *L'Énigme du retour*	**2009** Perte record de 129 000 emplois en janvier ; taux de chômage à 7,2 % –Premier déficit de la balance commerciale depuis 1976 –82 600 emplois perdus en février, taux de chômage à 7,7 % –CBC/Radio-Canada annonce la suppression prochaine de 800 postes –Ottawa rejette les plans de restructuration présentés par GM et Chrysler –Opération antigang à Toronto –Bombardier supprimera 10 % des effectifs avant la fin de 2009	**2009** Investiture de Barack Obama –Vague de chaleur et incendies en Australie, 173 morts –Oscar pour *Slumdog Millionaire* –Il y aurait 1,59 milliard d'internautes –Le Dow Jones ferme à un creux record (6547,05) –Mandat d'arrêt contre Omar el-Béchir, président du Soudan –Séisme d'Aquila (centre de l'Italie), 308 morts –Premiers cas de grippe A (H1N1) qui devient pandémie en juin –General Motors dépose son bilan –Décès de Michael Jackson –Décès du sénateur Ted Kennedy –Arrestation de Roman Polanski –Le Traité de Lisbonne (constitution européenne) entre en vigueur –Conférence de Copenhague sur les changements climatiques
2010 Décès de la chanteuse Lhasa de Sela –*J'ai tué ma mère* de Xavier Dolan, Jutra du meilleur film –Le fumiste Clotaire Rapaille chargé par le maire Régis Labeaume d'identifier le « code » pour refaire l'image de la Vieille Capitale –Commission Bastarache sur la nomination des juges suite aux allégations de Marc Bellemare, ancien ministre de la Justice –Décès de Michel Chartrand –Mouvement de solidarité envers Claude Robinson dans sa poursuite contre Cinar –Le salaire minimum passe à 9.50 $ –Le programme de procréation assistée gratuit entre en vigueur –Canonisation du frère André –La marche bleue en faveur du retour des Nordiques à Québec	**2010** Jeux olympiques d'hiver à Vancouver –Les autorités du Nunavut bloquent l'entrée d'alcool en provenance d'Europe en réaction contre l'interdiction des produits du phoque –Le Canada a connu l'hiver le plus chaud et le plus sec de son histoire –Sommets du G8 à Huntsville et du G20 à Toronto. Près d'un millier de manifestants arrêtés par la police –Le colonel Russell William, condamné pour deux meurtres –David Johnston nouveau gouverneur général –Le Canada reçoit un camouflet de l'ONU en n'obtenant pas un siège au Conseil de sécurité	**2010** Tremblement de terre dévastateur en Haïti –Le Belge Herman Van Rompuy, premier président permanent du Conseil européen –British Petroleum responsable d'un déversement catastrophique dans le golfe du Mexique –Le télescope Hubble fête ses 20 ans –Le Pasteur Terry Jones annonce son intention de brûler un exemplaire du Coran –Coupe du monde de soccer en Afrique du Sud remportée par l'Espagne –Liu Xiaobo, premier chinois à remporter le prix Nobel de la paix –Sauvetage de trente-trois mineurs chiliens –Aung San Suu Kyi, prix Nobel de la paix (1991), libérée en Birmanie –Publications de 250 000 notes diplomatiques sur le site WikiLeaks
2011 Rapport de la commission Bastarache. L'affaire se dégonfle –Le film *Incendies* de Denis Villeneuve, adapté de la pièce de théâtre de Wajdi Mouawad, rafle neuf prix Jutra –Importantes inondations en Montérégie	**2011** –Le gouvernement conservateur de Stephen Harper est défait pour outrage au parlement –Élections générales : victoire conservatrice. Stephen Harper forme un gouvernement majoritaire tandis que le	**2011** L'Estonie devient le 17e État membre de l'Union européenne –Le président de la Tunisie démissionne suite à la pression populaire. Le mouvement de révolte s'étend au monde arabe dont l'Égypte, la Syrie et la Libye

Québec

–Jean Charest dépose son Plan Nord
–Le maire Régis Labeaume dépose son projet d'amphithéâtre pour la ville de Québec
–Cinq députés démissionnent avec fracas du Parti québécois
–Une partie du tunnel Viger à Montréal s'effondre. Les infrastructures vieillissantes de la métropole sont dans un état critique
–Jean Charest annonce la création d'une commission d'enquête aux pouvoirs limités sur la collusion et la corruption dans l'industrie de la construction
–À la demande de la juge Charbonneau, la commission obtiendra les pleins pouvoirs un mois plus tard
–Le député péquiste démissionnaire Jean-Martin Aussant fonde un nouveau parti souverainiste, Option Nationale
–François Legault lance officiellement son nouveau parti, la Coalition Avenir Québec

Canada

NPD forme l'Opposition officielle. Le Bloc québécois est rayé de la carte, Gilles Duceppe démissionne
–Émeutes à Vancouver suite à la défaite des Canucks en finale de la coupe Stanley
–Le Canada met fin à sa mission militaire en Afghanistan
–Décès de Jack Layton, chef du NPD. Des funérailles nationales sont organisées
–Abolition et destruction du registre des armes à feu par le gouvernement conservateur
–Contre toute attente, le Parti libéral est reporté au pouvoir lors des élections provinciales en Ontario
–Remise des 75e prix littéraires du gouverneur général du Canada
–Le gouvernement conservateur annonce le retrait du Canada du Protocole de Kyoto
–Le film *Monsieur Lazhar* représentera le Canada à la prochaine cérémonie des Oscars

Monde

–Un séisme suivi d'un tsunami dévaste le nord-est du Japon et entraîne un accident nucléaire à la centrale de Fukushima
–Oussama Ben Laden tué au Pakistan par un commando de l'armée américaine
–Le Français Dominique Strauss-Kahn, directeur du FMI, accusé de viol à New York
–Dernier vol de la navette spatiale américaine *Discovery*
–Attentats à Oslo en Norvège faisant 69 victimes
–Le dictateur libyen Mouammar Kadhafi est tué dans une fusillade après presque un an de révolte populaire
–Crise financière et politique dans la zone euro suite à la quasi-faillite de la Grèce
–Le mouvement de constestation *Occupy Wall Street*, dénonçant les abus de l'économie de marché, s'étend à la planète entière. Les manifestants pacifiques se font expulser de la plupart des lieux publics qu'ils occupaient
–Décès du fondateur d'Apple, Steve Jobs
–Steven Spielberg adapte la bande dessinée *Tintin* au grand écran
–Formation d'un gouvernement en Belgique plus d'un an et demi après les élections fédérales

INDEX

Index réalisé par Marcelle Cinq-Mars et Denis Vaugeois.

D

E

H

I

J

K

L

M

N

O

T

U

V

W

Y-Z

SOURCE DES ILLUSTRATIONS

p. 7 et 12 : Inuits de la Terre de Baffin, dessin de John White ; **p. 9 :** Jean-François Lafitau, *Mœurs de sauvages amériquains*, vol. 2, coll. de l'éditeur ; **p. 10 :** *Les Grands voyages de Théodore de Bry*, Le Théâtre du Nouveau Monde, Marc Bouyer et Jean-Paul Duviols, Gallimard, 1992 ; **p. 12 :** *Tivi Etook*, coll. privée ; **p. 17 :** Costumes amérindiens. Dessins de S. de Champlain, *Œuvres de Champlain* (éd. Laverdière) ; **p. 37 :** Caraque portugaise. BAC ; **p. 44 :** De Champlain, on ne possède aucun portrait authentique. On le voit ici tel qu'il s'est représenté lui-même dans son illustration de la bataille de 1609. *Œuvres de Champlain* (éd. Laverdière) ; **p. 45 :** L'habitation de Champlain à Québec d'après Léonce Cuvelier. Coll. privée ; **p. 46 :** Façon de guerroyer des sauvages (le cavalier est dû à l'initiative de Champlain). Dessin de Champlain. *Œuvres de Champlain* (éd. Laverdière) ; **p. 50 :** Astrolabe. BAC ; **p. 60 :** Castor. Tiré de Conrad Gessner, cité par Bernard Allaire dans *Pelleteries, manchons et chapeaux de castor* (Septentrion, 1999) ; **p. 64 :** Kateri Tekakouitha. Portrait réalisé par le père Claude Chauchetière. BAC ; **p. 67 :** Gauche : le père Paul Le Jeune. *Relation* des Jésuites ; Droite : frontispice de la *Relation* de 1661-1662 ; **p. 68 :** Page-titre de l'*Histoire véritable et naturelle...* (1664) de Pierre Boucher ; **p. 73 :** « Vu des étalons que Louis le grand fit envoyer... ». Dessin de Louis Nicolas longtemps attribué à Bécard de Granville, BAC ; **p. 87 :** Chutes du Niagara. Gravure publiée dans Louis Hennepin, *Nouvelle découverte d'un très grand pays, situé dans l'Amérique...* BAC ; **p. 88 :** « Campement de M. de La Barre » à l'Anse à la Famine en 1684, tel qu'illustré dans les *Voyages du Baron de Lahontan dans l'Amérique septentrionale.* BAC ; **p. 90 :** Frontispice de l'ouvrage du chevalier de Tonti, *Dernières découvertes dans l'Amérique septentrionale...* (1697). BAC ; **p. 93 :** Monnaie de carte datant de 1714 et signée par Vaudreuil et Bégon. BAC ; **p. 97 :** Attaque du fort Nelson par d'Iberville et ses hommes. Gravure tirée de La Potherie. BAC ; **p. 98 :** Vue du fort Saint-Louis, à Québec, d'après Jean-Baptiste Franquelin, 1683. BAC ; **p. 100 :** Signatures amérindiennes du traité de paix de Montréal en 1701. Archives nationales de France, fonds des Colonies, série C^{11}A, vol. 9, fol. 43 ; **p. 101 :** Canadien en raquette allant à la guerre sur la neige. D'après La Potherie. BAC ; **p. 102 :** Indien de la nation outaouaise. Dessin de Louis Nicolas. BAC ; **p. 105 :** Scène de scalp. D'après une gravure de Grasset de Saint-Sauveur intitulée *Guerrier iroquois scalpant un blanc* ; **p. 108 :** Carte dessinée par Mahier, en 1729. Archives de la marine ; **p. 110 :** Vue de Louisbourg, 1731. BAC ; **p. 119 :** Calèche. D'après un dessin d'Isaac Weld. BAC ; **p. 121 :** Moulin à vent. C.W. Jefferys. BAC ; **p. 129 :** Fort Saint-Frédéric vu du nord. Dessin de Thomas Davies. BAC ; **p. 140 :** Caricature du général Wolfe par le marquis de Townsend. Musée McCord ; **p. 141 :** Débarquement à l'anse au Foulon. BAC ; **p. 142 :** L'église Notre-Dame des Victoires. Dessin de Richard Short. BAC ; **p. 145 :** L'intérieur de l'église des Récollets. Dessin de Richard Short. BAC ; **p. 147 :** Cuisine seigeuriale (XVIIIe siècle). Jean Palardy, *Les meubles anciens du Canada français* ; **p. 149 :** Pehr Kalm. Musée national de Finlande ; **p. 152 :** Armoiries françaises. Ill. tirée de la carte de Franquelin présentée en page 98 ; **p. 155 :** Gauche : Lettre de Voltaire à Choiseul, 6 septembre 1762. BAC ; Droite : Buste de Voltaire. Musée des Beaux-Arts du Canada ; **p. 156 :** Montréal vu de l'île Sainte-Hélène. Thomas Davies. Musée des Beaux-Arts du Canada ; **p. 159 :** Extrait du traité de Paris, signé en 1763. British Museum, Londres ; **p. 167 :** Portrait de Frances Brooke. Attribué à Catherine Read. BAC ; **p. 168 :** Coq en tôle provenant du clocher d'une église de la région de Montréal (XVIIIe siècle). Inventaire des Œuvres d'art, Québec ; **p. 179 :** Massacre de Boston, 5 mars 1770. Coll. privée ; **p. 180 :** Gauche : Rappel du massacre de Boston. Coll. privée : Droite : Dessin publié dans la *Pennsylvania Gazette* en 1754. Coll. privée ; **p. 184 :** Vue de Saint-Jean-sur-Richelieu. Coll. privée ; **p. 187 :** Vue d'une scierie près du fort Anne. Coll. privée ; **p. 188 :** Drapeau des colonies américaines. Coll. privée ; **p. 190 :** Scène de trafiquants. Extraite d'une carte du Canada de 1777. Bibliothèque du Congrès ; **p. 196 :** Château-Richer et cap Tourmente. Dessin de Thomas Davies. Musée des Beaux-Arts du Canada ; **p. 201 :** Détail de « Le débat sur la langue ». Toile de Charles Huot. BANQ ; **p. 202 :** Femme Ishutski. Tiré de Michel Poniatowski, *Histoire de la Russie et de l'Alaska* ; **p. 204 :** Vue de la Place d'armes, à Québec. Thomas Davies. Musée des Beaux-Arts du Canada ; **p. 207 :** Le menuet. Dessin de George Heriot. BAC : **p. 209 :** La rue Notre-Dame à Montréal. Aquarelle de R. A. Sproule. Musée McCord ; **p. 211 :** Certains types de chapeaux de castor. Coll. privée ; **p. 212-214 :** Costumes de divers types de Canadiens. Dessin de John Lambert. Inventaire des Œuvres d'art, Québec ; **p. 216 :** Portrait de Pierre Bédard. Coll. privée ; **p. 217 :** Transport en hiver. Aquarelle d'Essex Vidal (c. 1815). New Brunswick Museum ; **p. 218 :** Bataille de Queenston, 13 octobre 1812. Aquarelle attribuée au major Dennis. BAC ;

p. 221: Ferme de M. Long. Aquarelle de Joseph Bouchette. Coll. privée; **p. 225**: Écluse, de type primitif, du canal Rideau à Smith Falls. Coll. privée; **p. 227**: Vue de Kingston Mills. Œuvre de William Clegg (c. 1830). BAC; **p. 232**: L'activité sur les quais de Montréal au milieu du XIXe siècle. Lithographie de J. Duncan. Toronto Public Library; **p. 235**: Place du marché de la Haute-Ville, à Québec, vue de la caserne de la Fabrique. Aquarelle de R. A. Sproule, 1830. BAC; **p. 239**: Chemin à péage au Bas-Canada. BAC; **p. 242**: La coupe de la glace à l'embouchure de la rivière Saint-Charles, à Québec. Aquarelle de J. P. Cockburn (c. 1830). Inventaire des Œuvres d'art, Québec; **p. 245**: Affiche. BAC; **p. 246**: Bataille de Saint-Eustache. BAC: **p. 251**; Extrait de la lettre de Chevalier de Lorimier. *RAPQ*, 1924-25: facsimilé, p. 1; **p. 262**: Pendaison de cinq patriotes. Dessin d'Henri Julien. BAC; **p. 270**: Première synagogue construite au Canada, à Montréal, c. 1835. BAC; **p. 273**: Costumes d'époque. Détail d'un dessin de J. P. Cockburn. Inventaire des Œuvres d'art, Québec; **p. 274**: Québec au milieu du XIXe siècle. Œuvre attribuée à B. Beaufoy. Inventaire des Œuvres d'art, Québec; **p. 277**: Incendie du parlement de Montréal en 1849. Inventaire des Œuvres d'art, Québec; **p. 282**: Le vieux manoir des Aubert de Gaspé, à Saint-Jean-Port-Joli. Coll. Albert Tessier; **p. 283**: Intérieur du magasin Savage, Lyman & Co., à Montréal. Coll. privée; **p. 284**: Pont Victoria, Montréal. Gravure de J. W. Watts. BAC; **p. 287**: *Le Carême*. Toile de Cornelius Krieghoff, 1848. Coll. privée; **p. 289**: La barrière de péage. Huile de Cornelius Krieghoff. Coll. privée; **p. 292**: Le moulin de Vincennes (Beaumont). Coll. Albert Tessier; **p. 295**: Plan des forges du Saint-Maurice, 1845. Ministère de la Culture, Québec; **p. 301**: Timbre-poste du Canada, 1851. BAC; **p. 303**: Maison du domaine Maizerets, à Québec. Coll. Albert Tessier; **p. 307**: Lord Durham et les chefs indiens. Huile de Théophile Hamel, c. 1850. Musée des Beaux-Arts de l'Ontario; **p. 308-309**: Place d'Armes, Montréal, c. 1850. BAC; **p. 313**: Construction de chemin de fer. BAC; **p. 317**: de Québec, tirée du *Illustrated London News*, 1er septembre 1860; **p. 321**: Grand Sceau du Canada, 1869. BAC; **p. 322**: Indiens de l'Ouest. Archives de l'Alberta; **p. 328**: Tabatière de l'Assemblée législative. *Forces*; **p. 335**: Groupe de Métis, avec Louis Riel au centre. BAC; **p. 339**: Départ des troupes britanniques de Québec, en 1871. *London Illustrated News*; **p. 340**: L'anse au Foulon, à Québec; **p. 341**: Triage du bois à Sillery. BAC; **p. 343**: Marché Bonsecours et quais de Montréal en 1867. BAC; **p. 345**: Mgr Ignace Bourget. BAC; **p. 347**: Pont de chemin de fer au nord du lac Supérieur (Red Sucker). Canadien Pacifique; **p. 349**: Caricature tirée du *Grip*, 1876; **p. 351**: Élargissement du canal Lachine en 1877. *L'Opinion publique*; **p. 353**: Une carrière de pierres de taille sur un flanc du mont Royal en 1877. *L'Opinion publique*; **p. 354**: Chanson moqueuse sur le scrutin secret. Tiré du *Canard*; **p. 355**: Bulletin de vote des élections provinciales de 1881. BANQ; **p. 360**: Louis Riel témoignant à son procès. BAC; **p. 363**: Fabrication du sucre d'érable au Québec. Dessin d'Henri Julien. BAC; **p. 365**: John A. Macdonald. Tiré de Lena Newman, *The John A. Macdonald Album*; **p. 367**: Moulin à vent. Tiré de *L'Opinion publique*, novembre 1878; **p. 368**: Saint-Alban de Portneuf. Coll. privée; **p. 369**: Bûcherons en Outaouais. Coll. P. L. Lapointe; **p. 371**: Caricature d'Honoré Mercier. Tirée du *Grip*; **p. 372**: Conférence interprovinciale de Québec en 1877. BANQ; **p. 374**: Immigrants en route pour l'Ouest. Canadien Pacifique; **p. 375**: Wilfrid Laurier. BAC; **p. 377**: Voitures automobiles. Annonce publiée dans *La Presse*, 1904; **p. 379**: Défilé de Chilkoot. BAC; **p. 382**: Un vieux moulin à scie actionné par l'eau (Pont-Rouge) à la fin du XIXe siècle. BAC; **p. 384**: Émile Nelligan. Coll. privée Albert Tessier; **p. 386**: Le vapeur *Empress of China*. BAC; **p. 389**: Policier montant la garde devant la boutique d'un Chinois à Vancouver en 1907. BAC; **p. 395**: Ouvriers du pont de Québec en 1905. Coll. privée; **p. 397**: Travail des femmes en usine pendant la Première Guerre mondiale. BAC; **p. 399**: Émeute de la conscription à Québec. La Une de *La Presse*, 2 avril 1918; **p. 401**: La motion Francœur. La Une de *La Presse*, décembre 1917; **p. 403**: Mesures à prendre pour prévenir la grippe espagnole et enrayer ses ravages. *La Presse*; **p. 405**: Grève générale de Winnipeg en 1919. BAC; **p. 409**: Mackenzie King durant la campagne électorale de 1926. BAC; **p. 411**: Caricature tirée de l'*Almanach de la Langue française*; **p. 412**: Triage du bois à Shawinigan. Coll. privée Albert Tessier; **p. 413**: Bûcherons des années 1930. Coll. privée Albert Tessier; **p. 415**: Femmes travaillant dans une usine; **p. 417**: Des Noirs faisant la queue pour se rendre au centre de ravitaillement, Kentucky. Coll. privée; **p. 421**: File de chômeurs à Montréal lors de la Crise. Archives de la ville de Montréal; **p. 423**: Désœuvrement et sérénité. Coll. privée Albert Tessier; **p. 428**: La prière en famille. Coll. privée Albert Tessier; **p. 431**: Le général McNaughton avec des officiers du Royal 22e Régiment en 1940. Défense nationale du Canada; **p. 435**: Canadiens faits prisonniers à Dieppe. Défense nationale du Canada; **p. 436**: Mackenzie King, Roosevelt et Churchill à Québec en 1943. BAC; **p. 439**: Prisonnier allemand. BAC; **p. 441**: Coupons de rationnement. *Le Devoir*; **p. 443**: Adélard Godbout reçoit Winston Churchill. Coll. privée; **p. 447**: Pearson, Saint-Laurent et Martin à la convention libérale de 1951. *La Presse*; **p. 449**: Tête-à-tête entre Diefenbaker et Eisenhower, 1958. BAC;

p. 453 : Assermentation de J.-P. Sauvé comme ministre de la Jeunesse, 1959. *La Presse* ; **p. 456 :** René Lévesque interviewant Fidel Castro en avril 1959. *La Presse;* **p. 458 :** Neil Armstrong marchant sur la Lune. NASA ; **p. 460 :** Membres de la Voix des femmes du Québec, février 1965. *La Presse* ; **p. 461 :** Manifestation en faveur de l'avortement, 1970. BAC ; **p. 464 :** Claude Ryan, P. E. Trudeau et Jean Chrétien. *La Presse* ; **p. 466 :** Le cardinal Léger et Jean Lesage, 1960. *La Presse* ; **p. 467 :** Exposition internationale de 1967, à Montréal. BANQ ; **p. 468 :** Le général de Gaulle entouré de dignitaires, Saint-Joachim, 1967. *La Presse* ; **p. 470 :** Construction de l'autoroute Ville-Marie. *La Presse* ; **p. 471 :** L'échangeur de l'Acadie. *La Presse* ; **p. 477 :** Élections municipales à Montréal, 25 octobre 1970. *La Presse* ; **p. 478 :** Un pécu. Coll. privée ; **p. 479 :** Élections provinciales du 15 novembre 1976. *La Presse* ; **p. 482 :** Haut et centre : Tapisserie de Bayeux, détails. Ville de Bayeux. Bas : Manuscrit de la Saga des Groenlandais. Illustration tirée de l'ouvrage de William W. Fitzhugh et Elisabeth I. Ward intitulé *Viking. The North Atlantic Saga*, Smithsonian, 2000 ; **p. 483 :** Haut : Carte dite du Vinland. Même source que la précédente. Bas : Mary March, 1819. BAC ; **p. 484 :** Haut : Morue. Illustration reproduite à partir de la couverture du livre de Mark Kurlansky, *Cod. A Biography of the Fish That Changed The World*. Walker and Co. 1997. Centre : pyrite de fer. Bas : quartz. Coll. privée ; **p. 485 :** Haut, gauche : Vigne sauvage ; Droite : Herbe à dinde. Deux illustrations tirées de *Canadensium Plantarum* de Jacques Cornuti, 1635. BANQ ; Bas : Premier timbre canadien, BAC ; **p. 486 :** Haut, gauche : dessin de John White, c. 1585 ; droite : dessin de T. de Bry. Bas, gauche : dessins de T. de Bry, c. 1590 ; droite : dessin de John White ; **p. 487 :** Haut : Champlain, *Les Voyages de la Nouvelle France...*, Paris, 1632. BNC. Bas : carte de Champlain, 1632 ; **p. 488 :** Haut : Martyrs canadiens. Archives de l'Hôtel-Dieu de Québec. Bas : Détail de la carte de Bressani, « Novae Francia... », 1657. BAC ; **p. 489 :** Carte de Guillaume Delisle, 1703. BAC. Bas : cartouche de la carte de Delisle ; **p. 490 :** Montage réalisé pour le livre *Molly Brant. A legacy of her own*. The Old Fort Niagara Association Publications ; **p. 491 :** Mort de Wolfe, d'après Benjamin West, 1770. BAC ; **p. 492 :** Carte de la bataille de Sainte-Foy, 1760. BAC ; **p. 493 :** Haut : Carte de Murray, détail de la région immédiate de Québec, 1761-62. BAC. Bas : Pièces de monnaie françaises : louis d'or, sol marqué et tiers d'écu. BAC ; **p. 494-495 :** J. Carver, « A New Map of the Province of Quebec... ». BAC ; **p. 496 :** Évolution du territoire de la « Province of Quebec ». Coll. privée ; **p. 497 :** Haut : Fort Saint-Jean. BAC. Bas : Carte proposant une frontière entre le Haut et le Bas-Canada. BAC ; **p. 498 :** Haut : Loyalistes à Johnston, 1784, de James Peachey. BAC. Bas : Pétition des Canadiens, 1784. BAC ; **p. 499 :** Haut, gauche : Feuille de vote, 1834. BAC. Haut, droite : Rosalie Cherrier, BAC. Bas : Pétition des Saulteux. BAC ; **p. 500 :** Haut : Patriotes de Beauharnois, 1838, K. J. Ellice. BAC. Centre : Soldats montant la garde, James Hope, 1838. BAC. Bas : « First view of the river St. Lawrence... », R. G. A. Levinge, 1837. BAC ; **p. 501 :** Haut : Chutes de la rivière Chaudière, Thomas Davies. BAC. Centre : Forges du Saint-Maurice, M. M. Chaplin, 1841. BAC. Bas : Fredericton, 1840. A. C. Mercer. BAC ; **p. 502 :** Grosse-Île. BAC. Bas : Cale de navire. *Canadian Illustrated News* ; **p. 503 :** Haut : La rue des Ursulines à Trois-Rivières, de P. E. Nobbs. Coll. McGill. Bas : Incendie du Parlement, 1849. Huile de C.W. Jefferys, BAC ; **p. 504-505 :** Haut : Usine de locomotives le long du canal Lachine. BAC. Bas : Améliorations du canal Lachine. *Canadian Illustrated News*, 1877 ; **p. 506 :** Haut : Montréal vu du fleuve. J. H. Walker. Musée McCord. Bas : Campus McGill et ses environs. P. E. Nobbs. Coll. McGill ; **p. 507 :** Haut : Saison des foins, Sussex, N.-B. William G. R. Hind. BAC. Bas : Horse-Boat, Québec. Aquarelle de J. P. Cockburn. BAC ; **p. 508 :** Haut : Montréal et sa banlieue, 1940. Ministère de la Défense nationale. Copie de la BNQ. Bas : Côte du Beaver Hall, Montréal, 1962. W. Stschepanski ; **p. 509 :** Haut : Montréal vu par le satellite Landsat, 1989. Tiré de *Atlas historique de Montréal*, de J.-C. Robert (Art Global/Libre Expression, 1994). Bas : Deux photographies aériennes. Pierre Lahoud, 13 août 2000. Coll. privée ; **p. 510 :** Haut : Quelques vues du Centre de conservation de la Bibliothèque nationale du Québec. Les deux photos récentes sont d'Alain Laforest et les deux autres proviennent des archives de la Compagnie Imperial Tobacco, Montréal ; **p. 511 :** Haut : « Permis de restauration », Pierre Ayot. Bas : « Révélation », 1995, de Gérard Bélanger. Photo Yvan Binet ; **p. 512 :** Haut : Bénarès ou Varanasi, Inde. Bas : Shanghai, Chine. Photos de Marie-Claude Vaugeois. Coll. privée ; **p. 515 :** Vue de Shanghai. Photo de Marie-Claude Vaugeois ; **p. 520 :** Caricature parue dans le *Daily News* de Halifax du 3 septembre 1990 et signée Todd ; **p. 522 :** Jean Campeau et Michel Bélanger, coll. privée ; **p. 523 :** Jacques Parizeau et Lucien Bouchard. Coll. privée ; **p. 524 :** sommet des Amériques à Québec, 21 avril 2001. Colocho, Wikimedia Commons ; **p. 526 :** Steve Jobs et Bill Gates à la conférence *D5 : All Things Digital* le 31 mai 2007. Joi Ito, Wikimedia Commons ; **p. 527 :** Stephen Harper en Afghanistan, photo autorisée du bureau du premier ministre du Canada ; **p. 529 :** Le terminal passager de l'aéroport de Mirabel, 5 août 2007. Yvan Leduc, Wikimedia Commons ; **p. 530 :** Collection Assemblée nationale, Photographe Daniel Lessard.

TABLE DES MATIÈRES

COMPOSÉ EN MINION CORPS 10,5
SELON UNE MAQUETTE RÉALISÉE PAR GILLES HERMAN
LE SECOND TIRAGE DE CETTE QUATRIÈME ÉDITION
A ÉTÉ ACHEVÉ D'IMPRIMER EN DÉCEMBRE 2011
SUR LES PRESSES DE L'IMPRIMERIE MARQUIS
À MONTMAGNY, QUÉBEC
POUR LE COMPTE DE DENIS VAUGEOIS
ÉDITEUR À L'ENSEIGNE DU SEPTENTRION.